Handbuch Der Deutschen Mythologie, Mit Einschluss Der Nordischen

Handbuch

der

Deutschen Mythologie

mit Einschluß der nordischen.

Von

Karl Simrock.

Dieß ist unser, so laßt uns sagen und so
es behaupten.   S.

Dritte sehr vermehrte Auflage.

Bonn
bei Adolf Marcus.
1869.

Mit dem Hervorziehen unserer alten Poesie ist es nicht gethan. Aus dem Schutt der Jahrhunderte in den Staub der Bibliotheken, das ist ein Schritt aus einer Vergessenheit in die andere. Dem Ziele führt er nicht merklich näher. Dieses Ziel ist das Herz der Nation. Wenn da einst unsere alte Dichtung ihre Stätte wiederfindet, dann ist Dornröschen aus dem Zauberschlaf erweckt, dann schlägt der dürre Baum auf dem Walserfelde wieder aus, dann hängt der alte Kaiser seinen Schild an den grünen Ast, dann wird die Schlacht geschlagen, die auch die letzte unserer verlornen Provinzen an Deutschland zurückbringt. (Aus der Vorrede zum Beowulf.)

Wie die Weltesche aus dem Brunnen der Urd, der ältesten Norne, begossen wird, damit ihre Seiten nicht dorren und faulen, so muß das Volksleben aus dem Borne der Vergangenheit erfrischt werden, aus dem Strome der Ueberlieferung, der aus der Vorzeit herfließt. Die Geschichte muß dem Volk, wenn auch nur in Gestalt der Sage, gegenwärtig bleiben, wenn es nicht vor der Zeit altern soll. S. 37 u.

Vor Allem gilt das von unserer Mythologie, denn auch die Götterlehre, der alte Gottesdienst ist Poesie, die älteste und erhabenste Poesie der Völker, und wie die früheste Quelle der unsern, die Edda, Urgroßmutter bedeutet, die Urgroßmutter aller deutschen Sage und Dichtung, so ist in der deutschen Mythologie eine Poesie niedergelegt, die in allen deutschen Herzen anklingt, weil sie das lautere Gold unseres eigenen Sinnes ist, unser bestes und ältestes Erbe, das wir nicht verwahrlosen sollen. Darum muste der von Grimm gehäufte Schatz mythologischen Wißens gemehrt, durch Deutung geistig verwerthet und auf den offenen Markt der Nation gebracht werden. Die Nation hat sich nicht unerkenntlich erwiesen, da nicht lange nach Erscheinen der zweiten Auflage dieses Werkes schon eine dritte verstärkte versandt werden durfte.

Karl Müllenhoff

gewidmet.

Inhalt.

Einleitung.

I. Die Geschicke der Welt und der Götter.

Entstehung und Ausbau der Welt.

Die mythischen Welten, Himmel und Himmelsburgen.

Die goldene Zeit und die Unschuld der Götter.

VIII

II. Die einzelnen Götter.
Allgemeines.

Asen.
Wuotan (Odhin).

Donar (Thôr).

X

Abkürzungen.

ahd. = althochdeutsch.

A. M. = Anderer Meinung.

Amm. M. = Ammianus Marcellinus.

Beitr. = Beiträge zur deutschen Mythologie.

Birl. = Birlinger, vgl. §. 4.

BM. = Bechsteins Märchen.

D. = Dämisaga, womit die Capitel der jüngern Edda citiert sind, vgl. S. 7.

DMS. = Wolfs deutsche Märchen und Sagen.

DS. = Deutsche Sagen.

FAS. = Fornaldar Sögur, vgl. S. 7.

GDS. = Grimms Geschichte der deutschen Sprache.

Gr. = Grimm.

Grimn. = Grimnismal, ein Lied der Edda.

Hpts. Ztschr. = Haupts Zeitschrift für deutsches Alterthum.

KM. und KHM. = Grimms Kinder- und Hausmärchen.

Leopr. = Leoprechting vgl. §. 4.

M. (ohne Zahl) = Mein.

M. (mit einer Zahl) = Grimms deutsche Mythologie.

MM. = Meiers Märchen aus Schwaben.

MS. = Kuhns Märkische Sagen.

NS. = Dessen Norddeutsche Sagen u. s. w.

NSS. = Müller und Schambachs Niedersächsische Sagen.

Oegisdr. = Oegisdrecka, ein Lied der Edda.

P. = Panzer, Beiträge zur deutschen Mythologie.

S. = Seite, oder nach anderer Abkürzung = Sage.

Sig. Kw. = Sigurdar Kwida, ein Lied der Edda.

Wafthr. = Wafthrudnismal, ein Eddalied.

Wöl. = Wöluspa, das erste Lied der Edda.

WS. und Westf. S. = Kuhns Westfälische Sagen.

Einleitung.

1. Aufgabe der Mythologie.

Soll die Mythologie mehr sein als Aufzählung der Götter und Helden, mehr als Darstellung ihrer Thaten und Schicksale, soll sich das Bewußtsein des Volks in der vorhistorischen Zeit in ihr spiegeln, so darf sie sich nicht begnügen, die Mythen vorzulegen, sie muß sie auch deuten, den Logos des Mythos erschließen. Oft freilich dringen wir zum Verständniß eines Mythus nicht vor, weil uns der Sinn noch verschloßen ist: dann gilt es, die Augen erst beßer zu schärfen und zu üben; oder weil uns nur unvollständige Kunde von ihm beiwohnt: dann müßen wir uns begnügen, die vorhandenen Nachrichten zusammen zu stellen. So lange man einen Mythus noch nicht vollständig kennen gelernt hat, wagt man zu viel, sich auf seine Deutung einzulaßen. ,Ueber halb aufgedeckte Daten philosophische oder astronomische Deutungen zu ergießen, ist eine Verirrung, die dem Studium der nordischen und griechischen Mythologie Eintrag gethan hat.' Grimm Myth. S. 10. Letztes Ziel der Mythenforschung bleibt freilich das Verständniß der Mythen; aber erst muß der Mythus vollständig ermittelt sein ehe seine Deutung gelingen kann, und auch dann wird es oft noch der Vergleichung fremder Mythologieen bedürfen um über die unsrige ins Klare zu kommen. Erst die vergleichende Mythologie kann die Aufgabe lösen, die als höchstes Ziel der Forschung bei jeder einzelnen vorschweben muß.

2. Mythus.

Mythus ist die älteste Form, in welcher der heidnische Volksgeist die Welt und die göttlichen Dinge erkannte. Die Wahrheit erschien ihm in der vorgeschichtlichen Zeit und erscheint dem Ungebildeten noch heutzutage nicht in abstracten Begriffen, wie jetzt dem geschulten, gebildeten Geiste: sie verkörperte sich ihm in ein Bild, ein Sinn= und Gedankenbild, seine Anschauungen kleideten sich in Erzählungen von den Thaten und Erlebnissen der Götter, und diese Bilder, diese Erzählungen nennen wir Mythus. Der Mythus enthält also Wahrheit in der Form der Schönheit: der Mythus ist Poesie, die älteste und erhabenste Poesie der Völker. Er ist

Wahrheit und Dichtung zugleich, Wahrheit dem Inhalte, Dichtung der Form nach. Die in der Form der Schönheit angeschaute Wahrheit ist eben Dichtung, nicht Wirklichkeit: Wahrheit und Wirklichkeit werden nur zu oft verwechselt. Wirklich ist der Mythus nicht, gleichwohl ist er wahr.

So lange die Mythen noch Gegenstand des Glaubens blieben, durfte man nicht sagen, daß diese Gedankenbilder nicht wirklich seien, daß die Dichtung Antheil an ihnen habe: sie wollten unmittelbar geglaubt, für wahr und für wirklich zugleich gehalten werden. Es gab also damals nur Mythen, noch keine Mythologie, denn die Deutung der Mythen, die höchste Aufgabe der Mythologie, war untersagt. Jetzt aber sind die My= then nicht mehr Gegenstand des Glaubens und sollen es auch nicht wieder werden; wir sollen nicht mehr an Odin oder Wuotan, nicht mehr an Thôr oder Donar, an Freyja oder Frouwa glauben; aber darum sind es nicht lauter Irrthümer, was unsere Vorfahren von diesen Göttern träum= ten: es liegt Wahrheit hinter dem Scheine; aber nur durch die Deutung der Mythen kann man zu dieser Wahrheit gelangen. War diese Deutung damals untersagt, als sie noch Gegenstand des Glaubens waren, als jene Götter noch verehrt wurden, als ihnen noch Opfer fielen, noch Altäre rauchten, so ist sie jetzt erlaubt wie Pflicht des Forschers, und dem christ= lichen Gotte, der ein Gott der Wahrheit und der Wirklichkeit ist, kann damit nur gedient sein, wenn die Unwirklichkeit der alten Götter nachge= wiesen wird, denn die zu Grunde liegende Wahrheit verwirft das Christen= thum nicht, ja es pflegt sie als der Uroffenbarung angehörig für sich in Anspruch zu nehmen.

Wenn die Mythen für den Glauben jetzt Alles verloren haben, so haben sie für das Wißen gewonnen; es giebt erst jetzt eine Mythologie, eine Wißenschaft der Mythen. Sie lehrt uns erkennen, daß den religiösen Anschauungen der Völker geistige Wahrheit zu Grunde lag, der Irrthum aber darin bestand, daß die täuschenden Bilder, in welche die Dichtung jene Wahrheiten kleidete, für wirklich angesehen wurden. Die Uroffenba= rung war verdunkelt oder gar verloren, den Gedankenbildern der Dichtung lag oft die volle Wahrheit nicht zu Grunde: um so weniger konnten sie genügen und mit dem Scheine der Wirklichkeit lange bestechen. In der That ergiebt die Geschichte des deutschen Heidenthums, wie es die Geschichte des antiken gleichfalls ergiebt, daß die heidnische Form des religiösen Bewußt= seins sich ausgelebt hatte, als das Christenthum in die Welt trat, oder doch als es den nordischen Völkern verkündigt wurde, mithin der Glaube an den einigen Gott, der ohnedieß allen heidnischen Religionssystemen zu Grunde lag, schon im Gemüthe der Völker vorbereitet war. Auf dem Wege innerer Entwickelung war der heidnische Glaube dahin gelangt, den einigen Gott zu ahnen: ihn erkennen zu lehren, bedurfte es äußerer Mittheilung.

Welcher Art von Mythenbeutung ich anhänge, will ich noch angeben. Vor Allem nicht der historischen, welche die Götter zu Menschen macht, obgleich diese die älteste ist. Ihr hiengen Saxo und Snorri an: da wurden die Götter zu Königen des Nordens, zu Zauberern oder zu großen Heermännern und Eroberern, die Asen und Wanen zu feindlichen Völkerschaften und den Fluß Ifing, der die Grenze bildet zwischen Göttern und Riesen, suchte man auf der Landkarte. Als Zauberer begreift auch Konrad von Würzburg (im trojanischen Krieg V. 859 ff.) die griechischen Götter:

> Waʒ gote wæren bî der zit?
> si wâren liute als ir nu sit,
> wan daʒ ir krefteclich gewalt
> was michel unde manecvalt
> von kriutern und von steinen.

Schon die Heldensage, die selbst einen Theil der Mythologie bildet, kann als eine Historisierung der Göttersage angesehen werden.

Eine andere Art der Deutung, die physische oder eigentlich astronomische, vertritt Finn Magnusen: er macht die Götter zu Sternbildern, Monaten und Kalendertagen. Gänzlich läßt sich indes der physischen Deutung ihr Recht nicht absprechen: ohne Zweifel enthalten die Mythen Naturbetrachtung, ja von Naturbetrachtung geht der Mythus aus; weil aber Natur und Geist verwandt, ja wesentlich eins sind, so bleibt der Mythus bei seiner ersten, natürlichen Bedeutung nicht stehen, sondern rückt alsbald auf das geistige und sittliche Gebiet hinüber. Wir müßen daher bei allen Göttern erst nach ihrer natürlichen Grundlage fragen und von ihr ausgehend ihre geistigen und sittlichen Beziehungen als spätere Erweiterungen zu ermitteln suchen. Die gröste Carricatur der physischen Mythenauslegung ist die chemische, welche Trautvetter vertritt: da werden die drei höchsten Götter zu Schwefel, Quecksilber und Salzen, oder in der physischen im engsten Sinne, zu den Gesetzen der Schwere, Bewegung und Affinität: Thôr ist die Electricität, sein Kraftgürtel der electrische Condensator, seine Handschuhe der Leiter; Freyja und Sif sind Kohlenstoff und Sauerstoff. Vgl. Köppen Einl. 203.

Eine besonnene Auffaßung wird nicht Alles über einen Leisten schlagen: sie wird anerkennen, daß dem Odin das Element der Luft zu Grunde liegt, während seinem Sohne Hermôdr keine Naturerscheinung entspricht, da er vielmehr aus einer sittlichen Eigenschaft, einem Beinamen Odins, zu einer selbständigen mythischen Figur erwachsen ist. Die Götter haben das Menschengeschlecht erschaffen, sagt der Mythus; im Grunde verhält es sich umgekehrt: die Menschen haben sich die Götter geschaffen — nach ihrem Bilde. Und da der Mensch der äußern Natur angehört wie

der innern, da er aus Leiblichem und Geistigem besteht, sein Leben sich
in Wechselbeziehungen zwischen Natur und Geist bewegt, so müßen es auch
seine Götter. Die Einheit von Geist und Natur macht uns das Studium
der Mythologie recht anschaulich, denn Uebergänge aus dem einen in
das andere überraschen uns da Schritt für Schritt.

Ich will noch näher anzugeben versuchen, welchen Entwickelungsgang
die Mythen zu nehmen pflegen, indem sie von dem natürlichen Gebiet auf
das sittliche hinüber rücken. Ursprünglich bezogen sich die Mythen auf das
Naturleben im Kreißlauf des Tages oder Jahres. Aber Tagesmythen
erweitern sich zu Jahresmythen, weil der Sommer der Tag, der Winter
die Nacht des Jahres ist. So sind auch noch Sommer= und Winter=
mythen erweiternder Umbildungen fähig; der erste Schritt, der hier zu
geschehen pflegt, ist ihre Uebertragung auf Leben und Tod, denn der
Winter ist der Tod der Natur, der Sommer weckt Pflanzen und Thiere
zu erneutem Leben. Mit dieser zweiten Erweiterung ist schon ein Riesen=
schritt geschehen: Tod und Leben sind die großen Probleme, womit sich
alle Mythologieen zu beschäftigen pflegen. Aber dabei bleiben sie nicht
stehen; am Wenigsten thut das die unsere. Mit diesem Leben ist es nicht
zu Ende, der Tod ist kein Tod auf ewig: wie auf den Winter, den Tod
der Natur, ein neuer Frühling folgt, ein neues Leben, so ist auch vom
Tode noch Erlösung zu hoffen, die Hölle läßt ihre Beute wieder fahren,
die Pforten der Unterwelt können gesprengt werden, und gerade dieß ist
der Inhalt vieler deutschen Mythen, Märchen und Sagen. Die Bedin=
gungen, an welche diese Erlösung geknüpft ist, rücken den Mythus von
selbst auf das geistige Gebiet, sie empfangen nun eine sittliche Bedeutung,
während sie ursprünglich nur eine natürliche hatten. Aber auch diese
Erweiterung ist noch nicht die letzte, deren sich die Mythen fähig zeigen:
nicht bloß die Schicksale der einzelnen Menschen sind von Geburt und Tod
begrenzt, auch die Welt wird geboren: wir nennen das Schöpfung; an=
dererseits verfällt sie dem Tode: das ist was wir Weltuntergang zu
nennen pflegen. Die Schöpfungsgeschichte ist ein Gegenstand aller
Mythologieen; der deutschen Mythologie ist es eigenthümlich, daß sie auch
den Untergang der Welt ins Auge faßt, ja ihn zum Hauptgegenstand
ihrer Anschauungen erhebt. Hier erfahren nun die Mythen ihre letzte und
mächtigste Erweiterung: ursprünglich nur auf den Wechsel von Tag und
Nacht, Sommer und Winter, also den Kreißlauf des Tages, des Jahres
bezüglich, werden sie nun auf das große Weltenjahr ausgedehnt: denn
auch mit dem Untergang der Welt ist es nicht zu Ende, es folgt ihre
Erneuerung, ihre Wiedergeburt, die Erde taucht aus der allgemeinen Flut
wieder auf und grünt, die Aecker tragen unbesäet und verjüngte, entsühnte
Götter werden ein geistigeres Menschengeschlecht beherschen, das irdische

Bedürfnisse nicht kennt, denn Morgenthau ist all sein Mal. Hier ist die sittliche Umbildung am Stärksten hervorgehoben, denn die allgemeine Entsittlichung war es, welche den Untergang der Welt herbeigeführt hatte; aber jetzt hat der Weltbrand mit der Sünde das Uebel aus der Welt getilgt und die selige Unschuld der Götter und Menschen kehrt zurück um nicht wieder zu verschwinden.

3. Nordische und deutsche Mythologie.

Eine deutsche Mythologie, die nach dem eigentlichen Sinne des Worts auf Darstellung und Deutung der Mythen ausgeht, darf sich auf die jetzigen engen Grenzen Deutschlands nicht beschränken, sie muß das Wort in dem weitern Sinne nehmen, in welchem es alle germanischen Völker begreift. Tacitus befaßt unter Germanien noch Skandinavien mit, und ingäwonische Völker lebten zu beiden Seiten der Ostsee in näherer Gemeinschaft als niederdeutsche mit hochdeutschen Stämmen; erst die frühere Einführung des Christenthums in Deutschland, während Skandinavien noch heidnisch blieb, löste unser Volk von dem nordischen: das heidnische Erbe ist beiden gemein. Wir sind aber oft in dem Falle, das Nordische in den Vordergrund stellen zu müßen, wenn sich in Deutschland vor dem Christenthume nur Nachklänge geborgen haben. Vor Jacob Grimms deutscher Mythologie, die das Wort deutsch in einem engern Sinne nahm, durfte noch Köppen sagen, es gebe keine deutsche Mythologie, sondern nur eine nordische. Von den deutschen Göttern sind uns meist nur die Namen überliefert; ihr Leben und ihre Schicksale, also auch ihre Mythen, bleiben uns verborgen, und oft könnte kaum ihre Bedeutung aus deutschen Quellen allein erkannt werden. Jacob Grimm ist der Schöpfer einer im engern Sinne deutschen Mythologie geworden; er hat sie aber aus zerbröckelten Trümmern aufbauen müßen, nach Grund und Aufriß der skandinavischen. Indem er es unternahm, Alles was man vom deutschen Heidenthume noch wißen kann, zu sammeln und darzustellen mit Ausschließung des vollständigen Systems der nordischen Mythologie, sah er sich gleichwohl genöthigt, das Nordische zur Erklärung des Einheimischen herbeizuziehen. Das Ergebniß seiner mühevollen Forschung und eines seltenen Tiefblicks war, daß beide Culte wie beide Glaubenssysteme im Wesentlichen übereinstimmen, im Einzelnen auseinandergehen, und dieß hat sich durch die bald darauf erfolgte Auffindung der s. g. merseburger Zauberlieder auf das Glänzendste bestätigt, indem hier in deutscher Sprache Götter genannt sind, die wir bis dahin für ausschließlich nordische hielten. Die wesentliche Identität der deutschen und nordischen Götter wird aber durch zweierlei eingeschränkt. So wie die Sprache dialektische Verschiedenheiten zeigt, so weichen nothwendig auch die mythischen Anschauungen bei den

verschiedenen Stämmen im Einzelnen ab. Dann aber war das Heiden=
thum im Norden, wo das Christenthum so viel später eindrang, auch
schon so viel mehr ausgebildet als bei uns, ja es hatte sich, wie oben
angedeutet wurde, schon überlebt. ‚Unsere Denkmäler,‘ sagt J. Grimm,
‚sind ärmlicher aber älter, die nordischen jünger und reicher.‘ Dieß
letzte Wort scheint wenigstens der Gegensatz zu verlangen; gedruckt steht
r e i n e r, was mir nur insofern die Wahrheit zu treffen scheint als wir für
die deutsche Mythologie auch aus heutigen Quellen schöpfen müßen, die
allerdings oft nur trübe fließen. Die frühe Einführung des Christen=
thums zwang unsere Götter, sich unter den verschiedensten Gestalten zu
bergen, die heidnische Lehre die mannigfaltigsten Verbindungen einzugehen,
und es bedarf jetzt Glück und Scharfsinn, sie wieder zu erkennen und
Christliches und Heidnisches in Legenden, Märchen und Sagen, Gebräuchen
und Aberglauben zu sondern und zu scheiden.   •

Indem wir uns oft und in dem ersten Theile ‚von den Geschicken
der Welt und der Götter‘ fast immer genöthigt sehen, von dem nordischen
als dem vollständiger entwickelten und erhaltenen Systeme auszugehen und
dann erst nachzuholen was sich im deutschen Glauben Entsprechendes oder
Abweichendes findet, ist unser Verfahren das Umgekehrte von dem, welches
J. Grimm befolgte. Er hat, wie er sich ausdrückt, die nordische Mytho=
logie nur zum Einschlag, nicht zum Zettel seines Gewebes genommen.
Das umgekehrte Verfahren, welches das Nordische zum Zettel nimmt,
das Deutsche im engern Sinn als Einschlag benutzt, muß der befolgen,
welcher sich zur Aufstellung einer g e m e i n s a m e n d e u t s c h e n M y t h o=
l o g i e der nordischen Ueberlieferungen so gut als der im engern Deutsch=
land fließenden bedienen will. Wenn Grimm hoffte, daß endlich der
Zeitpunct erscheinen werde, wo der Wall zwischen deutscher und nordi=
scher Mythologie zu durchstechen sei und beide zusammenrinnen können
in ein größeres Ganze, so ist für uns dieser Zeitpunct schon erschienen:
wir haben den Wall durchstochen und den Guß einer allgemeinen deut=
schen Mythologie unternommen. Jetzt wo dieser vollbracht ist, darf ich
es wohl aussprechen, daß weder die deutsche Mythologie der nordischen,
noch die nordische der deutschen entrathen kann, indem sie sich gegenseitig
fördern und erläutern, da keine über ihre eigenen Gestalten volles Licht
zu verbreiten weiß ohne die andere. Die nordische, deren Göttern ein
längeres Dasein beschieden war, täuscht zwar mit dem Schein einer
gewißen Selbständigkeit; aber nicht nur sind unsere Denkmäler älter,
sie sind auch echter, und selbst was wir aus heutigen Quellen, aus dem
Munde des Volks, aus der in Märchen und Sagen, in Sitten und
Gebräuchen noch fortlebenden Ueberlieferung schöpfen, deutet auf einen ältern
und beßern Zustand der Mythen, die sich seit der Einführung des Christen=

thums nicht weiter entwickelt haben, damals aber sich von ihrer ursprüng=
lichen Gestalt noch nicht so weit entfernt hatten als in dem später be=
lehrten Norden, wo sie in jüngerer und bewußterer Zeit, als sich das
Heidenthum fast schon ausgelebt hatte, der Willkür der Skalden, ja
christlicher Aufzeichner anheimgefallen waren.

4. Quellen der Mythologie.

Die Quellen der Mythologie ausführlich zu besprechen, gebricht hier
der Raum, und nur der Raumersparung wegen gebe ich hier diejenigen
Werke an, auf welche ich mich am Häufigsten beziehe, damit ich nicht
immer genöthigt bin, ihren Titel vollständiger anzuführen.   Unter den
nordischen stehen billig die beiden Edden voran, welche ich gewöhnlich
nach meiner Uebersetzung citiere: ‚Die Edda, die ältere und jüngere, nebst
den mythischen Erzählungen der Skalda.‘ Stuttgart und Tübingen, 3te
Auflage, 1863. In den Erläuterungen ist über die Bestandtheile beider
Sammlungen Auskunft gegeben.   Die ‚Skalda‘ begreift sie nur insofern
als sie mythologische Erzählungen enthält: diese sind den Capiteln der
beiden ersten Abschnitte Gylfaginning und Bragarœdur angereiht, und
zwar so, daß die Zahlen dieser Capitel, welche Dämisagen heißen und
daher D. citiert werden, bei jenen aus der Skalda ausgehobenen Erzäh=
lungen weiter fortgeführt werden.   Zum Nachschlagen des Originals be=
dient man sich für die ältere am Besten der 1860 zu Leipzig erschienenen
Ausgabe von Theodor Möbius (Edda Sæmundar hins fróda); doch stimmt
meine Uebersetzung in den Strophenzahlen mehr mit der Ausgabe von Her=
man Lüning (Zürich 1859), welche sich auch durch Glossar und Grammatik
u. s. w. empfiehlt; für die jüngere, mit Einschluß der Skalda, der Aus=
gabe Reykjavík 1848, útgefin af Sveinbirni Egilssyni; doch wird es
gut sein, die den Dämisagen heißenden Capiteln fehlenden Zahlen beizu=
schreiben, entweder, wenigstens für Gylfaginning und Bragaröður, aus
meiner Uebersetzung, oder aus der mit lateinischem Text begleiteten neuen
Kopenhagener Ausgabe, deren Gebrauch ich ohnedieß empfehle und sie
deshalb näher bezeichne: Der erste Theil, der die wichtigsten Stücke ent=
hält, erschien 1848 unter dem Titel Edda Snorra Sturlusonar, Hafniæ
1848; aber auch der zweite 1852 herausgekommene Theil wird zuweilen
angezogen werden. Nächst den Edden sind die Fornaldar Sögur Nordr=
landa útgefnar af C. C. Rafn, Kaupmannahöfn 1829—30, III Bde,
die ergiebigste nordische Quelle; leider entsprechen als dänische Ueber=
setzung nicht ganz die gleichfalls von Rafn herausgegebenen Nordiske For=
tids Sagaer, Kjöbenhavn 1829—30, III Bde. Nach diesen sind es die
auch lateinisch so wie dänisch in zwölf Bänden herausgegebenen Forn=
manna Sögur, so wie die Islendíngasögur, von welchen am Häufigsten

Gebrauch gemacht wird. Für die Island betreffenden Sagen kann man
sich auch der von Karl Lachmann (Berlin 1816) aus der dänischen Handschrift überfetzten ‚Sagaenbibliothek des Skandinavischen Alterthums von
P. E. Müller‘ bedienen. Für die Heimskringla Snorri Sturlusons, des
nordischen Herodot, ist Mohnikes Ueberfetzung Stralfund 1837 zu gebrauchen, und für die gleichsam als Quelle dienenden ersten acht Bücher
des Saxo Grammaticus die Ausgabe von P. E. Müller, Havniae 1839.

Nächst diesen Quellen der nordischen Mythologie berufe ich mich für
die deutsche am Häufigsten auf folgende Werke:

Jacobi a Voragine Legenda Aurea, recensuit Dr. Th. Graesse.
Dresdae et Lipsiae 1846.

Gesta Romanorum herausgegeben von Adelbert Keller. Erster Bd.
Text. Stuttg. u. Tübing. 1842.

Gesta Romanorum von Dr. K. G. Th. Gräffe. Dresden u. Leipzig
1842. Zwei Bde.

Caesarii Heisterbacensis Monachi Dialogus Miraculorum ed.
Strange. Coloniae 1851. Vgl. darüber A. Kaufmanns Schrift 1862.

Die ergiebigfte Quelle verfprechen die im Volke noch lebenden Ueberlieferungen zu werden, welchen man seit den ‚deutfchen Sagen‘ (Göttingen
1816—18. Zwei Theile) und den ‚Kinder- und Hausmärchen‘ der Brüder
Grimm, die auch hier den Weg gewiesen und die reichste Ernte vorweg
genommen haben, eifrig nachforscht. Die letztere Sammlung, die uns
fast die Stelle einer deutschen Edda vertritt, hat Wilhelm Grimm in der
6. Ausgabe (Göttingen 1850) mit einer Ueberficht der neuesten Märchen-
literatur eröffnet, die auch außerdeutsche, ja außereuropäische Sammlungen
vergleicht und Einstimmungen wie Abweichungen innerhalb sowohl als
außerhalb des indogermanischen Volksstamms erwägt. Wie überraschende
Blicke uns hier auch eröffnet werden, so gewährt doch die ins Einzelne
durchgeführte Vergleichung, wie sie seit 1856 die Umarbeitung und Ergänzung des seit 1822 nicht mehr aufgelegten dritten Bandes der Kinder-
und Hausmärchen bietet, noch reichere und wichtigere Aufschlüße. Nächst
ihnen verdanken wir besonders Adalbert Kuhn, Karl Müllenhoff und
J. W. Wolf, welchen sich Bernhard Baader und Friedrich Panzer an-
reihen, den Erschluß der reichhaltigsten Quellen. Auf Kuhns ‚Märkische
Sagen‘ (Berlin 1843) folgten Leipzig 1848 die ‚Norddeutschen Sagen,
Märchen und Gebräuche‘ von Adalbert Kuhn und Wilhelm Schwartz; 1859
die ‚Westfälischen Sagen, Gebräuche und Märchen‘ von Adalbert Kuhn.
Karl Müllenhoffs ‚Sagen, Märchen und Lieder der Herzogthümer Schleswig,
Holstein und Lauenburg‘ erschienen Kiel 1845. Von J. W. Wolfs
vielfachen Arbeiten auf diesem Gebiete nenne ich nur die ‚Deutfchen
Märchen und Sagen‘ (Leipzig 1845), die ‚Niederländifchen Sagen‘

(Leipzig 1843), die ‚Deutſchen Hausmärchen‘ (Göttingen und Leipzig 1852) und die ‚Heſſiſchen Sagen‘ (Leipzig 1853). Bernhard Baaders ‚Volksſagen aus dem Lande Baden‘ (Karlsruhe 1851) waren zum Theil ſchon in den Jahrgängen 1835—39 von Mones Anzeiger für Kunde der deutſchen Vorzeit veröffentlicht. Auf einen engern Mythenkreiß be-ſchränkte ſich Friedrich Panzer im erſten Bande ſeiner ‚Bayeriſchen Sagen und Bräuche‘ (München 1848); der zweite hob dieſe Beſchränkung wieder auf. Zu ihnen ſtellen ſich jetzt: Karl Freiherr von Leoprechting mit dem reichhaltigen Büchlein ‚Aus dem Lechrain‘ (München 1855) und Fr. Schönwerths ‚Sitten und Sagen aus der Oberpfalz‘. Drei Bde. Augsburg 1857.

Nächſt dieſen dem Sagenforſcher unentbehrlichen Werken nenne ich noch: W. Börner ‚Volksſagen aus dem Orlagau‘ (Altenburg 1838); Reuſch ‚Sagen des Preußiſchen Samlandes‘ (Königsberg 1838), zweite Auflage Königsberg 1863; J. F. L. Woeſte ‚Volksüberlieferungen aus der Grafſchaft Mark‘ (Iſerlohn 1848); Harrys ‚Volksſagen aus Nieder-ſachſen‘ (Celle 1840); J. F. Vonbun ‚Volksſagen aus Vorarlberg‘ (Wien 1847), ſo wie deſſen ‚Sagen Vorarlbergs‘ (Innsbruck 1858) und ‚Bei-träge zur deutſchen Mythologie‘ (Chur 1862); Emil Sommer ‚Sagen, Märchen und Gebräuche aus Sachſen und Thüringen‘ (Halle 1846); L. Bechſtein ‚Thüringiſcher Sagenſchatz‘ (Hildburghauſen 1835—38), und deſſen ‚Fränkiſche‘ (Würzburg 1842) und ‚Oeſterreichiſche‘ (Leipzig 1846) Volksſagen‘; Adalbert von Herrlein ‚Sagen des Speſſarts‘ (Aſchaffen-burg 1851); Zingerle ‚Tirols Volksdichtungen und Gebräuche‘ (Innsbruck 1851), ‚Kinder- und Hausmärchen aus Süddeutſchland‘ (Regensburg 1855), ‚Sitten, Bräuche und Meinungen des Tyroler Volks‘ (1857) und ‚Sagen, Märchen und Gebräuche aus Tyrol‘ (Innsbruck 1858). Dazu kommen jetzt noch ‚Mythen und Sagen Tyrols‘ von J. N. v. Alpenburg (Zürich 1851) und Theodor Vernalekens ‚Alpenſagen‘ (Wien 1858), deſſen ‚Mythen und Bräuche des Volks in Oeſterreich‘ (Wien 1859); Rochholz ‚Schweizerſagen aus dem Aargau‘ 1856—57; deſſen ‚Naturmythen‘ (Leipzig 1862), ‚Deut-ſcher Brauch und Sage‘ (Berlin 1867). Unter den neueſten ſind noch zu nennen: L. Curtze ‚Volksüberlieferungen aus dem Fürſtenthum Waldeck‘ (Arolſen 1860); J. H. Schmitz ‚Sitten und Bräuche des Eifler Volkes‘ (Trier 1856); Joſeph Haltrich ‚Deutſche Volksmärchen aus Siebenbürgen‘ (Berlin 1856); Ernſt Meier ‚Sagen, Sitten und Gebräuche aus Schwa-ben‘ (Stuttgart 1852); Friedrich Müllers ‚Siebenbürgiſche Sagen‘ (Kron-ſtadt 1857); Dr. Anton Birlinger ‚Volksthümliches aus Schwaben‘ 2 Bde. (Freiburg 1861—62); Heinrich Pröhle ‚Kinder- und Volks-märchen‘ (Leipzig 1853), deſſen ‚Oberharzſagen‘ (Leipzig 1854), ‚Unter-harzſagen‘ (Aſchersleben 1856), ‚Märchen für die Jugend‘ (Halle 1854);

Ernſt Deecke ‚Lübiſche Geſchichten und Sagen' (Lübeck 1852); Auguſt
Stöber ‚Sagen des Elſaßes' (St. Gallen 1852); endlich J. V. Grohmann
‚Sagenbuch aus Böhmen und Mähren' (Prag 1863), Karl Haupt ‚Sa=
genbuch der Lauſitz' (1862), Witzſchels ‚Sagen aus Thüringen' (1866)
und A. Lütolf ‚Schweizeriſche Bräuche und Legenden' (Luzern 1865).
Meine eigenen ‚Deutſchen Märchen' (Stuttgart 1864) ruhen, was der
Titel nicht beſagt, faſt nur auf mündlicher Ueberlieferung.

Der Bezug der Märchen, Sagen und Legenden auf die Mythologie
iſt der, daß in chriſtlicher Zeit aus heidniſchen Mythen harmloſe Märchen
geworden ſind, wie ſie ſich auch wohl in örtlichen oder geſchichtlichen Sagen
localiſiert und hiſtoriſiert, gelegentlich ſelbſt in Legenden chriſtianiſiert haben,
weil ſie nur in ſolcher Geſtalt ihr Daſein zu friſten wuſten. Durch Aus=
merzung oder Abſchwächung des Wunderbaren kann der Mythus bis zur
Novelle herab ſinken: dieſer letzten Verkleidung war ich in den Quellen
des Shakeſpeare und dem Novellenſchatz der Italiener (Berlin
1831—32 4 Bde.) nachzuſpüren beflißen.

5. Plan der Abhandlung.

Bei der Anordnung gehen wir davon aus, daß unſere Mythologie,
in der nordiſchen Auffaßung, die uns als Wegweiſerin dient, am Deut=
lichſten einen innern Fortſchritt zeigt, wodurch ſie ſich von andern, der
griechiſchen namentlich, unterſcheidet. Man kann von einem deutſchen
Götterepos ſprechen, das ſich neben Helden= und Thierepos als ſelbſtän=
dige, höchſte Gattung hinſtellt. Gleich jenem iſt es in einer Reihe volks=
mäßiger Lieder behandelt worden, harrt aber noch des überarbeitenden
bewuſten Dichters, der es zu einer einzigen, großen Epopoie zu geſtalten
wüſte. In das Heldenepos greifen die Götter nur gelegentlich ein, in
das deutſche ſparſam, ſehr viel reichlicher in das griechiſche; dennoch iſt
ihr eigenes Leben nicht der Gegenſtand der Darſtellung: dieß bleibt dem
Götterepos vorbehalten, das ſich nur bei uns entfaltet hat. Alles iſt hier
Kampf, Drang und Bewegung: es iſt epiſches, ja dramatiſches Leben
darin. Die griechiſchen Götter leben in ewiger Heiterkeit, der Kampf mit
Giganten und Titanen liegt hinter ihnen, ſie wißen ihr Daſein geborgen
und unbedroht. Von dem Untergange der Welt findet ſich keine Mythe,
da doch die Ahnung deſſelben nahe genug lag, denn ‚Alles was entſteht,
iſt werth daß es zu Grunde geht'. Die deutſchen Götter dagegen ſind
nicht unſterblich, das Schickſal ſchwebt drohend über ihnen, ſie fühlen, daß
ſie untergehen werden, und mit ihnen die Welt, die ſie geſchaffen haben;
ſie ſuchen aber dieſen Untergang ſo lange als möglich hinauszuſchieben:
ſie ſind in beſtändigem Kampfe gegen die unheimlichen Gewalten begriffen,
die einmal die Oberhand gewinnen, die Götter verſchlingen und die Welt

in Flammen verzehren werden. Freilich sollen sie, soll die Welt mit ihnen
in Flammen gereinigt wiedergeboren werden; aber wie das ganze Leben
der Germanen ein Kampf ist, so auch das Leben ihrer Götter. Sie
beruhigen sich nicht bei der Verheißung der Wiedergeburt, sie bieten alles
auf, die zerstörenden Kräfte zu bewältigen, aus dem Kampf mit ihnen
als Sieger hervorzugehen. Sie siegen aber nur, indem sie fallen und in
Flammen geläutert sich verjüngen, während jenen verderblichen Mächten
keine Erneuung bestimmt ist.

Unsere Mythologie umfaßt Vergangenheit, Gegenwart und Zukunft:
sie weiß von einer Zeit, wo die Welt erst entsteht, wo die Götter noch
in seliger Unschuld spielen; wir sehen wie sie diese Unschuld einbüßen
und sündig werden, wie die Ahnung des Verderbens sie erst leise, dann
stärker ergreift, am Stärksten bei Iduns Niedersinken von der Weltesche:
sie rüsten sich, ihm entgegen zu wirken, nachdem sie in Baldurs Tod den
ersten, schmerzlichen Verlust erlitten haben, der viel größern vorbedeutet;
aber ein unseliges Versäumniß vereitelt ihre Vorkehrungen und sprengt
die Feßeln ihrer Feinde: schon haben sich die Vorzeichen des Weltunter=
ganges eingestellt, der Tag der Entscheidung bricht an, das Giallarhorn
ertönt, der Kampf entbrennt, die Götter erliegen, die Sonne fällt vom
Himmel, Surtur schleudert Feuer über die Welt; aber noch folgt die Er=
neuerung der Welt, die Verjüngung der Götter. Aus diesem innern
Fortschritt, dieser Fortbewegung der Mythen zu dem Einen großen Ziel
ergiebt sich uns die Anordnung ganz von selbst: wir halten uns an den
Verlauf der Begebenheiten, die Scenen reihen sich in ihre natürliche
Folge wie in einem Drama: es ist das große Weltdrama, das sich in
seine Aufzüge und Auftritte zerlegt und deßen allmählicher Entwickelung
wir nur zu folgen brauchen.

Es giebt indeßen Mythen, die auf den großen Weltkampf keinen
Bezug haben, da sie nur das Wesen der einzelnen Götter zu veranschau=
lichen dienen. Diese sparen wir für einen zweiten Theil auf, in welchem
wir, nachdem das Ganze des Weltdramas sich abgespielt hat, die Ge=
schicke der Welt und der Götter sich entschieden haben, die einzelnen Göt=
tergestalten ins Auge faßen. Ein dritter Theil hat das Verhältniß der
Menschen zu dem Weltdrama sowohl als zu den Göttern darzustellen.

Die Geſchicke der Welt und der Götter.

Entſtehung und Ausbau der Welt.

6. Urſprung der Dinge.

Von einer Schöpfung zu ſprechen enthalten wir uns, da bei der eddiſchen Erzählung von der Entſtehung der Welt, welcher wir hier folgen wollen, ein Schöpfer ſich verbirgt; daß er vorhanden war, ſagt ausdrück= lich nur die verdächtige D. 3; doch ſcheint der Name Gaut, hochdeutſch Gôz, den wir an der Spitze deutſcher Geſchlechtsreihen finden, darzuthun, daß es an dem Begriff eines Gottes, der die Welt aus ſich ergoßen habe, nicht fehlte. Das Wort Schöpfung vermeiden wir auch, weil es ſchon einen Urſtoff vorausſetzt, aus dem geſchöpft wird. Einen ſolchen nimmt unſere Mythologie ſo wenig an als das Chriſtenthum. Außer jenem verborgenen Gotte, der einſtweilen noch zweifelhaft bleibe, nehmen andere Götter an dem Urſprung der Welt offenbar Antheil; aber nicht an der erſten Entſtehung der Welt, mit der ſie ſelber erſt entſtanden ſind, nur an ihrem Ausbau.

Unſere Erzählung geht von einer Zeit aus, da noch nichts war als ein öder unerfüllter Raum, Ginnungagap genannt, wörtlich Gaffen der Gähnungen. So heißt es in der Wöluſpa nach D. 4:

> Einſt war das Alter, da Alles nicht war,
> Nicht Sand noch See noch ſalzge Wellen,
> Nicht Erde fand ſich noch Ueberhimmel,
> Gähnender Abgrund und Gras nirgend.

Damit ſtimmt zum Theil wörtlich die noch aus der heidniſchen Zeit herrührende erſte Strophe des Weſſesbrunner Gebetes:

> Das erfuhr ich unter Menſchen als der Wunder meiſtes,
> Daß Erde nicht war noch Ueberhimmel,
> Noch Baum noch Berg war bis dahin, noch Sonne nicht ſchien,
> Noch der Mond nicht leuchtete, noch die mächtige See.

Die ungeheure Kluft dieſes Abgrundes muſte erſt erfüllt werden ehe die Welt entſtehen konnte. Das geſchah auf folgende Weiſe. Schon manches Jahrhundert vor Entſtehung der Erde hatte ſich am nördlichen Ende

Ginnungagaps Niflheim gebildet: da war es dunkel und kalt; am südlichen Ende aber Muspelheim, die Flammenwelt, die war heiß und licht. In Niflheim war ein Brunnen, Hwergelmir, der rauschende Keßel, mit Namen. Aus ihm ergoßen sich zwölf Ströme, Eliwagar (die fremden Wogen) genannt, und erfüllten die Leere Ginnungagaps. Als das Waßer dieser urweltlichen Ströme so weit von seinem Ursprunge kam, daß die in ihnen enthaltene Wärme sich verflüchtigte, ward es in Eis verwandelt. Und da dieß Eis stille stand und stockte, da fiel der Dunst darüber, der von der Wärme kam, und gefror zu Eis und so schob sich eine Eislage über die andere bis in Ginnungagap. Die Seite von Ginnungagap, welche nach Norden gerichtet ist, füllte sich mit einem schweren Haufen Eis und Schnee, und darin herschte Sturm und Un= gewitter; aber der südliche Theil von Ginnungagap ward milde von den Feuerfunken, die aus Muspelheim herüberflogen. So wie die Kälte von Niflheim kam und alles Ungestüm, so war die Seite, die nach Muspel= heim sah, warm und licht, und Ginnungagap dort so lau wie windlose Luft, und als die Glut dem Reif begegnete, also daß er schmolz, da erhielten die Tropfen Leben und es entstand ein Menschengebild, das Ymir genannt ward; aber die Hrimthursen (Frostriesen) nennen ihn Oergelmir.

Ymir (von ymja stridere, rauschen, tosen, wie Oergelmir, der rau= schende Lehm) ist der gährende Urstoff, die Gesammtheit der noch unge= schiedenen Elemente und Naturkräfte, die in ihrer Unordnung durchein= ander rauschen und fluten, also dasselbe, was der Grieche sich unter Chaos dachte, nur personificiert. Das Wort Chaos aber entspricht mehr unserm Ginnungagap.

Aus dieser Erzählung ergiebt sich:

1. Der Grundstoff, aus dem die Welt gebildet wurde, kam aus dem Brunnen Hwergelmir, der in Niflheim stand, der nördlichen Nebel= welt. Er ist mithin die Urquelle alles Seins, denn aus ihm erfüllte sich die unendliche Leere des Weltraums Ginnungagap. Wie wir so Hwergelmir und Niflheim als die Urquelle alles Seins erkennen, so werden wir späterhin (§. 19) erfahren, daß dahin auch alles Sein zurückkehrt.

2. Da es zwölf Ströme sind, welche sich aus Hwergelmir ergießen, so lernen wir das Waßer als den Grundstoff erkennen, aus dem Himmel und Erde gebildet sind. Es war aber nicht von jeher vorhanden.

3. Dieses Waßer ergoß sich in der Form des Eises in den Ab= grund Ginnungagap und durch die Zusammenwirkung von Hiße und Kälte entstand hier das erste Leben, der urweltliche Riese Ymir. Ent= weder also ‚durch die Kraft deßen, der die Hiße sandte‘, wie es D. 5.

heißt, erhielten die Tropfen Leben, oder die gemäßigte Wärme, welche die
Gegeneinanderwirkung von Hitze und Kälte hervorbrachte, ließ das erste
Leben entstehen. Vgl. Wafthrudnism. 32.

7. Entstehung der Riesen. Tuisco.

Von Ymir wird nun erzählt, daß er in Schlaf fiel und zu schwitzen
begann: da wuchs ihm unter dem linken Arm Mann und Weib und sein
einer Fuß zeugte einen Sohn mit dem andern.

> Unter des Reifriesen Arm wuchs, rühmt die Sage,
> Dem Thursen Sohn und Tochter.
> Fuß mit Fuß gewann dem furchtbaren Riesen
> Sechsgehäupteten Sohn. Wafthrudnism. 33.

Daraus entsprang das Geschlecht der Hrimthursen, Reif= oder Frost=
riesen; der alte Hrimthurs heißt Ymir. Er war aber böse, wie alle
von seinem Geschlecht; für einen Gott wird er nicht gehalten, die Menschen
verehren ihn nicht, weil er ihnen keine Wohlthaten erzeigt. Diese Aus=
kunft giebt wenigstens die jüngere Edda D. 5. Gleichwohl dürfen wir
sagen, er war allerdings schon ein Gott: die älteste Götterdynastie sind die
Riesen. Die spätern Götter, die im Volksglauben an ihre Stelle getreten
sind, haben unter den Riesen Vorbilder. Wie die Götter viele Namen
haben, so erscheint dieser Stammvater der Riesen auch unter dem Namen
Örgelmir §. 6, Brimir (der Brandende) Wöl. 9, Neri §. 14, Fornjotr
§. 121, wozu nach Weinhold Riesen 11 noch Thriwaldi, Thrigeitir
und Alwaldi kämen.

Ymir der Riese war zwiegeschlechtig, Mann und Weib zugleich.
Darum erinnert er an Tuisco oder Tuisto, den erdgeborenen Gott,
welchen die alten Germanen nach der Meldung des Tacitus Germ. c. 2.
als den ersten Gründer ihres Volkes besangen. Denn wie auch der Name
zu lauten habe (unser heutiges Zwist und zwischen sind beide vom
Zahlworte abgeleitet), so liegt der Begriff des Zwiefachen, Zwiegeschlechti=
gen darin, und dieser kann weder hier noch dort entbehrt werden, da sie
beide vaterlos und ohne ihres Gleichen sind und doch von ihnen Ge=
schlechter ausgehen. Dieser Tuisto zeugte aus sich selbst einen Sohn
Mannus; ihm werden wieder drei Söhne zugeschrieben, von welchen drei
deutsche Völkerstämme, Istäwonen, Ingäwonen und Herminonen, ihren
Ursprung herleiteten. Von Istio oder Iscio wißen wir nichts, Inguio
(Ing) erscheint fast nur in dem agf. Runenlied 22, wonach er zuerst
unter den Ostdänen war, dann aber ostwärts über die Flut gieng;
der Wagen rollte nach. Vgl. Zeitschr. II, 193 und §. 100. Ueber

Irmino vgl. §. 86. 89. Ihre Namen werden nicht eigentliche Götter=
namen, sondern nur Beinamen von Göttern sein, denn nicht nach den
Namen der Götter, nur nach ihren Beinamen werden Völker und Geschlechter
benannt. Myth. 328. Müllenhoff Schmidts Zeitschrift VIII, 232.

Mannus scheint ein allgemeiner Name, der das denkende Wesen
bezeichnet, von Mannus ist mennisco, der Mensch, abgeleitet. Wir sehen
ihn in mythischen Sagen der Völker noch viermal wiederkehren: Manes
der erste König der Lyder, Menes der Egypter, Minos der Kreter, Manuh
der Inder.

8. Entstehung der Götter.

Mit der Entstehung der Götter verhielt es sich so: Neben dem
Riesen Ymir war auch eine Kuh entstanden, Audhumbla, die schatz=
feuchte (saftreiche) genannt. Aus ihrem Euter rannen vier Milchströme:
davon ernährte sich Ymir. Diese Kuh beleckte die Eisblöcke, die salzig
waren: da kamen am Abend des ersten Tages Menschenhaare hervor,
den andern Tag eines Mannes Haupt, den dritten Tag ward es ein
ganzer Mann, der hieß Buri. Er war schön von Angesicht, groß und
stark, und gewann einen Sohn, der Bör hieß. Der vermählte sich mit
Bestla oder Belsta, der Tochter des Riesen Bölthorn; da gewannen sie
drei Söhne: der eine hieß Odin (Wodhin), der andere Wili, der
dritte We. Das sind die Götter, welche Himmel und Erde beherrschen. D. 6.

Buri und Bör sind durch ihre Namen, die auf goth. bairan, tragen,
gebären weisen, wenn nicht als Erstgeborene, doch als Stammväter bezeich=
net: ich möchte jenen als den Gebärenden, diesen als den Geborenen
faßen. Auch darin läßt sich Buri dem Tuisto vergleichen, daß er aus
dem Stein hervorgeht wie jener aus der Erde, und daß seine Gemahlin
ungenannt bleibt: pflanzte er sein Geschlecht auf dieselbe Weise fort wie
Tuisto und Ymir? Dann verglichе sich sein Sohn Bör dem Mannus
und seine Enkel Odin, Wili, We des Mannus Söhnen Inguio, Istio
und Irmino, den Stammvätern dreier deutschen Stämme. Myth. 323.

Die Götter sind nach dieser Darstellung andern, d. h. geistigern Ur=
sprungs als die Riesen; sie haben aber ihr Geschlecht nicht rein erhalten,
da sie wenigstens mutterhalb von den Riesen stammen. Wir würden
das jetzt so ausdrücken: sie sind nicht aus dem Geist allein geboren, die
Materie hat Antheil an ihnen. Vgl. Uhland 18.

Die Kuh Audhumbla stellt wohl, jedenfalls den Riesen gegenüber,
das ernährende Prinzip dar: sie symbolisiert die ernährende Kraft der
Erde und so vergleicht sie sich der Gaia Hesiods, der Altmutter. Viel=
leicht sind selbst die Wörter Gaia und Kuh urverwandt, da G nach der
Lautverschiebung zu K wird. Kühe werden bei germanischen Völkern als

heilige Thiere verehrt: ein ſchwediſcher König Eiſtein Beli verehrte die
Kuh Sibilja, die er ſelbſt in die Schlacht mitnahm, auch Oegwaldr führte
eine Kuh überall mit ſich und trank ihre Milch; die Einwohner von Hwi=
taby zollten Kühen göttliche Verehrung; noch zu Olaf Tryggwaſons Zeit
opferte Harekr einem Rinde. Kühe waren vor den Wagen der Nerthus,
der Erdgöttin (Tac. G. 40) geſpannt, und die Heiligkeit des Ochſenge=
ſpanns, die ſich bei den merowingiſchen Königen zeigt, klingt noch in
heutigen deutſchen Sagen nach.   Der Name der Rinda, der winterlichen
Erde, läßt ſich zu Rind armentum halten, und wenn Zeus als Stier
mit der Europa buhlte, die wenigſtens den Namen eines Erdtheils trägt,
ſo ward die Erde vielleicht ſelbſt als Kuh gedacht.

Von der Kuh Audhumbla ſind indes die Götter nicht geboren, nur
aus den ſalzigen Eisblöcken hervorgeleckt. Den Göttern gegenüber bedeutet
ſie alſo die Wärme, die das Eis verzehrt, das züngelnde Feuer, das von
Muspelheim herüberſprüht.   Als Kuh finden wir das Feuer noch öfter
dargeſtellt; §. 37. 53. Auch das Salz iſt belebend und ernährend: es
dient überall zum Bilde geiſtiger Kraft und Nahrung, und germaniſche
Völker, Katten und Hermunduren, ſowie ſpäter Burgunden und Aleman=
nen, ſtritten um die heiligen Salzquellen. Tac. G. 20. Ann. XIII, 57.
Plin. h. n. XXXI, 39. Amm. M. 28, 5. In ihm müſte die männliche
Zeugungskraft angedeutet ſein.

Hier gewinnen wir aber eine Beſtätigung der eddiſchen Darſtellung.
Jene Salzſteine waren durch die Gegeneinanderwirkung von Froſt und
Hitze, aus Eis und Feuer, entſtanden; und Aehnliches meldet Tacitus
als den Glauben der Germanen von der noch fortwährenden Erzeugung
des Salzes, als ſei es ex contrariis inter se elementis, igne atque
aquis, indulgentia numinis (durch Allvaters Zulaßung?) concretum.
Vgl. Uhland VII, 479.

Die Götter erſcheinen ſo gleich in einer Trilogie: Odin, Wili, We,
welcher wir ſchon eine andere: Inguio, Iſtio, Irmino verglichen haben.
Dieſe Trilogie verſchwindet aber bald um einer andern Platz zu machen.
Wie Odin auf den Geiſt, ſo ſcheint Wili auf Wunſch und Willen zu
deuten, We den Begriff der Heiligkeit, Heiligung zu enthalten. Die geiſtige
Bedeutung dieſer Trilogie läßt an ihrem Alter zweifeln; doch ſichert ihr
die an dem erſten Gliede weggefallene Alliteration ſchon ein beträchtliches.
Vgl. §. 61.

9. Sinflut.

Börs Söhne tödteten nach D. 7 den Rieſen Ymir: als er fiel, da
lief ſo viel Blut aus ſeinen Wunden, daß ſie darin das ganze Geſchlecht
der Reifrieſen ertränkten bis auf den Einen, der mit den Seinen davon

kam: den nennen die Riesen Bergelmir. Er bestieg mit seinem Weib
ein Boot (lûdr) und von ihm stammt das neue Hrimthursengeschlecht.

In dem Blute des Riesen Ymir, worin die Reifriesen bis auf ein
Paar ertranken, haben wir die Sinflut, die allgemeine Flut, und in
dem Boote die Arche. Die eddische Sinflut tritt aber ein vor Erschaffung
des Menschengeschlechts: nicht ein frommer Rest desselben wird in dem
Boote geborgen, sondern Bergelmir, Thrûdhgelmirs Sohn (Waf=
thrudnismal 28. 29), Ymirs Enkel, also ein Riese, ein Feind der Götter
und Menschen. Auch in der griechischen Mythe sind es Titanen, welche
der Sinflut in einem Kasten entgehen und dann erst die Menschen
erschaffen. Ist nun auch der eddische Bericht im Vergleich mit dem
biblischen roh und unausgebildet, so stimmt er doch darin mit ihm,
und nicht mit dem griechischen, daß die Menschen, wie wir sehen werden,
von den Göttern, nicht von den Riesen erschaffen werden. Entlehnung
hat indes wohl nicht Statt gehabt: es würden sonst die epischen Züge
von der ausfliegenden Taube, von dem Landen auf dem Berge (Ararat)
u. s. w. nicht mangeln. Oder klingt letzterer in dem Namen des im
Boot geretteten Bergelmir nach? Darin aber trifft die eddische
Ueberlieferung mit der griechischen und indischen zusammen, daß die Sin=
flut der Erschaffung des Menschengeschlechts vorausgeht. Bei den Indiern
schafft Manus auf Brahmas Geheiß alle Geschöpfe, als die Flut sich schon
verlaufen hat. Manus hatte den Brahma in Gestalt eines Fisches ge=
rettet; zum Dank dafür wird ihm das Herannahen der allgemeinen Flut
und das Mittel der Rettung im Schiffe verkündet. Gr. M. 544. Der
Fisch, in dessen Gestalt Brahma erscheint, erinnert an den Butt im
deutschen Märchen, der den armen Fischer aus dem geringsten Stande zu
immer höhern Würden erhebt bis er zur Strafe des Uebermuths, zu dem
ihn die ehrgeizige Frau verleitet, wieder in den Pispott zurückkehrt, weil
er Gott selbst zu werden begehrt hatte. Auch hier klingt ein Mythus von
der Schöpfung nach, der mit der biblischen Ueberlieferung in manchen
Zügen stimmt und selbst die verschiedenen Stände andeutet.

Das dunkle Wort lûdr für Boot zu nehmen, sind wir sowohl durch
den Zusammenhang als durch die Mythenvergleichung berechtigt. Es kann
indes auch Wiege bedeuten; freilich auch ein Boot wiegt sich auf den
Wellen, und selbst ihre Gestalt ist von der eines Kahns nicht wesentlich
verschieden. Dazu kommt, daß in deutschen Volkssagen von großen Ueber=
schwemmungen, die vielleicht Nachklänge älterer Sinflutsagen enthalten,
eine Wiege es ist, worin die Rettung des einzig Verschontbleibenden, von
dem dann eine neue Bevölkerung ausgeht, vollbracht wird. In der Sage
von dem Sunkenthal oder Suggenthal (Baaders badische Volkssagen
72) ist erst die Wolke, aus welcher das Verderben über den gottvergessenen

Ort hereinbricht, so groß wie ein Hut, dann so groß wie eine Wanne, zuletzt wie ein Scheuerthor, bis sie sich als kohlschwarzes Gewitter über dem ganzen Thale zusammenzieht. Als es sich in einem Wolkenbruche entladen und das Sunkenthal überschwemmt hat, schwimmt ein Knäblein in seiner Wiege mitten in der Flut und bei ihm befindet sich eine Katze. So oft die Wiege auf eine Seite sich neigt, springt die Katze auf die entgegengesetzte und bringt so die Wiege wieder ins Gleichgewicht. Endlich blieb sie im Dold oder Wipfel einer hohen Eiche hängen. Als die Flut sich verlaufen hatte, holte man sie herunter und fand Kind und Katze lebend und unversehrt. Da man des Knäbleins Eltern nicht kannte, so nannte man es Dold, ein Name, den seine Abkömmlinge noch heute fortführen.

10. Bildung der Welt.

Die Götter nahmen den getödteten Ymir, warfen ihn mitten in Ginnungagap und schufen aus ihm die Welt: aus seinem Blute Meer und Waßer; aus seinem Fleische die Erde; aus seinen Knochen die Berge; aus seinen Zähnen, Kinnbacken und zerbrochenem Gebein die Felsen und Klippen. Aus seinem Schädel bildeten sie den Himmel und erhoben ihn über die Erde mit vier Ecken oder Hörnern, und unter jedes Horn setzten sie einen Zwerg, die heißen: Austri, Westri, Nordri, Sudri. Des Riesen Hirn warfen sie in die Luft und bildeten die Wolken daraus; dann nahmen sie die Feuerfunken, die von Muspelheim ausgeworfen umherflogen, und setzten sie an den Himmel, oben sowohl als unten, um Himmel und Erde zu erhellen. Sie gaben auch allen Lichtern ihre Stelle, einigen am Himmel, andern lose unter dem Himmel, und setzten einem jeden seinen bestimmten Gang fest, wonach Tage und Jahre berechnet werden. Das Meer ward kreißrund um die Erde gelegt, längs den Seeküsten den Riesengeschlechtern Wohnplätze angewiesen, nach innen rund um die Erde eine Burg wider die Anfälle der Riesen gebaut, und zu dieser den Menschen zum Wohnsitz angewiesenen Burg, welche Midgard, oder hochdeutsch Mittilagart hieß, die Augenbrauen des Riesen verwendet. D. 8. So heißt es in Grimnismal 40:

Aus Ymirs Fleisch ward die Erde geschaffen,
Aus dem Schweiße die See;
Aus dem Gebein die Berge, die Bäume aus dem Haar,
Aus der Hirnschale der Himmel.

Aus den Augenbrauen schufen gütige Asen
Midgard den Menschensöhnen;
Aber aus seinem Hirn sind alle hartgemuthen
Wolken erschaffen worden.

Wir sehen hier aus dem Mikrokosmos des Riesenleibes den Makrokosmos der Welt hervorgehen. Die deutsche Sage kehrt dieß um, sie läßt aus dem Makrokosmos den Mikrokosmos entstehen, aus den Theilen der Welt die Theile des menschlichen Leibes bilden. In einem Gedichte des eilften Jahrhunderts (M. altd. Lesebuch 1859, S. 41) heißt es, Gott habe den Menschen aus acht Theilen erschaffen: von dem Leimen habe er ihm das Fleisch gegeben, den Schweiß von dem Thau, die Knochen von den Steinen, die Adern von den Wurzen, von dem Grase das Haar, das Blut von dem Meere und den Muth von den Wolken; die Augen aber ihm von der Sonne gebildet. Solcher Berichte von den acht Theilen finden sich im germanischen Abendlande fünf, im Einzelnen abweichend, im Grundgedanken der Herleitung des Kleinen aus dem Großen zusammentreffend; als den sechsten können wir den betrachten, welcher den menschlichen Leib aus den vier Elementen erschaffen läßt. Indische und cochinchinesische Ueberlieferungen stimmen bald mit der deutschen Vorstellung, bald mit der eddischen; letztere wird, wie sie die einfachste und kindlichste ist, auch die älteste sein. Vgl. Grimm Myth. 534. 1218 und XXIX.

Seltsam klingt die Angabe, daß von den Augenbrauen Midgard, hochd. Mittilagart, erschaffen und den Menschen zum Wohnsitz angewiesen sei; die bewohnte Erde war also von Wald bedeckt, da wohl auch hier aus dem Haar die Bäume erschaffen wurden. Wenn aber gesagt wird, das Meer ward kreißrund um die Erde gelegt und längs den Seeküsten den Riesen Wohnungen angewiesen, so ist darüber §. 120 eine Vermuthung ausgesprochen.

„Dem Heiden ist die Erde aus dem Fleische eines göttlichen Urwesens erschaffen, der Leib Gottes. Er aß sogar die aufgegriffenen Erdbrosamen, wenn ihm durch Kampf oder Mord schnelles Sterben drohte; daher der Ausdruck: die Erde küssen, ins Gras beißen, mordre la poussière. Wackernagel in Hpts. Ztschr. VI, 288 hat aus der altdeutschen, italienischen und französischen Poesie entsprechende Beispiele hiefür gesammelt." Rochholz II, XLVIII. Vgl. Panzer II, 114. 294. Man wird auch daran erinnert, wie Brutus nach dem Orakelspruche seine Mutter küßte.

11. Gestirne.

Von den Gestirnen wißen wir schon, daß sie von Muspelheim ausgeworfene Feuerfunken waren, welche die Götter an den Himmel setzten und jedem seinen Gang vorschrieben (vgl. Wöl. 5. 6), denn

> Die Sonne wußte nicht   wo sie Sitz hätte,
> Der Mond wußte nicht   was er Macht hätte,
> Die Sterne wußten nicht   wo sie Stätte hätten.

Von Sonne und Mond, den wichtigsten unter den Gestirnen, giebt es aber noch einen andern Mythus. Die jüngere Edda (D. 11) erzählt: Ein Mann hieß Mundilföri (Achsenschwinger), der hatte zwei Kinder; sie waren ho.b und schön: da nannte er den Sohn Mond (Mâni) und die Tochter Sonne (Sôl), und vermählte sie einem Manne, Glenr (Glanz) genannt. Aber die Götter, die solcher Stolz erzürnte, nahmen die Geschwister und setzten sie an den Himmel und ließen Sonne die Hengste führen, die den Sonnenwagen zogen, welchen die Götter aus Muspelheims Feuerfunken geschaffen hatten. Die Hengste hießen Arwakr (Frühwach) und Alswidr (Allgeschwind), und unter ihren Bug setzten die Götter zwei Blasbälge, um sie abzukühlen, und in einigen Liedern heißen sie Eisenkühle.

> Arwakr und Alswidr sollen immerdar
> Sacht die Sonne führen.
> Unter ihren Bugen bargen milde Mächte,
> Die Asen, Eisenkühle. Grimnism. 37.

Mani leitet den Gang des Mondes und herscht über Neulicht und Vollicht. Vor die Sonne aber ward ein Schild gesetzt (Swalin der kühle): denn Meer und Berge würden verbrennen, wenn er herabfiele.

> Swalin heißt der Schild, der vor der Sonne steht,
> Der glänzenden Gottheit.
> Brandung und Berge würden verbrennen,
> Sänk er von seiner Stelle.

Dem kriegerischen Sinne unserer Vorfahren galt aber die Sonne selbst für einen Schild. Bei Notker heißt es: wanda selbiu diu sunna eineme skilte gelîch ist, und noch Opitz sagt: der schöne Himmelsschild.

Sôl wird D. 35 unter den Asinnen aufgeführt; in den Merseburger Heilsprüchen heißt sie Sunna und hat eine Schwester Sindgund; welches Gestirn damit gemeint sei, ist ungewiss. Da die Sonne Wölusp. 5 des Mondes Gesellin (sinni mâna) heißt, so würde man an den Mond denken, wenn nicht neben Sindgund auch Volla genannt würde, die auf den Vollmond gedeutet werden kann.

In dem Namen Achsenschwinger ist das Sonne und Mond Gemein= same ausgedrückt: sie bewegen sich beide um ihre Achse. Was aber weiter gemeldet wird, muß auf Mißverstand beruhen, denn wie sollten Menschen zur Strafe des Stolzes zu Göttern erhoben sein? Da es jedoch einmal geschrieben steht, so haben wir nachzuweisen, was daran Wahres sein kann. Nach einer weitverbreiteten Vorstellung waren Sonne und Mond Seelenaufenthalte; man fürchtete, zur Strafe in den Mond oder in die Sonne versetzt zu werden: in den Mond, weil es da kalt sei, in die

Sonne, weil es da heiß sei. Trümmer solcher Vorstellungen begegnen wir noch hier und da. So hatte ein armer Mann am Sonntag Holz gelesen; zur Strafe ließ ihm der liebe Gott die Wahl, ob er in der Sonne verbrennen oder im Mond erfrieren wolle. Er wählte das letztere. Gr. Myth. 681. In dem s. g. Brückenspiel (M. Kinderbuch 201 ff.) wird der Letzte gefangen und hat nun zu wählen, ob er in den Mond oder in die Sonne (Himmel oder Hölle) will. Vgl. Ztschr. f. d. Myth. IV, 301. 385. Das führt zu dem Mythus vom

12. Mann im Mond.

Mani nahm nach D. 11. zwei Kinder von der Erde, Bil und Hiûki, da sie von dem Brunnen Byrgr kamen und den Eimer auf den Achseln trugen: der heißt Sægr und die Eimerstange Simul. Wibfinnr heißt ihr Vater; diese Kinder gehen vor dem Monde her (eigentlich wohl in dem Monde), wie man noch von der Erde aus sehen kann. Zu dieser Erzählung gaben die Flecken oder schattigen Vertiefungen im Lichte des Vollmonds Veranlaßung. Nach deutschen Volkssagen soll es ein Holzdieb sein, der am Sontag unter der Kirche Waldfrevel verübt habe und zur Strafe in den Mond verwünscht sei. Da sieht man ihn die Axt auf dem Rücken, das Reisholzbündel bald in der Hand, bald gleichfalls auf dem Rücken. Bei Shakespeare (Sturm II, 2) begleitet ihn ein Hund. Vgl. Kuhn M. S. 27. 107. 140. Neben der Achtung für das Eigenthum wird die Heilighaltung des Sonntags eingeschärft, eine Verdoppelung des sittlichen Motivs, deren es nicht bedarf, während dieß selbst nicht entbehrt werden kann, wie auch allein in dem eddischen Märchen, das von einer eigenthümlichen Auffaßung der Gestalt jener Flecken auszugehen scheint, der sittliche Bezug vermißt wird, denn nicht ein ‚kinderstehlender Mondsmann', die gestohlenen Kinder selbst sind in den Mond versetzt. Es fehlt also die Strafe, die bei Sol und Mani §. 11 zu viel scheint. Oder soll man den Grund, warum die Kinder in den Mond gesetzt wurden, hinzudenken? etwa weil sie in seinem heiligen Schein, worin man nach Baaders bad. S. 45. 417 auch nicht spinnen soll, die Arbeit des Waßerholens verrichteten. Die altmärkische Sage bei Temme 49, ‚die Spinnerin im Monde', wo ein Mädchen von seiner Mutter verwünscht wird, im Monde zu sitzen und zu spinnen, scheint entstellt, da jener Fluch sie nicht wegen Spinnens, sondern Tanzens im Mondschein trifft. Wichtig wird aber nun die Meldung bei Kuhn (Märk. Sagen 26), wonach man in der Altmark an eine Frau im Monde glaubt, die habe einst ‚am Sonntag' gesponnen und sitze nun deshalb mit der Spindel dort oben. Setzt man statt ‚am Sonntag' ‚im Mondschein', so wird sich die heidnische Gestalt der Erzählung ergeben. So wird der Mann mit dem Reisholzbündel ursprünglich wohl auch nicht am Sonn-

tage Holz gehauen haben; that er es im Mondschein, so muste die Heim=
lichkeit freilich den Verdacht des Diebstahls erwecken und so die Ver=
doppelung des Motivs herbeiführen.

Als Nachklänge des eddischen Berichts, wie Grimm Myth. 680 will,
indem sich die Waßerstange in den Axtstiel, der getragene Eimer in den
Dornbusch gewandelt habe, sind die deutschen von dem Diebe schwer zu
faßen, mit Ausnahme des norddeutschen bei Kuhn 349, wo ein Kohldieb
fürchtet, der Mond, welcher eben schien, möchte ihn verrathen: da nahm
er einen Eimer voll Waßer, um den Mond auszugießen; aber es half
nicht, und so sieht man ihn denn noch heute mit seinem Eimer im Monde
stehen.   Hier ist auch der Mondschein wieder im Spiele, in deßen alter
Heiligkeit der Schlüßel des Räthsels liegt.   In W. Müllers N. S. S.
u. Märchen 81. 84. 87. 245. 246. kommt es vor, daß die Erlösung
suchende Jungfrau ein Tragholz auf der Schulter hat, woran ein Eimer
hängt.   Auch sie ist zur Strafe verwünscht, man erfährt aber nicht,
worin ihre Schuld bestand.

Was oben vermuthet ward, haben seitdem aufgefundene Volkssagen
bestätigt.   Meier Nr. 257. 258.   „Man hält es für eine große Sünde,
im Mondscheine zu spinnen und zu stricken, als ob man am Tage nicht
genug bekommen könne.“   Vgl. Panzer II, 299, Temme Märk. S. 43.
Schon in dem Worte ‚Feierabend‘ wird die Heiligkeit des Abends, des
Mondscheins ausgesprochen.   Bekannte Bildwerke, wie jene Wiener „Spin=
nerin am Kreuz“, findet man damit in Verbindung gebracht.   Panzer II,
556.   Nach westfälischen Sagen (Kuhn 47. 89) ist es besonders verpönt,
Sonnabends nach Sonnenuntergang zu spinnen: das enthält ein Vergehen
gegen die Heiligkeit der Sonne und des Mondes zugleich.   Aber auch
Donnerstags Abends soll man nicht spinnen, Nr. 48, noch weniger Sonn=
abends bis in die Nacht.   Rochh. Glaube II, 57, Mythen 233, Schön=
werth I, 418, II, 62.   Eine Reihe deutscher und ital. Märchen läßt
den Mond Spinnräder schenken.   War einst die Mondgöttin, etwa Freyja,
spinnend gedacht?   Vgl. §. 117 unten.

Das Volk sieht die Sterne für die Köpfe silberner Nägel an, die
das Himmelsgewölbe zusammenhalten, oder für Löcher am Boden der
Himmelsdecke, durch die der innere Glanz hervorstrale, die Sternschnuppen
für Dochtputzen, die von den Engeln an den Himmelslichtern abgezwickt
werden.   Birlinger II, 190.   Eine andere Vorstellung setzt der Glaube
voraus, daß man nicht mit den Fingern nach den Sternen deuten solle,
weil sie Augen der Engel seien.

Gestirndienst wird unten §. 132 geläugnet: Sonne und Mond wa=
ren zu göttlichen Wesen erhoben.   Mythische Vorstellungen knüpfen sich aber
noch an andere Gestirne.   Es wird gelegentlich erwähnt werden, bei welcher

Gelegenheit gewisse Gestirne an den Himmel gesetzt wurden. So wurden nach §. 31 Thiassis Augen an den Himmel geworfen, so nach §. 81 das Sternbild Örwandils Zehe geschaffen. Wie der Sonne und dem Monde ein Wagen zugeschrieben wird, so den Sternen ein Stuhl, darauf zu sitzen (sterrono girusti). Die drei Sterne im Gürtel des Orion sind bald ein Rocken der spinnenden Göttin, die wir schon im Monde vermuthet haben, bald ein Stab des Gottes, bald ein Pflug, ein Rechen: der kindlichen Phantasie eines Hirtenvolks erschienen sie als drei Mahder; aber Jäger sahen sie für einen Haufen Eber (eburdring) an. Für das Siebengestirn ist das Bild einer Gluckhenne mit ihren Küchlein geläufig. In den Märchen, wo Sonne, Mond und Sterne Geschenke verleihen, geben die Sterne eine Nuß, aus der die Henne mit ihren Küchlein hervorkommt; im Märchen vom Aschenbrödel sind sie nur auf das Kleid gestickt. Es giebt aber auch eine Erzählung von diesem Sternbild, die einen Nachklang eines Mythus verräth. Christus gieng an einem Beckerladen vorüber, wo frisches Brot duftete. Er sandte einen seiner Jünger hin, ein Brot zu erbitten. Der Becker schlug es ab; doch von ferne stand die Beckersfrau mit ihren sechs Töchtern und gab das Brot heimlich: dafür sind sie als Siebengestirn an den Himmel versetzt; der Becker aber ist zum Kuckuck geworden. Darum ruft man ihm nun zu:

Kuckuck, Beckenknecht u. s. w.

Zugleich ist damit auf das fahle, gleichsam mehlbestaubte Gefieder des Vogels angespielt. Sein Bezug auf das Siebengestirn ist aber noch darin begründet, daß er nur von Tiburtii bis Johannis seinen Ruf erschallen läßt und nur um diese Zeit das Siebengestirn am Himmel sichtbar ist. Vgl. Gr. Myth. 639, wo von dem Gertrudsvogel (Schwarzspecht) Aehnliches gemeldet wird.

13. Mond- und Sonnenfinsternisse.

Sonne und Mond werden nach D. 12 von zwei Wölfen verfolgt. Der Verfolger der Sonne heißt Stöll: sie fürchtet, daß er sie greifen möchte und kann sich nicht anders vor ihm fristen als indem sie ihren Gang beschleunigt:

Stöll heißt der Wolf, der der scheinenden Gottheit
Folgt in die schützende Flut.

Der andre heißt Hati, Hrodwitnirs Sohn, der läuft vor der Sonne her,

Hati der andre, Hrodwitnirs Sohn,
Eilt der Himmelsbraut voraus. Grimnism. 39.

und will den Mond packen, was auch geschehen wird, nämlich am jüngsten
Tage. Ueber die Herkunft dieser Wölfe erfahren wir, daß ein Riesenweib
östlich von Midgard in dem Walde sitzt, der Jarnwidr (Eisenholz) heißt.
In diesem Walde wohnen die Zauberweiber, die man Jarnwidiur nennt.
Jenes alte Riesenweib gebiert viele Kinder, alle in Wolfsgestalt, und von
ihr stammen diese Wölfe. Es wird gesagt, der Mächtigste dieses Geschlechts
werde der werden, welcher Managarm (Mondhund) heißt. Dieser wird
mit dem Fleische aller Menschen, die da sterben (?) gesättigt; er
verschlingt den Mond und überspritzt den Himmel und die Luft mit
seinem Blute: davon verfinstert sich der Sonne Schein und die Winde
brausen und sausen hin und her. Die Stelle, woraus die jüngere Edda
dieß entnimmt, steht Wöluspa 32. 33:

> Oestlich saß die Alte   im Eisengebüsch
> Und fütterte dort   Fenrirs Geschlecht.
> Von ihnen allen   wird eins zuletzt
> Des Mondes Mörder   übermenschlicher Gestalt.

> Ihn mästet das Mark   gefällter Männer,
> Der Seligen Saal   besudelt das Blut.
> Der Sonne Schein   dunkelt   in kommenden Sommern,
> Alle Wetter wüthen: wißt ihr was das bedeutet?

Wir hoffen aber diese Stelle unten befriedigender zu deuten. Daß
Managarm, der Verschlinger des Mondes, schlimmer sein soll als Stöll,
der Würger der Sonne, erklärt sich aus einem Missverständnisse. Nach
Wöl. 57 wird die Sonne erst schwarz, als nach dem letzten Weltkampf
die Sterne vom Himmel fallen und die Erde ins Meer sinkt. Hieraus
entsprang der Irrthum, als wenn sie von Stöll nicht verschlungen würde.
Daß aber auch sie der Wolf würgt, ist außer D. 51 Wafthr. 47 gesagt;
aber eben daselbst 46 wird dieser Wolf Fenrir genannt, dessen Name doch
hier nur nach der kühnen Weise der nordischen Dichtersprache für Stöll
steht, wie auch beide Wölfe Wölusp. 32 Fenrirs Geschlecht heißen, schon
weil Fenrir gleichfalls ein Wolf ist, der wie jene zerstören und verschlingen soll. Odin, der von Fenrir verschlungen wird, galt als Himmels-
und Gestirngott, und so ist Fenrir in jenen Wölfen, die Sonne und
Mond verschlingen werden, nur verdoppelt. Zu erinnern ist noch, daß
Managarm (Mondhund), welcher mit Hati eins ist, nicht mit dem
Höllenhunde Garm verwechselt werden darf.

Die vergleichende Mythologie lehrt, daß die Mond- und Sonnen-
finsternisse zu dem Mythus von den beiden Wölfen Veranlaßung gaben.
Die Vorstellung, als ob diese Finsternisse daraus entständen, daß ein
Ungeheuer das himmlische Gestirn in seinen Rachen gefaßt habe, um es

zu verschlingen, ist bei vielen Völkern verbreitet: sie suchten es durch lauten Zuruf zu schrecken, daß es seine Beute fahren laße, ja sie schlugen auf Trommeln und Keßel und andere lärmende Instrumente. Myth. 668 ff.

14. Tag und Nacht.

Wie Sonne und Mond, so sind auch Tag und Nacht zu göttlichen Wesen erhoben. Weil aber nach der germanischen Vorstellung die Nacht dem Tage vorangieng (nox ducere diem videtur, Tac. Germ. 11), so ist die Nacht (Nótt) als die Mutter des Tages (Dags) gedacht. Die Nacht selbst ist nach D. 10 die Tochter eines Riesen Neri, Nörwi oder Narfi, unter deßen Namen auch ein Sohn Lotis erscheint. So ist sie vielleicht eine Verwandte der Hel, der Todesgöttin, die Lotis Tochter heißt. Wegen dieser Abstammung von den Riesen ist die Nacht schwarz und dunkel wie ihr Geschlecht. Sie war dreimal vermählt: zuerst einem Manne mit Namen Naglfari: der beiden Sohn war Udr oder Audr. Darnach ward sie Einem Namens Annar (Anar, Onar) ver= mählt: beider Tochter hieß Jördh, die Erde. Ihr letzter Gemahl war Dellingr, der vom Asengeschlechte war. Ihr Sohn Dag (Tag) war schön und licht nach seiner väterlichen Herkunft. D. 10.

Da in Dellingr, assimiliert aus Deglingr, der Begriff des Tages schon liegt, so bedeutet er wohl das Morgenroth oder den Tagesanbruch, wie in der Herwarars. vor Dellings Thüre „vor Tag" bedeutet.: also das letzte Drittel der Nacht; in Annar und Naglfari hätten wir demnach die beiden ersten Drittel zu suchen. Ein Anar kommt unter den Zwergen vor (Wölusp. 12); an seinem Namen hat sich Grimm (Zeitschr. III, 144) vergebens abgemüht; hieß er Annar, so bezeichnet er den Andern, die andere Hälfte der Nacht. Seine Tochter ist die Erde, das dunkelste der Elemente. Da nun die vorausgehende D. 9 die Jörd eine Tochter Odins nannte, so muß Odin, der auch Tweggi (der Zweite) heißt, unter diesem Annar, dem Andern, verborgen sein. Am Schwierigsten ist Naglfari zu deuten: denselben Namen trägt auch das Todtenschiff D. 51, und wir sehen hier wieder die Verwandtschaft der Nacht mit Hel, der Todes= göttin, hervortreten. Der Einbruch der Nacht vergleicht sich dem Ein= bruch des Weltuntergangs, den das Schiff vermittelt, das die weltzer= störenden Gewalten heranführt. Die Erweiterung überspringt die nächsten Stufen, Winter und Tod, und gelangt gleich zu der letzten, dem Tod der Welt. Udr, wie der Sohn der Nacht in dieser ihrer ersten Ehe heißen soll, ist nach Grimnism. 46 ein Beiname Odins.

Von Dellingr, deßen Name noch in Deutschland in vielfachen Wandlungen fortlebt, hat sich in einem Volkslied (Wunderhorn I, 38) ein verbunkelter Mythus erhalten. Ein Türke erscheint vor dem Hoflager des Kaisers und fordert dessen Helden zum Zweikampf. Niemand will es wagen, sich mit ihm zu meßen, schon zürnt der Kaiser über die Feigheit seiner Helden, da springt der Döllinger hervor:

> Wohl um, wohl um, ich muß hervor
> An den leidigen Mann,
> Der so trefflich stechen kann.

Aber zuerst erliegt der Döllinger dem Türken; erst bei dem zweiten Ritt sticht er den Türken ab, dessen Seele dann der Teufel entführt. Dieß Volkslied wird als ein historisches angesehen, weil es sich an des Kaisers Hoflager zu Regensburg knüpft; es ist aber ein mythisches, das den Kampf zwischen Tag und Nacht zum Inhalt hat. Der Gott des jungen Tages ist zu einem Frühlingsgott erweitert, wie wir schon wißen, daß Tages= mythen der Erweiterung zu Sommermythen fähig sind. Auch der Winter wurde als Türke gedacht §. 145 unten:

> Mit dem Türken wollen wir streiten,
> Den Säbel an der Seiten.

15. Verhältnifs zu Sonne und Mond.

Da nahm Allvater, heißt es nun weiter, die Nacht und ihren Sohn Tag und gab ihnen zwei Roße und zwei Wagen und setzte sie an den Himmel, daß sie damit alle zweimal zwölf Stunden um die Erde fahren sollten. Die Nacht fährt voran mit dem Roße, das Hrimfaxi (reif= mähnig) heißt, und jeden Morgen bethaut es die Erde mit dem Schaum seines Gebißes. Das Roß, womit der Tag fährt, heißt Skinfaxi (lichtmähnig) und Luft und Erde erleuchtet seine Mähne. Vgl. Wafthrud= nism. 12. 14:

> Skinfaxi heißt er, der den schimmernden Tag zieht
> Ueber der Menschen Menge:
> Für der Füllen bestes gilt es den Völkern;
> Stäts glänzt die Mähne der Mähre.

> Hrimfaxi heißt es, das die Nacht herzieht
> Den waltenden Wesen.
> Mehlthau fällt ihm am Morgen vom Gebiß,
> Und füllt mit Thau die Thäler.

Da sonach Tag und Nacht ihre eigenen Pferde haben und bei dem Roße des Tages die Beziehung auf das Licht im Namen ausgedrückt ist, so scheint es, man dachte sich Nacht und Tag von Sonne und Mond unabhängig. Freilich der Mond bringt nicht die Nacht, er erleuchtet sie

nur; aber den Tag lösen wir jetzt von der Sonne nicht ab, wie es unsere
Vorfahren thaten. Es fällt schon auf, wenn im Wartburgkriege, wo es
sich um den Preis zweier Fürsten handelt, von welchen der eine der Sonne
verglichen worden ist, der andere noch höher gestellt werden soll, indem
man ihn dem Tage vergleicht. Vgl. Panzer 175, 1—6, Wackern. Nib.
Handschr. S. 34. Grimm bemerkt Myth. 699: ‚Wahrscheinlich ließ man
den Wagen des Tags dem der Sonne vorausgehen, hinter der Nacht
her den Mond folgen. Nicht bedeutungslos mag der Wechsel des Geschlechts sein: ‚dem männlichen Tag zur Seite steht die weibliche Sonne,
der weiblichen Nacht der männliche Mond.' Wären etwa Tag (Dag)
und Sonne (Sól), so wie andererseits Nacht (Nótt) und Mond (Mâni)
als Liebespaare betrachtet worden? Für ein solches Verhältniß zwischen
Tag und Sonne spricht, daß in Fornaldurs. (II, 7) Swanhild mit dem
Beinamen Gullfiödr (Goldfeder) die Tochter Dags, des Sohnes
Dellingers, ist; ihre Mutter aber war Sól, die Tochter Mundilföris.
Sie wird dem Alfr, genannt Finnalfr, vermählt und gebiert ihm Swan
den Rothen. Wilh. Müller (Altdeutsche Religion S. 160) führt dazu den
niedersächsischen Kinderreim an:

> Regen, ga weg mit diner langen Näse:
> Sunne kum weder mit diner guldenen Feder.

　　In der Heldensage ist Swanhild eine Tochter Sigurds, und ausdrücklich wird sie in „Gudruns Aufreizung" dem Sonnenstral verglichen.
Der Schwan in ihrem Namen ist ein passendes Bild für das Licht.
Ihre Augen waren so glänzend, daß die Pferde, welchen sie vorgeworfen
ward, sie nicht zerstampfen wollten. Man mußte erst eine Decke über sie
spreiten, damit sie ihr Amt verrichteten. Ihr blutiger Tod unter den
Hufen der Pferde, wie ähnlich dem der historischen Brunhild, ist doch
wohl mythisch und auf die Abendröthe zu beziehen. Daß sie Sigurds
Tochter sein soll, erklärt sich daraus, daß dieser selbst in vielen Theilen
seines Mythus an Baldurs Stelle tritt, der agf. Bäldäg heißt, also
zuerst wohl den lichten Gott des Tages bedeutete. Ein Anderes ist es,
wenn sich der Jahresgott, den wir in Fiölswinnsmal als Mengladas
Bräutigam kennen lernen, Swipdag, Beschleuniger des Tages nennt, denn
er bezeichnet sich damit als den Frühling, der die Tage wieder zeitiger
anbrechen läßt. Swanhildens Beiname Goldfeder erinnert daran, daß
auch der Tag in dem schönen Gleichnisse Wolframs als ein Vogel gedacht
wird, der seine Klauen in die Wolken schlägt. So sehen wir §. 19 die
Sonne als Adler gefaßt.

　　Dem Anbruch des Tages und der Nacht, der auf- und untergehenden
Sonne wird ein Schauern der Natur, eine Erschütterung, ja ein Schall
und Getöse zugeschrieben, vielleicht weil sich Licht und Schall, Farbe und

Ton entsprechen und zwischen beiden ein tiefer Zusammenhang waltet.
Tac. Germ. c. 45. Grimm Myth. 684. 703. 707. Noch Goethe weiß
davon, ob aus deutschen Quellen?

> Tönend wird für Geistesohren
> Schon der neue Tag geboren.
> Felsenthore knarren rasselnd,
> Phöbus Räder rollen prasselnd:
> Welch Getöse bringt das Licht!
> Es brommetet, es posaunet,
> Auge blinzt und Ohr erstaunet,
> Unerhörtes hört sich nicht.

16. Sommer und Winter. Wind und Regenbogen.

Bei den bisherigen kosmogonischen Anordnungen waren die Götter
wenigstens als Bildner und Ordner betheiligt, wenn sie auch wie bei
Sonne und Mond, Tag und Nacht, nicht als eigentliche Schöpfer auf-
traten. Dagegen bei Sommer und Winter und bei dem Winde
verschwindet jede Spur einer Mitwirkung der Götter; bei dem Regenbogen
tritt sie wieder hervor. Vom Sommer erfahren wir D. 19, daß sein
Vater Swasudhr heiße; der sei so wonnig, daß nach seinem Namen
Alles süß (svasligt) heiße was milde sei. Aber der Vater des Winters
heiße bald Windlöni (Windbringer), bald Windswalr (Windkühl),
und dieß Geschlecht sei grimmig und kaltherzig und der Winter arte ihm
nach. So sagt Wasthrudnism. 27:

> Windswalir heißt des Winters Vater
> Und Swasudr des Sommers;
> So ziehn sie selbander durch alle Zeiten
> Bis die Götter vergehen.

Woher der Wind komme, erklärt D. 18 wie folgt: Am nördlichen
Ende des Himmels sitzt ein Riese, der Hræswelgr (Leichenschlinger)
heißt. Er hat Adlersgestalt, und wenn er zu fliegen versucht, so entsteht
der Wind unter seinen Fittichen. Davon heißt es so:

> Hräswelg heißt, der an Himmels Ende sitzt,
> In Adlerskleid ein Jotun.
> Mit seinen Fittichen facht er den Wind
> Ueber alle Völker. Wasthrudn. 37.

Aber den Regenbogen oder die Brücke Bifröst (wörtlich die
bebende Rast, oder Wegstrecke), die Himmel und Erde verbindet und auch
Asenbrücke heißt, haben die Götter geschaffen. Sie hat drei Farben und
ist sehr stark und mit mehr Kunst und Verstand gemacht als andere

Werke. Aber so stark sie auch ist, so wird sie doch zerbrechen, wenn Muspels Söhne kommen, darüber zu reiten, und müßen ihre Pferde dann über große Ströme schwimmen. Bifröst ist eine gute Brücke, aber kein Ding in der Welt mag bestehen bleiben, wenn Muspels Söhne geritten kommen. D. 13. Jeden Tag reiten die Asen über Bifröst zu ihrer Gerichtsstätte bei Urds Brunnen. Das Rothe, das man im Regenbogen sieht, ist brennendes Feuer. Die Hrimthursen und Bergriesen würden den Himmel ersteigen, wenn ein Jeder über Bifröst gehen könnte, der da wollte. D. 15. Da aber Muspels Söhne die Flammen bedeuten, welche das Feuer auf der Brücke Bifröst nicht zu scheuen haben, so ist ihr in Heimball noch ein besonderer Wächter bestellt. D. 27. Im neuern Volksglauben heißt der Regenbogen Himmelring; auf ihm steigen die Todten zum Himmel empor, die Engel zur Erde hernieder. Da wo er die Erde berührt, laßen sie ein goldenes Schlüßelchen fallen, das auch einer Blume den Namen giebt. Nach anderm Glauben liegt da ein Schatz. Birl. I, 197. Maurer Isl. Sagen 185.

Was von Winter und Sommer berichtet wird, ist als bloße Personification von Begriffen und Eigenschaften aus dem Kreiße echter lebendiger Mythen zu verweisen. Wir finden aber hier nur zwei Jahreszeiten genannt, da doch Tac. Germ. 26 den Deutschen deren schon drei zugestand, wie wir auch drei ungebotene Dinge finden. Für mythische Bezüge genügen aber jene zwei, auf deren Unterscheidung sich das Alterthum beschränkte, und die auch späterhin im höhern Norden allein hervortreten. Vgl. Gr. Myth. 715. 718. Winter und Sommer denkt man im Kampf mit einander begriffen und dieser Kampf ward jährlich in einem dramatischen Spiele vorgestellt. Noch jetzt ist diese Sommerverkündigung durch Gesänge der Jugend üblich und unsere s. g. Minnesinger, die mit Winter und Sommer anzuheben pflegen, setzen sie voraus. In milderrn Gegenden tritt an die Stelle des Winters der Tod:

> Nun treiben wir den Tod aus,
> Den alten Weibern in das Haus.

vielleicht weil im Winter die Natur schlummert und ausgestorben scheint. Anderwärts wird der einziehende Sommer unter Anführung des Maigrafen eingeholt. Grimm Myth. Cap. XXIV. Vgl. §. 145.

Wie der Winter als ein grimmiger, kaltherziger Riese erscheint, so auch der Wind. Er wird aber zugleich als ein Adler gedacht, und sein Name Leichenschlinger (Hräsmelgr) zeigt, daß dabei die Vorstellung eines aasgierigen Raubvogels waltete. Vgl. Schwarz: Die Sirenen und der nord. Hräsmelgr. Schon die Alten stellten sich den Wind als Adler vor, wie die Verwandtschaft von Aquila und Aquilo bezeugt. Ueberhaupt lieben sich die Riesen, deren wir manche als Sturmwind zu faßen haben werden, in Adler zu wandeln, während die Götter Falkengestalt annehmen oder Falkenschwingen gebrauchen. Dem Falkengefieder Freyjas steht das Adlergewand der verfolgenden Sturmriesen gegenüber. In Kriemhilds Traum sieht sie ihren Geliebten als Falken, seine Feinde als raubgierige Adler. Nur Odin, deßen Natur das Element der Luft zu Grunde liegt, entfliegt D. 59 gleichfalls in Adlersgestalt; in der Hervararf. Fornald. Sög. I, 487 jedoch als Falke und Kriemhilds Traum läßt vermuthen, daß die deutsche Gestalt des in D. 58 erzählten Mythus Wodan gleichfalls als Falke entfliegen ließ. Vgl. meine Vorrede zu den Nibelungen 1868. Ein Adler hängt nach Grimnism. 10 vor Odins Halle:

Leicht erkennen können   Die zu Odin kommen
Den Saal, wenn sie ihn sehen.
Ein Wolf hängt   vor dem westlichen Thor,
Ueber ihm dräut ein Aar.

Grimm hat an verschiedenen Orten den Adler im Gipfel des Palastes Karls des Großen verglichen. Myth. 600. 1086. G. D. S. 763. Aus Odins Eigenschaft als Kriegs= und Siegsgott erklärt sich der Adler nicht genügend: man wird darauf zurückgehen müßen, daß er nach §. 7 im Volksglauben an die Stelle eines Sturmriesen getreten ist.

Auch als Hunde werden die Winde gedacht. Die Vorstellung muß alt sein, da wir die Hunde wirklich Winde genannt finden. Die Winde werden auch als Hunde gefüttert mit den Worten:

Sieh da, Wind,
Koch ein Mus für dein Kind.

Davon scheint noch Eulenspiegel zu wißen. Ein Bauer schüttete Mehlsäcke vor den Hunden aus, welche den wilden Jäger begleiteten. Sie fielen begierig darüber her und fraßen alles auf. Unwillig warf er auch die Säcke hin; aber am Morgen fand er sie wieder mit Mehl gefüllt. Das ist der Segen, den das gespendete Opfer bringt. Als Schwein (Eber) wird namentlich der Wirbelwind gedacht, und wenn er den Staub kräuselt, rufen ihm die Kinder spottend zu: Sauwedel, Sauzagel! Panz. II, 209. 489. In der That gleicht der Schwanz dieses Thiers dem vom Wind gekräuselten Staub.

17. Schöpfung der Menschen.

Als Börs Söhne, heißt es D. 9, am Seestrande giengen, fanden sie zwei Bäume. Sie nahmen sie und schufen Menschen daraus. Der erste gab Geist und Leben, der andere Verstand und Bewegung, der dritte Antlitz, Sprache, Gehör und Gesicht. Den Mann nannten sie Ask (Esche)

und die Frau Embla, und von ihnen kommt das Menſchengeſchlecht, welchem
Midgard zur Wohnung verliehen ward. Die ältere Edda (Wöluſpa 17. 18)
läßt die Menſchen nicht von den drei Söhnen Börs, ſondern von einer
andern noch öfter vorkommenden Trilogie der Götter: Odin, Hœnir und
Lodhur (Loptr, Loki?) erſchaffen:

Giengen da dreie   aus dieſer Verſammlung,
Mächtige, milde   Aſen zumal.
Fanden am Ufer   unmächtig
Aſk und Embla   und ohne Beſtimmung. .

Beſaßen nicht Seele,   hatten nicht Sinn,
Nicht Blut noch Gebärde   noch blühende Farbe.
Seele gab Odin,   Hönir ſinnige Rede,
Blut gab Lodur   und blühende Farbe.

Dieſer letztere Bericht, nach welchem Blut, Gebärde und blühende
Farbe von dem dritten Gotte verliehen wurden, ſcheint in dem erſten,
in Bezug auf die von den einzelnen Göttern verliehenen Gaben, entſtellt.

Embla ſoll Ulme oder Erle bedeuten; Grimm (Myth. 537) leitet
aber ihren Namen von ambl (labor assiduus): ſo wäre ſie nicht von
dem Baume, ſondern von der Geſchäftigkeit des Weibes benannt.

Die Schöpfung des Menſchen aus Bäumen klingt auch ſonſt nach.
Das bekannte Handwerksburſchenlied läßt in Sachſen die ſchönen Mädchen
auf den Bäumen wachſen, und noch Aventinus leitet den Namen Germani von germinare her, wie liute (Leute) von liutan crescere richtig
hergeleitet werden. Tacitus ſagt Germ. c. 39, da er von dem heiligen
Hain der Semnonen ſpricht: eoque omnis superstitio respicit, tanquam
inde initia gentis: die Semnonen glaubten alſo wohl, ihr Volk habe ſeinen Urſprung in dieſem Walde genommen. Wenn nach dem Froſchmäuſeler
Aſchanes mit ſeinen Sachſen aus dem Harzfelſen im Wald bei einem
Springbrunnen hervorgewachſen ſein ſoll, ſo deutet der Name Aſchanes
wieder auf Aſk; der übrige Theil der Meldung aber häuft drei Urſprünge:
1. aus dem Harzfelſen, 2. im Wald, 3. bei einem Springbrunnen. Auf
die Entſtehung aus dem Harzfelſen weiſt ſogar der Name Sachſen ſelber
zurück, denn Sachs (saxum) bedeutet Stein und die Schwerter heißen
Sachs, weil die erſten Waffen Steinwaffen waren. Auch Buri entſtand
aus Salzſteinen. Auf die Entſtehung im Wald, aus Bäumen, weiſen
ſchon die Namen Aſk und Aſchanes; aus Brunnen aber läßt man noch
heute die Kinder holen und Ymir, der Urrieſe, entſtand aus dem Waßer.
Der Brunnen der Holla, aus dem die Kinder kommen, wird unten mit
dem der Urdh verglichen werden, der bei der Eſche Yggdraſil ſteht,
und ſo darf auch an den Kinderſtamm erinnert werden, der in der

Halle König Wölſungs (Wölſungaſ. Cap. 2) ſtand und deſſen Decke trug,
wie jene Eſche das Himmelsgewölbe. Die Eſche bedeutet hier den Baum
überhaupt, wie wir noch das Reſiduum alles Holzes Aſche nennen.

18. Schöpfung der Zwerge.

Der Erſchaffung der Menſchen mag als Anhang und Uebergang zum
nächſten Abſchnitt die Schöpfung der Zwerge folgen, welche Wöluſpa 7—16
aber früher geſchehen läßt. Sie ſetzt ſie, wie das auch D. 14 thut, in
Verbindung mit dem Fall, der verlorenen Unſchuld der Götter, von welcher
ſie hier abgelöſt wird. Die Wöluſpa läßt die Götter Rath pflegen,

> Wer ſchaffen ſollte der Zwerge Geſchlecht
> Aus des Seerieſen Blut und ſchwarzem Gebein.

Und ohne dieſe Frage erſt zu entſcheiden, ſchaffen die Götter drei
Scharen von Zwergen, deren Verzeichniſs ein andermal zu betrachten
ſein wird. Vgl. M. Edda S. 4.

Die jüngere Edda ſetzt hinzu, die Zwerge ſeien zuerſt als Maden
in Ymirs Fleiſch entſtanden, aber nun hätten ihnen die Götter Menſchen=
witz und Geſtalt gegeben. Sie blieben aber in der Erde und im Geſtein
wohnen.

Der ſogenannte Anhang des Heldenbuchs erzählt, zuerſt ſeien die
Zwerge geſchaffen worden zum Bau des wüſten Landes und Gebirges,
erſt dann die Rieſen zur Bekämpfung der wilden Thiere, und zuletzt die
Helden, um den Zwergen gegen die untreuen Rieſen beizuſtehen.

Die mythiſchen Welten, Himmel und Himmels=burgen.

19. Die Welteſche.

Bisher ſahen wir, wie die wirkliche Welt nach dem Glauben
unſerer Väter entſtand und gebildet ward, und welchen Antheil die Götter
an ihrem Bau und Ausbau nahmen. Außerdem wißen aber unſere
Quellen auch von Gebäuden, ja ganzen Welten rein mythiſcher Natur.
Dieſe ſollen, mit Ausnahme derjenigen, welche erſt nach der Erneuerung
der Welt in Betracht kommen, hier beſprochen werden.

Das ganze Weltgebäude wird vorgeſtellt unter dem Bilde der Eſche
Yggdraſil. Odin ſelbſt ſtellt ſich in ‚Hawamal‘ als eine Frucht des

Weltbaums dar, und da Yggr (Schauer) ein Beiname Odins ist, drasil aber Träger zu bedeuten scheint, wie es sonst auch von Pferden vorkommt, so mag sich hieraus der Name erklären. Diese Esche, heißt es D. 15, ist der gröste und beste von allen Bäumen: seine Zweige breiten sich über die ganze Welt und reichen hinauf über den Himmel. Drei Wurzeln halten den Baum aufrecht, die sich weit ausdehnen: die eine zu den A s e n; die andere zu den H r i m t h u r s e n, wo vormals Ginnûngagap war; die dritte steht über N i f l h e i m, und unter dieser Wurzel ist Hwer= gelmir und N i d h ö g g r nagt von unten an ihr. Allein die Meldung, daß die erste Wurzel zu den Asen reiche, muß auf einem Irrthum be= ruhen, denn da die Z w e i g e des Weltbaums hinaufreichen sollen über den Himmel, so kann nicht auch eine seiner W u r z e l n zu den Asen gehn. Um den Baum aus seiner schiefen Lage zu bringen, vergleiche man Grimnism. 31, wo es heißt:

> Drei Wurzeln strecken sich nach dreien Seiten
> Unter der Esche Yggdrasil.
> Hel wohnt unter einer, Hrimthursen unter der andern,
> Aber unter der dritten M e n s c h e n.

Jene Wurzel reicht also nicht zu den Asen, sondern zu den Menschen, und nun kann der Baum seine Zweige über die ganze Welt breiten und über den Himmel wölben. Sein über Walhall reichender Wipfel wird aber D. 39 durch Misverständnis als ein selbständiger Baum aufgefaßt, mit Namen Lærad (Stille spendend). An seinen Zweigen weidet die Ziege H e i d r û n, von deren Euter so viel Milch fließt, daß sie täglich ein Gefäß füllt, aus dem die Einherier, die in Odins Halle aufgenom= menen, im (Einzel=) Kampf gefallenen Helden und Könige, vollauf zu trinken haben; ferner der Hirsch E i k t h y r n i r, von dessen Gehörn so viel Tropfen fallen, daß sie nach Hwergelmir fließen und die Ströme der Unterwelt bilden. Von beiden spricht auch Grimnism. 25. 26:

> Heidrun heißt die Ziege vor Heervaters Saal,
> Die an Lärads Laube zehrt.
> Die Schale soll sie füllen mit schäumendem Meth;
> Der Milch ermangelt sie nie.
>
> Eikthyrnir heißt der Hirsch vor Heervaters Saal,
> Der an Lärads Laube zehrt.
> Von seinem Horngeweih tropft es nach Hwergelmir:
> Davon stammen alle Ströme.

Dem Namen jener Ziege entspricht der altfränkische Eigenname Chaiberûna. Müllenhoff (Zur Runenlehre 46) lehrt, daß durch die mit rûn zusammengesetzten Namen den Personen oder Wesen, die sie trugen,

die Kraft beigelegt wird, die der Rune als Zauberzeichen innewohnt.
‚So bietet sich der für den Zusammenhang höchst passende Sinn dar, daß
die Ziege deswegen den Namen Heidrun führt, weil sie durch den Meth
den Einheriern ihre Heit, d. i. ihre Art und ihr eigenthümliches Wesen
erhielt und nährte.‘

Außer diesem Hirsch, der an dem Wipfel Lärad zehrt, laufen noch
vier andere Hirsche umher an den Zweigen der Esche und beißen die
Knospen ab: sie heißen Dáin, Dwalin, Dunneyr und Durathrör;
Namen die auf den Begriff der Vergänglichkeit deuten. Dann werden auch
die Wurzeln Yggdrasils von Würmern benagt; von Nidhöggr (dem heftig
hauenden) hörten wir schon, daß er an der Wurzel nage, die über Nifl=
heim stehe. Ferner heißt es D. 16: ‚Ein Adler sitzt in den Zweigen
der Esche, der viele Dinge weiß, und zwischen seinen Augen sitzt ein
Habicht, Webrfölnir genannt.   Ein Eichhörnchen, das Ratatöskr
(eigentlich wohl Ratatwiskr, Zweigbohrer) heißt, springt auf und nieder
an der Esche und trägt Zankworte hin und her zwischen dem Adler und
Nidhöggr.‘ So heißt es Grimnism. 32—35:

> Ratatöskr heißt das Eichhorn, das auf und abrennt
> An der Esche Yggdrasil.
> Des Adlers Worte vernimmt es oben
> Und bringt sie Nidhöggern nieder.
>
> Der Hirsche sind vier, die mit krummem Halse
> An der Esche Ausschützen weiden:
> Dain und Dwalin,
> Dunneyr und Durathror.
>
> Mehr Würmer liegen unter der Esche Wurzeln
> Als Einer meint der unklugen Affen:
> Góin und Móin, Grafwitnirs Söhne,
> Grâbakr und Grafwölludr;
> Ofnir und Swafnir sollen ewig
> Von der Wurzeln Zweigen zehren.
>
> Die Esche Yggdrasil duldet Unbill
> Mehr als Menschen wißen.
> Der Hirsch weidet oben, hohl wird die Seite,
> Unten nagt Nidhöggr.

Wißen wir auch nicht alle diese Bilder zu deuten, so sehen wir doch
den Weltbaum von den Hirschen, von der Ziege, von Schlangen angenagt
und dabei fault seine Seite. Alles das sind Andeutungen der Vergäng=
lichkeit, des unvermeidlichen Untergangs der Welt. Um diesen aber noch
so weit als möglich hinauszuschieben, pflegen die Nornen, welche an Urds
Brunnen wohnen, täglich Wasser aus dem Brunnen zu nehmen und es

zugleich mit dem Dünger, der um den Brunnen liegt, auf die Esche zu
sprengen, damit ihre Zweige nicht dorren oder faulen. ‚Dieß Waßer ist
so heilig, daß Alles was in den Brunnen kommt, so weiß wird wie die
Haut, die inwendig in der Eierschale liegt.‘ So wird gesagt:

> Begoßen wird die Esche, die Yggdrasil heißt,
> Der geweihte Baum, mit weißem Nebel.
> Davon kommt der Thau, der in die Thäler fällt;
> Immergrün steht er über Urds Brunnen.

‚Den Thau, der von ihr auf die Erde fällt, nennt man Honigthau:
davon ernähren sich die Bienen.‘ D. 16. In deutschen Märchen, wo dieser
Brunnen häufig vorkommt, soll das Waßer des Lebens aus ihm geholt
werden. Seiner Heiligkeit wegen läßt man ihn hüten, daß nichts Unreines
hineinfalle. Ein reiner Jüngling, dem dieses Wächteramt übertragen ist,
taucht seinen Finger hinein, der sogleich golden wird; ein andermal läßt
er sein langes Haar hineinfallen: auch das wandelt sich in lauteres Gold.
Es ist derselbe Brunnen, dessen Waßer Jwein auf den Stein schüttet,
worauf sich Ungewitter erhebt. Statt des Lebenswaßers sollen in andern
Märchen goldene Aepfel von dem Baume geholt werden, der über dem
Brunnen steht. Diese Aepfel, welche dieselbe verjüngende und heilende
Kraft haben wie das Waßer aus dem Brunnen, kommen auch in der
Edda vor; vergeßen ist aber, daß es die Früchte des Weltbaums sind,
was freilich auch zu deßen Auffaßung als Esche, die mit dem Honigthau
zusammenhängt, nicht stimmen würde.

Nehmen wir hinzu, daß die Ziege Heidrun, die an den Zweigen
Lärads weidet, die Einherier aus ihrem Euter mit Milch versorgt, und
von dem Geweih Eikthyrnirs die Ströme der Unterwelt niederrinnen, so
gesellen sich zu den Bildern von der Vergänglichkeit der Welt andere,
welche die Esche als den allnährenden Weltbaum (vidh aldrnâra)
bezeichnen, wie er Wöluspa 51 heißt. Er erscheint aber nicht bloß als
ein Baum der Welt im heutigen räumlichen Sinne des Worts, er ist auch
ein Baum der Zeit: Raum und Zeit gehören zusammen; erst so bilden
sie die Welt, die eine räumliche und zeitliche Seite hat. Als Baum der
Zeit ist Yggdrasil ein Bild des Lebens der Welt, wie es sich in der Zeit
darstellt. Deutlicher wird uns dieß durch die Erwägung der drei Brunnen,
welche bei den Wurzeln Yggdrasils liegen:

1. Der erste Brunnen, mit deßen Waßer die Esche besprengt wird,
damit sie nicht faule, s. o., ist sehr heilig, und nach Allem was wir von
der Kraft seines Waßers wißen, kann sie sowohl verjüngen als verschö=
nen. Er liegt bei der Wurzel der Esche, die zu den Menschen reicht
nach Grimnism. 31; reichte sie zum Himmel oder läge gar der Brunnen
selber im Himmel, wie beides D. 15 meldet, so brauchten die Götter, die

ihre Gerichtsstätte an demselben haben, nicht täglich über Bifröst dahin zu
reiten. Dieser Brunnen heißt Urds Brunnen, nach der ältesten der drei
Nornen, welche Urd, Werdandi und Skuld (Vergangenheit, Gegenwart
und Zukunft) heißen, und entweder in diesem Brunnen oder in dem Saal,
welcher bei demselben steht, ihren Aufenthalt haben. Vgl. Kuhn westf.
S. 138ᵇ. Letzteres nimmt D. 15 an; aber in der Stelle der Wöluspa,
worauf sie sich gründet, ist die Lesart zweifelhaft. Nachdem Urds Brunnen
genannt worden, heißt es:

> 20. Davon kommen Frauen, vielwißende,
> Drei aus dem Saal (See) dort bei dem Stamm:
> Urd heißt die eine, die andre Werdandi ꝛc.

2. Der andere Brunnen ist Mimirs Quelle, worin Weisheit und
Verstand verborgen sind. Der Eigner des Brunnens ist Mimir und ist
voller Weisheit, weil er täglich von dem Brunnen aus dem Giallarhorn
trinkt. Einst kam Odin dahin und verlangte einen Trunk aus dem Brunnen, erhielt ihn aber nicht eher bis er sein Auge zum Pfande setzte.
Vgl. Wöl. 22. Dieser Brunnen ist bei der Wurzel, welche zu den Hrimthursen geht, also zu den Riesen; Mimir ist selbst ein Riese. Wie die
Riesen das älteste Geschlecht sind, so befinden sie sich auch im Besitz
uranfänglicher Weisheit: die Seherin in der Wöluspa beruft sich auf sie
als Erzieher und Lehrer und Odin geht mit Wafthrudnir über die urweltlichen Dinge zu streiten. Wegen dieser Quelle Mimirs heißt die
Weltesche in dem eddischen ‚Fiölswinnsmal‘ auch Mimameidr, d. i. Mimirs
Baum.

3. Bei der dritten Wurzel, welche über Niflheim steht, wird gleichfalls ein Brunnen zu suchen sein; es wird sogar ausdrücklich gesagt, daß
unter ihr Hwergelmir sei, der rauschende Keßel, den wir schon als einen
Brunnen kennen. Nach Grimnismal 31 wohnt unter ihr Hel, die perso-
nificirte Unterwelt, und aus der Unterwelt sahen wir ja durch den
Brunnen Hwergelmir die urweltlichen Ströme hervorquellen.

Welche Bedeutung haben nun diese drei Brunnen in ihrer Beziehung
zur Weltesche? Das Waßer des ersten Brunnens verjüngt, er ist ein
Jungbrunnen wie jener im Wolfdietrich, in welchem sich die rauhe Els
badet und als schöne Sigeminne emporsteigt. Sein Waßer hat also dieselbe Kraft, die auch den Aepfeln Iduns beiwohnt, sowie dem Begeisterungstrank der Asen, der Odhrärir heißt. Darum wird in Odins Rabenzauber (Str. 2) Odhrärir mit diesem Brunnen der Urd verwechselt, ja
Idun selbst mit Urd; vgl. auch Odins Runengesang 141. Welchen Sinn
kann nun die verjüngende Kraft des Brunnens haben, an dem oder in
dem die Nornen wohnen? Da er nach der ältesten Norne, der Norne
der Vergangenheit, benannt ist, so werden wir ermahnt, und wie sehr

bedürfen wir Deutschen dieser Mahnung! das Volksleben müße aus dem
Brunnen der Vergangenheit erfrischt werden, aus dem Strome der Ueber=
lieferung, der aus der Vorzeit herfließt. Die Geschichte muß dem Volk,
wenn auch nur in der Gestalt der Sage, gegenwärtig bleiben, es darf sein
geschichtliches Bewußtsein nicht verlieren, wenn es nicht vor der Zeit altern
soll. Auf den ersten Blick scheint dieser Deutung entgegen zu stehen, daß
auch der andere Brunnen, die Quelle Mimirs, einer gleichen Deutung
fähig ist, ja der Name Mimir sie zu fordern scheint. Gleichwohl ist
diese Auslegung haltbar, und mit dem Sinne, welchen Mimirs Brunnen
hat, sehr wohl verträglich. Die Quelle der Urd liegt bei der Wurzel,
die zu den Menschen reicht: sie bedeutet die Geschichte der Menschen, des
Menschengeschlechts, von welcher allein die Menschen eine Erinnerung
bewahren können. Mimirs Quelle, und die Weisheit, die darin verborgen
ist, liegt über die Menschengeschichte hinaus, sie ist älter als die Erschaf=
fung des Menschen: es sind die uranfänglichen Dinge, die urweltlichen,
welche die Entstehung der Welt betreffen: dieß ist mehr Natur= als Men=
schengeschichte. Nur die Geschichte des Menschen und des Menschenge=
schlechts hat Vergangenheit, Gegenwart und Zukunft; was vor der Bil=
dung und Schöpfung der Welt liegt, kennt diesen dreifachen Schritt
der Zeit nicht, es liegt aller Zeit vorauf und verliert sich wenigstens
für den Blick jugendlicher Völker im endlosen Meer der Ewigkeit. Nur
die urgebornen Riesen, welchen Mimir angehört, haben davon Kunde, und
selbst Odin, der grübelnde Ase, muß sein Auge zu Pfande setzen, um
einen Trunk dieser Weisheit zu erlangen, womit zugleich ausgesprochen
ist, daß sie sich der Forschung nicht gänzlich entzieht, da der Gott des
Geistes, der weiseste der Asen, sie erwirbt. Auf eine noch entferntere
Periode, auf den ersten Ursprung alles Seins, deutet der dritte Brunnen
unter der Wurzel, die zu Hel reicht; von ihr wißen selbst die Riesen
nicht, denn auch sie waren noch unentstanden. Es ist der Brunnen
Hwergelmir, dem einst der Urstoff entquoll, zu dem aber auch alles Sein
zurückströmt, denn von dem Geweih des Hirsches Eikthyrnir träuft das
Waßer, aus welchem die Welt sich bildete, wieder hinab nach Hwergelmir.
Wie die Unterwelt (Niflhel) die Quelle des Seins war, so ist sie auch
sein Abgrund. Die Kinder werden aus dem Brunnen geholt; aber die
Todten sehen wir gleichfalls dahin zurückgenommen. Die älteste Wurzel
des Weltbaums steht über diesem Brunnen; aber von unten auf nagt
auch Nidhöggr an ihr.

Nach Grimnismal 32 denkt man sich den Adler auf dem Wi=
pfel der Weltesche, weil es heißt, Ratatöskr vernehme seine Worte oben
und trage sie Nidhöggern nieder. Aber auch von dem Hirsch Eikthyrnir wird
gesagt, daß er auf dem Baume Lärad weide. Da nun Lärad mit Ygg=

drafil als deſſen Wipfel zuſammenfällt, ſo ſind Hirſch und Adler wohl nur verſchiedene Bilder für denſelben Gegenſtand: beide bedeuten die Sonne; der Habicht in dem Augenwinkel des Adlers wird dann die Wolke ſein. Vgl. S. 27.

Urſprünglich mag die Welteſche nichts anderes geweſen ſein als der Baum, unter welchem die Götter Rath und Gericht hielten, wie nach deutſcher Sitte Bäume die Gerichtsſtätte zu bezeichnen pflegten, R. A. 794, und noch hier und da die Dorfgemeinde bei der Linde zuſammenkommt. Auch die Nornen, welche die Schickſale berathen, bedurften eines Verſamm= lungsplatzes, an welchem ſie ihre Urtheile fanden. Dieſer Thingbaum der Götter iſt aber vortrefflich benutzt worden um das Leben in ſeiner Ver= gänglichkeit und die Zeit in ihren drei Stufen zu ſymboliſieren: an ihm iſt uns ein Bild geliefert, das an ſpeculativer Tiefe ſeines Gleichen nicht hat.

Daß die Mythe von der Welteſche in Deutſchland bekannt war, beweiſt die Uebertragung vieler Züge auf den Kreuzesbaum. Gr. Myth. 757. 8. In einzelnen Zügen ſtimmt auch ein morgenländiſches Gleichniß, das ſchon frühe in Deutſchland verbreitet wurde. Ein Mann, der in Gefahr iſt in einen tiefen Brunnen zu ſtürzen, hält ſich oben noch mit der Hand an dem Zweige eines Strauches feſt; unten ſtützt er die Füße auf ein ſchmales Raſenſtück. In dieſer angſtvollen Stellung ſieht er zwei Mäuſe, eine weiße und eine ſchwarze (Tag und Nacht), die Wurzel des Strauches benagen, an dem er ſich feſthält; das Raſenſtück aber, ſeine Stütze, wird von vier Wurmhäuptern untergraben. Dazu ſperrt in der Tiefe ein Drache den Schlund auf, ihn zu verſchlingen, während oben ein Elephant den Rüſſel nach ihm reckt. Gleichwohl fängt er mit begierigem Munde den Honigſeim auf, der aus einem Zweige der Staude trieft. Gr. Myth. 758. Barlaam und Joſaphat ed. Köpke 116—20. Der menſchliche Leichtſinn, der bei aller Unzuverläßigkeit der irdiſchen Dinge doch nach flüchtigem Genuße haſcht, iſt in dieſem Gleichniße veranſchau= licht; das ebbiſche Bild will keine ſittliche Lehre einſchärfen, ſchildert aber doch die Bedrängniß der Götter, denn obgleich der Baum noch grünt und das Waßer des Urda=Brunnens ihn täglich verjüngt, müßen ſie doch fürchten, der Tag werde kommen, da ſeine Triebkraft verſage. Noch ſtärker wird ihre Noth in ‚Odins Rabenzauber‘ dargeſtellt, welches Gedicht davon ausgeht, daß dieſer Tag heranzunahen ſcheine.

Entfernter iſt die Aehnlichkeit mit dem Rieſenſchiffe Mannigfual in einer nordfrieſiſchen Seeſage bei Müllenhoff S. 234. Es iſt ſo groß, daß der Commandant immer zu Pferde auf dem Verdeck herumreiſt, um ſeine Befehle zu ertheilen. Die Matroſen, die jung in die Takelage hin= aufklettern, kommen bejahrt, mit grauem Bart und Haar wieder herunter;

unterdeß friften fie ihr Leben dadurch, daß fie fleißig in die Blöcke des Tauwerks, die Wirthsftuben enthalten, einkehren. Einmal fteuerte das Ungeheuer aus dem atlantifchen Meere in den britifchen Canal, konnte jedoch zwifchen Dover und Calais des fchmalen Fahrwaßers wegen nicht durchkommen. Da hatte der Capitain den glücklichen Einfall, die ganze Backbordfeite, die gegen die Ufer von Dover ftieß, mit weißer Seife beftreichen zu laßen. Da drängte fich der Mannigfual glücklich hindurch und gelangte in die Nordfee. Die Felfen bei Dover behielten aber bis auf den heutigen Tag von der Maffe der abgefcheuerten Seife und dem abgeflogenen Schaum ihre weiße, feifenartige Farbe. Einft war das Riefen= fchiff, Gott weiß wie, in die Oftfee hineingerathen. Die Schiffmannfchaft fand aber bald das Waßer zu feicht. Um wieder flott zu werden, mufte der Ballaft famt den Schlacken der Kabufe in die See geworfen werden. Aus dem Ballaft entftand nun die Infel Bornholm und aus dem Unrath der Kabufe die nahe dabei liegende kleine Chriftiansöe.

Im Renner dient ein Gleichniß vom Birnbaum als Rahmen des Ganzen. Der Dichter fand ihn auf einer Haide neben einem Brunnen ftehen; der Baum blühte und trug Früchte. Einen Theil der Früchte wehte der Wind vor der Zeit herab, andere wurden abgebrochen ehe fie reif waren; aber auch die reifen fielen theils in den Brunnen, theils in eine Lache oder zwifchen Dornen; einige zwar auf das Gras, aber Schnee und Regen verderbten fie: die wenigften kamen zu Gute. Das erinnert allerdings an das biblifche Gleichniß vom Sämann; aber Hugo von Trimberg hat offenbar aus deutfch heidnifchen Erinnerungen gefchöpft. Vgl. den Birnbaum auf dem Walferfeld.

Nach Kuhn „Herabkunft" 20 verdankt der Mythus von der Weltefche feine Entftehung der Wolkenbildung, welche der Norddeutfche noch heute einen Wetterbaum nennt. Vgl. deffen Zeitfchr. I, 468.

20. Neun Welten.

Mehrfach ift in unfern Quellen von neun Welten die Rede. Wöl. 2 fcheint fie als Aefte des Weltenbaums zu betrachten:

,Neun Welten kenn ich,	neun Aefte weiß ich
Am ftarken Stamm	im Staub der Erde.'

Wafthrudnir, der allwißende Jötun, rühmt fich Str. 43, alle neun ,Heime' bis herab zu Niflhel durchwandert zu haben und es fcheint ein Mifsverftändniß diefer Stelle, wenn es D. 34 heißt, Odin habe die Hel nach Niflheim hinab geworfen und ihr Gewalt über neun Welten verliehen, wenn nicht zu lefen ift: über die neunte Welt. Wie Waf= thrudnir rühmt fich auch Alwis der Zwerg (Str. 9) alle neun Heime durchmeßen zu haben und von allen Wesen Bescheid zu wißen. Nirgendwo, nicht einmal in Skaldskaparmal, wo man es doch erwarten sollte, werden diese neun Welten aufgezählt; die neun Himmel Cap. 75 (vgl. Cap. 56) sind etwas Anderes, und auch die zwölf himmlischen Hallen, welche Grimnismal 4—17 (eigentlich sind es 13) aufzählt, dürfen als in Asgard oder Asenheim, der Götterwelt belegen, nicht damit verwechselt werden. Zwei dieser neun Welten haben wir bereits kennen gelernt, Muspelheim und Niflheim, jene Enden Ginnungagaps, die schon vor der Schöpfung vorhanden waren: sie bilden die Pole des mythischen Weltalls und sind ältern Ursprungs als die Asen. Von Niflheim, als der nördlichen Nebelwelt, die kalt und dunkel zugleich ist, wie Muspelheim heiß und licht, ist aber Niflhel noch verschieden; sie liegt unter Niflheim und ist mit ihm durch den Brunnen Hwergelmir verbunden, aus welchem die urweltlichen Ströme hervorbrachen, die Ginnungagap erfüllten. Nifl= heim und Niflhel können unter dem Namen Helheim zusammen gefaßt werden. Um zu dem Giöllfluſſe zu gelangen, welcher Niflhel oder das Todtenreich bespült, muß man neun Nächte durch tiefe dunkle Thäler reiten, D. 49. Diese tiefen dunkeln Thäler scheinen von den Schwarzalfen be= wohnt, und hier werden wir die dritte Welt, Swartålfaheim, zu suchen haben. Vielleicht hat man sich diese drei Welten, Swartalfaheim, Nifl= heim und Niflhel unter der Erde zu denken. Drei andere Welten werden dagegen auf der Erde zu suchen sein: 1. Jötunheim (die Riesenwelt, auch Utgard genannt), 2. Midgard oder Mannheim (die Menschenwelt) und 3. Wanaheim, das Reich der Wanen. Von diesen liegt Midgard wie schon ihr Name sagt, in der Mitte aller neun Welten. Nach D. 8 ist die Erde kreisrund und rings umher liegt das tiefe Weltmeer, also daß die Erde, nach dem Ausdruck des Lucidarius, ‚in dem Wendelmeer schwebt wie der Dotter im Ei‘. Längs den Seeküsten haben die Riesen= geschlechter Wohnplätze; nach innen aber ward Midgard als eine Burg wider die Anfälle der Riesen gebaut. Aber auch die Welt der Wanen, welche Götter seeanwohnender Völker sind, dürfen wir auf der Erde suchen. Im Weltmeer selbst könnte man eine siebente Welt zu finden meinen, Oegisheim, da Oegir der Meergott mit seiner Gattin Ran die Tiefe des Meeres bewohnt. Aber Oegisheim ist als eine eigene Welt nicht bezeugt, nur in dem halb christlichen Sólarlióð 30. 33 kommt der Name vor; er bezeichnet aber hier das im Meer schwimmende Mid= gard, die Menschenwelt. Es bleiben uns also noch drei Welten übrig und diese müßen über der Erde liegen; die erste ist schon genannt: Asenheim oder Asgard, welche von Riesenheim nach Wafthr. 16 durch den Strom Ising geschieden ist. Die andere, Ljósålfaheim, die Welt der Lichtalfen, suche ich in der Sonne: ‚da haust das Volk,‘ sagt D. 17,

‚das man Lichtalfen nennt; aber die Schwarzalfen wohnen in der Erde und sind jenen ungleich von Angesicht und noch viel ungleicher in ihren Verrich= tungen. Die Lichtalfen sind schöner als die Sonne von Angesicht; aber die Schwarzalfen schwärzer als Pech.' Freilich spricht diese Stelle von Alfheim und meint eine der in Asgard gelegenen Himmelsburgen (§. 21), welche Grimnismal aufzählt. Von diesem Alfheim heißt es dort Str. 5:

> Alfheim gaben dem Freyr die Götter im Anfang
> Der Zeiten als Zahngebinde.

Es mag dieß eine dem Dichter eigenthümliche Anschauung sein, obgleich diese Zeilen auch, wenn wir die Aufzählung der Himmelsburgen nicht erst, wie Finn Magnusen will, mit Ydalir Str. 5 beginnen laßen, hier eingeschoben sein können, da dieß Alfheim schon die dritte Götter= halle wäre, während das Lied doch erst das folgende Walaskialf als die dritte bezeichnet. Wollen wir nicht annehmen, der Dichter des herrlichen ‚Grimnismal' habe nicht drei zählen können, so muß eine der vor Wala= skialf genannten Himmelsburgen mit der sie betreffenden Stelle nicht hieher gehören. Thrudheim und Ydalir als Thörs und Ullers Säle sind nicht wohl zu entbehren; für Freyr aber bedurfte es keiner besondern Himmels= burg, da er in Noatun (Str. 16) bei seinem Vater Niördr wohnen kann. Wir brauchen darum die Meldung, daß Alfheim dem Freyr zum Zahngebinde gegeben sei, nicht zu bezweifeln: auf Liosalfaheim, die Licht= alfenwelt bezogen, giebt sie guten Sinn. Freyr, dem Sonnengott, ward Lichtalfenheim, die Sonne, zum Zahngebinde gegeben. Mir entgeht nicht, daß D. 17 den Pallast Gimil, wo in der verjüngten Welt die recht= schaffenen und guten Menschen aller Zeitalter wohnen sollen, jetzt von den Lichtalfen bewohnt nennt; aber Wöl. 63, die Quelle dieser Meldung über Gimils Bestimmung in der erneuten Welt, weiß von seinen gegenwärtigen Bewohnern nichts. Nehmen wir nun zu Liosalfaheim, als der achten Welt, noch Muspelheim, den südlichen Pol des Weltalls, als die letzte Welt hinzu, so ordnen sie sich uns in folgender Weise:

1. über der Erde: Muspelheim, Liosalfaheim, Asenheim oder Asgard.
2. auf der Erde: Jötunheim, Midgard (oder Mannheim) und Wanaheim.
3. unter der Erde: Swartalfaheim, Niflheim und Niflhel.

Nach einer deutschen Sage hätten Gott und der Teufel ihre Reiche einmal für immer von einander abscheiden wollen durch eine große Mauer, die letzterer in einer Nacht vor dem ersten Hahnenschrei erbauen sollte. Weil aber der Hahn zu früh krähte, blieb die Mauer unvollendet. Ge= meint ist der römische Pfahlgraben, der auch Teufelsmauer heißt. Auch am Harz kommt diese Sage vor und wieder am Danewirke, dem anmaß= lichen Grenzwall zwischen Sachsen und Dänen. Eine Mauer schließt in andern Sagen das Land des ewigen Lebens von der Menschenwelt ab.

21. Zwölf Himmelsburgen.

Die zwölf Himmelsburgen, welche Grimnismal nennt, scheint sich der Dichter als in Asgard gelegen vorzustellen und eben da denkt sich D. 14 die zwölf Stühle der richtenden und rathenden Götter. Ursprünglich hatte es aber wohl eine andere Bewandtniß wenigstens mit einigen derselben: so mochte Noatun, die Wohnung des Wanengottes Niörbr, in Wanenheim, Thrymheim, des Riesen Thiaffi Wohnung, in Riesenheim gelegen haben. Als aber Niörbr als Geisel zu den Asen kam, und Skabhi, Thiaffis Tochter, die den Tod ihres Vaters zu rächen kam, damit begütigt wurde, daß sie sich einen Gemahl unter den Asen wählen durfte, scheint man auch ihre Wohnsitze dahin verlegt zu haben. Tilgen wir das an der dritten Stelle genannte, aber nicht mit gezählte Alfheim, das wir schon unter die Welten verwiesen haben, so sind die genannten Himmelsburgen oder Göttersäle folgende:

1. Thrudheim wird zuerst als Thörs Wohnung genannt. Nach D. 21 heißt dagegen sein Reich Thrudwang und sein Pallast Bilskirnir. Von ihm sagt auch Grimn. 24:

> Fünfhundert Stockwerke und viermal zehn
> Weiß ich in Bilskirnirs Bau.
> Von allen Häusern, die Dächer haben,
> Glaub ich meines Sohns das gröste.

2. Ydalir, wo Uller den Saal sich erbaut hat. Vgl. D. 31.

3. Als die dritte Halle wird Walaskiálf genannt, welche der As in alter Zeit sich erwählt habe. Man würde dieß auf Wali (D. 30), den Rächer Baldurs, beziehen, wenn nicht die jüngere Edda D. 17 ihn für Odins Saal erklärte, vielleicht durch den verwandten Namen Hlidskiálf verführt, welcher Odins Hochsitz bezeichnet, von dem aus er alle Welten übersieht und aller Menschen Thun gewahrt, und alle Dinge weiß, die da geschehen. Aus D. 9 lernen wir aber Hlidskialf nur als den höchsten Punct in Asgard kennen.

4. Von Söklwabeck (Sinkbach, Sturzbach, Waßerfall) und der Göttin Saga, die ihn bewohnt, wißen wir nur aus Grimn. 7:

> Söklwabeck heißt die vierte; kühle Flut
> Ueberströmt sie immer.
> Odin und Saga trinken Tag für Tag
> Da selig aus goldnen Schalen.

5. Ueber Gladsheim, die fünfte Halle, lesen wir:

> Gladsheim heißt die fünfte, wo golden schimmert
> Walhalls weite Halle.
> Da kiest sich Odin alle Tage
> Vom Schwert erschlagne Männer.

> Leicht erkennen können Die zu Odin kommen,
> Den Saal, wenn sie ihn sehen:
> Aus Schäften ist das Dach gefügt und mit Schilden bedeckt,
> Mit Brünnen (Panzern) die Bänke bestreut.

> Leicht erkennen können Die zu Odin kommen
> Den Saal, wenn sie ihn sehen:
> Ein Wolf hängt vor dem westlichen Thor,
> Ueber ihm bräut ein Aar.

Hier ist also Gladsheim, als dessen Theil Walhall gefaßt wird, nur eine der zwölf Himmelsburgen oder Götterwohnungen, während nach D. 14 Gladsheim der Hof ist, worin die Stühle der zwölf richtenden und rathenden Götter nebst dem Hochsitz für Allvater standen, und neben welchem nur noch Wingolf als die Wohnung der Göttinnen genannt wird. Freilich scheinen diese zwölf Stühle wieder verschieden von den in Grimnism. genannten Himmelsburgen, von welchen dreie Göttinnen zugeeignet sind, die doch den Richterstuhl nicht besitzen, also auch nicht zu den zwölf richtenden und rathenden Göttern gehören können. Von Walhall wird Grimn. 23 ferner gesagt:

> Fünfhundert Thüren und viermal zehn
> Wähn ich in Walhall.
> Achthundert Einherier gehn aus je Einer,
> Wenn es dem Wolf zu wehren gilt.

Von denselben Einheriern, den im Kampf gefallenen Helden, heißt es Wafthrudn. 41:

> Die Einherier alle in Odins Saal
> Streiten Tag für Tag.
> Sie kiesen den Wal und reiten vom Kampf heim
> Mit Asen Ael zu trinken,
> Und Sährimnirs satt sitzen sie friedlich beisammen.

Ael oder Meth gewährt ihnen die Ziege Heidrun, von der schon die Rede war, Fleisch aber der Eber Saehrimnir, der täglich gesotten wird und am Abend wieder heil ist. Andhrimnir heißt der Koch und der Keßel Eldhrimnir nach Grimn. 18:

> Andhrimnir läßt in Eldhrimnir
> Sährimnir sieden,
> Das beste Fleisch; doch erfahren Wenige,
> Was die Einherier eßen.

Mitten in Walhall steht nach D. 39 der Baum Lärad, den wir schon als den Wipfel von Yggdrasil erkannt haben. Aehnlich ist es, wenn nach Wölsungasage Cap. 2 König Wals, der für einen Urenkel Odins galt, sich einen stattlichen Saal bauen ließ, in dessen Mitte eine

Eiche stand, deren Zweige weit über das Dach des Saales reichten, während die Wurzeln tief unter der Saal giengen. Diesen Baum nannten
sie Kinderstamm, was uns schon an den Glauben erinnert hat, daß
die Kinder aus den Bäumen kämen. Nach Grimnism. 25. 26 steht aber
jener Baum Lärad vor Heervaters Saal, und dann vergliche er sich
dem unbekannten, immergrünen Baum, der nach Adam von Bremen IV,
26. Schol. 134 vor dem Tempel zu Upsala in Schweden unweit der
Quelle stand, bei welcher Menschenopfer zu fallen pflegten.

Noch ist des Hains Glasir zu gedenken, der aus Klopstocks Oden
(als Glasor) bekannter ist als aus der Edda. Die Meldung über ihn
steht Skaldsk. c. 34: ,In Asgard vor dem Thor Walhalls steht ein
Hain Glasir genannt, dessen Blätter aus rothem Golde bestehen, wie
diese Zeilen bezeugen:

> Glasir steht mit goldnem Laub
> Vor Sigtyrs Saal.

Es ist das schönste Holz unter Menschen und Göttern.'

6. Von Thrymheim war S. 42 schon die Rede; die bezügliche
Stelle lautet:

> Thrymheim heißt die sechste, wo Thiassi hauste,
> Jener mächtige Jote.
> Nun bewohnt Skadi, die scheue Götterbraut,
> Des Vaters alte Veste.

Die sechs folgenden Götterhallen zählen wir nur auf mit Angabe
der Gottheit, welcher sie gehören:

7. Breidablick: Baldur. 8. Himinbiörg: Heimdall. 9. Folkwang: Freyja. 10. Glitnir: Forseti. 11. Noatun: Niördr. 12.
Landwidi: Widar.

So heißt es Grimnismal 12—17:

> Die siebente ist Breidablick: da hat Baldur sich
> Die Halle erhöht
> In jener Gegend, wo ich der Greuel
> Die wenigsten lauschen weiß.

> Himinbiörg ist die achte, wo Heimdall soll
> Der Weihestatt walten.
> Da trinkt der Wächter der Götter in wonnigem Hause
> Selig den süßen Meth.

> Folkwang ist die neunte: da hat Freyja Gewalt
> Die Sitze zu ordnen im Saal.
> Der Walstatt Hälfte hat sie täglich zu wählen;
> Odin hat die andre Hälfte

> Glitnir ist die zehnte: auf goldnen Säulen ruht
> Des Saales Silberdach.

Da thront Forſeti den langen Tag
Und ſchlichtet allen Streit.

Noatun iſt die eilfte: da hat Niördr
Sich den Saal erbaut.
Ohne Mein und Makel der Männerfürſt
Waltet hohen Hauſes.

Mit Geſträuch begrünt ſich und hohem Gras
Widars Landwidi.
Da ſteigt der Sohn vom Sattel der Mähre
Den Vater zu rächen bereit.

Da dieſe zwölf Himmelsburgen oder Götterwohnungen weder die
Stühle der zwölf richtenden und rathenden Götter ſind, noch überhaupt
den höchſten Gottheiten angehören, indem Tyr fehlt, und wenn die Auf=
zählung erſt mit Str. 5 begann, auch Thôr fehlen würde, deſſen Saal
Bilſkirnir erſt Str. 24 gelegentlich erwähnt, unter jenen zwölfen aber
nicht mitgezählt wird, wie auch Frigg und ihr Pallaſt Fenſal, den wir aus
D. 35 kennen, vergeßen iſt, ſo möchte Finn Magnuſens Anſicht, daß dieſe
zwölf Gottheiten Monatsgötter ſeien, und ihre Himmelsburgen, die er
Sonnenhäuſer nennt, die zwölf Zeichen des Thierkreiſes bedeuten, einer
neuen Prüfung zu unterwerfen ſein. Folgendes könnte zunächſt für ſeine
Anſicht zu ſprechen ſcheinen:

1. Das Jahr beginnt mit dem Winter, wie der Tag mit der Nacht:
der erſte der zwölf Monatsgötter, in deſſen Sonnenhaus Ydalir die Sonne
am 22. November tritt, wäre alſo der winterliche Uller, der zweite aber
Freyr, der Sonnengott, deſſen Geburt in die Winterſonnenwende fiele, wie
wirklich Freyrs Feſt zur Julzeit begangen ward und die Nordländer das
Jahr mit Ullers Monat, wie wir das Kirchenjahr mit dem Advent,
begannen. Vgl. §. 145. Mit der obigen Anſicht, wonach Freyr und
Alfheim hier ausfallen müſten, iſt dieß freilich nicht zu vereinigen.

2. Der ſiebente Monatsgott wäre hienach Baldur, deſſen Sonnen=
haus Breidablick die Sonne am 21. Juni, alſo zur Sommerſonnenwende,
wieder verließe, was zu dem Mythus von Baldur ſtimmen würde, wenn
wir ihn als Lichtgott auffaßen und unter ſeinem Tode die Neige des
Lichtes verſtehen.

22. Drei Himmel.

Die neun Himmel, welche Skaldſkaparmal Cap. 75 aufzählt, halte
ich nach Vergleichung von Cap. 56 nur für dichteriſche Bezeichnungen,
welchen mythiſcher Gehalt abgeht. Nur zwei derſelben, Andlângr und
Widblâin, welche nach D. 17 über Asgard belegen ſind, dürften im
Volksglauben begründet ſein, welcher hienach drei Himmel angenommen

hätte. Auch der Glasberg (§. 52. 67), welcher in deutschen Märchen vorkommt, scheint als ein Aufenthalt der Seelen zu faßen. Gr. Myth. 781. 796. Sommer 99. Mannhardt GM. 330 ff.

Die goldene Zeit und die Unschuld der Götter.

23. Goldalter.

Von einer verlorenen goldenen Zeit ist in der Edda mit nahem Bezug auf die Unschuld der Götter die Rede. Als nämlich die Götter Sonne und Mond ihren Sitz angewiesen, den Sternen ihren Lauf bestimmt, der Nacht und dem Neumond Namen gegeben und die Zeiten geordnet hatten, Wöl. 6, versammelten sie sich auf dem Idafelde

> Haus und Heiligthum hoch sich zu wölben.
> Sie bauten Essen und schmiedeten Erz,
> Schufen Zangen und schön Gezäh.

> 8. Sie warfen im Hofe heiter mit Würfeln
> Und darbten goldener Dinge noch nicht.
> Bis drei der Thursen= töchter kamen,
> Reich an Macht, aus Riesenheim.

Unmittelbar hierauf folgt nun die schon erwähnte Schöpfung der Zwerge. Man vergleiche nun den entsprechenden Bericht in D. 14. Nachdem auf dem Idafelde Gladsheim und Wingolf erbaut waren, ersteres mit den zwölf Stühlen der richtenden und rathenden Götter, legten die Götter Schmiedeöfen an und machten sich dazu Hammer, Zange und Amboß, und hernach damit alles andere Werkgeräthe. Demnächst verarbeiteten sie Erz, Gestein und Holz, und eine so große Menge des Erzes, das Gold genannt wird, daß sie alles Hausgeräthe von Gold hatten. Und diese Zeit heißt das Goldalter: es verschwand aber bei der Ankunft gewisser Frauen, die aus Jötunheim kamen. Darnach setzten sich die Götter auf ihre Hochsitze und hielten Rath und Gericht — wer schaffen sollte der Zwerge Geschlecht u. s. w.

Daß die Götter als Schmiede, als Goldschmiede namentlich, aufgefaßt wurden, davon findet sich auch in Deutschland eine Spur in dem von Ettmüller herausgegebenen St. Oswaldes Leben, wo dieser einen Hirsch von zwölf Goldschmieden mit Gold bedecken läßt, mit dessen Hülfe er auch die schöne Pamige (Jungfrau Spange) entführt. Es fällt aber schwer, der jüngern Edda zu glauben, daß die goldene Zeit von dem goldenen

Hausgeräthe der Götter den Namen habe; eher könnte es darnach genannt sein, daß die Götter im Hofe heiter mit Würfeln spielten, die Gier des Goldes aber noch nicht kannten. Diese Würfel waren golden, denn es sind wohl dieselben, von welchen es hernach bei der Wiedergeburt der Welt und der Götter Str. 60 heißt:

> Da werden sich wieder   die wundersamen
> Goldenen Scheiben   im Grase finden,
> Die in Urzeiten   die Asen hatten ꝛc.

Vielleicht waren es diese goldenen Scheiben oder Würfel, welche D. 14 unter dem goldenen Hausgeräthe der Götter versteht; aber nicht von ihm, sondern von dem unschuldigen Spiel der Götter mit denselben, bei dem sie noch von keiner Goldgier wusten, möchten wir das Goldalter benannt glauben, denn die goldene Zeit verschwand, wie man treffend gesagt hat, als das Gold erfunden ward. Es ist daher nicht bedeutungslos, daß nach beiden Berichten nun die Schöpfung der Zwerge folgt, denn sie sind es, welche das Gold aus der Erde schürfen, und als die Götter die Zwerge schufen, da kannten sie schon die Gier des Goldes und die goldene Zeit war vorüber. Auch das hat guten Grund, daß die goldene Zeit mit der Ankunft der drei Thursentöchter aus Riesenheim zu Ende geht, denn es sind die Nornen, die Zeitgöttinnen: die Zeit kann erst nach dem Goldalter beginnen, dieß liegt aller Zeit vorauf: dem Glücklichen schlägt keine Stunde.

24. Gullweig, Heid.

Daß durch das Gold das Böse in die Welt gekommen sei, also die Unschuld verloren gieng, sagt auch eine andere Stelle der Wöluspa, freilich eine sehr bestrittene:

> 25.   Da wurde Mord   in der Welt zuerst,
> Da sie mit Gabeln   die Goldstufe (Gullweig) stießen,
> In des Hohen Halle   die helle brannten.
> Dreimal verbrannt   ist sie dreimal geboren,
> Oft, unselten,   doch lebt sie noch.

> 26.   Heid hieß man sie,   wohin sie kam,
> Wohlredende Wala   wandte sie Zauber an.
> Sudkunst kannte sie,   Sudkunst übte sie,
> Uebeler Leute   Liebling allezeit.

> 27.   Da giengen die Berather   zu den Richterstühlen,
> Hochheilge Götter   hielten Rath,
> Ob die Asen sollten   Untreue strafen,
> Oder Sühnopfer   all empfahn.

Als das von den Zwergen aus der Erde geschürfte Gold gebrannt und in der hohen Halle geschmolzen ward, da kam zuerst das Böse in

die Welt. In Gullweig heißt die erste Silbe Gold, die zweite bald Stoff,
bald ein Getränk von berauschender Kraft: gemeint scheint die Goldstufe
ehe sie geschmolzen, von Schlacken gereinigt ist; späterhin führt sie den
Namen Heid, welches sonst Art und Eigenschaft bedeutet, hier aber in
dem Sinne von Werth, Vermögen, Geld und Gut genommen ist. Sowohl
Gullweig als Heid sehen wir aber personificiert und es wird so ausgedrückt als würde der Mord an Gullweig selber verübt, als man sie mit
Gabeln stieß und brannte. Daß dieß aber nur poetischer Ausdruck ist,
und der hier gemeinte Mord die Sünde ist, welche durch das Gold in
die Welt kommt, geht daraus hervor, daß sie dreimal gebrannt und
dreimal wiedergeboren wird, wobei auch die Zahl drei keine genaue sein
soll, da hinzugesetzt wird: ‚oft, unselten, doch lebt sie noch.‘ Durch das
Schmelzen wird das Gold nur von Schlacken gereinigt, nicht aufgezehrt.
Wenn sie darauf unter dem Namen Heid als Zauberin umher zieht, die
den Sinn der Menschen bethört, denn das thut das Gold (auri sacra
fames), so legt ihr der Dichter auch die Attribute der Zauberinnen bei,
die Sudkunst, d. h. den aus dem Macbeth bekannten Hexenkeßel. Da so
die Heid die Erz= und Urzauberin ist, so führen ihren Namen in spätern
Sagen zauberkundige Riesentöchter, weise Frauen und Wahrsagerinnen.
Müllenhoff Zur Runenlehre 47. Freilich hat man unter Gullweig oder
Heid, weil sie sich ‚Wala‘ nennt, ‚Weißagerin‘, was alle Zauberinnen zu
sein pflegen, die Seherin selber verstehen wollen, welcher das Lied von
der Wöluspa in den Mund gelegt ist. Auch Müllenhoff a. a. O. stimmt
dieser Deutung bei, obgleich er die Meinung des Mythus, daß durch das
Gold das Böse in die Welt gekommen sei, ausdrücklich anerkennt. Für
seine Ansicht beruft er sich auf Wöl. 23:

> Ihr gab Heervater Halsband und Ringe,
> Goldene Sprüche und spähenden Sinn,

wo ihm aber die Worte fêspiöll spaklig og spâganda sagen, daß die
Seherin von Odin mit klugem Geldwort (fêspiöll) und der Kunst die
Gestalt zu wechseln, begabt worden sei. Dieß zugestanden scheint mir
doch die Seherin in den Strophen von Gullweig und Heid nicht von sich
selber zu sprechen. Würde sie sich den Liebling übler Leute nennen, und
das Gold für so verderblich ansehen, daß sie von ihm den Ursprung des
Bösen herleite, — da kam zuerst der Mord in die Welt — wenn sie
selber Gullweig und Heid wäre?

Unsere im Ganzen mit Müllenhoffs Ansicht stimmende Deutung
scheint auch die folgende Strophe zu bestätigen: denn da setzen sich die
Götter auf ihre Richterstühle und halten Rath, ob die Asen Verrath
bestrafen oder Sühnopfer annehmen sollen. Ehe das Böse in der Welt
war, konnte eine solche Frage keinen Sinn haben; jetzt da die Unschuld

verloren, der Mord in die Welt gekommen ist, wird gefragt, ob er durch
Opfer solle gesühnt werden können.

Die Worte: ‚da wurde Mord in der Welt zuerst‘, kehren aber in
der folgenden Str. der Wöl. zurück:

> 28. Gebrochen war der Asen Burgwall,
> 　　Schlachtkundge Wanen stampften das Feld.
> 　　Odin schleuderte über das Volk den Spieß:
> 　　Da wurde Mord in der Welt zuerst.

Also auch der erste Krieg kam durch das Gold in die Welt, und
zwar muß jener Wanenkrieg gemeint sein, welcher nach D. 23. 57 durch
den Friedensschluß beendigt wurde, der den Niördhr mit seinen Kindern
Freyr und Freyja als Geisel zu den Asen brachte. Daß durch das Gold
die goldene Zeit verloren gieng, ist in dem Mythus vom Frobisfrieden,
von welchem §. 100 gehandelt wird, noch einmal ausgedrückt, und in der
Heldensage kehrt derselbe Grundgedanke bei dem Niflungenhort zurück,
welcher dem Zwerg Andwari bis auf den letzten Goldring abgenommen
wurde, der den Schatz zu mehren und so den Verlust zu ersetzen die
Kraft gehabt hätte. Da legte der Zwerg den Fluch auf das Gold, der
allen seinen spätern Besitzern den Untergang brachte.

In der Reihe der Ereignisse, welche die Geschicke der Welt und der
Götter betreffen, sollte nun jener Wanenkrieg folgen; da wir aber seine
Veranlaßung nicht genauer kennen und nichts weiter von ihm wißen
als etwa noch die Art und Weise, wie der Frieden geschloßen ward und
die Bedingungen, unter welchen er zu Stande kam, was beßer an einer
andern Stelle (§. 59) abgehandelt wird, so kann hier seine Erwähnung
genügen. Nur mag ich die Vermuthung nicht ganz unterdrücken, daß
vielleicht auch hierin ein Anfang des einreißenden Verderbens angedeutet
ist, denn diese Götter des Gemüths und der sinnlichen Begierden, die in
der wiedergeborenen, von Flammen gereinigten Welt keine Stelle finden,
könnten als der Gemeinschaft der Asen, die der Friedensschluß ihnen
erwarb, unwürdig gedacht sein.

25. Mythus von Swadilfari.

Der Friede zwischen Asen und Wanen ist zwar zu Stande gekommen
und dieser Gegensatz ausgeglichen; aber ein anderer Gegensatz liegt tiefer,
der zwischen Göttern und Riesen, zwischen guten und bösen Mächten:
unter diesen wird immer Krieg sein, er kann durch keinen Friedensschluß
beigelegt werden. Dieser Kampf müßte sich aber zu Gunsten der Götter
entscheiden, wenn diese nicht selber sündig geworden wären, nicht auch sie
schon die Habgier befleckt hätte. Doch auch unter ihnen scheint nun das

Böse noch weiter um sich zu greifen, da nach den folgenden Strophen
die Götter selbst ihrer Eide und Schwüre nicht mehr achten:

29.   Da giengen die Berather zu den Richterstühlen,
      Hochheilge Götter hielten Rath,
      Wer mit Frevel hätte die Luft erfüllt,
      Oder den Riesen Odurs Braut gegeben?

30.   Von Zorn bezwungen zögerte Thôr nicht,
      Er säumt selten wo er Solches vernimmt:
      Da schwanden die Eide, Wort und Schwüre,
      Alle festen Verträge jüngst trefflich erdacht.

Das hier mit räthselhaften Worten berührte Ereigniß wird D. 42
ausführlich erzählt: Als die Götter Midgard erschaffen und Walhall
gebaut hatten, kam ein Baumeister (smidhr) und erbot sich, eine Burg zu
erbauen in drei Halbjahren, die den Göttern zum Schutz und Schirm
wäre wider Bergriesen und Hrimthursen, wenn sie gleich über Midgard
eindrängen. Aber er bedingte sich das zum Lohn, daß er Freyja haben
sollte und dazu Sonne und Mond. Da traten die Asen zusammen und
giengen den Kauf ein mit dem Baumeister, daß er haben sollte was er
anspräche, wenn er in Einem Winter die Burg fertig brächte; wenn aber
am ersten Sommertag noch irgend ein Ding an der Burg unvollendet
wäre, so sollte er des Lohns entrathen; auch dürfte er von Niemanden
bei dem Werke Hülfe empfangen. Als sie ihm diese Bedingung sagten,
verlangte er von ihnen, daß sie ihm erlauben sollten, sich der Hülfe seines
Pferdes Swadilfari zu bedienen; und Loki rieth dazu, daß ihm dieses
zugestanden wurde. Da griff er am ersten Wintertag dazu, die Burg zu
bauen und führte in der Nacht die Steine mit dem Pferde herbei. Die
Asen dauchte es groß Wunder wie gewaltige Felsen das Pferd herbeizog,
und noch halbmal so viel Arbeit verrichtete das Pferd als der Baumeister.
Der Kauf war aber mit vielen Zeugen und starken Eiden bekräftigt worden, denn ohne solchen Frieden hätten sich die Jötune bei den Asen nicht
sicher geglaubt, wenn Thôr heimkäme, der damals nach Osten gezogen
war, Unholde zu schlagen. Als der Winter zu Ende gieng, ward der
Bau der Burg sehr beschleunigt, und schon war sie so hoch und stark,
daß ihr kein Angriff mehr schaden mochte. Und als noch drei Tage
blieben bis zum Sommer, war es schon bis zum Burgthor gekommen.
Da setzten sich die Götter auf ihre Richterstühle und hielten Rath, und
Einer fragte den Andern, wer dazu gerathen hätte, Freyja nach Jötunheim zu vergeben und Luft und Himmel so zu verderben, daß Sonne
und Mond hinweggenommen und den Jötunen gegeben werden sollten.
Da kamen sie Alle überein, daß der dazu gerathen haben werde, der zu
allem Bösen rathe: Loki, Laufeyjas Sohn, und sagten, er sollte eines

übeln Todes sein, wenn er nicht Rath fände, den Baumeister um seinen
Lohn zu bringen. Und als sie dem Loki zusetzten, ward er bange vor
ihnen und schwur Eide, er wollte es so einrichten, daß der Baumeister
um seinen Lohn käme, was es ihm auch kosten möchte. Und denselben
Abend, als der Baumeister nach Steinen ausfuhr mit seinem Rosse
Swadilfari, da lief eine Stute aus dem Walde dem Rosse entgegen und
wieherte ihm zu. Und als der Hengst merkte, was Rosses das war,
da ward er wild, zerriß die Stricke und lief der Mähre nach, und die
Mähre voran zum Walde und der Baumeister dem Hengste nach, ihn zu
fangen. Und diese Rosse liefen die ganze Nacht umher, und ward diese
Nacht das Werk versäumt und am Tage darauf ward dann nicht gear=
beitet wie sonst geschehen war. Und als der Meister sah, daß das Werk
nicht zu Ende kommen möge, da gerieth er in Riesenzorn. Die Asen
aber, die nun für gewiß erkannten, daß es ein Bergriese war, der zu
ihnen gekommen, achteten ihrer Eide nicht mehr und riefen zu Thor,
und im Augenblick kam er und hob auch gleich seinen Hammer Miölnir
und bezahlte mit ihm den Baulohn, nicht mit Sonne und Mond; viel=
mehr verwehrte er ihm das Bauen auch in Jötunheim, denn mit dem
ersten Streich zerschmetterte er ihm den Hirnschädel in kleine Stücke und
sandte ihn hinab gen Niflhel. Loki selbst war als Stute dem Swadilfari
begegnet und einige Zeit nachher gebar er ein Füllen, das war grau
und hatte acht Füße, und ist dieß Odins Roß Sleipnir, der Pferde bestes
bei Menschen und Göttern.

    Vergleichen wir diese Stellen, so genügen sie beide nicht völlig.
Jene wird durch diese ergänzt aber nicht ganz befriedigend erläutert.
Der Ergänzung bedurfte die Darstellung in Wöl. 29. 30: daß sie am
Anfang lückenhaft ist, gewahrt man auf den ersten Blick, und die vorher=
gehende Str. 28 hilft dem nicht ab, da sie vom Wanenkriege spricht,
durch dessen Beilegung erst Freyja zu den Asen kam, um deren Besitz es
sich hier zwischen Asen und Riesen handelt. Was uns dunkel bleibt,
ist, worin die Schuld der Götter bestehen soll, die in beiden Stellen eid=
brüchig heißen. Eine Schuld müssen sie wohl auf sich geladen haben,
beide Berichte stimmen darin überein; auch wäre sonst ihr Untergang im
letzten Weltkampf nicht erforderlich, eine Läuterung und Reinigung durch
den Weltbrand würden sie nicht zu bedürfen scheinen. Worin aber diese
Schuld bestehe, erfahren wir nicht; wie die jüngere Edda den Hergang
berichtet, scheint die Götter keine Schuld zu treffen, obgleich es auch in
ihr heißt, sie hätten ihrer Eide nicht mehr geachtet und den Thor her=
beigerufen, der den Baulohn mit dem Hammer bezahlte. Als sie dieß
thaten, war es aber schon klar, daß der Baumeister innerhalb der verab=
redeten Frist den Bau nicht mehr zu Stande bringen konnte, mithin

waren ihm die Götter zu keiner Gegenleistung verpflichtet. Oder soll schon. in der List, deren sich Loki bedient, um dem Baumeister die Voll= endung des Baus zur verabredeten Zeit unmöglich zu machen, ein Un= recht der Götter liegen? Wie es sich damit verhalte, die Absicht, die Götter als schuldig darzustellen, ist in beiden Darstellungen deutlich, am deutlichsten freilich in der Wöluspa, die vielleicht eine andere Faßung der Erzählung im Sinne hatte.

26. Nachklänge in den Sagen.

Betrachten wir den Mythus für sich, von seinem Zusammenhang mit dem Ganzen des Götterepos abgesehen, so bewahren vielfältige Nach= klänge desselben in nordischen und deutschen Sagen noch einzelne Züge, die sein Verständniß vorbereiten. Statt des Riesen erscheint in ihnen bald ein Troll, ein Schrat, ein Zwerg, bald wie in der Kölner Domsage der Teufel, wie denn das Volk auch colossale Bauten des Alterthums, welche die Griechen den Cyclopen, unsere Väter Riesen oder Hünen zuschrieben, auf den Teufel zu beziehen pflegt. M. 500. Unsern Baumeister nennt die Edda einen Schmied, weil dieß Wort in der alten Sprache einen Künstler überhaupt bedeutet. Das Schmieden selbst, einst bei dem Aus= bau der Welt das Geschäft der Götter, ist sonst den Zwergen überlaßen; Ausnahmen, welche M. 514 anführt, begegnen in der Heldensage. Ge= wöhnlich soll nun in den Sagen der Bau in einer Nacht, wie in dem Mythus in Einem Halbjahr, vollbracht werden, sonst ist die verpfändete Seele des Bauern frei. Diese ist also an die Stelle von Sonne, Mond und Freyja getreten. Auch hier vereitelt eine List des Baumeisters An= schlag, denn da mit dem ersten Hahnenschrei der neue Tag anbrechen soll (vgl. schon §. 20 Schluß) und der Hahnenkrat im Vertrage ausdrücklich als Ziel benannt ist, so wird dieser am Morgen, da das Werk fast zu Ende geführt ist, von der Bäurin nachgeahmt, worauf sogleich alle Hahnen in der Nachbarschaft erkrähen und die Wette für den Baumeister verloren ist. Ein andermal soll der Teufel die Seele deßen haben, der zuerst über die Brücke geht, welche er zu bauen versprochen hat: es wird aber ein Hahn oder ein Bock zuerst hinüber getrieben; so auf der Brücke zu Frankfurt a. M., wo noch der Hahn zum Wahrzeichen steht; in Achen aber war es eine Kirche, von deren Bau es sich handelte, und der Teufel wird mit einem Wolfe abgefunden, deßen Haupt jetzt gleichfalls zum Wahrzeichen dienen muß. Bei Kirchenbauten begegnet der Zug, daß der geprellte böse Geist, der erst spät die Bestimmung des Gebäudes erkennt, das er wohl für ein Wirthshaus hielt, den letzten noch fehlenden Stein nach dem Bau schleudert, um ihn zu zertrümmern; er erreicht aber sein Ziel nicht und liegt nun auch wie in Trier zum Wahrzeichen bei der

Kirche. Nicht selten findet sich auch die Nebenverabredung, daß die dem
Unhold verpfändete Seele frei sein solle, wenn der Name des Baumeisters
errathen werde; dieser pflegt dann sehr seltsam zu lauten, z. B. Rum-
pelstilzchen KM. 55, Holzrührlein Harris I, 18, Zirkzirk Kuhn W. S. 299,
Gragöhrli Lütolf 475 u. s. w. In der Edda ist dieser Name vergeßen;
wir erfahren ihn aber aus der norwegischen Sage vom König Olaf,
M. 515, in abweichenden aber gleichbedeutenden Formen, wie die Sage
selbst verschieden erzählt wird. Auch hier war es eine Kirche, welche
der Riese (Troll) dem Könige bauen sollte, so groß zwar, daß sieben
Priester auf einmal darin predigen könnten ohne einander zu stören; zum
Lohn hatte er sich Sonne und Mond oder den heil. Olaf selbst aus-
bedungen. Als nur Dach und Spitze noch fehlen, wandelt Olaf über
den bedenklichen Handel bekümmert durch Berg und Thal; auf einmal
hört er in einem Berg ein Kind weinen, und eine Riesenfrau stillt es
mit den Worten: Ziß, ziß! morgen kommt dein Vater Wind und
Wetter und bringt Sonne und Mond oder den heiligen Olaf selbst!
Erfreut über diese Entdeckung kehrt Olaf heim und findet die Spitze
eben aufgesetzt. Da ruft Olaf: Vind och Veder! du har satt spiran
sneder! Wind und Wetter, du hast die Spitze schief gesetzt, oder nach
der abweichenden Erzählung, wo der Riese Bläster (Bläser) hieß, soll
Olaf gerufen haben: Bläster, sätt spiran väster! Bläster, setze die
Spitze nach Westen u. s. w. Jene den Namen des Riesen betreffende
Nebenverabredung war hier nicht getroffen, dennoch (denn mit des bösen
Geistes Namen, sagt Grimm, vernichtet man seine Macht: er ist wie
ein Nachtwandler, der herabstürzt, wenn man ihn mit seinem Namen
anruft) fiel der Riese mit erschrecklichem Krach von dem Kamm der
Kirche herab und zerbrach in viele Stücke. Diese norwegische Sage
steht der eddischen noch näher, zeigt aber schon den Uebergang zu den
deutschen. Odins achtfüßiges Roß kennt noch die Tyroler Sage, Alpenburg 54, Vernaleken 83 und die siebenbürgischen Haltrichschen Volksmärchen,
Berlin 1856. 49. 101. Es hat an jeder Seite zwei Paar Beine wie es
der gotländische Runenstein abbildet: Annaler 1853 Taf. VI. Sonst wird
es nur als hellglänzender Schimmel beschrieben. Müllenhoff N. 136. 138.
Kuhn W. S. Nr. 32. Uebrigens sind nicht alle deutsche Bausagen, in
welchen der Teufel auftritt, auf unsern Mythus zurück zu führen. Sollte
ein Bau Festigkeit haben, so muste vorher den Göttern geopfert werden;
hieraus sind gleichfalls Sagen entsprungen wie z. B. jene vom Münster
zu Straßburg, die man aus A. v. Arnims Gedichte kennt. Rheinsagen
5. Aufl. S. 348.

27. Deutung.

In des Baumeisters Namen Wind und Wetter, Bläser, die er in der spätern Erzählung noch führt, ist uns über sein Wesen Auf= schluß gegeben. Er ist der Winter selbst, von dem wir schon wißen, daß sein Vater Windswalr, Windkühl hieß und den Riesen angehörte. Sein Pferd Swadilfari (Eisführer) wird den Nordwind bedeuten, wie sein anderer Name Bläster ihn selbst als den Bläser bezeichnet. Insofern der Bau den Reif= oder Winterriesen als ein Bollwerk entgegengethürmt werden soll, bedeutet er nicht die Wolkenburg wie Schwarz, Ursprung der Mythologie 16 annimmt, sondern die winterliche Schnee= und Eisdecke, unter welcher die Erde und die ihr anvertraute Hoffnung des Landmanns vor dem Winterfroste geborgen ist. Wenn aber dieser Bau vollendet und durch das Burgthor auf immer abgeschloßen würde, und nun noch Sonne und Mond und die schöne Freyja, die warme Jahreszeit, hinweggegeben werden müsten, so wäre, was hier als Schutz und Schirm gedacht war, das Verderben der Welt und der Götter: Nacht und Winter herschten dann ewig auf der erstarrten finstern Erde. Loki, der auch in andern Mythen als Feind der Götter erscheint, hat zu solch einem Vertrage ge= rathen; aber von den Göttern, die endlich zur Einsicht seiner Verderblich= keit gekommen sind, bedroht, muß er selbst dazu helfen, daß er nicht erfüllt werde. Er ersinnt nun eine neue List, und verwandelt sich in eine Stute, jenem Hengst entsprechend. Da wir den Hengst als Nordwind begriffen haben, so muß die Stute gleichfalls als ein Wind, und zwar als ein südlicher, aufgefaßt werden. Indem nun die beiden Pferde sich nachlaufend im Walde hin= und herrennen, stellen sie den Wechsel und Wandel der Winde beim Anbruch des Frühjahrs dar. An dem Riesen= zorne, der den Baumeister ergreift, als er sieht, daß seine Arbeit vergeb= lich ist, erkennen nun die Götter erst klar, daß der Werkmeister, der ihnen gegen die Riesen eine Burg erbauen sollte, selbst Einer ihrer Feinde, der Riesen ist. Da rufen sie zu Thôr, der bisher abwesend war, denn als sommerlicher Gott der Gewitter konnte er bei dem Bau, der im Winter vorgenommen ward, nicht zugegen sein; jetzt aber, da nur noch wenige Tage bis zum Sommer übrig sind, ist Thôr in der Nähe und bezahlt mit seinem Hammer, dem Blitzstral, den Baulohn: das erste Ge= witter sprengt das Wintereis. Vgl. Uhland, Mythus des Thôr, S. 105 ff.

So weit dürfen wir den Mythus in Gedanken auflösen; mehr ins Einzelne zu gehen, scheint mir nicht räthlich. Odins windschnelles Roß von zwei Winden erzeugen laßen, ist eine ansprechende Dichtung, auch wenn man bei seinen acht Füßen nicht an die acht Hauptwinde der Wind= rose denkt; die Verdoppelung der Zahl dient wohl nur, die Schnelligkeit des Rosses zu steigern. Was seine graue Farbe betrifft, so hat man auch sie von seiner Abstammung hergeleitet, indem man den südlichen Glutwind schwarz sein ließ wie der Rauch, den Nordwind aber weiß wie der Schnee, den er daherjagt. Aber die graue Farbe steht hier vielleicht nur für die weiße, zumal in der deutschen Ueberlieferung Odin als ‚Schimmelreiter‘ zu erscheinen pflegt. Indem aber der sturm= schnaubende Winterriese als Bläser und zugleich als Baumeister aufgeführt wird, erinnern wir uns der Harfe Amphions, deren Klang das siebenthorige Theben erbaute, was nach Schwarz a. a. O. gleicher Deutung unterliegt.

Weitere Einbußen der Götter.

28. Thrymskwiða. Deutung.

Mit dem Ablauf der goldenen Zeit und dem Verlust der Unschuld fällt wohl die Zeugung jener Ungethüme zusammen, von deren Feßelung erst im nächsten Abschnitt die Rede sein kann; hier soll erst noch von andern Einbußen der Götter gehandelt werden, von welchen sich aber ergeben wird, daß sie späterer Zudichtung angehören, wenigstens auf die Geschicke der Welt und der Götter ursprünglich keinen Bezug hatten, wie das auch schon von dem eben betrachteten Mythus von Swabilfari gilt, welchen wohl erst die Wöluspa auf das große Weltenjahr bezog, da seine Erwägung ergeben hat, daß er von dem gewöhnlichen Sonnenjahr handelt.

Noch ein andermal versuchten die Riesen sich in den Besitz Freyjas zu setzen. Doch mochte es ihnen auch hier nicht sowohl darum zu thun sein, sie für sich selber zu erwerben als vielmehr sie den Göttern und somit der Welt zu entziehen. In der Thrymskwiða freilich, welche diesen Versuch darstellt, konnte diese neidische Absicht der Riesen nicht hervortreten: in diesem schönsten Gedichte der poetischen Edda ist der nakte Gedanke dichterisch überkleidet, er hat Fleisch und Blut bekommen, Riesen und Götter sind vermenschlicht, und so scheint es dem Riesen zu seinem vollen Glück nur an dem Besitz der schönen Göttin zu fehlen:

24. Anhob da Thrym, der Thursenfürst:
‚Auf steht, ihr Riesen, bestreut die Bänke,
Und bringet Freyja zur Braut mir daher,
Die Tochter Niörðhs aus Noatun.

25. Heimkehren mit goldnen Hörnern die Kühe,
    Rabenschwarze Rinder dem Riesen zur Lust.
    Viel schau ich der Schätze, des Schmuckes viel;
    Fehlte nur Freyja zur Frau mir noch.'

Der Donnergott vermißte nämlich einst beim Erwachen seinen
Hammer, das Symbol des Blitzes, und klagte es dem Loki. Sie bitten
die Freyja um ihr Federgewand, mit dem Loki zur Riesenwelt fliegt.
Thrym, der Riesenfürst, sitzt da auf dem Hügel, schmückt seine Hunde mit
goldnem Halsband und strält den Rossen die Mähnen zurecht. Auf Lokis
Frage bekennt er, Thôrs Hammer entwandt und acht Rasten tief unter
der Erde verborgen zu haben:

        ,Und wieder erwerben fürwahr soll ihn Keiner,
        Er brächte denn Freyja zur Braut mir daher.'

Mit diesem Bescheid kehrt Loki zu Thôr zurück. Zwar wäre der
Donnergott nach der Darstellung des Dichters nicht abgeneigt, in Freyjas
Hingabe zu willigen; aber schon die Zumuthung erregt den heftigsten
Unwillen der Göttin: .

15. Wild ward Freyja, sie fauchte vor Wuth,
    Die ganze Halle der Götter erbebte;
    Der schimmernde Halsschmuck schoß ihr zur Erde:
    ,Mich mannstoll meinen möchtest du wohl,
    Reisten wir beide gen Riesenheim.'

Da halten die Götter Rath, und Heimdall, ,der weise war den
Wanen gleich', ersinnt dießmal die List, welche Loki nur ausführen hilft.
Thôr soll als Freyja verkleidet dem Riesen zugeführt werden und Loki
als seine Magd ihn begleiten. Thôr fürchtet zwar von den Asen weibisch
gescholten zu werden, wenn er sich das bräutliche Linnen anlegte; als
aber Loki erinnert, die Riesen würden bald Asgard bewohnen, wenn er
seinen Hammer nicht heimholte, willigt er in den Anschlag.

21. Das bräutliche Linnen legten dem Thôr sie an,
    Ihn schmückte das schöne, schimmernde Halsband.
    Auch ließ er erklingen Geklirr der Schlüßel
    Und weiblich Gewand umwallte sein Knie.
    Es blinkte die Brust ihm von blitzenden Steinen
    Und hoch umhüllte der Schleier sein Haupt.

22. Da sprach Loki, Laufeyjas Sohn:
    ,Nun muß ich mit dir als deine Magd;
    Wir beide wir reisen gen Riesenheim.'

Es folgen die zuerst ausgehobenen Zeilen, wo der Riese sich seines
Reichthums freut und sein Glück preist, das der Besitz Freyjas nun voll=
enden soll. Darauf wird das Hochzeitsmal aufgetragen und das Ael

gereicht; die Braut ißt einen Ochsen und acht Lachse, dazu alles süße
Geschlecht, das den Frauen bestimmt war, und trinkt dazu drei Kufen
Meth. Der Bräutigam verwundert sich; aber der als Magd verkleidete
Loki steht ihm Rede: die Braut habe aus Sehnsucht nach Riesenheim acht
Nächte lang nichts genoßen. Erfreut lüftet der Riese der Braut, sie zu
küssen, das Linnen; aber erschreckt fährt er zurück, denn furchtbar flammen
ihr die Augen, ihr Blick brennt wie Glut. Loki weiß ihm auch das
günstig auszulegen: vor Sehnsucht nach Riesenheim hat die Braut acht
Nächte lang des Schlafs entbehrt, darum glühen ihr so die Augen. Beruhigt befiehlt Thrym den Miölnir herbeizuholen, die Braut nach nordischer Sitte mit dem Hammer zu weihen. Da ergreift diesen Thôr,
erschlägt den Riesen und zerschmettert sein ganzes Geschlecht:

> 34. Er schlug auch die alte   Schwester des Joten,
>   Die sich das Brautgeschenk   zu erbitten gewagt:
>   Ihr schollen Schläge   an der Schillinge Statt,
>   Und Hammerhiebe   erhielt sie für Ringe.
>   So zu seinem Hammer   kam Odins Sohn.

Der mythische Gehalt dieser Erzählung ist kaum ein anderer, als
den schon die vorige hatte: Thrym, dessen Name von thruma (tonitru)
abgeleitet wird, ist ursprünglich mit Thôr identisch und ein ältrer Naturgott, in dessen Händen vor den Asen der Donner gewesen war. M. 165.
Jetzt als Winterriese tobt er in Sturm und Unwetter, ja er hat Thôrs
Hammer, auf welchen er ein altes Recht ansprechen mochte, in seinen Besitz
gebracht. Auch die Winterstürme führen zuweilen Gewitter herbei; doch
scheint darauf nicht angespielt, da der Riese den Hammer nicht benutzt,
sondern acht Rasten tief unter der Erde, d. h. während der acht Wintermonate, in welchen die Gewitter zu schweigen pflegen, verborgen hält.
Diese acht Wintermonate, die auch in den acht Nächten nachklingen, in
welchen Freyja sich vorgeblich des Tranks und der Speise sowie des
Schlafes enthielt, sind endlich vorüber, der erwachte Thôr fordert seinen
Hammer zurück und obgleich der Wintergott noch einen letzten Versuch
macht, die Sonne in seine Gewalt zu bekommen, und der Welt die schöne
Witterung vorzuenthalten, naht ihm doch, vom warmen Winde (Loki)
begleitet, weiß verhüllt, die Gewitterwolke und macht den rasenden Win-
terstürmen ein Ende. Vgl. Uhland, Mythus des Thôr 95 ff. Das
Uebrige ist Einkleidung, eine diesmal um so schönere, je freier sich der
Dichter bewegen konnte. Noch heute klingt dieß Lied in drei nordischen
Mundarten nach und auch in Deutschland hat neuerdings kein anderes
so allgemeine Anerkennung gefunden. Es ganz mitzutheilen haben wir
Bedenken getragen, weil sein mythischer Gehalt ungewöhnlich gering ist,
wie selbst Uhland S. 104 eingesteht, daß es hier nicht nöthig sei, die

Allegorie bis ins Einzelne nachzuweisen und zu unterscheiden, was der Idee, was der Einkleidung und der unabhängigen Darstellung der menschlichen Verhältnisse, z. B. der Hochzeitsgebräuche, angehöre. Gleichwohl deutet er die Schwester des Riesen, welche das Brautgeschenk erbittet, auf die Armut, die Nothdurft des Winters, welcher Thôr ein Ende macht. Ueber den Gebrauch der Hochzeitsgeschenke vgl. M. Edda S. 432. Für Thôrs Wesen mag noch Manches aus dem Liede zu gewinnen sein; hier haben wir es nur wegen des zweiten Versuchs der Riesen, sich der Freyja zu bemächtigen, zur Sprache gebracht.

29. Freyr und Gerda.

Hatte bisher die Götter im Kampf mit den Riesen, welche den Untergang der Welt herbeizuführen trachteten, kein Verlust betroffen, so erleiden sie in dem jetzt zu betrachtenden Mythus eine Einbuße, welche sie bei dem letzten Weltkampfe schwer empfinden sollen. Nach D. 37 setzte sich Freyr auf Hlidskialf, den Hochsitz Odins und sah von ihm hinab auf alle Welten. Da sah er nach Norden blickend in einem Gehege ein großes und schönes Haus; zu diesem Hause gieng ein Mädchen, und als sie die Hände erhob, um die Thür zu öffnen, da leuchteten von ihren Armen Luft und Waßer und alle Welten stralten von ihr wieder. Und so rächte sich seine Vermeßenheit an ihm, sich an diese heilige Stätte zu setzen, daß er harmvoll hinweggieng. Und als er heimkam, sprach er nicht und Niemand wagte, das Wort an ihn zu richten. Da ließ Niördhr den Stirnir, Freyrs Diener, zu sich rufen und bat ihn, zu Freyr zu gehen und zu fragen, warum er so zornig sei, daß er mit Niemand reden wolle. Stirnir sagte, er wolle gehen, aber ungern, denn er versehe sich übler Antwort von ihm. Und als er zu Freyr kam, fragte er, warum er so finster sei und mit Niemand rede. Da antwortete Freyr und sagte, er habe ein schönes Weib gesehen, und um ihretwegen sei er so harmvoll, daß er nicht länger leben möge, wenn er sie nicht haben sollte: ‚Und nun sollst du fahren und für mich um sie bitten, und sie mit dir heimführen, ob ihr Vater wolle oder nicht, und will ich dir das wohl lohnen.‘ Da antwortete Stirnir und sagte, er wolle die Botschaft werben, wenn ihm Freyr sein Schwert gebe. Das war ein so gutes Schwert, daß es von selbst focht. Und Freyr ließ es ihm daran nicht mangeln und gab ihm das Schwert. Da fuhr Stirnir und warb um das Mädchen für ihn und erhielt die Verheißung, nach neun Nächten wolle sie an den Ort kommen, der Barri heiße und mit Freyr Hochzeit halten. Und als Stirnir dem Freyr sagte, was er ausgerichtet habe, da sang er so:

> Lang ist eine Nacht, länger sind zweie,
> Wie mag ich dreie dauern?

Oft daucht ein Monat mich minder lang
Als eine halbe Nacht des Harrens.

Diese Erzählung ist ein dürftiger Auszug von Skirnisför, einem der schönsten Eddalieder; wir müßen die übergangenen Züge nachholen, um uns zu überzeugen ob sie mythischen Gehalt haben oder bloß dichterische Ausschmückung sind. Nicht nur sein Schwert ,das von selbst sich schwingt gegen der Reifriesen Brut' leiht Freyr dem Skirnir, auch sein Roß, das ihn durch Wafurlogi führen soll, die flackernde Flamme, die Gerdas Saal umschließt, wie er auch von einem Zaun umgeben ist, den wüthende Hunde bewachen. Eilf goldene Aepfel, dazu den Ring Draupnir, von dem jede neunte Nacht acht ebenschwere träufeln, bietet Skirnir der Gerda, wenn sie Freyrs Liebe erwiedere. Als dieß nicht fruchtet, droht er ihr mit dem Schwerte, und als auch das nicht verfängt, mit der Zauberruthe, ja er greift wirklich zu Flüchen und Beschwörungen, die auch den erwarteten Erfolg haben. In diesen Beschwörungen liegt große poetische Kraft; wir lernen auch Manches daraus für die Runenkunde (vgl. v. Lilienkron und Müllenhoff Zur Runenlehre S. 22. 56) und die Mythologie überhaupt, weniger für unsern Mythus. Mannes Gemein=schaft, Mannes Gesellschaft wird ihr gebannt und verboten, die Folgen der Ehelosigkeit, der Fluch des unvermählten Alters, alle Qualen und Martern, die als geistige oder leibliche Strafen unnatürlicher Absonde=rung zu erdenken sind, Ohnmacht, Unmuth und Ungeduld, werden der spröden Maid vorgehalten bis sie endlich in Skirnirs Antrag willigt und verspricht, nach neun Nächten mit dem männlichen Sohn des Niörðhr in dem Haine Barri, dem Wald stiller Wege, zusammen zu treffen.

30. Deutung. Verhältniß zu Ragnarök.

Die bisherigen Deutungen dieses Mythus faßen die Erzählung ent=weder nur im Großen und Ganzen auf ohne sich an ihre eigenthümliche Gestaltung zu kehren, oder halten sich an einen einzelnen Zug, der, aller=dings zu bezeichnend um für bloßen dichterischen Schmuck zu gelten, doch der Schlüßel des Räthsels nicht sein kann. Jenes ist der Fall, wenn Freyr nur als der Liebesgott gefaßt wird und das Gedicht nur als ein Liebeslied, was sie beide freilich a u ch sind, obgleich daraus für die Deutung des Mythus wenig oder nichts zu gewinnen ist. Zu sehr im Allgemeinen bleibt auch die Deutung befangen, wenn nach Petersen Nordisk Mythologie 344 Gerda wie Thörs Tochter Thrudr das Saatkorn sein soll, denn damit erklärt sich der Schein nicht, der von ihren weißen Händen in Luft und Waßer und in allen Welten wiederstralt. Freyr erblickte sie, als er nach Norden sah, und dieß veranlaßte Finn Magnusen, der auf diesen Nebenzug allein Gewicht legte, an den Nordschein zu denken. Allerdings

würde Freyr bei seinen Bezügen auf die Sonne mit Gerda, wenn sie
das Nordlicht bedeutete, passend vermählt scheinen, indem beide an dem
Lichte ein Gemeinschaftliches hätten. Aber einer solchen Verbindung
widerstreitet die Ordnung der Natur, da Sonne und Nordschein nicht
zugleich am Himmel sichtbar werden. Hindernisse müßen der Verbindung
Freyrs und Gerdas allerdings entgegen stehen, da Str. 7 sagt:

Von Asen und Alfen will es nicht Einer,
Daß wir beisammen seien.

aber bei einer solchen Deutung würden sie unübersteiglich sein. Ich
bleibe daher bei meiner schon in M. Edda S. 407 gegebenen Erklärung,
welche ich hier näher ausführe. Für Freyrs Beziehung auf die Sonne
giebt es in unsern Quellen kein ausdrückliches Zeugniß und wenn er
Regen und Sonnenschein verleiht, so ist er damit noch nicht als Sonnen=
gott bezeichnet. Indes läßt sein Sinnbild, der goldborstige Eber, kaum
eine andere Deutung zu, und sein Verhältniß zu den Lichtalfen, welches
sich daraus ergiebt, daß er Alfheim besitzt (§. 20), scheint sie zu bestä=
tigen. Wir faßen ihn aber, ohne sein Verhältniß zur Sonne aus den
Augen zu verlieren, zunächst nur als Gott der Fruchtbarkeit, als welchen
er sich hier auch durch die eilf Aepfel Str. 19 und den Ring Draupnir,
von dem jede neunte Nacht acht eben so schwere träufeln, Str. 21 vgl.
D. 49. 61, zu erkennen giebt. Vgl. §. 34.

Was Gerda anlangt, so erscheint sie zuerst nur als Riesentochter. Ihr
Vater ist Gymir (vgl. Str. 22. 24. D. 37), ein Name, den nach Oegis=
drecka auch der Meergott Oegir führt. Ihr Bruder Beli (der Brüllende)
kann auf den Sturmwind gedeutet werden. Wenn ihn Freyr erlegt, wie
das D. 37 weiterhin erzählt wird (vgl. Skirn. 16. Wölusp. 54), so paßt
dieß auf den milden Gott der Fruchtbarkeit und Wärme, bei deßen
Nahen die Winterstürme sich legen. Er erschlug ihn aber mit einem
Hirschhorn, denn als Sonnengott hat er den Sonnenhirsch zum Symbol,
und das zackige Geweih des Hirsches bedeutet den Blitz, woraus wir
sehen, daß selbst Freyr als Gewittergott aufgefaßt werden kann.

In der Verwandtschaft Gerdas, durch welche sie den ungebändigten
Naturkräften angehört, die zu bekämpfen die Götter, und ihr späterer
Niederschlag, die Helden, berufen sind, liegt das Hinderniß ihrer Ver=
bindung mit Freyr. Solcher Abkunft widerspricht ihre Schönheit nicht;
doch wird sie nur gezwungen im Kreiße ihrer Verwandten zurückgehalten.
Dieser Zwang ist Str. 9. 18 in der flackernden Flamme ausgedrückt,
die ihren Saal umschließt, so wie weiterhin in dem Zaun, der von
wüthenden Hunden bewacht wird. Jene Waberlohe begegnet auch sonst:
in der Sigurdssage kommt sie zweimal vor, und hier entspricht ihr in
dem deutschen Märchen von Dornröschen (KM. 50) die Dornhecke; auch

Menglabas Burg in Fiölswinnsmal 2. 5 ist von ihr umschloßen und in
Hyndluliodh 45 droht Freyja die Hyndla. mit Flammen zu umweben.
Durch Grimms Abhandlung über das Verbrennen der Leichen ist uns
jetzt ihre Bedeutung erschloßen: es ist die Glut des Scheiterhaufens,
und da dieser mit Dornen unterflochten ward, wozu es gewisse heilige
Stauden gab, so begreift sich zugleich, warum die Waberlohe durch eine
undurchdringliche Dornhecke vertreten werden kann. Reiten durch Wafurlogi
bedeutet im Mythus nichts anders als die Schrecken des Todes besiegen
und in die Unterwelt hinabsteigen. Das ist die höchste Aufgabe, welche
Göttern und Helden gestellt zu werden pflegt. Dieß und die Str. 12
und 27 laßen keinen Zweifel, daß es die Unterwelt ist, in die Gerda
gebannt ward, wodurch ihr Mythus mit dem von Idun, wie er in
Hrafnagaldr ausgeführt ist, in Beziehung tritt, zumal an diese schon die
goldenen Aepfel erinnern. Gerda erscheint hienach als die im Winter
unter Schnee und Eis befangene Erde (vgl. merigarto, merikerti), die
wir aus D. 10 als eine Riesentochter kennen, obgleich sie nach D. 9
Odins Tochter wäre. Im Winter in der Gewalt dämonischer Kräfte
zurückgehalten, wird sie von der rückkehrenden Sonnenglut befreit.
Freyrs Diener Skirnir (von at skirna clarescere), der Heiterer, erhält
den Auftrag, sie aus jenem Bann zu erlösen und dem belebenden Ein=
fluß des Lichts und der Sonnenwärme zurückzugeben. Ihre Verbindung
mit Freyr geschieht dann in dem Haine Barri, d. i. dem grünenden
(Lex Myth. s. h. v.), also im Frühjahr, wenn Freyr längst die brül=
lenden Sturmwinde bezwungen hat, die vorher auch als wüthende Hunde
dargestellt waren. Es kommt unserer Erklärung zu Statten, daß Gerda
nach Skaldskap. 19 Friggs Nebenbuhlerin sein soll. Als Erdgöttin mag
sie in einem verlorenen Mythus wie Jörd und Rindr dem Odin ver=
mählt gewesen sein, an dessen Stelle hier Freyr trat, der in demselben
Mythus auch Hlidskialf, Odins himmlischen Sitz, einnimmt.

　　Was bedeutet es aber, wenn Freyr, um in Gerdas Besitz zu ge=
langen, sein Schwert hingiebt, das er beim letzten Kampfe vermissen wird?
Hier werden wir wieder genöthigt, Freyr als den Sonnengott zu faßen,
und sein Schwert als den Sonnenstral: er giebt es her, um in Gerdas
Besitz zu gelangen, d. h. die Sonnenglut senkt sich in die Erde, um Gerdas
Erlösung aus der Haft der Frostriesen zu bewirken, die sie unter
Eis und Schnee zurückhalten, und von wüthenden Hunden, schnaubenden
Nordstürmen, bewachen laßen. Gymir, ihr Vater, ist also wohl wie
dem Namen so auch dem Wesen nach mit dem frostigen Hymir ver=
wandt, den wir aus Hymiskwida als das winterliche Meer kennen
lernen. Unsere Quellen nennen aber (Oegisdr. Einl.) den Gymir mit
Oegir identisch, was auch insofern richtig ist als Oegir mit Niördhr

verglichen noch als der schreckliche Meergott gedacht ist, während ihn Oegis=
drecka im Gegensatz gegen Hymir wenigstens für die Zeit der Leinernte,
wo das Meer beruhigt ist, schon als den freundlichen, gastlichen auffaßt.

Aus dieser Deutung des Schwertes auf den Sonnenstral geht zugleich
hervor, daß unser Mythus mit dem von dem letzten Kampfe ursprünglich
in keiner Verbindung stand. Freyr giebt sein Schwert alljährlich her,
er erschlägt alljährlich den Beli, den Riesen der Frühlingsstürme, all=
jährlich feiert er seine Vermählung mit Gerda im grünenden Haine.
Der Mythus bezieht sich also auf unser gewöhnliches Jahr, nicht auf das
große Weltenjahr, auf das auch Skirnisför noch nicht hindeutete, das erst
die jüngere Edda D. 37 in Bezug bringt, wie denn der Mythus von der
Götterdämmerung nur allmählich und ziemlich spät die Oberherschaft über
alle andern erlangt zu haben scheint; selbst den Mythus von Baldur, der
ihm jetzt so innig verbunden ist, muste er sich erst unterwerfen. Der
Dichter von Skirnisför dachte noch nicht daran, daß Freyr sich durch die
Hingabe des Schwerts für den letzten Weltkampf untüchtig mache. Nicht
an die Riesen wird das Schwert hingegeben, sondern an Skirnir, der
Freyrs Diener ist und bleibt (D. 34) und es seinem Herrn zurückbringen
konnte, da er es ja nicht etwa, um den Besitz Gerdas zu erlangen, an
die Riesen hinzugeben hatte. Der Verlust des Schwertes ist demnach
wohl aus Oegisbr. 42 in die Sage gekommen, wo Loki mit Bezug auf
Skirnisför eine Hohnrede gegen Freyr schleudert, die nicht tiefer begründet
ist als andere, die ihm hier in den Mund gelegt werden:

> Mit Gold erkauftest du Gymirs Tochter
> Und gabst dem Skirnir dein Schwert.
> Wenn aber Muspels Söhne durch Myrkwidr reiten,
> Womit willst du siegen, Unseliger?

In Skirnisför finden sich sogar Spuren, daß erst eine Ueberarbeitung
dieses Liedes den Skirnir als Freyrs Diener auftreten ließ. In seiner
ursprünglichen Gestalt war es wohl Freyr selbst, der unter dem Namen
Skirnir, der ihn selber bezeichnet (Lex Myth. 706 b), die Fahrt unter=
nahm. Nach Str. 16 ahnt Gerda, daß ihres Bruders Mörder gekommen
sei: dieß war aber nach dem Obigen Freyr selbst. Daß Skirnir gesendet
wird, weil Freyr zur Strafe des übertretenen Verbots von Liebe erkrankt
ist und die Fahrt nicht selber vollbringen kann, ist nicht mehr der reine
(in Fiölswinnsmal hierin beßer erhaltene) Mythus, sondern schon der
Anfang einer märchenhaften Gestaltung, der wir in deutschen Märchen oft
genug wiederbegegnen. Am nächsten steht das von dem getreuen Jo=
hannes (KM. 6), wo dem Königssohn von dem Vater verstattet war,
in alle Gemächer und Säle des Schloßes zu treten; aber Eine Kammer
sollte er vermeiden. Er übertritt das Verbot, öffnet die Thüre und

erblickt ein Bild, das so schön war, daß er sogleich ohnmächtig zu Boden
stürzt. Sein getreuer Diener muß ihm nun die Königstochter vom gol=
denen Dache, welche jenes Bild vorstellte, verschaffen. Zugleich sehen wir
hier aus unserm Mythus die ,Freundschaftssage' entspringen, welcher
jenes Märchen wesentlich angehört, denn auch die Dienstmannstreue wird
unter den Begriff der Freundschaft gefaßt. Eine große Rolle spielt das
Schwert in der Freundschaftssage. Der Freund legt es entblößt zwischen
sich und die Gemahlin des Freundes, der er beiliegen muß, und bewährt
ihm so die Treue; ich erinnere nur an Sigurd und Gunnar. Es gab
wohl eine andere märchenhafte Faßung unseres Mythus, in welcher noch
Skirnir das Schwert Freyrs, seines Herrn, in gleicher Weise benutzte,
indem er für ihn das Hochzeitbette bestieg, nachdem er durch Wafurlogi
geritten war. Sie findet sich eben in unserer Heldensage wieder, die
demnach gleichfalls hier ihren Ursprung nahm, denn Sigurd ist zwar, als
er das erstemal durch Wafurlogi reitet, dem Freyr zu vergleichen, wie er
in der von uns vermutheten ursprünglichen Gestalt des Mythus erschien,
denn hier will er die Geliebte für sich selber erwecken; das zweitemal
aber, da er für Gunnar durch die Waberlohe reitet und dann das Schwert
zwischen sich und die Braut des Freundes legt, gleicht er dem
Skirnir. Aus der Verbindung beider Gestalten des Mythus, jener ur=
sprünglichen, wo Freyr selber durch Wafurlogi ritt, und der, welche wir jetzt
in Skirnisför und der jüngern Edda finden, ist demnach unsere Helden=
sage von Siegfried und den Nibelungen erwachsen, nach deren Schlüßel
so lange gesucht ward. Die Ansicht, daß es in den nordischen Liedern
Verwirrung sei, wenn sie das Feuer nach dem ersten Ritt nicht erlöschen
laßen (M. Edda 405. 408), nehme ich also jetzt bei beßerer Einsicht zurück.
Daß noch ein anderes Eddalied, Fiölswinnsmal, den gleichen mythischen
Inhalt hat, ist bei diesem (M. Edda S. 438 ff.) näher ausgeführt. Beide
haben noch spät fortgelebt in dem dänischen Swendalliede, das Lüning 23
mittheilt. Da es noch über ein drittes Eddalied (Gróugaldr) Aufschluß
giebt, so gebe ich seinen Inhalt an. Jung Swendal wollte Ball spielen: da
flog ihm der Ball in den Jungfrauensaal. Um ihn wieder zu holen,
gieng er hinein, kam aber nicht wieder heraus ohne große Sorge im
Herzen. ,Höre, Jung Swendal', wird ihm zugerufen, ,wirf deinen Ball
nicht auf mich: wirf ihn auf die stolze Jungfrau, die du lieber hast.
Du sollst nicht mehr schlafen noch Ruhe finden bis du die schöne Jungfrau
erlöst hast, die so lange Trübsal erduldete.' Da hüllte sich Jung Swendal
in den Pelz und gieng in die Stube vor die raschen Hofmannen, welchen
er seinen Vorsatz kund that, zum Berge zu gehen und seine Mutter zu er=
wecken. Als er nun in den Berg hinein sah, spaltete sich Mauer und
Marmorstein, und die dunkele Erde fiel nieder. Eine Stimme fragt, wer

es ſei, der die Müde wecke? ‚Kann ich nicht mit Frieden unter der
dunkeln Erde liegen?‘ Da nennt Jung Swendal ſeinen Namen und ſagt,
er ſei gekommen, ſeine Mutter um Rath zu fragen. Seine Schweſter und
ſeine Stiefmutter hätten ihn in Sehnſucht gebracht: ‚Sie ſagten, ich ſolle
nicht ſchlafen noch Ruhe finden bis ich die ſtolze Jungfrau erlöſt hätte,
die ſo lange Zwang erduldet habe.‘ Da giebt ihm die Mutter den guten
H e n g ſt, der niemals müde wird, und das gute S ch w e r t, das ſtäts den
Sieg gewinnen ſoll. Da band Jung Swendal das Schwert zur Seite,
gab dem Hengſt die Sporen und ritt über das breite Meer und durch
die grünen Wälder bis er zu dem Schloß kam, in dem ſeine Braut
ſchlummern ſollte. Da fragt er den Hüter, ob eine Jungfrau auf dem
Schloße ſei; er wolle ihn zu einem Herrn machen, wenn er König werde.
Da erhält er die Antwort: die Planken ſeien von hartem Stein und die
Pforte von Stahl; inwendig aber hüte ein Löwe und ein wilder Bär die
achtzehnjährige Jungfrau, zu der Niemand hinein dürfe als der junge
Swendal. Da gab Jung Swendal ſeinem Roſs die Sporen und ſetzte
mitten hinein in den Burghof. Der Löwe und der wilde Bär fielen dem
Herrn zu Füßen und die Linde mit ihren vergoldeten Blättern neigte ſich
vor ihm zur Erde. Die ſtolze Jungfrau, die ſeine Sporen klingen ge=
hört hat, ſchöpft ſchon Hoffnung auf Erlöſung; Jung Swendal tritt zu
ihr hinein und wird als ihr erwarteter Bräutigam empfangen u. ſ. w.
Entfernter iſt die Verwandtſchaft mit Held B o n ved (Grimm, altdän.
Heldenl. 57), der ſich aber näher an Fiölſwinnsmal ſchließt. Der Ritt
durch die Flammen iſt im Märchen vom Dornröschen ein Ritt durch
Dornen; in der Sage vom Fräulein Kunigunde von Künaſt, die man
aus Rückert kennt, ein Ritt über den ſchmalen Rand der Burgmauer.
Der Abgrund unter der Burg Künaſt heißt die Hölle, womit wieder auf
die Unterwelt gedeutet iſt. Dieſelbe Sage haftet auch am Schloß Gold=
brunn im Altmühlthal (Panzer 174). Nur einem Ritter auf einem Schim=
mel gelang es, den ſchmalen Rand der Felſenmauer zu umreiten. Der
Schimmel iſt Odins Roſs Sleipnir, oder Freyrs Sonnenroſs, Siegfrieds
Roſs Grani. Nach Panzer 178 ſcheinen auch die Sagen hieher zu ge=
hören, wo nicht eine ſchmale Mauer umritten werden ſoll, die Braut zu
gewinnen, ſondern eine ſteile Höhe auf einem Schimmel erritten wird.
So in der Sage von Wolfſtein im baieriſchen Walde (Panzer a. a. O.),
wo aber der Braut nicht gedacht wird, während ſie bei dem Ritt auf
den Kedrich bei Lorch im Rheingau nicht fehlt. Vielleicht galt vom Hof=
turm zu Lauingen in Schwaben dieſelbe Sage, denn hier iſt ein großes
galoppierendes Roſs angemalt von 15 Schuh Länge: man muſte eine Leiter
anlegen, es zu beſteigen; auch ſoll es zwei Herzen gehabt haben, wie
Odins Roſs die doppelte Zahl der Füße hatte.

31. Jdun und Thiaffi. Deutung.

Wir haben zwei so verschiedene Darstellungen von Jduns Schick=
salen, daß sie für abweichende Mythen gelten können: die jüngere ist
dießmal in einem Eddalied enthalten, dem von Odins Rabenzauber (Hrafnagaldr Odhins), während die ältere sich in D. 56 findet. Nach dieser
waren drei Asen ausgezogen: Odin, Loki und Hönir. Sie fuhren über
Berge und öde Marken, wo es um ihre Kost übel bestellt war. Als sie
aber in ein Thal hinab kamen, sahen sie eine Heerde Ochsen: sie nahmen
der Ochsen einen und wollten ihn sieden. Und als sie glaubten, er wäre
gesotten und den Sud aufdeckten, war er noch ungesotten. Und als sie
ihn nach einiger Zeit zum andermal aufdeckten und ihn noch ungesotten
fanden, sprachen sie unter sich, woher das kommen möge? Da hörten sie
oben in der Eiche über sich sprechen, daß der, welcher dort sitze, es ver=
ursache, daß der Sud nicht zum Sieden komme. Und als sie hinschauten,
saß da ein Adler, der war nicht klein. Da sprach der Adler: Wollt ihr
mir meine Sättigung geben von dem Ochsen, so soll der Sud sieden.
Das bewilligten sie: da ließ er sich vom Baume nieder, setzte sich zum
Sude und nahm sogleich die zwei Lenden des Ochsen vorweg nebst beiden
Bugen. Da ward Loki zornig, ergriff eine große Stange und stieß sie
mit aller Macht dem Adler in den Leib. Der Adler ward scheu von
dem Stoße und flog empor: da haftete die Stange in des Adlers Rumpf;
aber Lokis Hände an dem andern Ende. Vgl. KM. 64: Goldgans
(Kleban). Der Adler flog so nah am Boden, daß Loki mit den Füßen
Gestein, Wurzeln und Bäume streifte; die Arme aber, meinte er, würden
ihm aus den Achseln reißen. Er schrie und bat den Adler flehentlich
um Frieden; der aber sagte, Loki solle nimmer loskommen, er schwöre
ihm denn, Jdun mit ihren Aepfeln aus Asgard zu bringen. Loki ver=
sprach das: da ward er los und kam zurück zu seinen Gefährten. Zur
verabredeten Zeit aber lockte Loki Jdun aus Asgard in einen Wald,
indem er vorgab, er habe da Aepfel gefunden, die sie Kleinode dünken
würden; auch rieth er ihr, ihre eigenen Aepfel mitzunehmen, um sie mit
jenen vergleichen zu können. Da kam der Riese Thiaffi in Adlershaut
dahin und nahm Jdun und flog mit ihr gen Thrymheim, wo sein Heim=
wesen war. Die Asen aber befanden sich übel bei Jduns Verschwinden,
sie wurden schnell grauhaarig und alt. Da hielten sie Versammlung und
fragte Einer den Andern, was man zuletzt von Jdun wiße. Da war
das Letzte, das man von ihr gesehen hatte, daß sie mit Loki aus Asgard
gegangen war. Da ward Loki ergriffen und zur Versammlung geführt,
auch mit Tod und Peinigung bedroht. Da erschrak er und versprach, er
wolle nach Jdun in Jötunheim suchen, wenn Freyja ihm ihr Falken=

gewand leihen wolle. Als er das erhielt, flog er nordwärts gen Jötun=
heim und kam eines Tages zu des Riesen Thiassi Behausung. Er war
eben auf dem See gerudert und Jdun allein daheim. Da wandelte Loki
sie in Nußgestalt, hielt sie in seinen Klauen und flog was er konnte.
Als aber Thiassi heimkam und Jdun vermißte, nahm er sein Adler=
hemde und flog Loki nach mit Adlersschnelle. Als aber die Asen den
Falken mit der Nuß fliegen sahen und den Adler hinter ihm drein, da
giengen sie hinaus unter Asgard und nahmen eine Bürde Hobelspäne
mit. Und als der Falke in die Burg flog und sich hinter der Burg=
mauer niederließ, warfen die Asen alsbald Feuer in die Späne. Der
Adler vermochte sich nicht inne zu halten, als er den Falken aus dem
Gesichte verlor: also schlug ihm das Feuer ins Gefieder, daß er nicht
weiter fliegen konnte. Da waren die Asen bei der Hand und tödteten
den Riesen Thiassi innerhalb des Gatters. Seine Augen warfen sie
nachmals Skadi, seiner Tochter, zur Ueberbuße an den Himmel und
bildeten zwei Sterne daraus.

Der Riese Thiassi, der Adlersgestalt annimmt, erinnert uns an
Hräsvelgr (§. 16), der ein Riese wie er in Adlerskleid an des Himmels
Ende sitzt und den Wind über alle Völker facht. Sturmwinde werden
als Riesen gedacht, weil unter deren Bilde alle zerstörenden Naturkräfte
vorgestellt werden; zugleich sind ihnen Adlerschwingen verliehen, die
Schnelligkeit des Sturmwindes zu bezeichnen. Aus Grimnismal 11
(s. o. §. 21) wißen wir, daß Thiassi in Thrymheim wohnte, dessen
Name an Thrym erinnert, den Riesen der Thrymskwida, der ein
älterer Naturgott dem Thôr den Hammer stahl, und selbst nach dem
Donner (thruma = tonitru) genannt ist. Thrymheim bedeutet also
wohl das sturmtosende Waldgebirge, aus dem alle rauhen, scharfen Winde
zu kommen pflegen: seinem Gebiete haben sich die Götter genaht, als
sie über Berge und öde Marken fuhren, wo es um ihre Kost schlecht
bestellt war, womit die Unfruchtbarkeit des Waldgebirges bezeichnet ist.
Thiassis Name hat noch keine sichere Erklärung gefunden; über sein Wesen
kann nach dem Obigen kein Zweifel sein: er ist ein Sturmriese und zwar
wie wir sehen werden, ein Riese der Herbststürme, wie Beli, Gerdas
Bruder, sich auf die Stürme der Frühlingsnachtgleichen bezog. Als
Sturmwind verhindert er auch, daß der Sud zu Stande kommt, indem
er das Kochfeuer verweht. Wie jener Baumeister Sonne und Mond und
die schöne Freyja bedingte, wie Thrym als Lösegeld für Thôrs Hammer
den Besitz derselben Göttin begehrte, so möchte Thiassi den Göttern Jdun
entziehen, ja er erhält sie wirklich für Lokis Befreiung, und Loki muß
sie ihm erst wieder entführen. Wer ist nun Jdun? Aus D. 26 lernen
wir sie als Bragis Gattin kennen, des Gottes der Dichtkunst, des Skalden

Odins; aber das führt uns nicht weiter. Mehr sagen uns ihre Aepfel und das Altwerden der Götter bei ihrem Verschwinden, und daß sie in Gestalt einer Nuß, nach andrer Lesart (Lex Myth. 199) einer Schwalbe, von Loki zurückgebracht wird. Den Stamm ihres Namens bildet die Partikel id; die Schlußsilbe ist nur bei weiblichen Namen gebräuchliche Ableitung; jene untrennbare, noch in dem mittelhchd. iteniuwe fortdauernde Partikel aber bedeutet wieder, wiederum: besonders wird id gern mit Grünen verbunden (Wöl. 58 jördh or œgi idhjagrœna) und vielleicht erklärt uns dieß den Namen des Idafeldes, wo sich in der verjüngten Welt die goldnen Scheiben wiederfinden, das Spielzeug der Götter in ihrer Unschuld: es ist von der wiederergrünten Erde oder von der wiedererworbenen goldenen Zeit benannt, und wenn es schon früher (Wölusp. 7) so hieß, so ist dieß eine Vorwegnahme. So drückt Iduns Name den Begriff der Wiederkehr, der Erneuung, der Verjüngung aus, und wenn wir bei ihrem Verschwinden die Asen grauhaarig und alt werden sehen, so möchte man in ihr wie in jenem Mädchen aus der Fremde den Frühling, die verjüngende Kraft des Lenzes oder gar der Jugend selbst vermuthen: beides fällt in höherm Sinne zusammen; doch denkt man hier lieber an den Frühling, da ihre goldenen Aepfel, als eine Frucht des Jahrs, eher auf dieses als auf das ganze Menschenleben deuten. Sie ist hienach nicht der Frühling selbst, doch die verjüngte Natur im Schmucke des Frühlings, oder wie es Uhland 120 ausdrückt, das frische Sommergrün in Gras und Laub. Dieß entfärbt sich aber im Spätjahr, wenn Iduns Aepfel reif sind, durch den rauhen Hauch der Herbst- und Winterwinde, ja es verschwindet, das Laub fällt von den Bäumen. In unserm Mythus sehen wir dieß durch die Entführung Iduns ausgedrückt. Der Herbststurm, als Sturmriese Thiassi eingeführt, hat Idun geraubt: der Wiese ist der Farbenschmelz, dem Walde der Schmuck der Blätter benommen, die Welt erscheint gealtert und entstellt, von den Göttern ist Glanz und Jugendfrische gewichen, sie sind ergraut und eingeschrumpft. Die Welt hat ihr heiteres Antlitz gewandelt; der Schnee, der die Erde bedeckt ist durch das greise Haar der gealterten Götter bezeichnet. Nach D. 26 sollen es Iduns Aepfel sein, welche den Göttern die Jugend zurückgeben: eigentlich ist es die Göttin selbst, zu deren Symbol jene Aepfel geworden sind; ursprünglich mögen sie nur das Wahrzeichen der Herbstzeit gewesen sein, in welche der Raub Iduns fällt. Uhland 122. Sie zurück zu führen wird Loki beauftragt, den wir schon einmal als Südwind gefunden haben; doch entleiht er, um als Lenzwind zu erscheinen, wie in Thrymskwida das Falkengefieder Freyjas, der Göttin der schönen Jahreszeit, und nur in des Riesen Abwesenheit gelingt es ihm, sich Iduns zu bemächtigen. Die Befreiung Iduns fällt also in das neue Jahr; im Herbste vorher war Loki der Uebermacht des

Sturmriesen erlegen. Die Zurückführung Iduns geschieht nun in Ge=
stalt einer Nuß oder einer Schwalbe. Die Nuß läßt sich deuten als
den Samenkern, aus dem die erstorbene Pflanzenwelt alljährlich wieder
aufgrünt; auch die Schwalbe sagt ein Gleiches, sie bedeutet die Wieder=
kehr des Frühlings, obgleich nach unserm Sprichwort eine Schwalbe
noch keinen Sommer macht. Der Mythus ließe sich vielleicht noch weiter
ins Einzelne verfolgen, wie es Uhland, dem wir bisher gefolgt sind,
a. a. O. versucht; es genügte hier, seinen innersten Sinn darzulegen.

32. Idun Iwaldis Tochter. Deutung.

Dieser erste Mythus zeigt keinen nähern Bezug auf den Weltuntergang,
er ist in das Drama der Weltgeschichte nicht verflochten, wir sehen nur
den Wechsel der Jahreszeiten dargestellt. Wohl aber läßt sich eine solche
Hindeutung in dem zweiten Mythus erkennen, welchen ‚Odins Rabenzauber‘
enthält. Er ist nur eine Umbildung des Vorhergehenden, bei der die
Absicht nicht verkannt werden kann, auch den Mythus von Idun dem
seit der Wöluspa herschend gewordenen Grundgedanken von dem bevor=
stehenden Weltuntergang zu unterwerfen. Doch ist es schwer, von diesem
Gedicht Rechenschaft zu geben, es gilt für das dunkelste und räthsel=
hafteste der ganzen Edda: Erik Halson, ein gelehrter Isländer des 17.
Jahrhunderts, beschäftigte sich zehn Jahre lang damit ohne es verstehen
zu lernen. Die größte Schwierigkeit liegt in der mythologischgelehrten
Sprache dieses verhältnißmäßig sehr jungen Liedes, das der Verfaßer
der prosaischen Edda noch nicht kannte. So jung es aber auch ist, so
urtheilt doch Uhland 138, es hersche darin noch durchaus das innere
Verständniß der mythischen Symbolik und so lohnt es sich wohl, in
seinen Sinn zu dringen. Der Schlüßel zu jenem räthselhaften, fast
skaldisch gelehrten Ausdruck scheint nun in der Wahrnehmung gefunden,
daß die nordische Dichtersprache Ein Verwandtes für das Andere zu setzen
liebt, z. B. wenn für den Brunnen Urds, aus dem die Esche Yggdrasil
begoßen wird, damit ihre Seiten nicht faulen, der verjüngende Götter=
trank Odhrœrir genannt wird; oder wenn für Urdr, die Hüterin dieses
Tranks, Idun eintritt, die Hüterin der Aepfel, der verjüngenden Götter=
speise u. s. w. Mit diesem Schlüßel, der wenigstens die schwersten Riegel
hebt, und mit Umstellung einiger Strophen, welchen der gebührende Platz
wieder zugewiesen werden muste (doch dürfte Str. 21 nach 23 zu stellen
sein), habe ich Uebersetzung und Erläuterung versucht; auch kamen mir
Uhlands Andeutungen über den leitenden Grundgedanken wie ein ariad=
nischer Faden zu Gute, obgleich ich im Einzelnen von ihm abweiche.
So halte ich das Gedicht nicht für ein Bruchstück, wofür es sich dem
ersten Blicke giebt und allgemein gehalten wird, vielmehr für eine von

einem Andern viel später hinzugedichtete Einleitung zu der gleich folgenden Wegtamskwiđa wie es seine zweite Ueberschrift Forspialslioth selbst
als eine solche bezeichnet. Der Verfaßer wollte also nicht mehr dichten
und so haben wir keinen Verlust zu beklagen. Nach diesen Vorbemer-
kungen versuche ich es noch einmal, seinen Inhalt anzugeben und zu deuten,
wobei ich meine frühern Erläuterungen theils abkürze, theils weiter ausführe.

Nach einer Aufzählung der verschiedenen Wesen des nordischen Glaubens, die nach ihrem Verhalten gegen die Schicksale der Welt kurz aber
treffend bezeichnet werden, sehen wir die Götter, von widrigen Vorzeichen
erschreckt, wegen Odhrärirs in Besorgniß gerathen, welcher der Hut Urds
anvertraut war. Mit Odhrärir, wie der Unsterblichkeitstrank der Asen
heißt, ist aber hier Urds Brunnen gemeint, welchem gleichfalls verjüngende
Kraft beiwohnt. Und wie Trank und Brunnen einander vertreten, so
auch Urd und Idun: ihr Wesen fällt zusammen und es ist gleichgültig,
ob wir Urd oder Idun als die Heldin des Liedes betrachten. Diese heilige
Quelle der Verjüngung hat also ihre Kraft schon verloren oder die Asen
besorgen, daß dieß Ereigniß eintreten, das Wachsthum des Weltbaums
stocken werde. Darum war Hugin, Odins Rabe, ausgesandt, darüber den
Ausspruch zwei weiser Zwerge zu vernehmen. Deren Ausspruch gleicht
nun schweren dunkeln Träumen, ja sie scheinen selber nur Träume, aber
unheilverkündende, widerwärtige. Da der Rabe seinem Namen gemäß
nur auf den göttlichen Gedanken zu deuten ist, so kann die Meinung sein,
die Götter hätten durch das Nachdenken über das stockende Wachsthum
der Weltesche nichts erreicht als von beunruhigenden Träumen gequält
zu werden, wie die folgende Wegtamskwiđa von Baldurs Träumen ausgeht. Nachdem noch eine Reihe von Erscheinungen erwähnt ist, die gleichfalls auf die nachlaßende Triebkraft der Natur deuten, wird Idun zuerst
unter diesem Namen eingeführt und zugleich die jüngste von Iwaldis
Töchtern genannt, jenes Zwerges, deßen Söhne wir aus D. 61 als
kunstreiche Schmiede kennen, die auch das goldene Haar der Sif geschmiedet haben. Hier ist nun Idun nicht von Thiassi, dem Sturmriesen entführt wie in dem vorigen Mythus; es hat sie aber ein anderes Unheil
betroffen: sie ist von der Weltesche herabgesunken und weilt nun im
Thale, unter des Laubbaums Stamm gebannt; und schwer trägt sie dieß
Niedersinken: so lange an heitere Wohnung gewöhnt, kann es ihr bei der
Tochter oder Verwandten Nörwis nicht behagen. Nörwis Tochter ist die
Nacht (s. §. 14), seine Verwandte wäre Hel, die Todesgöttin, und bei
ihr in der Unterwelt scheint sie sich nach einer der folgenden Strophen
zu befinden, wie wir das auch von Gerda gesehen haben, die schon durch
jene eilf Aepfel an sie erinnerte. Beim Herabsinken von der Esche
ist sie wie in der vorigen Mythe als der grüne Blätterschmuck, und zwar

als das Laub des jüngsten Jahres gefaßt, die jüngste von Iwaldis
Kindern, des innenwaltenden, denn die Zwerge wohnen in der Erde: alles
Gras und Laub, alles Grün, das die Erde schmückt, wird von ihnen
gewirkt und gebildet, es ist wunderbares Erzeugnis der geheimnisvoll
wirkenden Erdkräfte. Bei Sifs Haar, dem goldenen Getreide, wie bei
der grünen Blätterwelt darf daher an diese Zwerge erinnert werden, und
unser Lied thut dieß, indem es Idun von Iwaldi erzeugt sein läßt.
Auch in dem, was nun von dem Wolfsfell gemeldet wird, das ihr
die Götter zur Bekleidung verliehen hätten, können wir sie noch als den
abgefallenen Blätterschmuck denken, welcher nun unter dem Winterschnee
verhüllt liegt. Wenn sie aber bei der Nacht oder gar in der Unterwelt
weilen soll, so ist sie wohl mehr die Triebkraft der Natur, die jenen
Schmuck hervorgebracht als dieser selbst; diese Kraft hat sich nun in
die Wurzel zurückgezogen, der Weltbaum ist entblättert, der Winter einge=
treten und ungewiß bleibt ob je der Frühling wiederkehre. Da sendet
Odin Heimdall, den Wächter der Himmelsbrücke, über welche die Riesen
einbrechen könnten, im Geleite Lokis und Bragis, die Göttin zu fragen,
was sie von den Weltgeschicken wiße und ob das ihr Widerfahrene der
Welt und den Göttern Unheil bedeute? Aber die Sendung hat keinen
Erfolg, Idun weint und schweigt: wie schlafbetäubt erscheint sie den
Boten, die unverrichteter Dinge heimkehren; nur Bragi, der sonst als
ihr Gatte dargestellt ist, bleibt als ihr Wächter zurück, der verstummte
Gesang, erklärte es Uhland, bei der hingewelkten Sommergrüne. Es
wird nun die Zurückkunft jener beiden Boten und das Gastmal der Asen
beschrieben, bei welchem sie von der Erfolglosigkeit ihrer Werbung Bericht
erstatten. Da vertröstet sie Odin auf den andern Morgen und fordert
auf, die Nacht nicht ungenützt verstreichen zu laßen, sondern auf neuen
Rath zu sinnen. Schon kommt der Mond einhergezogen, Odin und Frigg
heben das Gastmal auf und entlaßen die Versammlung. Die Nacht
bricht ein, mit der dornigen Ruthe schlägt Nörwi die Völker und senkt
sie in Schlaf; auch die Götter fühlen sich von Müdigkeit ergriffen und
selbst Heimdall, ihr Wächter, der weniger Schlaf bedarf als ein Vogel,
wankt vor Schlummerluft. Dieser dichterischen Schilderung der Nacht
folgt dann eine eben so schöne Beschreibung des anbrechenden Tages, vor
welchem sich Gygien und Thursen und die Geschlechter der Zwerge und
Schwarzalfen, ihrer lichtscheuen Natur gemäß, flüchten und die Schlummer=
stätte suchen; die Götter aber erheben sich beim Sonnenaufgang. Hiemit
endigt das Lied, dessen Name, ‚Odins Rabengesang‘, vielleicht von
der dritten Strophe hergenommen, worin Hugin, Odins ausgesandter
Rabe, erwähnt ward, nicht unpassend für ein Lied gewählt ist, das un=
heilvolle Vorzeichen zusammengestellt, welches wie der Raben Krächzen

den unvermeidlichen Untergang der Welt bedeutet.   Der Eintritt der
Winterzeit ift als ein Gleichniß des Todes, ja als ein Vorspiel des
nahenden Weltunterganges aufgefaßt. Schon darum könnte es ein Vor-
spielslied heißen; aber es ift zugleich ein Vorspiel zu dem folgenden,
der Wegtamskwiba, die sich auf das Genaueste anschließt. . Die Nacht ift
vorüber, welche zu neuen Entschlüßen benutzt werden sollte, der Tag
angebrochen, auf welchen Odin verwiesen hatte.   Schon sahen wir die
Götter bei Sonnenaufgang sich erheben, da beginnt die Wegtamskwiba
damit, daß sich die Asen versammeln, um darüber Rath zu pflegen,
warum den Balbur böse Träume schrecken? Man könnte sagen, hier schließe
sich das neu hinzugedichtete Lied, Odins Rabenzauber, dem folgenden ältern
nicht genau an, da jenes erwarten ließ, es solle über Jduns Niederfinken,
nicht über Balburs Träume, Rath gepflogen werden.   Aber Jduns
Niederfinken ift nur eins der beunruhigenden Zeichen, deren dort gedacht
war, und Strophe 3 erwähnte nach der obigen Deutung auch die beunruhigenden Träume der Götter.   An der Berathung über Balburs Träume
nimmt Odin keinen thätigen Antheil, er hat, da die Befragung Jduns
vergeblich geblieben war, die Nacht zu neuen Entschlüßen benutzt und
während die Andern noch zu Rathe sitzen, steht er auf, schwingt den
Sattel auf Sleipnirs Rücken und reitet nach Niflheim nieder, die Wala
zu befragen, die Seherin, die er in der Unterwelt aus ihrem Grabe weckt,
nachdem er sie durch Beschwörungen gezwungen hat, ihm Rede zu stehen.
Was er hier erfährt, davon muß an einer andern Stelle die Rede sein:
hier galt es nur, den Zusammenhang unserer beiden Lieder nachzuweisen.

Wie im Eingang des Gedichtes Jdun mit Urd, der ältesten Norne
verwechselt scheint, so sehen wir sie Str. 8 Nanna genannt und Str. 13
Jörun, wenn dieser uns dunkle Name nicht aus Jdun verlesen ift. Was
Jdun mit Nanna gemein hat und dem Dichter erlaubte, beide Namen
zu vertauschen, kann uns erst §. 34 bei dem Mythus von Balbur deutlich
werden.   Zu verwundern ift, daß der Dichter nicht auch Gerdas Namen
gebraucht hat, an die wir bei Jduns Schicksalen mehrfach erinnert worden sind.   Wenn aber unser Dichter sich nicht gestattet, Jdun und Gerda
zusammen zu bringen, so wird doch unten bei Bragi wahrscheinlich werden, daß es Mythengestalten gegeben habe, in welchen dieser Göttinnen
Wesen zusammenrann.

33. Balburs Tod.

Erschreckt von Balburs Träumen, die seinem Leben Gefahr drohten,
pflagen die Asen Rath und beschloßen, ihm Sicherheit vor allen Gefahren
auszuwirken.   Da nahm Frigg Eide von Feuer und Waßer, Eisen und
allen Erzen, Steinen und Erden, von Bäumen, Krankheiten und Giften,

dazu von allen vierfüßigen Thieren, Vögeln und Würmern, daß sie
Baldurs schonen wollten. Als das geschehen war, kurzweilten die Asen mit
Baldur: er stellte sich mitten in einen Kreiß, wo dann einige nach ihm
schoßen, andere nach ihm hieben und noch andere mit Steinen warfen.
Und was sie auch thaten, es schadete ihm nicht: das dauchte sie alle ein
großer Vortheil. Als aber Loki das sah, gefiel es ihm übel, daß den
Baldur nichts verletzen sollte. Da gieng er zu Frigg nach Fensal in
Gestalt eines alten Weibes. Frigg fragte die Frau, ob sie wüßte, was die
Asen in ihrer Versammlung vornähmen. Die Frau antwortete, sie schößen
alle nach Baldur, ihm aber schadete nichts. Da sprach Frigg: Weder
Waffen noch Bäume mögen Baldur schaden, ich habe von allen Eide
genommen. Da fragte das Weib: Haben alle Dinge Eide geschworen,
Baldurs zu schonen? Frigg antwortete: Oestlich von Walhall wächst eine
Staude, Mistiltein genannt, die schien mir zu jung, sie in Eid zu nehmen.
Darauf gieng die Frau fort: Loki nahm den Mistiltein, riß ihn aus und
gieng zur Versammlung. Hödur stand zu äußerst im Kreiße der Männer,
denn er war blind. Da sprach Loki zu ihm: Warum schießest du nicht
nach Baldur? Er antwortete: Weil ich nicht sehe, wo Baldur steht;
zum Andern hab ich auch keine Waffe. Da sprach Loki: Thu doch wie
andere Männer und biete Baldurn Ehre wie Alle thun. Ich will dich
dahin weisen wo er steht: so schieße nach ihm mit diesem Reis. Hödur
nahm den Mistelzweig und schoß auf Baldur nach Lokis Anweisung. Der
Schuß flog und durchbohrte ihn, daß er todt zur Erde fiel, und das war
das größte Unglück, das Menschen und Götter betraf. Als Baldur ge=
fallen war, standen die Asen alle wie sprachlos und gedachten nicht ein=
mal ihn aufzuheben. Einer sah den Andern an; ihr Aller Gedanke war
wider den gerichtet, der diese That vollbracht hätte; aber sie durften es
nicht rächen, es war an einer heiligen Freistätte. Als aber die Götter
die Sprache wieder erlangten, da war das Erste, daß sie so heftig zu
weinen anfiengen, daß Keiner mit Worten dem Andern seinen Harm sagen
mochte. Und Odin nahm sich den Schaden um so mehr zu Herzen, als
Niemand so gut wußte als er, zu wie großem Verluste und Verfall den
Asen Baldurs Ende gereichte. Als nun die Asen sich erholt hatten, da
fragte Frigg, wer unter den Asen ihre Gunst und Huld gewinnen und
den Helweg reiten wolle, um zu versuchen, ob er da Baldurn fände, und
der Hel Lösegeld zu bieten, daß sie Baldurn heimkehren ließe gen Asgard.
Und er hieß Hermödhr der schnelle, Odins Sohn, der diese Fahrt un=
ternahm. Da ward Sleipnir, Odins Hengst, genommen und vorgeführt,
Hermodur bestieg ihn und stob davon.

    Da nahmen die Asen Baldurs Leiche und brachten sie zur See.
Hringhorn hieß Baldurs Schiff, es war aller Schiffe größtes. Das wollten

die Götter vom Strande stoßen und Balburs Leiche darauf verbrennen; aber das Schiff gieng nicht von der Stelle.   Da ward gen Jötunheim nach dem Riesenweibe gesendet, die Hyrrockin hieß, und als sie kam, ritt sie einen Wolf, der mit einer Schlange gezäumt war.   Als sie vom Rosse gesprungen war, rief Odin vier Berserker herbei, es zu halten; aber sie vermochten es nicht anders als indem sie es niederwarfen.   Da trat Hyrrockin an das Vordertheil des Schiffes und stieß es im ersten Anfassen vor, daß Feuer aus den Walzen fuhr und alle Lande zitterten.   Da ward Thôr zornig und griff nach dem Hammer und würde ihr das Haupt zerschmettert haben, wenn ihr nicht alle Götter Frieden erbeten hätten. Da ward Balburs Leiche hinaus auf das Schiff getragen, und als sein Weib, Neps Tochter Nanna, das sah, da zersprang sie vor Jammer und starb.   Da ward sie auf den Scheiterhaufen gebracht und Feuer darunter gezündet, und Thôr trat hinzu und weihte den Scheiterhaufen mit Miölnir, und vor seinen Füßen lief der Zwerg, der Lit hieß, und Thôr stieß mit dem Fuße nach ihm und warf ihn ins Feuer, daß er verbrannte.   Und diesem Leichenbrande wohnten vielerlei Gäste bei: zuerst ist Odin zu nennen, und mit ihm fuhr Frigg und die Walküren und Odins Raben, und Freyr fuhr im Wagen und hatte den Eber vorgespannt, der Gullin= bursti hieß.   Heimdall ritt den Hengst Gulltop (Goldzopf) genannt und Freyja fuhr mit ihren Katzen.   Auch kam eine große Menge Hrimthursen und Bergriesen.   Odin legte den Ring, der Draupnir hieß, auf den Scheiterhaufen, der seitdem die Eigenschaft gewann, daß jede neunte Nacht acht gleich schöne Goldringe von ihm tropften.   Balburs Hengst ward mit allem Geschirr zum Scheiterhaufen geführt.

Hermobur ritt unterdes neun Nächte durch tiefe dunkle Thäler, so daß er nichts sah, bis er zum Giöllflusse kam und über die Giöllbrücke ritt, die mit glänzendem Golde belegt ist.   Môdgudr heißt die Jungfrau, welche die Brücke bewacht: die fragte ihn nach Namen und Geschlecht und sagte, gestern seien fünf Haufen todter Männer über die Brücke geritten ,und nicht donnert sie jetzt minder unter dir allein und nicht hast du die Farbe todter Männer: warum reitest du den Helweg?' Er ant= wortete: ‚Ich soll zu Hel reiten, Balbur zu suchen.   Hast du vielleicht Balburn auf dem Helwege gesehen?'   Da sagte sie: Balbur sei über die Giöllbrücke geritten; ‚aber nördlich geht der Weg hinab zu Hel'.   Da ritt Hermobur dahin, bis er an das Helgitter kam: da sprang er vom Pferde und gürtete ihm fester, stieg wieder auf und gab ihm die Sporen: da setzte der Hengst so mächtig über das Gitter, daß er es nirgend berührte. Da ritt Hermobur auf die Halle zu, stieg vom Pferde und trat in die Halle.   Da sah er seinen Bruder Balbur auf dem Ehrenplatze sitzen. Hermobur blieb dort die Nacht über.   Aber am Morgen verlangte

Hermodur von Hel, daß Baldur mit ihm reiten sollte und sagte, welche Trauer um ihn bei den Asen sei. Aber Hel sagte, das solle sich nun erproben, ob Baldur so allgemein geliebt werde als man sage. ,Und wenn alle Dinge in der Welt, lebendige sowohl als todte, ihn beweinen, so soll er zurück zu den Asen fahren; aber bei Hel bleiben, wenn Eins wider= spricht und nicht weinen will.' Da stand Hermodur auf und Baldur ge= leitete ihn aus der Halle und nahm den Ring Draupnir und sandte ihn Odin zum Andenken, und Nanna sandte der Frigg einen Ueberwurf und noch andre Gaben, und der Fulla einen Goldring. Da ritt Hermodur seines Weges und kam nach Asgard und sagte alle Zeitungen, die er da gehört und gesehen hatte. Darnach sandten die Asen in alle Welt und geboten Baldurn aus Hels Gewalt zu weinen. Alle thaten das, Menschen und Thiere, Erde, Steine, Bäume und alle Erze; wie du schon gesehen haben wirst, daß diese Dinge weinen, wenn sie aus dem Frost in die Wärme kommen. Als die Gesandten heimfuhren und ihr Gewerbe wohl vollbracht hatten, fanden sie in der Höhle ein Riesenweib sitzen, das Thöck genannt war. Die baten sie auch, Baldurn aus Hels Gewalt zu weinen. Sie antwortete:

> Thöck muß weinen mit trocknen Augen
> Ueber Baldurs Ende.
> Nicht im Leben noch im Tod hatt ich Nutzen von ihm:
> Behalte Hel was sie hat.

Man meint, daß dieß Loki gewesen sei, der den Asen so viel Leid zugefügt hatte. D. 49.

So ausführlich diese Erzählung ist, so fehlt doch darin die an Höbur, dem Mörder Baldurs, durch Wali genommene Rache, so wie die Worte, welche Odin seinem Sohne Baldur ins Ohr geraunt haben soll, als er auf dem Scheiterhaufen lag. Von den letztern wißen wir aus Wafthrud= nismal, wo Odin mit dem allwißenden Jötun über die urweltlichen Dinge streitet. Die letzte Frage, welche der Riese nicht lösen kann und sich darum gefangen giebt, d. h. der Willkür des Siegers unterwirft, lautete:

> Was sagte Odin ins Ohr dem Sohn,
> Als er die Scheitern bestieg?

An ihr erkennt der Riese zugleich, daß es Odin ist, mit welchem er in Räthselreden gestritten hat, denn Niemand anders, sagt er, als er könne wißen was er dem Sohn ins Ohr geraunt habe. Das Gedicht meldet uns nun nicht, was dem todten Baldur von Odin ins Ohr geraunt ward: wir müßen es, wenn wir §. 50 zu der Wiedergeburt der Götter gelangen, aus dem Zusammenhang der gestellten Fragen errathen.

Was Walis Rache an Höbur betrifft, so ist davon in der Weg= tamskwida die Rede, deren Zusammenhang mit Odins Rabenzauber

wir schon besprochen haben. Dieß Gedicht ist eine Nachahmung von
Wafthrudnismal. Wie dort Gangradr nennt sich hier Odin Wegtam: beide
Namen bezeichnen Odin als den Wanderer; und wie dort Wafthrudnir
den Gott an der Frage erkennt, die Niemand anders als Odin beant=
worten kann, so erkennt ihn hier die aus dem Grab erweckte Seherin an
der Frage nach einer Begebenheit, die seinen Blick in die ferne Zukunft
verrathen muste:

> Wie heißt das Weib, die nicht weinen will
> Und himmelan werfen des Hauptes Schleier?

worauf die Wala antwortet:

> Du bist nicht Wegtam, wie erst ich wähnte,
> Odin bist du, der Allerschaffer.

und Odin entgegnet:

> Du bist keine Wala, kein wißendes Weib,
> Vielmehr bist du dreier Thursen Mutter.

Allerdings liegt ein Widerspruch darin, daß Odin sich über Baldurs
Tod von der todten Wala, der Mutter dreier Thursen, Gewißheit zu
verschaffen sucht, während ihm Thöcks Weigerung, den Baldur aus Hels
Reich zu weinen, eine so viel spätere Begebenheit (denn auf diese zielte
wohl Odins Frage), nicht verborgen ist; aber eben daran verräth sich der
Nachahmer. Gleichwohl dürfen wir an den Nachrichten, durch welche die
Wegtamskwida unsere Kenntniß von dem Mythus des Baldur ergänzt, um
so weniger Zweifel hegen als sie sich in andern Quellen (Hyndlul. 28)
bestätigen. Mag das Lied dem Verfaßer der jüngern Edda, der von Wali
D. 30. 53 aus andern Quellen (Wafthrubn. 51) wißen kann, unbekannt
geblieben sein; wir hätten ohne sie in der ältern Edda kein Baldurs Tod
betreffendes Gedicht. Der Verdacht aber darf nicht aufkommen, als wenn
dieser Mythus selbst erst so jungen Ursprungs wäre. Was Wöl. 36—38
von Wali meldet, wird zwar, zumal es sich nicht in allen Handschriften
findet, aus Wegtamskwida nachgetragen sein; was sie über Baldurs Tod
enthält, trifft das Herz seines Mythus und ist über allen Verdacht der
Einschwärzung erhaben:

> 36. Ich sah dem Baldur, dem blühenden Gotte,
> Odins Sohne, Unheil drohen.
> Gewachsen war hoch über die Wiesen
> Der zarte, zierliche Zweig der Mistel.

> 37. Von der Mistel kam, so dauchte mich,
> Häßlicher Harm, da Hödur schoß 2c.

Nur das könnte zweifelhaft sein, ob sie es nicht war, welche den
Mythus von Baldurs Tod zuerst in Beziehung zu den allgemeinen Ge=
schicken der Welt und der Götter brachte.

Auf die Frage, wer an Höbur, dem Mörder Balburs, Rache üben
werde, giebt nun die Seherin der Wegtamskwiba die Auskunft:

11.   Rindur im Westen gewinnt den Sohn,
       Der einnächtig, Odins Erbe, zum Kampf geht.
       Er wäscht die Hand nicht, das Haar nicht lämmt er,
       Bis er Balburs Mörder zum Holzstoß brachte.

und die erwähnte Stelle des Hyndluliedes lautet:

28.   Eilfe wurden der Afen gezählt,
       Als Balbur beschritt die tödtlichen Scheite.
       Wali bewährte sich werth ihn zu rächen,
       Da er den Mörder des Bruders bemeisterte.

Auch Saxo Grammaticus weiß davon, daß Odin mit der Rinda
einen Sohn zeugte, der Balburs Tod zu rächen bestimmt war; das
Nähere hierüber unten bei Wali.

34. Deutung.

In Balbur pflegt man das Licht in seiner Herschaft zu finden, die
zu Mittsommer ihre Höhe erreicht hat; sein Tod ist also die Reige des
Lichts in der Sommersonnenwende, wo die Tage am längsten sind, nun
aber wieder kürzen, das Licht mithin sich zu neigen beginnt. Sein Mörder
Höbur ist demzufolge der lichtlose, der blinde (Heljar sinni, der Geselle
der Hel, Skaldsk. 13), weil er das Dunkel des Winters bedeutet, dessen
Herschaft sich nun vorbereitet und zur Julzeit vollendet, wo nach dem
kürzesten Tage die Sonne wieder geboren wird. Auch Höbr ist ein Sohn
Odins, wofür wir freilich, da in Wegtamskw. 16 die Lesarten schwanken,
in der Edda selbst kein entscheidendes Zeugniß besitzen. Aber in Skald=
skap. 13 heißt er Odins Sohn und auch Skaldskap. 75 (S. 554) wird er
unter Odins Söhnen aufgeführt. Vgl. Edda Hafniae II. (1852) S. 312.
473. 524. 556. (616) 636. Endlich berufe ich mich auf Wöl. 61, wo
aus der Vergleichung mit der folgenden Str., die von den Söhnen beider
Brüder (Odins und Hœnirs) spricht, darauf geschloßen werden darf, daß
auch Höbr Odins Sohn ist. Bei Saxo (III.) allerdings erscheint nur
Balderus nicht Hotherus als Odins Sohn. Vgl. §. 35. Jedenfalls ist
er auch nach der Edda ein Ase, kein Riese, weil er das unschädliche
Dunkel ist, das der Herschaft des Lichts nach der Ordnung der Natur
folgen muß, denn der Wechsel der Jahreszeiten ist ein wohlthätiger, der
selbst in der verjüngten Welt nicht entbehrt werden kann, wo Balbur und
Höbur in des Siegsgotts Himmel friedlich beisammen wohnen sollen
(Wöl. 61), denn dann, wenn alles Böse schwindet, wird Balbur aus Hels'
Hause erlöst sein. Höbur ist auch nach der sittlichen Seite hin an seines
Bruders Mord unschuldig: ein Anderer hat seine Hand gelenkt, und in

der erneuten Welt, wo nur auf die Gesinnung gesehen wird, wo ganz allein die Herzensunschuld in Betracht kommt, steht seiner Aufnahme in Gimil, wo alle Werthen und Würdigen wohnen sollen, nichts entgegen. Aber ganz anders in dieser Welt: da ist die Blutrache Pflicht und eine so allgemeine, daß sie keine Ausnahme erleidet: das vergoßene Blut schreit um Rache und kann nur durch Blut gesühnt werden. Sie duldet auch keinen Aufschub, sie gönnt keine Frist, sie läßt nicht Zeit die Hände zu waschen, die Haare zu kämmen, und steht ihrer Erfüllung noch Un= möglichkeit entgegen, so läßt man nach der Sitte germanischer Rache= gelübbe Haar und Bart und die Nägel an den Fingern wachsen, ja wäscht und kämmt sich nicht bis der bringendsten, unaufschieblichsten Pflicht genügt ist. Darum muß Wali an Höbur sofort Rache üben, ob er gleich unschuldig ist; auch kommt dem zur Rache Berufenen seine Jugend nicht zu Gute: kaum geboren, nur eine Nacht alt, gedenkt Wali des ungesühnten Bluts und schreitet zum heiligen Werk der Rache. Deutlicher noch als die hier benutzte Wegtamskwiba spricht dieß die Wöluspa 37. 38 aus:

> Baldurs Bruder war kaum geboren,
> Der Odins Erben einnächtig fällte.
> Die Hände nicht wusch er, das Haar nicht kämmt er
> Bis er zum Holzstoß trug Baldurs Tödter.

Ueber jene Rachegelübbe vgl. Tacitus Hist. 4, 61. Germ. 31. Paulus Diac. 317. Grimm G. D. S. 571. KM. III, 188. P. E. Müller über Snorris Quellen S. 15. Panzer II, 398.

Zu Baldurs Deutung auf das allerfreuende Licht, das kein Wesen entbehren kann, es sei denn ein unheimliches, stimmt D. 22: ‚Von ihm ist nur Gutes zu sagen, er ist der Beste und wird von Allen gelobt. Er ist so schön von Antlitz und so glänzend, daß ein Schein von ihm ausgeht. Ein Kraut ist so licht, daß es mit Baldurs Augenbrauen ver= glichen wird, es ist das lichteste aller Kräuter (vgl. Myth. 203): davon magst du auf die Schönheit seines Haares sowohl als seines Leibes schließen. Er ist der weiseste, beredteste und mildeste von allen Asen. Er hat die Eigenschaft, daß Niemand seine Urtheile schelten kann. Er bewohnt im Himmel die Stätte, die Breidablick (Weitglanz) heißt. Da wird nichts Unreines geduldet.'

Doch es ist noch nicht Baldurs ganzes Wesen, das wir erklären sollen, wir haben es hier nur mit seinem Tode zu thun. Diesen, die Abnahme des Lichts, führt Loki herbei, indem er die Mistel in des blin= den Höburs Hand legt. Baldurs Unverletzbarkeit durch Wurf und Schlag erklärt sich aus der unkörperlichen Natur des Lichtes: ‚Die einzige Waffe, die an ihm haftet, ist ein Symbol des düstern Winters. Die Mistel, die

im Winter wächst und reift, die darum auch nicht des Lichtes zu ihrem
Gedeihen zu bedürfen scheint, ist allein nicht für Baldur in Pflicht genommen.' Uhland 146. Ich trage Bedenken, bei der Deutung des Mythus
so sehr ins Einzelne zu gehen; man wird es schon gut erfunden und
gerechtfertigt nennen dürfen, wenn bei dem Eide, der allen Dingen abgenommen werden sollte, die Miftel, die als Schmarotzerpflanze kein selbständiges Leben zu haben schien, übersehen ward. Einfacher freilich faßt
es D. 49: die Staude schien zu jung, sie in Eid zu nehmen. Zu un-
bedeutend mag die Meinung sein; aber das scheinbar Unbedeutendste kann
in der Hand des Bösen die Unschuld morden. Dann wäre auch die
Bemerkung unnöthig, daß die Miftel, bei uns nur eine schwache Staude,
auf Inseln im Mälarsee bis zu drei Ellen Länge aufwächst. Aber noch
eine andere Deutung verdient Erwähnung: ihrer Heiligkeit nicht sowohl
als ihrer Unnatürlichkeit verdankte die Miftel diese Wahl. Die ganze
Natur liebte Baldur, es muste ein seltsam Unnatürliches sein, von göttlicher oder dämonischer Einwirkung herstammend, nicht als Samen gezogen, nicht in der Erde wurzelnd, das den guten Gott verletzte. Schwenck
Myth. 139. Jedenfalls verräth sich hier ein alter Zug unserer Dichtung,
das Seltene und Seltsame der Natur abzulauschen und in das Gewand
des Räthsels zu hüllen. Die Staude für heilig zu achten, die solche
Wahl traf, haben wir freilich aus unserm Mythus allein keinen Grund.
Gleichwohl war ihre Heiligkeit nach Myth. 1156 deutschen und keltischen
Völkern gemein. Die Druiden, sagt uns Plinius 16, 44, kannten nichts
Heiligeres als die Miftel und die Eiche, darauf sie wuchs. Ohne der
Eiche Laub oder das der Staude, die vom Himmel auf sie niedergefallen
und den Baum erkoren zu haben schien, begiengen sie keine heilige Handlung, ja nach dem griechischen Namen des Baums scheinen sie erst Druiden
genannt. Weißgekleidet stieg der Druide auf den Baum, mit goldener
Sichel schnitt er den Zweig und fieng ihn auf in weißem Mantel. Dann
erst ward das bereit gehaltene Opfer dargebracht: zwei weiße Stiere,
deren Hörner noch kein Joch ertragen haben. Und selten ist ein solcher
Zweig zu finden, und geholt werden darf er nur im sechsten Mond nach
dem dreißigsten Jahr des Jahrhunderts, wo er ausgewachsen ist und
seine Allheilkraft erlangt hat. Denn wenn man den Thieren von ihm
zu trinken giebt, werden sie fruchtbar; auch schützt er wider jedes Gift.
So übernatürliche Kraft maß man der Staude zu, die immergrün auf
der entblätterten heiligen Eiche fortwuchs und gleich dem Epheu, an das
sich auch mancherlei Aberglaube hängte, ihre Früchte im Winter zeitigt.
Den Glauben an ihre Heiligkeit bestärkte noch, daß sie nur auf Bäumen
wächst und auch hier sich nicht säen läßt, denn zu voller Reife gedeiht
ihr Samen nur im Magen der Vögel, die ihn dahin tragen, wo er

aufgeht: es iſt dann keine Menſchenhand im Spiel und die göttliche
Fügung offenbar.   Hier zeigt ſich zugleich daß dieſer Mythus von dem
Miſtelzweig deutſchen Urſprungs iſt.   Der Beweis liegt in dem Worte
Miſtel ſelbſt, das von Miſt abzuleiten iſt; es iſt mithin ein deutſches
Wort, das den Nordländern nur aus Deutſchland gekommen ſein kann,
denn ihr „Miſt" bedeutet Nebel.

Bekannt iſt die in Wales noch fortlebende Sitte, die Miſtel am
Weihnachtsabend über den Thüren aufzuſtecken und die nach Leibesſegen
verlangenden Frauen darunterhin zu führen.   In Deutſchland hängt
man ſie in Silber gefaßt Kindern um den Hals, und wo ſie, was ſelten
iſt, auf Haſeln wächſt, iſt ſicher ein Schatz verborgen. M. 1158.

Der Antheil Thôrs an dem Mythus ſcheint zunächſt von keiner
tiefern Bedeutung: ſeine Erſcheinung war ſchon darum nöthig, weil der
Scheiterhaufen nach nordiſcher Sitte mit ſeinem Hammer eingeweiht werden muſte.   Aber er bedroht auch damit die Rieſin Hyrrockin, welche das
Schiff, auf dem der Scheiterhaufen errichtet war, in die See ſtoßen ſoll.
Indem er dem Uebermuth dieſer Rieſin wehrt, erſcheint Thôr ganz in
ſeinem bekannten Weſen als Bekämpfer der Rieſen, aller verderblichen,
maßloſen Naturgewalten.   Die in dieſer Rieſin ſymboliſierte Naturerſchei-
nung iſt nach Uhland der verſengende Sonnenbrand, der nach der Sommerſonnenwende einzutreten pflegt, und der Name Hyrrockin, die Feuer-
berauchte, ſpricht dieſer Deutung das Wort.   Das Schiff Hringhorn kann
nun die Sonne ſelbſt ſein, oder die Bahn des Lichts, das, indem der
Sonnenlauf ſeinen Höhepunkt erreicht hat, eine Weile ſtille zu halten
ſcheint, nun aber nach dem gewaltigen Stoß, mit dem die Rieſin es vor-
treibt, die Wende nimmt und abwärts lenkt.   ‚So fährt nun Hringhorni,
flammend in Sonnenglut, dahin; aber es trägt nur noch die Leiche ſeines
Gottes.'   Da bricht auch der Gattin Baldurs, Neps Tochter Nanna,
das Herz; man muſte ſie auf den Scheiterhaufen tragen und mit ihm
verbrennen.   Uhland deutet ſie auf die Blüthe, die aus der Knoſpe
hervorgeht, und darum Neps (für hneppr, Knopf) Tochter heißt.   ‚Mit
der Abnahme des Lichts geht auch das reichſte, duftendſte Blumenleben
zu Ende; als Baldurs Leiche zum Scheiterhaufen getragen wird, zerſpringt
Nanna vor Jammer.   Die Liebe Baldurs und Nannas, des Lichtes und
der Blüthe, bildet ein Seitenſtück zu der Liebe Bragis und Iduns, des
Geſanges und der Sommergrüne, und die Aehnlichkeit dieſer Mythen iſt
aufklärend für beide.'   Schon oben §. 32 iſt darauf hingewieſen, daß ſich
Idun mit Nanna berührt und ſogar einmal Nanna genannt wird.   Aber
Uhland weiß auch den Zwerg Lit zu deuten, der dem Thôr vor die Füße
läuft und den er im Unmuth über Baldurs Tod und Nannas, ihnen in
das Feuer nachſtößt.   Es iſt die Farbe (Litr), der reiche friſche Schmelz

des Frühsommers, der mit hinab muß, wenn Baldur und Nanna zu
Asche werden.

Daß die Staude zu jung schien, sie in Eid und Pflicht zu nehmen,
konnte uns nicht ganz genügen; erschrecken aber müste die tiefe Prosa,
die in der natürlichen Erklärung des Wunders liegt, daß selbst die Steine
über Baldurs Tod weinten: ‚wie du schon gesehen haben wirst‘, sagt die
D., ‚daß alle diese Dinge weinen, wenn sie aus dem Frost in die Wärme
kommen.‘ Doch soll hiemit wohl nur die äußere Möglichkeit veranschaulicht werden; sonst ließe sich entgegnen, durch Baldurs Tod seien die
Dinge im Gegentheil aus der Wärme in die Kälte gekommen. Die ganze
Natur klagte um Baldurs Tod, weil sie des Lichtes bedürftig ist, und
seinem Leichenbegängniß wohnten vielerlei Gäste bei, selbst Hrimthursen
und Bergriesen, sonst ein lichtscheues Geschlecht und dem Steinreich verwandt: also scheinen auch sie des allbelebenden Lichts nicht ganz entrathen zu können. Da möchte ein Stein sich erbarmen, sagen wir, wenn
ein tiefes Weh uns ergreift, noch heute, und denken nicht mehr an den
Ursprung der Redensart. Aber wie es etwas Unnatürliches sein muste,
das Baldurn verletzen konnte, so wird Thöck, die ihn nicht aus Hels Gewalt weinen wollte, auf das natürliche Gebiet nicht beschränkt werden
dürfen: sie ist auf das sittliche übertragen als der Eigennutz, die kalte,
herzlose Selbstsucht, die aller Wohlthaten unerachtet, welche die ganze Welt
von dem Heimgegangenen genoßen hat, sich in Unempfindlichkeit verstockt,
weil nicht gerade sie, das Riesenweib in der Höhle, Vortheil von ihm
genoßen zu haben sich erinnert, denn in ihren Schlupfwinkel drang das
Licht des Tages nicht. Ihr Name ist uns aber nur entstellt überliefert:
er sollte Döck heißen, das vom Licht unerhellte Dunkel. Die ganze Welt
klagte um Baldurs Tod, nur die Eigensucht ward durch seine Verdienste
nicht überwunden. Wenn die jüngere Edda hinzufügt, man glaube Loki
sei diese Riesin gewesen, so ist der Egoismus als das böse Princip gefaßt, dessen Rolle sonst Loki unter den Göttern übernommen hat.

Der Ring Draupnir, den Odin auf den Scheiterhaufen legte und
den ihm Baldur aus Hels Hause zum Andenken zurücksandte, gewann
seitdem die schon in seinem Namen angedeutete Eigenschaft, daß jede neunte
Nacht acht gleiche Goldringe von ihm tropften. Nach D. 61 besaß er sie
aber von Anfang an, da ihn die Zwerge bildeten. Wir haben ihn früher
im Besitz Freyrs und seines Dieners Skirnir gefunden, nebst jenen eilf
Aepfeln, die uns an die Iduns erinnerten: beide bedeuteten uns dort,
daß Freyr der Gott der Fruchtbarkeit und Vermehrung sei. Daß diese
Aepfel so wie jener Ring mehrfach wiederkehren, ist bei der Verwandtschaft der Götter, die auch im Gedanken sich berühren, nicht zu verwundern. Wenn Baldur das Licht ist, ohne welches alles Wachsthum stockt,

wenn Jdun als eine Jahresgöttin sich auf die Triebkraft der im Früh=
ling erneuten Natur bezieht, so können diese Attribute so gut bei Baldur
und Jdun an ihrer Stelle sein als bei Freyr. Man pflegt aber den
Ring auf die Phasen des Monds zu beziehen und jene Aepfel auf eilf
Monatssonnen. Dieß mag gezwungen scheinen; doch läßt sich bei dem
Ring der Gedanke an einen wiederkehrenden Zeitabschnitt kaum zurück=
drängen: gewiß ist die Woche gemeint, die vielleicht auch bei den Ger=
manen einst wie bei den Römern 9 Tage zählte; bei der Verehrung der
h. Walpurgis ist die 9tägige Woche noch jetzt im Gebrauch. Grohm.
44. Neun Walpurgisnächte auch bei Bernaleken Alp. 109. Eine Hin=
deutung auf die Woche finde ich in Skirnisför 39:

> Nach neun Nächten will Niördhs Sohne da
> Gerda Freude gönnen.

Neun Nächte brauchte auch Hermodur zur Hel zu reiten und neun
Nächte hieng Odin nach Hawam. 139 an der Weltesche. Daß Weinen
aus der Unterwelt erlösen soll erinnert an die Thränenfläschchen in
römischen Gräbern, an Zoza, die in der einrahmenden Erzählung des
Pentamerone einen Eimer voll weinen soll, ihren geliebten Königssohn
wiederzubeleben, endlich an Adonis, der von den Menschen wie von den
Göttern, die aus allen Gegenden zusammen kamen, beweint wurde, Lieb=
recht Ztschr. der morgenl. Gesellschaft 17, 397.

Auch Nanna, Baldurs Gemahlin, sendet Andenken aus Hels Reich
herauf: der Frigg einen Schleier oder Ueberwurf, der Fulla einen Gold=
ring. Den Schleier faßt Uhland als das Abzeichen der Hausfrau, das
der Frigg gebührt wie der Fulla, ihrer Dienerin und Vertrauten, der
vollgewachsenen Jungfrau mit den wallenden Haaren (D. 35), der Ver=
lobungsring. In beiden aber, Schleier und Goldring, erkennt er Blumen
des Spätherbstes. Petersen greift diesen Gedanken auf, erlaubt aber den
Schleier in einen blumengestickten Wiesenteppich zu wandeln, der sich der
Göttin vor die Füße spreitet, wenn sie zur Erde niedersteigt. So dürfte
man auch Draupnir, das Symbol der Fruchtbarkeit, als den Segen des
Herbstes mit seiner neunfältigen Vermehrung verstehen.

Wenn Skirnir in Skirnisför davon spricht, daß der Ring Draupnir
mit Odins jungem Erben auf dem Holzstoß gelegen habe, so muß die
Begebenheit, von der da die Rede ist, darum nicht später als Baldurs
Tod fallen, so wenig als etwa die Rabenschlacht darum vor Dietrichs
Kampf mit Ecke und seinen Brüdern zu legen ist, weil im Eckenlied auf
sie angespielt wird. Weder das Götterepos noch die Heldendichtung ist
das Werk eines Einzelnen; aber leicht erschien jedem Dichter der Stoff
des Liedes, das er aus dem Ganzen herausgriff, als der Mittelpunkt,
dem sich alles Andere fügen mußte.

Bei Freyr und Gerda, wie bei Iduns Niederſinken, ja ſchon bei
Swalbilfari haben wir bemerkt, daß dieſe Mythen ſich urſprünglich auf
jährlich wiederkehrende Ereigniſſe bezogen, bei ihrer Einſlechtung in die
Geſchicke der Welt und der Götter aber auf das große Weltenjahr ge=
deutet wurden, das mit Surturs Lohe zu Ende geht, und dem dann in
der verjüngten Welt ein neues folgen wird. Dieſelbe Bemerkung wieder=
holt ſich hier: Baldur der Lichtgott ſtirbt alljährlich und geht zur Hel;
aber im nächſten Halbjahr kehrt er zu den Aſen zurück, und das iſt das
Urſprüngliche, daß er im Kreißlauf des Jahrs einmal herrſcht und die
Welt erfreut, dann aber ſtirbt und von allen Weſen beklagt wird. Dabei
iſt es aber nicht geblieben: die Ausbildung, welche der Mythus im nor=
diſchen Glauben empfieng, faßte den Kreißlauf des irdiſchen Jahrs nicht
ins Auge, ſondern das große Weltenjahr: Baldur geht zu Hel und kehrt
nicht zurück in dieſer Welt, erſt in der erneuten iſt ihm Heimkehr ver=
heißen; nicht der nächſte Frühling bringt ihn wieder, erſt die Wieder=
geburt der Welt. Baldurs Tod iſt ſo der Mittelpunkt geworden für das
große Drama von den Geſchicken der Welt und der Götter, er iſt mit
der Götterdämmerung und Lokis Beſtrafung untrennbar verbunden. Der
Winter, welchen Baldurs Tod herbeiführt, iſt kein gewöhnlicher, es iſt
der Fimbulwinter, dem kein Sommer folgt, ſondern der Untergang
der Welt. Hieraus ergiebt ſich aber zugleich, daß unſer Mythus bei ſei=
nem urſprünglichen Sinn nicht ſtehen geblieben iſt ſeit er in das Ganze
der Weltgeſchicke verflochten ward: der Hauptgedanke, welcher die ganze
Götterlehre beherrſcht, der von Untergang und Erneuerung der Welt, hat
auch ihn ſich unterworfen und dienſtbar gemacht. Baldur iſt jetzt nicht
mehr das Licht allein, das heilige, reine; er iſt zugleich die Heiligkeit,
die Reinheit, die Unſchuld der Götter, er iſt vom natürlichen auf
das ſittliche Gebiet hinübergezogen. Was an den Göttern noch rein und
gut war, iſt in ihm zu perſönlicher Erſcheinung gekommen. Darum war
er aber nun auch zu gut für dieſe Welt: er konnte unter dieſen ſündigen
Göttern nicht lange leben. Wie in der Geneſis auf den Fall durch den
Genuß der verbotenen Frucht, auf den Verluſt des Paradieſes der Bru=
dermord Kains an Abel folgt, ſo iſt es auch hier nicht genug, daß die
goldene Zeit verloren gieng: Loki der Verſucher bringt den Brudermord
unter die Götter ſelbſt, und der Brudermord bezeichnet dem Germanen
den Gipfel des ſittlichen Verderbens; die Wöluſpa läßt den Bruch der
Sippe, die Fehde zwiſchen Geſchwiſterten, der Wolfszeit, da die Welt zer=
ſtürzt, unmittelbar voraufgehen.

35. Balderus und Hotherus.

Bei Saxo Gramm. sehen wir Baldur und Höbr von Göttern zu
Helden herabgesunken, die sich hartnäckig unter wechselnden Erfolgen bekriegen; doch ist bei Balderus noch halbwege die göttliche Abstammung
gewahrt. Hotherus liebt die Nanna, die Tochter Gewars, eines norwegischen Königs, seines Pflegevaters. Da er durch Gesang alle Herzen zu
Trauer oder Freude, zu Haß oder Liebe zu stimmen weiß, so gewinnt er
auch Nannas Gunst. Es geschah aber, daß Othins Sohn Balder Nanna
im Bade sah, und von ihrer Schönheit ergriffen sich in Sehnsucht verzehrt. Hieraus entspinnt sich der Krieg, der dem Hother wenig Erfolg
verheißt, da Balders heiliger Leib dem Eisen undurchdringlich ist, wie
ihm gewisse Waldfrauen verrathen, in welchen wir Disen oder Walküren
erkennen. Gleichwohl weiß ihm Gewar ein Schwert, das ihn tödten kann;
er muß aber einem Waldgeist, Namens Mimring, abgewonnen werden,
so wie auch ein Armring, dessen Wunderkraft die Schätze mehrt. Als
Hother sich dieses Schwert verschafft hat, besiegt er den Balder in einer
Seeschlacht, obgleich Othin, Thoro und andere Götter ihm beistehen. Dieser
Thoro führt, wie Thôr den Hammer, eine Keule, welche Hother unschädlich
macht, indem er ihr die Handhabe abschlägt. Nach dieser Schlacht, von
der noch ein Hafen spricht, der Baldurs Namen führt, vermählt sich
Hother mit Nanna. In einer spätern Schlacht schlägt Balder seinem dur-
stigen Heer zur Labung einen Quell aus dem Boden und auch dieser
Brunnen bewahrt noch seinen Namen. Dieser siegreichen Schlacht folgt
noch eine zweite; aber auch damit ist der Kampf noch nicht zu Balders
Vortheil entschieden. Hother birgt sich in einen tiefen, einsamen Wald,
wo er in einer Höhle dieselben Waldfrauen trifft, die ihn schon einmal
berathen und beschenkt haben. Sie verheißen ihm Sieg, wenn er den
Genuß einer wunderbaren Speise, die von andern weisen Frauen zu
Balders Stärkung bereitet wird, sich selber verschaffe. Er beginnt nun
den Krieg auf Neue; die Nacht trennt die Heere. Gegen die dritte Nacht-
wache umherirrend, gewahrt Hother vor Balders Lager die Jungfrauen,
die sein Wundermal bereiten. Durch Gesang und Citherspiel gewinnt er
ihre Gunst, die aus dem Geifer dreier Schlangen bereitete Speise und
einen siegverleihenden Gürtel. Auf der Heimkehr begegnet er dem Balder
und verwundet ihn mit dem Schwerte Mimrings. Zwar läßt er sich
am folgenden Tage noch in einer Sänfte in die Schlacht tragen, um nicht
im düstern Zelte zu sterben; aber in der Nacht erscheint ihm die Todesgöttin und am dritten Tage stirbt er an seiner Wunde. Er wird im
Hügel beigesetzt; der Leichenbrand auf dem Schiffe ist auf den Sachsen-
könig Gelder übertragen. Daß Odin, um für seinen Sohn Rache zu

erlangen, nun mit der Rinda einen andern Sohn erzeugt, der den Hother erschlägt, ist schon erwähnt worden.

Die Grundzüge des Mythus sind in dieser Erzählung unschwer wieder zu erkennen. Für die Umbildung der Göttersage in Heldensage ist sie höchst lehrreich; daß der liederkundige Hother in der Hilden= und Gudrunsage erst zu Heorrenda, dann zu Horand, in der deutschen Sieg= friedsage zu dem einäugigen Hagen wird, haben schon Andere bemerkt. Wie Hagen den Siegfried mit dem Sper durchbohrt, so Hother den Balderus mit dem an die Stelle des Mistelzweigs tretenden Zauberschwert. Aber viel schlagender wird die Aehnlichkeit, wenn wir die eddische Er= zählung §. 33 o. vergleichen, wo Loki von Frigg zu erfahren sucht, wie Baldur getödtet werden könne. In der besten Meinung plaudert Frigg aus, was zu Baldurs Verderben führt: genau so gelingt es Hagen von Kriemhild auszuforschen, wo Siegfried verwundbar sei. Andere heften sich daran, daß Hagen einäugig ist, nicht blind wie Höd̨r: darum ver= gleichen sie ihn dem einäugigen Odin. Ich will aber selbst anführen, was sich für diese Vergleichung noch aufbringen läßt. Hagen heißt Dorn (paliurus) und Odin sticht die Brynhild mit dem Schlafdorn. Odin läßt sich allerdings in einigen Mythen als Todesgott faßen, und wir wißen, daß Winter und Tod entsprechende Mythenstufen sind. Höd̨r als Wintergott fällt so gewißermaßen mit Odin als Todesgott zusammen, und so mögen sie sich auch in Höd̨r berühren, und gleichfalls darin, daß Höd̨ur (altḩ. Hadu) schon dem Namen nach Kriegsgott ist wie Odin.

Das Zauberschwert, in das sich der Mistelzweig bei Saxo gewandelt hat, scheint in der Gestalt der Hildensage, welche D. 65 (M. Edda 353) enthält, zu dem Zwergenschwerte Dainsleif geworden, das Blut kosten muß ehe es in seine Scheide zurückkehrt. Der von Zwergen geschmiedeten Schwerter, die zugleich mit e i n e m S c h a t z von Helden gewonnen wer= den, giebt es aber noch viel, in der Dietrichsage wie in der von Sieg= fried; in dieser stimmt zugleich der Name des Schmiedes Mime, von dem Siegfried in der Wiltinas. sein Schwert gewinnt, und von dem ein an= deres, in der Heldensage berühmtes, Wittichs Schwert Mimung, den Namen hat. Mimring scheint zwischen dem Riesen Mimir, von dem Mi= mirs Quell benannt ist, und jenem Schmied Mime in der Mitte zu stehen, wie er auch als Waldmann (silvarum satyrus) zwischen Riesen und Zwergen schwankt. Daß er das Schwert geschmiedet habe, wird von Mimring nicht ausdrücklich berichtet, doch ergiebt es die Vergleichung mit dem Schmiede Mime, und Riesen sowohl wie Zwerge sahen wir schon als Schmiede. In Mimrings schatzmehrenden Armring erkennt man leicht den Ring Draupnir, zugleich aber auch jenen Ring Andwaranaut, der nach dem andern Sigurdsliede und D. 62 (M. Edda 341) das Niflungengold

mehrte und im Nibelungenliede durch die Wünschelruthe vertreten wird,
die bei dem Schatz lag, der seine Unerschöpflichkeit bedingte. Indem
Mimring aus Mimir gebildet ist und sein Wunderring mit Draupnir
zusammenfällt, sehen wir uns gezwungen, aus Mimirs Erwägung vorweg=
zunehmen, daß sein Haupt nach Sigrdrifumâl 13. 14 gleichfalls ein Schatz=
träufler (Heiddraupnir) war. Thôrs Hammer hat sich in eine Keule ver=
wandelt; daß ihr die Handhabe abgeschlagen wird, ist derselbe Zug, der
sich in D. 61 (M. Edda 399) wiederfindet, wo der Stiel des Hammers
schon in der Schmiede der Zwerge, die dieses Kleinod nebst andern schaffen,
zu kurz geräth. Bei Balburs Quelle fehlt der Hufschlag, sonst fände sich
hier der Ursprung einer später auf Karl d. Gr. übertragenen und noch
oft (Wolf Beitr. 133) wiederkehrenden Sage. Vgl. auch KM. 107 und
Ch. Petersen Hufeisen und Roßstrappen. 1865. Auf andere Uebereins=
stimmungen der Erzählung mit Balburs Mythe hat Uhland hingewiesen.
Daß Balbur die Nanna im Bade sieht, deutet er darauf, daß die be=
thaute Blüthe, die sich eben dem Lichte erschließt, am reizendsten ist,
und wenn der von Balbur in die Flucht geschlagene Hother sich in
abgelegener Wildniß verbirgt, so bezieht er dieß auf den Sieg des som=
merlichen Lichtes, vor dem der dunkle Hother nur noch im tiefsten Wal=
desschatten eine Zuflucht findet. Wenn Balbur, nachdem er Nanna
gesehen hat, sich in Liebe verzehrt, so erinnert er an Freyr, der auf
Hlidskialf Gerda gesehen hatte. Aber bei diesem war das Siechthum
die Strafe seiner Vermeßenheit; so ist hier auch Balburs Unschuld be=
fleckt, als er Nanna im Bade sah, denn ihre Reize, die ihn Nachts
umgaukeln, rauben ihm den Schlaf. Hier sehen wir also den Fall der
Götter, der in Balburs Tode offenbar wird, sich an Balbur selbst begeben.

36. Balbur als Kriegs= und Friedensgott.

Saxos Erzählung giebt aber auch einer andern als der oben vor=
getragenen Deutung des Balburmythus eine starke Stütze. Es muste
allerdings auffallen, daß alle in demselben vorkommenden Namen zu der
eddischen Milde des Gottes wenig stimmen, wie gleich sein eigener nicht,
da unser bald in der alten Sprache wie das goth. balths audax (die
beide mit dem Namen des Gottes verwandt sein können, Myth. II. Ausg.
S. 202), Kühnheit und Schnelligkeit ausdrückt, wie auch Nannas Name
von ginendan, sich erkühnen, abzuleiten wäre. Nimmt man hinzu, daß
Höbur auf hadu, Kampf, hinweist, mit dem in der Heldensage berühmte
Eigennamen zusammengesetzt sind; daß Hermôdr, der seinen Bruder aus
der Unterwelt zurückfordern soll, Heermuth (alth. herimuot), Kriegsmuth
bedeutet; daß vielleicht Balburs nachgeborener Bruder und Rächer Wali

auf den Kampfplatz, die Walstatt zu beziehen ist, endlich angelf. Stamm=
tafeln dem Balbur einen uns sonst unbekannten Sohn Brond oder Brand
beilegen, welcher Name das Schwert bezeichnen kann und in der Zusam=
mensetzung mit hadu- und hilde- wirklich bedeutet, so waltet schon in allen
diesen Namen der Begriff des Kampfs und der Schlacht, was zu Saxos
Darstellung, wo Balder und Hother sich unabläßig bekriegen, auffallend
stimmt. Doch kann dagegen geltend gemacht werden, daß das goth. balths
audax von dem alth. bezeugten Namen Paltar, welcher dem nordischen
Balbr entspräche, abliegt, und in dem angelsächs. Namen des Gottes,
welcher Bäldäg lautet, eine Zusammensetzung mit -däg erscheint, welches
den Tag bedeutet, während sich für bäl- aus der Vergleichung mit slavi=
schen und litthauischen Wurzeln der Sinn von weiß und licht ergiebt.
Bäldäg würde demnach den lichten, glänzenden Gott des Tages bezeichnen.
Vgl. §. 14. Ebenso bedeutet brond, brand altn. brandr, zunächst nur
stralendes Licht, Fackel, brennende Scheite, und Schwert scheint erst eine
abgeleitete Bedeutung, wie auch die Sonnenstralen als Pfeile aufgefaßt
werden, da noch im Mittelhochd. strâl, und im Italienischen strale den
Pfeil bezeichnet; haben wir doch auch Freyrs Schwert als den Sonnen=
stral begriffen. Nannas Name bezeichnet sie mit Grund als die kühne,
insofern sie sich entschließt oder erschließt, was gleichbedeutend ist; so heißt
auch Derwandil, der mit dem Pfeil arbeitende, gleichfalls hin fräkni, der
Kühne, obgleich er nichts weniger als ein Kampfgott ist, sondern bei dem
Mythus von Thôr auf den Samenkeim gedeutet werden wird. Der Name
Hermôbr rechtfertigt sich schon aus dem ihm ertheilten Auftrag, die
Todtenwelt als ein Lebender zu besuchen und über das Höllengitter hinweg
zu sprengen. In ähnlicher Weise ließe sich vielleicht auch der aus Höburs
Namen hergenommene Einwurf beseitigen; jedenfalls muß er nicht schon
seiner Blindheit wegen ein Kriegsgott sein, weil das Kriegsglück blind
sei oder der Krieg blind wüthe. Bei der Richtung des germanischen
Lebens auf Kampf und Schlacht mag der friedliche Mythus schon frühe
eine solche Wendung bekommen haben, ja der Anlaß hiezu lag schon in
seinem ursprünglichen, von uns dargelegten Sinne. Balbur und Höbur,
Licht und Finsterniß, sind in den Gegensatz gestellt, es ist der Gegensatz
von Sommer und Winter, deren Kampf alljährlich sich erneuert und daher
auch jeden Frühling in weitverbreiteten und vielgestaltigen Volksfesten
(Myth. 715—749) dramatisch dargestellt wurde, woran uns in noch fort=
lebenden Gebräuchen und in Jahresliedern der Kinder, die hier und da
noch immer gesungen werden, Nachklänge erhalten bleiben. Kampfgötter
mögen es also immerhin sein, die uns in dem Mythus von Balbur und
Höbur namentlich nach Saxos Faßung entgegentreten; aber der erste
Anlaß sie so zu faßen lag in dem Gegensatz von Licht und Finsterniß,

Sommer und Winter, deren zweimal alljährlich erneuerter Kampf die Einbildungskraft unseres Volkes vielfach beschäftigt hat.

Zum Schluß will ich noch Weinholds Deutung (Zeitschr. VII, 50) anführen, der auf Saxo gestützt, in Baldur zwar einen milden Friedens= gott sieht, aber einen germanischen Gott des Friedens, der nur durch den Kampf zum Frieden bringe. Nach ihm war Baldur die Verkörpe= rung der Versöhnung, die durch den Asenbund unter den germanischen Göttern geschlossen, aber nur durch den Kampf möglich geworden war. Dieser Friede kann nicht ewig währen: nur die Oberfläche des Wassers ist beruhigt, in der Tiefe gährt und brandet es und bereitet sich zum Sturm. ‚Die Götter ahnen den Untergang der Ruhe, Baldurs Tod liegt ihnen wie ein drückender Traum auf der Seele, denn das Schwächste und Kleinste (der Mistelzweig) kann diesen Frieden morden. Loki erhält nun den völligen Abschluß seines dämonischen Wesens, er wird der Gott der vergeltenden Abrechnung. Er regt den blinden Höðr, den Krieg, auf: der Friedensgott fällt. Zwar erschlägt Wali, der Gott der Wal= statt, auch den Höðr; in der blutigen Niederlage endet der Krieg; aber einmal verletzt und gebrochen ist Baldur unwiederbringlich verloren. Nanna, die edle Kühnheit, ist der blinden Raserei erlegen, Hermoðr will vergebens den Frieden zurückführen, die Riesin Thöck, die Vergeltung, hindert es. Der heilige große Friede kann nur in einer neuen Welt wieder aufleben, darum schließt sich an seinen Tod der Untergang der Welt und der Götter, und die sühnende Flamme durchglüht die befleckte Erde.‘

Zu dieser Deutung, der wir Geist und Scharfsinn nicht absprechen, stimmt es nicht, wenn Höður, der Krieg, in den Himmel der verjüngten wiedergeborenen Welt aufgenommen wird, wo doch ewiger Friede walten soll. Auch befriedigt Walis Auffassung wenig, wenn er den Krieg in einer blutigen Niederlage zu Ende bringen soll ohne doch den Frieden zurückführen zu können; eher könnte er nach der Niederlage heißen, weil er sie zu rächen hat. Wenn endlich Thöck die Vergeltung sein soll, also der Trieb zur Rache, welcher es hindert, daß Baldur, der Friede, zurück= geführt werde, so hat das zwar am meisten Schein, ist aber weder damit vereinbar, daß der Krieg (Höðr) bereits durch Wali erschlagen und zu Ende gebracht sein soll, noch damit, daß alle übrigen Wesen Baldurs Tod beweinen, also die Bedingung erfüllen, an die seine Heimkehr geknüpft ist. Jedenfalls leidet diese Deutung an einem innern Wider= spruch: wenn Höðr der Krieg ist, den die Blutrache (Thöck) nie zu Ende kommen läßt, so kann er nicht von Wali erschlagen werden; oder wenn Wali den Krieg in einer blutigen Niederlage beendigte, so kann der Rückkehr des Friedens nichts mehr im Wege stehen: die Unterscheidung zwischen einem großen, heiligen Frieden und einem andern, den der Mythus nicht daneben stellt, brauchen wir uns nicht gefallen zu laßen.

Die vorstehende Betrachtung der weitern Einbußen der Götter nach dem Verluste der Unschuld hat ergeben, daß die hier in das große Welt= drama verwebten Mythen demselben ursprünglich fremd waren, indem sie sich ihrer wahren Bedeutung nach nicht auf die allgemeinen Weltgeschicke bezogen, sondern das gewöhnliche Jahr betrafen, von dem sie erst auf das große Weltenjahr übertragen wurden. Baldurs Tod sehen wir aber schon in der Wöluspa in diesem allgemeinen Sinn aufgefaßt und den Mythus von Swadilfari zu gleichem Zweck verwendet; vielleicht hat sie dadurch Veranlaßung gegeben, auch die Mythen von Freyrs Hingabe des Schwerts und von Iduns Blätterfall mit den Weltgeschicken und dem letzten Kampf in Verbindung zu bringen.

Außer diesen Einbußen der Götter ließen sich noch andere zur Sprache bringen, z. B. wenn Odin das Auge, Tyr den Arm verliert. Aber theils sind die hierauf bezüglichen Erzählungen nur erfunden um des Einen Ein= äugigkeit, des Andern Einarmigkeit zu erklären, theils werden sie in un= sern Quellen nicht näher auf die Geschicke der Welt und der Götter be= zogen, und wenn Tyrs Verlust des Arms in einem unten zu erläuternden Mythus vorkommt, der sich allerdings auf den Kampf der Götter gegen die Riesen bezieht, so bleibt er doch für die letzte Entscheidung gleich= gültig, bei welcher dem Tyr, wie wir sehen werden, nicht einmal eine Rolle zugetheilt ist. Scheinen könnte es zwar, als ob Wöl. 22 durch die schauerliche Frage: ‚Wißt ihr was das bedeutet?‘ auch Odins an Mimir verpfändetes Auge auf die letzte Entscheidung beziehen wollte; genauer betrachtet ist aber nur sein Methtrinken aus dieser Quelle auf sie bezogen, wobei es zweifelhaft bleibt, ob darin eine Gefahr für die Götter gefunden wird, daß Allvater sich in die Vergangenheit versenkt statt den Blick in die Zukunft zu richten und den Anforderungen des Augenblicks zu genü= gen, oder, und dafür entscheiden wir uns, ob hier wie Str. 47 in den Worten:

Odin murmelt mit Mimirs Haupt

auf die Aufschlüße hingedeutet wird, welche die Vergangenheit mittelbar über die Zukunft geben kann. Auf jene haben wir §. 19 Mimirs Brunnen gedeutet, und damit beide Stellen der Wöluspa (Str. 22 und 47) dem nicht entgegenzustehen scheinen, müßen wir noch einmal an die Worte unseres Dichters erinnern:

Denn Alles was entsteht,
Ist werth, daß es zu Grunde geht.

Die Vorkehrungen der Götter.

37. Loki in der Trilogie der Götter.

Schon mit dem Verluste der Unschuld hätte die Götter die Ahnung des Untergangs ergreifen sollen; aber erst nach Baldurs Tode, welchen sie nicht hatten verhindern können, fanden sie es nöthig, dem hereinbrechenden Verderben entgegen zu wirken. Zuerst suchen sie den Loki, von dem bisher alles Uebel ausgegangen war, unschädlich zu machen, dann aber durch Feßelung des Wolfes Fenrir den Untergang abzuwehren. Leider vergeßen sie dabei, die als Fenrirs Geschlecht bezeichneten Wölfe §. 13, die sich von Fleisch und Blut der im Brudermord Erschlagenen nähren und des Himmels Lichtern nachstellen, gleichfalls in Feßeln zu schlagen, durch welche Versäumniß später sowohl Loki als Fenrir befreit werden und der Tag des Untergangs hereinbricht.

Auf Baldurs Tod läßt die jüngere Edda D. 50 Lokis Bestrafung folgen, während er nach Oegisdrecka erst noch die übrigen Götter bei dem Gastmal Oegirs verhöhnt, wonach denn das über ihn verhängte Gericht als eine Strafe für diesen Frevel, die Beschimpfung der Asen, erscheint. Loki hatte aber mehr an den Göttern verschuldet als Baldurs Tod und jedenfalls mehr als jene Verläsierung bei Oegirs Gastmal und darum sind wir nicht verpflichtet, der einen oder der andern Weise zu folgen. Wir müßen Lokis Verhältniß zu den Göttern im Ganzen betrachten, namentlich auch seine Verwandtschaft mit der Todesgöttin Hel, mit der Midgardsschlange und dem Fenriswolf, erst dann können wir die über ihn verhängte Strafe begreifen.

Die jüngere Edda geht, als sie auf ihn zu sprechen kommt (D. 33), sehr übel mit ihm um und nennt ihn nicht bloß den Verläsierer der Götter, was auf jenes Lied von Oegirs Gastmal zu deuten scheint, sondern auch den Anstifter alles Betrugs und eine Schande der Götter und Menschen. Wenn er das war, und allerdings giebt es Mythen, die ihn in diesem Lichte erscheinen laßen, so fragt es sich, wie ist er unter die Götter Asgards gekommen und warum duldeten sie ihn in ihrer Mitte?

In den bisher betrachteten Mythen erschien Loki zum Theil in einem mildern Lichte. Schon mehrmals fanden wir ihn mit Odin und Hönir auf der Wanderschaft begriffen. So bei der Erschaffung der Menschen, wo Er es war, der dem Menschen Blut und blühende Farbe verlieh. Dieselbe wandernde Trias trafen wir zum andernmal bei dem ersten Mythus von Idun und wir werden ihr noch öfter wieder begegnen. Wie die vergleichende Mythologie lehrt, sind es aber immer die Hauptgötter, die bei solchen Wanderungen der Götter, die später auf Christus und seine Apostel übertragen wurden, zu den Menschen herabsteigen. Die Erschaffung des Menschengeschlechts legte D. 9 den Söhnen Börs, also der Bruderdreiheit Odin, Wili und We bei: dieß läßt vermuthen, daß auch Odin Hönir und Loki als Brüder gedacht waren. Die Betrachtung einiger andern Bruderdreiheiten wird dem zur Bestätigung dienen. Nach D. 33 hat Loki zwei Brüder, Bileistr und Helblindi. Vgl. Wöl. 51. Hyndlul. 37, wo Loki als Bileistrs Bruder gekennzeichnet wird. Nun heißt aber auch Odin Bileistr und so wird er unter Lokis Bruder Bileistr verstanden und Helblindi auf Hönir zu beziehen sein. Es findet sich aber auch bei den Riesen eine solche Brüderdreiheit. Die Söhne Fornjot des Alten heißen Kâri (Hlêr), Oegir und Logi, die Elementargötter der Luft, des Waßers und des Feuers; sie kehren hernach in der Heldensage als Fasolt, Ecke und Ebenrôt wieder. Kâri heißt der Rauschende und Bileistr (Bylleistr) wird mit Weinhold, Zeitschrift VII, 6, als der Sturmlöser zu verstehen sein, so daß beiden die Herschaft über den Wind gebührt, wie Oegir oder Helblindi dem Meere, Logi oder Loki dem Feuer gebietet. Die Riesen kennen wir als das älteste Göttergeschlecht, das dem spätern vielfach zu Grunde liegt. Wie dem Loki unter den Göttern jener Riese Logi-Ebenrôt entspricht, so jener Lufttriese Kâri dem Odin, Oegir dem Hönir: mit andern Worten, die Götter der Trias waren ursprünglich Elementargötter, dem Wesen jedes der dreie liegt eins der Elemente, Luft, Waßer und Feuer zu Grunde und von dieser ihrer elementaren Natur ist erst ihre geistige Bedeutung ausgegangen. Wir dürfen demnach die griechische Trias Zeus Poseidon Hephaistos daneben stellen. So ergiebt sich das Schema:

Luft	Waßer	Feuer
Kâri	Oegir	Logi
Fasolt	Ecke	Ebenrôt
Bileistr	Helblindi	Loki
Odin	Hœnir	Loki
Zeus	Poseidon	Hephaistos.

Zugleich zeigt sich die Trias Odin Wili We, weil sie mehr eine geistige Bedeutung zu haben scheint, wenn wirklich Wili auf Wunsch Willen (Verlangen) zu beziehen ist, als eine spätere. Hönir wird in der jüngern Edda als Pfeilkönig bezeichnet: da der Pfeil das Verlangen ausdrücken kann, so scheinen doch beide Trilogieen verwandt.

Daß Loki in der ältern Göttersage Odins Bruder war, klingt noch in der Oegisdrecka nach, wo Loki Str. 9 sich rühmen darf, in der Urzeit das Blut mit Odin gemischt zu haben, bekanntlich die Weise, wie das

Freundschaftsbündniß feierlich eingegangen ward, denn die f. g. Bluts=
brüderschaft ist eine Nachbildung der natürlichen Verwandtschaft.

Seit dem Frieden mit den Wanen verschwindet Hönir, der zweite,
Bruder, aus Asgard: er war den Wanen als Geisel hingegeben worden,
welche dafür den Niördr stellten, gleichfalls einen Gott, der das Element
des Wasers zur Grundlage hat. Loki, der dritte Bruder, blieb unter
den Asen; aber seit die Götter sündig geworden waren, sehen wir ihn
immer mehr in ein ungünstiges Licht gestellt, er erscheint nur noch als
Odins Feind, nicht mehr als sein Bruder. Neben Loki besteht aber Logi,
das Elementarfeuer, noch fort, mit welchem Loki sogar einmal einen Wett=
kampf eingeht. Ja neben Loki zeigt sich bei derselben Gelegenheit noch
Utgardhaloki, Saxos Utgarthilocus, ein außerweltlicher Loki, der sich zu
jenem etwa wie Pluto zu Hephästos verhält.

Das Räthsel, wie Loki, die Schande der Götter und Menschen, unter
den Asen bis dahin geduldet worden war, hat uns nun die Geschichte der
Mythenbildung gelöst. Seinem Wesen lag eine elementare Macht zu
Grunde, das Feuer, und wie dieses Element einerseits wohlthätig wirkt,
andererseits aber auch zerstörend, so zeigt sich uns dieß auch in der dop=
pelten Natur Lokis. Als Gott des Feuers muß er unter die Asen ge=
kommen sein; aber außer der Thrymskviba, von der nachher, ist uns kaum
ein Mythus erhalten, worin seine wohlthätige Natur allein zu Tage träte;
vielmehr scheint es der Dichtung darum zu thun, die Doppelsinnigkeit
seines Wesens aufzudecken. Selbst in D. 61, wo er doch alle Kleinode
(Attribute) der Götter, Thórs Hammer, Freys Schiff u. s. w. durch die
ihm nahverwandten Zwerge schmieden läßt, ist er den Göttern so herrliche
Geschenke zu bieten durch einen Diebstahl bewogen, dessen er sich schuldig
gemacht hat, indem er der Sif hinterlistiger Weise das Haar abschor; ja
den Werth der drei letzten Geschenke gedachte er selber zu verkümmern,
indem er in Gestalt der Fliege den Zwerg Brock stach, der den Blasebalg
zog, was auch bei dem Hammer den Erfolg hatte, daß der Stiel zu kurz
gerieth. Ueberhaupt sucht diese Erzählung Lokis Listen und Tücken so sehr
hervorzuheben, daß dadurch sein Verhältniß zu den Zwergen, zu deren
Erschaffung er gerathen haben, und als deren Stammvater Lofar (Wöl.
14. 16) er zu betrachten sein wird, ganz verdunkelt ist. Nur eine Mel=
dung, die wir noch dazu als Vorwurf gegen ihn gewendet sehen, spricht
ihrem wahren Sinne nach die wohlthätige Natur des Feuers unverküm=
mert aus. Nach Oegisbr. 23 war er acht Winter unter der Erde mil=
chende Kuh und Mutter, was Weinhold 11 richtig darauf deutet, daß er
als Gott der Fruchtbarkeit gefaßt ward. Die acht Winter sind wie die
acht Rasten, die Thórs Hammer unter der Erde verborgen war, S. 56,
als acht Wintermonate des Nordens zu verstehen, in denen mit der Wärme

die hervorgehende Kraft der Natur unter die Erde geflüchtet ist. Vgl. Kuhn
WS. 126. Sehen wir, wie ihn die bisher betrachteten Mythen darstellten. In
der Göttertrias, die bei der Schöpfung des Menschen wirkte, gab er ihm Blut
und blühende Farbe; als Lebenswärme unentbehrlich, aber als Sinnlichkeit
ein zweideutiges Geschenk. Eben so doppelsinnig erschien er in dem My=
thus von dem Baumeister, wo er den Göttern erst verderblichen Rath=
schlag gab, dann aber als warmer Südwind das Eis des Winters wieder
aufthaute und die Welt von der Gefahr des Erstarrens befreite. Seiner
elementaren Natur ebenso gemäß begleitet er in der Thrymskwiba als
warmer Frühlingswind den erwachten Donnergott in das Land der rauhen
Winterstürme; alles Bösartige bleibt hier von ihm fern wie schon Wein=
hold 22 bemerkt hat, denn Er giebt dem Riesen nicht den Rath, Freyja
zu verlangen, und als Thrym wegen seiner Braut Verdacht schöpft, wendet
er durch seine Gewandtheit jeden Schaden von den Göttern ab. Ob ihn
bei dem Vertrage mit dem Baumeister mit Recht ein Vorwurf traf, möchte
man hienach fast bezweifeln; die Erzählung D. 42 geräth mit sich selber
in Widerspruch, indem sie Anfangs nur berichtet, Loki habe dem Bau=
meister die Erlaubniß ausgewirkt, sich seines Pferdes Swadilfari zu be=
dienen, während er weiterhin zu dem ganzen den Göttern gefährlichen
Vertrag gerathen haben soll. Zweideutiger war wieder sein Verhalten in
dem ersten Mythus von Idun, die er an Thiassi verräth; aber es liegt
in seiner Natur begründet: die Sonnenglut hatte das frische Sommergrün
versengt und dem Winter falb und welk überliefert; im folgenden Lenz
brachte er als warmer Frühlingshauch den Keim des Pflanzenlebens zurück.
Erst in dem Mythus von Balburs Tod tritt die verderbliche Seite seines
Wesens allein und entschieden hervor: das Recht der Dichtung, den Rath=
schlag zu Balburs Tod, vielleicht auch schon jeden frühern bedenklichen
Rathschlag von ihm ausgehen zu laßen, liegt in der zerstörenden Natur
des Feuers. Hierauf fußend behandeln ihn die Mythen nun freier, sie
spielen ihn auf das sittliche Gebiet hinüber, wo ihm im Verkehr mit den
sündigen Göttern von der Natur des Feuers nur noch seine zerstörende
aber zugleich reinigende Kraft belaßen ist. Er erscheint jetzt nach Uhlands
Ausdruck als das leise Verderben, das rastlos unter den Göttern umher=
schleicht, und dieß sein verderbliches Wirken wird poetisch als List und
Betrug, als schädlicher Rathschlag eingekleidet, durch die er die Götter
täuscht und zu Schaden bringt. Noch mehr auf das sittliche Gebiet ge=
rückt·sehen wir ihn in den folgenden Mythen, wo er als Urheber alles
Uebels in der Welt, als der Vater dreier Göttern und Menschen verderb=
lichen Ungeheuer dargestellt ist. Ehe wir aber diese mittheilen, faßen wir
erst seine Abstammung und seinen Namen ins Auge.

38. Lokis Abstammung und Name.

Nach D. 33 war sein Vater der Riese Farbauti, seine Mutter heißt Laufey oder Nâl. Daß er den Riesen verwandt ist, konnten wir schon daraus schließen, daß unter den Söhnen Fornjots, des alten Riesen, S. 99, Logi ihm entspricht, ja fast mit ihm zusammenfällt. Möglich, daß Far=bauti, der Führer des Bootes, eben dieser alte Riese und zugleich jener Bergelmir, §. 9, ist, der sich im Boote vor der großen Flut barg, welche Ymir des Urriesen Tod verursachte. Dann könnte in Lokis Mutter Laufey die Laubinsel gemeint sein, welcher Farbauti zuruberte; ihren andern Na=men Nâl hat Uhland S. 21 auf das Schiffswesen gedeutet, da sich nâlar unter den Benennungen der Schiffe findet. Die Deutung auf die zarte und schmiegsame Nadel in der Erzählung von Brisingamen (Rask 355) ist gesucht; dennoch hält Weinhold 693 die Nadel fest und deutet sie auf die Schlange, zumal Loki Haustlaung 12 (Skalbsk. 22) öglis barn, Sohn der Schlange heiße, was aber die neue Ausg. Hafniae 1848 richtiger mit Falkensohn überträgt. Sein eigener Name ist wie der Logis von liuhan lucere herzuleiten, womit lux, das Licht, Lynkeus, der Weit=schauende, λευκὸς das Weitsichtbare, Weitblinkende, urverwandt ist. In Bezug auf Logis Namen ist diese Abstammung anerkannt; den im Laut fortgeschobenen Loki nennt Myth. 221 zugleich eine Fortschiebung des Begriffs, indem aus dem plumpen Riesen ein schlauer, verführerischer Bösewicht geworden sei. Das wollte ich gelten laßen; aber auf der fol=genden Seite heißt es auch, Loki sei scheinbar zu der Wurzel lukan claudere übergetreten. Wenn das Wort scheinbar betont wird, so habe ich auch dagegen nichts; scheinbar, nicht in der That kommt Lokis Name von lukan claudere: das leuchtende Element des Feuers ist allein die Quelle seines Wesens und Namens. Das Feuer war noch anders perso=nificiert als in ihm und hieß dann immer Logi: zur Unterscheidung von jenem andern mythischen Wesen war schon die gleichfalls nur scheinbare Verhärtung seines Namens aus g in k behülflich. Aber schon ursprüng=lich durfte sein Name Loki lauten, da die Sanskritwurzel lûg, die allen diesen Formen zu Grunde liegt, schon ein g zeigt, das in k regelmäßig verschoben wird, so daß in Logi ebenso eine Erweichung der Namens=form als in Loki eine Verhärtung gefunden werden kann. Weiter als Grimm gieng Uhland, welcher den Loki als ein Endiger, das Ende der Dinge (altn. lok consummatio) faßte und dem Heimdall als dem An=fang gegenüberstellte, von welchem die Geschlechter der Menschen ausgehen, der jedes leiseste Werden erlauscht, das Gras auf dem Felde und die Wolle auf den Schafen wachsen hört. Ein Gegensatz beider ist in unsern Quellen darin anerkannt, daß sie Heimdall und Loki nicht bloß im letzten

Weltkampfe gegeneinander ordnen. Loki führt allerdings das Ende der
Dinge herbei, schon weil er das Feuer ist und die Welt im Feuer zu
Grunde geht; sein Name wird aber richtiger von dem leuchtenden Feuer
als vom Endigen erklärt. Vgl. §. 42.

39. Lokis böse Nachkommenschaft und Fenrirs Feßelung.

Mit seinem Weibe Sigyn hatte Loki zwei Söhne, deren hernach ge=
dacht werden soll; außerdem aber zeugte er nach D. 34 mit Angurboda,
einem Riesenweibe in Jötunheim, drei Kinder: das erste war der Fenris=
wolf, das andere Jörmungandr, d. i. die Midgardschlange, das dritte Hel.
Als aber die Götter erfuhren, daß diese drei Geschwister in Jötunheim
erzogen wurden und durch Weißagung erkannten, daß ihnen von diesen
Geschwistern Verrath und großes Unheil bevorstehe, und Alle Böses von
Mutter=, aber noch Schlimmeres von Vaterswegen von ihnen erwarten zu
müßen glaubten, schickte Allvater die Götter, daß sie diese Kinder nähmen
und zu ihm brächten. Als diese aber zu ihm kamen, warf er die Schlange
in die tiefe See, welche alle Länder umgiebt, wo die Schlange zu solcher
Größe erwuchs, daß sie mitten im Meere um alle Länder liegt und sich
in den Schwanz beißt. Die Hel aber warf er hinab nach Niflheim und
gab ihr Gewalt über die neunte Welt (oder über neun Welten, vgl. §. 15),
daß sie denen Wohnungen anwiese, die zu ihr gesendet würden, solchen
nämlich, die vor Alter oder an Krankheiten sterben.

Den Wolf erzogen die Götter bei sich und Tyr allein hatte den
Muth, zu ihm zu gehen und ihm Eßen zu geben. Und als die Götter
sahen, wie sehr er jeden Tag wuchs und alle Vorhersagungen meldeten,
daß er zu ihrem Verderben bestimmt sei, da faßten die Asen den Beschluß,
eine sehr starke Feßel zu machen, welche sie Läding oder Leuthing hießen.
Die brachten sie dem Wolf und baten ihn, seine Kraft an der Feßel zu
versuchen. Der Wolf hielt das Band nicht für überstark und ließ sie
damit machen was sie wollten. Und das erstemal, daß der Wolf sich
streckte, brach diese Feßel und er war frei von Läding. Darnach mach=
ten die Asen eine noch halbmal stärkere Feßel, die sie Dróma nannten
und baten den Wolf, auch diese Feßel zu versuchen und sagten, er würde
seiner Kraft wegen sehr berühmt werden, wenn ein so starkes Geschmeide
ihn nicht halten könne. Der Wolf bedachte, daß diese Feßel viel stärker
sei, daß aber auch seine Kraft gewachsen wäre, seit er das Band Läding
gebrochen hatte: da kam ihm in den Sinn, er müße schon einige Gefahr
bestehen, wenn er berühmt werden wolle, und ließ die Feßel sich anlegen.
Und als die Asen sagten, es sei geschehen, schüttelte sich der Wolf und
reckte sich und schlug die Feßel an den Boden, daß weit die Stücke davon

flogen, und so brach er sich los von Droma.   Darnach fürchteten die
Asen, sie würden den Wolf nicht binden können.   Da schickte Allvater den
Jüngling Skirnir genannt, der Freys Diener war, zu einigen Zwergen
in Swartalfaheim und ließ die Feßel fertigen, die Gleipnir heißt.   Sie
war aus sechserlei Dingen gemacht: aus dem Schall des Katzentrittes, dem
Bart der Weiber, den Wurzeln der Berge, den Sehnen der Bären, der
Stimme der Fische und dem Speichel der Vögel.   Diese Feßel war schlicht
und weich wie ein Seidenband und doch stark und fest.   Als sie den
Asen gebracht wurde, dankten sie dem Boten für das wohlverrichtete Geschäft und fuhren dann auf die Insel Lyngwi im See Amswartnir, riefen
den Wolf herbei und zeigten ihm das Seidenband und baten ihn, es zu
zerreißen.   Sie sagten, es wäre wohl etwas stärker als es nach seiner
Dicke das Aussehen hätte.   Sie gaben es Einer dem Andern und versuchten ihre Stärke daran; aber es riß nicht.   Doch sagten sie, der Wolf
werde es wohl zerreißen mögen.   Der Wolf antwortete: Um diese Kette
dünkt es mich so, als wenn ich wenig Ehre damit einlegen möchte, wenn
ich auch ein so schwaches Band entzweirißte; falls es aber mit List und
Betrug gemacht ist, obgleich es so schwach scheint, so kommt es nicht an
meine Füße.   Da sagten die Asen, er möge leicht ein so dünnes Seidenband zerreißen, da er zuvor die schweren Eisenfeßeln zerbrochen habe.
Wenn du aber dieses Band nicht zerreißen kannst, so haben die Götter sich
nicht vor dir zu fürchten und wir werden dich dann lösen.   Der Wolf
antwortete: Wenn ihr mich so fest bindet, daß ich mich selbst nicht lösen
kann, so spottet ihr mein und es wird mir spät werden, Hülfe von euch
zu erlangen: darum bin ich nicht gesonnen, mir dieß Band anlegen zu
laßen.   Damit ihr mich aber nicht der Feigheit zeiht, so lege Einer von
euch seine Hand in meinen Mund zum Unterpfand, daß es ohne Falsch
hergeht.   Da sah ein Ase den andern an; die Gefahr dauchte sie doppelt
groß und Keiner wollte seine Hand herleihen bis endlich Tyr seine Rechte
darbot und sie dem Wolf in den Mund legte.   Und da der Wolf sich
reckte, da erhärtete das Band und je mehr er sich anstrengte, desto stärker
ward es.   Da lachten Alle außer Tyr, denn er verlor seine Hand.   Als
die Asen sahen, daß der Wolf völlig gebunden sei, nahmen sie den Strick
am Ende der Feßel, der Gelgia hieß, und zogen ihn durch einen großen
Felsen Giöll genannt und festigten den Felsen tief im Grunde der Erde.
Auch nahmen sie noch ein anderes Felsenstück, Thwiti genannt, das sie
noch tiefer in die Erde versenkten und das ihnen als Widerhalt diente.
Der Wolf riß den Rachen furchtbar auf, schnappte nach ihnen und wollte
sie beißen; aber sie steckten ihm ein Schwert in den Gaumen, daß das
Heft wider den Unterkiefer und die Spitze gegen den Oberkiefer stand:
damit ist ihm das Maul gesperrt.   Er heult entsetzlich und Geifer rinnt

aus seinem Mund und wird zu dem Fluße, den man Wan nennt. Also liegt er bis zur Götterdämmerung.

Eine seidene Schnur thut in Wenzigs Westslavischem Märchenschatz 153 gleiche Wirkung wie unser Seidenband: je mehr der Gefeßelte sich dehnt, je tiefer schneidet es in sein Fleisch ein.

40. Bedeutung Lokis, Fenrirs, Surturs und der Midgardschlange.

Der drei Kinder wegen, die Loki mit Angurboda (der Angstbotin) nach vorstehendem Bericht erzeugte, braucht man ihn weder zu einem Waßergotte noch zu einem Todtengotte zu machen. Er erscheint als der Urheber alles Verderblichen in der Welt: als der Vater der heißhungrigen Hel, die alle Lebenden verschlingt, des Fenriswolfes, der den Weltenvater selber im letzten Weltkampfe verschlingen soll, der Midgardschlange, dem Symbol des Weltmeers, das am jüngsten Tage aus seinen Ufern treten und die ganze Erde überfluten, die letzten Spuren menschlichen Daseins vertilgen wird. Wie das Feuer, das zerstörende Element, dem Wesen Lokis zu Grunde liegt, so er, indem solche Kinder ihm beigelegt werden, als der Zerstörer gefaßt. Die Midgardschlange führt den Namen Jörmungandr, welcher sie wörtlich als den allgemeinen Wolf bezeichnet, der die Erde verschlingt. Man muß begriffen haben, daß der Wolf dem Mythus das verschlingende Thier ist, um es nicht auffallend zu finden, daß die Midgardschlange, das weltumgürtende Meer, durch ihren Namen als Wolf bezeichnet wird. Zwar sehen wir den Namen Jörmungandr wohl auch dem Fenriswolf beigelegt, vgl. Uhland 169, als dem Verschlinger Odins; aber es scheint auf guten Gründen zu ruhen, wenn Sl. 16 den Wolf Wanargandr nennt, weil seinem Rachen der Fluß Wan entspringt, ihm aber die Midgardschlange unter dem Namen Jörmungandr entgegenstellt. Wir haben es also mit drei Verschlingern zu thun, von welchen zwei eben deshalb Wölfe (gandr) heißen; ihnen ist in Loki, der in diesem Mythus, der einen Seite des Elements gemäß, als der Zerstörer aufgefaßt ist, ein völlig gemäßer Vater gefunden, wie alt auch diese Vaterschaft sei. Sie macht ihn darum noch zu keinem Waßergotte, wenn gleich auch der Name Fenrirs an das Meer erinnert, denn allerdings bedeutet Fen, das auch in Fensalir (Meersäle), der Wohnung der Frigg, erscheint, erst auf zweiter Stufe Sumpf (ital. fango, franz. fange; vgl. das hohe Venn), ursprünglich aber das Meer. Dieses Namens unerachtet sehe ich in Fenrir nicht ‚den Geist der dunkeln Meerestiefe‘; jener ist ihm nur beigelegt, weil das Meer das verschlingende Element ist, wie der Wolf das verschlingende Thier. So sind auch Hati und Sköll, die am jüngsten Tage Mond und Sonne verschlingen sollen, als Wölfe dargestellt;

daß sie Wöluf. 32 Fenrirs Geschlecht heißen dürfen, liegt nur darin, daß dieser der berühmteste ist unter allen verschlingenden Wölfen.

Bei der Midgardschlange ist es einleuchtend, daß sie den Ring des Meeres bedeutet, der die Erde umschließt: es heißt von ihr, daß sie im Meer um alle Länder liege und sich in den Schwanz beiße. Unsre Vorfahren dachten sich, wie schon die Alten, die Erde tellerförmig und rings von dem Meere begrenzt, das sich als ein schmaler Reif, einer Schlange vergleichbar, umherlegte vgl. S. 40 o. Indem diese Schlange in unserm Mythus als ein Ungethüm aufgefaßt wird, bedeutet sie nicht das beruhigte schiffbare Meer, welches in Niörðr personificiert ist; es genügt nicht einmal ganz, zu sagen, sie stelle das unwirthliche, stürmische Meer vor, welches die Schiffe zerschlägt und die Menschen hinabzieht. Wäre nur der Zorn des Meeres, die feindselig und zerstörungsgierig anstrebende Urkraft des Elements in ihr versinnlicht, und man kann allenfalls zugeben, daß sie bei Thôrs erstem Kampfe mit ihr (in der Hymiskwida) richtig so gefaßt werde, so brauchte sie nicht von Loki erzeugt zu sein: es genügte, ihr überhaupt riesige Abkunft beizulegen. Ihr Auftreten im letzten Weltkampfe, wo sie gegen Thôr geordnet ist, der sie nun zum andernmal bekämpft, hat aber den Sinn, daß das Meer die Dämme brechen und die ganze Welt überfluten wird. Zwar melden dieß unsere Quellen nirgend ausdrücklich, aber angedeutet ist es Wöl. 56 in den Worten ,die Erde sinkt ins Meer', und vorausgesetzt Str. 57, wo die Erde zum andernmal aus dem Waßer auftaucht. Hierin allein scheint es begründet, daß sie von Loki erzeugt sei, der das Ende der Welt herbeiführt. Riesiger Ursprung, der ihr allerdings zukommt, insofern das Meer in seiner Feindseligkeit gefaßt wird, ist ihr damit zugleich beigemeßen, da Loki selbst Riesengeschlechts ist. Ich glaube also die Deutung Lokis als eines Waßergottes, für welche seine Verwandtschaft mit der Midgardschlange nichts beweist, schon hier abweisen zu dürfen; andere Gründe dafür werden später §. 42 beseitigt werden. Nur weil Loki in diesem Mythus als der Zerstörer auftritt, welcher das Ende der Welt herbeiführt, wird die Midgardschlange, die das Meer versinnlicht, als von ihm erzeugt vorgestellt des vertilgenden Antheils wegen, welcher dem Meere an dem Untergange der Welt beigelegt wird.

Daß in dem Namen des Wolfs Fenrir kein Grund liege, ihn als den Geist der dunkeln Meerestiefe zu faßen, ist oben ausgeführt; aber auch ihn für ,das unterirdische Feuer' auszugeben, zeigt kein Verständniß. Indem er zum Verderben der Götter bestimmt ist und später wirklich den Weltenvater verschlingt, ist das Verderben der Welt, ihr Untergang selbst in ihm dargestellt. Dieser ist hingehalten, aufgeschoben durch die Vorkehrungen der Götter, die ihn an die Kette gelegt haben; aber die

Kette wird brechen, und die Welt ihr Schicksal ereilen: die Fessel bricht und Freki rennt. Wöl. 38. 39. Wann dieser Bruch geschieht und wodurch er noch so lange aufgehalten wird, davon an einer andern Stelle; hier genügt uns die Einsicht, daß mit ihm das Zeichen zum Untergang der Welt gegeben ist.

Die drei Ketten, die Fenrir fesseln sollen, was erst der dritten gelingt, und die sechserlei Dinge, aus welchen diese letzte gebildet ist, im Einzelnen zu deuten versuche ich nicht. Mag sich an diesen Räthseln üben wer will; uns genügt es, den Wolf selbst als die Vernichtung begriffen zu haben, was um so sicherer scheint als es D. 51 vor dem Weltuntergange von ihm heißt, er fahre mit klaffendem Rache einher, so daß sein Oberkiefer den Himmel, der Unterkiefer die Erde berühre, ,und wäre Raum dazu, er würde ihn noch weiter aufsperren.' Jene sechserlei Dinge sind unter sich nicht gleichartig: Wurzeln der Berge giebt es allerdings nach unserm Sprachgebrauch; warum es Sehnen des Bären nicht geben sollte, wüste ich nicht: vielleicht traute man sie ihm seines matten Ganges wegen nicht zu; die übrigen Dinge scheinen solche sein zu sollen, die es in der Natur nicht giebt, und so sah man wohl auch die beiden ersten an. Es ist ein christlicher Zusatz, wenn die jüngere Edda wie spottend hinzufügt: ,Hast du auch diese Geschichte nie gehört, so magst du doch bald befinden, daß sie wahr ist und wir dir nicht lügen: denn da du wohl bemerkt haben wirst, daß die Frauen keinen Bart, die Berge keine Wurzeln haben und der Katzentritt keinen Schall giebt, so magst du mir wohl glauben, daß das Uebrige ebenso wahr ist, was ich dir gesagt habe, wenn du auch von einigen dieser Dinge keine Erfahrung hast.' Gleichwohl möchte ich nicht glauben, daß jene sechserlei Dinge selbst, aus welchen die Kette bestanden haben soll, dem Mythus fremd wären. Gänzlich fehlt z. B. dem Katzentritt der Schall nicht, wenn er auch unsern groben Sinnen unhörbar ist, und so wollte der Volkswitz vielleicht nur aus dem Feinsten und Zartesten das Stärkste und Festeste hervorgehen laßen. Nur gelegentlich stehe hier die Bemerkung, daß die Volksdichtung wo nicht Nachklänge, doch Analogieen der hier zusammengestellten scheinbaren Unmöglichkeiten kennt, weshalb ich auf Mones altd. Schauspiele S. 131 und Meine Schmiedegesellengewohnheiten S. 14 verweise; vgl. Altd. Wälder I, 88 ff. So kann auch im Mythus ernsthaft gemeint sein was als unmöglich später schwankhaft gewendet in Lügenmärchen übergieng. So wenn im Harbardslied 18 Stricke aus Sand gewunden werden (ex arena funem nectere), worüber KM. III, 202 nachzulesen ist. Weil man mir aber doch die Deutung des Bandes Gleipnir nicht erlaßen wird, so erinnere ich an die Seidenfäden, die Laurins Rosengarten umgaben, in welchen die Seidenfäden unserer Rechtsgebräuche nachklingen, und die heiligen Schnüre (vêbönd) unserer Gerichts= und Kampfstätten (R. A. 182 ff. 809 ff.), deren Verletzung mit dem Tode gebüßt wurde, und deute demnach das Band Gleipnir auf die Macht des Gesetzes und der Sitte und die Furcht vor unausbleiblicher Vergeltung und Strafe: das ist eine Feßel, stärker als alle, die man aus Hanf und Eisen bereiten mag, denn hänfene Stricke und eiserne Fußschellen mögen Helfershelfer lösen; aber diese bindet unauflöslich so lange Ansehen und Macht der gesetzlichen Ordnung aufrecht erhalten bleiben; ja dieses Band erhärtet und je mehr man sich ihm widersetzt, desto straffer bindet es. Das Gesetz aber ist etwas Uebersinnliches, darum symbolisiert es die Mythe als aus lauter höchst zarten in der Natur fast gar nicht vorhandenen Dingen bestehend. Die beiden ersten Feßeln waren nur gemeine Banden gewesen.

Warum dem Tyr die Fütterung Fenrirs übertragen ist, kann erst §. 43 gesagt werden; daß er dem Wolf seine Rechte in den Mund legt, läßt sich nicht begreifen bevor sein ganzes Wesen klar geworden ist. Das Schwert aber, das dem Wolf den Rachen sperrt, fordert hier seine Deu=tung. Es ist der Bann, welchen das Gesetz über den Mörder und Frie=densbrecher ausspricht, und ihn damit unschädlich macht. Ein so Ge=bannter hieß nach der altdeutschen Rechtssprache vargus, altn. vargr Skaldsk. 58, und dieser Ausdruck ist von dem Wolfe hergenommen, R. A. 396. 733. Für unsere Auslegung spricht auch, daß dem Verfesteten (Gebannten) in den Bildern zum Sachsenspiegel (R. A. 203) ein Schwert im Halse steckt: auffallend genug hat hier der Maler dasselbe Symbol gefunden wie dort der Mythus.

Mit dem Todtenreich ist Loki als Vater der Hel in nahe Beziehung gestellt, ja als Utgardaloki scheint er gradezu ein Todtengott. In der jüngern Edda, deren Erzählung von Thôrs Fahrt zu demselben an einer andern Stelle beleuchtet werden soll, kann dieß schon nicht verkannt wer=den; der Name Utgard darf nicht irren, er bezeichnet die Unterwelt als außerhalb des göttlichen und menschlichen Gebietes liegend, Weinhold 35. Wenn Saxo VIII, 164 ff. seinen Utgarthilocus als ein finsteres grausiges Wesen schildert, das an Händen und Füßen gefeßelt in der Unterwelt haust, so hat ohne Zweifel die Feßelung Lokis oder Fenrirs auf die Vor=stellung eingewirkt. In dieser Gestalt findet ihn Thorkill, ein Nachklang Thôrs, auf seiner Reise, deren Zweck kein anderer ist als zu erfahren was die Schicksale der Seelen nach dem Tode sein werden. Indem Loki unter diesem Namen, wie ich zugebe, zum Todtengotte wird, erinnert er neben den beiden andern Göttern seiner Trilogie (Odin und Hönir) an die griechische Trilogie Zeus Poseidon Pluto; aber wie die andere Zeus Poseidon Hephästos die ältere und echtere scheint, so liegt wohl auch in Utgardaloki eine jüngere Auffaßung Lokis vor, neben welcher die ältere

gleichwohl fortbesteht, denn bei jener Reise Thörs zu Utgardaloki ist Loki
Thörs Begleiter, und auch das elementarische Feuer, das dem Wesen
Lokis zu Grunde liegt, sehen wir hier neben jenen beiden als selbständi=
ges Wesen (Logi) erhalten, das sich sogar in einen Wettkampf mit Loki
einläßt. Nur als Utgardaloki ist mir also Loki ein Todesgott; seine son=
stigen Bezüge zum Todtenreiche sind in der Verwandtschaft der Begriffe
Tod und Zerstörung begründet. Das Feuer ist das zerstörende Element,
darum ist Hel, die Todesgöttin, Lokis Tochter, des aus dem Feuer er=
wachsenen Gottes der Zerstörung, und Neri oder Nörwi, der Vater der
Nacht, sein Sohn.

Mit Surtur dem schwarzen (§. 46) fällt Loki nicht zusammen, wie
W. Müller 211. 215 will. Jener Riese der Feuerwelt, der mit Muspels
Söhnen zum letzten Weltkampfe reitet und diesen damit beschließt, daß
er Feuer über die Erde schleudert und die ganze Welt verbrennt, mag
sich allerdings aus dem Wesen Lokis abgelöst haben; aber im letzten
Weltkampf erscheinen sie nebeneinander und verschiedene Rollen sind ihnen
zugetheilt: Loki fällt gegen Heimdall, der gleichfalls erliegt; Surtur
kämpft siegreich gegen Freyr, der sein Schwert vermißt, während Surtur
bewehrt ist. Er ist, wie Weinhold 66 richtig erkannt hat, das Sinnbild
des schwarzen Rauchs, aus dem die Lohe schlägt. Loki war es eigentlich,
welcher die Welt in Flammen zerstören sollte; nachdem er aber, wie die
Erzählung von seiner Bestrafung ergeben wird, als die Sünde, als das
Böse selbst gefaßt worden, war er in der nordischen Vorstellung schon zu
befleckt, das Rächeramt zu übernehmen und die Welt in Flammen zu
reinigen. In diesem Amt erscheint daher jetzt Surtur. Weinhold 67.
Wenn er gleich beim letzten Weltkampf nicht fällt, sondern allein übrig
bleibt, so hat doch in der verjüngten Welt, unter den erneuten Göttern
Gimils dieß Ungethüm keine Stelle, wir finden ihn da nicht wieder:
wenn das Feuer ausgebrannt ist, verschwindet der Rauch von selbst, und
es ist nicht nöthig mit Weinhold anzunehmen, daß ihn Baldur bei seiner
Wiederkehr von Hel besiege.

41. Lokis Bestrafung.

Als Loki die Götter wider sich aufgebracht hatte, lief er fort und
barg sich auf einem Berge. Da machte er sich ein Haus mit vier Thü=
ren, so daß er aus dem Hause nach allen Seiten sehen konnte. Oft am
Tage verwandelte er sich in Lachsgestalt, barg sich in dem Waßerfall, der
Franângr heißt und bedachte bei sich, welches Kunststück die Asen wohl
erfinden könnten, ihn in dem Waßerfall zu fangen. Und einst als er
daheim saß, nahm er Flachsgarn und verflocht es zu Maschen, wie man
seitdem Netze macht. Dabei brannte Feuer vor ihm. Da sah er, daß

die Afen nicht weit von ihm waren, denn Odin hatte von Hlidskialfs
Höhe seinen Aufenthalt erspäht. Da sprang er schnell auf und hinaus
ins Waßer, nachdem er das Netz ins Feuer geworfen hatte. Und als
die Afen zu dem Hause kamen, da gieng der zuerst hinein, der von allen
der weiseste war und Kwasir heißt, und als er im Feuer die Asche sah,
wo das Netz gebrannt hatte, da merkte er, daß dieß ein Kunstgriff sein
sollte Fische zu fangen und sagte das den Afen. Da fiengen sie an und
machten ein Netz jenem nach, das Loki gemacht hatte, wie 'sie in der
Asche sahen. Und als das Netz fertig war, giengen sie zu dem Fluße
und warfen das Netz in den Waßerfall. Thôr hielt das eine Ende, das
andere die übrigen Afen und nun zogen sie das Netz. Aber Loki schwamm
voran und legte sich am Boden zwischen zwei Steine, so daß sie das
Netz über ihn hinwegzogen; doch merkten sie wohl, daß etwas Lebendiges
vorhanden sei. Da giengen sie abermals an den Waßerfall und warfen
das Netz aus, nachdem sie etwas so Schweres daran gebunden hatten, daß
nichts unten durchschlüpfen mochte. Loki fuhr vor dem Netze' her, und
und als er sah, daß es nicht weit von der See sei, da sprang er über das
ausgespannte Netz und lief zurück in den Sturz. Nun sahen die Afen
wo er geblieben war: da giengen sie wieder an den Waßerfall und
theilten sich in zwei Haufen nach den beiden Ufern des Fußes; Thôr
aber mitten im Fluße watend folgte ihnen bis an die See. Loki hatte
nun die Wahl, entweder in die See zu laufen, was lebensgefährlich war,
oder abermals über das Netz zu springen. Er that das letzte und sprang
schnell über das ausgespannte Netz. Thôr griff nach ihm und kriegte ihn
in der Mitte zu faßen; aber er glitt ihm in der Hand, so daß er ihn
erst am Schwanz wieder festhalten mochte. Darum ist der Lachs hinten
spitz. Nun war Loki friedlos gefangen. Sie brachten ihn in eine Höhle
und nahmen drei lange Felsenstücke, stellten sie auf die schmale Kante
und schlugen ein Loch in jedes. Dann wurden Lokis Söhne, Wali und
Nari oder Narwi, gefangen. Den Wali verwandelten die Afen in Wolfsgestalt: da zerriß er seinen Bruder Narwi. Da nahmen die Afen seine
Därme und banden den Loki damit über die drei Felsen: der eine stand
ihm unter den Schultern, der andere unter den Lenden, der dritte unter
den Kniegelenken; die Bänder aber wurden zu Eisen. Da nahm Skadi
einen Giftwurm und befestigte ihn über ihm, damit das Gift aus dem
Wurm ihm ins Antlitz träufelte. Und S i g y n sein Weib steht neben ihm
und hält ein Becken unter die Gifttropfen. Und wenn die Schale voll
ist, da geht sie und gießt das Gift aus; derweil aber träuft ihm das
Gift ins Angesicht, wogegen er sich so heftig sträubt, daß die ganze Erde
schüttert, und das ists was man Erdbeben nennt. Dort liegt er in
Banden bis zur Götterdämmerung. D. 50.

42. Deutung.

Der Bestrafung Lokis schickt die ältere Edda die Verhöhnung der Götter bei Oegirs Gastmal voraus. Er scheint hier als das böse Gewissen der Götter, das Bewustsein ihrer Schuld, denn einem jeden hält er seine Gebrechen, seine geheimsten Sünden, seine sittliche Schmach vor. Nun aber, da ihn die Strafe ereilen soll, nicht bloß hiefür, für Alles was er an den Göttern verbrochen hat, ist er nicht mehr bloß das böse Gewissen der Götter, er ist das böse Gewissen selbst. Er weiß, daß er die Rache der Götter herausgefordert hat: so schweift er unstät umher wie der Verbrecher; sein Haus auf dem Berge hat vier Thüren oder Fenster, damit er das kommende Unglück, die hereinbrechende Strafe erspähen, vielleicht ihr entfliehen könne. Er quält sich mit dem Gedanken, auf welche Art die Asen ihn wohl fangen möchten und knüpft sich selber das Netz, das ihn fängt, wie die Bosheit sich selber Fallstricke legt und Gruben gräbt: er veranlaßt selber den Fischfang der Asen. So wie er durch seine eigenen Fallstricke gefangen wird, so wird er auch durch seine eigenen Bande gebunden, welches wir so ausgedrückt sehen, daß er mit den Gedärmen seines Sohnes gefesselt werde. Die verderbliche Leidenschaften der Menschen sind durch die Bande des Bluts bewältigt, sagt Rieger. Diese ganze Erzählung ist eine treffende Schilderung des schuldigen Bewustseins. War er erst der Versucher, der Verführer der Götter, trat er zuletzt als ihr böses Gewissen auf, so erscheint er hier als die Schuld, als die Sünde, als das Böse selbst. Aber das Böse wird in Feßeln geschlagen, es darf nicht frei schalten in der Welt: die sittlichen Mächte, das sind die Götter, halten das Böse im Schach; es giebt, wie das Sprichwort sagt, mehr Ketten als rasende Hunde: es ist die Furcht vor der Herschaft des Gesetzes, vor der Macht der sittlichen und gesetzlichen Ordnung, welche alle bösen Gelüste in Bande schlägt. Würde freilich einst die Macht der Sitte und des Rechts gebrochen, träte eine Verwirrung, eine Verfinsterung aller Begriffe ein, d. h. verdämmerten die Götter, dann bräche das Böse sich los von seiner Kette, dann führe der Rachetag (stuatago) über die Völker und dem Leben der Menschen auf Erden würde ein Ziel gesetzt. Schon jetzt rüttelt er oft an seinen Ketten und versucht sie zu zerreißen: dann entsteht das Erdbeben, denn er erschüttert die Grundfesten der Welt und erschreckt die Götter, die selbst als diese Feßeln, die höpt und bönd (Skaldsk. 54. Myth. 23), die Gewähr der sittlichen Weltordnung gedacht sind. Erdbeben werden auch bei andern Völkern von der Wuth gefeßelter Riesen und Dämonen hergeleitet. In der deutschen Mythe würde sich aber die Feßelung des Bösen doppelt zu spiegeln scheinen, einmal in Loki, einmal in dem Wolfe Fenrir, wenn wir nicht wüßten, daß in Loki das noch durch sich selbst gefeßelte Böse, in Fenrir der nur durch die Fürsorge der Götter hingehaltene Untergang dargestellt ist. Dagegen könnte man beiden Mythen den Vorwurf der Unvollständigkeit machen, weil keine von beiden besagt, wodurch die gefesselten Ungeheuer sich endlich ihrer Fesseln entledigen würden. Allein sowohl von Fenrir als von Loki heißt es D. 34 und 50, also lägen sie bis zur Götterdämmerung, und wir haben so eben schon angedeutet, was unter der Verdämmerung der Götter zu verstehen sei; der Beweis kann erst §. 43 geführt werden.

So stark Lokis sittliche Bedeutung in diesem Mythus hervorgehoben wird, so ist doch weder das Feuer als die Grundlage seines Wesens, noch die Ableitung seines Namens von dem leuchtenden Element vergeßen. Der Lachs ist durch seinen Namen als der glänzende Fisch bezeichnet und das auf dem Berge liegende Haus mit vier Thüren erinnert an den Thurm des Lynkeus, deßen Namen wir von derselben Wurzel abgeleitet sahen wie Lokis. Wenn er sich in Fischgestalt verbirgt, so spricht dieß nicht dafür, daß er ein Waßergott sei: die Mythen, welche das Feuer sich unterm Waßer bergen laßen, wollen nur die allgemeine Verbreitung der belebenden Wärme veranschaulichen. Als erster Beleg stehe hier das schöne Faröische Volkslied von Odin Hönir und Loki (Lokka táttur), das uns fast ein Eddalied ersetzt, weshalb wir uns noch öfter darauf berufen werden.

I.

Bauer und Riese spielten lang,
Der Bauer verlor, der Riese gewann.

Kehrreim:
Was soll die Harfe mir in der Hand,
Wenn kein Kühner mir folgt ins andre Land?

,Gewonnen ist das Spiel mir schon;
Nun will ich haben deinen Sohn.

,Haben will ich den Sohn von dir,
So du ihn nicht bergen kannst vor mir.'

Der Bauer gebietet Knechten zwein:
,Bittet Odin, uns Schutz zu leihn.

,Zu Odin fleht in unsern Sorgen,
Der hält ihn lange wohl verborgen.

,Wäre der Asen König hier,
So wüßt ich wohl, der bärg ihn mir.'

Kaum halb gesprochen war das Wort,
Schon stand Odin vor Tisches Bord.

‚Höre mich Odin, ich rufe zu dir,
Den Sohn birg vor dem Riesen mir.‘

Odin fuhr mit dem Knaben hinaus;
Sorgend saß Bauer und Bäurin zu Haus.

Ein Kornfeld ließ da Odins Macht
Wachsen und reifen in Einer Nacht.

In des Ackers Mitte barg alsbald
Odin den Knaben in Aehrengestalt.

Als Aehre ward er mitten ins Feld,
In die Aehre mitten als Korn gestellt.

‚Nun steh ohne alle Sorge hier;
Wenn ich rufe, so komm zu mir.

‚Nun steh hier ohne Furcht und Graus;
Wenn ich rufe, so komm heraus.‘

Des Riesen Herz war hart wie Horn,
Er raufte den Schooß sich voll mit Korn.

Er raufte sich voll Korn den Schooß,
Trug ein scharfes Schwert in Händen bloß.

Ein scharfes Schwert sah man ihn tragen:
Den Knaben wollt er damit erschlagen.

Der Knab in großen Nöthen stand,
Dem Riesen lief das Korn in die Hand.

Dem Knaben graute vor dem Tod,
Zu Odin rief er in seiner Noth.

Odin kam zu des Knaben Heil
Und bracht ihn seinen Eltern heim.

‚Hier ist der junge Knabe dein:
Mit meinem Schutz ists nun vorbei.‘

II.

Der Bauer gebietet Knechten zwein:
‚Bittet Hönir uns Schutz zu leihn.

‚Wäre Hönir der Gott allhier,
So wüßt ich wohl, der bärg ihn mir.‘

Kaum halb gesprochen war das Wort,
Schon stand Hönir vor Tisches Bord.

‚Höre mich, Hönir, ich rufe zu dir,
Den Sohn birg vor dem Riesen mir.‘

Hönir fuhr mit dem Knaben hinaus;
Sorgend saß Bauer und Bäurin zu Haus.

Hönir gieng in den grünen Grund,
Sieben Schwäne flogen da über den Sund.

Da ließen schneeweiß von Gefieder
Drei Schwäne sich vor Hönir nieder.

An eines Schwanen Hals alsbald
Barg Hönir den Knaben in Flaumgestalt.

‚Nun weil ohne alle Sorge hier;
Wenn ich dich rufe, so komm zu mir.

‚Weil hier ohne Furcht und Graus;
Wenn ich dich rufe, so komm heraus.'

Strymsli gieng in den grünen Grund,
Sieben Schwäne flogen da über den Sund.

Der Ries ein Knie zur Erde bog,
Den ersten Schwan er zu sich zog.

Den ersten Schwan er an sich riß,
Den Hals er ihm vom Leibe biß.

Der Knabe gab der Sorge Raum,
Aus des Riesen Schlunde flog der Flaum.

Dem Knaben graute vor dem Tod,
Zu Hönir rief er in seiner Noth.

Hönir kam zu des Knaben Heil;
Er bracht ihn seinen Eltern heim.

‚Hier ist der junge Knabe dein;
Mit meinem Schutz ists nun vorbei.'

III.

Der Bauer gebietet Knechten zwein:
‚Bittet Loki uns Schutz zu leihn.

‚Wäre Loki der Gott allhier,
So wüßt ich wohl, der bärg ihn mir.'

Kaum halb gesprochen war das Wort,
So stand schon Loki vor Tisches Bord.

‚Höre mich Loki, ich flehe zu dir,
Den Sohn birg vor dem Riesen mir.

‚Du kennst nicht, Loki, meine Noth:
Strymsli sinnt meinem Sohn den Tod.

‚Verbirg so gut du kannst mein Kind,
Daß es Strymsli nicht, der Riese, findt.' —

‚Und soll ich deinen Sohn beschützen,
So thu mein Gebot, es wird dir nützen.

‚Ein Boothaus laß erbauen dort,
Weil ich bin mit dem Knaben fort.

‚Eine große Thüre brich hinein,
Eine Eisenstange laß hinter ihr sein.‘

Loki fuhr mit dem Knaben hinaus;
Sorgend saß Vater und Mutter zu Haus.

Loki gieng zum Meeresstrand;
Da schwamm ein Schifflein dicht am Land.

Loki rudert ans äußerste Ziel,
So heißts in alter Lieder viel.

Loki sprach nicht manches Wort,
Angel und Stein warf er über Bord.

Angel und Stein zu Grunde fuhr,
Eine Flunder zog er herauf an der Schnur.

Die eine Flunder, die andre zog er,
Die dritte war ein schwarzer Rogen.

Loki barg den Knaben alsbald
Mitten im Rogen in Eigestalt.

‚Nun weil ohne alle Sorge hier;
Wenn ich dich rufe, so komm zu mir.

‚Weil hier ohne Furcht und Graus;
Wenn ich dich rufe, so komm heraus.‘

Loki ruderte wieder ans Land;
Der Riese stand vor ihm am Strand.

Der Riese hub zu Loki an:
‚Wo warst du, Loki, was hast du gethan?‘ —

‚Ein wenig hab ich gerudert nur,
Das weite Meer ich überfuhr.‘

Sein Stahlboot stieß der Ries ins Meer;
Loki rief: ‚Die See stürmt sehr.‘

Loki sprach den Riesen an:
‚Riese, nimm mich mit in den Kahn.‘

Der Riese nahm das Steuer zur Hand;
Am Ruder Loki stieß vom Land.

Loki ruderte stark und schnell;
Das Stahlboot gieng nicht von der Stell.

Loki schwur dem Riesen zu:
‚Das Steuern versteh ich beßer als du.‘

Der Riese saß auf der Ruderbank:
Der Kahn flog in die See so frank.

Der Riese rudert ans äußerste Ziel,
So heißts in alter Lieder viel.

Der Riese sprach nicht manches Wort,
Angel und Stein warf er über Bord.

Angel und Stein zu Grunde fuhr,
Eine Flunder zog er herauf an der Schnur.

Die eine Flunder, die andre zog er,
Die dritte war ein schwarzer Roger.

Loki sprach so schmeichlerisch:
‚Riese, Riese, gieb mir den Fisch.'

Dazu sprach aber der Riese: ‚Nein,
Nein, mein Loki, das kann nicht sein.'

Zwischen die Kniee den Fisch gezogen
Zählt' er ein jedes Korn im Rogen.

Er hatt auf jedes Korn wohl Acht:
So macht' er auf den Knaben Jagd.

In der größten Noth der Knabe stand,
Dem Riesen lief das Korn in die Hand.

Dem Knaben graut vor dem jähen Tod,
Zu Loki rief er in seiner Noth.

‚Versteck dich, Knabe, hinter mich,
Laß nicht den Riesen schauen dich.

‚Mit leichtem Fuß hüpf über Land
Und keine Spur drück in den Sand.'

Der Riese fuhr zurück ans Land,
Zum Ziele nahm er den weißen Sand.

Dem Lande fuhr der Riese zu;
Loki wandte das Boot im Nu;

Der Riese stieß das Boot zum Strand,
Da sprang der Knabe leicht ans Land.

Der Riese sah hinaus ins Land,
Vor ihm der junge Knabe stand.

Der Knabe lief leicht über Land,
Man merkte keine Spur im Sand.

Schwerfällig stapft der Riese nach;
Bis an die Knie den Sand durchbrach.

Zum Boothaus, das sein Vater gemacht,
Lief der Knabe mit aller Macht.

Zu seines Vaters Haus er lief,
Der Ries ihm nach; da gieng es schief.

Wider das Fenster rannt er jach,
An der Eisenstange das Haupt zerbrach.

Da galt es Loki, rasch zu sein,
Er hieb dem Riesen ab ein Bein.

Das that dem Riesen nicht Gewalt:
Zusammen wuchs ihm die Wunde bald.

Da galt es Loki, rasch zu sein,
Er hieb ihm ab das andre Bein.

Er hieb ihm ab das andre Bein
Und warf dazwischen Stahl und Stein.

Da sah der Knabe mit Vergnügen
Den Riesen todt, den ungefügen.

Loki sah den Knaben heil,
Er bracht ihn seinen Eltern heim.

‚Hier ist der junge Knabe dein;
Nun ists mit meinem Schutz vorbei.

‚Vorüber ists mit meiner Hut;
Doch dein Gebot erfüllt ich gut.

‚Die Treue hielt ich dir gewiß;
Der Riese nun das Leben misst.'

Hiezu bemerkt Weinhold: ‚Odin ist gewaltig über die Früchte des Feldes, denn er ist Luft= und Gestirngott; dem Hœnir sind die Vögel unterthan, Loki aber hat die Macht über die Thiere der See.' Mit dem was hier über Odin geurtheilt wird, sind wir einverstanden; aber für Hönir möchte die Herschaft über die Vögel nicht genügen: es muß ihm wie dem Odin ein Element angewiesen werden, und zwar ist es das Waßer, auf welches die Schwäne als Waßervögel deuten. Schwäne scheinen auch nach D. 28 dem Niördhr geheiligt, für welchen Hönir an die Wanen ausgewechselt ward, und wie Niördhr wird auch Hönir ein Waßergott sein. Für Loki bleibt, da die beiden andern Elemente schon vergeben sind, nur das dritte, das Feuer übrig. Wie er sich als Lachs, der glänzende Fisch nach dem Sinne des Worts, im Waßer verbirgt, so versteckt er hier seinen Schützling, und so versteckt sich das Feuer selber im Waßer in jener finnischen Sage, die Weinhold S. 19 selbst erzählt, und die ihm über Lokis Verwandlung in den Lachs andere Auskunft hätte geben können: ‚Louhi, Pohjolas Herscherin, hat Sonne, Mond und Sterne verzaubert, daß neun Jahre lang schon Nacht in der Welt herscht. Da steigen Wäinämoinen und Ilmarinen auf den Himmel, um zu sehen was die Gestirne verdunkelt und Ilmarinen schlägt mit seinem Schwerte Feuer. In einer goldenen Wiege, die an Silberriemen hängt, wiegt das Feuer eine Jungfrau. Plötzlich fällt es aus der Wiege und mit Haft fliegt es durch die acht Himmel: die beiden Götter zimmern sich ein Boot und fahren aus, das Feuer zu suchen. Auf der Newa begegnet ihnen ein Weib, die älteste der Frauen, die ihnen über des Feuers Flucht Kunde giebt. Es fuhr zuerst in Tuuris neues Haus, in Palwonens unbedeckte Wohnung; da verbrennt es das Kind an der Mutter Brust, und die Mutter verbannt es in des Meeres wilde Wogen. Das Waßer braust, es brandet hoch, vom Feuer gepeinigt stürzt es über die Ufer. Da verschlingt ein Barsch das Feuer; vom Schmerz gepeinigt, treibt er umher von Holm zu Holm, von Klippe zu Klippe, bis ein rother Lachs ihn verschlingt. Diesen verschlingt ein Hecht, der ebenfalls in furchtbarer Pein nach Erlösung seufzt. Wäinämoinen räth hierauf ein Netz zu fertigen, das vom Säen des Leines an in einer Sommernacht vollständig zu Stande kommt, und auf den dritten Wurf wird der Hecht gefangen. In seinem Magen findet man den Lachs, in diesem den Barsch, in ihm das Knäuel, aus deßen Mitte der Funke springt, der abermals enteilt und sich furchtbar ausbreitet, daß halb Pohjoland, weite Strecken von Savo, Karjala an manchen Seiten verbrennt. Ilmarinen gelingt es durch einen Zauberspruch endlich das Feuer zu bändigen.' Man vgl. die im Ganzen übereinstimmende Darstellung in Anton Schiefners ,Kalewala, das Nationalepos der Finnen.' Helsingfors 1852, S. 274—283.

Pohjolas Herscherin, die bei Schiefner des Nordlands Wirthin heißt, hat hier Sonne, Mond und Sterne nicht verzaubert, sondern eingefangen, da sie Wäinämoinens Gesange zu lauschen herabgestiegen waren:

> Kam der Mond aus seiner Stube,
> Schritt zum Stamme einer Birke,
> Aus der Burg kommt auch die Sonne,
> Setzt sich in der Tanne Wipfel,
> Um das Harfenspiel zu hören,
> Um die Freude anzustaunen.
>
> Louhi, sie, des Nordlands Wirthin,
> Nordlands Alte, arm an Zähnen,
> Nimmt daselbst die Sonn gefangen,
> Greift den Mond mit ihren Händen,
> Nimmt den Mond vom Stamm der Birke,
> Aus der Tanne Kron die Sonne,
> Führet sie sogleich nach Hause,
> Nach dem nimmerhellen Nordland.
>
> Birgt den Mond, daß er nicht scheine,
> In den Fels mit bunter Rinde,
> Bannt die Sonn, daß sie nicht leuchte,
> Zu dem stahlgefüllten Berge,
> Redet selber diese Worte:

‚Nimmer foll von hier in Freiheit,
Daß er ſcheint, der Mond gelangen,
Nicht die Sonne, daß ſie leuchte,
Wenn ich ſelbſt nicht löſen komme,
Ich ſie ſelber nicht befreie,
Neun der Hengſte mich begleiten,
Die getragen e i n e Stute!'

Mond und Sonne möchten auch die Rieſen unſerer Mythologie in ihren Verſchluß bringen, doch haben ihre Nachſtellungen ſo glücklichen Erfolg nicht, wie bei Pohjolas Wirthin. Das Märchen von dem Feuer= funken, mit dem die Altd. Wälder ſchließen, klingt in Einem Zuge über= raſchend an. ‚Ein Funke wurde los und ſetzte ſich in einem Hauſe feſt, da ward daraus ein groß Feuer, das ſchlug in die Stadt und verbrannte ſie ganz, und ſo groß wuchs das Feuer, daß es das ganze Land aufzu= brennen dachte: lief hinaus ins Feld; aber wie es unter eine Schlucht kam, gieng ihm ein kleines Bächlein entgegen und das Feuer lief alsbald darein und das Bächlein kroch und wand ſich ꝛc.' Wie dort der Fiſch, der das Feuer verſchlungen hat, von Schmerz gepeinigt umhertreibt, ſo krümmt und windet ſich hier das Bächlein, in das des Feuerfunke ge= laufen iſt, der erſt das ganze Land aufzubrennen dachte.

Die Verwandtſchaft der finniſchen Erzählung mit unſerm Fiſchfang der Aſen iſt ſo ſtark, daß man faſt einen äußern Zuſammenhang an= nehmen möchte. Dort verbirgt ſich Loki, der Gott des Feuers, in der Geſtalt des Lachſes, hier verſteckt ſich das Feuer, indem es ſich von einem Lachs verſchlingen läßt; dort wird das Netz von den Aſen gefertigt und bei dieſer Gelegenheit erſt erfunden, hier kommt es durch die Macht der Götter vom Säen des Leins an in einer Sommernacht zu Stande. Wie dieſe äußern Züge ſtimmen, ſo wird auch der mythiſche Sinn dieſer, ja aller der Mythen, die das Feuer oder ſeinen Gott im Waßer, in dem anſcheinend feindlichſten Element, ſich bergen laßen, derſelbe ſein. Das Element des Feuers iſt nach ſeiner wohlthätigen Seite hin erfaßt, als die belebende Wärme, die auch in andern Elementen verbreitet iſt, ja als die Lebenswärme, der Lebensfunke, der ſelbſt den kaltblütigen Fiſchen nicht gebricht. Indem die Götter Loki beſtrafen wollen, den Gott des zerſtörenden Feuers, wandelt er ſich in den Fiſch, wodurch er nicht bloß ihren Nachſtellungen zu entgehen hofft, ſondern zugleich an die andere, wohlthätige Seite ſeines Weſens und Wirkens erinnert, ſich als den mäch= tigen Gott bewährt, der die ganze Natur durchdringt. Daß er als Wärme auch im Waßer waltet, das macht ihn noch keineswegs zum Waßergott, ſo wenig als es Hephäſtos iſt, den Thetis und Eurynome vor dem Zorn der Here im Waßer bergen, wo er n e u n Jahre verweilte, die an jene acht Jahre erinnern, welche Loki unter der Erde als milchende Kuh und

Mutter, S. 91, zubrachte. Ein Waßergeift muß auch Andvari nicht fein, der Zwerg, welchen die Afen als Hecht im Waßerfall fiengen und zwangen, fein Haupt aus Hels Haufe durch den Schatz zu löfen, der als Niflungen= hort eine fo große Rolle in unferer Heldenfage fpielt. M. Edda 189. 304. 2. Die Zwerge faßt Weinhold 14 felbft als Erd= und Feuergeifter auf, wie er auch ihre Verwandtfchaft mit Loki nicht verkennt.

Nachklänge von Lokis und Fenrirs Feßelung haben fich in deutfchen Sagen mancherlei erhalten. Zuerft der Name Sigyns in S i g u n e, deren rührende Anhänglichkeit an ihren erfchlagenen Geliebten, von deffen Leiche fie nicht weicht, an Sigyns Treue gegen den gefeßelten Gatten erinnert. Die Einführung des Namens ja des Liebespaares in die Gralsfage fcheint auf Rechnung Wolframs zu kommen, der auch fo viele Geftalten der deutfchen Seefage den beiden erften Büchern des Parzival einver= leibt hat. Eine andere Erinnerung an Lokis Feßelung findet fich in dem gefeßelten Utgarthilokus, nach Saxos Darftellung, wovon unten. In einer Reihe deutfcher Sagen liegt der Teufel gefeßelt, was aus biblifchen Quellen nicht fließen kann. Myth. 958. 963. 1030. Kuhn WS. 12. Panzer II, 56. 426. Zingerle Sagen 290. Lucifer feilt unaufhörlich an der Kette: am Tage nach Jacobi ift fie fchon fo dünn wie ein Zwirnsfaden, wird aber dann plötzlich wieder fo ftark wie zuvor, weil jeder Schmied, Meifter oder Ge= felle, eh er die Werkftelle verläßt, einen kalten Schlag auf den Amboß thut, um Lokis Kette wiederherzuftellen. Vergäßen die Schmiede nur ein= mal den kalten Schlag auf den Amboß zu thun, fo käme Lucifer von feiner Kette los. Dieß beftätigt jetzt auch Rochh. Glaube 58, vgl. Mannhardt Myth. S. 86. ff. Schon der gangbare Ausdruck ‚der Teu= fel ift los‘ fetzt feine Feßelung voraus.

Der Weltuntergang.

43. D i e G ö t t e r d ä m m e r u n g.

Ungeachtet der Vorkehrungen der Götter in der Feßelung Lokis und Fenrirs tritt der geahnte Weltuntergang dennoch ein, indem jene gefürch= teten Ungeheuer ihre Feßeln brechen. Was die Feßeln fprengt, ift noch zu ermitteln; geahnet haben wir aber fchon oben, §. 40, daß es die Götterdämmerung, die Verfinfterung der fittlichen Begriffe, die allgemeine Entfittlichung fein müße, welche das Ende der Welt herbeiführe. Darnach wäre Ragnarök oder die Götterdämmerung nicht fowohl die Folge

des Untergangs der Welt, als vielmehr Ursache desselben, und dieß wird
sich in dem Folgenden bestätigen.   Treffend wird Myth. 774 Ragnarök
mit ‚Verfinsterung der Zeit und der waltenden Götter‘ übertragen und M.
23 heißen regin ‚die weltordnenden Gewalten.‘ Dieselben werden
nun Skaldsk. 55 auch als höpt und bönd, als die Haften und Banden
der Welt gefaßt, was auf eben diese Fesseln gehen kann, deren Bruch
Fenrir frei macht und den Untergang herbeiführt.   In diesem Sinne
haben wir §. 40 das Band Gleipnir auf Gesetz und Sitte gedeutet. Als
die Haften und Bande der Welt, die den drohenden Untergang gefesselt
halten, sind die Götter die welterhaltenden Mächte. Daß sie dabei von
der sittlichen Seite aufgefaßt werden, zeigt sich in dem, was D. 51 von
der Götterdämmerung gesagt ist.   Zuerst soll darnach ‚ein Winter kom=
men, Fimbulwinter genannt.‘ Da stöbert Schnee von allen Seiten, da ist
der Frost groß und sind die Winde scharf und die Sonne hat ihre
Kraft verloren.   Dieser Winter kommen dreie nach einander und kein
Sommer dazwischen.   Zuvor aber kommen drei andere Jahre, da die
Welt mit schweren Kriegen erfüllt wird.   Da werden sich Brüder aus
Habgier ums Leben bringen und in Mord und Sippebruch der Sohn
des Vaters, der Vater des Sohnes nicht schonen.   So heißt es in der
Wöluspa :

> Brüder befehden sich   und fällen einander,
> Geschwisterte sieht man   die Sippe brechen.
> Unerhörtes eräugnet sich,   großer Ehbruch.
> Beilalter, Schwertalter, wo Schilde krachen,
> Windzeit, Wolfszeit, eh die Welt zerstürzt.
> Der Eine schont des Andern nicht mehr.

‚Da geschieht es, was die schrecklichste Zeitung dünken wird, daß der
Wolf die Sonne verschlingt den Menschen zu großem Unheil: der andre
Wolf wird den Mond packen und so auch großen Schaden thun und die
Sterne werden vom Himmel fallen. Da wird sich auch eräugnen, daß so
die Erde bebt und alle Berge, daß die Bäume entwurzelt werden, die
Berge zusammenstürzen und alle Ketten und Bande brechen und reißen.
Da wird der Fenriswolf los u. s. w.‘ Man bemerke, wie unmittelbar
hier auf den Bruch der Sippe das Verschlingen der Himmelslichter und
Fenrirs Befreiung folgt.

Dem Fimbulwinter, wo die Sonne ihre Kraft verloren hat, und darum
der Frost groß ist, gehen also drei andere Jahre vorher, wo die äußerste
sittliche Verderbniß herrscht. Dem Germanen ist es der Gipfel der Ver=
wilderung, wenn die Bande des Bluts, die ihm das Heiligste sind, nicht
mehr geachtet und der Habgier zum Opfer gebracht werden.   Erst in
zweiter Reihe nach dem Bruch der Sippe wird der Ehbruch genannt,

freilich auch er ein unerhörtes Unrecht. Hierin liegt nun die Antwort auf die Frage, was die Götterdämmerung herbeiführe und die Fesseln Lokis und Fenrirs sprenge. Es ist die sittliche Verwilderung, welche die allgemeine Auflösung herbeiführt. Zuerst stellt sich nun die Verfinsterung der Götter, die wir als sittliche Mächte zu denken haben, äußerlich dar, indem Sonne und Mond von den Wölfen verschlungen werden. Von diesen Wölfen wißen wir schon, daß sie jene Himmelslichter verfolgen um sie zu verschlingen. Warum gelingt ihnen aber jetzt was sie bisher nicht vermochten? Sie haben sich von dem Blut der in jenen drei Jahren durch den Bruch der Sippe Gefällten gemästet und dadurch so ungeheure Kraft erlangt. So wenigstens verstehe ich die D. 12 unbefriedigend erläuterte Str. 32 der Wöl. (vgl. §. 13), wo es von Managarm heißt:

> Ihn mästet das Mark　gefällter Männer,
> Der Seligen Saal　besudelt das Blut.
> Der Sonne Schein dunkelt　in kommenden Sommern,
> Alle Wetter wüthen：wißt ihr was das bedeutet?

Den Untergang der Welt bedeutet es, und so oft die Wala fragt: Wißt ihr was das bedeutet? hat sie diese Antwort im Sinne, mit der hier der nahe Bezug der heranwachsenden Wölfe auf den Weltuntergang angedeutet ist. Nicht mit dem Blute ‚aller Menschen, die da sterben‘, werden sie gemästet, wie D. 12 erläutert: wäre nur das gemeint, so hätte es keinen Sinn, wenn der Seligen Saal davon besudelt werden soll. Es muß das Fleisch und Blut der im Krieg Erschlagenen gemeint sein, und da sonst die Germanen den Krieg nicht verabscheuen, vielmehr gleichsam nur Kampf und Schlacht athmen, im ungerechten Kriege, im Kriege des Bruders gegen den Bruder. Daß dieß wirklich gemeint sei, zeigt sich hier darin, daß Managarm den Mond nicht eher verschlingt bis Windzeit und Wolfszeit eingetreten sind und der Fimbulwinter gekommen ist. Auf seine ‚scharfen Winde‘ ist mit dem ‚Wüthen aller Wetter‘ hingewiesen. In ihm offenbart sich zuerst das Mitgefühl der Natur mit den Menschenlooßen.

Wie diese Wölfe sich mit dem Mark gefällter Männer mästen, so wird auch Fenrir nach D. 34 (s. §. 39) von Tyr, dem Kriegsgott, gefüttert, ein Wink, daß er hier nicht sowohl den Krieg überhaupt, dem, so weit er von der Sitte geboten wird, Odin vorsteht, als vielmehr den ungerechten, widernatürlichen Krieg bedeutet, welcher Verwandte gegen Verwandte führt. Nicht also weil er der Kühnste ist unter den Göttern, wie D. 34 meint, füttert er den Fenrir, sondern aus dem tiefern Grunde, dessen sich die jüngere Edda nicht mehr bewußt war, wie ihr auch D. 12 das Verständniß der alten Symbolik ausgieng. Daß Tyr den Riesen verwandt ist, geht aus Hymiskwida hervor; ‚den Menschen

gilt er aber nicht für einen Friedensſtifter', heißt es D. 25 in ähnlichem
Sinne. In Deutſchland mochte Tyr (Zio) wie urſprünglich auch im Norden bedeutender hervortreten: in der Edda ſpielt er nur eine untergeordnete Rolle: die Wöluſpa läßt ihn nicht einmal an dem leßten Weltkampf
Theil nehmen und wenn es Gylfaginning (D. 51) thut, ſo wird ſich §. 45
zeigen, daß ſie auch dabei von einem Mißverſtändniß ausgeht.

Indem jene Wölfe Sonne und Mond verſchlingen, machen ſie ſelbſt
ſchon einen Anfang mit dem Untergange, und obgleich erſt Fenrir die
volle Vernichtung bedeutet, ſo dürfen doch Wöl. 32 jene Wölfe als Fenrirs
Geſchlecht bezeichnet werden.　　Die nächſte Folge des Verſchlingens der
Himmelslichter iſt nun das Erdbeben, das ſo heftig iſt, daß alle Ketten
und Banden brechen und reißen. Von Loki wißen wir, kommt das Erdbeben her: er wird alſo bei der Verfinſterung der Welt, die der Ausdruck
iſt für die Verfinſterung der Götter, die Verdunkelung der ſittlichen Begriffe, die Zeit ſeiner Befreiung gekommen fühlen und an ſeinen Feßeln
rütteln, die auch wirklich, gleich denen Fenrirs, von der Gewalt des Erd-
bebens brechen. Aber warum fühlte Loki die Zeit ſeiner Befreiung nicht
früher gekommen, warum gelingt ihm jeßt, fragen wir auch hier, was er
früher nicht vermocht hatte? Weil alle Bande gelockert ſind durch die
allgemeine Entſittlichung, da ſelbſt die feſteſten Bande, die Bande des
Bluts, ihre Kraft verloren haben.　　Die Ketten und Bande, von denen
hier die Rede iſt, waren eben nur Bild für jene ſittlichen Bande, deren
Bruch den Untergang herbeiführt, und ,da wird der Fenriswolf los',
heißt es D. 51 unmittelbar nach dem Bruch jener Ketten und Bande,
und nun folgt die Darſtellung des leßten Weltkampfs, der das Todeszucken
der Götter iſt, die bis dahin nur verfinſtert waren.　　Doch nicht bloß
Loki und der Fenriswolf ſprengen ihre Ketten: alle bisher von den Göttern bei Gründung und Ordnung der Welt bezähmten und in gewiſſe
Schranken zurückgewieſenen feindſeligen Naturgewalten achten der Schranken nicht mehr, die ihre wohlthätige Wirkung bedingen, und nehmen ihre
natürliche Wildheit wieder an.　　Wir ſehen das zunächſt an der Midgard-
ſchlange, von der gleich darauf geſagt werden wird, daß ſie wieder Jotenmuth annehme.　　Der Bruch der ſittlichen Bande ſprengt auch dieſe
Schranken, da das Aeußere nur Bild des Innern, die Natur nur Ausdruck des Geiſtes iſt.　　Das iſt die Anſchauung der heidniſchen Edda; ſie
findet ſich aber auch in einer chriſtlichen Mythe wieder. In St. Marieen
im Capitol zu Köln iſt ein Chriſtusbild (Rheinf. 70), ſchwarz, mit tief,
ganz tief herabgeſenktem Haupt des Erlöſers.　　Die Sage verſichert, es
ſeien die Sünden der Welt, die er auf ſich genommen, die ſein Haupt
ſo tief herabbrücken.　　Wenn aber die Sünden der Welt ſo überhand
genommen hätten, daß ſein Haupt ſich bis zur Erde neige, dann werde

die Welt untergehen. Auch hier also ist es die Entsittlichung, welche den
Untergang der Welt herbeiführt.

44. Naglfar das Schiff.

‚Da wird der Fenriswolf los,‘ heißt es weiter, ‚und das Meer
überflutet das Land, weil die Midgardschlange wieder Jotenmuth an=
nimmt und das Land sucht. Da wird auch Naglfar los, das Schiff,
das so heißt und aus Nägeln der Todten gemacht ist, weshalb wohl die
Warnung am Ort ist, daß wenn ein Mann stirbt, ihm die Nägel nicht
unbeschnitten bleiben, womit der Bau des Schiffes Naglfar beschleunigt
würde, den doch Götter und Menschen verspätet wünschen. Bei dieser
Ueberschwemmung aber wird Naglfar flott. Hrym heißt der Riese, der
Naglfar steuert. Der Fenriswolf fährt mit klaffendem Rachen einher, daß
sein Oberkiefer den Himmel, der Unterkiefer die Erde berührt, und wäre
Raum dazu, er würde ihn noch weiter aufsperren. Feuer glüht ihm aus
Augen und Nase. Die Midgardschlange speit Gift aus, daß Luft und
Meer entzündet werden; entsetzlich ist der Anblick, indem sie dem Wolf
zur Seite kämpft. Von diesem Lärmen birst der Himmel: da kommen
Muspels Söhne hervorgeritten. Surtur fährt an ihrer Spitze, vor und
hinter ihm glühendes Feuer. Sein Schwert ist wunderscharf und glänzt
heller als die Sonne. Indem sie über die Brücke Bifröst reiten, zer=
bricht sie, wie vorhin gesagt ist. Da ziehen Muspels Söhne nach der
Ebne, die Wigrid heißt: dahin kommt auch der Fenriswolf und die
Midgardschlange, und auch Loki wird dort sein und Hrymr und mit ihm
alle Hrymthursen. Mit Loki ist Hels ganzes Gefolge und Muspels Söhne
haben ihre eigene glänzende Schlachtordnung. Die Ebne Wigrid ist hun=
dert Rasten breit nach allen Seiten.‘

Vergleicht man hiemit Wöl. 50—52:

> 50. Hrym fährt von Osten, es hebt sich die Flut,
>   Jörmungandr wälzt sich im Jotenmuthe.
>   Der Wurm schlägt die Brandung, der Adler schreit,
>   Leichen zerreißt er, Naglfar wird los.

> 51. Der Kiel fährt von Osten; Muspels Söhne kommen
>   Ueber die See gesegelt, und Loki steuert.
>   Der Unthiers Abkunft ist all mit dem Wolf;
>   Auch Bileists Bruder ist ihm verbunden.

> 52. Surtur fährt von Süden 2c.

so berichtigen und erläutern sie sich wechselweise. Naglfar das Todten=
schiff wird von Hrym gesteuert, den Weinhold Riesen 57 für das Feuer
erklärt, während ihn die jüngere Edda für einen Hrimthursen (Reifriesen)

ansieht und an deren Spitze stellt. Fragen wir den Zusammenhang, so
stimmt er der j. Edda bei, da zwei verschiedene Schiffe nicht nöthig wären,
wenn beide nur Mächte des Feuers heranführen sollten. Ein anderer Grund
kann erst unten angeführt werden. Loki steuert das Schiff, auf welchem
Muspels Söhne, die Flammen, über die See gesegelt kommen. Dieses
Schiff wird wie Surtur, Muspelheims Hüter, von Süden kommen, Str. 51;
folglich müßen die Worte: der Kiel fährt von Osten (kjöll ferr austan)
Str. 50 auf das in der vorhergehenden Zeile genannte Schiff Naglfar
zurückbezogen werden. Der Verfaßer der jüngern Edda scheint dieß über=
sehen zu haben, indem er Loki mit Hels ganzem Gefolge zusammenstellt,
worauf sich dann wieder Weinhold Ztschr. VII, 62. 65 gründet, indem er Loki
mit dem Todtenschiffe von Osten daherfahren läßt. Uebrigens sollte man
erwarten, daß dem Süden der Norden entgegenstünde, nicht der Osten: im
Norden liegt Hels kalte Nebelwelt. Aber auch Thôr zieht auf Ostfahrten
aus, mit den Riesen zu kämpfen: das kalte Schneegebirge lag dem Nor=
weger im Osten. Die Götter wurden sonst (Gr. Gesch. d. d. Spr. 989) im
Norden gedacht; aber so, daß sie gegen Süden schauten (Wolfs Beitr. 25).
Dieß scheint der Hauptgrund, warum hier der Norden vermieden und durch
Osten vertreten ist: man konnte die weltzerstörenden Mächte nicht von
Norden daher fahren laßen zum Kampf wider die Götter, die selbst im
Norden wohnten. Wenn gesagt wird, die Brücke Bifröst breche, indem die
weltzerstörenden Mächte hinüber reiten, so ist dieß wohl zu den andern
Irrthümern der jüngern Edda zu schreiben: wenn die Brücke unter ihnen
bräche, würden sie die Ebne Wigrid nicht erreichen. Bekanntlich soll auch
nach einer deutschen Sage vor der letzten Schlacht eine rothe Kuh über
eine gewisse Brücke geführt werden (Müllenhoff 376); diese Kuh bedeutet
das Feuer, wie wir auch Loki als milchende Kuh unter der Erde sym=
bolisiert fanden. Daß aber die Brücke unter der rothen Kuh bräche, wird
nicht gemeldet, und das Feuer kann sie auch nicht zerstören, da sie selbst
zum Theil aus Feuer gebildet ist. D. 15.

Naglfar ist aus Nägeln der Todten gemacht, worüber Gr. Myth. 775
bemerkt ist, es solle dieß die ungeheure Ferne und das langsame Zu=
standekommen des Weltendes ausdrücken: ,bis ein solches Schiff aus
schmalen Nägelschnitzen der Leichen zusammengesetzt werden kann, verstreicht
lange, lange Zeit und sie leidet noch Abschub durch die warnende Vor=
schrift, allen Todten vor der Bestattung die Nägel zu beschneiden.' Wir
können das gelten laßen, wenn nur nicht übersehen wird, daß vor Allem
die Pflicht der Pietät gegen die Verstorbenen eingeschärft und ein Jeder
aufgefordert werden soll, mit behülflich zu sein, daß der Untergang der
Welt so lange als möglich aufgeschoben werde, ,den doch Götter und
Menschen verspätet wünschen.' Durch diese und eine andere religiöse Pflicht,

welche hernach noch eingeschärft wird und den Sieg der Götter im letzten
Weltkampf zum Zwecke hat, sehen wir die Menschen zu Kampfgenoßen der
Götter erhoben, denen sie behülflich sein sollen, den Untergang abzuwehren.
Obgleich dieser einmal hereinbricht, und der letzte Weltkampf wenigstens
scheinbar gegen die Götter ausfallen wird, sind doch diese, namentlich
Odin, unabläßig bemüht, ihre Macht gegen die zerstörenden Naturgewalten,
die in den Riesen vorgestellt sind, zu stärken und zu mehren: deshalb
zieht er die berühmtesten Helden, indem er sie im Kampfe fallen läßt,
in seine himmlische Halle, und stärkt mit ihnen seine Macht, denn sie sollen
einst als Einherier mit ihm zur Walstatt reiten, den letzten Kampf kämpfen
zu helfen. Darum ist es auch den Menschen Pflicht zugleich und Ehre,
im Kampfe tapfer zu sein und lieber auf der Walstatt zu fallen als auf
dem Bette zu sterben: sie stärken damit Odins Macht und helfen ihm die
feindseligen Mächte bekämpfen. Es ist kein Widerspruch, wenn die Götter
in diesem Kampfe erliegen, denn sie werden in der erneuten, in Flammen
gereinigten Welt wiedergeboren; die Riesen aber, die bösen Naturgewalten
nicht: an der Stelle der sündigen Götter wird nach der Vertilgung der
bösen Mächte ein entsühntes, geläutertes Göttergeschlecht herschen. Jene
religiösen Pflichten nun, die in äußerlichen Uebungen bestehen, sollen nur
zunächst das Bewußtsein wach erhalten, daß die Menschen Mitkämpfer der
Götter sind, mit welchen sie in den Riesen gemeinschaftliche Feinde haben.
Willkürlich auferlegt ist aber die Pflicht gegen die Todten nicht, und die
Mythe, daß von den unbeschnittenen Nägeln das Schiff zu Stande komme,
das die weltzerstörenden Gewalten herbeiführt, hat denselben Sinn, wie
die andre, daß Managarm sich von den Leichen der durch den Bruch der
Sippe Gefällten mästet. Wenn die Unsittlichkeit der Menschen so groß ist,
daß die Habgier zum Brudermord verleitet, ja den Sohn gegen den Vater
in den Kampf führt, dann ist das Ende der Welt nahe, denn von den
Leichen der so Gefällten mästen sich die Wölfe, welche die himmlischen
Gestirne verschlingen, und wenn die Lieblosigkeit der Menschen so über=
hand nimmt, daß die Pflichten gegen die Todten vernachläßigt werden,
dann muß auch dieß den Untergang der Welt herbeiführen, denn von den
unbeschnittenen Nägeln der Todten ist das Schiff gezimmert, auf dem die
zerstörenden Gewalten heransegeln. Dieß ist der schöne sittliche Sinn
dieser Dichtung, die unverstanden wunderlich genug aussieht, aber recht
begriffen sowohl dem menschlichen Gefühl wie der poetischen Kraft unserer
Voreltern die größte Ehre bringt. Hier zeigt sich auch, daß die jüngere
Edda Recht hatte, Hrym, der Naglfar steuert, für einen Reifriesen zu
halten, da die Lieblosigkeit, welche den Todten die letzte Pflicht weigert,
nur aus erkaltetem Herzen entspringen kann. Uebrigens beschränkt sich die
Pflicht gegen die Todten nicht auf die Sippe, wenn auch die Verwandten

die nächste Aufforderung zu ihr haben: in Sigrdr. 33. 34 ist sie als eine allgemeine Menschenpflicht aufgefaßt:

> 33. Das rath ich dir neuntens, nimm des Todten dich an,
>   Wo du im Feld ihn findest,
>   Sei er siechtodt oder seetodt
>   Oder am Stahl gestorben.

> 34. Ein Hügel hebe sich dem Heimgegangenen,
>   Gewaschen seien Haupt und Hand;
>   Zur Kiste komm er gekämmt und trocken,
>   Und bittet, daß er selig schlafe.

45. Der letzte Weltkampf.

'Und wenn diese Dinge sich begeben', fährt D. 51 fort, 'erhebt sich Heimdall und stößt aus aller Macht ins Giallarhorn und weckt alle Götter, die dann Rath halten. Da reitet Odin zu Mimirs Brunnen und holt Rath von Mimir für sich und sein Gefolge. Die Esche Yggdrasil bebt und Alles erschrickt im Himmel und auf der Erde.' Hiemit stimmt im Allgemeinen die erste der aus Wöl. angezogenen Strophen:

> Ins erhobne Horn bläst Heimdall laut,
> Odin murmelt mit Mimirs Haupt:
> Yggdrasil zittert, die ragende Esche,
> Es rauscht der alte Baum, da der Riese frei wird,

nur daß sie früher steht und diese Begebenheiten unmittelbar nach der Wind= und Wolfszeit geschehen läßt, also vor der Befreiung Fenrirs, woraus sich ergiebt, daß unter dem frei werdenden Riesen Loki verstanden ist. Wenn sie Odin mit Mimirs Haupt murmeln läßt, was erst später ganz erläutert werden kann (man vgl. einstweilen M. Edda 392), während er nach D. 51 zu Mimirs Brunnen reitet, Rath für sich und sein Gefolge zu holen, so sind dieß verwandte, schon am Schluß von §. 36 als gleich= bedeutend zusammengestellte Bilder für dieselbe Sache. Weiter heißt es dann: 'Die Asen wappnen sich zum Kampf und alle Einherier eilen zur Walstatt. Zuvorderst reitet Odin mit dem Goldhelm, dem schönen Harnisch und dem Spieß, der Gungnir heißt. So eilt er dem Fenriswolf entge= gen und Thôr schreitet an seiner Seite, mag ihm aber wenig helfen, denn er hat vollauf zu thun, mit der Midgardschlange zu kämpfen. Freyr streitet wider Surtur und kämpfen sie ein hartes Treffen bis Freyr er= liegt, und wird das sein Tod, daß er sein gutes Schwert mißt, das er dem Skirnir gab. Inzwischen ist auch Garm der Hund los geworden, der vor der Gnypahöhle gefesselt lag: das giebt das größte Unheil, da er mit Tyr kämpft und Einer den Andern zu Falle bringt. Dem Thôr gelingt es, die Midgardschlange zu tödten; aber kaum ist er neun Schritte davon gegangen, so fällt er todt zur Erde von dem Gift, das der Wurm

auf ihn speit. Der Wolf verschlingt Odin und wird das sein Tod. Alsbald kehrt sich Widar gegen den Wolf und setzt ihm den Fuß in den
Unterkiefer. An diesem Fuße hat er den Schuh, zu dem man alle Zeiten
hindurch sammelt, die Lederstreifen nämlich, welche die Menschen von
ihren Schuhen schneiden, wo die Zehen und Fersen sitzen. Darum soll
diese Streifen ein Jeder wegwerfen, der darauf bedacht sein will, den Asen
zu Hülfe zu kommen. Mit der Hand greift Widar dem Wolf nach dem
Oberkiefer und reißt ihm den Rachen entzwei und wird das des Wolfes
Tod. Loki kämpft mit Heimdall und erschlägt Einer den Andern. Darauf
schleudert Surtur Feuer über die Erde und verbrennt die ganze Welt.'

46. Die sechs Einzelkämpfe.

Hienach sind die Rollen im Kampfe so vertheilt:

1. **Odin gegen den Fenriswolf**, wobei Odin fällt und der
Wolf für den sechsten Kampf (mit Widar) übrig bleibt. Die Wöluspa 53
berührt diesen ersten Kampf nur mit den Worten:

> Nun hebt sich Hlins (Friggs) anderer Harm,
> Da Odin eilt zum Angriff des Wolfs.

ohne den Ausgang deutlich zu melden; er ist aber in der folgenden
Strophe bei Widars Kampf mit dem Wolf in den Worten ausgedrückt:
so rächt er den Vater. Da der Fenriswolf den Untergang überhaupt bedeutet, so ist er gegen Odin den Weltenvater geordnet. In diesem Kampfe
ist schon das Wesentliche enthalten und es bedürfte der übrigen Einzelkämpfe
nicht mehr, mit Ausnahme des letzten, in welchem wieder der Wolf auftritt,
aber dießmal um besiegt zu werden und Odins Tod an ihm zu rächen.

2. **Thôr gegen Jörmungandr**, die Weltschlange, die er zwar
erlegt, aber von dem Gifte, das sie auf ihn speit, todt zur Erde fällt.

> 56. Da schreitet der schöne Sohn Hlodyns (Jördhs):
> Den Wurm trifft muthig Midgards Segner.
> Doch fährt neun Fuß weit Fiörgyns Sohn
> Weg von der Natter, die nichts erschreckte.
> Alle Wesen müßen die Weltstatt räumen.

Da das Meer beim Weltuntergange die ihm von den Göttern angewiesenen Schranken sprengt und die Erde überflutet, so wird es in der
Weltschlange als ein verderbliches Ungethüm aufgefaßt, welches Thôr zu
bekämpfen berufen ist: Freilich könnte Thôr auch gegen andere Ungethüme
geordnet sein; aber dieses ist das größte von allen, wenn auch vielleicht
nicht das verderblichste. Auch hat Thôr als Gott des Gewitters, das aus
den Wolken hervorgeht, einen Bezug auf das Meer, und der Gewitter-
stral wird gern von der Flut angezogen. Nach dem Mythus von Thôr
hat dieser schon früher einmal gegen die Midgardschlange gekämpft; aber

es war, wie Uhland 171 sagt, nur ein leckes Vorspiel des künftigen, für
beide verderblichen Kampfes. In der verjüngten Welt findet ein feind=
seliges Wesen wie die Midgardschlange keine Statt, es muß daher in
diesem Kampfe fallen. Aber auch Thôrs bedarf es bort nicht mehr, seine
Rolle ist ausgespielt, da es keine Unholde mehr zu erschlagen giebt.
Hierin liegt das Recht der Dichtung, ihn in diesem Kampfe gleichfalls
erliegen zu laßen. Da Midgards Schützer (Weiher, Heiliger) nun ge=
fallen ist, so werden zwar die Menschen jetzt alle von ihrer Heimatsstätte
verdrängt, was die folgende Strophe 56 mit den Worten erläutert: ,die
Erde sinkt ins Meer'; aber es war nur der Todeskampf der von Thôr be=
zwungenen Schlange, die bald nach Strophe 57 die Erde aus dem Waßer
wieder auftauchen und frisch ergrünen läßt.

 3. Freyr gegen Surtur, wobei ersterer erliegt, weil er sein
Schwert mißt, das er dem Skirnir gab, womit auf den Mythus von
Freyr und Gerda (§. 29) angespielt wird. Hätte die Hindeutung Grund,
so wäre es schwer, den dem Ausgang des Kampfes zu Grunde liegenden
Gedanken anzugeben. Freyr mißt sein Schwert, den Sonnenstral, weil
die Sonne bereits von Stöll verschlungen oder doch schon von seinem
Rachen erfaßt ist; erst während des letzten Weltkampfes scheint sie nach
Str. 56, wenn die Erde ins Meer sinkt und die Sterne vom Himmel
fallen, von ihm erwürgt zu werden. Wafthrudnism. 46. 47. Wir sahen
aber früher, die Hingabe des Schwerts für Gerdas Besitz bezog sich ur=
sprünglich auf ein jährlich wiederkehrendes Ereigniß, nicht auf das große
Weltenjahr, mit dem es in Verbindung gebracht ward, als der Mythus
von Ragnarök und dem Weltuntergang die Herschaft über alle andern
erlangt hatte. Die entsprechende Stelle der Wöl.:

 53. Belis Mörder mißt sich mit Surtur:
  Da fällt Friggs einzige Freude.

läßt nicht erkennen, ob die Verbindung schon vollbracht war; wenn auch
Freyr Belis Mörder heißt, was auf den Mythus von Freyr, Gerda und
ihrem Bruder Beli zielt, so ist doch auf die Weggabe des Schwertes nicht
gedeutet. Warum Freyr Friggs einzige Freude heißt, wird später erläu=
tert werden.

 Freyrs Fall erklärt sich wohl daraus, daß es der Wanengötter in
der verjüngten Welt nicht bedarf, da sie den sinnlichen Begierden vor=
stehen. So sehen wir auch keine der Göttinnen übrig bleiben, die sich
nach unserer Ansicht alle aus Nerthus und Freyja entwickelt haben, also
Wanischen Ursprungs sind. Bei den Asen war dem Freyr die Herschaft
über die Sonne (von Odin, dem sie wohl ursprünglich zustand) verliehen
worden; diese ist jetzt in Stölls Rachen und nur noch als Wanengott
kommt er beim Weltkampf in Betracht. Warum Surtur, der ihn besiegt,

gleichwohl in der verjüngten Welt nicht mehr auftritt, ist schon oben §. 40 erläutert.

4. **Heimdall gegen Loki.** Die Wöluspa weiß von diesem Kampfe nichts; doch könnte er in der Ueberlieferung gegründet sein, da auch Heimdall schon früher einmal einen Kampf gegen Loki bestanden hat. (s. u. Heimdall) wie Thôr gegen die Midgardschlange. Loki kennen wir schon als den Zerstörer, und obwohl wir seinen Namen nicht von at luka, beschließen, ableiten mögen, so führt er doch das Ende der Welt herbei. Würde nun Heimdall richtig als der Anfang der Dinge aufgefaßt, wie denn die verschiedenen Stände ihren Ursprung von ihm herleiten, ja nach dem Eingang der Wöluspa die Menschen überhaupt, so fände er in Loki seinen Gegensatz und der Ausgang des Kampfes ließe sich, wenn gleich mehr witzig als überzeugend, mit den Worten ausdrücken, daß beim Weltuntergange Anfang und Ende zusammenfallen. Aber der Grund der Zusammenstellung lag bei ihrem ersten Kampfe in der ursprünglichen Natur beider, da Loki das Feuer ist und Heimdall, wie unten nachge= wiesen werden soll, der Regen. In dieser Bedeutung können sie beim letzten Kampfe nicht gefaßt werden, man müste denn Heimdalls Natur auf das gesammte Element des Waßers, aus dem er geboren ist, erwei= tern und seinen zweiten Kampf mit Loki beim Weltende auf den Streit beider Elemente beziehen, der da eintreten wird, wenn Surtur Feuer über die ganze Welt schleudert und dann die Erde ins Meer sinkt. Das aber würde mit dem berichteten Ausgang des Kampfes nicht stimmen, wonach Einer den Andern erschlagen soll, während Waßer das Feuer löschen müste. Nehmen wir Alles zusammen, so trifft diesen vierten Kampf, der im Gedanken nicht fest genug begründet scheint, der Verdacht späterer Zudichtung. Jener frühere Einzelkampf beider mag die Veranlaßung gewesen sein, sie auch hier wieder gegenüber zu stellen.

5. **Thyr gegen Managarm.** Auch von diesem Kampfe weiß Wöl. nichts, und ich halte ihn in der Ueberlieferung nicht für begründet. Der Verfaßer der jüngern Edda scheint zu der Annahme desselben durch ein Mißverständniß der Wöl. veranlaßt. Einen Hund Namens Garm, der die Kette sprengen und an dem Kampfe Theil nehmen könnte, giebt es gar nicht. Man denkt an den Höllenhund, von dem es Wegtams= kwida heißt, als Odin nach Niflheim ritt, die Wala zu wecken, um sie über die Geschicke der Welt zu befragen:

> Da kam aus Hels Haus　ein Hund (hvelpi) ihm entgegen,
> Blutbefleckt　vorn an der Brust,
> Kiefer und Rachen　klaffend zum Biß:
> So gieng er entgegen　mit gähnendem Schlund
> Dem Vater der Lieder　mit lautem Bellen.

Aber dieser Höllenhund ist so wenig gefeßelt als Managarm, welcher so eben erst den Mond verschlungen hat. D. 51 giebt aber nähere Auskunft, welchen Hund sie meine, indem sie hinzufügt: „Inzwischen ist auch Garm der Hund los geworden, der vor der Gnypahöhle gefeßelt lag'. Sie schöpft mithin aus Wöl., wo es Strophe 39 und 48, also zweimal, heißt:

<table>
<tr><td>Geyr Garmr mjök</td><td>Gräßlich heult Garm</td></tr>
<tr><td>fyr Gnúpahelli,</td><td>vor der Gnupahöhle:</td></tr>
<tr><td>festr mun slitna</td><td>die Feßel bricht</td></tr>
<tr><td>en Freki renna.</td><td>und Freki rennt.</td></tr>
</table>

Sie hat also diese Stelle, die nur den Fenriswolf meinen kann, misverstanden. Von einem gefeßelten Hunde ist uns nichts bekannt, wohl aber wißen wir, daß der Fenriswolf gefeßelt liegt; die Meldung von seinem Losbrechen, die sonst nirgend gefunden wird, muß in dieser Stelle der Wöl. enthalten sein, denn sie gehört hieher, da gleich nach ihr folgt, daß die Midgardschlange Jotenmuth annimmt, das Todtenschiff flott wird und Muspels Söhne gesegelt kommen. Das Loswerden des Fenriswolfs läßt aber D. 51 selbst diesen Dingen unmittelbar vorhergehen. Den Fenriswolf sehen wir also in dieser Halbstrophe zweimal in verschiedener Weise bezeichnet, einmal als Garm und gleich darauf als Freki. Letztern Namen führt einer von Odins Wölfen, und wie dieser nach der kühnen mythologischen Sprache des Nordens, welche die Namen verwandter Dinge zu vertauschen liebt, dem Fenriswolf beigelegt wird, so auch der Managarms, der gleichfalls wie wir wißen ein Wolf ist, wenn er gleich als Mondhund bezeichnet wird. Dennoch hat sich der Verfaßer der jüngern Edda täuschen laßen, wobei ihm freilich zur Entschuldigung gereicht, daß die Erwähnung der sonst unerhörten Gnypahöhle den Schein veranlaßte, als sei hier von einem neuen übrigens unbekannten Ungethüm die Rede. War dieß einmal vorhanden und der Feßel ledig geworden, so muste es auch an dem Kampf wider die Götter Antheil haben, man stellte ihm also den Tyr gegenüber, was zugleich den Vortheil gewährte, auch diesem dabei seine Rolle angewiesen zu sehen. Es ist aber unmöglich, den mythischen Gedanken anzugeben, der einem solchen Kampfe zu Grunde liegen sollte, da Garm, der aus Misverständnis entstandene Doppelgänger Fenrirs, gar keine Bedeutung haben kann.

Die Wiederholung unserer Strophe erklärt sich leicht. Das erstemal (39) steht sie neben Lokis Feßelung, nachdem die Seherin den gleichwohl eintretenden Weltuntergang und Fall der Asen in einer vorschauenden Halbstrophe angedeutet hat. Hier also ist sie als ein künftig eintretendes Ereignis vorweggenommen. Darum muß sie Str. 48 bei der spätern Darstellung des nun wirklich eintretenden Weltuntergangs wiederkehren,

um dem Losbruch Fenrirs seine Stelle im Zusammenhang der Ereignisse
anzuweisen. Daß Fenrir vor der Gnypahöhle gefeßelt lag, sagt allerdings
die jüngere Edda nicht, und wie könnte sie es, da sie die Gnypahöhle auf
einen Hund Namens Garm bezieht; aber in der Wöl. wird damit die
Höhle gemeint sein, welche die Felsen Giöll und Thwiti bildeten, die nach
D. 34 (§. 39) bei Fenrirs Feßelung gegen einander gefügt werden. Vgl.
Lex Myth. s. v. Gnipahelli. Nach dem Glossar zu Th. I. scheint aber
at gneypa constringere, comprimere zu bedeuten, was für gnypahelli
den zu ihrer Beschreibung D. 34 völlig stimmenden Sinn einer kneisenden
(klemmenden) Höhle ergiebt.

6. **Widar gegen den Fenriswolf.** Aus dem ersten Kampfe
war der Wolf als Sieger hervorgegangen, nachdem er den Weltenvater
verschlungen hatte; in diesem sechsten erliegt er, indem ihm Widar den
Fuß, an dem er den großen Schuh hat, in den Unterkiefer seßt, mit der
Hand aber nach dem Oberkiefer greift und ihm so den Rachen entzweireißt.
Zu jenem großen Schuh sammelt man alle Zeiten hindurch, die Leder=
streifen nämlich, welche die Menschen von ihren Schuhen schneiden, wo die
Zehen und Ferfen sitzen. Darum wird die Lehre hinzugefügt, daß diese
Streifen ein Jeder wegwerfen solle, der darauf bedacht sei, den Afen zu
Hülfe zu kommen. Hier haben wir also eine zweite religiöse Pflicht,
jener ähnlich, welche sich auf die Nägel der Todten bezog, die zu dem
Bau des Schiffes Naglfar verwendet werden sollen, nur daß wir in jener
sittliche Bedeutung erkannten, während diese zunächst ganz positiver Natur
scheint. Vermuthlich würde dieser Schein aber verschwinden, wenn wir
wüßten, welche Bewandtniß es mit jenen Lederstreifen hatte. Wären wir
unterrichtet, wie die Schuhe der Alten beschaffen waren, so würde sich
vielleicht die Vermuthung rechtfertigen laßen, daß auch hier eine Pflicht
der Pietät oder Milde eingeschärft werden soll, indem die Lederstreifen,
welche die Vornehmen und Reichen wegwerfen, von den Geringen und
Armen benußt werden können, ihre Füße damit zu bekleiden.

Die hier eingeschärfte Pflicht als ein gutes Werk zu faßen, wo nicht
als die guten Werke überhaupt, berechtigt der schottische Glaube, denn
Aberglauben möchte ich es nicht nennen, der einem armen Mann zuweilen
ein Paar Schuhe zu schenken empfiehlt: sie würden dem Geber in der
andern Welt zu Gute kommen. Da müßten wir nämlich über eine große
mit Dornen und Pfriemenkraut bewachsene Haide, und könnten nicht
hinüber als durch das Verdienst dieses Almosens, denn jener alte Mann
werde uns da mit den geschenkten Schuhen begegnen: wir würden sie
anlegen und damit unbeschädigt durch Dick und Dünn waten. Der Schuh
ist das Almosen, das heidnische Völker am Höchsten hielten, sie die bei
ungebahnten Wegen über Stock und Stein fuhren. Verwandt scheint der

muhamedanische Glaube, wonach sich die Verstorbenen die guten Werke
unter die Füße legen, wenn sie vor dem jüngsten Gericht über die glü=
hende Eisenstange schreiten müßen, die über eine grundlose Tiefe gelegt ist.
Myth. 794. 795. Wahrscheinlich hängt damit auch der Todtenschuh (hel=
skô) zusammen, den man den Todten mitgab, nach welchem im Henne=
bergischen die dem Verstorbenen erwiesene letzte Ehre überhaupt genannt
wird, ohne daß der Gebrauch selbst fortdauerte; ja das Leichenmal wird
so geheißen. Myth. 795. Lütolf 552. So wird in Stöbers Elsäßischen
Sagen S. 34 erzählt: In Ingersheim verstarb eine Wöchnerin, der
hatte man keine Schuhe mitgegeben: da klopfte sie gleich in der ersten
Nacht ans Fenster und sagte: Warum habt ihr mir keine Schuhe mit=
gegeben? Ich muß durch Disteln und Dornen und über spitze Steine.
Auch die keinen Kamm mit bekommt muß sich am Dornicht striegeln
laßen. Rochh. Glaube 189. Die ,Tochter Sion' bedarf nach B. 3481
zu der Reise nach dem Berge des himmlischen Bräutigams unter an=
dern auch der Schuhe der Demuth, und nach deutschen Volkssagen
(Baader 237. Wolf N. S. 396) stillt ein Schuh, in ein Gewitter ge=
worfen, das durch Hexerei erregt ist, den Sturm oder bannt den
Hexenschwarm, ein Glaube, auf den auch in Hoffmanns Niederdeutschem
Theophilus Z. 5245 angespielt wird. Vgl. die Anm. 48. Ein an=
dermal (Baader 141) vertreibt Schuhwechsel Gespenster; wie auch Brot
gegen einen feurigen Mann geworfen vor diesem schützt. Baader 224.
Sieht man irgendwo Geld brennen, so muß man einen Schuh darauf
werfen, dann kann man es auch bei Tage heben. Kuhns Märk. Aber=
glaube 67. Myth. 1072.

Die guten Werke sind Manchem ein Anstoß; aber ich verstehe sie als
Werke, die aus gutem Herzen kommen, wie sie auch in den Märchen die
dankbaren Thiere zu belohnen wißen. Das Wesen muß erscheinen, sagt
Hegel, und ein gutes Herz, das sich nie durch Werke bethätigt, ist eben
so wenig werth als ein s. g. gutes Werk, das anderer Quelle als gutem
Herzen entspringt. Das kann ein Kind begreifen, und so hoffe ich,
alberner confessioneller Zank werde mir bei Erklärung eines tiefsinnigen
heidnischen Mythus nicht mehr entgegenstehen.

Die Aufforderung, die Lederstreifen wegzuwerfen, welche den großen
Schuh bilden helfen, mit welchem Widar den Göttern die Unsterblichkeit
erkämpft, enthält hienach eine Mahnung an die Menschen, sich dieser Un=
sterblichkeit durch gute Werke theilhaftig zu machen. Wir würden mit
dieser Ansicht durchzudringen hoffen dürfen, wenn nicht Widars Wesen und
die Bedeutung seines Kampfes erst noch der Erläuterung bedürften. Be=
kanntlich hat dieser Gott so verschiedene Auffaßungen erfahren, daß er
schon deswegen der schweigsame As (D. 29) heißen dürfte, denn er schwieg

uns, wir wuſten ihn nicht zu deuten. Daß er die Waßerhoſe nicht ſein
kann, wie Finn Magnuſen wollte, ergiebt ſich ſchon daraus, daß ein ſol=
ches verderbliches Ungethüm wohl zu den Rieſen, nicht zu den Göttern
zählen könnte; was darauf leitete, ſeine Einbeinigkeit, wird aus dem
großen Schuh, der einen ſeiner Füße bekleidet, ohne Grund gefolgert.
Darum hätte Widar auch nicht mit Gunthari, der im Waltharius im
Kampfe mit dieſem den Schenkel einbüßt, verglichen werden ſollen. Pe=
terſen nimmt ihn für die Unvergänglichkeit der Natur, vorgeſtellt in einem
undurchbringlichen Wald, wo nie eine Axt klang, denn i m U r w a l d
h e r ſ c h t S c h w e i g e n.

　　Dieſe Deutung hat viel Einnehmendes und trifft in ihrem erſten
Theile nahe zum Ziel; nur der Urwald wird ganz aus dem Spiele bleiben
müßen. Vorgeſtellt unter dem Bilde eines jungen Anwuchſes würde es
richtiger heißen. Unſere Anſicht haben wir ſo eben angedeutet; ſie zu
begründen müßen wir auf Fenrirs Bedeutung zurückgehen, denn in ſeinem
Kampf mit ihm iſt der Sitz der Lehre. Wir haben ihn aber ſchon als
die Vernichtung ſelber, als ein Symbol des hereinbrechenden, unvermeid=
lichen Untergangs aufgefaßt. Indem ihn nun Widar bekämpft und be=
ſiegt, kann dieſer nichts anders als die Erneuerung ſein, die Wieder=
geburt der Welt und der Götter, wozu ſein Name vollkommen ſtimmt,
zumal das gothiſche vithra, das ſowohl contra als re-, rursus, iterum
bedeutet, dem Norden neben dem gangbaren vidh nicht fremd iſt, wenn
es auch nur in Zuſammenſetzungen wie vidhrliſi (sustentatio), vidhr-
vist (praesentia) erſcheint. Gr. Gramm. II, 795. III, 258. Widar,
der den Göttern die Erneuerung erkämpft, indem er die Vernichtung be=
ſiegt, iſt auch der eigentliche Gott der erneuerten Welt, da Wali, der
neben ihm genannt wird (Wafthrub. 51), als Baldurs Rächer in deſſen
Mythus gehört, der urſprünglich auf das zwölfmonatliche Jahr bezüglich,
erſt ſpäter auf das große Weltenjahr übertragen ward. Als ein Sinn=
bild der Erneuerung verſtehe ich auch, was Grimnismal 17 von Widars
Wohnſitz geſagt iſt:

　　　　Geſträuch grünt und hohes Gras
　　　　In Widars Land Widi.

womit man Hawamal 120 vergleiche, wo es heißt:

　　　　Gewannſt du den Freund, dem du wohl vertrauſt,
　　　　So beſuch ihn nicht ſelten,
　　　　Denn Strauchwerk grünt und hohes Gras
　　　　Auf dem Weg, den Niemand wandelt.

　　Daß dem Unbeſuchten, von den Menſchen Geflohenen Gras vor der
Thüre wächſt, iſt noch gänge Redensart; aber Niemand wird dabei, wenn

es auch Gras und Strauch hieße, an den Urwald denken, und obgleich
in dieser Erneuerung des ursprünglich überall verbreiteten Anwuchses b i e
u n v e r g ä n g l i c h e K r a f t d e r N a t u r sich offenbaren mag, die sich
immer wieder erneut, so ist es doch nur die Erneuerung selbst, welche
das Bild meint, wie ihr Begriff sich auch aus dem Sieg über den Fenriswolf, der die Vernichtung ist, ungezwungen ergiebt. Allerdings läßt
der Name des Gottes zu, an vidhr Holz zu denken, und insofern dieß
wie Hoddmimirs Holz §. 48 die unzerstörte Triebkraft der Natur
darstellt, haben wir auch nichts gegen eine solche Ableitung; aber da
ein gleiches vidhr Präposition und Adverbium ist, das auch in seiner
althochdeutschen Form widar in widarburt die erste Hälfte der Zusammensetzung bildet, so sehen wir den Urwald herbeizuziehen am wenigsten
Grund, da dieser keinen Sinn ergiebt. Petersen war wohl ein sinni-
ger Mann, voll Phantasie und poetischer Begabung, aber dem Gedanken
des Mythus nachzugehen nicht immer aufgelegt. Die Phantasie führte
ihn gern ihre eigenen Wege, vielleicht anmuthigere, aber eben nicht die
Wege des mythischen Gedankens. Was kann schöner, was kann herrlicher sein als der Urwald, was beredter als sein Schweigen? Aber falls
es am jüngsten Tage noch einen Urwald giebt, was ich bezweifle, so
sollte es uns leid thun um diese Schönheit und Herrlichkeit, wenn sie
sich in Kampf einließe mit dem Wolf, der die Zerstörung selber ist.
Was könnte der Ausgang eines solchen Kampfes sein, als daß der Urwald ausgehauen würde, so gänzlich ausgehauen wie leider oft auch
unsere Wälder, in denen man vor lauter Wald keinen Baum mehr sieht.
Unser sechster Kampf nimmt aber einen andern Ausgang: Widar geht
siegreich aus ihm hervor, darum kann er nicht der Urwald sein. Was
wollte auch der Urwald gegen Fenrir ausrichten, wenn er mit klaffendem Rachen einherfährt (Edda S. 322) und schon den Weltenvater
verschlungen hat? Er wäre wie eine Bohne in eines Löwen Rachen
geworfen. Und was könnte der große Schuh des Urwalds bedeuten?
Das alles hätte Petersen bedenken sollen und Alle sollten es, die noch
jetzt auf seinen Irrthum schwören, nachdem die einleuchtende Wahrheit
längst gefunden ist.

Nur wenn wir Widar als den Gott der Erneuerung fassen, erklären
sich auch die Worte D. 29: ‚Auf ihn vertrauen die Götter in allen
Gefahren.‘ Wie die Unsterblichkeitslehre die Menschen zu tapfern Kämpfern macht, die dieses Leben freudig in die Schanze schlagen, so mögen
auch die Götter mit voller Zuversicht in den Kampf gehen und den
Tod verachten, da sie auf die Wiedergeburt vertrauen, die ihnen Widar
erkämpfen wird.

Die Wöluspa scheint nach Str. 53 noch nichts von Widars großem

Schuh zu wißen, da von seinem Schwerte (hjör) gesprochen wird. Wohl
aber kann man schon eine Andeutung desselben in Wafthrudnismal 58
finden, wonach er dem Wolf die kalten Kiefern klüften soll. Schuh und
Schwert scheint die Skalda, die ihm Cap. 11 einen Eisenschuh beilegt, verbinden zu wollen. Dieß mag sie auch veranlaßt haben, jenes
Riesenweib Gridh, von welchem Thôr bei seiner Fahrt nach Geirröbsgard
Stärkegürtel, Stab und Eisenhandschuhe borgt, zur Mutter Widars
des Schweigsamen zu machen, wovon die übrigen Quellen nichts wißen.
Aber wäre dieß auch tiefer begründet, so kann der Umstand, daß anderwärts (Wöl. 31) von einem Eisenwalde die Rede ist, doch die Ansicht
nicht stützen, daß Widar, der Gott der Erneuerung, der Wiedergeburt,
unter dem Bilde eines undurchdringlichen Urwalds vorgestellt sei. Der
schweigende As darf er aber allerdings heißen, da Niemand gewiß
weiß, welches Schicksal seiner in der wiedergeborenen Welt harrt, wenn
er auch der Mahnung zu genügen bestrebt war, sich der durch Widar er-
strittenen Unsterblichkeit theilhaftig zu machen. Wir sprechen in demselben
Sinne von dem schweigsamen Grabe:

> Das Grab ist tief und stille,
> Und schauderhaft sein Rand.
> Es deckt mit schwarzer Hülle
> Ein unbekanntes Land.   Salis.

Heißt es doch auch Hyndluliodh. 41:

> Wenige werden weiter blicken
> Als bis Odin den Wolf angreift.

was nicht wörtlich zu nehmen ist: der letzte Weltkampf ist gemeint, der
mit diesem Einzelkampf anhebt. Uhland 169.

Erinnerungen an Widars großen Schuh haften in den großen Schuhen des ewigen Juden, die an verschiedenen Orten, zu Ulm und Bern
gezeigt werden. Von jenen zu Bern heißt es bei Rochholz II, 307, sie
seien ungemein groß und von hundert Bletzen zusammengesetzt, ein Meisterstück eines Schuhmachers, weil sie mit vieler Mühe, Fleiß und Geschicklichkeit aus gar vielen ledernen Theilen zusammengeflickt worden. Hier
kommt auch der Grund zu Tage, warum ihn die Sage für einen Schuh-
macher ausgiebt. Vgl. auch Grohm. 59.

Zum Schluße noch über den Namen der Kampfstätte Wigrid, die
nach allen Seiten hundert Rasten breit ist:

Wafthr. 18. Wigrid heißt das Feld, wo zum Kampf sich finden
> Surtur und die ewigen Götter.
> Hundert Rasten zählt es rechts und links:
> Solcher Walplatz wartet ihrer.

Er ift von vig (Kampf) und rída (reiten) gebildet, weil die Götter dahin zum Kampfe reiten. Er heißt aber auch Oſkopnir, nach Faf= nismal 14. 16:

> Wie heißt der Holm, wo Herzblut mifchen
> Surtur einft und Afen?
> Oſkopnir heißt er: da werden alle
> Götter mit Speren fpielen.

Wölfungaf. K. 18 heißt er Uſtaptr, weil man ihn als den uner= fchaffnen verftand; richtiger wird er aber als der unausweichliche gedeutet, vor dem keine Flucht möglich ift (at scopa, rennen), Peterfen 391. In Deutſchland entſpricht das Walferfeld, obgleich es auch andere Lokali= fierungen giebt. So wird in Schleswig=Holſtein bald Nortorf bald Born= hövede genannt (Müllenh. 870), auch wohl die Kropper Haide, wie bei uns die Wahner Haide, ein uraltes Grabfeld voller Todtenurnen.

47. Der Weltbrand.

Muspels Söhne, an deren Spitze Surtur geritten kommt, find die Bewohner Muspelheims, der füdlichen Feuerwelt, alfo die Flammen felbft. Ihr Vater Muspel erſcheint nirgend perſönlich, er würde noch einmal das Feuer perſonificieren. Surtur, der Schwärzer, den wir fchon oben für den Rauch erklärt haben, fchleudert an Lokis Stelle das Feuer über die Erde und verbrennt die ganze Welt. Der Weltbrand heißt demnach Su r = t a l o g i. Wafthr. 50. Surturs flammendes Schwert (hefir loganda sverdh D. 4) ift wieder die Flamme.

Es ift eine der überraſchendſten und bei den gegen das Alter der Edda erhobenen Zweifeln erfreulichſten Einſtimmungen der deutſchen mit der nordiſchen Mythologie, daß uns das dunkle Wort muspel in gleicher Bedeutung bei Sachſen und Baiern in Handſchriften des achten und neunten Jahrhunderts wiederbegegnet und zwar gerade auch bei Beſchrei= bung des jüngſten Tages. In dem fächſiſchen Heliand heißt es 79, 25: ,mudspelles megin obar man ferid,' ,die Gewalt des Feuers fährt über die Menſchen,' und 133, 4: ,mutspelli cumit an thiustrea naht, al sô thiof ferid darno mid is dâdiun', ,das Weltfeuer kommt in dunkler Nacht heimlich' und plötzlich wie ein Dieb geſchlichen,' und der althochdeutſche Dichter fagt in dem von Schmeller entdeckten altbairiſchen Bruchſtücke von dem jüngſten Gericht, welchem der Herausgeber den Namen Muspilli gegeben hat:

> Dâr ni mak denne mâk (andremo) helfau vora (demo) muspille,
> Denna daz preita wasal allaz varprinnit.

> Da kann der Freund dem Freunde nicht vor dem ,Muspel' frommen,
> Wenn felbft das breite Weltmeer gänzlich verbrennen wird.

Das dunkle Wort zerlegt M. 769 in mud- und -spilli, und erklärt letzteres aus dem altnordischen at spilla corrumpere, perdere, welchem ein hochdeutsches spildan, verderben entspricht. Dunkler ist aber die erste Silbe mud-, welche verglichen mit -meidhr in mimameidhr, wie die Weltesche Yggdrasil in Fiölswinnsm. zu heißen scheint, auf den Begriff des Holzes führen würde. Mudspilli wäre dann poetische Umschreibung des holzverderbenden Feuers, was ähnliche eddische Bezeichnungen des Feuers, bani vidhar, grand vidhar, Tödter, Verderber des Holzes, außer Zweifel stellen.

In dem altbairischen Gedichte ‚Muspilli‘ finden sich noch andere Nachklänge der altheidnischen Vorstellungen von dem Untergange der Welt. Der Antichrist, der hier neben dem Teufel, dem altfiante, dem Altfeinde, wider Elias kämpfen soll, wird Z. 38 der warch, b. i. der Wolf (vargr §. 40 oben) genannt. Von Elias aber wird gesagt, er solle bei diesem Kampfe erliegen und sobald sein Blut in die Erde triefe, würden alle Berge entbrennen.

Das hört' ich erwähnen die Weisen auf Erden,
Da solle mit dem Antichrist Elias streiten.
Der Wolf ist gewaffnet: da wird gestritten.
Die Kämpen sind so kraftvoll, der Kampfpreis ist so groß!
Elias streitet um das ewige Leben:
Er will den Rechtschaffnen das Reich bestärken;
Darum wird ihm helfen, der des Himmels Gewalt hat.
Der Antichrist steht bei dem Altfeinde,
Steht bei dem Satanas, der ihn versenken soll.
Darum wird er auf der Walstatt verwundet fallen,
In derselben Reise des Sieges entrathen.
Doch wird auch Elias in dem Kampf erliegen.
Wenn aber des Elias Blut in die Erde träufet,
So entbrennen die Berge, aller Bäume steht
Nicht Einer in der Erde mehr, die Waßer all ertrocknen,
Das Meer verschwindet, der Himmel schwält in Lohe,
Der Mond fällt vom Himmel, Mittelgard brennt,
Kein Felsen steht mehr fest. Da fährt der Rachetag (stuatago §. 42)
Ins Land mit der Lohe, die Laster heimzusuchen.
Da kann der Freund dem Freunde nicht vor dem ‚Muspel‘ frommen 2c.

Der Weltbrand ist hier also eigenthümlich herbeigeführt: nicht Surtur, welchem der Altfeind, der Teufel, entspricht, wie sonst dem Loki, schleudert Feuer über die Welt, sondern von des verwundeten Elias Blut entbrennen die Berge. Heidnischen Erinnerungen scheint dieser Zug zunächst nicht (s. aber u.) entnommen; doch begegnet er auch sonst nicht in christlichen Ueber= lieferungen. Immer ist das Wort muspilli nicht der einzige Anklang an die eddische Schilderung des Weltuntergangs: der aufmerksame Leser wird nicht bloß bei ‚Mitilagart‘ an Midgard denken, auch der fallende Mond erinnert an die vom Himmel fallenden Sterne Wöl. 56 und das ‚swiliȝôt lougiu der himil‘ (der Himmel schwält in Lohe) an die Zeile: ‚die heiße Lohe beleckt den Himmel‘ (leikr hár hiti‘vidh himin sjâlfan). Nicht zu übersehen ist, daß der Antichrist als warch (Wolf) bezeichnet wird, was der Ansicht, daß er an Surturs Stelle getreten sei (Gr. Myth. 772), widerstreitet. Surtur kämpft in der Edda mit Freyr: diesem aber kann Elias nicht entsprechen, da er weniger mit ihm als mit Thôr Aehnlichkeit hat, denn auch Elias wird nach Myth. 157—159. 772 als Donnerer aufgefaßt. Schon im II. Buch der Könige 2, 11 fährt er im Wetter gen Himmel, und ein Wagen mit Feuerrossen nimmt ihn in Empfang; serbische Lieder legen Blitz und Donner in seine Hand; er verschließt sündhaften Menschen die Wolken des Himmels, daß sie keinen Regen zur Erde fallen laßen, wovon auch Otfrid aus biblischen Quellen weiß; und kaukasische halbchristliche Völker verehren den Elias gradezu als Donnergott; sie flehen ihn an, ihre Felder fruchtbar zu machen und den Hagel davon abzuhalten. Aus diesem Grunde kann der als Wolf gedachte Antichrist auch nicht an die Stelle des Fenriswolfes getreten sein, mit welchem Odin kämpft, vielmehr wird das heidnische Vorbild des gegen Elias kämpfenden Antichrists in der Midgardschlange zu suchen sein, die gegen Thôr geordnet ist. Auch die Midgardschlange ist nach dem Obigen durch ihren Namen Jörmungandr als warch, d. i. als Wolf bezeichnet, und da Thôr dem im Gewitter einherfahrenden Elias gleicht, so haben wir in diesen beiden die entsprechenden Kämpfer gefunden. Gehen wir hievon aus, so fügt sich Alles. Elias kämpft mit dem Warch, dem Antichrist, wie Thôr mit Jörmungandr; gleich dieser fällt der Antichrist, aber dennoch muß Elias erliegen, wie Thôr von dem Gifte der Schlange bespritzt fällt. Und wie von des Elias Blut die Berge entbrennen, so ist vielleicht schon in der ä. Edda mit Thôrs Fall der allgemeine Weltbrand verbunden. In einem Märchen der südsibirischen Stämme, das Liebrecht GGA. 1863 S. 112 bespricht, heißt es: „Vom Blute des Mai=Tripe wird die Erde im Feuer brennen“, was unsere Auffaßung bestätigt. Zwar die jüngere Edda ordnet die Kämpfe anders an: Surtur schleudert das Feuer erst nach Lokis Fall über die Erde; die Wöluspa berichtet aber den Weltbrand ohne Surtur zu nennen in der nächsten Strophe nach der von Thôrs Kampf mit der Midgardschlange:

> 57b. Glutwirbel umwühlen den allnährenden Weltbaum,
> 　　　Die heiße Lohe beleckt den Himmel.

In einem Stücke freilich gleicht Elias mehr dem Wibar als dem Thôr, so daß dem christlichen Dichter Erinnerungen von beiden Kämpfen geblieben sein mögen: wie Wibar streitet er um das ewige Leben und will den Rechtschaffenen das himmlische Reich erwerben.

Müllenhoff hat neuerdings (Denkmäler 260) in diesem Kampfe des Elias mit dem Antichrist die heidnischen Erinnerungen geläugnet und die Abweichung von der biblischen Ueberlieferung daraus zu erklären gesucht, daß der Dichter ein ungelehrter Laie war, der nur nach Hörensagen und ungenauen Erinnerungen dichtete. Wir können das wohl zugeben, aber es erklärt uns nur, warum seine Darstellung im Ausgang des Kampfes von der Apokalypse abweicht, nicht warum sie in allen Stücken mit der Edda stimmt. Schwerlich würde ihm der Antichrist, der nach der Bibel siegreich aus dem Kampf mit dem Elias hervorgeht, darin gefallen sein, während er auch Elias erliegen läßt, wenn sich ihm nicht Erinnerungen an Thórs letzten Kampf unter die christlichen gemischt hätten. Bei dieser Annahme werden wir auch geneigt sein, die christliche Vorstellung von dem Streit der Engel um die abgeschiedene Seele, für welche gleichfalls ‚Muspilli‘ das älteste Zeugniß enthält, aus unserm Mythus von dem letzten Weltkampf herzuleiten, denn sie überträgt nur auf den einzelnen Menschen, was von der Menschheit überhaupt galt.

Man hat auch die funfzehn Zeichen, welche nach der kirchlichen Ueber=lieferung des Mittelalters den jüngsten Tag ankündigen sollen (Sommer in Haupts Zeitschrift III, 523), mit der eddischen Schilderung in Ver=gleich gezogen; es fehlt aber unter ihnen jener uns eigenthümliche Schreckenswinter (Fimbulvetr), der die Länge dreier andern hat, so wie auch jene ihm vorausgehenden drei Jahre schwerer Kriege, welche die Wöluspa als Beilalter, Schwertalter, Windzeit, Wolfszeit bezeichnet. Allerdings weiß auch die christliche Lehre von vorausgehenden Kriegen und Kriegsgerüchten, von der überhandnehmenden Gottlosigkeit und erkaltenden Liebe; ja die Uebereinstimmung geht weiter: nach Marcus 13, 12 wird ein Bruder den Andern und der Vater sein Kind zum Tode ausliefern; die Kinder werden gegen die Eltern sich empören und ihren Tod ver=schulden. Man hat hieraus sogar einen Grund hergenommen gegen die Ursprünglichkeit der eddischen Ansicht, indem man die Wöluspa in einer Zeit entstehen ließ, wo das Christenthum bereits in den Norden einge=drungen war, Weinhold Zeitschr. VI, 315. Selbst Gr. Myth. 772 möchte, ‚wenn das Uebrige nicht abwiche,‘ in dem Zusammentreffen dieses eddischen Zugs von der Steigerung des Bösen in der Welt vor ihrem Untergange mit der biblischen Lehre einen starken Grund für die Annahme, daß Wö=luspa auf unsere heilige Schrift zurückweise, anerkennen. Allein nicht nur weicht das Uebrige ab, Dietrich hat auch Zeitschr. VII, 310 wesentliche Unterschiede nachgewiesen, indem dort nach Thess. 2, 2 Verläugnung der Gottheit und Selbstvergötterung (Antichrist) als Höhepunkt des Bösen ge=faßt sind, während in der Edda das Böse, das von jeher vorhanden war, nur überhand nimmt und die innigsten Blutsbande sprengt, die brüder=

lichen, die der heidnischen Tugend das Heiligste der Menschheit sind,
der selbst die Liebe zum Gatten, ja zum Kinde geopfert wird, ,wovon
Signy und die Gudrun der Niflungensage lebendige Beispiele sind: ihre
Greuelthaten waren der Vorzeit, wenn nicht Tugenden, so doch nicht unter
Schande und Schuld fallende Krafterweisungen, denn sie halfen dem Bru=
der zur Rache.　Umgekehrt wird an dem B r u d e r, selbst wenn er den
Vater getödtet hat, nicht Rache gestattet.'　Da hienach die Herschaft des
Brudermords ein ganz heidnischer Antichrist ist, so kann dieser Zug, der
im tiefsten Gefühl der Heidenzeit wurzelt, ihr als ein Vorbote des Welt=
endes nur durch Gewalt abgesprochen werden.　Die weitern Gründe, die
hiefür Dietrich geltend macht, zeigen namentlich den Ausdruck W i n d z e i t,
W i n d a l t e r in der heidnischen Vorstellung tief begründet: die Stürme
und Verfinsterungen, welche Wöl. 53 in den mehrfach angeführten Zeilen:

> Der Sonne Schein dunkelt in kommenden Sommern,
> Alle Wetter wüthen: wißt ihr was das bedeutet?

als Vorzeichen des Untergangs auffaßt, zeigen uns das innige Mitleiden
der äußern Natur mit den sittlichen Leiden der Menschenwelt, in welcher
die Habgier Bruder gegen Bruder in den Kampf führt, in der alle Liebe
erloschen ist.　Hier war er nahe daran, auch die erste Hälfte der Str. 33
nach unserer Deutung zu faßen, wonach Managarm, der Mörder des
Mondes, sich vom Mark keiner andern Männer nährt als jener im
Bruderkrieg gefallenen, was D. 12 verkannt hat, wie auch Naglfar, das
Todtenschiff, von keinen andern Nägeln erbaut sein kann als jenen, welche
die erloschene Liebe unbeschnitten ließ, was bisher gleichfalls unverstanden
blieb, nicht weniger das dem Tyr übertragene Amt der Fütterung Fenrirs.
Eine Ansicht, die so tief im Herzen der deutschen Heiden Wurzel geschlagen
und in ihrer Götterdichtung so mächtige Aeste getrieben hat, kann nicht
angeeignet, von außen hereingetragen sein.

　　　Weinholds Ansicht, daß die Wöluspa erst entstanden sei als das
Christenthum bereits im Norden eingedrungen war, also nach dem Beginn
des neunten Jahrhunderts, hat Dietrich a. a. O. gleichfalls geprüft und
durch äußere historische Zeugnisse für das frühere Vorhandensein des Ge=
dichtes widerlegt.　Die Echtheit der entscheidenden Stelle der Wöluspa Str. 45

> Brüder befehden sich und fällen einander,
> Geschwisterte sieht man die Sippe brechen,
> Unerhörtes eräugnet sich, großer Ehbruch ꝛc.

anlangend, bezeichnet er als die Hauptfragen, um welche sich die Unter=
suchung drehe, folgende:

　　I. Ob es rein deutsch=heidnische Vorstellung sei, daß Hel, die Unter=
welt, welche alle kampflos Gefallenen empfängt, einen Strafort für
Verbrecher habe?

II. Ob die äußerste Steigerung des Bösen in der Welt vor ihrem Untergange von dem Einfluß der neutestamentlichen Lehre vom Antichrist unabhängig zu denken sei?

Wegen der ersten Frage wies er auf die schweren Ströme, welche wie jenen Strom Slidhr, der nach Wöl. 42 Schlamm und Schwerter wälzt, Meuchelmörder und Ehebrecher durchwaten müßen, so wie auf den Drachen Nidhöggr hin, der die Leiber solcher Verbrecher aussaugt, und den Wolf, der sie zerreißt; wobei er geltend machte, daß dieß keine christliche Hölle mit Feuerstrafen, mit Heulen und Zähneklappern, sondern eine eigenthümlich gefärbte deutsche Waßerhölle sei, über die er späterhin (Zeitschr. IX, 175—186) noch einen eigenen Aufsatz lieferte, welcher den Gegenstand so vollständig erschöpft, daß mir bei der spätern Betrachtung der Unterwelt nur Weniges nachzutragen bleiben wird. Einstweilen kann ich auf mein Programm Vaticinii Valae Vindiciae. Bonn 1853, so wie auf das Juliheft der Allg. Monatsschrift für Wißenschaft und Literatur 1853 verweisen.

Wie er die zweite Frage erledigt, haben wir bereits angedeutet; aber auch unsere ganze bisherige Darstellung gieng darauf hinaus, den Zusammenhang der wachsenden Entsittlichung mit dem Untergange der Welt als den Gesichtspunkt nachzuweisen, welchen die Seherin der Wöluspa von Anfang an festhält und bis zu Ende durchführt, wie es freilich die deutsche Mythologie, welche die Wöluspa in der Kürze zusammenfaßt, überhaupt thut, so daß er als ihr leitender Grundgedanke anzusehen ist, weshalb es mir nicht zu kühn scheint zu sagen, daß wir nächst der Germania des Tacitus kein schöneres Denkmal der sittlichen Herrlichkeit unseres Volkes besitzen, als die Edden und namentlich die Wöluspa.

Einige möchten das Bewußtsein der deutschen Götter von ihrem künftigen Untergange so deuten als hätte der heidnische Glaube seine eigene Unzulänglichkeit gefühlt und die Ahnung, daß seine Götter fallen und dem Christengotte weichen müßten, in der Dichtung von dem letzten Weltkampfe ausgesprochen. Aber so gern ich anerkenne, daß der heidnische Glaube dem Christenthume gegenüber unzulänglich ist, so kann ich doch ein Bewußtsein davon dem Heidenthume nicht beimeßen. Es würde ja dann die Wiedergeburt der Götter nicht behauptet und den Kampf gegen die zerstörenden Mächte zur Hauptthätigkeit der Götter gemacht, ja die Unterstützung der Götter bei diesem Kampf zur religiösen Pflicht der Menschen erhoben haben. Ein Gott der Erneuerung wie Widar, der Göttern und Menschen ein neues reineres Dasein erkämpft, bliebe bei solcher Voraussetzung ganz unbegreiflich. Läßt doch auch das Christenthum selbst in der Ankündigung des Antichrists für eine kurze Zeit die Mächte der Unterwelt den Sieg gewinnen ehe das ewige Weltreich anbricht. Die Dichtung von

dem Untergange der ſündigen Götter und ihrer Wiedergeburt in der er=
neuerten, entſühnten Welt iſt vielmehr ein Verſuch, das große Problem von
dem Urſprung des Uebels zu löſen, das auch in andern Mythologieen
zu den tiefſinnigſten Dichtungen Veranlaßung gab. Um dieſe Frage dreht
ſich eigentlich Alles, ſie iſt auch bei uns der Hebel, der das ganze Götter=
drama in Bewegung ſetzt. Worüber die Philoſophen von jeher die Köpfe
zerbrachen, auch den dichtenden Volksgeiſt hat es frühe beſchäftigt. Das
Uebel iſt nicht ohne Schuld der Götter entſtanden; aber ſie werden
dieſe Schuld im letzten Kampfe ſühnen und dann eine neue, beßere Zeit
kommen und ſchuldloſe Götter die wiedergeborene Welt beherſchen. Wie
wenig uns dieſe Löſung befriedigen möge, ehe das Chriſtenthum in die
Welt kam war eine beßere ſchwer zu finden.

Erneuerung und Fortdauer.

48. Eddiſcher Bericht von der Erneuerung.

Zuerſt die Darſtellung der Wöluſpa, welcher die jüngere Edda D. 52
nur Einzelnes aus Wafthrudnismal 44—47. 50—51 hinzufügt. Die
Seherin ſpricht von ſich:

57.   Da ſieht ſie auftauchen   zum andernmale
      Die Erd aus dem Waßer   und wieder grünen.
      Die Fluten fallen,   der Aar fliegt drüber,
      Der auf dem Felſen   nach Fiſchen weidet.

58.   Die Aſen einen ſich   auf Idafeld
      Ueber den Weltumſpanner,   den großen, zu ſprechen.
      Uralter Sprüche   ſind ſie da eingedenk,
      Von Fimbultyr   gefundner Runen.

59.   Da werden ſich wieder   die wunderſamen
      Goldenen Scheiben   im Graſe finden,
      Die in Urzeiten   die Aſen hatten,
      Der Fürſt der Götter   und Fiölnirs Geſchlecht.

60.   Da werden unbeſät   die Aecker tragen,
      Alles Böſe ſchwindet,   Baldur kehrt wieder.
      In des Siegsgotts Himmel   wohnen Höbur und Baldur,
      Die walweiſen Götter: wißt ihr was das bedeutet?

61.   Da kann Hönir ſelbſt   ſein Looß ſich kieſen
      Und beider Brüder   Söhne bebauen
      Das weite Windheim: wißt ihr was das bedeutet?

Die Erneuerung, Entführung der Welt und der Götter bedeutet es an diesen Stellen, wie vorher immer den Weltuntergang. Es ist im Gedanken begründet, daß dieselbe Frage, die bisher so schaurig tönte, hier eine heitere Wirkung macht, nachdem sich die Weltgeschicke glücklich gewendet und gelöst haben.

> 62. Einen Saal seh ich heller als die Sonne,
>   Mit Gold bedeckt auf Gimils Höhn.
>   Da werden werthe Fürsten wohnen
>   Und ohne Ende der Ehren genießen.

> 63. Da reitet der Mächtige zum Rath der Götter,
>   Der Starke von Oben, der Alles steuert.
>   Den Streit entscheidet er, schlichtet Zwiste
>   Und ordnet ewige Satzungen an.

Der Bericht der jüngern Edda D. 53 lautet: ‚Die Erde taucht aus der See auf, grün und schön, und Korn wächst darauf ungesät. Widar und Wali leben noch, weder die See noch Surturs Lohe hat ihnen geschadet. Sie wohnen auf dem Idafelde, wo zuvor Asgard war. Auch Thörs Söhne, Mödi und Magni, stellen sich ein und bringen den Miölnir mit. Darnach kommen Baldur und Hödur aus dem Reiche Hels: da sitzen sie alle beisammen und besprechen sich und gedenken ihrer Heimlichkeiten und sprechen von Zeitungen, die vordem sich ereignet, von der Midgardschlange und von dem Fenriswolf. Da finden sie im Grase die Goldtafeln, welche die Asen besessen haben. Wie es heißt:

> Widar und Wali walten des Heiligthums,
> Wenn Surturs Lohe losch.
> Mödi und Magni sollen Miölnir schwingen
> Und zu Ende kämpfen den Krieg.   Wafthr. 51.

An einem Ort, Hoddmimirs Holz genannt, verbargen sich während Surturs Lohe zwei Menschen, Lif und Lifthrasir genannt, und nährten sich von Morgenthau. So heißt es hier:

> Lif und Lifthrasir leben verborgen
> In Hoddmimirs Holz.
> Morgenthau ist all ihr Mal;
> Von ihnen stammt ein neu Geschlecht.   Wafthr. 45.

Und das wird dich wunderbar dünken, daß die Sonne eine Tochter geboren hat, nicht minder schön als sie selber: sie wird nun die Bahn der Mutter wandeln. So heißt es hier:

> Eine Tochter entstammt der stralenden Göttin
> Ehe der Wolf sie würgt.
> Glänzend fährt nach der Götter Fall
> Die Maid auf den Wegen der Mutter.   Wafthr. 47.

49. Der unausgesprochene Gott.

Das Bestrittenste ist hier Str. 63 s. o. 135, wo es im Original ,at regindômi' (zum Rath der Götter) heißt, worin man das ,Weltgericht' hat finden wollen, um diese Stelle als christlichen Einschub zu verdächtigen. Die ,Regin' kennt aber die Wöluspa als die richtenden und rathenden Götter, die sich auch in so vielen andern Stellen auf ihre Richterstühle (rökstôlar) setzen, Rath und Gericht zu halten. Freilich wird hier ein höchster Gott, der Alles steuert, angenommen; da er aber zum Rath der Götter reitet, so hat er noch andere Götter unter sich, mithin liegt reiner Monotheismus hier nicht vor, wenn auch eine Annäherung daran. Aehnlich sagt Hyndluliobh, nachdem von Heimdall die Rede war:

Einst kommt ein Anderer, mächtiger als Er,
Doch noch ihn zu nennen wag ich nicht.
Wenige werden weiter blicken
Als bis Odin den Wolf angreist.

Ich möchte weder die eine noch die andere Stelle als unecht verwerfen. Als der Glaube von der Wiedergeburt einer entsührten Welt sich bildete, da konnte auch schon aus der Vielheit der Götter die alte Einheit wieder bestimmter hervortreten. Schon die Annahme des Weltbrandes, der mit der Welt auch die Götter entsührnen sollte, zeigt, wie sehr der Glaube unserer Vorfahren sich geläutert hatte. Warum sollte ihnen nicht auch die Ahnung eines obersten Gottes aufgegangen sein, der Alles lenkt, ewige Satzungen anordnet, und so heilig ist, daß keine Zunge ihn zu nennen wagt? Die Ahnung sage ich, denn nur als einen künftigen, der kommen soll, sehen wir ihn an beiden Stellen bezeichnet. Hiemit waren die deutschen Heiden denn allerdings für die Aufnahme des Christenthums vorbereitet; aber christlichen Einfluß braucht man darum nicht anzunehmen. Dieser unausgesprochene Gott, der Str. 58 als Fimbultyr bezeichnet wird, darf nicht für eine Wiedergeburt Odins genommen werden, obgleich an einer Stelle der jüngern Edda von Odin, den sie Allvater nennt, aber durch bekannte Beinamen Odins kennzeichnet, so gesprochen wird, als wenn in ihm jetzt schon jener allwaltende, ewige Satzungen anordnende Gott gekommen wäre. Wenn es nämlich D. 3 von Allvater heißt: ,Er lebt durch alle Zeitalter und beherscht sein ganzes Reich und waltet aller Dinge, großer und kleiner. Er schuf Himmel und Erde und die Luft und Alles was darin ist, und das ist das Wichtigste, daß er den Menschen schuf und gab ihm den Geist, der leben soll und nie vergehen, wenn auch der Leib in der Erde fault oder zu Asche verbrannt wird. Auch sollen alle Menschen leben, die wohlgesittet sind, und mit ihm sein an dem Orte, der Gimil heißt; aber böse Menschen fahren ‘zu Hel und darnach gen Niflhel, das ist unten in der neunten Welt,‘ so ist hier offenbar die Vorstellung herschend, als ob die Welt sich bereits verjüngt hätte, denn nur in der verjüngten Welt kommen die Guten nach Gimil, wogegen in der alten Welt, im alten Asgard, wie es D. 3 ausdrücklich heißt, nach dem nordischen Glauben Götter sowohl als Menschen zu Hel fahren, wenn sie nicht auf dem Schlachtfelde gefallen sind. Insofern also hier Odin der Gott ist, zu dem alle wohlgesitteten Menschen nach Gimil kommen sollen, ist er für den unausgesprochenen Gott der verjüngten Welt, der kommen soll, genommen; nur daß er nach dem Eingange der Stelle zugleich als der älteste aller Götter gefaßt wird. Ausdrücklich bezeichnet sie ihn durch den ersten seiner Beinamen als Allvater, also jenen Gott, der sich bei der Schöpfung verborgen hielt. Auch hier ist nicht unbedingt nothwendig, christlichen Einfluß anzunehmen, obgleich man ihn in der jüngern Edda lieber und hier am Liebsten zugeben wird. Wäre eine fremde monotheistische Lehre eingedrungen, so würde der eine Gott keine andern Götter neben oder unter sich dulden; aber eine Läuterung der vielgöttischen Lehre zur Einheit finden wir jedenfalls angebahnt. Gewiß ist aber in dieser Stelle Verwirrung, und Odins Fortleben kann nicht darauf gegründet werden. Uebrigens ist Allvaters Name im Volke noch nicht ganz verschollen: Allvaters Loch heißt eine Felsenhöhle im Eichsfeld, Heiligenstädter Progr. 1864, S. 21.

50. Die übrigen Götter der erneuten Welt.

Die unter dem ausgesprochenen, mächtigern Gotte, der kommen soll, fortlebenden Götter sind:

1. Widar und Wali, die beiden Rächer, der eine Odins, der andere Baldurs. Ihnen hat weder die See noch Surturs Lohe geschadet, sie sind nicht wiedergeboren, sie haben den Weltbrand überdauert.

2. Baldur und Höbur, die aus Hels Reiche zurückkehren. Ist Hels Reich zerstört, sind die Pforten der Hölle gebrochen? Die schwer verständliche und durch den uneddischen Ausdruck Drache (dreki) verdächtige Strophe 64 giebt keine sichere Auskunft. Aber eine andere Annahme ist nicht denkbar, wie hätte Hel ihre Beute sonst fahren laßen? Baldur beherrscht die verjüngte Welt als Gott der Unschuld und Höbur darf sich ihm gesellen, weil er an seines Bruders Tod keine Schuld trug.

Hier ist der Ort, die §. 33 aufgeworfene Frage zu beantworten, was es denn gewesen sei, was Odin seinem Sohn ins Ohr sagte eh er die Scheitern bestieg? Daß das hier waltende Geheimniß auf die einstige Wiedergeburt der Welt und der Götter zu beziehen sei, habe ich schon Edda 405 vermuthet. Der Beweis dafür liegt in der Stellung

der Frage unmittelbar nach jener, was Odins Ende sein werde? worauf
Wafthrudnir antwortet:

> Der Wolf erwürgt den Vater der Welten.

worin für Odin, der die Frage als Gangradr vorlegt, eine Demüthigung
liegt. Indem er nun die letzte Frage folgen läßt:

> Was sagte Odin dem Sohn ins Ohr,
> Eh er die Scheitern bestieg?

besiegt er den Riesen in doppelter Weise, denn jener weiß sie nicht zu
beantworten und so ist formell sein Haupt, das der Wette verpfändet war,
dem Sieger verfallen; zugleich entscheidet er aber auch in der Sache den
Wortstreit zu Gunsten der Götter und zur Demüthigung der Riesen,
indem er auf die Wiedergeburt der Götter anspielt, welche jenen nicht
beschieden ist. Daß Balbur wiedergeboren werde, ist damit nicht unreimbar,
daß er aus Hels Hause zurückkehrt; nur kehrt er als ein Lebender, nicht
als ein Todter zurück und das dürfen wir als Wiedergeburt verstehen.

3. Hönir kehrt, wenn er will, von den Wanen zurück, denen er
zum Geisel gegeben war. Ganz folgerichtig heißt es demnach Wafthr. 39
von Niördhr:

> Am Ende der Zeiten soll er aber kehren
> Zu den weisen Wanen.

Dieß Zeugniß steht indes allein und widerspricht der Wöluspa,
welche nur Asen den Weltbrand überleben läßt, der Wanen keinen. Ist
es mehr als eine bloße Folgerung aus der Rückkehr Hönirs, der für
Niördhr hingegeben war, so ließe es sich so deuten, daß der Gegensatz
zwischen Asen und Wanen jetzt aufgehoben ist. Erst durch den Verlust
der Unschuld war die Entzweiung unter die Götter gekommen: es bedarf
jetzt, da aller Streit ausgeglichen ist, keiner Pfänder des Friedens mehr.

Der beiden Brüder, deren Söhne nun das weite Windheim bebauen
sollen, wird unmittelbar nach dieser Meldung von Hönirs Erledigung
gedacht: es scheint also, daß er die Rückkehr wählen wird, wenn Er und
Odin, nicht Hödur und Balbur, unter den beiden Brüdern verstanden sind;
des dritten Bruders Söhne kehren nicht zurück noch er selber: Loki, dem
Feinde der Götter, der das Verderben in die alte Welt gebracht hat, ist
keine Fortbauer in der wiedergeborenen bestimmt. Geläutert hat er die
Welt und die Götter; hiemit ist seine Aufgabe erfüllt.

4. Thôrs Söhne Modi und Magni (Muth und Stärke)
kehren gleichfalls nach D. 53 und Wafthr. 51 zurück und bringen den
Hammer mit. Freilich scheint es dessen kaum zu bedürfen, es sei denn
zum Segnen und zum Schützen; wenn sie den Krieg zu Ende kämpfen
sollen, so beruht dieß auch nur auf einer zweifelhaften Lesart. Modi und
Magni sind zu Söhnen Thôrs aus des Gottes Eigenschaften erwachsen,

Eigenschaften, die er besitzt und im Kampf wider die Riesen bewährt,
Eigenschaften ferner, die er verleiht, denn die Früchte des Feldes geben
Kraft und Muth, Thôrs Dienern zumal, den Bauern, die sie im Kampf
mit der Natur, im Schweiß des Angesichts nach dem christlichen Ausdruck,
errungen haben. Waren sie früher Eigenschaften Thôrs, so dauern sie
jetzt als persönlich gedachte Eigenschaften der verjüngten Götter fort.

Als die Wohnung dieser verjüngten Götter wird D. 53 ‚Jdafeld
(idavöllr), wo zuvor Asgard war,‘ genannt. Jdafeld scheint die erneuerte
Welt selbst zu bezeichnen, denn von der Erneuerung hat es den Namen,
der wohl erst späterhin auf den Ort, wo Asgard erbaut ward, also auf
die goldene Zeit der verlorenen Unschuld übertragen ward, nicht ohne
Grund, denn das wieder erworbene Paradies fällt im Gedanken mit dem
unverlorenen zusammen. So sagt schon Grimm Myth. 783: ‚das Para=
dies ist ein verlorenes und ein künftiges der neugrün aus der Flut stei=
genden Erde; dem Jdavöllr, in dessen Grase die Götter Goldtafeln zum
Spiel finden, steht schon jener alte Jdavöllr, in welchem die Asen As=
gard stifteten und heiter im Hofe mit Würfeln warfen, gegenüber, dem
verjüngten Reiche der Zukunft ein dahingeschwundenes goldenes Zeitalter,
worin Milch und Honig floßen.‘

51. Das verjüngte Menschengeschlecht.

Auch den Menschen ist in der verjüngten Welt ein Dasein zuge=
dacht, Widar war es, der eigentliche Gott der Erneuerung, der es ihnen
nach unserer Ausführung §. 46 erkämpfte. Unter Hoddmimirs Holz kann
nur Mimameidr, die Weltesche verstanden sein. Mimir hatte unter ihr
seinen Brunnen. Hortmimir heißt es hier, weil Weisheit und Ver=
stand in seinem Brunnen verborgen sind, die höchsten Schätze. Aehnlich
ist es, wenn Sigrdr. 13 (M. Edda 206) dieses Mimirs gesalbtes Haupt,
mit welchem Odin murmelt Wöl. 47, Heiddraupnir, Geldträufler, und sein
Horn Hoddraupnir, Schatzträufler heißt. In dieser Weltesche haben sich
Lif und Lifthrasir, Leben und Lebenskraft, geborgen, Surturs Lohe ver=
mochte sie nicht zu verzehren. Das neue Menschengeschlecht, das von
ihnen erzeugt wird, ist unsinnlicher Natur und keiner irdischen Speise
bedürftig: Morgenthau ist all ihr Mal.

52. Fortdauer, Lohn und Strafe.

Gimil, der Himmel der verjüngten Welt, wird nach Wöl. 63 die
Wohnung aller bewährten Leute sein. Nach D. 17 steht dieser Pallast am
südlichen Ende des Himmels; er ist der schönste von allen und glänzender
als die Sonne; alle guten und rechtschaffenen Menschen aller Zeiten wer=
den ihn bewohnen. Nehmen wir D. 3 hinzu, so ist er als ein Lohnort

zu betrachten, welchem gegenüber jetzt Niflhel als Strafort gilt, denn es
heißt: ‚Auch sollen alle Menschen leben, die wohlgesittet sind und mit ihm
(Allvater) sein an dem Orte, der Gimil heißt. Aber böse Menschen
fahren zu Hel und darnach gen Niflhel, das ist unten in der neunten
Welt.' Ueber die Lage Gimils finden wir D. 17 fernere Auskunft: ‚Es
wird gesagt, daß es einen Himmel südlich und oberhalb von diesem
(Asgard) gebe, welcher Anläng heiße. Und noch ein dritter Himmel
sei über ihnen, welcher Widbláin heiße, und in diesen Himmeln glauben
wir sei dieser Pallast belegen.' Wichtiger aber als diese nicht sehr zu-
verläßige Meldung ist der Unterschied, der jetzt zwischen Guten und Bösen
gemacht wird, während früher Walhöll nur in der Schlacht Gefallene
(vâpndaudha vera) aufnahm; die übrigen, Götter wie Menschen, zu Hel
fuhren ohne daß deren Wohnung immer als ein Strafort gegolten hätte.

Hier scheint aber wieder Verwirrung, denn in der erneuerten Welt giebt
es nach deutscher mythischer Vorstellung keine Straforte mehr: das ist
der wesentliche Unterschied unserer mythischen Anschauung, wenn wir sie mit
der christlichen Lehre von den letzten Dingen vergleichen. Das Reich der
Hel ist zerstört: alles Böse schwindet, heißt es in der Wöluspa, und was
an den Göttern, die ihr Geschlecht nicht rein erhalten hatten, Irdisches
war, das haben die Flammen des Weltbrandes verzehrt; nur ihr gei-
stiges Prinzip hat sich erhalten: rein und fleckenlos beherschen sie die
geläuterte, von allem Uebel gereinigte Welt. Verleitet ist die jüngere
Edda zu ihrer Annahme durch einige in die Wöluspa später eingeschobene
Strophen, 40—43, die kurz vor dem Untergange der Welt von Straförtern sprechen, welche darin irrthümlich auf die erneute Welt bezogen
wurden. Daß sie eingeschoben sind, geht daraus hervor, daß sie den
Zusammenhang sehr zur Unzeit unterbrechen. Von Lohn und Strafe
kann hienach eigentlich in der erneuerten Welt keine Rede mehr sein;
Alles was davon gesagt werden wird, ist auf die Zeit vor der Erneuerung zu beziehen, denn allerdings hatte die deutsche Unterwelt ihre
Straförter, was von Grimm verkannt worden ist; sie ist aber keineswegs
an sich ein Strafort wie unsere christliche Hölle. Die Göttin der Unterwelt heißt Hel, die verborgene Göttin, verborgen im Schooß der Erde:
darum ist sie noch an sich nicht böse; nur weil man sie als Todesgöttin
faßte, erschien sie so durch die heidnische Furcht vor dem Tode; wir werden sie später noch als eine gütige Göttin kennen lernen. Aber freilich
waren in der Unterwelt auch Straförter, wie daneben auch Freudenaufent-
halte gewesen sein müßen. Hel lohnte und strafte Jeden nach seinem
Verdienst, dem Guten erscheint sie freundlich, dem Bösen als eine grausame Rächerin. Die Lohnörter sind aber noch mehr verdunkelt als die
lange verkannt gebliebenen unterirdischen Strafen, und zwar deshalb,

weil nach der später herschend gewordenen Ansicht, die besonders der Norden ausgeprägt hat, die Götter jetzt im Himmel wohnen, nicht mehr wie ursprünglich in der Unterwelt, und weil sie auch die Menschen dieses ihres Himmels theilhaftig machen, wenn sie ein kampfliches Leben geführt haben.

Idawöllr (Idafeld) heißt in der neuen Welt das Paradies der Götter, ursprünglich das wiedererworbene, zuletzt auch das verlorene; dagegen Gimil die allen guten und gerechten Menschen in der erneuerten Welt bestimmte Freudenwohnung. In D. 3 wird diese Freudenwohnung auch Wingolf genannt, das an einer andern Stelle D. 14 neben Glads= heim als die Wohnung der Göttinnen erwähnt wird. Mit diesem Wingolf vergleicht Grimm Myth. 781 das agf. vinsele, den Saal, in dem die Helden mit dem Könige trinken, und das im Althochd. zur Uebertragung des Paradieses dienende wunnigarto, ,da sich wunna = wunia und wini amicus nahe berühren.' Wingolf würde hienach einen Freudenort bezeichnen, was auch der Sinn von Gladsheim ist. Da Gimil als ein Pallast gedacht ist, der im dritten Himmel liegt, so mag diese hohe Lage auch die Ausdrücke mendelberc (mons gaudii) und sældenberc, Berg des Heiles, erläutern. Deutsche Sagen, Märchen und Lieder wißen von dem himmlischen Glasberge §. 20, der aus Gladsheim mißverstanden scheinen würde, wenn nicht Myth. 781 schon einen nordischen glerhimin (coelum vitreum) nachwiese. Gimil ist als ein Pallast gedacht, ein Freudensaal; anderwärts scheint die im Volke noch jetzt unerloschene Vor= stellung von einer Freudenwiese (Myth. 782) zu walten, wie Idawöllr grasbewachsen dargestellt ist. Darauf geht das altf. hebenwang, vielleicht auch das agf. neorxnavang, vgl. Myth. 781, wo auch das altf. ödas= hém, ûpôdashém besprochen ist. Nach D. 52 ist aber Gimil nicht der einzige Freudenort: ,Es giebt viel gute und viel üble Aufenthalte; am Besten ists in Gimil zu sein. Sehr gut (?) ist es in dem Saale, der Brimir heißt und gleichfalls im Himmel steht. Ein guter (?) Saal ist auch jener, der Sindri heißt und auf den Nidabergen steht, ganz aus rothem Golde gebaut.' Dieß ist aus Wöl. 41 mißverstanden, wo es heißt:

> Nördlich stand   an den Nidafelsen
> Ein Saal aus Gold   für Sindris Geschlecht.
> Ein andrer stand   auf Okolnir,
> Des Riesen Biersaal,   Brimir genannt.

Sindri kennen wir aus D. 61 (M. Edda 299) als einen der Zwerge, welche die Kleinode der Götter schmiedeten. Die Nidafelsen scheinen nach Wöl. 65, wo sie mit Nidhöggr verbunden sind, in den Tiefen Niflhels belegen, und D. 52 war weder berechtigt, den Sindris Geschlecht bestimm= ten Saal Sindri zu nennen, noch ihn in den Himmel zu verlegen und

dem verjüngten Menſchengeſchlecht oder den fortdauernden Seelen der
Menſchen zur Wohnung anzuweiſen. Eine gleiche Bewandtniß hat es mit
dem Saale Brimir. Wie Sindri ein Zwerg, ſo iſt Brimir ein Rieſe.
Wöl. 9 nennt ſogar den Urrieſen ſo, und Wöl. 41 gieng der Name
Brimir wieder nicht auf den Saal, ſondern auf den Rieſen ſelbſt. Un=
klar bleibt, was Wöl. mit dieſen beiden Sälen will; die Strophe ſteht
mitten unter jenen, die von Strafen und Straförtern ſprechen. Zu dieſen
geht nun auch D. 52 über: ‚In Nâſtrand (Leichenſtrand) iſt ein großer
aber übler Saal, deſſen Thüren nach Norden ſehen. Er iſt mit Schlangen=
rücken gedeckt, und die Häupter der Schlangen ſind alle in das Haus
hineingekehrt und ſpeien Gift, daß Ströme davon im Saale rinnen, durch
welche Eidbrüchige und Meuchelmörder waten müßen, wie es heißt:

> 42.   Einen Saal ſeh ich, der Sonne fern
>   In Nâſtrand; die Thüren ſind nordwärts gekehrt.
>   Gifttropfen fallen durch die Fenſter nieder;
>   Aus Schlangenrücken iſt der Saal gewunden.

> 43.   Im ſtarrenden Strome ſtehn da und waten
>   Meuchelmörder und Meineidige.

Aber in Hwergelmir iſt es am ſchlimmſten:

> Da ſaugt Nidhöggr der Entſeelten Leichen.

Der proſaiſche Zwiſchenſatz: ‚aber in Hwergelmir ꝛc.‘ iſt Willkür:
die Wöluſpa ſcheint auch Naſtrand nach Niſthel zu ſetzen, welche durch
den Brunnen Hwergelmir mit der Oberwelt in Verbindung ſteht. S.
oben §. 6. Uebergangen iſt hier Str. 40 der Wöluſpa, die, obgleich
entfernt ſtehend, doch mit Str. 43 zuſammengehört:

> Ein Strom wälzt oſtwärts durch Eiterthäler (Giftthäler)
> Schlamm und Schwerter, der Slidur (Slidhr) heißt.

Hier haben wir jene eigenthümlich deutſche Qualhölle, in der es
kein Feuer giebt, wohl aber ſtarrende Ströme voll Sumpf und Schlamm,
welche Schwerter wälzen; Meuchelmörder und Meineidige müßen ſie
durchwaten. Die deutſche Waßerhölle unterſcheidet ſich von der chriſtlichen
Hölle ſo ſcharf, daß es Niemand einfallen kann, an eine Entlehnung zu
denken; eher möchte eine Urverwandtſchaft mit den Strafleiden der grie=
chiſchen Mythologie anzunehmen ſein, wo es auch Höllenflüße giebt, wo
Tantalus bis ans Kinn im Strome ſteht, die Danaiden Waßer ſchöpfen
und ausgießen und der Geier des Prometheus an den Drachen Nidhöggr
erinnert, der die Leichen der Verſtorbenen nagt. Spuren einer echt
deutſchen Feuerhölle werden gleichwohl unter §. 95 nachgewieſen. Die alte
Niſthel, obgleich ſie keineswegs für alle ihre Bewohner ein Reinigungsort
ſein ſollte, hatte alſo doch ihre Strafen für gewiſſe Verbrechen und in
jenem Naſtrand und dem vielleicht dort entſpringenden Schlamm und

Schwerter wälzenden Strome Slibr, welchen die Verbrecher durchwaten soll=
ten, besaß sie einzelne Stätten der Qual. Dieß besagt auch Sig. Krv. II, 4:

> Harte Strafe wird Menschensöhnen,
> Die in Wadgelmir waten:
> Wer mit Unwahrheit den Andern verlügt,
> Ueberlang schmerzen die Strafen.

und in Sigrbr. 22. 23 ist darauf hingewiesen, daß man der Schuld ledig
leben müße, damit man es im Tode nicht entgelte. Auch bei den Völ=
kern des engern deutschen Landes hat Dietrich a. a. O. Spuren derselben
Vorstellung nachgewiesen und in Vatic. Valae Vind. p. 5—7 habe ich
dazu Nachträge geliefert. Ein eigenthümlich deutscher Ausdruck der als
Strafort gedachten Hölle scheint Ovelgunne, worüber uns das nieder=
deutsche Schauspiel von Theophilus nähern Aufschluß bringt. Vgl. Myth.
953, wo auch Robiskrug besprochen wird, ein Name gleichen Sinnes,
welchen Grenzwirthshäuser (Nachbarnkrug) zu führen pflegen. Vielleicht
fanden dort einst gemeinsame Opfermalzeiten Statt, da die Grenze über
den Heerd zu laufen pflegt; die christliche Zeit könnte sie dann in Verruf
gebracht haben. Vgl. Gr. deutsche Grenzalterthümer und Myth. 766.
Wahrscheinlicher ist er aber aus Nörwis Krug entstellt. Nörwi oder
Narfi kennen wir aus §. 14 als den Vater der Nacht, einen Sohn Lokis.
Vgl. jedoch Liebrecht Gerv. 168, Kuhn NS. 484.

Blicken wir zurück, so unterscheidet sich der Himmel der erneuten
Welt scharf genug von Walhall, dem Himmel der jetzigen. Dieser nahm
nur in der Schlacht Gefallene auf; jetzt aber empfängt Gimil alle Guten
und Rechtschaffenen aller Zeiten und Völker; den Bösen dagegen wird
keine Erneuerung zu Theil, so wenig als den Riesen, den weltzerstören=
den Gewalten.

53. Späte Nachklänge.

Die heidnischen Vorstellungen von Weltuntergang und Erneuerung
lebten noch während des ganzen Mittelalters unter allen deutschen Völkern
fort und bis auf den heutigen Tag konnten sie nicht ganz ausgerottet
werden. Sie sind aber verwachsen mit der von Grimm Myth. 903 ff.
f. g. Bergentrückung der Götter, mit ihrer Verzauberung in einem hohlen
Berge, wo sie dem Tag der Entscheidung entgegenschlafen, dann aber
erwachen und den letzten Kampf auskämpfen werden, worauf nun eine
beßere Zeit folgen soll. Diese verwünschten, verzauberten oder bergent=
rückten Götter finden wir aber nicht mehr in dieser Würde unter ihrem
alten Namen, mit Ausnahme der Göttin Freyja, die noch als Frau Frene
(Myth. 283. 1212) oder als Frau Holda in Bergen haust, auch wohl
den deutschen Namen mit klassischen (Venus, Juno M. 912) vertauscht

hat. Im böhmischen Frauenberg könnte selbst die norbische Ebba als Frau Ebb noch fortzuleben scheinen. Schönwerth III, 356. Bergl. Quitzmann Die heidn. Rel. 48. Die männlichen Gottheiten sind in Helden verwandelt, entweder in die unserer Heldensage, die überdieß verjüngte Wiedergeburten der alten Götter sind, als Siegfried, Etzel und Dietrich, oder in unsere geschichtlichen Helden, wie Karl der Große, die Ottonen, die Friedriche, wie Wedekind (M. 906), die drei Telle (Stifter des Schweizerbundes) u. s. w. In dem Bergschloße Gerolseck schläft Siegfried mit andern Helden, im hessischen Odenberge sitzt Kaiser Karl als langbärtiger Greis, ebenso im Kaiser Karls Berg zwischen Nürnberg und Fürth, während er im Untersberge bei Salzburg, der vom Schlafen des Gottes den Namen hat, indem Unberruhe den Mittagsschlaf bedeutet, bald mit Karl dem Fünften, bald mit einem der Friedriche wechselt. Am Häufigsten erscheint Kaiser Friedrich Rothbart, der außer in jenem Untersberge auch in dem Keller seines Schloßes zu Kaiserslautern, im Trifels bei Annweiler und auf dem Kiffhäuser in Thüringen schläft; besonders ist letztere Sage berühmt geworden. Man weiß, wie er am runden Steintisch den Kopf in der Hand nickt und mit den Augen zwinkert; wie sein Bart schon zweimal um den Tisch gewachsen ist, und wie, wenn er zum drittenmal um den Tisch gewachsen sein wird, der Kaiser erwachen soll und hervorgehen und seinen Schild an einen dürren Baum hängen, worauf dieser ergrünt und eine beßere Zeit anhebt. Bekannt ist auch, wie er den Schäfer fragte, der ihn einst wachend antraf: ‚Fliegen die Raben noch um den Berg?‘ und als die Frage bejaht ward, bekümmert ausrief: ‚So muß ich noch hundert Jahre schlafen.‘ Alle hundert Jahre pflegt er hienach einmal zu erwachen und nach seinen Raben zu sehen. Es sind Odins Raben, die um den Berg fliegen, der Gott hat sie ausgesandt, den Stand der Dinge in der Welt zu erkundigen; alle andern Deutungen schlagen fehl. Daß sie um den Berg fliegen, kann nur eine verdunkelte Erinnerung sein: sie müsten zu ihm in den eben heute offenen Berg fliegen, sich auf seine Schulter setzen und ihm die Kunde ins Ohr flüstern. Auch darin ist die Sage unvollständig, daß nicht gesagt wird, was, wenn der Kaiser seinen Schild an den ergrünenden dürren Baum gehängt hat, geschehen werde, um die beßere Zeit herbeizuführen. Das weiß aber noch die Sage vom Untersberge und andere schon vor vier bis fünf Jahrhunderten (Gr. Myth. 908) aufgeschriebene Sagen können zur Bestätigung dienen: auf dem Walserfelde soll dann eine blutige Schlacht geschlagen werden, die nichts anderes ist als der letzte Weltkampf, denn der Antichrist erscheint, der Engel Posaunen tönen, der jüngste Tag ist angebrochen, das Weltende tritt ein. Ehe diese Schlacht entschieden ist, kann auch der dürre Baum nicht ergrünen, denn dieser ‚laublose‘ Baum

iſt die Welteſche, von der Ibun, der grüne Blätterſchmuck, herabgeſunken
iſt, in der aber, wie in Hoddmimirs Holz, noch Lif und Lifthraſir, Leben
und Lebenskraft, ſich verborgen halten; doch erſt bei der Wiedergeburt der
Welt kann ſie von Neuem zu grünen anheben, und die verdunkelte Sage
meldet dieß Ereigniß zu früh. So iſt das Walſerfeld nichts als die
Ebne Wigrid oder Oſköpnir; daß der Kaiſer an Odins Stelle getreten
ſei, verriethen uns ſchon ſeine Raben; der rothe Bart freilich iſt von
Thôr entliehen und der Name Friedrich, ja die Bergentrückung von Freyr,
wie wir bei deſſen Mythus ſehen werden. Der Kaiſer ſchläft aber nicht
allein: ſeine Helden, die Einherier, finden wir in vielen Sagen mit ihm
in den Berg entrückt; ſeine Rüſtkammer iſt voller Waffen und in den
Ställen ſtampfen die Pferde ungeduldig im Schlaf; ja nach Einer Sage
ſucht er deren Zahl noch zu mehren, damit Er und ſein Heer zum letzten
Kampf beſſer beritten ſei, und ſo wird er auch dieß Heer ſelbſt noch zu
ſtärken bedacht ſein. Warum er aber verſunken iſt, warum er im Berge
ſchläft, kann uns erſt deutlich werden, wenn Freyrs Mythus abgehandelt
iſt. Uebrigens geſtattet die Sage auch neuern Helden einzutreten: ſo
ſchläft Prinz Karl im Fichtelgebirge mit viel Tauſend Kriegern, und als
im Jahre 1848 Nachrichten von Siegen der Italiener über die öſterrei=
chiſchen Truppen verbreitet wurden, hieß es: ‚Es geht halt ſo wie die
‚Willeweis‘ prophezeit hat: in Welſchland wird es unſern Leuten ſo
ſchlecht gehen, daß die Meiſten zu Grunde gehen. Wenn es aber ſo weit
gekommen iſt, daß der Kaiſer mit ſeinen zwei letzten Soldaten durch den
Kuntersweg hereinzieht, wird der Sandwirth erſcheinen und die Leute
aufbieten. Dann giebt es einen ſo großen Landſturm, wie er noch nie
dageweſen iſt und die welſchen Rebeller werden für immer geſchlagen
ſein. Viele Leute glauben zwar, daß der Sandwirth zu Mantua er=
ſchoſſen worden ſei. Dieß iſt aber erlogen. Er hat ſich nur verſteckt und
lebt in der Sarner Scharte oder im Iſinger.‘ Zingerle Tyr. S. 203. Den
Iſinger kennt man aber aus K. Oswalds Sage als einen Wodansberg.

Dem Birnbaum auf dem Walſerfeld entſpricht in einer ſchleswigſchen
Sage (Müllenhoff S. 378) der Hollunder in Nortorf, und ſo
finden ſich vielerlei Varianten, jede Provinz hat ihre eigenen; aber in
allem Weſentlichen bleibt die Sage ſich gleich. Dort wird erſt eine rothe
Kuh über eine gewiſſe Brücke geführt: es ſind Muspels Söhne, die
Flammen, die über Bifröſt reiten. Wie Mannhardt Germ. M. S. 332
bemerkt, ſoll nach einem deutſchen Volksliede eine bunte Kuh den gläſer=
nen Berg hinauf getrieben werden. Vgl. Schwarz Heut. Volksgl. S. 132.
Eine ſolche Brücke ſpielt auch bei uns am Niederrhein eine Rolle in den
Weiſſagungen des ſ. g. Spielbernd, die im Jahre 1848 wieder ſo viele
Gemüther beunruhigten, obgleich ſie nur verwirrte Nachklänge der uralten

Vorstellungen vom Anbruch des großen Weltkampfs sind, der jetzt als
Ausbruch eines allgemeinen europäischen Krieges gefaßt warb. Jene
Brücke sollte jetzt bei Mondorf über den Rhein geschlagen werden und
darauf der allgemeine weltentvölkernde Krieg losbrechen. Nach der schleswigschen Sage wird die Niederlage so groß, daß von dem Heere des
weißen Königs, der den schwarzen besiegen soll, die Uebriggebliebenen von
Einer Trommel eßen können und der König selbst wird nach der Schlacht
an einer Trommel seine Malzeit halten. So soll Holger danske (Myth.
313) zurückkehren, wenn nicht mehr Männer in Dänemark sein werden
als ihrer Raum auf einer Tonne haben. Nach der neuesten schweizerischen
Faßung wird die Schlacht so mörderisch sein, daß die Pferde bis ans Ge-
fieser im Blute stehen; die Sieger werden einander fragen, ob sie in
einem oder zwei Wirthshäusern einkehren wollen: da werden sie an einem
einzigen Platz genug haben. Rochholz I, 61. Nach der westfäl. Sage
(Kuhn 205) wird man bis an die Enken im Blute waten; die Schlacht
selbst soll beim Birkenbaum in der Gegend von Werle stattfinden:
das ist der Name einer Haide in der Nähe des Dorfes Bremen; wahrscheinlich hat dort einst ein solcher Baum gestanden. Gleichwohl wird
man auf die alte Esche zurückgewiesen, denn Neocorus, indem er von
der Linde zu Süberheistede spricht, die ihres Gleichen nicht gehabt, fügt
doch hinzu: außer in Schilsche in Westfalen. Dieß Schilsche, sagt Kuhn
209, ist der auch noch heute in der Volkssprache contrahierte Name für
Schildesche bei Bielefeld. Gemeint ist also wohl die Esche, an welche der
Kaiser seinen Schild hängen soll.

Den weißen König, der dem schwarzen (Surtur) entgegensteht, deuten
Grimm und Müllenhoff auf Freyr; doch scheint der Gegensatz des Schwarzen, der im Gedächtniß geblieben war, diese Bezeichnung gewirkt zu haben;
sein weißes Pferd weist eher auf Odin, während Freyr meist fahrend erscheint.
An den ‚witten God‘ glaubt man auch in den Niederlanden. Hier ist es nur
ein einziger Gott, der zur letzten Schlacht reitet; badische Sagen (Baader
67. 142) wißen von zwölf bergentrückten Männern, also der vollen Zahl
der Asen: sie kommen, wenn Deutschland in der größten Noth ist, hervor
und befreien es von seinen Feinden. Sollten nicht schon die sieben schlafenden Männer, deren Paulus Diaconus I, 4 gedenkt, hieher gehören?

Man hat den im Berge schlafenden Kaiser für Baldur oder Allvater ausgegeben. Aber Allvater schläft nicht, er waltet, Hrafn. 1, und
Baldur kämpft die letzte Schlacht nicht mit, er erwartet in Frieden ihren
Ausgang, um dann von seinem neuen Reiche Besitz zu ergreifen. Die
Raben, die um den Berg fliegen, die Helden, die mit dem Kaiser zugleich
entrückt sind, unzählige mit ihren Pferden, die Rüstkammer, die von Waffen starrt, das Horn, das neben dem Kaiser hängt, und in das er stoßen

soll, seine Gefährten zu erwecken, endlich sein Auftreten im Kampfe selbst, in blanker Rüstung auf dem weißen Roß, alles zeigt uns, daß hier von Woban noch Erinnerungen haften.

Jedes Jahrhundert knüpfte an die Wiederkehr des als Kaiser ver-jüngten Gottes seine eigenthümlichen Erwartungen. Im Mittelalter sollte die Wiedergewinnung des heil. Grabes erfolgen und der heidnische Glaube ganz zergehen; schon vor dem Zeitalter der Reformation erwartete man, er werde die ‚pfaffen storen,‘ den Uebermuth der Geistlichkeit beugen, und neuerdings pflegen die Gegner der christlichen Geistlichkeit, die oft genug Feinde des Christenthums überhaupt sind, die um den Berg flie-genden Raben auf die ‚Schwarzröcke‘ zu deuten. Unsern modernen Heiden bricht die goldene Zeit nicht an bis die Kirche gestürzt wird und mit ihr, wie sie wohl ahnen, auch der Staat zusammenbricht, dessen Grundlage sie ist. Das Ende der Welt, des sittlich geordneten Lebens der Menschen auf Erden, wäre damit freilich gekommen; die goldene Zeit aber kann erst anheben, wenn die zerstörenden Mächte, auf deren Seite sie sich stellen, von den Göttern besiegt oder von Surturs Lohe verzehrt sind. Sie können einwenden, auch die Götter müßten in seinen Flammen untergehen: dem ist also; aber nur um von allen irdischen Gebrechen ge-läutert als Herscher der neuen Zeit wiedergeboren zu werden, während jene Ungethüme keine Zukunft haben. Wollten sie echte Heiden sein, wo-für sie sich so gerne ausgeben, so stellten sie sich auf die Seite der Götter und hülfen ihnen den Kampf gegen die verderblichen Gewalten auskämpfen. Aber wie könnten sie das wollen, da sie diesen verderblichen Gewalten selber anheimgefallen sind und gerade in ihnen am Stärksten die Glaubenslosigkeit, die Unsittlichkeit, die Selbsucht der Zeit zur Er-scheinung kommt. So nähren sie die Hoffnung der unmündigen aber-gläubischen Menge auf den kommenden Tag der Erlösung, welcher kein anderer ist als der jüngste Tag; aber vergebens ‚leben sie dahin auf den alten Kaiser hinein‘ und lehren ihre Gläubigen ‚auf den alten Kaiser hinein stehlen,‘ d. h. (Myth. 910) nach der alten Redensart ‚auf die ungewisse künftige Veränderung aller gegenwärtigen Dinge hoffen‘ und sündigen: dem Kaiser will der Bart nicht wachsen, weil ihn ihre Flüche und Lästerungen versengen, und wüchse er wirklich zum drittenmal um den Steintisch herum, so wären sie die ersten, gegen welche er seine Waffen zu kehren hätte. Die Gebrechen der Welt und der Zeit, welche sie zum Vorwande nehmen, können erst in der künftigen Welt gänzlich getilgt werden; über die gegenwärtige, so vielfacher Läute-rung sie bedürftig sei, das Feuer zu schleudern, ist Niemand berufen als wer die Rolle des Teufels übernehmen will, der an der Seite des Anti-christs §. 47 kämpft.

Die einzelnen Götter.

Allgemeines.

54. Polytheismus.

Von den Geschicken der Welt und der Götter gehen wir zu den Mythen über, welche einzelne Gottheiten betreffen, deren Gestalten wir zugleich näher ins Auge faßen. Auf Götter und göttlich verehrte Wesen beschränkt sich aber die Götterlehre wenngleich auch an andern Dingen nach dem Volksglauben Göttliches und Uebernatürliches haftet. Nach §. 33 nahm Frigg Eide von Feuer und Waßer, Eisen und allen Erzen, Steinen und Erden, von Bäumen, Krankheiten und Giften, dazu von allen vierfüßigen Thieren, Vögeln und Würmern, daß sie Baldurs schonen wollten, und denselben Dingen geboten die Asen, Baldurn aus Hels Gewalt zu weinen.

Noch ein christlicher Dichter, Herzog Heinrich von Breslau (M. S. I, 3 b), klagt den umgebenden natürlichen Dingen sein Leid und sie erbieten sich zur Hülfe:

> Ich klage dir, Mai, ich klage dir, Sommerwonne,
> Ich klage dir, lichte Haide breit,
> Ich klage dir, augenstechender Klee,
>
> Ich klage dir, grüner Wald, ich klage dir, Sonne,
> Ich klage dir, Venus, sehnlich Leid,
> Daß mir die Liebe thut so weh u. s. w.

Aber wenn es auch der heidnischen Anschauung nicht genügte, des einen Gottes Herrlichkeit an viele göttliche Wesen zu verschwenden, wenn ihr die ganze Natur belebt und begeistigt war —

> Wir sind gewohnt,
> Wo es auch thront,
> In Sonn und Mond
> Hinzubeten, es lohnt.   Goethes Faust II, 151.

— so wußte sie diese Belebung und Begeistigung doch zu zahllos wimmelnden Gestalten auszuprägen und jede mit Namen und Charakter auszustatten. Götterloser Naturdienst, Verehrung der Elemente selbst, nicht

aus ihnen erschaffener Riesen, Elben und Götter, kann höchstens für die
ältesten Zeiten des Heidenthums und wieder für die jüngsten zugestanden
werden, als nach dem Siege des Christenthums die Namen der alten
Götter verschollen, ihre Gestalten in Nebel zurücktraten und nur die
Scheu vor den Elementen, die Ehrfurcht vor Wald und Quelle u. s. w.
zurückblieb.

55. Monotheismus.

In §. 49 sahen wir, wie der Glaube unserer Väter sich in der
Verheißung jenes Mächtigen, der da kommen werde, ewige Satzungen
anzuordnen, zuletzt wieder zu der Ahnung eines obersten, unausgesprochenen Gottes läuterte, worin wir wenigstens eine Annäherung an den
Monotheismus erkannten. Daß er auch anfänglich von demselben ausgegangen war, wie er kurz vor Einführung des Christenthums zu ihm
zurückzukehren geneigt schien, läßt sich nur als Hypothese hinstellen, für
die Vieles spricht, während Anderes zu widerstreiten scheint. Was ihr
das Wort redet, werden wir gelegentlich geltend machen; hier schicken
wir nur Folgendes voraus:

1) In allen deutschen Zungen ist das höchste Wesen von jeher mit
dem Namen Gott benannt worden (Gr. Myth. 12), der, ohne Artikel
gebraucht, wenn man sich nicht jetzt erst zu diesem Begriffe des allgemeinen
Gottes erhoben hatte, doch einen allgemeinen Sinn hatte, den man vielleicht, als es schon viele Götter gab, durch das Compositum Irmincot
(Hildebrandsl. 28) festhalten wollte.

2) Treten die Götter auch gleich Anfangs schon in der Dreizahl
auf (§. 37), die sich zur Zwölfzahl erweitert, dann zu unendlicher Viel-
zahl steigert, zuletzt gar in Naturcultus verlieren zu wollen scheint, so
sehen wir doch, bei den Göttinnen am Deutlichsten, der Dreiheit die
Einheit zu Grunde liegen.

3) Die Vielheit der Götter läßt sich aus dem verbundenen Gottesdienst verschiedener Völkerschaften und Stämme erklären, die, als sie
zusammentraten, ihre eigenthümlich ausgebildeten Vorstellungen von dem
höchsten Wesen nicht aufgeben wollten. Die bei jedem Stamme herge-
brachten Götter wurden nun unter den altüblichen Namen neben einander
gestellt und zu gemeinschaftlichen Gottheiten des neuen Gesammtvolkes
ausgebildet, wobei ihr Wesen gegeneinander abgegrenzt, ihre gegenseitigen
Verhältnisse näher bestimmt werden musten. Auf einen solchen Hergang
weisen unsere Quellen selbst in dem, was sie von dem Friedensschluß
erzählen, der den Wanen unter die Götter Asgards Aufnahme verschaffte.
So könnte Thôr, dem die Knechte, eigentlich nur die freien Bauern, zu-
fallen, aus dem Dienst unterjochter Stämme herrühren, während in Odin

der Geber des Siegs seit der Verbindung der Culte nun stärker als
früher hervortreten muste.

4) Als einmal die Vielheit durchgegriffen hatte, bevölkerte sich der
Götterhimmel vollends durch die Beinamen der Götter, die ursprünglich
zur Bezeichnung einzelner Seiten und Eigenschaften einer Gottheit erfun=
den bald zu selbständigen Wesen erwuchsen. Auch kann dasselbe göttliche
Wesen sich durch den Unterschied der Geschlechter verdoppeln, wie neben
Bertha ein Berchtold auftritt, neben Nerthus ein Njörðr, neben Freyja
Freyr.

Was aber gegen die ursprüngliche Einheit spricht, ist auch nicht gering
anzuschlagen. Wie die ältesten Mythen Naturmythen waren, so liegen
auch den Göttern Naturkräfte und Elemente zu Grunde. Am Deutlichsten
zeigt sich dieß in einigen der s. g. Trilogieen der Götter.

56. Gott.

Wir wollen von dem Einen Gotte ausgehend die Trilogieen und
Dodekalogieen der Götter im Allgemeinen betrachten; ihre unendliche Ver=
vielfältigung, der schon durch die Verdreifachung Thür und Thor geöffnet
war, läßt sich hier noch nicht überblicken.

Die wurzelhafte Bedeutung des Namens Gott (goth. guth) erklärt
Grimm M. 12 für unerforscht: den Zusammenhang mit dem Adjectiv
gut (goth. gôds), das langen Vocal hat, wies er noch ab. In der
G. D. S. 541 gesteht er, neuerdings sei (Ernst Schulzes goth. Glossar
S. XVIII) ein schmaler Pfad gebrochen, der zu diesem Zusammenhang
hinführe, den der Begriff fordert und die Sprache durch den Stabreim
andeutet, indem sie Gott den guten und gütigen nennt. Den Heiden
war das Wort männlich; in christlicher Zeit konnte es zur Bezeichnung
der Abgötter gleich diesem Worte selbst (das Abgott) auch neutral ge=
braucht werden.

Alle indogermanischen Sprachen besitzen einen gemeinsamen Namen
für Gott, skr. dêvas, lat. deus, gr. θεός, wozu sich das eddische Tyr
(hochd. Zio) und der alte Plural tivar Götter stellt.

Gott heißt Allvater, nicht bloß in der j. Edda und Hrafnagaldr 1,
wo man christlichen Einfluß vermuthen dürfte, auch Grimnism. 47 und
Helgakwiðha II, 38, also in den ältesten Liedern ist es ein Beiname
Odins. Bei der Schöpfung verbarg sich Allvater; in der jetzigen Welt
vertritt ihn Odin; die verjüngte ·beherscht er als jener Mächtige, der
Alles steuert, Wöl. 63, oder als der unausgesprochene Gott, der nach
Hyndlul. 4 einst kommen soll. Aber schon Tacitus c. 39 läßt die Sem=
nonen einen allwaltenden Gott verehren, dem Alles unterworfen und
gehorsam war: regnator omnium Deus, cetera subiecta atque pa-

rentia. Auch miötudhr (Sigurdarkw. III, 68, Oddrunargr. 17), ags.
meotod, alts. metod (Meßer) bezeichnet den Schöpfer, der allen Dingen
Ziel und Maß verlieh, und wie die alte Sprache Gott Bilder schaffen,
meßen und gießen läßt, so scheint auch Gaut (alth. Kôz), wie bald ein
Sohn, bald ein Ahne Odins, bald er selber heißt, den Gott zu bezeichnen, der die Welt aus sich ergoßen hat, ja in alda gautr (Wegtamskw. 2. 13) ist dieser Sinn unzweifelhaft. Wie diese und vielleicht
noch einige andere Beinamen Odins, die beßer anderwärts erörtert werden, als Erbstücke aus der Hinterlaßenschaft des Einen Gottes an den
Vater der deutschen Götter gelangt sein mochten, so werden wir seine
Macht und Eigenschaften auf verschiedene Götter vertheilt finden, obgleich
Odin das Heergeräthe vorweggenommen hat.

57. Trilogieen.

Trilogieen der Götter haben wir schon §. 37 zusammengestellt: es
waren sämmtlich Brüdertrilogieen. Als solchen könnten ihnen die drei
Söhne des Mannus, Istio Ingo Irmino, §. 7, beigesellt werden, und
Sol Luna Vulcanus, welche die Germanen nach Cäsars Meldung B. G.
VI, 21 als sichtbare und hülfreiche Götter allein verehrt haben sollen.
Da wir in jenen obigen Trilogieen den Bezug auf die Elemente Luft,
Waßer und Feuer hervorgehoben haben, so fällt auf, hier eines derselben,
das Feuer, wiederzufinden, was wenigstens zu dem Versuch ermuthigt,
auch diese Trias unter das gleiche Schema zu bringen:

Luft	Waßer	Feuer
Kari	Oegir	Logi
Odin	Hœnir	Loki
Sol	Luna	Vulcanus.

Da wir Odin als Himmels= und Gestirngott kennen, so würde das
erste Glied sich wohl fügen, wie das dritte augenscheinlich entspricht; das
zweite macht aber, aller bekannten Beziehungen des Monds auf das Waßer
ungeachtet, Schwierigkeit. Gleichwohl beruht gewis nur die negative Seite
des Berichts auf mangelhafter Beobachtung; die positive, auf der noch
jetzt nicht ausgerotteten Heiligung des Montags und Donnerstags neben
dem Sonntag beruhend (vgl. §. 85 Schluß), wird auch sonst durch Volkssagen bestätigt. Vgl. §. 81. 117, 4. und Rochh. Gl. I, 44 ff. II, 7. Wer
ein Freischütz werden will, muß drei Schüße thun: einen gegen die Sonne,
den andern gegen den Mond, den dritten gegen Gott. Vgl. Baaders
Bad. Volkssagen 393. Temme Pomm. S. 312. Meier Schwäb. Sag. I,
116. Wolf D. S. 192. Kuhn W. S. 340. Nach der Meldung des
Olaus Magnus verehren Polarvölker ein über ihnen schwebendes rothes
Tuch, das auch in unsern Hexensagen, namentlich beim Buttermachen,

hervortritt. Es wird hinzugefügt, der rothen Farbe legten diese Völker wegen ihrer Aehnlichkeit mit dem Menschenblute göttliche Kraft bei. Da wir nun wißen, daß Blut und blühende Farbe von Loki, dem dritten Gotte verliehen wurde (§. 17), so gewinnt die Nachricht Bedeutung. Nun aber überrascht es, daß Olaus neben dem rothen Blute noch Sonne und Mond als göttlich verehrte Wesen nennt. Wolf N. S. 703. Der Schuß gegen Gott, der das Maß des Frevels voll macht, und in einigen Sagen die Strafe unmittelbar nach sich zieht, müßte in der heidnischen Zeit dem Loki (Vulcanus) gegolten haben, der in dieser Auffassung als der höchste unter den dreien, ja da der letzte Schuß gegen den Himmel gerichtet ward, als Himmelsgott erschien. Wir werden aber sehen, daß Donar in Deutschland als Feuergott galt, und auf ihn mag auch das rothe Tuch zu beziehen sein, so daß anzusetzen wäre:

Luft	Waßer	Feuer
Sol	Luna	Hercules
Istio	Ingo	Irmino.

Wir haben hier noch ein viel größeres Wagniß unternommen: die drei Söhne des Mannus haben als Stammväter dreier deutscher Stämme vielleicht nur ethnischen Gehalt; indessen fügen sich die beiden letzten Glieder leiblich; nur das erste ist störrisch; aber überhaupt ist mit diesem Istio am Wenigsten anzufangen und seine Beziehung auf die fränkischen Stämme halte ich für unthunlich.

Solche Brüdertrilogieen, welche unten §. 125 bei den Zwergen noch vermehrt werden sollen, sprechen dafür, daß die Mythen nicht von einem einzigen Gotte ausgiengen, sondern die Vielheit der Elemente ins Auge faßten. Warum das vierte Element, die Erde, fehlt, ist leicht zu sagen. Die Erde ist der Träger, der gemeinsame Grund, auf dem die drei Elemente walten; als die große Lebensmutter ist sie die weibliche Gottheit, welcher sich der herschende Gott der Trilogie als Himmels- und Sonnengott vermählt.

Eine andere Classe von Trilogieen zeigt weder Bezug auf die Elemente, noch erscheinen die verbundenen Götter als Brüder.

1. Dahin gehört zuerst die Trias, welche Tac. Germ. 9 Mercurius, Hercules und Mars nennt: ich glaube sie als Odin, Thôr und Tyr (Wuotan Donar Zio) verstehen zu dürfen. Mit Odin hat dieß kaum Bedenken, da auch Paulus Diaconus I, 9 Mercurius für Gwôdan nimmt, womit der ältere Jonas von Bobbio (Myth. 109) und Wilh. von Malmesbury (Myth. 116) so wie die Vergleichung der deutschen und lateinischen Namen unserer Wochentagsgötter stimmt. Letztere bestätigt auch, daß Mars auf Tyr (Zio = Eor) zu deuten ist; nur Hercules = Thôr könnte Anstoß geben. Allerdings hätte man für Thôr Jupiters Namen,

des Donnergottes, erwartet; was aber den Römer bei Thôr an Hercules
erinnern muſte, iſt §. 83 bei ſeinem Mythus hervorgehoben.

2. Die nächſte hiehergehörige Trias iſt die der drei männlichen
Wochentagsgötter: Mars Mercurius Jupiter = Tyr Odin Thôr oder
Zio Wuotan Donar, deren geheiligte Tage aufeinander folgen und die
Mitte der Woche bilden. Es ſind wiederum dieſelben Götter, wenn wir
jene erſt richtig gedeutet haben.

3. Eine dritte findet ſich in der ſ. g. altſächſ. Abſchwörungsformel:
Thunaer Wôden Saxnôt. Die Vergleichung lehrt, was ſich auch ſonſt
beſtätigen wird, daß Saxnôt mit Tyr zuſammenfällt.

4. Die vierte entnehme ich aus Adam von Bremens Nachricht über
die Bilder der in Ubſolas goldenem Tempel verehrten Götter, die er
Wodan, Thor und Fricco nennt. Freyr (Fricco) hat hier Tyrs Stelle
eingenommen. Auch ſonſt erſchienen dieſe Götter als die höchſten. Beim
letzten Weltkampf werden Odin, Thôr und Freyr hervorgehoben. Daß
Heimdall und Tyr hier urſprünglich keine Stelle fanden, habe ich §. 46
gezeigt; Widar kommt nur nachträglich hinzu, Odins Fall zu rächen.
Sollen die drei mächtigſten Götter Asgards aufgezählt werden, ſo finden
wir Odin, Thôr und Freyr genannt. So in der Erzählung der Skalda
(D. 61): drei Zwerge, Jwaldis Söhne, hatten drei Kleinode gemacht: Sifs
Goldhaar, der Gemahlin Thôrs, Odins Spieß Gungnir und Freys
Schiff Skidbladnir. Schon dieſe drei Kleinode bezogen ſich auf unſere
Trias. Aber nun wettete Loki mit dem Zwerge Brock, daß ſein Bruder
Sindri nicht drei ebenſo gute Kleinode machen könne. Da ſchmiedete Sindri
Freys Eber Gullinburſti, Odins Ring Draupnir und Thôrs Ham-
mer, alſo wieder drei Kleinode für dieſelben Götter. Noch mehr, als die
zwölf richtenden und rathenden Götter ſich auf ihre Stühle ſetzten, die
Wette zu entſcheiden, legten ſie das Urtheil in die Hände eben dieſer
dreie, mit andern Worten, die Götter der Zwölfzahl ſtellen die Entſcheidung den Göttern der Dreizahl anheim. Mit dem Zorn derſelben Göttertrias wird Skirnisför 33 gedroht.

5. Eine fünfte mit der zweiten und dritten zuſammenfallende ergiebt
das erſte Cap. der Skalda, wo Odin, Thôr und Tyr aus der ganzen
Zahl der Götter hervortreten.

6. Vielleicht kann eine ſechste Wibukinds bekannter Stelle von dem
Siege der Sachſen über die Thüringer an der Unſtrut entnommen werden.
Sie errichteten ihrem Gotte, den ich hier wieder für den höchſten, den
Gott Aller (Irmingott) halte, einen Siegesaltar, nomine Martem,
effigie columnarum imitantes Herculem, loco Solem, quem Graeci
appellant Apollinem, d. h. ſein Name gemahnte an Mars (weil auch
dieſe Säule Irminſûl oder Hirminſûl hieß, Hirmin aber auf Hermes

leitete, wie die Griechen den Mars genannt hätten: quia Hirmin vel
Hermes graece Mars dicitur), die Säule an Hercules wegen der
Herculessäulen, der Ort der Aufstellung (ante orientalem portam) an
die Sonne (Apollo). Von einer Trilogie ist hier ausdrücklich keine Rede,
doch schwebt sie wohl dem Berichterstatter vor, indem er ihre Glieder
als Momente des Einen höchsten Gottes auffaßt. So währte auch die
Siegesfeier drei Tage, und in der Fahne, die zu diesem Siege geführt
hatte, sah man drei Thiere, den Löwen, Drachen und drüber schweben=
den Adler.

Wir gewinnen also folgendes, künftig zu benutzendes Schema:

1. Mars.	Mercur	Hercules
2. Mars	Mercur	Jupiter
3. Saxnot	Woden	Thunaer
4. Fricco	Wodan	Thor
5. Tyr	Odin	Thor
6. Mars	Apollo	Hercules
7. Löwe	Adler	Drache.

58. Dodekalogieen.

Die Dodekalogieen der Götter scheinen weniger wichtig, weil dabei
willkürlicher zu Werke gegangen wird. Die j. Edda bemüht sich, auch die
Zahl der Göttinnen auf zwölf zu bringen, und hier ist die Willkür am
Sichtbarsten; bei den Göttern zeigte sie sich nur in der Wahl der Götter,
welche als die zwölf höchsten aufgezählt werden. Die Zahl zwölf stand
fest: Hyndlul. 28 heißt es: nach Baldurs Tode seien eilf Asen gezählt
worden; zwölf Asensöhne nennt die räthselhafte Str. 34 von Fiölswinnsm.,
und D. 20 sagt ausdrücklich, es giebt zwölf himmlische Asen. Aufge=
zählt werden dann aber vierzehn mit Inbegriff Odins, und rechnen wir
diesen ab, als der dreizehnte Loki. Wie die Zahl dreizehn auf mancherlei
Wegen in Verruf gekommen ist, so mag auch Lokis Stellung zur Dode=
kalogie der deutschen Götter dabei mitgewirkt haben. Der Eingang von
Bragaröður (D. 55) nennt zwölf andere Asen (Odin fehlt); daneben acht
Asinnen. Ein drittes Verzeichniß giebt Skaldsk. 75 und hier ist wieder
Loki der breizehnte. In allen diesen Verzeichnissen sind Wanen unter
Asgards Göttern aufgenommen, nur in Grimnism. bei Aufzählung der
zwölf Himmelsburgen Götter mit Göttinnen verbunden. Hier werden
Str. 30 auch die Pferde der Götter aufgezählt; es sind ihrer aber nur
zehn, da Sleipnir, Odins Hengst, und Blödhughöfi, das Skaldsk. 58 als
Freys Roß (reidh bani Belja Blödhughöfa) genannt wird, fehlen.
Nehmen wir diese hinzu, so sind ihrer hier, wie auch D. 15, wo Sleipnir
hinzukommt, zu viel, indem von Thór an beiden Stellen bemerkt wird,

was wir auch sonst wißen, daß er zu Fuße gehe und Ströme wate, wie=
wohl er sonst auch fährt. Von Balburs Roß wird an letzterer Stelle
erinnert, es sei mit ihm verbrannt worden, und so könnte man glauben,
da nur eilf aufgezählt werden, es sei nicht mitgerechnet. Die Vergleichung
hilft aber nicht dazu, die Namen der zwölf Götter zu ermitteln, zumal
wir von den wenigsten wißen, welche Hengste ihnen gehören; nur von
Odin, Freyr und Heimball ist es bekannt. Skalbsk. 58 mischt Helden=
und Götterpferde. Ohne die Wanen laßen sich zwölf Asen aufzählen:
Odin, Thôr, Tyr, Balbur, Höbur, Heimball, Hermôdr, Bragi, Forseti,
Uller, Wali, Widar. Aber offenbar sind Bragi und Forseti, vielleicht
auch Widar, der erst in der erneuerten Welt auftreten sollte, in Abzug zu
bringen, so daß ursprünglich nur neun Asen waren, den neun Tagen der
alten Woche entsprechend. Erst als die Wanengötter Aufnahme fanden,
stieg die Zahl auf zwölf und darüber. Auch bei den Göttinnen wird die
Zahl neun älter sein: wir finden neun Mütter Heimballs, neun Mägde
zu Menglabas Füßen, alle der Heilkunst kundig, neun Töchter Oegirs u. s. w.

Vermuthlich schritt man erst durch Sieben und neun zur Zwölfzahl
fort. Neun Häupter wurden dargebracht bei dem großen Opfer zu Ub=
sola, von dem Adam von Bremen spricht (Myth. 46), wie noch später
bei Opfern diese Zahl vorherscht, z. B. Baader 38. Neun Götter er=
scheinen in Grimnism. neben drei Göttinnen, und so wird die Zahl der
zwölf Himmelswohnungen herausgebracht. Die Nornen oder weiße Frauen,
deren gewöhnlich dreie sind, treten in deutschen Sagen wohl auch in der
Siebenzahl auf, Panzer 108, Baader 80. 186; in den Walküren steigen
sie zuletzt bis auf dreizehn, Grimnism. 36 und D. 36. In der Wöluspa 24
fanden sich nur sechse, wozu wohl Freyja die siebente war. Statt der
so oft erscheinenden zwölf alten Männer, Baader 67. 142, in welchen
die zwölf Götter Asgards in Erinnerung blieben, finden sich oft nur
sieben; bei Harrys I, 33 zeigen sich ihrer aber wieder dreie, darunter
Einer (Wuotan) einäugig; auch redeten sie eine unbekannte Sprache, die
Sprache der Götter. Vgl. Gödsche Schl. S. 247.

59. Asen und Wanen.

Die deutsche Mythologie kennt fünf Classen göttlicher Wesen: Asen,
Wanen, Riesen, Alben, Helden. Die Heldensage erfordert aber wegen
der historischen Bestandtheile, die in sie aufgenommen sind, eine geson=
derte Abhandlung; hier können die Helden fast nur gelegentlich zur Sprache
kommen, da wo ihr mythischer Ursprung sich nachweisen läßt, denn das
Mythische bildet den festen Kern und des Historischen ist in der eigentlich
deutschen Heldensage, sowohl in der gothischen als in der fränkischen, nur
wenig angeflogen, in der fränkischen freilich am Wenigsten. In der jüngern

fränkischen Heldensage, die wir die Kerlingische nennen, mag man
einen historischen Kern annehmen, aber er ist von dem mythischen An=
flug überdeckt und oft bis ins Unkenntliche verändert. Die Ansicht, daß
die Helden vergöttlichte Menschen seien, kann nicht einmal hier eine Stütze
finden. Der Kaiser Karl des Kerlingischen Epos ist von dem Karl,
dessen Biograph Eginhard war, zuweilen z. B. in der Rolandssage,
grundverschieden. Vgl. M. Vorrede zu Loher und Maller.

Die beiden ersten Classen sind jetzt eigentlich allein noch als Götter
im vollen Sinne des Worts zu betrachten, da von den Riesen, der ältesten
aber früh gestürzten Götterdynastie (S. 14), ein freilich junges Zeugniß
sagt, daß sie böse seien und die Elben wenigstens zwischen gut und böse
schwanken. Spuren den Riesen gewidmeter Verehrung werden noch nach=
gewiesen werden; den Alfen dargebrachte Opfer sind ausdrücklich bezeugt.

Es könnte scheinen, die Riesen wären vor den Göttern abzuhandeln,
weil sie älter wären als diese, und weil die Götter selbst in ihrer ältesten
Gestalt nicht viel mehr als Riesen waren, da sie aus Naturgöttern all=
mählich erst zu sittlichen Mächten erwuchsen. Aber wenn der Dienst der
Riesen älter war als der Götter, so haben diese sie doch nun gestürzt,
ihre Macht in wohlthätige Schranken zurückgewiesen, und wir wollen uns
hüten sie zu brechen. Die Riesen vor die Götter zu stellen, sähe einer
Gegenrevolution ähnlich, die wir keineswegs beabsichtigen: wir haben es
als der Menschen Pflicht anerkannt, den Göttern im Kampf gegen die
weltzerstörenden Mächte beizustehen. Noch weniger Anspruch, an die
Spitze gestellt zu werden, haben die Zwerge, die von den Göttern erst
erschaffen sind (§. 18). So bleiben uns zunächst Asen und Wanen übrig,
deren Gegensatz uns schon §. 24 entgegentrat. Er war dort in einen
Krieg ausgeartet, der durch einen Friedensschluß beigelegt ward, dem
zufolge Njörðr und seine Kinder Freyr und Freyja den Asen zu Geiseln
gegeben wurden, während Hœnir der Ase, Odins Bruder, in gleicher Ei=
genschaft zu den Wanen kam. Vgl. D. 23. 57. Wöl. 62. Nach der Heims=
kringla I, 4 begleitete Mimir den Hönir, aber den Njörð Kwasir, welcher
danach ein Wane wäre, während ihm D. 57 gemischten Ursprung beilegt.
Nachdem so die Wanengötter in Asgard Aufnahme gefunden hatten, sind
Asgards Götter nicht mehr alle Asen, einige unter ihnen sind wanischen
Ursprungs; aber noch andere riesigen, wie Skaðhi, Njörðs zweite bald
wieder von ihm geschiedene Gemahlin: jedenfalls sind sie kein, durch ge=
meinsame Abstammung altverbundener Götterverein'. Weinhold, Zeitschr.
VII, 4. Eher ließe sich dieß von den Wanen sagen, die wenigstens eine
Familie bilden.

Wie der Gegensatz zwischen Wanen und Asen durch den Friedens=
schluß wieder aufgehoben wurde, so war er auch kein ursprünglicher. Die

verschiedenen Göttersysteme, welche der Friedensschluß verschmolz, hatten sich bei verwandten Stämmen gebildet, die von Hause aus viel Gemein-sames besaßen. Die Meldung des Tacitus Germ. Cap. 40 von der Nerthus, in der wir die erste, in der Edda unbenannt bleibende Gemahlin Njörds, von der er sich bei der Aufnahme unter die Asen scheiden mußte, wiedererkennen, läßt vermuthen, daß es suevische, meeranwohnende Stämme waren, die diesen Cultus ausgebildet hatten, und damit stimmt Njörds Bezug auf die Schifffahrt, und die zwischen Meer und Land ge-theilte Wirksamkeit aller Wanengötter. Wie aber Njörd als ein Vater der Götter in einem andern System erscheint, so finden sich alle Eigen-schaften seines Wesens bei Odin, dem Vater der Asen, wieder. So fällt die Nerthus, welche Tacitus als Mutter Erde bezeichnet, mit der Jördh, Odins erster Gemahlin, zusammen. Wenn die suevischen Völker, welche den Wanendienst hergebracht hatten, im Waßer den Ursprung der Dinge ahnen mochten, so liegt dieselbe Anschauung dem Schöpfungsmythus zu Grunde, der schwerlich bloß suevisch war. Und ließen die Völker, von welchen der Asendienst ausgieng, ihre Götter auf Bergen oder im Himmel thronen, die Wanen in den Tiefen der Erde oder im Schooße der Flut (§. 69), so greift auch dieser Unterschied nicht durch, da wir auch Asen-götter bergversunken finden und Odin abwechselnd mit Uller (§. 91) in die Unterwelt geht, der er auch sonst verwandt ist. Die Wanen als Götter des Gemüths und der sinnlichen Begierden zu faßen, schienen wir §. 24 aller-dings berechtigt: aber auch Odin ist ein Gott der Liebe, und daß die Wanen in der erneuten Welt nicht wiedergeboren werden, kann für eine Folge der sittlichen Richtung gelten, welche seit der Wöluspa herschend wurde. Wenn Müllenhoff Zeitschr. VII, 440 sagt, ,die Summe der Wirk-samkeit der Wanen für die Menschen ist ein behagliches und anmuthiges Leben in Fülle und Frieden, Milde und Freundlichkeit, und die Doppel-seitigkeit ihrer Thätigkeit macht den eigenthümlichen Charakter dieser Göt-ter aus, der sie sehr bestimmt von den Andern unterscheidet', so scheint zwar hiemit das Richtige getroffen; aber doch konnte Freyja, die mit Hilde, der Kriegsgöttin, zusammenfällt und sich in den Walküren verviel-fältigt, zu einer nordischen Bellona werden, Freyr erscheint als Drachen-kämpfer und Gewittergott, und schon bei der Göttermutter (Germ. 45), die mit der Nerthus, der Terra mater Cap. 40 eins ist, finden wir wie bei Freyr den kriegerischen Schmuck der Eberhelme.

Auch auf etymologischem Wege läßt sich ein fester Unterschied nicht gewinnen. Man leitet die Wanen von van (deficiens) ab und findet in ihrem Namen den Begriff des Verlangens. Geht man auf das nord. vænr (pulcher) oder altf. wanum (splendidus) zurück (G. D. S. 653), so erscheinen sie als die schönen Götter, wie sie die Götter der schönen Jah-

reszeit ſind, die man im Winter geſtorben dachte. Damit ſtimmt, daß
von Freyrs Gemahlin Gerda Luſt und Waßer widerſtralten (§. 29) und
Njördr von Skadi ſeiner ſchönen Füße wegen gewählt ward D. 56.
Auch der finniſche Liebesgott Wäinämoinen iſt ähnlich benannt. Aber
auch Odin ſehen wir im Winter Walhall verlaßen, womit ſein Aufenthalt im
hohlen Berge zuſammenhängt, Thor erwacht im Frühling, ſo daß ſich auch hier
eine Spur gleicher Auffaßung zeigt. Einen durchgreifenden Unterſchied
ſcheint der Name der Aſen zu gewähren (norb. âs, pl. aesir, goth. und
ahd. ans, pl. anseis, ensî, agf. os, pl. ês, Myth. 22). Er bedeutet
auch Balken oder Säule und bezeichnet die Götter als die Wage- und
Trageballen des Weltalls, was an die Haften und Bande (höpt und
bönd §. 24) erinnern würde; oder hängt es nur damit zuſammen, daß
die Bilder der Götter an den Pfeilerbalken des Hochſitzes ausgeſchnitzt
waren? Bei letzterer Aufnahme bliebe unerklärt, daß auch Bergrücken, die
wie jener Atlas, als Träger des Himmelsgewölbes angeſehen werden
mochten, altn. âs heißen.

Ergiebt nun die Vergleichung, daß die Aſen der Welt, deren Grund-
pfeiler ſie ſind, im phyſiſchen wie im ſittlichen Sinne, Beſtand und Dauer
ſichern, während wir wißen, daß von den Wanen Alles ausgeht, was das
Leben mit Reiz und Anmuth ſchmückt? Hiegegen ließe ſich nicht ein-
werden, daß Odin der Gott des Geiſtes auch der Dichtkunſt vorſteht,
denn ohne der Wanen Zuthun hätte der Begeiſterungstrank der Götter
D. 57 nicht gebraut werden können. Aber auch dieſer Unterſchied, ſo
feſt er ſteht, kommt doch vielleicht nur auf Rechnung der Ausbildung urſprünglich gleicher Ideen bei Stämmen verſchiedener Gemüths- und Gei-
ſtesanlagen.

Ihres weſentlichen Unterſchieds wegen brauchten wir alſo Aſen und
Wanen nicht zu ſondern. Es bleibt übrig, daß ſie Götter verſchiedener
aber doch immer deutſcher Stämme waren. Es kann für hiſtoriſch feſt-
ſtehend gelten, daß die Wanen den Hauptſitz ihrer Verehrung in Schweden bei Ingäwoniſchen Stämmen hatten, während der Aſenkult vom
Feſtland nach den däniſchen Inſeln gelangte und zu Lethra auf Seeland
ſeine Opferſtätte gründete; doch finden wir auch Odin, ja ſeinen Sohn
Thor als den mächtigſten in der Mitte zwiſchen ihm und Freyr im
Tempel zu Upſala. Die Wanen können den gothiſchen Völkern angehört haben, die Aſen den Weſtgermanen. Neuerdings wollte man die
Wanen den Slaven zueignen, von denen ſie aber lautlich abſtehen, vgl.
jedoch Bergmann Solarliod 166; nur Kwaſir erklärt ſich aus dem ſla-
viſchen Kvas fermentum. Rochh. Gl. u. Br. I, 28, Der Name der
Nerthus ließe auch an die Kelten denken, bei denen das Wort Nerthus
ſehr häufig vorkommt, und zwar in der Bedeutung von Kraft, was

einen sehr passenden Sinn ergiebt, wenn wir ihn auf die Triebkraft der
Natur beziehen. Vgl. Chr. W. Glück Die Keltischen Namen bei Caesar, München 1857. Aber im zweiten Gliede sind die Namen wieder
ganz deutsch. Auffallend bleibt es immer, daß sich von dem Namen der
Wanen in Deutschland kaum Spuren erhalten haben, als etwa in der
Oberpfalz (Schönwerth Sitten und Sagen III, 185); ferner in Wanne
Thekla §. 109 und in Wannemond, wie in Osnabrück der Februar
heißt. Letzteres hat Schade (Ursula 113) aus Strodtmanns Idiotikon
278 nachgewiesen; aber in

> Wanne, wie renne de Riiterslnecht!
> Wanne, wie flouke de Junle!

scheint es Interjection. Anklingende Orts= und Personennamen zählt
Quitzmann Religion der Baiwaren 1860 S. 13 auf.

    Wenn wir zuerst die eigentlichen Asen abhandeln und dann im fol=
genden Capitel von Hel und Nerthus sowohl die Wanen ableiten als mit
Ausnahme der Jörd alle Göttinnen, ob sie gleich Asynien hießen, so be=
wegt uns zunächst der Vortheil, welchen diese Anordnung für die Dar=
stellung gewährt; sonst möchten die Wanen als die ältesten (da bei ihnen
noch Geschwisterehen galten, Quitzmann 19) den Vortritt verdienen.

60. Schicksal.

    Wir haben uns geweigert, die Riesen vor den Göttern abzuhandeln,
denn obgleich sie älter sind, so stehen sie uns doch nicht höher. Aber
nun lenkt sich unser Blick auf eine Macht, die älter ist als die Riesen,
höher und mächtiger als die Götter. Wie sie dem Schicksal unterworfen
sind, hat unser erstes Buch dargethan, dessen Ueberschrift schon andeutete,
daß es das Geschick in seiner großartigsten Erscheinung darstellen wollte.
Weder Baldurs Tod noch den letzten Weltkampf wusten die Asen abzu=
wenden, obgleich sie ihn voraussahen. Sie vermögen nichts gegen eine
höhere Weltordnung, ja Einzelnes begiebt sich wider ihren ausgesprochenen
Willen, wie der Sieg, den Brynhild dem Agnar verlieh, während ihn
Odin dem Hialmgunnar zugedacht hatte. Aber das Schicksal, das auch
die deutschen Götter zu verehren haben, ist vielleicht mehr als eine un=
beugsame, unerbittliche Nothwendigkeit, die in der Natur der Dinge be=
gründet ist, die sie nicht geschaffen haben, da sie nicht die ersten Schöpfer
der Welt, sondern selbst erst aus der Schöpfungsgeschichte hervorgegangen
sind. Es ist den deutschen Göttern eigenthümlich, daß sie selber Opfer=
male halten, aus Blut und Eingeweide weißagen, mit Runen bezeichnete
Stäbe schütteln und das Looß befragen, wie es der Eingang der Hymis=
kwidha geschehen läßt. Dieses Opfern der Götter müste sehr auffallen,
wenn das Schicksal nichts als eine blinde Nothwendigkeit, ein todter Be=

griff wäre: denn nur einem persönlich gedachten Gotte kann man opfern. Es läßt sich einwenden, hier walte eine Vermenschlichung der Götter: wie sie dem Schlaf, ja dem Tode unterworfen sind, Trank und Speise genießen, an der menschlichen Sprache Theil nehmen, gekleidet und gewaffnet reiten und fahren, so laße sie der Dichter auch das Schicksal befragen und Opfermale halten. Aber ist das mehr als eine Ausrede?

Der Eingang eines andern Liedes ‚Odins Rabenzauber‘ (§. 32) deutet das Verhalten der verschiedenen göttlichen Wesen gegen das Schicksal mit geheimnißvollen Worten an:

> Allvater waltet,   Alfen verstehen,
> Wanen wißen,   Nornen weisen;
> Iwidie nährt,   Menschen dulden,
> Thursen erwarten,   Walküren trachten.

So jung Hrafnagaldr sein mag, gerade dieser Eingang, der mit dem Folgenden unverbunden ist, möchte überliefert sein. ‚Allvater waltet‘: wenn hier Odin gemeint wäre, wie sähen wir denn in demselben Gedicht den Gott so ängstlich um Baldurs Schicksal besorgt? Gewiß zu diesem Liede, dem er vorgesetzt ist, paßte der Spruch am Wenigsten.

Freilich auch in dem selbständigen Spruch müßte unter Allvater Odin verstanden werden, denn sonst findet weder Er noch die übrigen Asen, wie man doch erwarten würde, eine Stelle darin. Wird nun hier das Schicksal, wie häufig geschieht, in die Hände der Götter gelegt, oder ist dieser als Allvater waltende Odin, der selbst in der Rolle des Schicksals auftritt, ein anderer und höherer als den wir in den Geschicken der Welt und der Götter kennen gelernt haben? Ist er derselbe, dem im Eingang der Hymiskwidha die Götter opfern, das persönlich gedachte, nicht unerbittliche Schicksal? denn welchen Sinn hätte das Opfer, wenn Allvater sich nicht erbitten ließe?

Man könnte sagen, Opfer und Weißagung gehören zusammen, das Opfer ist nur da, damit aus dem Blut des Opferthiers geweißagt werden könne. Wie dem auch sei, denn zur Gewißheit gelangen wir hier nicht, das Schicksal kommt zu persönlicher Erscheinung nur:

1. in Allvater, dem regnator omnium Deus, Tac. Germ. 39. Doch ist auch dieser Allvater (§. 56) verdunkelt und wir vermuthen nur, daß er sich bei der Schöpfung verbarg und in Fimbultyr (Wöl. 59) und dem unausgesprochenen Gotte nach §. 49 am Ende der Zeiten erst kommen und hervortreten soll. Der Ansicht, daß Allvater in der jetzigen Welt nur in Odin erscheint, der daher in höherer Auffaßung als Allvater gedacht werden könne, spricht das Wort, wenn es Cod. Exon. 341, 28 von Böden heißt: ‚das ist der reiche Gott, der uns Alles verlieh, wovon wir leben — und wieder am Ende über das ganze Menschenge-

schlecht walten wird: das ist der Schöpfer selbst.' Vgl. Bouterweck
Cädm. XCVIII.

2. in den Regin, den weltordnenden, weltberathenden Mächten, welche
die Götter selber sind, dann aber natürlich nicht als den Göttern über=
geordnete Macht. Die Regin haben wir oft genug sich auf ihre Richter=
stühle setzen sehen: sie bedürfen keiner Erklärung. Aber dort beriethen
sie die Geschicke der Welt; wie sie auch dem Menschen ,ertheilen', sein
,bescheiden Theil' durch ein Urtheil ermitteln, sehen wir (FAS. III) in der
Gautrekf. Cap. 7, wo Hrofshârsgrani (Pferdehaarbärtig) seinen Pflegling
Starkadr um Mitternacht weckt und mit sich gehen heißt. Sie fahren im
Boot nach einer Insel, steigen aus und finden im Wald auf einer Blöße
viel Volk versammelt, einem Gerichte beizuwohnen. Eilf Männer saßen
auf Stühlen, der zwölfte Stuhl war leer. Da nahm Hrofshârsgrani den
zwölften Stuhl ein und ward von Allen als Odin begrüßt. Nun ver=
langte er, die Richter sollten Starkads Schicksal bestimmen. Da nahm
Thôr das Wort und sprach: Alfhild, Starkads Mutter, wählte ihrem
Sohn einen hundweisen Jötunen zum Vater, nicht Asathôr: darum s c h a f f e
ich dem Starkadr, daß er weder Sohn noch Tochter haben und der ietzte
seines Geschlechts sein soll. Da sprach Odin: Ich schaffe ihm, daß er
drei Menschenalter lebe. Thôr sprach: In jedem Menschenalter soll er
ein Neidingswerk, eine Schandthat vollbringen. Odin sprach: Ich schaffe
ihm, daß er die besten Waffen und Kleider habe. Thôr versetzte: Ich
schaffe ihm, er soll weder Land noch Grund besitzen. Odin sprach: Ich
g e b e ihm, daß er viel Geld und Gut habe. Thôr versetzte: Ich l e g e
ihm, daß er nie genug zu haben glaube. Odin sprach: Ich gebe ihm
Sieg und Geschicklichkeit zu jedem Kampfe. Thôr versetzte: Ich lege ihm,
daß er aus jedem Kampfe eine Knochenwunde heimtrage. Odin sprach:
Ich gebe ihm Skaldenkunst, daß er eben so fertig dichte als spreche. Thôr
versetzte: Er soll nicht behalten können was er gedichtet hat. Odin sprach:
Ich schaffe ihm, daß ihn die edelsten und besten Männer werth halten.
Thôr sprach: Dem gesamten Volke soll er verhaßt sein. Da sprachen die
Richter dem Starkadr Alles zu was da gesagt worden war, und so schloß
das Gericht. Darauf gieng Hrofshârsgrani mit Starkadr zurück zum Boot.

Wie hier Thôr jede Gabe Odins durch eine Zugabe beschränkt, ganz
wie die jüngste Fee, Norn oder weise Frau in unsern Märchen zu thun
pflegt, so weiß auch Odin Thôrs schädlichen Ausspruch zu mildern und
für versagten Grundbesitz durch die Fülle fahrender Habe zu entschädigen.
Dem vergleicht es sich, daß Brynhild, als ihr Odin bestimmt vermählt
zu werden, hinzufügt: ,Aber keinem Manne, der sich fürchten kann.'

Die Beschlüße der Regin heißen altsächsisch reganogiscapu, metodogiscapu. Myth. 24. 817.

Simrock, Mythologie.   11

3. in den drei Nornen. Ihre Beſchlüße heißen wurdigiscapu nach dem Namen der älteſten Schweſter. Auch ſie ſind den Göttern nur nach den älteſten Vorſtellungen übergeordnet und wir thun beßer, ſie an einer andern Stelle des Syſtems zu beſprechen.

Sonſt iſt das Schickſal unperſönlich, und von dieſem ſoll ſchon hier Rechenſchaft gegeben werden. Seine Beſchlüße heißen altn. scöp, altſ. giscapu, agſ. gesceapu; auch wohl altn. örlög, ahd. nicht mehr pluraliſch urlac, mhd. urlouc, das in den Begriff des Kriegs übergeht, weil in der Schlacht die Geſchicke ſich entſcheiden, daher noch jetzt Orlog-ſchiffe Kriegsſchiffe bedeuten. Von den Walküren wird geſagt, daß ſie auszögen Urlog zu treiben, Schickſal zu wirken, den Krieg zu entſcheiden. Die Geſchicke ſind gelegt, geſetzt, Urniederlegungen, Urfeſtſetzungen, denen der Menſch ſich nicht entziehen mag, denen ſelbſt die Götter unterliegen.

Das anerſchaffene ‚beſchaffene‘ Glück hängt von der Stunde der Geburt ab: das Glück wird uns an der Wiege geſungen, ein Ausdruck, der auf jene begabenden Nornen oder Feen anſpielt, die zu dem Neugebornen hintreten, ihm ſein Glück zu ‚ſchaffen‘. Die Stunde heißt aber ahd. hwila, und das daran geknüpfte Glück hwîlsâlida, die Wilſälde, die auch wohl perſönlich gedacht wird, weil ſie der begabenden Norne gleicht. Der Einfluß des Geſtirns iſt erſt ein ſpäterer Glaube, für den man ſich auf den ‚Stern der Magier‘ berief. Myth. 820; oder entſprach jeder Seele ein Stern am Himmel? Bergmann Solarliod 95. In der Pilatusſage kündigt der Stern die Stunde der Zeugung an; daß dieſer Zug aus der fränkiſchen Heldenſage hergenommen ſein wird, habe ich in ‚Bertha die Spinnerin‘ 144 gewieſen. In der Weihenſtephaner Chronik wird er von Karls d. Gr. Zeugung erzählt, und hier ſteht er an der richtigen und wohl auch urſprünglichen Stelle, denn wohl an einem großen Manne wie Karl, nicht an einem ſeigen Schwächling wie Pilatus mögen die Sterne Theil nehmen. Eine weitere Uebertragung findet ſich in Klinſors Sternſchauung auf der Wartburg, wo es der Geburt der h. Eliſabeth gilt. So hat dieſer Glaube, aus dem das Nativitätſtellen der neuern Zeit hervorgieng, den geiſtlichen Kreiß kaum verlaßen, da Karl der Große im Licht eines Heiligen ſtralte.

Glückskinder hießen, die zu glücklicher Stunde geboren waren. Wenn man von ihnen ſagte, ſie ſeien mit der Glückshaube, der auch der Helm hieß, zur Welt gekommen, ſo knüpfte ſich dieß an etwas Natürliches, da wirklich einige Kinder eine leichte um das Häuptlein gewundene Haut (Kinderbälglein) mitbringen. Dieſe ward ſorgfältig aufgehoben oder unter der Schwelle vergraben. Man wähnte, der Schutzgeiſt des Kindes (nord. fylgja) oder ein Theil ſeiner Seele habe darin ſeinen Sitz. Myth. 829.

Auch bei jeder einzelnen Unternehmung ist auf die Stunde zu achten, die glücklich oder unglücklich sein kann. Aus diesem Achten auf die gute Stunde (à la bonne heure) hat sich das französische Wort bonheur für Glück entwickelt (Myth. 818). Anzeichen des Gelingens erkennt man im Angang, wie der Anfang des Unternehmens heißt; doch hat auch jeder Tag seinen Angang.

Asen.

Wuotan (Odhin).

61. Wesen und Name.

Wir beginnen mit dem Vater der Götter, der die Einheit im Kreise der Asen bildet und der von der Allmacht und Geistigkeit des alten Einigen Gottes am Meisten bewahrt oder in sich aufgenommen hat. Denn wir laßen es unentschieden, ob er einst andere Götter nicht neben sich hatte oder etwa erst aus einem elementarischen Riesen zu einem Gotte des Geistes, zum König der Götter erwachsen ist. Für das Letztere spricht, daß seinem Wesen, wie die Vergleichung der Trilogieen ergeben hat, die Luft zu Grunde liegt, das verbreitetste aber auch das geistigste der Ele= mente. Wie Loki in jenen ältesten Trilogieen §. 37 das Feuer bedeutet, so sein Bruder Odin die Luft, ja er ist die Luft selbst, oder da sie in der Ruhe nicht wahrgenommen wird, ihre Regung, von dem leisesten Beben, das sein Beiname Biflindi auszudrücken scheint, bis zu dem wü= thendsten Sturm. Hiemit gebrach ihm die Anlage zu dem mächtigsten der Götter nicht, denn wie in der kindlichen Ahnung der Völker Natur und Geist untrennbar verbunden sind, so ist er auch auf dem geistigen Gebiete was er auf dem natürlichen ist: er lebt in jeder Gemüthsbewe= gung, in der Begeisterung wie in der Raserei, in den zarten Empfindungen der Dichter und der Liebenden wie in der tobenden Kampfwuth der Ber= serker und Wikinge, die Alles vor sich niederwirft. Wenn daher Adam von Bremen Cap. 233 sagt: Wodan id est furor, so denkt er dabei nach dem Zusatz bella gerit, hominque ministrat virtutem contra inimicos, zunächst an die Wuth, die sich im Kampfe bethätigt; hier finden wir ihn also schon auf dem sittlichen Gebiet; von dem natürlichen mochte er ausgegangen sein, und wie der Kampf Sturm heißt, so waltete er auch in dem Sturm der Elemente und auch hier hieß er Wuth, öd, was sein

ältester Name sein könnte, wobei nur zu erinnern ist, daß uns das Wort
jetzt eine heftige Gemüthsbewegung bezeichnet, was seiner Abstammung
nach nicht nothwendig in ihm liegt.   Es kommt nämlich wie der volle
Name Wuotan (Odin) selbst von dem ahd. watan, altsächs. wadan, altn.
vadha, aus dessen Prät. wuot, altf. wôd, altn. ôdh, sich das Haupt-
wort bildet und dann der vielleicht spätere Name des Gottes ableitet.
Als seinen ältesten nehme ich das unabgeleitete wuot, ôdr selbst an;
beide erscheinen uns noch auf mythologischem Gebiete: Odr (mens,
sensus, Myth. 120) als der verlaßenen Freyja betrauerter Gemahl;
Wuot (Wuth) auch wohl mit Uebergang von W in M (Muot, Muth) in
Wutes und Mutes Heer, wie in der Eifel und in Würtemberg das
wüthende Heer §. 72 genannt wird.   Neben den hochdeutschen vollen
Namen Wuotan stellt sich der niederdeutsche Woban, der friesische Weda,
der altnordische Odhin.

Jenes Waten hat uns jetzt einen sehr beschränkten Begriff: wir
gebrauchen es nur noch vom Durchschreiten des Waßers, während es sonst
jedes leisere oder heftigere Durchwehen, Durchbringen und Durchbrausen
(meare, transmeare) bedeutete, wobei allerdings ein hinderndes Medium
vorausgesetzt wird, das aber schwächern oder stärkern Widerstand leisten
kann.   Weil jedoch die Luft Alles erfüllt, so sehen wir auch den Gott in
den Formen Wuot, Wuotan, Wuotuno sowohl, als in dem gleichfalls
vorkommenden Participium Wuotant als den allburchbringenden
Geist der Natur gefaßt.

Wie das anlautende w des deutschen Namens in der nordischen
Gestalt (Odin) vermißt wird, weil es vor o und u wegzufallen pflegt,
so sehen wir es in der langobardischen Form Gwôdan noch durch ein
vortretendes g verstärkt.   Es ist dieß kein willkürlicher Zusatz, wie man
glauben könnte, weil es Paulus Diaconus I, 8 adiecta litera nennt.
Die Gutturale steht schon ursprünglich vor der Spirans: die des Frage-
pronomens (lat. quis) sehen wir noch im altn. hver; im deutschen wer
ist sie schon weggefallen, während die Spirans stehen blieb.   Es kann aber
auch die Spirans wegfallen und die Gutturale stehen bleiben, wie in dem
Namen der Gallier (vgl. welsch) und wie in Gôdan, der fränkischen Form
des Namens Wôdan.   Diese fränkische Form findet sich in dem hessischen
Gudensberg wie in dem niederrheinischen Gobanesberc (Godesberg), womit
man Gudenau, Godenhaus, den Godenelter (Wodansaltar bei Ahrweiler)
und Godenowa, wo nach Widder I, 298 Lorsch die Fischerei besaß, vergleiche.   Auch die niederdeutschen Namensformen Fru Gaue, Fru Gauden,
Fru Gode, zeigen den Wegfall der Spirans bei stehenbleibender Gutturale,
was sich in Wuotan umkehrt, während die volle Form nur bei den
Langobarden und etwa noch in dem brittischen Gwydion erhalten ist.

Einigemal bringt in Wodans Namen ein l ein; so in der niederdeutschen Form des Namens Wôd (Myth. 142), wo dann Wold entsteht.
Kann dieß gleich aus Wôd verderbt sein, so findet sich doch auch Wolban
(ital. gualdana) neben Woban (Zeitschr. I, 494), wobei Graswaldane
(Grasivaudan) in Anschlag zu bringen ist. Ob hier Odins winterliches
Gegenbild Uller, deutsch Wôl, oder der Begriff des waltenden, allwaltenden
Gottes hineinspielte, läßt sich noch nicht entscheiden. Vgl. §. 91. Jedenfalls wäre das Christenthum dabei nicht im Spiele gewesen, das vielmehr
bemüht war, den übeln Begriff hervorzukehren und mit Anknüpfung an
das wilde Ungestüm, das sich schon in der heidnischen Anschauung mit
Wuot und Wuotan verband, den Gott zu einem Wütherich herabzuwür-
digen. Allerdings hatten schon die Heiden die heftige, leidenschaftliche
Seite mehr hervorgekehrt als die sanfte und milde. Im Sturm der
Elemente wie im Toben der Schlacht sprach er vernehmlicher zu ihnen
als im linden Säuseln des Hains. Wie er alles Leben weckte und er-
regte in der Natur wie im Geiste, so gieng besonders der kriegerische
Geist von ihm aus, jener germanische Heldengeist, der in der Völkerwanderung das Weltreich der Römer über den Haufen warf und in der
doppelten Lautverschiebung die Sprache aus ihren organischen Fugen riß.
Noch später waltete er in der unbändigen Schlachtbegier, die aus den
Berserkern knirschte, wie in dem tollkühnen Unternehmungsgeist der Wikinge, der das neue Weltreich Karl des Großen im Tiefsten erschütterte.
Erst in den Kreuzzügen, wo der furor teutonicus noch manchmal erwähnt
wird, tobt diese Kampflust sich aus, der hier ein heiliges Ziel gewiesen
war, die aber keines äußern Antriebes bedurft hätte, weil sie den Kampf
um des Kampfes willen suchte. Aber schon das Heidenthum hatte diesem
Heldengeist eine religiöse Weihe zu leihen gewußt. In der Trilogie Odin,
Wili und We sehen wir ihn verdreifacht: als Wili (Wille) erschien er
als der mächtige Wille, der den Schmerz verachtete und dem Tode trotzte;
als We lieh er ihm die religiöse Erhebung, die Entschluß und Willen
heiligte, ihnen im Hinblick auf die Herrlichkeit Walhalls Weihe und freu-
diges Beharren verlieh. In Wili (goth. vilja, voluntas und voluptas)
sieht Grimm (Ueber den Liebesgott 14) wie in Odins Beinamen Wunsch
(Oski) eine Gottheit des Liebens, Begehrens, Denkens, Meinens, Trach-
tens und Sehnens.

62. Beinamen.

D. 3 werden zwölf Beinamen Odins aufgezählt, vielleicht nur wegen
jener Neigung zur Zwölfzahl: eine viel größere Menge legt ihm Grimnismal bei, und auch dieß Verzeichniß ließe sich noch vervollständigen.
Wenn D. 21 gesagt wird, zu den meisten dieser Benennungen habe Ver-

anlaßung gegeben, daß ſo vielerlei Sprachen in der Welt ſeien, indem
alle Völker geglaubt hätten, ſeinen Namen nach ihrer Zunge einrichten zu
müßen (vgl. D. 33 über Freyja), ſo iſt dieß eine Umſchreibung der Worte
in Grimniſm. 48:

> Eines Namens genügte mir nie,
> Seit ich unter die Völker fuhr.

zeigt aber zugleich, daß ſchon der Verfaßer von Gylfaginning viele dieſer
Namen nicht mehr verſtand, die doch aus der norwegiſchen Zunge allein
erklärt werden können und auf der Verſchiedenheit der Sprachen nicht
beruhen. Richtiger heißt es ferner: ‚Andere Veranlaßungen müßen in
ſeinen Fahrten geſucht werden‘; darauf ſpielt auch Grimniſm. an, indem
es einzelne Beinamen auf beſtimmte Veranlaßungen bezieht:

> Grimnir hießen ſie mich bei Geirröbhr,
> Bei Asmund Jalk;
> Kialar ſchien ich, da ich Schlitten zog u. ſ. w.

Aber die Begebenheiten, auf welche hier gezielt wird, ſind uns nicht alle
berichtet. Ich greife zunächſt Hnikar oder Hnikubr heraus, weil er damit
als Waßergott, ein deutſcher Neptunus, bezeichnet wird, wenn gleich die
Verbindung mit Herteitr (Grimniſm. 47) und der Zuſammenhang, in
dem es Sigurdarkw. II, 18 vorkommt,

> Hnikar hieß man mich als ich Hugin erfreute,

wo es eher einen Schlachtengott zu bedeuten ſcheint, an der Verwandt=
ſchaft mit Nichus und den Nixen Zweifel erregt. Da wir Loki auf das
Feuer bezogen haben, ſo bliebe für Hœnir, den dritten Bruder, §. 37,
nur das Waßer übrig. Hœnir verſchwindet aber früh aus dem Kreiße
der Aſen, und wenn auch Niörbr, gleichfalls ein Gott des Meeres, für
ihn eintrat, ſo zeigen doch dieſe Beinamen Odins, daß auch ihm das
Meer gehorchte, deſſen Wellen freilich vom Winde bewegt werden. Wie
er Wunſch, Oſki, heißt, ſo giebt er Schiffern günſtigen Wind, Wunſch=
wind, Oskabyrr. Jedenfalls bezeichnet Hlefreyr, vielleicht auch Ubr, ſeine
Herſchaft über das Waßer. Auf den Wellen wandelnd ſtillt er das
Meer, beſchwichtigt das Wetter und ſchafft dem Schiff, in das er ſich
aufnehmen läßt, günſtige Fahrt. Als Farmatyr, Herr der Schiffsfrachten,
iſt er wie Mercur, dem er auch ſonſt entſpricht, ein Gott der Kaufleute.

Jener Beiname Oſki beſchränkt ſich aber nicht auf den erwünſchten
Wind, er kennzeichnet den Gott als den Verleiher aller erwünſchten Ga=
ben, der Fülle des Heils und der Seligkeit, denn dieſe meint das von
Wonne abgeleitete Wort Wunſch, deſſen Bedeutung ſich uns verengt hat,
da es nur noch das Begehren nach den Gütern ausdrückt, deren Inbegriff
es ſonſt enthielt. Noch den mittelhochd. Dichtern, wo die höchſte menſch=
liche Schönheit und Vollkommenheit geſchildert werden ſoll, iſt der Wunſch

ihr Schöpfer, der an sein Geschöpf allen Fleiß gekehrt, seine ganze Mei=
sterschaft gewendet hat. Gleich hier findet sich Gelegenheit, jenes Register
von Odins Beinamen zu vervollständigen, da Gibich, ein aus der Helden=
sage bekannter Name, goth. Gibika, altf. Kipicho, nord. Giuki, ur=
sprünglich den Gott meinte, der diese Gaben verlieh. Grimm Zeitschr. I,
752. Myth. 126. So geht auch Fiölnir auf die Fülle der verliehenen
Güter.

Andere Beinamen, Allvater und Gautr, sind schon §. 56 besprochen.
Auf Allvater reimt absichtlich Walvater, das wie Siegvater, Herian,
Herteitr und Atridr den Gott des Schlachtfeldes meint, der den Sieg
verleiht und die Heere zum Kampf gegeneinander führt. Auch Harbard
(Heerschild) kann den Schlachtengott bezeichnen; aber Hialmberi (Helm=
träger) läßt sich in höherm Sinne faßen, da der Himmel als der Helm
des Gottes gedacht wird. Von drei andern Beinamen Hâr, Jafnhâr und
Thridhi (der Hohe, Ebenhohe und Dritte) will ich nur erwähnen, daß
sie sich schon Grimnism. 46. 49 finden, damit man nicht meine, der
Verfaßer der Gylfaginning, der sie zur Trilogie zusammenstellt, habe sie
erfunden. Vielleicht kommt sogar diese Trilogie, die sonst die jüngste von
allen wäre, nicht auf seine Rechnung: Hâr ist durch Hâwamâl, das Lied
des Hohen, bezeugt, und Jafnhâr und Thridhi, die in Grimnismal nur
die Alliteration auseinandersprengt, hätten kaum einen Sinn, wenn sie
nicht zu Hâr gehörten. Auch paßt der Name Ebenhoher für die An=
ordnung in Gylfaginning nicht, denn die Hochsitze dieser drei Götter
standen übereinander, und je höher der Sitz je höher die Ehre; diese
Götter der Trilogie aber bezeichnet ihr Name als einander völlig gleich
und ebenbürtig, was auch von dem Dritten gelten wird. Grimur und
Grimnir beschreiben den Gott als den Verhüllten, der wie in Grimnism.
verkleidet in unscheinbarer Gestalt, als ein blinder Gast wie in der Her=
wararsage in die Wohnungen der Menschen eintritt ihre Gastfreiheit auf
die Probe zu stellen, was unsere Märchen auf Christus übertragen. Auch
Gangleri (Grimnism. 46) und Gangradr bezeichnen wie Wegtamr S. 75
den unermüdlichen Wanderer, den viator indefessus des Saxo. Als
Gangradr geht er mit Wafthrudnir über die urweltlichen Dinge zu
streiten (§. 33. 50) und Gangleri nennt sich Gylfi in der Einkleidung
der jüngern Edda, die der von Wafthrudnismal abgeborgt ist. G. D. S.
761. Denselben Sinn wie Wafthrudnir hat aber Odins Beiname Wa=
fudr, der die webende bebende Luft meint, womit wir wieder bei
Biflindi, ja bei Odins eigenstem der Luft verwandtem Wesen ange=
langt sind. Das Rauschen dieser erschütterten Luft, aber zugleich das
Tosen der Schlacht, ist in Omi, agf. vôma, ausgedrückt. Yggr, womit
Grimm (Ueber den Namen des Donners 17) den finnischen Ukko vergleicht,

bezeichnet ihn als den schrecklichen Gott, Glapswidr als den in Listen Erfahrenen, Bölwerkr und Bölwisi (vgl. Saxo 129 mit FAS. II, 376 und Helgakw. Hund. II) gar als den Uebelstifter, der die Fürsten verfeindet und Zankrunen unter Verwandte wirft. Neben Bölwisi steht bei Saxo Bilwisi, wie Eckart neben Sibich in der Heldensage: Odins Wesen hat sich in zwei Personen gespalten, die mit zweien seiner Beinamen benannt sind. Mit Bilwisi, Bölwisi vergleicht sich Grimnism. 47 Bileigr, Baleigr, nur daß letztere mehr die äußere Erscheinung ins Auge faßen. Doch lehrt die Vergleichung, daß Bileigr nicht mit Lex Mythol. 304 oculis fulminantibus praeditus übersetzt werden darf. In jenem Bölwisi berührt er sich wie in Loptr mit Loki; in Thundr (Donner) mit Thôr; in Widrir (Witterer und Wetterer) wenigstens dem Sinne nach auch mit Freyr, wie in Thror, deßen Bezug auf die Gerichte Grimnism. andeutet, mit Baldur und Forseti, so daß diese Beinamen auf die frühere weitere Bedeutung des Gottes, sein allumfaßendes Wesen führen. Andere Beinamen sollen gelegentlich erläutert werden; die auf seine äußere Erscheinung bezüglichen schon im nächsten Paragraphen.

Auch auf Odins Söhne in den Stammtafeln ist zu achten, weil ihre Namen aus Beinamen des Gottes erwachsen sein können. Nach dem eddischen Formali Cap. 10 hatte Odin zweimal drei Söhne. 1. Wegdegg, Beldegg (Baldur) und Sigi: dem ersten gab er Ostsachsen, dem andern Westsachsen (Westfalen), dem dritten Frankenland. Sigis Sohn ist hier Verir, nicht Rerir, wie er Wölf. S. heißt, wo von ihm erst Wals, dann Signmund und Sigurd entsprangen. Beldeggs Sohn war Brand, von Wegdegg aber stammten Heingest und Swipdagr, den wir sonst als Menglabas Verlobten kennen. 2. An drei andere Söhne vertheilte er Skandinavien: Dänemark erhielt Skiöld (Skeaf), Sæming Norwegen und Yngwi Schweden.

Die angelsächsischen Stammtafeln legen Böden und seiner Gemahlin Frealáf sieben Söhne bei, von welchen sieben agf. Häuser abstammten; doch redet Wilh. von Malmesbury nur von dreien: Weldeg, Withleg und Beldeg, was den nordischen Berichten näher tritt. In den sieben oder acht Geschlechtsregistern, denn Bernicia und Wessex, die anfangs zusammen fielen, gehen später auseinander, finden wir Hengest und Cormenric bei Kent, Uffa bei Ostangeln, Offa und Saxneat bei Essex, Wihtlæg, Warmund und Offa bei Mercia, Wägdäg, Svæfdäg, Sæfugel und Westerfalcna bei Deira, Bäldäg und Brand bei Bernicia und Wessex, und Bedeca bei Lindesfaran aufgeführt. Zu Hengist, den wir als Heingist schon im Norden fanden, gehörte Horsa. Von Offa oder Uffa, der in mehrern Stammtafeln vorkommt, hab ich in den Erläuterungen zum Beowulf gehandelt: einer seiner Vorfahren, Hrodmund, erscheint gleichfalls daselbst. Saxneat entspricht dem Saxnôt, der in der Abrenunciatio neben Thunaer

und Woban steht, wie Wihtläg und Værmund den Vorfahren Offas bei
Saxo gleichen. Wie in der Kentischen Genealogie von Pferden, sind nach
Grs. Bemerkung in der Deirischen einige Namen von Vögeln hergenommen.
Säfugels Ahn war Sigegeat, und so wird der Enkel Sigefugel heißen
sollen, wie er wirklich bei den Ostsachsen vorkommt. Vesterfalcna deutet
aber zugleich auf Westfalen, das wir schon in den nordischen Stammtafeln bedacht sahen. Bei Bernicia treffen wir auch Ingvi, dessen Sohn
Esa nach den Asen benannt scheint. Die Wessexischen Nachkommen Brands,
des Sohnes Bäldägs, führen bekannte Namen: Freavine (Frowinus
bei Saxo) bezeichnet einen Verehrer Freys. Auch unter den Vorfahren
Odins, zu welchen diese agf. Stammtafeln emporsteigen, finden sich Namen
von Göttern und göttlichen Helden, die aus Beinamen Odins erwachsen
sein können. Ich erwähne nur Geat (altn. Gaut), Tætwa (hochd. Zeizo),
Beav (Bûi), Sceldva, Sceaf, Heremod. Vgl. M. Beowulf S. 175.
Wie hier nach Müllenhoff Prädikate eines und desselben Gottes zu seinen
Vorfahren erhoben sind, so finden wir in den nordischen Stammtafeln
Thor und dessen Beinamen wie Hlorridi, Wingthor, Magni, Modi unter
Odins Vorfahren aufgezählt. So war auch Sceldva (Skiöld) nur ein
Beiname Skeafs gewesen, weil er auf dem Schilde schlafend über Meer
gefahren kam. Auch Gaut, der bei den Gothen sogar an der Spitze der
Geschlechtsreihe steht, ist in der Edda nur ein Beiname Odins. Ein
anderes Beispiel solchen Verfahrens entnehme ich nach Müllenhoffs Deu-
tung Ztschr. XI, 291 der Essexschen Genealogie, wo Saxneat einen Sohn
Gesecg, dieser einen Sohn Andsecg gehabt haben soll. Andsecgs Sohn
heißt Sveppa, Sveppas Sohn Sigefugel u. s. w. Hier sind die einzelnen
Momente der Thätigkeit des Gottes während der Schlacht dargestellt. Zwei
streitgerüstete Heere stehen sich gegenüber, Gesecg und Andsecg, Symmachus
und Antimachus. Sveppa bedeutet das Schlachtgetümmel, Sigefugel den
Vogel, dessen Erscheinen den Sieg verkündet u. s. w.

Nur göttliche Abstammung scheint bei allen germanischen Völkern
das Recht zur Krone verliehen zu haben.

63. Aeußere Erscheinung.

Nicht immer erscheint Odin in so herrlicher Gestalt als da er mit
dem Goldhelm, dem schönen Harnisch und dem Spieß, der Gungnir heißt,
an der Spitze der Einherier dem Fenriswolf entgegenreitet (§. 45), oder
da er (Sigrdrif. 14) Mimirs Haupte lauschend

> Auf dem Berge stand mit blankem Schwert,
> Den Helm auf dem Haupte.

Wir sahen schon so eben wie er sich zu verhüllen liebt, in unscheinbarer
Gestalt, als müder Wanderer das Gastrecht in Anspruch nimmt, der

Menschen Sinn erforschend. In deutschen Sagen und Märchen tritt er
Gaben heischend, meist als kleines graues Männchen auf; als hochbetagter
Greis auch bei Saxo, nicht selten blind; doch ist dieß nur Verkleidung,
während Einäugigkeit zu seiner wahren Gestalt gehört. Von dem breiten
Hute, den er tief ins Gesicht drückt, um unerkannt zu bleiben, heißt er
Sidhhöttr, auch bloß Höttr. Zuweilen erscheint er kahlköpfig, öfter mit
dichtem Haar= und Bartwuchs, wie es die Beinamen Hrofsharsgrani,
Sidhgrani, Sidhskeggr ausdrücken; sonst ist über Grani §. 74 zu ver=
gleichen.   In dem König Bröselbart oder Drosselbart des deutschen
Märchens (K. M. I, 52. III, S. 91) ist er unschwer zu erkennen. Gewöhn=
lich trägt er einen weiten blauen Mantel aus Thierfellen (feldr). So
zieht er als Hakelberand dem wilden Heer voran; im Mantel (heklu)
reitend erscheint er auch in der Habbingssage, und Roß und Mantel
gehören so sehr zu seiner Erscheinung, daß sie ihn mit dem h. Martin
vermittelt haben. Für die künstlerische Darstellung beschreibt Petersen
159 Odin als einen hohen einäugigen Greis mit langem Bart, tief
herabgedrücktem breiten Hut, im blauen fleckigen Mantel, den Goldring
Draupnir am Arm, zwei Raben auf seinen Schultern, zwei Wölfe zu
den Füßen; der Karlswagen (§. 74) rollt über seinem Haupte.

  In Walhall nimmt Odin den Hochsitz ein, der Hlidskialf heißt, von
dem er die ganze Welt übersieht. Nur Frigg theilt nach Grimnismal
diesen Sitz mit dem Gatten. Der Name (at skialfa = beben) erin=
nert wieder wie Walaskialf an die bebende Luft und Odins Wesen. Da
Hlidskialf der höchste Punkt in Asgard, gleichsam der Zenith des Himmels
ist, so möchte er wie Heimdall als die Spitze des Baumes Lärad zu denken
sein, der selber nur (S. 33) den Wipfel des Weltbaums bildet, als
dessen Frucht Odin erscheint.

  Auf diesem Hochsitz saß Odin nach den deutschen Märchen, die Wolf
Beitr. I, 24 vergleicht, das Antlitz nach Süden gewendet; nach der
Sage vom Ursprung der Langobarden, wie sie das Edictum Rotharis
erzählt, sollte man glauben nach Westen. Nach dem Märchen vom Schnei=
der im Himmel (K. M. 35) stand vor dem heiligen Stuhl, den wir uns
ganz golden zu denken haben, ein eben solcher Schemel.

  Zwei Raben Hugin und Munin (Gedanke und Erinnerung) sitzen
dem Gott auf den Schultern und flüstern ihm ins Ohr, denn jeden Tag
sendet er sie aus, die Zeit zu erforschen. ‚Die Menschen nennen ihn darum
Rabengott.' D. 38. Daß gerade diese Vögel als Symbol seiner Allwissen=
heit gewählt sind, erklärt sich aus seiner Eigenschaft als Schlacht= und Kriegs=
gott; sie werden wohl auch (weil er Jagdgott ist?) als Habichte bezeichnet:

  Nun bin ich so froh dich wieder zu finden
  Wie die aasgierigen Habichte Odins,

Wenn sie Leichen wittern und warmes Blut,
Oder thautriefend den Tag schimmern sehn.

Denselben Bezug haben auch die Wölfe zu seinen Füßen, welchen er das für ihn bestimmte Fleisch des Ebers reicht, da er selbst keiner Kost bedarf, Grimnism. 19. Wie die Raben Habichte, so heißen diese Wölfe wohl auch Hunde (M. Edda 129. 238); noch Hans Sachs nennt die Wölfe unseres Herrgotts Jagdhunde. Schwer ist es zu deuten, wenn es von Odins Saal heißt:

Ein Wolf hängt vor dem westlichen Thor,
Ueber ihm ein Aar.   Gr. 10.

Am Besten erklärt man sie als unsern Wappenthieren ähnliche Symbole: der Aar gebührt ihm als Luftgott (S. 29), der Wolf als Kriegsgott.

Erinnerungen an diese heil. Thiere sind Myth. 155. 600 und Wolfs Beitr. I, 26 nachgewiesen. Die schönste findet sich in den deutschen Gedichten von König Oswald, der seinem Raben von zwölf Goldschmieden (den Asen) die Flügel mit Gold beschlagen läßt und ihn auf Liebeswerbung ausschickt, und K. M. 35, wo sich zwei schneeweiße Tauben dem Pabst auf die Schultern setzen und ihm Alles ins Ohr sagen was er thun soll.

64. Verleihungen: a. Schwert, Helm und Brünne.

Einzelne seiner Attribute pflegt Odin begünstigten Helden zu verleihen. Schwert, Helm und Brünne (Panzer) erbot er sich in der Gestalt des Bauern Hrani dem Dänenkönig Hrolf Kraki, der bei ihm eingekehrt war, zu schenken. Als dieser die Annahme verweigert, weil er den Gott in seinem Wirth nicht erkannte, wendet sich das Kriegsglück von ihm ab. FAS. I, 94. Dieselben Waffen finden wir vereinigt in der für Odins Gaben klassischen Stelle Hyndlul. 2:

Er gönnt und giebt das Gold den Werthen:
Er gab Hermodur Helm und Brünne,
Ließ den Sigmund das Schwert gewinnen.

Heben wir zuerst das dem Sigmund verliehene Schwert heraus. Odin selbst erscheint bekanntlich an der Spitze des Wölsungenstammes, denn Sigi, mit dem er beginnt, wird Wölf. S. Cap. 1 Odins Sohn genannt; an Sigmund hat er noch nähern Antheil, denn Wölsung (Wals) hatte ihn mit einer Walküre gezeugt, die Cap. 2 Odins Geliebte heißt, und schon Wölsungs Zeugung durch einen Apfel vermittelt hatte. Als nun Wölsungs seine Tochter Signe, Sigmunds Zwillingsschwester, dem Siggeir vermählte, trat am Abend ein Mann in den Saal, barfuß, im fleckigem Mantel und Leinhosen an den Beinen; er war hohes Wuchses, dabei alt und einäugig, was ein breiter Hut verhehlen sollte: ein Schwert in der

Hand gieng er an den Kinderstamm (S. 31. 44), der mitten in Wölsungs
Halle stand, und stieß es in den Stamm, daß es bis ans Heft hinein=
fuhr. Niemand wagte es, diesen Mann anzureden; er aber sprach: Wer
dieses Schwert aus dem Stamme zieht, dem soll es gehören und er wird
selber gestehen, daß er nie ein beßeres Schwert in Händen trug. Darauf
schritt er aus der Halle, und wuste Niemand wer er war, noch wohin er
gieng. Nun standen sie Alle auf und versuchte Einer nach dem Andern
das Schwert herauszuziehen; aber es rührte sich nicht bis Sigmund,
König Wölsungs Sohn, hinzutrat: der zog es heraus und es war, als
wenn es los da vor ihm läge. Mit diesem Schwert gewann Sigmund
viele Schlachten; aber am Ende seines Lebens versagte es ihm. In der
Schlacht gegen Lyngwi trat ihm ein Mann mit breitem Hut und blauem
Mantel entgegen; er war einäugig und trug einen Sper in der Hand:
an diesem Sper brach ihm das Schwert in zwei Stücke; er selber fiel in
der Schlacht, C. 11. Mit demselben Schwert, das Regin wieder schmie=
dete, rächte hernach Sigurd seines Vaters Tod. Ihm wendete sich Odins
Gunst wieder zu, denn er gab ihm Grani, das Roß, das von Sleipnir
stammte, ließ sich in sein Schiff aufnehmen und beschwichtigte den Sturm,
Cap. 17, und beim Drachenkampf lehrte er ihn Gruben zu graben, das
Blut hineinrinnen zu laßen und den Wurm ins Herz zu stoßen. C. 18.

Daß es des Gottes eigenes Schwert war, das er Sigmund ge=
winnen ließ, dasselbe das Sigrdr. 14 (§. 63) erwähnt wird, macht die
Zusammenstellung mit Hermodurs Helm und Brünne, die sich bei dem
Gotte gleichfalls wiederfinden, wenigstens wahrscheinlich. Wir wißen
zwar nicht, wer dieser Hermodur war, schwerlich der Gott, den wir als
Baldurs Bruder kennen (§. 33. 92), eher jener im Beowulfsliede zweimal
vorkommende Heremôd, das erstemal wieder in Verbindung mit Sigmund.
(Kemble 64. 121). Vgl. jedoch Holtzmann Germ. VIII, 491. Seine Sage ist
nur sehr unvollständig erhalten; aber schon das Wenige, das wir von ihr
wißen, zeigt, daß er im Uebermuth des Glücks Odins Gunst verwirkt
habe; vgl. §. 90. Dem Sigmund entzog sie nur sein hohes Alter; sei=
nem Sohne blieb er hold, und daß er auch seinem Geschlecht nicht feind
ward, das sein eigenes war, es vielmehr rächt, indem er Hamdism. 26
räth, auf Jonakurs Söhne Steine zu schleudern, ist Edda S. 502 ausge=
führt. Wie hohe Pfänder auch dem Jüngling verliehen seien, dem Alter
kann die Gunst des Schlachtengottes nicht bleiben. Aehnliches wird uns
gleich wieder begegnen.

65. b. Sper.

Der stärkste Beweis dafür, daß es Odins eigene Waffen sind, die
er ausleiht, ist der Sper Gungnir. Wie ihn die Zwerge, Jwaldis Söhne,

geschmiedet haben, ist §. 57 erzählt; aber schon im ersten Kriege (§. 24) bediente sich Odin nach Wöl. 28 seines Spers:

<blockquote>Da schleuderte Odin den Spieß ins Volk.</blockquote>

Nach Helgakw. Hundingsb. II opferte Dag, Högnis Sohn, dem Odin für Baterrache. Da lieh Odin ihm seinen Spieß. Dag fand den Helgi, seinen Schwager, bei Fiöturlundr: er durchbohrte Helgi mit dem Spieße. Da fiel Helgi. Als er aber nach Walhall kam, bot Odin ihm an, die Herschaft mit ihm zu theilen. Einen solchen Ersatz mochte er dem Helden zu schulden glauben, der sein Liebling gewesen war und ihn nicht beleidigt hatte. Denn wie im ersten Liede Str. 12 Helgis Worte andeuten, die er den Söhnen des erschlagenen Hunding sagen ließ, als sie Baterbuße von ihm begehrten:

<blockquote>Gewarten möchten sie großen Wetters,
Grauer Geere und des Grames Odins,</blockquote>

so hatte Odin ihm früher seinen Sper geliehen, und der Gram Odins, d. i. sein Zorn, Helgis Feinde getroffen. Das Wetter ist die Schlacht, und der graue Geer der Sper, von dem wir reden. So weihte Gissur nach der Herwararf. Cap. 28 die feindliche Schlachtordnung dem Unter= gange (occidioni) mit den Worten: ,Erschreckt ist euer König, dem Tode verfallen (feigr) euer Herzog, hinfällig eure Kriegsfahne, gram ist euch Odin. Laße so Odin mein Geschoß fliegen, wie ich vorhersage.' (FAS. I, 501.) Vgl. Myth. 16. 125 die aus Paul. D. angezogene Stelle. Vielleicht entlieh man dem Heiligthum des Gottes den ihm geweihten Sper; die Sagen gedenken dessen nicht. Aber Opfer giengen voraus, wie schon oben bei Dag. Als der Schwedenkönig Erich die Schlacht bei Fyriswall gegen Styrbiörn schlagen sollte, opferte Styrbiörn dem Thór, aber Erich dem Odin, weihte sich ihm und bestimmte die Frist seines Todes auf zehn Winter. Da sah er einen großen Mann mit breitem Hute, der gab ihm seinen Rohrstengel (reyrsproti) in die Hand, ihn über das feindliche Heer mit den Worten zu schießen: ,Odin hat euch Alle!' Als das geschah, erschien ein Wurfsper in der Luft, flog über Styrbiörns Schlachtreihen und schlug sein Kriegsvolk wie ihn selbst mit Blindheit. FMS. V, 250. Diese Stelle läßt schließen, daß auch Helgi seine Lebens= zeit auf feste Jahre bestimmt hatte, um den grauen Geer zu erlangen. In der Eyrbyggiasage, wo Steinthór den Spieß sich zum Heil über Snorris Heer schießt, obgleich nicht gesagt ist, daß es des Gottes Sper war, wird es ausdrücklich als alte Sitte (at fornom sidh) bezeugt. Schon die römischen Fetialen pflegten eine eisenbeschlagene in Blut getauchte ange= brannte Lanze (hasta ferrata sanguinea praeusta) ins feindliche Land zu schleudern, dem man Krieg ansagte, Liv. I, 32. Das erinnert an Kaiser Ottos Sperwurf gegen Dänemark, mit dem er gelobte, bei seiner

Zurückkunft das Land zu bekehren oder das Leben zu laßen; oder an
Autharis Säule bei Paulus Diaconus, Gr. DS. 399ᵇ. R. A. 59. Vgl.
Herodot V, 105. Im Norden ward auch der Heerpfeil (herör, bodkefli)
angebrannt, den man bei Kriegsgefahr umhersandte, das Volk aufzubieten.
In dem Krieg mit den Hermunduren um die heiligen Salzquellen hatten
die Chatten das ganze feindliche Heer dem Mars und Merkur (Zio und
Wuotan) geweiht, Ann. XIII, 57. Des Spers wird hier geschwiegen;
aber die heimischen Quellen ergänzen des Römers Bericht, indem sie den
Gebrauch bei der Weihung und selbst die dabei ausgesprochene Weih-
formel lehren. Und daß auch im Norden die so Besiegten geopfert
wurden und dieß der Sinn der Weihe war, zeigen die Worte, welche
Sigrun (Helgak. II, 23) zu Hobbrodd spricht, als sie ihn verwundet auf
der Walstatt findet:

> Vorbei ist das Leben, das Beil naht,
> Granmars Sohn, deinem grauen Haupt.

Auch Herwar. S. 444 werden alle auf der Walstatt Fallenden dem
Odin geweiht. Bestätigung gewährt ferner die Gautrekſ. (FAS. III, 34),
vgl. mit Saxo 104, wo Odin als Hrofshársgrani dem Starkather seinen
Rohrstengel giebt, um damit das Opfer an König Wikar zu voll-
ziehen, auf den bei dem Seesturm, wo der zürnende Gott durch Menschenblut versöhnt werden sollte, das Looß gefallen war. Und als Starkather
das Neidingswerk begeht, den König, der nur zur Schau für die Fahrt-
genoßen, mit welchen er geloost hatte, sich den Strick umlegen zu laßen
glaubte, wirklich hinzurichten, und mit dem Rohrstengel, der zum Sper
ward, zu durchbohren, bedient er sich der Worte: ‚So geb ich dich Odin.‘

Entfernter gehört die Sitte hieher, sich auf dem Todesbette mit
dem Sper ritzen zu laßen, wovon die Ynglingasaga (Heimskr.) mehrere
Beispiele bewahrt hat. Da nur im Kampf Gefallene, die Todeswunden
zur Schau trugen, zu Odin kommen sollten, so bot die Sperritzung, die
gewiß auch mit einem Weihopfer verbunden war, ein Auskunftsmittel,
in Walhall als ein an Wunden verbluteter Kämpfer Aufnahme zu finden.
Auf diese Weihe beziehen sich Odins eigene Worte in seinem Runenlied
(Hawamal 139):

> Ich weiß, daß ich hieng vom Sper verwundet,
> Dem Odhin geweiht, mir selber ich selbst.

Dieß veranlaßte den Verfaßer der Heimskringla, der die Götter
menschlich auffaßte, nicht bloß den Njördr sich auf dem Krankenbette für
Odin zeichnen zu laßen; auch Odin selbst ritzt sich bei ihm im gleichen
Falle mit der Spitze des Spers, wobei hinzugefügt wird, ‚und eignete sich
alle im Kampf Gefallene zu‘, was auf die Auffaßung deutet, als kämen
die Gefallenen deshalb zu Odin, weil auch er an Wunden gestorben sei.

Es scheint unnöthig, mit Petersen 169 auszuführen, daß Odins Sper kein Luftphänomen, sondern nächst seiner Bedeutung als Waffe ein Symbol der Macht und Herschaft ist. Wer damit berührt wird oder wen er überfliegt, der gehört dem Gotte, wie ähnlich auch Thors Hammer beim Landerwerb ausgeworfen wird, die Grenze zu bestimmen.

Wolf Beitr. I, 12 weist nach, wie in deutschen Märchen der Sper des Gottes zum Stocke, ja zuletzt zum ‚Knüppel aus dem Sack' ward. Als Sper habe er sich nicht behaupten können, weil der Gebrauch der Spere längst untergegangen sei und das Märchen es mit der Gegenwart halte. Allein K. M. 28, wo es ein wildes Schwein zu erlegen gilt, wird erzählt: ‚Und als der Jüngste so ein Weilchen gegangen war, trat ein kleines Männchen zu ihm, das hielt einen schwarzen Spieß in der Hand und sprach: Diesen Spieß geb ich dir, weil dein Herz unschuldig und gut ist: damit kannst du getrost auf das wilde Schwein losgehen, es wird dir keinen Schaden zufügen.' Hier kommt der Sper nur als Waffe in Betracht; aber er wird als göttliche Waffe verliehen und durchbohrt das Ungethüm, wie der Sper in Dags Hand den Helgi.

In andern Sagen dagegen erscheint ein Stab, und zwar als Symbol der Macht über den Tod. So wenn in der Legende von St. Matern der Apostel Petrus den Boten seinen Stab leiht, womit sie das Grab des zu früh gestorbenen Bischofs schlagen und ihm gebieten sollen aufzuerstehen (Godfr. Hagen 48), oder wenn in den deutschen Gesta Rom. 80 (vgl. 88) der alte Mann seinen Stab leiht, kraft dessen dem Beliehe=nen in der Hölle Alles gewährt werden muß, was der Herr des Stabes gebiete (vgl. §. 103). Da der Stab hier über die Unterwelt Gewalt hat, so dürfen wir wohl daran erinnern, daß Odin selbst Wegtamskw. 9 die todte Wala vor der Pforte der Hel erweckt, wobei seines Stabes ausdrücklich gedacht wird. Auch der Stab der Gridh, der Mutter Wi=dars, des Gottes der Erneuerung, ist hier zu erwägen: wir werden sie (§. 84. 96) als Unterweltsgöttin kennen lernen, und so hat der Stab auch hier Macht über Tod und Leben.

Außer den hier von Odin verliehenen Waffen muß er auch den Bogen geführt und gleich Apollo, dem er sich auch sonst vergleicht, Pfeile versendet haben, wie wir ja in angels. Zauberformeln von Asengeschoßen lesen. Zwar wenn der Daumen Wodens Finger, Woenlet heißt, so kann dieß daraus fließen, daß er als Wunsch (Oski) auch Gott des Spiels war, vgl. S. 166, wozu Grimm M. 145 die Redensart anführt, beim Spiele laufe das Glück auf dem Daumen. Bekannter ist die Sitte beim Spiel, dem Spieler, dem man Glück wünscht, den Daumen zu halten. Aber man nannte auch den Raum, den man mit Daumen und Zeigefinger bemeßen konnte, Woedenspanne, und dieß bezieht Mannhardt auf

die Handhabung der Armbruſt. Auch ſeine ſicher treffenden Pfeile ver=
leiht Odin nach §. 66.

66. c. Roſs und Mantel.

In den nordiſchen Sagen wird Odins Roſs Sleipnir ſeinen Günſt=
lingen ſo wenig als ſein Mantel verliehen. Verleihungen dieſer Art
erſcheinen dagegen in Deutſchland, wo freilich an die Stelle Odins bald
der Teufel, bald ein Engel tritt. Wir gehen dabei von einem Zuge der
Habbingsſage aus, welche Saxo I, 12 berichtet. Habbing, einer der
Günſtlinge Odins, dem er ſich zuletzt opfert, iſt in einer Schlacht ge=
ſchlagen: da kommt der Gott, auch hier als einäugiger Greis, dem Fliehen=
den zu Hülfe, ſtärkt ihn mit einem Trunk, faßt ihn in den Mantel und
führt ihn durch die Luft in die Heimat. Durch ein Loch des Mantels
ſchauend gewahrt Habbing mit Erſtaunen, wie das Pferd über Wellen
und Wolken dahin ſchreitet. Wir bleiben in der im Ganzen doch ſehr
verworrenen Erzählung unberichtet, warum es in dieſem Falle darauf
ankam, den Helden ſo ſchnell in die Heimat zu ſchaffen. In den deutſchen
Sagen iſt dieſer Grund angegeben: da die Friſt abgelaufen war, binnen
welcher der Begünſtigte heimkehren ſollte, iſt ſeine Gemahlin im Begriff
ſich wieder zu vermählen. Dagegen ſteht der den zurückführenden Gott
vertretende gute oder böſe Geiſt gewöhnlich im Hintergrunde, während
Roſ und Mantel, bald das eine bald das andere, hervorgehoben ſind.
In der Sage von dem edeln Möringer D. 523 ſo wie M. M. 61 (vgl.
Uhland über Bobmann, Germ. IV, 67 ff.) fehlt zwar ihre Erwähnung,
und auch in der berühmten Braunſchweiger Sage, deren Held ſpäter
Heinrich der Löwe ward, ſehen wir dieſen, nach dem Volksliede und den
von K. Göbeke (Reinfrit von Braunſchweig, Hannover 1850, S. 75) ver=
glichenen Quellen, von dem Teufel durch die Luft getragen, ohne daß des
Mantels oder des Roſſes gedacht würde, denn die Ochſenhaut, in die er
ſich von dem getreuen Knecht nähen läßt, gehört zu der Greifenſage und
hat mit der Heimkehr und dem Wunſchmantel nichts zu ſchaffen; A. M. iſt
Wolf Beitr. 6. Jener Hauptzug, die Begünſtigung der Ehe, iſt aber der
Sage ſo weſentlich, daß er ſelbſt da eindrang, wo er nicht hingehörte. Ein
auffallendes Beiſpiel gewährt die Sage vom Thedel von Walmoden und ſei=
nem ſchwarzen Teufelsroſs. Volksbücher IX, 497 ff. Sie iſt der normanni=
ſchen von Richard I. (Wolf 7) auf das Nächſte verwandt, nur daß dieſe an die
Stelle des Roſſes ein vielfarbiges Tuch ſetzte, in welchem wir den Wunſch=
mantel wiedererkennen: auf dieſem Tuche vollbringt Richard die Fahrt wie
Thedel auf dem Roſſe. Durch die Herleihung derſelben wird aber Bei=
den keine Gunſt erwieſen: der im Hintergrund ſtehende böſe Geiſt ſtellt
nur ihre Unerſchrockenheit auf eine gefährliche Probe: ſie würden es,

wenn sie Furcht angewandelt hätte, mit dem Leben entgolten haben. Die auf Heinrich den Löwen übertragene Braunschweiger Sage, in der wir einen uralten Mythus erkennen, läßt nur die Heimkehr durch Hülfe des Teufels vollbringen; die normannische und die von Thedel auch schon die Ausfahrt, also die ganze Reise, woraus sich ergiebt, daß letztere zu den Sagen vom wilden Heere gehören, womit wir hier noch nichts zu schaffen haben. Eine Verbindung mit der Sage von der Heimkehr, die der Gott begünstigt, ist aber in beiden und zwar in auffallend gleicher Weise versucht; sie konnte jedoch nur angeflickt werden. Richard trifft in der Kirche der h. Katharina auf dem Sinai einen seiner Ritter, der vor sieben Jahren in die Gefangenschaft der Sarazenen gerathen war, welchem der Herzog berichtet, seine Frau, die ihn längst todt glaube, wolle binnen dreien Tagen wieder heirathen, und er, der Herzog, sei selbst zur Hochzeit geladen, Wolf Beitr. 7. Gerade so findet Thedel in Jerusalem den Herzog Heinrich und theilt ihm mit, daß die Herzogin, die ihn für ertrunken halte, mit einem Pfalzgrafen zur neuen Ehe schreiten werde, wenn er nicht binnen Kurzem heimkehre. Daß die normannische Sage hier die deutsche benutzt hat, kann kein Zweifel sein, denn die Sage von Heinrich dem Löwen hat uralten Grund: sie klingt schon im Jwein, dem Ritter mit dem Löwen, an, dem seine Gemahlin gleichfalls eine Frist zur Rückkehr bestimmt hatte. Auch im Wolfdietrich finden sich ihre Spuren: sie gehört der deutschen Odyssee an und die Vergleichung aller zu ihr zählenden Sagen und so auch Alles was von Heinrich dem Löwen berichtet wird, zeigt, daß das Ziel der Reise nicht das Grab des Erlösers oder das gelobte Land war, sondern die Unterwelt Birl. I, 348, wie die daheim harrende Gemahlin der von Freiern umworbenen Penelope zu vergleichen ist. Wie hiedurch Licht auf die Odyssee selbst fällt, so ergiebt sich daraus auch die Verwandtschaft der Habbingsage, denn auch Habbing gelangt Saxo 16 in die Unterwelt, und sogar die Mauer, welche bei ihm das Land des Lebens umgiebt, findet sich MM. 61 so wie bei Reinfr. von Braunschweig (Gödeke 60) wieder. Um so wahrscheinlicher wird es nun, daß auch Habbing zu schleuniger Heimkehr, welche der Gott vermitteln muß, denselben bringenden Antrieb hatte wie Heinrich der Löwe.

Auf dem Mantel geschieht nun ferner die Heimfahrt in der Erzählung des Caesarius 8, 59 von Gerhard von Holenbach (in der Legende von St. Thomas, Zingerle Ztschr. f. D. Myth. IV, 39, Helpach), wo wie in dem Volkslied von dem edeln Möringer die Wallfahrt zum Grabe des h. Thomas gerichtet war. Der Antrieb ist hier noch derselbe; dagegen in der Sage vom Wartburgkriege DS. 555, wo der Wunschmantel zu einer ledernen Decke wird, steht dem Heinrich von Ofterdingen nicht Braut oder Gemahlin, sondern Ehre und Leben auf dem Spiel,

wenn ihn Klingſor nicht durch ſeine Geiſter in einer Nacht nach Thü=
ringen ſchaffen ließe. Neben andern Wunſchdingen und nur mit unſicht=
bar machender Kraft erſcheint der Mantel auch KM. 92; aber auch hier
hilft er die Hochzeit mit einem Andern noch rechtzeitig zu hintertreiben.
Vgl. 93 und BM. 68 Des Teufels Pathe. Zuletzt hat er noch in die
Fauſtſage Aufnahme gefunden und iſt hier zu großer Berühmtheit gelangt.
Das Roſs erſcheint dagegen außer bei Thebel faſt nur in der Sage von
Kaiſer Karls Heimkehr aus Ungerland, DS. 439 (vgl. Myth. 980),
wo es gleichfalls die Wiedervermählung der Kaiſerin zu verhindern gilt,
und in der von Uhland Germ. IV, 93 mitgetheilten Sage von Graf
Friedrich von Zollern. Wo ſonſt noch, und die Fälle ſind zahlreich genug,
Roſſe ſich darbieten, ſind ſie geſpenſterartig: ſie wollen die Menſchen nur
ſchrecken und abmatten, wie die bei Reuſch 22, oder ſie gehören wie das
bei Tette und Temme Pr. Volkſſ. 73 der wilden Jagd oder gar wie bei
Caeſarius II, 7 der Hölle an, an die ſelbſt Thebels Roſs, das nur glü=
hende Kohlen frißt, erinnert. Nur Temme l. c. 76 könnte es von dem
Gotte zu Hülfe geſandt ſein.

Mit dieſer einen Ausnahme kann Odins Dazwiſchenkunft daraus
erklärt werden, daß er als Ehegott den Bruch eines ihm geheiligten Ver=
hältniſſes verhindern will; jedoch werden wir §. 91 erkennen, daß allen
dieſen Sagen ein Mythus von Odin ſelbſt zu Grunde liegt, der in zwei
Hauptgeſtalten in Deutſchland nachklingt und fortlebt. Das Roſs iſt aber
in denſelben Sagen als ein Symbol der Allgegenwart aufzufaßen, die
ihm freilich ſehr verkürzt wird durch die Vermenſchlichung, der alle heid=
niſchen Götter nothwendig anheimfallen. Denn wenn er gleich auf dem
windgezeugten Hengſt in der kürzeſten Friſt die weiteſten Räume durch=
meßen mag, ſo ſind doch die Entfernungen keineswegs gänzlich für ihn
aufgehoben. Der Mantel, der in deutſchen Sagen zu gleichem Zwecke
dient, war wohl urſprünglich, wie das vielfarbige Tuch der normanniſchen
Sage noch andeutet, der Wolkenhimmel mit ſeinen wechſelnden Farben,
Wolf 7, woran DMS. 26 nicht Zweifel erregen darf, denn der hier vor=
kommende Mantel, der aus tauſend Läppchen geſtickt iſt, von welchen ein
jeder, wenn man ihn auseinander warf, ein Schloß mit ſchönen Gärten
und Weihern ward, iſt zwar die Erdoberfläche; er wird aber auch von
einem Frauchen verliehen, in welcher wir die Erdgöttin erkennen, ſo daß
er von Wuotans Mantel verſchieden iſt; wohl aber gehört hieher die §. 115
mitzutheilende Sage von der Schwanenkirche zu Carden, wo Frouwa, an
deren Stelle Maria getreten ſcheint, nicht als Erdgöttin in Betracht kommt,
ſondern ſich mit Wuotan in die Herſchaft über Luft und Waßer theilt.

Wir könnten noch von andern Verleihungen ſprechen, da die deutſche
Sage außer dem Wunſchmantel auch Wünſchelhüte kennt, welche die Kraft

des Mantels haben, während dieſer, wo er daneben vorkommt, bloß un=
ſichtbar macht. Ein ſolches iſt Fortunats Wünſchhütchen, das neben einem
andern Wunſchdinge, dem Säckel, vorkommt, wie auch Siegfried neben
der Tarnkappe (Hehlmantel) den Hort beſitzt. Nach den Nibelungen 1046
lag die unerſchöpfliche Kraft des Horts in der Wünſchelruthe (der
wunsch lac dar under, von golde ein rüetelin), deren Name ſchon
auf Wuotan (Wunſch) weiſt. Dagegen nach Edda 190. 341 lag dieſe
Unerſchöpflichkeit in dem Ring Andwaranaut, mit welchem der Schatz, wenn
man noch ſo viel wegnahm, ſich wieder vermehren ließ, weshalb er uns
ſchon §. 35 mit Odins mehrbeſprochenem Ring Draupnir, von dem an=
dere ebenſchwere troffen, ſo wie mit Mimrings ſchatzmehrendem Armring
zuſammenfiel. Wo uns alſo dieſer Ring oder die an die Stelle tretenden
Wunſchſeckel, Brutpfennige oder Heckethaler in den deutſchen Märchen be=
gegnen, da ſind auch ſie als von Wuotan verliehen anzuſehen, nicht ſo das
Alraun= oder Galgenmännlein. Ein Gleiches gilt von den Wunſchwürfeln,
KM. 82. Denn Odin, von dem alles Heil ausgeht, war als Gott des Glücks
auch Gott des Spiels, vgl. §.65, und ihm wird wie dem Mercur die Erfin=
dung des Würfelſpiels beigelegt. Myth. XXXVI. 136. 140. 958. Selbſt
die Siebenmeilenſtiefel erinnern an die Flügelſchuhe Mercurs; wir müßen
ſie an des Gottes Füße denken, der ſie zurückließ, als er in den Berg
ſchlafen gieng. Örwar Odd empfängt ſeine ſicher treffenden von Zwergen
geſchmiedeten Pfeile (FAS. II, 113) von Grimr, welches ein Beiname
Odins iſt. Sie vergleichen ſich den Freikugeln der deutſchen Freiſchütz=
ſage. Vgl. Kuhn WS. 340. Die von Odin dem Hermodr verliehene
Brünne machte wohl unverwundbar wie Hildegrin §. 97; der neuere deutſche
Aberglaube macht auch ohne Panzer kugelfeſt durch die ſ. g. Paſſauer
Kunſt oder durch Einheilen einer conſecrierten Hoſtie u. ſ. w. Gfrörer
werden die genannt, welche die Kunſt verſtehen, kugelfeſt zu machen.
Vgl. Zingerle Sagen 321 ff. Alpenburg 312.

Andere Wunſchdinge aufzuführen enthalte ich mich, indem ich auf
Myth. 1127 und Wolf Beitr. 10 ff. verweiſe.

Zu beachten iſt aber eine Reihe von Märchen, in welchen, wie KM.
92. 93. 193. 197. vgl. DMS. 20. 23. mehrere ſolcher Wunſchdinge zu=
gleich erſcheinen: ihre Beſitzer ſind um ſie in Streit gerathen, und ein
dritter, der zum Schiedsrichter aufgerufen wird, bemächtigt ſich ſelber
ihrer, wie das ſchon Siegfried in den Nibelungen 89 thut, der ſo den
Hort, die Tarnkappe und das Schwert Balmung gewinnt. In KM. 93
ſind es Stock (Schwert), Pferd und Mantel, Altd. Bl. I, 297
Schuhe, Hut und Mantel; dagegen KM. III, 401 nur ein Mantel, KM.
193 nur ein Sattel, der aber auf das Pferd hinweiſt. Schwert und
Pferd werden auch Skirnisför 8. 9 erfordert, um durch Wafurlogi zu

reiten und die Braut zu gewinnen. Und so finden sie sich als Gram und Grani bei Sigurd in der Edda und Wölsungasaga wieder, da er wie Stirnir, der an Freys Stelle getreten ist (s. o. §. 30) durch Wa= furlogi reitet. Statt dieser wird in den Märchen der Glasberg oder der goldene Berg genannt, was keinen Unterschied macht, denn auch der Glas= berg ist ein Seelenaufenthalt, wie Wafurlogi nach §. 30 die Unterwelt umgiebt. Diese Wunschdinge haben also die Kraft wie der Stab §. 65 dieses sonst unzugängliche Reich zu erschließen. Haben sie auch hier einen Bezug auf Wuotan? Nach der Sigurdsage sollte man dieß bejahen, da sowohl das Schwert Gram, das Odin seinen Vater Sigmund gewinnen ließ (§. 64. 66), als das Roß Grani, das Sleipnir gezeugt hatte, von Odin herrühren. Aber in Stirnisför sehen wir ja beide, Roß und Schwert, in Freys Besitz. Zur Verneinung der Frage reicht dieß noch nicht hin: was Stirnisför von Freys Diener Stirnir erzählt, muß einst von Odin gegolten haben. Denn wenn Skaldsk. 59 von Blödughófi, das wir oben für Freys Roß nahmen, gesagt wird, Belis Tödter habe es geritten, so waren wir zwar nach Stirnisför 16 berechtigt, dabei an Freyr zu denken, weil diesen Gerda ihres Bruders Mörder nennt; allein an derselben Stelle von Skaldsk. heißt es kurz zuvor, der kraftreiche Atridr habe Blödughófi geritten: Atridr ist aber nach Grimnism. 48 ein Bei= name Odins. Dazu kommt, daß Gerda Skaldsk. 19 Friggs Nebenbuhlerin heißt (vgl. §. 30): sie galt also einst für Odins Gemahlin oder Ge= liebte. War es Odin, der Beli erschlug und Gerda gewann, so bezog sich auf ihn der in Stirnisför enthaltene Mythus, was sich nur aus seiner Eigenschaft als Sonnengott (§. 74), die hernach auf Freyr übergieng, erklärt: es war mithin Wuotans Roß und Wuotans Schwert, welche durch Wafurlogi führen, den Glasberg zugänglich machen und die Unter= welt erschließen. Darum bedarf auch Hermodur, da er zur Unterwelt reitet (§. 33), Odins Roß Sleipnir, wie Sigurd den Grani, Stirnir den Blödughófi, ja vielleicht Hermodur zu demselben Zweck auch Helm und Brünne (§. 64), welche zusammen den Mantel vertreten würden, denn auch dieser Hyndl. 2 verbürgte Zug kann aus der Göttersage in die Hel= densage gelangt sein.

67. Swinfylking.

Seinen Lieblingen theilt Wuotan, um ihnen zu Macht und Herschaft zu verhelfen, nicht bloß seine Wunschdinge mit, die seine eigenen Attribute sind, er lehrt sie auch die Kriegskunst, namentlich die von ihm selbst er= fundene Schlachtordnung. Schon jenen Hadding (§. 66) unterwies er wie er die Rotten keilförmig aufstellen müße, Saxo 171 (Müller 52), was nach Tac. Germ. ‚Acies per cuneos disponitur‘ die den Deutschen

eigenthümliche Anordnung war. Im Norden hieß sie Swinfylking, weil
sie die Gestalt des Eberrüßels nachzuahmen schien. Das jüngste Beispiel
begegnet in der Sage des Dänenkönigs Harald Hildetand (Kriegszahn),
mit dem die historische Zeit anbricht. Durch Zauberei und Odins Geschenk
unverwundbar, pflegte er diesem die Seelen der Erschlagenen zu weihen,
was auf den Sper Gungnir und dem an ihm haftenden Gebrauch hin-
deuten könnte. Vor dem Kriege mit dem Schwedenkönig Jngo gedachte
er den Ausgang des Kampfs durch Weißagung zu erforschen: da erschien
ihm ein einäugiger Greis von hervorragender Gestalt, unterwies ihn in
der Kriegskunst und lehrte ihn außer einer neuen Weise, in der Seeschlacht
die Schiffe zu ordnen, die Rotten keilförmig aufstellen. Mit diesen Lehren
ausgerüstet besiegte er die Schweden, Saxo VII, 138. Aber am Schluße
seines Lebens sollte er den Gram Odins erfahren. Es war in der berühmten Brawallaschlacht, welcher der gealterte, erblindete Harald nur im
Wagen beiwohnen konnte. Sein Wagenlenker war Odin selbst, welcher
die Gestalt des Häuptlings Bruni angenommen hatte. Der erblindete
König, das ängstliche Geschrei der Seinen vernehmend, befiehlt jetzt dem
Bruni, des Feindes Schlachtordnung zu erforschen. Bruni gehorcht, kehrt
aber lachend zurück mit der Nachricht, es sei die keilförmige. Betroffen rief
Harald: Wer hat den König Hring gelehrt, seine Scharen so aufzustellen?
Ich glaubte, Niemand kenne diese Schlachtordnung als Odin und ich.
Will Odin mir nun den Sieg mißgönnen? das ist nie zuvor geschehen
und ich bitte ihn, daß er auch dießmal den Dänen Sieg gebe: alle,
die im Kampfe fallen, will ich ihm weihen. Aber Bruni riß den König
aus dem Wagen und traf sein Haupt mit seiner eigenen Keule. Saxo 146.
Sögubr. (FAS. I.) 8. 9.

Auf Odin als Erfinder des Swinfylking bezieht Müllenhoff Ztschr.
VII, 529 den bei Meichelbeck Nr. 629 a. 843 vorkommenden Eigennamen
Folchans; so wird Kerans ebendaselbst von dem Sper (Gêr) verleihen-
den Gott hergenommen sein.

68. Schutzverhältnisse.

Allerdings scheint hier Odins Verhalten gegen seinen Schützling durch
eine Zweideutigkeit entstellt, die vielleicht schon sein Beiname Tweggi
(der Zweifache) ausdrücken sollte. Sie liegt aber doch in dem Wesen des
Gottes und der Natur des Kriegsglücks, dessen Wandelbarkeit alle großen
Feldherren erfahren haben. Auch wird sie nach der Darstellung in Sö-
gubrot dadurch gemildert, daß Hildetand, weil er den Dänen zu alt
geworden war, auf dem Schlachtfelde zu sterben begehrte, weshalb er den
König Hring, seinen Schwestersohn, aufgefordert hatte, ein Heer zusammen
zu ziehen und ihm in der Schlacht zu begegnen. Aber der eigentliche

Grund liegt noch tiefer: die geheime Bedingung aller mit Odin einge=
gangene Schutzverhältnisse ist eine Selbstweihe, die wie bei Styrbiörn
§. 65 (der sich dem Odin weihte und seinen Tod auf 10 Jahre be=
stimmte, wie auf dieselbe Frist K. Eirik sich dem Odin gab, daß er ihm
Sieg verleihen sollte, M. 970) auf gewisse Fristen gestellt werden kann,
einmal aber doch immer von dem Gotte geltend gemacht wird.   Wie er
bei kurzer Frist zu entschädigen weiß, sahen wir an Helgi, dem, als er
nach Walhall kam, Odin anbot, die Herschaft mit ihm zu theilen.   Wie
alt Hadding ward, der sich dem Gott zu Ehren freiwillig erhängte, wißen
wir nicht genau; dem Harald Hildetand hatte er ein langes Leben bis
zum Ueberdruß bewilligt; Aehnliches wird uns Skaldsk. 64 von Halfdan
dem Alten gemeldet.   Dieser stellte mitten im Winter ein großes Opfer
an und verlangte, dreihundert Jahre in königlicher Gewalt zu leben.   Da
erhielt er zur Antwort, ihm solle nicht mehr als das längste Menschen=
alter zu Theil werden; aber in all dieser Zeit würden aus seinem Ge=
schlecht nur erlauchte Männer und Frauen hervorgehen.   Der Selbstweihe
wird hier geschwiegen und vielleicht war Odin durch das vorausgegangene
große Opfer befriedigt, wie auch Heimskr. I, 29 König Oen sich durch
das Opfer seiner Söhne hohes Alter erkaufte: jeden zehnten Winter
schlachtete er dem Odin einen derselben und ward so alt, daß er zu Bette
liegen muste und aus dem Horne trank wie ein kleines Kind.

> Als vom Stierschwert das schlanke Ende
> Er zum Munde mit Mühe hielt,
> Mit Blut besudelnd der Söhne Leib
> Schlürft' er liegend aus der Spitze des Horns.
> Es konnte der graue König im Osten
> Das Schwert des Ochsen schier nicht mehr halten.

Aber in andern Fällen muß man die Selbstweihe, auch wo ihrer
nicht ausdrücklich gedacht ist, hinzudenken und was in deutschen Sagen
von Bündnissen mit dem Teufel erzählt wird, daneben halten, wo sie
dann ihrerseits wieder von solchen mit Odin eingegangenen Schutzver=
hältnissen Licht empfangen.   Auch der Teufel bewilligt seine Hülfe, wie
bei dem Faust des Puppenspiels und des Volksbuchs, meist auf feste
Jahre; Andere läßt er, wie den Goetheschen Faust, alt und blind werden
wie Hildetand; aber nie versäumt er, sein Opfer wie Odin als Bruni
in Empfang zu nehmen.

Jenes heidnische Schutzverhältniß, dessen Eingehung bei Eirik at
gefaz Odhni hieß, kann auch schon von den Eltern eines Kindes vor
oder bei dessen Geburt eingegangen werden, wie bei der bierbrauenden
Geirhild (FAS. II, 26. Myth. 977), die dem Höttr (Odin) für seinen
Beistand verheißen muste was zwischen ihr und dem Faße sei; sie wuste

nicht, daß sie damit ihren Sohn Wikar §. 65 Odin gelobt hatte. In deutschen Sagen kehrt dieser Zug vielgestaltig wieder; außerdem schließen sich auch unsere Märchen von Gevatter Tod (K. M. 44) und des Teufels Pathenschaft BM. 68 hier an. Vgl. §. 146. Unaufgefordert nahmen die Götter an dem Schicksal einzelner Menschen vorzüglichen Antheil, wie in Grimnismal Odin an Geirröth, die Frigg aber an seinem zwei Jahre ältern Bruder Agnar: daran knüpft sich eine Wette zwischen beiden göttlichen Gatten, die sich durch Friggs List zu Gunsten ihres Pfleglings entscheidet. Derselbe Wetteifer wiederholt sich bei der Sage vom Auszug der Lango= barden DS. 389. Ztschr. V, 1, s. §. 108; im Wesentlichen eins mit jener in Grimnism., nur daß an die Stelle der feindlichen Brüder zwei feindliche Völ= ker treten. Die List, deren sich hier Frêa (Frigg) bedient, Gwodans Bett um= zukehren, kehrt im Märchen von Gevatter Tod wieder, so daß dieser Zug den engen Kreiß unserer Schutzverhältnisse nicht verlaßen hat. An Start= adrs Verhältniß zu Hrosharsgrani sahen wir oben ein Beispiel, daß die Gunst Odins mit der Feindschaft Thôrs erkauft werden muste, und dieß ließe sich noch an mehrern Thorshelden, welche Uhland (Mythus des Thor) besprochen hat, darthun. Ein solcher Gegensatz zwischen Thor und Odin bildet auch die Grundlage des freilich späten Harbardsliedes. Auch andere Götter haben ihre Schutzbefohlenen, wie schon die Namen Frôwin, Baldewin, Bregowine auf solche Gönnerschaft hinweisen.

69. Verheißung Walhalls.

Schon oben ist gesagt, daß Odin als Gott des Geistes besonders den kriegerischen Geist, den germanischen Heldengeist bedeutet, und so sahen wir ihn auch §. 67 die keilförmige Schlachtordnung lehren. Als Geber alles Guten konnte er, wie die Sage vom Ausgange der Lango= barden ausdrücklich sagte, kein höheres Gut verleihen als den Sieg. Darauf gehen viele Beinamen und Attribute, darum sind ihm die Thiere des Schlachtfeldes heilig, darum kommt Niemand in seinen Himmel, der nicht in der Schlacht gefallen oder an Wunden gestorben ist. Seine himmlische Halle heißt darum Walhall wie er selber Walvater, weil Wal den Inbegriff der in der Schlacht Gefallnen bezeichnet und alle seine Wunschsöhne sind, die auf dem Walplatze fallen. Die Walküren, die eben so seine Wunschmädchen heißen, oder Freyja, aus welcher sie ver= vielfältigt sind, sendet er aus, den Wal zu kiesen und seiner himmlischen Halle als Einherier (Schreckenskämpfer) zuzuführen D. 20. Dort geht er seinen Gästen entgegen und empfängt sie an der Schwelle; schon vorher hatte er das Mal rüsten laßen zu ihrem Empfange, wie das im Eriks= mal (Skaldst. 2) herrlich geschildert ist. Sie trinken mit den Göttern den süßen Meth, der aus dem Euter der Ziege Heidrun 45. 19 fließt (D. 39)

ober den Begeiſterungstrank der Aſen und Skalden, deſſen Urſprung D. 57.
58 erzählt iſt. S. §. 16. Auch die Speiſe, das Fleiſch des Ebers Säh=
rimnir, iſt ihnen mit den Göttern gemein. Jeglichen Tag wird er geſotten,
heißt es D. 38, und iſt am Abend wieder heil. Auch an Kurzweil fehlt
es da nicht: jeden Morgen, wenn ſie angekleidet ſind, wappnen ſie ſich
und gehen in den Hof und fällen einander. Das iſt ihr Zeitvertreib.
Und wenn es Zeit iſt zum Mittagsmal, reiten ſie heim gen Walhall und
ſetzen ſich an den Trinktiſch D. 41. Vgl. oben §. 21. So iſt ihr Leben
eine Fortſetzung, aber zugleich eine Verklärung des irbiſchen.

Zwar iſt Alles das nicht bloß als Belohnung aufzufaßen, da wie
§. 44 ausgeführt ward, Odin zugleich ſeine Macht gegen die Rieſen
ſtärkt, indem er die berühmteſten Helden, die er im Kampfe fallen läßt,
in ſeine himmliſche Halle zieht; wie auch das tägliche Kämpfen der Ein=
herier als Vorübung auf den letzten Weltkampf gefaßt werden kann. Doch
aber war dieſe Unſterblichkeitslehre und das in Walhall verheißene Freu=
denleben ein mächtiger Antrieb zu tobesmuthigem Kampf; dieſer Glaube
lehrte den Tod verachten und bildete Helden, obgleich Peterſen 299 richtig
bemerkt, man dürfe das auch umkehren und ſagen, die den Germanen an=
geborene Tapferkeit und Unerſchrockenheit habe die Lehre von Odin und
Walhall geſchaffen. Wenn aber Gangleri D. 39 fragt: ‚Was haben die
Einherier zu trinken, das ihnen ſo genügen mag als ihre Speiſe? Oder
wird da Waßer getrunken?‘ und Har antwortet: ‚Wunderlich fragſt du
nun, als ob Allvater Könige, Jarle und andere herrliche Männer zu ſich
entbieten würde und gäbe ihnen Waßer zu trinken. Ich weiß gewiß,
daß Manche nach Walhall kommen, die meinen ſollten, einen Trunk
Waßers theuer erkauft zu haben, wenn ihnen da nichts Beßeres geboten
würde, nachdem ſie Wunden und tödtliche Schmerzen erduldet haben‘, ſo
iſt das in echt heidniſchem Sinne geſprochen und ſchwerlich würde ſich
der Germane ſo freudig in den Kampf geſtürzt haben, wenn man ihm
geſagt hätte, daß der Eber Sährimnir, das Bild der Sonne, nichts als
das Licht des Tages ſei, das ſich täglich erneut, und Heidruns Milch
nichts als die klare Aetherflut, der reinſte Lichtſtrom, der unſterblichen
Lungen allein zuträglich ihnen zur Quelle des ewigen Lebens wird.
Gleichwohl treffen dieſe Deutungen den urſprüngliche Sinn des Mythus,
und ſelbſt die überlieferten Namen in Grimnism. Str. 18:

> Andhrimnir (der Koch) läßt in Elbhrimnir (dem Keßel)
> Sährimnir ſieden,
> Das beſte Fleiſch; doch erfahren Wenige,
> Was die Einherier eßen.

laßen ſich damit in Uebereinſtimmung bringen. Peterſen 232. Aber welche
Auslegung wir jetzt auch wählen, gerade in ihrer Bildlichkeit war Odins

Lehre geeignet, auf die Gemüther zu wirken.   Dem tapfern Kämpfer
konnte es gar nicht fehlen: fiel er in der Schlacht, so wurden ihm Walhalls Wonnen zu Theil; hatte ihm aber Odin Sieg verliehen, so mochte
er so begnadet dem Feinde wohl gönnen, bei Odin zu gasten. Vgl.
Snorri Heimskr I, Cap. 10. So war jeder Ausgang willkommen, und
man begreift, wie diese Helden, ‚wenn des Lebens Stunden verlaufen
sind, lachend sterben‘. Krákum. 25.

Auf den Besitz Walhalls bezieht sich wohl Odins Beiname der
Mann vom Berge, wie er von Sigurd genannt sein will, Sig. Fafn.
II, 18. In Sigrdr. 14 sahen wir ihn §. 63 auf dem Berge stehen mit
blankem Schwert, den Helm auf dem Haupte. Der Himmel der Asen
lag demnach ursprünglich auf dem Berge und ward erst später in höhere
Sphären gerückt, wie wir gleiche Anschauungen bei urverwandten Völkern
finden. Nach der entgegengesetzten Ansicht lag aber der Himmel in dem
Berge, im Schooß der Erde, und diese scheint an den Wanengöttern zu
haften, wenn sie gleich jetzt nach dem eddischen System in Asgard Aufnahme gefunden haben. Vgl. §. 59. Diese Anschauung finden wir in
Deutschland wieder und auch hier treffen wir die Einherier bei ihm: es
sind seine Krieger und Helden, die neben ihm dem Tag entgegenschlum-
mern, wo sie in der Schlacht auf dem Walserfelde den letzten Kampf
kämpfen und ihre alte Herrlichkeit wieder heraufführen sollen. Nach dem
vielgestaltigen Volksglauben begleiten sie ihn aber auch schon früher, wenn
dem Vaterlande Gefahr droht, in dem wüthenden Heer §. 72 oder alljährlich, wenn die wilde Jagd §. 73 aus dem Berge braust.

70. Kriegerischer Character.

Die kriegerischen Eigenschaften Odins überwogen auch dem Verfaßer
der Heimskringla, der als Christ die Götter gleich Saxo historisch auffaßen und vermenschlichen muste. Wie Odin die Helden zum Kampf
erzieht, spornt und kräftigt, ist nirgend schöner dargestellt als in der
Hrolf Krakisage, wo Odin in der Gestalt des Bauern Hrani den König
und seine Helden drei Nächte hindurch in seinem Gehöfte beherbergt,
wobei sie nicht wißen, daß sie zum zweiten- und drittenmal bei demselben
Wirth eingekehrt sind: immer geschieht es nur um die Ausdauer der
Helden in Kälte, Durst und Hunger zu prüfen, und dann, als nicht
alle gleich gut bestanden haben, dem König zu rathen, erst die Hälfte
seiner Schar und zuletzt alle bis auf seine zwölf erlesenen Kämpen zurück-
zusenden, indem er mehr von der Tüchtigkeit als von der Zahl seiner Gefährten Heil zu erwarten habe. Vgl. §. 64 und Uhland VIII, 145. 160. Darum
ist Odin wie dem Saxo ein betrügerischer Zauberer so dem Snorri ein
großer Heermann und Eroberer, der von Asien ausziehend den Dienst

der Afen nach dem Norden brachte, was wie wir fahen auf falfcher
Etymologie beruht, da in dem Namen der Afen, deutfch Anfen, ein n
ausgefallen ift, was jeden Bezug auf Afien abfchneidet. ‚Odin konnte
auch machen‘, heißt es C. 6: ‚daß feine Feinde in der Schlacht blind
oder taub oder erfchreckt wurden und ihre Waffen nicht fchärfer ver=
wundeten als Ruthen; aber feine Mannen drangen ein ohne Panzer
und waren wüthend wie Hunde oder Wölfe, bißen in ihre Schilde,
waren ftärker als Bären oder Stiere: fie fchlugen die Gegner zu Bo=
den; ihnen aber fchadete weder Feuer noch Eifen.   Dieß wurde Ber=
ferksgang genannt.‘ Dieß Zeugniß der Ynglingaf., welches Uhland VII,
342 anzweifelt, wird durch D. 49 (§. 33) geftützt, wo Odin vier
Berferker, die alfo in feinem Dienfte ftehen, herbeiruft.

   Unmittelbaren Antheil nahm Odin nicht felten an den Schlachten
der Menfchen. Er ift der Gott, quem adesse bellantibus credunt.
Tac. Germ. 7. Als er den Habbing in der keilförmigen Schlachtordnung
unterwiefen hatte, ftellte er fich hinter die Reihen, zog eine Armbruft
hervor, die erft ganz klein fchien, aber gefpannt wuchs, legte zehn Pfeile
zugleich auf die Sehne und erlegte damit ebenfoviel Feinde. Saxo 17.
Dem menfchlich aufgefaßten Balder §. 35 kämpft er mit Thoro und an=
dern Göttern zur Seite. Welchen Antheil er an der Brawallafchlacht
nahm, ift oben berichtet; in Hrolf Krakis letztem Kampf leiftete er den
Schweden auf weißem Roß und mit weißem Schilde bedeckt Beiftand;
doch wird er dem Biarki erft fichtbar, als diefer nach Rutas Rath durch
den Armring fchaut, Saxo 37, was fich der deutfchen Schulterblattfchau
(Myth. 891. Zeitfchr. V, 536) vergleicht, die geifterfichtig macht.

   Bei dem Fall der Söhne Jonakurs erfchien Odin im Schlachtgewühl:
Saxo VIII, 154—57 nennt ihn ausdrücklich; die entfprechende Stelle der
Wölf. S. führt ihn wie gewöhnlich als einäugigen Greis ein: fo bleibt
kein Zweifel, wer in Hambismal 13. 26 der in der Brünne geborgene
hohe Berather ift, der Jörmunreks Kämpfern zuruft:

       Schleudert Steine,   wenn Gefchoße nicht haften
       Noch fcharfe Schwerter,   auf Jonakurs Söhne.

Was ift Odin hier anders als die in der Schlacht entbrennende Kampf=
wuth, die, ein unfichtbarer aber fchrecklicher Widerfacher, mit unfcheinbaren
Waffen ein großes Blutbad anrichtet, und was den Schwertern und Speren
nicht fallen will, mit Steinen zu Boden fchmettert? So werden auch
die nächften Zeugniffe zeigen, daß es nur der eigene kriegerifche Sinn
war, den die Germanen in Odin anfchauten. Diefer Sinn lebte vor=
nämlich unter den Edeln und Fürften: Bauern und Knechte, welchen der
Ackerbau überlaßen blieb, konnten dem Kriege nicht geneigt fein, der ihre

Saaten zertrat, ihr Vieh schlachtete, ihre Gehöfte in Flammen aufgehen ließ. So laßen sich die Worte Harbardsl. 24 verstehen:

> Odin hat die Fürsten, die im Kampfe fallen,
> Thor hat der Thräle (Knechte) Geschlecht.

Ein eigener Himmel Thórs ist so wenig bezeugt als daß der freie nordische Bauer oder der Knecht, der als Waffenträger seines Herrn in der Schlacht fällt, nicht zu Odin komme. Freilich nur wenn er im Gefolge seines Herrn nach Walhall fährt, geht ihm Odin entgegen, Gautreksj. 8. Aber dieselbe Stelle des Harbardsliedes sagt aus, daß es Odin ist, der die Fürsten verfeindet und dem Frieden wehrt. Als Zwietrachtstifter erscheint er auch Helgakw. H. II, 32, wo sich Dag bei der Schwester, der er den Gemahl erschlagen hat, mit den Worten entschuldigt:

> Odin allein ist Schuld an dem Unheil,
> Der zwischen Verwandte Zwistrunen warf.

Nicht als ob Odin den Bruch der Sippe wollen könnte, nur so weit der Krieg von der Sitte geboten wird, steht ihm Odin vor: den widernatürlichen, welcher Verwandte gegen Verwandte führt, haben wir oben §. 43 nach der im Norden seit der Wöluspa herschend gewordenen, allerdings jüngern Ansicht, als Tyrs Werk erkannt. Allein Dag hatte dem Odin für Vaterrache geopfert: den Vater an Helgi zu rächen, gebot ihm die bringendste Pflicht, die Ausnahmen so wenig erleidet als Aufschub (§. 34), und so war es auch hier noch der der Blutrache ergebene germanische Geist selbst, der in Odin angeschaut zwischen Schwägern blutige Entzweiung gesät hatte.

71. Lufterscheinungen.

Auf Odin als Kriegsgott ist auch die unter dem Namen des wüthenden Heeres bekannte Lufterscheinung streitender oder zum Kampf ausziehender Krieger bezogen, obgleich ihr sowohl als der verwandten wilden Jagd der dahinbrausende Sturmwind ursprünglich zu Grunde lag. Wie Krieg und Jagd, die beiden Hauptbeschäftigungen edler Germanen, so scheinen auch wüthendes Heer und wilde Jagd verschieden. Die wilde Jagd ist mehr norddeutscher Glaube; das wüthende Heer mehr süddeutscher. Die Schilderungen der wilden Jagd sind grausenhafter als die von dem wüthenden Heer, deren Greuel erst in der Zukunft liegen. Beide hatten aber in dem empörten Luftelement, von dem Odin ausgieng, einen gemeinsamen Anlaß: der Volksglaube war wohl berechtigt, sie ineinander fließen zu laßen. Ihnen verbindet sich aber ein drittes: Götter in diesen Stürmen zu sehen, war ihre befruchtende Kraft schon Grund genug; dazu fielen sie meist in altheilige Zeiten, wo segnende Gott-

heiten ihren Um= und Einzug hielten und von dem erwartenden
Volk mit Opfergaben empfangen wurden. Daher zieht nicht Wuotan
allein an der Spitze der wilden Jagd, es sind auch andere Gottheiten, vor=
nämlich weibliche, die als Verkörperung jener Stürme Bäumen und Früch=
ten des Feldes Segen spendeten, denn wo der heilige Zug vorüberfuhr,
da schwollen die Saaten üppiger, oder wo sie den Weg durch eine Scheune
nahmen, mehrte sich der Reichthum in den Garben. Zeitschr. f. d. A. VII,
386. Es bedeutet ein gutes Jahr, wenn man das Mutesheer recht sausen
und brausen hört, und kommt es recht zeitig im Frühling, so wird bald
alles grün. Meier I, 114. 129. 131. 139. Wenn das Rockertweibchen
sich sehen läßt, giebt es Heu und Frucht in Hülle und Fülle. Baa=
ber 158. Als ein wohlthätiges Wesen erschien auch der Gott, als er
den erschreckten Holzdieben zurief: ‚Was macht ihr hier? die Nacht ist
mein und der Tag ist euer.‘ Wird doch sogar jenes Sausen und Brausen
hier und da als ein entzückender Gesang geschildert. An diese einziehen=
den segnenden Götter erinnert noch der in Tours erscheinende Wagen
des Königs Hugo (Capet), der einen heidnischen Götterwagen, sei es
nun Freyrs, Thors oder Odins vertritt.

In christlicher Zeit konnte sich dieß nicht in alter Würde behaupten;
nur wenige Erinnerungen daran bewahrt der Volksglaube einzelner Land=
striche: wo sie nicht als Helden wiedergeboren wurden, die dem Volke
lieb den Eifer der christlichen Priester nicht herausforderten, erscheinen die
Götter in Gespenster, Teufel und Hexen verkehrt, denn obwohl die weib=
lichen Gottheiten am Glimpflichsten behandelt wurden, sehen wir doch auch
sie aus holden in unholde gewandelt und durch langen Schwanz bei schö=
nem Angesicht entstellt. Schon die alten Gottheiten hatten einen Bezug
auf die Welt der Todten: nicht nur die Einherier fuhren in Wuotans
Geleit, auch bei Frouwa, Berchta und Holla weilten die Seelen ungeborner
Kinder, und früh gestorbene kehrten zu ihnen zurück; das Christenthum
machte sie zu ungetauften und gesellte ihnen alle Schrecken der Hölle.
Da sah man bekannte Trunkenbolde und Selbstmörder in gräßlicher
Verstümmelung, Reiter ohne Kopf oder den Kopf unterm Arm, oder das
Gesicht im Nacken sitzend; andere waren quer auf den Sattel gebunden;
die Pferde kohlschwarz, dem Schimmel Wuotans unähnlich, oft dreibeinig
statt achtfüßig, mit flammenden Augen, die Nüstern funkensprühend; den
Hunden hiengen glühende Zungen lechzend aus dem Hals; der ganze Zug,
wie er aus der Hölle hervorbrauste und dahin zurückkehrte, selbst einzelne
Höllenstrafen vor die Augen führte, schien zur Pein der mehr gejagten
als jagenden Geister bestimmt, den Menschen aber zum Schrecken, ja zum
Verderben, denn sobald sie den haarsträubenden Saus in den Lüften
vernahmen, das Wiehern und Schnauben der Pferde, der gehetzten Hunde

Bellen, der Peitschen Knallen und der ‚fatschenden‘ Jäger Huhu, Hallo, Hoto! werfen sie sich mit dem Gesicht auf die Erde und laßen den toben= den Geisterschwarm vorüberbrausen, vor dem etwa nur das Kreuzzeichen schützt oder die Mitte des Wegs (Myth. 876); auf dem Felde betroffen muß man unter die Egge kriechen (Myth. 961), auf dem Hofe den Kopf in die Speichen eines Wagenrades stecken, denn leicht würde man sonst ergriffen und meilenweit mit fortgeführt: auf abstürzigem Felsen fände man sich wieder oder in unbekanntem Lande und möchte sich erst nach Jahren in die Heimat zurückbetteln. Vgl. Lütolf 445. 450 ff. Zu die= sem Höllenaufzug kommt die Aussage der gespenstischen Reiter, daß ‚sie Verdammte seien, die zur Strafe diese Marter erleiden: weil sie ge= wünscht haben, ewig jagen zu dürfen, sind sie verwünscht worden ewig jagen zu müßen. Doch begegnen auch freundliche, noch aus dem Heidenthum vererbte Züge: geringe Dienste belohnen sie reichlich; das Band, woran ein Bauer dem wilden Jäger die Hunde gehalten hatte, bringt ihm Segen so lange er es besitzt; für Hufeisen giebt er Ducaten; die Späne von Berchtas Wagen verwandeln sich in Gold; selbst der Schutz, welchen das Ackergeräth gewährt, weist auf die alten, dem Landbau holden Götter. So von dem Guotisheer Lütolf 445.

Jenes dritte (S. 187), den Umzug der Götter, wird noch beim Gottesdienst wieder ins Auge gefaßt werden; hier haben wir es zunächst mit den beiden andern Auffaßungen dieser Lufterscheinungen zu thun.

72. a. Wüthendes Heer.

Wo in der Schlacht die Kampfwuth entbrannte, ward Odin sichtbar §. 70; aber auch vor der Schlacht, ja selbst vor dem Kriege erscheint er und da bedeutet es dem Volke den nahe bevorstehenden Ausbruch des Krieges. Schon Heimskringla I, 10 meldet, Odin laße sich oft vor dem Beginn großer Kriege sehen. Aber selten naht er allein, wie FMS. XI, p. 55—56, wo er in der Nacht vor der Schlacht bei einem Schmiede ein= kehrt, sein Roß beschlagen zu laßen, womit man Zingerles Tyr. S. Nr. 5 vergleiche; in Deutschland zieht er gewöhnlich an der Spitze seiner Scha= ren aus einem der Berge, in welchem er nach der Sage mit seinem ganzen Heere versunken ist; aber nicht mehr Odin wird genannt, sondern einer der an seine Stelle getretenen Lieblingshelden des Volks, von deren Berg= entrückung schon oben §. 53 die Rede war. Ehe ein Krieg ausbricht, thut sich der Odenberg bei Gudensberg auf, Kaiser Karl kommt her= vor, stößt in sein Horn und zieht mit seinem ganzen Heer aus. DS. 26. Es bedeutet Krieg, wenn Wêking (Wittekind) aus der Babilonie reitet. Bechst. Sagenb. 319. Vgl. Kuhn WS. I, 253. Nach Panzer 15 rührt sich bei herannahendem Kriege Kaiser Friedrich im Untersberg, Waffen=

getöse schallt aus der Höhle, Ritter und Knappen auf feurigen Rossen, im glühenden Panzer und mit flammenden Waffen durchstürmen die Gegend um Mitternacht. Eine Luftspiegelung, die 1638 in Nordbeutschland gesehen wurde und ein Seegesecht darstellte, zeigte den Einfall der Schweden in Polen an, der bald darauf erfolgte. Abseits spazierte ein Mann von mehr als menschlicher Länge in breitem Hut und langem Rock, der ihm bis auf die Füße hieng. Höllischer Proteus 229. Grohmann (vgl. §. 128) 31. Es bedeutet Krieg, wenn die Unterbergsmandeln sich in Waffen zeigen; wenn man aus der Höhle des Berges Trommelschall und Waffengetöse hört, wird das Land von feindlichen Truppen überschwemmt. Vernaleken Alp. 65. Am Bekanntesten und noch kürzlich wieder in den Zeitungen gemeldet ist der Auszug des Robensteiners nach dem Schnellerts, der dem des Rothenthalers im Aargau gleicht. Myth. 892. DS. 169. ‚Wenn ein Krieg bevorsteht, zieht der Robensteiner von seinem gewöhnlichen Aufenthaltsort Schnellerts bei grauender Nacht aus, begleitet von seinem Hausgesind und schmetternden Trompeten. Er fährt durch Hecken und Gesträuche, durch die Hofraithe und Scheune Simon Daums zu Oberkainsbach bis nach dem Robenstein, flüchtet gleichsam als wolle er das Seinige in Sicherheit bringen. Man hat das Knarren der Wagen und ein Hohoschreien, die Pferde anzutreiben, ja selbst die einzelnen Worte gehört, die einherziehendem Kriegsvolk vom Anführer zugerufen werden und womit ihm befohlen wird. Zeigen sich Hoffnungen zum Frieden, dann kehrt er in gleichem Zuge vom Robenstein nach dem Schnellerts zurück, doch in ruhiger Stille, und man kann dann gewiß sein, daß der Friede wirklich abgeschloßen wird.' Eigentlich ist es wohl der Schnellertsgeist (Wuotan), der nach dem Robenstein zieht. Auch Er läßt sich sein Roß beim Schmied beschlagen (Wolf Beitr. 58), wie das eben von Odin erwähnt wurde, und so darf man auch an den Schmied Boldermann denken, der nach Kuhn NS. 221 bei Kaiser Friedrich im Kiffhäuser sitzt. Wie der Schnellertsgeist nach dem Robenstein, so zieht auch Kaiser Karl aus dem Odenberg in einen andern Berg. Was ist der Zweck dieses Auszugs? Sollten sie dem Vaterlande in seiner Noth zu Hülfe eilen wollen? Wenn feindliche Völker den Rhein überschreiten, zieht ihnen der Robensteiner aus dem Schnellerts entgegen; er kehrt wieder in den Berg zurück, wenn der Feind über den Rhein zurückgegangen ist. Anderwärts sehen wir christliche Gesinnung sich mit vaterländischen mischen. Vor der Schlacht von Roosebeeke hörte man Waffengeflirr und Getöse und Stimmen wie streitender Heere aus dem Goldberge bei Audenaerde schallen (Wolf Beitr. 60) und vor dem großen deutschen Freiheitskriege das Mutesheer mit Musik und Trommeln über Blaubeuren hinziehen, Meier 146. vgl. 153. Die große Stadt Kems in Baden ist mit zwei christlichen

Heeren versunken: bei bevorstehendem Krieg ertönt aus der Tiefe Trommel=
schlag und das Geläute der Münsterglocken. Einst aber, wenn die
Christen zu einem kleinen Häuslein zusammengeschmolzen den letzten Ret=
tungskampf gegen die Ungläubigen wagen, kommen die zwei Heere ihnen
zu Hülfe und hauen den Feind in Stücke. Nach diesem gelangen sie
zur ewigen Ruhe und die Christen auf Erden werden an Heiligkeit der
ersten Gemeinde unter den Aposteln ähnlich. Baader 40. Unter dem
badischen Schloß Hochberg sitzen zwölf Männer im Berge an einer Tafel
oder spielen mit goldenen Kegeln und Kugeln. Diese zwölf Männer (die
zwölf Asen) sind in die Burg verwünscht; aber sie kommen, wenn Deutsch=
land in der großen Noth ist, wieder heraus und befreien es von seinen
Feinden. Baader 67 vgl. 167. Auch Kaiser Heinrich, der im Südemer
Berge sitzt, wird wiederkehren, wenn Goslar einmal in großen Nöthen ist,
Kuhn NS. 108 Nach DS. 21 sollen die im Schloße Geroldseck im Was=
gau schlafenden uralten deutschen Helden, worunter Witechind, der hürnen
Siegfried und viele andere, wenn die Deutschen in den höchsten
Nöthen und am Untergang sein werden, ihnen mit etlichen alten Völ=
kern zu Hülfe kommen. So werden auch die drei Telle, die Stifter des
Schweizerbundes, auferstehen und aus ihrer Felskluft rettend hervorgehen,
wenn die Zeit der Noth fürs Vaterland kommt. DS. 297.
Das mögen spätere Deutungen sein; sicherer ist es die Aufregung der
Gemüther, die dem Kriege vorhergeht, der wieder erwachte kriegerische
Geist, der in der gespenstischen Erscheinung des Gottes und seines Heeres
angeschaut wird.

Zuweilen findet sich die Meldung von kämpfenden Heeren, die in
der Luft erscheinen ohne die Deutung auf bevorstehenden Krieg. Myth. 892.
Meier I, 123. In diesem Mittelgliede scheint der Uebergang gefunden
zu den gewöhnlichen Sagen von dem nächtlichen Umzug des wüthen=
den Heeres, das auch Wuotunges, Wuotas und Muotas Heer heißt,
Meier I, 127, auch das alte Heer, exercitus antiquus, in Spanien
exercito antiguo, nach Cysat bei Lütolf 446 „Ein Wuott ins Hör."
Sterben hieß in Deutschland ‚ins alte Heer gehen', Myth. 893. Um
so sicherer ist an die Einherier zu denken, mit welchen Odin auszieht,
sei es nun in der Sache der Götter beim letzten Weltkampf oder um
an einem Kriege der Menschen Theil zu nehmen, den er wieder beilegen
kann, wie er ihn angefacht hat, denn in seinem Runenliede (Hawamal 154)
sagt er selber von sich:

> Wo unter Helden Hader entbrennt,
> Da mag ich schnell ihn schlichten.

Auch der tägliche Kampf der Einherier vor Odins Saal, nach welchem
die Gefällten, wohl von Freyja oder ihren Walküren erweckt, wieder

erstehen, worauf sie zum Male heimreiten (Wafthr. 410), kann der Vorstellung von dem wüthenden Heere zu Grunde liegen. Er wiederholt sich
in der Erzählung D. 65 von der Hedninge Kampf, die täglich erschlagen
werden; Nachts aber weckt sie Hilbe, an ihrem Halsband als Freyja
erkennbar, zu neuem Kampf, und auch dieser, der bis zur Götterdämmerung fortwähren soll, ist Skaldsk. 59 als Lufterscheinung gedacht. An die
Einherier in Asgard mahnt auch der Ausdruck saskereia auch hoskelreia,
wie der gespenstische Zug in einigen Gegenden heißt, wenn dieß nämlich
aus âsgardreida zu deuten ist. Myth. 893.

73. b. Wilde Jagd.

1. Das wüthende Heer, wenn es den Ausbruch eines Krieges anzeigte, erschien zu unbestimmten Zeiten; andere ähnliche Erscheinungen,
bei welchen die Vorstellung einer wilden Jagd waltet, kehren zu bestimmten Jahreszeiten regelmäßig wieder. Ihnen scheinen nicht politische
Verhältnisse, die zufällige Lage des Reichs zu Grunde gelegt: sie beziehen
sich noch deutlicher auf jährlich wiederkehrende Naturerscheinungen,
wobei sich jedoch sittliche Vorstellungen einmischen. So soll in Schonen ein
in November- und Decembernächten von Seevögeln verursachtes Geräusch
,Odens Jagd' heißen (Myth. 871) vgl. Kuhn WS. II, 6. Gewöhnlicher,
in Deutschland namentlich, ist es der in den Winternächten heulende
Sturmwind, der als nächtliche Jagd gewisser Gottheiten und Helden
aufgefaßt wurde: die Zeiten, die hier genannt werden, sind ,Bartholomäi'
oder ,die Fronfasten vor Weihnachten', oder ,die Zwölften', womit die
zwölf Nächte von Weihnachten bis Dreikönigentag gemeint sind. Myth.
872. 873. Nur Müllenhoff 301 wird die der Wintersonnenwende
entgegengesetzte Zeit Johannis genannt; auch der schweizerische Dürst
jagt in den Sommernächten, Myth. 872. Vgl. Rochh. Gl. II, 175.
Lütolf 28. 246. Viermal jagt der wilde Jäger im (hildesheimischen) Wold.
Die Jahreszeiten trennen sich im Gewitterkampfe; so sagt man vom ersten
Gewitter im Frühling, der Sommer scheide sich jetzt vom Winter, der
Sommer liefere dem Winter eine Schlacht. Seifart Hildesh. S. 1854, 175.
Hienach scheinen auch die Herbst- und Frühlingsnachtgleichen in Betracht
zu kommen, wo Gewitter sich einmischen: mithin sehen wir Wuotan als
Gewittergott gedacht, worauf sein Name Wibhrir deuten wird.

2. Unsere Nachrichten über diesen Volksglauben stammen meist aus
christlicher Zeit: um so bedeutender ist es, wenn die noch im Volke lebenden Namen auf den heidnischen Gott hinweisen, dessen Wesen die Luft
zu Grunde lag, und der, wie in aller Aufregung, so namentlich in dem
empörten Elemente, in Wind und Gewittersturm waltete. Das war nun
schon bei den angeführten Namen des wüthenden Heeres der Fall; nach

mecklenburgischen, pommerschen und holsteinischen Sagen zieht an der
Spitze der wilden Jagd der Wod, der auch Woejäger, Wohljäger,
Wauwau, Wau oder Au genannt wird; daß er in Schonen Oden heißt,
ist schon angegeben; denselben Namen führt er in Schweden. In Nieder=
sachsen und Westfalen heißt er Hackelbärend, Hackelberg, Hackelbock,
deren Bezug auf den manteltragenden Wuotan §. 66 sich unten ergeben
wird. In Oesterreich finden wir ihn Wotn genannt und wenn er die
saligen Fräulein verfolgt, Wut oder Wode. Aus einer männlichen Gott=
heit Frô Woden, wo Frô Herr bedeutete, scheinen dann die weiblich
gedachten Frau Wode, Frau Gode, Frau Gauden u. s. w. hervorge=
gangen: Frau Gauden finden wir in Mecklenburg, Frau Gode in der
Priegnitz der wilden Jagd voranziehen wie anderwärts Frick, Berchta,
Holla, Diana, Herodias oder Abundia, Hera und Herla, Kuhn NS. 483.
519. Der Herodias entspricht ein männlicher Herodis. Ganz allgemein
wird der wilde Jäger von seinem weißen Rosse der Schimmelreiter
genannt. Der Berchta entsprechend und wieder männlich gedacht, führt in
Schwaben Berchtold die wilde Jagd an: weiß gekleidet, auf weißem
Pferde, weiße Hunde am Strick, scheint sein Aufzug den Namen erläutern
zu wollen. Von Hackelbärend wird man am Harz auf Bernhard
gelangt sein, und dieß mochte weiter auf Dietrich von Bern, Bern=
dietrich oder Dietrich Bernhard leiten, Namen die in der Lausitz oder im
Orlagau begegnen (Myth. 888. 889); in Böhmen heißt er Banadietrich,
während in Geldern ‚Derk mit dem Beer‘ §. 101 einstimmt. Doch haben
auch andere Namen der Heldensage Eingang gefunden: aus der nordischen
rührt Palnatoke her, der in Fühnen als Palnajäger (Myth. 897) erscheint;
aber auch die deutsche, kerlingische und brittische klingen an; rein historische
Könige, von welchen in Dänemark Christian II. das jüngste Beispiel ist,
treten seltener ein. Zu Eisleben und im Mansfeldischen schreitet der ge=
treue Eckart gleichsam dem Zuge vorauf und heißt die Leute aus dem
Wege weichen, damit sie nicht Schaden nähmen, wie er nach der Vorrede
zum Heldenbuche auch warnend vor dem Venusberge sitzt. So reitet auch
in Schwaben dem Muotasheere ein Mann voraus, welcher ruft:

> Ausm Weg, ausm Weg,
> Daß Niemand was geschech! Vgl. Kuhn WS. 360.

Diesen Helden der deutschen Sage dürfen wir Siegfried nicht beifügen,
obgleich DS. 21 erzählt wird, daß er im Schloße Geroldseck ‚zu gewisser
Zeit des Jahrs‘ gesehen wird. In Frankreich ließ man Karl den
Großen der Erscheinung vorausreiten und Roland die Fahne tragen.
Bei Wien heißt der wilde Jäger schlechtweg Karl, was nur noch Heer
zu bedeuten scheint. Sonst sitzt bei uns der Kaiser, oft als Karl V.
(Karle Quintes) verjüngt, nur im hohlen Berge, obwohl schon der Zuruf,

mit dem heſſiſche Mütter die Kinder ſchweigen: ‚Der Quinte kommt!'
beweiſt, daß man ihn auch umfahrend (vgl. §. 72) dachte. Wirklich ſoll
der Geiſt von Karolus Quintus den Waldſaum des heſſiſchen Odenbergs
im Galopp umreiten (Myth. 890. 892), und da dieß an beſtimmten Jah-
restagen geſchieht, ſo iſt es ſchwerlich ein kriegverkündender Auszug. Doch
iſt zu beachten, daß König Artus in Frankreich und Schottland als
nächtlicher Jäger erſcheint, der auch bei uns nach dem Wartburgkriege im
hohlen Berge ſaß, und von dem die Britten die Wiederkehr einer beßern
Zeit und der alten Herrlichkeit ihres Volkes erwarteten. Von K. Abel,
der im Schleswigſchen jagt (Myth. 897), und K. Waldemar, der den
Dänen zum wilden Jäger geworden iſt (Myth. 895), iſt mir nicht bekannt, daß ſie im hohlen Berge ſäßen, wie man doch erwarten ſollte; vgl.
Thiele I², 19. Hier klingt der feige Waldemar an, der nach der
Wiltinaſ. Cap. 235 (Hagen), wo er einen großen Wiſend zu Tode
reitet, ein Dienſtmann Jarl Irans von Brandenburg iſt. Auch darf
an Jarl Irans Jäger Nordian erinnert werden. Der Name Hellequin,
den in Frankreich nicht ſowohl der wilde Jäger als der Anführer des
wüthenden Heeres, des exercitus antiquus, führt, ſcheint zwar allerdings
mit dem Caroliquinti, der auch wohl mit Alloquintus wechſelt, zu-
ſammenzuhängen; da er aber ſchon in Gedichten des 13. Jahrhunderts
erſcheint, ſo iſt er wohl mit Grimm, Myth. 894, als eine Deminution
des deutſchen Helle (Hel der Todesgöttin) = Hellekin, aus dem ſich
dann ſpäter erſt Charlesquint bildete, zu verſtehen, wofür auch der
deutſche Name Helljäger, deſſen Hund wie Thedels Roſs glühende
Kohlen frißt (Kuhn NS. 310), angeführt werden kann. Doch dürfte auch
der aus Shakſpears Luſtigen Weibern bekannte Jäger Herne und der
Zeitſchr. f. Myth. I, 373 auftauchende König Herla, der zum wilden Jäger
geworden ſein ſoll, in Betracht kommen. Sein Geleite wird das Herlething genannt. Ein Zwerg, ein Beherrſcher des guten Volks, kündigte
ihm einſt an, der Frankenkönig wolle ihm ſeine Tochter zur Ehe geben;
zugleich meldete er ſich als Hochzeitsgaſt unter der Bedingung, daß nach
Jahresfriſt Herla auch ſeine Hochzeit beſuche. Beides geſchah. Als der
König wieder von dem Zwerge ſchied, gab dieſer ihm einen Schweißhund
mit, der Einem aus dem Gefolge auf das Pferd geſetzt ward, mit dem
Bedeuten, Keiner dürfe vom Pferde ſteigen bis der Hund herabſpringe.
Als der König den Berg verlaßend einen alten Hirten nach der Königin
fragt, hört er, daß dieſe vor mehr als zwei hundert Jahren geſtorben ſei.
Einige ſeiner Gefährten ſteigen ab und zerfallen in Staub; den Uebrigen
verbietet er abzuſitzen bis der Hund herabſpringe. Der ſitzt aber noch
und ſo jagt König Herla mit ſeinem Thing noch immer durch die Luft.
Dieſer Hund wird der Höllenhund ſein, der ſein Geſinde hütet. Aus

Herlething will man nun Hellequin und Charlesquint ja Harlekin
erklären, Phillips Schriften III, 172, Liebr. Germ. V, 47; ich möchte
=kin und =thing auseinander halten. Die Franzoſen kennen noch andere
Namen der wilden Jagd: in Perigord heißt ſie la chasse Herode, was
mit der Herobias, der Tochter des Herodes (§. 109), zuſammenhängt;
ob Hrodso, der Beiname des Wodan, von Hrôds Ruhm, in Betracht
kommt, ſteht dahin. In der Normandie heißt ſie Chasse de Caïn, in
Blois Chasse machabée u. ſ. w. Einigemal treten Rieſen an die Stelle
der Götter, was nicht befremden kann, da wir aus §. 7. 37 wißen,
daß die Götter unter den Rieſen Vorbilder haben. Doch kann der
Grönjette (Myth. 896) auf Odins Namen Grani weiſen, der ſchwei=
zeriſche Dürſt den Teufel vertreten (Myth. 872), der auch bei der
wilden Jagd vielfach Wuotans Stelle einnimmt, wie ſchon der norwe=
giſche Guroryſſe (Rieſe Guro) oder Reiſarova mit ihrem langen Schwanz
(Myth. 897) teufliſch verzerrt ſind. Andere Namen, wie der Haßjäger
(Hetzjäger), der Schimmelreiter, Junker Merten, Junker Jäckele übergehe
ich; einige werden ſpäter noch genannt werden. Die neueſten Vertreter
Wodans ſind der alte Schlippenbach, Kuhn NS. 63, und General Sparr
ebb. 74 aus des großen Kurfürſten Zeit, welchen ſich nach Schwartz
Urſpr. 25 und Volksgl. 14 zuletzt noch gar der alte Fritz zugeſellt.

　　　3. Sehr verſchieden lauten die Angaben über das Wild, welches
der wilde Jäger ſich auserkoren hat. Wir erhalten Auskunft darüber
durch die Sagen, nach welchen dem Verwegenen, der zum Spott in das
Jagdhalloh mithetzend einſtimmt, eine Wildkeule als Jagdantheil zugewor=
fen oder an der Stallthüre aufgehängt wird, wobei die Worte erſchallen:

　　　　　Willſt du mit mir jagen,
　　　　　So muſt du mit mir knagen!

Da iſt es denn bald ein Ochſenviertel, bald ein Eber= oder Pferdeſchinken,
bald eine Hirſch= oder Rehkeule, nicht ſelten auch eine Menſchenlende oder
das Viertheil eines Moosweibleins. Wo es nicht zum Spott geſchah,
wandelt ſich die Keule wohl in Gold; im andern Falle verbreitet ſie einen
erſtickenden Geſtank, den man auf den Schwefelgeruch des Blitzes bezogen
hat. Da Pferde nicht jagdbar ſind, ſo ſcheint die Erinnerung an heid=
niſche Opfermalzeiten, bei welchen Pferdefleiſch die beliebteſte Koſt war,
hier einzugreifen. Stärker iſt der Eber als Gegenſtand der nächtlichen
Jagd begründet; nur durch ihn iſt vielleicht der Hirſch in die Sage ge=
kommen, weil er wie der Eber einen Bezug auf Freyr (Frô) hat, den
wir ſchon einmal an Odins Stelle treten ſahen. Das Reh vertritt wohl
nur den Hirſch. Alten Grund hat auch die Menſchenlende, da wir ſowohl
mythiſche als menſchliche Frauen von dem wilden Jäger verfolgt ſehen.
So bleiben uns als Gegenſtände der Jagd nur wenige zu erwägen:

a. Den Eber jagen schon die Einherier, die ihn täglich schlachten ;
wir haben ihn oben als ein Bild der Sonne gefaßt; auch Freyrs gold=
borstiger Eber kann die Sonne mit ihren Stralen bedeuten. Die Sickingische
Ebernburg bei Kreuznach hat nach Rheinld. 238 ihren Namen davon,
daß der Burgherr bei einer Belagerung sich der Kriegslist bediente, den
letzten Eber täglich zum Schlachten niederwerfen zu laßen bis der durch
das Schauspiel getäuschte Feind abzog, weil er die Veste auszuhungern
verzweifelte (vgl. Müllenhoff S. 79). Ueber dem Thor des gleichnamigen
Dörfchens ist der Eberkopf in Stein eingemauert; am Landgerichtshause
zu Büdingen aber ein echter Eberkopf, und hier wird dieselbe Sage erzählt,
die sonst an Hackelbärend (Hackelmann, Hackelberg oder Bärends) haftet.
Wie die Namen schwanken, so geht auch die Sage in vielfachen Gestalten
um. Das Wesentlichste ist etwa, daß dem leidenschaftlichen Waidmann
träumte, er kämpfe mit einem furchtbaren ‚Kämpen‘ und unterliege ihm.
Bei der Jagd am andern Morgen wird ein mächtiger Keiler erlegt, sei
es von Hackelbärend selbst oder weil ihn der Traum gewarnt hatte, von
seinem Jagdgesinde. Des Sieges froh oder der überstandnen Gefahr stößt
er mit dem Fuß nach dem Eber und ruft: ‚Nun hau, wenn du kannst!‘ Da
bringt ihm der scharfe Zahn des Thiers durch den Fuß, die Wunde schwillt,
der Stiefel muß vom Bein geschnitten werden; aber die Hülfe kommt zu
spät, ein schneller Tod nimmt ihn dahin. Das ist mehr als Sage, es
ist Mythe; freilich in Odhins Mythus soweit wir ihn kennen nicht mehr
nachweisbar. Und doch deutet selbst der Name, der altsächs. hakolberand
lauten würde (altn. hökull Mantel, Rüstung), auf den Gott, den wir
schon in der Brünne wie im Mantel kennen gelernt haben. Dazu kommt,
daß bei Kuhn WS. 400 von Wode selbst erzählt wird was sonst von
Hackelberg und daß auch Hackelberg wie sonst Wuotan in seinen Ver=
jüngungen im Berge sitzt, auf einem Schimmel (nach Kuhn NS. 182),
ein Schwert in der Hand, wie auch König Dan sein Pferd gesattelt bei
sich haben wollte (Müllenhoff 505); ferner daß er alle sieben Jahre
einmal herumkommen soll (Kuhn NS. 236), weshalb er auch der Welt=
jäger heißt, d. h. der das Weltall umjagende (Kuhn 309. 503. Meier I,
114), was mit andern siebenjährigen Fristen Erweiterung der sie=
ben Wintermonate sein mag, woraus sich die sieben Jahre, welche die
Jagd dauert (Kuhn XXI), erklären, dann daß er auf dem Moßberg
(= Oßberg, Asenberg) begraben liegt, wie wirklich ein Oßberg bei Hei=
ligenstadt bezeugt ist, vgl. auch Panzer I, 25; wo aber Niemand das
Grab zu finden weiß, wenn er nicht zufällig darauf stößt, und es auch
dann Niemand zeigen kann, wobei auch gemeldet wird, Niemand anders
dürfe da begraben werden, weil der Hackelberg gesagt habe, den Moß=
berg wolle er für sich behalten. Aber an vielen andern Orten wird

doch Hackelsbergs Grab gezeigt, und eben die vielen Grabstätten deuten
darauf, daß er ein mythisches Wesen und als braunschweigischer Ober-
jägermeister oder hannöverscher Haidereuter nur localisiert ist. So wird
auch Odins Grab nach jüngern Sagen (Lex Myth. 589) an verschiedenen Orten gezeigt, und ebenso Baldurs. Nun liegt nach den Edden
Baldurs Tod in der Vergangenheit, während Odins Fall erst am Ende
der Zeiten eintreten soll; W. Müller altd. R. 257 deutet deshalb die
Sage auf Baldur, der wie Hackelberg beunruhigende Träume hatte; nur
die Art des Todes sei verschieden, da Baldur durch den Mistelsproß,
Hackelberg durch den Zahn des Ebers sterbe. Aber die Eddische Gestalt
des Mythus von Odin kann nicht maßgebend sein, da wir nicht wißen
wann auf den Sohn übertragen ward was früher von dem Vater galt.
Selbst was die Edda von Obhr erzählt, um den Freyja goldene Thränen weint, läßt sich auf Odin beziehen, deßen deutscher Name Wuot
= Obhr ist, ja die Vergleichung der Sage von Woud (Woban) und
Freid (Freyja) bei Schönwerth II, 313 beseitigt allen Zweifel. Von
Obhr sagt D. 35, er zog fort auf ferne Wege und Freyja weint ihm
goldene Thränen nach. Sie scheint aber den verdunkelten Mythus nicht
genauer zu kennen, da sie nicht weiß, wohin Obhr zog und wo er geblieben ist. Läßt man ihn wie Hackelbärend durch einen Eberzahn sterben,
so gleicht sein Mythus auffallend dem von Venus und Adonis, welchem
sich der ägyptische von Osiris, der dem als Eber erscheinenden Typhon
erlag, der phrygische von Attys, der auf der Eberjagd getödtet ward
u. s. w. vergleichen laßen. Alle diese Mythen weisen aber auf die
Sommersonnenwende, und wir haben schon unter 1. gesehen, daß der
wilde Jäger auch in den Johannisnächten jagt. Auf diese Zeit, wo die
Sonne im Zeichen des Krebses angelangt wieder umkehrt, bezieht sich
aber auch der Mythus von Baldurs Tod. Auf eine andere Zeit, wo
die Sonne im Zeichen des Scorpions (November) steht, weist freilich
der schon von Grimm verglichene griechische Mythus von dem riesigen
Jäger Orion, den Artemis liebte, nach seinem Tode betrauerte und
unter die Sterne versetzte. Sie hatte diesen Tod selber herbeigeführt,
denn sie ließ einen Scorpion aus der Erde hervorgehen, der Orion in
den Knöchel stach und durch diesen Stich tödtete: wenn sich nun das
Zeichen des Scorpions am Himmel erhebt, sinkt Orion unter. ‚Das
gemahnt‘, heißt es Myth. 991 ‚an Hackelbärend, deßen Fuß, vom Hauer
des Ebers gestochen, seinen Tod verursacht.‘ Zu der in der Note
zur Bestätigung beigebrachten Sage von Oleg, den eine Schlange stach,
die aus dem Gerippe des Pferdes fuhr, von dem ihm geweißagt worden
war, es würde ihn umbringen, womit man den Ausgang der Oerwa-
robbssage vergleiche (Menzel Odin 209), füge ich eine andere, die in

den 700 nützlichen Historien S. 21 erzählt wird: In Italien träumte
ein Ungenannter, er würde von einem marmornen Löwen, der in der
Vorhalle der Kirche stand, tödlich verwundet werden.   Am Morgen
gieng er nach der Kirche mit einem Gesellen, dem er den Traum erzählt
hatte, steckte dem steinernen Löwen die Hand spottend in den Mund und
sprach: ‚Nun beiß, du. gewaltiger Feind, und so du kannst, erwürge
mich.‘ Kaum hatte er ausgesprochen, so ward er von einem Scorpion,
der in des Löwen Mund verborgen war, gestochen und tödlich verwun=
det. So bindet in der Orkneyinga Saga Sigurd, der erste Jarl, das
Haupt des erschlagenen Schottenfürsten an den Steigbügel; ein reibender
Zahn desselben zieht seinem Fuß ein Geschwulst, ihm selber den Tod
zu. Auch Eos wird neben der Artemis als Orions Geliebte genannt
und von dieser erzählt, daß sie jeden Morgen, bevor sie ihren Tageslauf
begann, Thränen der Sehnsucht um ihn weinte, die wie Diamanten
glänzten.   Diese diamantenen Thränen sind der Thau, und so laßen
sich auch Freyjas goldene Thränen deuten. Was von Artemis und Eos
in Bezug auf Orion erzählt wird, gehört zusammen, und wenn es von
Kedalion, dem wunderbaren Kinde, heißt, daß es auf Orions Schultern
sitze, so findet sich das bei Wate wieder, der seinen Sohn Wieland auf
die Schultern hebt, um ihn durch den Orva=Sund zu tragen, wie Thôr den
Oerwandil durch die urweltlichen Eisströme. Nun fällt aber Wate, dem
wieder Christophorus nahe steht, schon dem Namen nach mit Wuotan
zusammen, der wie Orion auf dem Meere wandelt. Man sieht wie sich
Odin und Thôr. als Gewittergötter auch in den Mythen berühren.   Die
Vergleichung mit den Mythen der urverwandten Völker zeigt uns überall
den Tod oder die Flucht des Gottes der schönen Jahreszeit, den seine
Gemahlin oder Geliebte betrauert. Wo wir also die S. 193 genannten
Frauen an der Spitze der wilden Jagd finden, da haben wir an die
hier besprochenen Mythen zu denken.

    b. Nicht selten verfolgt aber der wilde Jäger F r a u e n: so schon im
Eggenlied F a s o l d, den wir als Sturmgott kennen, ‚das wilde vrœwelin‘
(Laßberg 189); in ‚Etzels Hofhaltung‘ der Wunderer die Frau Sælde.
Vgl. über sie Lütolf 77. Bei Boccaz V, 8 wird es als Strafe weiblicher
Grausamkeit gewendet. Aehnlich ward von confessioneller Polemik oder
schon früher von sittlicher Entrüstung auf Pfaffenfrauen bezogen was
die bairische Sage von den Holzweiblein, die thüringische von den
Moosfräulein oder Lohjungfern, die schlesische von den Rüttelweibchen
zu erzählen wuste, welchen der wilde Jäger nachstellte, Myth. 881—82
§. 160. So verfolgt der Grönjette S. 195 (M. 896) seit sieben Jahren
die Meerfrau und erlegt sie auf Falster. Thiele II, 116. 120. 121.
122. Sind die Holzweiblein, Waldfrauen und Lohjungfern hier den

Dryaden oder nordischen Iwidien vergleichbar, deren Leben an Bäumen hängt, welche der als Sturm gedachte Jäger knickt und entwurzelt? Bei Panzer l. c. läßt man ihnen auch an Fruchtfeldern und Flachsäckern Opferbüschel stehen. Beßer sieht man mit Kuhn RS. 489 in den Verfolgten Wuotans Gemahlin oder Geliebte: in die Zwölften falle seine stürmische Brautwerbung; in den Frühling darauf die Feier ihrer Vermählung. Dieser Deutung dienen die Volksgebräuche zu starker Stütze. Die ganze Zeit von jenen ersten Zwölften im Mittwinter bis zu dem andern Zwölften im Mai (1.—12.), wo die Hochzeit des göttlichen Paares gefeiert wird, fällt aber in die sommerliche Jahreshälfte, wo das Licht im Steigen begriffen ist; sie schließt, wenn es den Höhepunkt erreicht hat, zu Johannis mit dem Tode oder der Flucht des Gottes. Für die Abnahme desselben, die andere dunklere Hälfte des Jahres, fordert man also den umgekehrten Mythus, wo der Gott flöhe von der Göttin verfolgt. Und wirklich fanden wir so eben in der Odhursage einen solchen Mythus, denn hier sahen wir Freyja (oder Herodias) ihrem entschwundenen Geliebten nachziehen und seinen Verlust beseufzen. Wie hier der Mythus vom Gral seinen Ursprung nimmt s. §. 76.

c. Auch Rinder scheinen als Gegenstand der nächtlichen Jagd gedacht. Nach Wolf RS. 259 besteht der Jagdantheil des mithetzenden Bauern in dem Hinterviertel eines Ochsen. Der norwegische Volksglaube läßt Frau Hulda bei rauhem Wetter ganze Heerden schwarzgrauer Kühe und Schafe in die Wälder treiben, offenbar vom Wind gejagte Regenwolken. Lachm. Sagenbibl. 274. Diese Deutung paßt auch auf die ‚rabenschwarzen Rinder‛ der Thrymskw. 25. Nach Kuhn RS. p. 276 ließ man im ‚Hellhaus‛, wo früher der wilde Jäger gewohnt haben soll, alle Jahr um Christabend eine Kuh heraus, die sobald sie draußen war, verschwand; welche Kuh das aber sein sollte, wuste man voraus, denn die, welche an der Reihe war, vernahm sich zusehends und war bis zum Christabend die fetteste im ganzen Stall. Das ist offenbar ein Opfer; aber auch als solches kann es, da es dem wilden Jäger gebracht wird, über dessen Jagdthiere aufklären. Kuhn hat nun Zeitschr. VI, 117 ff. durch die Vergleichung mit den Kühen des Indra, welche die Panis aus dem Götterhimmel rauben, womit die Entführung der von Apollo geweideten Götterkühe durch Hermeias, so wie die Sagen von Herakles und Geryones, Hercules und Cacus stimmen, die Vermuthung begründet, daß diese Kühe die Wolken bedeuten, wonach der ganze Mythus auf der Naturerscheinung der auf Meer und Sümpfen ruhenden Nebel beruhen muß, welche vom Winde als Wolken fortgetrieben werden, worauf dann das Sonnenlicht der Erde wiedergeschenkt wird. Ein Kampf zwischen Sommer und Winter liegt also auch diesen Mythenbildungen wieder zu Grunde.

d. Nach den Thieren, welche Gegenstand der Jagd sind, betrachten
wir billig auch die Hunde, mit welchen gejagt wird. Gewöhnlich sind
deren zwei, welche uns an Odins Wölfe erinnern, die seine Jagdhunde
heißen. Oft wird nur einer genannt, dagegen steigt auch die Zahl bis
24. Da sie wie anderwärts die Winde (Myth. 602) mit Mehl gesät=
tigt werden (Zeitschr. V, 373, Birl. I, 191), weshalb sie auch den Brot=
teig verzehren (Müllenhoff S. 372), so kann um so weniger Zweifel sein,
daß sie die Winde bedeuten, als die Hunde Winde, Windhunde heißen.
Sie fressen übrigens auch Flugasche und glühende Kohlen, Kuhn NDS.
Nr. 310, 2, womit man ihre feurigen Zungen in dänischen und deutschen
Sagen vergleiche.

Von dem obenerwähnten Helhaus wird ferner erzählt: als man
einst am Christabend nach Sonnenuntergang die Thore zu schließen
vergaß, und nun der Heljäger darüber fortzog, lief einer seiner Hunde
hinein, legte sich unter die Bank am Heerd und war durch nichts fort=
zubringen. ‚Hier hat er ein ganzes Jahr gelegen und nichts gefressen;
nur alle Morgen hat er die Asche vom Heerde abgeleckt. Als aber das
Jahr umgewesen und die Zwölften wieder da waren, da hat man, als
der Heljäger vorüberzog, das Thor aufgemacht, und da hat er den
Hund wieder mitgenommen.' Dieselbe Sage begegnet an vielen andern
Orten: bei Müllenhoff S. 372 wird sie von Wode erzählt; vgl. Myth.
873, wo sie von Hackelberg berichtet wird, und Zeitschr. für Myth. I,
100 ff., wo der Jäger Rôbs oder Herodis und der Hund Aulke heißt.
Vgl. auch Kuhn WS. 1, 3, 7, 8. Ueber den Namen S. 6. Wie die
Hunde Winde heißen, so bedeutet hier der zurückgebliebene Hund den
Wind, der auf dem Heerde, unter dem Schornstein das ganze Jahr über
heulend und schnaubend liegt. Wie der Wode bei Müll. 24 Hunde, so
hat Frau Gaude 24 Hündinnen: wo sie eine Hausthür offen findet, da
sendet sie eine Hündin hinein, die nun das Jahr über liegen bleibt.
Sie fügt zwar Niemand ein Leid zu, stört aber doch durch Gewinsel die
nächtliche Ruhe. Nur wenn man den Hund tödtet, bringt er Krankheit
und Sterben über Menschen und Vieh und Feuersgefahr über das Haus.
Oft scheint es als geschähe die Einkehr des Hundes nur zur Rüge ver=
säumter hausväterlicher Sorge; erst wenn sie nicht geduldig hingenom=
men wird, treten härtere Strafen ein. Auch andere Uebel verhängt so
der wilde Jäger nur auf Jahresfrist: die Axt, die er eingehackt hat auf
dem Rücken des Spielmanns, wo sie zum Buckel wird, holt er im nächsten
Jahre wieder, und wo Er ‚ein Spätlein' zugestrichen hat, d. h. ein Augen=
licht ausgeblasen, da streicht er es im folgenden Jahr wieder auf. Kuhn 69.
Meyer I, 132. 136. 138. Sommer 49. So straften die Fronfastenweiber
den Neugierigen, der, sie vorbeireiten zu sehen, unter der Linde hinter

der Kirche ſtand, indem ſie einen Nagel in den Pfoſten ſchlugen, d. h.
dem Neugierigen in den Kopf; aber in der nächſten Fronfaſtennacht
zogen ſie ihn wieder heraus, Baader 43.　Die einjährige Friſt iſt zu
oft bezeugt als daß wir ſie bezweifeln dürften; aber allerdings ſollte
man, da der Weltjäger alle ſieben Jahre herumkommt (S. 196), eine
ſiebenjährige erwarten, wie ſie Baader Nr. 405 und 424 wirklich erſcheint.

　　　e.　Die Sage vom ewigen Juden iſt aus der vom wilden Jäger
entſprungen.　Nach E. Meiers Schw. S. I, 116 glaubt man in-Röthen-
burg und ſonſt, auch im babiſchen Schwarzwald, daß der ‚ewige Jäger‘
dieſelbe Perſon ſei wie der ‚ewige Jude‘, und gebraucht beide Bezeichnungen als gleichbedeutend.　In einem Walde bei Bretten ſpukt der
ewige Jude.　Von dieſem ſagt man auch ſonſt, daß er ſtäts einen
Groſchen in der Taſche habe, und der gehe ihm nicht aus wie oft er
ihn auch ausgebe.　Nach Kuhn NS. 451 richtete man ehemals in Berg-
kirchen Sonnabend Abends die Eggen auf dem Felde mit den Spitzen
gegen einander, damit ſich der ewige Jude darauf ruhen könne.　S.
auch WS. II, 32.　Vgl. ob. §. 71.　Nach Müllenhoff S. 547, vgl.
160, ruht der Wanderjude nur am Weihnachtabend aus, wenn er dann
noch auf dem Felde einen Pflug findet: darauf allein darf er ſich ſetzen.
Aehnliches wird Kuhn NS. 71 von dem wilden Jäger erzählt, und da
jener ſich immer erneuernde Groſchen zu den Wunſchdingen gehört,
die auf Wuotan zurückweiſen, der auch im ewigen Jäger fortlebt,
ſo haben wir hier mehr als ein Zeugniß für das Zuſammenfallen
beider mythiſchen Geſtalten.　Ferner wird bei Kuhn a. a. O. 499 aus
Hahnenklee am Harz berichtet: ‚Alle ſieben Jahre zieht der wilde Jäger
über die ſieben Bergſtädte; andere wollen ihn öfter gehört haben; Wem
er aber begegnet, der muß ſich wohl hüten, ihm nachzurufen, ſonſt geht
es ihm ſchlecht.　Der wilde Jäger hat nämlich unſern Herrn Jeſus aus
einem Fluße, wo er ſeinen Durſt ſtillen wollte, nicht trinken laßen; auch
von einer Viehtränke hat er ihn fortgejagt: aus einer Pferdetrappe,
wo ſich Waßer geſammelt, hat er gemeint, könne er trinken, und dafür
muß er nun ewig ‚wandern‘ und ſich von Pferdefleiſch nähren, und wer
ihm nachruft, dem bringt er etwas Pferdefleiſch und er muß auch davon eßen.‘

　　Die hier ongegebene Urſache der Verdammung zu ewigem Wandern und Jagen ſtatt der gewöhnlichen ‚weil ſie gewünſcht haben ewig
jagen zu dürfen‘ ſieht der ähnlich genug, um welche Ahasver ewig wandern muß.　Aus der chriſtlichen Geſtaltung der Sage vom ewigen Juden
kann ſie aber nicht abgeleitet werden, da die Beziehung auf die altdeut-
ſchen Pferdeopfer, die ſchon in der Pferdetrappe enthalten iſt (denn
aus Roßhufen wird bei Hexenmalzeiten getrunken, Baader 32), ſich dann

nicht erklären ließe. Wie hier noch kein Jude, sondern ein Jäger zu
ewigem Wandern verdammt wird, so spielt die Sage auch noch in
Deutschland, wo aber f. u. Christus mit Petrus oder Einer von beiden
allein in unzähligen Sagen erscheinen; wir wißen aus Myth. Vorr. 36,
daß sie an die Stelle der wandernden Götter getreten sind. Der 'erste
Anfang der Christianisierung einer heidnischen Sage war hiemit schon
gegeben. Wird man nicht weiter gegangen sein und das Local nach
Paläftina verlegt haben? Dann muste natürlich auch die Pferdetrappe
wegfallen; die Anknüpfung an Christi Leiden bot sich von selber dar.
Ueber den auf den ewigen Juden übertragenen großen Schuh Widars,
der ihn dann zum Schufter machte s. §. 46. Auch der Name Butta=
deus, den der ewige Jude bei Liberius Praxis Alchymiae p. 291
und bei Bullenger hist. sui temporis führt, deutet auf Odin. Vgl.
Ztschr. f. Myth. I, 432—36. Leopr. 60.

74. Odin als Wanderer, Himmels= und Geftirngott.

Der wandernde Jude leitet uns hinüber zu den Wanderungen Odins
im Himmel und auf Erden. Von den letztern war oben bei seinem Bei=
namen Gangradr, Gangleri u. s. w. die Rede; auch haben wir ihn
schon ob. §. 31 mit andern Göttern seiner Trilogie auf Erden wandernd
getroffen. Es ist der deutschen Mythologie mit der indischen, ja mit der
fast aller Völker gemein, daß die Götter auf die Erde herabsteigen, das
Leben und die Sitten der Menschen, besonders in Bezug auf die Heilig=
haltung des Gaftrechts, zu prüfen. Die Götter wandeln, wie Mahadöh
in Goethes Gott und die Bajadere ‚leiblich und unerkannt' auf Erden
und kehren bei Sterblichen ein: ‚darin liegt die erhabenfte Heiligung der
Gaftfreundschaft; der Mensch wird Scheu tragen, einen Fremden abzu=
weisen, unter deffen Geftalt ihn ein Gott besucht haben kann.' Myth.
Vorr. 34. In zahllosen deutschen Märchen tritt Christus mit seinen
Apofteln an die Stelle dieser wandernden Götter, oft auch der Heiland
mit Petrus oder Einer von beiden allein. Zwei Götter wandern auch
in der schönen Sage von Philemon und Baucis; aber drei Männer,
d. h. wohl der Herr mit zwei Engeln, kehren bei Abraham ein, Gen. 18.
In der Edda wandert die Trilogie Odin Loki Hœnir wie bei den
Griechen Hermes Zeus Poseidon, bei den Finnen Wäinämoinen Ilmarinen
Lemminkainen. Wo ein Gott allein diese Wanderung antritt, da ist er
wohl als der höchfte gedacht, der sich in jener Trilogie nur verdreifacht.
So sehen wir Odin bei dem Schmiede einkehren oder als Grimnir bei
Geirrödhr, weil Frigg seinen Liebling der Ungaftlichkeit beschuldigt hat;
so wandert bei den Indiern Brahma oder Wischnu, bei den Litthauern
Perkunos. So wird auch der Gott, der im eddischen Rigsmal die

.grünen Wege der Erde wandert, und die menschlichen Stände gründet, einst der höchste gewesen sein; das Lied nennt ihn aber Rigr oder Heimdall, der sonst für Odins Sohn gilt, und so läßt eine phädrische Fabel den Götterboten, den Gott der Wege und Straßen, bei Sterblichen übernachten: Grimm a. a. O. Aber auch am Himmel wandert Odin: wir finden da seine Straße, seinen Wagen; daneben irdische Abbilder dieser himmlischen Wege, gespenstige Erscheinungen seines Wagens auf Erden. Freilich ist auch hier ein Theil seines Wesens auf seine Söhne übergegangen, auf Heimdall und Thôr, wenn diese nicht ältere Götter sind.

Nach Meier 137 geht der Zug des wilden Heers über die Milchstraße hin; diese wird auch nach dem wilden Jäger genannt; den Dänen heißt sie Waldemarsweg, und Waldemar fanden wir schon als wilden Jäger. Nach Erich, dessen Bruder Abel wir gleichfalls als wilden Jäger kennen, sind auf Erden große Heer- und Kriegsstraßen benannt; der neue König, der das Reich übernahm, muste in Schweden die Erichsgaße reiten. Erich fällt aber zusammen mit Jring, Rigr oder Heimdall (§. 89), und nach Jring heißt wieder die Milchstraße, wie Rigr die grünen Wege der Erde wandelt und Heimdall den Regenbogen zum Symbol hat, die Brücke der Asen (Asbrû), welche ihr Name Bif=röst (bebende Rast oder Meile) als Straße bezeichnet. So ist für England eine Jrminstraße (Myth. 330) bezeugt, welche das Land von Süden nach Norden durchzog, und da der Himmelswagen Jrmineswagen (M. 329) heißt, so muß auch die Himmelsstraße, die dieser Wagen befuhr, Jrmin= straße geheißen haben, wobei die innigen Beziehungen, die sich für Jring und Jrmin aus der Heldensage ergeben, in Betracht kommen. Auch die andere der vier englischen Hauptstraßen, Vaetlingastraet, ist zugleich am Himmel nachgewiesen: wir sehen also, daß sich die Straßen am Himmel und auf Erden entsprechen. Kuhn NS. 428 berichtet, der Heljäger jage in den Zwölften auf der Erde; zu anderer Zeit durch die Luft, d. h. wohl am Himmel über die Milchstraße hin, nach der obigen Meldung bei Meier. Vgl. Birl. I, 190. Auf Erden zieht er bekanntlich immer dieselbe Straße, und auch diese finden wir Heer= straße benannt (Meier 138. 9), bei Honnef Höllweg, so daß man die westfälischen und hessischen Helwege (Myth. 762) hieherziehen darf. Da nun auch der Himmelswagen Helwagen (ebb.) heißt, so muß die Him= melsstraße, die er befährt, Helweg geheißen haben, und so heißt sie wirklich noch nach Woeste 41 in der Grafschaft Mark, vgl. Kuhn WS. II, 85; doch scheint Brynhildens Helweg (M. Edda 223) auf oder unter der Erde gedacht. Ausdrücklich bezeugt finden wir zwar einen Wuotans= wagen, der auch Karlswagen heißt (Myth. 138); aber Wuotanswege bleiben nach M. 144 zweifelhaft; doch kommt zu Hülfe, daß dem Karls=

wagen ein Karlsweg entspricht (Myth. 139), wie wir Karl auch als
wilden Jäger fanden, und Gwydion, der keltische Odin, sowohl Wagen
als Himmelsstraße hat, Myth. 137. 336. Mit jenem Karlswagen ist
der Himmelswagen gemeint, die sieben Sterne, welchen man auch den
großen Bären nennt. Der kleinste dieser Sterne heißt der Fuhrmann
oder das Knechtchen; man weiß auch, daß er im Leben Hans Dümke
(Myth. 688. Müllenh. 360. Kuhn WS. II, 87) hieß. Er war Knecht
bei dem lieben Gott und hatte es gut in seinem Dienste, versah ihn
aber lieberlich, weshalb er nun zur Strafe auf der Deichsel des Him-
melswagens sitzen muß. Nach anderm Bericht wollte er lieber ewig
fahren als das Himmelreich erben: das ist, wieder die Sage vom wilden
Jäger, der für sein Theil Himmelreich ewig jagen wollte. Da nun
der große Bär auch Arcturus heißt und wir Arthur oder Artus schon
als wilden Jäger gefunden haben, so wird es bedeutend, daß in unsern
Sagen von der wilden Jagd die Geister= oder Teufelskutsche so oft erscheint und der wilde Jäger selbst der ewige Fuhrmann (Kuhn NS.
222, 1) heißt. Vgl. Kuhn WS. Nr. I, 199 mit der Anm. 222, Müller
und Sch. 225. Rochholz I, 215, Vernaleken Oesterr. Sagen S. 94—104.
Die ‚Kutschgaß‘ bei Menzenberg ist so steil, daß kein Wagen sie fahren
könnte. Allerdings ist der Ausdruck Karlswagen, der wohl in demselben
Sinne auch ‚Herrawagen‘ (Myth. 687) heißt, unbestimmt, und kann auch
auf Thôr gehen oder den fränkischen Kaiser meinen; aber der niederländische Name des Himmelswagen Woenswaghen, eignet ihn Wuotan zu
und die hier hervorgehobenen Bezüge des Wagens sowohl als der Straße,
die er befährt, auf die wilde Jagd laßen kaum bezweifeln, daß der Gott,
den wir aus der Edda nur gehend, reitend oder als Adler fliegend
kennen, nach der ältern Vorstellung ein Wagengespann besaß.

Die Milchstraße wird als Straße der Seelen aufgefaßt, und im
Geleite der Göttin, welche den entschwundenen Gott sucht, sehen wir die
Seelen früh verstorbener Kinder fahren, wo Wodan als wilder Jäger
Geister der Verstorbenen in seinem Gefolge führt. Jene irdischen Königs-
straßen, welche den himmlischen entsprechen, pflegen von einer Säule
auszugehen, der Irminsäule vermuthlich. (Grimm Irminstr. Wien 1815,
S. 56.) Im alten Frankreich vergleicht sich die Chaussée de Brunehault,
die zwar historisiert aber wohl auf die mythische Brynhild zu deuten ist,
die einst Wodans Gemahlin war: auch diese Straße geht von einer
Säule aus. So sind wohl auch die deutschen Brunhilden= und Kriem-
hildensteine zu verstehen. Eine turris Brunechildis weist Mone Heldenf. 69 nach und jener Name Vroneldenstraet §. 109 für die Milchstraße läßt sich auf Brunhild deuten. Selbst ihr tragisches Ende, das
wir schon dem der Swanhild verglichen haben, kann mythisch sein, da

wir Aehnliches von der fliehenden Iſis berichtet und auf die Milchſtraße
bezogen finden.　Auch der keltiſche Gwydion verfolgt eine geliebte Jungfrau und giebt dabei der Milchſtraße den Namen, ſo daß wir dem Mythus von der verfolgten oder verfolgenden Göttin S. 199 auch am
Himmel wiederbegegnen.

Daß Odin auch Sonnengott war ehe ihn Freyr (Fró) aus dieſer
Würde verdrängte, ward ſchon §. 66 vermuthet.　Einen ſtärkern Beweis
dafür giebt es aber nicht als ſeine Einäugigkeit, denn wie er ſelber Luft
und Himmel, ſo bedeutet ſein eines Auge die Sonne.　Wir haben aber
von ſeinem andern Auge einen Mythus, der von keinem andern in der
Edda an Dunkelheit übertroffen wird: wir müſſen des Leſers ganze Ge-
duld und Aufmerkſamkeit in Anſpruch nehmen.　Nach D. 15 kam Odin zu
Mimirs Brunnen, in dem Weisheit und Verſtand verborgen ſind §. 19,
und verlangte einen Trunk, erhielt ihn aber nicht, bis er ſein Auge zu
Pfande ſetzt.　Die Nachricht iſt aus Wöl. 21. 22 genommen, wo es
von der Seherin heißt:

21.　Allein ſaß ſie außen,　da der Alte kam,
　　　Der grübelnde Aſe;　ſie ſah ihm ins Auge.

22.　Warum fragt ihr mich?　was erforſcht ihr mich?
　　　Alles weiß ich, Odin,　wo du dein Auge bargſt:
　　　In der vielbekannten　Quelle Mimirs.
　　　Meth trinkt Mimir　jeden Morgen
　　　Aus Walvaters Pfand:　wißt ihr was das bedeutet?

Wir haben Mimir §. 19. 2 als das Gedächtniß der uranfänglichen Dinge
gefaßt; ſeinem Namen nach (Gr. Myth. 353) kann er das Gedächtniß,
das Wißen überhaupt ſein.　Damit iſt er aber ſchon auf das geiſtige Gebiet gezogen; ſeine erſte natürliche Bedeutung zeigt ſein Name gleichfalls
an, da Waßergeiſter Minnen und Muomel heißen, ein See Mummelſee
und Mimling ein Flüßchen im Odenwald.　Nehmen wir alſo Mimirs
Brunnen für das Meer Lex Myth. 239ᵃ, ſo kann das im Brunnen
verpfändete andere Auge des Gottes der Widerſchein der Sonne im
Waßer ſein und dieß halte ich für den älteſten Sinn des Mythus.　War
dieſer aber einmal entſprungen, ſo lag die Umdeutung des verpfändeten
Auges auf den Mond nahe, denn wenn die Sonne das eine Auge des
Himmelsgottes iſt, wer würde dann nicht den Mond für das andere
nehmen?　Nur ſo begreift ſich aber, wie Mimir aus dem verpfändeten
Auge des Gottes trinken kann.　Nach einer allgemeinen Anſchauung bildet
nämlich die Mondſichel ein Horn, und dieß muß hier als Trinkhorn gedacht ſein.　Die j. Edda ſagt D. 15 ausdrücklich, der Eigner des Brunnens heiße Mimir und täglich trinke er von dem Brunnen aus einem
Horne.　Sie nennt es das Giallarhorn, weil ſie dabei an Heimdalls

Horn denkt, das zugleich zum Blasen dient, wie es Wöl. 47 vor dem
Weltkampf heißt:

> Ins erhobene Horn   bläst Heimdall laut.

Sie gründet sich dabei auf Wöl. 31, wo es heißt:

> Sie weiß Heimdalls   Horn verborgen
> Unter dem himmelhohen   heiligen Baum.
> Einen Strom sieht sie stürzen   mit starkem Fall
> Aus Walvaters Pfand: wißt ihr was das bedeutet?

Es ist nur wieder die kühne Dichtersprache des Nordens, die ein
Verwandtes für das andere zu setzen liebt (§. 52), wenn in dieser noch
unverstandenen Stelle zwei Hörner vertauscht und im Gedanken verschmolzen
werden: Mimirs Trinkhorn und Heimdalls Giallarhorn. Auch letzteres
wird ursprünglich den Mond bedeutet haben: dem Wächter der Götter
auf Himinbiörg gebührte zum Horne der Sichelmond, da es in den
Nächten vornämlich seines Hütens bedarf. Um so mehr durfte die my=
thologische Sprache beide Hörner, als Bilder für den Mond, inein=
anderflößen.

Unter dem heiligen Baume, in Mimirs Quelle, war nun nach den
ersten Langzeilen Heimdalls Horn, das so mit Walvaters Pfand, dem ersten
Horne, vertauscht wird, verborgen. In den folgenden Zeilen kehrt sich
die Vertauschung um: da wird Walvaters Pfand genannt, wo Heimdalls
Horn gemeint ist. Der Strom, der aus Walvaters Pfande stürzt, ist
die Kunde von dem angehenden letzten Weltkampf, welchen Heimdalls
Horn anmelden soll. Zwar erst Wöl. 47 sehen wir diesen ins erhobene
Horn stoßen; aber was dann wirklich sich begiebt, das ahnt schon jetzt
die Seherin und deutet es, wie von fern, mit räthselhaften Worten an.
Als ein Wißen darf die Kunde, die dann aus Heimdalls Horn schallt,
ein Strom heißen aus Mimirs Quelle geschöpft; ein Strom, der mit
starkem Fall (denn Heimdall bläst so laut, daß es die ganze Welt ver=
nimmt) aus ‚Walvaters Pfande‘ stürzt: denn durch diese Verpfän=
dung erwarb er den Trunk aus dem Brunnen, in dem Weisheit und
Verstand verborgen sind.

Der physische Grund des Mythus von dem verpfändeten andern
Auge des Himmelsgottes ist das Spiegeln, ja das Untertauchen des
Mondes im Meer. Indem dieser Verpfändung der Grund angedichtet
wird, der Weisheit Mimirs theilhaftig zu werden, sehen wir den Natur=
mythus auf das geistige Gebiet gerückt. Im Waßer liegt wie der Ur=
sprung der Dinge so alle Weisheit auch nach den Mythologieen anderer
Völker: in der unsern zeigt es sich in der Gabe der Weißagung, welche
Schwänen, Schwanenjungfrauen und Meerweibern beiwohnt. Darum
heißen auch die Wanen weise und Heimdall, den neun Wellenmädchen

geboren haben, weife den Wanen gleich. Es waltet hier eine neptuniſti=
ſche Anſicht: die Urbilder aller Dinge liegen im Waßer, weil die Welt
aus dem Waßer hervorgegangen iſt. Das Waßer iſt auch als Unter=
welt zu faßen und daß dieſer die Zukunft nicht verborgen iſt, ſahen wir
daraus, daß Odin dort die todte Seherin weckte, um ſie über Baldurs
Geſchick zu befragen. Solcher Weisheit begierig ſenkt nun Odin ſein
anderes Auge, den Mond, in Mimirs Brunnen und mehrt ſo noch ſein
Wißen, das an ſich ſchon groß ſein muß, denn ſein eines Auge, die
Sonne, gewahrt Alles, was ſich auf Erden begiebt. Aber auch Mimirs
Weisheit, die hier, wo der Gegenſatz der beiden andern Brunnen weg=
fällt, auf die Vergangenheit nicht beſchränkt zu werden braucht, will
‚der grübelnde Aſe‘ gewinnen, wie er ein andermal mit Mimirs Haupte
murmelt. Nicht weil er ſo eine Einbuße erleidet und durch den Verluſt
ſeines Auges der Rieſen Macht mehrt, läßt wohl die Seherin die ſchauer=
liche Frage folgen: wißt ihr was das bedeutet? ſondern weil wir den
Gott ſchon jetzt um die Zukunft beſorgt finden und weil die ſo erkaufte
Kunde keine andere iſt als die vom Untergange der Welt. Ob=
gleich von Rieſengeſchlecht und dem Waßer verwandt, das einſt die Erde
überfluten ſoll (die Wellen heißen Wöl. 47 ſeine Söhne), erſcheint Mi=
mir doch nie als ein Feind der Götter: er iſt wie Skadi §. 99 in den
Kreiß der Aſen aufgenommen und wird von dieſen den Wanen ver=
geiſelt, die ihn erſchlagen und ſein Haupt den Aſen zurückſenden; aber
noch mit dieſem Haupte beräth ſich Odin. Sein Methtrinken, eine
Folge des mit Odin eingegangenen Vertrags, kann den Göttern, denen
er ſeine Weisheit mittheilt, keine Gefahr drohen. Darum lege ich dem=
ſelben auch keine mythiſche Bedeutung unter, weder die phyſiſche, ‚daß
das Meer am Morgen Thau trinke‘, noch die geiſtige, ‚er trinke aus
der Quelle der Erkenntniſs‘: beide wären hier müßig, wir gelangten
nicht weiter damit: es iſt nur ein Nebenzug, der das Bild des ahnungs=
voll bewegten Götterlebens vervollſtändigen hilft. Den Mythendeuter
führt nichts ſo leicht auf Klippen als das Bemühen alles poetiſche Detail
in den Gedanken aufzulöſen.

Der Beweis ſcheint geführt, daß die Sonne als Odins eines Auge
gedacht ward, der Mond als das andere: das genügt hier, wo es galt,
ihn als Himmelsgott darzuſtellen.

Die Vermuthung, daß es Odin ſelber geweſen ſein möge, der Odins
Horn beſaß oder was gleichbedeutend iſt, Heimdall hieß, wird nicht zu
kühn erſcheinen, wenn man ſich erinnert, daß er ſich als Geſtirngott mit
Heimdall berührte, S. 203. Daß es eigentlich Odins Horn war, bezeugt
Hrafnag. 16, denn hier heißt Heimdall
Der Wächter von Herians goldenem Horn.

In deutschen Sagen erscheint es noch in Wuotans Besitz, sowohl wenn er als wilder Jäger durch die Luft zieht (was das Volk mit den Worten ‚de Wode tüt' Myth. 871 meint), als wenn er im hohlen Berge schläft, wo das Horn neben ihm hängt, damit er es zur Hand habe darein zu stoßen, wenn es Zeit ist die blutige Schlacht auf dem Walserfelde zu schlagen; die rechte Zeit aber sollen ihm seine Raben melden. §. 53. Wie ähnlich ist das der nordischen Darstellung, wo Odin-Heimball sein Auge in den Brunnen der Erkenntniß senkt, um die Stunde der Gefahr zu erspähen, wo er das Horn am Munde die Seinen zum Kampf führen will; oder, nach dem andern Bilde, das Horn in den Brunnen taucht und dann aus Walvaters Pfand die ge= schöpfte Kunde strömt. Ueber Mime den Schmied in der Heldensage, von dem Wittichs Schwert Mimung benannt ist, und Mimring, der gleichfalls ein Schmied ist, s. §. 35. Ein Zusammenhang mit Mime ist hier unzweifel= haft, da vom Geschmeide der Waßergeister auch sonst die Rede ist, §. 126.

Ein zweiter Beweis, daß Odin Sonnengott war, liegt in seinem Beinamen Grani. Ich muß aber hier wiederholen was ich Rheinl. 390 ausgeführt habe. Der Sage nach gab Karl der Gr. dem Achner Münster die Rotundengestalt nach dem Hufe seines Roffes: sein Hufschlag hatte die warmen Quellen entdeckt und den Kaiser zu den Ruinen des Granustempels geführt, wo ihm dann Maria, nach einem zu ihr gesprochenen Gebet, erschien und die Capelle zu bauen befahl. Käntzeler Reliquienbehälter S. 15. Hienach wird es Odin gewesen sein, der zu Achen unter seinem bekannten Beinamen Grani als Apollo Granus verehrt wurde, wie sein Roß, das er nach der Wölsungasage später dem Sigurd (Siegfried) schenkte, gleichfalls Grani hieß. „Wenn sowohl Wuotan als Sigurds Roß Grani hieß, so bedeutet dieß zunächst barbatus, jubatus, wie altnordisch faxi." Herman Müller im Jahrb. d. V. v. Alterthumsfr. im Rheinl. XXXIII. XXXIV S. 75. Skinfaxi heißt das Roß des Tagesgottes §. 15; von seiner Mähne wird gesagt, sie glänze immer, weil sie die Sonnenstralen bedeutet. Gra= nen heißen im Altdeutschen die Barthaare und nach Isidor nann= ten die Gothen ihre lang herabhangenden Haare Grannen. Auch den Bart der Gerstenähre pflegt man Grannen zu nennen. Aus dem La= teinischen ist weder Granus noch Grannus zu erklären, und Granus für einen keltischen Gott auszugeben haben wir keinen Grund. Wie bei dem Gott auf den Bart, so zielt Grani bei dem Roß auf die Mähne: bei beiden sind die Sonnenstralen gemeint, wofür wir her= nach noch ein Zeugniß beibringen werden. Das Tagesroß kann auch das Sonnenroß sein: wir finden bei Balbur (ags. Bäldäg) das quell= weckende Roß wieder: es war von Odin, dem Sonnengott, auf seinen

Sohn Balder, den Lichtgott, übertragen. Von Karl dem Großen, als
dem letzten Erben des Mythus, wird auch erzählt, er habe zu Achen ein
halbgöttliches Weib zur Geliebten gehabt, die bei seiner Abwesenheit todt
da lag, wenn er aber zu ihr kam, wieder auflebte. Einst als er sie besuchte und sich mit ihr ergötzte, sah der Kaiser wie ein Sonnenstral ihr
in den Mund fiel und da bemerkte er, daß ein goldenes Korn (granum
auri) auf ihrer Zunge haftete: er ließ es abschneiden, und alsbald war
sie todt und lebte nicht wieder auf. Der Sonnenstral bestätigt hier unsere Deutung des Namens Granus auf den Sonnengott, welchen darnach
die Römer als Apollo aufzufaßen vollkommen berechtigt waren. Granus
ist unter der Römerherrschaft ein stehender Beiname des Apollo, aber
nicht des imberbis, geblieben. Nun fällt auch Licht auf Sonnenberg
bei Wiesbaden, denn der Sonnengott wird gerne bei Badequellen verehrt, weil sie der Huffchlag seines Rosses der Erde entlockt hatte. Für
den Mangel einer Sage wird hier Sonnenberg durch einen Mythus
entschädigt, den schönsten, den uns deutsche Sagen erhalten haben und
der keinem eddischen nachsteht. Sollen wir ihn deuten, so muß der
Kaiser wieder aus dem Spiele bleiben und unter Karl (dem Herrn) der
Sonnengott verstanden werden. Der Sonnengott liebt die Erde, die
von seiner Gegenwart, wenn Wolken die Sonne nicht mehr verhüllen,
wieder aufzuleben scheint; wenn die Sonne sich verbarg, lag sie wie todt.
Wen hätte diese Empfindung nicht schon tausendmal angewandelt? Und
wie dichterisch ist der Mythus erfunden, der eine so natürliche Empfindung in Begebenheit umzusetzen weiß! Das Goldkorn in dem Munde
der Erdgöttin (das der Sonnenstral hervorgebracht hatte) ist das goldene Getreide, das uns ernährt: wird es bei der Ernte abgeschnitten, so
tritt der wirkliche Tod ein, d. h. der Winter, der Tod der Natur. Es ist
mir nie so deutlich geworden, daß Mythen Räthsel sind: ihre Lösung ist aber
leicht zu finden, wenn man weiß, daß sie sich nach §. 2 auf das Leben
der Natur im Kreißlauf des Jahres beziehen. Ehe die Lösung gefunden ist,
kann aber von Verständniß eigentlich nicht die Rede sein und eine Mythologie ohne Deutung usurpiert diesen Namen. Ein Zug bleibt uns jedoch
hier noch unenträthselt, der nämlich, daß die meteorische Masse, die im
Hofe der Regierung liegt, und lange für einen Mondstein galt, den
Achnern das Badekalb heißt. Hier müßen wir unsere Unwißenheit
eingestehen, denn nur soviel sieht man, daß ein Bezug auf den bei Bä-
dern gewöhnlichen Sonnendienst auch hier nicht fehlen wird; wenigstens
deutet darauf, wenn, wie man von Mondkälbern spricht, der Name
Sonnenkalb als Eigenname begegnet. Bäder und Sonnendienst giengen
schon bei den Alten Hand in Hand: außer bei Achen finden sie sich auch
in dem Sironabad bei Nierstein verbunden; in Bourbonne-les-Bains

ist Apollo dem Heilspender ein Botivstein gewidmet; Bab und Sonne sind sich so nahe verwandt, daß der Achner für Sonnenkalb Babekalb sagen durfte. Nur das Kalb befremdet jetzt noch, es wird aber wohl auch seinen Kalaf noch finden. War etwa mit der Kuh Audhumbla, welche die Götter aus den Salzsteinen hervorleckte §. 8, nicht das Feuer gemeint, wie wir S. 16 vermuthet hatten, sondern die Sonne? Und konnte ein Meteorstein, der aus der Sonne vielmehr, als aus dem Mond wie es anderwärts hieß, gefallen schien, dann nicht ein Kalb heißen? Der egyptische Stier Apis galt für eine Wiedergeburt des Osiris, des Sonnengottes. In der jüngsten Gestalt unserer Sage ward jenes Gold-korn zu dem Zauberring der Fastrada; in einer mittlern Gestalt, wo ein Stein den Zauber wirkt, ist dieser Stein von einer Schlange ge-schenkt, in der ich mit H. Müller eine Beziehung auf die Wurm sehe, den Bach von Achen.

75. Erfindung der Runen.

Als Gott des Geistes, nicht bloß des kriegerischen, erscheint Odin schon durch seine Allwißenheit, deren Symbole so eben besprochen sind. Wie sehr sie ihm verkümmert scheinen, so muß doch in Wafthrudnismal (f. o. S. 74. 138), wo Odin mit den allwißenden Jötunen (wenn das Wort nicht mehr sagt als alsvidhr jötunn) über die urweltlichen Dinge gestritten hat, sich dieser zuletzt besiegt erkennen und gestehen:

'Du wirst immer der Weiseste sein.'

Noch mehr erscheint er als Gott des Geistes durch seinen Bezug zur Poesie. Außer seinem aus Grimnism. 7 (f. §. 21) bekannten Ver-hältniß zu Saga, der Göttin der Geschichte mehr noch als der Sage, ist er auch Bragis Vater, des Gottes der Dichtkunst und Beredsamkeit, und da dieser wie Odin alt und langbärtig vorgestellt wird, so mag auch Er sich aus des Vaters Wesen abgelöst haben. Denn Odin selbst lernen wir als Erfinder der Dichtkunst kennen, und zwar nicht bloß nach dem Mythus von dem Ursprung der Poesie (§. 76), auch indem er die Runen erfand und mit diesen die Runenlieder. Doch erscheint er hier nicht so sehr als Gott des Geistes, denn als der mächtige Gott.

Odins Roß Sleipnir faßten wir §. 66 als Symbol der Allgegen-wart, die dem höchsten Gotte eignet, gestanden aber gerne zu, daß sie ihm durch die Vermenschlichung sehr verkürzt sei. Noch mehr wird das von den Bildern für seine Allwißenheit gelten. Ein solches Bild war schon Hlidskialf, von dem er alle Welten überblickt, ein solches ist sein Eines Auge, die Sonne, die Alles schaut, und seine beiden Raben, die ihm in die Ohren flüstern was sich auf Erden begiebt. Aber der Blick in die Zukunft ist ihm sehr getrübt, da er Idunen besenden (§. 32),

die todte Wala nach Baldurs Geschicken fragen (S. 75), sein anderes
Auge in Mimirs Brunnen senken oder mit seinem Haupte murmeln
muß.   Am meisten könnte man seine Allmacht beeinträchtigt glauben;
doch werden wir darüber vielleicht anders urtheilen, wenn wir ihn als
Erfinder der Runen betrachtet haben.

Die Erfindung der Buchstaben legten die Alten dem Mercur bei;
daß damit schon die Schrift, d. h. Lesen und Schreiben gemeint war,
läßt sich noch bezweifeln, da er auch als Erfinder des Würfelspiels gilt,
dieses aber dem Gebrauch der Runen bei der Looßung ähnlich sieht und
vielleicht daraus entstanden ist. Auch unsere ältesten Vorfahren kannten,
so hoch unsere Nachrichten hinaufreichen, schon die Buchstaben; sie be-
dienten sich ihrer aber wahrscheinlicher mehr zu mystischen Zwecken, zum
Looßen, Weißagen und Zaubern: wäre ihnen Odin als Erfinder der
Runen zugleich auch der Erfinder der Schreibekunst gewesen, so würde
er sich auch darin als Gott des Geistes darstellen.   Nach den neuesten
Forschungen (Liliencron und Müllenhoff, Zur Runenlehre Halle 1852)
wäre aber der Gedanke des buchstabierenden Schreibens erst nach Berührung der germanischen Welt mit der alten von dieser auf jene übergegangen; bei der Einwanderung der Asen, worunter ich hier die dem
Odinsdienst ergebenen Völker verstehe, in unsere jetzigen nordischen
Wohnsitze, war er ihnen noch fremd.   Doch laßen wir diese Frage, als
noch nicht ganz ausgemacht, bei Seite und betrachten die Runen nur
als mystische Zeichen, denen magische Kraft zugetraut wird, weshalb ihr
Gebrauch mit allen priesterlichen Weihen zusammenhieng, mit Poesie und
Weißagung, Opfer und Zauber, die alle unter sich auf das Engste verwandt sind.   Am Deutlichsten würde dieß an dem Worte Ziefer, zepar,
wenn damit zoupar, Zauber, im Ablautsverhältnisse stünde. Gr. Myth.
36. 985.   Ziefer hießen alle opferbaren Thiere, Ungeziefer aber, welche
die Götter als Opfer verschmähten.   Allem Zauber aber wie der Weißagung giengen Gebet und Opfer voraus und die Weißagung wie der
Zauber ward in Liedern vollbracht, welche alliteriert, d. h. mit Stäben
versehen waren, und diese Stäbe wurden zugleich eingeritzt.   Dieß
konnte zum Heile wie zum Verderben geschehen, zum Segen wie zur
Verwünschung, immer diente das eingeritzte Zeichen zugleich dem dabei
gesungenen Liede zum Hauptstabe wie zu Nebenstäben.   Dieses Lied
durfte nicht fehlen, das todte Zeichen an sich galt für nichts, es ward
erst lebendig durch das Lied, dessen Stäbe es bildete: die schlummernde
Zauberkraft des Zeichens muste Gesang wecken, v. Liliencr. 24.   Nach
Petersen 210 bedeutete die Rune die Wesenheit der Dinge: ‚indem man
also der gleichsam von den Dingen ‚abgeschabten‘ Rune durch den Zauberspruch Leben einhauchte, setzte man die Wesenheit der Dinge in zau-

berkräftig wirkende Bewegung.' Lil. 21. Ein Beispiel einer Verwün=
schung, welche die Verbindung des eingeschnittenen Runenstabes mit dem
Liede zeigt, bildet Skirnisför 34—36, wo der Gerda (§. 29 oben) von
Skirnir mit dem Thursen Hrimgrimnir gedroht wird, welcher sie haben
solle. Hrimgrimnir ist seinem Namen nach ein Reifriese: sie soll, der
über sie auszusprechenden Verwünschung nach, der Umarmung der Frost=
riesen anheimfallen, d. h. unter Eis und Schnee zurückgehalten bleiben,
wenn sie der Verbindung mit dem sonnigen Freyr länger widerstrebe.
Skirnir spricht :

> 34. Hört es, Joten, hört es, Hrimthursen,
>   Suttungs Söhne, ihr Asen selbst!
>   Wie ich verbiete, wie ich banne
>   Mannesgesellschaft der Maid,
>   Mannesgemeinschaft.
> 35. Hrimgrimnir heißt der Thurs, der dich haben soll,
>   Hinterm Todtenthor u. s. w.
> 36. Ein Thurs (Th) schneid ich dir und drei Stäbe:
>   Ohnmacht, Unmuth und Ungeduld.
>   So schneid ich es ab, wie ich es einschnitt,
>   Wenn es Noth thut so zu thun.

Es thut noch nicht Noth so zu thun, denn in der folgenden Strophe
ergiebt sich Gerba, der angedrohte Zauber wird also nicht wirklich voll=
bracht: sonst würde noch erst das den Zauber wirkende Lied folgen, das wie
der Anfang der 36sten Str. den einzuritzenden, jetzt ungeritztbleibenden
Stab (þ = Th) dreimal wiederbrächte. Ich setze diesen Anfang in der
alten Sprache her, weil die Uebersetzung es nicht ganz anschaulich machen
kann, da unsere Sprache das Th in D verschoben hat:

> Thurs rist ek ther ok thriá stafi.

Thurs ist der Name der eingeritzten Rune, die zugleich als Liedstab drei=
mal wiederkehrt: es ist aber auch der angewünschte Riese selbst. Da die
Runen Namen haben, diese Namen aber Begriffe bedeuten, so sagt ein
einziges dieser nordischen Schriftzeichen so viel aus als uns die Verbin=
dung mehrerer, ja vieler bedeuten würde. ‚Indem die Rune dieses Namens
(Thurs) eingeschnitten und durch den Spruch ins Leben gerufen wird, setzt
der Beschwörer der Thursen böse Macht gegen denjenigen in Thätigkeit,
welchen der Fluch treffen soll.' v. Lil. 22.

Wenn nun Odin der Erfinder der Runen heißt, so ist damit der
Runenzauber gemeint, dem eine so unbeschränkte Macht zugetraut wurde,
daß sich Odin nach seinem Runengedicht (Runatal), einem Theile des ed=
dischen Hawamals (M. Edda S. 116), durch Erfindung der Runen selber
zur Geburt verhilft, indem er sich von dem Weltbaume löst, als bessen
Frucht er gedacht ist.

1. Ich weiß daß ich hieng   am windigen Baum
   Neun lange Nächte,
   Vom Sper verwundet,   dem Odin geweiht,
   Mir selber ich selbst,
   Am Ast des Baums,   dem Niemand ansieht
   Aus welcher Wurzel er sproß.

2. Sie boten mir   nicht Brot noch Meth:
   Da neigt ich mich nieder
   Auf Runen sinnend,   lernte sie seufzend:
   Endlich fiel ich zur Erde.

3. Hauptlieder neun   lernt ich vom weisen Sohn
   Bölthorns, des Vaters Bestlas,
   Und trank einen Trunk   des theuern Meths
   Aus Odhrörir geschöpft.

Der weise Sohn Bölthorns ist er selbst: von sich selber lernte er die Runen und die Runenlieder. Wenn Str. 2 nur die Runen genannt sind, und diese schon die Wirkung haben, ihn von dem Baume zu lösen, so sind die dazu gehörigen, ihre Kraft weckenden Lieder mitverstanden. Diese werden auch Str. 3 unter dem theuern Meth gemeint, aus Odhrörir geschöpft, der Quelle der Begeisterung: er bedeutet, wie der nächste § darthut, die Poesie. Der theure Meth, das Lied, belebt und heiligt das todte Zeichen. Darum heißt es auch Str. 18 des andern ebenso wichtigen Runengedichtes, das der Sigrdrifa (M. Edda 203) in den Mund gelegt wird, die Runen müsten ‚mit hehrem Meth geheiligt' sein.

Da nun der Runenzauber so große Macht hat, so ist die dem Odin beigelegte Erfindung der Runen nur eine Symbolisierung seiner Allmacht, und wir überzeugen uns jetzt, daß ihm diese nicht mehr, ja kaum so sehr verkümmert ward als seine Allwißenheit und Allgegenwart, denn bedurfte er freilich erst der Runen, so ist doch mittels derselben seiner Macht keine andere Grenze gezogen als die in dem Wesen der Dinge liegt, denn eben dieses wird durch den Runenzauber geltend gemacht und über dieses hinaus vermag er nichts. Hienach gienge also wenigstens der Runenzauber nicht mit unrechten Dingen zu, und Myth. 982, wo dieß von allem Zauber behauptet wird, steht doch das Zugeständniß daneben, unmittelbar aus den heiligsten Geschäften, Gottesdienst und Dichtkunst, müße aller Zauberei Ursprung geleitet werden.

Wenn also schon das Heidenthum Odins Macht als Zauberei auf=faßte, so kann es nicht wundern, daß der historisierende Saxo, dem Odin nur ein Mensch war, bei dem vielen Wunderbaren, das er von ihm be=richten muß, sich mit der Ausrede half, er habe sich auf Zauberei ver=standen. An Götter durfte Saxo als Christ nicht glauben; an Zauberei aber glaubte seine Zeit noch sehr stark: darum konnte Odin, ohne ein

Gott zu sein, doch alle die vielen Wunder vollbracht haben, die ihm Saxo in seinen Quellen beigelegt fand.

Aber auch Snorri oder Wer der Verfaßer der Heimskringla war, obwohl er sonst Odin mehr als großen Heermann und Eroberer auffaßt, schreibt ihm doch gleichfalls Zauberkunst zu. ‚Er konnte durch bloße Worte machen, daß das Feuer erlosch und die See stille ward und der Wind sich drehte wohin er wollte.' Yngl. 7. Das kann aus Odins Runatal genommen sein, wo achtzehn zauberkräftige Lieder genannt wer= den, die Odin kennen will. Denn so heißt es:

Str. 16. Ein siebentes weiß ich: wenn hoch der Saal steht
          Ueber den Leuten in Lohe,
          Wie breit sie schon brenne, ich berge sie noch:
          Den Zauber weiß ich zu zaubern.

Str. 17. Ein neuntes weiß ich: wenn Noth mir ist
          Vor der Flut das Fahrzeug zu bergen,
          So wend ich den Wind von den Wogen ab,
          Und besänftge rings die See.

Wenn Snorri ferner sagt, Odin habe durch Lieder auch Grabhügel ge= öffnet und Todte geweckt, oder sich unter den Galgen gesetzt, weshalb er auch Herr der Gehängten (Hângatyr) geheißen habe, so kann er dabei auf Wegtamskw. (ob. S. 75) zielen, aber auch auf unser Runengedicht:

Str. 20. Ein zwölftes kann ich: hängt am Zweig
          Vom Strang erstickt ein Todter,
          Wie ich ritze das Runenzeichen,
          So kommt der Mann und spricht mit mir.

Doch kann Odin auch Hangatyr heißen, weil ihm seine Opfer an Bäume aufgehängt wurden, wie er selber einst am Baume hieng. Nach dem Volksglauben (Myth. 601, Birl. 1, 193. Leopr. 102) entsteht Sturm, wenn sich Einer erhängt, was vielfache Deutung gefunden hat, zunächst aber doch daran erinnert, daß Hangatyr zugleich Sturmgott ist.

Nicht ohne Lächeln über Snorris Klügelei wird man freilich lesen: ‚Er hatte auch zwei Raben, welche er das Sprechen gelehrt hatte; diese flogen weit umher in der Welt und sagten ihm viel Neues'; wenn es aber endlich heißt: ‚die meisten seiner Künste lehrte er seine Opferpriester: diese waren ihm zunächst in jeder Klugheit und Zauberei', so knüpfe ich die Bemerkung hieran, daß die im Runatal genannten 18 Zauber ebenso vieler Lieder wohl eben nur solche sind, welche die Priester von ihm erlernt zu haben sich rühmten; die dem Gotte zugeschriebene Zau= bermacht braucht sich nicht auf sie beschränkt zu haben.

76. Ursprung der Dichtkunst. Kwasir.

Den Mythus von Odhrörir erzählt D. 57. 58 so: Die Asen hatten Unfrieden mit dem Volke, das man Wanen nennt (vgl. §. 24. 59). Nun aber traten sie zusammen, Frieden zu schließen, und der kam auf diese Weise zu Stande, daß sie von beiden Seiten zu einem Gefäße giengen und ihren Speichel hineinspuckten. Als sie nun schieden, wollten die Asen dieß Friedenszeichen nicht untergehen laßen. Da machten sie einen Mann daraus, der Kwasir heißt. Der ist so weise, daß ihn Niemand um ein Ding fragen mag, worauf er nicht Antwort wüßte. Er fuhr weit umher durch die Welt, die Menschen Weisheit zu lehren. Einst aber, als er zu den Zwergen Fialar und Galar kam, die ihn eingeladen hatten, riefen sie ihn bei Seite zu einer Unterredung und tödteten ihn. Sein Blut ließen sie in zwei Gefäße und einen Keßel rinnen: der Keßel heißt Odhrörir, aber die Gefäße Són und Bodn. Sie mischten Honig in das Blut, woraus ein so kräftiger Meth entstand, daß jeder der davon trinkt, ein Dichter oder ein Weiser wird. Den Asen berichteten die Zwerge, Kwasir sei in der Fülle seiner Weisheit erstickt, denn Keiner war so klug, seine Weisheit all zu erfragen.

Darnach luden die Zwerge den Riesen, der Gilling heißt, mit seinem Weibe zu sich und baten den Gilling, mit ihnen auf die See zu rudern. Als sie aber eine Strecke vom Lande waren, ruderten die Zwerge nach den Klippen und stürzten das Schiff um. Gilling, der nicht schwimmen konnte, ertrank, worauf die Zwerge das Schiff wieder umkehrten und zu Lande ruderten. Sie sagten seinem Weibe von diesem Vorfall: da gehub sie sich übel und weinte laut. Fialar fragte sie, ob es ihr Gemüth erleichtern möge, wenn sie nach der See hinaussähe, wo er umgekommen sei. Das wollte sie thun. Da sprach er mit seinem Bruder Galar, er solle hinaufsteigen über die Schwelle, und wenn sie hinausgienge, einen Mühlenstein über ihren Kopf fallen laßen, weil er ihr Gejammer nicht ertragen möge. Und also that er. Als der Riese Suttung, Gillings Brudersohn, dieß erfuhr, zog er hin, ergriff die Zwerge, führte sie auf die See und setzte sie da auf eine Meerklippe. Da baten sie Suttung, ihr Leben zu schonen, und boten ihm zur Sühne und Vatersbuße den köstlichen Meth und diese Sühne ward zwischen ihnen geschloßen. Suttung führte den Meth mit sich nach Hause und verbarg ihn auf dem sog. Hnitberge; seine Tochter Gunnlödh setzte er zur Hüterin. Davon heißt die Skaldenkunst Kwasirs Blut oder der Zwerge Trank, auch Odhrörirs- oder Bodens- oder Sons-Naß, und der Zwerge Fährgeld (weil ihnen dieser Meth von der Klippe Erlösung und Heimkehr verschaffte), ferner Suttungs Meth und Hnitbergs Lauge.

Wie kamen aber die Afen an Suttungs Meth? Davon wird er=
zählt, daß Odin von Haufe zog und an einen Ort kam, wo neun
Knechte Heu mähten. Er fragte fie, ob fie ihre Senfen gewetzt haben
wollten? Das bejahten fie. Da zog er einen Wetzftein aus dem Gürtel
und wetzte. Die Sicheln fchienen ihnen jetzt viel beßer zu fchneiden:
da feilfchten fie um den Stein; er aber fprach, wer ihn laufen wolle,
folle geben was billig fei. Sie fagten Alle, das wollten fie; aber
Jeder bat, den Stein ihm zu verlaufen. Da warf er ihn hoch in
die Luft und da ihn Alle fangen wollten, entzweiten fie fich fo, daß fie
einander mit den Sicheln die Hälfe zerfchnitten. Da fuchte Odin Nacht=
herberge bei dem Riefen, der Baugi hieß, dem Bruder Suttungs. Baugi
beklagte fich über feine Umftände und fagte, neun feiner Knechte hätten
fich umgebracht, und nun wiße er nicht wo er Werkleute hernehmen folle.
Da nannte fich Odin bei ihm Bölwerkr, und erbot fich, die Arbeit der
neun Knechte zu übernehmen; zum Lohn verlangte er einen Trunk von
Suttungs Meth. Baugi fprach, er habe über den Meth nicht zu gebie=
ten: Suttung, fagte er, wolle ihn allein behalten; doch wolle er mit
Bölwerkr dahin fahren und verfuchen, ob fie des Meths erhalten könn=
ten. Bölwerkr verrichtete den Sommer über Neunmännerarbeit; im
Winter aber begehrte er feinen Lohn. Da fuhren fie beide zu Suttung,
und Baugi erzählte feinem Bruder, wie er den Bölwerkr gedungen habe;
aber Suttung verweigerte geradezu jeden Tropfen Meths. Da fagte
Bölwerkr zu Baugi, fie wollten eine Lift verfuchen ob fie an den Meth
kommen möchten, und Baugi wollte das gefchehen laßen. Da zog Böl=
werkr einen Bohrer hervor, der Rati hieß, und fprach, Baugi folle den
Berg durchbohren, wenn der Bohrer fcharf genug fei. Baugi that das,
fagte aber bald, der Berg fei durchgebohrt; aber Bölwerkr blies ins
Bohrloch: da flogen die Späne heraus, ihm entgegen. Daran erkannte
er, daß Baugi mit Trug umgehe und bat ihn, ganz durchzubohren.
Baugi bohrte weiter und als Bölwerkr zum andernmal hineinblies, flogen
die Splitter einwärts. Da wandelte fich Bölwerkr in eine Schlange und
fchloff ins Bohrloch. Baugi ftach mit dem Bohrer nach ihm, verfehlte
ihn aber; da fuhr Bölwerkr dahin, wo Gunnlödh war und lag bei ihr
drei Nächte, und fie erlaubte ihm drei Trünke von dem Meth zu trinken.
Und im erften Trunk trank er den Odhrörir ganz aus, im andern
leerte er den Bodn, im dritten den Són und hatte nun den Meth alle.
Da wandelte er fich in Adlersgeftalt (?) und flog eilends davon. Als aber
Suttung den Adler fliegen fah, nahm er fein Adlerhemd und flog ihm
nach. Und als die Afen Odin fliegen fahen, da fetzten fie ihre Gefäße
in den Hof. Und als Odin Asgard erreichte, fpie er den Meth in
die Gefäße. Als aber Suttung ihm fo nahe gekommen war, daß er ihn

faſt erreicht hätte, ließ er von hinten einen Theil des Meths fahren. Darnach verlangt Niemand: habe ſich das wer da wolle; wir nennen es den ſchlechten Dichter Theil. Aber Suttungs Meth gab Odin den Aſen und denen, die da ſchaffen können. Darum nennen wir die Skaldenkunſt Odins Fang oder Fund, oder Odins Trank oder Gabe, und der Aſen Getränk.

Hiemit ſind zwei Stellen des eddiſchen Hawamals zu vergleichen. Dieſes Gedicht, eigentlich nur eine Sammlung der im Volk verbreiteten uralten Spruchweisheit, wird dem Odin in den Mund gelegt, und heißt darum Das Lied des Hohen. Als Gott des Geiſtes wird ihm auch dieſe dem Volke offenbarte Weisheit zugeſchrieben; daß er ſelber ſpricht, wird am deutlichſten bei dem im vorigen § beſprochenen Runenliede, das einen der Anhänge des Hawamals bildet. Aber auch bei dieſem ſelbſt bezeichnen die eingeflochtenen, Erlebniſſe Odins erzählenden Stücke, welche die Wahrheitslehren veranſchaulichen und bewähren ſollen, ihn als den Sprechenden. Zu dieſen gehören die hier auszuhebenden Stellen:

12. Der Vergeßenheit Reiher   überrauſcht Gelage
    Und ſtiehlt die Beſinnung;
    Des Vogels Gefieder   befieng auch mich
    In Gunnlödhs Haus und Gehege.

13. Trunken ward ich   und übertrunken
    In des ſchlauen Fialars Felſen.
    Trunk mag frommen,   wenn man ungetrübt
    Sich den Sinn bewahrt.

104. Den alten Rieſen beſucht ich;   nun bin ich zurück;
     Mit Schweigen erwarb ich da wenig.
     Manch Wort ſprach ich   zu meinem Gewinn
     In Suttungs Saal.

105. Gunnlödh ſchenkte mir   auf goldnem Seßel
     Einen Trunk des theuern Meths.
     Uebel vergolten   hab ich gleichwohl
     Ihrem heiligen Herzen,
          Ihrer glühenden Gunſt.

106. Ratamund ließ ich   den Weg mir räumen
     Und den Berg durchbohren.
     In der Mitte ſtieg ich   zwiſchen Rieſenſteigen
     Und hielt mein Haupt der Gefahr hin.

107. Schlauer Verwandlungen   Frucht erwarb ich;
     Wenig mißlingt dem Liſtigen:
     Denn Odhrörir iſt aufgeſtiegen
     Zur weitbewohnten Erde.

108. Zweifel heg ich ob ich heim wär gekehrt
     Aus der Riesen Reich,
     Wenn mir Gunnlödh nicht half, die gute Maid,
     Die den Arm um mich schlang.

109. Des andern Tags die Reifriesen eilten
     Des Hohen Rath zu hören
        In des Hohen Halle.
     Sie fragten nach Bölwerk: ob er heimgefahren sei,
     Oder ob er mit Suttung fiel.

110. Den Ringeid, sagt man, hat Odin geschworen:
     Wer traut noch seiner Treue?
     Den Suttung beraubt' er mit Ränken des Meths
     Und ließ sich Gunnlödh grämen.

Hiezu nur folgende Bemerkungen:

a. Die Stellen des Hawam. setzen eine andere Faßung der
Erzählung voraus, die nichts davon weiß, daß Suttung den entflie=
genden Odin verfolgt habe, vielmehr scheint er nach 109 gefallen, was
auch Weinhold a. a. O. 12 annimmt. Die Riesen kommen hier erst am
andern Tage dem Bölwerkr nachzufragen, und Odin muß den Ringeid
schwören, sich von dem Verdachte zu reinigen. Da dieß wie ein Meineid
aussieht, und ihm auch so gedeutet wird, überdieß nicht erhellt, Wem
Str. 110, die Odin nicht sprechen kann, in den Mund gelegt ist, so
könnte sie spätere Zudichtung sein. Aber derselbe Verdacht trifft auch
Str. 105 und den in D. 58 enthaltenen Schluß der Erzählung, den
Ursprung der Afterpoesie betreffend, wovon Hawam. noch nichts weiß.
Vielleicht ist das nicht die einzige Zudichtung der j. Edda: die ganze Zwi=
schenerzählung von den Zwergen Fialar und Galar als den ersten Besitzern
des Odhrörir scheint spätere Erfindung, denn da es Hawam. 13 heißt,
Odin sei in Fialars Felsen trunken geworden, so sehen wir, daß nach
Fialar der Keller des Riesen heißt. Der Trank kam also gleich in des
Letztern Besitz. Vgl. e. Die drei Trünke aus Odhrörir, Son und
Bodn können aber alt sein, da sie den drei Kufen Meths der Thrymskw. 26
entsprechen.

b. Auch von Kwasir weiß Hawamal nichts; der Name bleibt in
den Liedern auch sonst unbenannt. Doch nur den Namen trifft Verdacht,
nicht sein Wesen. Zwar mag seine Entstehung als Speichel uns zuwider
sein; aber unserer Mythologie darf sie nicht als Barbarei vorgeworfen
werden. Der reine Speichel, der aus dem Blute kommt und wieder zu
Blute wird, wie das auch unsere Erzählung geschehen läßt, steht dem
Blute gleich. Im Blute liegt, nach einer sehr verbreiteten Anschauung, das
Leben, aus Blutstropfen rufen in unsern Märchen Stimmen, Blumen

sprießen in allen Mythen aus dem Blute, Kinderblut heilt die bösesten
Krankheiten, Blut ist ein ganz besonderer Saft, heißt es im Faust; aber
dem Blute wird der Speichel auch in der Heilkraft gleichgesetzt, schon bei
den Alten, und noch Christus heilt mit seinem Speichel. Schlagend ist
aber die Uebereinstimmung, wenn auch in der griechischen Mythologie aus
dem vereinigten Speichel der Götter neue göttliche Wesen hervorgehen. Bei Hyrieus kehrten drei Götter ein: Zeus Poseidon Hermes;
nach Andern Zeus Ares Hermes. Zum Lohn seiner Gastfreundschaft
stellten sie ihm eine Bitte frei. Er wünschte sich einen Sohn; hat aber
nach dem Tode seiner Gattin gelobt, sich nicht wieder zu vermählen.
Da vereinigen die Götter ihren Speichel, vermischen ihn mit dem Staube
der Hütte und erschaffen den Orion. M. XXXIV. Denselben Orion
haben wir §. 73 a. mit Odhr verglichen. Das betraf seinen Tod, den
wir mit dem Baldurs und Hakelbärends zusammenstellten. Sollte er sich
nun auch bei seiner Zeugung mit ihm berühren? Schon Grimm fragte
(Myth. 838): ,war Odhur eins mit Kwasir, der die Welt durchzog, und
von den Zwergen ermordet wurde?' Er fügt hinzu: ,Odhr, Freyjas
Gemahl, den sie in der weiten Welt aufsuchte, und mit goldenen Thränen
beweinte, könnte Personification' der Dichtkunst sein.' Wir laßen diesen
Fragen noch andere folgen: Ist der verdunkelte Name Odhrörir, der
auch Odhreirir geschrieben wird (Zeitschr. III, 423), aus Odh und dreyri
Blut gebildet? Aus dem Blute des vom Eber verwundeten Hakelbärend
= Odin wurden im nächsten Frühjahr Blumen (Myth. 899); aus dem
des Adonis, der so ähnlich ist, sproß die Anemone. Von Baldurs Blut
ist nichts dergleichen berichtet; da aber Johann der Täufer seine Stelle
im Kalender einnahm und das im Mittelalter so sorgfältig gesammelte
und für heilkräftig gehaltene Johanniskraut auch Johannisblut heißt
(Abergl. 457), so fehlte wohl auch bei ihm dieser Zug nicht. Ueberall
ist dem Blute des sterbenden Gottes wunderbare Kraft beigelegt. Gleicht
nicht auch die verlaßene, trauernde Gunnlödh auffallend der weinenden
Freyja? Dürfen wir also den unvollständig erhaltenen Mythus Odhurs
aus dem Kwasirs ergänzen? Wie dem auch sei, der Mythus vom
Gral hat ohne Frage seinen Ursprung aus der Vertauschung Odurs
oder Baldurs mit Johannis genommen, was sogleich einleuchtet, wenn
man weiß, daß auf der Gralsschüßel, welche alle irdischen Wünsche be=
friedigt, ursprünglich das Haupt eines Menschen lag, und zwar wie ich
Parzival 776 nachgewiesen habe, das des Johannes, was zugleich erklärt
warum §. 73 auch Herodias oder die ihr verwandte Abundia der wilden
Jagd voraufzieht. Wie in den dort unter 3. a und b besprochenen
Mythen dem Blute des sterbenden Gottes schöpferische Kraft beiwohnt,
wie aus Kwasirs Blut der Unsterblichkeitstrank gewonnen wird, so geht

Leben, Fülle und Ueberfluß von der Schüßel aus, auf der das Haupt
des Johannes lag. Vgl. auch Rochholz Gl. S. 32—36.

c. Odhrörir, in Hawamal 107 Name des Trunkes, ist D. 57 auf
den Keßel übertragen, worin er bewahrt wird; daneben erscheinen noch
zwei andere Gefäße, Sôn und Bodn. Jenes erste leitet man aus Odh
Geist und aus hræra, alth. hruoran, rühren, was den sehr passenden
Sinn Geistrührer, Geisterreger ergiebt. Wie Odin selbst der Geisterreger
ist, so auch sein Trank. Der theure Meth, den er Dichtern, Weisen und
Asen spendet, hat geisterregende, begeisternde Kraft. Sôn, der Name
des andern Gefäßes, das die Upsala=Edda nicht kennt, bedeutet Sühne.
Heißt das, die Dichtkunst mildere die Geister (emollit mores), daß
Versöhnung in die Herzen Eingang finde; oder zielt es darauf, daß aus
der Versöhnung der Asen und Wanen der Saft zuerst hervorgegangen
war? Die Sühne muß angeboten, von der andern Seite angenommen
werden: darauf könnte der Name des dritten Gefäßes (oblatio) gehen.
Bei Friedensschlüßen wie bei der Stiftung des Freundschaftsbündnisses ließ
man sonst Blut in ein gemeinsames Gefäß fließen. Auch hier sehen wir
wieder den Speichel dem Blute gleichgestellt. Doch weiß Hawamal nichts
von drei Gefäßen, nicht einmal von mehreren Trünken; Str. 105 ist
nur von Einem die Rede.

d. Von Kwâsir wißen wir sonst aus §. 41, daß Er es war, der
als der weiseste der Götter das Netz, das Loki ins Feuer geworfen hatte,
noch in der Asche als eine Vorrichtung zum Fischfang erkannte. Abwei=
chend von der jüngern Edda erzählt Yngligaf. 4, die Wanen hätten ihn
als den Klügsten in ihrem Gebiet den Asen zum Geisel gegeben. Der
Name bedeutet nach slavischen Dialekten die Gährung; nach dem Altn.
einen Keichenden: das käme auf eins heraus, denn jedes gährende Ge=
tränk keicht. Auch der Wein des Gemüths, die Poesie, muß sich aus
einer Gährung klären, und den aus dem Speichel Entstandenen könnte
man um so eher nach der Gährung benennen, als Odin auch der bier=
brauenden Geirhild mit seinem Speichel, der als Hefe verwendet wird,
zum Siege verhilft. In der weiter ausgesponnenen Erzählung der
D. 57. 58 wird das Bild des Getränks, das gähren und sich klären
muß, nun weiter fortgeführt. Nach der in Kwâsir vorgestellten Gährung
kommt er in den Keller der Zwerge, dann in den der Riesen: es mag
sehr prosaisch klingen, wenn ich sage, daß dieß nichts als mehrere Ab=
stiche bedeute, die der junge Wein in den ersten Monaten bedarf; noch
mehr, wenn ich die neun Sommermonate, die Odin dem Baugi dienen
muste, auf die Zeit beziehe, welche hernach noch zur Ablagerung erfor=
derlich ist. Allein der Mythus, der in dieser Gestalt sich dem Charakter
einer unterhaltenden Erzählung nähert, birgt nicht in allen Zügen echt

mythischen Gehalt; doch fällt er wenigstens nicht aus dem Bilde. Auch
wird man gestehen müssen, daß der Name Suttungr für Suptungr gut
erfunden ist, um einen durstigen Riesen zu bezeichnen, den nach einem
guten Trunk gelüstet. Weinhold Riesen 51 erklärt freilich die Ableitung
seines Namens von súpan für unmöglich; vgl. aber Kuhn Herabkunft
152 und Gr. Gr. I, 318.

e. Fialar und Galar würden als Zwergnamen an Fili Kili im
Zwergregister der Wöl. 13 erinnern. Hawam. 13 scheint zwar auf den
ersten Blick einen Riesen unter Fialar zu verstehen, wie auch Harbardsl.
26 Fialar den Riesen nennt, der D. 45 wieder anders, Skrimir, heißt;
aber das Beiwort der schlaue (frôdi) zeigt, daß der Keller des Riesen
nur nach einem Zwerge (etwa jenem der Wöl. 34) benannt ist, was zu
weiterer Ausspinnung und Einführung der Zwerge verleitet haben kann.
Daß diese den Trank erst zubereiten, indem sie ihn mit Honig mischen,
ist in ihrem Charakter erfunden, da sie immer als die kunstreichen erscheinen; Honig ist ein Bestandtheil alles Meths. Sie waren aber nach
Kwâsirs Blut schon vor der Mischung lüstern: sie hätten sonst nicht
nach seinem Besitz getrachtet. Den Gnitberg, in welchem der Trunk
aufbewahrt wird, erklärt Kuhn Herabkunft 152 für die Wetterwolken;
den Bohrer aber, dessen er sich bedient, um in den Berg zu gelangen,
vergleicht er dem gleichnamigen Werkzeug, das bei Erzeugung des Feuers
gebraucht ward, wie er denn überhaupt nachweist, daß der himmlische
Funke und der himmlische Meth einer gemeinsamen Anschauung ihren
Ursprung verdanken.

f. Auch daß sich Odin Bölwerkr nennt, hat keine tiefere Bedeutung,
da er in Baugis Dienst nichts Gutes vorhat; er will eben den Meth
entwenden. Will man seinen mühevollen Dienst so verstehen, daß die
Kunstfertigkeit, deren der Dichter bedarf, nicht ohne Anstrengung erworben wird, so habe ich nichts dagegen; bedeutender aber ist gewiß, daß
Odin Str. 108 gesteht, ohne Gunnlödhs Hilfe habe Odhrörir nicht erworben werden können: ohne Liebe keine Poesie. Vortrefflich ist aber,
wie der Begeisterungstrank der Dichter und Asen, um die höchste Weihe
zu empfangen, durch einen Zustand breifacher Entzückung hindurch muß.
Trunken und übertrunken wird Odin in des schlauen Fialars Felsen,
trunken von Meth, trunken von Liebe und trunken von dichterischer Begeisterung. Wie sehr erinnert dieser dreifache Rausch, dem sich Odin in
Gunnlödhs Armen hingiebt, an Goethes Worte im Divan 118:

> Lieb-, Lieb- und Weines Trunkenheit,
> Obs nachtet oder tagt,
> Die göttlichste Betrunkenheit,
> Die mich entzückt und plagt.

Das sittliche Bedenken, das die letzten Strophen des Hawam., besonders 110, aussprechen, gehört entweder zur Einkleidung, die den abstrakten Gedanken verstecken will (fast möchte ich diese Auskunft vorziehen); oder sie setzt schon ein getrübtes Verständniss voraus. Der Vergeßenheit Reiher, der Gelage überrauscht und die Besinnung stiehlt (Str. 12), ist zwar ein wunderschönes Bild; es wird aber nur verwendet, um vor einer Trunkenheit zu warnen, die nach dem rechten Sinne des Mythus, um unseres Dichters Worte im Buche des Schenken noch einmal zu gebrauchen, ,wundervolle Tugend‘ ist.

Gleich dem Göttermeth wurde auch bei den Indiern der berauschende Trank der Somapflanze den Gandarven und andern Dämonen, die seiner hüteten, geraubt und Götter und Menschen seiner begeisternden Kraft theilhaftig. Kuhn Herabkunft des Feuers S. 5. 118—165. Rochh. Gl. u. Br. I, 25.

g. Rati heißt in der D. der Bohrer; in Hawam. scheint die Schlange gemeint, in deren Gestalt Odin in den Felsenkeller schlüpfte. Zwei Beinamen Odins, Ofnir und Swafnir, gehen darauf, daß er Schlangengestalt anzunehmen liebt.

Ein Zeugniss, daß Odin eigentlich der Gott der Dichtkunst und Beredsamkeit war, was dann auf Bragi übergieng, findet sich bei Snorri, obgleich ihn dieser, wie schon erinnert worden ist, menschlich auffaßt. Ynglingaf. c. 6 meldet, er habe ,so anziehend und lieblich gesprochen, daß Alle, welche ihn anhörten, glaubten, das Alles sei wahr; er sprach Alles in solchen Reimen, wie jetzt gesungen wird was wir Gedicht heißen. Er und seine Hofpriester hießen Sangschmiede, und diese Kunst hub durch sie an in den Nordlanden.‘ Wie er als Gott der Dichtkunst dem Apollo gleicht, so auch durch die Heilkunst, welche ihm einer der merseburger Heilsprüche selbst vor den Göttinnen zueignet. Vielleicht erklärt sich so, daß Wate, der sich auch sonst mit Wuotan berührt, die Arzneikunst verstand (Myth. 1101), wie an sein Geschlecht alle Künste und Erfindungen geknüpft sind. Ihm selbst oder seinem Sohne Wieland legt die Sage ein Boot bei, was ihn als Erfinder der Schifffahrt bezeichnet; Wieland gilt für den besten Schmied; dessen Bruder Eigil, der älteste Tell, für den besten Schützen; dem dritten Bruder war vermuthlich wieder die Heilkunst vererbt. Norbian der beste Jäger in der Wiltinas. c. 230 fällt vielleicht mit seinem gleichnamigen Halbbruder c. 18 zusammen. Vgl. Vorr. zum Orendel S. XVII und §. 82.

77. Odin als Drachenkämpfer. Schluß.

Odins Wesen ist hiemit noch nicht erschöpft. Grimm (Ueber den Liebesgott 1851) hat in Odins Beinamen Wunsch und seinem Bruder

Wili (Wille) den Begriff der allmächtigen Liebe nachzuweisen gesucht. Damit stimmt, wenn es im Runenliede heißt:

24. Ein sechszehntes kann ich: will ich schöner Maid
  In Lieb und Lust mich freuen,
  Den Willen wandl ich der Weißarmigen,
  Daß ganz ihr Sinn sich mir gesellt.

25. Ein siebzehntes kann ich: daß schwerlich wieder
  Die holde Maid mich meidet.

Gleichwohl sehen wir ihn oft unglücklich in seinen Bewerbungen: so bei Billings Maid (Hawam. 95—101) so wie Harbardsl. 18, und bei der Rinda, wovon §. 90, gelangt er nur durch List zum Ziel. Als Gott des Ackerbaues tritt er in Deutschland mehr als im Norden hervor, wo er ihm im Gegensatz zu Thôr eher feindlich erscheint. Hievon, wie auch von seinen Gemahlinnen und Söhnen, wird besser an andern Stellen gehandelt; auch ist Manches ihn Betreffende schon in frühern Abschnitten vorweggenommen, und nur um Wiederholungen auszuweichen, wird Anderes, das später nachgeholt werden soll, an dieser Stelle übergangen. Hier sollte nur der Grund gelegt werden, auf dem sich späterhin fortbauen läßt.

Vor dem Schluße will ich auch nicht verschweigen, daß zwischen Wuotan und einigen christlichen Heiligen Beziehungen eintreten, theils weil man den Cultus des Gottes durch ihre Verehrung zu verdrängen suchte, theils weil in ihre Legenden, soweit sie aus dem Volksmunde aufgenommen wurden, Mythisches Eingang fand, in Volksmärchen und Volksgebräuchen ihr Name an seine Stelle trat. Der Gegenstand ist noch zu wenig erforscht; doch will ich hier wenigstens einige der dabei in Betracht kommenden Heiligen nennen. Billig steht hier der h. Oswald voran, weil er den Herscher der Asen bedeutet. Ihm und seiner Legende hat J. Zingerle eine eigene Schrift gewidmet (Stuttgart und München 1856). Hier erscheint er vornämlich als Wetterherr und Erntespender; und in letzterer Würde wird er uns noch öfter begegnen. Der Rabe, der den mhd. Oswaldgedichten wie Odins Mythus gemein ist, findet sich auch auf den Bildern des Heiligen, obgleich er seiner Legende fremd ist. Schon in seiner äußern Erscheinung sah St. Martin dem Wuotan auffallend ähnlich: Mantel, Roß und Schwert hatte er mit ihm gemein; jenen theilt er dem Dürftigen mit, seine Blöße zu bekleiden: das könnte an die oben besprochenen Verleihungen des Wunschmantels erinnern, und Milde ist eine Tugend, die Odin als Gangradr und Grimnir zu lohnen wie ihre Versäumniß zu strafen bedacht war. St. Martins Mantel, die Cappa St. Martini, trug man den fränkischen Königen in die Schlacht nach; andere Beziehungen sind in meinen Martinsliedern Bonn 1846 nachgewiesen. Wenn wir St. Martin in dem von Karajan aufgefundenen s. g. Wiener Hundesegen (Müllenh. Ztschr. XI, 259 und Myth. 1189) als Hirten auftreten sehen, so soll er vor den Wölfen schützen, welchen Wuotan gebietet. Auch St. Michel und Georg, die Drachentödter, sofern sie reitend und mit geschwungenem Schwerte dargestellt wurden, glichen Odin; freilich als Drachentödter kennt ihn die Edda eigentlich nicht, man müste denn Fenrir als solchen auffaßen dürfen, wofür Folgendes zu sprechen scheint. Wir sahen §. 66, daß es eigentlich Odin war, der durch Wafurlogi ritt und sich als Siegfried in der Heldensage verjüngte. Auch hier fehlt in der Götter=sage der Drachenkampf, wenn nicht in Skirnisför Beli, der brüllende, als solcher aufzufaßen ist. Auf welchen andern Kampf als den mit Beli könnte es zurückgehen, wenn Fro bei Saxo als Drachenkämpfer erscheint? Auch kann von dem Helden auf den Gott zurückgeschloßen werden und da Sigmund, dem im Beowulf Siegfrieds Drachenkampf beigelegt ist, ein Beiname Odins war (Myth. 344), so werden wir Kuhn beistimmen, der Zeitschr. V, 472 ff. Woban in dem St. Georg der englischen Volks=gebräuche erkannte. Die Vergleichung mit andern englischen Volksfesten, wobei auch ‚Wodan‘ und seine Frau ‚Frigga‘ unter diesem Namen auftreten Myth. 281, und im ‚Schwerttanz‘ zwei Schwerter um das Haupt eines Knaben geschwungen werden, was eine symbolische Dar=stellung des Drachenkampfs scheint; dann das Hoodening genannte Fest, deßen Hauptperson „Hooden“ wie sein Roß „wooden horse“ heißt; endlich auch der bekannte Robin Hood, deßen Vorname Robin, unserm Ruprecht entsprechend, ein Beiname Wodans ist, der ihn als den ruhm=glänzenden bezeichnet; die stäts dabei auftretende Jungfrau, welche wie Gerda oder Brunhild, in anderer Faßung Kriemhild, aus der Gewalt des Unthiers befreit wird: Alles zeigt, daß diese Volksspiele einen ver=dunkelten, aber in Götter= und Heldensage nachklingenden, auf Odin bezüglichen, im Wesentlichen in Skirnisför enthaltenen Mythus darstellen sollten. Beowulfs eigenen Drachenkampf bezieht zwar Müllenhoff Ztschr. VII, 439 auf Freyr; aber Freyrs Kampf fällt in den Frühling, Beowulfs Drachenkampf ist schon dem Ausgange nach ein Herbstkampf: nur in den Herbstkämpfen erliegen die Götter den Riesen. Darum muß Thôr im letzten Weltkampfe gegen die Weltschlange (Jörmungandr) fallen, während er sie im Frühlingskampfe §. 85 besiegt hatte. Aber auch der Fenriswolf, mit welchem Odin kämpft, ist durch seinen Namen Wana=gandr als Schlange (Drache) §. 46 bezeichnet; auch Odin fällt im letzten Weltkampfe, welcher vor seiner Fortschiebung aus dem natürlichen Jahr in das große Weltjahr ein Herbstkampf gewesen war; in einem frühern Frühlingskampf muß er ihn besiegt haben. Dieser Frühlingskampf

Odins ist in seinem Mythus vergeßen und auf Freyr übertragen; auch
bei Freyr ist er als Drachenkampf in der Edda nicht dargestellt: wir
müßen die historisierten Erzählungen Saxos hinzunehmen um Freyrs
Frühlingskampf als Kampf mit dem Drachen zu erkennen. Ueber den
Sinn des auf solchen Umwegen gewonnenen Drachenkampfs Odins kann
kein Zweifel sein. Die Schlange, das Sinnbild des Waßers, bedeutet
die feuchte neblige Winterzeit: Odin, der sie besiegt, ist der Sonnen=
und Frühlingsgott. Dieser Sieg tritt alljährlich ein; den Jahresmythus
hat die Edda, wie manche andere, auf das große Weltenjahr bezogen
und mit den Weltgeschicken in Verbindung gebracht. Der Name Fenrir,
der nach S. 96 auf Meer und Sumpf deutet, war schon in dem ältern
Sinne des Mythus ein paßender Name für den verderblichen Wurm,
der nur das im Winter anschwellende, verheerend überströmende Waßer
bezeichnete, Müllenhoff a. a. O. 431. — Ueber die hier genannten und
andere mit Wuotan aber freilich auch mit Thôr und folglich mit Irmin
im Volksglauben verwandte Heilige, wozu nach Ign. Zingerle auch St.
Leonhard gehören wird, vgl. Wolfs Beitr. 33—58.

Eine andere verdunkelte Seite in Odins Wesen ist sein Verhältniß
zur Unterwelt, wonach er als Todesgott erscheint. In der deutschen Sage
ist das deutlicher als in der nordischen: bei uns sitzt er im hohlen Berge,
der die Unterwelt bedeutet, sein Horn hängt über ihm, sein Raben fliegen
umher und neben ihm schlafen seine Helden dem Tag der Entscheidung
entgegen, deßen Anbruch der Schall seines Horns verkündigen wird.
Nach der nordischen Auffaßung lebt er in Asgard oder in Walhall,
also in einem überirdischen Himmel und diesen theilt er mit seinen Hel=
den, denen er zur Belohnung verheißen war. Ein Todesgott ist er auch
hier; aber der Tod hat sich in ewiges Leben gewandelt. Und auch hier
finden wir das Horn bei ihm, das den Anbruch des jüngsten Tages
verkündigen soll; nur theilt er es mit Heimdall, auf den als Götter=
wächter diese Seite seines Wesens übertragen ist, wie von ihm das Horn
noch unsere Nachtwächter empfiengen. Gleichwohl kennt auch die nordi=
sche Sage eine Seite an Odin, die ihn in Verbindung mit der Unter=
welt setzt; sie ist aber dem Blick entrückt, ja diese Seite Odins wurde
absichtlich zu einem selbständigen neben Odin stehenden göttlichen Wesen
erhoben. Dieses Wesen heißt Uller, deutsch Wol und von ihm ist §. 91
gehandelt. Aber darin ist doch wieder Odins Verhältniß zur Unter=
welt anerkannt, daß er nach Grimnismal acht Nächte zwischen zwei Feuern
sitzen muß. Diese acht Nächte sind die acht Wintermonate des Nordens
und wieder sehen wir hier Odin als Jahresgott aufgefaßt.

Donar (Thôrr).

78. Ueberſicht.

So klar wie Thôr ſtehen wenig Götter vor uns da. Wie viel auch
in ſeinem Mythus noch unverſtändlich bleibt, er ſelbſt iſt uns keine ver-
ſchleierte Iſis, keine ungelöſte Rune, wie es in der deutſchen Mythologie
noch ſo manche giebt. Faſt möchte uns dieß befremden wo nicht miſs-
trauiſch machen gegen unſere eigene vielleicht nur ſcheinbare Einſicht; doch
weiß Uhland, deſſen ‚Mythus von Thôr‘ Stuttg. 1836 wir einen großen
Theil derſelben verdanken, uns auch hierüber zu beruhigen. ‚Mythen‘,
ſagt er S. 15, ‚die im Naturgebiete verkehren, liegen gewiſs dem Ver-
ſtändniß offener als ſolche, die ſich auf die innere Welt beziehen: dort
ſind die ſtoffartigen und greifbaren Dinge, hier die körperloſen und
überſinnlichen.‘ Zwar auch bei Odin, der uns weſentlich Gott des
Geiſtes war, erkannten wir eine ſinnliche Grundlage an: aber wie die
Luft an ſich ſchon das geiſtigſte aller Elemente iſt, ſo fanden wir auch
ſein Weſen vorzugsweiſe auf das Geiſtesleben bezogen. Dagegen waltet
Thôr auf dem natürlichen Gebiete. Da wir aber auch ihn zu einem
Gotte der Cultur erhoben ſehen, welcher Odin als Kriegsgott feindlich
erſcheint, ſo tritt hier ein neuer Gegenſatz hervor: der ſinnlichere Gott
wird zum geiſtigern erhoben; der geiſtigere kann im Rauſch, im Liebes-
wahnſinn, in der kriegeriſchen Wuth herabzuſinken ſcheinen.

Thôr, der im Gewitter waltet, iſt nach dem Donner benannt, ſein
deutſcher Name war Donar; das nordiſche Thôr iſt aus Thonar entſtanden, indem zuerſt das a verſtummte, dann das n vor r ausfiel, ſo daß
ſich Thôr ergab; das zweite r in Thôrr iſt bloß flexiviſch: es wird im
Genitiv durch s erſetzt. Ebenſo finden wir in deutſchen Dialekten den
nach Donar benannten Donnerstag in Dorstag gekürzt; der Donnersberg
in der Pfalz heißt nach dem Rhein. Antiquarius 1739 S. 389 Dorß-
berg, und Dorsheim bei Bingen nach dem Stromberger Zinsbuch noch
1481 Dornsheim. Widder III, 351.

Der Gott des rollenden Donners, der den Blitzſtral führt, ſollte,
wie in den claſſiſchen Mythologieen, der oberſte Gott ſein. Hat er
dieſen Rang in der Edda ſeinem Vater Odin abtreten müßen, ſo war
er doch vielleicht auch uns einſt der Gott der Götter. Noch die Edda
bezeichnet ihn als den Fürſten der Götter (âsabrâgr): in Skirnisför 33
heißt es:

> Gram iſt dir Odin, gram iſt dir der Aſenfürſt,
> Freyr verflucht dich.

Hier steht Thôr ganz so in der Mitte, wie er als der Mächtigste
dieser dreie nach Adam von Bremen in Upsalas Tempel in die Mitte
gestellt war, Woban und Fricco zu beiden Seiten. In Norwegen war
Thor Landâs, d. h. Hauptgott, wie Freyr in Schweden, Odin (Woban)
in Dänemark, Sachsen und dem fränkischen Niederrhein. Ward in Norwegen ohne weitere Bezeichnung der As genannt, so war Thôr gemeint;
sollte in der ersten Zeit des Christenthums Jemand als Heide bezeichnet
werden, so hieß es, er glaube an Thôr, und wo nicht die ganze Trilogie,
nur zwei höchste Götter genannt werden, da fehlt Thôr nie, vielmehr
steht sein Name voran. Ferner wird der Donnergott auch bei uns als
ein väterlicher aufgefaßt, wie sein eddischer Beiname Atli (= Attila oder
Etzel) zeigt. Etzel (Großvater), Altkönig heißen deutsche Berge. Hienge
es nicht mit dem Begriff des Donnergottes zusammen, daß er fahrend
gedacht wird, da der rollende Donner dem Schall eines dahin rasselnden
Wagens gleicht, so könnte auch dieß darthun, daß er einst der Höchste
der Götter war. Alle andern, selbst Wuotan, sehen wir reiten, nur
Thôr fährt: darum heißt er Oekuthôr und Reidityr, der fahrende Gott,
der Herr des Wagens, oder weil seinem Wagen Böcke vorgespannt sind,
Hafrabröttin. Allerdings hat auch Freyr (Frô) seinen Wagen, beim
Gottesdienst sehen wir ihn im Wagen umgeführt; aber in Asgard fährt
nur Thôr. Auch das kann ihn als den höchsten Gott bezeichnen, daß
seine Mutter Jörbh ist, die Erde, die große Lebensmutter, die Mutter
der Götter. Wiederum war Sif, Thôrs Gemahlin, eine Erdgöttin; als
solche erscheint sie zwar noch jetzt, aber der Gemahlin Odins kann sie
sich nicht vergleichen: sie ist mit Thôr von ihrer ersten Höhe herabgesunken. Daß Thôrs Hammer für ein weihendes und heiligendes Geräth
gilt, das Brautpaare weihte, Leichen einsegnete, sei es, sie zum Leben
zu erwecken oder ihnen die Wiedergeburt zu sichern; daß er beim Hammerwurf nach deutschem Recht die Grenzen des Eigenthums bestimmte:
das Alles deutet auf seine frühere höhere Geltung. Noch jetzt rufen in
der Noth die Götter selbst zu Thôr um Hülfe, und sind augenblicklichen
Beistands gewiß. Odin selber gesteht Grimnism. 24:

> Von allen Häusern, die Dächer haben,
> Glaub ich meines Sohns das größte.

Es folgt dieß zwar schon daraus, daß es den Wolkenhimmel bedeutet; wenn ihm aber 540 Stockwerke zugeschrieben werden, gerade so
viel als Odins göttliche Halle Thüren zählt, Grimnism. 23, so ist noch
hier der Sohn über den Vater gestellt. Endlich erscheint er in mehreren
Mythen in einer verdunkelten Trilogie wandernder Götter, unter welchen
er so sehr als der mächtigste hervortritt, daß seine Gefährten fast vor
ihm verschwinden.

Die Gewalt des Blitzstrals ist in einer schwedischen Volkssage, die
Gr. Ztschr. IV, 509 einen echten Mythus nennt, vortrefflich geschildert.
Auch der Gott des Blitzstrals könnte als ein furchtbarer, eifriger Gott
aufgefaßt sein. Aber mit Ausnahme einiger Volksausdrücke beim Gewitter, wie ‚der liebe Gott zürnt, unser Herrgott kift, der Himmeltatl
greint‘ u. s. w. (Myth. 152), deren heidnischer Ursprung ausgemacht ist,
finden wir ihn den Menschen hold und freundlich gedacht. Nicht gegen
sie kehrt er seine Blitze, sondern gegen die Riesen, die Feinde der Götter
und Menschen. Diesen erschließt er den Himmel, läßt den befruchtenden
Gewitterregen niederströmen und segnet ihre Saaten; ja er bereitet den
harten Felsboden zu fruchtbarem Baugrunde und verpflichtet den Arbeiter im Steinbruch, welchem er vorgearbeitet hat, zum Dank. Mit
seinem Hammer spaltet er den Riesen das Haupt, d. h. er zermalmt
und verwittert das unfruchtbare steinige Bergland, das sich nun dem
Anbau erschließt, der immer höher hinaufgetragen werden kann in die
Gebirgsgegenden, wo sonst nur Bergriesen wohnten. Jetzt aber müßen
sie auswandern, sie fühlen, daß ihre Zeit vorüber ist. Darum ist Thôr
immer im Kampf mit den Bergriesen vorgestellt, immer auf der Ostfahrt
begriffen, weil die kalten Winde von Osten kommen, die Gewitter aber
von Westen. Doch bleibt er dabei nicht stehen, den Menschen die Erde
urbar zu machen: einmal als Freund der Menschen gefaßt, nimmt er
sie nun überhaupt gegen alle verderblich wirkenden Naturkräfte in Schutz,
die das Leben auf Erden stören, die Erde unwohnlich und unwirthlich
machen. Der erste Anlaß zu dem Allen war die felsenspaltende Gewalt
des Wetterstrals. Aber von hier aus fortschreitend bereitet er erst den
harten Felsgrund zu urbarem Erdreich, lohnt dem menschlichen Fleiß
beim Anbau, schützt gegen die verderblichen Winterstürme, gegen Frost
und Kälte, und läßt sich herab ein Gott der Bauern, ja der Knechte
zu sein, welchen die Feldarbeit hauptsächlich überlaßen blieb, während
der Gott des Geistes nach dem Harbardslied die Fürsten zum Krieg
aufreizt, die Saaten schädigt und den Segen des Landbaus durch zerstörende Kriegsgewalt verdrängt. Nach allen Seiten hin zeigt er sich
jetzt als den Freund der Menschen; in allen vier Elementen offenbart
er seine schützende Macht: nicht bloß gegen Winterriesen schleudert er
seine Blitze, auch die Dämonen der Gluthitze, die durch Wolkenbrüche
zerstörend wirken, zerspaltet sein Stral: den Gewittern selbst, von denen
sein Wesen ausgegangen war, wehrt er die verderbliche Wirkung und
bannt sie in wohlthätige Schranken. Als Gott der Ehe, die sein Hammer weiht, legt er den Grund zu einem sittlich geordneten Leben; als
Gott des Eigenthums, das sein Hammerwurf begrenzen und feststellen
hilft, entwickelt er den Staat aus der Familie; als Gott der Brücken,

der die Bergströme zähmt, verbindet er die Stämme und befördert den
Verkehr, ja indem er unter den Helden und Königen solche zu seinen
Lieblingen wählt, welche Länder nicht sowohl mit dem Schwert als mit
dem Pflug erobern, weil sie Wälder ausrotten und Ansiedlungen in
bisheran dem Anbau unzugängliche Erdstriche führen, beschließt dieser
Gott der Cultur die mythische Zeit, und führt den hellen Tag der
Geschichte herauf, die dann freilich seinen Dienst abstellt, und die Völker
den einigen Gott erkennen lehrt. Vergeßen wir aber einen Augenblick
was wir dem Christenthume schulden, und denken uns neben dem an=
derer Götter Thôrs Dienst noch heute fortbestehend, so würde Er es
sein, dem wir Chausseen, Eisenbahnen, Dampfschiffe, Telegraphen und
alle die Erfindungen zuschreiben würden, auf welche unsere Zeit ein
Recht hat stolz zu sein.

　　Wenn diese Schilderung sich meist auf jüngere nordische Lieder grün=
det, welche Thôrs Wesen gegen das seines Vaters abgrenzen, so dürfen
wir dabei jene ältere Auffaßung, die den höchsten der Götter in ihm sah,
nicht aus den Augen verlieren. Sie zeigt sich am Deutlichsten darin,
daß er die Mächte der Unterwelt besiegt, und dieß ist es, was wir her=
vorzuheben um so mehr bemüht sein werden als diese verdunkelte Seite
des Gottes, die selbst den Verfaßern jener Lieder nicht mehr bewußt
scheint, den Römer berechtigte, ihn dem Hercules gleich zu stellen. Wenn
daher im Uebrigen unsere Darstellung in Uhlands meisterhafter Aus=
führung ihre Ergänzung sucht, so glauben wir hier der Forschung neue
Bahnen zu eröffnen.

79. Verwandtschaft, Attribute, Beinamen.

　　Thôrs Mutter Jördh führt auch die Namen Hlôdyn und Fiörgyn,
Wöl. 56. Später werden sie auf Frigg, Odins zweite Gemahlin, über=
tragen. Bertha die Spinnerin 96. Neben dieser Fiörgyn erscheint auch
ein männlicher Fiörgyn, Gen. Fiörgvins, als Vater jener: derselbe Gott
offenbar, den die Slaven als Perun, Litthauer und Letten als Perkunos
verehren. Spuren dieser Götter sind auch in Deutschland nachgewiesen.
Im Gothischen bedeutet Faírguni Berg, das Erzgebirge wird Fergunna
genannt, und Virgunnia der Gebirgszug zwischen Ansbach und Ellwangen.
Wolfram stellt Schwarzwald und Birgunt zusammen, Myth. 157. Auch
die Hercynia silva ist damit zusammengebracht worden, vgl. jedoch
Chr. W. Glück Die keltischen Namen bei Caesar, München 1857 S. 12.
Als Thôrs Pflegeeltern oder Pflegekinder (fôstri) werden Wingnir und
Hlôra angegeben, der Beflügelte und die Funkelnde: in demselben Sinne
heißt er auch Wingthôr und Hlôrridi, der beschwingte Thôr, der in der
Glut daher fährt. Seine Gemahlin Sif hat ihm eine Tochter Thrûdh

geboren und einen Stieffohn Uller zugebracht. Der Name feiner Tochter
findet fich auch in Thrûdheim und Thrûdwang, wo nach Grimnismal
Thôr wohnen foll bis die Götter vergehen. Vgl. D. 21. Da Thrûd
Kraft heißt, fo bezieht Uhland S. 82 fein Gebiet Thrudwang auf das
fruchtbare, nährende Bauland, und den Namen feiner Tochter Thrûdh
auf das Saatkorn. Nach Alwismâl war Thrûdh in Thôrs Abwefenheit
dem Zwerge Alwis verlobt worden; nach feiner Rückkehr hebt Thôr dieß
Verhältnifs wieder auf: das im Herbft ausgeftreute Saatkorn fchien dem
finftern Erdgrunde verhaftet; aber der rückkehrende Sommer zieht fie
wieder an das Licht, indem die Saat in Halme fchießt. In dem Liede
wird diefer Mythus fo eingekleidet, daß Thôr dem bleichnafigen Zwerg
nicht gleich alle Hoffnung auf die Braut benimmt, vielmehr feine Ein-
willigung an die Bedingung knüpft, daß der Zwerg auf feine Fragen
Befcheid fagen könne. Da der Zwerg fich rühmt, alle neun Himmel
durchmeßen zu haben und von allen Wefen Kunde zu wißen, fo betreffen
diefe Fragen die Namen der Dinge in den Sprachen der verfchiedenen
Welten, wobei nicht bloß Menfchen= und Götterfprache unterfchieden,
fondern für jede Götterclaffe eine befondere Sprache angenommen wird.
Während aber der Zwerg diefe Fragen beantwortet, fcheint die Sonne
in den Saal, und der lichtfcheue Zwerg erftarrt zu Stein. Die nächfte
Verwandtfchaft mit diefer Erzählung hat die bei Lütolf 475, die wir
oben nebft ihren Varianten mit dem Mythus von Swadilfari verglichen.

Außer diefer Tochter hat Thôr noch zwei Söhne, Môdi und Magni
(Kraft und Muth); diefe hat er aber nicht mit Sif erzeugt, fondern mit
Jarnfaxa, welche das eifenharte Geftein bedeuten kann: die Bewältigung
des harten Felsbodens zum Zwecke des Anbaues giebt Kraft und Muth.
Doch kann Jarnfaxa auch von dem Eifenfchwerte den Namen haben, da
Sax Schwert heißt, weil die älteften Schwerter von Stein waren. So
kommt Jarnfaxa auch für Streitaxt vor: die Streitaxt aber, deren Thôr
fich bedient, ift der Pflug, und auch diefer giebt Kraft und Muth dem,
der ihn führt. Es ift aber zu erinnern, daß beide Söhne aus des
Gottes Eigenfchaft erwachfen find. Vgl. ob. §. 51.

In feiner äußern Erfcheinung zeigt fich Thôr bald als Jüngling
bald als Greis, immer aber mit rothem Bart, ohne Zweifel mit Bezug
auf die Farbe des Blitzftrals. Wenn er ihn fträubt, ,in den Bart bläft,
feinen Bartruf ertönen läßt‘, verurfacht er feinen Feinden heftigen Ge-
genwind. Uhland 2. Als Gott des Gewitters erfcheint er auch fo plötzlich
wie der Blitz: wie fein Name genannt wird, ift er fchon da.

Von feinen Attributen kennen wir fchon den mit Böcken befpannten
Wagen: diefe Böcke heißen Tanngnioftr und Tanngrisnir, Zahnkniftrer
und Zahnknirfcher. Ihre fpringende Bewegung läßt fich auf das Zucken

des Blitzstrals beziehen, und selbst das Hinken des Einen Bocks kann die
Naturerscheinung schildern sollen. Nach Uhland versinnbildlichen die Böcke
die Sprungfahrt über das Gebirge; Andere deuten sie auf das Sternbild
der Ziege, das um die Zeit der ersten Gewitter aufgeht. Erlaubt scheint
auch die Deutung, welche darauf hinweist, daß die Ziege den Menschen
beim Anbau der Erde bis ins höchste Gebirge hinauf begleitet. Ihren
Gestank wagt man auf den Schwefelqualm des Blitzes zu beziehen.
Rochholz II, XLIII. Nach Shakesp. Pericles IV, 3 macht der Donner
ein Aalnest lebendig: der Aallaich wird von ihm befruchtet: ein neuer
Beweis daß dem Volk naturhistorische Einsichten beiwohnen: die elektrische
Natur der Aale ist hier deutlich ausgesprochen. Von andern Thieren
waren ihm wohl ihrer rothen Farbe wegen der Fuchs, das Eichhörnchen,
das Rothkehlchen und Rothschwänzchen heilig, wozu noch die Donner-
ziege genannte Schnepfe kommt, deren Flug Gewitter verkündigt, und
der Hirschkäfer, der auch Feuerschröter und Donnerpuppe heißt; von
Bäumen außer der Eiche die Vogelbeere (§. 84) mit ihren rothen
Früchten, von Pflanzen die Hauswurz (Donnerbart), die Donnerdistel
und die Erbse. Myth. 167. Auch Berge sahen wir ihm geheiligt, eine
silva Heracli sacra erwähnt Tac. Ann. 2, 12; eine Donarseiche fällte
Winfried; eine Donnereiche weist Rochholz II, XLIII nach.

   Wenn Thôr einherfährt, steht die Erde in Flammen, Funken stieben,
die Berge beben und brechen, und trifft er mit dem Hammer, so krachen
die Felsen, Klüfte heulen, die alte Erde fährt ächzend zusammen, Oegisdr.
55. Thrymskw. 23. Hymiskw. 24. Doch nicht immer sehen wir Thôr
fahren: er geht zu Fuß zum Gericht bei der Esche Yggdrasil, wobei er
Ströme watet:

> Körmt und Oermt und beide Kerlaug
> Watet Thôr täglich,
> Wenn er einherfährt Gericht zu halten
> Bei der Esche Yggdrasil,
> Denn die Asenbrücke stünd all in Lohe,
> Heilige Fluten flammten. Grimn. 29. Uhl. 23.

Wie hier die genannten Ströme, zur Schonung, wie es scheint, der
Asenbrücke, die zerbrechen würde wie dereinst unter Muspels Söhnen,
so watet er auch die urweltlichen Eisströme, Eliwagar, den Oerwandil
(§. 82) hinüber zu tragen, womit in Widerspruch zu stehen scheint, daß
er in dem freilich jungen Harbardslied den Sund nicht waten kann,
sondern der Ueberfahrt harrt.

   Miölnir, sein zermalmender Hammer hat die Eigenschaft, daß er
von selbst in des Gottes Hand zurückkehrt. Nach dem deutschen Volksglauben schleudert der Blitz keilförmige Donnersteine, auch Donneräxte

und =Hämmer, bei Birlinger I, 307 Blitz= oder Wettersteine genannt,
die tief, wie Kirchthürme hoch sind, auch wohl ‚neun Klafter tief‘ in die
Erde fahren; so oft es aber von Neuem donnert, steigen sie der Ober=
fläche näher und nach sieben oder neun Jahren kann sie ein Hahn aus
der Erde scharren, Myth. 161, wie Aehnliches von den Schätzen und
wieder von den Glocken geglaubt ward, wo es sich noch deutlicher zeigt,
daß die sieben oder neun Jahre oder Klafter auf eben so viel Wintermonate
zurückzuführen sind. So auch in der Thrymskw., wo Thors Hammer
von einem Riesen entwendet, acht Rasten tief unter der Erde vergraben
ward. Daß er in Deutschland bekannt war, sehen wir auch aus Frauen=
lob (MS. 214 b.), der die Jungfrau von Gott Vater sagen läßt: der
smit ûz oberlande warf sînen hamer in mînen schôz.

    Wie ans Bergjoch heißt und jener auf Bergen thronende Fiörgyn
(fairguneis) vom Berge den Namen hat, so bedeutete auch hamar ur=
sprünglich einen harten Stein, also den Felsen selbst, den jetzt des Gottes
Steinwaffe spaltet. Wenn also der Teufel oder Frau Harke einen Stein
schleudert, um den Dom zu Trier oder jenen von Havelberg zu zertrüm=
mern, so wird auch dieser Stein den Blitz bedeutet haben, und wenn
der Donner rollenden Felsstücken oder das Gepraffel des einschlagenden
Wetters dem Rasseln eines Haufens herabstürzender Steine verglichen
wird (Schwartz, Urspr. 85), so läßt der Rath, welchen im Hambismal
der ‚hohe Berather‘ wider Jonakurs Söhne giebt:

<blockquote>Schleudert Steine, wenn Geschoße nicht haften, §. 70.</blockquote>

an den Gewittergott denken. So konnte wohl der Gott auch selber der
Hammer heißen; auch davon sind uns Erinnerungen geblieben. Statt
des Fluches: daß dich der Donner! hört man noch: daß dich der Ham=
mer! und Meister Hämmerlein heißt der Teufel, den Volkssagen den
Hammer führen laßen. Müllenh. 360. Vgl. Myth. 166. Doch mag
der Hammer in Thors Hand ihn als Schmied bezeichnen sollen, wie wir
bei den Alten ähnlichen Auffaßungen der Gewittergötter begegnen.

    Statt des Hammers führt Thôr bei Saxo eine Keule, was ihn dem
Hercules ähnlicher macht; wie aber diese Keule ohne Griff sein soll, so
war Miölnirs Stiel nach D. 61 den Zwergen, die ihn schmiedeten, zu
kurz gerathen: gleichwohl urtheilten die Götter, er sei das beste aller
Kleinode. So tritt in Deutschland eine Keule an die Stelle des ‚heili=
gen Hammers‘, der sich in englischen Kirchen aufgehängt findet, wo er
einen dunkeln Bezug hatte auf den, wie Grimm meint, ‚bloß überliefer=
ten, niemals ausgeübten (?)‘ Gebrauch, lebensmüde Greise zu tödten.
Vgl. Kuhn WS. 106. Bei der deutschen Keule ist es aber so gewendet,
daß sie den Greisen nur gebühren solle zur Strafe ihrer Thorheit,
sich ihrer Habe zum Besten der Kinder allzufrüh entäußert zu haben.

In schlesischen und sächsischen Städten hängt sie am Stadtthor mit der Inschrift:

> Wer seinen Kindern giebt das Brot
> Und leidet dabei selber Noth,
> Den schlage man mit dieser Keule todt.

Denselben Sinn hat die Erzählung vom Schlegel in Colocz. Codex 157 —188. In älterer Zeit mochte der Hammer oder die Keule Donars sich dem Sper Odins vergleichen, mit dem sich lebensmüde Greise ritzten, wie sie sich auch hiengen (Hângatyr) oder vom Felsen stürzten, um bei Odin zu gasten. Vom Blitz Erschlagene blieben den Alten unverbrannt; sie wurden wegen der Heiligkeit des vom Blitz getroffenen Bodens oder weil der Gott sie schon im Feuer dahingenommen hatte, an der Stelle beerdigt, wo sie vom Blitz gerührt waren. Artemidor II, 68. Plinius II, 55. Vgl. Grimm über die Verbrennung der Leichen 22. Der obigen Vermuthung steht nicht entgegen, daß nur die Knechte zu Thor kamen, denn wohl nicht bei allen Stämmen galt dieser Glaube, und gewiß bei denen nicht, welchen Thor der höchste Gott war. Vgl. §. 10. Wenn Thor §. 84 den Stab der Grîdh entleiht, als ihm der Hammer fehlt, so sahen wir §. 65 jenen sich mit Odins Spieß Gungnir berühren, der vielleicht auch einst, als Wuotan noch Gewittergott war, den Blitz bedeutete.

Außer dem Hammer besitzt Thôr auch Eisenhandschuhe, mit welchen er den Blitz schleudert, und den Stärkegürtel Megingiardr, der seine Götterkraft verdoppelt. Unter seinen Beinamen tritt Biörn (der Bär) hervor; als den Freund der Menschen, den Segner Midgards, haben wir ihn schon §. 46, 2 kennen gelernt. Wegen seines Kampfs mit der Midgardschlange heißt er der Schlange Alleintödter; als Feind der Riesen Zerschmetterer der Felsbewohner, Riesenweibsbetrüber, Thursentodwalter. Er selbst nennt sich Harbardsl. 9 den Kräftiger der Götter. Ferner heißt es da von ihm: Uebermächtig würden die Riesen, wenn sie alle lebten; mit den Menschen wär es aus in Midgard. Und Thrymskw. 20:

> Bald werden die Riesen   Asgard bewohnen,
> Holst du den Hammer   nicht wieder heim.

80. Mythen. Wiederbelebung der Böcke.

Mehrere auf Thôr bezügliche Mythen sind schon besprochen: sein Antheil an dem von Swadilfari §. 27, an Baldurs Bestattung §. 34, an Lokis Bestrafung §. 42, am letzten Weltkampf §. 46, an der Erneuerung der Welt §. 60, 4. Ein ganzer Mythus, die Heimholung des Hammers §. 28. lehrte uns Thôr als Ehegott kennen, worin er sich mit Odin berührte, der als Schützer der Ehe §. 68 Roß und Mantel verlieh. Ein Nachklang findet sich in der Sage von Thôr med tungum hamri (Myth.

165. Petersen 293), wo er gleichfalls seinen Hammer sucht; eine
schwächere, die Thôr mit dem Riesen Thrym zu vermischen scheint, Zeitschr.
f. M. S. I, 19. 72.

Unter den Mythen, welche Thôrs Wesen zu erläutern dienen, ragt
der von seinem Kampfe mit Hrungnir hervor: er erscheint aber hier in
Thiâlfis Gesellschaft; es muß daher vorausgeschickt werden, wie er zu
diesem Gefährten gekommen ist. Thôr fuhr aus mit seinen Böcken und
mit ihm der Ase Loki. Abends nahmen sie Herberge bei einem Bauern:
da schlachtet Thôr seine Böcke, zieht ihnen das Fell ab und heißt den
Bauern und seine Kinder Thiâlfi und Röskwa, die Knochen beim Nacht=
mal auf die Bockshaut werfen. Thialfi zerschlug aber mit dem Meßer das
Schenkelbein des einen Bocks, um zum Mark zu kommen. Am andern
Morgen weihte Thôr die Bocksfelle mit dem Hammer: da standen die
Böcke wieder auf; aber dem Einen lahmte das Hinterbein. Als das
Thôr bemerkt, sagt er: der Bauer oder seine Leute müsten unvorsichtig
mit den Knochen umgegangen sein. Der Bauer erschrickt über seinen
Zorn, fleht um Frieden und bietet Alles was er hat zur Sühne. Da
nimmt Thôr seine Kinder zum Vergleich an, die ihn seitdem als seine
Dienstleute überallhin begleiten. D. 44.

Mit anderer Anknüpfung kehrt derselbe Mythus am Schluß der
Hymiskwidha Str. 36. 37 zurück, wo dem Loki an dem Hinken des Bocks
die Schuld gegeben wird; da aber der Bergbewohner auch hier seine Kin=
der zur Buße hergiebt, so sollte er wohl nur als Anstifter gelten.

36.   Sie fuhren nicht lange,   so lag am Boden
Von Hlorridis Böcken   halbtodt der eine.
Scheu vor den Strängen   schleppt er den Fuß:
Das hatte der listige   Loki verschuldet.

37.   Doch hörtet ihr wohl;   Wer hat davon
Der Gottesgelehrten   ganze Kunde?
Welche Buß er empfieng   von dem Bergbewohner:
Den Schaden zu sühnen   gab er zwei Söhne.

Von Wiederbelebungen dieser Art sind alle Sagenbücher voll. Einige
sind K. M. III, 81 und Gr. Myth. 1208 verzeichnet; andere hat Wolf
Beitr. I, 88 und Zeitschr. I, 70. 214 nachgetragen; eine solche knüpft sich im
Wilhelm Meister an Mignons Ursprung. Verwandt ist auch das Märchen
vom Machandelbom, der als Queckholder, Wacholder schon auf Wieder=
belebung deutet. Vgl. auch Gr. K. H. M. 46. 81. 147. D. S. 62. Müller=
Schamb. N. S. S. 254. Kuhn N. S. S. 38, 2. Liebrecht Heid. Jahrb.
1868 Nr. 6 p. 90. Nicht überall findet sich ein dem zerschlagenen Schenkel
des Bocks, der nun hinken muß, entsprechender Zug; doch ist er bei Von=
bun Volksf. 27 und in Zingerles Tyr. Sagen Nr. 14. 15. 586. 587. 725,

Vernaleken Alp. 184; vergl. auch Zeitschr. f. Myth. II, 177 und Quitz=
mann 60. nachgewiesen und in Mailaths Magy. Sagen II, 95 wird die
rechte Schulter gleich der des Pelops aus Gold und Elfenbein ersetzt.
Bei Merlin und dem Zauberer Virgilius (Volksb. VI, 359 ff.) miss=
glückt die Wiederbelebung durch das Eingreifen eines Dritten gänzlich;
hier gelingt sie wenigstens nicht zu voller Befriedigung. Was von Mer=
lin und Virgil erzählt worden war, sehen wir auf Paracelsus (Alpenb.
309, Zingerle 346) und Dr. Faust (Beitr. I, 212) übertragen; vielleicht
galt es auch schon von Kwasir und dem ihm verwandt scheinenden Kling=
sor Wolframs, gewiss aber von Lockmann und Villand, über welche
Rochholz Gl. I, 121. 261 nachzulesen ist. Vgl. auch dessen Mythen 124
und Aarg. S. I, Nr. 48. 49 und S. 383 ff. so wie Mannhardt G. M. 66.
Das Schlachtthier soll nach dem mosaischen Gesetz nicht verletzt werden,
damit es wiederbelebt werden könne. Auch Triptolems Gesetz schärfte das
ein, und Bischof Germanus bei einem Kalb, das ein armer Hirt ihn
und seine Gefährten zu bewirthen geschlachtet, nach S. 308, und ebenso
nach Zeitschr. für Myth. I, 23 ein irischer Heiliger bei dem Mal der
gezähmten Hirsche, deren er sich zur Reise bediente. Vgl. Rochh. Gl. I,
221 ff., wo noch andere Beispiele. So bleibt bei Entzauberungen oft
ein Theil der Thiergestalt, z. B. ein Schwanenflügel, zurück, ähnlich dem
schmalen rothen Streifen um den Hals des Enthaupteten. Die Götter
selbst stattet die Phantasie des Volks wohl mit einem Gliede des Thiers
aus, das ihnen geheiligt ist, oder dessen Gestalt sie anzunehmen lieben.
Odins Beiname Arnhöfdi läßt vermuthen, daß man ihn mit dem Adler=
kopf dargestellt habe. Aehnlich deute ich den Schwanenfuß der Freyja
(Bertha) und den Pferdefuß des Teufels, sei nun dabei an Wuotans
Ross, dessen Huf bei Haddings Entführung §. 66 unter dem Mantel
hervorblickt, oder an Loki zu denken, der sich §. 25 in die Stute ver=
wandelt. Gleiche Bewandtniss hat es mit den Bocksfüßen des Teufels
in den badischen Sagen, seinem Hahnenbein in den pommerschen (Temme
178. 255), seiner Hahnenfeder u. s. f. Worauf es hier ankommt, ist
Thôrs weihender Hammer, der die Wiederbelebung wirkt, wie Petri Stab,
der nach §. 65. 84 und 96 zugleich auf Thôr und Odin deutet, die Er=
weckung Materns. So kann auch die Einweihung des Scheiterhaufens
Baldurs mit Thôrs Hammer §. 33 nur die künftige Wiederbelebung
meinen. Die wichtigste Frage bleibt, warum es Thialfi oder Loki ver=
schulden, daß der Bock hinken muß. Uhland bezieht Thialfi auf den mensch=
lichen Fleiß beim Anbau der Erde, und seine Schwester Röskwa, die
rasche, auf die unverdrossene Rüstigkeit, womit diese Arbeit betrieben wird.
Zur Urbarmachung der Erde muß göttliche und menschliche Kraft zu=
sammenwirken. Der Bauer, der als Bergbewohner das steinige Gelände

urbar machen sollte, war mit den Seinigen zu Thôrs Tische geladen; sie
wollten aber allzuleichten Kaufs zum Marke kommen: der Bauer muß nun
selbst herhalten, er muß seine Kinder Thialfi und Röskwa, seine eigene
angestrengte Thätigkeit in Thors Dienste geben. Diese schöne Deutung
stützt sich hauptsächlich auf Thialfis Antheil an dem im nächsten Paragraphen
zu besprechenden Mythus von Hrungnir, bei dessen Ausbildung schon den
Skalden eine ähnliche Auffaßung Thialfis vorgeschwebt zu haben scheint.
Sein Auftreten in andern Mythen fordert aber eine andere Deutung.
Wir werden §. 83 sehen, daß Thialfi, dessen Name einen dienenden Geist
bezeichnet, ursprünglich nichts anders war als der Blitzstral; die Ausdeutung auf die rüstige menschliche Thätigkeit muß eine spätere sein. So
wird auch Röskwa nur die Schnelligkeit bezeichnet haben, womit der
Wetterstral sein Ziel erreicht. Die Ursache, warum der Bock hinkend
blieb, lag an dem himmlischen Feuer, das ihm den Schenkel getroffen
hatte: darum konnte sein Hinken sowohl dem Loki, der das Feuer ist,
als dem Thialfi, dem Blitzstral, Schuld gegeben werden. Daß er mit Loki
zusammenfalle, wie Weinhold Zeitschr. VII, 15 annimmt, ist richtig, da der
Blitz nicht ohne Feuer zu denken ist; sie werden aber hier unterschieden.

Nach der tiefwurzelnden Sage vom Herzeßen, die selbst in die Thiersage und mit dieser in die Heldensage eingedrungen ist, so daß sie alle
drei Hauptäste des deutschen Epos erfüllt, galt auch in Deutschland Loki
für den Thäter. Von diesem Herzeßen Lokis hatte auch der Norden eine
dunkle Kunde (§. 95), und da Loki Skaldskap. 16 der Bocksdieb heißt,
so steht D. 44 mit ihrem auf Thialfi weisenden Zeugnis allein. Daß er
zur Buße für den zerbrochenen Bocksschenkel in Thôrs Geleit gekommen
sei, halte ich auch nur für eine jüngere Dichtung.

Im Anhange zum Gutalag (ed. Schildener Greifsw. 1818 S. 106)
erscheint Thielvar, in welchem Thialfi nicht zu verkennen ist, als der erste
Bebauer der Insel Gotland, die bis dahin noch so lichtlos war, daß sie
Nachts untersank, Tags oben war. Seit aber Thielvar Feuer auf das
Land brachte, sank es nicht wieder. Thielvars Sohn hieß Hafdi, sein
Weib Hwitastjerna. In der Hochzeitsnacht träumte diesem als wenn drei
Schlangen in ihrem Schooße zusammengeschlungen wären und daraus her-
vorkröchen. Hafdi beutete diesen Traum: ‚Alles ist mit Ringen gebunden,
Bauland wird dieß werden und wir werden drei Söhne haben.‘ Durch
Feueranzünden wird nach deutschem Rechtsgebrauch (RA. 194. 941) Besitz
ergriffen, und das Binden mit Ringen bedeutet die Umfriedigung oder
Einhegung des ausgetheilten Landes. Uhland 56 ff. Thôr ist es vornämlich, der bei Besitzergreifungen in den Vordergrund tritt und dem die
neuen Ansiedelungen geheiligt werden. Die Ansiedler auf Island weih-
ten ihm einen Bezirk und nannten denselben Thorsmark, ein Name der

an das schlesische Geschlecht der Henckel von Donnersmark erinnert.
Gr. Myth. I, 8. Rochholz XLV. Die Mark (Grenze) des Bezirks wurde
durch Hammerwurf bestimmt. War der Hammer so gebildet wie die
Rune Thôr þ, so würde sich selbst der Name Henkel deuten. Wenn
nun nicht anzunehmen wäre, daß der Blitzstral das neue Heerdfeuer habe
zünden müßen, wie das auch beim Nothfeuer anzunehmen ist (Kuhn Herabkunft des Feuers S. 94), so sähen wir Thialfi, dessen Verhältniß zu
Thôr eine Reihe von Sagen bekundet, hier schon in seiner jüngern Bedeutung aufgefaßt. Freilich wird man, ehe der Blitz einschlug, ihn auf
jene altfeierliche Weise hervorzulocken gesucht haben, über welche wir Kuhn
a. a. O. so schöne Aufschlüße verdanken. Aber das endliche Auflodern
des Feuers erschien als die unmittelbare Wirkung des Gottes, in dessen
Dienst jene heilige Handlung geschehen war.

81. Thor und Hrungnir.

Thôr und der Riese Hrungnir hatten sich an die Ländergrenze bei
Griottunagardr zum Zweikampf beschieden. Damit ihr Vorkämpfer nicht
erliege, machten die Riesen einen Mann von Lehm, neun Rasten hoch
und dreie breit unter den Armen: sie nannten ihn Möckurkalfi. Zum
Herzen gaben sie ihm das einer Stute, das sich aber nicht haltbar er-
wies, denn es wird gesagt, daß er das Waßer ließ, als er Thor sah.
Der Riese selbst hatte ein Herz von hartem Stein mit drei Ecken; auch
sein Haupt ist von Stein sowie sein Schild, den er vor sich hält. Seine
Waffe, die er auf die Schulter legt, ist ein Schleifstein. Als Thor mit
Thialfi kommt, warnt dieser den Riesen: er stehe übel behütet, da er den
Schild vor sich halte; Thor werde von unten an ihn kommen. Da wirft
Hrungnir den Schild unter die Füße und steht darauf; die Steinwaffe
aber faßt er mit beiden Händen. Als es nun zum Kampfe kommt, nimmt
es Thialfi mit Möckurkalfi, Thor mit Hrungnir auf. Er fährt im Asen-
zorn heran und wirft den Hammer aus der Ferne nach dem Riesen.
Dieser hebt die Steinwaffe entgegen: der Hammer traf sie im Fluge und
der Schleifstein brach entzwei; ein Theil fiel auf die Erde und davon
sind alle Wetzsteinfelsen gekommen; der andere fuhr in Thors Haupt, so
daß er vor sich auf die Erde stürzte. Der Hammer aber zerschmetterte
dem Riesen den Hirnschädel zu tausend Stücken: da fiel er vorwärts über
Thor, so daß sein Fuß auf Thors Halse lag. Thialfi, der inzwischen
Möckurkalfi bezwungen hatte, wollte Hrungnirs Fuß von Thors Halse
nehmen, vermochte es aber nicht; ebensowenig auch die übrigen Asen,
die zu Hülfe eilten. Aber Thors Sohn Magni, der erst drei Winter alt
war, vollbrachte es. Da fuhr Thor heim; aber der Schleifstein steckt noch
in seinem Haupte. Die Weißagerin Gróa, die Frau Oerwandils des

Recken, singt ihre Zauberlieder über Thor, und schon wird der Stein
lose: da will ihr Thor die Heilung durch die Zeitung lohnen, daß er von
Norden her durch die Eliwagar gewatet sei und den Oerwandil im Korbe
auf dem Rücken aus Riesenheim getragen habe.   Zum Wahrzeichen gab
er an, daß ihm eine Zehe aus dem Korbe vorgestanden und erfroren sei.
Er habe sie abgebrochen, an den Himmel geworfen und das Sternbild
daraus gemacht, das ‚Oerwandils Zehe‘ heiße.   Auch sagte er, es werde
nicht lange mehr anstehen bis Oerwandil heim komme.   Hierüber ward
Grôa so erfreut, daß sie ihrer Zauberlieder vergaß, und so steckt der
Stein noch in Thors Haupte. D. 59.

Diese Erzählung beruft sich auf Höstlang, das der Skalde Thio-
dolf von Hwin im neunten Jahrhundert dichtete.   Es mögen einfachere
Mythenlieder in der Weise der eddischen vorhanden gewesen sein; doch
spielen nur die jüngsten Eddalieder auf das Ereigniß an.   Nach Uhlands
Deutung bezwingt Thor in Hrungnir (von at hrûga, aufhäufen), dessen
Herz von Stein ist, die dem Anbau widerstrebende Steinwelt.   Die Kämpfer haben sich zum Zweikampf nach Griottunagardr beschieden: Griot
heißt Stein, Gerölle, Griottunagardr die Grenze des Steingebiets und
des baulichen Landes.   Thialfi beredet den Riesen, sich nach unten mit dem
Schilde zu decken.   Dieser täuschende Rath kommt aus dem Munde dessen,
der von unten hinauf das Gebirg zu bearbeiten gewohnt ist.   Aber Asa-
thor fährt von oben her.   Beßer bezieht man den Schild des Riesen wohl
auf den Frost, welcher im Winter die Erde bedeckt und dem Anbau entzieht.   Auch dem Thialfi wird sein Theil am Kampfe.   Die Jötune haben
den langen und breiten Lehmriesen aufgerichtet, der aber feig ist und
nur ein scheues Stutenherz in der Brust hat; sein Name ist Möckrkalfi,
Wolken= oder Nebelwade.   Es ist der zähe wäßerige Lehmboden am
dunstigen Fuß des Steingebirgs.   Mit ihm wird menschliche Anstrengung
fertig, während den Steinriesen nur Götterkraft besiegen kann.   Daß Thor
in Gefahr ist, vom Sturz des erschlagenen Steinjötuns erdrückt zu werden,
ist dem Anblick verschüttender Bergfälle, die gleichwohl Thors Werk sind,
entnommen.   Die Aufraffung, die ihn rettet, wird seinem jungen Sohne
Magni, der personificierten Asenstärke, zugeschrieben; das Stück von Hrungnirs Steinwaffe, das in Thors Haupt haftet, ist das Gestein, das auch
im urbaren Felde Pflug und Karst oft noch findet.   Dieser Deutung können wir ganz beistimmen; nur möchte der im Haupte Thors haftende
Stein auf die Felsenmassen gehen, die in urbar gemachtem Berglande von
frühern Bergstürzen zurückbleiben.   Leichtere lose Steine wären leicht fort-
zuschaffen; hier konnte Thialfi, der menschliche Fleiß, helfen, es brauchte
da keiner Zauberin.

Die vielen dem Hercules Saxanus in Steinbrüchen gewidmeten

Votivsteine und Altäre wißen unsere Archäologen nicht zu erklären, wie
sich neuerdings wieder in dem sonst verdienstlichen Festprogramm des Rhein.
Alterth. V. vom J. 1862 über „das Denkmal des Hercules Saxanus
im Brohlthal" ergeben hat, indem es auf die Frage: wie kommen die
römischen Soldaten dazu, dem Hercules an dieser Stätte so zahlreiche
Altäre und Votivsteine zu weihen? keine genügende Antwort giebt.
Wer sich aber erinnert, daß es nach Tac. Germ. 9 auch einen deut=
schen Hercules gab §. 83, der kein anderer sein kann als Donar, der
Gewittergott, dem löst sich das Räthsel von selbst. Wie Thôr ein Gott
der Bauern, ja der Knechte geworden ist, ein Freund der Menschen, denen
er den harten Felsgrund zu baulichem Lande bereitete, so sind ihm
auch die Arbeiter in den Steinbrüchen dankbar, denn der Bezwinger
der Steinwelt hat ihnen vorgearbeitet, indem er den Fels zerspaltete
und verwittern half. Die Annahme, daß es deutsche Soldaten waren,
welche diese Steine setzten, wird durch die Fundorte bestätigt, indem
sie über Deutschland kaum hinausreichen, am zahlreichsten sich aber in
unserer Provinz finden. Hätte nicht die Germania des Tacitus hierüber
zuerst befragt werden sollen? die man doch, obgleich sie von deutschen
Dingen handelt, sonst nicht ganz ungelesen läßt. Die Römer waren nicht
unduldsam gegen den Glauben der besiegten Völker:

> Allen Göttern der Welt boten sie Wohnungen an,
>   Habe sie schwarz und streng aus altem Basalt der Egypter,
>   Oder ein Grieche sie weiß, reizend, aus Marmor geformt.

Sollten sie nur die Altäre der deutschen Götter unbekränzt gelaßen haben?
Den Mithrasdienst hatten sie willig angenommen, römische Krieger brach=
ten ihn in das linksrheinische Land, das römische Staatspolitik für einen
Theil Galliens erklärte, das sich aber als deutsch verräth, da es die
Römer selbst Germania prima, Germania secunda nannten. Gebührte
dem deutschen Hercules hier nicht die gleiche Ehre wie dem asiatischen
Mithras? Wenn dieser invictus hieß, so finden wir nun auch Hercules invictus genannt, und wer dürfte ihm diesen Namen verweigern? In allen
seinen Kämpfen war Thor unbesiegt geblieben und in seinem letzten fiel
er als Sieger. Wenn Odin oder Goban in Achen unter seinem Bei=
namen Grani zu Apollo Granus wurde (§. 74), wenn wir denselben
deutschen Gott auch in Godesberg, in Gudenau, in Gobenouwe, am
Gobenelter zu Ahrweiler und als Gott des Siegs (Sigtyr) wohl auch
in Siegburg verehrt finden, wenn der Donnersberg in der Pfalz dem
Gotte geweiht war, deßen Preis in die Schlacht ziehend die Germanen
sangen, so befremdet es am Wenigsten, auch in den Steinbrüchen des
Brohlthales den Dienst des felsenspaltenden Gewittergottes wiederzufinden.
In Bezug auf einen andern Deutungsversuch bemerke ich für Diejenigen,

die es noch nicht wißen sollten, daß Sonne und Mond auch in Deutsch=
land scheinen, nicht bloß in Phönicien, und daß Sonne Mond und Her=
cules nach §. 117 u. 127 etwa so viel bedeuten als Sonne Mond und
Vulcanus (Feuer) bei Cäsar, für dessen Trilogie wir hier ein neues
Zeugniß finden. Daß der Gewittergott in Deutschland zugleich Feuergott
war, wird sich dem Leser immer mehr herausstellen, je weiter er vorbringt.

82. Oerwandil und der Apfelschuß.

Auch den Mythus von Grôa weiß Uhland zu deuten: Grôa ist das
Wachsthum, das Saatengrün, das vergeblich bemüht ist, jene Felsen zu
decken, Thôrs Wunde zu heilen. Ihr Sohn Oerwandil, wörtlich der mit
dem Pfeil arbeitende (ör sagitta, at vanda elaborare), ist der Fruchtkeim,
der aus der Saat hervorstechen und aufschießen will. Ihn hat Thôr über
die Eisströme Eliwagar im Korbe getragen: er hat das keimende Pflanzen=
leben den Winter über bewahrt; aber der kecke Oerwandil hat eine Zehe
hervorgestreckt und erfroren: der Keim hat sich allzufrüh hervorgewagt
und muß es büßen. Thôr hilft also nicht bloß das Land urbar machen,
er schützt auch die Saat den Winter über, sie sei nun ausgesät, der
Erde vertraut, oder noch im Fruchtsack bewahrt. Nachklänge dieses
Mythus hat Uhland in Saxos Erzählung von Horwandil und Fengo
nachgewiesen, an welche sich Amleths Geschicke knüpfen, der bei Shakespere
Hamlet heißt. Koller fällt im Zweikampf vor Horwandil, in welchem
Oerwandil der Kecke (hinn frækni) wiedererkannt wird, während Koller
(der Kalte) den Frühlingsfrost bedeuten soll. Der prächtige Grabhügel,
der dem Besiegten errichtet wird, ist der dichte Halmenwuchs des Aehren=
feldes. Geruthe, Amleths Mutter, wird hiebei der Grôa gleichgestellt.
Den Schluß der Erzählung Saxos läßt Uhland unausgedeutet: über
Fengo und Amleth erhalten wir keine Auskunft; doch könnte Fengo,
Horwandils Mörder, der dann seine Wittwe Geruthe, Shakesperes Ger=
trud, heiratet, an die Fenja erinnern, die mit Menja dem König
Frobi in der Mühle Grotti Glück, Gold und Frieden malt, D. 63.
Die Mühle Grotti wäre dann Gerutha; Fengo bedeutete das Malen,
und Amleth das Korn, wo selbst der Name mit Amelmehl, ἄμυλον,
Stärkemehl, Kraftmehl, übereinstimmt. Bedeutet es wörtlich das unge=
malene Mehl, so ist auch Amleth aus der Ehe Geruthas mit Fengo
nicht hervorgegangen.

· Mit dem Splitter im Haupte, der von des Riesen Steinkeule her=
rührt, wird Thôr dargestellt; in der Heldensage, wo Thôr zu Dietrich
geworden ist, findet er sich in Dietrichs Stirne wieder, der darum der
Unsterbliche heißt. Grimm Heldens. 164. 304. Dietrich ist ein Ame=
lunge, und scheint es gewagt, diesen Namen mit dem Amleths und

der oben gegebenen Deutung des Amelmehls in Verbindung zu bringen,
so war doch Grimm Zeitschr. VII, 394 auf gleicher Spur. Es ist nicht das
einzigemal, daß Thôrs Kämpfe in der Heldensage nachklingen: seine Stelle
nimmt Dietrich auch im Kampfe mit Ec und seinen Brüdern ein; doch han=
deln wir dieß besser bei den Riesen ab, wohin wir den Nachweis, daß sich
Thôr in allen Elementen, gegen Sturm=, Feuer= und Waßerriesen als Bän=
diger verderblicher Naturkräfte darstellt, verweisen müßen. Aber auch Oer=
wanbil lebt in der Heldensage fort als Orendel, den die Vorrede zum Hel=
denbuche den ältesten aller Helden nennt. In dem Gedichte von Orendel und
dem grauen Rock des Heilandes, der noch zu Trier verehrt wird, ist aber der
Mythus von Thôr, der ihn über die urweltlichen Eisströme trägt, kaum
wiederzuerkennen (vgl. Meine Vorr. zum Orendel); doch werden die urwelt=
lichen Eisströme durch das Wendelmeer ersetzt. Orendel ist hier zum Sohne
König Eigils von Trier gemacht. Von Eigil erzählt die Wiltinas. C. 27.:
'In dieser Zeit kam der junge Eigil, Wielands Bruder, an König Nidungs
Hof, dieweil Wieland nach ihm gesendet hatte. Eigil war Einer der wacker=
sten Männer und hatte ein Ding vor Allen zum Voraus: er schoß mit dem
Bogen beßer als irgend Jemand anders; der König nahm ihn wohl auf
und war Eigil da lange Zeit. Da wollte der König einsmals versuchen,
ob Eigil so schießen könnte wie von ihm gesagt war, oder nicht. Er ließ
Eigils dreijährigen Sohn nehmen und ihm einen Apfel auf den Kopf
legen und gebot Eigiln, darnach zu schießen, so daß er weder darüber
hinaus, noch zur linken noch zur rechten vorbei, sondern allein den
Apfel träfe; nicht aber war ihm verboten den Knaben zu treffen, weil
man wuste, daß er schon selber es vermeiden würde, wenn er irgend
könnte; und auch Einen Pfeil nur solle er schießen, und nicht mehr.
Eigil nahm aber drei Pfeile, befiederte sie, legte den einen auf die
Sehne und schoß mitten in den Apfel, so daß der Pfeil die Hälfte mit
sich hinwegriß und Alles zusammen auf die Erde fiel. Dieser Meister=
schuß ist lange hochgepriesen worden und der König bewunderte ihn auch
sehr und Eigil ward berühmt vor allen Männern und man benannte
ihn Eigil den Schützen. König Nidung fragte Eigiln, warum er drei
Pfeile genommen habe, da ihm doch nur verstattet worden, Einen zu
schießen. Eigil antwortete: Herr, ich will nicht gegen euch lügen: wenn
ich den Knaben mit dem Einen Pfeil getroffen hätte, so waren euch
diese beiden zugedacht. Der König aber nahm dieses gut auf, und
dauchte Alle, daß er bieder gesprochen habe.'

Wenn man diese Sage für eine skandinavische ausgiebt, so ist die
Wiltinas. zwar in altnordischer Sprache, aber aus dem Munde deutscher
Männer aus Bremen und Münster nach deutschen Liedern aufgezeichnet.
Schon der eben hier in Bonn vorkommende Familienname Schützeichel

beweist die Deutschheit der Sage. Diese Lieder, in welchen die deutsche
Heldensage damals noch fortlebte, können in der Schweiz nicht unbekannt
gewesen sein; erzählt doch auch die Chronik des weißen Hauses, daß der
Herr auf Altfellen die Ehre einer hübschen Frau in Abwesenheit ihres
Mannes in ähnlicher Weise bedrohte wie das nach Cap. 249 der Wiltinaſ.
und in der alten Vorrede des Heldenbuchs Gr. 295 Kaiser Ermenrich
an Sibichs Frau ausführte.

　　Man braucht also den Apfelſchuß nicht aus dem Norden herzuleiten,
wie noch immer in allen Besprechungen der Tellssage geschieht. Auch
Palnatoki war kein Däne, sondern nach Saxo Jumensi provincia or-
tus; wir würden ihn einen Pommern nennen. Maurer Bekehrung I,
244 erklärt diesen Kämpfer des vorgeschichtlichen Königs Harald Hildetand
für eine durchaus ungeschichtliche Person, was auch damit stimmt, daß
er auf Fühnen zum wilden Jäger geworden ist, §. 73. Da wir freilich
nicht wißen, wie alt jene Lieder sind, so kann man der Erzählung des
Saxo, der schon im 12. Jahrh. seine fabelhafte dänische Geschichte schrieb,
die Priorität nicht geradezu absprechen; doch urtheilt Grimm M. 350,
der Apfelſchuß sei dem Vortrag des Ereigniſſes bloß angewachſen aus
älterer Ueberlieferung, die im Laufe des 10. 11. Jahrhunderts voraus=
geſetzt werden müße. Indessen kennt doch die Edda zwar Eigiln, aber
seines Apfelſchußes, ja seiner Schützenkunst geschweigt sie. Eins hat
auch die Erzählung von Toko vor der von Eigil voraus: Toko be=
währt sich nämlich wie Tell nicht bloß als besten Schützen, sondern auch
als besten Schlittschuhläufer, wie Tell der beste Schütze und zugleich der
beste Fährmann ist; ja er erschießt auch zuletzt den König wie Tell den
Geßler. Doch auch in Eigils Sage finden wir die Verbindung der
Künste und Fertigkeiten vgl. §. 76 Schl. Seinem Vater Wate schreibt
die englische Ueberlieferung die Erfindung des Bootes, d. h. der Schiff=
fahrt zu, während die Wiltinaſ. ihn nur als einen heidniſchen Chri=
ſtophorus, den jungen Wieland auf den Schultern, den Gröningaſund
durchwaten läßt, das Boot aber erst dieſem ſeinem Sohne Wieland
beilegt. Nach dem deutschen Gudrunliede hat Wate die Heilkunst von
einem wilden Weibe erlernt. Sein Sohn Wieland erfindet auch noch
das Federhemd, d. h. die Kunst zu fliegen. Orendel, Eigils Sohne,
legt das deutsche Lied keine Kunst bei; aber auf seiner wunderreichen
Fahrt durch das Wendelmeer, die Grimm veranlaßte, ihn für den deut=
schen Odyſſeus zu erklären, begegnet er jenem Schiffer Eise, den wir
§. 110 als einen Niederschlag der deutschen Isis kennen lernen, so daß
sein Bezug auf die Schiffahrt nicht zu bezweifeln ist. Aus diesem
großartigen Zusammenhang von Kunstfertigkeiten wird auch Tells Schützen=
kunst und Fergenkunst herrühren. Orendel selbst erscheint im deutschen

Gedichte nicht als Schütze, wir haben ihn als den Knaben zu denken, dem der Apfel vom Haupte geschoßen ward. Da indeß sein Name nach Uhland den mit dem Pfeil arbeitenden bedeutet, ja eine agſ. Gloſſe „earendel jubar" ihn selbst als Stral bezeichnet, was noch im Mittelh. wie im Italieniſchen Pfeil bedeutet, so kann von dem Sohne gegolten haben was von dem Vater erzählt wird. Auch erwuchsen gegen das funfzehnte Jahrhundert, wo Tells Schuß zuerst erzählt wird, aus Perſonennamen schon Familiennamen und Orendel heißt in der Vorrede des alten Heldenbuchs Erendelle, in Von der Hagens Grundriß S. 2 Ernthelle. Dieß ward aber wohl in Tell gekürzt, weil man die erſte Silbe für jenes vor Namen ſtehende „Ehren" ansah, das nach dem d. Wörterbuch III, 52 aus „Herr" erwachsen bald für ein Epitheton ornans angesehen wurde, z. B. Ehren Olivarius Textdreher in Schlegels Uebersetzung von Was Ihr wollt, oder Ehren Loth in Bürgers Frau Schnips:

> Hierauf sprang Ehren Loth herbei
> Mit Schnarchen uud mit Schnauben.

Daß bei dieſer Annahme der Name Tell nur aus dem Suffix beſtehe, indem von dem alten Stamme nichts als das zu T verſchobene D übrig sei, ist kein Einwand, denn nicht mehr ja im Grunde noch weniger iſt z. B. auch in „Amt" von dem Stamme des Wortes verblieben.

Wenn in der Chronik des weißen Buchs der Schütze Tall heißt, so iſt das nur die schweizerische Aussprache, die auch Barg für Berg sagt. Es bliebe noch nachzuweisen wie sich der Vorname Wilhelm gebildet habe. Es reicht schwerlich aus, daß dem Wili §. 10 in der andern Trilogie Hönir entspricht, den Skaldſf. 15 als Pfeilkönig bezeichnet. Aber Tell iſt nicht der erſte Wilhelm, von dem der Apfelſchuß berichtet wird, vorangieng William of Cloudesly, derſelbe von dem auch die 120 Schritte Entfernung herrühren, die das älteſte Telllied bei dem Schuße annimmt. Vgl. Huber Die Waldſtätte, Innsbruck 1851 S. 120. 123.

Will man noch nach der mythiſchen Bedeutung des Apfelſchußes fragen, so hat Dr. Hocker Stammſagen 74 eine ſolche anzugeben verſucht. ‚Eigil wird der Himmelsgott in ſeiner Eigenſchaft als Todtengott ſein, der ſeinem Sohn den Apfel der Verjüngung vom Haupte schießt, wie die weiße Frau von Orlamünde ihre Kinder tödtet. Saxo berichtet von Palnatoki und die norwegiſche Sage von Heming, der ſeinem Bruder Björn eine Haſelnuß vom Haupte ſchießt. Die Nuß iſt wie der Apfel Symbol des neuen Lebens; erſt aber muß das alte durch die Hand des Todesgottes gefallen ſein ehe ein neues entſtehen kann.' Ich zweifle indeß, ob überhaupt hier eine mythiſche Deutung am

Platze ist, die es doch im besten Falle (Pfannenschmid Germ. X, 1—41)
nicht weiter bringt als bis zum Schuß des Gottes auf den Tyrannen,
den Riesen, den Apfelschuß vom Haupte des Kindes aber unerklärt laßen
muß. Das vermag man eben nur auf culturgeschichtlichem Wege. Wie
man noch jetzt von dem Gesellen, der das Meisterrecht erlangen will,
ein sog. Meisterstück begehrt, so kommen in deutschen und außerdeut=
schen Märchen und Sagen Probestücke allerlei Zünfte vor, wobei
selbst die holde Diebeskunst KHM. 192 nicht leer ausgeht; KHM. 129
werden mehre derselben in Vergleich gestellt. Hier haben wir es nun mit
dem Meisterstück der Schützenkunst zu thun, wie ähnliche Saxo VI,
101 (vgl. Uhl. VII, 223) von dem Schützen An erzählt, der noch als
Anschütz fortlebt; aber wenn dieser mit dem ersten Pfeil nur des Geg=
ners Sehne entzweischnitt, den zweiten Pfeil zwischen dessen Fingern hin=
durchjagte, mit dem dritten ihm den Pfeil aus der Hand schoß, so be=
währte Tells Meisterschuß den Mann zugleich mit dem Schützen. Die
sichere Hand ist es, worauf es im Schießen ankommt; den aber müßen
alle Schützen für ihren Meister anerkennen, dem diese sichere Hand auch
dann nicht fehlt, wenn das Herz ungestüm schlägt, weil das Leben des
eigenen Kindes auf dem Spiele steht. Darum läßt unser Dichter selbst
Geßlern gestehen:

Es war ein Meisterschuß, ich muß ihn loben.

Der erste, von dem dieser Meisterschuß erzählt wird, ist Orendels
Vater Eigil; daß er aber auf diesen erst von seinem Sohne übertragen
ward, zeigt schon dessen Name, vgl. S. 243 oben. Von Oerwandil
wißen wir auch, daß er der Fruchtkeim ist, der hervor schießt, was
dann erst Veranlaßung gab, ihn zum Schützen zu machen. Was Eigil
betrifft, so ergeben die Trilogieen §. 125 seinen Bezug auf das Waßer
und Grimm leitet M. 930 den Namen des Zwerges Eugel im Sieg=
friedsliede von ey = ahd. ouwe, augia (Insel) ab. Diesem scheint
Eigil identisch: wir haben also keinen Grund einen Himmelsgott in
ihm zu suchen.

Man hat neuerdings Tells Schuß aus dem vierzehnten Jahrhundert
in das dreizehnte zu rücken versucht: Die Tellsage zu dem Jahre 1230
von Dr. H. v. Liebenau, Aarau 1864, wodurch er älter scheinen könnte
als Saxo und die Wiltinasage. Allein im Wesentlichen haben schon die
Alten jenen Meisterschuß gekannt, Grimm Myth. 358; Eustathius nennt
aber nur den Sarpedon als das Kind, dem ein Ring von der Brust,
ohne es zu verletzen, geschoßen wurde. Herrn v. Liebenaus Vermuthung
S. VII, und 3, daß Tells Vorname Wilhelm erst aus der Angabe der
Singweise "Wilhelmus von Nassouwe" über dem alten Tellenlied in die
Sage gekommen sei, ist nicht zutreffend, da jenes Lied von Wilhelm von

Naſſau nach Huber 106 erſt 1568 oder 1569 verfaßt wurde, Tell aber
ſchon bei Melchior Ruſs, der 1482 zu ſchreiben begann, Wilhelm ge=
nannt wird.　Da er übrigens S. 147 zugeſteht, ‚Tell und ſeine That
bleiben ſagenhaft‘, ſo wird man uns ſeine Schrift nicht entgegenhalten
dürfen.　Daß Tells That mit den frühern Verhältniſſen beßer vereinbar
iſt als mit den ſpätern, geſtehen wir ihm gerne zu.

83. Thôr als Hercules. a. Utgartloki.

Die Keule Thôrs erinnerte uns an Hercules, und bei der Betrach=
tung der Trilogieen §. 57 erkannten wir Thôr auch in dem Hercules,
welchen Tacitus nach ſeiner interpretatio romana unter den drei Haupt=
göttern der Germanen nannte.　Es fragt ſich, was den Römer beſtimmt
habe, Thôr als Hercules aufzufaßen; da er der Donnergott iſt, ſo würde
die Vergleichung mit Jupiter näher gelegen haben, wie er auch wirklich
in Deutſchland als Jupiter aufgefaßt ward, wofür außer dem ihm gehei=
ligten Wochentage (dies Jovis) die von Winfried zerſtörte robur Jovis
bei Geismar zeigt, die nach Gr. Myth. 155 bei einem Donnersberge
ſtand; ferner alle Berge, welche den Namen Mons Jovis führen, wie der
Donnersberg in der Pfalz; dann die Pflanze barba Jovis, zu deutſch
Donnerbart, endlich die Klötze, welche zur Erinnerung an den Sturz des
Heidengottes alljährlich auf dem Domhof zu Hildesheim errichtet und als
Kegel von ſpielenden Knaben niedergeworfen wurden, und von welchen
einer den Namen Jupiter führte, Myth 172 ff.; der Name des andern
entgeht uns.　Nach Myth. 743 wurde auch zu Halberſtadt alljährlich ein
hölzerner Kegel anſtatt des Abgotts aufgeſetzt und darnach geworfen.　Dieß
geſchieht wie dort zu Hildesheim um Lätare und wenn hier der Name
Jupiters nicht vorkommt und der an die Stelle des Abgotts=Tempels er=
baute St. Stephans Dom eher auf Frô weist, ſo iſt doch wieder darin,
daß der Probſt in öffentlicher Proceſſion einen Bären umführen ſoll,
Donar durch das ihm geheiligte Thier bezeichnet.　Obgleich hier nur von
einem, dort nur von zwei niedergeworfenen Kegeln die Rede iſt, ſo wird
doch aus der Volksſitte, den Sturz der heidniſchen Götter durch ein Kna=
benſpiel zu begehen, das Kegelſpiel entſprungen ſein, da die Neunzahl
der Götter nach §. 58 den neun Tagen der alten Woche entſprechend in
Deutſchland ſchwerlich überall zur Zwölfzahl ſtieg.　Noch ein anderes Kna=
benſpiel nahm hier ſeinen Urſprung, Häschen machen nennt es Rochh.
Mythen 275, vgl. den Aufſatz Heidenwerfen Zeitſchr. f. d. Myth. II,
131 und Liebrecht Philologus XX, 378, Lütolf 396.　Aber auch mit
Hercules hat Thôr außer der Keule Vieles gemein, zuerſt die Tac.
Germ. 34 erwähnten Herculesſäulen, neben welchen Thôrsſäulen vor=
kommen, und wohl noch häufiger vorkämen, wenn ſie das M. A. nicht

erst auf Hoyer von Mansfeld gedeutet, dann in Rolandssäulen verwan=
delt hätte, Myth. 107, Benecke Wigalois 452; ferner die vielen Kämpfe,
welche Thôr mit den Riesen bestand: sie mochten den Römer an die
Arbeiten des Hercules erinnern. Thôr bekämpfte auch die Midgard=
schlange wie Hercules die Lernäische; dieß wären schon der Vergleichungs=
puncte genug. Aber die vornehmste That des Hercules war, daß er in
den Hades hinabstieg und zum Wahrzeichen den Cerberus mitbrachte:
der Hauptbeweis wird also darin bestehen müßen, daß auch Thôr in
die Unterwelt hinabstieg, und das thut er in mehren Mythen, am Deut=
lichsten in dem von Utgardloki: in andern, die denselben Grund zu haben
scheinen, halte ich es für verdunkelt; doch werde ich in allen Spuren
von Thôrs siegreichem Herabsteigen in die Unterwelt nachweisen.

Die Einleitung zu der Erzählung von Utgardloki D. 44—48 bildet
der Mythus von den wiederbelebten Böcken §. 80. Bei dem Bauern,
Thiâlfis Vater, ließ Thôr seine Böcke zurück und setzte seine Reise ost=
wärts nach Jötunheim fort. Dort fährt er über die tiefe See, und kommt
in einen großen Wald. Thiâlfi, aller Männer fußrüstigster, trägt
Thôrs Tasche; aber Mundvorrath war nicht leicht zu erlangen. Ihr Nacht=
lager nehmen sie in einer Hütte, deren Thüre so breit ist wie sie selbst.
Um Mitternacht entstand ein Erdbeben, daß die Hütte unter ihnen schwankte.
Sie flüchten in einen Anbau neben der Hütte; doch hörten sie noch großes
Getöse. Als der Tag anbrach, fand Thôr einen Mann im Walde liegen,
der war nicht klein; er schlief und schnarchte gewaltig. Thôr begriff nun,
woher das Erdbeben und das Getöse gekommen war. Er fragte den
Mann um seinen Namen: da nannte er sich Strymir; dich sagte er,
brauche ich nicht zu fragen, ich weiß, daß du Asathôr bist. Aber wo hast
du meinen Handschuh? Damit streckte er den Arm aus, den Handschuh
aufzuheben, und Thôr sah nun, daß die Hütte, worin er die Nacht zuge=
bracht hatte, der Handschuh gewesen war; der Anbau aber der Däumling.
Thôr und Strymir werden nun Reisegefährten und legen ihren Speise=
vorrath zusammen. Strymir bindet Alles in einen Bündel und nimmt
ihn auf den Rücken. Am Abend nehmen sie Herberge unter einer Eiche.
Der Riese, der sich schlafen legen will, giebt Thôr den Reisebündel, sich
ein Nachtmal zu bereiten; dann streckt er sich hin und schnarcht gewaltig.
Thôr aber kann die Knoten des Speisebündels nicht öffnen: da will er
den Riesen wecken: aber das gelingt ihm ebensowenig, obwohl er mit dem
Hammer zuschlägt. Der Riese fragt nur, ob ihm ein Blatt von dem Baum
auf den Kopf gefallen sei, oder zum andernmal, eine Eichel u. dgl. Am
Morgen sagt der Riese, Abschied nehmend, sie hätten nun nicht weit mehr
zu der Burg Utgard: sie sollten sich da aber nicht zu übermüthig benehmen,
denn Utgardlokis Hofmänner würden von solchen Burschen stolze Worte

nicht dulden. Da gieng Thôr mit seinen Gefährten weiter und fand am
Mittag eine hohe Burg; ein verschloßenes Gitter am Thore. Da sie es
nicht öffnen können, so schmiegen sie sich zwischen den Stäben hindurch
und kommen so hinein. In der Halle fanden sie viele große Männer.
Der König, Utgardloki, nimmt ihren Gruß säumig auf, und wundert
sich über die Kleinheit Oekuthôrs. Doch schlägt er den Gästen vor, sich
mit seinen Leuten in Wettspielen zu meßen. Da versucht sich zuerst
Loki gegen Logi im Eßen; Loki aß alles Fleisch von den Knochen, aber
Logi verzehrte das Fleisch mitsamt den Knochen, und den Trog dazu. Thialfi
mißt sich darauf mit Hugi im Wettlauf, wird aber besiegt. Nun soll
sich auch Thôr versuchen, zuerst im Trinken, indem er ein Horn leere,
das Einige dort in Einem Zuge austränken, und selbst der schwächste Trin-
ker in dreien. Thôr bringt es aber kaum zuwege, daß ein Abgang im
Horne bemerkbar wird. Die zweite Kraftprobe, Utgardlokis Katze vom
Boden aufzuheben, gelingt ihm nicht beßer: nur Einen Fuß läßt die Katze
von der Erde; weiter bringt es Thôr nicht in diesem Spiel. Zuletzt soll
er noch seine Kraft im Ringen darthun und sich gegen Elli, Utgardlokis
Amme, versuchen. Aber das alte Weib stand fest, während Thôr bald
auf ein Knie fiel. So schienen die Wettspiele alle zum Nachtheile Thôrs
und seiner Gefährten ausgefallen. Als sie aber am Morgen Abschied nehmen, begleitet sie Utgardloki hinaus vor die Halle und gesteht dem Thor
zum Abschied, er habe ihm gestern nur ein Blendwerk vorgemacht. Zuerst
als Skrymir hab er den Speisebündel mit Eisenbändern zugeschnürt; darauf vor jeden seiner Hammerhiebe einen Felsstock gehalten, und drei vier-
eckige Thäler habe sein Hammer in die Felsen geschlagen. ‚So war es auch
mit den Spielen: Logi, der sich mit Loki versuchte, war das Wildfeuer;
Hugi, der mit Thialfi stritt, war mein Gedanke; das Horn konntest du
nicht leeren, denn sein anderes Ende lag im Meere; die Katze, die du von
der Erde heben solltest, war die Midgardschlange, und meine Amme Elli
das Alter, und Keiner ist so stark, den das Alter nicht zu Falle brächte.‘

Diese aus vielen kleinen Mythen zusammengestückte Erzählung trägt
besonders am Schluß das Gepräge jüngerer Entstehung, indem die Deutung
bereits in den Bericht mit aufgenommen ist. Ueberhaupt gleicht sie mehr
einem Märchen als einem Mythus. Doch betrifft dieß die Gestalt, in der
sie überliefert ist; die einzelnen Stücke können gleichwohl alt sein. Thôr
muß, um nach Utgard zu gelangen, erst über die tiefe See fahren. Es
kann dieß der Strom Ifing sein, der die Riesenwelt von Asgard, der
Götterwelt, scheidet; das Wendelmeer, das sonst als Midgardschlange personificiert wird, oder endlich Einer der unterweltlichen Ströme. Utgard
bedeutet allerdings (Uhland 71) die Riesenwelt im Gegensatz gegen Asgard
und Midgard, die von Göttern und Menschen bewohnten Gebiete. Wie

aber hier Utgardloki zuerst als Riese Skrymir, und dann erst in seiner
wahren Gestalt erscheint, so wißen wir auch, daß die tiefen dunkeln
Thäler, welche zur Unterwelt führen, nicht bloß von Zwergen, auch von
Riesen bewohnt sind, wie das unter andern aus Helreidh hervorgeht.
Daß er der Todesgott ist, beweist das Gitter um seine Burg und seine
Amme das Alter. Daß er mit Loki zusammenhängt, dessen Verwandt-
schaft mit Hel wir bereits kennen, zeigt schon sein Name, noch deutlicher
Saxos Bericht von Thorkills Reise zu Utgarthilocus (VIII, 164), wo dieser
gleich Loki nach seiner Bestrafung mit ungeheuern Ketten belastet in finsterer
Höhle liegt, eine von dem gefeßelten Asaloki herrührende Vorstellung, die
auch in deutschen Sagen waltet, Panzer II, 56, 426, vgl. 111 oben; bei
Caesarius bestehen die Ketten des Teufels aus Worten, die im Missale
stehen, vgl. Baader 301. Neben ihm erscheint freilich Loki auch als Asaloki, wie das ihm zu Grunde liegende Feuer sich noch einmal in Logi
wiederholt, und wäre Thialfi, wie Weinhold will, als Loki zu faßen, so
kehrte das personificierte Feuer noch zum viertenmal zurück.

Daß Thôr sich in Skrymirs Handschuh verkroch, wird ihm Harbardsl.
26 (wo Skrymir Fialar heißt) und Oegisdr. 60 vorgeworfen, wo 62 auch
auf die Knoten des Speisebündels, die Thôr nicht zu lösen wuste, angespielt wird. Den Handschuh, in den sonst Riesen die Menschen stecken wollen
(vgl. Grendel und Hans Muff), deutet Uhland auf eine Steinkluft mit ihrer
Nebenhöhle; der Riese selbst, dessen Schnarchen den Wald erschüttert, ist
das sturmschnaubende Felsgebirge; der mit Eisenbändern zugeschnürte Reise-
sack wird von Mone auf die Winterkälte bezogen, die den großen Speisesack,
die Erde, verschließt; beßer ist Uhlands örtliche Deutung: Thôr kann hier
wohl Felsen kerben, aber nimmermehr nährende Frucht dem Steingrunde
abgewinnen. Daß der Riese Thôrs Hammerschläge für abfallende Blätter und
Eicheln u. s. w. hält, gehört nur zur Schilderung der Riesennatur und klingt
in deutschen Märchen (KM. 90. III, 163) vielfach nach, wo überhaupt
Thôrs Begegnung mit dem Riesen viele Spuren zurückgelaßen hat. Erst in
Utgardlokis Halle ist das Ziel der Reise erreicht, welches Saxo ausdrücklich als die Unterwelt bezeichnet, denn Gormo wünscht das Schicksal der
Seelen nach dem Tode zu erkunden. Deshalb soll Thorkill den Utgarthilocus heimsuchen und seine Aussprüche vernehmen. Freilich werden diesem
hernach Fragen solcher Art nicht vorgelegt; wohl aber soll in den entsprechenden Märchen, z. B. KM. 29, der an die Stelle tretende Teufel oder
sonst ein Ungethüm wie der Vogelgreif auf Fragen Bescheid geben: er
bleibt auch die Antwort nicht schuldig; doch betreffen diese Fragen das
künftige Leben nicht mehr. An sich aber schon deuten diese ‚oracula ex-
petenda‘ auf die Unterwelt, aus welcher auch Odin in der Wegtamskw.
über Baldurs Schicksale Bescheid holt, wie auch im Malegis (Volksb. XII,

415 ff.) Oriande am Grabe des h. Patricius in deſſen Fegefeuer Aus=
kunft erhält, ob ihr Geliebter todt oder am Leben ſei und wo er ſich
aufhalte.   In denſelben Märchen erſcheint ein Schiffer, der ſich für die
Ueberfahrt Hand und Fuß bedingt: hier iſt der Todtenſchiffer nicht zu
verkennen. KM. 165 trägt der Vogelgreif über das Waßer.   So wer=
den wir wie bei Chriſtophorus und dem Rieſen Wate an die Zeit er=
innert, wo es weder Brücken noch Schiffe gab.   Wates finden wir indes
in der engliſchen Ueberlieferung als Erfinder des Bootes gedacht, was dann
die Wiltinaſ. auf ſeinen Sohn Wieland überträgt, wie die Schweizer=
ſage den Apfelſchuß auf Eigils Sohn Erentelle.   Dieſer gehört als Oer=
wandil §. 82 auch darum hieher, weil ihn Thôr im Korbe über die urwelt=
lichen Ströme getragen hat, wobei aber auffällt, daß Thôr im Harbardslied
ſelber der Ueberfahrt harrt.   Wir ſehen alſo bald Thor bald Odin (auch
bei Sinfiötli) als Todtenſchiffer aufgefaßt, was §. 84 bei dem Fluße
Wimur noch deutlicher werden wird.   Bei Zingerle KH. II, 270 begehrt
der Schiffer als Fährlohn geradezu das Leben des Uebergefahrenen: ‚Ich
zerreiße dich und damit iſt Alles bezahlt.‘ Utgard, das Todtenland, heißt
hier Neuholland.   Die rechte Hand, der linke Fuß wird auch von Wittich
bei einer Brücke (der Todtenbrücke) als Zoll verlangt, und von König
Laurin in deſſen Roſengarten für den Bruch des Seidenfadens; im großen
Roſengarten aber, wo der Schiffer Norprecht heißt, wieder für die Ueber=
fahrt.   So iſt auch in den Nibelungen der Elſenfährmann als Todten=
ſchiffer gemeint geweſen, obgleich es jetzt nicht mehr deutlich hervortritt.
Vgl. Wolf NS. 53 und Cap. 29 des indiculus pag. de ligneis pedibus
vel manibus pagano ritu.   Hölzerne Hände und Füße wurden den Todten
in den Sarg gelegt, damit ſie bei der Ueberfahrt den Zoll entrichten
könnten.   Der Zuſammenhang jener Märchen mit Saxos Erzählung kann
aber nicht verkannt werden, denn ‚des Teufels drei Haare‘, die das
Märchen verlangt, ſind bei Saxo durch Utgarthilocus übelriechendes,
hörnernen Sperſchäften gleiches Barthaar erſetzt, das Thorkill, der an
Thôrs Stelle getreten iſt, ihm aus der Schwarte bricht.   Kehren wir zu
der eddiſchen Erzählung zurück, ſo haben auch die Wettſpiele, die hier
Thôr mit ſeinen Gefährten beſtehen muß, in bekannten deutſchen Märchen
wie KM. 70 I, 134, die Wolf Beitr. I, 90 verglichen hat, ihre Gegen=
bilder.   Das erſte, bei dem es ſich darum handelt, wer am beſten eßen
kann, findet ſich bei Kuhn NSS. 361 wieder; die Deutung giebt die Er=
zählung ſelbſt: unter Wildfeuer ſcheint das unterirdiſche Feuer verſtanden,
dem wir den Vorzug größerer Gefräßigkeit nicht ſtreitig machen wollen;
ſonſt führt dieſen Namen das Nothfeuer, Myth. 570. Wer Thiálfi eigent=
lich iſt, kann das folgende Wettſpiel lehren: wäre er, wie Uhland will,
auch hier der menſchliche Fleiß beim Anbau der Erde, der bei aller Rüſtig-

keit doch nur sehr allmählich vorwärts schreitet, so hätte er sich nicht er=
bieten dürfen, mit jedem um die Wette zu laufen, den Utgardloki dazu
ausersähe; er konnte es ohne Vermeßenheit, wenn er, der bis dahin für
allra manna fôtvathastar galt, der Blitz war. Aber noch schneller ist
der Gedanke, und so wird er von Hugi besiegt. Dieser glückliche und
gewiß uralte Zug ist im deutschen Volk unvergeßen geblieben: wir fin=
den ihn auch im Puppenspiel von Faust S. 27. 117 und bei Leſſing
wieder. Wenn Thiâlfi der Blitz ist, so war er auch berechtigt, mit Loki
Thôrs Reisegefolge zur Unterwelt zu bilden und an den ihm ertheilten
Spielen Theil zu nehmen. Glücklich erfunden und ganz mythisch sind
auch die Wettspiele, die Thôr selber besteht; ihr hohes Alter ist nicht zu
bezweifeln. An den Wetttrunk ist die Erklärung der Ebbe geknüpft: der=
gleichen liebt der Mythus, der auch weiß, warum die See salzig ist
D. 63, wie das Erdbeben entsteht, und warum der Lachs hinten spitz ist
§. 41, woher die Wetzsteinfelsen kommen §. 81, wozu sich aus deutschen
Sagen zahlreiche Gleichungen beibringen laßen; selbst die Teufelsaugen des
Bocks bleiben nicht unerklärt, wobei der Zusammenhang mit dem My=
thus von den wiederbelebten Böcken offenbar ist. Daß Thôr durstig ist,
wißen wir auch aus Hamarsheimt, wo Sifs Gemahl drei Kufen Meth
leert; das Meer auszutrinken, eine uralte Aufgabe, vermag er freilich
nicht. Thôrs Kampf mit der Midgardschlange, der noch zweimal wieder=
kehrt, übergehe ich, und bemerke nur mit Weinholds Worten (l. c.), daß
sie Utgardlokis Ingesinde zu bilden vollkommen berechtigt ist; nur ihre
Einführung als Katze ist neu, aber nicht zu tadeln. Das Meer als Katze
gedacht finden wir auch bei Rochholz, Mythen 171, wo überdieß ein
Volksräthsel die anstürmende See als Katze auffaßt. Endlich ist der Kampf
mit dem Alter, dem auch Asgards Götter unterliegen, ein treffliches My=
thenbild; daß Elli die Amme des Todesgottes ist, müßen wir bewundern.
Wer möchte sich diesen Gedanken, der neben Thiâlfis Wettlauf mit Hugi
zu dem Schönsten gehört, was die Edda bietet, damit verderben, daß Ut=
gardloki nichts als ein König der Riesenwelt sein soll?

Indem Thôr diese Spiele siegreich besteht, was ihm Utgardloki ein=
räumen muß, hat er die Unterwelt besiegt und die Aufgabe gelöst, die einst
auch dem Hercules gestellt war. Freilich ist dieser Sieg nur ein bedingter;
aber im Heidenthume war kein anderer möglich; die Pforten der Hölle
zu überwältigen vermochte nur jener Mächtigere, den das Heidenthum
erst als einen künftigen, der kommen solle, ahnte. Aber die höchste Auf=
gabe, die es den Helden, ja den Göttern stellte, ist der Sieg über die
Unterwelt, und wie diese hier gelöst ward, haben wir gesehen. Die Schrecken
des Todes zu überwinden legte sich auch Karl V. in den Sarg, wie es
schon vor ihm Wolfdietrich gethan hatte, der sich dabei mit den Geistern

der von ihm Erschlagenen herumschlagen muste. In den Sarg legte sich
auch, um die Königstochter durch eine That höchster Kühnheit zu erlösen,
der verabschiedete Soldat in dem Märchen, das ich in meinen Deutschen
Märchen Nr. 2 mitgetheilt habe; der Wies-Tagl bei Zingerle Sagen S. 318
thut es, weil es ihm der Beichtvater zur Buße seiner Sünden aufgegeben
hatte und so ist es auch bei Karl V und Wolfdietrich zu verstehen. Uebrigens soll auch in den nächsten §§ dieselbe Aufgabe, freilich in anderer
Weise, gelöst werden. Doch müßen wir zugestehen, daß wenn schon in
diesem die Deutung auf die Winterriesen möglich blieb, wie denn Utgardloki auch von Uhland nur als ein König des winterlichen Riesenreiches gefaßt wird, sich hier diese Deutung noch näher legt. Aber der Winter ist
der Tod der Natur, und wir haben überall gesehen, daß Sonnenjahr und
Weltenjahr, Tod und Winter nicht auseinander gehalten werden.

84. b. Fahrt nach Geirröðhsgard.

Loki flog einmal zur Kurzweil mit Friggs Falkenhemde aus, und die
Neugier trug ihn nach Geirröðhsgard, wo er eine große Halle sah. Da
ließ er sich nieder und sah ins Fenster. Geirröðh läßt ihn greifen, und
als er ihm in die Augen sieht, merkt er wohl, daß es ein Mann sein
müße; weil er es aber nicht gestehen will, schließt er ihn in eine Kiste
und läßt ihn drei Monate hungern. Nach dieser Zeit gestand Loki wer
er sei, und löste sein Leben damit, daß er versprach, Thór nach Geirröðhsgard zu bringen ohne Hammer und Stärkegürtel. Das geschah; unterwegs lieh aber Thór von einem Riesenweibe, Namens Gríðhr, der Mutter
Widars des schweigenden, deren Stärkegürtel, Eisenhandschuhe und Stab.
Bei dem Fluße Wimur, aller Flüße gröstem, umspannte er sich mit dem
Stärkegürtel und stemmte Gríðhs Stab gegen die Strömung; Loki aber
hielt sich unten am Gurte. Der Strom wuchs so stark, daß er dem Thór
bis an die Schultern stieg. Da sprach Thór:

> Wachse nicht, Wimur, nun ich waten muß
> Hin zu des Joten Hause.
> Wiße, wenn du wächsest, wächst mir die Asenkraft
> Ebenhoch dem Himmel.

Da bemerkt Thór, daß Gialp, Geirröðhs Tochter, quer über dem Strome
stand und deßen Wachsen verursachte. Da warf er mit einem Steine
nach ihr und sprach: Bei der Quelle muß man den Strom stauen. Als
er dem Ufer nahe war, ergriff er einen Vogelbeerstrauch und stieg aus
dem Fluße; daher das Sprichwort: der Vogelbeerstrauch sei Thórs Rettung. Als sie zu Geirröðh in die Halle kamen, war da nur Ein Stuhl,
auf den setzte sich Thór. Aber der Stuhl hob sich unter ihm gegen die
Decke. Er aber stieß mit Gríðhs Stab gegen das Sparrwerk und drückte

den Stuhl auf den Boden herab. Da entstand groß Krachen und Schreien,
Geirröds Töchtern Gialp und Greip war das Genick gebrochen. Darauf
wird Thôr von Geirröd zu den Spielen gerufen. Geirröd faßt einen
glühenden Eisenkeil und wirft ihn nach Thôr. Aber Thôr fängt ihn mit
den Eisenhandschuhen in der Luft auf. Darauf wirft er den Keil zurück;
Geirröd sprang hinter eine Säule; aber der Keil fuhr durch die Säule,
durch Geirröd, durch die Wand und draußen noch in die Erde. D. 61.

Auch diese Erzählung beruft sich auf ein Skaldenlied, die Thôrs-
drapa, welche Eilif, Gudruns Sohn, am Schluße des 10. Jahrhunderts
dichtete. Sie folgt ihm aber nicht genau, da Thialfis Gegenwart verschwiegen ist. Wiederum steht auch ihr eine Erzählung Saxos zur Seite,
welche er der andern von Utgarthilocus unmittelbar vorausschickt. Während aber dort Thorkill, in welchem Thor nachklingt, die Fahrt nur auf
König Gormos Befehl unternimmt, ist er hier Gormos Führer; als Ziel
der Reise wird der Sitz des Geruthus (Geirrödsgard) angegeben, wo
ungeheure Schätze gehäuft seien; doch sei der Weg gefahrvoll und Sterblichen fast unmöglich, denn man müße über das erdumgürtende Meer
(Wendelmeer), der Sonne und den Sternen entsagen und in Gegenden
bringen, die ewige Finsterniß umhülle. Auch Gormos Beweggrund ist
lehrreich: er wünschte die Wunder der Welt und die Geheimnisse der Natur zu erforschen, so daß hier einer jener Odysseen angekündigt wird, an
denen die deutsche Sage so reich ist, und deren letztes Ziel die Unterwelt
zu sein pflegt. Ich übergehe die Gefahren, die sie unterwegs bestehen,
und erwähne nur, daß die Gefährten erst zu Geruths Bruder Gudmund
gelangen, der in Gläsiswalr haust, und die Fremdlinge unter dem Scheine
gastlichen Empfangs durch schöne Weiber und köstliche Speisen und Ge-
tränke zu verlocken sucht; aber Thorkill mahnt, nicht bei Allen mit Erfolg,
Alles unberührt zu laßen, weil sie sonst Vernunft und Gedächtniß verlieren und schmutziger Gemeinschaft der Ungeheuer anheimfallen würden.
An das Schicksal der Gefährten des Odysseus brauche ich nicht erst zu
erinnern, noch an Persephone, die durch den Genuß einiger Granatkörner
dem Hades anheimfiel; auch die deutschen Sagen wißen, daß sich die
Menschen, welche Feste der Unterirdischen belauschen, von Trank und
Speise zu enthalten haben. Auch gemahnt die goldene Brücke, die über
den Fluß zu Geruths Sitze führt, an die Giallarbrücke D. 49; der wüthenden Hunde zu geschweigen, die wie in Skirnisför den Eingang bewachen. Den leicht zu häufenden Beweisen, daß bei Saxo das Ziel der
Reise die Unterwelt war, ließe sich entgegensetzen, sie sei in diese spätere
Umbildung nur hineingetragen; sie kann aber auch in der eddischen Darstellung, wo der Strom Wimur ,aller Flüße größter' doch ein Todtenfluß
scheint, nur verdunkelt sein. Ich halte ihn sogar für das erdumgürtende

Meer, jenseits dessen die Unterwelt liegt. Indem Thor ihn watet, erin=
nert er wieder an das watende Wesen, an dessen Stelle nach S. 249 seit
Erfindung des Bootes der Todtenschiffer trat. Geirwimul, in welchem
Gere (Spere) schwimmen, wird ausdrücklich unter den Todtenflüßen auf=
gezählt. Man wird nicht übersehen, daß Loki sich an Thors Gurte fest=
hielt, so daß ihn dieser hinübertrug wie den Oerwandil über die urwelt=
lichen Ströme, wie Wate den Wieland, wie Orion den Kedalion, Christo=
phorus den Heiland. Vgl. §. 73 a. Warum freilich Thor den Loki hin=
überträgt, sehen wir nicht deutlich, nicht einmal was er jenseits zu thun
habe. Er hatte verheißen, den Thor nach Geirröbhsgard zu schaffen, der
nun ihn hinüberschafft. Er ist freilich auch sonst nebst Thialfi Thors Ge=
fährte; wie aber dieser, der den Bliß bedeutet, hier fehlt, scheint es auch
Lokis, als des Feuers, nicht zu bedürfen, wenn er nicht etwa als das
Feuer des Blißstrals, das über das unterweltliche Feuer siegen sollte, in
Betracht kam. Im Utgardloki hatte doch das unterweltliche Feuer gegen
das Blißfeuer den Sieg davongetragen. Oder wäre Geirröbh, wie Uhland
will, nur als Gewitterriese gedacht? Andererseits scheint Thor in dem
Stab der Gridh die Macht über die Unterwelt empfangen zu haben. So
viel auch hier unklar bleibt, der Zusammenhang beider Erzählungen ist
um so weniger zu läugnen, da von dem greisen Geruthus, ‚der mit durch=
bohrtem Leib vor einem gespaltenen Felsen sitzt, während drei höckerige
Weiber mit zerbrochenem Rücken da liegen‘, bei Saxo ausdrücklich gesagt
wird: ‚einst habe Thor dem übermüthigen Riesen den glühenden Stahl
(torridam chalybem), der dann noch die Felswand spaltete, durch die
Brust getrieben.‘ Die späte Sage von Thorstein Bäarmagn (Ztschr. f.
M. I, 410), der als ein weiterer Nachhall gleichfalls zu Geirröbh und Gud=
mund von Gläsiswal kommt, mischt Heidnisches und Christliches. Gleich
Anfangs gelangt Thôrstein in die Unterwelt, wie Thôr zu Gridh; Glä=
siswal und Geirröbhsgard scheinen hier eher im Riesenland zu liegen:
obgleich auch wieder Gnipalund (vgl. §. 45, 5) und Grund, das Land
Agde Jarls, der schwarz ist wie Hel, auf die Unterwelt weisen und aber=
malige Wettspiele an die in Utgardlokis Halle erinnern. Ueber Grund
vgl. Myth. 766. Daß aber auch hier Thôrstein Thôr ist, sieht man am
Deutlichsten daran, daß Stahl und Stein, womit er Gewitter erregen
kann, wenn er sie aneinander schlägt, in seine Hand zurückkehren sobald
er will.

　· Ich laße jetzt noch Uhlands Deutung folgen: Geirröbh ist ein Dä=
mon der glühenden Hiße, die sich in Wolkenbrüchen entlädt. Die Töchter
des Gewitterriesen, Gialp und Greip, die lärmende Brandung und rei=
ßende Strömung, zielen auf das Ueberschwellen der Bergströme, die den
Anbau zu verschlingen drohen. Obgleich Thôr Donnergott ist, so stammt

doch das schädliche, verheerende Gewitter nicht von ihm; er tritt ihm
vielmehr entgegen und dämpft es wie jeden andern Ausbruch wilder
Elemente. Seinen Hammer hat er jetzt nicht bei sich, weil das Gewitter
dießmal nicht von ihm ausgeht, sondern von dem Glutriesen, der nun,
wo nach dem Eintritt der Sommerwende der Sommer jötunisch geworden
ist, im Gewölk watet; warum ihm auch Eisenhandschuhe und Stärkegürtel
fehlen, wird nicht gesagt. Auch Gridh ist eigentlich eine Wettermacherin;
hier aber, wo das Wetter schon von anderer Seite erregt ist, äußert ihr
Zauberstab nur seine niederschlagende Kraft: sie erscheint als Mutter des
schweigsamen Gottes, weil ihr Stab das Gewitter zum Schweigen
bringt. Als Grund, warum der Vogelbeerstrauch Thôrs Rettung heißt,
wird vermuthet, daß die Heftigkeit der Gewitter um die Zeit nachläßt,
wo seine Beeren reifen. (Befriedigendere Auskunft giebt Kuhn Herabkunft
196. 205). Der Stuhl, der Geirröds Töchtern das Genick zerbricht, ist
die Brücke. Brücken, besonders an schwierigen Stellen erbaut, wurden
als das Werk des Gottes angesehen, der überall den menschlichen Verkehr
fördert und gegen zerstörende Naturgewalten schirmt. Der Feuerkeil, der
dem Geirröd zurückgeschleudert wird, zeigt, wie im gleichen Element der
Jötun verderblich, der Gott hülfreich waltet. Für die eddische Gestalt des
Mythus ist diese Deutung glücklich; aber in Bezug auf Gridh und ihren
Stab befriedigt sie nicht. Offenbar empfieng Thôr in ihm Ersatz für den
Hammer, an dessen Stelle er dann doch nicht eintritt. Somit scheint er
schon von dem Skalden, aus dessen Darstellung die Erzählung geschöpft ist,
in seiner Bedeutung verkannt, da er ihn nicht geschleudert werden ließ.
Damit er nicht ganz überflüßig werde, dient er etwa noch zum Durch-
waten des Stroms Wimur, der auch darum ein Höllenstrom sein muß,
weil wir Gridh §. 96 als Unterweltsgöttin erkennen werden. Vgl. §. 65.
Da wir in Grimnismal Odin von Geirröd zwischen zwei Feuer
gesetzt finden (§. 108) und der Stab der Gridh Odins Spere Gungnir
gleicht (§. 65), so ist hier wahrscheinlich ein Mythus, der von Odin als
Gewittergott handelt, auf Thôr übertragen. Des Stabes bedient sich
Odin auch, um in der Unterwelt die Wala zu erwecken, die er über
Baldurs beunruhigende Träume befragt. Insofern hier Gridh dem
Thor freundlich ist, gleicht sie jener Allgoldenen, Weißbrauigen in dem
folgenden Mythus von Hymir, die gleichfalls eine Gemahlin Odins war,
denn er hat den Tyr mit ihr gezeugt, wie den Widar mit Gridh.

85. Hymir.

Die jüngere Edda, die Thôrs Reise zu Utgardloki so auffaßt, als
müße er sich ihrer schämen, weshalb er sich vorgesetzt habe, Rache dafür
zu nehmen und namentlich mit der Midgardschlange zusammenzutreffen,

berichtet D. 48: Er weilte nicht lange daheim, sondern griff so haftig zu
dieser Fahrt, daß er weder Wagen noch Böcke noch Reisegesellschaft mit=
nahm. Er gieng aus über Midgard als ein junger Gesell, und kam eines
Abends zu einem Riesen, der Ymir hieß. Da blieb Thôr und nahm
Herberge. Aber als es tagte, stand Ymir auf und machte sich fertig
auf die See zu rudern zum Fischfang. Thôr stand auch auf und war
gleich bereit und bat, daß Ymir ihn mit sich auf die See rudern ließe.
Ymir sagte, er könne nur wenig Hülfe von ihm haben, da er so klein
und jung sei, ,und es wird dich frieren, wenn ich so weit hinausfahre
und so lange außen bleibe, wie ich gewohnt bin.' Aber Thôr sagte,
er dürfe um beswillen nur immer recht weit hinausfahren, da es noch
ungewiß sei, wer von ihnen beiden zuerst auf die Rückfahrt bringen
werde; und zürnte dem Riesen so, daß wenig fehlte, er hätte ihn seinen
Hammer fühlen laßen. Doch unterließ er es, weil er seine Kraft an=
derwärts zu versuchen gedachte. Er fragte Ymirn, was sie zum Köder
nehmen wollten, und Ymir sagte, er solle sich selber einen Köder ver=
schaffen. Da gieng Thôr dahin, wo er eine Heerde Ochsen sah, die
Ymirn gehörte, und nahm den größten Ochsen, der Himinbriotr (Him=
melsbrecher) hieß, riß ihm das Haupt ab und nahm das mit an die
See. Ymir hatte das Boot unterdes ins Waßer geflößt. Thôr gieng
an Bord, nahm zwei Ruder und ruderte so, daß Ymir gedachte, von
seinem Rudern habe er gute Fahrt. Ymir ruderte vorn, so daß sie
schnell fuhren. Da sagte Ymir, sie wären nun an die Stelle gekom=
men, wo er gewohnt sei zu halten und Fische zu fangen. Aber Thôr
sagte, er wolle noch viel weiter rudern: sie fuhren also noch luftig
weiter. Da sagte Ymir, sie wären nun so weit hinausgekommen, daß
es gefährlich wäre, in größerer Ferne zu halten, wegen der Midgard=
schlange. Aber Thôr sagte, er werde noch eine Weile rudern, und so
that er, womit Ymir übel zufrieden war. Endlich zog Thôr die Ruder
ein, rüstete eine sehr starke Angelschnur zu, und der Hamen daran war
nicht kleiner und schwächer. Thôr steckte den Ochsenkopf an die Angel,
warf sie von Bord und die Angel fuhr zu Grunde. Da mag man
nun fürwahr sagen, daß Thôr die Midgardschlange nicht minder zum
Besten hatte als Utgardloki seiner spottete, da er die Schlange mit seiner
Hand heben sollte. Die Midgardschlange schnappte nach dem Ochsenkopf
und die Angel haftete dem Wurm im Gaumen. Als die Schlange das
merkte, zuckte sie so stark, daß Thôr mit beiden Fäusten auf den Schiffs=
rand geworfen ward. Da ward Thôr zornig, fuhr in seine Asenstärke
und sperrte sich so mächtig, daß er mit beiden Füßen das Schiff durch=
stieß und sich gegen den Grund des Meeres stemmte: also zog er die
Schlange herauf an Bord. Und das mag man sagen, daß Niemand

einen schrecklichen Anblick gesehen hat, der nicht sah, wie jetzt Thôr die
Augen wider die Schlange schärfte und die Schlange von unten ihm
entgegenstierte und Gift blies.   Da wird gesagt, daß der Riese Ymir
die Farbe wechselte und vor Schrecken erbleichte, als er die Schlange
sah und wie die See im Boot aus= und einströmte.   Aber in dem Augenblick, da Thôr den Hammer ergriff und in der Luft erschwang, stürzte
der Riese hinzu mit seinem Meßer und zerschnitt Thôrs Angelschnur,
und die Schlange versank in die See, und Thôr warf den Hammer
nach ihr, und die Leute sagen, er habe ihr im Meeresgrunde das Haupt
abgeschlagen; doch mich dünkt, die Wahrheit ist, daß die Midgardschlange
noch lebt und in der See liegt.   Aber Thôr schwang die Faust und
traf den Riesen so ans Ohr, daß er über Bord stürzte und seine Fuß-
sohlen sehen ließ.   Da watete Thôr ans Land.

Anders leitet die Hymiskwibha diesen Mythus ein: sie bringt ihn
in Zusammenhang mit dem Gastmal, das die Asen bei Oegir, dem
Meergott halten wollten, der aber von Thôr bedrängt, an den Göttern
auf Rache sann und die Bedingung stellte, daß ihm Sifs Gatte den
Keßel herbeischaffe, das Bier zu brauen.   Es ist dabei, wie noch oft in
den Märchen, auf die Demüthigung des Ausgesandten abgesehen; gegen
Erwarten aber schlägt sie zu seiner Verherrlichung aus.   Da die Götter
solchen Keßel nicht zu erlangen wißen, sagt Tyr dem Thôr, sein Vater,
der hundweise Hymir, der im Osten des Eliwagar an des Himmels
Ende wohne, habe einen meilentiefen Keßel, den sie mit List erlangen
möchten.   Diese beiden nun fuhren (erst am Schluß, wie wir aus §. 80
wißen, tritt Loki als dritter Gefährte hervor) bis sie zu des furchtbaren
Riesen Behausung kamen (til Egils kwâmu).   Da stellte Thôr die
Böcke ein und trat mit Tyr in die Halle, wo dieser die Ahne, die
Großmutter findet, die ihm leibige:

Sie hatte der Häupter neunmal hundert.

Doch eine andere Frau, allgolden, weißbrauig, empfängt sie gast-
lich, räth aber den Fremden, sich unter den Keßeln zu bergen, da ihr
Gatte den Gästen oft gram sei und grimmes Muthes.   Als dieser spät vom
Waidwerk heim kommt, schallen Eisberge, als er eintritt; der Wald an
seinem Kinn ist gefroren.   Die jüngere Frau verschweigt ihm nicht, daß
Wêor mit ihrem Sohne gekommen sei, der Freund der Menschen, der
Riesen Widersacher: beide bärgen sich dort hinter der Säule.   Diese Säule
zerspringt aber vor des Riesen Sehe, der Balken zerbricht und acht Keßel
fallen herab und zerbrechen; nur ein hart gehämmerter bleibt ganz.   Da
gehen die Gäste hervor, und wenig Gutes ahnt dem Riesen, als er den
Feind ins Auge faßt.   Doch macht er Anstalt zu seiner Bewirthung und
läßt drei Stiere schlachten, von denen Thor allein zwei verzehrt.   Da

erklärt Hymir, für den nächsten Abend müßten sie morgen erst auf dem Fischfang die Malzeit herbeischaffen. Thôr ist dazu bereit, fragt aber nach dem Köder, und als Hymir sagt, den solle er in der Heerde suchen, reißt er einem allschwarzen Stier das Haupt ab. Bei der Seefahrt selbst, an welcher Tyr nicht Theil zu nehmen scheint, kann der Riese dem Thôr nicht weit genug hinaus rudern. Zwei Wallfische zieht Hymir an der Angel zugleich empor, während Thôr am Steuer den Stierkopf als Köder gebraucht für die verhaßte weltumgürtende Schlange. Als diese anbeißt, zieht Thôr sie zum Schiffsrand empor und trifft ihr das häßliche Haupt mit dem Hammer; doch senkt sich der Fisch wieder in die See. Auf dem Heimweg aber war es dem Riesen nicht geheuer: er verstummte nach solcher Krafterweisung Thôrs. Am Strande läßt er ihm die Wahl, ob er die Wallfische hereintragen oder das Boot ans Ufer bringen wolle. Thôr thut mehr als beides zugleich: er hebt das Schiff ohne das Waßer erst auszuschöpfen mit allem Schiffsgeräth auf und trägt es samt den Wallfischen zu Hymirs Felsenkluft. Gleichwohl will der Riese seine Kraft nicht anerkennen, wenn er nicht den Kelch dort noch zu brechen vermöge.

> Als der dem Hlorridi zu Händen kam,
> Zerstückt er den starrenden Stein damit.
> Sitzend schleudert' er durch Säulen den Kelch;
> In Hymirs Hand doch kehrt' er heil.
>
> Aber die freundliche Frille lehrt' ihn
> Wohl wichtigen Rath, den allein sie wuste:
> ,Wirf ihn an Hymirs Haupt: härter ist das
> Dem kostmüden Joten als ein Kelch mag sein.'
>
> Der Böcke Gebieter bog die Kniee
> Mit aller Asenkraft angethan:
> Heil dem Hünen blieb der Helmsitz;
> Doch brach alsbald der Becher entzwei.
>
> ,Die liebste Lust verloren weiß ich,
> Da mir der Kelch vor den Knieen liegt.
> Oft sagt ich ein Wort: nicht wieder sag ichs
> Von heute an: zu heiß ist der Trank!'
>
> ,Noch mögt ihr versuchen, ob ihr die Macht habt,
> Aus der Halle hinaus zu heben die Kufe.'
> Zweimal ihn zu rücken mühte sich Tyr:
> Des Keßels Wucht stand unbewegt.
>
> Doch Modis Vater erfaßt' ihn am Rand,
> Stieg vom Estrich in den untern Saal.
> Aufs Haupt den Hafen hob Sifs Gemahl:
> An den Knöcheln klirrten ihm die Keßelringe.
>
> Sie fuhren lange, eh lüstern ward
> Odins Sohn, sich umzuschauen:

Da sah er aus Höhlen　mit Hymir von Osten
Volk ihm folgen　vielgehauptet.

Da harrt' er und hob　den Hafen von den Schultern,
Schwang den mordlichen　Miölnir entgegen
Und fällte sie alle,　die Felsungethüme,
Die ihn anliefen　in Hymirs Geleit.

Das Gedicht schließt, nach der §. 80 schon besprochenen Anknüpfung des Mythus von dem erlahmten Bocke, mit Thörs Heimkehr in Oegirs Halle, wo die Götter nun jede Leinernte aus dem Keßel trinken.

Dieß Gedicht, das sich schon durch Versbehandlung und Sprache als eins der spätern zu erkennen giebt, lag dem Verfaßer der jüngern Edda nicht vor; es könnte also nach ihr entstanden sein. Für den Kampf mit der Midgardschlange, die beiden Darstellungen gemein ist, bleibt dieß gleichgültig; nicht so für die Züge, welche die Hymiskwidha allein kennt, wohin außer Tyrs Antheile an der Fahrt und seiner Verwandtschaft mit Hymir, der nur sein Stiefvater sein könnte, denn Odin ist sein Vater, namentlich die Herbeischaffung des Keßels gehört, die sogar als Haupt= sache behandelt wird. Für Alles dieß gebricht es sonst im Norden an Zeugnissen, da auch die Bruchstücke von Skaldenliedern (cf. Leg. Myth. 460) mit der Darstellung in D. 48 stimmen. Was zuerst Tyr betrifft, so er= scheint er hier nach Uhlands Deutung als Personifikation des kühnen Entschlußes; seine Verwandtschaft in Jötunheim aber hat ihm den Sinn, daß der Kühne im Lande der Schrecken und Fährlichkeiten heimisch sei. Wir werden indes unten sehen, daß Tyrs Auffaßung als der kühne Gott eine sehr junge ist. Ob nun gleich seine Verwandtschaft mit den dunkeln Riesen oder gar mit der Unterwelt sonst nicht bezeugt ist, so steht doch seine ursprünglich lichte Natur derselben nicht im Wege, denn da sie durch die allgoldene, weißbrauige Frau vermittelt ist, so kann hier der Dichter aus echter Ueberlieferung geschöpft haben. Auch die Herbeischaffung des Keßels hat uralten Grund; aber sie sowohl als die beiden ungleichen Frauen weisen uns wieder auf die Unterwelt, die in der nordischen Fär= bung des Abenteuers, die den Hymir zu einem Frostriesen gemacht hat, kaum wieder erkannt wird. Und doch sollten wir sie nicht verkennen: auch Gerda war bei Reifriesen (Bergriesen nach D. 37); gleichwohl ent= gieng uns nicht, daß sie in der Unterwelt weilte; von Idun hieß es §. 31 ausdrücklich, sie sei bei Hel. Und auch in Deutschland erscheint der Winter (das ist hier Hymir) als (menschenfreßender) Riese. Cols= horn No. 38. Sonst wird Hymir in deutschen Märchen, an die Jeder durch die Worte: „Ich rieche, rieche Menschenfleisch!" erinnert wird, durch den Teufel vertreten; in den entsprechenden romanischen heißt er der Oger, ital. orco, neapolit. huorco, also aus dem personificierten Orcus entstanden, Myth. 434. Alpenb. Myth. Tyr. S. 51—75. Auch die beiden Frauen in Hymirs Halle finden sich in diesen Märchen wieder; die ältere neunhunderthäuptige erscheint als des Teufels Großmutter; die jüngere allgoldne, weißbrauige gleicht der Frau des Menschenfreßers, der orca oder ogresse, die wie jene schützend und rettend einzugreifen pflegt. Müllenh. 445 weiß sogar noch von Thors Bock. Den Keßel kann ich freilich in seinem Bezug auf die Unterwelt nur in dem noch fortlebenden Eigennamen Hellekeßel nachweisen: es ist der Abgrund der Hölle (abyssus Myth. 766), das ungesättliche hol Myth. 291, das auch als ein Faß gedacht wird (Saturni dolium, Myth. 115. 227), aus dem in altdeutschen Schauspielen der Teufel predigt. In Bezug auf Thór, der diesen Keßel heraufholt, enthält der häufige nordische Name Thorketil, in Thorkill verkürzt (Myth. 170) eine Erinnerung; er lebt aber auch in deutschen Märchen fort, von benen Wolf Beiträge I, 95 einige verglichen hat: in dem von Dreizehn DMS. 105 ist er so groß, daß hundert Mann daran arbeiten können ohne daß Einer den Andern hämmern hört, ja daß eine ganze Stadt darin Platz findet. Schon Grimm bemerkt Myth. 170, wenn Thór den großen Keßel auf seinem Haupte forttrage, so erinnere das an den starken Hans (ans?) im Kindermärchen, der sich die Glocke auf das Haupt stürzt. Vgl. Myth. I, 49. Panzer II, 61. 439.

Wir sehen also auch hier Thór in die Unterwelt hinabsteigen, und gewinnen neue Bestätigung der Ansicht, daß Tacitus Grund hatte, ihn dem Hercules gleichzustellen. Wir können aber nun weiter gehen und die drei eddischen Mythen von Thórs Fahrt nach der Unterwelt als Bruchstücke eines einzigen faßen, der sich in den Märchen oft wieder in anderer Weise zersplittert, zuweilen aber auch ziemlich vollständig wiederfindet; am vollständigsten in dem Bergischen von dem starken Hermel bei Montanus I, 355, wo wie in dem Heffischen von Kürbchen Bingeling KM. III, 164 die als Schlafmütze dienende große Glocke neben dem Mühlstein vorkommt, der ihm zum Halskragen wird. Die Glocke ist an die Stelle des Keßels getreten; der unschädlich herabgeworfene Mühlstein hängt, wie schon KM. III, 163 erinnert ist, mit Thórs Abenteuer bei Skrymir zusammen, und so vereinigen sich hier schon die in der Edda zerstreuten Züge wieder. Auch der Gang nach der Hölle fehlt zuletzt bei dem starken Hermel nicht, ja diese war eigentlich schon vorher bei der Teufelsmühle vorhanden. Zunächst schließt sich nun das serbische Märchen von dem Bärensohn an (KM. III, 424, Büsching W. N. IV, I, 54, Volksm. b. Serb. 1854 No. 1), das aber durch das Bestreben, die Züge von riesenhafter Größe zu steigern und zu überbieten, gelitten hat. Der Held wird darüber vollständig zum Zwerge, wie schon Thór, da er sich in dem Däumling des Riesenhandschuhs verkriecht, wie er sich auch bei Hymir unter Keßeln birgt. Man begreift nun, wie die deutschen und französischen Märchen von Kleinbäumchen, Daumesdick und Däumer=lings Wanderschaft, KM. 37. 45, verwandt sind. Darum geräth auch Kleinbäumchen KM. III, 379 zu dem Menschenfreßer; es ist Thôr bei Hymir. Reiner, aber unvollständiger ist KM. 90 (vgl. Zingerle KM. 220); doch ließe es sich aus den in den Anmerkungen erhaltenen Varianten ergänzen. Vgl. Germania I, 291. Den Preis behält immer der starke Hermel. Dieser hat es noch ganz mit den Riesen zu thun, die aber hier zu Heiden (Zwergen) geworden sind; von ihnen wird er auch in die Hölle geschickt, wie Thôr von Oegir dem Felswohner Hym. 2 zu Hymir. In Malegis (Volksbücher XII) ist Klein Spiel mit seinem metallenen Kolben, der in seine Hand zurückkehrt (S. 302) um so un=verkennbarer Donar, als er es am Liebsten mit den Riesen zu schaffen hat. Sein Name scheint die Geschwindigkeit des Blißstrals auszudrücken.

In der Hymiskviđa glaube ich den Ursprung der Sage von Herzog Ernst und seinem Freund Wetzel zu erkennen. Wetzel, ein Schwert=name, deute ich auf Tyr als Schwertgott; er begleitet den Herzog wie Tyr den Thôr auf seiner Reise, deren Ziel auch hier die Unterwelt, der hohle Berg ist. Aus dem hohlen Berge bringt Herzog Ernst den Waisen mit, der ihm den Kaiser versöhnt, der ihn ausgesandt hat: so bringt Thôr den Keßel aus der Unterwelt den in Oegirs Halle versammelten Göttern heim. Nähere Ausführung muß ich mir vorbehalten. Die Historisierung wird um so weniger täuschen, als sie in so verschiedener Weise versucht worden ist. Vgl. Uhland VII, 567—588.

Die Frage, was es bedeuten könne, daß der Gott des Gewitters in die Unterwelt hinabsteige, sind wir eigentlich zu beantworten nicht ver=pflichtet: wir können sie der vergleichenden Mythologie überweisen. Hat die griechische Mythologie eine Antwort auf die Frage, was es bedeute, wenn Hercules in den Hades hinabsteigt und den Cerberus heraufholt? Wenn Thôr aus einem Gewittergott zum Gott der Cultur und der menschlichen Thätigkeit in Bezwingung der äußern Natur geworden ist, so läßt sich von dieser seiner letzten Bedeutung aus der Mythus nicht begreifen, denn wie viel auch menschlicher Fleiß vermöge, die Unterwelt kann er nicht bezwingen, die Schrecken des Todes nicht überwältigen. Der Verfaßer der Erzählung von Utgardloki §. 83 hat es nicht einmal vermocht, die Begebenheit so darzustellen, daß uns Thôr wirklich als Skrymirs Sieger, Utgardlokis und seiner Gefährten Bezwinger erschiene: es ist nur ein succès d'estime, den er davon trägt, wenn zuletzt Ut=gardloki seiner Kraft Lobsprüche zollt und ihm die tiefen Thäler zeigt, die sein Hammer in die Felsen geschlagen hat. Stärker tritt sein Sieg in den beiden andern mythischen Erzählungen von Thôrs Hinabsteigen in

die Unterwelt hervor und wenn das Räthsel unserer Frage gelöst werden
soll, müßen wir von dem Mythus von Hymir ausgehen. Bei allen An=
deutungen der Unterwelt sehen wir doch hier Thôr mit dem Winter kämpfen:
der sommerliche Gott des Gewitters bezwingt den Winterriesen. Wir haben
aber schon oft erfahren wie Jahresmythen zu Mythen von Tod und Leben
erweitert werden. Gehen wir hievon aus, so erklärt sich Alles, die auf=
geworfene Frage löst sich von selbst, und die vergleichende Mythologie wird
sie bestätigen. Das Reich des Winters ist dem Mythus mit dem Todtenreich
identisch. Auch Hercules mit seinen zwölf Arbeiten muß ein Jahresgott
gewesen sein, und wenn er zum Halbgott herabgesunken ist und sogar den
Blitzstral eingebüßt hat, der in seiner Hand wie bei Saxo zur Keule ge=
worden ist, so ist auch Thôr nicht mehr der höchste Gott, ob er gleich einst
der Gott der Götter, der Vater der Himmlischen gewesen ist. Von fort=
dauernder Heiligung des Donnerstags werden uns vielfach Spuren be=
gegnen; eine gute Zusammenstellung liefert Rochholz Glaube und Br. I.
31 ff., der „aufgedonnert", „donnersnett" auf diese Feiertagstracht be=
zieht. Vgl. Gr. Wörterbuch S. 125 ff., wo auch der „grüne Donner=
stag" besprochen ist.

86. Thôr als Irmin. Schluß.

Da wir Thôr als Hercules erkannt haben, so ist hier der Ort, sein
Verhältniß zu Irmin und den Irminsäulen zu bestimmen, zumal an
jenen schon der starke Hermel durch seinen Namen erinnerte, wozu noch
kommt, daß der Bock, des Gottes geheiligtes Thier, Hermen heißt,
GDS. 35. Grimm sieht bekanntlich Odin in Irmin; ihre enge Berührung
fiel uns §. 74 auf. Andere haben Tyr (Heru) nähere Ansprüche zuge=
standen, nicht geringe scheint mir auch Thôr zu haben.

Daß den Herculessäulen Thôrssäulen entsprechen, ist Myth. 107. 306
anerkannt; sie treten neben die Irmansûli (Myth. 104) und jene berühmte
vielbesprochene Irminf., die Karl der Große im Osning zerstörte. Myth. 105.
Auf sie pflegt man den Volksspruch zu beziehen:

     Hermen, sla Dermen,
     Sla Pipen, sla Trummen:
     De Kaiser will kummen
     Met Hammer un Stangen,
     Wil Hermen uphangen.

Ihren Namen erklärt Ruod. von Fuld mit den Worten universalis columna quasi sustinens omnia, Myth. 106. Universalis ist
hier Uebersetzung des Wortes irmin-, das in Zusammensetzungen stäts den
Begriff verstärkt und erweitert. Davon verschieden ist die, welche nach
Dietmar von Merseburg früher zu Eresburg (Stadtberge) an der Diemel
verehrt worden war und an deren Stelle dann eine Peterskirche trat.

Vgl. Rieger in Haupts Zeitschrift XI, 182. Aus Widukind I, 12 (Myth.
100. 327) geht hervor, daß auch die Sachsen nach dem Sieg über die
Thüringer an der Unstrut dem Irmin geopfert und ihm ein Säulenbild
errichtet hatten, nomine Martem, effigie columnarum imitantes Herculem, loco Solem, dessen Gestalt also an Hercules erinnerte wie sein
Name an Mars, ‚quia Hirmin vel Hermes graece Mars dicitur.‘ War
Widukind nur durch diesen Irrthum auf Mars gerathen? Hier merken wir
uns nur, daß des Gottes Name Irmin war, sein Bild aber dem Hercules
(Thôr) glich. Gleichwohl sagt Myth. 823, die Sachsen schienen in Irmin
einen kriegerisch dargestellten Wôdan verehrt zu haben. War Irmin kriegerisch dargestellt, so müste man ihn wie Hercules oder Thôr mit der Keule
oder dem Kolben bewaffnet denken. Müllenhoff bemerkt aber überzeugend,
die Säulengestalt habe Widukind an Hercules erinnert, aber kein Bild
gezeigt. Allein auch uns erinnert die Säule an Hercules. Sonach scheint
hier für Mars (Tyr) nicht mehr zu sprechen, als daß ein Siegesdenkmal
beabsichtigt war. Die Steinigung des Jupiter (Thôr oder Tyr?) auf dem
kleinen Domhof in Hildesheim §. 83 geschah nach Seifart Hild. S. 124
zum Andenken der abgeworfenen Irminsäule. Der dabei eingeführte
Bär weist auf Thôr. Ein westfälisches Dorf Ermensülen bezeugt eine
vierte Säule dieser Art und ein ähnliches Bild wird es gewesen sein, das
nach DS. 487 auf Hoyer von Mansfeld gedeutet wurde. Zu seinen
Ehren ließen die Sachsen die Bildsäule eines gehelmten Mannes mit dem
eisernen Streitkolben in der Rechten aufrichten und dem sächsischen
Wappen in der Linken. Zu dieser Denksäule giengen die Landleute fleißig
beten und auch die Priesterschaft ehrte sie als ein heiliges Bild; Kaiser
Rudolf aber ließ sie wegnehmen, weil man Abgötterei damit trieb. Im
Wigalois heißt Hoyer der rothe Ritter der rothen Haare wegen, die er mit
Thor gemein hat. Auch daß er in einen Stein greift wie in einen Weizen-
teig läßt sich auf den Gott des Blitzes beziehen. Dieß Bild hieß Jobute;
aber dessen von Petersen gewagte Deutung auf Zio leidet großes Bedenken,
da wohl die erste Silbe aus Tiu entstanden sein könnte, aber Dute nach
dem Bremischen Wörterbuch nicht Stamm, sondern Pflock, Zapfen bezeichnet. Thôrs heiliges Thier der Bock hieß in der Thiersage Hermen,
in Westfalen noch jetzt Hiärmen, Kuhn WS. 15 wie schon früher Herman stoß nicht. Saxo Gram. läßt den Thôrkill bei der Rückkehr von
Utgarthilocus den allgemeinen Gott (universitatis Deum) verehren, was
auf Irmincot, also Irmin deuten kann. In dieser Erzählung ist Thôrkill
zwar selbst an Thôrs Stelle getreten; er läßt sich aber auch als ein Jünger
des Gottes ansehen, in dessen Fußstapfen er trat, und so durfte er sich
wohl seinem Schutz empfehlen. Noch das kann angeführt werden, daß nach
Dietmar von Merseburg an der Stelle der Irminsül eine Peterskirche er-

richtet worden war, Myth. 106, gerade wie auch die hessische Donareiche
einer solchen wich. Nach den Scholien der Corveier Annalen zum J. 1145
wären in Eresburg einst zwei Götzen verehrt worden: Aris (Heru), qui
urbis moeniis insertus quasi dominator dominantium, et Ermis,
qui et Mercurius, mercemoniis insistentibus celebratus in forensibus.
Der Scholiast deutet also letztern Gott auf Woban (Mercurius), offenbar
durch den Namen Irmin verleitet, den er Ermis (für Erminis) schreibt, denn
dieser führte ihn auf den griechischen Hermes, dessen lateinischer Name
Mercurius ihm bekannt sein mochte. Dieß Zeugniß schließt mithin nur
Heru (Thr = Tiu) aus, denn dieser, von dem die Stadt benannt war,
ward neben Irmin verehrt; keineswegs spricht es gegen Donar, auf den
vielmehr die an der Stelle errichtete Peterskirche deutet. Wir finden
also hier Thor und Tiu verbunden wie in der Hymiskw. und in der Sage
von Herzog Ernst S. 260 oben. Warum sollten sie nicht auch bei den
Herminonen zusammen verehrt sein?

Noch an vielen andern Orten ist St. Peter an Donars Stelle getreten: er ersetzt ihn auch in den Märchen und Sagen, welche Nachklänge
deutscher Mythen enthalten. Wie Thôr neben Odin stand, so war Petrus
der nächste nach dem Heiland; wie Thôr den Hammer, so führte Er den
Schlüßel, und beide erschloßen den Himmel: St. Peter als Himmels-
pförtner, Thôr indem sein Wetterstral die Wolkenschleusen öffnete, daß be-
fruchtender Regen niederströmte. Wenn es donnert, heißt es: St. Peter
schiebt Kegel. In ähnlicher Weise sahen wir S. 130 auch Elias an
seine Stelle getreten. Ueber andere Analogieen vgl. Wolf Beitr. S. 81.
Sofern Thôr wie Orion und Odin §. 73 watete, ersetzte ihn in der Heldensage Wate, in der Legende Christophorus. Im Volksbüchlein II, 173
berichtet Aurbacher von diesem einen sonst Thôr gehörigen Zug: ‚An der
Seite hat er einen Wetzschker (Tasche), darinnen Fische und Brot stecken.'
Dieser Wetzschker begegnet bei Thôr zweimal: im Futterkorb (meis) hat
er den Oerwandil über die urweltlichen Ströme getragen, und im Harbardsl. 3 hat er Heringe und Haberbrot darin, und verspricht den Fährmann damit zu speisen. Uhland 89. Heringe und Hafergrütze ist eine
herkömmliche Kost, die nach Myth. 251. 55 auch bei Berchta vorkommt.
Uebrigens ist es eine Umkehrung, wenn der watende Thôr hier der Ueberfahrt harrt, da er sonst Andern hinüberhilft oder als Brückengott §. 78
die Ufer verbindet. Um Schutz vor dem Gewitter ward auch St. Donat
angerufen (Zeitschr. f. M. 108), dessen Name schon an Donar gemahnte.
In Münstereifel, wo dieser Heilige verehrt wurde, läutet man ihm beim
Gewitter eine eigene Glocke, und gleich bei der Einführung seiner Reli-
quien bewährte er seine Macht, indem er das Wetter stillte. In Eus-
kirchen zwar traf gleichzeitig den celebrierenden Priester, als er den Segen

gab, der Blitzstral am Altar, daß er wie gelähmt niederstürzte; weil er aber sich und seine Gemeinde der Fürbitte des Heiligen empfohlen hatte, so konnte er sich bald wieder erheben, und nur Spuren des Blitzes waren an Haut und Kleidung des Getroffenen zurückgeblieben. Katzfey Münster-eifel I, 221.

Auch Ortsnamen und Personennamen sind von Andern zu Rathe gezogen worden. Ich will nur zweie anführen, die für die Einheit Thôrs und Irmins zu sprechen scheinen. Der Ortsname Hermeskeil im Hochwald wird für Hermeneskeil stehen wie in Hessen Ermaneswerthe, Ermaneshusum erscheinen und wie wir S. 263 Ermis für Erminis fanden. Ich deute ihn auf den Donnerkeil in der Hand Donars und der in Bonn vorkommende Personenname Ermenkeil kann zur Erläuterung dienen.

Zio (Tŷr), Heru, Saxnôt, Heimdall.

87. Tyr.

In einigen der §. 57 zusammengestellten Trilogieen erscheint als der dritte Gott Tyr, von dem der dritte Wochentag, den wir in Dienstag entstellen, altn. Tysdagr, den Namen hat. In der lateinischen Faßung der Wochentage entspricht ihm Mars, den auch Tac. Germ. 9 als dritten Gott der Germanen aufführt. Die Abrenunciatio stellt aber als dritten Gott den Saxnôt auf, den wir bei den Angelsachsen als Saxneát wiederfinden. Die Schwaben, die eine althochd. Glosse als Ziuwari (Marsdiener, Männer des Zio) bezeichnet, nennen den Tyr Zio; ihre Hauptstadt Augsburg Ziesburg (Stadt des Zio), und den Dienstag Ziestag, Zistag; in Baiern aber heißt der sonst in allen deutschen Sprachen nach Tyr benannte Tag Ertag, Erctag oder Erichtag. Er (heru), Zio (Tyr) und Saxnôt (Saxneát) werden sich uns als Schwertgötter ergeben, und so tritt als vierter Heimdall hinzu, der gleichfalls als Schwertgott bezeugt ist. Tyr und Heimdall sind aber zugleich Himmelsgötter, und dieß nöthigt, auch Iring und Irmin §. 89 in Betracht zu ziehen.

Die Grundbedeutung des Namens Tyr (gen. Tys, acc. Ty), goth. Tius ist leuchten, glänzen: er stammt von der Wurzel div, der im Sanskr. djaus coelum, im Griechischen Ζεύς, gen. Διός, im Lat. Jupiter (für Djuspater), gen. Jovis (für Djovis), so dium, divum für Himmel (sub divo) angehören. Verwandt sind auch dêvas, θεός und deus; letzteres stellt sich nahe zu Tyr, das gleichfalls in Zusammensetzungen, wie Hroptatyr, Hângatyr (Beinamen Odins), Reidhartyr (Beiname Thôrs), Gott bedeutet. Altn. heißen die Götter im Pl. tivar, was mit Tyr verwandt scheint, wie Zeus, Διός mit θεός, und deus. Auch dies, der Tag, berührt sich mit

Deus und divus und dem agſ. und altſ. tîr gloria splendor entſpricht im
Ahd. ziori splendidus. Alles ergiebt für Tyr den Sinn eines leuchtenden
Himmelsgottes, Myth. 175—7. Schon oben §. 56 ward der Meldung des
Tacitus Germ. 39 gedacht, daß die Semnonen, die älteſten und edelſten
der Sueben, einen allwaltenden Gott verehrt hätten, dem Alles unter=
worfen und gehorſam war. In einem Walde

„Auguriis patrum et prisca formidine sacrum‟

traten zu gewiſſen Zeiten alle Völkerſchaften dieſes Stammes durch Ge=
ſandtſchaften zuſammen um nach barbariſchem Gebrauch grauenvolle Weihen
zu begehen. Obgleich Menſchenopfer nach Germ. 9 nur dem Odin (Mercurius) fielen, worüber Gr. Myth. 179 nachzuleſen iſt, ſo darf hier doch
an Tyr gedacht werden, welchen die Nachkommen dieſer Semnonen, die
ſpäter als Juthungen an den Bodenſee zogen, die heutigen Schwaben unter
dem Namen Zio verehrten, weshalb ſie Ziuwari hießen. In jenen Sem-
nonenwald, den man nur gefeſſelt betreten durfte, legte ihr Glaube den
Urſprung ihres Volkes. Darum ſtand, wer zufällig gefallen war, nicht wie=
der auf, auf dem Boden wälzte er ſich hinaus. Das regnator omnium
erinnert an das dominator dominantium S. 263.

In dieſer Würde erſcheint Tyr in der Edda nicht mehr. Nach D. 23
herſcht er über den Sieg im Kriege, weshalb Kriegsmänner ihn anrufen
ſollen. Skaldſk. 9 nennt ihn vígagud, Schlachtengott: er war alſo der
Gott des Krieges, freilich n e b e n Odin, der ihn in dieſem Amte beeinträch=
tigt haben mag, da er zuletzt nur noch für den Gott des widernatürlichen
Krieges, höchſtens für den kühnen Gott galt. Vgl. §. 4. 31. 46. 85, wo
ſchon Vieles über Tyr beigebracht iſt, was wir nicht wiederholen wollen.
Hier bleibt nur nachzuweiſen, wie der leuchtende Himmelsgott dieſe Her=
abſetzungen ſeines Weſens erfuhr.

Die Stralen des Blitzes wie des Lichtes, ſagt Mannhardt, gehen vom
Himmel aus, und da die Sprache beide als Geſchoße betrachtet, ſo ge=
langte man dazu Tio zu einem Schwert= und Kriegsgott zu machen, wes=
halb er auch in den Wochentagen die Stelle des römiſchen Mars ein=
nimmt. Neben Mercur läßt Tacitus dem Mars Kriegsgefangene bluten.

Der Kriegsgott ward unter dem Symbol des Schwerts verehrt:
vom Schwerte gieng kriegeriſchen Völkern Glanz und Ruhm aus. Von
Tyr, dem leuchtenden Himmelsgotte, deſſen Symbol das Schwert iſt, mag
es auf Odin übertragen ſein, daß er bei Oegirs Bewirthung ſeine himm=
liſche Halle mit S c h w e r t l i c h t beleuchtete. D. 55. Wie Thôr den Hammer,
wird einſt der h ö c h ſ t e Gott das Schwert geführt haben, das ſich bei
Odin bald in den Sper bald in den Stab verwandelt.

Aus Tyrs Symbol, dem Schwert, erklärt es ſich, daß die Rune,
welche des Gottes Namen trägt (altn. Tyr, agſ. Tiu, ahd. Ziu) die Ge=

stalt des Schwertes zeigt ↑, und das ihm ähnliche Planetenzeichen des
Mars ♂ unter den Metallen das Eisen bezeichnet, wobei wohl wieder das
Schwert vorschwebte. Am Dienstag muß das Eisenkraut, mit dem sich
nach Plinius Kriegansagende krönten, gebrochen werden, GDS. 124. Da
nun auch die auf heru (Schwert) weisende ags. Rune Eor ⟨᛭⟩ aus jener
Tyrrune differenziert ist, ja die ebenso gebildete der hochdeutschen Alphabete,
welche ↑ für tac verwenden, bald Zio, bald Eor, oder Aer heißt, Heru
und Eor aber mit Ares und ἄορ, Schwert verwandt scheinen (Myth. 183),
so denkt Grimm GDS. l. c. sogar an einen Zusammenhang von Ἄρης
mit aes und Eisen. GDS. 508 wird auch das Zetergeschrei als
ein Waffenruf von Ziu dem Gott des Schwertes abgeleitet. Vgl. G. G. A.
1856 Nachr. S. 104. Aber auch in Tiobute (Ziobute) finden Chr.
Petersen (Zioter oder Tiobute, der Gott des Kriegs und des Rechts bei
den Deutschen) und Hugo Meyer, (Progr. der Hauptschule zu Bremen,
Abhandlung über Roland,) den Namen des Gottes; in der zweiten Silbe
=ter und bute soll dann der Begriff des Baums oder Pfahls liegen,
was für Zioter zugegeben werden kann, vgl. oben S. 262.

　　Jene Schwertrune galt für ein überaus heiliges Zeichen. Nach Sigrdrif. 6 soll beim Einritzen der Siegrunen in das Schwert Tyr zweimal genannt werden, was mit den spätern Schwertsagen (das Schwert bedarf ein
Segenswort, heißt es im Parzival) zusammenhängen mag. Tir bið tâcna
sum (Tîr ist der Zeichen eines), heißt es in dem ags. Runenliede und tîre
tâcnian heißt gloria, decore insignire, was wieder darauf deutet, daß
von dem Schwerte, dem Symbol des Gottes, Glanz und Ruhm ausgieng.

　　Alles dieß soll nur zeigen, wie der unter dem Bilde des Schwertes
verehrte leuchtende Himmelsgott zum Kriegsgotte ward, was der nächste §
auch für die verwandten Völker, die den Schwertgott unter andern Namen
verehrten, bestätigen wird. Hier haben wir es zunächst mit Tyr zu thun,
den wir nun auch in der Mythe als Schwertgott nachweisen müßen, was
um so nöthiger scheint, als noch W. Müller 227 zweifelte ob der nordische Tyr ein Schwert geführt habe.

　　Nach der §. 39 vorgetragenen Erzählung von Fenrirs Feßelung ward
dem Wolf der Gaumen mit einem Schwerte gesperrt, dessen Heft wider
den Unterkiefer stand, die Spitze gegen den Oberkiefer. In Bezug auf
den Wolf bedeutete dieß Schwert nach §. 40 den Bann, welchen das
Gesetz über den Mörder und Friedensbrecher ausspricht. Dieß ist ein
sittlicher Mythus, der eben darum nicht alt sein kann; er gab aber den
Anlaß zu der fernern, also noch jüngern Dichtung, daß Tyr seine Hand,
das Schwert, dem Wolf in den Rachen gesteckt habe und dadurch einarmig
geworden sei. In der That ist aber Tyr nicht so erst einarmig geworden:
er war es von jeher, weil er das Schwert ist, das nur Eine Klinge hat,

gerade wie Odin seiner Natur nach einäugig ist, weil der Himmel nur Ein
Auge hat, die Sonne. Wie aber von Odin gedichtet ward, er habe sein
anderes Auge dem Mimir verpfändet, so sollte nun Tyr den andern Arm
dem Fenrir verpfändet haben: zu jener Dichtung gab der Widerschein der
Sonne im Waßer Anlaß, zu dieser das Schwert im Gaumen Fenrirs. In
diesem Zusammenhang liegt aber der Nachweis, daß auch in der nordischen
Mythe Tyr als Schwertgott gedacht war, sonst hätte das Schwert, das
Fenrirs Rachen sperrte, nicht zu der Dichtung von Tyrs dem Wolf verpfändeten Arme benutzt werden können. Es ist aber eine junge Dichtung
und selbst Tyrs Einarmigkeit wohl erst eine neue Vorstellung; in der Volkssage klingt sie nicht nach wie doch so vielfach Odins Einäugigkeit; sonst
wollte ich Weinholds Deutung Riesen 28 beistimmen: ‚Wie Odins Einäugigkeit auf die Theilung des Tages in Licht und Finsterniß geht, so ist
auch der Mythus von Tyrs Verstümmelung durch den Fenriswolf nur
ein Bild dafür, daß dem Himmelsgotte ein Wesen der Nacht die Hälfte
seiner Kraft entriß‘, oder der andern: ‚weil er als Siegesgott nur einer
Partei den Sieg verleihen könne‘, Rochh. Gl. u. Br. I, 270. Vgl. aber
§. 92, 2. Warum ihm die Fütterung Fenrirs übertragen ward, ist
§. 43 gezeigt; als ihm dieß Amt angewiesen ward, muste er schon tief
gesunken sein. Weil er aber dieß zu thun, ja dem Wolf den Arm in
den Rachen zu stecken wagte, heben D. 25. 34 seine Kühnheit hervor.
Wir haben indes oben nachgewiesen, daß es einen ganz andern Sinn
hatte, daß Tyr den Fenriswolf fütterte. In der Hymiskw. war es
auch gewiß nicht seine Kühnheit, die ihn zum Begleiter Thôrs machte,
sondern seine Sohnschaft zu der Allgoldenen, die nicht willkürlich erdichtet ward, sondern uralten Grund hatte. Wir werden daraus über Tyrs
Mutter, die nirgend in der Edda genannt wird, §. 96 Aufklärung gewinnen.

Man hat Tyrs Einhändigkeit daraus erklären wollen, daß der Gott
des Kriegs nur Einem der kämpfenden Theile den Sieg verleihen könne,
Myth. 188. Gegen die ähnliche Deutung Höðrs (Hadus), der hier Grimm
gleichfalls zustimmt, habe ich mich schon oben erklärt: Höðr ist blind,
weil er die dunkle Jahreshälfte bedeutet, und so ist Tyr einarmig, nicht
aus ethischen Gründen, wohl aber aus dem angegebenen natürlichen,
weil er das Schwert (Kuhn WS. II, 200) ist, welches uns zugleich erläutert, warum ihm der Wolf die Hand bis zum ‚Wolfsgliede‘ abgebißen
haben soll.

In den Mélanges d'Archéologie d'histoire et de littérature p.
Charles Cahier et Arthur Martin, Paris 1848, ist S. 90 ff. ein alter
bronzener Leuchter abgebildet, auf dem eine nakte männliche Gestalt einem
greifenartigen Ungethüm die Hand in den Mund steckt, was eine Erinnerung an unsern Mythus sein kann.

Wenn Tyr Ztschr. f. Myth. I, 337 für den persönlich aufgefaßten
Tod erklärt wird, so gründet sich das auf die Schilderung der Rune
Ear in dem agf. Runengedicht. ‚Ear wird lästig jedem Manne, wenn
das Fleisch zu erkalten beginnt und der bleiche Leib die Erde zum Ge=
mahl erkiest, denn dann zergeht der Ruhm, die Freuden schwinden,
Bündnisse lösen sich‘. Vgl. Myth. 183. Ich verstehe aber den Spruch
so, daß das Schwert dem alternden, einst ruhmreichen Manne, bem der
Tod nahe, zu führen schwer werde, und so sein Ruhm, den er dem
Schwerte dankte, wieder vergehe. Vgl. die Schlußworte von §. 64. Der
Segensspruch: ‚Brand, stand as dem Döde sine rechte Hand‘ hat also
mit Tyr nichts zu schaffen. Auch übersetze ich den Döde mit Kuhn
WS. II, 200 nicht dem Tode, sondern dem Verstorbenen. Freilich
kann das Schwert den Tod bedeuten, wenn z. B. ein Urtheil das Schwert
zuerkennt, und so mag es beim Loßen diese Bedeutung gewöhnlich ge=
habt haben. Ich will aber nicht verschweigen, daß in der oberpfälzischen
Sage bei Schönwerth III, 8 ein Kind, dessen Gevatter der Tod ist,
Michel Tod genannt wird. Auf die barbarische Etymologie Mors=Mars
Quitzmann 75 lege ich kein Gewicht.

In der Edda ist Tyr nur noch Einer von Odins Söhnen; er war
aber ein älterer Himmelsgott, der jetzt vor Odin zurücktrat. Zio erscheint
als der Schwaben Hauptgott; dasselbe bezeugt Tac. hist. IV, 64 für
die Tenkterer von Mars, und Procop II, 15 für die Nordbewohner von
Ares. An andern Stellen steht Mercur neben Mars, aber dieser voran.
Sollen wir nun in allen mit =tyr zusammengesetzten Beinamen Odins an
Tyr denken? Und gehörte vielleicht selbst Odins Sper Gungnir einst dem
Tyr, da dem römischen Mars die hasta heilig war? Myth. 185. Jeden=
falls wird der Schwerttanz sicherer auf Tiu als auf Woban bezogen,
Myth. 187, und der Dienst des heil. Michael, der mit geschwungenem
Schwerte abgebildet wird, mag bald Tyrs bald Odins Verehrung ersetzt
haben, wenn gleich das nordische Sigtysberg eher auf Odin als auf
Tyr deutet und die Michelscapelle auf dem Godesberge auf Godan
weist. Wolf Beitr. I, 128 führt an, daß in Belgien Fechtergesellschaften
den heil. Michel zum Patron haben; aber 130 bringt er selbst ein Zeug=
niß dafür bei, daß St. Michael an Wodans Stelle trat. Das nehme
ich auch da an, wo St. Michael Seelen bei sich aufnimmt.

Den Schwerttanz, in welchem nakte Jünglinge die Schlacht nach=
ahmten, bezeugt Tacitus Germ. 4 als das einzige bei allen Versamm=
lungen wiederkehrende Schauspiel der Deutschen. Daß er dem Schwert=
gott zu Ehren aufgeführt worden, bezweifelt auch Grimm nicht, Myth. 187:
er nennt ihn eine noch lange und weit verbreitete Sitte, führt aber keine
Beispiele an, die Panzer II, 247 bei den Nürnberger Meßerern und

Quitzmann 76 aus Weſtenrieder bei Braunauer Waffenſchmieden, Kuhn
WS. 161 zu Attenborn in Weſtfalen nachweiſt. Vgl. §. 77 und Wackernagel in Haupts Ztſchr. IX, 318. Eine ausführliche Beſchreibung des
bietmarſiſchen in Dahlmanns Neocorus II; die Mittheilung des heſſiſchen
Schwerttanzliedes ſind uns die Grimm ſchuldig geblieben. Vgl. §. 77.
Nach vollendetem Schwerttanze flochten die Tänzer ihre Schwerter mit
den Spitzen zu einer Roſe oder einem Rade zuſammen, auf deſſen Nabe
dann ihr Anführer oder König ſpringt und von Allen zugleich erhoben
wird. Die Roſe ſieht man im Theuerbank abgebildet, wo Kaiſer Max
auf einem Kranze von Schwertern ſteht, ebenſo in Fuggers Ehrenſpiegel,
wo der Kaiſer obendrein gekrönt erſcheint und den Reichsapfel in der
Hand trägt.

Auch Thôr kann den Tyr beeinträchtigt haben, nicht nur in den
Beinamen Reibityr u. ſ. w., auch in der Heiligkeit des Hammers.
Das agſ. Runenlied ſpricht von dem Zeichen Tir ſo, daß man glauben
ſollte, es ſei von Thôrs Hammer die Rede. W. Grimm Runen 242.
Das Chriſtenthum traf hier mit dem Heidenthum in demſelben Zeichen
zuſammen: es iſt das Zeichen des Kreuzes, das auch den Hammer Thôrs
und die Rune Tyr bedeutete. In einem Segensspruche bei Wierus heißt
es: † Iesus Nazarenus † rex Iudaeorum † non percuties eos qui
signati sunt hoc signo Thau, wo zwar Thau mit th geſchrieben, aber
das einfache T gemeint iſt, mit dem der Name Tyr beginnt, obgleich der
Segensspruch, wie es ſcheint, vor dem Gewitter ſchützen ſollte, Ztſchr. VII,
538. Selbſt die Etzel (Atli) genannten Berge können ſo gut auf Tyr
als auf Thôr bezogen werden: auch Zio erſcheint, wie ſchon die Vergleichung von Jupiter, Marspiter, Diespiter lehrt, als ein väterlicher Gott,
und Berge waren ihm unter allen ſeinen Namen heilig. Der nächſte §.,
bei welchem wir Tyr nicht verlaßen, da ihm Heru identiſch iſt, wird
ſolcher Berührungen der drei oberſten Götter noch mehr bringen; doch
darf ſchon hier ausgeſprochen werden, daß Tyr einer der hehrſten und
älteſten Götter war, und der Umfang ſeines Weſens namentlich durch
Odins wachſendes Anſehen beſchränkt worden iſt. So giebt eine altf.
Gloſſe Ziu durch turbines wieder, Myth. 184, und jener Baumeiſter
Wind und Wetter §. 27 heißt in einer Sage bei Müllenhoff 410 (vgl.
Vorr. 47) Zi. Hier ſehen wir ihn alſo in demſelben Elemente walten,
das wir als die ſinnliche Grundlage Wuotans erkannten.

Dem Zio geheiligte Berge ſind Myth. 180 noch andere nachgewieſen;
vielleicht gehört auch Tirlemont hieher, ſicherer Diſpargum (nach H.
Müller Famars, fanum Martis), jetzt wieder auf Duisburg am Rhein
bezogen. Im Eifelgau erinnert an ihn der Ortsname Zievel, im Zül-
pichgau Zingsheim, im Maiengau Ziſſen, im Auelgau Ziſſenheim. Dins-

laken wurde schon von Alters her als Martis lacus aufgefaßt (Rhein.
Antiqu. 575). Es ist dieselbe Entstellung des Namens wie in Dinstag.
Auch Kräuter sind nach Zio genannt. So ist der Seidelbaft (Ziolant)
aus Ziolinta, Ziolindebaft entstellt. Bei Tyrihialm, der auch Thorhialm
heißt, zeigt sich wieder Berührung Tyrs mit Thôr. Vgl. Myth. 180.
1144. 5.

88. Heru Saxnot.

Tyr war uns Himmelsgott und Schwertgott zugleich; in Heru tritt
nur der Schwertgott hervor: auf den Himmelsgott würde sich erst schließen
laßen, wenn wir Jring, vielleicht gar Irmin mit ihm zusammenbringen
könnten. Heru ist der Edda unbekannt, wenn er nicht dem Rigr ent=
spricht, mit dem er sich in Erich vermittelt. Auch in Deutschland spricht
kaum ein anderes Zeugniß für ihn, als daß er den Zio in dem bai=
rischen und österreichischen Namen des dritten Wochentags Ertag, Erchtag,
Erichtag vertritt, wie sich · die Rune Eor neben Tyr stellt, während im
alth. Runenalphabet Ziu und Eor Namen desselben Zeichens sind. Dazu
kommt jene §. 86 erwähnte westfälische Eresburg oder Heresberg, in
deren Nähe eine Irminsûl errichtet war. Sie heißt auch Mersburg oder
Mersberg, wo das vortretende M von dem lateinischen Mars herrühren
oder sich von dem Artikel abgelöst haben kann. Ferner der Name der
alten Cherusker, der sich beßer von einem göttlichen Heru oder Cheru
ableiten läßt als von dem sachlichen heru (Schwert), goth. haírus. Wie
die Cherusker scheinen auch die Marcomannen den Schwertgott unter
dem andern, am bairischen Wochentag erscheinenden, Namen verehrt zu
haben, während ihn die Sueben, zu welchen die Chatten zählen, Tiu,
später Zio nannten. An die Stelle der Cherusker traten hernach die
Sachsen; Grimm hält sie für dasselbe Volk unter einem andern aber
gleichbedeutenden Namen. A. M. ist Leo Vorlesungen S. 228. Die
Sachsen sind von Sachs, ihrer Steinwaffe, genannt und Saxneát, Wodens
Sohn, steht an der Spitze des ostsächsischen Volks in Britannien, ohne
Zweifel derselbe Gott, den die Abrenunciatio Saxnôt nennt. Herrn
Dr. Schröder verdanke ich die Nachricht, daß in Pommern, Mecklenburg
und der Uckermark noch der Fluch Dunner Saxen gebräuchlich ist, der
wohl einst die Namen der Götter Donar und Saxnot verband. Der
dritte Gott der Trilogie scheint vergeßen; auch hat Saxnots Name ge=
litten. Wie man ihn auch deute, ein Gott des Schwertes kann nicht in
ihm verkannt werden. Aus dem Dienst des Schwertgottes rührt auch
das Schwert im sächsischen Wappen her, so wie der Gebrauch der deut=
schen Könige, sich das Schwert durch den Herzog von Sachsen vortragen zu
laßen, GDS. 611. Ebenso verstehe ich es, wenn dem friesischen Braut=

paar das Schwert vorgetragen wird, worin Grimm R. A. 167 nur ein
Rechtssymbol sieht. Das Schwert des Gottes kann dort die Ehe gehei=
ligt haben wie anderwärts Thors Hammer. Finden wir doch bei Schön=
werth III, 66 auch den Hammerwurf durch den Schwertwurf Vertreten.
In ganz Süddeutschland ist es Sitte, daß Hochzeiten am Ertag begangen
wie in der Oberpfalz über dem Brauttische zwei Schwerter kreuzweise in
die Diele gestoßen werden. Schönwerth I, 95.

Die Verehrung des Kriegsgottes unter dem Symbol des Schwertes
meldet schon Herobot von den Skythen: es ward auf einer ungeheuern
Schicht von Reisig errichtet. Auch Alanen und Quaden, letztere unbe=
zweifelt Deutsche, und den Marcomannen, die wir schon als Aresdiener
kennen, benachbart, erwiesen dem Schwert göttliche Ehre; weiterhin schließen
sich Geten, Daken und Skythen an. Die Svarbones des Tac., die in
den Sveordverum des Wandererliedes, deren Name wie Ziuwari gebildet
ist, wieder auftauchen, scheinen gleichfalls hieher zu gehören. Bei dem
Schwert zu schwören war allgemein deutsche Sitte und blieb es durch das
ganze Mittelalter. Jenes skythische Schwert, gladius Martis, soll aber
nach Jornandes, der sich auf Priscus beruft, in Attilas Hände gekommen
sein. Eine hinkende Kuh führte die Entdeckung herbei. Der Hirt be=
merkte, daß ihr der Fuß blutete: da folgte er der Spur und gelangte zu
dem Schwert, das in der Erde steckend sie verwundet hatte. Als es
Attila gebracht wurde, wünschte er sich Glück zu dem Geschenk, denn er
hielt sich nun für den Herrn der Welt, da ihm durch das Schwert des
Kriegsgotts Unüberwindlichkeit verliehen sei. Welche Rolle dieß Schwert
weiter in der deutschen Geschichte spielte, wie es zuletzt nach der Schlacht
von Mühlberg der Herzog von Alba wieder aus der Erde gegraben haben
sollte, mag man Myth. 186 nachlesen.

Uns wird diese Sage doppelt wichtig, da schon der Name Attila
nach §. 87 auf den Kriegsgott gehen kann und Etzel in der Heldensage
der Herka (bei Priscus Kerka) vermählt ist, die als Göttin, nach W.
Müllers 226 Vermuthung des Heru Gemahlin war. Beide Namen sind
Diminutive, Attila von Atta, Herka von Hera, der Erdgöttin. Vgl. §. 213.
In zweiter Ehe vermählte sich Attila mit Kriemhild, der winterlichen
Erdgöttin.

Wolf hat Beitr. I, 128 auf das zweischneidige Schwert des
h. Michael aufmerksam gemacht, das in Valenciennes bewahrt und jähr=
lich in einer Procession umgetragen wurde, wobei kriegerische Spiele, viel=
leicht Schwerttänze, vorkamen. Noch wichtiger ist aber seine Hinweisung
auf das Schwert des Julius Caesar, das nach Sueton zu Köln in dem
Delubrum Martis aufbewahrt und dem zum Imperator ausgerufenen
Vitellius als Zeichen der Herschaft überrreicht wurde. Dieß Delubrum

Martis ward später zur Capelle des Erzengels Michael; jetzt ist sie ab=
gebrochen: zu beiden Seiten der Straße (Marspforten) wo sie stand, sieht
man aber noch die Bilder des Mars und des h. Michael. Wahrschein=
lich hatte sowohl jenes Schwert des h. Michael als das kölnische des
Divus Julius früher einem deutschen Gotte gehört. Schon bei Odins
Spieß Gungnir §. 65 drängte sich die Vermuthung auf, daß man dem
Heiligthum des Gottes den Sper entliehen habe, den die Mythen un=
mittelbar aus des Gottes Hand kommen laßen. Auch das Schwert gab
dem Vitellius nicht der Priester: es war ihm von einem Unbekannten
(a quodam) überreicht worden, in dem aber der Gott angedeutet ist.

    Attilas Schwert ward aus der Erde gegraben: das kann bedeu=
tend sein, da es sich hernach wiederholte. Es muß darum auffallen, daß
Wiltinaf. Cap. 20 der Riese Wate sein Schwert in die Erde steckt, damit
sein Sohn Wieland es wiederfinde. Wates Bezug auf die watenden
Götter Odin und Thór ist oben hervorgehoben: sollte er sich auch mit
Tyr (Heru) berühren? Im Orendel läßt Breide ein Schwert aus der
Erde graben.

    Grimm (Myth. 176) und W. Müller 225 nehmen mit Zeuß den
erdgebornen Gott Tuisko für Tivisko, also für Tius Sohn. Dem
beizustimmen brauchten wir den Begriff des Zwiefachen, den wir §. 7
in dem Namen gefunden haben, nicht aufzugeben, da jenes Schwert zu
Valenciennes ein zweischneidiges war. Wenn aber Tiu ein erdgeborner
Gott ist, so darf es nicht wieder sein Sohn sein, und welchen Sinn
könnte es haben, wenn das Schwert der Vater des Mannus wäre? Das
Schwert kann wohl Menschen tödten, aber nicht Menschen zeugen. Wir
gelangen hier noch zu keinem sichern Ergebniß; der nächste §. wird aber
ein neues Zeugniß bringen, daß die Mutter des Schwertgotts, jene all=
goldene der Hymiskwidha §. 85. 87 die Erde war.

    Ortsnamen, die von unserm Gotte zeugen, hat Quitzmann Religion
der Bavaren zusammengestellt; aus unserer Provinz erinnere ich an die
beiden Nesselrodischen Burgen Erenstein und Ehreshoven.

    Ueber seinen Beinamen Hrodo, den ich lieber auf Odin beziehe s.
Hugo Meyer, Programm über Roland ob. S. 266.

89. Heimdall Jring Jrmin.

    1. Auch Heimdall, der unter allen deutschen Göttern am schwierigsten
zu faßen ist, heißt Hrafnagaldr 23 Sverdâs; ja er allein führt in der
Edda diesen Namen. Da Hrafnagaldrs Echtheit bestritten ist, so führe
ich weiter an, daß Skaldskap. 8 sagt: Heimdalar höfut heitir sverdh,
was heißen kann, Heimdalls Haupt ist das Schwert, oder das Schwert
heißt Heimdalls Haupt, nicht aber nach D. 27, Heimdalls Schwert war

Haupt genannt, noch auch, wie es Gretter der starke verstand, das Haupt
heißt Heimdalls Schwert. In diesem letzten auch Sk. 69 angenommenen
aber unmöglichen Sinne wird es jedoch weiterhin gefaßt, indem hinzugefügt wird, Heimdall sei mit einem Menschenhaupt durchbohrt worden,
da er doch nach D. 51 erst am Ende der Tage erschlagen werden soll.
Vgl. §. 46. Wenn es ferner heißt, das Schwert sei Miötudhr Heimdalar
genannt worden, denn das Schwert heiße manns miötudhr, so wird die
richtige Auslegung sein, Heimdalls Wesen sei vom Schwerte ausgegangen:
das Schwert sei sein Anfang, sein Schöpfer, also zugleich Schöpfer der
Menschen. Hiedurch sehen wir ihn als Sverdás bestätigt und jenen
andern Schwertgöttern gleichgestellt, ja dem Schwertgotte, wie Wöl. 1 dem
Heimdall, die Schöpfung des Menschengeschlechts beigelegt.

Nirgend erscheint Heimdall bedeutender als hier, wo die Menschen
seine Kinder genannt werden, denn im Rigsmal, wo er unter dem Namen
Rigr die grünen Wege der Erde wandert, gründet er nur die menschlichen Stände.

An der Meeresküste, erzählt das Rigsmál, fand er eine Hütte mit
offener Thüre. Zwei Eheleute, Ai und Edda (Eltervater und Elter-
mutter) bewirtheten ihn drei Nächte mit grober Kost. Nach neun Monden
genas Edda eines Kindes mit schwarzer Haut, von dem das Geschlecht
der Thräle (Knechte) stammt.

> In Kurzem lernt' er die Kräfte brauchen,
> Mit Bast binden und Bürden schnüren.
> Heim schleppt' er Reiser den heilen Tag.

Ihm vermählte sich Thyr die Dirne. Rigr aber wanderte weiter
und fand ein Ehepaar Afi und Amma (Großvater und Großmutter)
in eigenem Hause wohnen, bei dem er wieder drei Tage blieb.

> Der Mann schälte die Weberstange,
> Das Weib daneben bewand den Rocken
> Und führte den Faden zu seinem Gespinnst.

Nach neun Monaten genas Amma eines Kindes, das Karl (der
sorgende Hausvater) genannt wird.

> Er zähmte Stiere, zimmerte Pflüge,
> Schlug Häuser auf, erhöhte Scheuern,
> Fertige Wagen und führte den Pflug.

Er freite ein Weib, das Snör genannt war; von ihnen stammten
die freien Bauern. Rigr aber wanderte weiter und gelangte zu einer
Hallen mit leuchtendem Ring, worin Vater und Mutter saßen und sich
an den Fingern spielten.

> Den Hausherrn sah er sich Sehnen winden,
> Bogen spannen und Pfeile schäften,

　　　Dieweil die Hausfrau die Hände besah,
　　　Die Falten ebnete, am Aermel zupfte.

Auch hier blieb Rigr drei Nächte bei guter Bewirthung; nach neun Monden aber gebar die Frau ein Kind mit lichter Locke, leuchtender Wange und scharfem Blicke, das Jarl (agf. eorl, von eor Schwert) genannt ward.

　　　Den Schild lernt' er schütteln, Sehnen winden,
　　　Bogen spannen und Pfeile schäften,
　　　Spieße werfen, Lanzen schießen,
　　　Hunde hetzen und Hengste reiten,
　　　Schwerter schwingen, den Sund durchschwimmen.

Dem Jarl vermählte sich die gürtelschlanke
　　　Adliche, artliche, Erna geheißen.

Von ihnen stammen die Edeln und Fürsten.

Schon §. 57 ist bemerkt, daß nur der höchste Gott allein unter den Menschen wandern kann, und so wird der Name Rigr ihn als den Mächtigen bezeichnen sollen.

Aber auch am Himmel hat er seine Straße, nicht bloß die Asenbrücke Bifröst, deren Namen eine Wegstrecke bedeutet, sondern auch die Milchstraße, welche Iringsstraße heißt, denn in Iring, der sonst nur noch in der Heldensage erscheint, hat Grimm jenen auch auf Erden wandernden Rigr, also Heimdall, wiedererkannt, Myth. 214.

Als Iring müste Heimdall ein Sohn des Ir oder Er (Heru) sein, der mit Tyr zusammenfällt; und doch wird er in der Edda ein Sohn Odins genannt. Er kann aber auch Heru (Tyr) selber sein, da er der Schwertgott ist, und der dritte Wochentag in Baiern auch Erc= oder Erichstag heißt, Erich aber durch die Erichsgaße, die auf Erden der himmlischen Milchstraße entspricht (§. 74), dem Iring gleichgestellt wird. Mit demselben Rechte wie Tyr, mit dem er als Schwertgott zusammenfällt, kann er also Odins Sohn heißen; im Grunde war es aber entweder Odin selbst, der Heimdall hieß (S. 207), oder dieser Name bezeichnete Tyr, den ältern, jetzt von Odin zurückgedrängten Himmelsgott. Noch erscheint er jedoch in seiner alten Würde im Hyndlulied, wo es von ihm heißt:

　　34. Geboren ward Einer am Anfang der Tage,
　　　　Ein Wunder an Stärke, göttlichen Stamms.
　　　　Neune gebaren ihn, den Friedenbringer,
　　　　Der Erdentöchter am Erdenrand.

　　35. Gjälp gebar ihn, Greip gebar ihn,
　　　　Ihn gebar Eistla und Angeyja,
　　　　Ulfrun gebar ihn und Eyrgiafa,
　　　　Imdr und Atla und Jarnsaxa.

36. Dem Sohn mehrte die Erde die Macht,
  Windkalte See und sühnendes Blut.

Und hernach wieder:

40. Allen überhehr ward Einer geboren;
  Dem Sohn mehrte die Erde die Macht.
  Ihn rühmt man der Herscher reichsten und größten,
  Durch Sippe gesippt den Völkern gesamt.

Nähme man, was hier von seinen neun Müttern gesagt ist, als spätern Ursprungs hinweg, so bliebe noch die Erde als die Mutter des Schwertgotts zurück. Aus der Erde ward das Schwert gegraben §. 88. Vom Schwerte gieng kriegerischen Völkern Glanz und Ruhm aus, mit Schwertlicht beleuchtete Odin seine Halle §. 87. Darum heißt Heimdall der weiße Schwertgott und Thrymsk. 17 der hellste der Asen; ja am Schluß von Hrafnag. erscheint er als Gott des anbrechenden Tages:

  Auf standen die Herscher und die Alfenbestralerin;
  Nördlich gegen Nifelheim floh die Nacht.
  Ulfrunas Sohn stieg Argiöl hinan,
  Der Hüter des Horns zu den Himmelsbergen.

Dieß spräche für Grimms Ansicht (GDJ. 733), das -dallr in Heimdallr sei jenem Dellingr für Däglingr zu vergleichen. Dellingr kennen wir aus §. 14 als den Vater des Tags, oder den Tagesanbruch; als solcher wird hier Heimdall geschildert, dessen Name darnach Licht der Welt bedeuten würde. Nach Skaldff. 58 heißt der Hirsch Dalr; nun sehen wir aber auch die Sonne als Hirsch symbolisiert (Solarl. 55). Vgl. §. 102. Zwar wird dieser Solarhiörtr gleich dem andern Symbol der Sonne, dem goldborstigen Eber, auf Freyr als den jüngsten Sonnengott bezogen; er kann aber schon dem ältesten gehört haben. Mit Recht hat man vermuthet, dieser Sonnenhirsch sei mit Eikthyrnir eins, der nach §. 39 den Baum Lärad abweidet und von dessen Horngeweih Thau nach Hwergelmir tropft, wovon nach Grimnism. 26 alle Ströme der Unter-welt stammen. Hierauf bezieht sich vielleicht Hyndlul.:

39. Meereswogen heben sich zur Himmelswölbung,
  Und laßen sich nieder, wenn die Luft sich abkühlt.

Den Baum Lärad erkannten wir §. 36 als den Wipfel der Welt-esche, und auf ihm muß der Welthirsch (Heimdall) weiden, weil sonst der Gegensatz der Unterwelt, zu der die Waßer von ihm zurückfließen, wie sie sich auch aus ihr ergoßen haben (S. 13. 37), nicht scharf gezogen wäre.

Heimdall bedeutet wörtlich eigentlich den Wipfel des Weltbaums, seine Dolde (mhd. tolde) oder Spitze (Gr. Gr. III, 412), und diese Spitze kann als Schwert gedacht sein, von dem das Licht der Welt ausgeht. Darum war D. 17. 27 von seiner Wohnung Himinbiörg gesagt, sie stehe

an des Himmels Ende, womit der Zenith (S. 170) gemeint sein wird.
Zugleich konnte er so auch als der Weltstrom gefaßt werden, da die Waßer
zu diesem Weltgipfel auf und von ihm zurückströmen, Thöll aber sich unter
den Flußnamen findet und Freyja als Waßergöttin Marböl (gen. mar-
dallar) heißt. Myth. 213. Von dieser letzten Bedeutung des Namens
scheint die weitere Entwickelung des Mythus ausgegangen; darum ist Heimball neun Mütter Sohn und von neun Schwestern geboren, wie er selbst
von sich sagt: es sind die Wellenmädchen, Oegirs Töchter, obgleich diese
Skalbskap. 25 wieder andere Namen führen: **darum bedeutet er in
zweien Mythen den Regen und darum ist der Regenbogen
sein Symbol geworden.** Als Himmelsgott führte Heimball das Horn,
das den Sichelmond (S. 206) bedeutete: mit diesem Horn am Munde
erschien er nun vollends als Wächter der Götter, da er schon von seiner
Wohnung Himinbiörg, dem Wipfel der Weltesche, an des Himmels Ende,
die ganze Welt überblickte. Dieß Himinbiörg fällt daher zusammen mit
Hlidskiälf, dem bebenden Hügel, denn so ist nach Skalbsk. 75 der Name zu
deuten, der wieder an Bifröst, die bebende Rast erinnert. Als Wächter
werden ihm nun auch die Eigenschaften zugetheilt, die dem Wächter der
Götter geziemen: darum heißt es D. 27: ,er bedarf weniger Schlaf als
ein Vogel und sieht sowohl bei Nacht als bei Tag hundert Rasten weit;
er hört auch das Gras in der Erde und die Wolle auf den Schafen wachsen, mithin auch Alles was einen stärkern Laut giebt.' So fließt es auch
aus seinem Wächteramte, daß er am Ende der Tage in sein gellendes
Horn stoßen wird, die Götter zu wecken und den Einbruch der zerstörenden
Gewalten anzukündigen. Wöluspa 31 heißt dieses Sichelhorn Walvaters
Pfand, weil Odin sein Auge in Mimirs Quelle verpfändet hatte: es war
das andere Auge des Himmelsgottes, der Mond. Bis dahin hat er vor
den Bergriesen die Brücke Bifröst zu hüten, die Himmel und Erde verbindet. D. 27. Allerdings scheint dem, der dieß schrieb, seine frühere Bedeutung als Himmelsgott nicht mehr bewußt; aber noch der späte Dichter
der Oegisdrecka läßt 48 Loki zu ihm sagen:

> Mit feuchtem Rücken   fängst du den Thau auf
> Und wachst der Götter Wächter.

er wuste also wohl noch von jenem Welthirsch Heimballr, an dessen Geweih der Thau des Aethers schlägt. Uebrigens sitzt auch nach dem neuern
Volksglauben ein Engel oben an der Himmelsbrücke (dem Regenbogen),
der mit seiner Posaune zum jüngsten Gerichte ruft. Birl. I, 197.

Heimballs Roß Gulltopr ist auf das Sonnenroß bezogen worden:
da aber altn. toppr Wipfel bedeutet, so stünde es mit seinem eigenen
Namen in Beziehung. Daß er selber goldene Zähne hat, kann das
deutsche Sprichwort:

Die Morgenstunde
Hat Gold im Munde

erläutern. Ohne Zweifel war es einst ganz wörtlich zu verstehen wie die
rosenfingrige Eos. Aber ein schönes Morgenroth bedeutet einen Regentag.
Darum hat Heimdall der Regengott goldene Zähne. Auf die Neige des
Lichts, die in Heimdalls Monat (nach Finn Magnusen 21. Juni bis 21.
Juli) beginnt, scheint auch sein Beiname Hallinskidi (der sich neigende),
zu zielen. Die Fülle der Zähne Hallinskidis bedeutet MFS. I, 52 (vgl.
Myth. 214) Reichthum, und in Bad. Sagen verwandeln sich Zähne in
Gold. Daß unter den Namen des Widders Skaldst. 75 Hallinskidi und
Heimdalli aufgeführt werden, weiß ich nicht anders zu deuten als durch
jene auch bei Hlidskialf und dem Giallarhorn vorkommende Verwechselung
Heimdalls mit Odin (S. 207), dem Finn Magnusen den Monat zueignet,
in welchem die Sonne in das Zeichen des Widders tritt. Endlich mag
sich sein Beiname Windhler (Vindhlêr, Sturmmeer) auf seine neun Mütter
beziehen, die ein Bild für die Wogen sind. Weinhold Ztschr. VII, 48.

Wie Heimdall unter dem Namen Rigr die menschlichen Stände gründet
S. 273, mag man noch in dem schönen eddischen Rigsmál nachlesen. Die
grünen Wege der Erde, die er hier wandelt, erkläre ich daraus, daß der
Regen das Wachsthum erfrischt: unter den Füßen des Gottes, der den Welt=
strom bedeutet und dessen Symbol der Regenbogen ist, ergrünt die Erde.
Denselben Sinn finde ich in dem Mythus von Freyjas Halsband Brisingamen,
das Loki entwendet hatte, Heimdall ihr wieder erkämpft. Rask 355. Weinhold
l. c. 46. Loki bedeutet hier die Glut des Sommers, welche der Erde den
grünen Schmuck entführt, den Rasen versengt, der auch sonst als Jardhar
men (gânga undir jardhar men bei Eingehung des Freundschafts=Bünd=
nisses, R. A. 118) bezeichnet wird, dem Brisingamen entsprechend, Myth.
609. Heimdall ist hier wieder der Regen, der die Gräser erfrischend der Erde
den grünen Schmuck wiederverschafft. Hieraus erklärt sich auch, warum
Heimdall, der sonst weise war den Wanen gleich, sich FAS. I, 313 heimkastr
allra âsa schelten laßen muß, denn was ist langweiliger als ein Regenwetter?

Neuerdings hat A. Lütolf (Germ. VIII, 208 ff.) Wilh. Tells Sage
aus Heimdalls Mythus ableiten wollen, worüber ich auf §. 82 verweise.

Auf dem Wipfel der Weltesche ließen wir S. 275 Heimdall als
Welthirsch weiden und faßten dann seine Spitze als Schwert, das uns
wieder auf Heimdall als Schwertgott wies. Wir sehen aber S. 37 einen
Adler auf der Weltesche sitzen und diesem vergleicht sich zunächst der
Hahn Widofnir, der nach Fiölsvinnsmal 24 auf dem Wipfel des Bau=
mes Mimameidr sitzt, welchen schon Andere den Doppelgänger der Welt=
esche Yggdrasil genannt haben. Wie nun Heimdall als Götterwächter
bezeichnet wird, so vertritt ihn schicklich der Hahn, der wachsame Vogel,

und wenn wir diesen noch jetzt auf den Spitzen der Kirchthürme finden, so hat er seinen Platz zu behaupten verstanden. Das hätte auch der Adler auf dem Achener Münster, der deutschen Krönungskirche, schon als Reichsadler gesollt: es war kein Grund ihn zu entfernen so lange der gleichbedeutende Hahn noch nicht von den Kirchthürmen verdrängt ist, und wenn die Achener beim Reiche bleiben wollen, wie sie der alte Spruch ermahnt, so setzen sie ihn wieder darauf. Vgl. S. 30. Menzel Symb. 366. Zeisberg Germ. XIII, 416.

2. 3. Iring und Irmin finden wir stäts beisammen: bei Widukind, der sie historisiert, aber doch alten Liedern folgt, und so auch in der Heldensage, im Nibelungenliede namentlich, ist letzterer zu Irminfrid geworden; aber sowohl Widukind als die Wiltinaſ. weiß von Irings Bezug auf die Milchstraße und auch hier, am Himmel, gesellt sich ihm Irmin, wie wir §. 74 gesehen haben. Iringsstraßen finden sich am Himmel und auf Erden; Irminstraßen sind nur auf Erden bezeugt: die Ermingestret durchzog von der Watlingestret durchkreuzt ganz England von Süden nach Norden; von der Irminſûl liefen vier Straßen durch alles Land. Die Watlingestret ist auch am Himmel bezeugt: wie sollte die Ermingestret da gefehlt haben? Aber der Himmelswagen heißt auch Irmineswagen, wie Ing, der andere der drei Söhne des Mannus bei Tacitus, gleichfalls einen Wagen hat (Myth. 320): dem Himmelswagen entspricht aber auch sonst noch ein Himmelsweg, und den Straßen auf Erden entsprechen himmlische, S. 203, so daß wir des ausdrücklichen Zeugnisses fast entrathen können. Man hat daher auch Irmin auf den Kriegs= und Schwertgott Ir oder Er (Heru) zurückführen, und Irman, Erman in Ir=man, Er=man zerlegen wollen (W. Müller 294); dagegen bemerkt aber Grimm Myth. 327. 333, dem Namen Iring gebühre langes J, und GDS. 345 ist ausgeführt, daß das H in Hermunduri, Hermanfrid, als bloße Spirans nicht in Ch übertritt, während Heru sich in Cheru wandelt. Auch ist Irmin wie Armin ein abgeleiteter Name, kein zusammengesetzter und der Name Herman entspricht nur dann, wenn man auch ihn als abgeleitet betrachtet und schreibt. Die Verbindung von Irmin und Iring schien schon oben bei der Eresburg §. 86 hervorzutreten, wo aber der Annalist (§. 86) ausdrücklich bezeugte, Ermis sei neben Aris (Heru) verehrt worden; Heru (Erich) fanden wir schon oben S. 274 in Iring, welchen das Rigsmâl Rigr nennt. Daß der Gott, der hier die menschlichen Stände gründet, ein Schwertgott war, bezeugt das Lied selbst, indem es ihn mit anderm Namen Heimball nennt. Von Cor, wie die angelsächsische Rune §. 87 lautete, möchten dann zunächst die Corle benannt sein, weil nur sie das Schwert zu führen berechtigt waren. Wenn aber auch Irmin auf Heru weist, weil die Irminsäule bei der Heresburg errichtet war, und weil Widukind nach §. 86 bei Gelegenheit jener andern Irminſûl, welche die Sachsen nach dem

Sieg über die Thüringer errichteten, von Irmin auf Mars geräth, so kann
doch Irmin ein allgemeiner Name sein, der eben den allgemeinen Gott
bezeichnen wollte, wie das Präfix irmin- die Begriffe zu steigern, bis zum
Allumfaßenden zu erweitern dient. Unter diesem allgemeinen Gotte kann
man sich Allvater, aber auch einen gemeinschaftlichen Gott verbundener
Stämme denken, wie auch Armins Name vielleicht nicht anders besagen
wollte als den gemeinschaftlichen Feldherrn der cheruskischen Völker. Selbst
den allgemeinen Namen der Germanen für die deutschen
Völker leite ich von Irmin, der ags. Eormen-, altn. Jörmun-
hieß; von da bis zu germanus war nur ein Schritt und in geormen-
vyrt, geormenleáf Myth. 326 finden wir ihn wirklich gethan. Grammatik
3. Aufl. S. 11 neigte Grimm stark dazu, den Namen der Germanen von
Irmin abzuleiten und vor ihm waren schon Leibnitz und Eccard auf derselben Spur. Aber nur durch Vorsetzen der untrennbaren Partikel ge-,
welche in Gevatter, Gebrüder u. s. w. zusammenfaßende Kraft hat, konnte
in Deutschland aus erman german werden und auf die Frage: was
seid ihr für Leute? die Antwort erfolgen: wir sind Germanen, d. h. wir
sind alle zusammen von Irmins oder seines Großvaters Tuistos Geschlecht.
Näher ausgeführt hat dieß einer meiner Zuhörer O. A. Hoelscher 1865
in seiner Dissertation de Irmini dei natura germanorumque
nominis origine. Das erste J in Irmino finden wir schon bei Tacitus
durch Brechung in E verwandelt; das zweite i wird erst in den Namen
Ermanaricus, Ermanafredus zu a, wo Ermana-genit. pl. ist, und die
Erminonen bedeutet, die hier vielleicht schon die beiden übrigen Stämme
mitbegreifen. Nicht bloß die herminonischen Baiern leitete man im M. A.,
schon im Annolied (vgl. Maßmann Kaiserchronik III, 472 ff.), aus Ar-
menien ab, auch aus Normandie ward Ormanie gemacht und wenn für
die Römer der allgemeine auf alle deutsche Völker sich erstreckende Sinn
in Germani lag, so wird uns derselbe Sinn von universalis schon ausdrücklich für Irmin bezeugt, vgl. §. 86. Dieser Sinn lag ursprünglich in dem Namen und wie Mannhardt Götterwelt 276 in Aryama den
gemeinsamen Nationalgott aller Arier vermuthet, so sehe ich den Altvater
aller Germanen in Irmin. Von dem Bischof Germanus läßt die
Legende Thórs Wunder der Wiederbelebung (der Böcke) an einem Kalbe
wiederholen, das ein armer Hirte ihm und seinen Gefährten geschlachtet.
Nach der Wiederbelebung empfieng der Heilige den Namen Herman,
den wir §. 86 auf Irmin und somit auf Thór bezogen haben. Vgl. Rochholz Gl. u. Br. I, 221. In dem Namen Germanen ist -anen nur Ableitung: das a sollte kurz sein; die Römer aber, die es mit ihrem germanus verwechselten, sprachen es lang aus. Wenn Grimm für den
gallischen Ursprung des Namens Germanen geltend macht, daß die Völker

sich den Namen nicht selber gäben, sondern von ihren Nachbarn empfiengen,
so geräth er schon bei dem Namen der Tungern, noch mehr aber bei
dem der Deutschen mit sich selber in Widerspruch. Auch dießmal hat
man in der Fremde gesucht, was man in der Heimat beßer haben konnte.

Mochte auch bei jenen Irminsäulen, die dem allgemeinen Gotte galten, an den Sieg- und Kriegsgott gedacht werden, weil es sich eben um
den Sieg im Kriege handelte, und jene ältere Irminsäule eine Siegssäule
war, weshalb wohl auch Widukind bei ihr an Mars dachte, oder mochte
man, wie §. 86 gezeigt ist, sein Bild mit Thörs Kenle bewaffnen, Irmin
selbst sollte, wie es scheint, als gemeinschaftlicher Gott verbündeter Völker
mehrere Culte vereinigen und durfte daher von jedem der verbundenen
Völker auf seinen besondern Gott gedeutet werden. Vielleicht waren auch
die Herminonen und Hermunduren zum Dienst eines gemeinsamen
Gottes verbundene Stämme, die von dem allgemeinen Gotte den Namen
führten. Daß dieser Gott Odin gewesen sei, dafür spricht jener Irmineswagen nicht, denn öfter wird Thör fahrend gedacht als Odin. Was über Irmin, Hirmin noch im Volke lebt, ist Myth. 329 und Woeste Volksüberl. 43
zusammengestellt, wozu noch das den Thörsmythus enthaltende Märchen
vom starken Hermel §. 86 kommt. Neben den Spruch: ‚he ment, use
Herre got heet Herm un saete oppem appelbäume‘ stellt Kuhn noch
einen zweiten: Dat is ûuter alen tit, as de düwel nôn lütk fentken
was un Hemmanken (Hermänchen) hedde. Dem vergleicht sich der niederrheinische: du wellst mich wîs mâche’ Gott hêsch Gerret (Gerhard),
wovon Grimm Gebrauch machen könnte, denn Gerhard mag den mit dem
Sper (Gungnir) bewaffneten Gott meinen. Gleiche Bedeutung hat der
Name Gerwalt, der sich im Herzog Gerold verjüngt, der den Schwaben
das Recht erwarb, dem deutschen Heere vorzufechten.

Wir fanden Irmin zuerst in dem göttlichen Stammhelden Irmino
§. 74, dann in jenem nach ihm benannten himmlischen Irmineswagen, dem
eine irdische Irminstraße entsprach, hierauf in Arminius und drei verschiedenen §. 86 besprochenen Irminsäulen. Neben der ältesten standen auch Irminfrid mit Iring, die hernach von Ermenrich oder seinem Neffen Dietrich
angezogen in dessen Kreiß traten. Aber der Gott ist als St. Hirmon auch
zum Heiligen geworden und zwar seiner alten Vorliebe getreu, zum Säu-
lenheiligen. Bei Bischofsmais steht sein Bild auf einem Erlenstock im Walde.
Vergebens brachte man es mehrmals in eine Kirche; andern Morgens stand
es wieder auf dem Erlstock. Da ließ man es endlich stehen und wölbte
nur eine hölzerne Kapelle über den Stamm. Schon ursprünglich war es aus
einem Holzblock gesägt worden, den man seiner Schwere wegen nicht
fortschaffen konnte. Das ist nur die alte Vorliebe für den Wald, welchen
die Götter mit ihrem Volke theilten. Daß dieß gerade in Baiern geschah,

wo auch der Dienst des Heru (Iring) durch den Namen des Wochen-
tages bezeugt ist, zeigt uns noch einmal dieselben Götter verbunden. Vgl.
Panzer I, Nr. 33, II, 402. So hat auch der Ehrenbreitenstein einst Her-
manstein geheißen, Irmstein nach dem alten Rheinischen Antiquarius.
Für Iring findet sich Juwaring und Euring, welches von Eoring nicht
zu ferne steht.

Die Götter der Trilogie §. 57 haben wir betrachtet; nur Freyr
(Fricco) ist übergangen, weil wir ihn mit den übrigen Wanen zusammenstellen wollen. Vielleicht hätte man ihn unter den Schwertgöttern erwartet, bei welchen wir ihm so eben versuchsweise eine Stelle einräumten;
aber nicht bloß hat Freyr sein Schwert hinweggegeben, er führte es auch
nur als Sonnengott. Hier folgen also zunächst

Die übrigen Asen.

90. Wali (Ali Bui) und Skeaf.

Der Mythus von Baldur (hochd. Paltar) ist §. 34 im Zusammenhang mit den Geschicken der Welt erklärt und S. 82 auch gesagt worden,
was seine ursprüngliche natürliche Bedeutung war. Baldur erschien uns
als die lichte Hälfte des Jahrs; sein blinder Bruder Höðr (ahd. Hadu)
als die finstere, mit der Nebenbestimmung, daß die Zeit des wachsenden
Lichts für die sommerliche, die des abnehmenden für die winterliche Jahreshälfte gilt. Baldurs Tod trat darnach schon zur Sommersonnenwende ein,
wo die Tage am längsten sind, nun aber wieder kürzen, der Sieg des
blinden Höðr sich entscheidet. Aber dieser Sieg ist kein bleibender: auch
der Herschaft Höðrs ist mit der nächsten Wintersonnenwende ein Ziel gesteckt,
wo Baldurs Tod an Höðr Wali (Welo) rächt, in welchem Baldur im
nächsten Frühjahr wiedergeboren wird. Daß er nicht als Baldur wiederkehrt, sondern unter dem Namen seines Halbbruders Wali, dient theils
den Sinn des Mythus, der sonst zu nakt zu Tage läge, zu verstecken, theils
mag es mit der eigenthümlichen Ausbildung zusammenhangen, die er im
nordischen Glauben empfieng, wo der Kreißlauf des gewöhnlichen Sonnen-
jahrs dem großen Weltenjahr wich, und Baldur, einmal zu Hel gegangen,
erst in der erneuten Welt zurückkehren sollte. Unter den Göttern der erneuten Welt finden wir dann auch Wali; ohne Zweifel bezog er sich aber
ursprünglich auf das Sonnenjahr. Mit dieser Deutung stimmt Alles
was wir von Wali wißen. D. 30 faßt sich kurz über ihn: ,Ali oder
Wali heißt einer der Asen, Odins Sohn und der Rindr. Er ist kühn in
der Schlacht und ein guter Schütze.' Skaldsk. 13 nennt ihn Friggs Stiefsohn, den Odin mit der Rinda gezeugt, wie das auch D. 36 und Weg-

tamstw. 16 weiß. Ueber Rinda giebt uns Saxo Aufschluß (III, Müller
126).   Nach dem Fall der Balderus (§. 35) wird dem Othin von dem
Finnen Rostioph (Rossbieb) geweißagt, er werde mit Rinda, der Tochter
des Ruthenerkönigs, einen andern Sohn zeugen: der sei den Tod seines
Bruders zu rächen bestimmt.   Die Finnen gelten in Norwegen für Zauberer und weißagekundig: darum tritt hier ein Finne an die Stelle der
in Wegtamskwidha von Obin erweckten Wala. Diesem Könige naht nun
der Gott in der Gestalt, die wir als Obins irdische Erscheinung schon kennen, mit tiefherabgedrücktem Hute: er tritt als Feldherr in seinen Dienst,
gewinnt seine Gunst, indem er das Heer seiner Feinde in die Flucht schlägt,
und hält dann um seine Tochter an.   Der König nimmt die Werbung
wohl auf; von der spröden Jungfrau empfängt er aber statt des verlangten Kusses eine Ohrfeige. Darnach nimmt er die Gestalt eines Gold-
schmiedes an, fertigt sehr schöne Arbeit und bietet der Schönen Spangen
und Ringe; aber auch jetzt entgeht er der Maulschelle nicht. Noch zum
drittenmal, da er ihr als junger in der Reitkunst ausgezeichneter Krieger
naht, wird er so heftig von ihr zurückgestoßen, daß er zu Boden stürzend
die Erde mit dem Knie berührt. Zur Strafe trifft er sie mit dem Zauberstab und beraubt sie des Verstandes.   Seinen Vorsatz aber giebt er
nicht auf, er nimmt jetzt zur List seine Zuflucht: der unermüdliche Wanderer
legt Frauengewand an und giebt sich für heilkundig aus. Unter dem Namen Wecha in das Gefolge der jungen Königin aufgenommen, wäscht er
ihr Abends die Füße. Als ihre Krankheit zunimmt, erbietet sich Wecha
sie zu heilen, erklärt aber gleich, es bedürfe so bitterer Arznei, daß die
Kranke sie nur nehmen werde, wenn man sie binde. Als das geschieht,
hat sie Othin in seiner Gewalt und zeugt mit ihr Bous, den zum Rächer
Balburs bestimmten Sohn. Die Götter aber, die bei Saxo in Byzanz wohnen, finden diese Handlung des Gottes unwürdig und verstoßen ihn aus
ihrer Mitte: den Ollerus (Uller) bekleiden sie mit seiner Macht und seinem
Namen.   Doch weiß sich Othin unter den Göttern wieder Anhänger zu
verschaffen und es endlich dahin zu bringen, daß Oller von Byzanz flüchten
muß; im Schweden, wo er seine Herschaft aufs Neue zu gründen versucht,
wird er von Dänen erschlagen.

· Nur wenig hat Saxos historisierender Bericht den Mythus entstellt,
dessen Erhaltung ihm allein verdankt wird. Angedeutet ist er in der Edda
außer darin, daß Wali der Sohn der Rinda heißt, auch Skaldsk. c. 2 in
Kormaks Worten: seidh Yggr til Rindar: Yggus amores Rindae iu-
cantamentis sibi conciliavit. Auch Rostiofr erscheint Hyndlul. 31. Rinda
ist die winterliche Erde, wie Uller der winterliche Obin. Rinda heißt wörtlich crusta: die Rinde des Brots wie des Baums bezeichnet noch das
Wort, das hier die hartgefrorne Erde meint. Darum scheint sie Saxo

zur Tochter eines russischen Königs zu machen, während sie nach Hyndl. 31
im Westen wohnt, wenn damit nicht angedeutet sein soll, daß sie vom
Westwind angeweht, aufthaue. Durch den Tod Balburs, des Lichtgottes,
war die Erbe der Gewalt des Winters anheimgefallen. Lange bemüht sich
Othin vergebens, sie zur Erwiederung seiner Zärtlichkeit zu bewegen. Er
bietet ihr Kleinode, den goldenen Schmuck des Sommers; er mahnt sie
durch seine Reiterkünste an kriegerische That, die herrlichste Uebung der
schönen Jahreszeit. Petersen 198. Umsonst, ihr störrischer Sinn ist nicht
zu beugen: er muß seine ganze Zauberkunst aufbieten und zuletzt selbst zur
List greifen bis es ihm gelingt, ihren harten Sinn zu schmelzen. So ist
Rinda der Gerda gleichbedeutend und unsere Ausführung S. 180, daß
es ursprünglich Odin war, an dessen Stelle erst Freyr, dann Skirnir trat,
bewährt sich von Neuem. Der Zauberstab, womit Othin die Rinda berührt,
ist der Gambantein, mit dem Skirnir der Gerda zusetzt. Wir haben
ihn anderwärts auf den Blitz gedeutet, der, wenn er nicht tödtet, doch be-
täubt und des Verstandes beraubt. Gerda ergiebt sich auf die bloße
Drohung, den Thurs (Th) einzuschneiden; Rinda wird mit dem Stabe
wirklich getroffen und verfällt der dort angedrohten Krankheit, die dem
Gott Gelegenheit bietet, sie als Arzt in seine Gewalt zu bringen. Dieser
Unterschied verschwindet gegen die Uebereinstimmung der Hauptzüge. Rin-
das Sträuben wie Gerdas wird durch die Macht des Gottes überwunden.
Aber nach Walis Zeugung, den Saxo Bous nennt, tritt der volle Winter
erst ein: ‚Wenn die Tage längen, beginnen sie auch zu strengen.‛ So wird
Odin aus dem Himmel verwiesen und der winterliche Uller, nur eine andere Seite Odins, herscht an seiner Stelle. Aber bald kehrt er selbst in
seiner Herrlichkeit zurück; der kalte Uller flüchtet nach Schweden, in den
Norden, wo er seine Herschaft noch eine kurze Zeit fristen kann. Da gebiert Rinda den Sohn, der Balburs Tod an dem dunkeln Höbhr rächend,
den neuen lichten Frühling heraufführt. Das ist der Sinn des Mythus,
der auch in der klassischen Mythologie sein Gleichniß findet. Wie Wali
einnächtig den Höbhr fällt, so erlegt Phoebus, drei Tage alt, den
Drachen. Zur Sühne des Mords lebt er dann unter Hirten, was der
Verstoßung Othins aus Byzanz entspricht. Das erste heilkräftige Lied,
das in Grógaldr die aus dem Grab erweckte Mutter dem Sohne singt,
ist Str. 6 dasselbe, das einst Rinda der Ran sang:

> Hinter die Schultern wirf was du beschwerlich wähnst.

Petersen 199 deutet das auf die winterliche Erde, die sich erst selbst vom
Eise befreit und dann Ran, die Meergöttin, ermahnt, ihrem Beispiel zu
folgen. Es braucht kaum wieder erinnert zu werden, wie der ursprünglich
auf den Wechsel der Jahreszeiten bezügliche Mythus gleich den andern,
mit welchen er zusammenhängt, in die Weltgeschicke verflochten ward, und

Wali, der neue Frühling, nun neben Widar, der ein Rächer ist wie er, unter den Göttern der erneuten Welt erscheint.

Wali heißt D. 30 auch Ali, bei Saxo Bous = altn. Bûi, ahd. Pûwo. Jener erste Name befriedigte nicht ganz: wenn er gleich eine Niederlage zu rächen hat §. 36, so sieht man doch nicht, warum er nicht lieber nach dem neuen Siege des Lichts genannt ist. Der ganze, nach Finn Magnusens Auslegung der Sonnenhäuser in Grimnismal seiner Herschaft überwiesene Monat (19. Januar bis 18. Februar) hieß in Island Liós-beri (Lucifer); anderwärts Sólmanot, Sonnenmonat. Vgl. jedoch GDS. 108 und Bouterweck l. c. XCIII. In diese Zeit fällt Lichtmess und der Balentinstag (14. Febr.), an den sich in England, dem nördlichen Frankreich und den Niederlanden mancherlei Gebräuche knüpfen, die Er-wägung verdienen. Wolf Beitr. I, 145. Nach dem englischen Volks-glauben paarten sich an diesem Tage die Vögel, Walpurgisnachtstraum 4, 2, und Jünglinge und Jungfrauen feierten ein Fest, bei welchem sie sich durch das Looß ihr Liebchen (Balentin oder Balentine) wählten. Daher singt Ophelia:

> Guten Morgen, 's ist St. Balentinstag,
> So früh vor Sonnenschein;
> Ich junge Maid am Fensterschlag
> Will euer Balentin sein.

Wali wird als trefflicher Schütze geschildert. Erschoß er den Höðhr, eh er ihn zum Holzstoß trug? Das ist schon darum anzunehmen, weil auch Baldur erschoßen worden war. Als Gott des wiederkehrenden Lichts ge-bührt ihm als Waffe der Pfeil, da Stralen (des Lichts oder der Sonne) wörtlich Pfeile bedeuten. Nach Finn Magn. (Lex Myth. 798) wäre Wali in Norwegen durch den Apostel Paulus ersetzt worden, dessen Bekehrung am 25. Jan. von der Kirche gefeiert wird. In Deutschland wird der Apostel aber nie als Bogenschütze dargestellt wie Wali geschildert wird.

Der andere Name Ali (von at ala, goth. aljan), hochd. Alo, zeigt uns den ernährenden segenspendenden Frühlingsgott, und so dürfte auch in dem Namen Wali ein ähnlicher Begriff liegen. Wirklich bringt ihn Müllenhoff (Nordalb. Studien 14) mit altf. welo, ags. vela, alth. wolo, unserm wohl zusammen, und erkennt in Welo einen altsächs. Gott des Glücks und Wohlstands. Vgl. Myth. 1226. Der dritte Name Bûi könnte auf das wieder baulich werdende Land im Gegensatz zu Rinba, der hartgefrornen Erde, zielen. Das stimmt zu den Umzügen mit dem Pfluge zu Fassnacht, die in die Mitte Februar zu fallen pflegten. Mädchen pflegte man in den Pflug zu spannen, wenn sie sich nicht von dieser Strafe der Ehelosigkeit frei kauften. Myth. 1214 wird ein Zusammenhang mit Beowulf vermuthet, dessen erste Kämpfe in den Frühling zu denken sind.

Aber Beowulf ist Thôr. Vgl. Zeitschr. VII, 411. 416 ff. Weitere Spuren
als Wali hat der ihm identische Ske áf zurückgelaßen.

Balbur, sahen wir, ward verbrannt, Freyr wird begraben §. 101,
und so unterscheiden sich Brennalter und Hügelalter. Aber bei den bei=
den Bestattungsweisen kommt ein Schiff vor: Balburs Leichenbrand ward
auf dem Schiff ins Meer hinaus gestoßen, und im Norden wurden Lei=
chen auch im Schiffe begraben (Myth. 790); auf Grabstätten bildeten
Steinsetzungen den Umriß eines Schiffes, und die Todtenbäume des ala=
mannischen Landes waren zu Särgen gehöhlte Stämme, wie sie zugleich als
Schiffe (Einbäume) gedient haben, Ztschr. IX, 575. Aber das Schiff kommt
auch allein vor, ohne Leichenbrand und Begräbniß, und diese Bestattungsart
ist vielleicht die älteste: man legte den Todten in ein Schiff und überließ
es Wellen und Winden, denn jenseits der weltumgürtenden See, des
Wendelmeers, lag das Todtenland Utgard, das außerweltliche Gebiet, das
man wohl auch, für unsere Nordseebewohner bezeichnend, Britannien
nannte. So ward St. Martern, als er zum zweitenmal gestorben war,
in ein steuerloses Schiff gelegt, das ihn rheinaufwärts nach Rodenkirchen
brachte, wo seine Gebeine ruhen. Dasselbe begab sich nach Panzer I, 222
mit dem Leibe St. Emmerans, den ein Schiff ohne menschliche Hülfe aus
der Isar in die Donau und dann stromaufwärts gegen Regensburg trug.
Vgl. Liebrecht Gervasius 151. So wird Sinfiötli von seinem Vater
Sigmund auf ein Schiff getragen, das ein Unbekannter als Fährmann
hinwegzuführen scheint, wohl Odin, der Stammvater seines Geschlechts.
Vgl. KHM. II, 90, p. 41 u. Rochh. Gl. I, 124. An diese Bestattungs=
weise knüpft sich der Mythus von Skiöld oder Skeáf, den schon Tacitus
nach dem, was er Germ. Cap. 3 von Ulysses berichtet, vernommen zu
haben scheint; in seiner letzten Verjüngung ist er zur Sage vom Schwa=
nenritter geworden. Das Wesentliche dieser Ueberlieferung, die als
angelsächsische, dänische und langobardische Stammsage auftritt, und viel=
fache Umbildungen erfahren hat, ist Folgendes: Ein neugeborener, nach
dem Beowulf ungeborener Knabe mit Schätzen und Waffen umgeben,
landet im steuerlosen Schiff auf einer Garbe schlafend. Die Bewohner
des Landes nehmen ihn als ein Wunder auf, nennen ihn nach der Garbe
(Skeáf, hochd. Skoup, manipulus frumenti), erziehen ihn und wählen
ihn endlich zum König. Auf demselben Schiff und in gleicher Ausstat=
tung wird er nach seinem Tode, eigener Anordnung gemäß, den Wellen
wieder überlaßen; die jüngere Sage läßt ihn lebend, in derselben Weise
wie er gekommen war, in dem Kahn, von Schwänen gezogen, hinweg=
scheiden; nach seiner Heimat durfte nicht gefragt werden, und dieß Ge=
bot hatte seine Gemahlin übertreten. Da der Knabe nach der Garbe,
worauf er schläft, benannt ist, so gehört wohl die niederrheinische Sitte

hieher, den Todten auf ein Schaub Stroh (Westfälisch Rêwestroh, Woeste
57), vgl. Solarl. 47, zu legen: auf dem ‚Schoof‘ (Schaub) liegen, heißt
so viel als kürzlich verstorben sein.   Schaub und Schiff sagen also daß
der Knabe aus dem Todtenlande kam und dahin zurückkehrte: darum
eben war die Frage nach seiner Heimat verboten.   Nach deutschen Kin-
derliedern und mancherlei Spuren im Volksglauben kommen die Kinder
zu Schiffe an; auch zu Hofen am Neckar gilt nach mündlicher Erkundi-
gung dieser Glaube.   Die Vorstellung, daß die Menschen bei der Geburt aus der Gemeinschaft der die Unterwelt bewohnenden Elben heraustreten und beim Tode in sie zurückkehren, wurzelt tief in unserm
Heidenthum, sagt Sommer 170; vgl. Kuhn WS. 240, Rochholz I, 245.

     Nach dem Schiffe (Ask, die gehöhlte Esche) scheint Asciburg, die
Schiffstadt (Noatun) benannt; auch bei Speier, der Todtenstadt unserer
Kaiser, die vielleicht für die Todtenstadt überhaupt galt (Rheinl. 66), da
wohl schon ihr Name mit spirare zusammenhängt, findet sich eine Schif-
ferstadt, nicht etwa am Rheinufer, sondern tief im Lande, was freilich
einen natürlichen Grund haben kann in der Veränderung des Rheinbettes.
Hatte Tacitus die Sage von Skéáf vernommen, so war er wohl befugt,
sie auf die nahverwandte von Ulysses zu deuten, denn auch Er landet
schlafend und erkennt die Heimat nicht; es war das Land der Todten,
aus dem er kam. Kalypso ist wörtlich die nordische Hel, die verborgene
Göttin, die personificierte Unterwelt.   Für den Schwanenritter wird uns
§. 103 der Name Heljas begegnen; DS. 539 heißt er Gerhard, und
dieser auf Odins Sper deutende Name kann nach S. 280 ein Beiname
Odins als Todtengott sein.

     Eine Spur ist im Wartburgkrieg und dem darauf gegründeten
Lohengrin erhalten, wo der Schwanenritter von Artus ausgesandt
wird, der aber längst von dieser Welt geschieden im Berge wohnt mit
Juno und ‚Felicia Sibillen Kind‘.   Im Parzival ist es bekannt-
lich der Gral, von dem ‚Lohengrin‘ ausgesendet wird; aber dessen
Königreich ist so verborgen wie Hels Todtenreich, und Niemand mag es
ohne Gnade finden.   Wenn nun Freyr mit Skéáf zusammenfiele, wie
Müllenhoff Ztschr. VII, 409 wollte, obgleich er als Sköld sich auch mit
Uller (§. 91) berührt, der nur der winterliche Odin ist, so sähen wir
hier Freys Bezug auf Hel, die Todesgöttin, hervortreten.   Ich glaube
aber in den Erläuterungen zum Beowulf dargethan zu haben, daß Skéáf
Wali ist. Kaum geboren, nur eine Nacht alt, schreitet Wali zum heiligen
Werk der Rache. So wird von Skéáf gesagt, daß er umborwesende,
noch ungeboren dem Lande zufährt, wo er recens natus den Kampf gegen einen ruhmreichen Helden bestehen sollte.   Ungeboren heißt er nicht
ohne Grund, so lange er das Land seiner Bestimmung noch nicht erreicht

hat. Das Kind, das der Storch bringt, ist noch ungeboren, so lange es
der Storch im Schnabel hält: erst wenn er es der Mutter in den Schooß
legt, kommt es zur Geburt.   Nach Arndts Zeugniß vertritt in Rügen
der Schwan die Stelle des Storchs: man sagt, daß Er die Kinder bringe.
Von dem Schwan weiß die Sage von Skéáf noch nichts; aber das steuer-
lose Schiff, das Winden und Wellen übergeben ist, läßt keinen Zweifel,
woher er kam und wohin er fuhr.   Deutlicher wieder verrieth es die Sage
vom Schwanenritter, indem sie die Frage nach seiner Herkunft verbot.
Erst hier kam der Schwan hinzu; aber noch immer spielt die Sage, wie
die von Ulysses bei Tacitus, am Niederrhein, wenn sie sich gleich jetzt
schon an den Rhein= und Scheldemündungen bis Valenciennes ausgebreitet
hatte.   Nur der Schwan verräth jetzt noch den ungebornen göttlichen
Helden; die Sage selbst versteht sich nicht mehr, indem sie den Schwan
einen erwachsenen Ritter herbeiführen läßt.   Dagegen gedenkt sie noch des
Kampfes, zu dem der Ritter entsendet ist; die Skeafsage muste davon
schweigen, denn daß ein neugeborner Knabe einen Zweikampf bestehe, ist
in der Heldensage wie in der Geschichte geradezu unmöglich.   Im Beowulf ist aber Skéáf schon in die Heldensage gezogen; als Wali war er
noch eines Gottes Sohn und in der Göttersage ist der Kampf eines neu=
gebornen Knaben weder unerhört noch sinnlos: einnächtig fällte Wali
den Höðhr.   Wir wären nun zu hören begierig, obgleich die Sage des
Kampfes geschweigen muß, gegen Wen eigentlich der ungeborene Skéáf
ausgesandt war.   Die Stammtafeln nennen Heremôð unmittelbar vor
Skéáf, was dießmal nicht heißen kann, daß sie Vater und Sohn seien:
Skéáf wird damit nur als Heremôðs Nachfolger im Reiche bezeichnet.
Im Beowulf ist das Gemüth dieses Heremôð, der eher dem Hermôðr des
Hyndluliedes als dem der j. Edda entspricht, verfinstert: er war im Alter
unmilde und blutgierig geworden.   Dieß macht ihn nicht ungeeignet für
einen epischen Nachklang des göttlichen Wesens zu gelten, in welchem einst
die dunkle Seite des Jahrs angeschaut worden war.   Dieß Wesen hieß
in der Edda Höður; bei den Angelsachsen scheint es Heremôð geheißen
zu haben.   Dieser Heremôð entspricht dem Hermôðr der Edda nicht, der
ist ein dritter Bruder Baldurs.

Tacitus hatte nur von zwei Brüdern gehört, die er Alci nennt
und auf Castor und Pollux deutet.   Die j. Edda zerlegt ihr Wesen in
viere; Baldur Höður Wali Hermôðr.   Die Angelsachsen die nur von drei
Brüdern wusten, nannten Wali Skéáf und den Höðhr Heremôð.

Der Beweis für die Identität Walis und Skéáfs liegt in dem Beinamen, den beide führen: Wali heißt bei Saxo Bous, altn. Búi; Skéáf
aber wird, da in den agf. Stammtafeln nur Prädicate eines und des=
selben Gottes enthalten sind, auch Beaw genannt, was wie Búi auf die

wieder baulich gewordene Erde geht, im Gegensatz zu Rinba, der winter-
lich gefrornen Erde. Skeaf heißt der noch ungeborene Wali, weil er vor
der Geburt, wie einst nach dem Tode auf dem Schaub (manipulus frumenti) liegend gedacht wurde und weil dieser Gott des Reichthums und der
Fülle das Kornkind unserer Sagen (Rheinf. Nr. 251 ‚das Wunder im
Kornfeld‘) und Erntegebräuche ist, das schwerer und schwerer ward als
man es aufhob und damit ein gesegnetes Jahr ankündigte. Vgl. Mannhardt Korndämonen 28. Ungeboren heißt er, weil er das Getreide der
kommenden Jahresernte bedeutet, das in dem wachsenden Frühlingslichte,
in das sein Fest fällt (Valentinstag 14. Febr.), gedeihen und reisen soll:
damit rächt er die Unbill, die an Balbur durch den Tod dieses Lichtgottes
begangen ist. Das Land, aus dem er kommt, und in das er zurückkehrt,
ist die Unterwelt, der mütterliche Schooß der nährenden Erde, der er auch
den Namen Ali verdankt. Wir haben hier wieder wie §. 36 einen
friedlichen Mythus, der zu einem kriegerischen Volke gekommen ist, von
dem Stande der freien Bauern (Karle) zu dem Stande der Edeln.

Das Schiff, das ihn aus der Unterwelt und wieder dahin zurück
bringt, hat auf seinen Namen keinen Bezug. Vgl. M. Beowulf S. 175 ff.
Walis feindlichem Bruder Höbhr entspricht in der Schwanenrittersage
bald der Sachsenherzog (DS. 538), bald der Graf von Frankenberg
(DS. 534), bald Friedrich von Telramund (DS. 536). Der Name
Helias, den der Schwanenritter im flämischen Volksbuche führt, beantwortet schon die verbotene Frage. Da wir Wali mit Skeaf und dem
Schwanenritter, also auch mit dem Ulysses des Tacitus zusammengebracht
haben, so müßte es verwundern, wenn er nicht auch in die eigentliche
deutsche Heldensage eingedrungen wäre. Hier sehen wir ihn aber in Wals,
von dem die Wölsungen den Namen haben, wiedererstanden. Sein Vater
Wärir (Lenzer), wie ihn die Vorrede der jüngern Edda statt Rerir
nennt, ist, wie in Stammtafeln herkömmlich, nur ein Prädicat des
Gottes, der den Frühling (Vâr) bringt. Die Rîmur frâ Wölsungi
hin ôborna wißen noch nichts davon. Wärirs Gemahlin sei von dem
Genuß eines Apfels, den ihr Odin durch sein Wunschmädchen sandte, so
sehr schwanger geworden, daß ihr das Kind ausgeschnitten werden muste.
Das wurde wohl nur erfunden, um den dem umborwesende entsprechenden Beinamen ôborni zu erklären. Von keinem Weibe geboren zu
sein, war seitdem ein Ruhm unüberwindlicher Helden, der sich bei jenem
Hoyer von Mansfeld wie bei dem ungebornen Burkard, Macduff und
Andern wiederfindet. Dahin gehören auch Rogbai in Wladimirs Tafel-
runde, Leipzig 1819, und Rusthem, der Held Irans; vgl. Görres Schach
Nameh I, 110. Jene Beinamen Ungeboren und Neugeboren verrathen
die Einheit Skeafs, Walis und Wölsungs oder Wals. Da Skeaf auch Schild

(Skiölb) heißt und Skiölbunge das Königsgeschlecht der Dänen, weil sich
in Schonen die Skeassage localisiert hatte, wie sie nach der Meldung des
Tacitus von Ulysses auch am Niederrhein (Asciburg, Cleve) daheim war,
so begreift sich, daß die Welsungen bald im Frankenland, bald in Dänemark herschten. Dem Niederrhein wird aber nach dem Zeugniß des
Tacitus die Priorität nicht zu bestreiten sein. M. Rieger Germ. III,
163 ff. hat auch schon bemerkt, daß Salvius Brabon, der Schwanenritter,
Gr. D. S. 286, wie Ulysses aus Troja kam, Troje aber bei Hagen von
Troje wie im Wolfdietrich Elsentroje oder die alte Troje die Unterwelt bedeutet; so daß sich hier über den Ursprung der Sage von der
trojanischen Abkunft der Franken neues Licht verbreitet. Selbst der Name
Loherangrin, wenn er nicht auf Lothringen geht, was den Niederrhein
mit begreift, kann auf die Unterwelt zielen, da wir eine deutsche Glut-
hölle neben der Waßerhölle nachgewiesen haben.

In den Schwan, der in Rügen die Kinder aus dem Seelenlande
bringt, pflegen in den Märchen von den dankbaren Todten Ver-
storbene sich zu wandeln. Bei diesem Bezuge zum Todtenreich, den auch die
Redensart ‚es schwant mir‘ verräth, darf er sowohl dem Schiff, das die
noch ungeborenen Kinder der Erde zuführt, als dem andern, das Todte
dem Seelenlande zurückträgt, die Wege weisen. In den redenden Schwan
Lohengrins, wie in jenem, der in dem See eines hohlen Berges schwim-
mend einen Ring im Schnabel hält, wenn er ihn fallen läßt, geht die
Welt unter, ja in den Schwänen, die auf dem Urdarbrunnen schwimmen,
ist die Schicksalsidee verkörpert. Vgl. Kuhn M. S. 68. Gr. Myth. 400.

91. Uller (Vuldor, Holler).

Wie Oller nach Saxo von den Göttern an Odins Stelle gesetzt,
dann aber wieder ausgetrieben und in Schweden erschlagen wird, ist so
eben berichtet; auch haben wir ihn schon §. 90 als die winterliche Seite
Odins gefaßt. Im Sommer ist Odin ganz Er selbst, der herrliche Himmelsgott, der als Gott des Geistes besonders in Krieg und Schlacht
waltet. Im Norden aber taugt der Winter zum Kriegen nicht, er ist zu
hart, um Heere gegen einander zu führen; desto beßer ist diese Zeit, wo
sich die Fährte des Wildes dem Schnee eindrückt, zur Jagd geeignet. Odin
hat nun sein heiteres Antlitz gewandelt: in Thierfelle gehüllt, mit dem
Bogen bewaffnet, Schrittschuhe unter den Füßen fährt er über Eis- und
Schneeberge dahin. Der Gegensatz von Sommer und Winter ist auch
darin angedeutet, daß Baldur Wegtamskv. 4 Ullers Freund heißt. Baldur ist hier der sommerliche Gott, Uller der winterliche: sie sind Freunde,
weil aus ihnen das Jahr besteht, das im Norden nur Sommer und
Winter hat. Doch wird sich sogleich noch eine andere Erklärung dar-

bieten. Als Wintergott ist Uller der Sohn der Sif, der Erdgöttin, aber Thôrs Stiefsohn, weil er vor ihrer Vermählung mit Thôr, im Winter, wo die Gewitter schweigen, erzeugt ist, D. 31. Sein Vater wird nicht genannt; es bedurfte auch darüber keiner Meldung, wenn er selbst, wie sich aus Saxo schließen läßt, der winterliche Odin ist. Ausdrücklich läßt Saxo den Ollerus von den Göttern mit Odins Namen nennen, und so fällt er mit jenem Mitothin zusammen, der schon früher einmal (Müller I, 42) den Odin vertrieben und seine Stelle eingenommen hat. Da aber Uller als ein selbständiges, von Odin verschiedenes Wesen gefaßt wird, das im Winter seine Stelle vertrat, so war das nächste, daß man ihn überhaupt als Odins Stellvertreter im Himmel behandelte, so oft er selber nicht anwesend war. An Saxos Bericht erinnert darum Grimn. 42, wo Odin von Geirröbh zwischen zwei Feuer gesetzt, ausruft:

Ullers Huld hat und aller Götter
Wer zuerst die Lohe löscht.

Denn hier sehen wir ihn, während Odin auf Erden, ja in der Unterwelt weilt, an der Spitze der Götter. Die Unterwelt ist auch sonst dem Winter, dem Tod der Natur, gleichgestellt. Geirröbh mag indes ursprünglich der- selbe Geirröbh sein, den wir §. 84 als Unterweltsgott kennen lernten: mithin befindet sich Odin acht Nächte d. h. acht Monate lang in der Unterwelt, während Uller im Himmel für ihn eintritt. Nun aber sagt Hamconius Frisia p. 77:

Pluto sed et Frisiis cultus quandoque videtur
Atque Holler dictus vulgari nomine, tanquam
Inferni dominus. (Wolf Beitr. I, 204.)

Darnach wird umgekehrt Uller im Sommer in der Unterwelt sein, wie Odin im Winter; aber nur als seine andere Seite. Das erklärt uns auch seine Freundschaft mit Balbur, denn mit ihm traf er in der Unter- welt zusammen, wo Balbur ursprünglich alljährlich in der Zeit des ab- nehmenden Lichtes verkehrte; gerade in diese fällt aber die heißeste Sommer- glut. Die Namensform Holler erklärt sich aus einem Spiranten- wechsel: wie aus Woden Hoden, aus Wôd Hood (Robin Hood) wird, §. 77, so sehen wir aus Wuller Woller (wie sein deutscher Name ge- lautet haben wird, oder auch nur Wull Woll) mit Vertauschung von W und H Holler hervorgehen. Holler erinnert an Holla, die auch Wulle hieß. Hieraus erklärt sich vielleicht zugleich das in den Namen Wodans eindringende I (S. 165), denn da Wôdan und Woll denselben Gott be- zeichneten, nur in verschiedener Auffassung, so war eine Vermischung beider Namen natürlich. Den Bezug jenes niedersächsischen Ernterufs: Wôld! wozu ein bairisches Oswôl! tritt, auf Frau Wulle oder Uller hat schon Grimm (Ztschr. VII, 393) erkannt. Die Ableitung des Namens von den

wolligen Schneeflocken des Winters hat nun kein Bedenken: darum war
er eben der Erntegott, weil reichlichem Winterschnee die Fülle des Ge-
treides verdankt wird. Aus demselben Grunde verbindet das ABCDarium
Nord. die Runen Is ár endi Sól. Doch scheint eine andere Ableitung
vorgezogen zu werden, obwohl das agf. Vuldor, das bald für Gott
selbst, bald für göttliche Herrlichkeit gebraucht wird, und dem goth.
vulthus, Glanz, entspricht, für den Gott des lichtarmen nordischen Winters weniger gemäß ist, es wäre denn, daß auch hier wieder an den
blendenden Glanz des Schnees gedacht würde. Wie aber beide Namen
Wôd und Wol in Wöld zusammenfloßen, so sehen wir auch den sommerlichen und winterlichen Odin sich vermischen: nicht nur Wôden, Wôde,
Wöld, dernach dem Liede Myth. 142 als Hävenhüne aufgefaßt wird,
hat ein Pferd, dem unsere Erntegebräuche ein Büschel Aehren stehen
laßen (Myth. 104), auch der unterweltliche Odin, wenn er als Heljäger
umreitet (Kuhn NS. 310. vgl. S. 503), und wenn er als männlich ge-
dachter Hel ein Scheffel Haber empfängt, sein Pferd damit zu füttern.
Müllenhoff S. 245. Dasselbe Pferd finden wir bei der weiblichen Hel,
der Gemahlin dieses Unterweltsgottes, wieder.

Die Edda kennt aber Uller fast nur noch als winterlichen Himmelsgott: D. 32 schildert ihn als Bogenschützen und Schrittschuhläufer; Skaldskap. 14 nennt ihn Oendur-As, Boga-As, Weidi-As und Skjalbar-As
und in der Dichtersprache wird der Schild Ullers Schiff genannt. Nach
Saxo verstand sich Oller (wie Odin) auf die Zauberkunst, namentlich soll
er einst einen Knochen so besprochen haben, daß er sich desselben als eines
Schiffes bediente um über das Meer zu setzen. Uller erscheint hier ganz
als das männliche Gegenbild Skadhis, die D. 23 Oendurdis heißt und
Yngligaf. 9 nach der Scheidung von Njörðr dem Odin vermählt ward,
wo wieder Uller gemeint sein kann, der winterliche Odin; Odins Vermählung mit Skadhi bedeutet eben nur den Eintritt des Winters. Als
Jagdgott bedurfte Uller des Bogens, wozu die Eibe, ihres zähen, festen
Holzes wegen, vorzugsweise verwendet ward. Der Eibenbogen heißt altn.
ybogi, und die Yrune hat die Gestalt eines Bogens. Darum lesen wir
Grimnism. 5:

> Ydalir (Eibenthäler) heißt es,   wo Uller hat
> Den Saal sich erbaut.

Zur Winterlust gehört aber auch der Eislauf; überhaupt aber sind im
nordischen Winter Schrittschuhe unentbehrlich. Sie wurden aus Knochen
von Pferden und Rindern verfertigt: solche Schrittschuhe, bald Skidi,
bald Oendrur genannt, sieht man noch jetzt in Norwegen und Island.
Sie sind nach der Abbildung, die Stephanius 127 zum Saxo giebt, ungewöhnlich groß, dabei so gebogen, daß sie Schilden, ja kleinen Kähnen

gleichen. Freilich nur auf dem Eise thun solche Knochen den Dienst eines
Schiffes. Aber vielleicht gieng Uller auch auf ungefrornem Waßer, eine
Kunst, die noch jetzt im Norden heimisch sein soll, in der sich auch bei
uns zuweilen Nordländer sehen laßen, nicht immer freilich mit gleichem
Glück. Aber der Gedanke, mit solchen Schrittschuhen über das Waßer
zu setzen, ist dem Schrittschuhlaufen über das Eis abgeborgt, und da solche
Waßerschuhe die Gestalt von Schilden haben, heißt der Schild Ullers
Schiff und er selbst Schildâs. Daraus mag es sich auch erklären, daß
es gut sein soll, ihn beim Zweikampf anzurufen, D. 31, wo Alles darauf
ankommt, sich mit dem Schild zu decken und zu schirmen. Unerklärt bliebe
noch, warum nach Atlakw. 30 bei Ullers Ring geschworen wird. R. A.
895. Die Zuverläßigkeit des nordischen Winters, wie Petersen 288 will,
genügt dazu nicht. Es wird bei ihm geschworen, weil er der Unterweltsgott ist; aus demselben Grunde werden auch bei der Gefion Eide abgelegt. Den Ringeid, den Odin selbst Hawam. 110 schwören soll, hat
Woeste Ztschr. f. M. I, 396 auch in Deutschland nachgewiesen. Wahrscheinlich legte man den Finger in den Ring und fürchtete, er möchte den Finger
klemmen, wenn man falsch schwöre. Darum sagt Sigrun Helgaf. Hundingsb. II, 130 zu ihrem Bruder Dag:

> So sollen dich alle Eide schneiden (bita),
> Die du dem Helgi geschworen hast u. s. w.

Auch sonst fehlt es nicht an Anzeichen, daß sein Dienst bei uns zu
Hause war: ein Frau-Wüllesheim ist bei Düren bekannt, Wolsberge liegen
bei Siegburg und ein Wolsbergethof am Fuße des Drachenfelsen; ein
Wolsperg erwähnt Panzer I, 72. II, 182 in Niederbaiern, und ein Wols-
perghe in Brabant Wolf Beitr. 145. Daß der h. Hubertus ihn ersetzt
habe, ist nicht unwahrscheinlich.

Was Saxo einmal von Mitothin, ein andermal von Ollerus erzählt
ist derselbe Mythus, der schon Oegisdr. 26 in Lokis Beschuldigung der
Frigg, als habe sie mit Wili und We, den Brüdern Odins, gebuhlt,
und in dem Bericht Snorris in der Yngligaf. Cap. 3, anklingt, wonach einst
Odin weggereist war und so lange fortblieb, daß die Asen glaubten, er
kehre nicht wieder. Da machten sich die Brüder auf und theilten sein
Erbe; aber sein Weib Frigg nahmen sie beide gemeinschaftlich. Aber bald
darauf kehrte Odin heim; da nahm er sein Weib wieder. Faßen wir
als den Kern dieses vielgestaltigen Mythus, daß während der Jahreshälfte, wo sich Odin in der Unterwelt aufhielt, in Walhall ein Anderer
um sein Gemahl geworben habe, der aber bei seiner Heimkehr genöthigt
wurde, die Flucht zu ergreifen, so erkennen wir in ihm die Grundlage jener
Sagen von der Heimkehr, welche §. 66 ausführlich besprochen worden
sind. Fast in allen tritt die Zahl von sieben Jahren an die Stelle

der sieben Wintermonate des Nordens. Auch darin zeigt sich die Ein=
stimmung, daß die Reise in den Osten geht, wie bei Odin zu dem Ru=
thenerkönig. Eine Reihe deutscher Märchen, die ein andermal aufgezählt
werden mögen, läßt die Frau des Heimgekehrten die Frage an die falschen
Freier richten, was sie thun solle: sie habe einen neuen Schlüßel machen
laßen, nun aber den alten verlorenen Schlüßel wiedergefunden. Hieraus
entspringt uns die schon von Andern (Müller in den NS. Sagen und
Märchen S. 417) aus andern Gründen aufgestellte Vermuthung, daß
auch die Dietrichssage in den Kreiß der unsern Mythus nachhallenden
Heimkehrsagen gehöre; ja wir möchten selbst den Namen Dietrich in
der Bedeutung von Schlüßel aus dieser so oft wiederkehrenden Frage
herleiten. Im Wolfdietrich ist dieser ursprüngliche Zusammenhang
wieder in anderer Weise verdunkelt, indem er nicht zu seiner eigenen Ge=
mahlin, sondern zu der Otnits, seines Bundesbruders heimkehrt, der sie
ihm aber auf den Todesfall vermacht hatte. Auch hier wird eine Hochzeit
unterbrochen, ein alter Schlüßel wiedergefunden, und daß Wolfdietrich
der verbannte Odin ist, zeigt sich an seinen beiden Brüdern Wachsmuth
und Bogen, die ihn, wie jenen Wili und We, vertrieben haben, an
seinen eilf Dienstmannen, die aus der Gefangenschaft der Brüder be=
freit werden sollen, und denen die eilf Asen zu Grunde liegen. Dieß
ist der Dietrich, der die Riegel beider Dietrichssagen hebt. In der Vor=
rede zu Loher und Maller hab ich auch die beiden Brüder Karls des
des Großen verglichen, die ihn vertrieben haben sollen.

Noch eine zweite Reihe deutscher Sagen außer denen von der Heim=
kehr wurzelt in unserm Mythus. J. Zacher hat sie in seiner Schrift: ‚Die
Historie von der Pfalzgräfin Genovefa,' Königsberg 1860, erschöpfend
besprochen. Hier wird das Gewicht auf die Leiden der während der
siebenjährigen Abwesenheit des Gemahls unschuldig verleumdeten und
bestraften Gemahlin gelegt. Außer Genovefa selbst gehört dahin die
Heldin eines andern deutschen Volksbuchs, die geduldige Helena, wozu
als dritte noch die mit Ritter Galmy verwandte Hirlanda tritt.
Genovefa hat einen doppelten Bezug zu Bertha der Spinnerin (§. 114):
sie wird am 5. Januar, also am Vorabend des Berchtentages wieder=
gefunden und ihr Name bezeichnet sie als die spinnende, webende, wie
sie denn auch in Frauenkirchen hinter dem Hochaltar sitzt und spinnt,
wo man noch ihr Rädchen schnurren hört. Vgl. mein Rheinland 307.
Der ganze Name schildert sie als die Spenderin des Ehesegens.
Der Name der ihr gewidmeten Capelle berechtigt aber, sie für Frouwa
(Freyja) zu halten, die der Frigg identisch einst Odins Gemahlin war
(§. 103) und auch in einem andern Mythus (§. 73. 3 a.) von ihrem
Gemahl verlaßen wird.

92. Phol. Alci. Hermodhr.

Wir kehren zum Mythus von Baldur (Paltar) zurück, um noch
einige Nachträge zu liefern:

1. Der Merseburger Heilspruch, der uns zuerst des Daseins Baldurs im Volksglauben des engern Deutschlands versichert hat (M. Leseb.
20), ist zwar nur ein Zauberspruch, bei Verrenkungen anzuwenden; aber
die Erzählung, daß als Phol und Woban zu Walde ritten, Balders
Fohlen den Fuß ausrenkte, welchen vier Göttinnen vergebens zu heilen
versuchten (die Heilkunst wohnt sonst Frauen bei), aber nur Wobans Zauberkraft wieder einzurenken verstand, könnte gleichwohl eine eigenthümliche
deutsche Auffaßung des Baldurmythus enthalten. ‚Wie in der Edda
Balburs schwere Träume alle Götter beunruhigen, so hier sein Zurückbleiben durch die Lähmung seines Roßes.' Von Balburs Roß wißen wir
sonst nicht viel; D. 49 sehen wir es mit allem Geschirr auf seinen Scheiterhaufen geführt. Hier aber wird man an Blôdughôfi S. 154. 180
erinnert: zwar soll es nach Skaldskap. 59 Freyrs Roß sein oder Atridrs
(Odins); aber D. 15 bleibt Balburs Hengst, weil er mit ihm verbrannt
sei, ungenannt, gerade wie Blôdughôfi, die demnach eins sein könnten.
Sollte so auch Freyr in dieser Erzählung mit Baldur zusammenfallen, und
wäre, woran schon Myth. 1210 gedacht wird, Phol der Name, der beide
vermittelte? In ihm erscheint ein bisher ungeahnter Beiname Balburs,
denn nur auf diesen kann er nach dem Zusammenhang des Spruches
gehen. Wir sind aber nicht einmal über seine Aussprache im Klaren.
Die Alliteration verlangt F, während Ph gewöhnlich Pf bedeutet. Die
urkundlich nachgewiesenen Ortsnamen, welche mit diesem Phol zusammengesetzt sind, als Pholesouwe, Pholesbrunnen, Pholespiunt, Phulsdorf
(Myth. 206), zeigen später Pf; aber auch Vâland (Junker Voland), ein
später Beiname des Teufels (Myth. 944), kommt in Betracht, desgleichen
Ful und Pful für den Eber, sonst Freyrs Thier (Myth. 948); selbst der
Phallusdienst, der wieder an Freyr mahnen würde, ist herbeigezogen
worden. Hätte die Alliteration Recht gegen die Schreibung, so müßte
man an einen Gott der Fülle wie Wali denken. Aber in demselben Gedicht erscheint schon Volla als Schwester der Frija oder Frigg, deren
Schmuckmädchen in der Edda Fulla heißt.

Aus dem Vorkommen jener Ortsnamen in Thüringen und in
Baiern läßt sich noch kein Schluß ziehen, da der rheinische Pfultag,
Pulletag für den 2. Mai (M. 581) auf weitere Ausbreitung deutet. Vgl.
jedoch Weisth. II, 98. Auf denselben Tag fiel auch das keltische Beal-
teine, Myth. 579, das gleichfalls einem Lichtgotte, vielleicht einem Gott des
Tages galt, der sächsisch Belbegg oder Bälbäg = nord. Balbur hieß.

Hierauf gründet fich die Annahme Myth. 208, daß in Phol und Baldur (Paltar) zwei mit einander in der Fortfchiebung nicht Schritt haltende Entfaltungen deſſelben Wortes vorliegen, das bei Kelten und Slaven (ſ. o. 86) Bel lautete, und deſſen Bedeutung weiß, licht war.

Für die Anſicht, daß Phol in Deutſchland Freyr und Baldur vermittelte, ſpricht Folgendes. Bei Freyr werden ſich Bezüge auf Roſs und Eber finden; Phol, nach dem wir letztern oben genannt ſahen, alliteriert ſogar auf Fohlen (volon), und der Pfalgraben heißt nach Myth. 915 auch Schweingraben. Fehlt uns für Balder, der doch mit Phol zuſammenfällt, der Bezug auf den Eber, ſo iſt Myth. 948 angemerkt, daß dieſer im Reinardus Baltero heißt; auch iſt Hackelbärends Tod durch den Eberzahn S. 197 auf Odhr=Baldur bezogen worden. Vgl. §. 76, 2. Von Baldurs Pferde war ſchon oben die Rede: als er nach Saxo ſeinem durſtigen Heere den Brunnen ſchuf, geſchah es wohl, wie S. 85 vermuthet wurde, durch den Huffchlag ſeines Roſſes, denn es ſcheint dieſelbe Sage, die bei Karl dem Großen und Bonifacius wiederkehrt, vgl. Chr. Peterſens §. 106 angezogene Schrift, und an ſie erinnern dann Pholesbrunno, Baldersbrunnen und Baldersbrönd bei Roeſkild. Als Reiter erſcheinen auch Caſtor und Pollux, welche Eidſchwüre in Pol (Phol) kürzten. Dieß führt uns zu der älteſten Geſtalt des Mythus von Baldur und Wali.

2. Tacitus berichtet Germ. 43 von einem jugendlichen Brüderpaar, das bei den Naharnavalen in einem altheiligen Haine verehrt wurde: er vergleicht ſie dem Caſtor und Pollux (ea vis numini, nomen Alcis); doch bemerkt er ausdrücklich, daß ſie Götter, nicht etwa Halbgötter waren. Nach Zacher Runenalph. bedeutete der Name die Leuchtenden, Glänzenden, alci, goth. alkeis. Ohne Zweifel ſind ſie Myth. 109 nicht unrichtig auf Baldur und Hermôdhr gedeutet, denn die Römer giengen den Analogieen des Begriffes nach, und da von den Dioskuren der Unſterbliche mit dem Sterblichen in die Unterwelt hinabſtieg, damit er dann auch die Freuden des Olymps mit ihm theile, ſo bietet kein anderer Mythus mehr Aehnlichkeit dar. Den Hermôdhr ſahen wir §. 33 den Helweg reiten, ſeinen Bruder Baldur zu löſen, daß er mit ihm nach Asgard zurückkehre. Gleichwohl ſcheinen es eigentlich Baldur und Höbhr, die wir in jenem göttlichen Brüderpaar zu ſuchen haben, denn die beiden gleichen und doch wieder ungleichen Hälften des Jahres ſind auch in den Dioskuren dargeſtellt. Zwei Brüder, die bald als Freunde, bald als Feinde, bald zum Verwechſeln ähnlich, bald höchſt ungleich geſchildert werden, der eine ſchön, der andere häßlich, der eine weiß, der andere ſchwarz, führen uns die Freundſchafts= und Liebesſage ſehr häufig vor; einigemal fehlt das verwandtſchaftliche Verhältniſs: es iſt nicht ſo weſentlich als daß in der

Liebesſage der Freund der Geliebten, in der Freundſchaftsſage die Ge=
liebte dem Freunde geopfert werde. In den ältern Sagen beſteht die
Probe der Freundſchaft darin, daß Einer für den Andern die Schrecken
des Todes überwinde, was dadurch veranſchaulicht wird, daß er in die
Unterwelt hinabſteigt. Zwei ſolche Brüder haben wir nun in Baldur und
Höðhr: ſie werden als höchſt unähnlich gefaßt, der eine licht, der andere
dunkel (blind), ſo daß ſie an den ſchönen und den ungethanen Dietrich
der Creſcentiaſage erinnern, wie dieſe wieder an Ferenand getrü und
Ferenand ungetrü, KHM. 126. Bei Saxo ſind ſie um die Braut ent=
zweit, ſo daß ihr Mythus in den Kreiß der Liebesſagen übertritt; wie
ſie aber Brüder ſind und in der Edda keineswegs feindliche, da ſie viel=
mehr in der verjüngten Welt Hand in Hand aus Hels Hauſe zurück=
kehren, ſo fehlt auch der Zug nicht, daß Einer für den Andern in die
Unterwelt hinabſteigt; nur iſt er auf den dritten Bruder Hermöðhr über=
tragen, wie auf den vierten (Wali) die Rache, zu der ſich ſonſt Brüder
verpflichtet ſind. Bei dieſer Spaltung der naharnavaliſchen Brüder in
viere §. 90 iſt es nicht leicht zu ſagen, welcher der viere jedem der beiden
Alci entſpricht, und ſelbſt Müllenhoff, dem wir hierüber volle Auskunft
verdanken (Ztſchr. XII, 346—54), hat darüber geſchwankt. Da jedoch ihr
Mythus, wie Er gelehrt hat, in der Heldenſage von Ortnit und Wolf=
dietrich erhalten iſt, Wolfdietrich aber Ortnits Tod rächt, ſo berechtigt uns
dieß zu ſagen, daß die naharnavaliſchen Brüder ſich unter den norðiſchen
Göttern als Baldur und Wali wiederfinden; doch füge ich hinzu, daß
Theile ihres Weſens auf die beiden andern Brüder Höðhr und Hermoðhr
übergegangen ſind; ſolche Theile jedoch, die ſo genau mit ihrer göttlichen
Natur zuſammenhängen, daß ſie in der Heldenſage nicht wohl geborgen
bleiben konnten.

Tacitus nennt die göttlichen Brüder mit einem gemeinſchaftlichen Na=
men, und gerade dieß hat befremdet. Aber wie Freunde Alles gemeinſchaft=
lich haben, ſo unterſcheiden ſie ſich auch durch die Namen entweder gar
nicht, wovon ſo eben ſchon ein Beiſpiel (Dietrich) vorkam, oder wie Amicus
und Amelius, Brunnenhold und Brunnenſtark, Johannes Waßerſprung
und Caſpar Waßerſprung nur wenig. Nehmen wir den Waßerpeter
und Waßerpaul (KM. III, 196) hinzu, ſo werden wir wieder an Pferd
und Quelle und jene Phols= und Baldursbrunnen erinnern. Auch in
der Heldenſage führten ſie zuerſt den von ihrem weiblichen Haarſchmuck
(muliebri ornatu bei Tacitus) hergenommenen Namen der Aſtinge oder
Hasðinge (goth. Hazðiggôs, altn. Haddingjar). Die beiden Hasðinge
werden Hyndlul. Str. 22 (M. Edda S. 134), bei Saxo V, 93 erwähnt,
und die Hervararſ. nennt ſie ausðrücklich Zwillinge. Auch am Schluß
des letzten Helgiliedes wird von einem der Habbinge erwähnt, daß er

als wiedergeborner Helgi in den Karaliedern gefeiert werde. Ueber dieſe
Kara, die in Schwangeſtalt über ihren Helden ſchwebt, vgl. §. 129. Sie
ſpiegelt ſich ſpäter in jener Zauberin Oſtacia der Wiltinaſ., die in Drachen=
geſtalt dem Hertnit beiſteht und mit ihrem wilden Heer aus der Luft am
Kampfe Theil nimmt. Aſtingi oder Hasbingi war der Name der van=
daliſchen Könige, die als Hartunge oder Hertnite in der Heldenſage fort=
leben. Bekannt ſind die Hartunge von Reußen im Heldenbuch, nicht min=
der aber auch die Hertnite der Wiltinaſ., die als Ortnite in die ſüddeutſche
Heldenſage eintraten. Ortnit wohnt in Garten (am Gardaſee); die
Wiltinaſ. hatte Hertnits Reich nach Holmgard (Nowgorob) gelegt, das
den deutſchen Kaufleuten, aus deren Munde ſie aufgezeichnet wurde, aus
eigener Anſchauung bekannt war.

Wie ſich aber der Mythus in der Heldenſage zuletzt geſtaltete, will
ich jetzt noch mit Müllenhoffs eigenen Worten angeben: ‚Der ältere vor=
nehmere Hartung, von dem jüngern als Hertnit (Ortnit) unterſchieden,
erſtreitet gegen ein rieſiges, winterliches Geſchlecht, die zwölf Iſunge (in
der Hromundarſaga geſchieht der Kampf auf dem Eiſe), ein ſchönes gött=
liches Weib, das wohl demſelben Geſchlecht angehörte, aber dem Geliebten
im Kampf gegen die ihrigen beiſteht. Mit ſeiner goldglänzenden Rüſtung
angethan verfällt er ſpäter einem Drachen, der ihn verſchlingt. Der jün=
gere Hartung, als Harthere von dem ältern geſondert, im mhd. Epos durch
Wolfdietrich vertreten, erſchlägt dann den Drachen, legt Rüſtung und
Waffen Hertnits an, bändigt und beſteigt ſein Roß und wird darauf
von der trauernden Wittwe an des Bruders Statt als Gemahl ange=
nommen.‘

Nicht leicht iſt es, die Sage von Baltram und Sintram in einer
ihrer Faßungen mit dem Mythus der Alci in Verbindung zu bringen.
In der Wiltinaſ. Cap. 105 iſt es Sintram, der von Dietrich aus dem
Schlunde des Drachen befreit wird; nach der Burgdorfer Sage, welche
Wackernagel Ztſchr. VI, 158 mittheilt, war Baltram, der den erſten An=
griff gethan, von dem Drachen bereits verſchlungen; der jüngere Bruder
aber, der den Drachen erſchlug, befreite ihn wieder aus deſſen Schlund.
Das Säulen=Capitell im Chor des Baſeler Münſters, das eine ähnliche
Darſtellung enthält, ſtimmt mehr mit der Darſtellung der Wiltinaſage.
Beziehen wir Baltram auf Balbur, Sintram auf Wali, ſo müßte zur Zeit
der Localiſierung der Sage nach Burgdorf Wali von Wibar noch unge=
ſchieden geweſen ſein, denn Balbur wird zwar von Wali gerochen, aber
aus Hels Reich, das hier als Drachenſchlund bargeſtellt iſt, erſt durch Wibar
befreit. Andererſeits befreit Wibar den Odin nicht aus dem Schlunde
des als Drache benannten Fenriswolfs, er rächt nur ſeinen Tod.

Aber Balbur, der als Bälbäg Tagesgott iſt, erſcheint als Sonnengott

in bem Mythus von seinem Leichenbrand, der auf dem Schiff ins Meer ge=
stoßen wird. Damit ist uns ein prachtvolles Bild der in Gluten unterge=
henben Sonne vor die Sinne geführt, so daß wir in Bäldägs Mythus eine
doppelte Fortschiebung gewahren: vom Tagesgott warb er erst zum Jah=
resgott erhoben und dann auf das große Weltenjahr bezogen. Haben wir
aber so einen Sonnengott Balbur gewonnen, so begreift sich, wie er als
Baltram in ben Rachen des Drachen gerieth. Die Burgdorfer Sage
führt uns den Sonnengott vor, wie er schon halb im Schlund des ihm
nachstellenden, hier wieder durch ben Drachen vertretenen Wolfes steckt;
was kann damit anders gemeint sein, als die Sonnenfinsterniß nach
dem §. 13 besprochenen Glauben fast aller heidnischen Völker, daß ‚ein Un=
geheuer das Himmelsgestirn in den Rachen faße um es zu verschlingen.'
Zu dieser Auffassung stimmt auch der Name seines Gefährten Sintram,
der uns an Sintgunt, der Schwester der Sonne, erinnert, wie umgekehrt
die Sonne Wöl. 5 Sinni mâna, des Mondes Gesellin, heißt. Wäre
der Mythus von Tyrs im Rachen des Wolfes eingebüßtem Arme
wirklich alt, vgl. §. 87, so läge die Sonnenfinsterniß auch ihm zu
Grunde, da der Himmelsgott Tyr wohl als Sonnengott gedacht werden
konnte.

Die Astingi (Habbinge und Hartunge) halte ich für die Istäwonen
des Tacitus, welche man nicht für die Franken ausgeben darf, die viel=
mehr gleich den Sachsen Ingäwonen sind, wie denn die Welsungen mehr=
fach ausbrücklich für Abkömmlinge Ingwis erklärt werden. Auch kann man
ja die Istäwonen nicht am Rheine suchen, wenn neben ben am Ocean
wohnenden Ingäwonen die Herminonen als medii bezeichnet werden; der
ganze Zusammenhang weist dann die ceteri an die Donau, und gerade
da ist es, wo wir die Astingi finden.

Die Deutung der Alci auf Balbur und Wali ist dem Stande der
beutschen Mythologie gerecht; es bliebe zu erwägen, ob sie auf einem
ältern etwa Irmin und Iring geheißen haben können, die wir ebenso
gepaart finden und die schon die Alliteration verbunden hatte, wie sie
auch mit den Alci im Reimverbande standen. Auch erscheint nach einer
Faßung der sächsisch=thüringischen Sage Iring als Irminfribs Rächer.
Dennoch erkläre ich mich gegen diese Annahme, die sich mit dem Bezug
der Alci auf die Istäwonen nicht verträgt.

3. Wie Hermöbhr S. 73 mit Odins Roß Sleipnir über das Hel=
gitter setzt, so in Wenzigs Westfl. Märchenschatz 150 der gute Sohn mit
Tatoschick über die hohe Mauer des Drachengartens.

Hermöbhr (Herimuot) kommt auch Hyndluliobh 2 und als Heremöb
zweimal im Beowulfliede vor (§. 64): in beiden Gedichten scheint er aber
nicht der Gott, den doch die agf. Stammtafeln und demnach auch das

Formâli der Edda unter Wôdens Ahnen nennen, sondern ein göttlicher
Held, der in einer noch unerforschten Beziehung zu Sigmund gestanden
haben muß, welchem Siegfrids Drachenkampf im Beowulf beigelegt ist.
Vgl. oben S. 172. 179. Nahm er etwa in dieser ältern Gestalt un-
serer Heldensage Gunnars, Gunthers Stelle ein? Auch Gunnar und
Sigurd erscheinen als die beiden gleichen Freunde: sie tauschen die Ge-
stalt, und Sigurd reitet für Gunnar durch Wafurlogi, welche die Unter-
welt bezeichnet: er also, nicht Gunnar, würde dem Hermödhr entsprechen.
Ueberhaupt schließt sich die Sigurdsage näher an Skirnisför als an den
Baldurmythus.

Jener Dänenfürst Heremôd im Beowulfliede ward im Alter finster
und grausam, obgleich ihn Gott über alle Menschen erhöht hatte. Das
erinnert an den Geirrödh des Grimnismal, führt aber nicht weiter. Auch
auf FAS. 313, wo Sigmunds Sohn Helgi, der nach Helgak. 3. 37 mit
Odin die Herschaft theilte, unter den Asen Hermödhr geworden sein soll,
lege ich noch kein Gewicht, obgleich jener Helgi hinn hvassi heißt, wie
Hermödhr hinn hvati. Ueber die Einheit dieses Heremôd mit Höbr
s. §. 90. Heremodhs ursprüngliche Göttlichkeit wird übrigens von Uhland
VII, 303 bezweifelt, und allerdings steht ihr entgegen, daß sein Name ein
menschlicher ist, auch im Alth. vielfach bezeugt, da doch Menschen göttliche Namen nicht tragen durften. Doch scheint dieser Grund allein
nicht entscheidend, da auch Menschen Hönir, Donner heißen.

93. Forseti (Forasizzo).

Von Baldur war D. 22 gesagt worden, er habe die Eigenschaft, daß
Niemand seine Urtheile schelten könne, was sich daraus begreift, daß er
das Licht bedeutet. So erscheint er selbst als ein Gott der Gerichte.
Das erklärt den Namen des Belderbergs in Bonn, in dessen nächster
Nähe der Vogt wohnte, der das Gericht hegte. Aus §. 62 kennen wir
den nahen Bezug Beldeggs (Baldurs) auf Westfalen; aus diesem Lande,
nach Fahne aus den Niederlanden, stammte auch das gräfliche Geschlecht
der Belderbusche, das in Bonn wohlbekannt ist. In Baldurs Sohne
Forseti (Forasizzo), dessen Name einen Vorsitzer (bei Gerichten) bedeutet,
scheint daher nur eine Eigenschaft Baldurs personificiert. Er hat im
Himmel den Saal, der Glitnir (der glänzende) heißt, und Alle, die sich
in Rechtsstreitigkeiten an ihn wenden, gehen verglichen nach Hause. Das
ist der beste Richterstuhl für Götter und Menschen. Vgl. Grimnism. 15.
(S. 44.) Einen Mythus kennt die Edda nicht von ihm. Nach der Sage
vom Ursprung des Friesenrechts (DS. 445) bitten die 12 Asegen (Rechtsprecher, Schöffen), im steuerlosen Schiff auf dem Meere treibend, ihnen
einen dreizehnten zu senden, der sie das Recht lehre und zu Lande weise.

Sogleich erscheint jener Dreizehnte, am Ruder sitzend und gegen Strom und Wind ans Land steuernd. Dort wirft er die Achse (Axt?), die er auf der Achsel trägt, aufs Land. Da entspringt ein Born, und um diesen mit den Asegen (Schöffen) sitzend, lehrt sie der Dreizehnte das Recht. Niemand kannte ihn, Jedem der zwölfe sah er gleich, und als er ihnen das Recht gewiesen hatte, waren ihrer nur zwölfe. Diesen schönen deutschen Mythus mit Wolf Beitr. 134 auf Baldur oder seinen Sohn Forseti zu deuten, berechtigt schon der von ihm geschaffene Brunnen, der sonst sich dem der Urdh vergleicht, bei dem die Götter nach D. 15 ihre Gerichtsstätte haben, §. 19. Auch in Baldurs Mythus kam es §. 35 vor, daß er eine Quelle entspringen ließ. Auf Helgoland, das nach Baldurs Sohne Fositesland hieß, finden wir diesen Brunnen wieder. Nur schweigend durfte aus ihm geschöpft werden: man soll nachdenken ehe man urtheilt. Der heil. Wilibrord (739) taufte drei Heiden in dieser heil. Quelle, hätte es aber fast mit dem Tode gebüßt. Erst dem heil. Ludger, einem gebornen Friesen, gelang die Bekehrung; aber noch der heutige Name der Insel spricht die alte Heiligkeit des Ortes aus. Das um den Brunnen weidende Wild wagte Niemand zu berühren und selbst Seeräuber schonten die Insel aus Furcht, der Gott möchte sie zur Strafe durch Schiffbruch oder Kampf umkommen laßen.

94. Bragi.

Wegen Bragi könnte auf §. 76 verwiesen werden, denn in ihm ist Odin als Gott der Dichtkunst verjüngt, wie in Forseti Baldur als Urtheilsprecher. ‚Er ist berühmt', sagt D. 26, ‚durch Beredsamkeit und Wortfertigkeit und sehr geschickt in den Skaldenkunst, die nach ihm ‚Bragr' genannt wird, so wie auch diejenigen Bragurleute (bragr karla) heißen, die redfertiger sind als andere Männer und Frauen Seine Frau heißt Idun: sie verwahrt in einem Gefäße die Aepfel, welche die Götter genießen sollen, wenn sie altern, denn sie werden alle jung davon, und das mag währen bis zur Götterdämmerung.' In der Verbindung Bragis mit Idun ist die verjüngende Kraft der Dichtkunst ausgesprochen, wie Odhrörir, der Unsterblichkeit verleihende Trank, mit dem verjüngenden Brunnen der Urd, und wieder Idun selbst mit Urd verwechselt wird, §. 32. Auch Nanna, welche die Blüthe bedeutet, sahen wir S. 71 in der Dichtersprache mit Idun, der Göttin der Verjüngung, vertauscht. Auffallender ist, daß Oegisdr. 17 selbst Gerda mit ihr zu verwechseln scheint, indem Loki zu ihr sagt:

> Du legtest die Arme, die leuchtenden, gleich
> Um den Mörder eines Bruders.

Es muß Mythengestaltungen gegeben haben, die hiezu veranlaßten;

der Dichter ist gleichwohl darum zu tadeln, da er neben Idun Gerda noch einmal auftreten läßt. Aus Iduns und Gerdas Einheit fließt auch das Myth. 216 bemerkte nähere Verhältniß zwischen Oegir und Bragi, der D. 55 sein Tischnachbar ist und ihn erst über Idun, dann über die Skaldenkunst belehrt. Da Oegir mit anderm Namen Gymir hieß, so war er Gerdas Vater, mithin Bragis Schwäher, wenn Idun mit ihr zu= sammenfällt. Gewöhnlich gilt Freyr für Oegirs (Gymirs) Eidam; da wir aber gesehen haben, daß eigentlich Odin, der sich in Bragi, seinem Sohne (Skaldsk. 10) verjüngt, als Skirnir durch Wafurlogi ritt, so kann diese ungewöhnliche Mythengestaltung uns nicht mehr befremden. Sehen wir hier nun Idun an Gerdas Stelle, so fällt sie als Wärterin des Tranks (Hrafnag. 11) auch mit Gunnlödh §. 76 zusammen, in deren Armen Odin ihn den Göttern erwarb, was wieder zeigt, daß Bragi, der langbärtige Ase, Odin selber war, wozu auch der Name (Myth. 215) stimmt, der Odins Geist und Verstand zu bedeuten scheint. Asabragr, Asenfürst, wird zwar Skirnisf. 33 den Thôr meinen; doch könnte es früher den Odin bezeichnet haben. Neuerdings hat Uhland VII, 301 wahrscheinlich gemacht, daß in Bragi ein geschichtlicher Sänger, ein Skalde des 8. Jahrh., jener Bragi der alte, Boddis Sohn, zum mythi= schen erhoben wurde, wie auch seiner ursprünglichen Göttlichkeit der menschliche Name entgegensteht.

95. Loki.

Da Loki hier den Schluß macht, obgleich wir seinen Namen §. 38 von lukan, schließen, abzuleiten Bedenken trugen, so soll hier, um Allen und auch Denen gerecht zu werden, die einen Waßergott (§. 42) in ihm sehen, nicht verschwiegen werden, daß M. 222 den Loki mit jenem sumpf= bewohnenden Grendel im Beowulf zusammenstellt, einem gespenstischen Waßergeist, der mit seiner noch schlimmern aber ungenannt bleibenden Mutter Nachts in den Saal König Hrodgars einbricht, seine Helden mor= det und in seinen Sumpf hinabzieht. Sein Name ward aus ahd. krintel, Riegel, gedeutet, wie hellerigel des Teufels Großmutter zu meinen scheint. Auch scheint der hochd. Flußname Krintilaha einen Waßergeist Krintil zu bestätigen. Vgl. Schade im Weimar. Jahrb. V, 383; s. jedoch Weinhold Riesen 33, wonach der Name den Verderber, Zermalmer bedeuten würde. Grendels Mutter gleicht allerdings der neunhundertjährigen Ahne bei Hymir (§. 85) und der spätern Großmutter des Teufels. Wie Oegir und Ran sind beide nur Personificationen des ungebändigten Meeres. War Logi der Endiger, wie Uhland wollte, so würde es um so wahr= scheinlicher, daß er auch dem letzten Wochentage den Namen gegeben habe, wie denn der nordische Laugardagr aus Loki entstellt sein könnte, Myth.

114. 15. Wenn aber Saturnus im Mittelalter ein teuflisches Ansehen gewann, wie läßt sich das anders erklären, als weil er sich als Wochen=tagsgott mit Loki berührte?

Daß Loki als Utgardhaloki, als Vater der Hel und Narfis, dessen Sohn die Nacht ist (§. 14), zum Todtengotte ward, erläuterten wir aus der zerstörenden Natur des Feuers. Einmal als Todtengott gedacht, konnte er auch mit Sumpf= und Wassergeistern in Beziehung treten, die man in der Wasserhölle hausend dachte. Dieß Alles galt uns aber für jüngere Auffaßungen des milden Gottes des Lichts und der allverbreiteten Wärme. Werden wir doch selbst in Hel, der Todesgöttin, welche Hyndl. 37 als das allerabscheulichste Scheusal bezeichnet, §. 96 eine gütige Gottheit er=kennen. Ist aber ihre Verwandtschaft mit Loki so alt, daß dieß bei Er=wägung seines Wesens in Anschlag käme? Wir gedachten dieß bisher zu verneinen. Wie aber, wenn Loki als Vater der personificierten Unter=welt, der alles Leben entspringt, ebensosehr der Anfang als das Ende wäre? Hel und die Midgardschlange sind im Ragnarökmythus, den wir in den Geschicken der Welt zu erläutern hatten, ebensosehr von ihrer Schattenseite aufgefaßt als Loki selbst, und nur der Fenriswolf, wenn er nicht aus Nidhöggr entsprang, muß nothwendig eine Zeugung des schon entwürdigten Loki sein.

Für ganz neu halt ich es auch, wenn Hyndlul. 38 Lokis Bosheit von dem Genuß eines halbverbrannten, steinharten Frauenherzens abge=leitet wird. Daß Weiber boshafter seien als der Teufel selbst, ist ein Gedanke, den im Mittelalter Volksmärchen und Novellen sehr witzig zu behandeln verstanden; als er aber auf Loki Anwendung fand, muste dieser schon tief gesunken sein. Ueber Lokis Herzeßen vgl. S. 236.

Neben der Wasserhölle laßen sich auch Spuren einer deutschen Feuerhölle nachweisen: sie liegen in Geirröbh, sowohl in dem §. 84 besprochenen als in jenem andern, der nach Grimnismal den Odin zwi=schen zwei Feuer setzte, wo er acht Nächte sitzen mußte, womit acht Wintermonate gemeint sind. Daß beide zusammenfallen, ist schon S. 290 angedeutet. Nach Oegisdr. 23 war Loki selber acht Winter unter der Erde: S. 91 sahen wir, daß auch darunter acht Wintermonate gemeint sind. Aber hier bedeutete er die wohlthätige Wärme, während in Geirröbhs Wesen nur Feindseliges liegt. Gleichwohl wird auch Er wie der andere Unterweltsgott Utgardloki sich aus Lokis Wesen ent=wickelt haben.

Göttinnen und Wanen.

96. Hel.

Von der Unterwelt sahen wir §. 6. 19. 89 alles Sein aus=
strömen, aber auch wieder dahin zurückfließen. Die Göttin der Unterwelt
müste demnach die erhabenste Göttin sein: eine Göttin des Todes nicht
bloß, auch des Lebens. Von diesen beiden Seiten erscheint aber keine
der deutschen Gottheiten mehr, die sich aus ihrem Begriff entwickelt haben:
bald ist nur die eine, bald die andere allein hervorgehoben. In Berchta und
Holba, in Nerthus, Freyja und Frigg, ja fast in allen deutschen Göttinnen
sehen wir nur einzelne Seiten und Erscheinungen dargestellt, die zusam=
mengenommen einst das Wesen der geheimnisvollen wirkenden Erdgöttin
ausmachten, der großen Lebensmutter, die Segen und Fruchtbarkeit spen=
dend selbst als Todesgöttin nicht verderblich wirkt, indem sie die Seelen
der Verstorbenen in ihren mütterlichen Schooß zurücknimmt. Der Name
dieser erhabenen Göttin der Unterwelt würde heutzutage Hölle heißen. Das
erschreckende Wort hat aber nur noch einen räumlichen Begriff, keinen per=
sönlichen mehr, dazu den allerunfreundlichsten, wie schon die norb. Hel, gen.
Heljar, tiefe Entwürdigung betroffen hatte. Das gothische Halja, alth.
Hellia, mhd. Helle klingen minder furchtbar; aber ihre alte Würde und
Heiligkeit laßen auch sie nicht ahnen, und wir müßen sie gleich mit Holba
und Hilde zusammenstellen, die sich aus der gleichen Wurzel hilan celare
entfaltet haben und wesentlich eins mit ihr sind, damit der Name nicht
den Begriff der finstern Todesgöttin erwecke, sondern den der verborgen
wirkenden Mutter alles Lebens. Auch so können wir nicht erwarten, daß
schon hier unsere Ansicht Beistimmung finde: unsere ganze fernere Dar=
stellung muß darauf gerichtet sein, in dem Wesen der Hel die Quelle
aufzudecken, aus der alle weiblichen Gottheiten gefloßen sind, selbst die
Wanengötter sich entwickelt haben. Der Namen sind viele, unter welchen
die segenspendende Erdmutter sich verhüllt; aber erst die Erwägung aller
kann ergeben, daß kein anderer als der Hellias Anspruch darauf hat, für
den ältesten, allen Stämmen gemeinsamen, selbst den urverwandten Völ=
kern unter den entsprechenden Formen bekannten, zu gelten. Unter den
bisher abgehandelten weiblichen Gottheiten zeigten schon Gerba und Jdun
(und demnach auch Rinda und Gunnlödh S. 282. 301) ein näheres
Verhältniß zu Hel: sie befanden sich bei ihr, sie waren im Winter ge=
storben, der neue Frühling rief sie ins Leben zurück. Damit fallen sie
aber dem Begriff der Wanengötter, die aus der Hel hervorgehen, anheim,
denn ihr eigenthümliches Wesen ist es, daß sie nicht im Himmel droben,
sondern im Schooß der Erde wohnen, oder doch im Winter dahin zu=

rückgenommen werden, im Frühjahr erwachen und unter die Völker fah=
ren, ihnen Segen und Fruchtbarkeit zu bringen.

‚Je höher ins Alterthum hinaufzudringen vergönnt sein wird‘, heißt
es Myth. 292, ‚desto weniger höllisch und desto göttlicher kann Halja (die
gothische Form des Namens, der indisch Kâlî lautet) erscheinen‘. Ihre Ent=
würdigung darf nicht befremden. Wer versuchen wollte, die Götter Asgards
aus einer einzigen Quelle, wie hier die Göttinnen und Wanen, herzulei=
ten, hätte von dem Himmelsgotte Tyr (Zio) auszugehen, und wie sehr
ist auch dieser entstellt! Unsere verborgene Gottheit, denn nur das be=
deutet der Name, hatte als Erdmutter ihren Sitz im Schooße der Erde:
sie ist die Unterweltsgöttin, von der zur Todesgöttin nur noch Ein Schritt
blieb, womit noch nicht die wohlthätige, aber schon die ganze lebenspen=
dende Seite der Göttin verdunkelt war. Aber nun faßte die heidnische
Scheu vor dem Tode nur den Vernichter des Lebens in ihm auf. Nur
so erklärt es sich, daß dem Dichter des Hyndluliedes 37 Hel als das
allerabscheulichste Scheusal erscheint. Als man ihr den Loki zum Vater
gab, konnte dieser nach S. 91 noch als der Gott der belebenden Wärme
gedacht sein; als er sie aber mit dem Riesenweibe Augurboda gezeugt
haben sollte (§. 39), waren sie wohl beide schon gesunken. Daß ihr Odin
nach Einer Lesart über die neun Welten Gewalt gab, nicht über die
neunte, könnte noch eine Spur der ältern beßern Ansicht sein. Auch
Kuhn urtheilt WS. 333, es sei kein Mißverständniß (vgl. §. 20), daß
der Hel Herschaft über alle neun Welten verliehen sei. Wenn aber
D. fortfährt: ‚Ihr Saal heißt Elend, Hunger ihre Schüßel, Gier ihr
Meßer, Träg (Ganglat) ihr Knecht, Langsam (Ganglöt) ihre Magd, Ein=
sturz ihre Schwelle, ihr Bette Kümmerniß und ihr Vorhang dräuendes
Unheil. Sie ist halb schwarz, halb menschenfarbig, also kenntlich genug
durch grimmiges, furchtbares Aussehen,‘ so brauche ich nicht erst zu sagen,
welcher spätern Auffaßung diese Schilderung angehören muß. Aber die
zwei Farben, die ihr hier zugeschrieben werden, können älter sein. Neben
Schwarz, das als Gegensatz Weiß verlangt hätte, sehen wir Menschen=
farbe genannt, die Farbe des Lebens, da blâ (lividum), das ich mit
Schwarz gegeben habe, die Farbe der Verwesung bezeichnen kann. Unsere
deutschen Quellen setzen dafür Schwarz und Weiß. Im Eingang des
Parzival wird auf den schwarzweißen Feirefiz präludierend von Schwarz
und Weiß so gesprochen, daß jenes die böse, dieses die gute Farbe be=
deutet. Wenn dabei Wolfram die schwarze auf die Hölle bezieht, so denkt
er diese nur als einen Aufenthalt der Bösen und Verdammten, was der
christlichen Ansicht, nicht der altheidnischen gemäß ist. Dieser entspricht
es dagegen, daß in unzähligen deutschen Sagen verwünschte, Erlösung
suchende Jungfrauen, §. 46, 2, die der Gerda, der Idun gleichen, halb schwarz

halb weiß erscheinen: sie sind in der Unterwelt bei Hel, deren Farbe sie
tragen. Der Volksglaube hält sie oft für die Hel selbst, weshalb sie
sogar Held oder Rachel heißen (Panzer 60. 83). Letzterer Name ist mit
Hel zusammengesetzt und bezeichnet sie als die rächende, strafende-Göttin.
Nichts steht aber der Ansicht entgegen, daß die schwarzweiße Farbe der
Göttin der Unterwelt wegen ihrer Doppelseitigkeit gebührt, indem sie über
Geburt und Tod, Leben und Sterben gebietet. Hier giebt sich also selbst
auf nordischem Gebiet eine Spur zu erkennen, daß sie nicht immer solch
ein Scheusal war, wie sie zuletzt in der j. Edda nur noch erscheint. Als
Unterweltsgöttin theilt sie auch Lohn und Strafe aus, und ist darum dem
Einen gut und milde, dem Andern bös und furchtbar, und auch dieß
kann ihre doppelte Farbe ausdrücken. Wenn in deutschen Märchen schwarze,
schwarzweiße und weiße Farbe nur verschiedene Stufen der Erlösung be=
zeichnen, so hängt diese Vorstellung damit zusammen, daß die letzte Farbe
für die gute, die dunkle für die böse gilt. Bei Hel aber verhält es
sich mit den beiden Farben wie bei Feirefiz, der nicht ohne mythische
Grundlage ist: sie hatte eine lichte und eine dunkle Seite, und kehrte
bald die eine bald die andere hervor, je nachdem sie lohnend oder stra=
fend erschien.

Daß die deutsche Unterwelt Strafen und Straförter kannte ist §. 32
gezeigt. Die nach der Unterwelt führende Brücke bewahrt eine Jungfrau,
deren Name Môdgudhr (Seelenkampf) auf die Schrecken des Gewissens
zu beziehen ist, und als Brunhild nach der Unterwelt fuhr, mußte sie nach
‚Helreidh' einen Seelenkampf bestehen, und zwar ist derselbe so einge=
kleidet, daß eine Riesin ihr den Weg durch ihre steingestützten Häuser
(grióti studda garda mína) wehren will, indem sie ihr vorhält was
sie auf Erden Böses begangen habe. Aber Brunhild weiß sich zu recht=
fertigen und schließt mit den Worten: Versinke, Riesenbrut! Auf der
Fahrt nach der Unterwelt ist es hienach nicht gleichgültig, welches Leben
man auf Erden geführt hat. Solchen Strafen und Qualstätten gegen=
über kann es an den entsprechenden Belohnungen und Freudensälen nicht
gefehlt haben, wenn sie gleich späterhin auf Asgards Höhen verlegt wurden.
Solche mögen die Wölusp. 41 genannten (S. 141. 2) gewesen sein. In
deutschen Märchen erscheint Frau Holla, die sich mit der Hel berührt, ja
eins mit ihr war, lohnend und strafend, und noch in der Edda werden
dem erwarteten Baldur in Hels Behausung die Sitze im Voraus mit
Ringen bestreut, die glänzenden Betten mit Gold bedeckt; auch steht ihm
der Meth bereits eingeschenkt, Wegt. 12, und Hermôdur sieht ihn, als er
der Hel Lösegeld zu bieten kommt, auf dem Ehrenplatze sitzen, so daß
nun wohl das Fest in der Unterwelt zu seinem Empfange begangen ward,
zu dem im Voraus die Anstalten getroffen waren. An dieser Bewill=

kommnung des schönsten und besten der Asen erkennen wir, daß es in
der Unterwelt neben Strafen auch Belohnungen gab.

Wo Hel ganz schwarz erscheint, muß sie nicht wie die Hölle bei
Wolfram als böse gedacht sein: der Unterweltsgöttin, die im tiefen, dun=
keln Schooß der Erde wohnt, gebührt diese Farbe vorzugsweise, und ihr
Name, mit caligo und κελαινός verwandt, hängt damit zusammen.
Mögen die schwarzen Bilder der Demeter, Persephone, Aphrodite, Diana,
sie noch als zürnende Erdmutter gedacht haben: bei den damit verwandten
schwarzen Marienbildern waltete diese Vorstellung längst nicht mehr,
und schon viel früher scheint sie sich verloren zu haben. Vgl. jedoch
Myth. 289.

Hält sie die Seelen, die zu ihr kommen, unerbittlich fest, so tödtet
sie doch nicht, noch fährt sie aus, den Menschen nachzustellen. Späterm
dänischen Volksglauben gehört es an, wenn sie zur Zeit der Pest als
dreibeiniges Pferd umgeht (Myth. 290. 1135). Das Pferd gebührte ihr
wohl ursprünglich als Gattin eines der erhabensten Götter, und so er=
scheint sie auch in ihrer alten Würde, wenn sie im Wagen einherfährt
gleich segnenden Göttinnen. Grohm. 99. Anders ist es mit der Ran, der
Gemahlin des Meergottes, die im Netz die Ertrinkenden an sich zieht, oder
wie ihr Name andeutet, raubt (Myth. 288). Gleichwohl ist sie nur ein
Nebenbild der Hel, denn die Unterwelt kann, wie in den Schooß der Erde,
so auch in die Tiefe des Meeres gedacht werden. Vielleicht erst zuletzt sank
Hel zum Scheusal herab, zum Orcus esuriens, zum menschenfreßenden
Riesen, zum ungesatlichen hol (Myth. 291) mit gaffendem, gähnen=
dem Rachen.

Schon Wolf (Beitr. 203) hat die schwarze Grete des deutschen
Volksglaubens verglichen, die in den Niederlanden booze, zuarte Mar-
griet heißt, in Schleswig=Holstein als schwarze Greet oder swarte Mar-
gret historisiert worden ist, wo sie zwar in schwarzem Kleid, aber noch
auf weißen Roß und im Geleit zweier Geister in schneeweißem Gewande
erscheint. Der Name wird von jener Riesin Gridh herrühren, der Mutter
Widar des schweigsamen, von der Thór Stab und Eisenhandschuhe
borgt (§. 84). Vgl. Kuhn WS. 31. Ist sie dieselbe, die nach Wöl. 32
im Eisenwalde die Wölfe zeugt, die den Himmelslichtern nachstellen, so
mag sie wohl an die Hel in ihrer gehäßigsten Auffaßung mahnen. Dem
Thór aber erweist sie sich freundlich, gleich jener ‚allgoldnen, weiß=
brauigen‘ Mutter Tyrs in der Hymiskw. (§. 85), die mir auch nur
die lichte Seite der Hel ist wie die neben ihr stehende neunhundertköpfige,
oben der Großmutter des Teufels verglichene, Ahne die dunkle. Jene er=
scheint hier als die Mutter des leuchtenden Himmelsgottes, der hernach
zum Schwertgott herabsank. Seine Mutter blieb sie als Erdgöttin auch

da noch, denn das Schwert, sahen wir, ward aus der Erde gegraben. Diese Doppelseitigkeit der Riesin Gridh, die sich auch in den ganz ent= gegengesetzten Bedeutungen ihres Namens (Heftigkeit und Sicherheit) kund giebt, berechtigt, sie der Hel gleichzustellen, und darin kann auch ihr Ver= hältniß zu Widar, dem Gott der Wiedergeburt (§. 46), begründet sein. Wir erkennen so die Hel als Odins Gemahlin, mit der er nach der Edda den Widar zeugte, bei der wir auch den Stab fanden, dessen Macht über die Unterwelt wir schon §. 65 ahnten. Sie fällt aber als Erdgöttin wie= der zusammen mit der Jördh, der Mutter Thörs (§. 113), und auch der Gertrud wird sie sich §. 110 vergleichen laßen. So ist von Woeste Ztschr. f. M. II, 86 eine Heerdengöttin Griete oder Graite nachgewiesen, die er der Erbenmutter Nerthus vergleicht, und als Jördh für Donars Mutter hält. Sie heißt bald hillighe=, bald Sünte=Graite, berührt sich aber nicht mit der Kalender=Heiligen, die mit dem Heerdenglück nichts zu schaffen hat, während wir Nerthus §. 98 von heiligen Kühen gefahren sehen. Graite wird beim Kälberwicken angerufen, d. h. bei der Kälberweihe, wobei das Vieh mit der dem Donar heiligen Eberesche (agf. vice westf. kwicke) be= rührt wird. Vgl. Kuhn Herabkunft S. 183, WS. 158.

Mehr als sich hier schon zeigte, konnten wir in diesem § nicht zu gewinnen hoffen. Aber unter Heimdalls neun Müttern (§. 89) finden wir die Namen der beiden Töchter Geirröbhs, Gialp und Greip wieder. Da wir Geirröbh als einen Unterweltsgott erkannt haben, so fällt der Name einer britten Mutter Eirgiáfa auf, die an die Eir erinnert, eine der neun Mägde der Menglöbh (Fiölsw. 39). Sie bedeutet wohl die Heil= spendende, wie Angeya die Schönäugige. Jarnsaxa die vierte stimmt im Namen mit der Mutter Möbhis und Magnis, die fünfte Atla sogar mit Thörs Beinamen Atli. Wir sehen also hier segnende Erdmütter, nicht nothwendig Waßergöttinnen: sie sind Vervielfältigungen der Hel, der ver= borgenen Erdgöttin. Auch Rinda, mit der Odin den Wali zeugte, ist durch ihren Namen wie den Aufenthalt im kalten Rußland als eine Wintergöttin gekennzeichnet; den Winter aber fanden wir der Unterwelt gleichgestellt. So dürfen wir auch Gerda, ja Jbun, Gunnlöbh und Menglada gleichfalls herbeiziehen, die im Schooß der Erde weilen: alle erscheinen als Neben= gestalten der einen verborgenen Erdmutter und Göttin der Unterwelt.

97. Göttermutter.

In Widar, dem eigentlichen Gott der erneuten Welt, dem Rächer Odins, ist dieser wiedergeboren. Ist Hel unter dem Namen Gridh seine, als allgoldne auch Tyrs Mutter, fällt sie mit der Jördh, der Mutter Thörs, ja mit Rinda, der Mutter Walis, zusammen, vervielfältigt sie sich gar in Heimdalls neun Müttern, so werden wir auf den Begriff einer Götter=

mutter geführt, mit deren Würde die verborgene Erdgöttin einst be=
kleidet sein mochte.

Von den Aestyern, einem suebischen Volk an der Ostsee, meldet Tac.
Germ. 45, sie verehrten die Göttermutter, und trügen als ihr Symbol
Eberbilder (formas aprorum), durch welche sie sich statt aller andern
Schutzwaffen im Kampf gesichert hielten. Durch diese Ebergestalten meinte
man dem Feinde unsichtbar zu werden: sie wurden auf dem Helme
getragen: der Helm kommt von heln, hehlen, celare und der Held selbst
hat davon den Namen, daß er sich in der Rüstung schützt und birgt, Nib.
(Lachm.) 436, 4. Ursprünglich meinte das wohl die ganze Rüstung
und so fällt er mit der Helkappe oder Tarnkappe, dem verhüllenden Man=
tel zusammen, dem wir schon bei Odin §. 66 begegneten. Vielleicht
sollte das Eberbild aber auch den Feind schrecken, und dadurch den
Helden schützen. Solche Schrecken und Grausen erregende Helme begegnen
uns in Götter= und Heldensage, und selbst in der Thiersage deutet Jsan-
grim, der Name des Wolfs, darauf, denn grim ist Larve und in isan
liegt nach M. 218, Reinh. 242 der Begriff des Schreckens. Berühmter
ist jener Oegishiálmr Fafnirs; er muß aber früher dem Meergotte Oegir
gehört haben, der wie wir an seiner Gattin Ran sehen nicht immer so
milde war wie bei jenem Gastmal zur Zeit der Leinernte. Oegir verjüngt
sich in der Heldensage als Ecke, und bei ihm findet der Helm sich wieder;
er geht aber auf Dietrich, der ihn besiegt, zugleich mit dem Schwerte Ecken=
sachs über. Jetzt heißt er nicht mehr Eckenhelm, sondern Hildegrin,
was Kriegsrüstung bedeuten, aber auch für hilende grim stehen, und die
hehlende Larve bezeichnen kann. Beiden Deutungen ziehe ich eine dritte
vor, wonach er von Hilde genannt ist, einem Nebennamen der Hel, welcher
sie als die hilende, hehlende, verbergende Göttin bezeichnet. Wenn Dietrich
den Hildegrim nach Wiltinaf. C. 16 zugleich mit einem Schwert
von dem Riesen Grim und seinem Weibe Hilde gewonnen haben soll, so
beruht dieß nur zum Theil auf falscher Etymologie: er gehörte wirklich
einst Hilden, wenn wir sie als Hel und zugleich als die Göttermutter des
Tacitus denken. Schwert und Helm deuten als Eckenhelm und Eckensachs
auf den in Ecke verjüngten Meergott Oegir, dessen Gattin Ran wir S. 306
als ein Nebenbild der Hel erkannten: sie ist die im Wasser wohnende To=
desgöttin. Ihr Gatte Oegir würde dem männlich gedachten Hel §. 91
entsprechen, dem unterweltlichen Odin; als Meergott hat Oegir in Niördhr
sein milderes Gegenbild. Das Schwert, das nach dem Eckenlied einst
Ruodlieb besaß, kann dasselbe sein, das Freyr oder früher Odin nach Skirnisför für Gerdas Besitz hingab. Bei dem Meergott würde ein Schwert
befremden; aber der Gatte der Göttermutter muß der höchste Gott gewesen
sein, und in seiner Hand bedeutete es, wie wir wißen, den Sonnenstral.

Daß dem Oegir einst ein Schwert gehört habe, bestätigt das alte Riesen=
schwert, das sich in Grendels Halle findet.

Mit dem Helm wollten die Aestyer den Feind blenden oder schrecken:
es war eine zauberhafte Wirkung, die sie dem Symbol der Göttin zu=
trauten, wie in ähnlicher Weise germanische Völker, wenn sie in den Kampf
zogen, Zauberlieder anstimmten, die in den Schild gesungen wurden,
der nordisch bardhi hieß, woraus sich die Meldung des Tacitus von Bar=
ditus erklärt, obgleich dieser nur eine Weißagung darin sah. Vgl. M.
Edda 448. Die Zauberkraft des Helms lag in dem Eberbilde, das, wie
wir aus Freyrs goldborstigem Eber lernen, ein Bild der Sonne war.
Darum räth auch Hawamal 130:

> Nicht aufschauen sollst du   im Schlachtgetöse:
> Ebern ähnlich   wurden oft Menschenkinder:
> So aber zwingt dich kein Zauber.

Gullinbursti hatten wie Eckensachs, vielleicht auch Eckenhelm, Zwerge ge=
schmiedet (S. 153); er hieß auch Hildiswin, was an Hildegrin erinnert.
Außer den Aestyern trugen auch die Angelsachsen das Eberbild auf dem
Helme, (Myth. 218); ob zu Ehren des Gottes wißen wir nicht: daß sie
den Feind damit zu schrecken meinten, zeigt der Name egisgrima (Schrek=
kenslarve), wenn er nicht auf den Meergott Oegir zurückweist.

Der Bezug auf die Sonne, den wir sowohl bei dem Helm der Göt=
termutter, als dem sich danebenstellenden Schwert gewahrten, deutet darauf,
daß beide Symbole nicht sowohl ihr als ihrem Gemahle gehörten. Nur
bei dem Helm kann man zwischen ihm selbst und dem darauf angebrachten
Eberbild unterscheiden. Wenn aber der Helm unsichtbar machte, und als
grima, die den ganzen Leib verhüllt, mit dem Helmantel zusammenfällt,
der auch in Odins Besitz erscheint, so ist auch Er als ein gemeinschaft=
liches Eigenthum des uralten Götterpaares anzusehen.

98. Nerthus.

Von andern suebischen nach Plinius 4, 28. 29 ingävonischen Völkern,
worunter die Angeln, Avionen und Wariner, wißen wir aus Tac. Germ. 40,
daß sie die Mutter Erde unter dem Namen Nerthus verehrten. Be=
rühmt ist die Schilderung von ihrem Auszuge unter die Völker (invehi
populis), denen sie Frieden und Fruchtbarkeit brachte. Auf einer Insel
des Weltmeers lag ein heiliger Hain, darin ward ihr Wagen bewahrt;
ein Gewand verhüllte ihn: nur der Priester durfte ihn berühren. Ahnte
dieser die Gegenwart der Göttin im Heiligtum, so begleitete er sie, die
von zwei Kühen gezogen ward, ehrerbietig. Dann sind frohe Tage, Alles
schmückt sich festlich wohin sie zu ziehen, wo sie einzukehren würdigt. Der
Krieg ruht, die Waffen schweigen, alles Eisengeräth wird verschloßen; Frie=

ben und Ruhe, die sie sonst nicht kennen, sind auf so lange willkommen bis der Priester die des Umgangs mit den Sterblichen ersättigte Göttin dem Heiligthum zurückgiebt. Dann wird Wagen und Gewand, ja die Göttin selbst, wenn man es glauben mag, im geheimen See gebadet, der sogleich die Knechte verschlingt, die dabei Hand geleistet hatten.

Wir erfahren nicht, wie der Wagen der Göttin auf das feste Land gelangte, wo doch die ihrem Dienst ergebenen Völker wohnten. Ist dieser Wagen zugleich ein Schiff? Auch Ingos Wagen rollte nach, als er ost= wärts über die Flut gieng, S. 140. Jedenfalls sind es suebische, meeran= wohnende Völker, die der Erdgöttin dienen. Aber auch die Aestyer wohnten am Meeresstrand, sie werden gleichfalls zu den Sueben gerechnet, und die Frage liegt nahe, ob die Göttermutter, welche sie verehrten, dieselbe Göttin sei, welche wir hier als Nerthus finden. Die allnährende Erde, die Mut= ter der Menschen, darf wohl auch als Mutter der Götter aufgefaßt wer= den. Einen starken Beweisgrund gewährt aber, daß auch Freyr (Frô), auf den uns schon jene Göttermutter durch die Eberbilder hinwies, im Frühjahr auf einem Wagen, den seine junge schöne Priesterin begleitete, durch das Land zog: das Volk strömte ihm entgegen und brachte Opfer; dann klärte sich das Wetter und Alle hofften fruchtbares Jahr, Myth. 194. Auch seine Schwester Freyja hielt solche Umzüge, wenn man von Holda (Myth. 246) und der h. Gertrud §. 110, deren Dienst den ihrigen er= setzte, auf sie zurückschließen darf; daß sie Odur zu suchen unter die Völker fuhr, wird uns D. 35 ausdrücklich gemeldet. Wie wir die Eberbilder bei der Göttermutter fanden, die doch eigentlich ihrem Gemahle, dem Sonnengotte, gehören sollten, so wird der goldborstige Eber, sonst Freys Symbol, im Hyndlulied auch der Freyja beigelegt. Wenn sie darin der Göttermutter gleicht, so ist ihr Verhältniss zu Nerthus noch viel deutlicher: diese muß ihre Mutter sein, da Niördhr ihr Vater ist, und wir Grund haben zu glauben, daß der im Norden Njördhr geheißene Gott der bei Tacitus un= genannt und unerwähnt bleibende Gemahl der Nerthus war. Ebenso un= erwähnt und ungenannt bleibt in der Edda die Mutter Freys und Frey= jas, die Gemahlin Niörds, von der er sich bei der Aufnahme unter die Asen scheiden muste, weil sie seine Schwester war und es bei den Asen nicht für erlaubt galt, so nah in die Verwandtschaft zu heiraten. Diese Meldung findet sich Ynglingas. c. 4, und Oegisdr. 36 wirft Loki dem Njördhr vor, er habe den Freyr mit der eigenen Schwester erzeugt. Da die Geschwister Freyr und Freyja gleichlautende Namen haben, so laßen sich solche auch bei ihren Eltern erwarten: sie werden beide Nerthus (goth. Naírþus, ahd. Nirdu) geheißen haben. Ueber die Bedeutung des Namens ist man nicht einig; nur daß er auch bei den Kelten vielfach vorkommt und Kraft bedeutet, ist §. 59 bemerkt. Häufig wird man in deutschen Sagen

an die Insel der Nerthus erinnert; von ihr selbst wird dann nur als
von einer Gräfin in schwarzer Kutsche gesprochen, da man der Göttin geschweigen muste. Vgl. Emil Sommer Sagen Nr. 26. Kuhn WS. 41a.
und §. 143. 4 unten. Sehr ähnlich wird ihr oft Frau Holle, die auch
gleich ihr im Wagen fährt; nur pflegt sie im Teiche, zuweilen auch im
Berge zu wohnen. Mit der Hel verwandt zeigt sich Nerthus nicht unmittelbar: wir müßen erst daran erinnern, daß Niörðhr, ihr Gemahl,
sich am Gesang der Schwäne ergetzte, die wir aus §. 90 als unterweltliche Vögel kennen. Auch daß er in Noatun (Schiffsstadt) wohnte, deutet
auf ihre Einheit mit der Isis §. 110, zumal uns schon ihr Wagen zugleich ein Schiff schien, wie das Schiff der Isis zugleich ein Wagen war.
Diesen Wagen zogen Kühe, die Symbole der Fruchtbarkeit; so waren
dem Freyr Stiere geheiligt, welche die zeugende Kraft bedeuten.

99. Niörðhr und Skaðhi.

Der deutsche Stamm, welcher die Verehrung der Wanengötter Niörðhr,
Freyr und Freyja hergebracht hatte, hielt also gleich den alten Römern,
deren ebennamige Götterpaare (wie Liber und Libera) zugleich Geschwister
zu sein pflegen, die Ehen unter Geschwistern, wenigstens bei ihren Göttern, für unanstößig. Da Tacitus die Verehrung der Göttermutter von den
suebischen Aestyern meldet, wie er auch die Völker, welche die Nerthus verehrten, zu den Sueben stellt, so hat die Vermuthung Schein, daß es dieser
Stamm war, welcher den Wanen Aufnahme in das nordische Göttersystem
verschaffte. Zu den Sueben werden c. 44 auch die Suionen gerechnet,
die Vorfahren der heutigen Schweden; und wirklich finden wir den Dienst
der Wanengötter noch später bei den Schweden vorherschen. Wie Niörðhr
und Nerthus Geschwister und Gatten zugleich waren, so mochten auch
Freyr und Freyja bei den suebischen Stämmen als Gatten gedacht werden.
Indem aber sie sowohl als ihr Vater Niörðhr, nicht aber Nerthus, unter
die Asengötter aufgenommen wurden, so konnten sie nun nach Lösung jener
den westlichen Germanen schon anstößigen Geschwisterehen in Asgard
neue Verbindungen eingehen. Niörðhr vermählte sich der Skaði, der Tochter
des Riesen Thiassi, welchen die Asen getödtet hatten (§. 31), wofür Skaði
von den Göttern Ersatz und Buße verlangt. Wiederum kam es hier zu
einem Vergleich, demgemäß sich Skaði Einen der Götter zum Gemahl
wählen sollte ohne jedoch mehr als die Füße von Denen zu sehen, unter
welchen sie zu wählen hatte. Da sah sie eines Mannes Füße vollkommen
schön und rief: Diesen wähl ich: Baldur ist ohne Fehl! Aber es war
Njörð von Noatun, D. 56. Nach D. 23 war indes diese Ehe keine glückliche. Skaði wollte wohnen wo ihr Vater gewohnt hatte, auf den Felsen
von Thrymheim; aber Njörð wollte sich bei der See aufhalten. Da ver-

einigten sie sich dahin, daß sie neun Nächte in Thrymheim und dann an=
dere drei in Noatun sein wollten. Aber da Njördhr von den Bergen nach
Noatun zurückkehrte, sang er:

> Leid sind mir die Berge,   nicht lange war ich dort,
> Nur neun Nächte.
> Der Wölfe Heulen dauchte mich wibrig
> Gegen der Schwäne Singen.

Aber Skadi sang:

> Nicht schlafen konnt ich am Ufer der See
> Vor der Vögel Singen.
> Da weckte mich vom Waßer kommend
> Jeden Morgen die Möve.

Da zog Skadi nach den Bergen und wohnte in Thrymheim.

Skadi haben wir schon bei Uller als eine Wintergöttin erkannt.
Der ihr durch eine Art Loosung zugefallene, ungemäße Gemahl muß ein
sommerlicher Gott sein. Darauf deuten schon die neun Nächte, welche
Njördhr in dem rauhen Thrymheim zuzubringen genöthigt wird: es sind
die neun Wintermonate des Nordens. Ihnen gegenüber stehen drei (nicht
neun) Sommermonate am lauen Seegestade, wo Njördhr seine Wohnung
hat. Dasselbe Schwanken zwischen neun und drei Nächten kehrt übrigens
auch D. 37 und Skirnisför 41. 42 wieder und auch hier bedeuten die
Nächte eben so viel Monate. Vgl. S. 306.

Skadi heißt Oendurdis, die Schlittschuhläuferin; sie hat ihren Auf=
enthalt in Thrymheim, den rauhen winterlichen Bergen, wo man nur die
Wölfe heulen hört und dieser Aufenthalt gefiel ihr beßer als Noatun die
Schiffsstätte, wo ihr Gemahl Njördhr sich am Gesang der Schwäne ergetzte.

Eine andere Bedingung, welche Skadi den Göttern stellte, gab diesen
auf, es dahin zu bringen, daß sie lachen müße. Wie dieß Loki zuwege
brachte, mag man D. 57 nachlesen. Wir sehen dieselbe Aufgabe in einer
Reihe Märchen nicht bloß deutscher, sondern allgemein verbreiteter, gestellt;
ich erinnere auch an Cunneware im Parzival. Dieser noch unenträthselte
Zug erklärt sich aus unserm Mythus. Die Wintergöttin ist es, die zum
Lachen gebracht werden muß, wenn sie erlöst werden und bei Walhalls
sonnigen Göttern wohnen soll. Wenn die Wintergöttin lacht, so schmilzt
das Eis und der Frühling ist gekommen. Damit wird das Rosenlachen
Myth. 1054, Schönwerth III, 315 zusammenhängen. So haben auch Zwerge
keine Gewalt mehr über uns, wenn man sie zum Lachen bringt. Vgl. Fr.
Müller Siebenb. S. p. 31. Daß es Loki ist, der Skadi zum Lachen bringt,
ist nicht befremdend: haben wir ihn doch auch schon in dem Mythus von
Swadilfari und in der Thrymskwidha als Frühlingswind kennen gelernt.
Auch die unsaubere Art, wie er es ausführt, paßt zu der Unkeuschheit,

deren er sich in Oegisdrecka selber beschuldigt. Da aber sonst kein Verhältniß zwischen Skadi und Loki besteht, so könnte er hier an Njörds
Stelle getreten sein, der nach dem Obigen einst ein Sonnengott war. Als
solcher führt er den Frühling herbei, indem er die winterliche Erde zu
lachen zwingt und die Welt mit Rosen zu bevölkern. Es konnte von
Njördhr aber nicht erzählt werden, weil der auch in unsern Märchen wiederkehrende Zug, daß sie ihn unter vielen wählte ohne mehr von ihm zu
sehen als die Füße, ihr Verhältniß zu ihm anders eingeleitet hatte. So
sehen wir in Njörds und Skadis · Mythus dieselbe Grundlage wie bei
Freyr und Gerda, Odin und Rinda, u. s. w. Ja was hier von Njörds
zweiter Gemahlin erzählt wird, konnte ursprünglich von der ersten gelten.
Nerthus verjüngte sich in Freyja und auch von dieser sehen wir in Fiölswinnsmal im Wesentlichen denselben Mythus wiederkehren. Für Skadi
ergiebt sich aus dieser Betrachtung, daß sie im Grunde mehr ist als eine
Wintergöttin, obwohl sie gleich der Rinda zunächst als solche erscheint,
und die Edda auch fortfährt, sie als solche zu behandeln, nachdem sie
schon zum Lachen gebracht ist, denn obgleich sie nun in Asgard weilt und
selbst Thrymheim, ihres Vaters Wohnung, jetzt aus Riesenheim nach Asgard versetzt ist (§. 21), läßt die Edda nun erst die Erzählung von ihrer
unglücklichen Ehe mit Njörbr folgen, die sie uns noch als Wintergöttin
schildert, nachdem sie längst die rauhe Schale abgeworfen haben sollte.
Dieser Widerspruch, in den sich die j. Edda verwickelt, hindert uns nicht, auch
in ihr eine Nebengestalt der verborgenen Erdgöttin zu erkennen, die als
Gerda, als Jdun, als Rinda, als Gunnlödh gleich den verwünschten Jungfrauen der deutschen Volkssage aus der Haft der Winterriesen erlöst sein will.

Wenn sich ihr Odin später vermählte, so sollte damit ursprünglich
wohl nur der Eintritt des Winters bezeichnet werden. Nach Yngligas. c. 4
zeugte er mit ihr den Säming, dem nach §. 62 (S. 168) Norwegen, das
kalte Land zufiel. Säming heißt er als Friedenbringer, weil in dem kalten nordischen Winter die Waffen ruhen.

Doch nicht bloß ein sommerlicher Gott war Njördhr: als Gemahl
der Göttermutter, die uns §. 98 mit der Nerthus zusammenfiel, hatte er
die Sonne zum Symbol, S. 309, und seinen Sohn Freyr sahen wir uns
schon §. 30 genöthigt, als Sonnengott aufzufaßen. Auf das Meer kann
also Njördhr ursprünglich nicht beschränkt gewesen sein: er war ein Vater
der Götter in einem andern, aber verwandten Göttersystem, denn wir finden ihn der Mutter Erde vermählt, wie Odin in erster Ehe der Jörbh,
der Mutter Thörs. Nach dem Formali der Edda hat er die Menschen
in Weinbau und Ackerbestellung gleich einer Erdgottheit unterwiesen und
nach Yngligas. 11 glaubten die Schweden, er gebiete über die Jahresernte und den Wohlstand der Menschen. Hiemit steht sein Bezug auf

daß nur in den Sommermonaten ſchiffbare Meer nicht in Widerſpruch:
ſein Dienſt gieng von meeranwohnenden Völkern aus, die im Waßer den
Urſprung der Dinge ahnten. Bei der Aufnahme unter die Aſengötter büßte
er einen Theil ſeiner urſprünglichen Bedeutung ein; doch ſteht er noch
immer an der Spitze der Wanengötter, und aus dem Weſen ſeiner Kinder
darf auf das ſeinige zurückgeſchloßen werden.

Die j. Edda kennt ihn faſt nur noch als den Gott des beruhigten
Meeres. ‚Er beherſcht den Gang des Windes und ſtillt Meer und Feuer;
ihn ruft man zur See und bei der Fiſcherei an. Er iſt ſo reich und ver-
mögend, daß er Allen, welche ihn darum anrufen, Gut, liegendes ſowohl
als fahrendes, ertheilen mag.‘ Die Einmiſchung des Feuers bezieht ſich
wohl nur darauf, daß Waßer das Feuer löſcht. Der Name ſeiner Wohnung Noatun bedeutet Schiffsſtätte. Als Meergott iſt er milder als Oegir,
in welchem das Meer in ſeinen Schrecken aufgefaßt ſcheint. Der Schreckens-
helm, den wir bei beiden Meergöttern fanden, beweiſt nicht, daß der friedliche Wanengott auch einſt eine furchtbare Seite hatte: Bei Njördhr war
er das Symbol der Sonne; in Oegirs Beſitz, deſſen Name ſelbſt Schrecken
bedeutete, mochte man ihn auf die Gefahren des winterlichen Meeres deuten. Die Götterſage weiß indes nicht, daß er ihn beſaß; wir ſchließen
nur darauf aus den Namen und weil er von Ecke, der ihm in der Heldenſage entſpricht, auf Dietrich übergieng. Aus Fafnirs Erbe erhielt
auch Sigurd den Oegishelm, vor dem alles Lebende ſich entſetzte.

100. Freyr (Frô).

Freyr, Njörds ‚nützer‘ Sohn, der über Regen und Sonnenſchein
und das Wachsthum der Erde waltet, den man anrufen ſoll um Fruchtbarkeit und Frieden, der auch ein Gott der Wolluſt und des Eheſegens
iſt (Myth. 193), beſaß, vielleicht aus dem Erbe der Mutter, mit welcher
er auch gleiche gottesdienſtliche Ehren empfieng (S. 310), den goldborſtigen
Eber. Als Symbol der Sonne gehörte aber Gullinburſti eigentlich dem
Sonnengott, und in dieſer Würde folgte Freyr unter den Wanen ſeinem
Vater Njördhr (S. 310), ja bei ſeiner Aufnahme unter die Aſen ward ſie
ihm belaßen, während ſie ſich bei den aſiſchen Sonnengöttern, Odin und
vielleicht Heimdall, verdunkelte. Wir erſehen dieß daraus, daß der Mythus von Skirnisför, der einſt von Odin gegolten haben muſte (S. 180),
nun auf Freyr übertragen ward. Ein anderes Symbol gleicher Bedeutung,
der Sonnenhirſch, wird §. 103 beſprochen, und Freyrs drittes Kleinod,
das Schiff Skidbladnir, ſchon ſogleich.

Ueber Regen und Sonnenſchein und das Wachsthum der Erde gebietet Freyr als Sonnengott; als ſolcher beſitzt er auch Alfheim, die Woh-

nung der Lichtalfen; als Sonnengott setzte er sich auf Hlidskialf, Odins
Hochsitz, und in die Julzeit, wo die Sonne sich verjüngt, fällt sein Fest.

Seine übrigen Eigenschaften, und namentlich seine friedliche Natur,
sind das Erbe aller Wanengötter. Daß er sein Schwert weggab, könnte
so verstanden werden, als habe er bei der Aufnahme unter die Asen seine
kriegerische Natur eingebüßt. Daß sie aber je in seinem Wesen gelegen
hätte, läßt sich weder aus dem Schwert, noch aus den schreckenden Eber-
bildern, die er mit der Göttermutter gemein hat, erweisen, da sie beide
nur die Sonne und den Sonnenstral bedeuten, S. 308. Wie Nerthus den
Völkern neben der Fruchtbarkeit Frieden brachte, wie der Krieg ruhte, die
Waffen schwiegen wohin sie kam und alles Eisengeräth verschloßen ward,
so buldete auch ihr Sohn, dem man den Frobefrieden zuschrieb, in seinem
Tempel zu Thwera keine Waffe; kein Mörder, kein Geächteter, die sonst
in Tempeln Zuflucht suchten, durfte das Heiligthum entweihen. Seine
friedliche Natur liegt auch in seinem Bezuge zu Hel, wovon §. 101, denn
die Unterwelt ist eine friedliche Welt, da ist aller Streit zu Ende, während
in Walhall die Einherier täglich zum Kampfe ausreiten. Heimskr. Haralbs.
c. 16 ist unter ‚Freys Spiel‘ nicht etwa der Krieg gemeint, sondern das
Julfest: sonst zu Freys Ehre am häuslichen Heerde begangen, soll es dießmal auf einem Wikingszuge gefeiert werden. Wenn er als Drachenkämpfer
erscheint, so bezieht sich das auf seinen Sieg über Beli, der in Skirnisför
freilich nur als Riese gedacht ist; aber Drachen wandeln sich in Riesen
und in den Sagen bei Saxo, welche W. Müller Ztschr. III, 43 bespricht,
war der Riese der Frühlingsstürme wie in der Sigurdssage als Drache
dargestellt. Aus denselben Sagen ergiebt sich, daß Sigurd nur eine Verjüngung Freyrs war, der in der dritten derselben unter dem Namen Alf
auftritt, weil ihm Alfheim, das die Sonne bedeutete, zum Zahngebinde ge-
schenkt worden war. Wenn Alf Hialprecks Sohn in der Edda und Wölsungasage als Sigurds Stiefvater erscheint, so soll damit nur angedeutet
werden, daß Freyrs (Alfs) Drachenkampf auf Sigurd vererbt sei. Hial-
preck, dessen Name, wie M. Rieger vermuthet, aus Alfrek entstellt scheint,
wird gleichfalls wie Alf den Lichtelfenkönig bedeuten. Sigurds Dienstbarkeit, auf die man so großes Gewicht gelegt hat, ist in der Edda nur
scheinbar und von ihm selbst Fafnismal 8 geläugnet; in Betreff Sieg-
friebs wird sie in den Nibelungen nur vorgespiegelt:

> Er (Gunther) nahm es nicht als Dienst an wie oft er Siegfrieden sah.

Freyr ward bei kriegerischen Gelübden angerufen, die man zur Julzeit auf den Sühneber, wenn er nicht Sonneneber heißen muß, ab-
legte: sie sollten noch in demselben, eben mit der Wiedergeburt der
Sonne beginnenden Jahre ihre Erfüllung finden, und so mögen auch
sie nicht beweisen, daß Freyr je als Kriegsgott gedacht ward. Wie wir

den Hugschapler (M. Volksb. Bd. IX, 427 ff.) sogar auf Pfauen schwören
sehen, legten sie die Angelsachsen auf den Schwan ab (R. A. 900), den
wir wohl nach dem obigen Gesange Njörds S. 312 als den ihm ge=
heiligten Vogel (ales gratissima nautis Myth. 1074) zu fassen haben;
das erläutert sich theils aus dem Bezug dieser Gelübde auf Seefahrten,
theils aus der wesentlichen Einheit des Sohns mit dem Vater, die sich
auch an dem andern Kleinode Freys, dem Schiffe Skidbladnir, erweist, das
mit immer günstigem Fahrwind Meer und Luft befuhr und sich zusam=
menlegen ließ wie ein Tuch, daher es auf die Wolken gedeutet worden ist,
welche beim Eintritt günstiger Witterung leicht in Luft zerfließen. Noch
jetzt werden Wolkenbildungen Schiffe genannt, und Schiller nennt die Wol=
ken Segler der Lüfte. Auch hier berühren sich Njördhr und Freyr als
Schiffahrtsgötter mit Odin, denn diesem wird Heimskr. I, 7 Skidbladnir
zugeschrieben. Wir finden es wieder in dem Schiff mit Greifengefieder,
das Sigeminne dem Wolfdietrich bereiten läßt. In der Christnis. 36
schickt Freyr einem christlichen Schiffe Sturm. Mit Skeáf, der im Schiffe
schlafend aus der Unterwelt gefahren kommt und in demselben Schiff
und mit gleicher Ausstattung auch wieder dahin zurückkehrt, kann ihn
aber der Besitz Skidbladnirs nicht gleichstellen, denn dem Skeáf ist es
wesentlich, daß er noch ungeboren gefahren kommt, und zwar wie wir
aus der Vergleichung mit der Schwanenrittersage sehen, um einen
Kampf zu kämpfen, denselben Kampf, den in der Edda der kaum ge=
borene Wali kämpft.

Freys Name scheint aus einem Beinamen Njörds erwachsen, der
ihn als den Herrn (goth. fráuja) bezeichnete, Myth. 190. Der Name könnte
auch Odin meinen: um so leichter erklärt sich die Vertauschung der Sonnen=
götter und die Uebertragung des Mythus von Skirnisför von Odin auf
Freyr. Auch daß dieser nach abweichenden Genealogieen Myth. 199. 322.
Odins Sohn oder Ahne ist, kann hiemit zusammenhangen. Die in diesen
Geschlechtsreihen erscheinenden Namen sind wie Fridhuwald mit Frieden
zusammengesetzt, und wenn sich daneben Folkwald zeigt, wie Freyr Skir=
nisför 3 volkwaltender Gott heißt, wobei der Einfluß der Alliteration in
Anschlag zu bringen ist, so muß dieser jedem Fürsten geziemende Name
nicht gerade den Feldherrn meinen. Freyjas Himmelswohnung Folkwang
deutet auf die Menge des Volks, die bei ihr Aufnahme findet, und auch
bei Freyr wird uns dieser Bezug auf die Todtenwelt begegnen.

Freyr war ein Gott des Friedens, das zeigt sich auch in den f. g.
Freyshelden, in welchen sich das Wesen des Gottes verjüngt. Bei Saxo
erscheinen mehrere an Freys Namen anklingende mythische Könige, unter
welchen Frieden und Fruchtbarkeit herrschte. Sie führen meistens Namen,
die von dem Freys abgeleitet sind, oder in denen der Begriff des Frie=

dens hervorgehoben ist. Der berühmteste ist F r o t h o (Fróði), der Sohn
Haddings, der das Fróblót, ein Freysopfer, einsetzte. Von Hadding
und seiner Gemahlin Regnhild wird bei Saxo (Müll. 53 ff.) erzählt
was die Edda von Njörðhr und Skaði berichtet, sowohl die verdeckte Wahl
des Bräutigams, dessen Füße nur sichtbar waren, als die Scheidung;
ja die Lieder, welche bei dieser gesungen wurden, kehren in lateinischer
Uebersetzung wieder. Regnhild hatte Hadding geheilt, und ihm dabei
einen Ring in den verwundeten Schenkel gelegt. Daran erkannte sie
ihn hernach, als ihr von dem Vater verstattet wurde, unter ihren Freiern
blindlings zu wählen. Diesen Hadding weiß ich mit den beiden Had-
dingen §. 92 nicht zu verbinden. Aber schon vor dem Friedensschluß
zwischen Asen und Wanen war ihnen wohl Vieles gemein, und am Wenigsten kann es befremden, wenn wir Wanenmythen bei einem der Lichtgötter Baldur und Wali wiederfinden.

Von Fróði selbst erzählt die Skalda c. 43, die ihn abweichend von
Saxo zu Friðleifs Sohne, Odins Urenkel macht, zu seiner Zeit habe Friede
in der ganzen Welt geherrscht und die Sicherheit sei so groß gewesen, daß
ein Goldring lange Zeit unberührt auf Jalangershaide lag. Zwei Riesen-
mägde, F e n j a und M e n j a, ließ Fróði von dem Schwedenkönige Fiölnir
kaufen und setzte sie in die Mühle Grotti, welche Alles malte was der
Müller wollte. Erst befahl er ihnen Glück und Frieden, dann aber Gold
zu malen und vergönnte ihnen aus Habgier nicht längere Frist sich zu ruhen
als bis ein Lied gesungen werden könnte. Da sollen sie ihm das 'Grotten-
lied' (M. Edda S. 348) gesungen haben, und ehe sie von dem Gesange
ließen, malten sie ihm ein feindliches Heer, so daß in der Nacht ein Seekönig
kam, Mysingr genannt, welcher den Fróði tödtete und große Beute machte.
Damit war Fróðis Friede zu Ende. Mysingr nahm die Mühle mit sich,
so auch Fenja und Menja, und befahl ihnen, Salz zu malen. 'Und um
Mitternacht fragten sie Mysingr, ob er Salz genug habe? und er gebot
ihnen, fortzumalen. Sie malten noch eine kurze Frist: da sank das Schiff
unter. Im Meer aber entstand nun ein Schlund, da wo die See durch
das Mühlsteinloch fällt (Malstrom). Auch ist seitdem die See gesalzen.'
D. 63. Erinnerungen an diese Mühle, die auch in das finnische Epos
gedrungen ist, wo sie als S a m p o eine große Rolle spielt, finden sich in
Deutschland vielfach. Vgl. Colshorn 25. 32. 61 und die Oper 'Teufelsmühle.' Sie muß die Sonne bedeutet haben, die als Rad und weil ihr
die Fülle der irdischen Güter verdankt wird, als Mühle gedacht wurde.
Uhland VII, 171 faßt sie nach Finn Magnusen Lex Myth. 237 als
das Meer auf; aber dieß malt nur noch Meersand, nicht Gold. Der
Name M ü h l e n w e g für die Milchstraße hängt damit zusammen, vgl.
Kuhn Herabkunft 114. 116.

Frobis Zeit erscheint hienach als die goldene, und wie bei den Asen das Goldalter und die Unschuld der Götter durch die Habsucht verloren gieng, die zur Schöpfung der Zwerge verleitete, so sehen wir hier von dem Wanengotte, der in Frobi historisiert ist, gedichtet, er habe den Frieden und die goldene Zeit durch Goldgier verwirkt. Bekannt ist, wie Frobi als Fruote in die deutsche Heldensage übergieng.

Freyr heißt Oegisdr. 8 Yngwi-Freyr, was mit dem ags. Fréa Ingvina verglichen, Herr der Inguine bedeuten kann. Das norwegische Königsgeschlecht der Ynglinger leitete von Yngwi-Frey Ursprung und Namen. Fiele er hienach mit Inguio, einem der Söhne des Mannus, zusammen, so träte er in eine der ältesten Trilogieen ein, die uns überliefert sind.

Eine Verjüngung Freys war auch Fiölnir, von dem Snorri I, 14 erzählt, wie er über die Schweden und den Reichthum Upsalas geherscht habe. Frobi wohnte damals in Hledra (Seeland); sie waren beide gute Freunde und besuchten einander. Fiölnir fuhr einmal zu Frobi; da ward ein großes Gelage angerichtet und weit umher Gäste geladen. Frobi hatte ein großes Haus; da wurde ein großes Faß gemacht viele Ellen hoch und mit vielen Bandreifen verbunden. Es stand in einer Unterstube, aber oben darüber war das Obergemach mit einer Oeffnung in der Diele, durch welche man das Getränk von unten heraufholte. Das Faß war voll Meth und ward da über die Maßen stark getrunken. Gegen den Abend wurde Fiölnir in das darüber liegende Obergemach gebettet und sein Gefolge mit ihm. In der Nacht gieng er hinaus auf die Diele und war seiner Sinne nicht mehr mächtig. Als er zurückkehrte, trat er fehl, fiel in das Methfaß und fand den Tod. In Salmannsweiler wird dasselbe von einem Mönch erzählt, der durch das weite Spundloch des großen Faßes fiel und ertrank. Auch hier ist der Mythus von dem Sonnengott, der allabendlich in den Fluten des Meeres untergeht, nicht zu verkennen.

101. Freyr und Hel.

Baldur ward im Schiffe verbrannt; Freyr der Gott fällt erst im Weltkampfe: seine Bestattung können wir also nicht in Vergleichung ziehen. Aber in der Ynglingasaga wird er als historischer König von Schweden gefaßt, und von diesem vermenschlichten Freyr heißt es C. 12, er sei krank geworden: „Und als die Krankheit überhand nahm, giengen seine Mannen zu Rath und ließen Wenige zu ihm kommen; sie errichteten aber einen großen Grabhügel und machten eine Thüre davor und drei Fenster. Als er aber gestorben war, trugen sie ihn heimlich in den Hügel und sagten den Schweden, daß er lebe und bewachten ihn drei Winter hindurch. Alle seine Schätze aber brachten sie in den Hügel: durch das

eine Fenſter das Gold, durch das andere das Silber, durch das dritte
das Kupfergeld. Es blieb gute Zeit und Friede.'

Obgleich Snorri das Hügelalter im Vergleich zum Brennalter erſt
mit Dan, dem Prächtigen, beginnen läßt, ſo knüpft er doch ſelbſt (Vorr.
4) den erſten Urſprung der Sitte die Todten zu begraben an Freyr, alſo
an die ſo eben mitgetheilte Erzählung. In den Berg, in den Hügel gehen,
heißt ſeitdem Sterben. In der Saga Harald des Schönhaarigen Cap. 8
geht König Herlaug mit 12 Mannen in den Hügel, weil er ſich der
Alleinherrſchaft Haralds nicht unterwerfen will. Gerade ſo geht nach der
Sage vom Scherenzerwalde der Welfenherzog Eticho mit 12 Mannen
in den Berg, um des Kaiſers Vaſall nicht zu werden. Pertz Mon. VI, 761.
Da das Hügelalter dem Brennalter folgte, ſo könnten die Wanen den
Aſen gegenüber ein jüngeres Geſchlecht ſcheinen. Die Bergentrückungen
der ſpätern deutſchen Sage klingen hier an: die Lieblingshelden unſeres
Volks, Siegfried, Karl der Große, Wittekind und Friedrich ſind ihm nicht
geſtorben (ſi ſagen er lebe noch hiute), ſie ſind in den Berg gegan=
gen und ſchlafen dem Tag der Erlöſung entgegen. Mythiſch ausgedrückt
heißt das: ſie ſind in der Unterwelt, bei Hel, der verborgenen Göttin. Sie
iſt aber zugleich die Todesgöttin, und Panzer hat die Felſengänge der
deutſchen Burgen, in welchen die Schloßjungfrau um Erlöſung ſeufzt, als
Begräbniſsſtätten nachgewieſen. Jener Schlaf iſt alſo nur inſofern
nicht der Todesſchlaf, als noch ein Erwachen, eine Erlöſung als möglich
gedacht wird. Die Wanengötter, die im Winter für geſtorben gelten,
erwachen im Frühjahr; aber für die in den Berg gegangenen Helden iſt
der Tag des Erwachens der jüngſte Tag: ſo haben wir auch wieder eine
Erweiterung, eine Ausdehnung des Jahresmythus auf das große Welten=
jahr. Nun fällt auf, daß jene im Berge ſchlafenden Lieblingshelden der
Deutſchen zum Theil an die Stelle von Aſengöttern getreten ſcheinen, welche
die Edda doch auf Asgards Höhen, nicht im Berge wohnen läßt. Allein
die deutſche Sage hat meiſt das Aeltere bewahrt, und es fehlt nicht an
Spuren gleicher Anſchauung im Norden. So wird im Eingang der
Thrymskvidha, als Thor den Hammer vermißte, von ſeinem Erwachen
geſprochen. Es war aber der Frühling, der ihn geweckt hatte nach den
acht Wintermonaten, die in den acht Raſten unter der Erde angedeutet
ſind. Zu vermuthen iſt, daß einſt ſogar Odin, der ſich Sig. Kw. 18 den
Mann vom Berge nennt, im Berge wohnte. Nach Yngl. 15 wird dem
Swedgir geſagt, er ſolle in den Stein gehen, wenn er Odin finden wolle.
Auch Hackelberg=Wuotan ſteigt im Herbſt in den Schattenberg hinab, um
im Frühling zur Erde zurückzukehren. Kuhn WS. 36. Selbſt D. 2 be=
gegnet noch eine ſolche Spur, denn hier ſchlägt dem Gylfi, da er in
Odins Halle gieng, die Thüre hinter der Ferſe zu, was ſonſt unzählige=

mal von der Höllenpforte gemeldet wird. Auch trafen wir §. 91 Uller,
Odins Kehrseite, gleichfalls in der Unterwelt; zugleich erkannten wir S.
307 Heimballs neun Mütter als Vervielfältigungen Hels; ebendaselbst
lernten wir Widar als Odins Sohn und der Hel kennen: die eddische
Auffaßung, wonach die Asen ihre Wohnung im Himmel haben, kann also
nur eine spätere sein. Wißen wir doch auch, daß es zwei Hügelalter
giebt: eins, das dem Brennalter nachfolgte und ein früheres, das ihm
vorausgieng. Während des Brennalters, als man die Todten nicht mehr
in den Berg trug, sondern dem Feuer übergab, deßen Rauchsäule sie zum
Himmel empor wirbelte, mag man sich gewöhnt haben, die Götter und
Einherier über den Wolken wohnend zu denken. Dem musten sich nun
auch die Wanengötter fügen, obgleich ihr Dienst bei einem Volke ent=
sprungen war, das der ältesten Bestattungsweise treu geblieben scheint.

Mit voller Gewißheit ist Frö unter diesem Namen im engern
Deutschland noch nicht nachgewiesen. Das bestimmteste Zeugniß ist
der Eigenname Frôwin, der in einem so berühmten Geschlechte wie dem
von Hutten als Vorname erblich war. Das „goldene Ferkel‘, das
nach thüringischem Volksglauben dem zu Gesichte kommt, der sich am
Christtag der Speise bis zum Abend enthält, und das „reine schon
bei der Milch vergelzte (verschnittene) Goldferch‘, das nach dem Lau=
terbacher Weisthume bei dem Gericht auf Dreikönigstag von den Hüb=
nern rund durch die Bänke geführt und hernach wohl geschlachtet ward
(Myth. 45. 194), zeugt für den Dienst des Sonnengottes, nicht gerade
für Freys. Kuhn WS. 331 nimmt an, es sei der Berchta d. h. Freyja
zum Opfer gefallen. In Vinkbuch ward das Gerichtschwein, der maia-
lis sacrivus der lex Salica, Rochh. I, 191, in der Ernte, also bei
einem Wuotansfest geschlachtet. So giebt es auch keine Nöthigung, den nach
Geldrischem Glauben in der Christnacht umziehenden Derk (Dietrich) mit
dem Beer (M. 194), vor dem man alles Ackergeräth in Sicherheit
brachte, damit es nicht zertrampelt würde, auf Frö und nicht auf Wuotan, Thor oder Phol zu beziehen. Vgl. Kuhn WS. 114. Als Gott der
Zeugung, cuius simulacrum fingunt ingenti priapo nach dem Ausdruck Adams von Bremen, hat ihn Wolf Beiträge 107 ff. wahrscheinlich
gemacht und Kuhn WS. II, 137 bestätigt. Dieselbe Gottheit heißt aber
auch Ters, in den hochdeutschen Fastnachtspielen, die ihm zu Ehren auf=
geführt scheinen, Zers, ein Name, den man wohl gern auf Tyr zurück=
führen möchte, der dem Freyr in andern Trilogieen entspricht.

Die Weise, wie Loki die Skadi nach D. 57 zum Lachen bringt, ist
ganz priapeisch. Oben S. 312 ist ausgeführt, daß es eigentlich von
Njörd, Freys Vater, hätte erzählt werden sollen. Ueber das Bild an der
Steenport zu Antwerpen, Manneke Pis, vgl. Wolf Beitr. I, 107. Un=

fruchtbare Frauen pflegten es zu bekränzen, um bald des Mutterglücks theilhaftig zu werden. Ebenda werden noch andere belgische, wirtembergische u. a. Beispiele beigebracht, welche mir nicht alle gleich beweisend scheinen, und namentlich ist das Emenzheimer Bild römischen Ursprungs verdächtig, wenn gleich noch jetzt unfruchtbare Weiber sich auf diesen Stein setzen, um fruchtbar zu werden.

Daß der Eber Gullinburßti in Deutschland bekannt war, zeigen die alliterierenden Zeilen in der St. Galler Rhetorik, die ihn gerade so schildern wie er dem h. Olaf (Forn. S. V, 164) begegnete und wie er noch jetzt in Schweden und Tyrol umgeht. Vgl. Alpenb. M. und S. p. 54. 69. Ueber den Sper in der Seite vgl. Ztschr. IV, 507, wo auch der Bezug auf den erymantischen Eber abgewiesen wird. Scheint uns doch selbst an Heidrun die Ziege noch eine Erinnerung geblieben, Schöppner Nr. 88. Oben §. 92 ist die Vermuthung angedeutet, daß Phol den Freyr mit Baldur vermittelt habe und die durch einen Eber veranlaßte Stiftung der Klöster Polling (Schöp. I, 440) und Eberbach scheint sie zu bestätigen. Jedenfalls erinnert die Sage (Schöp. III, 1250) von dem wilden Ritter zu Lindum, der lieber selbst in ein Schwein verwandelt sein als von seinem Jagdrevier ein Stück abgeben wollte, und dessen Sohn dann einen Schweinskopf zur Welt brachte, an den Gott, der in der Gestalt des ihm geheiligten Ebers zu erscheinen pflegte.

102. Sonneneber und Sonnenhirsch.

Freyr traf in seinen beiden Symbolen mit Odin zusammen; vielleicht besaß er noch ein drittes, den Sonnenhirsch, den wir schon bei Heimdall §. 89 gefunden haben. Als Symbol der Sonne kann er allen Sonnengöttern zugestanden haben. Freyr hätte nur darum nähern Anspruch darauf, weil er nach D. 37 Gerdas Bruder Beli, den Riesen der Frühlingsstürme, mit einem Hirschhorn erschlug, als er sein Schwert hinweggegeben hatte. Unsere Quellen fließen aber hier sparsam und trübe: das eddische Sólarlióð (Sonnenlied), das ihn in der Unterwelt erscheinen läßt, mischt schon Christliches mit Heidnischem. Es heißt da Str. 55:

> Den Sonnenhirsch sah ich   von Süden kommen,
> Von Zwein am Zaum geleitet.
> Auf dem Felde   standen seine Füße,
> Die Hörner hob er zum Himmel.

Schon oben ward er mit dem Hirsch Eickthyrnir zusammengestellt, von dessen Geweih die Ströme zur Unterwelt zurückfließen. In der Sage vom Hirschbrunnen (Müllenhoff 123) hat sich eine Erinnerung daran im Volke erhalten. Eine Quelle mit reinem Wasser, an der eine Dorfschaft

sich niedergelaßen hatte, war versiecht. Da gieng ein Jäger Abhülfe zu
schaffen in den Wald und sah einen Hirsch mit goldenem Geweih. Er
legt an um zu schießen; aber aus Mitleid mit dem schönen Thiere setzt
er die Büchse wieder ab und geht nach Hause. Am andern Morgen fand
man das Geweih bei der Quelle liegen, die nun neu gefaßt werden konnte
und das schönste, heilkräftigste Waßer gab.

Eine Reihe deutscher Volkssagen, deren ich in ‚Bertha die Spinnerin‘
einige verglichen habe, läßt den Hirsch erscheinen, um den nachsetzenden
Jäger an den Abgrund oder gar in die Unterwelt zu verlocken. Vgl.
Wolf Beitr. 100. Graf Eberhard von Wirtemberg traf einen Geist, der
von Gott erbeten hatte, ewig jagen zu dürfen, und nun schon fünfthalb=
hundert Jahre einen Hirsch verfolgen muß ohne ihn je erreichen zu können.
DS. 308. Bei Kuhn NS. 281 muß der Haßjäger den Hirsch ewig
jagen und 325 jagt ihn der Weltjäger. In diesen Variationen der
Hackelbergsage, wo der Sonnenhirsch an die Stelle des Sonnenebers tritt,
werden uns deutsche Höllenstrafen vor die Augen geführt. In DS. 528
erscheint der Hirsch dem Freiherrn Albert von Simmern nur um ihm die
unaussprechliche Pein zu zeigen, die sein Vaterbruder erleidet. · Aber die
Unterwelt hat auch ihre Freuden. Thomas von Ercildoune der Reimer
(the rymour), der Dichter und Wahrsager war, verdankte Kunst und
Wißen der Verbindung mit der Königin der Elfen oder Feen, denn als
ihn diese nach sieben Jahren auf die Erde zurückkehren ließ, behielt sie
sich vor, ihn zu gelegener Zeit wieder zu sich zu rufen. Als er nun
eines Tages lustig im Thurme zu Ercildoune saß, kam ein Mann herein,
und erzählte voll Furcht und Erstaunen, daß ein Hirsch und eine Hirsch=
kuh aus dem nahen Walde ins Dorf gekommen seien und ruhig auf der
Straße fortzögen. Thomas sprang auf, gieng hinaus und folgte den
Wunderthieren zum Walde, von wo er niemals zurückkam. Doch ist er
nicht gestorben, sondern lebt noch immer im Feenlande und wird dereinst
wieder zur Erde zurückkehren. W. Dönniges Altschottische und Altenglische
Balladen, München 1822, S. 68. Die Feenkönigin gleicht der deutschen
Frau Venus, die §. 90 Juno hieß, und Thomas der Reimer unserm Tann=
häuser. So wird in der Heldensage Dietrichs endliches Verschwin=
den durch einen Hirsch eingeleitet, der ihn in die Hölle verlockt, wobei er
sich eines rabenschwarzen Roßes bedient, das sich ihm unerwartet zur
Seite gestellt hatte. Dasselbe schwarze Roß erscheint bei Verfolgung des
Höllenhirsches auch Cap. 53 der deutschen Gesta Rom., wo einem Ritter
von seinem tyrannischen Herrn, der ihn um sein Erbe bringen wollte,
aufgegeben war, ihm ein schwarz Roß, einen schwarzen Hund, einen
schwarzen Falken und ein schwarzes Jagdhorn zu verschaffen: wo nicht,
so hätte er sein Land verwirkt. Betrübt reitet er durch den Wald; da

sieht er einen alten Mann über einer Grube sitzen, einen Stab in der
Hand. Dieser nimmt sich seiner an, giebt ihm den Stab und heißt ihn
grabaus gehen bis er an eine schwarze Burg komme: da solle er in dessen
Namen, der des Stabes Herr sei, gebieten, daß jene vier schwarzen
Dinge ihm gegeben würden. Er gehorcht, erhält die verlangten Stücke
und bringt sie seinem Herrn. Dieser saß nun eines Tages daheim, als
er plötzlich die Hunde bellen hörte. Er fragte was das wäre und erhielt zur Antwort, es sei ein Hirsch, dem die Hunde nachsetzten. ,So
bringt mir her mein schwarzes Roß, den schwarzen Hund, den schwarzen
Falken und das schwarze Horn.' Das geschah, und als er den Hirsch
sah, verfolgte er ihn auf dem schwarzen Roß, und der Hirsch rannte
,gerichts' in die Hölle und der Herr ihm nach und ward nie wieder gesehen. Vgl. S. 175 oben.

Der letzten vielfach lehrreichen Erzählung steht Cap. 58 eine andere
zur Seite, in welcher der Stab des alten Mannes nicht wie hier die als
Qualort gedachte Hölle, sondern den Palast erschließt, wo Ueberfluß ist
ohne Mangel, Freude ohne Trauer, Licht ohne Finsterniß. Vgl. Muspilli
14. Hier waltet noch ganz die deutsche Vorstellung von einer Unterwelt,
die zugleich Lohn und Strafe bietet, §. 96. Der Hirsch zeigt den Weg
dahin, das schwarze Roß führt hinein; aber die Herschaft darüber gehört
dem alten Manne, in dem Niemand Wuotan verkennen wird, der nach
deutscher Vorstellung nicht auf Asgards Höhen, sondern im Berge wohnt.
In der späten isländischen Hulbasage (Müller Sagenbibl. 363—666) ist
es Odin selbst, der in Begleitung seiner Hofleute Loki und Hönir von
einem Hirsch in eine sehr entlegene Gegend verlockt wird, wo er zwar
nicht zu Hel, wohl aber zu Hulda gelangt, die auch noch sonst an die
Stelle der Hel tritt. Wie Adenes le Roi die Geschichte der fabelhaften
Mutter Karls des Großen (Berthe as grands pies) erzählt, wird Pipin
durch einen Hirsch dem Waldaufenthalt seiner Gemahlin Bertha zugeführt,
die ihren vermeintlichen Mördern für todt gilt. Statt des Hirsches ist
es das andere Symbol der Sonne, der Eber, der den Grafen Balduin
von Flandern einer Jungfrau zuführt, die Niemand anders ist als die
Göttin der Unterwelt, wenn sie sich gleich Heljus nicht Helja nennt;
damit ist sie übrigens deutlich genug bezeichnet: es bedurfte kaum, daß
sie sich dem Grafen, ihrem Gemahl, zuletzt als eine Teufelin bekennt.
NS. Wolf 86. Ein Hirsch ist es wieder, der nach dem flämischen Volksbuch
vom Schwanenritter den Oriant an den Brunnen führt, wo er Beatrix
findet, die ihm sieben Kinder gebiert; ein Einsiedler, Helias genannt,
zieht sie auf, und nach ihm heißt auch der Schwanenritter, der nach andern Darstellungen §. 90 aus der Unterwelt kommt, Helias (Helgast?).
Bei einem Brunnen findet Raimund Melusinen, die ihm räth, eine

Hirſchhaut, des Landerwerbs wegen, in ſchmale Riemen zu zerſchnei=
den. Volksbücher VI. Ein Hirſch verlockt bei Montanus I, 86 die Heiden
in den Schacht des Lüberichs, bevor der Berg einſtürzt. Und damit wir
nicht zweifeln, daß es der Sonnenhirſch iſt, das Symbol der täglich unter
den Berg gehenden Sonne, ſo ſehen wir in dem von Ettmüller heraus=
gegebenen St. Oswalds Leben den Hirſch, dem der Heidenkönig nachſetzen
muß, während St. Oswald ſeine Tochter entführt, von zwölf Goldſchmie=
den (den Aſen) mit Gold bedeckt, wogegen er nach dem andern gleich=
namigen Gedicht unmittelbar aus dem Paradieſe geſandt wird. Vielleicht
hängt er mit dem Goldhirſch MM. 45 und MW. 73, der gleichfalls von
Goldſchmieden geſchmiedet iſt, zuſammen. Vgl. auch den brennenden Hirſch
in dem Märchen bei Colshorn S. 150, wo die alte Frau mit der eiſer=
nen Ruthe wie in den entſprechenden Märchen (KM. 60. 97) die Hel iſt.
So viele Beiſpiele, die ſich leicht noch häufen ließen (vgl. z. B. Enenkels
Erzählung von Remus) und wirklich von Andern ſeitdem gehäuft worden
ſind, geſtatten an dem Zuſammenhang des Hirſches mit der Unterwelt,
die bald ein Gott, bald eine Göttin beherrſcht, keinen Zweifel mehr. Darum
fährt auch auf dem Todtentanz der Brüder Meyer, Zürich 1610, der Tod
auf einem mit zwei Hirſchen beſpannten Wagen dem Walde zu. Rochh.
II, 190. Dieſer bezeugt auch, daß der Tod im Aargau den Namen
Alahirzi führt, wo ala gleich dem altn. allr bedeutet qui vivere de=
siit. Wörterb. 211. Oft führt der Hirſch nur zu einer ſchönen Frau
am Brunnen; ſie iſt aber der Unterwelt verwandt und die Verbindung
mit ihr an die Bedingung geknüpft, daß die ungleiche Natur des Ver=
bundenen nicht an den Tag gezogen werde; Untreue, ja die geringſte
menſchliche Roheit wird mit dem Verluſte des kurzen Glücks, zuweilen
auch mit dem Tode gebüßt.

Der Stab des alten Manues, der dem Stabe der Gribh und der
eiſernen Ruthe der Alten gleicht, beſtätigt zugleich unſere Deutung jener
(§. 96) auf die Göttin der Unterwelt.

An den Eber, der auch beim Julfeſt, wo die Wiedergeburt der Sonne
gefeiert wurde, das Hauptgericht war, knüpft ſich ein Gebrauch, der den
Bezug des Gottes, deſſen Symbol er war, auf das Eheglück darthut.
Am rothen Thurm zu Wien hieng ein Schinken, der für das Wahrzeichen
der Stadt galt. Man nannte ihn gemeinhin einen Backen, weil er aus
dem Hinterbacken eines Schweins beſtand. Der Backen ſollte dem zu
Theil werden, der bewieſe, daß er Herr im Hauſe ſei. Niemand machte
darauf Anſpruch, nur ein junger Ehemann meldete ſich und hatte auch
ſchon die Leiter beſtiegen, den Backen herunter zu nehmen; weil es aber
ein heißer Sommertag war und der Schinken ein wenig triefte, ſtieg er
wieder hinab und zog den neuen Rock aus, den er anhatte, denn wenn

er ihn unsauber machte, werde er daheim von seiner Frau übel gescholten.
Vgl. Bechst. Oesterr. S. p. 5. Hier erscheint die Sache als ein Scherz,
die Pantoffelhelden zu necken, und so nimmt sie auch Hans Sachs, der
sich viel damit zu schaffen macht. Aber die Zeugnisse aus England laßen
sie ernsthafter erscheinen. An die Gutsherrschaft zu Wichurie in Strafford-
shire ist die Feudalpflicht geknüpft, zu jeder Zeit eine Speckseite (bacon)
bereit zu halten für jedes neuvermählte Ehepaar, das Jahr und Tag in
Frieden und ohne Reue verlebt hat. Aber seit dreißig Jahren ist der
Bacon nicht mehr in Anspruch genommen worden. Berühmter als der
Straffordshirer Bacon ist der Dunmower in der Grafschaft Suffex. Die
Eheleute, die ihn in Anspruch nahmen, mußten einen förmlichen Eid ablegen, daß sie bis dahin eine glückliche Ehe geführt hatten: dann wurden
sie von der Menge auf die Schultern gehoben und um das Dorf getragen, ihnen voran der Backen. Die Erwähnung des Gebrauchs geht bis
in das 13. Jahrhundert hinauf, und wenn der Kellner bei Hans Sachs
sagt, der Backen hange schon 200 Jahr, so ist der Gebrauch in Deutschland nicht viel jünger. Vgl. Anzeiger 1855 Nr. 3. 4. 5.

103. Freyja und Frigg (Frouwa und Fria).

Daß Freyja als Wanengöttin (Vanadis) ihrem Bruder Freyr verbunden gewesen sei, schien uns oben wahrscheinlich. Unter den Asen vermählte sich Freyr der Gerda, die aber als Erdgöttin, der Rinda gleich,
nur Verjüngung der Hel als Erdenmutter, also nicht asischen Stammes ist.
Ob auch Freyja bei den Asen eine neue Verbindung einging, melden
unsere Quellen nicht ausdrücklich. Wenn sie nach D. 38 dem Odhr vermählt war, der sie verließ, was ihr goldene Thränen kostete, so ist dieß
nicht auf ihre Trennung von Freyr, dem sie bei den Asen entsagen muste,
zu beziehen; wir haben §. 73. 76 Odin in ihm erkannt, und so erscheint sie vielmehr als dessen Gemahlin. Vgl. den Nachklang des Mythus in der Oberpfälzer Sage bei Schönwerth II, 313, wo Waud und
Freid auf Odin und Frigg zurückweisen. Die Zeit der stürmischen Brautwerbung des als Jahresgott gedachten Wuotan-Odhr fiel uns S. 199 in
die ersten Zwölften, in die andern ihr am ersten Mai beginnendes Ver-
mählungsfest: nach kurzer Verbindung in der schönsten Zeit des Jahrs
stirbt dann Odin als Hackelbärend von dem Hauer des Ebers getroffen um Johannis, oder folgt in dem lichtarmen Norden dem Sonnenhirsch in die Unterwelt; von da ab weint ihm Freyja goldene Thränen
nach oder fährt, den Entflohenen zu suchen, zu unbekannten Völkern.
Dieser Jahresmythus war nicht geeignet, in dem Leben des höchsten
göttlichen Paares, das untrennbar verbunden bleiben muste, den Vordergrund zu bilden: man verhüllte seinen Bezug auf diese Götter, indem

man statt Odin Ohr als den gestorbenen oder entschwundenen Gemahl
Freyjas nannte; für Odins Gemahlin aber gab man nun die Frigg aus,
sie, die der Freyja so identisch ist wie Ohr dem Odin. Freyja erscheint
jetzt fast nur noch als Göttin der schönen Jahreszeit und der Liebe, im
reinen wie im unreinen Sinne. Als Göttin der Frühlingszeit wünschen
die Riesen sie nebst Sonne und Mond in ihren Besitz zu bringen. Eine
Göttin der Liebe ist sie noch im edelsten Sinn, wenn sie ihrem entschwundenen Geliebten goldene Thränen nachweint. Dagegen in dem späten
eddischen Hynblulied scheint Freyja wenigstens in den Vorwürfen, die sie
von Hynbla hinnehmen muß, im unedelsten Sinn als Venus libitina,
vulgivaga gefaßt, und als solche scheint sie D. 34 den Beinamen Hörn
zu führen. Im Hynblulied sehen wir Freyja für ihren Schützling Ottar,
der in einem Rechtsstreit um goldenes Erbe und Vatergut begriffen ist,
die höhlenbewohnende Hynbla über dessen Abstammung und Verwandt-
schaftsverhältnisse befragen, denn als den urweltlichen Riesen angehörig
wohnt ihr auch von dessen Geschlecht, das zu den Helden und Göttern
hinaufsteigt, erwünschte Kunde bei. Aber nur wider Willen steht ihr
Hynbla Rede, und als Freyja zuletzt noch verlangt, daß sie ihrem
Liebling das Ael der Erinnerung reiche, damit er nicht vergeße was sie
ihm über seine Ahnen gemeldet hat, wird sie unwillig und schilt Freyja:

> Lauf in Liebesglut Nächte lang
> Wie zwischen Böcken die Ziege rennt.

Aber Freyja zwingt sie durch die Drohung, ihre Höhle mit Feuer zu umweben, auch diesem Gesuche zu willfahren. Ottars Name klingt jenem
Odurs verwandt, und dessen Verhältniß zu Freyja mag zu der Einkleidung des Gedichts benutzt worden sein; seine Absicht ist aber nur, die
Geschlechtsreihen der nordischen Könige dem Gedächtniß zu überliefern.
Darum ist Ottar auch ganz menschlich gehalten: Freyja giebt vor, sich
seiner nur anzunehmen, weil er ihr vielfach Opfer gespendet und ein Haus
aus Steinen errichtet hat, dessen Mauern wie Glas glänzen, ,so oft tränk'
er sie mit Ochsenblut.' Dem scheint aber Hynbla nicht unbedingt Glauben
zu schenken, sondern sie als Ottars Buhlerin aufzusatzen. Als Buhlerin
erscheint auch Freyja in der §. 108 mitzutheilenden gewiß späten Erzählung von der unsaubern Weise, wie sie ihr Halsband Brisingamen erworben haben sollte. Aelter ist der §. 89 bei Heimdall besprochene Mythus,
wie es ihr Loki entwandte und Heimdall wieder erkämpfte. Die dort dar-
gelegte Bedeutung dieses Halsschmucks muste schon vergeßen sein, als man
der Göttin so Herabwürdigendes andichtete.

Spuren sind indes genug zurückgeblieben, daß Freyja Odins Gemahlin war: sie laßen sich in der doppelten Eigenschaft nachweisen, in der
wir Freyja bei den Asen finden. Einmal als Todtenwählerin, denn Odin

entsendet sie zu jedem Kampfe: sie ist die eigentliche Walküre, die Hälfte der in der Schlacht Gefallenen gehört ihr, die andere Odin. D. 24. Grimn. 14. Dann aber ist sie es auch, welche die Opfer der Schlacht, die Einherier, die Odin der Gemeinschaft seiner himmlischen Halle würdigt, darin empfängt und ihnen das Trinkhorn reicht, wie sie überhaupt als der Götter Mundschenkin gilt, obgleich sie in dieser Eigenschaft ebenfalls von den Walküren vertreten wird. Daß auch dieß Amt eigentlich Ihr zusteht, sehen wir aus der Erzählung der Skalda von Thórs und Hrungnirs Kampf (D. 59), wo Freyja es ist, die dem in Odins Halle eingedrungenen Riesen das Ael reicht. In dieser Eigenschaft erscheint sie noch als Hausfrau Odins, denn der Hausfrau gebührt nach deutscher Sitte der Empfang und die Bewirthung der Gäste. Auch daß sie als eine nordische Bellona zum Kampfe fährt (D. 24), ist in der Natur der friedlichen Wanengöttin an sich nicht begründet: nur als Gemahlin des Schlachtengottes kann sie das; und so fließt es aus der Gütergemeinschaft der Ehegatten, daß sie sich mit Odin in die Gefallenen theilt, obgleich ich zugestehe, daß sie schon als Verjüngung der Hel, der Göttin der Unterwelt, den Seelen der Verstorbenen Aufnahme zu gewähren berufen war. Nach der eddischen Vorstellung gelangen aber zu Hel die in der Schlacht Gefallenen nicht: diese konnten ihr nur zugewiesen werden, als sie für Odins Gemahlin galt. Weil Freyja Verstorbenen Aufnahme gewährt, heißt ihre Himmelswohnung Folkwang, ihr Saal aber Sessrumnir, der Sitzgeräumige. Grimnism. 14. D. 24.

In der berühmten Erzählung von dem Ausgange der Langobarden nennt Paulus Diaconus, und so schon das Vorwort zu dem Gesetzbuch des Rotharis, die Gemahlin Gwôdans Frêa; das Gleiche thut Wilhelm von Malmesbury, indem er von dem ihr (uxori eius Freae) gewidmeten sechsten Wochentage spricht, Myth. 116. Wie dort Frea über Gwôban, so siegt in der Halfsage (FAS. II, 25) Odin über Freyja im Wettstreit um das beste Bier: es ist ein häuslicher Zwist der göttlichen Ehegatten wie in der langobardischen Stammsage und in Grimnismal. Im Vorwort dieses Liedes und auch sonst in den eddischen Quellen heißt aber Odins Gemahlin Frigg, welche stäts von Freyja unterschieden wird. Frigg wird D. 35 die vornehmste der Göttinnen genannt, Freyja aber die vornehmste nach Frigg, und ebenso scharf werden sie Skaldsk. 19. 20 auseinandergehalten. Wir erkennen also an, daß Freyja in dem Mythensystem der Edda nicht mehr als Odins Gemahlin auftritt; auch in andern nordischen Quellen erscheint sie unvermählt, denn das Verhältniß zu Odhr ist aufgehoben, und selbst wo sie als Odins Geliebte oder Buhlerin dargestellt ist, wird ihr jungfräulicher Stand vorausgesetzt; nur Saxo, indem er S. 13 der Frigg Ehebruch vorwirft, wobei er das Abenteuer im Sinne

hat, das sonst von der Freyja erzählt wird und sich auf den Erwerb ihres
Halsbands bezieht, denkt die Buhlerin als Odins Gattin, und eben darum
scheint er den Namen Frigg zu wählen. Von der goldenen Bildsäule
ihres Gemahls hatte nämlich Frigg um sich schmucker kleiden zu können,
Gold entwenden laßen. Odin ließ die Goldschmiede hängen, die ihr dabei
behülflich waren; das Bild aber setzte er auf ein Gestell, und verlieh ihm
Sprache, damit es seine Räuber selber verklagen könne. Aber Frigg gab
sich einem Diener hin, damit er das Bild zerstöre, dessen Gold sie nun
für sich verwandte. Aus Verdruß hierüber geht Odin freiwillig in die
Verbannung, während Mitothin seine Stelle einnimmt. Wie wunderlich
auch dieser Mythus entstellt sei, so zeigt doch die Vergleichung mit der
Erzählung §. 108 deutlich, daß auch das Brisingamen von Frigg auf
Freyja übertragen ist. Vgl. Müllenhoff Ztschr. XII, 303. So wird
Skaldskaparmal 19 (M. Edda 3. Aufl. 381), der Frigg das Falkenhemd
zugeschrieben, das nach der Thrymskwidha Freyja besitzt. In der Edda
ist Freyja eine Göttin der Liebe und der schönen Jahreszeit; als Göttin
der Ehe, als mütterliche Gottheit steht neben ihr Frigg. Aber gleichwohl
ist diese dem Begriff wie dem Namen nach nur aus Freyja, der Wanengöttin, hervorgegangen: sie hat sich auch aus ihrem Wesen abgelöst und als
selbständige Göttin neben sie hingestellt. Von ihrer Mutter Nerthus, der
terra mater, der mater Deum war die gleiche Würde der Freyja ange-
erbt; aber in dieser heißt sie nun mit verhärtetem Namen Frigg wie ihr
Bruder Freyr, der deutsche Frô, bei Adam von Bremen Fricco. Grimm,
der sich bemüht, Frigg und Freyja als Fria (Frea) und Frouwa auseinan-
ander zu halten, muß Myth. 278 doch anerkennen, daß Adam von Bremen für Friccos Schwester Freyja Fricca gesagt haben würde, und Frey-
judagr, der nordische Name des in Deutschland von Fria (Frigg) benannten Freitags auf Freyja (Frouwa) weist. Andere Zugeständnisse Myth. 279.
1212. Endlich wird sich §. 108 eine neue Spur darin ergeben, daß Sigrdrifa (Brynhild), die als Walküre aus Freyja hervorgeht, mit der Frigg
darin zusammenfällt, daß sie dem Agnar den Sieg verleiht.

Es steht unserer Ansicht von der ursprünglichen Einheit beider Göttinnen nicht entgegen, daß Frigg häufig und so auch Skaldsk. a. a. O.
Fiörgwins oder Fiörgyns Tochter heißt, Freyja aber die Tochter Njördhs:
denn diese Abstammung gebührt der Frigg ursprünglich nicht: sie ist erst
von der Jördh auf sie übertragen (S. 229). Von ihr, der Mutter Thôrs,
schied sich, wie wir annehmen, Odin, als er sich der Frigg verband, und
wenn diese jetzt auch wohl Fiörgyns Tochter heißt, so soll sie dieß der
ersten Gemahlin des Gottes identificieren; auch bedurfte sie jetzt eines
Vaters, da sie Njördhs Tochter nicht mehr heißen konnte seit sie von
Freyja unterschieden ward. Wenn aber D. 35 ihre Halle Fensal heißt,

so haftet ihr das noch von ihrer Mutter an, deren geheiligte Insel im
Ocean lag, oder von ihrem Vater Njördhr, der in der Edda noch als
Meergott gilt. Denselben Bezug auf das Meer hat aber auch Freyja,
wenn sie Marböll oder Gefn heißt was sich in Gefion verjüngt. Da die drei
Sterne, welche den Gürtel des Orion bilden (Myth. 689), neben Jacobs-
und Petersstab auch Friggs Rocken heißen, so erscheint Frigg als
Spinnerin wie Bertha und Gertrud (§. 110. 117), die sonst vielfach der
Freyja gleichen. Daß aber auch Freyja Spinnerin ist, zeigt sich in den
Walküren, in welchen sie sich vervielfältigt, denn diese spinnen die Geschicke
der Schlacht. Wölundarkv. Einl. und Str. 1.

104. Gefion.

Unter den Beinamen der Freyja finden wir D. 35 Marböll (Gen.
Marballar) und Gefn. Marböll bezeichnet sie als den Meerstrom; Gefn
(ags. Geofon, altf. Geban), ein verdunkelter sächsischer Gott, hat ähnliche
Bedeutung, wie wir aus den Zusammensetzungen Gebenesström, Geofon-
hûs (navis), Geofonflôd (Myth. 219) schließen. Aus diesem Beinamen
der Freyja entsprang Gefion. Sie ist unvermählt, heißt es D. 35, und
ihr gehören Alle, die unvermählt sterben. Also auch sie nimmt, wie Hel
und Freyja selbst, Seelen der Verstorbenen auf. Daß nur Unvermählte
zu ihr kommen sollen, ist eine der vielen möglichen Deutungen des An-
rechts Freyjas an den Todten, deren wahren ersten Grund wir in ihrer
Verwandtschaft mit Hel, der verborgenen Erdgöttin, aufgedeckt haben. Die
Jungfräulichkeit Gefions ist überdieß so zweifelhaft als die der Freyja.
D. 1 erzählt von ihr, König Gylfi von Swithiod habe ihr als einer
fahrenden Frau, die ihn durch Gesang ergetzt habe, ein Pflugland gegeben so groß als vier Ochsen pflügen könnten Tag und Nacht. Aber diese
fahrende Frau war von Asengeschlecht. Sie nahm aus Jötunheim vier
Ochsen, die sie mit einem Jötunen erzeugt hatte, und spannte sie vor den
Pflug. Da gieng der Pflug so mächtig und tief, daß sich das Land löste,
und die Ochsen es westwärts ins Meer zogen bis sie in einem Sunde
still stehen blieben. Da setzte Gefion das Land dahin, gab ihm Namen
und nannte es Seelund (Seeland). Und da, wo das Land weggenommen
ward, entstand ein See, den man in Schweden nun Lögr heißt. Und im
Lögr liegen die Buchten wie die Vorgebirge im Seeland. Die Heims-
kringla, aus der dieß entnommen scheint, fügt hinzu, Gefion sei später dem
Skiölb vermählt worden und habe mit ihm Lethra, den Königssitz der
Dänen auf Seeland, bewohnt. Wenn nicht ausdrücklich versichert würde,
Gefion sei vom Asengeschlechte, möchte man sie, nach dem Mythus, der von
ihr erzählt wird, für eine Meerriesin halten. Doch auch Friggs Palast
Fensal deutet auf den Grund des Meeres, und wenn Gefions vier Ochsen

ungestüme Meereswellen sind, welche, als Schweden noch vom Meere be=
deckt war, hier eine Vertiefung wühlten und das weggenommene Land im
Sunde niedersetzten, so entstand daraus doch eine jetzt von Menschen be=
wohnte Insel.   Die Einkleidung des Mythus ist von der bekannten
Sage vom Landerwerb hergenommen, die uns schon früh bei der Dido
begegnet. Gefions Zusammenfallen mit Frigg oder Freyja zeigt sich noch
darin, daß Oegisdr. 21 Odin von ihr sagt, sie wiße aller Lebenden Looße
so gut als er selbst; dasselbe rühmt hernach Str. 29 Freyja von Frigg.
Und Str. 20 wirft Loki der Gefion vor, sie habe den Schenkel um den
weißen Knaben geschlungen, der ihr das Kleinod gab, womit auf Brisin=
gamen angespielt wird, das Freyja in ähnlicher Weise erworben haben
sollte. Wenn endlich unter Anrufung Gefions Eide abgelegt werden, so
liegt der Grund in ihrer Verjüngung aus Hel, der Göttin der Unterwelt,
denn bei der Unterwelt ward geschworen. Vgl. §. 91. Wie die Alten
bei dem Styx, so hat Dagr (Helgakw. III, 29) Eide abgelegt:

> Bei der Leiptr   leuchtender Flut
> Und der urkalten   Waßerklippe.

105. Vervielfältigungen. 1. Nornen.

Da wir hier wieder bei der Hel angelangt sind, so laße ich den
Nachweis folgen, daß aus ihr die Nornen, wie aus der Freyja, einer Ver=
jüngung der Hel, die Walküren durch Vervielfältigung entstanden sind.
Wir werden hier wieder die schon bekannten Zahlen drei, sieben, neun
und zwölf walten sehen.

Der Nornen (ob von dem nordischen at næra fovere, nutrire?) sind
eigentlich nur drei. Wöl. 8. 19. Wafthrudn. 48. Vgl. oben S. 35.
36. Wenn Fafnism. 18 gesagt wird, sie seien verschiedenen Ge=
schlechts und nicht Eines Stammes, so ist das Wort in dem weitern
Sinne gebraucht, in welchem es auch Wölen, Weißagerinnen und Zau=
berinnen mitbegreift. Jene drei eigentlichen Nornen sind göttlichen Ur=
sprungs, aber bei Riesen auferzogen; sie sind älter als die Götter selbst,
weil diese altern, der Macht der Zeitgöttinnen unterworfen sind, weshalb
sie auch bei ihrem Brunnen Gericht halten. Mit dem ersten Erscheinen
der Nornen gieng den Göttern das Goldalter zu Ende: das Bewußtsein
von dem Verfließen der Zeit setzte der seligen Unbefangenheit des Da=
seins ein Ziel. Schon §. 60 erkannten wir in den Nornen Personifi=
cationen des Schicksals, und diesem sind auch die Götter unterworfen.
Gewöhnlich ordnen die Nornen indes nur das Schicksal der Menschenge=
schlechter, Wöl. 20. Der Brunnen der Urdh, der ältesten und mächtigsten
Norn, liegt bei der Wurzel der Weltesche, welche zu den Menschen reicht,
S. 35. So erscheinen sie zunächst als die Pflegerinnen dieses Weltbaumes;

gleichwohl haben sie auch einen Bezug zu Hel, der Göttin der Unterwelt
und des Todes. Die vornehmste unter ihnen ist jene älteste, nach welcher
der Nornenbrunnen benannt ist, die Göttin der Vergangenheit. Ihr Name
findet sich auch allein in Deutschland wieder: die althd. Glosse übersetzt
ihren Namen Wurd mit fatum, und grimmar urdir wird für schreckliches
Geschick, dira fata, gebraucht. Noch in der weirdsisters im Macbeth
klingt ihr Name nach, den sie ihren Schwestern mittheilt. Sie wird als
Todesgöttin aufgefaßt: Wurth ina binam, die Wurd raffte ihn hinweg,
Wurd skihit, Unheil betrifft mich, Vyrd me that gewäf, die Wurd
hat mir das gesponnen. Doch zeigt ihre Verwechselung mit Idun und
die verjüngende Kraft ihres Brunnens, der freilich ihren Schwestern mit
angehört, sie auch von einer milbern Seite. Für die Verwandtschaft
der Nornen mit der Hel bietet aber Helgakw. II, die klassische Stelle:

> 2. Nacht in der Burg wars,   Nornen kamen,
>   Die dem Edeling   das Alter bestimmten.
>   Sie gaben dem König   der Kühnste zu werden,
>   Aller Edlinge   Edelster zu dünken.
>
> 3. Sie schnürten mit Kraft   die Schicksalsfäden,
>   Daß die Burgen brachen   in Bralundr.
>   Goldene Fäden   fügten sie weit,
>   Sie mitten festigend   unterm Mondessaal.   (Vgl. Bergm. Solarl. 95.)
>
> 4. Westlich und östlich   die Enden bargen sie;
>   In der Mitte lag   des Königs Land.
>   Einen Faden nordwärts   warf Neris Schwester (Ript Nera),
>   Ewig zu halten   hieß sie dieß Band.

Neri oder Nörwi heißt nach D. der Vater der Nacht, in welchem Wein=
hold Riesen 8 auch den Vater der Nornen entdeckt hat. Denselben Namen
führt aber auch D. 33. 50 ein Sohn Lokis, also ein Bruder der Hel, und
diese wird hier als Neris Schwester verstanden sein. Wir werden Hel
auch sonst als eine der Nornen gefaßt sehen. Nordwärts wird der Faden
geworfen, vielleicht weil der Helweg nördlich liegt. Nach Lüning soll der
nordwärts geworfene Faden die Nordwege verschließen, so daß Helgi nicht zu
Hel, sondern zu Odin komme. Aber uns scheint es der unselige Faden,
der ihm frühen Tod bedeutet.

Sowohl die ausgeworfenen Fäden als die Verwandtschaft der Schick=
salsschwestern mit der Hel finden sich auf deutschem Boden wieder. Sehr
häufig erscheinen in unsern Sagen drei Schwestern; es sind dieselben
Wesen, die sich auf keltischem Boden als tria fata (Feen) finden; in römi=
scher Zeit wurden sie als matres, Matronen, mütterliche Gottheiten, verehrt,
und noch täglich gräbt man ihre Bildnisse aus der Erde. Aber auch in Sa=
gen des südlichen und nordwestlichen Deutschlands kehren diese Schwestern
unzählig oft wieder: in Panzers Beiträgen zur Mythologie sind ihrer

viele, aber bei Weitem nicht alle gesammelt. Gewöhnlich sind zwei dieser
Schwestern weiß, die dritte ist halb schwarz und weiß, und diese pflegt
als die böse gedacht zu sein; auch in den Handlungen ist der Unterschied
angedeutet: die halbschwarze betrügt die blinde Schwester bei der Theilung
des Schatzes, indem sie den Scheffel beim Messen umkehrt und nur oben=
hin mit Goldstücken belegt. Häufig erscheint, wo diese Sagen vorkommen,
der Name der Hel in den Ortsnamen, ja die schwarzweiße Jungfrau führt
den Namen der ‚Held‘ (S. 305 o.) in der Redensart, welche eine Oberiglin=
ger Sage der Mutter in den Mund legt, indem sie die Tochter schilt: Du
wirst gerade wie die Held, schwarz und weiß, und gehst ganz verloren. Da=
neben trägt diese böse Schwester nicht selten den schon oben gedeuteten Namen
Rachel, die rächende Hel. Auch erscheinen diese Jungfrauen spinnend; sie
spinnen und weben die Geschicke. Ihre Fäden heißen auch wohl Seile, und
diese Seile werfen sie weit aus, so daß ferne Bergspitzen verbunden werden;
sie gleichen dann Brücken, und werden auch wohl als solche, namentlich
als lederne, aufgefaßt, Lütolf 257. Zuweilen erscheinen sie auf diesem
Seile tanzend und spielend, ein andermal hängen die ‚wilden Frauen‘,
wie sie auch selbst genannt werden, ihre Wäsche daran auf, Grohm 87,
und wenn das die Leute im Thale sehen, sagen sie, es giebt schön Wetter.
An diese Seile binden sie auch Menschen, die dann dem Tode verfallen
sind; ein solches Seil wird auch dem Tode zugeschrieben, Myth. 805.
Ihr Bezug auf die Geschicke der Menschen zeigt sich auch darin, daß sie
Heilräthinnen heißen: was kann deutlicher sein? Die Nornen sind
es, die das Heil der Menschen berathen. So heißen sie in Holstein auch
Metten, angelsächsisch Mettena, die abwägenden, messenden, wie wir
ihre Beschlüße metodogiscapu genannt fanden, vgl. S. 162, und
weil das Schicksal, das sie schaffen, oder aus ihren Brunnen schöpfen,
plötzlich eintritt, heißen sie in Tyrol Gachschepfen, die jähen Schöffen.
Und wie die Nornen Fafnismal 73 nothlösend heißen, weil sie Kind=
betterinnen beistehen, so besaß Frau von Donnersberg ein Stück Lein=
wand, das von den beiden guten Jungfrauen gesponnen unter das Bett=
tuch gelegt ward, die Geburt zu erleichtern. Frau von Donnersberg
pflegte zu sagen, die zwei guten Jungfrauen hätten zwei Köpfe, aber
Einen Sinn; die dritte wolle sich aber nie in den Willen der beiden
andern fügen. Ganz so erscheinen auch die Nornen im Norden. Wir
sahen schon bei Helgis Geburt die dritte Norn, die als Neris Schwester
die Hel bedeutete, einen Faden nordwärts werfen, der uns übler Vorbe=
deutung schien. Zu Nornagest traten, als er geboren ward, drei wahr=
sagende Frauen: die beiden ältern weißagten Gutes von seinem künftigen
Geschick; die dritte, die sich zurückgesetzt glaubte, gebot, mit so günstigen
Weißagungen inne zu halten, ‚denn ich bescheide ihm, daß er nicht länger

leben soll als die neben ihm brennende Kerze währt'.   Aber die ältere
Wala löschte die Kerze aus und gab sie der Mutter aufzubewahren und
nicht eher wieder anzuzünden als am letzten Tage seines Lebens. Nornagest trug nun diese Kerze in seiner Harfe mit sich umher, und erst als
dreihundertjähriger lebensmüder Greis, der die besten Tage des Nordens
gesehen hatte, zündete er seine Kerze an und blickte ruhig in die ver-
glimmende Lebensflamme.   Es ist dieselbe Sage, die in der griechischen
Mythologie auf Meleager angewandt wird.   Aehnliches wird von dem
Dänenkönig Fribleif erzählt, der bei der Geburt seines Sohnes Olaf in
den Tempel der Nornen trat, wo die drei auf drei Stühlen saßen, das
Kind zu begaben; aber die Gabe der dritten war eine leidige: sie be-
schied ihm das Laster des Geizes.   Saxo VI, 102. St.

In dem deutschen Märchen von Dornröschen ladet der König, als
ihm eine Tochter geboren ward, zu dem Feste auch die weisen Frauen,
damit sie dem Kinde hold und gewogen wären.   Ihrer waren dreizehn;
weil er aber nur zwölf goldene Teller hatte, muste eine von ihnen daheim
bleiben.   Die weisen Frauen beschenkten nun das Kind mit ihren Wunder-
gaben, die eine mit Tugend, die andere mit Schönheit, die dritte mit
Reichthum u. s. w.   Als eilfe ihre Sprüche gethan hatten, trat plötzlich
die dreizehnte herein.   Im Zorn, daß sie nicht eingeladen war, rief sie:
,die Königstochter soll sich in ihrem funfzehnten Jahre an einer Spindel
stechen und todt hinfallen.'   Alle waren erschrocken: da trat die zwölfte
hervor, die ihren Wunsch noch übrig hatte.   Sie konnte aber den bösen
Spruch nicht aufheben, nur mildern.   So sagte sie: ,Es soll aber kein
Tod sein, sondern ein hundertjähriger tiefer Schlaf, in den die Königstochter fällt.'   Wir sehen hier zwölf Schicksalsschwestern, statt der Trilogie
die Dodekalogie; bei Panzer 86. 218 erscheinen sie wohl in der Siebenzahl (vgl. Harbardslied 27); die Zwölfzahl tritt neben der Siebenzahl auch bei den Walküren hervor, die den Nornen verwandt sind.
Immer aber ist die letzte Norn die unselige.

Gern erscheinen die deutschen Schicksalsschwestern am Brunnen,
Panzer §. 7. 20.   So schildert sie auch das Kinderlied von den drei Feien
oder Mareien, das Mein deutsches Kinderbuch 2. Aufl. 169—176 in
sieben Varianten bringt, z. B.:

> Sonne Sonne scheine,
> Fahr über Rheine,
> Fahr übers Glockenhaus,
> Gucken drei schöne Puppen heraus.
> Eine die spinnt Seide,
> Die andre wickelt Weide,
> Die dritte geht ans Brünnchen,
> Findt ein golden Kindchen.
> Wer solls heben u. s. w.

Auch darin gleichen sie den Nornen (an Urds Brunnen) und den romanischen Feen, deutsch Feinen, von welchen Gottfried im Tristan in Bezug
auf Blicker von Steinachs reinen Sinn sagt (M. Leseb. 125):

Ich wæne daz in feinen	Ich mein', ihn haben Feinen
ze wunder haben gespunnen	Wunderbar gesponnen,
und haben in in ir brunnen	Und ihn in ihrem Bronnen
geliutert unt gereinet.	Geläutert und gereinet:
er ist benamen gefeinet.	Er ist fürwahr gefeinet.

Unter dem Namen der Feien wurden sie auch am Niederrhein verehrt,
wo der Feibach s. u. und der Feienpat bei Honnef auf sie deuten. Nur
in Tyrol, wo sie wohlthätige mit ewiger Jugend und Schönheit begabte
Wesen sind, erscheinen sie nicht in der Dreiheit.

In den Sagen, die sich an die drei Schwestern knüpfen, ist Vieles
auch durch die Verchristlichung entstellt, wobei sich seltsame Widersprüche
mit der altheidnischen Grundlage ergeben. Die Jungfrauen gelten für
Gutthäterinnen des Orts und der Kirche: sie sollen der Gemeinde Wald
vermacht, Capellen gebaut, Andachten und Glockenläuten gestiftet, ein
ewiges Licht oder Almosenvertheilungen und Speisungen der Armen aus
ihrem Vermögen angeordnet haben; gleichwohl ist ihr Schloß versunken,
sie selbst sind verdammt und der Erlösung bedürftig. Wie heidnischen
Göttern läßt man ihnen bei der Ernte einen Aehrenbüschel stehen, drei
schwarze Pfennige werden ihnen geopfert, sie gewähren Schutz wider die
Pest; daneben wird für sie gebetet, zu ihrem Andenken Messen gelesen,
Placebo's, Nocturnen und Vigilien gesungen. Der wahre Zusammenhang blickt durch: ein heiliger Hain war den Schicksalschwestern in
heidnischer Zeit geweiht; bei Einführung des Christenthums fiel er der
Gemeinde zu. Das Andenken an die Heilräthinnen, die alten Gutthäterinnen des Orts, erlosch aber nicht, selbst ihr Bezug auf den Gottesdienst erhielt sich. Wird ihnen jetzt nicht mehr geopfert, so werden
Messen und Andachten für das Heil ihrer Seelen gehalten, Gebete nicht
mehr zu ihnen aber für sie gesprochen. Das Merkwürdigste ist, daß
ihre Namen in weit entlegenen Landestheilen, in Tyrol und Straßburg,
in Ober- und Niederbaiern, sich gleich bleiben oder nur wenig abweichen:
Einbett, Wilbett und Warbett; nur selten gelang es sie durch die christlichen Fides, Spes und Caritas zu verdrängen, obgleich die Schicksals-
göttinnen schon in Griechenland und Rom diese Namen geführt haben.
Jene drei Namen sind mit -bett zusammengesetzt: das deute ich auf den
heidnischen Opferaltar (piot goth. biuds oder petti goth. badi lectisternium) der einst in dem Walde stand, an den sich ihr Andenken knüpft.
Mannhardt GM. 604 leitet es von bidjan bitten, erwünschen ab, Weinhold R. S. 26 von badu Kampf. Stark (Kosenamen 26) glaubt es

aus Bertha entstellt.   Nach Panzer, Bairische Sagen, verehrt man
sie als:

1. S. Anbetta, S. Gwerbetta, S. Villbetta zu Meranse in Tyrol.
   P. I S. 5.
2. S. Ainbett, S. Wolbett, S. Vilbett zu Schlehdorf in Oberbaiern.
   P. 23.
3. S. Ainpet, S. Gberpet, S. Firpet zu Leutstetten in Oberbaiern P. 31.
4. S. Einbeth, S. Warbeth, S. Wilbeth zu Schildturn in Nieder=
   baiern. P. 69.
5. S. Einbede, S. Warbede, S. Villebede zu Worms P. 206.
6. S. Einbetta, S. Worbetta. S. Wilbetta zu Straßburg P. 208.

Die letzte Meldung (vgl. A. S. Sept. Tom. 5. 315) wird uns am Wich=
tigsten, sie erklärt uns auch den alten Namen der Stadt Worms, Bor-
betomagus, die von Vorbet, der mittlern der drei Schwestern den Na=
men führt, wie ich Aehnliches von der Stadt Metz, Civitas Medioma-
tricorum, vermuthet habe: von der mittlern der drei Schwestern wird
auch sie benannt sein. Vgl. Vorrede zu der Doppelausgabe m. Nibe=
lungenlieds. Stuttgart 1868, S. XXVIII ff. Nimmt man die En=
dung -bett als nur auf ihren Tempel (Hof) bezüglich, hinweg, so erklärt
sich die erste Silbe in Einbett aus Agin, Schrecken, in Warbett oder
Guerbett aus Werre, Zwist und Streit. Freundlicher lautet der dritte
Name; aber auch Er hat so heidnischen Klang wie die gleichfalls vor=
kommenden Wibikunna und Winterbring; es ist die willfährige, Wunsch
und Willen gewährende, die lichte Seite der verborgenen Göttin, wie
Einbett die finstere, während Worbett oder Vorbett (den Wechsel von
W und V zeigt auch unter Nr. 3 die obige Tabelle, ja Barbeth kommt bei
Panzer 69 urkundlich vor) als die mittlere zugleich die mächtigste, die
eigentliche Gottheit ist, die sich in ihren beiden Schwestern nur verviel=
fältigt. Einmal erscheinen nur zwei Schwestern: die eine heißt Kann,
die andere Muß, und auch diese Namen verläugnen ihre Beziehung auf
das Schicksal nicht. Hießen die Schwestern alle drei Kann, wie sie als
weirdsisters alle drei einst Wurd geheißen haben müßen, so fiele damit
Licht auf die den Matronis Octocannabus gewidmeten Steine: es wären
die gefürchteten Schicksalschwestern gemeint von goth. ôgan schrecken,
praet. ohta. Vgl. Bonner Winckelmanns=Programm von 1863. Was
hier S. 9 für ein sicheres Ergebniß der bisherigen Forschungen über
die Matronenculte ausgegeben wird, ‚daß diese Gottheiten der keltischen,
nicht der germanischen Sprache angehören‘, dürfte vielmehr noch offene
Frage sein. Mehrfach erscheint bei den drei Schwestern eine goldene
Wiege, M. u. Schamb. Nr. 3. Bei Panzer I, 70 wird sie von un=
fruchtbaren Frauen zur Erlangung der Fruchtbarkeit in Bewegung gesetzt,

und ich entscheide mich nicht, ob sie in Beziehung steht zu dem Begriff
des Bettes im Namen der drei Schwestern. Vgl. Kuhn WS. I, 303.
Bei Kirchenvisitationen ward der Versuch, diese Namen durch die christ=
lichen Fides, Spes und Caritas zu verdrängen, vergebens gemacht;
Panzer I, 6; man muste sich damit begnügen, sie in die Gesellschaft der
11,000 Jungfrauen aufzunehmen. Nur am Niederrhein z. B. zu
Weilerswift wurden doch jene drei Namen des Martyrologiums (1. Aug.)
durchgesetzt; noch erinnert dort der Name des Swiftbachs an die deut=
schen drei Schwestern, in nächster Nähe allerdings des Feibachs (bei
Eisenfei Katzfei Satzfei), wo sie schon als tria fata romanisiert erschei=
nen. Jedenfalls blüht ihr Dienst in unserer Provinz noch heute, denn
auch die drei Schwestern zu Auw bei Trier gehören zu ihnen; und
auf der Landskrone an der Ahr, wo sie als Töchter des Grafen von
Neuenahr historisiert wurden, die sich hier zu flüchten suchten, als der
Herr von Tomberg die Burg Landskron bereits eingenommen hatte, ist
die Felsenhöhle, die sich aufthat sie zu verbergen, zur Sakristei der Capelle
geworden und die Fäden, die sie von dort nach Neuenahr warfen, ver=
wandelte die Sage in eine über das weite Thal gesprengte Brücke. Vgl.
S. 332. Noch jetzt wird in Bonn alljährlich die Bornhofer wie
die Kevelaerer Andacht gehalten; zu Bornhofen hat man aber der
einen Schwester, die dort, zu Kiderich und zu Nothgottes drei
Andachten gestiftet haben soll, statt zweier Schwestern zwei Brüder
gegeben, wozu die so geheißenen beiden Burgen über der Kirche veran=
laßen mochten. Aber auch dort ist diese eine Schwester blind, auch
dort theilt sie wie bei Panzer I, Nr. 4 den Schatz, wobei das Geld mit
Scheffeln gemeßen und die Blinde übervortheilt wird. Auch bei den drei
Schwestern von Auw, die man in der Kirche auf einem Esel reitend
abgebildet sieht, spielt der Schatz eine Rolle; auch ist wieder die mittlere
blind: von König Dagobert wurden sie ihrer Schönheit wegen verfolgt,
obwohl sie seine leiblichen Schwestern waren. Man erkennt leicht den
lichten Gott des Tages, vor dem die Nornen als Verwandte der Nacht,
entfliehen. Vgl. Panzer I, 348. Der Esel, der sie durch einen Sprung
über die Kyll rettete, erscheint zugleich als weisendes Thier, indem er
den Ort anzeigte, wo nach göttlichem Willen ihre Capelle gestiftet werden
sollte. Von dem Schatz, den sie mit sich führten, wurden die Kosten des
Baues bestritten. Es war wohl Erzbischof Pilgrim, der in der Kölnischen
Diöcese die heidnischen Namen der drei Schwestern durch die christlichen
verdrängte. Ein Siegel mit seinem Bildniß und Namen, das zu Betten=
hoven im Jülichschen beim Umbau des Altars gefunden wurde, zeigt
auf dem Revers die Bilder von Fides, Spes und Caritas mit der Um=
schrift Sancta Coloniensis Religio. Bettenhovens Namen selbst

deutet auf den Dienst der drei Schwestern, die auch in Thum zwischen Ni=
beggen und Froitzheim unter dem christlichen Namen verehrt wurden. In
Lützkampen bei Neulandt (Kreiß Prüm) sieht man ihre Bildnisse in Holz
geschnitzt in der Kirche, die ihre Verehrung auf die drei ersten Donners=
tage im März beschränkt hat.

Es ist deutlich, daß die drei Schwestern nur Vervielfältigung der Hel
sind. Die Blindheit der Hel erscheint auch bei Odin, der als männlicher
Hel Helblindi heißt. Aus dieser Verwandtschaft mit dem Todesgotte
fließt es, daß sie die Pest verhängen können und um Abwendung von
Viehseuchen noch jetzt zu ihnen gewallfahrtet wird. Doch geschieht dieß
auch anderer Krankheiten willen, wie auch ihre Namen andeuten, die z. B.
bei den Frauenrother Schwestern (Jahrb. d. Vereins von Alterthumsfr.
Heft XLIV. XLV S. 16) Pellmerge, Schwellmerge und Krischmerge
lauten; letztere erinnert an Krischona, eine der drei Baseler Schwestern.
Ihre Verwandtschaft mit den Walküren §. 107 endlich ergiebt sich aus
P. 180, wo es heißt: ‚Sie wohnten auch Hochzeiten und Begräbnissen
bei, ja selbst in den Krieg zogen sie mit, ritten auf Pferden und wirk=
ten mehr als die Ritter selbst.‘

Nach Wolf Beitr. II, 174 wären die drei Schwestern aus der Einheit
in die Dreiheit übergegangen. Die Einheit scheint man im Norden in Urd
gefunden zu haben, der ältesten Norne, nach welcher der Plural grimmar
urdir gebildet ist. Was ist aber die Norne der Vergangenheit anders
als die Todesgöttin? Nach Helgakw. II, 4 oben seh ich darum diese
Einheit in Hel, die wir als Held (vgl. die Wehld P. 186), ja als
Rachel d. h. rächende Hel auch schon unter den drei Schwestern gefun=
den haben. Daß Eine die vornehmere unter ihnen war, zeigt, daß
Ainbeth P. I, S. 24 eine Gräfin heißt, während den beiden andern
keine Standeserhöhung zu Theil ward. Nach ihr heißt P. 379 der Berg,
an welchem alle drei verehrt werden, Einbettenberg; St. Einbett ist
auch den Bollandisten und andern Hagiologen wenigstens dem Na=
men nach bekannt. Auch daß die drei Schwestern mehrfach als ver=
folgt geschildert werden, spricht dafür, daß unter Einbett Hel verstanden
ist: bald verfolgt bald verfolgend kennen wir aus §. 73 die aus Hel
verjüngte Freyja.

Den Uebergang in die Legende von St. Nicolaus, der die Seelen
dreier Jungfrauen durch reiche Geschenke rettet, hätte wohl schon Wolf
erkannt, wenn er das Beitr. II, 172 von ihm besprochene Denkmal, wo dieser
Heilige den Schwestern einen Goldklumpen reicht, mit der auf derselben
Seite erwähnten Mittheilung Mannhardts über die Kirche von Hela ver=
glichen hätte, wonach drei schwedische Fürstentöchter, welche gegen den Wil=
len ihrer Verwandten den christlichen Glauben angenommen, dafür in eine

Wanne gesetzt und in das Meer hinausgestoßen wurden. In dieser Noth gelobten sie, wenn sie gerettet würden, jede eine Kirche zu bauen, was später auch geschah. Die drei Schwestern in der Wanne kommen nämlich auch auf den alten Rauber Siegeln vor; nur bleibt es ungewiß, ob St. Nicolaus oder St. Theonest mit ihnen in der Kufe, die der Stadt den Namen gab, der Flut übergeben ist. Auf dem ältesten von 1315 findet sich der Heilige allein; in den spätern kommen die drei Jungfrauen hinzu, wahrscheinlich weil man ihn für St. Nicolaus hielt. Endlich wird man jede allein, ohne den Heiligen, in eine Wanne gesetzt haben, um sie d r e i A n d a ch t e n stiften zu laßen, wie das Beitr. 173 berichtet ist. Diese drei Andachten gleichen jenen oben S. 336. Wie aber hier drei Fürstentöchter drei Andachten stiften, ein andermal drei Andachten für d r e i K i n d e r ausgegeben werden, so vermuthet Alex. Kaufmann (Ann. d. histor. Vereins zu Köln 13. und 14. Heft S. 273) mit Recht, die 365 Kinder der G r ä f i n von Holland, Rheinf. S. 5, seien so viel Seelenmeßen als Tage im Jahr gewesen.

Der Name Nornen ist in Deutschland verschollen; häufig aber werden die drei Schwestern Nonnen genannt (Panzer 163. 181 u. öfter), was aus Nornen entstellt sein kann. Das ist auch da anzunehmen, wo Nonnen Gemeinden Güter schenken (Schamb. NS. 47—49) wie es die drei Schwestern zu thun pflegen. Zu dem Nornborn bei Ribba (Myth. 376, Wolf Heß. S. 131) wünscht Grimm urkundliche Bestätigung.

106. Hel und die Nornen.

Vergleichungspunkte der Nornen mit der Hel finden sich auch in den Thieren, die in den Sagen von den drei Schwestern hervortreten:

1. Der H a h n, der in ihren Schloßbergen kräht, Panzer §. 13, vergleicht sich dem schwarzrothen Hahn in den Sälen Hels, Wöl. 35. Ueber den Hahn auf dem Kirchthurm s. o. S. 278.

2. Der H u n d, der Jungfrauen Begleiter und Schatzhüter (P. §. 14), ist der Höllenhund; auch den Nornen legt die Edda Hunde bei, Myth. 881, und wie Odins Hunde und wohl auch die der Nornen nach der Edda Wölfe sind, so finden wir einer unserer Schwestern einen Fuchs als Hund beigesellt. Panzer I, 289. 317 ff. Uebrigens läßt der Hund sich nicht spotten; ich wünsche aber dem, der das versuchen sollte, daß er selber nicht darauf komme. Es ist Vieles zu solchem Spott verwandt worden, was dem Mythus unzweifelhaft angehört. Hier noch einige Nachträge zu dem Hündchen von Bretten, Bretzwyl u. s. w., wo Bretten auf Brittanien, das Todtenland deutet. Wenn die Schiebkarren der Bergleute Hund heißt, weil sie in den Berg, in die Unterwelt geht, so enthält das eine Anspielung auf den alten Glauben, wie ich einen solchen auch in unserer niederrheinischen Redensart vermuthe, der alte Hund läuft

mir nach, d. h. der Hund des alten Glaubens. Aehnlich meint die Drohung: du küfs en be ahl Bâch, du kommst in den alten Bach, die naße
Unterwelt des heidnischen Glaubens, des Teufels Küche. Auch von einem
„Eishündchen" (Eis aus Egis entstellt) spricht man bei uns so, daß
man nicht mehr weiß, der Höllenhund sei damit gemeint gewesen.

3. Häufiger und alterthümlicher liegt die Schlange oder der Lind-
wurm, dem eddischen Nidhöggr verwandt, auf dem Schatz und verschlingt
Menschen und Thiere. So bedeutet auch in der Heldensage Fafnir, der
auf dem Schatze liegt, die unterweltliche schatzhütende Schlange. Wie dieser
Schatz zusammengebracht wurde, berichtet das andere Sigurdslied und D. 62.
Es wird erzählt, daß drei der Asen ausfuhren, die Welt kennen zu lernen:
Odin, Loki und Hönir. Sie kamen zu einem Waßerfall, dabei war ein
Otter, der hatte einen Lachs gefangen und aß blinzelnd. Da hob Loki einen
Stein auf und warf nach dem Otter und traf ihn am Kopf. Da rühmte
Loki seine Jagd, daß er mit Einem Wurf Otter und Lachs erjagt habe.
Darauf nahmen sie Lachs und Otter mit sich. Sie kamen zu einem Ge-
höfte und traten hinein und der Bauer, der es bewohnte, hieß Hreidmar,
und war ein gewaltiger Mann und sehr zauberkundig. Da baten die Asen
um Nachtherberge und sagten, sie hätten Mundvorrath bei sich und zeigten
dem Bauern ihre Beute. Als aber Hreidmar den Otter sah, rief er seine
Söhne, Fafnir und Regin, herbei und sagte, ihr Bruder Otr wär erschlagen,
und auch wer es gethan hätte. Da gieng der Vater mit den Söhnen
auf die Asen los, griffen und banden sie und sagten, der Otter wäre Hreidmars Sohn gewesen. Die Asen boten Lösegeld so viel als Hreidmar
selbst verlangen würde und ward das zwischen ihnen vertragen und mit
Eiden bekräftigt. Da ward der Otter abgezogen und Hreidmar nahm den
Balg und sagte, sie sollten den Balg mit rothem Golde füllen und ebenso
von außen hüllen und damit sollten sie Frieden kaufen. Da sandte Odin
den Loki nach Schwarzalfenheim, das Gold herbeizuschaffen. Er kam zu
Ran und erhielt ihr Netz und gieng zu dem Zwerge, der Andwari hieß
und ein Fisch im Waßer war. Loki fieng ihn mit dem Netze und heischte
von ihm zum Lösegeld alles Gold, das er in seinem Felsen hatte. Und
als sie in den Felsen kamen, trug der Zwerg alles Gold hervor, das er
hatte und war das sehr großes Gut. Da verbarg der Zwerg unter seiner
Hand einen kleinen Goldring: Loki sah es und gebot ihm den Ring her-
zugeben. Der Zwerg bat ihn, ihm den Ring nicht abzunehmen, weil
er mit dem Ringe, wenn er ihn behalte, sein Gold wieder vermehren
könne. Aber Loki sagte, er solle nicht einen Pfennig übrig behalten, nahm
ihm den Ring und gieng hinaus. Da sagte der Zwerg, der Ring solle
Jedem, der ihn besäße, das Leben kosten. Da fuhr Loki zurück zu Hreidmars Hause und zeigte Odin das Gold, und als er den Ring sah, schien

er ihm schön; er nahm ihn vom Haufen und gab das übrige Gold dem
Hreidmar. Da füllte dieser den Balg so dicht er konnte und richtete
ihn auf, als er voll war. Da gieng Odin hinzu und sollte ihn mit dem Golde
hüllen. Als er das gethan hatte, sagte er zu Hreidmar, er solle zusehen
ob der Balg gehörig gehüllt sei. Hreidmar gieng hin und sah genau zu und
fand ein einziges Barthaar und gebot auch das zu hüllen; sonst wär ihr Vertrag gebrochen. Da zog Odin seinen Ring hervor, hüllte das Barthaar und
sagte, hiemit habe er sich nun der Otterbuße erledigt. Und als Odin seinen
Sper genommen hatte und Loki seine Schuhe, daß sie sich nicht mehr fürchten
durften, da sprach Loki, es solle dabei bleiben was Andwari gesagt hätte,
daß der Ring und das Gold dem Besitzer und seinen Söhnen das Leben
kosten sollte und so geschah es seitdem. Hiezu nun folgende Bemerkungen:

a. Das Gold muß aus dem Fluße gewonnen sein, sonst hätte Andwari kein Fisch im Waßer zu sein gebraucht. Daß aber dieser Fluß der Rhein
war, wird hier verschwiegen. Vgl. §. 115. Es war Rheingold und somit
fällt dieser Schatz mit dem Harlungengolde zusammen, dem wir gleichen Ursprung wahrscheinlich machen werden. Nur fehlt hier die Zurückerstattung
an den Fluß, den freilich auch die nordischen Atlilieder nur andeuten.

b. Das Hüllen und Füllen ist nach RA. 671 altes Recht bei der
Mordbuße oder dem Wergeld. Da man aber mit der Redensart die Hülle
und die Fülle einen großen Ueberfluß zu bezeichnen pflegt, so war die
eddische Erzählung, als sich diese Redensart bildete, in Deutschland noch
unvergeßen, obgleich ich zugestehen muß, daß sie auch aus dem Rechtsgebrauch gefloßen sein kann. Vgl. Liebr. Germ. X, 108.

c. Die unterweltlichen Schätze bedeuten die Güter der Erde, den
reichen Pflanzensegen, der sonst von den Zwergen gewirkt, im Winter
in die Erde zurückgenommen wird. Insofern er hier von der Schlange
gewoben ist, sehen wir sie als ein heiliges Thier gefaßt, wie sie noch
oft in deutschen Sagen erscheint. Die Unterwelt gönnt aber ihre Schätze
nur dem stillen Fleiße des Landmanns, dem sie goldene Körner
spendet; auch heldenkühne That und verwegenes Eindringen in die unterweltlichen Gebiete erringt sie zuweilen; aber dann pflegt ein Fluch
darauf zu ruhen. Sigurd muß Fafnir erschlagen, um den Niflungenhort
zu gewinnen; der Zwerg, der ihn ursprünglich zusammenbrachte, hat aber
einen Fluch darauf gelegt und dem verfällt Er und Alle, die ihn nach
ihm besitzen, bis er in den Rhein geschüttet der Unterwelt zurückgegeben
wird. Nur scheinbar ist dieser Fluch die Strafe der Unersättlichkeit, die
auch den letzten Ring nicht missen wollte: er haftet von jeher an dem Besitz des Goldes, und wenn dieses in den Rhein geschüttet wird, so war es
wohl auch aus dem Fluße gewonnen wie das der eddische Mythus andeutet. So sehen wir auch in unsern deutschen Ortssagen den Schatz der

aus Hel verjüngten Jungfrau von denen erworben, die den Muth haben,
die Bedingungen zu erfüllen, an die sein Besitz oder die Erlösung der
Jungfrau geknüpft ist. Diese Bedingungen sind aber meist so illusorisch
als jene, an welche Hel Balburs Erlösung aus ihrer Behausung bindet:
nur selten sehen wir sie erfüllt und den Schatz ganz oder theilweise gehoben; dem Glücklichen ist aber dann nur kurzer Genuß beschieden: nach
wenigen höchstens sieben Jahren muß er sterben. Zu gewissen Zeiten
‚blüht‘ nach der Sage der Schatz, oder ‚wittert sich,‘ wenn die Flamme
über ihm brennt, er ‚sonnt sich‘ und kann dann gehoben werden; das muß
jedoch stillschweigend geschehen, weil er sonst wieder versinkt. Zum Bruch
dieses Stillschweigens zu verleiten, ist aber die Hölle in Spiegelfechtereien
unerschöpflich. Doch braucht man auf den blühenden, sich sonnenden Schatz
nur etwa ein Tuch zu werfen um ihn zu bannen und zu gewinnen. Auch
wird von ihm gesagt, daß er rücke, alljährlich um einen Hahnenschritt, oder
nach sieben Jahren heraufkomme, wo wie bei dem Donnerkeil ursprünglich sieben Wintermonate gemeint scheinen. Wenn diese Parallele
Schwartz (Ursprung 64) berechtigt, den schatzhütenden Drachen auf das Gewitter zu beziehen, so besteht damit doch die Deutung des Schatzes auf
die goldene Körnerernte, da er selber nachweist, wie der Gewitterdrache
Fruchtbarkeit bringt. Nur muß das die Sage nicht im Auge haben, wenn
sie den Drachen von Göttern oder Helden erschlagen läßt. Ueber Schatz-
sagen vgl. Fr. Müller Siebenbürg. Sagen S. 371 ff. Von der Kron-
schlange oder dem Schlangenkönig handelt Rochh. Mythen 159. 202.
Vgl. Lütolf 324, K. Haupt. 75. 77.

　　d. Als schatzhütende Thiere bezeichnet Mannhardt Korndämonen 12
außer den Drachen noch eine große Anzahl Thiere und bemerkt 39, wenn,
um zu dem Schatz zu gelangen, gewisse schwarze Thiere getödtet werden
mußten, so seien damit die schatzhütenden Thiere selber gemeint. Unter
den genannten Thieren erscheint aber auch die Kröte, welche sonst als
arme Seele geschont zu werden pflegt.

　　Den deutschen Drachen scheint das Feuerspeien fremd, wenngleich Thor
und Beowulf von ihrem Gifte übersprüht erliegen. Auch das Wurm-
bettfeuer, dessen die Edda Gudrunarkwidha I, 112 gedenkt, ist nur ein
Tropus für das Gold, auf dem sie liegen und das sich unter ihnen mehrt.
Davon ist zwar in der deutschen Lindwurmsage, wie wir sie bei Siegfried
und Beowulf finden, nicht ausdrücklich die Rede; in der mehr orientalisch
gefärbten Ragnar Lodbrocssage, welche der von Ortnit entspricht, wächst
aber das Gold zugleich mit dem Wurm, der kaum dem Ei entschlüpft
ins Land gebracht wird, allmählich jedoch zu solcher Größe heranwächst, daß
ihn kein Schrein, kein Haus mehr faßt und er draußen um das Gehöfte
gewunden liegt, und Schweif und Kopf sich berühren. Der Ornitsage ist es

mit der von Tristan und vielen deutschen Märchen gemein, daß der Drachen=
sieger von einem Betrüger verdrängt, und um den Lohn, die Hand der
Königstochter, gebracht werden soll. Dieser Betrüger glaubt sich durch die
Drachenköpfe, die er vorlegt, auszuweisen; es findet sich aber, daß der wirk=
liche Sieger die Vorsicht gebraucht hat, ihnen die Zunge vorher aus dem
Munde zu schneiden, wodurch der Betrüger zu Schanden wird. In der
Ragnar Lobbrocksfage bleibt die Spitze des Spießes in dem Unthier sitzen,
und der wirkliche Sieger bewährt sich dadurch, daß er im Besitze des paf=
senden Schaftes ist. Die Verwandtschaft dieser orientalisch gefärbten Faß=
ung mit der im Schah Nameh, Görres II, 406—411, hat Liebrecht
Orient und Occident I, 563 dargethan.

4. Zuweilen zeigt sich auch im Gefolge der drei Schwestern oder der
Schlüßeljungfrau ein schwarz und weiß gezeichnetes Pferd (Quitzmann
137), dem ähnlich, auf welchem auch Hel zur Pestzeit umreitet. Noch sonst
spielt das Pferd eine unheimliche Rolle in unsern Sagen. ‚Die Todten
reiten schnell‘ hieß es in dem Volksliede, das Bürger zu seiner Lenore
Veranlaßung gab. Ein knöcherner Pferdekopf (caput caballinum) dient
als Symbol des Todes. Phantastische Bilder laßen den Tod, der als
dominus Blidgerus symbolisiert wird, auf dem Pferdekopf, als einer Geige
aufspielen. Im Norden war es Sitte, den Pferdekopf (equi abscissum
caput, Saxo p. 75) als f. g. Neibstange aufzurichten, um die Landwätter
(Wichter) zu schrecken, die guten Geister des Landes fern zu halten, Myth.
42. 625. Aber zuweilen dienen sie auch, den bösen Geistern zu wehren:
immer geht nach §. 134 u. ein Pferdeopfer voraus, wie auch die Pferde=
schädel in den Firsten nord. Häuser auf ein Opfer deuten, deßen Verdienst
dem Hause zum Schutz dienen sollte. Zu gleichem Zweck wurden wohl
an den Giebeln deutscher Bauernhäuser Pferdeköpfe ausgeschnitzt (Gr. Myth.
626), womit die Sage der Richmod von der Abucht zusammenhängt, die
jetzt einer Straße in Köln den Namen giebt; sie kehrt auch in Magdeburg,
Hamburg, Glückstadt, Lübeck, Nürnberg, Dünkirchen und sonst vielfach wie=
der. Man begriff nicht mehr, warum diese Pferdehäupter vom Söller nie=
berblickten; ein dunkles Bewußtsein von ihrem Bezug auf das Todtenreich
mochte aber übrig geblieben sein: so entstand die Sage von der zurück=
kehrenden begrabenen Frau, für die sie jetzt als Wahrzeichen dienen mußten.
Oder sollte das Opfer die Kraft gehabt haben, die Frau zu erwecken?
Chr. Petersen, Pferdeköpfe Kiel 1860, vermuthet einen Zusammenhang
mit Skirnisför, wobei aber das Pferd eine so wichtige Rolle nicht spielt.
Daß ein Opfer gemeint war, zeigen auch andere an Hausfirsten, Thür=
bogen, Kirchen und Rathhäusern befestigte Hörner und Thierhäupter,
Rochholz Mythen 78—81. Hieher gehören auch die an die Bäume des
Teutoburger Schlachtfeldes genagelten Pferdeköpfe. Pferdehufe wurden

vor die Thüren oder über Ställe zur Abwehr böser Geister und gegen
Feuersbrünste genagelt, KHM. 89, ein Gebrauch, der noch fortlebt, selbst
in Hamburg, Berlin und London. Vgl. die reichhaltige Schrift: Hufeisen und Roßtrappen oder die Hufeisensteine in ihrer mythol. Bedeutung von Chr. Petersen Kiel 1865. An Gebäude genagelte Roßhäupter
bespricht auch Liebrecht Philol. 23, 679. Hängt damit das beim Eingang von Oberwesel in das Straßenpflaster gefügte Hufeisen zusammen,
das der alte Rheinische Antiquarius auf St. Huberts Roß bezieht?
Man giebt es jetzt für das Wahrzeichen der Stadt aus; aber welche
Bewandtniß es damit habe, wißen die guten Leute nicht mehr. Neuer-
dings vernehme ich von bort aus, es habe für ein Grenzzeichen gegolten: dann wären auch wohl andere Grenzzeichen, die man bisher für
Halbmonde angesehen hat, vielmehr für Hufeisen zu halten.

    5. Die unterirdischen Gänge, welche sich da, wo die drei Schwestern
verehrt wurden, noch jetzt, gewöhnlich unter den christlichen Kirchen finden,
die an die Stelle ihrer heidnischen Tempel getreten scheinen, laßen daran keinen Zweifel, daß sie einst dort wirklich verehrt worden sind. Der
Annahme mehrerer Archäologen, daß die Matronen, welche sie ebenso willkürlich auf keltischen Glauben beschränken, da sie doch auch deutsche Namen führen, Localgottheiten sein müßten, steht die Verbreitung dieser
gleichnamigen Schwestern über das ganze südliche Deutschland entgegen.
Im nordwestlichen erscheinen zwar andere Namen, aber die Gleichheit
der Mythen verräth dieselben Wesen.

107. 2. Walküren (Walachuriun).

    Am Nächsten verwandt sind den Nornen die Walküren; auch sie wer-
ben Wöl. 24 ‚Odins Nornen‘ genannt, ja eine der sechse, welche hier aufgezählt werden, die Skuld, führt den Namen der jüngsten Norn. Als
siebente muß man wohl Freyja hinzudenken, das Haupt der Walküren
und ihre Quelle. Grimnism. 36 nennt ihrer dreizehn, und hier ist
wohl Hilde, in der Hel auch unter den Nornen auftritt, der Freyja gleich.
‚Odin‘, heißt es D. 36, ‚sendet sie zu jedem Kampf. Sie wählen die
Fallenden und walten des Siegs.‘ Daher ihr Name, der ihr Amt pleo-
nastisch ausdrückt; doch bedeutet Wal (strages) den Inbegriff der in der
Schlacht Fallenden. Daneben sind sie Schenkmädchen Odins und der Einherier: sie sollen in Walhall dienen, das Trinken bringen, das Tischzeug und
die Aelschalen verwahren. Als Todtenwählerinnen, weibliche Psychopom-
pen wie als himmlische Schenkmädchen sind sie Vervielfältigungen der
Freyja, der wir § 103 das gleiche Geschäft obliegen sahen. Aber auch
zu Odin stehen sie in nahem Verhältniß: sie erscheinen als Vollstreckerinnen
seines Willens. Durch sie greift er in das irdische Heldenleben ein und

wie der Gott selbst die Helden anregt, spornt und zu sich emporzieht
in seine himmlische Halle, um seine Macht durch sie für den künftigen
Weltkampf zu stärken, wie er nach den Seelen der Tapfern dürstet, so
scheint er sich zu solchem Zweck auch der Walküren zu bedienen: sie
entzünden den Heldengeist und ziehen ihn empor auch durch die zärt=
lichen Verhältnisse, die sie mit den berühmtesten Helden eingehen, so daß
wir an Goethes Wort erinnert werden:

> Das ewig Weibliche
> Zieht uns hinan.

Zuweilen jedoch wißen sie, den Nornen ähnlich, ihre Selbständigkeit zu
wahren und Odins Willen entgegen zu handeln. Den Nornen stehen
sie auch darin gleich, daß sie das Geschick wirken, aber mehr in Bezug
auf die Schlacht, während es die Nornen im Allgemeinen bestimmen.
Auch sind sie den Göttern untergeordnet, während die Nornen das Ge=
schick lenken, dem selbst die Götter gehorchen. Schlacht ist all ihr Sinnen:
Walküren trachten, heißt es in dem geheimnißvollen Eingang Hrafnagalbrs;
in der Wölundarkwidha sehen wir wonach: sie trachten und sehnen sich
nach Kampf, sie wollen Urlag treiben, in der Schlacht das Schicksal ent=
scheiden. Darum heißen sie auch Walmädchen, Schildmädchen, Helm=
mädchen, weil sie unter Helm und Schild zur Walstatt ziehen. Eine der
Walküren heißt Mist; der Name klingt uns nicht fein; aber noch be=
deutet mist englisch Nebel: Mist ist die Wolke, und auf Wolkenroßen
schweben die Walküren über dem Schlachtfelde, und Thau träuft von den
Mähnen ihrer Roße in tiefe Thäler, Hagel auf hohe Bäume: ‚das macht
die Felder fruchtbar'. Klingen sie hier an Naturerscheinungen an, so
sind sie doch wesentlich (Uhl. VII, 349) Mächte des Gemüths: sie sollen
den deutschen Heldengeist zur Anschauung bringen, der wie sie nur Krieg
und Schlacht athmete. Aber die Dichtung hat sie zu den anziehendsten
Bildern gestaltet; nur in der Nialssage sind sie ins Grausenhafte ver=
zerrt: da sitzen sie in einer Kammer mit einem Gewebe beschäftigt,
Menschenhäupter waren statt der Gewichtsteine, Gedärme statt des Zettels
und Einschlages, ein Schwert statt des Schlagbretts, ein Pfeil statt des
Kammes; dabei sangen sie ein Lied mit dem Kehrreim: Winden wir,
winden wir das Gewebe der Schlacht! Zuletzt rißen sie das Gewebe von
oben herab in Stücke und jede behielt das ihre in der Hand, bestiegen
dann die Pferde und ritten davon, sechs südlich, sechs andere nördlich.
Das bewußt Gräßliche dieser Vorstellung kommt auf Rechnung der späten
Zeit, welcher die Dichtung angehört. Lieblich und erhaben zugleich sind
dagegen die Walküren, wie sie uns in den drei Helgiliedern erscheinen,
Swawa und die aus ihr wiedergeborene Sigrun, die Geliebten und dann
die Gemahlinnen zweier edeln Helden, Helgi genannt, der eine gleich=

falls im andern wiedergeboren; am schönsten Sigrun, wie sie um den
gefallenen Helgi trauert, den ihr sehnsüchtiger Schmerz aus Walhall
zurückzieht, weil ihre heißen Thränen ihm auf die Brust fallen, daß er
die Freuden der himmlischen Halle nicht genießen kann. Dieß ist die
älteste bekannte Darstellung der Lenorensage. Entschiedener als
Walküre gehalten ist Swawa; beide sind aber irdische Königstöchter, wie
in der Sage auch Brynhild erscheint, deren göttlicher Ursprung S. 349
nachgewiesen werden soll. Bei Sigrun und Brynhild (noch in den Nibelungen) ist Jungfräulichkeit Bedingung des Walkürenstandes; als Sigrun
dem Helgi vermählt ward, fällt er im Kampfe, denn Sigrun kann ihn
nicht mehr beschützen. Aber wie es irdische Nornen giebt, wie die Gabe der
Weißagung und des Zaubers sterblichen Frauen übertragen werden kann,
wovon die brukterische Veleda ein Beispiel ist, die bei deutschen Völkern
priesterliches Ansehen und fast göttliche Verehrung genoß, so können auch
Königstöchter in den Stand der Walküren treten, wenn sie kriegerisches
Gewerbe ergreifen und ewige Jungfrauschaft geloben. Sie heißen dann
Wunschmädchen, Adoptivtöchter Odins, wie die Einherier seine Wunschsöhne sind. Erst neuerdings hat sich ein für Brynhilds Walkürenstand
wichtiger Zug ermitteln laßen. Vorausgeschickt muß werden, daß die Walküren, wenn sie Luft und Waßer reiten (ríða lopt ok lög) Schwanenhemden
anlegen, ja sich in Schwäne wandeln. Das Anfügen des Schwanen-
gefieders und die volle Verwandlung wird durch den s. g. Schwanenring
vermittelt. In der Wölundarkwidha, dem eddischen Liede von Wieland
dem Schmiede, das aus deutschen Quellen geflossen noch spät in
Deutschland bekannt gewesen sein muß, laßen sich zwei Schwäne beim
Seestrande nieder, legen ihre Schwanenhemden ab, baden und spinnen
Flachs; auch hier bezieht sich das Spinnen auf die Geschicke der Schlacht.
Wieland und seine Brüder bemächtigen sich der Schwanenhemden und
bringen so die Königstöchter in ihre Gewalt; aber nach sieben Wintern
entfliegen sie ihnen wieder; sie folgen unwiderstehlicher Sehnsucht nach
ihrem kriegerischen Geschäft. Ganz so wird nun auch Brynhild von Agnar
gefangen, und in ‚Helreid Brynhildar‘ beruft sie sich darauf, zu ihrer
Rechtfertigung gegen die Riesin, die ihr die Durchfahrt durch ihre steingestützten Häuser wehren will, daß Agnar, der ihr und ihren Schwestern
das Schwanenhemd unter die Eichen tragen ließ, sie gezwungen habe, ihm
als Walküre den Sieg zu ertheilen, was ihr den Zorn Odins zuzog,
denn dieser hatte dem Hjalmgunnar den Sieg bestimmt.

In den Nibelungen erscheinen bekanntlich drei Meerweiber bei
der Burgunden Ueberfahrt über die Donau; eine derselben heißt Sigelind. Hagen nimmt ihnen die Gewande weg und giebt sie erst zurück, als
sie ihm zu weißagen geloben. Ihr Gewand wird als wunderlich be-

zeichnet, b. h. wunderbar: es waren Schwanenhemden; auch fie find
Walküren, nur weben fie hier nicht mehr das Geschick, fie weißagen es
bloß. So erscheint in der deutschen Gudrun ein weißagender Engel in
der Gestalt eines schwimmenden wilden Vogels; ohne Zweifel ift auch
hier ein Schwan gemeint. Dem Lohengrin, in welchem wir Sкéáf als
Schwanenritter verjüngt sahen, wird das Schiff von einem redenden
Schwane gezogen, und im Wolfdietrich sehen wir die rauhe Els, im
Jungbrunnen badend, ihr Gewand ablegen und nun Sigeminne heißen,
die schönste über alle Lande. Die Namen Sigelind, Sigeminne, Sigrun,
Sigrdrifa, wie Brynhild als Walküre heißt, und ein agf. Zauberspruch
bei Kemble Myth. 402, wo Siegweiber ermahnt werden, nicht zu Walde
zu fliegen, sondern dem Anrufenden sein Schicksal zu weißagen:

> Sitte ge sigevif. sigadh tô eordhan!
> næfre ge ville tô vuda fleogan!
> beo ge svâ gemyndige mînes gôdes
> svâ bidh mannagehvylc metes and êdheles.

> Setzt euch, ihr Siegweiber, senkt euch zur Erde,
> Wollet nicht wieder zu Walde fliegen!
> Bleibet im Herzen meines Heils so eingedenk
> Als die Menschen männiglich des Mals und der Heimat.

das Alles zeigt, daß der Name der Walküren und wilden Frauen überhaupt
Siegweib, siguwîp, war; fie heißen aber auch Wünschelweiber und
gehen in den Begriff theils der Waldfrauen, theils der Meer= und Waßer=
minnen über. Eine solche war die Geliebte des Staufenbergers, die
ihn von Jugend auf in Gefahr und Krieg gehütet und unfichtbar, wie
Swawa den Helgi, umschwebt hat; aber eigenthümlich ift hier der Name
Wünschelweib gedeutet: so oft der Staufenberger nach ihm wünscht, ift
fie bei ihm; fie bewegt fich schnell, wohin ihr gelüftet, Myth. 391.

Die Walküren erscheinen im Norden auch unter dem Namen der
Difen, in Deutschland Idifen; vgl. aber § 129; doch ift dieß ein allge=
meiner Name für göttliche Jungfrauen. Für uns hat der Name Bedeu=
tung gewonnen durch die f. g. Merseburger Zaubersprüche, wo wir diese
Idifen in zauberischen Verrichtungen begriffen sehen; fie heften Hafte, win=
ben Stricke (?), um Heere aufzuhalten, Feinde zu feßeln. Sie scheinen
also im Kampf, den fie entscheiden sollen, für Einen Theil Partei zu er=
greifen. Wie in jenem agf. Spruch die Siegweiber ermahnt werden zu
fitzen, fich zur Erde zu senken, so wird von diesen gesagt, daß fie fich zur
Erbe niebergelaßen hätten (sâzun hera), vgl. §.113. Hiedurch erklärte fich
nun auch der Name des berühmten cherußkischen Schlachtfeldes an der Weser=
fer, das nach Tacitus Idiftaviso geheißen haben sollte, was nun in Idi=
siaviso, nympharum pratum, gebeßert werden konnte. Auch verstehen

wir jetzt die Namen einiger eddischen Walküren: Hlöck = alth. Hlanka, Kette, Herfiötr = alth. Herifezzara, die das Heer fesselt, Myth. 373; der Name einer dritten, Göndul, wird Knoten bedeuten.

Wir haben oben die Zwölfzahl neben der Siebenzahl für die Walküren nachgewiesen; aber schon Myth. 392 ist gezeigt, daß sie gern in der Neunzahl zusammenreiten, während dreie, Gundr, Rota und Skuld, die jüngste Norn, als eigentliche Walkiesende und Kampfwaltende hervorgehoben werden. Die Zahl neun ist vielleicht auch bei Brynhild und ihren Schwestern anzunehmen, und so fanden wir neun Töchter der Ran, neun Mütter Heimballs, und Fiölswinnsmal 38 sitzen neun Mädchen einträchtig zu Menglabas Knieen. Da Menglaba die Schmuckfrohe bedeutet, so ergiebt sich schon hieraus, daß sie Freyja ist, die Besitzerin Brisingamens, Myth. 1102: in ihren neun Dienerinnen wie in jenen neun Walküren ist sie, die Nialssage p. 118 selbst Walfreyja heißt, wie sie auch Wal kiest (Myth. 391), nur vervielfältigt.

Bei Helgi und dem Staufenberger sahen wir die Walküren als Schutzgeister der Helden aufgefaßt. Hier berühren sie sich mit den Fylgien, den angeborenen Schutzgeistern, von welchen man glaubte, sie erschienen den Menschen dann eben, wenn sie von ihnen schieden, d. h. vor dem Tode; auch wurden sie dann wohl von Andern gesehen, denen sie jetzt ihre Folge anboten. Helgakw. I. Diese Fylgien zeigen sich gern in der Gestalt desjenigen Thiers, dem die Sinnesart des Menschen gleicht, Sögubr. c. 2, und die Vermuthung, Ann. f. nord. oldk. 1851 112 hat vollen Grund, daß damit unser Wappenwesen zusammenhängen möge. Die Fylgia unterscheidet sich als foryngja, die dem Menschen vorausschreitet, und hamingja, die ihm nachschwebt; letztere ist oft unpersönlich, als das angeborene Glück (§. 60) gedacht. Vgl. Rochh. Gl. I, 92. Gr. M. 829. Doch hatten auch ganze Geschlechter ihre Fylgien, und diese gleichen auffallend der deutschen Ahnfrau, deren Erscheinen einen Sterbefall im Geschlecht weißagt. M. 831.

108. Hilde und Brynhild.

Unter den Walküren heb ich zweie der berühmtesten hervor, um ihren Zusammenhang mit der als Freyja verjüngten Erbgöttin nachzuweisen.

1. In allen Verzeichnissen der Walküren erscheint Hilde; ihr Name wird mit Kampf gleichbedeutend gebraucht: Kampf wecken und Hilde wecken ist Eins, Myth. 394. Aber schon dieser Ausdruck spielt auf einen Mythus an, der freilich nirgend deutlich und unentstellt vorliegt. In der Erzählung der Skalda von Högni und Hilde (D. 675) ist sie schon vermenschlicht, eine irdische Königstochter. Hedin, Hiarrandis Sohn, entführt König Högnis Tochter; der Vater segelt ihnen nach, und es soll zum Kampfe

kommen: da bietet ihm Hilde ein Halsband zum Vergleich. An diesem
Halsband (Brisingamen) verräth sie sich als Freyja, und was wir weiter
erfahren, dient zur Bestätigung. Högni nimmt den Vergleich nicht an,
weil er sein Schwert Dainsleif schon gezogen hat, das eines Mannes
Tod werden muß, so oft es entblößt wird. Es kommt also zur Schlacht
(Hiadningawig), die nur die Dämmerung trennt. In der Nacht geht
Hilde zum Walplatz und erweckt die Todten und so in jeder folgenden
Nacht wieder, und jeden Morgen erneut sich der Kampf und soll fortwähren
bis zur Götterdämmerung. Wiederum giebt sich hier Freyja zu erkennen,
die Odin zum Kampf entsendet, die Gefallenen seiner Götterhalle zuzufüh=
ren. Dort als Einherier setzen sie das alte Kampfleben fort, sie streiten
Tag für Tag und fällen einander, und auch hier wird es Freyja sein, die
sie erweckt, daß sie vom Kampf heimreiten, mit Asen Ael zu trinken, D. 41.
Hierin liegt der Keim der großen vielverzweigten Hildensage. In dem
zweiten unaussprechlich schönen Liede von Helgi dem Hundingstödter, dem
Bruder Sigurds, sagt Helgi zu Sigrun, der Tochter Högnis, seines
Feindes, die ihn gleichwohl als Walküre im Kampf gegen ihren Vater
beschützt hat:

> Weine nicht Sigrun; du warst uns Hilde:
> Nicht besiegen Fürsten ihr Schicksal.

worauf Sigrun erwiedert:

> Beleben möcht ich jetzt Die Leichen sind,
> Aber dir zugleich im Arme ruhen.

Hier ist mehr als Anspielung auf die Hildensage, da auch Sigruns Vater
Högni heißt und Sigrun im Verfolg des Liedes ihren Geliebten, der
im Kampf gefallen und zu Odin gegangen ist, durch ihre heißen Thränen
(S. 345) erweckt und herabzieht. Daß in Hilde Freyja verborgen ist,
bestätigt die späte mythische Erzählung, welche die Olaf=Tryggwasonarf.
c. 17 von Brisingamen, dem Halsband der Freyja, giebt. Nach ihr haben
es vier Zwerge geschmiedet und der Freyja für den Genuß ihrer Gunst
geschenkt. Aehnliches von der Freid, der Gemahlin Wouds bei Schön=
werth II, 315. Odin läßt es ihr durch Loki entwenden und will es ihr
nur zurückgeben, wenn sie bewirke, daß zwei Könige, deren jeder zwanzig
Unterkönigen gebiete, entzweit und zum Kampfe gereizt würden, aus dem
Todesschlaf aber, in welchen sie durch die Kampfwunden sänken, immer
wieder erwachten bis ein gewisser (christlicher) Held, womit Olaf Trygg=
wason gemeint ist, der das Christenthum einführte, diesen Zauber löse.

Hier ist Freyja, die wieder für Hilde eintritt, als der deutsche Helden=
geist gefaßt, den die Blutrache nie zur Ruhe kommen läßt, der fortrasen
muß bis zum Untergang alles Lebens, weil Blut immer wieder Blut
fordert und jedem Gefallenen sein Rächer erweckt wird. Wenn in der

obigen Sage von Högni und Hilde nur die Götterdämmerung dem Kampf
der ‚Hedninge‘ ein Ende machen ſollte, ſo endet er hier ganz folgerichtig
mit Einführung des Chriſtenthums, das die Blutrache abſtellt.

Wir können die weitere Entwickelung der Hildenſage hier nicht ver=
folgen: bekanntlich liegt ſie dem deutſchen Gudrunliede zu Grunde; aber
die Wiedererweckung der in der Schlacht Gefallenen hat hier ſchon das
Chriſtenthum getilgt, und es muß nach der mörderiſchen Schlacht auf dem
Wulpenſande abgewartet werden bis ein neues waffenfähiges Geſchlecht
herangewachſen iſt. Nachklänge der Hildenſage, wie ich die Wiederer=
weckung der im Kampf gefallenen zu neuem Kampfe nenne, finden ſich
in der Hunnenſchlacht am Dreifaltigkeitsberge vor Regensburg, Schön=
werth III, 148, und am ſteinernen Kreuz bei Selb, Schöppner II, 156,
wo Schweden und Kaiſerliche den alten Kampf erneuen. Eine Erinnerung
ſcheint auch dem Volksliede (Wunderhorn I, 72) geblieben:

> Er ſchlägt die Trommel auf und nieder,
> Er weckt ſeine ſtillen Brüder,
> Sie ſchlagen ihren Feind,
> Tralali, Tralalei, Tralala,
> Ein Schrecken ſchlägt den Feind. —
> Da ſtehen Morgens die Gebeine
> In Reih und Glied wie Leichenſteine u. ſ. w.

2. Wie tief aber Hilde mit unſerer ganzen Heldenſage verwachſen
iſt, wie ſie auch Brunhilds und Kriemhilds Weſen zu Grunde liegt, wäre
an einem andern Orte auszuführen; hier ſoll nur noch von Brynhild dar=
gelegt werden, daß auch ſie aus Frigg oder Freyja hervorgegangen iſt.

In Grimnismal nimmt ſich Frigg Agnars an, aber Odin Geir=
röbhs: es iſt eine Wette zwiſchen den himmliſchen Ehegatten, in welcher
Frigg, welche ſchlauer iſt als ihr göttlicher Gemahl, den Sieg davon
trägt. Geirröbh, Odins Günſtling, wird durch eine Botſchaft Friggs ver=
leitet, an Odin ſelbſt, der ſeine Gaſtfreundſchaft auf die Probe zu ſtellen
unerkannt in ſein Haus getreten iſt, Hand legen zu laßen. Zwiſchen zwei
Feuer geſetzt und zum Reden gefoltert giebt Odin ſich nur zu erkennen,
um ſeinen ehemaligen Schützling am Leben zu ſtrafen; ſeine Gunſt aber
wendet er nun dem jüngern Agnar, Geirröbhs Sohne zu, in welchem
Friggs Günſtling Agnar wiedergeboren iſt. So bildet die Erzählung,
welche dem Eddaliede zur Einkleidung dient, ein Seitenſtück zu dem bei
Paulus Diaconus, vollſtändiger im Prolog zu dem Geſetzbuch des Rotha=
ris, erhaltenen Mythus vom Auszug der Langobarden, wo Gwodans Haus=
frau gleichfalls durch Liſt den Sieg über den göttlichen Gemahl davon
trägt, denn Frea §. 103 nöthigt ihn, dem Volke den Sieg zu verſagen,
dem er ihn urſprünglich zugedacht hatte, während die von Frea begünſtig=
ten Winniler von Gwodan den Namen Langobarden und als Namensge=

schenk zugleich den Sieg empfangen §. 104. Es ist wie ein verlorenes
Eddalied, zu dessen Wiederherstellung die noch im Latein erhaltenen alliterierenden Namen herausforderten:

Auf des Himmels höchster Höhe saß Gwodan
Weit in die weite Welt zu schauen.
Da traten vor ihn die Fürsten der Wandaler,
Ambri und Assi, ihn anzuflehn:

'Wider die Winniler gewähr uns Sieg,
Daß sie uns zahlen müßen den Zins.
Hof und Heiligthum soll sich dir heben
Und immer rauchen von Rosseblut.'

'Ich gönn ihm gerne', sprach Gwodan, 'den Sieg,
Wen ich den wackersten weiß und den besten.
Seit frühe munter: die ich morgen zuerst
Erschaue, die sollen den Sieg erfechten.'

Spöttisch darnach sprach er zu Frea:
'Morgen gewähr ich den Wandalern Sieg.
Hof und Heiligthum soll sich mir heben
Und immer rauchen von Rosseblut.'

Das schmerzt' in der Seele die schöne Frea,
Von heißen Thränen troff ihr Gewand.
Ihr waren die Winniler würdig des Schutzes,
Die oft ihr die Früchte des Feldes geopfert.

Da gieng Gambara vor Gwodans Gemahl
Mit Jbor und Ajo, ihren edeln Söhnen.
Zu Frea flehte die Fürstin der Winniler;
Weise war sie und weithin geehrt:

'Wir klagen dir knieend den Kummer des Herzens;
Unwürdig wollen uns die Wandaler knechten.
Zahllos umziehen sie Zoll zu heischen
Die schwächere Schar, die mit Nichten ihn schuldet.

'Morgen entscheiden sich unsre Geschicke:
Gram sei uns Gwodan gehn sie und pralen.
Der Deinen Verderben wirst du nicht dulden:
Erfleh uns, Frea, den Vater der Welten.'

Sorgend saß die Göttin und sann auf Auskunft
Wie sie der Winniler Verderben wende.
'Höret, im Herzen hab ich erdacht
Wohl weisen Rath, der wird euch frommen:

'Früh vor der Sonne festlichem Aufgang
Wendet euch morgenwärts Männer und Weiber.
Die langen Locken laßt um das Kinn
Den Weibern wallen als wär es ein Bart.

‚So soll euch den Sieg in der Schlacht nicht weigern
Der Vater der Welten: ich will ihn erflehn.
Schrecken wird die Scharen der Wandaler schlagen,
Mehrt sich so mächtig die Menge dem Feind.'

Und früh vor der Sonne festlichem Aufgang
Sah man sich südlich die Wandaler scharen;
Aber gen Osten das bärtige Antlitz
Wandte den Winnilern die weise Gambara.

Da hob, als der Himmel im Osten sich hellte,
Frea die frühe sich vor dem Gemahl,
Kehrte sein Bette alsbald auf den Scheiben,
Daß er erwachte gen Westen gewandt.

Als er nun auffah und nieder zur Erde,
Gewahrt' er der Winniler Weiber geschart,
Die langen Locken los auf dem Busen;
Den Wandalern wust er den Bart nicht gewachsen.

Mißmuthig sah er die Mummerei:
‚Was breite Langbärte!' brach er aus.
Und Frea versetzte freundlich, die schlaue:
‚Die Winniler, Väterchen, und ihre Weiber.

‚Langbärte nennst du sie, und Langobarden,
Nicht Winniler wollen sie weiterhin heißen.
Zum Namen gehört das Namensgeschenk:
So gieb ihnen Sieg, du Gott des Sieges.'

Da lachte Gwodan der List des Weibes
Und schenkte zum Namen das Namensgeschenk:
Mit Schrecken schlug er der Wandaler Scharen;
Freas Günstlingen gab er Glück und Ruhm.

Näher ist aber die dritte Erzählung, auf welche wir hier zielen, der
ersten verwandt. Brynhild, die als Walküre in Agnars Dienst getreten
war, gab diesem den Sieg, den Odin dem Hialmgunnar zugedacht hatte,
dem größten Krieger, S. 159. 345. Er fiel in der Schlacht; aber Sigrdrifa,
d. i. Brynhild, entgalt dafür den Zorn Odins: er that den Ausspruch, von
nun an solle sie nicht mehr Walküre sein, sondern vermählt werden. Sigrdrifa gelobte aber, sich Keinem zu vermählen, der sich fürchten könne. Da
stach ihr Odin den Schlafdorn ins Haupt und umschloß sie und ihre Burg
mit dem Feuer, das in der Sage Wafurlogi heißt, und durch dieses
Feuer, das wir schon als die Glut des Scheiterhaufens kennen, ritt
hernach Sigurd und erweckte sie aus dem todähnlichen Schlafe. Dieß
Schlafen ist bei Gerda, bei Menglada nicht erwähnt; aber im Märchen
vom Dornröschen schläft nicht bloß die Prinzessin, sondern Alles um
sie her, Knechte und Mägde, Pferde und Jagdhunde, die Tauben auf
dem Dache, ja die Fliegen an der Wand. Dieß allgemeine Schlafen

bedeutet den Winterschlaf der Natur und die Erweckung durch einen
Kuß weist auf den Mai, von dem Logau singt:

> Dieser Monat ist ein Kuß, den der Himmel giebt der Erde,
> Daß sie jetzo eine Braut, künftig eine Mutter werde.

Wie Sigurd ritt Skirnir, ritt Swipdagr durch Wafurlogi; wir sahen, es
war Freyr selbst und in der ältesten Gestalt des Mythus Odin. Wie aber
hier Sigurd an Odins Stelle getreten ist, so Sigrdrifa an Gerdas; zugleich
aber verräth sich Sigrdrifa (Brynhild) als Frigg, Odins Gemahlin, an
ihrem Günstling Agnar, dem sie den Sieg zuwendet, obgleich ihn Odin
dem andern Theile bestimmt hatte. Es ist dieselbe Begebenheit, wie im
Grimnismal, ein göttlicher Ehezwist, den begünstigten Agnar betreffend.
Dort hielt er sich im Kreise der Göttersage; hier bringt er in die Hel=
densage, was beider innigen Zusammenhang aufs Neue darthut. In der
Mitte steht die langobardische Erzählung, die auch darin der Sigurdsage
näher tritt, daß es sich um den Sieg handelt, um den Sieg zweier
Völker, wie bei Sigrdrifa zweier Könige, während in Grimnismal die
göttlichen Gatten nur um den Vorzug zweier Lieblinge wetten, in der
Halfsage Freyja und Odin sich gar nur im Wettstreit um das beste
Bier gegenüberstehen.

109. Pharaildis Herodias Abundia.

1. Daß Hilde, die wir aus der Edda nur als Walküre kennen, die
aus Hel oder Nerthus verjüngte Göttin Freyja selber ist, sehen wir noch
darin, daß in den Niederlanden die Milchstraße Vroneldenstraet (Frauen=
oder Brunhildenstraße) hieß (Myth. 263, 121), wie auch irdische Straßen
nach Brunhild benannt sind, Mone Heldens. 69, Bock église abb. 24. In
den Niederlanden finden wir auch eine Berelde, die in Niedersachsen, wo
sie das Spinnen begünstigt, als Ver Hellen, (Kuhn NS. Gebr. 186), an
der Ostsee als Ver Wellen (Müllenhoff 178) wiederkehrt: Entstellungen
des Namens Frau Hilde, die Frau in ‚Ver‘ abschwächen. Auf diese Frau
Hilde, lieber als auf die ihr nahverwandte Frau Holla, von der gesagt
wird, wenn es schneit, sie schüttle ihr Bett, möchte ich die Sage von
‚Hilde Schnee‘ beziehen, welche nach DS. 456 zur Gründung von Hil=
desheim Veranlaßung gab. Soweit der Schnee gefallen war, gründete
Kaiser Ludwig den Kirchenbau zu Mariens Ehre. Maria Schnee (Maria
ad nives, notre Dame au neige) heißen auch anderwärts Kirchen, an
welche sich ähnliche Sagen knüpfen. Baader 122. 381. Ostpr. S. 167.
W. Müller NSS. 29. Vgl. Müllenh. 141, Myth. 246. Aus Berelde
(Frau Hilde) scheint der Dichter des Reinhardus seine Pharaildis ge=
bildet zu haben, die auch Herodias heißt. Die Tochter des Herodes,
deren Tanz die Enthauptung J. des Täufers herbeiführte, stellte man im

Mittelalter an die Spitze des wilden Heeres und seiner nächtlichen Um=
züge wie sonst wohl Holda oder Diana. Darin liegt eine Identificie=
rung mit Freyja oder Hilde, die mit den Walküren und den erweckten
Einheriern in gleicher Weise durch die Luft fuhr, und der Dichter
des Reinhardus gab ihr den Beinamen Pharailbis, Frau Hilde, oder
die fahrende Hilde, mit Anknüpfung an den Volksglauben, wenn er
gleich damit an Pharaos Tochter erinnern wollte. Noch mehr aber tritt
die Mischung christlicher und heidnischer Sagen hervor, wenn ihr der
dritte Theil der ganzen Welt gehören soll, was sich auf die Seelen
der Verstorbenen bezieht. Dieß muß von Hel oder Freyja auf sie über=
tragen sein, welche sich mit Odin in die Erschlagenen theilte, während
auch dem Thôr ein Antheil gebührt, denn ihm fallen nach Harbardsl.
24 die Knechte (Bauern) zu.

2. Was von der Freyja erzählt wird, daß sie ihren Gemahl Odhr zu
suchen zu unbekannten Völkern fuhr, das kehrt sich bei Herobias um: sie
war von der Liebe zu Johannes entzündet, die er nicht erwiederte; als sie
das auf dem Teller getragene Haupt mit Küssen und Thränen bedecken
will, weicht es zurück und fängt heftig zu blasen an: die Unselige wird
in den leeren Raum getrieben und schwebt ohne Unterlaß; nur von Mitter=
nacht bis zum ersten Hahnkrat sitzt sie trauernd (moesta hera) auf Eichen
und Haselstauden. Myth. 262; vgl. das Drudenweibel bei Panzer II, 201.
Daß die den fliehenden Gemahl suchende Göttin als Herobias verhäßlicht
wurde, erklärt sich einfach daraus, daß die Flucht oder der Tod des Jahres=
gottes auf die Sommersonnenwende, den 23. Juni, also auf Johannis
fiel und Herobias um den Täufer zu trauern schien, dessen Tod sie her=
beigeführt hatte.

3. Wie diese Pharailbis auf Hilde, so geht die Dame Habonde
(Domina Abundia), welcher gleichfalls der dritte Theil der Welt gehören
soll (Myth. 263), auf Fulla zurück, die in der Edda (D. 35) nur als
Schmuckmädchen der Frigg erscheint, in den Merseburger Heilsprüchen, wo
sie Volla heißt, als Schwester der Frua oder Friia (Fria). Ob der Begriff
der Fülle in ihrem Wesen liegt, ob man sie als den Vollmond dachte
(Myth. 285), immer scheint sie aus Freyjas Wesen erwachsen, deren Bruder
Freyr wir als Gott der Fruchtbarkeit wie als Sonnengott kennen, wäh=
rend Freyjas Halsband Brisingamen, ursprünglich der grüne Schmuck der
Erde (S. 277), doch vielleicht auf den Mond umgedeutet wurde, da die
vier Zwerge, die es schmiedeten, die Mondphasen scheinen könnten. Vgl.
§. 12. Ueber Wanne Thekla, die in den Niederlanden, wie Habonde
in Frankreich, als Königin der nachtfahrenden Geister, der Hexen und Alven
erscheint, vgl. Wolf NS. 520. Wir weisen ihr diese Stelle an, da sie gleich
den zunächst zu nennenden Göttinnen auf dem Schiffe fährt. Ein solches

kommt allerdings auch bei der h. Urſula vor; aber wie hätte ſie anders von
Britannien nach Köln gelangen können? Vgl. jedoch den Schluß von §. 114.

110. Iſis Nehalennia Gertrud.

Die verborgene Erdgöttin, die wir als Nerthus, als Freyja, als
Hilbe u. ſ. w. kennen gelernt haben, iſt in Deutſchland noch unter andern
Namen verehrt worden.

1. Der älteſte iſt wohl jener der Iſis, welcher nach Tacitus Germ. 9
ein Theil der Sueben opferte. Ihr Zeichen war ein Schiff, das den
Römer an das Navigium Isidis erinnerte, weshalb ihm ihr Dienſt für
ausländiſch galt, zur See nach Deutſchland gelangt, wie er ſich wortſpie-
lend ausdrückt (docet advectam religionem). Wie tief er aber in Deutſchland wurzelt, in Schwaben namentlich und am Niederrhein, hat Grimm
236 ff. nachgewieſen und Liebrecht (Dunlop Vor. XI) und Wolf (Beitr.
149 ff.) haben ihre Spuren mit Glück weiter verfolgt. Eine Mutter
Gottes auf dem Schiff Leopr. 133. Die Beſchränkung auf die Sueben iſt
aufzugeben, da wir ſogleich Achen als einen Hauptſitz ihrer Verehrung
kennen lernen. Noch jetzt iſt dort ihr uraltes Bild im Münſter, an der
Stätte ſeiner alten Verehrung, in der Kanzel eingelaßen, damit es der
chriſtliche Prieſter zu einer thatſächlichen Abrenunciatio mit Füßen trete.

2. Ob Wolf die Nehalennia, ſo verwandt ſie der Iſis iſt, für
deutſch zu erklären berechtigt war, iſt die Frage. Den keltiſchen Namen
dieſer Göttin, die auf dem Vordertheil des Schiffes ſtehend dargeſtellt wird,
der ob merces bene conservatas Altäre gewidmet ſind, hat Heinr. Schreiber mit Grimms Beiſtimmung Myth. 390 aus nere, ſpinnen erklärt, was
ſie als eine Schickſalsgöttin bezeichnen würde. Zu Deuz, Köln gegenüber, hatte ſie einen Tempel. Jedenfalls iſt aber der Name undeutſch,
wie nahe auch die keltiſche Göttin ſelbſt der deutſchen Iſis verwandt ſei.
Dieſe halte ich ganz für dieſelbe Gottheit, welche Tacitus bei andern
ſuebiſchen Völkern als Nerthus kennen gelernt hatte; dort ward ſie
im Wagen umgeführt, hier im Schiffe. Das Zeichen iſt ein anderes,
die Göttin dieſelbe. Ein drittes Zeichen von gleicher Bedeutung iſt der
Pflug; Herumfahrens des Pfluges und mit den Schiffen ſollte man
ſich nach dem Ulmer Rathsprotokoll von 1530, das den letzten Reſt des
Iſisdienſtes austilgen wollte, enthalten, Myth. 242; die Sitte dauert
aber heute noch fort, Meier Schw. S. 21, 374, Rochh. Mythen 24.
In den Varianten der §. 101 angeführten Sage von dem Schwaben-
herzog Eticho, der mit 12 Mannen in den Berg gieng, um des Kaiſers
Lehnsmann nicht zu werden, vertreten ſich dagegen Pflug und Wagen;
ſein Sohn Heinrich, der nicht ſo ſtolz dachte, nahm ſo viel Land von dem
Kaiſer zu Lehen als er mit einem goldenen Wagen umfahren oder nach

anderer Sage mit einem goldenen Pfluge umziehen konnte. Und wie
hätte Nerthus, deren Gemahl Njördr ein Gott der Schiffahrt war und
zu Noatun (Schiffstadt) wohnte, von ihrer Insel im Ocean zu den Völkern
gelangen können, welchen sie Frieden und Fruchtbarkeit brachte, wenn ihr
Wagen nicht zugleich ein Schiff war? Ein Schiffswagen ist auch
das Schiff der Isis, es befährt Waßer und Land wie Freys Schiff Skidbladnir Luft und Meer, ja aus diesem Schiffswagen ist unser Carnaval
(car-naval) entsprungen; noch bei Sebastian Brant muste dieser Zusammenhang fortwirken, als er sein Narrenschiff schrieb und Zarncke,
der (Narrenschiff LXI) noch an einem Zusammenhang mit alten gottesdienstlichen Aufzügen zweifelt, führt doch LXVII selbst an, daß das
Lichtschiff, Brants nächstes Vorbild, noch über Land fuhr, ja, was
noch mehr ist, Brant selbst denkt es sich einmal 80, 23

> Dem Narren Schyff laufen sie nach,
> Sie finden es hie zwischen Ach,

in die Gegend von Achen, von wo das berühmteste dieser über Land und
Berg fahrenden Schiffe seine Fahrt antrat. Dieß wahrscheinlich dem Isisdienst gewidmete Schiff, das Grimm Myth. 237 aus Rodulfi Chronicon
Sti. Trudonis nachgewiesen hat, war Schiff und Wagen zugleich: ein
Bauer im Walde bei Inden (Cornelimünster) hatte es gebaut und unten
mit Rädern versehen. Weber wurden vorgespannt, die es über Achen
und Mastricht, wo Mast und Segel hinzukamen, nach Tongern und Looz
zogen; von da sollte es über Duras und Léau nach Löwen und, wie
Wolf vermuthet, nach Antwerpen und auf die Schelde gebracht werden,
an deren Mündung jener Selandiae extremus angelus lag, wo das
Heiligthum der Nehalennia gleich jenem der Nerthus auf einer insula
Oceani (Walchern) in einem castum nemus stand, und deutscher und
keltischer Gottesdienst, vielleicht zu einem Bunde der Völker zu-
sammenfließen konnte, Alles freilich in später christlicher Zeit, um das
J. 1133, etwas über dreißig Jahre nach Eroberung Jerusalems durch die
Kreuzfahrer, aber als Nachklang des Heidenthums. Darum eiferte auch
die Geistlichkeit gegen solch abgöttisches Treiben, das aber die weltliche
Obrigkeit, wahrscheinlich als althergebracht, beschützte und dem auch das
Volk noch gewogen war, denn es galt dem Orte für schimpflich, der es
nicht weiter gefördert hätte. In Achen ward das Schiff mit großem
Zulauf von Männern und Frauen festlich eingeholt; anderwärts stürzten
sich Scharen von Frauen mit flatterndem Haar und losem Gewand,
alle weibliche Schamhaftigkeit missachtend, unter die Menge, die das
Schiff umtanzte. Die Weber, die es zu ziehen gezwungen wurden,
murrten wider die Gewalt, die ihnen geschah, obgleich sie doch eigentlich für die Priester der Göttin gelten sollten, weshalb sie ein Pfand

von Allen zu nehmen berechtigt waren, die sich dem Heiligthum nahten.
Attingere uni sacerdoti concessum, sagt Tacitus bei der Nerthus.
Diese Priesterschaft der Weber erscheint schon bei der römischen, ja bei
der ägyptischen Isis; auch bei andern deutschen Festen finden wir sie
neben den Metzgern, die wahrscheinlich die Opferung zu vollbringen
hatten, betheiligt. So bei dem Trierschen Frühlingsfest, das ich in den
Jahrb. des Vereins von Alterthumsfreunden im Rheinlande besprochen
habe; auch zu Münstereifel ließen die Weber das flammende Rad von
dem s. g. Radberge laufen, während bei dem Münchner Schäfflertanz,
Panzer 258, nur noch die Metzger betheiligt sind. Vgl. Meier II, 373.
451. Neben den Webern sind es Frauen, die an dem Cultus Theil
nehmen, und sie thun es ohne Widerstreben, mit sichtbarer Vorliebe,
im unerloschenen Gefühl ihrer alten Priesterschaft. Die Geistlichkeit,
welche gegen das Umziehen des Schiffes eiferte, nennt es malignorum
spirituum execrabile domicilium, nescio cuius potius dicam Bacchi
aut Veneris, Neptuni sive Martis; die maligni spiritus, qui in illa
ferebantur, wurden wohl sichtbar darin vorgestellt, was zu ·Vermum=
mungen Anlaß geben konnte, wie sie seitdem für den Fasching charakte=
ristisch geblieben sind.

Nach diesem Allen halte ich die Nachricht des Aventinus von der
Frau Eisen, Myth. 244, keineswegs für eine ersonnene Erweiterung der
Meldung des Tacitus von der deutschen Isis, zumal auch Fischart, M. 274,
von ihr vernommen hatte. Außer dem Schifflein führt Aventinus noch
an, sie sei nach ihres Vaters Tod zu dem deutschen Könige Schwab ge=
kommen und eine Weile bei ihm geblieben: da habe sie ihn Eisen schmie=
den, Getreide säen, mähen, malen, kneten und backen, Flachs und Hanf
bauen, spinnen, nähen und weben gelehrt und das Volk sie für eine hei=
lige Frau gehalten. Wenn hier die Göttin auf die Künste des Friedens
bezogen wird, so ist dieß ein neues ·Moment, das bei Tacitus nicht an=
gedeutet ist, und nur aus der lebendigen Volkssage fließen konnte. Auch
das Umziehen mit dem Pflug zur Frühlingszeit, wenn Ackergang und
Schiffahrt wieder beginnen, das Einspannen der Mädchen, die sich von
dieser Strafe verschmähter Ehe nicht durch ein Pfand lösen konnten
(Myth. 242), der kölnische Reimspruch:

> Fastelovend kütt heran,
> Spillemer op der Büssen,
> Alle Mädcher krigen ene Mann,
> Ich onn och ming Süster,

Alles deutet auf den Dienst einer mütterlichen Gottheit, die wie sie dem
Ackerbau und der Schiffahrt, der Liebe und Ehe hold war, auch diese fried=
lichen Künste lehren mochte. Wenn sie freilich auch das Eisen schmieden

gelehrt haben soll, so könnte das Aventinus aus dem Namen der Frau
Eisen (= Isis), herausgeklügelt haben; schwerlich aber hat er den Namen
Frau Eisen aus dem der Isis gebildet und der Meldung des Tacitus ent=
nommen. Freilich widerstrebt uns die Annahme, daß die deutsche Göttin
Isis geheißen habe, und nicht etwa Frouwa (Freyja), Fricka, Hilda, Holda
oder Berchta. Der Name der Isis gilt uns wie der des Hercules und Mars
in demselben Capitel für die interpretatio romana des Tacitus. Aber
eben gegen diese zunächst liegende Annahme möchte ich mich erklären.

Es spricht dagegen, daß in zwei deutschen Gedichten, dem Orendel
und St. Oswalds Leben, deren mythologischer Gehalt auch sonst aner=
kannt ist, der Name Eise eine Rolle spielt, die seinen Bezug auf die
Schiffahrt ganz außer Zweifel setzt. In beiden Seesagen tritt nämlich der
Fischer Eise so bedeutend hervor, daß wir ihn als eine stehende Figur der
deutschen Odyssee erkennen. Das Zeugniß des Aventinus spricht nur von
einer Frau Eisen, während hier ein Meister Eise (Ise, ein vischer guot
und wise), auftritt. Des Unterschieds des Geschlechtes ungeachtet ist bei
letzterm der Bezug auf die Schiffahrt so entschieden, daß ihre ursprüngliche
Einheit nicht verkannt werden kann. Die in beiden Seesagen verdun=
kelte Erinnerung an eine deutsche Gottheit der Schiffahrt, welcher der
Name Eise (Ise) zustand, bringt die Nachricht des Aventinus zu Ehren
und empfängt ihrerseits Licht von ihr, indem sie die Deutung auf die von
den Sueben verehrte Isis näher legt. Der Name Eise, welchen die See=
sagen an die Hand geben, wird alsdann der Isis entsprechend der richti=
gere sein; höchstens ist die Beziehung auf das Eisen Entstellung des Aven=
tinus. Dagegen könnte dieser gegen Orendel und beide Gedichte von St.
Oswald in der Meldung über das Geschlecht der Gottheit Recht behal=
ten, wenn neben Isa nicht ein männlicher Iso anzunehmen ist, wie neben
Nerthus Njördr steht. Frau Eisen verbindet sich mit der Bertha §. 114
als Eisenbertha Panzer II, 117. 465.

In den Nibelungen finden wir als Brunhildens Burg Isenstein, die
allerdings nach Island gedacht sein kann, obgleich es wahrscheinlicher bleibt,
daß der am Rhein und den Scheldemündungen hergebrachte Dienst der
Isis oder Nehalennia, welchen auch Brunhild als Odins Gemahlin §. 108
gleichzustellen ist, der Sage von der Fahrt nach Isenstein zu Grunde liegt.
Zwei verschiedene Ysseln finden sich im Niederland; die Schreibung
hat die Bedeutung des Namens verdunkelt, namentlich den Bezug des
Namens auf die Göttin. Allein die Gemination des S ist unorganisch;
das Y bezeichnet aber ein langes (doppeltes) I. Die Isenburg (bei
Sain) gab einem der ältesten deutschen Fürstengeschlechter den Namen,
und Eisenach, Eisleben und andere brauch ich kaum zu nennen.

Was aber nun den Namen der Nehalennia betrifft, so scheint bisher

übersehen, daß zu der Ableitung -ennia, die sich mit jener in Idun, Hlodyn,
Hludana, Hludena, §. 117, oder Arduenna, Cebenna, Baduhenna vergleicht,
das l nicht gehören kann, was sowohl Schreibers Deutung aus nere, spinnen, als der Beziehung auf den Neumond, welcher ich früher (Bertha 106)
zuneigte, entgegensteht. Den Kern des Namens Neha=l=ennia bildet Nehal=, und ob dieß unserm deutschen Nebel urverwandt und ein ähnlicher
Spirantenwechsel wie S. 290. 352 anzunehmen sei, mögen Kenner der keltischen Dialekte beurtheilen. Einer solchen Deutung stände das keltische Neha
in Zusammensetzungen wie Rumanehae, Vacallinehae u. s. w. nicht entgegen,
denn eben dieses kann, wenn es nicht selber Ableitung ist, in Neha=l auf l
weiter gebildet und mit der Ableitung -ennia zu dem Namen der Unterwelts=
göttin verwendet sein. Einesolche verrathen ihre Attribute H u n d und S c h i f f.
Neha verhält sich zu Nehal wie Nacht zu Nebel. Nacht und Nebel gehören
zusammen, und das norb. niol, das Gr. Gr. III, 481 mit agf. neol, neóvol
vergleicht, faßt beide Begriffe zusammen. Der Wechsel der beiden Spiranten h und v wird unter 3 wahrscheinlich werden. Neha, vielleicht der keltische Name der nordischen Nornen, deutschen drei Schwestern, erinnert an
neorxnavong (Myth. 781) für paradisus, in welchem Grimm Gr. I, 268
den Namen der Nornen nicht finden will.

3. Meine Vermuthung geht dahin, daß Nivelles ein Hauptsitz des
Dienstes der Nehalennia war, dort aber später durch den der h. Gertrud
von Nivelles ersetzt wurde. Die Minne der heil. Gertrud ward gleich
der heidnischer Gottheiten getrunken (Myth. 53). Das Glas, dessen man
sich dabei bediente, hatte die Gestalt eines S c h i f f e s. Sie gilt auch für
die Patronin der Schiffer, und ihre von Schiffern besuchte Capelle steht zu
Bonn in der Nähe des Rheins. Gleich der Nerthus ward sie im W a g e n
umgezogen. Dieser Wagen wird noch jetzt in Nivelles bewahrt (Bock
église abbatiale de Nivelles 4. 25). Sie gewährte Schutz vor Mäuse=
fraß was nach Baur Symbolik I, 62 Bewahrung vor allen Krankheiten
einschließt. Wirklich schützt sie auch vor der Pest, Panzer II, 157. Mit
der Maus am Stab oder Rocken wird sie abgebildet, Ztschr. I, 144; nach
dem kölnischen Reimspruch holte sie den kalten Stein aus dem Rhein: sie
brachte die schöne Jahreszeit, und ein heiliger Brunnen ward zu Nivelles
in ihrer Kirche gezeigt (Bock 25). Sie bietet endlich wie Hel und Freyja
Seelen der Verstorbenen Aufenthalt bei sich, denn der Glaube galt, wenn
die Seele von dem Leichnam scheide, sei sie die erste Nacht bei St. Ger=
trud, die zweite bei St. Michael, die dritte da, wo sie hin verdient habe
(Myth. 54. 798). Offenbar ist hier St. Gertrud an Freyjas, St. Michael an Wuotans Stelle getreten. Vgl. Kuhn WS. II, S. 8. Der
ihr geheiligte rothhaubige Schwarzspecht, Myth. 639, scheint derselbe der
auch St. Martinsvögelchen heißt, M. 1084; St. Martin aber gleicht Wuo=

tan S. 223, wie Gertrud der Freyja. Das Alles zeigt, daß heidnische
Erinnerungen an die Göttin, deren Dienst sie verdrängen sollte, bei St.
Gertrud im Volksglauben, ja im Cultus hafteten. Jene Göttin aber hatte
das Schiff zum Symbol, so daß wir nicht zweifeln können, es war Nehalennia oder die deutsche Isis. Zugleich verräth aber der Name Nivelles,
daß die Gutturale in Nehalennia in den urverwandten Sprachen durch
einen Lippenlaut ersetzt ward: auch sie war die verborgene, in Nebel ge-
hüllte Göttin, unserer in Niflheim, der nördlichen Nebelwelt, wohnenden
Hel nahe verwandt und mit den Nibelungen beschlechtet, die zuerst in
den Niederlanden, ja in dem Geschlecht Karls des Großen, dem auch St.
Gertrud, die Tochter Pipins von Landen, angehörte, als geschichtliche Helden
nachgewiesen sind, wie auch ihr mythischer Zusammenhang mit Niflheim
unzweifelhaft ist. In MM. 61 heißt das kleine Männchen, unter dessen
Gestalt Wuotan aufzutreten pflegt, das Nebelmännle (vgl. Baader 60,
Wolf DS. 72, Kuhn NS. 413), und dießmal ist er es unverkennbar,
denn es entrückt den Herrn von Bodmann wie Othin den Habbing und
setzt ihn in der Heimat vor seiner Burg nieder. Vgl. Uhland Germania
IV, 70 ff. Es ist aber zugleich der unterweltliche Wuotan, denn es erscheint als menschenfressender Oger (Orcus), und die Unterwelt ist auch
durch die hohe Mauer angedeutet, hinter welcher das Land des Lebens
liegt, ein Zug, der in der Habbingssage nicht fehlt. Vgl. S. 177 oben.
Wie hier das Nebelmännchen der männliche Hel ist; so wird Nehalennia
durch ihren Namen, wenn wir ihn richtig gedeutet haben, als die weibliche bezeichnet. Der Name Gertrud ist mit dem Walkürennamen Thrûdhr
zusammengesetzt; die erste Silbe bezeichnet sie als die mit dem Sper be-
waffnete. Den Sper, welchen Odin (Gerhard S. 280. 286) verleiht, fanden wir §. 65. 103 als den von dem alten Mann verliehenen Stab, der
die Hölle erschloß, wieder: es ist der Stab der Gridh, welcher gleichfalls
verliehen wird; diese Gridh aber fiel uns §. 96 mit der Hel zusammen.
Thrudh heißt die Tochter Thôrs und eine der Walküren; später hat der
Name die Bedeutung von Zauberin, Unholde angenommen. Frau Trude
ist KM. 46 eine teuflische Hexe und Gertrud halten einige Leute für einen
unchristlichen Namen, Myth. 394. Bei Panzer II, 46 führt ihn ein Wald-
fräulein, also ein Wesen heidnischen Glaubens. Alles deutet an, daß Gertrud der Gridh, also der Hel gleichbedeutend war. Wie Isis Schiff und
Pflug zum Symbol hat, bezieht sie sich auf Feldbau und Schiffahrt zugleich.
Schiffgestalt hatte der Becher, in dem ihre Minne getrunken ward, und
die Maus, die ihr vom Rocken den Faden abbeißt, deutet an, daß mit
dem Tage ihres Festes (17. März) nicht mehr gesponnen wird, indem nun
die Arbeit außer dem Hause beginnt, wie es der Spruch: ,Gertraut lauft
die Maus go Feld aus' (Quitzmann 124) besagt. Gerda (hd. Gart) läßt

sich mit Ger-trud nicht zusammen bringen, weil das t in deren Namen zu
der zweiten Silbe gehört. Vgl. jedoch Zingerle Johannissegen und Gertruben-
minne, Wien 1862. Zum Schluß mag noch erinnert werden, daß Strafen
ehloser Mädchen wie S. 356 der Volkswitz heute noch liebt. Nach Mosche-
rosch sollen sie in der Hölle Schwefelhölzchen und Zunder feilhalten, in
Straßburg müßen sie die Citadelle einbändeln helfen, in Wien den Ste-
phansthurm von oben bis unten abreiben, in Frankfurt a. M. den Parrthorn
bohnen, in Basel den Münsterthurm wischen, in Köln kommen sie in die
Gereonskift, die nach Cäsarius II, 31 voll Kröten und Schlangen ist.
Vgl. Ztschr. für Myth. I, 405 und Wolf DS. Nr. 110.

111. Monatsgöttinnen: Spurke Gôi Hrêða Oftara Sîf Nanna.

1. Die Verehrung der Isis ist durch die Wiedereröffnung der Schifffahrt, welche die Römer am 5. März feierten, an eine bestimmte Zeit des
Jahres gewiesen: gerade dieser Tag erscheint auch bei dem Umzuge, welchen die Tübinger Weingärtner 1853 (Meier 378) begiengen; es war
Aschermittwoch, den ähnliche Volksgebräuche vielfach auszeichneten. Es ist
aber freilich gleich der Fasnacht, die sich aus dem Isisdienst hervorbildete,
ein bewegliches Fest, während St. Gertrud, die den kalten Stein aus dem
Rhein holt, eine feste Stelle im Kalender hat. Noch andere Göttinnen
beziehen sich auf diese Jahreszeit, zunächst Spurke, die dem Februar
den Namen Spörkel gab, und der zu Ehren nach dem indiculus su-
perstitionum die Spurkalien, wahrscheinlich die Fasnacht, gefeiert wurden.
Der Name deutet auf den Schmutz des Februars, welchem der Unflat unserer Fasnachtsspiele völlig entsprach. Sonst ist von dieser Göttin, die
wir fast nur vermuthen können, wenig mehr bekannt als daß der Wacholder
nach ihr, wenn nicht von der Sprödigkeit seines Holzes, Spörkel hieß.
Sie scheint in den häufigen Regenschauern des Februars zu walten: am
Rheine heißt es von ‚Spörkels Kathrin‘, sie schüttele ihre 99 Röcke, und
Aehnliches wird in Westfalen von Spörkels Elsken gesagt, Woeste Ztschr.
für Myth. I, 388.

2. Im Norden ist der Februar nach Gôi genannt, die dem Geschlechte Fornjots des alten Riesen angehört. Von seinen drei Söhnen
hatte Kâri einen Sohn Frosti, dessen Sohn war Snär (Schnee), dessen
Sohn Thorri. Schon dieser Thorri scheint ein Monatsgott: er wird auf
die Mitte des Winters bezogen, und das große Opfer, das da Statt hatte,
hieß Thorriblôt. Er hatte zwei Söhne, Nor und Gor, und eine Tochter
Gôi. Nach Gôr ist abermals ein Monat benannt, der Gormonat, d. h.
Schlachtmonat im Spätjahr, etwa unserm Martinsfest entsprechend. Seine
Tochter Gôi soll einmal während des Thorrifestes geraubt worden sein:
der Vater schickte beide Söhne Gor und Nor, sie zu suchen; einen Monat

später opferte er nochmals, wahrscheinlich für glückliche Wiederauffindung
der Tochter, und dieß Opfer hieß Góiblót. Gor hielt den Seeweg ein,
Nor den Landweg; Gor segelte nämlich den schwedischen Scheeren vorbei
und kam nach Dänemark, wo er seine Verwandtschaft, die von Hlêr (Oegir)
auf Hlessey stammte, besuchte, und dann nordwärts weiter segelte. Nor
dagegen zog von Kwenland nach Lappland und Throndheim. Nachdem sich
die Brüder viele Landschaften und Inselreiche unterworfen hatten, trafen
sie sich in Sögn wieder. Sie theilten darauf die Länder: Nor bekam
das feste Land und nannte es Norwegen; Gor erhielt die Inseln. Zuletzt
fand Nor seine Schwester Gói, die geraubte, bei dem Gebirge Dofrafial.
Hrólf hatte sie aus Kwenland entführt; sein Großvater war Asathôr. Hrólf
und Nor söhnten sich aus: Hrólf behielt die Gói und Nor nahm Hrólfs
Schwester zur Ehe. Reine Mythen finden wir in dem Bruchstücke Fun-
dinn Noregr, das diese Nachrichten enthält, allerdings nicht: es sind personificierte Ideen über den ersten Anbau des Landes, mit großer Willkür
erfunden. Gói bedeutet Gau, d. h. Land, und Land ist es, was diese
Brüder unter dem Namen ihrer Schwester suchten. So gleicht diese der
Europa, was doch wieder auf eine ältere Grundlage der Ueberlieferung
deuten könnte. Der Bezug der Gói auf den wiederkehrenden Frühling zeigt
sich nur noch in ihren Verwandten und Voreltern, die auf Frost und Schnee
und andere Naturerscheinungen zielen. Vgl. Frau Gaue S. 164. 364.

3. Hrólfs Name, jenes Entführers der Gói, ist aus Hróbolf gekürzt: mit ihm scheint der März gemeint, der den Angelsachsen Hrêdmô-
nabh hieß, was auf eine Göttin Hrêde bezogen wird; andere Stämme
mögen einen männlichen Gott unter verwandtem Namen gekannt haben.
Da Hróbh Glanz und Ruhm bedeutet, so würden wir auf Tyr, den leuchtenden Gott des Schwertes, gewiesen, der dem Mars entspricht, nach dem die Römer den gleichen Monat nannten. Vgl. jedoch §. 73, 2. Der Name der Göttin,
nach der die Appenzeller 'den Rebimonat' nannten (Myth. 267), würde ahd.
Hruoda gelautet haben. Vgl. Myth. 187. 266. Dagegen weist der Zusammenhang des Namens mit dem der Gerade, des weiblichen Schmucks (agf.
rhedo), der sich im deutschen Recht nach andern Grundsätzen als der übrige
Nachlaß vererbt, R. A. 567, auf das leuchtende Halsgeschmeide der Freyja,
Myth. 839. Dazu stimmt, wenn Bouterweck den Namen von hrêd paratus
leitet, denn auch sich schmücken heißt sich bereit machen und so kann Hrêde, die
mit Jarbarmen von Neuem geschmückte Erde, ein Beiname der Freyja sein.

4. Zunächst schließt sich Oftara an, auch sie einst eine stralende, jetzt
verdunkelte Göttin, deren Dienst doch tief gegriffen haben mochte, da ihr
Name im engern Deutschland zur Bezeichnung eines der höchsten christlichen
Feste geduldet werden muste; nur in einzelnen Provinzen, auch in der unsern, gelang es, das christliche Pascha durchzusetzen. Erst das Hochdeutsche

hat den Namen Oſtern zu uns zurückgeführt. Nach ihr hieß auch der April
bei Eginhart Oſtarmânoth. In der Edda erſcheint keine Spur von ihr;
nur ein Zwerg, der die Himmelsgegend des Sonnenaufgangs bedeutet,
trägt den Namen Auſtri. Oſtar (oſtwärts) bezeichnet die Richtung gegen
Morgen, und ſo wird Oſtara eine Göttin des aufſteigenden Lichtes geweſ⸗
ſen ſein, der Morgenröthe wie des Frühlings. Wir ſehen hier wieder
Tag und Jahr ſich entſprechen, den anbrechenden Tag dem zunehmenden
Jahreslichte gleichgeſtellt. Nach dem Volksglauben thut die Sonne am
Oſtermorgen drei Freudenſprünge; das gleichzeitig geſchöpfte Waßer iſt heil⸗
kräftig. Ein Glas Waßer am Oſtermorgen vor Sonnenaufgang hingeſtellt,
zeigte das Oſterlamm, Temme S. d. Altm. 85. Oſterſpiele waren vielfach
gebräuchlich, ‚Meines Herzens Oſterſpiel oder Oſtertag‘ drückt als Schmei⸗
chelwort für die Geliebte die höchſte Wonne aus. In einem Frühlings⸗
liede Goelis erbietet ſich Friedebold mit ſeinen Geſellen zum Oſterſpiel,
einer Art Schwerttanz, der von Zwölfen aufgeführt ward; das dabei an⸗
gebundene ‚Oſterſachs‘ iſt wohl nicht als Opfermeßer zu verſtehen, ſondern
auf das Schwert zu beziehen, das im Tanze geſchwungen ward, Myth. 740.
Nur unblutige Opfer, Blumenkränze und Maiblumenſträuße, wurden dieſer
Frühlingsgöttin dargebracht, M. 52; auch ſind Oſterfladen und Oſterſtufen
bezeugt; unſere Provinz kennt auch Oſtereier, nicht aber ‚Oſterfeuer‘,
die anderwärts (Wolf Beitr. 79) der Göttin flammten. Zu Schillingen bei
Trier ſtellte aber das Viſitationsprotok. von 1712 eine Abgabe ab, die bis
dahin unter dem Namen hircus paschalis (Oſterbock) pro primo infante
baptizando entrichtet worden war. Hier ſcheint ſich Oſtara mit Thôr
zu berühren, mit dem ſie ſchon Wolf Beitr. 88 zuſammenzubringen be⸗
müht war. Ein Ziegenbock mit vergoldeten Hörnern ſollte nach einem
Gebrauche bei Sommer 149 zu Himmelfahrt entrichtet werden, wenn man
es unterließ, zu Ehren einer Königin Eliſabeth ein dort näher beſchriebenes
Feſt zu begehen. Vgl. §. 143. 4. Daß dieſe Königin, nach anderm Bericht
eine Gräfin von Mansfeld, die ihr Gemahl verſtoßen hatte, eine
Göttin war, leidet keinen Zweifel, wenn man den Wolf Beitr. I, 190
verglichenen ſchwäbiſchen Gebrauch und die Sage von der Königin Rein⸗
ſchweig (DS. 183. Sommer 41, ſ. auch Bechſt. 133, 163) vergleicht.
Weitere Forſchung muß ergeben, ob wir in ihr jene nach S. 306 in der
Heerbengöttin Graite von Woeſte behauptete Mutter Donars anzuerkennen
haben. Selbſt noch der chriſtliche Prieſter muſte auf der Kanzel ein
Oſtermärchen erzählen, um das Volk zu erheitern und ein ‚Oſterge⸗
lächter‘ hervorzurufen. Die Oſterfeier berührt ſich aber mit dem Maifeſt
(Myth. 740) und dem Mailehen (Menzel Germ. I, 64), und ſo ſehen
wir auch aus den Ortsnamen, daß der Dienſt der Oſtara durch den
der heil. Walpurgis (1ſten Mai) verdrängt ward, M. Rheinl. 97.

Ihr Walkürenname stellt sich nahe zu Freyja, die auch Walfreyja hieß
und deren Vermählung mit Odin in einem zwölftägigen Feste begangen
ward, das mit dem ersten Mai begann, s. oben §. 73, 2. Ueberdieß
erscheint sie Bernaleken Alp. S. 109 ff. vom wilden Jäger verfolgt. Auch
bei der Ostara hat Quitzmann 132 einen Minnetrunk nachgewiesen.
Am weißen Sonntag (8 Tage nach Ostern) führten die Bursche die Mädchen zum Meth sich schön und stark zu trinken, Schmeller III, 360; dabei
wird auch ein Gebäck genoßen, das man Schifferle nennt, wahrscheinlich
nach der Gestalt des Bechers, den wir schon bei Gertrud gefunden haben.

5. Von der nordischen Sif erzählt D. 61, daß ihr Loki hinterlistiger
Weise das Haar abschor; ihr Gemahl Thór zwang ihn aber, von den
Schwarzelfen zu erlangen, daß sie ihr neue Haare von Gold machten, die
wie anderes Haar wachsen sollten. Vgl. Vonbun Sagen S. 52. So erscheint sie als das Getreidefeld, deßen goldener Schmuck in der Glut des
Spätsommers abgeschnitten, dann aber von unsichtbar wirkenden Erdkräf-
ten neu gewoben wird, Uhland 76. Hiemit ist aber der Name der haar-
schönen Göttin schwer in Uebereinstimmung zu bringen. Grimm stellt ihn
Myth. 286 mit Sippa, Verwandtschaft zusammen: darnach versucht Uhland
die Deutung: das zahllos wuchernde Geschlecht der Halme sei die größte
aller Sippschaften. Da dieß aber gezwungen scheinen kann, und schon
Grimm selbst GDS. 149 fürchtet, die nordische Sif unrichtig auf Sibja
Sippa gedeutet zu haben, so schlage ich eine andere vor. Marien Heimsuchung (2. Juli), ‚unserer lieben Frauen Tag, da sie über das Gebirge
gieng‘, heißt hier zu Lande Maria Sif. Vielleicht war es einst das Fest
der heidnischen Göttin, deren Name diesem Marienfeste zur Unterscheidung
von so vielen andern beigefügt wurde. Das Fest hat nämlich einen un-
verkennbaren Bezug auf die nahe bevorstehende Ernte, die nicht eingescheuert
werden kann, wenn dieser Tag nicht glücklich vorübergeht. Nach dem Sprichwort ‚Marien Sif Regiert bat Wif‘ regnet es vierzig Tage lang, wenn es
am Tage Mariä Heimsuchung sieft (tröpfelt) oder regnet: tritt aber diese
Regenzeit ein, so ist die Ernte verloren und unermeßlicher Schaden gestiftet.
Darum mochte schon die heidnische Göttin wie jetzt Maria angerufen werden, an diesem Tage den Himmel zu verschließen und trockne Witterung zu
senden, damit die Ernte eingebracht werden könne. Ueber das Wort ‚Siefen‘
vgl. Ztschr. VII, 460, wo ein ahd. sifan seif sifun angenommen wird, aus
deßen Pluralablaut der Name der Göttin herzuleiten wäre. Er wird vom
Niederrhein nach dem Norden gekommen sein, wie der Brisingamens aus
dem Breisgau, vgl. Mistel S. 79. Nicht zu weit ab liegt auch das
Sieb (cribrum), das vielleicht einst ihr Symbol war, wie es noch jetzt
vielfach zum Zauber dient, Myth. 1066. Waßer im Siebe zu tragen,
ohne daß ein Tropfen durchfließt, ist der göttliche Lohn der Unschuld.

Schöpft des Dichters reine Hand
Waßer wird sich ballen.

Hexen und Wettermacherinnen werden Siebe beigelegt NS. 293 und nach
Liebrecht Gerv. 139 hat der Drac siebförmige Hände, womit Schwartz
Ursprung d. M. 8 die Redensart bei seinem Regen ‚das Waßer kommt
wie gesiebt herunter‘, zusammenhält. Es ist auffallend, wie Mannhardt, dem
sich sonst Alles in Wolken auflöst, in Sif die Regengöttin verkennen mag.

6. Nanna, hochd. Nanda, Baldurs Gemahl, ist §. 34. 36 be=
sprochen und gedeutet. Mit Recht bemerkt Quitzmann 133, der volks=
thümliche Ausdruck Nandl für Anna habe mit Letzterm nichts gemein
und gehöre offenbar hieher. Auch im ganzen westlichen Deutschland ist
Nannchen und in Frankreich Nanette für Annette gebräuchlich.

112. Göttinnen der Ernte und der Zwölften.

Erntegöttinnen finden wir in Deutschland noch in großer Zahl; sie
haben aber zugleich einen Bezug auf die „Zwölften‘ (die zwölf Nächte zwi=
schen Weihnachten und Drei=Königstag), das höchste Fest des Jahrs, ohne
Zweifel deshalb, weil der Umzug, den sie in dieser hochheiligen Zeit halten,
Feldern und Bäumen Fruchtbarkeit spendet, wovon schon §. 71 gehan=
delt ward. Neben ihnen erscheinen auch oft die entsprechenden männ=
lichen Gottheiten, aus deren Namen sie zum Theil erwachsen sind. So
ward in Norddeutschland aus Wôdan, Wôd und Gôdan die Waud oder
Fru Wôd, Fru Gôde oder Gaue; doch stellt Rein (Haus Bürgel,
Crefeld 1855 S. 39 ff.) Fru Gaue und Fru Gauden mit den romanisierten
Matronennamen Gabiae und Gavadiae nicht ohne Schein zusammen. Wir
finden Ero (Weßesbr. Gebet Z. 2), Era oder Hera (Merseb. Zau=
bersp. I, Z. 1), Erke oder Herke, die auch wohl Harke, selbst Harfe
heißt, wo das k der Ableitung als Diminutiv zu faßen ist. Aehnlich
deutet Adalbert Kuhn den in Niedersachsen, wie er Zeitschr. V, 373 nach=
wies, noch fortlebenden Namen der Fru Frêke nicht aus dem nordischen
Frigg, sondern, auf das Frêa des Paulus zurückgehend, als Diminutiv;
früher wußten wir nur von ihr aus Eccard Germ. p. 390, und deutschen
Ortsnamen wie Freckenhorst, Myth. 281. In Mitteldeutschland heißt die=
selbe Gottheit Frau Holla; im Süden erscheint neben ihr Frau Berchta,
der ein männlicher Berchtold entspricht; hier und da führt sie auch andere
mehr verächtliche Namen (Stempe, Trempe, Werre). Der Glaube
an sie schwächt sich jetzt freilich immer mehr ab, war auch nach Landschaften
von jeher verschieden: das Gemeinsame dessen, was uns noch übrig ist,
faße ich mit Benutzung der Worte Weinholds (Deutsche Frauen im MA.
S. 35) zusammen:

‚Die Göttin ist eine sehr hehre Frau, eine sorgsame und strenge Len=

terin großen Haus- und Hofwesens. Sie zeigt sich den Menschen am öf-
tersten in den Zwölften. Da hält sie, wie einst Nerthus, ihren Umzug
durch das Land, und wo sie naht, ist den Feldern Segen für das künftige Jahr gewiß. Darum wird ihr auch bei der Ernte ein Dankopfer
gebracht: ein Halmbüschel wird nicht abgemäht, sondern unter gewissen Gebräuchen der Frau Göde u. s. w. (Bergödendêlsstruß) geweiht, wie er
auch wohl für Wôds Pferd stehen bleibt. Bei dem Zwölftenumzuge sieht
sie nach, ob das Ackergeräth an gehöriger Stelle sich befinde, und wehe
dem Knechte, der nachläßig war. Am aufmerksamsten ist sie für den Flachs-
bau und das Spinnen. Sie tritt in die Spinnstuben oder schaut durch
das Fenster und wirft eine Zahl Spulen hinein, die bei Strafe abgesponnen werden sollen, wie alles das in andern Sagen auch von der ihr entsprechenden männlichen Gottheit berichtet wird. Fleißige Spinnerinnen beschenkt sie mit schönem Flachse, faulen besudelt sie den Rocken. Zu Weihnachten und wieder zu Faßnacht muß Alles abgesponnen sein und dann
ruht sie von ihren Wanderungen. Ihren Umzug hält sie auf Wagen oder
Pflug; an ihre Stelle tritt auch, für Binnenlande seltsam genug, ein Schiff.
In Börners Sagen aus dem Orlagau 113 fährt Perchte mit einem Pflug
übers Waßer in einem Kahn. Hier fehlt nur noch der Wagen, der bei
Gertrud nicht vermißt wurde. Aber S. 173. 182 erscheint auch er. Neben dem Pflug ist noch die Radwelle durch den Namen ‚Radeperchte‘ auf
sie bezogen, Börner 157. Wir sehen das allumfaßende Wesen dieser hohen
Göttin hell heraustreten: Wagen, Pflug und Schiff, im Begriff verwandt und selbst im Wort zusammenfallend (vgl. ‚Pflugschar‘ und GDS.
56) sind Symbole der Einen großen mütterlichen Gottheit. Unverheira-
thete Mädchen werden dabei gezwungen, den Pflug der Göttin zu ziehen, eine
Strafe der Ehelosigkeit, denn die mütterliche Gottheit begünstigt die Ehe. Vgl.
S. 356. Ihr Schiff ziehen die Weber, einst die Priester der Gottheit, welche
die Webekunst gelehrt habe. Als Spinnerinnen erscheinen auch sie selbst
wie wir den Rocken schon bei der Frigg fanden. Zugleich erscheinen Holda,
und Berchta als Hegerinnen des Kindersegens. Die schlesische Spillaholla
(Spille = Spindel) nimmt die Kinder mit sich in ihren Brunnen, aus dem sie
auch kommen, und führt sie neugeboren kinderlosen Eltern zu. So werden zu Köln die Kinder aus Kuniberts Pütz geholt: dort aber sitzen
sie um die Mutter Gottes herum, welche ihnen Brei giebt und mit ihnen
spielt. Maria ist hier wie so oft an die Stelle der deutschen Urgöttin
getreten, der Hellia oder Holda, die man auch in der Tiefe der Flut gold-
glänzende Hallen bewohnen läßt, wo sie umgeben sitzt von den noch Ungebornen. Wolf Götterl. 35. Von Berchta mag Aehnliches erzählt worden sein, wenigstens ziehen in ihrem Gefolge die Seelen der ungetauft
verstorbenen Kinder, wie wir Solches schon bei Pharaildis und Abundia

fanden. Nach andern Sagen umgeben sie die Heimchen oder Elben, von welchen wir jene vielleicht als Seelen der Todten (Freund Hain) zu denken haben, und so gleicht sie der Königin der Elben und Feen in den romanischen und britischen Sagen. Nach Menzel Germ. II, 234 wären die Heimchen ursprünglich die Seelen ungeborner Kinder, deren Namen er als Keimchen (Embryonen) erklärt. Auch die schwedische Huldra erscheint in elfischer Umgebung, und in Frau Herkens Berge wohnen die Unterirdischen.

113. Herka Jördh Zisa.

1. Von Frau Hera erzählt schon Gobelinus Persona im 15. Jahrh., daß sie nach sächsischem Glauben in den Zwölften durch die Luft fliege und Ueberfluß zeitlicher Güter verleihe, Myth. 232. Vgl. Woeste Ztschr. f. M. I, 394. Grässe Pr. Sagenb. I, 122. Von ihrem Namen scheint Herke (auch Herken, Harke, selbst Harfe) Diminutivform. In einer angel= sächsischen Segensformel (Erce erce erce eordhan môdor) wird sie als Erdenmutter angerufen. Im Havellande lag der Harkenstein, ein gewal= tiger Granitblock, darin wohnten die Unterirdischen, mit denen sie, als die alten Eichen gelichtet wurden, nach Thüringen auswanderte. In eine Höhle des Bergs trieb sie Nachts ihre Hirsche, Rehe und andere wilde Thiere; die Dachse hießen ihre Schweine. Sie wird als Riesin gedacht, und warf auch einmal einen gewaltigen Stein nach einer christlichen Kirche; sonst erscheint sie wohlthätig und ihr verdankt man die Einführung der kleinen märkischen Rüben. Wenn der Flachs um Bartholomäi nicht eingebracht war, drohte man, Frau Harke werde kommen; so sorgte sie auch für das Winterkorn. Den Mägden, die bis zum Weihnachtsabend nicht abgesponnen hatten, zerkratzte oder besudelte sie den Rocken. Vgl. Kuhn 126 mit den Anm. und Sommer 8. In Westfalen heißt dieselbe Göttin Hirke oder Hurke, und wiederum ist hier ein Herkenstein oder Herchenstein nachgewiesen. Auf sie soll die Hercynia silva zu beziehen sein, Woeste Ztschr. f. Myth. I, 393; vgl. jedoch Glück Die keltischen Namen S. 10. 13. Ohne Zweifel gehört hieher auch die geldrische Erke, von welcher sich Erkelenz ableitet. Nach der Chronik dieser Stadt hat Erkelenz Ursprung und Namen von einer edeln Frau Erka, die gemein= lich die Frau zur Linde genannt und ein mannlich Weib gewesen ist. Wie wenig man, als die Chronik geschrieben wurde (um die Mitte des 16. Jahrh.), die Erka der Mythologie und Heldensage noch kannte, zeigt die fernere Meldung: ,Zur Vertheidigung des Vaterlandes habe sie den Tod nicht gescheut und allen Männern ein Zeichen der Tapferkeit gegeben.' Dargestellt ward sie, das Schwert entblößt in der Rechten, in der Linken den Schild, sonst unbewaffnet. Mein Rheinland III. Aufl. 370. Nach

Erke ist bei uns noch Anderes benannt: zuerst das so nah an Erkelenz
herantretende Erqueline, dann Erkrath, und ein Bach in der Eifel,
Quellarm der westlichen Ruhr, Erkesruhr. Vgl. den Schluß von §. 135.

Kuhn NS. 482 hat in Frau Harke die Tochter Zios oder Herus
vermuthet und dabei den Dövessteig, der zum Harkenberge führte, als Ti-
vessteig gedeutet. Wilh. Müller 226 erkennt in ihr die Gemahlin desselben Himmels- und Schwertgottes, was zu ihrer kriegerischen Darstellung
in der Chronik von Erkelenz stimmt. Doch könnte sie auch die Mutter
des Schwertgottes sein: aus der Erde ward das Schwert gegraben, das
dem Attila gebracht ward, den wir selber §. 88 als Schwertgott zu
fassen versuchten. Das Richtigere möchte auch hier wieder die Heldensage bewahren. Nach ihr ist nämlich Herkja oder Helle als Etzels (Atlis)
Gemahlin bekannt. Da sie der Berchta so nahe verwandt ist, so kann
es auf echter Ueberlieferung ruhen, daß ihr Wiltinaf. c. 64—83 eine
Schwester Berta giebt. Alles deutet darauf hin, daß sie eine der ältesten
Göttinnen ist, und auch das erlaubt, sie dem Zio (Heru) zu verbinden,
der gleiches Alter in Anspruch nimmt. Ueber den Hiarkelmai (Harkel-
mai) Woeste a. a. O. 395, Kuhn WS. II, 180.

2. Jünger scheint der Name der Jördh, der Mutter Thôrs (vgl.
§. 112), wie unser ‚Erde‘ erst aus dem einfachen ero hers abgeleitet
ist, Myth. 229. Wie aber der Donnergott Thôr, der erst aus dem Himmelsgott Tyr entstanden sein mag, die Jördh zur Mutter hatte, so dieser
wohl die Hera oder Herka. Nur daß Herka dem Attila vermählt war,
spricht noch für W. Müllers Ansicht. Den der Erka heiligen Baum, die
Linde, finden wir auch bei der Holda und andern ihr wesentlich gleichen
Göttinnen; die Gründung einer Stadt hat sie vor ihnen voraus.

3. Noch eine andere Göttin weist auf Zio, und in ihr könnte man
seine in der Edda unbenannt bleibende Gemahlin (§. 96) zu finden glauben. Außer dem Zio verehrten die Schwaben nach einem vielleicht noch
in der karolingischen Zeit geschriebenen Bruchstück (Myth. 269) eine
Göttin Zisa, von welcher Augsburg benannt ward; der ihr heil. Tag
war der 28. September. Am 29. war das Fest des h. Michael, von
dem wir sahen, daß er an Zios Stelle trat. Das an sich sehr zweifel-
hafte Zeugniß wird es noch mehr, seitdem wir aus Birlinger Aleman.
Sprache I, 39 wißen, daß nur die Alemannen den Dienstag Zistag
heißen, nicht die Schwaben im engern Sinne, die ihn vielmehr Aftermentig nennen. Freilich kann christlicher Missionseifer den Namen
Aftermentig gerade darum durchgesetzt haben, weil es Noth that, dem
Ziudienst entgegenzuwirken. Vor der Hand werden wir aber die Glosse
Cyuvari = Suâpa auf die alemannischen Schwaben beziehen müßen.
Horaz gedenkt der amazonischen securis Vindelicorum (Oden IV, 4),

und auf der Silberscheibe des 1848 zu Mainz gefundenen f. g. Schwertes
des Tiberius (Lersch Progr. zum Winckelmannsfest 1849) ist eine ama=
zonenartige Frauengestalt abgebildet, die eine Hand mit der Doppelaxt,
die andere mit dem Wurfsper bewaffnet. Ein zweischneidiges Schwert
fanden wir S. 271 bei St. Michael, der uns auf Ziu wies; mit
dem Schwert war die geldrische Erka bewaffnet; aber noch immer gilt
das horazische: nec scire fas est omnia. Vgl. auch Bacmeister Alem.
Wanderungen 117.

114. Holda und Berchta.

1. In dem Namen Holda will Myth. 244 den Begriff der mil=
den, gnädigen Göttin ausgedrückt finden. ‚Ich überzeuge mich immer fester‘,
heißt es 899, ‚daß Holda nichts anders sein kann, als der milden, güti=
gen Fricka Beiname.‘ Auch die entsprechende nordische Hulla, Huldra
will Grimm 249 aus dem altn. Adj. (hollr propitius), nicht aus dem
altn. hulda, Dunkelheit erläutert wißen. Gleichwohl berührt sie sich so vielfach
mit Hilde (D. 108), daß der Gedanke an heln, verbergen, das diesem Na=
men (für hilende) gewiß, wohl auch jenem Hulda zu Grunde liegt, nicht
abzuweisen ist; selbst an Hel, die verborgene aber als Todesgöttin im
Norden so tief herabgewürdigte Göttin, entbricht man sich nicht zu denken,
wenn sie zuweilen häßlich, langnasig, großzahnig und alt, mit struppigem
engverworrenem Haar (Myth. 247) vorgestellt wird, und Sterbliche durch
den Brunnen in ihre Wohnung gelangen, wie Ran, das Nebelbild der
Hel, Ertrunkene aufnimmt; oder wenn sie in Schreckensnächten durch die
Lüfte braust und das wilde Heer anführt, dem außer Hexen auch Ge=
spenster, die Seelen der Verstorbenen, angehören.

2. Der Name Berchta bezeichnet dagegen die leuchtende, glänzende
Göttin, und obwohl auch sie so wenig immer hold und gütig erscheint als
Holda stäts grimmig und furchtbar, der heutige Volksglaube vielmehr auch
bei ihr die grauenhafte Seite hervorzukehren, ja sie noch tiefer herabzu=
würdigen pflegt als Holda (Myth. 250), so erscheint sie doch in ältern,
halb historischen Sagen §. 115 ihres lichten Ursprungs nicht unwürdig,
und die weiße Frau unserer Fürstenschlößer heißt nur Bertha, nie Holda.

Wie nun, wenn ursprünglich Berchta und Holda die Gegensätze von
Licht und Finsternis ausdrückten, wie sie in der Erscheinung der Hel sich
verbunden zeigen? Wir sahen, daß diese Göttin der Unterwelt wie Fei=
refiz im Parzival eine lichte und eine dunkle Seite hatte: sie konnte also,
je nachdem sie den Menschen die eine oder die andere zukehrte, als lichte
(Bertha) oder als dunkle Göttin (Hulda) erscheinen. Daß sich Hel mit
Beiden, Hulda und Berchta, ja mit Hilde und Freyja, in ihrem Bezug
auf die Seelen der Verstorbenen berührt, hat die bisherige Darstellung

nachgewiesen; selbst bei der Göttermutter (§. 97) sind wir an Hel er=
innert worden, und Freys, ja Odins Verhältnisse zu ihr und dem Todten=
reich haben sich herausgestellt. Als Skeáf kam Wali oder Odin als Uller
auf dem Todtenschiff gefahren, ein Land zu beglücken; dasselbe Schiff
brachte ihn der Unterwelt zurück; als Schwanenritter sandte ihn Artus
aus dem hohlen Berge, wo er bei Juno lebte, die nur Freyja sein kann,
die wir auch im Venusberge finden, wiederum zwar in lateinischer
Uebersetzung, aber doch erkennbar und selbst durch das ,Frau Frene'
des schweizerischen Tanhäuserliedes als Freyja verrathen.   Auch in der
Königin der Elfen und Feen, welche dem Thomas von Ercildoune Hirsch
und Hirschkuh als Boten der Unterwelt sendet, erkennen wir sie in ihrer
unheimlichen Verwandtschaft mit Hellia.   Es ist ein tiefes, schauriges
Geheimniß, das unsere Mythologie hier nicht ausspricht, aber andeutet:
Tod und Leben, ja Lieben und Sterben sind unzertrennlich verbunden.
Aus dem Brunnen Hwergelmir in Niflhel sind die urweltlichen Ströme
hervorgequollen, von dem Geweih des Sonnenhirsches fließen sie dahin
zurück; dort ist auch Holdas Brunnen, aus dem die Seelen der neuge=
borenen Kinder kommen, wo die Geister der Verstorbenen weilen.   Und
so reicht sich nicht bloß im Menschenleben Anfang und Ende die Hand;
auch das Leben der Natur erstarrt alljährlich, es verschwindet von der
Oberfläche und birgt sich im dunkeln Reiche der Hel, wenn Idun, das
grüne Sommerlaub, von der Weltesche sinkt.   Auch Freyja und Freyr,
alle Wanengötter, selbst Odin als Uller oder Oller, Wuotan, der im
Berge schläft, sind dann in die Tiefe zurückgenommen; aber im Früh=
jahr schirrt der Nerthus Priester ihren Wagen von Neuem; das Schiff
der Isis wird auf Rädern über die Berge gezogen, ihr Pflug lockert
die Erde und lächelnd schlägt Skeáf, der neugeborene Knabe, auf seiner
Garbe die Augen auf.   Doch schon im Mittwinter, wenn die Sonne sich
verjüngt, wird das Fest der schönen Götter gefeiert, Freyrs, Freyjas
und Gertruds, ja Odins Minne getrunken; dann halten auch Holda und
Berchta ihren Umzug, die Ahnung ihres rückkehrenden Reichs ist erwacht,
und in den Winterstürmen streuen sie ihren Segen aus.

An dem Bezug der Nerthus, der Freyja, der Holda und Berchta auf
Hellia sehen wir, wie die deutschen Gottheiten, die Göttinnen zumal, in=
einander fließen, wie vielleicht auch ursprünglich alle aus Einer sich ent=
wickelt haben.   Gleichwohl läßt sich ein Unterschied festhalten, jede auf
ihren eigenthümlichen Kreiß beschränken.   Hel selbst, ihre Urquelle, die
verborgene Erdmutter, wagt sich als Todesgöttin nicht leicht an das Licht,
und wehe, wenn es geschieht! wenn sie auf dreibeinigem Roß umreitet,
denn dann kommt sie als Pest und erwürgt die Menschen.   Erwünschter
ist Berchtas und Holdas Erscheinen; aber auch sie sind nicht immer gütig

und gnädig; doch nur dem Schuldigen, dem Neidischen und Faulen pflegen sie sich finster und unfreundlich zu zeigen. Unter sich sind sie kaum
verschieden; doch erscheint Bertha nicht als Brunnenfrau wie Holla (Holla-
brunn Vernaleken Alp. 121), die ihrerseits als Spinnerin nicht zu begegnen pflegt; auch hat Holba keinen Bezug auf das Fest der Erscheinung (Epiphania, Berchtentag, Dreikönigstag): darin nähert sie sich der
Hel; sie ist nicht die Königin der Heimchen und Elben wie Berchta (Myth.
253), die sich darin wieder der Hel an die Seite stellt und mit Hilde
und Pharaildis berührt. Doch hat auch Holba Elben im Gefolge, die
nach ihr die ‚guten Holden‘ heißen (Myth. 424. 5), Huldra ist Königin
des Huldrevolks (M. 421). Holba, die wie Nerthus im Wagen fährt,
wie Bertha an der Spitze des wüthenden Heeres zieht, wohnt häufiger
im See, im Teich, im Kinderbrunnen; aber doch auch im hohlen Berge,
im Venusberg, im Hörselberg, und wie der Huldreslat, ihre wunderbare
Weise, berühmt ist, läßt Frau Hulli in Franken liebliche Töne vernehmen, die einem Menschen das Herz im Leibe schmelzen möchten; Kinder
werden darauf zu lauschen gewarnt, sonst müsten sie mit Frau Hulli bis
zum jüngsten Tage im Walde herumfahren. S. Fries Ztschr. f. D. M. I,
27. 28. Im Kiffhäuser ist sie K. Friedrichs Ausgeberin (Kuhn NS.
247, 9), anderwärts des im Berge schlafenden Gottes Gemahlin, und
im Holleberg hausen die Oelken oder Aulken (Kuhn NS. 322), die nichts
anders sind als Geister der Verstorbenen, von olla, Topf, Urne; vgl.
jedoch Kuhn NS. 485. WS. 645, wonach sie die Eltern bedeuten
würden. Zu ihnen stellt Kuhn WS. 64 auch die Schönaunken.

Wenn Holba nur ein Beiname der Frigg sein soll, was ihren Bezug
auf Freyja zu verneinen scheint, so ist doch ihr Zusammenfallen mit dieser
schlagend, wenn sie weinend auf der hohen Acht, oder nach Pröhle HS. 135
auf den drei Brotsteinen sitzt, oder nach Wolfs HS. 12 in den Frau-
Hollen-Stein bei Fulda, in welchem man Furchen sieht, so bittere Thränen
um ihren Mann geweint haben soll, daß der harte Stein davon erweichte.
So sagt man nach Wolf NS. 584, wenn der Wind so recht heult und
kreischt: Hör, Alwina (die Elbin) weint. Alwina war nämlich nach der
Sage eine schöne Königstochter, welche wegen einer Heirath von ihren
Eltern verwünscht wurde, ewig umherzufahren. Aber nach dem Volksliede klagt sie um ihren Mann, der sie verlaßen zu haben scheint. Auch
jene um ihren Mann weinende Holla vervielfältigt sich in den Klage-
frauen, Klagemüttern (M. 403. 1088), gespenstischen aber fliegenden
Wesen, deren Stimmen im Walde flüsternd, raunend und muhend vernommen werden, weshalb sie auch Klagemuhmen (holzmuoja, holzmuwo)
genannt werden. Sie sind besonders um den Oberharz zu Hause, wo
die Klagefrau auch Leibfrau heißt. Sie begabt mit Horn, Wünschhut

und Mantel (Pröhle KB. 81—89); dieselben Stücke verleiht Odin, und
so erscheint sie als Wodans Gemahlin. Frau Holla beruft sich, Pröhle
HS. 155, darauf, daß sie ein Recht habe, am Frau Hollen=Abend im
weißen Gewande zu sitzen und zu heulen. Vgl. Harris II, 6, wo das=
selbe von der ‚Haulmutter' berichtet wird, die mit der klagenden Mutter
Holla eins ist. Ein hessisches Märchen (KM. 13) erzählt auch von drei
begabenden Haulemännerchen, M. 424. Die Klagemütter, die in ‚wildiu
wip' überhaupt übergehen, werden auch als Vögel, namentlich als Eulen
(Leichenvögel) gedacht, deren Erscheinen den Tod ankündigt. Hieher ge=
hört die dem wilden Heere voraufflatternde Tutosel, die bei Lebzeiten
eine Nonne gewesen sein soll, DS. 311, die mit ihrer heulenden Stimme
den Chorgesang störte, nach dem Tode sich dem Hackelberg gesellte und
ihr Uhu! mit seinem Huhu! vermischt. Sie heißt auch Tutursel und
vergleicht sich der alten Urschel der schwäbischen Sage, in deren Berge die
Nachtfräulein wohnen und die selbst ein solches Nachtfräulein ist. Auch
sie jammert, aber nur um ihre Erlösung, die jetzt nicht eher geschehen kann
als bis ein Hirsch eine Eichel in den Boden tritt, aus der Eichel ein
Baum erwächst, aus dem Baume eine Wiege gezimmert wird: das erste
Kind, das man darin schaukelt, kann sie erst wieder erlösen. Diese Urschel
ist aber, wie Meier XXII selber sagt, nach dem Berge benannt, in welchem
sie wohnt; auch die Tutosel kann nach einem Berge heißen, da Oselberge,
nebst dem in Hör=Seel=Berg so arg entstellten Hörselberg vielleicht einst
Asenberge, vgl. Kuhn WS. 335, vielfach bezeugt sind: die Ostara und
die heil. Ursula kann also hier aus dem Spiele bleiben. Der tutende
Ase (hornþytvaldr) war Odin oder Heimdall; erst als der Name nicht
mehr verstanden wurde, wird man Osel= in Ursel und Hörsel= entstellt und die
Tutursel als Eule verstanden haben. Vgl. jedoch Kuhn WS. II, Nr. 16.

Wie Holda hier in die Klagefrau, so geht sie wohl auch in die w i l d e n
F r a u e n über, im Tyrol Salige oder Salinge Fräulein genannt, wo sie
zwar mehr Feen als Elbinnen gleichen, aber doch bezauberndem Gesang
mit ihnen gemein haben. Zingerle Sagen 23. ‚Die ‚Salgfräulein' sind
vor dem Sündenfall gezeugte Kinder Adams, die noch paradiesischer Un=
schuld genießen: darum musten sie sich in Höhlen und Wälder zurückziehen
und den Umgang der verdorbenen Menschheit meiden. Aus Wurzeln und
Kräutern bereiten sie sich schmackhafte Speisen; ihr Hausthier die Gemse
ist ihnen zahm; für Hitze und Kälte sind sie unempfindlich. Vernaleken
Oestr. M. 244. Ihnen vergleichen sich die H e i d e n w e i b c h e n bei
Rochh. Myth. 102. Die wilden Frauen des mittlern Deutschlands
haben ihren Aufenthalt bei alten Malbergen und F r e i s t e i n e n, Wolf
HS. 150, und die Eindrücke in der w i l d e n F r a u G e s t ü h l bei
Dauernheim (Wolf HS. 83. Myth. 403), die von Händen und Füßen

der zu Gericht Sitzenden herrühren werden, bezieht der Volksglaube auf
die wilden Frauen, die hier mit Mann und Kind hausten, als die Steine
noch ‚mell‘ waren. Kommen auf andern Freisteinen zwei Vertiefungen
vor, so saß da ‚das Weiberl mit dem Mannerl.‘ So zeigt man ander=
wärts ‚der wilden Frau Haus‘ der ‚wilden Frau Berg‘ u. s. w. Oft
gaben dazu nur Höhlen oder auffallend gestaltete Felsen Veranlaßung;
aber die Wohnung der wilden Frau bei Birstein, Landger. Reichenbach
in der Wetterau, ist wieder ein alter Freistein. Hier galt sie für eine
Zauberin, der, so weit sie sah, Alles zehntbar war. Freisteine dieser
Art waren vielleicht auch die mehrfach nachgewiesenen S p i e l s t e i n e
oder K u n k e l s t e i n e, die von ihrer spindelähnlichen Gestalt benannt sind
und das Volk an die spinnende Göttin erinnerten, woraus sich der Name
‚Kriemhildespil‘ deutet. Daneben erscheint aber auch ein K r i e m h i l d e =
s t e i n, B r u n h i l d e s t e i n (Heldenf. 155), so jener unter dem Namen
Lectulus Brunichildis hochberühmte Altar auf dem Feldberg, bei dem auch
ein Brunhildeborn vorkommt; ferner jener Frau=Hollenstein S. 370, der
Hollenstein bei Spich in unserer Nähe, oder der Hohlstein (Lyncker 258),
dem ein Blumenopfer gebracht wird. Auch die häufigen R o c k e n s t e i n e
werden hieher gehören, vgl. Menzel Germ. I, 74 ff; in England heißen
sie Rockingstones. Einzelne solcher Rocken= Kunkel= oder Spilsteine, die
auch die französische Sage auf halbgöttliche Wesen bezieht (quenouille
à la bonne dame, à la bonne fée), scheinen zu Grenzsteinen gedient
zu haben: mehrfach befindet sich der Name Holla bei solchen, wie bei
Grenzbäumen (Hocker Alterth. der Rheinl. XX, 128). Im Tarforster
Weisthum von 1592 heißt es: ‚An Frau Hollenbaum, da stehet eine
Mark‘; auch in der Nähe von Wertheim wird ein ‚Frau Hullenbaum‘
genannt. Diese Spilsteine laßen endlich doch Frau Holle als Spinnerin
erscheinen, vgl. S. 370. Spindeln pflegt Holla an fleißige Spinnerinnen
auszutheilen (wie auch Bertha die Aufsicht über die Spinnerinnen führt),
und den Spindelstein, welcher die uralte Grenze von Burgund bildete,
hatte die Göttin selbst unter ihrem Arme dahingetragen und aufgerichtet.
Häufig heißt solch ein Stein G o l l s t e i n, was nicht etwa aus Hollstein
oder Hollenstein verderbt ist, der Name geht vielmehr auf den gellenden
Hahn, der ein Lieblingsthier der unterweltlichen Göttin ist, §. 106. 1. Der
Hahn kräht in den Sälen Hels; er ist auch ihr beliebtes Opferthier. Wie
im Norden der Spinnrocken der Frigg ein Gestirn bildete, so finden wir
Rocken und Kunkel auf Erden der Holla geweiht und wie Frea nach
Kemble (Sachsen in Engl. 297) eine Schutzgöttin der Felder und Gren=
zen war, so mag Holda in Deutschland dafür gegolten haben. So ließ
L u f t h i l d i s (Rheinl. 144) eine Spindel, die noch heute in Lüftelberg ge=
zeigt wird, hinter sich herschleifen, und die Furchen, die sie zog, wurden

zu Grenzgräben. So finden wir bei Zürich einen Kriemhiltegraben
Weiſth. I, 48, Vernaleken Alp. 25; in Siebenbürgen (nach Friedr.
Müller Siebenb. S. 25) einen Fraholtegraben. Vor Jahren ſoll eine
Frau die Quelle, welche dort fließt, eingefaßt und mit einer Rinne verſehen haben. So erſcheint ein Kriemhildegraben auf dem Albis bei Zürich in den Schloßruinen der Schnabelburg, Rochh. I, 9; ſo wies Kemble
bei den Angelſachſen einen heiligen Grenzbaum nach, welcher der Frei-
tagsbaum hieß, wo der Bezug auf Frea nahe lag: an ihrem Tage waren
etwa die Gerichte unter dieſem Baume gehalten worden. An die Stelle
der Spindel tritt in andern Sagen der Pflug, gleichfalls das Symbol
einer Göttin, und der indic. superst. de sulcis circa villas ſpricht c. 23
von unverletzlichen Grenzfurchen, die um Ortſchaften gezogen wurden,
was auch römiſche Sitte war. Es kann aber nicht zufällig ſein, daß wir
Frau Holla oder die an ihrer Stelle tretenden wilden Frauen, ja nach
M. 1002 auch die Hexen an alten Freiſteinen und Malſtätten antreffen.
Malſtätten waren auch zugleich Opferplätze, wie Tempelhöfe und Gerichtshöfe noch ſpät zuſammenfielen und ſchon lectulus und lectisternium
einen Altar bedeutete; vgl. lit de justice. Das erklärt die Heiligkeit
der Freiſteine, die Aſyle waren. Wie der Holla die Grenzen heilig waren,
wie bei Uller (Holler), bei Gefion, bei den unterweltlichen Flüßen geſchworen wurde, wie man zu Toulouſe bei Berthas Spindel ſchwor, ſo
werden auch die Gerichte, welchen Opfer vorhergiengen, unter der Obhut
dieſer hehren Göttin geſtanden haben. Die Linde, die der Holla heilig
war, diente am häufigſten als Gerichtsbaum, RA. 796. Daſelbſt iſt
auch ein Holtgericht ‚to spelle unter der Linde‘ bezeugt, und Richthäuſer
und Dinghöfe in den Städten findet man unter der Benennung Spel-
hus, Spielhus, RA. 806, was auf die Spindel der Göttin zurückgehen
könnte, wenn man eine Verwechſelung von spil ludus oder spel narratio
mit spille fusus annähme. Vielleicht erklärt ſich daraus ſelbſt das Wort
Kirchſpiel.

Ich habe mich oben geweigert, die heilige Urſula herbeizuziehen, weil
es mir auch nach Schades Schrift (Die Sage von der heiligen Urſula Hannover 1854) zweifelhaft blieb, ob ſie deutſch mythiſchen Grund hätte.
Wäre wirklich die Legende auf Täuſchung des Volks berechnet geweſen,
ſo folgte nicht im Mindeſten, daß ihr ein deutſcher Mythus zu Grunde
liege; je ſtärker der Betrug betont wurde, den man mit ihr getrieben habe,
je weniger war ich geneigt, echten Grund dahinter zu ſuchen. Das Heidenthum mag der höhern chriſtlichen Wahrheit gegenüber als Lug und
Trug erſcheinen, aber gewiſs nicht in dem Sinne als ob es ein willkürlich Erſonnenes wäre. Auch ſchien das bei dem Urſuladienſt hervor-
gehobene Schiff, obgleich es ſich auch bei der Iſis, bei Nehalennia, bei

Wanne Thekla, ja wie ich glaube selbst bei der Nerthus findet, doch für
Ursulas Göttlichkeit nicht zu zeugen so lange man nicht sah wie sie ohne
Schiff von Britannien nach Köln hätte gelangen können. Jetzt aber muß
ich sie dennoch für mythisch halten, nachdem es zu Tage gekommen
(J H. Keßel St. Ursula und ihre Gesellschaft Köln 1863. S. 15 u. 166),
daß ursprünglich nicht Ursula sondern Pinnosa an der Spitze des Jung=
frauenheeres stand. Im Kölnischen Dialekt bedeutet Pinn Stachel, und
Pinnosa soviel als Spinosa. Es begreift sich, daß man einen solchen
Namen, der an den Schlafdorn erinnerte, mit dem Brynhild in Todes=
schlaf gesenkt wurde, die als Odins Gemahlin selber einst· mit Todes=
stäben getroffen hatte, nicht an der Spitze der Schar dulden wollte, die
aus Britannien, dem Todtenlande kam. Aber gerade, daß man sie be=
seitigte und in der Würde einer britannischen Königstochter durch Ursula
ersetzte, verräth die Absicht, den heidnischen Ursprung der Legende zu
verbergen. Tadelnswerth finden wir darin nichts. Es that Noth, endlich
auch diesen heidnischen Cult, dem das Volk nicht entsagen wollte, christ=
lich umzubilden wie man nach ausdrücklicher Vorschrift des Oberhaupts
der Kirche heidnische Tempel nicht niederriß, sondern in christliche Kir=
chen umgestaltete. Die Rede auf den Todestag der 11,000 Jungfrauen,
welche noch Pinnosa an der Spitze der h. Schar zeigt, setzt der Heraus=
geber ins 8. Jahrh. Vergebens versichert er, Ursula sei nur auf kurze
Zeit vergeßen und durch Pinnosa verdrängt gewesen: ihr früheres Vor=
kommen wagt er nicht einmal zu behaupten, und die Tradition, daß Ur=
sula die Führerin der Schar gewesen, ist nicht älter als die absichtliche
Beseitigung der allzuheidnisch klingenden Pinnosa. Uebrigens kann auch
diese als Spinnerin (Spinnosa) gefaßt werden, da wir wißen, daß
Dornröschen von einer Spindel getroffen in todesähnlichen Schlaf sank.

115. Bertha die Spinnerin.

Die beiden Seiten der Hel, die schwarze und die weiße, scheinen in
den Namen Holda und Berchta geschieden, nicht so in deren Wesen, da
beide schön und häßlich, freundlich und unfreundlich erscheinen können.
Diesem doppelten Wesen der Göttin entsprechend wird sie in fränkischen
und schwäbischen Gegenden Hildabertha genannt, worin schon Myth. 355
eine Verbindung der Namen Holda und Bertha sah. Es kann aber auch
Weiße und Schwärze, Schönheit und Häßlichkeit an gesonderte Wesen ver=
theilt werden, und so geschieht es KM. 135, ‚von der weißen und schwarzen
Braut‘, vgl. Das goldene Spinnrad in Wenzigs Westslav. Märchen=
schatz S. 45. Die weiße wird von der schwarzen verdrängt, die warm
in des Königs Arm sitzt, während jene als weiße Ente durch den
Goßenstein in die Küche geschwommen kommt um die Federn am Heerb=

feuer des bethörten Gemahls zu wärmen. Diesem Märchen ist die Sage
von Bertha der Spinnerin, der sagenhaften Mutter Karls des Großen,
auf das Nächste verwandt. Wir besitzen sie in verschiedenen Fassungen,
die älteste in der Bremer Chronik, Meibom scriptt. II. p. 20 — 21,
welcher sich das nordfranzösische Gedicht des Adènes le Roi anschließt;
jünger ist die Darstellung der Weihenstephaner Chronik; F. Wolf hat noch die
Noches de invierno verglichen. Vgl. Meine Bertha die Spinnerin, Frankfurt 1855, wo auch der wesentliche Inhalt der Sage erzählt ist. Auch
in Italien war sie durch die Reali di Francia bekannt, und auf sie bezieht man das Sprichwort non è piu il tempo che Berta filava. Damit ist aber die goldene Zeit gemeint, und so zeigt sich schon daran die
mythische Natur dieser spinnenden Bertha. Ein anderes Erkennungs-
zeichen ist ihr großer Fuß (Berte as grans piés, Berhte mit dem
fuoze): es ist der Schwanenfuß der Freyja, der von ihrer Walküren-
natur herrührt, §. 107. In dem so eben besprochenen KM. wandelt
sich die weiße Braut in eine Ente: der kleinste dieser Wasservögel ist an
die Stelle des größten getreten. In der Wielandsage, wie sie das Gedicht von Friedrich von Schwaben zeigt, sind aus den Schwänen der
Wölundarkwidha gar Tauben geworden, §. 129. Die Verwandlung in
den Schwan kennt die Volkssage nicht selten; so ist der Schwan auf dem
See bei Köpenick eine Prinzessin, Kuhn NS. 81, und die Enzjungfrau
(Baader 266) pflegt sich in einen Schwan zu wandeln, ja Musäus
hatte fast die ganze Wielandssage vernommen. Weil es aber von Freyja
selbst nicht bekannt ist, daß sie gleich den Walküren, die doch aus ihr
erwachsen sind, Schwanengewand anlegte, so beziehe ich mich auf die
Sage von der Schwanenkirche bei Carden an der Mosel, Zeitschr.
für Myth. I, 305, wo die Jungfrau Maria, die auch sonst an die Stelle
der deutschen Frouwa zu treten pflegt, Schwanengestalt annimmt, um einen
in die Gefangenschaft der Ungläubigen gerathenen Ritter über Land und
Meer in die Heimat zu tragen, ganz wie sonst Wuotan seine Günstlinge im Mantel oder auf dem Roß §. 66 durch die Luft heimträgt.

In der Sage von Bertha, der kerlingischen Ahnenmutter, ist von ihrer
göttlichen Natur nur ein großer Fuß übrig; bei der Reine pédauque
(Regina pedo aucae), deren Bildniß französische und burgundische Kirchen zeigen, ward der Schwanenfuß zum Gänsefuß. Sie heißt die Reine
aux pieds d'oison, und bei der Spindel der Königin Gansfuß schwur
man einst zu Toulouse, vielleicht weil sie den Lebensfaden spann. Wahrscheinlich war an jenen Kirchen die Königin von Saba gemeint, welche
dem König Salomon die Zukunft enthüllt; dieser Weißagerin hatte die
deutsche Sage nach dem Gedicht von Sibyllen Weißagung (aus dem 14.
Jahrh.) Schwanen- oder Gansfüße beigelegt. Aus der orientalischen Ueber-

lieferung kann ihr das nicht gekommen sein: es war als ein Zeichen hö=
herer Abkunft von der germanischen Göttin und den weißagenden Schwa=
nenmädchen §. 107 auf sie übertragen. Als die Königin von Saba zu
Salomon kam, war sie zwar sonst schön, aber durch Gänsefüße entstellt.
Da sie aber dem Holze, das jetzt die vorläufige Brücke zu Salomons
Pallaste bildete, die Ehre anthat, es nicht mit den Füßen betreten zu
wollen, weil sie wuste, daß es bestimmt sei, einst zu des Heilands Kreuz
gezimmert zu werden, und darum lieber durchs Waßer watete, wandelten
sich die Gänsefüße in die schönsten Frauenfüße. So stößt die Geliebte des
Staufenbergers, die ihn als Walküre im Kampfe beschützt hatte, bei seiner
Hochzeit mit einer Andern den Fuß durch die Bühne, die Decke des Saals:
er wird nur als ein wunderschöner Frauenfuß bezeichnet; in der alten Sage
war er wohl auch ein Schwanenfuß: das verschmähte Wunschmädchen wollte
an ihre höhere Natur erinnern. In der noch lebenden Volkssage (Mone
Anz. 1831. 88) ist durch den Einfluß des Volksbuchs von der Melusina
aus dem Schwanenfuß ein Schlangenschwanz geworden. Die Burg des
Staufenberger war zähringisch, und daß uns hier eine zähringische
Geschlechtssage vorliege, zeigt auch, daß der Staufenberger mit der neuen
Braut Kärnthen (Caerinthia) erheirathen wollte. In dem Geschlecht der
Zähringer kommt der Name Berchtold häufig vor, vielleicht in Bezieh=
ung auf den Berchtung von Meran der Heldensage. Dessen gleichnamiger
Sohn erhielt nach dem Wolfdietrich Kärnthen; ein anderer, Hache genannt,
Breisach und eine edle Herzogin, mit der er den getreuen Eckart, den Pfle=
ger der Harlunge, zeugte: durch beide konnten sich die Zähringer Bertholde,
die ihren Namen von Kärnthen ableiteten und das Breisgau beherschten, an
den Ahnherrn jenes Heldengeschlechts knüpfen. Aber Götter pflegen an der
Spitze der Stammtafeln und der Königsreihen zu stehen: ein männlicher
Berchtold entspricht in der Göttersage der weiblichen Berchta, die auch
Perchtölderli heißt, Myth. 257. 884: in Schwaben zieht er weiß gekleidet,
auf weißem Pferde der wilden Jagd vorauf und in der Schweiz wird
der Berchtolds Tag noch jetzt feierlich begangen. Wir sehen also Odin
als Ahnherrn an der Spitze desselben deutschen Fürstengeschlechts, dem in
der Gestalt jener Schwanenjungfrau auch Freyja vorsteht. Einen Bezug
auf das Breisgau zeigt auch das Halsgeschmeide der Freyja, das Brisin=
gamen (Brisingorum monile) heißt. Im Beowulf wird unter Brosinga
mene ein Schatz verstanden, welchen Heime, ein Dienstmann Kaiser Er=
menrichs, nach der heerglänzenden Burg getragen habe. Im Breisgau
aber sollte nach der Heldensage das Harlungengold im Burlenberge (dem
Berge bei Bürglen unweit Basel?) liegen. In der Nähe ist auch der
Venusberg nachgewiesen, vor welchem der getreue Eckart, der Pfleger der
Breisgauer Harlungen, nach der Volkssage Wache hält, wie er auch der

wilden Jagd warnend vorausziekt. Alles deutet an, daß der Breisgau
eine Hauptstätte des Cultus der Freyja war, die dort wohl noch als glän=
zende Berchta verstanden wurde. Im deutschen Tanhäuserliede hieß sie
Frau Venus, wie S. 369 im schweizerischen noch Frau Frene, aus der dann
in der Schweiz die h. Verena erwuchs, von welcher Rochholz viel zu er=
zählen weiß. In dem Namen der Heiligen werden mit dem Spruche
‚Frene Frene dorra weg!‘ Wanzen vertrieben wie die französischen Könige
die heilende Hand von Brynhild ererbt hatten.

   Im Burlenberge lag nach MS. II, 169 der Imelungenhort (Ame=
lungenhort). Er fällt aber mit dem Nibelungenhorte, der nach MS II,
241 im Lurlenberge liegen soll, zusammen, wofür jetzt ein neues Zeugniß
beizubringen ist. Auf dem Nibelungenhort lag ein Fluch: denselben fin=
den wir auch an Brisingamen, dem Halsband der Freyja, haften. Nach
Yngligaf. c. 17 freite Wisbur die Tochter Aubs des Reichen, und gab
ihr zur Morgengabe drei große Güter und eine goldene Kette. Darauf
verließ er sie und nahm eine andere Frau. Als seine Söhne erwuchsen,
forderten sie ihrer Mutter Morgengabe; aber Domaldi, den er in der neuen
Ehe erzeugt hatte, verweigerte sie. Da legten sie einen Fluch darauf und
sagten, die goldene Kette solle dem besten Manne in ihrem Geschlechte
den Tod bringen. Wie dieser Fluch an König Agni (Feuer?) bei seiner
Hochzeit mit Skíalf (Beben), der Tochter des von ihm erschlagenen Frosti,
in Erfüllung gieng, indem ihn die Kette erwürgte, mag man Yngligaf. c. 33
nachlesen. Auch in deutsche Sagen ist der Zug verflochten, daß einer an gol=
bener Kette hangen und erwürgen soll. Rheinf. No. 123. So sehen wir Bro=
singa mene als Schatz gefaßt, an dem ein Fluch haftet, während auf dem
Halsband Brisingamen, gleichfalls einem Werk der Zwerge, derselbe Fluch
ruhte. Auf das Breisgau scheinen sich beide zu beziehen; der Schatz kehrt
auch bei den Herzogen von Zähringen noch einmal wieder. Ursprünglich
sollen sie Köhler gewesen sein, die einst beim Aufräumen des Meilers ge=
schmolzenes Erz am Boden fanden, das sich als gutes Silber erwies. So
brachten sie einen ganzen Schatz zusammen, mit dem sie einem römischen
Könige in der Bedrängniß zu Hülfe kamen und zum Lohne die Herzogs=
würde erlangten, M. Rheinland S. 50. Schwerlich war aber der Brei=
sacher Schatz aus geschmolzenem Erz gewonnen, sondern aus den Gold=
wäschen des Rheins, wie wir den aus dem Fluß gewonnenen Nibe=
lungenhort auch dem Rhein zurückgegeben finden, wovon schon Atlakw.
27 weiß:

> Nur der Rhein soll schalten   mit dem verderblichen Schatz:
> Er kennt das afenverwandte   Erbe der Hniflungen.
> In der Woge gewälzt   glühn die Walringe mehr
> Denn hier in den Händen   der Hunensöhne.

Die zweite Zeile bezeugt, daß es auch der Rhein war, aus dem er herrührte, was im zweiten Sigurdsliede verschwiegen ist. Vgl. §. 106, 3.
Der Entstellung in Brosinga mene im Beowulf ungeachtet scheint doch
erst über England der Name des Halsschmucks der Freyja nach dem Norden
gekommen. Aehnlich wird es sich mit dem Namen der Sif verhalten. Vgl.
jedoch Müllenhoff Ztschr. XII, 303. Als Breisacher Schatz (Brisingamen)
ward das Rheingold erst in die gothische Heldensage, dann in die nordischen Mythen aufgenommen. In Bruckmanns Magnalia Dei in subter-
raneis, Braunschweig 1727 heißt es S. 28: ‚Brisgovia, ein Strich Landes
am Rhein, gränzet mit Schwaben und dem Schwarzwalde; darin ist
Brisach die Hauptstadt, bei welcher viel Gold im Rhein geseiffet und gewaschen wird, welches man hernach Rheinisch Gold nennt', und nach Dau-
brée Bulletin de la société géologique de France 1846, p. 458 ff.
wird noch jetzt jährlich zwischen Basel und Mannheim für 45,000 Frs.
Gold aus dem Rheine gewaschen. Zwischen Istein und Mannheim beträgt
aber der Gehalt der Goldgründe des Rheins 52,000 Kilometres, was
einen Bruttowerth von 165,820,800 Frs. repräsentirt. Rechnet man hinzu
was seit dem 5. Jahrh. bis auf diesen Tag aus dem Rheine gewonnen
ist, so ergiebt sich ein Schatz mythischer Verherrlichung nicht unwürdig.

In dem Grimmschen KM. 14 wird der Plattfuß der spinnenden Base,
‚der aus der Schwangestalt übrig ist, aus dem Treten des Spinnrads
erklärt'. So scheint auch die nur als Beiname der Berchta zu fassende
Frau Stempe, welche die Leute tritt oder stampft, und Frau Trempe,
die wohl wie Derk mit dem Beer, M. 194, auf dem Ackergeräth, das
nicht unter Dach und Fach geschafft ist, herumtrampelt, mit der Vorstellung des Plattfußes verbunden, so daß auch hier die Verrichtung mit der
leiblichen Bildung, ja mit dem Namen in Beziehung tritt. Die Verwandlung des Gansfußes der Reine Pédauque in den großen Fuß der
kerlingischen Ahnenmutter Bertha könnte schon durch ähnliche Ausdeutun-
gen vermittelt worden sein.

Der Berchta ist im Volksglauben St. Lucie verwandt. Den Lucien-
schein, ein zitterndes Licht, aus dem gewahrsagt wird, beobachtet man in
der Luciennacht. Vernaleken Alp. 114.

Ueber den oben erwähnten Bertholdstag vgl. die gleichbenannte
mythol. Skizze von H. Runge Zürich 1857. Da dieses Fest besonders von
Rebleuten gefeiert wird (Rochh. I, 236), so ist der Uebergang von Berthold
auf Bartholomäus, der den Most holt, nicht unmöglich. Allerdings
soll auch zu Bartholomäus (24. Aug.) das Rebwerk beendigt sein, Runge
23, da mit diesem Tage der Herbst beginnt. Aber Wuotan kann sich als
Kellermeister durch Bartholomäus vertreten laßen und doch als Berthold
von Rebleuten Opfer empfangen. Besonders ist es die Berchten-

nacht (5. Januar), von deren Witterung auf ein gutes Weinjahr ge=
schloßen wird.

116. Die weiße Frau.

Wir finden unsere segenspendende Göttermutter in Sage und Dich=
tung die gute Frau genannt, bona domina, bonne dame, auch bona
socia, woraus die Bensozia, ein Beiname der Herobias, hervorgieng,
Myth. 262. 265. Sie heißt ferner die weiße Frau, wie der Name
Bertha gleiche Bedeutung hat, und wegen deren Bezug auf den Tag der
Erscheinung (Epiphania) Befana. Die weiße Frau, die in deutschen Für=
stenschlößern spukt, pflegt aber den Namen Bertha fortzuführen, welchem
Geschlecht sie sich auch als Ahnfrau anknüpfen möge, Myth. 257. Am
Bekanntesten ist jene Bertha von Rosenberg geworden, die als Ahnfrau
der Herren von Neuhaus und Rosenberg in Böhmen erscheint, ja man hat
gemeint, die weiße Frau anderer Fürstengeschlechter sei dieselbe Bertha
von Rosenberg, deren Ursprung also in Böhmen zu suchen sei. Ein
Bild dieser Bertha zeigt man auf jenem Schloße Neuhaus, das sie selbst
im funfzehnten Jahrh. erbaut und dabei den Arbeitern, wenn sie es zu
Stande brächten, einen süßen Brei, d. h. eine festliche Malzeit verspro=
chen haben soll. Dieser süße Brei, zu dem aber auch Karpfen gehören,
wird seitdem zu ihrem Gedächtnis noch alljährlich am Gründonnerstag den
Armen verabreicht. Höllischer Proteus 86. An den genannten Speisen erkennt
man den Zusammenhang jenes Gebrauchs mit der auch in andern Gegenden
Deutschlands der Berchta geheiligten Fastenspeise: Fische und Habergrütze,
Knödel mit Heringen u. s. w. §. 86 u. 143, 4. Strenge hält Bertha darauf,
daß ihr Fest mit der althergebrachten Speise begangen werde: wer andere
Speise zu sich genommen hat, dem schneidet sie den Bauch auf, füllt ihn
mit Heckerling und näht mit einer Pflugschar statt der Nadel, mit einer
Eisenkette statt des Zwirns den Schnitt wieder zu. Hier ist von der
Eisernen Bertha die Rede vgl. §. 110, die auch „Percht mit der eisnen
Nase" hieß; aber Zeitschr. XIII wird ihr auch ein goldnes Haupt
nebst zinnernen Augen, ehernen Ohren, silbernem Bart und bleiernem
Halse beigelegt. Außer den Fasten sind jene Tage namentlich Sylvester=
und Dreikönigsabend (Berchtentag), Myth. 251. 255. Da backt man
in Oberbaiern fette Kuchen und sagt den Knechten, damit müße man sich
den Bauch schmieren, dann werde Berche mit ihrem Meßer abglitschen.
Hiemit hängt der Kuchen zusammen, in welchem nach einer weitverbreite=
ten, auch bei uns gültigen Sitte am Dreikönigsabend (Twelft-night)
eine Bohne verbacken wird, die demjenigen, dem sie zu Theil wird, die
Königswürde verleiht. Der König wählt dann, oder läßt durch das
Looß auch die übrigen Hofämter wählen. Die Berchten= oder Bechten=

feste begehen hieß im Elsaß ‚bechten'. Kinder und Handwerksknechte sammelten dabei Gaben ein und das ‚Fechten' unserer reisenden Handwerksburschen leitet seinen Ursprung daher. Stöber Alsatia 1852 S. 150. Wenn das Erscheinen der weißen Frau in dem Geschlechte, welchem sie als Ahnfrau vorsteht, einen Todesfall ankündigt §. 107, so zeigt sich darin wieder, daß sie gleich der Freyja aus Hel der Todesgöttin verjüngt ist. Bei Baader 262 erscheint sie auf dem Schiff, ebb. 266 erst auch als Schwan, was an Isis und den aus der Unterwelt kommenden Schwanenritter erinnert.

‚Weiße Frau' heißt bei Kuhn (Ztschr. f. d. Myth. III, 368) auch jene oft erwähnte, Erlösung suchende Jungfrau, die ich lieber Schlüßeljungfrau nenne. Sie erscheint nicht bei gewissen Anlaßen, sondern zu Johannis oder am Palmsonntag während der Passion nach regelmäßigen Fristen, nach sieben, oft zu hundert sich steigernden Jahren, die doch wohl auf die bekannten sieben Wintermonate zurückgehen. Sie ist in den Berg oder das verzauberte Schloß verwünscht, wodurch sie an Gerba oder Menglada erinnert; ihre Erlösung, mit welcher der Erwerb des Hortes verbunden wäre, ist aber wie die Balburs an illusorische Bedingungen geknüpft, wenigstens scheinen sie nicht erfüllt zu werden. Schon in einem Gedichte Meister Altschwerts ed. Holland S. 70, wird der Zugang zu dem Berge durch ein Kraut gefunden, das der Springwurzel oder blauen Schlüßelblume unserer Ortssagen gleicht. Kaum hat es der Dichter gebrochen, so kommt ein Martinsvögelchen geflogen, das guter Vorbedeutung zu sein pflegt; diesem folgt er und begegnet einem Zwerge, der ihn in den Berg zu Frau Venus führt. Hier sind die Mittel, den Zugang in den Berg zu erlangen, gehäuft: das Martinsvögelchen, d. h. der rothhaubige Schwarzspecht, verschafft sonst die Springwurzel, die den Berg erschließt. Wenn man sein Nest verkeilt, holt der Specht die Wurzel herbei, mit dem er sich den Zugang zu dem brütenden Weibchen wieder verschafft und dann die Wurzel auf ein rothes Tuch fallen läßt, das man unter den Baum gespreitet hat und das er für ein Feuer ansieht, in welchem die Wurzel verbrennen soll. Auch der Zwerg pflegt in den allegorischen Gedichten des funfzehnten Jahrhunderts den Berg zu erschließen. In unsern Ortssagen thut es die blaue Blume d. h. das Kraut. Man darf sie aber über den Schätzen nicht vergeßen, weil man sonst den Weg in den Berg der Jungfrau nicht wieder findet; auch schlägt das Thor hinter dem Austretenden zu und nimmt ihm die Ferse hinweg. Die warnenden Worte: ‚Vergiß das Beste nicht', sind in den Sagen nun stäts auf die Blume gedeutet, und der Name der Blume Vergißmeinnicht mag daher entsprungen sein; gleich wohl läßt eine Reihe von Sagen (Vernaleken Alp. 41, Zingerle Sagen 464), zweifeln, ob sie sich nicht ursprünglich auf die Jungfrau selbst bezogen, deren Erlösung durch die Goldgier verfehlt wird. Obgleich nun dieß der Ausgang zu sein pflegt, weil man entweder die Blume vergaß oder nicht Muth hatte, die in eine Kröte oder Schlange verwandelte Jung= frau zu küssen, oder gar noch eine dritte Aufgabe zu lösen, so scheinen doch diese Sagen nur Nachklänge der Mythen in Skirnisför, Fiölsvinns= und Sigrdrifumal: an die Stelle Freys, Swipdags oder Siegfrieds ist ein armer Schäfer getreten und es befremdet nicht, wenn die Erlösung meist unvollbracht bleibt. Kuhn aber dürfen wir beistimmen, wenn er den Schlüßel zur Goldtruhe, nach welchem wir die Jungfrau benennen und den zuweilen auch Schlange oder Hund, die auf der Kiste sitzen, im Maule halten, auf den Blitz deutet, auf dessen blaue Farbe auch schon jene Blume angespielt hatte. Brauchte es noch Beweise, so könn= ten wir zwei Oesterreichische Ortssagen (Vernaleken 130. 132) anführen, wo zuletzt der Blitz den bösen Geist erschlägt. Dieselbe Deutung paßt aber auch auf den Gambantein, womit Skirnir Str. 32 Gerda be= drohte. Die Schätze beziehe ich lieber auf die goldenen Körner der nächsten Ernte. WS. 346 ff. Verwandt ist die Verwünschung in Schlange, Kröte u. s. w., welchen ein liebevolles Herz Erlösung brächte. Vgl. Grimm KHM. No. 1. Rochh. Mythen S. 195.

117. Die übrigen Göttinnen.

Es sind noch einige Göttinnen übergangen, theils niedern Ranges, theils uns nur dem Namen nach bekannt.

1. So die Tanfana, deren berühmten Tempel im Lande der Marsen (bei Dortmund) ihr, wie es scheint, mit Chatten und Cherusken gemein= schaftliches Heiligthum, nach Tac. Ann. I, 51 die Römer dem Boden gleichmachten. Eine Steinschrift hat Tamfanae sacrum; Orelli hält sie aber für unecht, Myth. 70. Vielleicht war sie vom Siebe (tampf, Myth. 1062) genannt, das sie in der Hand trug: dann würde sie sich der Sif vergleichen. Das Siebdrehen diente zur Weißagung, und so könnte die Göttin ihren Priestern Orakelsprüche in den Mund gelegt haben. Eine neuere Deutung Grimms GDS. bringt sie mit Dampf, vapor, zusammen, und macht sie gleich der skythischen Tabiti zu einer Heerdgöttin. Dabei ist davon ausgegangen, daß Tacitus das deutsche Th mit T zu bezeichnen pflegt; eine dritte Deutung nimmt T für den richtigen Anlaut, der im Z hätte fortgeschoben werden müßen: sie findet demnach in Zampern, wie das Gabeneinsammeln auf Fassnacht nach Kuhn NS. 369 heißt, eine Spur der Göttin. Der Donnerstag vor Fasnacht heißt in der Grafschaft Mark „Zimbertsdach‘, und darnach wird Ztschr. für Myth. I, 385 auf eine deutsche Göttin Zampe oder Zimbe gerathen. An ihrem Feste sollen

Klöße und Slappermann (Fische) gegeßen werden. Das erinnert an Berchta, und aus Sint Bert ward früher jener Zimbertstag gedeutet. Die neuere Deutung von Tanfana, Esselen das römische Castell Aliso, Hannov. 1857 p. 90, lautet tum Fahnen (zum Fahnen): fano st. masc. Ein Haus zum Fahnen liegt nämlich bei Hamm und Soest, doch näher dem letztern, schon 1250 als Sitz eines Freigerichts bezeichnet.

2. Gleiche Endung wie Tanfana zeigt Hlubana. Deae Hludanae sacrum C. Tiberius Verus lautet die Inschrift eines auf niederrheinischem Boden gefundenen Steines, der jetzt in Bonn bewahrt wird; in derselben Gegend (bei Cleve) ist noch ein anderer zum Vorschein gekommen mit der Inschrift DEAE HLUDENAE GEN. Nach Wöl. 56 heißt Thôrs Mutter Jördh neben Fiörgyn auch Hlôdyn; der Name bezeichnet eine hochberühmte Göttin, an die noch die Ortschaft Verlautenhaide erinnert. Das Verkeltungsfieber unser Rheinischen Alterthumsforscher, das die Gugerni (vgl. GDS. 367. 491) für kein deutsches Volk hält, es sogar von den Ubiern vergeßen möchte, ja in Alateivia keinen Bezug auf Alzei merkt, verkennt auch in Hlubana Hlôdyn. Jahrb. XXXVI, 2, 50; De Wal Moderg. 47. Auch Hilde scheint Hilbana geheißen zu haben, da das nach ihr benannte Hildesheim in älterer Form Hildenesheim hieß; doch ist es gefährlich, Hlubana in Hulbana zu wandeln (Myth. 1211) und sie mit Hilde und Hulda zusammen zu bringen.

An Sandraudiga, De Wal Myth. 176, Wolf Beitr. I, 160, hat sich Grimm GDS. 588 gewagt und -audiga auf goth. audags agf. eódig ahd. ὄτας μακάριος bezogen, sandr als sunder verstärkend genommen. Die Dea Uncia, De Wal 210, erinnert an den schwarzen Unkelstein (Basalt), von dem Unkel den Namen hat. Was Unk, engl. Jnk bedeutet, kann bei jedem Schulkinde erfragt werden. Rosmerta (De Wal p. 172—5) ist man versucht, auf die Pferdemar oder Mahrt §. 125 zu deuten. Für Dexivae (De Wal 71), wenn sie nicht sonst bestätigt ist, möchte man Deae Sivae lesen und an unsere Sif §. 111 denken. Rittona (De Wal 170) könnte als eine deutsche Febris (mit gallischer Endung) verstanden werden. Auf ein Heiligthum der Moneta im Kottenforst schließe ich aus dem dortigen urkundlichen ‚Vermüntebusch‘.

3. Eine Reihe Göttinnen nennt noch D. 35; ich gedenke hier nur derjenigen, deren Namen wir anderwärts zu besprechen nicht Gelegenheit haben. Zunächst Hnofs, die Tochter Freyjas und Odhrs: sie ist so schön, daß nach ihrem Namen Alles genannt wird, was schön und kostbar ist. Heimskr. 13 stellt neben sie Gersemi: beide Namen bedeuten Kleinode und Geschmeide: so erinnern sie an die Jungfrau Spange in ‚König Oswaldes Leben.‘ Pamige im andern Oswald scheint aus Spange verlesen. Jene Geschmeide sind wohl als Blumen des Frühlings zu verstehen,

wie auch Obin sich bei der Rinda als Goldschmied einführte, der sommer=
liche Gott, welcher der Erde Blumen des Frühlings verheißt, wenn sie
sich ihm verbinde.　Siöfn sucht die Gemüther der Menschen, der Män=
ner wie der Frauen, zur Zärtlichkeit zu wenden, und nach ihrem Namen
heißt die Liebe Siafni.　Mit unserm Seufzen verwandt scheint der Name
Liebessehnsucht und Verlangen auszudrücken.　Lofn ist den Anrufenden
so mild und gütig, daß sie von Allvater oder Frigg Erlaubnifs hat, Män=
ner und Frauen zu verbinden, was auch sonst für Hinderniffe entgegen=
stehen.　Daher ist nach ihrem Namen der Urlaub genannt, so wie Alles,
was Menschen loben und preisen.　Beide Deutungen, so verschieden sie
scheinen, gehen auf liuban laub lubun nro. 530 zurück, und so möchte
Fraulaubersheim auf diese Göttin gedeutet werden.　Von Wara (foe-
dus) heißt es: ‚sie hört die Eide und Verträge, welche Männer und Frauen
zusammen schließen, und straft diejenigen, welche sie brechen.　Sie ist
weise und erforscht Alles, so daß ihr nichts verborgen bleibt.‘　Syn
(ahd. Sunja) bewacht die Thüren der Halle und verschließt sie Denen,
welche nicht eingehen sollen; ihr ist auch der Schutz Derer befohlen,
welche bei Gericht eine Sache läugnen; ‚daher die Redensart: Syn (Ab=
wehr) ist vorgeschoben, wenn man die Schuld läugnet.‘　Myth. 843
weist aus unserm ältern Recht ‚sunnis‘ excusatio nach.　Ferner Hlin,
die von Frigg allen in Gefahr Schwebenden zum Schutz bestellt ist.
‚Daher das Sprichwort: Wer in Nöthen ist, lehnt sich an (hleinir).‘
Den Namen Hlin führt Wöl. 53 Frigg selbst.　Von Snotra (wört=
lich die geschneuzte, emunctae naris) heißt es: Sie ist weis und artig;
nach ihr heißen Alle so, die das sind.　Wir haben hier nur Personifi=
cationen geläufiger Begriffe vor uns, den mittelhochdeutschen Frau Minne,
Frau Ehre, Frau Maße, Frau Scham, Frau Zucht u. s. w. vergleich=
bar.　Nur Gnä, Friggs Botin, aus Klopstocks Oden bekannt, hat einen
Mythus.　Ihr Pferd Hofwarfnir rennt durch Luft und Waßer.　Einst
geschah es, daß sie von etlichen Wanen gesehen ward, da sie durch die
Luft ritt.　Da sprach einer:

> Was fliegt da, was fährt da,
> Was lenkt durch die Luft?

Sie antwortete:

> Ich fliege nicht, ich fahre nicht,
> Ich lenke durch die Luft
> Auf Hofwarpnir, den Hamsterpir
> Zeugte mit Gardrofwa.

Hofwarfnir ist Hufwerfer, Hamsterpir schenkelrasch, Gardrofwa stark=
schweifig.　Gnä soll von at gnaefa kommen und die hochfliegende be=

zeichnen. Vrou Frômuot bei Nithart hält Grimm altd. Bl. I, 371 für mehr als Perſonification des Frohſinns.

Es ſind 13 Aſinnen, welche D. 35 mit dem ſichtbaren Beſtreben aufführt, der Zahl der Götter eine gleiche von Göttinnen gegenüberzuſtellen. Da hätten Idun, Gerda, Sif, Thrûdhr, Skadi und Nanna nicht übergangen werden ſollen, die mehr ſind als bloße Perſonificationen wie viele der genannten. Eine mächtige Göttin iſt noch vergeßen, Frau Sælbe (Sâliba), die deutſche Fortuna, vgl. Lütolf 77, Gr. Myth. 822 ff. und Wackernagels lehrreichen Aufſatz über Glücksrad und Glückskugel, Ztſchr. VI, 134 ff.

4. Von Sôl (Sunna) war ſchon §. 11 die Rede, vom Monde (Mâni) §. 12. Ueber Cäſars Meldung vom deutſchen Sonnen= und Monddienſt vgl. §. 57. Beiden neigte man mit entblößtem Haupt, Myth. 28. 29. Nach Anh. XLIV glaubte eine Frau, die Sonne ſei eine Göttin, und hieß ſie heilige Frau, wie bairiſche und ſchweizeriſche Bauern den Mond Herr Mân nennen und der Oberpfälzer (Schönwerth II, 51. 61) vor dem aufgehenden Mond den Hut abzieht. Andere Spuren des Sonnendienſtes liegen in dem deutſchen Sonnenlehen, RA. 278, 530, Tac. Ann. XIII, 55, Menzel Germ. I, 63 ff. und Zeisberg, Germ. XIII, 408 ff., dem Sonneneide RA. 895, weil die Sonne Alles ſieht, dem Fluche der sunnen haz varn, und den Märchen, wo entweder Sonne, Mond und Sternen nachgefragt wird (Myth. 670) oder drei Kleider geſchenkt werden, auf dem erſten die Sonne, auf dem andern der Mond, auf dem dritten die Sterne, KM. 186. 193. Meier I, S. 213. Bei der ſüblichen Sonne wird auch in dem eddiſchen Atlamal geſchworen. Als Gipfel der Gottloſigkeit gelten drei Schüße gegen Sonne, Mond u. ſ. w., §. 57, wo auch die Meldung des Olaus in Betracht kommt. An der Pfarrkirche zu Mais bei Meran ſah ich zwei Bilder ausgehauen, welche für Sonne und Mond ausgegeben wurden. Die unter dem angeblichen Sonnenbilde angebrachten Taßen laßen aber eher an den Tag denken, deſſen Klauen nach dem ſchönen Liede Wolframs durch die Wolken geſchlagen ſind. Auch in der Capelle bei Schloß Tyrol fand ſich ein ähnliches Bild auf einem Taufſtein angebracht. In deutſchen Gräbern des 5. Jahrh. fanden ſich Thonkugeln mit dem Mondzeichen, Weinh. Alth. Todtenbeſtattung I, 45, vgl. Rochh. Mythen 230, wo noch andere Spuren alter Mondverehrung geſammelt ſind. Dem rhätiſchen Monte Luna gleicht unſer rheiniſcher Lünsberg bei Godesberg.

Nähere Unterſuchung verdient der auf dem Süntelgebirge gefundene Stein mit der Runeninſchrift und dem Bilde des Monds und der Sonne. Schaumann Geſch. d. niederſächſ. Volks, Göttingen 1839. S. 115. 120. Eine Abbildung giebt W. Strack Wegweiſer um Eilſen, Lemgo 1817.

S. 148. Unter dem Sonnenbilde sieht man ein Hufeisen, unter dem Mond
eine gehörnte Gestalt, ein krummes Horn in der Linken, in der Rechten
wie es scheint einen Hahn.   Dasselbe Buch giebt S. 48 die Abbildung
eines an der Kirche zu Petzen bei Bückeburg befindlichen Denkmals, ein
Schwein in der Flamme auf dem Altar, darüber Sonne und Mond;
zur Seite knieend rechts eine männliche, links eine weibliche Gestalt. Nach
der dabei mitgetheilten Sage verehrte Graf Arnum Sonne, Mond und
Hercules (vgl. §. 81. 127); seine Gemahlin wandte sich aber dem Chri=
stenthume zu, und sagte dem Grafen, als er von einem Raubzuge heim=
kehrte, sie habe unterdessen sieben Töchter (Kirchen) ausgestattet. Vgl.
§. 105 Schluß.   Angefügt ist die oben mitgetheilte Sage von dem bei
einer Belagerung täglich niedergeworfenen letzten Schwein, worauf die
sonst von den Weibern von Weinsberg erzählte den Schluß macht. Noch
einmal finden wir Sonne, Mond und Feuer zusammengestellt in Cnuts
Gesetzen I, 5 vgl. Menzel Germ. I, 79.

Wie Freyr Sonnengott ist, so haben Andere Freyja als Mondgöttin
aufgefaßt, wofür auch Brisingamen angeführt werden kann, wie man es
auch für die Sonne erklärt hat. Da ihr in Deutschland Holda oder Bercta
entspricht, so könnte jene Spinnerin im Mond, die im heutigen Volks=
glauben zur Strafe dahin versetzt ward, einst Bertha (die Spinnerin) gewe=
sen sein. Mündlich hört ich wohl sagen, die ungetauft sterbenden Kinder
kämen in den Mond, wie ähnlichen Bezug zu den Seelen gerade Bertha hat.

Im Mittelalter trat die h. Katharina, die mit dem Rade abgebil=
det wird, an die Stelle Sunnas, weil das Rad für ein Bild der Sonne
galt. Vgl. Mannhardt Götterwelt S. 314 und Zingerle S. 358 und
Germ. VI, 214. Darum wird sie angerufen, die Sonne scheinen und
den Regen vorüber gehen zu laßen. So scheint auch die h. Rothburga,
welche auf einem Berge zwischen Jenbach und dem Achensee verehrt wird,
den Dienst einer Mondgöttin verdrängt zu haben. Sie ist in der Kirche
mit der Sichel über dem Haupt abgebildet. Vgl. Panzer II, 48. Rochh.
Mythen 29. Damit vgl. man was Grohm. 305 von der h. Keburga
und Bawaria I, 308 von der h. Mechtilde berichtet. In der Legende
einer andern Rothburga am Neckar geschieht der Sichel keine Erwähnung.

Den Mythus, der §. 11 von Sôl und Mâni erzählt wird, haben
wir als auf Misverständniß beruhend verworfen; dagegen einen andern,
der bei uns nur anklingt, den von der Gefangenschaft der beiden Him=
melslichter, oben §. 42 bei den Finnen nachgewiesen. Auch bei den uns
verwandten Lithauern begegnet er. Einst hatte man viele Monate die
Sonne nicht gesehen, indem ein mächtiger König sie in einem festen
Thurme in Verschluß hielt. Endlich brachten die zwölf Zeichen des
Thierkreises (die 12 Asen?) ihr Hülfe, sprengten mit dem eisernen Hammer

(Thôrs Symbol) die Pforte des Thurms und gaben die befreite Sonne den Menschen zurück, Temme Pr. S. 38. Der mächtige König gleicht dem Riesen Thrym, welcher Freyja, die schöne Jahreszeit, den Menschen entziehen will. Nach Volksm. d. Serben 18 hatte der Teufel die Sonne geraubt; St. Michael, der auch sonst an Thôrs Stelle tritt, gab sie der Welt und dem Himmel wieder. Ein anderes altpr. Märchen l. c. er- zählt, die Sonne sei einst an den Mond verheirathet gewesen; die Sterne wären ihre Kinder. Der Mond, seiner Gattin ungetreu, entführte aber dem Morgenstern seine Verlobte: zur Strafe zerhieb ihn Perkunos, der Donnergott, mit einem scharfen Schwert in zwei Hälften, die jetzt in den beiden Mondvierteln zu schauen sind. Ein deutsches Sprichwort bei Lehman: ‚dem Monde kann man keine Kleider machen‘, spielt auf ein altes Mondmärchen an, das schon Plutarch kannte, und von dem ein deutsches Gedicht mit den Anfangsworten:

> Der Mond der sprach zu seiner Mutter:
> Mach mir ein Kleid, doch warm von Futter,

anmuthig erzählt. Es vergleicht sich dem indischen von Rohini, die Daksha der Herr der Welt, dem Mond zur Gemahlin giebt, und dem deutschen bei Pröhle, Jugendm. No. 39.

Riesen und Zwerge, Gespenster, Hexen und Teufel.

118. Riesen im Allgemeinen.

Der stärkste Gegensatz, den die Edda kennt, ist der zwischen Göttern und Riesen. Sie sind in einem Vernichtungskriege begriffen, der bis ans Ende der Welt währen, ja ihren Untergang herbeiführen wird. Da so die Riesen Feinde der Götter waren, so musten sie auch als böse vorge- stellt werden, weil es im Begriff der Götter liegt, gut zu sein. Von dem Urriesen Ymir sagt D. 5, er sei böse wie Alle von seinem Geschlecht, und so heißt es D. 10 von der Nacht, die eine Riesentochter ist: sie war schwarz und dunkel wie ihr Geschlecht. Bei dem großen Vernichtungskampf, den wir das Weltdrama nennen, musten alle Wesen Partei ergreifen: stan- den sie auf Seite der Riesen, so fielen sie unter ihren Begriff; darum sehen wir auch Wesen den Riesen beigezählt, die nicht der äußern Natur, sondern der Geisteswelt angehören. Jene Erinnys, welche der Brynhild mit Vorwürfen wehrt, als sie den Helweg fuhr, ist eine Riesin; so scheint auch Móðguðr (Seelenkampf) gedacht, und Imr, der Sohn Wafthrudnis (Wafthr. 5), des weisen, wortschnellen Riesen, bedeutet den Zweifel, Uhland 17: aus der Sophistik geht der Unglaube hervor, ein unholdes, menschenfeindliches Wesen. Muß doch selbst Hel, als Lokis Tochter, der nun von seiner verderblichen Seite gefaßt wird, riesigen Geschlechtes sein: eine Riesin ist jetzt Gríð, die mit Hel zusammenfällt, und Utgarðalokis Halle sahen wir mit riesigen Gestalten erfüllt; er selbst wandelt sich in den Riesen Skrymir.

Nicht unbedingt gilt aber diese Vorstellung von der Bosheit der Riesen: sie bildete sich unter dem Einfluß des Ragnarökmythus aus, der in der nordischen Weltanschauung die Oberherrschaft an sich gerißen hatte. An sich könnten die Riesen, als der rohen, vom Geist noch unbewältigten Materie angehörig, sittlich gleichgültig scheinen; aber weil es nur diesen Gegensatz giebt, Geist und Materie, Götter und Riesen, so entwickelte sich aus dem Gegensatz der Kampf von selbst. Der Urriese ist aus dem Niederschlag der urweltlichen Gewäßer entstanden; die Götter aus den Salzsteinen geleckt, und das Salz bedeutet das geistige Princip. Hierin lag es begründet, daß Alles, was der äußern Natur angehörte, als in den Gegensatz der Götter fallend, böse und verderblich schien. Sind doch selbst die Götter, weil sie ihr Geschlecht nicht rein erhalten, sondern mit den dunkeln Riesen Verbindungen eingegangen haben, befleckt und der Läuterung im Weltbrande bedürftig geworden. Aber zu solcher äußersten Consequenz gelangte man nur allmählich und es kann eine Zeit gegeben haben, da die Riesen so wenig für böse galten, daß sie sogar göttliche Verehrung genoßen. Vgl. Maurer Bekehrung II, 60 ff. Spuren von Riesencultus finden sich wenige, sagt zwar Grimm Myth. 524; aber neben dem Dienst der Götter kann das nicht befremden: den Opfer empfangenden Riesen, deren wir einige nachweisen §. 132 (vgl. Ztschr. IV, 508), müßen für die ältere Zeit die unfreiwilligen Opfer hinzugerechnet werden, die nach den Sagen den Riesen und Drachen, die selbst nur verwandelte Riesen sind, gebracht wurden; gewöhnlich sind das Menschenopfer. Die Helden, welche wir an die Stelle der Götter getreten wißen, stellen diese Opferungen ab, indem sie die Riesen besiegen und die Königstöchter, welche das Looß zu ihrer Beute bestimmt hatte, erlösen und freien. Aus solchen Sagen können wir lernen, daß die Götter den Dienst der Riesen beseitigt und den ihrigen an die Stelle gesetzt haben. Die Riesen erscheinen demnach als die älteste Götterdynastie (S. 14), Götter einer frühern Entwickelungsstufe der Menschheit. Als die Begriffe sich verfeinerten, und ein höherer Bildungsstand erreicht wurde, blieben die plumpern rohern Götter der frühern Perioden als Riesen stehen, sahen sich aber aus dem Cultus durch ein jüngeres geistig überlegenes Göttergeschlecht verdrängt. Daß sie ältern

Ursprungs sind als die Götter, weiß auch noch die Edda und die Wala spricht es aus in den Worten:

> Riesen acht ich die Urgebornen.

Die Götter haben sie theils erschlagen theils in wohlthätige Schranken gebannt. Allein die Götter selbst waren in ihrer ältesten Gestalt nicht viel mehr als Riesen: Elemente und Naturkräfte liegen ihnen zu Grunde, aus Naturgöttern sind sie erst allmählich zu geistigen Wesen, zu sittlichen Mächten erwachsen. Die Begriffe von den göttlichen Dingen haben sich aus großer Roheit nach und nach geläutert und verfeinert: die Stufen der Entwickelung sind neben einander stehen geblieben und als Riesen und Götter, als ältere und jüngere Dynastie waltender Wesen verkörpert. Die Götter erscheinen als Wiedergeburten älterer Riesen. Thrymr, der Thursenfürst, war ein älterer Donnergott, §. 28. Odins Beiname Wâfudhr zeigt ihn als einen jüngern Wafthrûdnir: beide bedeuten die bebende, wabernde Luft, GDS. 762. Wenn er jetzt mit ihm zu streiten geht und ihn besiegt, so ist darin eben der Sieg der neuern, sittlich und geistig gefaßten Götter über die ältern ausgedrückt, in denen nur Naturkräfte walteten. An eine Einwanderung ausländischer Götter, welche die spätere halbgelehrte Sage annimmt, möcht ich dabei nicht denken. Jetzt erst standen Götter neben Riesen, gute, geistige Wesen neben feindseligen Dämonen der äußern Natur, ,des kalten und nächtlichen Winters, des ewigen Eises, des unwirthbaren Felsgebirgs, des Sturmwindes, der sengenden Hitze, des verheerenden Gewitters, des wilden Meeres.' Als Abkömmlingen des Urriesen Ymir, des personificierten Chaos, den die Götter erschlagen musten, um aus seinen Gliedern die Welt zu bilden, ist ihnen Alles zuwider, ,was den Himmel und die Erde wohnlich macht.' Uhland 16.

> Denn die Elemente hassen
> Das Gebild der Menschenhand.   Schiller.

Jene äußerste Consequenz, zu welcher das Weltdrama drängte, übertrug die Riesen dann auch auf das Geistesleben, wo ihnen Alles Verderbliche, Menschenfeindliche zugewiesen wurde.

An Spuren einer mildern Ansicht fehlt es auch hier nicht. Der Felswohner Oegir, eigentlich ein Gott, ein Nebenbild des männlichen Hel, aber seiner Verwandtschaft mit der Unterwelt wegen den Riesen beigezählt, heißt Hymiskwidha 8 barn teitir, froh wie ein Kind, und Thrym der Thursenfürst, der die Hunde mit goldenem Halsbande schmückt und den Mähren die Mähnen zurecht strält, freut sich seiner rabenschwarzen Rinder und der heimkehrenden Kühe mit den goldenen Hörnern, Thrymskw. 624. So ist den Riesen bei aller Plumpheit und Ungeschlachtheit, welche in der deutschen Sage gern als Dummheit aufgefaßt wird, doch etwas Gutmüthiges und Treuherziges beigemischt, ja es galt die Redensart: treu wie Riesen.

Sie leben noch in der alten Unschuld der goldenen Zeit, die Gut und Bös nicht zu unterscheiden gelernt, die instinctartige Unmittelbarkeit des Daseins noch nicht verloren hat.

Hierin ist allerdings die deutsche Ansicht von der geistigen Beschränkt=heit der Riesen wohlbegründet; sie entspricht auch ihrer dunkeln Abkunft, ihrer Verwandtschaft mit der starren, dem Licht undurchdringlichen Materie. In der Edda sehen wir diese alte und richtige Auffaßung so weit ver=geßen, daß den Riesen, weil sie vor den Göttern entstanden sind, von den urweltlichen Dingen Kunde beiwohnt, die jenen abgeht. Als die ältesten Gebilde der Schöpfung wißen sie von ihren Geheimnißen: es ist die Weisheit des Alterthums, die sie besitzen, mehr überlieferte und ,an=erschaffene als selbst erworbene Vernunft.' Darum besiegt auch Odin in Wafthrudnismal zuletzt den allwißenden Jötun, mit dem er über die Leh=ren der Vorwelt zu streiten gieng, so daß sich auch hier die Ueberlegen=heit des Geistes über die rohe sinnliche Kraft, die in den Riesen vorge=stellt ist, nicht ganz verläugnet. Doch steht Wafthrudnir mit seiner Weis=heit nicht allein: Fenja und Menja, König Fródis Mägde von Bergriesen=geschlecht, heißen vorwißend, framvisar; zugleich scheinen sie zauberkundig, §. 100. Eine Spur derselben Ansicht von der Weisheit der Riesen fin=det sich auch in der Heidelberger Sage von jener Wahrsagerin, die von ihrem Thurm auf dem Jettenbühel aus wie Velleda die Zukunft verkün=dete ohne ihr Antlitz zu zeigen: ihr Name Jettha bezeichnet sie als eine Riesin, Myth. 85. 436. Von der andern Seite ist auch die Bosheit der Riesen der deutschen Sage nicht unbekannt; doch nur gereizt sind sie hef=tig und tückisch, in der Ruhe eher gutmüthig, immer aber plump und un=gefüge. Im Zorn (iötunmódhr) schleudern sie Felsen, entwurzeln Bäume und stampfen mit dem Fuß bis ans Knie in die Erde. Die Riesennatur schildernde Züge stellt Quitzm. 186 aus deutschen Sagen zusammen: sie waren so groß, daß ihre Fußtritte in die weiche Erde die Thäler bildeten. Sie machten meilenweite Sprünge, von den Thränen des Riesenweibes rühren die Flüße her und die Berge sind nur Helme der Riesen, die tief in der Erde stecken. Für den Glauben an ihre Größe zeugen die Märchen, daß man auf die höchsten Bäume klettern muste um an ihr Ohr zu gelangen, daß ein Wagen in das Nasenloch des schlafenden Riesen wie in einen Hohlweg fuhr und daß sich vor ihrem Schnauben der Wald bog wie unter dem des nordischen Riesen Skrymir.' Ihre Unbeholfenheit, ihr Trotzen auf sinnliche Kraft und leibliche Größe, welche die menschliche weit überragt, macht sie auch zu großsprecherischen Pralern, da ihre Körperkraft mehr verspricht als ihre geistige Dumpfheit zu halten vermag. Der Riese kennt nur sinnliche Genüße bis zur Trunkenheit und Uebersättigung: in diesem Zustand wird der ,kostmüde' Jötun (Hymiskw. 30) von Göttern

ober Helden bezwungen. Vortrefflich schildert wieder Hrafnag. 1 die Riefen
mit dem Einen Worte threyja, erwarten, womit dumpfes Hinbrüten in
halbtrunkener Unbesorgtheit gemeint ist.

Wenn in der Edda die Riefen von den Göttern bezwungen und in
wohlthätige Schranken gebannt sind, gleichwohl aber die Herschaft wieder
an sich zu reißen hoffen, auch wirklich im letzten Weltkampf wenigstens noch
einen scheinbaren Sieg erkämpfen, dann aber gänzlich von der Bühne verschwinden und einem geläuterten Göttergeschlecht weichen sollen, so ward
der Antheil sittlicher Ideen an dieser eigenthümlichen Gestaltung des Mythus nachgewiesen. Auch liegt darin kein Widerspruch gegen die Grund-
anschauungen verwandter Völker, da der Kampf doch zuletzt zum Siege
des geistigen Princips ausschlägt. Auch in den deutschen Sagen unterliegen die Riefen den Helden: Götter und Helden bedeuten aber zuletzt
nur den Menschen und die Herschaft des Geistes über die Natur ist der
tiefste Grund aller Mythen von der Besiegung der Riefen.

Nach D. 8 ist die Erde kreisrund und rings umher liegt das tiefe
Weltmeer. Längs den Seeküsten gaben die Götter den Riefengeschlechtern
Wohnplätze und nach innen rund um die Erde machten sie eine Burg
(Midgard) wider die Anfälle der Riefen. Diese auffallende, noch un-
erklärte Stelle ist vielleicht so zu verstehen, daß die Wohnplätze der Riefen
jenseits des nach S. 97 als schmaler Reif gedachten Weltmeers
lagen, also in Utgard, dem außerweltlichen Gebiet. Diese Ausdeutung
würde auch auf die Beziehungen der Riefen zur Unterwelt Licht werfen.
Nach einer andern Anschauung liegt die Unterwelt nicht auf der Erde im
Norden, wo die Riefen auch nach Skirnisför wohnen, Myth. 521, sondern
unter der Erde, im Schooße der Flut und der hohlen Berge, zu welchen
die Riefenhöhlen gleichfalls Eingänge darbieten. Wir begreifen so, warum
Brynhild, als sie im Wagen, nicht wie andere zu Schiff, zur Unterwelt
fuhr, durch das steingestützte Haus der Riefin hindurch muß. Bei Hermödhr, der neun Nächte durch tiefe dunkle Thäler ritt bis er an die Giöllbrücke kam, welche Mödgudhr bewachte, scheinen sich beide Vorstellungen
zu verbinden, denn der Giöllfluß kann mit dem Strome Ifing, der Götter
und Riefen scheidet, so wie mit dem schmalen Schlangenreif des Welt- und
Wendelmeers zusammenfallen. Nur Wimur, aller Ströme größter, §. 84,
macht noch Schwierigkeit, denn D. 60 fand Thór die Grid, in der wir
die Hel erkannt haben, schon eh er durch Wimur watete und Geirröbhsgard erreichte. Aber ähnlich ergeht es dem Thorkill, als er zu Geruthus
wollte: er kommt zu Gudmund, Geruths Bruder, dießjeits des erdum-
schließenden Weltmeers, das hernach als Fluß erscheint, über den eine
goldene Brücke führt. Vgl. S. 252. Er gelangt jedoch hernach an das
andere Ufer. Wenn aber Gudmund = Asmund, d. h. Odin wäre, der

als Unterweltsgott gedacht wird, so begriffe sich, wie auch Grid dießseits
des größten aller Flüße wohnen könnte, wenn wir gleich von den unterweltlichen Gebieten noch keine klare Vorstellung gewännen.

119. Benennungen.

Der allgemeinste nordische Ausdruck ist iötunn, pl. iötnar. Eine
verkürzte Form des Worts erscheint in dem Namen des alten Riesen
Forniotr, woraus sich zugleich das schwedische Jätte und selbst jener
deutsche Name Jettha erklärt. Die Wurzel des Worts liegt in dem
gothischen itan, hochd. eßen: ihr Name bedeutet edax, sie sind vom Eßen,
von ihrer Gefräßigkeit genannt. Dagegen führt der andere Name thurs,
der richtig verschoben in dem schweizerischen Durs (niederd. Drus) erscheint, auf das Trinken zurück. Die Thursen sind die Durstigen, Dürren,
deren Gaum nach Trank lechzt, und so drücken beide Namen ‚unmäßige
Gier nach Trank und Speise‘ aus. Myth. 489. Doch versteht Rochholz II,
30 den Durs als den Kühnen, gaturstigan. ‚Enterisch‘ Leopr. 35. 42
für unheimlich kommt vielleicht von einem dritten Namen: ags. Ent,
hochb. Enz, wovon der mythische Enzenberg (Inselberg) benannt sein
wird; er ist aber gleich dem jetzt geltenden ‚Riesen‘, das sonst mit w
anlautete, noch unerklärt. In neuern niederl. Dialekten heißt der Riese
Reuß, was wieder auf einen Volksnamen schließen ließe, wenn wir
nicht wüsten, daß die ältere Form wrise war. Vgl. Grimm Altb.
Bl. I, 370. Enta geveorc, altes Gewirke der frühern Landesbewohner,
wird ähnlich gebraucht, wie man von cyklopischen Mauern spricht:
gemeint ist ein älteres riesenstarkes Geschlecht, dem man Werke zuschrieb, welche die Kraft der jetzigen Menschen übersteigen würden. Vgl.
Quitzm. 88. So räth Grimm auch bei den Jötunen auf Berührung
mit ältern längst ausgewanderten riesenhaften Bewohnern des Landes,
deren Namen die nachrückenden Jüten, ein deutscher Stamm, behielten;
bei den Thursen auf Zusammenhang mit den Tyrsenern (Etruskern).
Denselben Doppelsinn scheint das nur im eigentlichen Deutschland vorkommende Hun zu haben, nur daß es noch entschiedener Volksname ist.
Bekannt sind die Hünenbetten Westfalens und der Wesergegend, womit
riesenhafte Grab- und Opferhügel (vgl. 343) der Vorzeit gemeint sind,
wobei Kuhn WS. II, 110 noch erinnert, daß die Hünenbetten auch häufig
Altarsteine oder Heidenaltäre heißen. Aber auch die sog. Ringwälle,
kreißförmige aus Steinen gefügte Umwallungen deutscher Berge, heißen
‚Hünenringe‘; sie kommen jedoch auch in ebenen Gegenden vor: überall
aber denkt man bei dem Worte Hüne bald an Riesen, bald an frühere
Bewohner des Landes. Mhd. bedeutet hiune schon einen Unterthanen
Etzels, dessen Land man nach Ungarn verlegte, während die Edda unter

Húnaland Sigurds rheinische Heimat verstand. Ein König Hûn erscheint
im agf. Wandererslied als der sagenhafte Stammvater der Hätweren
oder Chattuarier. Im Hildebrandslied, wo Hadubrand seinen ihm un=
erkannten Vater alter Hûn! nennt, kann Doppelsinn walten, indem zwar
schon an einen Unterthan Etzels, aber zugleich noch an einen Riesen ge=
dacht wäre. Das altn. húnar wird nie auf Riesen bezogen; doch könnte
aus Hymir, den Thôr in der Hymiskw. besiegt, Licht auf die Bedeutung
des Wortes fallen, wenn der Name nicht selber dunkel wäre. Nach
Myth. 496 hienge er mit húm, Dämmerung, zusammen, weshalb ihn
Uhland 158 als Dämmerer, Grimm l. c. als trägen, schläfrigen auf=
faßt. In der Abh. über die Namen des Donners macht er ihn aber
mit Ymir zum Donnerriesen. In niedersächsischen Gegenden bezeichnet
Lubbe einen plumpen Riesen, zugleich aber auch einen unbeholfenen,
trägen Menschen. Ebendaselbst kommen auch Dutten vor, mit dem
Epitheton ornans dumme Dutten, Myth. 511, Müllenhoff 92. Auch
Lübbe, Lüppel bedeutet einen plumpen ungeschickten Menschen. Der Name
der Gygien gehört nur den Riesinnen; so auch Skâss, ein Neutrum wie
Tröll, das aber für beide Geschlechter gilt und jedes unheimliche Unge=
thüm bezeichnen, jedoch auch elbische Wesen mitbegreifen kann.

120. Bergriesen.

Weit verbreitet ist die Sage von der Riesentochter, die vom Gebirge
niedersteigend einen pflügenden Ackersmann findet, den sie mitsamt den
Ochsen in die Schütze scharrt und heimträgt, denn sie sieht sie für Erd=
würmer an und zeigt sie dem Vater daheim mit kindischer Freude an dem
artigen Spielding. Aber der alte Riese schmält mit ihr und sagt, das
sei kein Spielding: ,Thu's fort mein Kind: sie gehören zu einem Volk,
das den Riesen großen Schaden zufügt: wir müßen weg aus diesem Land
und sie werden hier wohnen.' Wie winzig klein der Mensch neben den
ungeheuern Riesen erscheint, so graut doch diesen heimlich vor ihm: be=
sonders ist ihnen der Ackerbau verhaßt, weil er sie zur Auswanderung
zwingt. Die Riesen vertreibt die Cultur, welche die Wälder lichtet und
selbst Gebirge urbar macht, das wilde Steinreich bewältigt, das in den
Riesen vorgestellt ist.

Daß die Riesen das Steinreich bedeuten, das älter ist als Pflanzen
und Thiere, tritt hervor, wo sie Bergriesen heißen, in Felsenhöhlen
hausen, Steinkeulen und Steinschilde, auch wohl Eisenstangen und Kolben
zu Waffen führen. Darum heißen sie auch steinalt, alt wie das Stein=
reich, wie der Westerwald, der Böhmerwald; darum erstarren sie, gleich
den Zwergen, zu Stein, wenn ein Stral der Sonne sie berührt. Jener
Zug läßt sogar die Deutung zu, daß sie, bei Licht betrachtet, nichts seien

als Felſen und Berge, nur die Nacht, welche die Einbildungskraft entbin=
det, ihnen Leben und Bewegung verleihe. Eine Rieſin heißt Jarnſaxa,
die Eiſenſteinige, und im Eiſenwalde (Jarnwidr) wohnen die Jarnwidiur
§. 13, von denen eine die Wölfe gebiert, die Sonne und Mond verſchlin=
gen ſollen. An dieſe Rieſinnen des Eiſengeſteins erinnert es, wenn deutſche
Sagen der Roggenmuhme ſchwarze lange Zitzen zuſchreiben, wie auch von
einer eiſernen Bertha die Rede iſt (Myth. 445) und Grid nach §. 84
Eiſenhandſchuhe wie ihr Sohn Widar §. 46 den Eiſenſchuh trägt. Die
Roggenmuhme, die auch Roggenmör heißt, könnte aus Rocken= d. h. Fels=
muhme entſtellt ſein, und das Rockenweibele, Rockabirl (Panzer §. 89),
gleicher Bedeutung unterliegen, ja eine dritte Auffaßung des Worts, die
Beziehung auf die Spindel §. 114 erſt durch die ſpindelartige Geſtalt
des Felſen (rocca, roche) vermittelt ſein. So hat der Rieſe Hrungnir
ein Haupt von Stein und ein ſteinernes Herz in der Bruſt, und auf dieſe
Steinnatur der Rieſen bezieht es ſich, daß ihnen Thôr, der Gott des Ge=
witters, als Hercules Saxanus die Häupter ſpaltet, denn ſeine Aufgabe
iſt, den harten Felsgrund in bauliches Land zu wandeln. Aber weder
beſchränken ſich die Rieſen auf dieſe Bedeutung wilder Felsungethüme, noch
Thôrs Wirkſamkeit auf die Begünſtigung des wälderrodenden Ackerers: die
Rieſen ſind überhaupt die wilden maßloſen Naturkräfte, welche der Menſch
bekämpfen, in Schranken bannen muß. Er bedarf aber dazu göttlichen
Beiſtands, und dieſen leiſtet ihm vornämlich Thôr. Die Mythen von
den Rieſen bilden darum die Kehrſeite der bereits abgehandelten von Thôr.
Doch iſt hieher §. 82 der Nachweis verſchoben worden, daß Thôr gegen
Sturm=, Feuer= und Waßerrieſen den Schutz der Menſchen übernommen
habe. Die Erde gilt Uns aber jetzt für das vierte Element, und dieſem
entſprechen die Bergrieſen, da ſie in Erdhöhlen wohnen. Indes ſcheide
ich ſie von den verwandten Reifrieſen nur überſchaulicher Darſtellung wegen.
Sie fallen inſofern zuſammen als ſie in dem Begriff der winterlichen
Kälte ein Gemeinſchaftliches haben. Von dem rauhen Gebirge wehen die
kalten Winde her, die den Winter bringen. Eine Höhlenbewohnerin iſt
Hyndla (canicula) S. 326, und Suttungr, Gunnlödhs Vater §. 76 iſt
ein Bergrieſe; der älteſte von allen aber, ſchon dem Namen nach, Berg=
gelmir, S. 17. Selbſt der den Reifrieſen näher ſtehende Thrym, den
als ältern Donnergott Thôr verdrängte, wird einen Bezug auf das Stein=
gebiet gehabt haben: das nach ihm benante Thrymheim, hernach Thiaſſis,
zuletzt Skadhis Wohnung, lag in den Bergen; Frau Hütt (DS. 314) iſt
eine verſteinerte Rieſenkönigin; ſo wird auch König Watzmann (Bechſt.
Oeſtr. S. 67), die drei Brüder (Zingerle S. 425), der Rieſe Serles
(Alpenb. M. u. S. p. 34. 259), die ſieben Schweſtern bei Oberweſel
(Rheinſ. 211) und Hans Heiling (DS. 325), wenn er nicht ein Zwerg iſt,

aufzufaßen sein. Selbst das Riesengebirge hat seinen Namen nicht sowohl von seiner Höhe als weil seine Gipfel der Einbildungskraft als Riesen erschienen. Auch die felsenschleubernden Riesen sind wohl Bergriesen: sie werfen Pflugscharen, Streithämmer und Aexte, vielleicht einst Donneräxte und =keile, M. 510. 530. In der deutschen Sage wird die Versteinerung, die in der Natur der Riesen begründet ist, als die Strafe der Ungast= lichkeit und gottvergeßenen Uebermuths aufgefaßt. In den Alpenländern ist es die Bergletscherung (Vernaleken 1—54) und Verschüttung (Alpenb. 239), die zunächst als Gottesgerichte erscheinen, während es anderwärts bei Uhlands Worten bleibt:

Versunken und vergeßen, das ist des Sängers Fluch.

In den Märchen versinken ganze Königreiche und steigen bei der Erlö= sung oder bei den Sonnenwenden wieder aus Tageslicht.

Da Berge bewaldet sind, so gehen die Berg= in Waldriesen über, in die wilden Männer, Wald=, Moos= und Holzleute, zu denen auch Schrate und Schrätzel zählen; mit diesen aber verlieren sie sich unter den Zwergen.

Als ein Waldriese ist Witolt oder Widolf durch seinen Namen be= zeichnet, wenn er nicht den Zerstörer des Holzes, also einen Sturmriesen bedeuten soll. Dem entspricht der Widolf der Heldensage, der über das Maß seiner Riesenbrüder hinausragt und so ungestüm ist, daß man ihn in Feßeln legen muß, wenn er nicht in der Schlacht gegen den Feind ge= braucht werden soll. Weil er, wie die Riesen pflegen, eine Eisenstange trägt, heißt er gewöhnlich Widolf mit der Stange. Nirgend verläugnet Widolf seine Riesennatur; aber schon Witugowro und noch entschiedener Wittich (Witige), der nach Müllenhoff Ztschr. XII, 257 mit ihm zusam= menfällt, erscheint als Held. Vielleicht gehört auch Wibikunna (§. 105) hieher. Von einem andern Widolf sollen nach Hyndlul. 32 alle Wölen stammen; bei Saxo VII, 122 heilt er den Halfdan, der nach einer ver= lorenen Schlacht in den Wald geflüchtet ist. Zum Weißagen, das der Wölen Geschäft ist, tritt hier eine halb zauberische Heilkunde, die den Waldgeistern öfter und nicht ohne Grund zugeschrieben wird, da die Waldluft stärkt und der Waldboden heilkräftige Kräuter und Wurzeln bietet. So hatte auch Wate seine Heilkunst von einem wilden Weibe gelernt. In Widolf, nicht in Widar ist das geheimnißvolle Waldleben persönlich geworden, Uhland 203, so daß uns hier ein Rest jener günsti= gern Auffaßung der Riesen vorliegt.

121. Reifriesen.

Neben Bergriesen, die dem Steinreich angehören, begegnen uns in der Edda Reifriesen, Hrimthursen. Reif ist hier im weitern Sinne

Kälte, Schnee und Eis: wir haben die Reifriesen als Frostriesen zu verstehen. Die Kälte kommt, wie wir sehen werden, nur in Betracht so
fern sie von rauhen Winden hervorgebracht ist. Wir könnten sie Luftriesen
nennen; da sie aber nie die stille sanftbewegte Luft bedeuten wie Odin
als Bistinbi, sondern immer nur die aufgeregte, so heißen sie beßer
Sturmriesen. Ymir selbst, der Urriese, entsprang aus Eis und Schnee,
da er aus den urweltlichen Eisströmen hervorgieng. Ueber den Winter
und sein Geschlecht vgl. §. 16. Hrimnir, Hrimgrimnir sind Riesennamen;
mit letzterm wird Skirnisf. der Gerda gedroht. Hrimgerbr ist Hatis Tochter, mit welcher Atli sich Helgakw. I, 12 in einen wahrhaft homerischen
Schimpfwörterstreit einläßt. Darüber erstarrt sie zuletzt zu einem Stein-
bilde, und wenn wir sie uns auch in einen Eisberg oder Gletscher verwandelt dächten, so bliebe doch die Berührung mit den Bergriesen auffallend. In der Hymiskwidha ist der Winterriese dem sommerlichen Thór
gegenüber geschildert: Gletscher dröhnen, als er eintrat, sein Kinnwald
ist gefroren, die Säule zerspringt vor seinem Blick, was die zerspren-
gende Gewalt des Frostes bedeutet, Uhland 158.

Auch außerhalb des Mythus von Thór begegnen uns die Frostriesen. Fornjotr, der alte Riese Ymir, hatte drei Söhne: Kári, Hlér
(Oegir) und Logi, den drei Elementen Luft, Waßer und Feuer entsprechend.
Kári ist zugleich Sturmgott, und in seinem Geschlechte finden wir viele
Personificationen des Frostes, weil die Winterstürme es sind, welche Eis
und Schnee herbeiführen. Unter seinen Nachkommen erscheinen Frosti,
Jökull Eisberg, Snör Schnee, Fönn dichter Schnee, Drifa Schnee-
gestöber, Miöll feinster und glänzendster Schnee. Mögen diese personificierten, dem nordischen Winter entnommenen Vorstellungen nur als unterste
Ansätze von Mythenbildungen erscheinen, hier und da sind sie zu durch-
geführten Mythen erwachsen, von welchen uns wenigstens Nachklänge erhalten sind. So bei der Werbung des Dänenkönigs Snio um die junge
Königin von Schweden, welcher der Bote zuflüstert; Snio liebt dich,
worauf sie kaum hörbar erwiedert: ich lieb ihn wieder. Die verstohlene Zusammenkunft wird dann zu Anfang des Winters bestimmt. Saxo VIII
(Müller) 414. So entführt Frosti die lichtgelockte Miöll, die Tochter
des Finnenkönigs Snär, und faßt sie unter dem Gürtel, worauf sie rasch
im Winde dahin fahren (FAS. III, 654—658). Vgl. Uhland 35, Petersen 81. Wir kennen auch schon §. 111 aus Káris Geschlecht Thorris
Söhne Nor und Gor und ihre Schwester Gói, und von Frostis Tochter
Skialf und ihrer Rache an Agni war §. 115 die Rede.

Als Sturm- und Frostriesen, die dem Geschlechte Káris einzureihen
wären, haben wir schon Thrym und Thiassi, Riesen der Herbst- und
Winterstürme, sowie Beli, einen Riesen der Frühlingsstürme, erkannt. Al-

waldi oder Aelwaldi, Thiaffis Vater, war sehr reich an Gold, und als
er starb und seine Söhne das Erbe theilen sollten, da maßen sie das
Gold damit, daß ein Jeder seinen Mund davon voll nehmen sollte, Einer
so oft als der andere. Einer dieser Söhne war Thiaffi, der andere Idi,
der dritte Gångr, D. 54. Uhland 119 nimmt Aelwaldi und seine Söhne
für Winde: der Vater, der Ael herbeischafft, ist der Regenwind; sein Gold,
die aufgehäuften Schätze, sind die Wolken. Wenn der Regenwind weicht,
fällt das Erbe den übrigen Winden anheim: es wird mit dem Munde
getheilt, zerblasen, zerstreut. Dagegen faßt sie Petersen 95 als Waßerwesen. Thiaffis Tochter wäre der wilde Bergstrom, der sich dem Meere
vermählt, dem ruhigen Haff, was aber . ihr Erscheinen als Wintergöttin
mit den Holzschuhen nicht erläutern würde. Weinhold Riesen 12. 16. 27.
45. identificiert sie den drei Söhnen Fornjots, indem er Gang auf die
Flut, Thiaffi (den rauschenden) auf die Luft, Idi auf das Feuer bezieht,
wobei aber der Mythus ungedeutet bleibt. Noch die heutige Sprache
nennt den Sturmwind Windsbraut, was ganz wörtlich zu nehmen ist.
Nach einer märkischen Sage (Kuhn 167) war sie ein Edelfräulein, welche
die Jagd über Alles liebte und gleich dem wilden Jäger verwünscht
ward, in alle Ewigkeit mit dem Sturm dahin zu fahren, Myth. 599.
Ueber Hräswelgr, von dem aller Wind entsteht, vgl. S. 29; über Fasolt und Mermeut §. 123. Wie Hräswelgr ist Egdir als Adler gedacht, der schadenfrohe Sturmriese, den die Wöluspa der Riesin Hirten
nennt, der bei Einbruch des Weltuntergangs auf dem Hügel sitzt und
fröhlich die Harfe schlägt, ‚doch wohl die des brausenden Sturms‘, sagt Uhland
Germ. III, 345, der ihn bei Saxo und in andern nordischen Sagen unter
wenig verändertem Namen, aber immer als Nordsturmriesen, wiedergefunden hat. Wie Mermeut so schweift auch Schråwung Germ. IV, 83
zu den Waßergeistern hinüber. Dasselbe möchte man von Runse,
Ecles Vaterschwester, nach der Vorrede zum Heldenbuche der Mutter
Zerres und Welderichs, urtheilen, die genauer eine Bergwaßerriesin ist.
Weinhold 46 beschreibt sie als ‚ein wildes, wüstes Wald= und Alpenweib
von schreckhaftem Aussehen; doch sind ihre Wirkungen noch schrecklicher,
jene Schlammgüße nämlich, die bei heftigem Regen aus den Hochge-
birgen niederstürzen und Erde, Bäume, Hütten und Felsen fortreißend
über Abhänge und Thäler die grausigsten Verwüstungen schütten.
Solcher Runsen hausen in den Tyroler und Schweizer Alpen leider viele,
und auch die norwegischen Gebirge scheinen so böse Riesinnen zu kennen,
denn Leirwör, die Lehmige, Schlammige mag niemand anders als eine
nordische Runse sein.‘
Jener Baumeister, der den Göttern eine Burg gegen die Anfälle der
Riesen zu bauen versprach (§. 25), ergab sich selbst als einen Sturm= und

Froſtrieſen. Dieſer Mythus klingt in Deutſchland vielfach nach; aber ſein
Bezug auf den Winterfroſt, der doch in Winterbring §. 106 erſcheint, iſt
verdunkelt, wobei Chriſtenthum und milderes Clima zuſammenwirkten. In
der Geſtalt, welche der Mythus von Thôr=Hercules in der Hymiskw. annahm,
iſt die nordiſche Färbung unverkennbar, obgleich auch bei uns der Winter
als Manezze vorgeſtellt wird, Colsh. 38. und bei Zingerle Sagen 331,
Panzer II, 112 ein Rieſe Lauterfreß, Leutefreßer heißt: das iſt der Win=
ter ſelbſt, der jährlich manches Menſchenleben erſtarren läßt. Eine men=
ſchenfreßende Rieſin iſt auch die Strägele, mit der man kleinen Mädchen,
unfleißigen Spinnerinnen, droht. Die Strägele hat aber manchmal zur
Beſtürzung der Mütter aus dem Scherz Ernſt gemacht. Zu den men=
ſchenfreßenden Rieſen und Rieſenweibern, die an den Oger (Orcus) S. 259
gemahnen, gehören außer dem Orco ſelbſt (Alpenb. 56) auch die Fenggen
des Montafuner Thals, Graubündens und Tyrols bei Vonbun 1 und
Zingerle II, 57; doch ſcheint ſie der Name zu den Sumpfgeiſtern zu
ſtellen (A. M. iſt Rochh. I, 382), wodurch ſie zunächſt an Grendel
§. 122 erinnern. In Tyrol heißen ſie auch Waldfenggen und ſo ver=
ſtehen wir jetzt erſt das Wort ‚Wildfang‘. Die Sage ſchildert ſie
ſchauerlich häßlich, mit borſtigem Haar über den ganzen Leib, aber nur
weiblichen Geſchlechts, während die mildern Waldfänken Vorarlbergs
und Graubündens auch männlich ſind. Die ſeltſamen Namen der er=
ſtern ‚Stußforche, Rohrinta‘ u. ſ. w. ſchildern ſie als Iwidien (Dryaden).
Auch iſt ihr Leben an den Wald gebunden: wird er geſchlagen, ſo
ſchwinden ſie. Um dem Hungergelüſt ihrer ſcheuslichen Väter zu ent=
gehen, nehmen ihre Töchter gerne Dienſte bei Menſchen, und begnügen
ſich mit dem Schaum der Milch zum Lohn. Ihre Wildheit legen ſie je=
doch nicht ab. Allmählich ſchrumpft aber ihre Rieſengeſtalt ein; die
Rutſchifenggen des Voralbergiſchen Kloſterthals gehören vollends zu den
Zwergen. Ihre Gemſenſchnelle gewinnen ſie in Montafun durch Aus=
ſchneiden der Milz, und weil ſie die Milch gezähmter Gratthiere, die ſie
ihre Kühe nennen, genießen wißen ſie nichts von Schwindel, auch wenn
ſie über Abgründe ſpringen. Auch Heidelbeeren und Eier von Schnee=
und Perlhühnern lieben ſie; aber mit den Bauern mögen ſie nicht eßen:
von ſo roher Nahrung, womit Menſchen vorlieb nehmen, fürchten ſie den
Tod. Ihre lakoniſche Ausdruckweiſe und manche ihrer Namen erinnern
daran, daß es eine eigene Sprache für die verſchiedenen Göttergeſchlechter
giebt. Sie ſind kluge Rathgeber, aber oft liegt etwas Launi=
ges in ihrem Rathe. Die Gemeinde Tenna in Graubünden fieng einen
großen Bären, der ihr viel Schaden zugefügt hatte: dafür wollte ſie
ihn grauſam beſtrafen und an dem wilden Brummer ein Exempel ſta=
tuiren. Da trat ein Wildfangg unter die Verſammlung und ſagte:

,'s Grufigſt iſt, laet 'n hürote'. Vgl. Bonbun Beitr. 44—65. Ver=
naleken Alp. 208 ff.

Nahe verwandt ſcheint der Tyroler Lorg, ein einäugiger Rieſe, der
ſich auch als geſpenſtigen Reiter zeigt, ſo daß Name und Erſcheinung
an Odin als Unterweltsgott erinnert. Zingerle Sagen 1859 Nr.Nr.
2. 3. 134. 5. 134. 8. Die Orkelen S. 51. 69, Orgen S. 63 ſchei=
nen eher zu den Zwergen zu zählen und von den Norgen (Nörglen)
nicht verſchieden. Bei Shakeſpeare entſprechen wohl die urches, Merry
W. IV, 4, ſchwerlich die Uel[lerkens, Kuhn NDS. §. 55. Vgl. das Or=
kenthier bei Rochh. Mythen 96, das dem Tyroler Orko näher tritt. Auch
im ſchwediſchen Nörk tritt das N vor.

122. Waſſerrieſen.

Der andere Sohn Forniots, Hlêr oder Oegir, der mit Gymir
zuſammenfällt, hat kein ſo weit verzweigtes Geſchlecht als ſeine Brüder.
Wir haben ihn als Nebenbild unterweltlicher Gottheiten erkannt. Sein
anderer Name Hlêr, dem gothiſchen hláir Grab verwandt, bedeutet den
Todtenhügel, vgl. hlê, hlêwes = clivus, tumulus, mausoleum. Leber=
meere und Leberberge ſind Todtenmeere, Todtenberge: ſo erſcheint er auch
zu Lande als Todtengott. Rochholz Gl. II, 84.

Obgleich dem Niörðhr, der das beruhigte ſchiffbare Meer bedeutet,
entgegengeſetzt und der räuberiſchen Ran vermählt, iſt doch auch Oegir
wieder milder aufgefaßt worden: die Götter laßen ſich mit ihm in ein
Gaſtverhältniß ein, das gegenſeitige Beſuche herbeiführt. Jährlich zur
Zeit der Leinernte, die in den September fällt, wenn bei dem Wehen
ſanfterer Lüfte, die in Oegisdr. als Beyggvir und Beyla vorgeſtellt
ſind, das Meer ein wirthlicheres Anſehen gewonnen hat und Oegirs
Braukeßel, die offene See, dem Verſchluße des winterlichen Hymir ent=
nommen iſt, trinken die Götter Ael in Oegirs Halle, die er mit Gold=
licht beleuchtet: die in der Tiefe der See verſunkenen Schätze ſcheinen
zur Erklärung des Meerleuchtens verwendet. Oegir hat zwei Diener,
Funafengr (Feuerfänger) und Eldir (Zünder): erſtern erſchlägt Loki.
Soll uns dieß andeuten, daß Oegirs Goldlicht den Glanz des gewöhn=
lichen nicht erreiche? Als Gymir iſt der Meergott deutlicher als Unter=
weltsgott dargeſtellt. Orboda iſt ſeine Gemahlin, ſeine Tochter Gerda,
von deren weißen Armen Luft und Waßer wiederſtralt, worin Finn
Magnuſen das Nordlicht angedeutet ſah, was jenem Meerleuchten zur
Seite treten würde. Seinen Sohn Beli erſchlägt Freyr mit dem Hirſch=
horn, den wir auf den Blitz gedeutet haben; nur darüber bleiben wir
im Unklaren, wann dieß geſchah.

Von Oegir dem Meergott hat Tegner eine ſchöne Sage gedichtet,

welche ich ausheben will um zu zeigen, wie unsere Mythologie der
Fortbildung fähig ist. ‚Auch Elliba gehörte,‘ lesen wir in der Frithiof-
sage, 24

,das Schiff, zu den Schätzen des Hauses.
Wiking, segelte, heißts, da er heimzog einst von der Heerfahrt
Hin am heimischen Strand. Da schaukelt' ein Mann auf dem Schiffswrack
Sorglos hin sich und her als spielt' er nur so mit den Wogen
Hoch war der Mann und edler Gestalt und offen von Antlitz,
Heiter, veränderlich doch wie im Schimmer der Sonne das Meer spielt.
Blau war der Mantel, der Gürtel von Gold und besetzt mit Corallen,
Weiß ihm der Bart wie die schäumende Flut, doch das Haar war meergrün.
Wiking steuerte hin mit der Schnecke, den Armen zu retten,
Nahm den Erstarrenden heim in sein Haus und verpflegte den Fremdling:
Doch als der Wirth ihm das Bett anwies, da lacht' er und sagte:
‚Gut ist der Wind, und mein Schiff, wie du sahst, nicht ganz zu verachten:
Hundert Meilen noch hoff ich gewiß vor Abend zu segeln.
Habe doch Dank des Erbietens, denn gut ists gemeint. Ein Gedächtniß
Ließ' ich dir gerne zurück; doch mein Reichthum liegt in der Tiefe.‘
    Tages darauf stand Wiking am Meer, und sieh, wie ein Seeaar,
Wenn er die Beute verfolgt, in die Bucht einlief ihm ein Drachschiff.
Niemand sah man darauf, ja es stand selbst Keiner am Steuer;
Dennoch fands den geschlängelten Weg durch Klippen und Scheeren,
Gleich als bewohnt' es ein Geist, und als es dem Strande sich nahte,
Reffte das Segel sich selbst, unberührt von menschlichen Händen
Senkte der Anker sich nieder und biß mit dem Zahne den Seegrund.
Stumm stand Wiking und sahs: da sangen die spielenden Wogen:
‚Oegir gedenkt, den du bargest, der Schuld und schenkt dir den Drachen.‘
    Königlich war das Geschenk: das Gewölbe der eichenen Planken
Hatte die Kunst nicht gefügt, sie waren zusammengewachsen.
Lang wars gestreckt wie ein Drache der See; doch mächtig erhob sich
Ueber dem Halse das Haupt und von Gold roth glühte der Rachen.
Blau war der Bauch und golden gestirnt; doch hinten am Steuer
Schlug es in Ringe den mächtigen Schweif, der von Silber geschuppt war.
Spreizt' es die schwärzlichen Flügel mit röthlichem Saume, so flog es
Hin mit dem Sturm um die Wette, daß selber der Adler zurückblieb.
Füllten gewappnete Männer das Schiff, so erschien es dem Blick als
Schwimmende Königsburg, als wellengetragene Festung.
Weitberühmt war das Schiff als das beste der nordischen Segler.‘

Auch Grendel ist ein Meerriese und dem Oegir nahe verwandt;
selbst darin, daß seine Halle ein bleicher, von den gesammelten Schätzen
ausgehender Schimmer erhellt. Vgl. §. 95. Wir haben hier eine der deutschen Nordseeküste angehörige Mythe, die nach England ausgewandert keinen
Sinn mehr hatte. Grendel und seine Mutter sind verderbliche Dämonen des wilden düstern Meeres, das im Frühling gegen die weiten
flachen Küsten anstürmend jene ungeheuern Verwüstungen anrichtet, welche

Goethes Fauft im zweiten Theil, da er auf dem Mantel einherfegelt, mit Schau-
bern gewahrt und sich als jüngster Beowulf zur Lebensaufgabe setzt, ihnen
durch Deiche und Uferbau zu wehren.   Im hohen Alter kämpft Beowulf
noch gegen einen Drachen, den er besiegt, aber von seinem Feuer übersprüht das Leben läßt, wie Thôr im letzten Weltkampfe die Midgardschlange
erlegt, aber von ihrem Gifte tödlich getroffen zu Boden sinkt. Derselbe
Ausgang begegnet in der Sage von Winkelried (Grimm DS. I, 299,
Lütolf 311—3) und sonst vielfach. Rochh. Myth. 203, Nr. 10 u. 11. Auch
dieser Drache, der sich nach der (im Gedicht entstellten) Sage wie Fafnir in
einen Riesen wandeln konnte, bei dem auch der Schatz nicht fehlt, den jener
hütet, ist ein Wasserwesen: die Verwüstungen, die er anrichtet, beziehen
sich aber auf die Herbstzeit, wenn bis zum Eintritt des Winters abermals die Stürme toben und Fluten die offenen Meeresküsten bedecken.
Das Bild des Drachen für die anstürmend verwüstende Flut ist ein an-
schauliches; auch Flüße und Bäche, deren Austreten gleichfalls Zerstörun-
gen anrichtet, und den Schatz der Erde, die Ernte, raubt, werden in den
Sagen als Schlangen vorgestellt, wozu ihr Schlangengang stimmt. Müllenhoff, dem wir diese schöne Deutung verdanken, bezieht aber den Beowulf,
der uns an Thôr erinnerte, Zeitschr. VII, 439 ff. auf Freyr, der nach
einigen Erzählungen Saxos gleichfalls als Drachenkämpfer erscheint, W.
Müller Ztschr. III, 40, woraus sich auch Siegfrieds Drachenkampf verstän-
digt.   Allein im Herbst hat Freyr sein Schwert, den Sonnenstral, hinweggegeben, und so kann er hier nicht als Drachenkämpfer auftreten. Vgl.
M. Beowulf 195. Die Drachen und Würmer der Volks- und Heldensage
sind aber überhaupt Wasserungethüme, Rochholz II, 13 ff. und Myth.
190, und in dem Worte Lindwurm scheint Lind Sumpf zu bedeuten;
vgl. altn. lind, fons. Ausdrücklich wird ein ausbrechender See als Drache
aufgefaßt, Zingerle Sagen N. 157. 159. 214. 215.   In der Chronik
von Erkelenz findet man nach Rheinl. 370 die Abbildung eines Drachen,
aus dessen Munde die Worte Gelre Gelre! gehen, denn durch dieses
Geschrei soll er dem Lande den Namen gegeben haben. Unter Karl dem
Kahlen erschlugen ihn nämlich die Söhne des Herrn von Pont, Wichart
und Lüpold, worauf sie das Volk zu seinen Vögten erkor. Diese erbauten dann an der Stelle, wo sie das Thier erschlagen hatten, eine Burg
und nannten sie Geldern. Fassen wir den Drachen hier wieder als
verheerende Flut, so weist der Name der Herrn von Pont deutlich auf
die Brücke, durch welche Thor nach 254 überschwellenden Bergströmen
das Genick bricht. Für den zu Grunde liegenden Mythus hält Müllenhoff VII, 431 den von Vritra, d. i. der verhüllenden Wolke, die von
Indra getroffen als Ahis (anguis) herabstürzt. Näher liegen uns freilich Thôrs Kämpfe mit der Midgardschlange. An Grendel erinnert der

ſchon von Grimm M. 222 nachgewieſene Waßergeiſt, deſſen Erſcheinen
eine Feuersbrunſt bedeutet. Da ſein Name den Verderber bezeichnet, ſo
kann er auch im Elemente des Feuers walten, (Gervaſius v. Tilbury bei
Liebr. 30. 131). Grendel gleicht in allen Zügen dem tyroliſchen Blut=
ſchink, Alpenb. 59; nur daß er in Geſtalt eines Bären auftreten ſoll, ſcheint
Verwirrung; vielmehr war es nach dem Märe von der Schretel ein Bär,
der ſeinem Unfug ein Ende macht. Vgl. M. Beowulf S. 117. Der See,
worin der Blutſchink ſich aufhielt, ward durch ein Erdbeben ſamt ſeinen
Dämmen verſchüttet: Grendel erlag dem Gott des Gewitters; unheimlich
und ſchaurig wird die Lage beider Seeſümpfe beſchrieben. Nächſt dem
Märe von dem Schretel und dem Waßerbären zeigt auch die bei Inſpruck
angeſiedelte Sage von dem Rieſen Haymon (Zingerle Sagen 89) mit
Beowulf bei aller Entſtellung Verwandtſchaft. Er kämpft erſt mit Thyrſus,
den ſchon ſein Name als einen Rieſen bezeichnet, der hier aber dem Grendel
entſpricht, zuletzt mit dem Drachen, wo allerdings der Ausgang abweicht.
Der Kampf mit Thyrſus hat bei dem Seefeld an einem Bache Statt:
‚Zu Seefeld er ſein Wohnung hätt, da noch das Heilthum aufrecht
ſteht‘ (hic ubi prodigium cernitur usque sacrum). Darnach ſcheint es,
daß dort ein ähnliches Wahrzeichen von Haymons Siege wie Grendels
ausgerißener Arm zu ſehen war (cujus adhuc caedis vestigia certa
supersunt), wie auch die Drachenzunge als Wahrzeichen des zweiten
Kampfes dienen ſollte. Ueberdieß ſoll Haymon am Rheine zu Hauſe
geweſen ſein, von wo wohl auch Beowulf ſtammt. Von Heime, Abal=
gers Sohne, ſcheint kaum mehr als der Name entliehen.

Ein Waßermann in Stiergeſtalt iſt der mythiſche Stammvater der
Merowinge: er zeugte mit der am Meeresufer ſchlafenden Königin den
Meroveus, von dem nachher die Merowinge ſtammten, nach älterer Sage
wohl den Clojo, den erſten Frankenkönig, deſſen Name von hlôjan, mugire
brüllen (noch jetzt im Volksmunde lüejen) abzuleiten iſt, was an den
brüllenden Stier der Stammſage erinnert. So überfällt nach dem Ge=
dichte vom Meerwunder in Caspars Heldenbuch ein Meermann die am
Strande wandelnde Königin, Müllenhoff Ztſchr. VI, 433. Auf dieſe Sage
bezieht ſich vielleicht der goldene Stierkopf in Childerichs Grabe. Auch
in Spanien findet ſich die Sage und auch hier gebiert die überwältigte
Frau einen überaus ſtarken Sohn, den Stammvater eines Heldenge=
ſchlechts. Wir wißen nicht, ob Odin, der als Meergott Hnikar heißt,
ein Name, der mit Nix und dem Flußnamen Neckar verwandt ſein könnte,
nach einer verlorenen Mythe die Geſtalt eines Meerwunders annahm.
Aehnliches wird von Dietrichs und Ortnits Zeugung durch einen Elben
(Elberich) gemeldet. Ueber die Sage vom Elbſtier §. 126 unten.

Entſchiedener gehört aber Wate, der Vater Wielands, den Waßer=

riesen an. Seine Beziehungen zu dem gleichfalls watenden Thôr, ja zu Odin und wieder zu Christophorus sind schon §. 73. 76 erörtert. War er der Sohn der Meerminne Wâchilt, die ein elbisches Wesen ist, so deutet Anderes auf seine Riesennatur. Eine lautbrüllende Stimme wird ihm zugeschrieben; als Heermeister der Hegelinge in der deutschen Gudrun führt er ein Horn, das von Odin oder Heimdall auf ihn übertragen sein kann. Nach Müllenhoff Zeitschr. VI, 68 war er ursprünglich ein watender Meerriese, für dessen Wirkung der regelmäßige Wechsel von Ebbe und Flut galt. Oder sollen wir ihn für den Riesen ansehen, an dessen Stelle Wuotan als watender Gott trat? Ein Theil seines Wesens scheint auf Thôr übergegangen, der nicht bloß, den Oerwandil auf dem Rücken wie Wate den Wieland, die urweltlichen Eisströme, sondern außer Körmt und Oermt und beiden Kerlaug den Höllenstrom Wimur watet, und dabei den Loki hinüberträgt, der sich an seinem Gurte festhält. War Wate etwa einst als Todtenschiffer gedacht? Körmt und Oermt und beide Kerlaug werden Wöl. 29 unmittelbar nach den Todtenflüßen aufgezählt. Die Vorstellung könnte einer Zeit angehören, wo es noch an Brücken und Kähnen fehlte. Wie an Thôr die Erfindung der Brücken, so finden wir an Wate die des Bootes §. 76 geknüpft.

　　In Wates Geschlecht finden wir zunächst Wieland, der als Alfenfürst bezeichnet wird, was uns zeigt, wie Riesen und Zwerge, so verschiedener Natur sie seien, doch in einander übergehen. Wielands Sohn Wittich tritt gar zu einer dritten Claſſe von Wesen, den Helden. Nur sein Helm= zeichen, ein Giftwurm, der seinen Grimm ausdrücken soll, bezeichnet noch seine riesige Abkunft, während sie sich bei seinem Waffenbruder Heime, von dem unten, in seinem ganzen feindseligen Charakter verräth, der ihn sogar einmal zum Mitglied einer Räuberbande macht.

　　Das berühmteste Waßerwesen Mimir oder Mimr (S. 205) wird Skaldsk. 75 unter den Riesen aufgezählt. Als Bewahrer des Schatzes der Tiefe heißt er Hoddmimir. Im Meere sind nicht bloß Schätze versunken, das Rheingold wird aus der Flut gewaschen und kehrt als Nibelungenhort dahin zurück; Andwari hatte das Niflungengold nach Sigurdarkw. II in der Flut gewonnen. Im Flußbett barg Decebalus seinen Hort und die West= gothen die Leiche ihres geliebten Alarich als den köstlichen Schatz ihres Vol= kes unter dem abgegrabenen Strom. Das Waßer, in dem der Ursprung aller Dinge liegt, wär auch selbst ein Schatz, wenn Petersen den Mythus von Aelwaldi richtig auf Waßerschätze gedeutet hätte; gewiß ist, daß in Mimirs Brunnen Weisheit und Verstand verborgen waren, die höchsten Schätze, weshalb auch sein Horn Hortträufler hieß. Wenig wißen wir von dem alten Thursen Söckmimir, den Odin nach Grimnism. betrog und den Sohn Midwitnirs, des berühmten Unholden, tödtete. Ist er eins mit Hlébard

(Meerküste?), dem Odin (Harbardslied 20) mit der eigenen Wünschelruthe
den Wiß raubte? Oder gar mit jenem A s m u n d, bei dem Odin nach Grimn.
49 Jalkr hieß? FAS. III, 407 durchbohrt Odin den Asmund mit seinem
Sper. Die Namen deuten hier wieder auf Meerriesen; zugleich aber
sehen wir wie bei Aelwaldi, wenn er nicht, wie Weinhold will, Alwaldi,
der allwaltende heißt, den Schaß als Ael, Bier gefaßt. Ein Trunk war
es, für den Odins Auge dem Mimir verpfändet ward, und so könnte
hier eine Nebenform desselben Mythus vorliegen. Nach Meth benannte
Flüße sind GDS. 697 in der Wesergegend und England nachgewiesen.
Als Waßerriese erscheint endlich der ältere Starkadr, der an den Ael=
waßerfällen wohnte (vidh Alufossu oder Oelfossu), und den Beinamen
Aludreng führte. Er hatte acht Hände und besiegte im Zweikampfe den
Hergrim, der ihm seine Verlobte Oegn Alfasprengi, die gefürchtete
Feindin der Elben, wie Weinhold N. 35 übersetzt, entführt hatte. Oegn
sah dem Zweikampf zu, und gab sich, als Hergrim gefallen war, selbst
den Tod, denn sie wollte dem Starkadr nicht vermählt sein. Dieser zog
alles bewegliche Gut Hergrims an sich und übernahm die Erziehung
ihres mit Hergrim erzeugten Sohnes. Später entführte Starkadr Alf=
hilden, die Tochter des König Alfs von Alfheim, ward aber von Thôr
erschlagen und vom Felsen gestürzt. Seinem gleichnamigen Sohne erwies
sich Thôr ebenso abhold als Odin (§. 60. 2) günstig. Da Fossegrim
nach der heutigen Volkssage ein Dämon norwegischer Waßerfälle ist, so
giebt sich schon Hergrim als ein Bergstrom zu erkennen; nichts anderes
ist Starkadr, dessen acht Riesenhände eben so viel Stromarme sind;
daß ihn Thôr vom Felsen stürzt, zeigt uns seine Bedeutung als den
waßerreichen Absturz des Alustromes. Sein Zweikampf mit Hergrim ist
die brausende Begegnung zweier Bergströme: der Mächtigere von beiden
reißt die Waßerschäße des Besiegten an sich. Die Braut, Oegn Alfa=
sprengi, ergiebt sich als ein schimmernder Staubbach, um den sich die
Stromriesen, zwischen denen er niedersprüht, zu reißen scheinen. Schwie=
riger ist Alfhild zu deuten; ihrem Namen nach gehört sie dem Geschlecht
der Alfen an, Uhland 176 ff. Mehrhändige Riesen kennt auch die deutsche
Sage; in der Heldensage hat H e i m e vier Ellenbogen und A s p r i a n
vier Hände; sonst findet sich bei ihnen kein anderer Bezug auf das
Waßer als daß Heimes Vater Madelger oder Adelger nach dem Morolt
der Sohn einer Meerminne ist, Myth. 360. Aehnlicher natürlicher
Deutung ist die Vielhäuptigkeit der Riesen fähig: es sind Felsungethüme
mit mehrfachen Häuptern. Mangel an Gliedern begegnet man dagegen
fast nur bei göttlichen Wesen, und hier sehen wir das in ihrer mythi=
schen Natur begründet. Zum Schluß gedenke ich noch des Meerriesen
Wibblindi, der nach Skaldsk. 47 Walfische in das hohe Meer hinaus=

führt, die seine Eber heißen, wie Frau Harkens Dachse ihre Schweine
und die Gemsen die Kühe der Fanggen genannt werden, S. 399, Wölfe
Odins Jagdhunde heißen.

123. Feuerriesen.

Logi, der dritte Sohn Forniots des alten, ist von seinem hohen
Wuchse Hâlogi (Hochlohe) genannt; das Land, dessen König er ist, heißt
nach ihm Hâlogaland, das nördliche Norwegen. Weinh. 54. Von seiner
Frau Glöd (Glut) hat er zwei Töchter, Eisa und Eimyria (Asche und
Glutasche), welche von zwei Jarlen, Wêseti und Wifil, nach fernen
Eilanden, Burgundarholm (Bornholm) und Wifilsey, entführt werden.
Wêseti ist wörtlich Gründer heiliger Stätten, Wifil heißt der Weihneh=
mer: als erster Anbauer jener Eilande bringen sie die heilige Flamme
des Heerdfeuers nach ihren neuen Ansiedelungen, Uhland 31. 57. We=
setis Sohn hieß Bûi und bedeutet den Anbau. Wie Logi zu Loki und
dieser zu Utgardloki ward, bei dem sich Loki und Logi im Schnelleßen
messen, ist §. 83 dargestellt.

Wie das Feuer in Loki nur zuletzt als verderblich, früher meist als
wohlthätig gefaßt wurde, so geschieht das auch schon in Logis Töchtern
und Schwiegersöhnen, welchen sich Thiâlfi als Thielvar (S. 236) ver=
gleicht. Zugleich ist das eine neue Spur früherer günstiger Auffaßung
der Riesen. Hâlogi hatte aber auch eine Tochter, Thôrgerdr Höl=
gabrudr, welcher wie ihrem Vater in eigenen Tempeln blutige Opfer fielen
und viel Gold und Silber dargebracht ward, Skaldsk. 45. Ihre Schwe=
ster Irpa fand neben ihr abgöttische Verehrung; aber dem Wiking Soti,
der beider Bruder war, zeigte sich Odin unter dem Namen Biörn feind=
lich gesinnt, Petersen 79, wie sonst Thôr diesem Geschlecht. Freilich ist
Biörn ein Beiname Thôrs. Lex. Myth. 908.

In den nordischen Mythen erscheint Thôr als Bekämpfer der Riesen
in allen Elementen; aber den drei Söhnen Forniots tritt er nirgend un=
mittelbar gegenüber, wenn er gleich in der Thôrsdrâpa Fäller der luftigen
Götterstühle Forniots heißt, was nach den Auslegern auf Abstellung seines
Gottesdienstes zielt. Kari Oegir Logi sind in der deutschen Heldensage
zu Ecke Fasolt Ebenroth (S. 90) geworden, und im Eggenliede, das
gleich der entsprechenden Erzählung der Wiltinasage anfangs im Kölner
Lande und um den Drachenfelsen spielt, wo wir auch die Fasoltskaule nachge=
wiesen haben, bekämpft und besiegt Thôr als Dietrich Einen um den Andern.
Fasolt wird in einem Wettersegen wie Mermeut als Sturmriese angerufen,
Myth. 602: ganz so erscheint er auch im Eckenliede, und die Fasoltskaule
ist wegen verderblicher Ostwinde berüchtigt, M. Rheinl. S. 323. Eckes
Name läßt sich von der Schärfe des Schwertes keineswegs herleiten wie

Weinhold 18 will: dem widerspricht die näher zu Oegir Uogi (M. 217) tretende Form Uekesahs bei Veldecke und die Ortsnamen Ueckerath und Ueckesdorf in unserer Gegend, wo seine Sage daheim ist. Da in seinem Bruder der Sturmriese nicht zu verkennen ist, so ruht Grimms Parallele der drei Brüder mit den Söhnen Forniots auf gutem Grunde. Eckes Berührungen mit Oegir sind §. 97 besprochen; vgl. Uhland Germ. IV, 347. Ueber Ebenröt erfahren wir aus dem Eggenliede am Wenigsten: Grimm hat ihn Myth. 710 dem Abendrôt, einem andern Riesen der Heldensage, verglichen; dieser hat aber noch zwei Brüder und die Zusammenstellung ließe sich nicht durchführen. Der auch als Ortsname bei uns erscheinende Name soll wohl den durchaus rothen, d. h. feurigen bezeichnen. In dem Kampf wider Ecke und seine beiden Brüder tritt Dietrich an die Stelle Thôrs, wie uns diese Vertauschung schon S. 240 begegnet ist; hier aber läßt das niederrheinische Local der Sage an einen fränkischen Dietrich denken, der sich auch sonst noch mit dem oftgothischen mischt. Vgl. Mein Bonna Verona, 1868.

Andere Feuerriesen, mit welchen Thôr zu schaffen hat, sind Hyrrotin und Geirröbh §. 34. 84. Geirröbh ist als Gewitterriese dargestellt; doch läßt seine S. 253 nachgewiesene Beziehung auf die Unterwelt und ihre Feuerhölle vermuthen, daß die nordische Sage ihn seinem ursprünglichen Kreiß entrückt habe. Der berühmteste unter den Feuerriesen ist Surtur der schwärzende, der mit Muspels Söhnen in Muspelheim wohnt; im letzten Weltkampf steht er aber dem Freyr, nicht dem Thôr gegenüber.

Wir haben Riesen in allen Elementen, ja in der Unterwelt angetroffen; zugleich sahen wir sie auf das geistige Gebiet gerückt. Zum Schluß hebe ich noch die Neigung namentlich der deutschen Riesensage hervor, auffallende Erscheinungen der Erdbildung zu erläutern. Schon die nordische ließ Gefion sich einem Riesen verbinden, um darzuthun, warum die Buchten im Lögr den Vorgebirgen Seelands entsprechend liegen; die deutsche weiß die s. g. erratischen Steinblöcke zu deuten: ein Riese hat hier seinen Schuh ausgeklopft, weil ihm ein Steinchen hineingerathen war, das ihm beim Gehen beschwerlich fiel. Andere vereinzelt liegende Felsblöcke hat ein Riese nach einer benachbarten Stadt geschleudert um sie zu zertrümmern; späterhin wird das auf den Teufel übertragen, der eine christliche Kirche zerstören wollte. Ein Riesenmädchen gedachte sich eine Brücke von Pommern nach Rügen zu bauen, damit sie übers Waßer gehen könne ohne sich die Pantöffelchen zu netzen; sie nahm die Schürze voll Sand und eilte ans Ufer; aber die Schürze hatte ein Loch, und ein Theil des Sandes ward verzettelt; das Uebrige schüttelte sie weg, als ihr die Mutter mit der Ruthe drohte. So entstand eine Reihe dürrer

Sandhügel, die in Pommern Berge heißen, Myth. 502. Von solchen
Stückchen sind alle Sagenbücher voll und auch unsere Gegend könnte in
den Schludbersteinen bei Rolandseck dazu Beiträge liefern.

Eine Riesin haben wir nicht unterbringen können, weil zu Unreim=
bares von ihr berichtet wird. Nach Olaus Wormius war die Zauberin
Hagberta die Tochter des Riesen Wagnost (Wagnoft? Saxo I, 9). Sie
konnte sich in jede Gestalt und Größe verwandeln. Bald war sie him=
melhoch, bald klein und niedrig, bald hart, bald fließend. Waßer konnte
sie fest machen und Berge schmelzen; den Himmel konnte sie nieder=
ziehen, die Erde erheben und Schiffe durch die Luft fliegen machen. Die
Götter konnte sie stürzen, die Lichter des Himmels auslöschen und die
Finsternis der Tiefe erleuchten. Germ. VI, 294. Hier ist mehr die
Zauberin als die Riesin hervorgehoben; aber ihre Macht übertrifft die
der Götter und obgleich ihr Name mit dem Berthas zusammengesetzt
ist, bleibt der Zweifel erlaubt, ob Olaus wohl berichtet war. Daß die
Riesen nach Belieben groß und klein erscheinen, begegnet bei Saxo öfter.
Zauberei ist bei den Riesen wie bei Odin nur der Ausdruck ihrer über=
natürlichen Macht. A. M. ist W. Menzel a. a. O.

124. Elben im Allgemeinen.

Die allgemeinste Beziehung der halbgöttlichen Wesen, welche mensch=
liche Größe nicht überragen, scheint Wicht, in der Mehrzahl Wichte oder
Wichter, nordisch vættr, pl. vættir; doch begreift er zuweilen auch rie=
sige Wesen. Unsere heutige Volkssprache braucht das Wort bald männ=
lich, bald sächlich; es muß aber nicht gerade ein mythisches Wesen mei=
nen: dazu bedarf es, daß der Begriff der Kleinheit durch die Diminu=
tivform gesteigert werde: Wichtel, Wichtlein, Wichtelmännchen, Myth. 408.
Die bei Shakespeare vorkommenden ouphes, die zunächst Elben scheinen, er=
innern doch zugleich an die den matronis aufaniabus gewidmeten Steine.

Minder allgemein ist der Ausdruck Elbe oder Alb; der Name
scheint schon in Tacitus Germ. 8 vorzukommen, wo statt Aurinia Albruna
zu lesen ist. Vgl. Müllenhoff in Haupts Ztschr. IX, 240 und Kuhns W.
S. 148, wo kluge Frauen Albrunen heißen. Doch begreift Alfr in der
Edda den Asen, Wanen und Jötunen gegenüber, zwei Gattungen gött=
licher Wesen: Lichtelben (Liósâlfar) und Schwarzelben (Swartâlfar) oder
Dunkelelben (Döckâlfar); der zweiten Classe scheinen die Zwerge anzu=
gehören, denn sie sollen in Schwarzalfenheim wohnen. Bei dieser Unter=
scheidung scheint vergeßen, daß der Name der Elben mit albus, weiß, zu=
sammenhängt, ursprünglich also einen lichten Geist bezeichnet. Es werden
aber sogar die Wohnplätze scharf unterschieden: die Schwarzelben sollen in
der Erde, dem dunkelsten Elemente, wohnen, die Lichtelben in Alfheim, das

in den höchsten Regionen liegt, vielleicht nach S. 41 in der Sonne selbst.
Darum heißt es D. 17, sie seien schöner als die Sonne von Angesicht;
aber die Schwarzalfen schwärzer als Pech. Vgl. den Namen Pechmanle
Zingerle S. 44 u. Rochh. Mythen 108. Obgleich hinzugefügt ist, sie
seien sich in ihren Verrichtungen noch viel ungleicher, wird doch nicht so
weit gegangen, zu sagen, die Lichtelben wären gut, die Schwarzelben
böse: das hätte bekannten Mythen zu offenbar widersprochen. Wenn
die Riesen als Feinde der Götter erscheinen, so finden wir die Schwarz=
alfen den Göttern verbunden, in deren Dienst sie wirken und schmieden,
und wenn gleich hämische Züge in ihrem Bilde nicht fehlen, so gehört
doch vielleicht was Bösartiges in ihrer Natur zu liegen scheint, jüngerer
Bildung an. In allen Elben ist die Natur von der milden Seite auf=
gefaßt, und mehrfach sahen wir in den unterirdisch wohnenden Schwarz=
alfen die Triebkraft der Erde dargestellt, die stillwirkende Kraft der
Natur, die Gras und Halme hervorsprießen läßt und im Schooß der
Tiefe die kostbaren Erzadern wirkt, die freilich auch das verführerische
Gold und das mörderische Eisen enthalten. Aber nicht bloß Waffen
und goldener Schmuck gehen aus der Esse dieser kunstreichen Schmiede
hervor: sie haben dem Thôr den Hammer, dem Frey das Schiff und
den goldborstigen Eber, dem Odin den Spieß und den Ring Draupnir
gefertigt, deren hohe Bedeutung anderwärts dargelegt ist. Nur weil
sie in der dunkeln Erde wohnen, heißen sie Schwarzalfen, womit nicht
nothwendig Häßlichkeit verbunden sein muß. Nach der deutschen Sage
schmieden die Zwerge, die Zwerginnen spinnen: beide sind bald schön,
bald eislich getân.

Die Zwergin im Rudlieb kommt aus der Höhle sehr schön (nimis
pulchra), dabei zierlich gekleidet und goldgeschmückt. Hier klagt auch der
Zwerg über die Treulosigkeit des Menschengeschlechts und leitet daraus die
kurze Lebenszeit, die uns bestimmt ist, während die Zwerge, weil sie redlich
seien und einfache Speisen genießen, lang und gesund leben, Myth. 424.
Schönheit und Häßlichkeit, lichte und dunkle Farbe ist hienach schon den
in der Erde wohnenden Zwergen eigen, die den Schwarzelben gleichgestellt
werden. Beides ist auch wohl begründet: ihre dunkle Farbe in ihrem
Aufenthalt im finstern Erdschooße, vielleicht auch in ihrem Schmiedegeschäft;
ihre lichte, die schon der Name Alb ausdrückt, in ihrem wohlthätigen se=
gensreichen Wirken. Zwei Classen von Wesen nach lichtem und dunkelm
Aussehen zu unterscheiden, war die jüngere Edda so wenig berechtigt als
das skaldisch gelehrte und darum späte Alwîssmâl einen Unterschied zwi=
schen âlfar und dvergar aufzustellen, während in der Wöluspâ auch
Zwerge Alfennamen führen. Zwar sind nicht alle Elben Zwerge; auch
wohnen nicht alle unter der Erde: aber zwischen erdbewohnenden Alfen und

den Zwergen giebt es keinen Unterschied; die Lieder wißen sogar nichts
von Lichtalfen und Schwarzalfen: nur döckâlfar werden genannt. Auch
ist es bedenklich, wenn die jüngere Edda die Lichtalfen in Liôsâlfaheim
oder doch in Alfheim wohnen läßt, obgleich Einiges dafür spricht, womit
aber nicht zu vereinigen ist, daß sie jetzt Gimil bewohnen sollen, den künf=
tigen Himmelssaal aller Guten und Rechtschaffenen, der nach D. 17 im
dritten Himmelsraum liegt. Sonst finden wir so hochliegende, von Swart=
alfaheim gänzlich gesonderte Wohnsitze der lichtern Alfen kaum be=
zeugt, und man dürfte den Einfluß christlicher Vorstellungen von den Engeln
und mehren Himmeln vermuthen, wenn es nicht Grimnism. 4 hieße:

> Heilig ist das Land, das ich liegen sehe
> Den Asen nah und Alfen.

Doch ergiebt die Vergleichung aller Stellen, welche Asen und Alfen zusam=
men nennen, die durch das Reimbedürfniß begünstigte Gewohnheit, beide
Classen wohlthätig waltender Wesen formelhaft zu verbinden: sollten nur
die Lichtalfen gemeint sein, von deren Wohlthaten nichts gemeldet wird,
so wäre die Formel ungenügend. Nach unserer Ansicht gab es im Volks=
glauben zweierlei Classen von Alfen eigentlich nicht, sondern nur Ein Ge=
schlecht, das bald in der Erde, bald in andern Elementen hauste: erstere
konnten nach ihrer Natur licht, nach ihrem Aufenthalt und Schmiedege=
schäft dunkel erscheinen. Der stärkste Beweis gegen die Annahme einer
eigenen im Himmel wohnenden Classe von Lichtalfen ist, daß es echte alte
Mythen von ihnen nicht giebt, während von den Schwarzalfen, die in der
Erde wohnen, die j. Edda so viel zu erzählen weiß. Grimm nimmt 414
drei Arten nordischer Genien an, Lichtalfen, Dunkelalfen und Schwarzalfen,
wie die pommersche Volkssage weiße, braune und schwarze Unterirdische son=
dere, und im Morolt drei Geisterscharen erscheinen, welche der im Kampf
Gefallenen und ihrer Seelen warten, weiße, bleiche und schwarze: die
weißen sind Engel, die schwarzen Teufel; die bleichen scheinen im Fegefeuer
wohnende Verwandte der Streiter, so daß die drei christlichen Seelenauf=
enthalte vertreten sind, was auf kein hohes Alter weist. Daß sich Engel
und Teufel um die Seelen der Verstorbenen streiten, läßt sich aus der
heidnischen Vorstellung deuten, daß nicht alle Sterbende in Odins himm=
lische Halle eingehen, sondern einige zu Hel kommen, wie auch Thôr und
Freyja Anrechte an die Seelen der Verstorbenen geltend zu machen haben;
vgl. auch S. 131. Aus jener Stelle im Morolt, wo der christliche Ein=
fluß zu Tage liegt, ist für drei Classen elbischer Geister kein Schluß zu zie=
hen, und der pommersche Volksglaube schattet nur die Unterirdischen ab,
stellt aber keine eigene Classe himmlischer Elben auf. Jene bleiche Schar
gleicht nun allerdings den nâir, welche wir im Zwergverzeichniß der Wö=
luspa antreffen: der Name bezeichnet sie als Geister der Todten, mit welchen

sich die Unterirdischen unserer Volkssagen immer berühren; auch die Hein=
chen, deren Königin Berchta ist, sind den Todten verwandte elbische Geister.
Alwismal, das neunerlei Classen von Wesen unterscheidet, und jeder eine
eigene Sprache beimißt, nimmt auch für die Bewohner der räumlich ge=
dachten Hel, die uns zur Hölle geworden ist, eine eigene Sprache an, und
diese könnten mit jenen Heinchen und ebbischen nâir zusammenfallen. Auch
Dain im Zwergregister bedeutet den Todten, Dwalin wie es scheint den
Schlafenden und Thrain (Hrafn. 3) den Träumer. Vgl. Germ. III, 172.

Wie steht es aber um die Opfer (âlfablôt), die wir den Alfen ge=
bracht sehen: galten diese den Lichtelben? Fast sollte man es glauben,
da es noch spät Gebrauch war, den Engeln Speise zu bereiten und hinzu=
stellen. Dem heimkehrenden Sighwat Skiald wehrte seine Hausfrau, die
vor der Thüre stand, den Eingang bis er den Alfen geopfert habe. Peter=
sen 101. Heimskr. Olaf Helgas. c. 92. Welche Alfen hier gemeint seien,
ist nicht gesagt. In der Kormaks. 216. 218 soll mit dem Blut eines er=
legten Stiers der Hügel geröthet und aus dem Fleisch des Thiers den
Elben ein Mal bereitet werden. Hier scheint doch der Hügel auf die
darunter wohnenden Alfen zu deuten: er âlfar bûi î. Spuren dieses
Dienstes der Erdgeister finden sich noch in christlicher Zeit, als sie schon
zu Teufeln herabgesunken waren: namentlich werden Lämmer, Böcklein und
Hühner dargebracht, während die unschuldigen Hausgeister ein Topf Milch
befriedigt, die gierigen Wasserwesen sich nicht einmal an thierischen Opfern
genügen laßen, sondern Menschenblut verlangen. In unsern Volkssagen
sehen wir allen Elben unter der Erde oder im Waßer die Wohnung an=
gewiesen, denn diejenigen, deren Leben an Bäume geknüpft ist, oder die
in Blumenkelchen wohnen, wo ihrer oft hundert Tausende neben einander
Platz haben, bilden kaum eine Ausnahme. Vielen wird lichte Gestalt und
schönes Angesicht verliehen, der Wohnung in der Tiefe ungeachtet. Nament=
lich schottische und englische Sagen zeigen Elben und Elbinnen in wunder=
barer Schönheit; ihre Kleidung ist weiß und glänzend. Sie heißen das gute
Volk, die guten Nachbarn, im Norden Lieblinge, Liuflingar, in Deutschland
gute Holden. Sie lieben Musik, ihre Lust am Tanz ist unermüdlich, wenn
sie gleich die Nacht dazu wählen. Im Umgang mit Menschen hat aber
ihre oft misbrauchte Gutmüthigkeit gewisse Grenzen, und sie kann dann
sogar in Grausamkeit übergehen. Die Elben deutscher Gedichte des Mit=
telalters sind auch zum Theil noch schön; aber das Christenthum hat sie
schon herabgewürdigt. Von der elbe wirt entsehen vil maneger man:
böser Blick wird ihnen angedichtet, auch ihre Geschoße sind verrufen, ihr
Pfeil, ihr Anhauch selbst, bringt Tod und Krankheit; der Nachtmar na=
mentlich scheint ein feindseliger Geist, und über Albbrücken beschwert man
sich noch täglich. Auch ihre Gestalt hat gelitten; doch erscheint noch

Elberich, selbst Hinzelmann mit schönem Angesicht, ganz wie im Norden und bei den Angelsachsen der Ausdruck ‚schön wie ein Elsenweib‘ den Gipfel weiblicher Schönheit bezeichnet. Sögubr. FAS. I, 387.

Allen Elben auch den unterirdischen ist es gemein, daß sie geringe Dienste mit unscheinbaren Gaben lohnen, die sich aber dem Bescheidenen in Gold wandeln. Selbst dem zufällig in ihrem Kreiß tretenden füllen sie die Taschen mit Lindenblättern, mit Kehricht, mit Roßbollen (R. Reusch II. Aufl. Nr. 7); oder hat die Gabe nur dem Vorwitzigen, der zu früh nachsieht, die unsaubere Gestalt angenommen? Natürlich kehrt er den Sack um, und schüttet die Füllung aus. ‚Zu Hause angekommen findet er aber in den Ecken des Sacks, in deren noch einige Ueberreste des Dungs zurückgeblieben waren, blanke Goldstücke liegen, und da erkannte er die Wahrheit des alten Worts: ‚Wer das Kleine nicht ehrt, ist des Großen nicht werth!‘

Auch sittlich unbefleckt erhielten sich einzelne Elben wie jener bei Cäsarius (V, 36), der selbst dem Christenthum nicht abhold, und überhaupt so rein gehalten ist, daß man für die in der Edda fehlenden Mythen von Lichtelben, wenn diese nicht überhaupt aufzugeben wären, hier Ersatz fände. Er rettet dem Ritter, dem er in Gestalt eines schönen Jünglings dient, das Leben, indem er ihm eine Furt durch den Strom zeigt, als er von seinen grimmen Feinden verfolgt den Tod vor Augen sieht; ein andermal holt er seiner kranken Gemahlin Löwenmilch aus Arabien herbei (vgl. Müllenhoff 418), und als ihn jetzt der Ritter, dem er gestehen muste, Einer der mit Lucifer gefallenen Engel zu sein, verabschiedet, weil ihm vor ihm graut, verlangt er für seine treuen Dienste sehr bescheidenen Lohn und verwendet ihn nur, einer Kirche, die keine Glocken besitzt, eine solche zu kaufen. Hier liegt zugleich auch der Beweis, daß der Glockenhaß in der elbischen Natur nicht begründet erst von den Riesen auf die Elben übertragen ward. Nicht der Glockenklang, die Untreue der Menschen vertreibt sie. Vgl. die Steinfeldersage von Bonschariant, Rheinl. 304, Katzfey II, 200 ff., wo aber Züge aus der Riesensage mit eingeflochten sind. Gleichwohl wuste sein Herr ihn mit dem Christenthum nicht auszusöhnen, wie doch den Elberich der Dichter des Ortnit. Wenn im Ortnit Elberich Engelnatur annimmt, und sogar die Taufe und Bekehrung der Heiden mit Eifer betreibt, so zeigt seine Verwandtschaft mit K. Goldemar, dem erzschürfenden und schmiedenden Bergkönig, und mit Elbegast, ‚dem schlauen berüchtigten Dieb‘, daß auch Er kein Lichtgeist war, sondern zu den Schwarzelben zählte.

Die Elben klagen über die Untreue der Menschen ‚wie ist der Himmel so hoch! wie ist die Untreue so groß!‘ An der Untreue der Menschen scheint es zu liegen, wenn mit den Elben eingegangene eheliche Verbindungen, wie sie besonders mit Wassergeistern vorkommen, zuletzt

ein tragisches Ende nehmen; doch könnte schon in der ungleichen Sin=
nesart der Verbundenen der Grund liegen, daß solche Mischheirathen nicht
zum Glück ausschlagen.   Diese ist aber in der Abstammung begründet:
es sind eigentliche Mißheirathen, aus denen nichts Gutes entstehen
kann.   Das scheint mir auch schon der Sinn des Mythus von Urvaçi,
welchen Kuhn Herabkunft 81—94 bespricht.   Pururavas muß Einer der
Gandharven werden, um der Geliebten wiedervereinigt zu werden, deren
Bedingungen er dießseits nicht zu halten vermochte.   Aehnlich glaub ich
die deutschen Märchen verstehen zu müßen, wo die Wiedervereinigung auf
dem Glasberge geschehen soll, der auch nicht von dieser Welt ist.   Urvaçi
durfte den Pururavas nicht nackt sehen; in der deutschen Sage ist es die Frau,
welche nicht nackt gesehen werden darf; so in der Melusinensage, die in
ältester Gestalt bei Gervasius (Liebrecht 2) erscheint, wo aber der Fisch=
schwanz, den ich für undeutsch halte, noch nicht vorkommt: die Elbin
verwandelt sich in eine Schlange und verschwindet.   Im Uebrigen darf
man dem Urtheil Wolfs Beitr. 271 zustimmen: sie sind Wesen höherer
Art, und darum verlangen sie von dem Geliebten und Gatten höhere
Rücksichten: sobald er die aus den Augen setzt, ist das ganze schöne Ver=
hältniß gebrochen und sie kehren zurück in das Elbenreich.   Das zeigt
sich auch bei dem Alb u. s. w., wovon unten. Vgl. Liebrecht Amor
und Psyche, Zeus und Semele, Pururavas und Urvaçi in Kuhns Ztschr.
XVIII, 1, wo auch andere Sagen, z. B. die von Friedrich von Schwa=
ben und Konrads Parthenopex und Melior verglichen sind.

Die Riesen konnten wir nach den vier Elementen eintheilen, worauf
uns schon die Söhne Forniots, des alten Riesen, leiteten.   Bei den Elben
hat diese Eintheilung Bedenken, weil ihnen solche Stammväter fehlen und
die elementarischen Bezüge noch erst zu ermitteln sind.   Zunächst sind uns
Luftelben nicht bezeugt.   Zwar führt das Zwergregister einen Windálfr
auf; aber auch Andwari, der im Waßer watet, nennt sich Sigurdarkw. 5
Gustr (Bläser), wie spiritus mit spirare zusammenhängt, Geist mit gisan
wehen, Myth. 430. So hat Uhland 166 Beyggwir und Beyla, §. 122, die
bei Oegirs Trinkgelage die Bedienung besorgen, für milde Sommerlüfte in
Freyrs Gefolge erklärt.   So heißt auch ein deutscher Hausgeist Blaserle,
und von dem schädlichen Anhauch der Elben war schon die Rede.   Austri,
Westri, Nordri, Sudri sind vielleicht nicht sowohl die vier Hauptwinde
als die vier Himmelsgegenden.   Als Geister sind sie freilich alle der
Luft verwandt, als ätherisch schildert sie auch ihr Lied:

> Wir trinken den Wein,
> Wir trinken den klaren Mondenschein.   Wolf DS. 265.

Sie erscheinen aber, besonders die Zwerge, in derber, greifbarer Leiblichkeit.
Da jedenfalls die Rubrik schwer auszufüllen wäre, so scheint es für die

Ueberſicht vortheilhafter, die Elben in Zwerge (oder Erdgeiſter), Waßer=
geiſter und Feuergeiſter einzutheilen. Erſtern ſchließen ſich die Wald= und
Feldgeiſter an; diejenigen, welche Geiſter der Verſtorbenen ſcheinen, werden
wir gelegentlich unterzubringen ſuchen: die Anſicht, daß alle Elben dieß
ſeien (Kuhn NS. 469) iſt zwar im Grunde richtig, obwohl es ſelten her=
vortritt; einen Eintheilungsgrund gewinnen wir aber daraus nicht.

125.   1. Zwerge (Erdgeiſter).

Der Name der Zwerge (Querge, Querxe) iſt noch unerklärt. Grimm
vergleicht Myth. 416 das ϑεουργός (übernatürliche Dinge verrichtend), was
lautlich entſpräche, denn das Wort (altn. dvergr, alth. tuerc) gehört zu
denen, die im Neuhochdeutſchen noch eine Verſchiebung erlitten haben;
das plattdeutſche Querg oder Querlich geht im Anlaut in ein anderes
Organ über. Sie heißen auch Schwarzalſen, Bergmännchen, Erdmänn=
chen, Unterirdiſche, Onnerbänkiſſen (Müllenhoff S. 281); Hogmänni,
Bawaria I, 327, in der Schweiz härdmändli, godwirgi (Vernaleken
Alpenſ. 190), Toggeli, Lütolf 47. 116 und mit Bezug auf ihre Vogel=
geſtalt Biberli, Rochh. Mythen 110; im Tyrol Norggen und Lorggen,
in Oeſterreich auch Feneslente, Gangrl und Trollen; doch gehen letztere
in Rieſen über, Vernaleken Oeſter. M. 23. Der Name Fenesleute
erinnert an die Fanggen §. 121; auch ſie ſind häßlich, aber ſonſt elbi=
ſcher Natur. Der Fenesberg Vernal. 230 klingt an den Venusberg 415
an und wörtlich ſcheint mit dem Bonner Verwandtſchaft. Gangerl gemahnt
an Odins Beinamen Gangleri, und da der Name auch auf den Teufel über=
tragen iſt (Schmeller II, 55), ſo liegt die gleiche Vermuthung nicht fern.
Als Weſen des heidniſchen Glaubens finden wir ſie auch Heiden genannt.
Andere Namen ſind ſchon gelegentlich angeführt; einige werden noch er=
wähnt werden; zu erſchöpfen ſind ſie ſo wenig als die für die wilde Jagd.
Das ſeltſame Zwergregiſter in der Wöluſpa theilt ſie in drei Reihen, indem
es zuerſt die von Modſognirs Schar heraushebt, dann die von Durins
Schar folgen läßt ohne Allgemeines von ihnen auszuſagen, zuletzt die von
Dwalins Zunft und Lofars Geſchlecht aufführt, von welchem ſo geſpro=
chen wird als wohnten ſie allein im Geſtein. Wer jener Lofar ſei, wißen wir
nicht; man könnte an Loki denken, der nach M. 413 ſelber âlfr heißen
ſoll, den wir wie Donar (M. 170) in nächſter Verbindung mit den
Zwergen ſehen, dem vielleicht ihre Erſchaffung aufgetragen ward, da der
Rath dazu, wenigſtens nach der Wöl., die ſie für unheilvoll anſieht, von
ihm ausgegangen ſein muß (S. 91). Auch können ſie ſeines Beiſtan=
des nicht entrathen, da er nicht bloß das Feuer iſt, deſſen ſie zum
Schmieden bedürfen, ſondern auch die Erdwärme, die Gras und Laub,
das Geſpinnſt der unterirdiſchen Kräfte, hervortreibt. Bei dieſer Deu=

tung bleibt unklar, warum nicht auch die beiden andern Reihen den
gleichen Stammvater haben ſollen, da doch auch ſie aus des Meerrieſen
Blut und Gebein entſtanden ſind.   So werden D. 61 einige Zwerge
als Söhne Jwaldis (des innenwaltenden) bezeichnet, welcher nach Hrafn. 6
auch Jduns Vater ſein ſoll.   Aber Söhne des innenwaltenden (Loki?)
könnten alle Zwerge heißen, da ſie ſelbſt die innenwaltenden ſind.

Die drei Reihen, die den obigen drei Scharen S. 408 gleichen,
erinnern daran, daß die deutſchen Elben und Zwerge eigene Königreiche
bilden.   In der Edda findet ſich davon keine Spur; oder wäre Freyr,
dem Alfheim (die Sonne?) zum Zahngebinde geſchenkt ward, als König
der Alfen gedacht?   Jedenfalls gehörte ihm ein elbiſches Reich; doch
warum könnte es nicht in der Unterwelt gelegen haben, auf die er ſo
viele Bezüge zeigt?   Aber ſchon die ſchwediſche Huldra iſt Königin des
Huldrevolks; in Deutſchland heißt Goldemar König, nicht ſein Bruder
Alberich, den doch der Name als Elbenkönig bezeichnet; im Ortnit, wo er
Elberich heißt, trägt auch Er die Krone.   Alberich ward in der franzö=
ſiſchen Sage, die nach England übergieng, zu Oberon, und jetzt heißt er
wieder König.   Der dritte Bruder, Elbegaſt, ‚der ſchlaue berüchtigte Dieb‘,
heißt in dem niederländiſchen Gedicht Alegaſt; er holt den Kaiſer Karl
in Ingelheim zum nächtlichen Stehlen ab.   Hier iſt auch er in die neufrän=
kiſche Sage getreten.   Man könnte an Alwis S. 230 denken, wenn er
Thôrs Tochter Thrûdh entführen, nicht die verlobte Braut heimholen
wollte; nur der Steinjötun Hrungnir heißt Thrudhs Dieb, weil das
auf ſteinigen Boden fallende Samenkorn nicht aufgeht, Uhland 82.
Sonſt iſt es bei den Zwergen hergebracht, die Braut zu entwenden.
Goldemar ſtiehlt die Hertlin, des Königs Tochter von Portugal, Laurin
die Simild, Dietleibs Schweſter.   Goldemar iſt noch tiefer in die Hel=
denſage verflochten.   In dem Geſchlecht der Hardenberge an der Ruhr
war der Name Reveling (Nibelung) herkömmlich.   Bei einem dieſer Ne=
velinge hielt ſich König Goldemar als Hausgeiſt auf, ſpielte wunderſchön
Harfe, war des Brettſpiels kundig, trank Wein und theilte mit dem Grafen
das Bette.   Er warnte ihn auch vor dem Ueberfall ſeiner Feinde und
berieth ihn, wie er ihrer Hinterliſt entgehen ſollte.   Seine Hände, die
ſehr weich anzufühlen waren, ließ er wohl betaſten, wollte ſie aber nicht
ſehen laßen.   Sein dreijähriger Aufenthalt auf Schloß Hardenberg galt
eigentlich der ſchönen Schweſter des Grafen, welcher den Zwergkönig
Schwager nannte.   Die lebende Volksſage, die ihn König Volmar nennt,
fügt hinzu, ein neugieriger Küchenjunge habe ihm einmal Erbſen und
Aſche geſtreut, damit er zu Falle käme und ſeine Geſtalt in der Aſche
abdrücke.   Als aber der Koch am andern Morgen in die Küche trat,
fand er den Küchenjungen am Bratſpieß ſtecken. WS. N. 147. Myth. 477.

Von Entführung wird hier nichts gemeldet. Viel gründlicher und mei-
sterlicher trieb Elbegaft das Diebsgewerbe: er stahl den brütenden Vögeln
die Eier. Wie aber Adelger in Madelger, so scheint Adelger oder Alegaft
in Malegis, Maugis übergegangen und so in die französische Sage gelangt, wo er Dieb und Zauberer zugleich ist. Rheinf. 120. Auch die
Roggenmuhme und der Kornengel sollen Kinder stehlen. Bei Oberon
und Titania finden wir das Kinderstehlen wieder und Titania hat
vielleicht davon den Namen, da Kinder Titti heißen; der Tittisee ist ein
Kindersee. Vgl. Rochh. Aarg. S. 357. 359. Mythen 109. 150.

Unklar bleibt noch der Zusammenhang mit dem Meisterdieb Agez,
der bei den Meistersingern öfter genannt wird, Mone HS. 140. Man
wird zunächst an Oegir erinnert, den schrecklichen Gott; goth. heißt agis
Schrecken, hochd. akiso. Wurde er als Dieb gedacht, wie seine Gattin
Rân Raub heißt? Das erklärte zugleich, warum der Magnet Agstein
heißt, weil der Magnet den Schiffern das Eisen stiehlt; auch fiele ein
Licht auf den Teufel Oggewedel (MS. II, 250), der die erste Lüge fand.
Aber Müllenhoff Ztschr. XIII, 183 weist nach, daß Reinmars Spruch
MSH. II, 208ᵇ nur eine Personification der Vergeßlichkeit meint, ahd.
mhd. âgez; der j. Titurel vergleicht ihn dann mit Elbegaft, dem schlauen
berüchtigten Dieb: für den mythischen Agez bleibt demnach kein Zeugnis
übrig als etwa wenn im Waltharius der Vater Hagens Agazi heißt,
was schon Lachmann Kritik der Sage 457 mit dem Meisterdieb Agez
zusammenstellte.

Elberich wird in den Nibelungen mit Schilbung und Nibelung zu-
sammengenannt, König Nibelungs Söhnen, des Zwergkönigs, denen
Siegfried den Hort theilte und das Schwert zum Lohne vorausnahm.
Nach den §. 66 verglichenen Märchen eröffnet ihm dieß die Unterwelt,
auf die schon der Name Nibelung deutet. Der Name Schilbung kann
neue Aufschlüße gewähren: er hängt mit dem nordischen Geschlecht der
Skilfinge (Schilbunge) zusammen, deren Ahnherr Skelfir, der Vater
Skiölds, gewesen sein soll, der auch Skeáf heißt, was die dänischen
Skiölbunge den schwedischen Skilfingen, Schiltunge den Schilbungen
gleichstellt, Myth. 343. Auch der Name Schiltung erscheint in deutschen
odysseeischen Gedichten, Orendel, Parzival 1. 2. und K. Tyrol, so auch
in der Fortsetzung des Laurin. Wackernagel vermuthete Ztschr. IX, 374,
jener Skeáf, der auch Skiöld heißt, sei nach älterer Sage auf einem
Schild statt des Schiffs über Meer geschwommen. Wir sehen hier wieder
seine Berührung mit dem (§. 91. 102) als Unterweltsgott erkannten Uller,
der auf dem Schild als einem Schiff übers Meer lief. Schwerlich bediente sich dieser winterliche Gott in der ältesten Sage einer Eisscholle,
die wir Schülpen nennen: beßer nimmt man an, sein Schiff war aus

Baumrinde (Schelfe) gemacht. Vgl. Frisch v. s. Schelch. Als Todten=
schiffer wie als Erfinder des Schiffs oder Boots sahen wir §. 73 u. S. 401
den Riesen Wate, in letzterer Eigenschaft neben seinem Sohne Wieland
(Wölundr), der wieder zwei Brüder hat, Egil und Slagfidr. Wieland
heißt Elfenkönig wie Goldemar, und Egil, in der Wiltinas. Eigil, wird
mit dem agf. Aegel, dem deutschen Zwerge Eugel zusammenhängen, und
wir gewinnen so neue Brudertrilogieen, welche unsere frühern §. 37. 57
vervollständigen und beleuchten können:

Luft	Waßer	Feuer
Kâri	Oegir	Logi
Fasolt	Ecke	Ebenrôt
Elberich	Elbegast (Agez)	Goldemar
Alberich	Nibelung	Schilbung
Odin	Hoenir (Pfeilkönig)	Lodr (Loki)
Slagfidr	Eigil (Tell)	Wölundur.
Fafnir	Otr	Regin.

Diesen drei zwergischen Brüdern entsprechen die §. 114 erwähnten drei
Haulemännerchen, die auch schon, weil sie begabend sind, an die Trilogie
höchster Götter gemahnen. Dem auf dem Schiffe oder Schild schwimmenden
Unterweltsgott, heiße er nun Skiölb oder Uller, möchte ich den auf dem
Blatt schwimmenden Däumling vergleichen, dem St. Brandan auf der
See begegnete, Myth. 420. Vgl. auch Malegis, Volksb. XII, 406. Mit
der Rechten hielt er ein Näpfchen, mit der Linken einen Griffel: den
Griffel steckte er in die See und ließ davon Waßer in den Napf trie=
fen; war der Napf voll, so goß er ihn aus und füllte dann von Neuem:
ihm sei auferlegt, die See zu meßen bis an den jüngsten Tag. Grimm
erinnert dabei an uralte indische Mythen. ,Brahma, auf Lotos sitzend,
schwimmt sinnend durch die Meeresabgründe. Wischnu, wenn nach
Brahmas Tode Gewäßer alle Welten bedecken, sitzt in Gestalt eines ur=
kleinen Kindes auf einem Blatt der Pipala (des Feigenbaums) und
schwimmt, an der Zehe seines rechten Fußes saugend, auf dem Milchmeer.'
     Die trilogische Zusammenstellung hat auch den Zwergen elementarische
Natur angewiesen. Da wir sie aber unter den Erdgeistern fanden, so
wäre gleichwohl die Eintheilung nach den Elementen unthunlich gewesen.
Wir sahen die Götter an die Stelle elementarischer Riesen getreten: sollten
ihnen auch Zwerge zu Vorbildern gedient haben? In den deutschen
Sagen erscheint Odin häufig als Zwerg, als kleines mutziges Mandle.
Myth. 439. Vgl. das Nebelmännle S. 370 und ein anderes Nebelmänn=
lein bei Bonbun B. 74, das auch durch breitkrämpigen Hut auf Odin
weist. Vgl. Wolf DS. 189, wo Ouwelmännchen neben Nievelmännchen
stehen. Man s. auch §. 127, wo Eckerke, Hütchen und Balder auf Thôr,

Odin und Baldur deuten. So mag es wohl guten Grund haben, wenn
agf. Stammtafeln Böden von Skeaf und Scelbva abstammen laßen.
Jedenfalls haben sich unter Zwergen so gut als unter Riesen göttliche
Gestalten verloren.

Ein berühmter deutscher Zwergkönig ist Laurin, von dem der Zwergkönig Antilois in Ulrichs Alexander eine Nachbildung scheint. Er reitet
auf einem Roß, das nicht größer ist als ein Reh, wie Laurins Roß
einer Geiß verglichen wird. Auch Er hat sich einen Rosengarten geziert,
den man ihm nicht verwüsten soll. Er liegt im Tyroler Hochgebirge
als ein irdisches Paradies, jener Blümlisalp (Grimm DS. §. 300)
vergleichbar, die nach Rochh. Mythen in der Schweiz öfter wiederkehrt.
Laurins Rosengarten wird mit einem Seidenfaden gehegt. Das kehrt bei
dem großen Rosengarten, den Kriemhild angelegt hat, wieder; er ist
ein Nachbild des elbischen. Wer dem Laurin diese heilige Umfriedigung bricht, der büßt es mit der rechten Hand und dem linken Fuß:
dadurch ist auch Er als unterweltlicher Gott bezeichnet, denn Hände und
Füße fordert als Schiffslohn der Fährmann, der über den Todtenfluß
setzt, und sie wurden den Todten in den Sarg gelegt. Der linke Fuß
und die rechte Hand wurde von Wittich als Brückenzoll begehrt; Hand
und Fuß verlangt auch Norprecht der Fährmann im großen Rosengarten; von dem Fährmann in den Nibelungen scheint es nur vergeßen.
Hier war also die Donau wie dort der Rhein als Unterweltsfluß gedacht. Vgl. Kuhn S. 129.

Andere Zwergkönige der deutschen Sage sind Sinnels von Pala-
kers bei dem Lebermeer, wo der Magnetberg liegt. Er ist Laurins Bruder wie Walberan sein Oheim, wenn nicht wieder ein dritter Bruder in
ihm steckt. Endlich erscheint noch in Dietrichs Drachenkämpfen der streit-
bare Zwerg Bibung. In der neuern deutschen Sage ist Gübich berühmt,
wohl aus Gibich (einem Beinamen Odins) entstellt, wie auch Gibichen-
steine und Gibichenkoppen bestätigen. Auch dieser Geist ist wie Hütchen
§. 127, wie Knecht Ruprecht §. 152 ein verkwister (das auf das gothische frakvistnan zurückgehende niederrheinische Wort verdient in die
Schriftsprache Aufnahme), verzwergter Odin. Er ist König der Harz-
zwerge. In Deutschböhmen ist Hans Heiling als Fürst der Zwerge
bekannt; doch schwankt er zu den Riesen hinüber. Im schlesischen Gebirge spukt Rübezahl, der vielleicht nicht deutsch, auch eher ein Gespenst
als ein Zwergkönig ist; doch verdient sein Vorname Johannes Beachtung. Eine Reihe deutscher Sagen spricht von dem Tode des Zwerglö-
nigs, wobei wunderliche Namen erscheinen. ‚König Knoblauch ist todt',
‚König Pingel ist todt', ‚die alte Mutter Pumpe ist todt': diesen klagenden Ruf vernimmt ein Bauersmann und erzählt es daheim. Sogleich

springt ein Knecht, eine Magd oder gar eine Katze, die erst ins Haus gekommen sind, auf und verlaßen es: sie waren die Erben und Nach=solger des verstorbenen Königs und eilen, ihr anerfallenes Reich in Besitz zu nehmen. Müllenhoff S. 291. 2. Kuhn NS. 189. Baader 26. Die=selbe Erzählung findet sich auch bei den Fenggen, doch ohne Andeutung des Königthums; sie bleiben bei den Bauern nur im Dienst bis ihre menschenfreßerischen Väter gestorben sind, in deren Art sie dann selber schlagen. Häufig erscheinen Riesen als Vasallen solcher elbischen Reiche. Dem König Nibelung dienten zwölf starke Riesen (Nibel. 95), dem Laurin fünf, dem K. Goldemar (Heldens. 174) sehr viele, dem Walberand, wie er heißen sollte, zahllose.

Goldemar und Laurin scheinen ursprünglich Könige der erzschürfenden Zwerge, die auch Bergmännchen, Bergmönche heißen. Wer ein Berg=männchen sieht, trifft nächstens auf eine ergiebige Erzader. So wird von den Benedigern erzählt, die in Tyroler Bergen nach Erz und Goldsand suchten und einmal einem Hirten gesagt hätten: Ihr werft beim Hüten oft einer Kuh Steine nach, die zehnmal mehr werth sind als die ganze Kuh. Diese Benediger erklärt aber Vonbun Sagen 16 trotz ihres nobeln der Lagunenstadt entlehnten Namens nur für verkappte germanische Zwerge. Zingerle Sagen 70. Doch waltet dabei die Vorstellung, daß aller venedi=sche Reichthum aus Tyroler Bergen geschürft sei. Vonbun 3. 48. 50. Panzer II, 197.

Wesentlich verschieden sind Riesen und Zwerge nicht: sie gehören beide dem Steinreich an, und ihre Beziehungen zur Unterwelt sind gleich nahe. Nur pflegt es ein Zwerg zu sein, der als Bote der Unterwelts=göttin, wie sonst der Hirsch, in den Berg lockt: den Dietrich von Bern holt ein Zwerg ab, Heldens. 39, und noch in den allegorischen Gedichten des 15. Jahrh. führt ein Zwerg zu Frau Venus. Hiehin gehört auch der Rattenfänger, der die Kinder von Hameln in den Berg lockt; in der Sage vom Lorscher See (Wolf Beitr. 172) vertritt ihn ein Berg=männchen, von einer Göttin gesendet. Vgl. Zingerle II, 179. Gleiche Verhältnisse zu der Unterweltsgöttin finden sich nur bei Riesinnen §. 121; doch sind jene als Todtenschiffer auftretenden Riesen zu beachten so wie der Viehhirt (wilde Mann) S. 426.

Erdgeister und Zwerge theilen die lichtscheue Natur mit den Riesen: ein Sonnenstral wandelt auch sie in Stein und Felsen, wie wir in Al=wismâl sehen. Darum tragen sie auch Nebelkappen, Tarnkappen, die nicht bloße Kopfbedeckung sind: die helhût ist ein Mantel, der sie vor dem Lichte schützen soll; doch faßen sie einige Sagen allerdings als Hüte. Zu=weilen giebt ihnen die tarnhût (verbergende Haut) auch höhere Stärke: wer sie ihnen entreißt, oder den Hut abschlägt, bringt sie in seine Gewalt.

Ihre Verwandtſchaft mit den Rieſen bricht auch an einer Stelle des Al=
wismal hervor, wo Thôr zu dem Zwerge ſagt:

> Wer biſt du, Burſch, wie ſo bleich um die Naſe?
> Haſt du bei Leichen gelegen?
> Vom Thurſen ahn ich Etwas in dir:
> Biſt ſolcher Braut nicht geboren.

Der bleiche Zug um die Naſe, der bei Sterbenden und Todten beobachtet
wird, zielt auf ihre Verwandtſchaft mit den nâir, den Geiſtern der Ver=
ſtorbenen, mit denen ſie mehr als die urweltliche Wohnung gemein haben.
Wenn aber Thôr jetzt Etwas vom Thurſen in Alwis ahnt, ſo iſt das
für ihn charakteriſtiſch, der als geſchworener Feind der Rieſen überall
Thurſen wittert. Auch darin gleichen ſich Rieſen und Zwerge, daß ſie die
Cultur und das Chriſtenthum haßen: das Glockengeläute iſt ihnen zuwider,
der Ackerbau und das Wälderrotten vertreibt ſie: ſie wollen auch durch
Pochwerke nicht geſtört ſein, und beide beſchweren ſich über die Treuloſig=
keit der Menſchen, die ſie mehr noch als alles Andere zur Auswanderung
zwinge. Doch pflegen Sagen von maſſenhafter Auswanderung, wobei ſie
über einen Fluß geſchifft werden und dem Fährmann, den ſie mit alten
Münzen zahlen, unſichtbar bleiben, ſich nur an die Elben zu knüpfen. Vgl.
jedoch M. 511. Neben der Ueberfahrt kommt auch die Brücke vor, die
unzähliger Füße Getrappel erſchüttert. So iſt es die Unterwelt, wohin
der Abzug geſchieht, M. 428. Wie die Rieſen Eiſenſtangen, ſo tragen
die Zwerge Geiſeln; die Alberichs war von Gold; vorn hiengen ſieben
ſchwere Knöpfe daran. Wie Zwergkönige, giebt es auch Rieſenkönige,
und beide entführen gern irdiſche Königstöchter: der Rieſe Hrungnir
wie der Zwerg Alwis ſ. o. kann Thrudhs Dieb heißen. So ſtellen
die Rieſen Idun und der ſchönen Freyja nur nach, um ſie der Welt
und den Göttern zu entziehen. Deutſche Sagen laßen die Rieſen Men=
ſchentöchter entführen, weil ſie Wohlgefallen an ihnen finden; bei den
Zwergen wißen ſie noch einen dritten Grund: ihre Kleinheit. ‚Sie
ſtreben ihr Geſchlecht durch Heirat mit den Menſchen zu erfriſchen.‘
Darum bedürfen ſie auch menſchlicher Ammen (ut prolem suam infe-
licem nutriant, Gervas. Otia Imp. 987); ſäugende Frauen ziehen ſie
gern in ihre Höhlen, ihre ſchwachen Abkömmlinge zu ſchenken; wenn
auch Hebammen in die Berge geführt werden, kreißenden Zwerginnen
beizuſtehen, ſo ſcheint dieß eine Weiterbildung. Auch wenn ſie Säug=
linge der Menſchen rauben, und dafür einen kielkröpfigen Wechſelbalg
in die Wiege legen, ſo iſt es ihnen nicht ſowohl um den Beſitz des roth=
wangigen menſchlichen Kindes zu thun als das eigene Kind unterdes von
Menſchenmilch aufſäugen zu laßen und ſo ihr zurückweichendes unterge=
hendes Geſchlecht zu kräftigen. Urſprünglich wird dieſer doch weitver=

breitete Zug nicht sein; er entstand erst, als mit der wachsenden Aufklä=
rung sich das Gefühl einstellte, daß jene einst wohlthätigen Geister in
Abnahme geriethen.　Da sie oft als Geister der Verstorbenen gedacht
wurden, so könnte allerdings zuerst ihr Absehen auf Pflege und Aus=
stattung menschlicher Abkömmlinge gerichtet gewesen sein.　Sehen wir
doch auch, daß die Ahnfrau in Fürstenschlößern erscheint, den jungen
Sprößling des Geschlechts zu säugen und zu pflegen.　Es kann also
Entstellung sein, wenn man ihrem Hang Menschenkinder zu entführen
selbsüchtige Absichten unterlegte.　Nun wurden sie auch sonst noch der
Menschen bedürftig dargestellt, indem sie von ihnen Brau= und Backge=
räthe borgen, das sie Abends getreulich zurückbringen und wohl ein Brot
aus Dankbarkeit hinzulegen, oder ihre Hochzeiten und Feste in den Sälen
der Menschen zu begehen wünschen, wofür sie köstliche Kleinode zu schenken
pflegen, an denen Glück und Wohlfahrt des Hauses hängt.　Sie leihen
aber auch selbst den Menschen ihr Zinnwerk zu ihren Hochzeiten, DS. 36,
und das kann für älter gelten.　Uralt und tief in unsere Mythen ver=
flochten ist freilich der Zug ihrer Bedürftigkeit, daß sie zur Theilung
eines Schatzes, zur Schlichtung eines Streits menschliche Richter angehen,
und dabei von den Menschen übervortheilt werden.　Es pflegt dann
aber auch ein Fluch an dem Schatz oder dem Kleinod zu haften, das
der Mensch so sich selber zuwendet, während das freiwillige Geschenk der
Geister ganzen Geschlechtern Heil und Segen bringt.

　　Wenn es Myth. 438 heißt, es komme in den weitverbreiteten Sagen
von den Wechselbälgen nur darauf an, den Zwerg zum Selbstgeständniß
seines Alters zu bringen, ‚nun bin ich so alt, wie der Westerwald‘ u. s. w.
so zweifle ich, ob dieß der tiefste Sinn dieser Erzählungen ist.　Der
Zwerg ist keine überreife Schöne, die ihr Alter geheim halten muß.
Vielmehr soll man etwas Widersinniges thun um ihn zum Lachen zu
bringen, weil das Lachen Erlösung bewirkt. Vgl. S. 312.

　　Was sonst den Menschen Feindseliges in Elben und Zwergen liegt,
und Vieles der Art findet sich in der neuern Volkssage, kann gleichfalls
aus dem abnehmenden Glauben an sie hergeleitet werden. ‚Die Menschen
achten der Elben nicht, die Elben schaden den Menschen und necken sie.‘
Myth. 429. Daher die Elbengeschoße, die unfehlbar tödten; ihr feindlicher
Anhauch, welcher Lähmung, Beulen und Geschwüre zur Folge hat, der
lähmende Schlag ihrer Geisel. Vgl. Germania VI, 216. Wenn der Elbe
in das Auge speit, das ihn gesehen hat und nun erblinden muß, oder
wenn er es mit dem Finger ausdrückt, wie in der angezogenen Stelle des
Gervasius, so sollen die Menschen sie nicht sehen; auch die Götter
wollen nicht von den Menschen in ihrer wahren Gestalt erschaut wer=
den: der See verschlingt die Knechte, die bei dem Bade der Nerthus

Hand geleistet haben. Geistersichtig wird man durch Bestreichung des Auges mit Schlangenfett, dessen Genuß auch die Vogelsprache verstehen lehrt, oder indem man durch ein Astloch blickt, wo Elben hindurch zu kriechen pflegen, vgl. §. 140, oder durch die Oeffnung, die ein Elbenpfeil durch eine Thierhaut geschoßen hat, oder durch den Armring, oder über die rechte Schulter eines geisterhaften Wesens, dem man dabei auf den linken Fuß treten muß, Kuhn WS. 187. II, 56; es ist aber aus dem angegebenen Grunde meist mit Gefahr verbunden für das Auge des Schauenden. Eine Umkehrung hievon ist es wohl, wenn der Blick des Geistes selbst es dem Menschen anthut, der dann ‚entsehen‘ heißt: es ist der in den Sagen so berühmte ‚böse Blick‘, der aber auch Menschen beigelegt wird.

Es bleibt noch der Alb, Trud oder Nachtmar übrig, der im Schlafe drückt oder tritt, wovon vielleicht der Name. Schon K. Wanlandi ward Yngligaf. c. 10 von der Mar gedrückt oder getreten. Hier zeigen sich aber im deutschen Volksglauben Spuren, daß auch dieser Geist ursprünglich kein feindseliger war. Nach niederl. Glauben muß die schönste von sieben Töchtern Nachtmar werden. Wolf Beitr. 264. Aehnliche Meldungen finden sich anderwärts. Die Mar oder Mahrt wird gefangen, wenn man das Astloch oder Schlüßelloch verstopft, durch das sie in die Kammer des Schlafenden drang. Geschieht das, so erweist sie sich als ein schönes Mädchen, und Mancher hat sie geheirathet und sie haben Kinder gezeugt und glücklich zusammen gelebt bis die Frau, von der Sehnsucht nach der Heimat ergriffen, den Mann bat, den Pflock aus dem Astloch zu ziehen, durch das sie ins Haus gekommen war. That er das, so verschwand sie und kam nicht wieder, als etwa noch ihre Kinder zu waschen und zu pflegen. Gewöhnlich ergiebt sich England oder Britannien als das Land, wohin sie zurückgekehrt ist; dieß kennen wir aber schon als das Todtenreich. Bei Kuhn MS. 185 verschwindet sie auf die Frage, woher es komme, daß sie eine Mar geworden sei. Gleich dem Schwanenritter, der aus dem hohlen Berge kam, wie Skeáf aus dem Seelenlande, will sie nach ihrer Heimat nicht gefragt sein. Die Aehnlichkeit dieser Maren mit den Walküren fällt auf; im Oldenburgischen nennt man den Alb auch die Walriderske, Kuhn MS. S. 419. Aus der Lenorensage weiß man, daß es Bande giebt, welche die Todten noch an diese Welt knüpfen und sie dahin zurückziehen. Den Helgi zieht Sigruns Trauer aus Walhallas Freuden; Kindesliebe zwingt die Mütter, noch jeden Sonntag wiederzukommen, ihrer Säuglinge zu pflegen (MS. 185. Kuhn NS. 91): ein unerfülltes Eheversprechen band jene Mahrt an diese Welt. Kuhn Ztschr. für Spr. XIII, 125 nimmt zwei Classen weiblicher Maren an, deren eine aus der andern Welt, aus dem Engellande kommt, während die andern nur verwandelte Sterbliche sind.

So kann die Liebe den Geist in die Kammer des Schlafenden führen:
reine Luft am Quälen und Peinigen der Menschen gilt erst zuletzt als
Beweggrund. Wenn es lebende Menschen sind, die andere im Schlafe
zäumen und reiten, so geht das in den Hexenglauben über. Häufig ge=
schieht es ihnen, daß sie selbst gezäumt und vor die nächste Schmiede ge=
ritten werden, um sich an allen Vieren beschlagen zu laßen.

Den Walküren näher steht noch die Pferdemar, die ebenfalls Wal=
riderske heißt: sie pflegt sich zu ihrem nächtlichen Ausritt bestimmter
Pferde in fremden Ställen zu bedienen, welche sie so gut füttert, daß die
übrigen dagegen dürr und mager bleiben; doch wird auch berichtet, daß sie
Morgens erschöpft und schweißbedeckt im Stalle stehen. DS. 131. Das
kann von jenen in heiligen Hainen den Göttern erzogenen Pferden her=
rühren, die nur der Gott oder sein Priester reiten durfte, wie Saxo (M.
627) von Swantowits Pferde erzählt, daß es Morgens staubig und schweiß=
bedeckt im Stalle gestanden, weil der Gott auf ihm gegen die Feinde seines
Heiligthums kriegte. Auch lebende Menschen werden als Wâlrider oder
Walriderske, Rittmeije, gedacht. Sie pflegen auch den Pferden die Haare
zu verfilzen, wodurch der sog. Weichselzopf (plica) entsteht, der wohl
eigentlich Wichtelzopf heißen sollte. Es ist eine Krankheit, der bekanntlich
auch Menschen ausgesetzt sind, und auch hier von der Mar, der Trude,
dem Alb herrühren soll, wenn nicht von Frau Holle selbst, der Königin
der Elben, in deren Geleit sie nächtlich ausfahren. Auch der Pilwiß
oder Bilwiß (Myth. 440 ff.) verwirrt oder verfilzt die Haare, und einige
Namen des Weichselzopfs lauten als wär er von dem Pilwiß genannt.
Dieser vielgestalige Geist, der sich mit Haus= und Feldgeistern berührt,
und bald in den Bergen, bald in Bäumen wohnt (Myth. 442), hat am
meisten Herabwürdigung erfahren. Sein Name, der nach Gr. M. 442
aequum sciens, das Rechte wißend bedeutet, würde ihn zu den guten
Holden stellen; doch heißt nach ihm der ‚Bilwesschnitt‘, ein Raub am
Getreidefelde, der für das Werk eines bösen Geistes oder Zauberers gilt.
Indes scheinen hier zwei Beinamen Odins, Bilwisi und Balwisi, S.
168 oben, in Eins geronnen, wenn der Name nicht, wie Feifalik be=
hauptete, slavisch ist. Vgl. Saxo 129—131, wo zwei Rathgeber, Böl=
wis und Bilwis, sich gerade so entgegenstehen wie in der Hildensage
Sibich und Eckart, oder wie im Eingang zum Puppenspiel des Faust
und im Faust Marlows guter und böser Geist, was freilich nur Alle=
gorieen sind, zwiespältige Regungen in der Seele dessen, der zwischen
Gutem und Bösem schwankt, Uhld. VII, 137. Eine Sichel an den Fuß
gebunden geht der Bilmes= oder Bilsenschneider durch das reifende Korn,
und von dem Theil des Getreidefeldes, den er mit seiner Sichel durch=
schneidet, fliegen alle Körner in seine Scheune oder in die des Bauern,

dem er als Hausgeist dient, wenn er nicht als Hexenmeister oder Zau=
berer, sondern als elbisches Wesen aufgefaßt wird. Zuweilen reitet er
auf einem Bock durch das Getreide, was an Thôr und wieder an die
Roggenmuhme §. 120 erinnert. Vgl. Bawaria I, 320. Hier ist die
Herabwürdigung unverkennbar: das Umgehen des Bilwiß oder der Rog=
genmuhme, Roggenmutter im Getreidefeld, hatte ursprünglich einen wohl=
thätigen Sinn. Als eine mütterliche Gottheit schützte sie die Aecker und
machte sie fruchtbar. Wenn das Korn im Winde wogt, so sagt man,
der Eber gehe hindurch; das erinnert an Fros Eber, des Gottes der
Fruchtbarkeit. Man hört auch sagen, der Wolf geht im Getreide:
vielleicht Wuotans heiliges Thier, und so mahnt der Bock des Bilwiß
an Thôr, der wie Wuotan Erntegott ist, Myth. 446. Vgl. Rochh.
Mythen 30—33. 132. 234.
    Wenn der struppige Bilwiß uns zu den Feldgöttern führte, so
gehen wir mit dem behaarten und auch sonst nahverwandten Schrat,
Schräß oder Schretel (Schräzel), zu den Waldgeistern über. Es ist
rauh und zottig und die Augenbrauen sind ihm zusammengewachsen. Das=
selbe berichtet Kuhn NS. 419 von der Murraue, die sonst der Mahrt
gleicht. Vgl. WS. 286. Goethe sagt im II. Bande von Wahrheit und
Dichtung (21, 177) über Meyer von Lindau, einen seiner Straßburger
Tischgenoßen: ‚seiner ganzen Physiognomie gab es einen eigenen Ausdruck,
daß er ein Räzel war, d. h. daß seine Augenbrauen über der Nase zusam=
menstießen, welches bei einem schönen Gesicht immer einen angenehmen Aus=
druck von Sinnlichkeit hervorbringt.‘ Wir sehen jetzt aus Panzers Beitr. I,
111, vgl. Meier 173, Stöber 279, daß Räzel und Schräzel zusammen=
fallen, wie Räzel= und Schräzellöcher. Prätorius berichtet (DS. 80): ‚Die
Augenbraunen des Albs, der Drud oder Mar stoßen in gleichen Linien
zusammen; Leute, denen die Augenbraunen auf der Stirne zusammenge=
wachsen sind, können Andern, wenn sie Zorn oder Haß auf sie haben, den
Alb mit bloßen Gedanken zuschicken. Er kommt dann aus den Augen=
braunen, sieht aus wie ein kleiner weißer Schmetterling und setzt sich auf
die Brust des Schlafenden.‘ Der Schmetterling ist das Bild der Seele,
die in Schmetterlingsgestalt auch aus der Hexe fliegt, während der Leib
wie todt liegt, Myth. 1031. 1036. Auch Denen, welche das Vermögen
haben, sich in Werwölfe zu wandeln, sind die Augenbrauen über der
Nase zusammengewachsen, Myth. 1051. Auf dem Eichsfeld nennt man
die Räzel Markbrücker, was den Waldgeist bezeichnet.
    Der Inhalt der altdeutschen Erzählung von dem Kampf eines zahmen
Waßerbären mit dem Schretel, das einen Bauernhof unsicher machte, lebt
noch im Volksmunde, aus dem sie mehrfach aufgezeichnet worden ist. ‚Moe
und Asbiörnsen 26. Müllenhoff 257 stellt sie unmittelbar neben Beowulf,

und die Verwandtſchaft iſt ſo einleuchtend, daß ihnen gleiche mythiſche Grundlage zugetraut werden muß. Biörn iſt ein Beiname Thôrs, vgl. ob. 233; der Schrat geht aber in die Rieſen über, und dieſe pflegt Thôr zu be= kämpfen, und Beowulf, wenn er als Bienenwolf zu deuten iſt (Myth. 689), kann eher auf den Bären gehen als auf den Specht. Bis zur Unkennbarkeit entſtellt finden wir ſie Vernaleken 180; aber eben daran lernen wir, daß alle Sagen und Märchen hieher gehören, wo ein Schloß, Haus oder Mühle von dem Spuk befreit werden ſoll, der es unwohnlich macht.

Wald=, Holz= und Moosleute haben wir öfter erwähnt und den nor= diſchen Iwidien verglichen. Ihr Leben ſcheint an Bäume geknüpft, denn ein Waldweibchen muß ſterben, wenn ein Baum entrindet wird. Man pflegte gewiſſe Bäume mit gebogenen Knieen, entblößtem Haupt und ge= falteten Händen um Holz zu bitten ehe man die Axt anlegte; die dabei gebrauchte Formel klingt noch in einem Kinderliede nach. Hiemit kann es zuſammenhangen, daß elbiſche Weſen hinten hohl gleich Bäumen vorge= ſtellt wurden, was unſere Minneſinger auf Frau Welt und die Trüglich= keit aller irdiſchen Freuden übertragen. In der Buſchgroßmutter haben die Waldleute ihre eigene Königin, die der Berchta gleicht, denn obgleich ihr Wagen ſich in einen Schubkarren gewandelt hat, ſo lohnt doch auch ſie den Ausbeßerer mit dem Abfall der Späne, die zu Gold werden. Iwidie mehrt, lautet der einſilbige Ausſpruch in der Eingangsſtrophe von Hrafnagaldr. Das mag der Sinn des Spruches (Myth. 452) ſein:

> Schäl keinen Baum,
> Erzähl keinen Traum,
> Pip kein Brot,
> So hilft dir Gott aus aller Noth.

Das Holzweibchen klagt, es ſei keine gute Zeit mehr ſeit die Leute ihre Klöße in den Topf, das Brot in den Ofen zählten, oder ſeit ſie das Brot pipten und Kümmel hineinbücken. Den Kümmel können die Waldleute nicht vertragen, und gepiptes Brot, durch die eingedrückte Fingerſpitze oder gar durch ein Kreuz bezeichnetes, nicht wegnehmen. Aber nun mehrte ſich auch dem Bauern das Brot nicht mehr, deſſen Mitgenuß er dem Waldweibchen entzog, und ſein Wohlſtand nahm ab bis er ganz verarmte.

> ‚Sie haben mir gebacken Kümmelbrot:
> Das bringt dieſem Hauſe große Noth.‘

Daß auch ein halb unfreiwilliges Opfer Segen bringen kann, ſehen wir aus Müllenhoff 370, wo der wilde Jäger einem Bauern ein Brot nimmt und ſagt, ‚weil ich dieſes Brot hier bekommen habe, ſoll es in deinem Hauſe nimmer daran fehlen‘; und er hielt Wort.

Daß dieſe Waldleute in Rieſen, ja in Helden übergehen, iſt ſchon oben erinnert worden. Außer an Witolf, Wittich, Witugouwo zeigt es ſich)

bei Mimring, den Saxo (§. 35) silvarum satyrus nennt. Dieſer
erſcheint auch als Schmied wie Mime in der Wiltinaſage, und Wittichs
Vater Wieland, der Elbenkönig, iſt der berühmteſte aller Schmiede (Myth.
426, vgl. 440), den als Galans le forgeron ſelbſt die franzöſiſche (Ker-
lingiſche) Sage kennt. Wie man dem Bergſchmied Eiſen und Stahl auf
die Klippen legen und dann Morgens die Arbeit gefertigt finden ſollte, ſo
geſchah es wirklich nach der engliſchen Sage (D. Helbenf. 170) von Wayland-
Smith. Aehnliches wird von dem Smett uppn Darmsſen (Myth. 463,
Ztſchr. f. M. I, 103, Kuhn WS. 41. 47. 62) berichtet; der Grinken-
Schmidt (NS. 156) wird auch hieher gehören, zumal er ein wilder
Mann heißt, und der Schmidt am Huggel (Harris 56) ergiebt ſich
aller Vermenſchlichung zum Trotz doch zuletzt als Metallkönig. Es iſt aber
ein uralter Zug, der ſchon bei Hephaiſtos vorkommt, Myth. 440. Vgl.
Peterſen 110. Die ſchon M. 351 begonnene Vergleichung der Wieland-
ſage mit der von Dädalus hat Kuhn Ztſchr. f. Spr. IV, 95 ff. zu dem
ſichern Ergebniſs ihrer Einheit gebracht.

Der wilde Mann mit dem entwurzelten Tannenbaum in der
Hand, den wir auf Wirthshausſchildern und als Schildhalter nieder-
deutſcher Fürſtenwappen, auch des preußiſchen, finden, iſt tief in unſere
Mythen verflochten. In dem däniſchen Liede Held Bonved trägt er
den Eber auf dem Rücken, den Bären im Arm, auf jedem Finger ſeiner
Hand ſpielen Haſ und Hinde, vgl. Uhl. III, 52, der noch andere Beiſpiele giebt, von welchen ihn zwei einen Hirſchen reiten laßen. Am Le-
bendigſten wird er im Jwein geſchildert, wo er ein Waldthor heißt und
ein ellenbreites Antlitz hat; den Kolben trägt er in der Hand. Zugleich
iſt er als Hüter wilder Thiere, Wiſende und Urrinder, dargeſtellt, die in
einem Gereute des Waldes, unfern des wunderbaren Brunnens, weiden.
Wirnt von Gravenberg zeigt ſich auch darin als Nachahmer Hartmanns,
daß er als Gegenbild des wilden Mannes im Jwein ein wildes Weib
ſchildert, das aber dem Märe nicht ſo nothwendig angehört als der
wilde Mann im Jwein. Wir finden ihn wieder in dem zweiten Märchen
bei Sommer, wo er der eiſerne Mann heißt, was an die iarnwidhiur
(§. 13. 120) erinnert. Auch hier muß er der Thiere hüten, und KM.
III, S. 185, wo er in einer Variante des Märchens (Nr. 97) vom Waßer
des Lebens abermals begegnet, ſollen ſeine Thiere, Haſen und Füchſe, ſogar mehr wißen als der Rieſe ſelbſt (ein Zwerg in dem entſprechenden
Märchen), nämlich wo das Waßer des Lebens zu holen ſei. Mit dem
Waßer des Lebens iſt das aus dem Brunnen der Urd gemeint, das verjüngende Kraft hat wie die Aepfel Iduns, während auch im Jwein der
Brunnen heilig iſt, wie wir daran ſehen, daß Gewitter toben, wenn ſein
Waßer verſchüttet wird. So hat er gleiche Bedeutung mit dem Brunnen

der Urd, deſſen Waßer wir S. 35 als heilig erkannten, daher es von
dieſem erſt auf andere Waßer wie den Pilatusſee in der Schweiz über=
tragen ſein wird. Ein nach ſeiner Heiligkeit benannter See, Zingerle S. 98.
Daß Gewitter entſtehen, wenn man etwa einen Stein hineinwirft, vgl.
Zingerle Sagen S. 105—7, das bezeugt auch KM. 121, wo goldene
Aepfel an die Stelle des mythiſch gleichen Lebenswaßers treten, und der
Löwe, der ſie bewacht, dem Helden demüthig folgt als ſeinem Herrn,
was den Zuſammenhang mit Iwein, dem Ritter mit dem Löwen, ja
mit Heinrich dem Löwen, außer Zweifel ſtellt.   Die Betretung ſonſt un=
nahbarer mythiſcher Gebiete iſt in den meiſten Märchen zur Aufgabe
geſtellt: hier ſind ſie als der Unterwelt verwandt deutlich genug bezeichnet:
‚der Garten, worin der Baum ſteht, iſt von einem eiſernen Gitter um=
geben, und vor dem Gitter liegen wilde Thiere eins nach dem andern,
die halten Wacht und laßen keinen Menſchen hinein.‘ Unweit des Bau=
mes, der wohl der Weltbaum iſt, als deſſen Früchte mithin die goldenen
Aepfel erſcheinen, ſteht hier wieder der heilige Brunnen, deſſen Leben
wirkende Kraft ſich daraus ergiebt, daß ſein Waßer Blinde ſehend macht
und Wunden heilt, zuletzt auch ausdrücklich Waßer des Lebens heißt. Die
Jungfrau, um deren Erlöſung es ſich handelt, iſt Hellia oder Idun;
ſchwarze und weiße Farben bedeuten hier wieder Stufen der Erlöſung.
Als Hüter der Thiere, wie er bei Rochh. Mythen 105 Geiße hütet,
erſcheint der Rieſe hier nicht: das Zuſammengehören beider iſt vergeßen:
doch erlangen wir Auskunft über die Bedeutung der Thiere ſo wie des
Brunnens und der Aepfel, und daß der Löwe hervorgehoben wird, iſt
uns für die Vergleichung mit Iwein und Heinrich dem Löwen §. 66
wichtig.   Der Bezug des Waldthoren auf den Brunnen und die Aepfel
erſcheint dagegen KM. 136 wieder: hier heißt er bald der Eiſenhans,
bald der wilde Mann, wie bei Sommer der eiſerne Mann; die Einheit
beider Märchen erhellt daraus, daß hier wie dort der eiſerne Mann am
Königshofe in einen Käficht geſperrt wird, und ein goldener Ball, ver=
muthlich ein Apfel, Veranlaßung wird, daß ihn der Königsſohn befreit.
Die Strafe, die dieſen dafür erwartet, führt es dann herbei, daß er den
Hof verlaßen muß und im Walde bei dem eiſernen Manne Schutz findet,
der ihm als ſeinem Befreier zu Dank verpflichtet iſt. Auch hier fehlt
der Brunnen nicht, deſſen Wunderkraft ſich darin äußert, daß Alles,
was hineinfällt, zu Golde wird. Dieſen kryſtallklaren Brunnen ſoll nun
der Königsſohn bewachen (was eigentlich des Eiſenmanns Amt wäre):
er läßt aber ſeine langen Haare hineinfallen, die nun zu Golde werden
und wie eine Sonne glänzen.   Die Thiere hütet Eiſenhans nicht wie
bei Sommer; daß er aber doch eigentlich Herr der Thiere iſt, ergiebt
ſich daraus, daß er dem Königsſohn breimal mit einem Pferde aushilft.

Gegen den Schluß kommen auch die goldenen Aepfel vor. Wer ist nun
der eiserne wilde Mann, der die Thiere hütet und mit ihnen den Brun=
nen und die goldenen Aepfel bewacht?

In Skirnisför sitzt ein Viehhirt am Hügel und bewacht die Wege.
Außerdem wird Gymisgard, worin wir die von Wafurlogi umschloßene
Unterwelt erkennen, noch von Hunden bewacht. In Fiölswinnsmal, das
wesentlich den gleichen Inhalt hat wie Skirnisför, wie Mengladas Saal
gleichfalls von Waberlohe umschloßen ist, fehlen die Hunde nicht, auch des
Gitters wird gedacht, wie dort des Todtenthors (Str. 55), ferner des Baums
Mimameidr, der sich über alle Lande breitet: wir werden also in mehr
als einem Stücke an die verglichenen Märchen erinnert; nur die geweihe=
ten Thiere vermißt man. Und doch ist Fiölswidr, der Wächter, Niemand
anders als unser wilder Eisenmann und der Viehhirt in Skirnisför. Er
läßt sich mit Windkaldr, wie der Hirt mit Skirnir, ins Gespräch ein, das
nur durch Mengladas Erscheinen, wie dort durch Gerdas unterbrochen wird.
Der Viehhirt erscheint auch in der Herwararsage, wo Herwör ihn nach ihres
Vaters Todtenhügel fragt. Der Viehhirt antwortet, es sei tollkühn, daß
sie zur Nachtzeit unternehmen wolle was Andere am hellen Tage nicht
wagten, denn von Sonnenuntergang an schwebe glühende Lohe darüber.
Diese Lohe ist die Waberlohe und unserer Deutung derselben auf die
Glut des Scheiterhaufens, die hier noch fortglüht, gereicht diese Stelle
zu nicht geringer Bestätigung. Im Harbardslied bleibt es unerklärt,
warum sich Harbard, der sonst Odin ist, und zugleich als Todtenschiffer
erscheint, Str. 50 einen Viehhirten nennt. Schwerlich ist es aber ein
leeres Vorgeben; es stimmt mit dem Ergebniss der sorgfältigen Unter=
suchung Kuhns 324—332 über eine Reihe einschlägiger Meldungen,
wonach die Hirtin der unterirdischen Heerde neben unserm Vieh=
hirten Frau Harke, Holla oder Freyja ist.

Vor der Unterwelt also wird Vieh geweidet: das bestätigt sich für
den deutschen Glauben aus Birlinger I, 364, und Kellers Fasnacht=
spielen Nro. 56, wo der Weiber Bosheit, die nach vielen schwankhaften
Erzählungen des Mittelalters die des Teufels übertrifft (§. 95), da=
durch dargethan wird, daß drei böse Weiber das Vieh rauben, das vor
der Hölle geht.

> Vor der helle vil vihes gat
> Daz weln wir nemen mit gewalt.

Auch der Hirt kommt hier vor und heißt Gumprecht. Er geht aber gern
ins Wirthshaus, das Pinkepank, ein aus dem Volksschauspiel bekannter
Teufel (Ztschr. IV, 485), vor der Hölle hält, und das machen die bösen
Weiber sich zu Nutze. Wir sehen hier wie der wilde Mann auf die
Wirthshausschilder kommt z. B. in Basel. Pinkepank Taverne erinnert

an den Namen Nobiskrug §. 53, wo der Teufel den Wirth macht. In dem fränkischen Liede vom Todaustragen heißt es M. 728:

> Nun treiben wir den Tod aus
> Hinters alte Hirtenhaus. Vgl. S. 339 oben.

Spuren des vor der Hölle weidenden Viehs finden sich auch bei Pröhle Harzſ. 106, wo um die Schalk, ein verwünschtes Schloß, das ganze Groß- und Kleinwild in kleinen Steinen abgebildet umherliegen soll. Weniger sicher ist die Erinnerung, wenn KM. 61 das Bürle vorgiebt, auf der unter- weltlichen Wiese weideten ganze Heerden Lämmer. Ein Sprichwort sagt: wer zu viel bete, bete sich wieder aus dem Himmel heraus und müße unserm Herrgott das Vieh weiden, die ‚Piwitte‘ nach einer westfälischen Variante. Im Nobiskrug (§. 53) müßen nach Kuhn NS. 132 diejeni- gen, welche nichts getaugt haben, Schafböcke hüten, wie beim Walpurgis- fest auf dem Blocksberg die jüngste Hexe Kröten hüten soll, M. 1025. ‚Andere sagen: im Nobiskrug erhalte man den Paß zum Himmel; und wieder Andere meinen, der Nobiskrug sei der Himmel selber.‘ Es bestä- tigt sich immer mehr, daß nach den ältesten Vorstellungen Himmel und Hölle beisammen liegen. Nicht immer ist die Unterwelt von Höllenflüßen umgeben oder durch das Wendelmeer M. 1218 von der Menschenwelt geschieden, nicht immer liegt sie im hohlen Berge oder im Schooß der Flut, vgl. §. 118: oft trennt sie, wie in dem lat. Volksliede von Bischof Heriger nur ein dichter Wald (densis undique silvis) von der übrigen Welt; aber er ist von wilden Thieren erfüllt, und diese hütet der bald als Zwerg, bald als Riese vorgestellte wilde Mann, der zugleich den Brun- nen des Lebens und den Baum mit den goldenen Aepfeln bewacht. Er hütet sie aber auf der grünen Wiese, auf die auch bei Hans Sachs u. f. w. die Landsknechte und nach der steirischen Sage die Soldaten verwiesen werden. Vernaleken Oestr. M. 119. Daß die gehüteten Thiere ver- wandelte Menschen sind, den Gefährten des Odysseus ähnlich, ist nicht zu bezweifeln. Vgl. Kuhn WS. 330.

Wer Speise und Trank der Unterirdischen genießt, ist ihnen verfallen und kann nicht mehr ins Menschenleben zurück. Dieß gilt nicht von dem Brote, das sie aus Dankbarkeit schenken, nicht von den duftenden Kuchen, die sie backen und den Menschen mittheilen, wenn ihnen der aus dem Erdboden aufsteigende Wohlgeruch Verlangen darnach erregt hat (vgl. Kuhn WS. I, 132. 368): es gilt nur von dem Verwegenen, der sich in ihre Feste drängt, ja auch von Denen, die sie selber in den Berg holen, ihnen wie die Frau von Alvensleben DS. 68 in Geburtswehen Hilfe zu leisten: der Berg ist die Unterwelt, und ihr gehört an wer ihre Kost genoßen hat, wie schon die Granatkörner der Persephone lehren. Mit jenen Kuchen hängt nach Kuhn 369 das Tischchen deck dich zusammen.

126. 2. Waßergeister.

Schon bei den Waldelben zeigte sich ein Uebergang in Waßergeister (Waßerholde, Brunnenholde) an den Moosleuten, die den Waldleuten gleich vom wilden Jäger, der auch der hafsfrû nachstellt, verfolgt werden, und doch eigentlich vom Waßer benannt sind, da Moos Sumpfland bedeutet. So hielt sich auch der Zwerg Andwari in Hechtgestalt in einem Waßer= fall auf, und nach Wiltinaſ. c. 43 wohnte Alfrik (Alberich) in einem Fluß. Aehnlich gehen die Walküren, die sich in Schwäne wandeln, in Meerwei= ber über, und Frau Holla selbst wohnt im See oder badet im Teich, wobei an Nerthus erinnert werden darf.

Ein allgemeiner Ausdruck für elbische Geister ist menni, minne: besonders wird er für Waßerwesen, Meerminnen, gebraucht; doch erschei= nen daneben Waldminnen, Myth. 405, und auch die Meerminnen heißen wilde Weiber. Nahe Verwandtschaft zeigt der Name Mümmelchen, der in Muhme, Mühmchen übergeht, S. 205. Auch der Name Marmen= nil schließt sich an. Ihn suchen die Menschen in ihre Gewalt zu bringen, damit er ihnen weißage; er gleicht dem Butt des deutschen Märchens, nur daß dieser Schöpferkraft besitzt und jener nur Gabe der Weißagung. Er hüllt sich aber gern in hartnäckiges Schweigen und bricht es nur unwill= kürlich. Jener, den König Herleif nach der Halfsſ. (FAS. II, 31) hatte fangen laßen, gab keinen Laut von sich bis der König einmal seinen Hund schlug; da lachte der Marmennil. Der König fragte: warum er lache. Weil du den schlugst, sagte der Marmennil, der dir das Leben retten soll. Nähere Auskunft weigerte er bis der König versprach, ihn wieder ins Meer zu laßen: da gab er auf dem Wege nach dem Strand in Liedern Bescheid über das dem Dänenland drohende Kriegsunwetter. Als man ihn nun über Bord ließ, fragte der Mann, der ihn in der Hand hielt: was ist dem Menschen das Beste? Marmennil antwortete:

> Kalt Waßer den Augen, Kalbfleisch den Zähnen,
> Leinwand dem Leib: laßt mich ins Meer.
> Nun wird mich, das weiß ich, Niemand wieder
> In sein Boot bringen vom Boden der See.

Auch dieser Marmennil wird als Schmied gedacht: die Coralle heißt sein Geschmeide, marmennils smîdi, Myth. 405, wie den Bergkrystall Zwerge gehämmert haben und Zwerginnen die Herbstfäden gewoben. Wie Marmennil und jene Meerweiber in den Nibelungen, die noch spät als Donauweibchen fortlebten, weißagen auch Zwerge, z. B. Eugel im hürnen Sifrit, und in einem volksmäßigen Liede (St. Andreas Schutz= patron) wird das Echo, das bekanntlich dvergmâl, Sprache der Zwerge heißt, zur Weißagung benutzt.

Der Mummelsee in Baden und das Flüßchen Mümling im Odenwald scheinen von dem Mummel, ihrem See- und Flußgeist, benannt, wie
der Necar? von dem Neck oder Nix, einem Waßergeist. Der älteste Name
der Waßergeister ist Nichus, ags: nicor, niederl. nicker oder necker. Ob
Odins Namen Hnikar und Nikuz ihn als Waßergott bezeichnet, ist zweifelhaft, §. 62 ; doch würde sich daraus noch beßer erklären, warum der
h. Nikolaus auf dem Schimmel geritten kommt und als Patron der Schiffer
gilt, wie denn sein Bild am Binger Loche steht, wo ihm für glückliche
Durchfahrt Gelübde geweiht wurden, wie er auch in Vorarlberg die
Kinder bringt, Wolf Beitr. 184, Ztschr. I, 143; sonst pflegt er nur die
Kinder zu beschenken, Kuhn WS. 100. Quitzmann 38. Neben St. Nicolas wäre auch St. Nicasius (14. Dec.) in Betracht zu ziehen.

Es giebt männliche und weibliche Nixen: beiden wird, wie sie mit
dem Oberleib aus der Flut tauchen und ihr langes Haar in der Sonne
strälen, hohe Schönheit beigelegt; wenn den Unterleib ein fischartiger
Schwanz entstellt wie bei der Melusine des Volksbuchs, so ist diese Vorstellung als deutsch nicht zu erweisen, wie Melusine böhmischen Ursprungs
scheint, vgl. Grohm. 44; wohl aber wenn sie rothe Mütze und grünen
Hut tragen und grüne Zähne blecken, die wohl auch eisern heißen; wagen
sie sich ans Land zu den Menschen, so erkennt man sie an dem naßen
Saum des Gewandes. Sie erscheinen gern auf den Märkten, und da
muß man auf die Preise achten, die sie bezahlen, denn je nachdem sie
hoch oder niedrig sind, folgt Theurung oder wohlfeile Zeit. Auch auf
Tanzböden zeigen sich wohl die Seejungfern, in der Dreizahl gewöhnlich, und schwingen sich im Reihen mit der männlichen Dorfjugend, aus
welcher sie ihre Geliebten wählen. Aber zu einer bestimmten Zeit müßen
sie zurück in ihren See: wird sie versäumt, so kostet es ihr Leben, und
wallt es blutroth herauf aus der Flut, so ist ein schreckliches Gericht
über sie ergangen. Hier zeigt sich die Grausamkeit des Waßergeistes,
der auch Menschenopfer fordert, wie der Rhein und andere Flüße ihr
jährliches Opfer verlangen und von Ertrunkenen gesagt wird, der Nix
oder die Elbjungfer habe sie herabgezogen. Der Donaufürst fragt Jeden,
dem er begegnet, was er wünsche und stürzt ihn dann in die Tiefe hinab,
wo er alles Gewünschte finden werde. Einem Kinde soll er eine Co-
rallenkette um den Hals gehängt haben, an dem es erwürgte, und später
am Donaustrande gefunden ward, Vernaleken österr. S. 164. Oft hat
das eine mildere Seite: die Liebe der Nixe zog den schönen Jüngling
hinab ; Wachilde, Wittichs Ahnfrau, birgt ihn im Schooß der Flut vor
dem verfolgenden, im Zorn unbesiegbaren Dietrich, und Holda, die
zwischen Hel und Ran in der Mitte steht, empfängt die Ertrinkenden in
lachenden Wiesen auf dem Grunde ihres Sees oder Brunnens. Ein

Waßermann zeigte einem armen Fischer einen Schatz unter der Bedin=
gung, daß er mit ihm theile. Der Fischer that es; es blieb aber ein
Heller übrig, welche der Fischer mit seiner Hacke entzwei schlug. Als
der Waßermann so ehrliche Theilung sah, ließ er das Geld liegen und
verschwand. Vernaleken österr. Sagen 185.

Noch ein anderer Zug kann mit den Waßergeistern versöhnen: die
Liebe der Elben zu Spiel, Gesang und Tanz zeigt sich nirgend mächtiger
als bei ihnen. Wie der Ton aus Oberons Horn unwiderstehlich in den
Tanz reißt, so ist der Albleich eine süße, entzückende Weise (Myth. 439),
und die des schwedischen Strömkarl, der auch Fossegrim heißt (und das
Rauschen des Waßerfalls, fors, liegt beiden zu Grunde), lockt und bezau=
bert; von seinen eilf Variationen dürfen nur zehne gespielt werden: bei
der eilften, die dem Nachtgeist und seinem Heer gehört, würden Tische und
Bänke, Kannen und Becher, Greise und Großmütter, selbst die Kinder in
der Wiege zu tanzen beginnen. Wer seine Kunst erlernen will, opfert
ihm ein schwarzes Lamm oder ein weißes Böcklein; ist das recht fett, so
greift der Fossegrim über des Lehrlings rechte Hand und führt sie so
lange hin und her bis das Blut aus allen Fingerspitzen springt: dann
ist er aber auch in seiner Kunst vollendet und kann spielen, daß die Bäume
tanzen und die Waßer in ihrem Falle stille stehen; ja der Spieler selbst
vermag nicht abzulaßen, wenn ihm nicht Jemand von hinten die Saiten
zerschneidet oder er das Stück rückwärts zu spielen gelernt hat, Myth. 461.
So ist auch der Tanz der Elbinnen im Mondschein so verführerisch, daß
man die Augen abwenden muß, um nicht hineingezogen zu werden. Die
Vergleichung der Trilogieen stellt Oberon als aus Alberich romanisiert
zu Wodan, und es wird deßen Horn sein, das sich bei ihm wiederfindet.
So sahen wir §. 35 den blinden Höbr als Hotherus zu dem lieder=
kundigen Horand werden, deßen Gesang unwiderstehlich hinreißt; der
blinde Höbr gleicht aber dem einäugigen Odin auch in dem Bezug auf
die Unterwelt, welcher sie die Hälfte des Jahres über angehören.

Odins Horn will man bei Heimdall und Wate auf den Donnerschall
beziehen: das Rauschen des Windes, das seinem Wesen zu Grunde liegt,
kann ihn zum Gotte der Tonkunst gemacht haben; die Waßergeister hat
zu Lehrern dieser Kunst wohl das Rauschen des Waßers befähigt. Nur
ausnahmsweise zeigt auch einmal ein Hausgeist, der Lagutzerbutz bei Von=
bun, musikalische Talente: er spielt als schwarze Katze die Maultrommel.

Unklar bleibt es noch was die Waßergeister mit dem Schwerte zu
schaffen haben: sie verdingen sich als Knechte bei Menschen und verlangen
ein Schwert, einen Erbbogen zum Lohn. Temme Pommersche Sagen
Nr. 252, Kuhn WS. I, Nr. 37. Wir werden an das alte Riesenschwert
erinnert, das Beowulf in Grendels mattbeleuchteter Halle erblickt.

Die Seelen der Ertrunkenen birgt der Waßermann unter umge-
ſtülpten Töpfen, wo ihr Wimmern vernimmt, wer lebend in ſein Waßerreich
hinabſteigen durfte. Hebt er einen der Töpfe auf, ſo fährt die erlöſte
Seele raſch empor; wir erfahren aber nicht, ob ſie ſich in Luft verflüch-
tigt oder wieder einen Leib annimmt. Doch ſpricht für Letzteres das
Märchen bei Wolf DS. 59. Statt der Töpfe wird auch wohl ein Glas-
gefäß genannt, worüber man Liebrecht Gervaſius 150 ff. vergleiche.

Schon bei den Waßerrießen §. 122 gedachten wir des Waßer-
manns, der in Stiergeſtalt Stammvater der merowingiſchen Könige ward,
womit es zuſammenhängen kann, daß ihren Wagen Ochſen zogen wie
Kühe ben der meerverwandten Nerthus, und ein Stierhaupt in Childerichs Grabe gefunden ward. Aehnliches wird Iriſche Elfeum. S. XLVII
von dem Elfſtier erzählt und DS. 59 von dem braunen Stier, der
aus dem Mummelſee ſteigt. Vgl. Harris I, 47 und Kuhn NS. 500.
WS. 207. 297. Rochholz II, 515. Mythen 76. Aber auch apfelgraue
Roſſe ſteigen aus der Flut und begatten ſich mit den Stuten in den
Ställen der Menſchen. Audhun fieng ein ſolches und zwang es ihm zu
pflügen; am Tage gieng das gut, aber mit Sonnenuntergang riß es
alles Zeug entzwei, lief in die See und kam nicht zurück, Landn. II,
10. Auch das kehrt in Deutſchland wieder: der ſchwarze Gaul DS.
202 zieht aber Pflug und Pferde und Bauer und Jungen in das
grundloſe Teufelsbad bei Daſſel. Vgl. Kuhn NS. 476. Myth. 458.
Lütolf 39. Solche Roſſe heißen nennir oder nikur: das und die Verbindung mit dem Mummelſee bezeichnet ſie als elbiſch; ſonſt gleichen ſie
eher rieſigen, verderblichen Weſen. Die Pferdegeſtalt, die hier Waßergeiſter annehmen, erinnert an griechiſche Mythen; auch fanden wir ſchon
§. 74. 92, 1 Pferd und Quelle verbunden. Daß ſie der Unterwelt angehören und ihr Brüllen ausbrechendes Viehſterben bedeutet, führt Kuhn
WS. 294 aus.

Das Chriſtenthum hat natürlich auch Waßerweſen als teufliſch aufgefaßt; dem Volk aber ſind ſie der Erlöſung fähig, ja bedürftig. Jener
Strömkarl läßt ſich für ſein Harfenſpiel und den Unterricht darin nicht
bloß opfern, ſondern auch wohl Auferſtehung und Erlöſung verheißen,
Myth. 462. Der Elbſt im Seliſbergerſee (Lütolf 282) iſt jedoch
durchaus als menſchenfeindliches Weſen gedacht. Er erſcheint bald als
Fiſch bald als Sau u. ſ. w. zur Vorbedeutung böſer Zeiten, wie auch
im Zugerſee ſich ein Ungeheuer ſehen läßt, wenn Theurung, Peſt oder
Krieg bevorſtehen.

Ein Bezug auf die Waßergeiſter iſt bei den Sagen von verſunkenen Glocken anzunehmen, zu welchen vielleicht Unkenſtimmen und
gluckſende Töne der Wirbel in Seen und Teichen die erſte Veranlaßung

gaben. Kuhn WS. 23. Heidnischer Glockenhaß wird auf den Teufel
übertragen, der aber nur über ungetaufte Glocken Macht hat. Die versenkten Glocken verlangten gleich andern Schätzen wieder ans Tageslicht;
gleich andern Schätzen sonnen sie sich und werden, wenn man ein Tuch
auf sie legt, der Oberwelt wieder gewonnen; doch gelingt das nur selten,
und selbst dann laßen sie sich nur von Rindern zur heiligen Stätte
ziehen. Vgl. Kuhn NS. 477. Nach Kuhn a. a. O. erscheint in der Unke,
und ebenso in der Glocke die in die Unterwelt gebannte weiße Frau.
Glocken im Berge kommen seltener vor, wenn nicht die Kirche mit versunken ist. Kuhn 16. Gleichwohl finden sich, auch in Köln, Sauglocken,
die ein Schwein aus der Erde gewühlt haben soll, Temme P. S. 268,
Ostpr. 240, worauf die sprichwörtliche Redensart Bezug nimmt: er hört
gern mit der Sauglocke läuten. Häufig wird gemeldet, daß die Glocken
im Teich am Johannistag läuten; das ist derselbe Tag, wo auch der
Flußgeist sein Opfer, einen Schwimmer (oder Klimmer) verlangt.

127. 3. Feuergeister.

Eigentliche im Feuer lebende Geister, wie das M. A. von dem
Salamander dichtete, giebt es in der deutschen Sage nicht, nur dem
Feuer verwandte, die auch in ihrer äußern Erscheinung auf dieß Element
deuten. Dahin gehören zunächst die Irrlichter, wovon §. 128. Ueber
Lebenslicht vgl. §. 146.

Der Bezug auf das Feuer sowohl als auf die Seelen der Abge-
schiedenen findet sich auch bei den Hausgeistern. Sie gleichen den
Manen, Laren und Penaten, und sind eigentlich Heerdgeister. Der Heerd
ist die heilige Stätte, gleichsam der Altar des Hauses, wo das ewige Feuer
nach der alten Sitte nie ausgehen sollte; in der Nacht ward es nur mit
Asche bedeckt. Das Heerdfeuer scheint das Element des Hausgeistes: an
den Heerd ist er gefeßelt, dahin wird ihm auch sein Näpfchen Milch
gestellt, oder welche einfache Kost sonst ihm zum Opfer bestimmt ist: er
nimmt sie gerne an und zürnt, wenn sie ihm zu reichen vergeßen wird.
Auf die Einfaßung des Kamins wurden auch geschnitzte Hausgeister auf-
gestellt, zuletzt mehr zum Scherz oder zur Zierde, ursprünglich wohl mit
tieferer Bedeutung: es waren Götzenbilder, Bildnisse der Hausgeister,
die über dem Heerde angebracht wurden. Die Sitte währte in christlicher Zeit fort, und wurden jetzt auch Heilige auf der Eisenplatte ausgegoßen, welche die Hinterwand der Feuerstätte bekleideten, so fuhr man
doch fort, auf den Kamin allerlei in Holz geschnitzte Puppen zu stellen,
theils wie die alten Hausgötzen, Zwerge und Däumlinge gestaltet, was
als ein bloßer Schmuck keinen Anstoß gab, theils aus dem christlichen
Leben hergenommene Bildchen, weshalb man sowohl in den Minnesingern

als auch im Volksmunde bald von einem Kobold von Buchse, bald von
einem hölzernen Bischof und hanbüchenen Küster hört und liest. Zwei
Namen kamen jetzt auf sowohl für die Bilder als für die Geister selbst:
Kobold und Tatermann, beide wohl undeutsch: Kobold aus dem
griech. κόβαλος, Schalk, dem die für ungeheuerliche Wesen beliebte deutsche
Endung auf -olt gegeben wurde. Mittellateinisch hieß es gobelinus, fr.
gobelin. Bei dem Tatermann vermuthete ich früher, von dem Aus=
druck Taggelmännchen für kleine Figuren verleitet, Zusammenhang mit
dem Taggen oder Zaggen, wie in niederrheinischen Bauernhäusern
der Milchschrank hieß, der gegen die vom Heerdfeuer erwärmten Eisen=
platten mit Heiligenbildern in der Wand der anstoßenden Wohnstube
eingelaßen wurde. Auf diesen Taggenschrank pflegte man solche Tater=
männer oder Koboldbilder zu stellen. Damit stimmte, daß der Aschen=
brödel im Tyrol Aschentagger heißt, Zingerle II, 424. Der Tatermann
ist aber wohl von Tatern, Zittern benannt, Leopr. 177, was auf einen
Zusammenhang mit den Riesen, den kalten, zitternden wiese; doch hießen
auch die Zigeuner Tatern. Für Tatermann findet man Katermann ge=
schrieben: das erinnert an den gestiefelten Kater, wie denn viele Geister,
wie Katzenveit, Hinze und Heinzelmann auf Katzennamen deuten; obgleich
Heinz eigentlich nur Verkürzung aus Heinrich ist, und andere Haus=
geister gleichfalls menschliche Diminutivnamen führen, z. B. Petermänn=
chen. So ist Chiemke aus Joachim entstellt, Wolterken aus Walther,
Rudi aus Rudolf, Rüpel aus Ruprecht (Hruodperaht), der dänische
Nisse aus Niclas, der in Deutschland zu Claus und Clobes ward. Das
Wort Popanz kann eine Zusammensetzung von Puppe und Hans sein.
Die meisten dieser Namen sind auch im Volksschauspiel beliebt, und so=
wohl Kobolde als Tatermänner finden wir die Puppen genannt, die
beim ältesten Puppenspiel an Dräten gezogen wurden. Andere Namen
für koboldartige Geister deuten auf Verkleidung oder Vermummung,
denn man verkleidete sich auch zu Fasnacht und andern festlichen Zeiten
in diese Hausgeister und spielte ihre Rollen, oft nur um die Kinder zu
schrecken. Daher heißen nun die Kobolde selbst Mummart, Mummanz
u. s. w. Ein bekanntes Volkslied beginnt mit den Worten: ‚Es geht
ein Butzemann im ganzen Reich herum'; Walther spricht von butzengriul
und will nicht mehr in butzenwise gehen. Dieser Butzengreuel ist der
Kinderschreck, den solche Verkleidungen erregten. Mit dem Putz schreckt
man noch jetzt in Tyrol die Kinder. Zingerle S. 148. Verbutzen heißt
jetzt sich verkleiden, die Gestalt des Hausgeistes in der Vermummung
annehmen; wahrscheinlich geht aber das Wort butze zunächst auf die
kleine Gestalt des Kobolds selbst. Butze ist ein winziger, im Wuchs
zurückgebliebener Wicht, verbutten ist verknorzt, und Kobolde heißen

Butte, Buttmann, in Bonn Bömann. Doch leitet Grimm M. 475 den
Namen von bözen pulsare, weil der Geist, in welchem man sich zum Kinder=
schreck verkleidete, ein klopfender, pochender war. Auch die Namen Hanſel=
mann und Hampelmann erklären sich so: es sind an Dräten oder Fäden
gezogene Puppen, wie sie zum Nürnberger Kinderspielzeug dienen. Hans=
wurſt oder Hanselmann, der in Schwaben auch von Teig gebacken wird,
berührt sich mit dem Henneschen, der beliebteſten Figur des Kölner
Puppentheaters, dem Käsperle des Wiener entsprechend. Auch Caspar
iſt ein Zwergname, Müllenhoff S. 28 ff, so auch Puck, das nach
Myth. 468 gleichen Sinn hat wie Butz und vielleicht damit zusammen=
hängt. In Schleswig = Holſtein heißen die Hausgeiſter Hauspucken,
Müllenhoff S. 318, und der Niſs, aus Nicolaus gebildet, führt wohl
noch den Beinamen Puck. Man weiß aber, daß der Puck eine beliebte
Figur des englischen Theaters war. Umgekehrt wirkte auch das Theater
zurück auf die Namen der Hausgeiſter. Niſſen und Clas heißen sie,
weil der heil. Nicolaus eine Hauptfigur des alten Volksdramas war,
ebenso Caspar, einer der heil. drei Könige. Nicolaus war Biſchof, und
darum wurden auch Biſchöfe als Zaggenmännlein auf den Kamin ge=
ſtellt; daher jener hölzerne Biſchof. Der beliebte Zwergname Barthel
kommt von Bartholomäus, Myth. 483. Dieß kann genügen, um den
Zusammenhang des Volksschauspiels mit der Verehrung der Heerdgötzen
und Hausgeiſter darzuthun. Hier nur noch die Bemerkung, daß Poſſe
und Poſſenspiel hier ihren Urſprung fanden. Ztſchr. X, p. 220. Lüb=
ben Die Thiernamen 55. Am Lechrain heißen die Kobolde Hojemänn=
lein, Leopr. 32, Bawaria I, 301, in Tyrol Pütz, in Vorarlberg Bütz,
in Montafun Botz (pl. Bötz); daneben hört man das Diminutiv Bützel.
Damit iſt die Gattung benannt; der einzelne Hausbütz führt daneben noch
seinen besondern Namen. Daß diese Pütze und Bütze der Erlösung fähig
sind wie ich oben annahm, zeigt sich an dem ‚Stutzli‘ (Vonbun
Beitr. 70), der durch ein unschuldiges Kindlein, das er ungeheißen ge=
wiegt hat, erlöſt wurde. Eine Abart bilden die Elbputze in Vorarl=
berg, die wir aus Vernaleken A. 227 als boshaft kennen. Vgl. Lütolf
432. 435.

Man wird sich des häufig in Sagen und Märchen vorkommenden
Zugs erinnern, daß dem Ofen gebeichtet wird: was man eidlich hat
geloben müſſen, keinen Menschen zu verrathen, das erzählt man dem
Ofen; hinter ihm verſtecken sich aber Menschen und so kommt das Ge=
heimniſs an den Tag. Goth. heißt der Ofen auhns: ſtatt des f zeigt
sich die entsprechende Gutturale, die den Zusammenhang mit dem latein.
ignis beweiſt.

Diese Anbetung des Ofens geht wie Alles was in unserer Mytho=

logie auf Elementardienst weist, das Nothfeuer, die Johannisfeuer u. s. w.
auf eine Zeit zurück, die älter ist als das Germanenthum. In den Haus=
geistern ist das Feuer schon personificiert; noch stärker tritt die Personi=
fication in Donar hervor, der in Deutschland Heerd= und Feuergott zu
sein scheint, wie für den Norden Thiàlfi Gleiches vermuthen ließ, S. 236,
wo sonst Loki (Lofar?) als solcher auftrat. Wir fanden S. 385 die Tri=
logie ‚Sonne Mond und Hercules‘, welche jener bei Cäsar Sol Luna
Vulcanus §. 57 ganz entspricht, wenn wir Donar, den wir §. 83 ff.
als Hercules nachgewiesen haben, nun auch durch seine Bezüge zu den
Hausgeistern als Heerdgott (Vulcanus) erkennen lernen. Donar, vielleicht
auch Wodan, scheint sich aber in den Hausgeistern zu vervielfältigen, oder
in ihrer Gestalt als Hausgott zu erscheinen. Darum halten die Zwerge
auf Heiligung des Donnerstages, und mögen nicht leiden, daß an diesem
Tage gesponnen oder Holz gehauen werde. Bei Müllenhoff S. 578 heißt
ein Zwerg Hans Donnerstag. Wie dem Donar das Eichhörnchen heilig
ist, so heißt ein Hausgeist Eckerken; einen andern fanden wir Peter=
männchen genannt, und Donars Bezüge zu St. Peter sahen wir §. 86.
Wegen ihrer Verwandtschaft mit dem Feuer wird ihnen rothes Haar und
rother Bart beigelegt wie dem nordischen Thôr; auch läßt man ihnen
rothe Kleider, rothes Röckchen und Käppchen machen, um ihre Dienste zu
belohnen. Zuweilen nehmen sie das übel und ziehen weg, worauf der
Segen aus dem Hause verschwindet, M. 453. 479. Auch von den ‚saligen
Fräulein‘ wird das erzählt (Alpenb. 4): mit trauriger Miene scheiden sie
aus dem Hause, wo sie solch ein Ansinnen kränken durfte. Das ist ein
Zug aus der Unschuld der Welt, an Goethes utopische Insel erinnernd,
wo der Wirth, um die Schuldigkeit gefragt, den Knüttel ergreift und den
Fremdling wegen frecher Verletzung des Gastrechts hinausprügelt. Grimm
will das aber auf Waldgeister und Unterirdische beschränken, die auch oft
im Verkehr mit Menschen stehen, während er von Hausgeistern annimmt,
sie dienten recht eigentlich um Kleider. Allerdings bezieht sich ihr Name
gern auf die Kleidung, namentlich auf die rothe Mütze. In Flandern
heißen sie Rothmützchen, in Frankreich Chaperon rouge; Rothkäppchen
kommt in deutschen Märchen vor, Wolf DS. 239. Ein norwegischer Nisse
trägt eine rothe Pelzhaube, M. 476; ein schottischer Hausgeist heist Shell-
lykoat, Schellenrock. Schellen lieben die Zwerge an den Kleidern und
bedingen sich bunten Rock mit klingenden Schellen, M. 428, wie später
gerne die Narren trugen im Luftspiel wie an den Höfen. Dagegen der
Zwerg Antiloys, der dem Laurin nachgebildet ist, trägt einen Rock mit
klingenden Schellen. Auch der Sennen= und Wettergeist Stiefeli bei
Rochholz II, XXI, ff. hat am meisten von Donar; aber Hütchen (Hö=
deken DS. 74. Kuhn WS. 350) gleicht auffallend Odin: er drückt den

Hut so tief ins Gesicht, daß man ihn nicht erkennen kann. Oben §. 33
ist erzählt worden, wie Odin mit dem Riesen Wafthrudnir über die ur=
weltlichen Dinge stritt und Wafthrudnir erlag, weil er die Frage nicht
beantworten konnte, was Odin seinem Sohne Baldur ins Ohr gesagt habe
als er auf dem Scheiterhaufen lag; doch ist oben S. 137 der Versuch gemacht,
diese Frage zu beantworten: dieselbe Frage kehrt nun auch am Schluß
der Hervararsf. wieder, wo König Heidreck beim Julfest auf Freys Eber
das Gelübde abgelegt hatte, Alle die sich wider ihn vergiengen zu begna=
digen, wenn sie ihm ein Räthsel vorlegen könnten, das er nicht zu er=
rathen wüßte. Aber so weise wußte sich König Heidreck, daß er alle Räthsel
lösen könne. Nun war Gest der blinde, ein reicher und mächtiger Mann,
sich eines Frevels gegen den König bewußt. Als dieser ihn nun vor sich
lud, opferte Gest dem Odin, daß er ihm in seiner Noth beistünde. Da nahm
Odin Gest des blinden Gestalt an, trat vor König Heidreck, mahnte ihn seines
Gelübbes und legte ihm viele noch jetzt im Volke gangbare und in meinem
deutschen Räthselbuch enthaltene Räthsel vor, welche König Heidreck alle bis
auf das letzte löste, welches wir schon aus Wafthrudnismal kennen. Da er=
grimmte Heidreck und wollte mit seinem Zauberschwerte Tyrfing nach Odin
schlagen; aber dieser entflog ihm in Falkengestalt. Dieser bisher absichtlich
noch übergangene Odinsmythus begegnet häufig, in Deutschland bekanntlich
zuletzt noch in Bürgers Abt von St. Gallen, wo Hans Bendix, der an
Odins Stelle tritt, des Abtes Gestalt annimmt wie Odin die des blinden Gest,
wobei auch die alte Räthselweisheit unvergeßen blieb. Wie Odin dem Gest,
Hans Bendix dem Abt, so hilft Hütchen einem unwißenden Geistlichen, der
zur Kirchenversammlung geschickt werden sollte, aus der Noth, indem er ihm
einen Ring giebt, der ihn so gelehrt und beredt machte, daß er als be=
rühmtester Redner glänzte. Hier ist Odin nicht bloß zum Zwerg ein=
geschrumpft; die Ueberlieferung hat auch sonst gelitten. Hütchen begabt auch
in ähnlicher Weise wie Odin DS. S. 103. Neben Hütchen kommen die
Namen Hopfenhütel, Eisenhütel (Fingerhut) vor; andere Hausgei=
ster heißen Stiefel, was auf die Flügelschuhe Mercurs und so wieder
auf Odin deuten kann, wobei noch eine Beziehung auf die Siebenmeilen=
stiefel möglich ist. Denn Hütchen lief in unglaublich kurzer Zeit über
Wälder und Berge nach Hildesheim, und noch jetzt zeigt man seinen Renn=
pfad. Das erinnert an den lichten Geist bei Cäsarius, der in einer
Stunde Löwenmilch aus Arabien holte. Wir haben Bezuge auf Donar
und Odin gefunden; Kuhn WS. 358 erzählt aber noch von einem Zwerge
Namens Balder, der an Balbur gemahnt. Wir legen darauf kein Ge=
wicht; aber wenn sich uns §. 125 Odin zu Alberich stellte, so sehen wir
diesen als Elberich zu Ortnits Vater gemacht, womit dem Zwerge gleich=
sam göttliche Ehre erwiesen ist. Selbst die Tarnkappe, die den Zwergen

eigenthümlich ist und nach der Hütchen benannt scheint, läßt sich bei Odin, der Höttr und Sidhöttr heißt, wiederfinden; es ist sein tief ins Gesicht gedrückter Hut, der ihn unkenntlich machen sollte. Den Zauberer Martin Pumphut (Menzel Odin 168) macht der Hut unsichtbar. Schon gleich nach der Geburt übte er diesen Zauber: eine Schlange lag dann statt seiner in der Wiege: auch darin erinnert er an Odin, der als Schlange zu Gunnlödh in den Felsen schloff, der die Schlangennamen Ofnir und Svafnir führt und bei den Langobarden unter dem Bilde einer Schlange verehrt wurde. Zuweilen bewirkt das Aufsetzen des Hutes in unsern Sagen plötzliches Umschlagen des Wetters, und Odin ist als Widrir Wetterherr.

Der Name Hütchen reimt auf Gütchen, welches ein fast so allgemeiner Name für elbische Geister ist wie gute Holde. Goethe nennt im 2. Theil des Faust die Gnomen ‚den frommen Gütchen nahverwandt‘. Gütgemann, Oelbermann sind entsprechende Mannsnamen. Bei Sommer 170 erscheint ein Gütchenteich, aus dem in Halle die Kinder geholt werden, bei uns ein Gütgesbach. Demnach wäre es ein Wassergeist; bei Burglehner, Zingerle S. 68, erscheint es als ein frommes Bergmännlein und ist einer andern schädlichen Gattung entgegengesetzt. Das Güetel wird oft entstellt in Jübel. Aber auch als Hausgeist erscheint das Jübel. Es spielt gerne mit den Kindern, wie alle Hausgeister gerne spielen und sich belustigen, weshalb man ihnen Schuhe, Bogen und Pfeile und andere Spielsachen hinzulegen pflegte, Anh. XXXVII. Sein Spielen mit den Kindern sah man aber nicht gerne, weil es sie nicht schlafen ließ. Man dachte daher auf Mittel, es von den Kindern abzuhalten (Abergl. Nro. 389) oder abzuziehen, wozu wieder Spielsachen dienten (Nr. 62). Auch die Kühe beunruhigt es (Nr. 454); nach 473 scheint es sogar die Kinder zu verbrennen. Das giebt uns Aufschluß über die altdeutsche Erzählung von dem Jübel, wo ein Judenkind, das dem Christenthum zuneigte, von den eigenen Verwandten in einen Ofen gesteckt, aber von der Jungfrau Maria vor dem Verbrennen behütet wird. Der Missverstand des Namens ist hier deutlich; zugleich tritt aber wieder die Beziehung der Hausgeister auf den Ofen, den Heerd des Hauses, hervor.

Wieland der Schmied, der Alfenfürst hieß, besaß ein schnelles Pferd Namens Schimming, das von Odins Roß Sleipnir gezeugt sein sollte; diesem Rosse ließ man im Saterlande einen Aehrenbüschel zum Opfer stehen, der nach Kuhn NS. 398 Ramslohn hieß. Darnach hätte dieß Roß in Deutschland Ramm geheißen, was auf eine Befruchtung und Besamung der Ernte des nächsten Jahres anspielen mochte. Nun soll aber der Rammelsberg im Harz von Ramm, dem Jäger Kaiser Ottos, benannt sein, der hier einst sein Roß anband, um zu Fuße dem Wilde im Dickicht nachzustellen. Unterdes scharrte das ungeduldige Roß die Erde auf, und brachte Silberstufen zum Vorschein, auf die seitdem gebaut wurde. Offenbar hieß

das Pferd, nicht der Jäger, Ramm; von diesem aber läßt die Sage den
Berg benannt werden, und von seinem Weibe Gose Goslar die Stadt so
wie das Flüßchen, woran sie liegt, und das Bier, das aus seinem Waßer
gebraut wird und nicht im feinsten Rufe steht. Menzel Odin 173.

Auch die Hausgeister sind ihrem Wesen nach wohlthätig; als genii
tutelares, Schutzgeister des Hauses halten sie es mit dem Hausherrn und
warnen ihn vor Veruntreuungen des Gesindes, das ihnen daher oft abhold ist. Ist das Gesinde aber treu und versäumt es nicht, ihnen den
Napf mit Milch zu füllen, streut es nicht etwa Sand und Erbsen, damit
sie fallen und ihre kleine Gestalt oder die mißgestalteten Füße im Sande
abbrücken, verschont es sie überhaupt mit Spott und Neckereien, die sie
oft grausam vergelten, ist es im Dienst der Herschaft nicht faul und fahr-
läßig, dann werden sie auch Knechten und Mägden hold und erweisen
ihnen viele Dienste, verrichten in der Nacht insgeheim einen Theil der
jenen obliegenden Arbeit, striegeln die Pferde und füttern das Vieh, misten
den Stall, holen Waßer aus dem Brunnen, spülen Teller und Schüßeln,
kehren und fegen Flur und Haus. Der faulen schlampigen Magd freilich
stoßen sie den Milchkübel um, blasen das Licht aus und solchen Schaber-
nacks mehr: gegen sie wird der gutmüthige Hausgeist zum Quäl- und
Plagegeist. Herabwürdigende Auffaßung macht sie dann vollends zu Pol-
tergeistern: sie poltern und rumpeln im Hause umher: daher die Namen
Rumpelstilz (KM. 55), Bullermann, von Bullern, Poltern. Schon der
Buttmann, der Butz kann mit bösen Klopfen zusammenhängen (Myth. 475)
und Popanz (f. o. S. 433) sowie der schwäbischen Poppele (Meier 85 ff.)
mit Popern, Pochen. Vgl. Panzer II, §. 1—7. Diese Poltergeister, die
das Haus, das von ihnen besessen ist, unbewohnbar machen, und Vorüber-
gehende gern mit Steinen werfen, mögen den Riesen verwandt sein,
dem Grendel und jenem Schretel, das der Waßerbär bekämpfte; auch
christliche Ansicht kann ihre Natur verfinstert haben.

Der Hausgeist ist weniger an das Haus als an die Familie geknüpft:
er bleibt nicht im Hause, wenn der Hausherr wegzieht. Bei der ersten
Bebauung Islands ließ der Nordmann seine Götter nicht daheim: die
Hochsitzpfeiler, an welchen ihre Bildnisse ausgeschnitzt waren, stellte er bei
der neuen Feuerstätte wieder auf. So flüchtete Anchises die Penaten
aus dem Brande von Troja und trug sie auf der Schulter als das
liebste Gut, was in der Weinsberger Sage auf die Männer übertragen
ward. So zieht auch der deutsche Hausgeist mit dem Hausherrn weg,
wenn er auswandert oder auszieht. Erst als man die Hausgeister als
neckende Kobolde, als Quäl- und Plagegeister betrachtete, konnte sich die
Sage bilden, die vielfach (DS. 72. Kuhn NS. 82) erzählt wird. Ein
Bauer, der des Unfugs seines Koboldes überdrüßig war, beschloß auszu-

ziehen und ihn zurückzulaßen, oder gar mit der alten Scheune, worin
er sein Wesen hatte, zu verbrennen. Als er nun alle seine Habselig=
keiten auf einen Karren geladen hatte und davon fuhr, blickte er noch
einmal um nach dem alten Hause, das in vollen Flammen stand: da
saß der Kobold hinten auf dem Karren und sprach: ,Es war Zeit, daß
w r herauskamen, es war Zeit, daß wir fortkamen!'

> ,Wenn wir nicht wären entronnen,
> Wir wären Alle verbronnen.'
> Der Kobold saß hinten im Faß.

Da konnte man wieder umkehren und den Kobold behalten. Vgl. Kuhn
S. 350. Uebrigens scheint der Bütz bei Vonbun Beitr. 70 geglaubt
zu haben, er sei an das Haus gebunden, weshalb er ganz schwermüthig
wurde, als die Hauseigenthümer ihr Anwesen verkauften und wegziehen
wollten. Als ihn die Hausfrau seines Trübsinns wegen zur Rede stellte,
seufzte er: ,Ach ihr zieht aus und ich darf nicht mitziehen.' ,Ja freilich
darfst du mitziehen,' entgegnete die Frau: da hüpfte der Butz vor Freu=
den auf und rief:

> ,Jetzt nümmi mi Hüber und G'müder
> Und züch fell met hinüber.'

Häufig bricht die Ansicht durch, daß die Hausgeister Seelen der
Verstorbenen seien. Nach DS. 71 sollen sie Meßer im Rücken stecken
haben; das würde sie sogar als Geister von Ermordeten darstellen. Eine
Magd wollte gern ihren Kobold sehen und ließ nicht nach mit Bitten.
Endlich verspricht er, sich zu zeigen, bestimmt den Ort, bedingt sich aber,
daß die Magd einen Eimer Waßer bereit halte. Da sieht sie ihn auf
einem Kißchen nakt liegend, ein großes Schlachtmeßer im Rücken. Vor
Schrecken fällt die Magd in Ohnmacht, der Kobold springt auf und
gießt ihr den Eimer Waßer über den Kopf, damit sie wieder zu sich
komme. Auch die Penaten waren Seelen abgeschiedener Vorfahren, selbst
Bertha steht als weiße Frau an der Spitze der Fürstengeschlechter, und
die Hausgeister sahen wir nicht sowohl an das Haus als an die Familie
gebunden.

Zuweilen soll die Ahnfrau gewaltsam ums Leben gekommen sein: das
führt auf die in Deutschland, Frankreich und Italien nachweisbare Sage
von den dankbaren Todten. Ihren Hauptsitz haben sie in einer Reihe
deutscher, zum Theil noch ungedruckter Märchen, wo der Geist eines Er=
mordeten Dem, der mitleidig seine Leiche Mißhandlungen entzogen und
ehrlich bestattet hat, das Leben rettet und zum Besitz der Geliebten ver=
hilft. Auch gegen diese hatte der Held sich mitleidig erwiesen, indem er
sie aus der Gefangenschaft loskaufte ohne zu wißen, daß sie eine Königs=
tochter sei. Den Zusammenhang mit dem ,guten Gerhard' hab ich

anderwärts ausgeführt; ich merke nur noch an, daß in einigen dieser Märchen der Geist des Ermordeten zuerst als Vogel oder als wildes Thier
erscheint, und die vorkommenden Eigennamen: Karl (der guote Karle),
Heinrich (der arme, guote Heinrich), Gerhard (der gute Gerhard),
vielfach bedeutend und zum Theil nicht ohne Bezug auf die Geisterwelt
sind. Bei den Hausgeistern kommt besonders der Name H e i n r i c h
gerne vor; auch sie nehmen Thiergestalt an: sie erscheinen als Katzen,
Schlangen und Kröten. Hinzelmann DS. 103 zeigt sich bald als Mar-
der, bald als Schlange (S. 111); überhaupt finden wir neben den Hausgeistern auch H a u s f c h l a n g e n (Rochh. Myth. 194) und wie jenen wird
ihnen Milch zum Trinken hingesetzt. Mit den Kindern leben die Hausschlangen gerne zusammen, bewachen sie in der Wiege und theilen mit
ihnen Speise und Trank: dann gedeiht das Kind und blüht; wird aber
die Schlange verletzt oder gar getödtet, so nimmt es ab und siecht hin.
Zuweilen kommt die Schlange mit dem Kinde zur Welt, um seinen
Hals gewickelt: dann ist auch ihr Leben unzertrennlich verbunden. Nach
Einer Sage giebt es in jedem Hause zwei Schlangen: eine weibliche und
eine männliche: ihr Leben hängt mit dem des Hausvaters und der Haus-
mutter zusammen. Sie laßen sich aber nicht eher sehen bis diese sterben
und sterben dann mit ihnen, M. 651. Leopr. 77. Gräße Gesta Rom. I,
185. Wenn die Schlange aus Mitleid mit zu Bette genommen wird,
und sich Morgens in einen schönen Prinzen verwandelt (Rochh. Mythen
195), so gehört dieß in das Capitel von den Erlösungen; statt der
Schlange konnte auch eine Kröte u. f. w. stehen.

Eine besondere Art des Kobolds ist der M ö n c h (Sommer 172, Wolf
DMS. 122), so genannt wegen seiner Kleidung. Er ist ernster als andere Kobolde und steht auch der Feldwirthschaft vor. Für seine treuen
Dienste fordert er nur, daß man freundlich mit ihm umgehe; zu Gibichen-
stein auf dem Amte verlangte er aber einst, daß an einem bestimmten
Tage jedem Armen, der sich meldete, ein Stück Brot und ein Hering gegeben würde. Wenn man dieß unterließ, so tobte er so lange bis die Armen gespeist wurden, Sommer 37. Wir haben Brot und Heringe schon
früher als eine altheidnische Speise getroffen, die sich namentlich auf den
Berchtentag bezog. So kommen auch unter den Berggeistern Bergmönche
vor. Die Mönche wachen nur über das Vorhandene und bringen nichts;
die Vorliebe anderer Kobolde für den Herrn und sein Haus geht aber so
weit, daß sie Geld und Getreide zutragen, und man sagt ihnen nach, daß
sie es aus den Scheuern der Nachbarn entwenden. Von einem, der schnell
reich geworden ist, heißt es in diesem Sinne, er habe einen Kobold. So
geht dieser über in den D r ä k (im Ostpr. Samland A l f, Reusch II. Aufl.),
der bei Nacht als feuriger Streif oder Drache durch die Luft fliegt

groß wie ein Wiesbaum oder wie eine Wagenrunge; er heißt auch Lang=
schwanz und hat einen Kopf wie ein Melkeimer groß, mit dem er hin= und
herwackelt. Müllenhoff 206. Schwartz Urspr. 57. Andere Namen sind
Mertche oder Stepche (Steple), was auf Martin, Stephan oder Christoph
weist. In manchen Zügen geht er vollends in den Teufel über, und man
kann ein Bündnis mit ihm machen, ihn auch zwingen, etwas von dem
was er fortträgt, abzugeben; man muß aber eilen, unter Dach und Fach
zu kommen, sonst wird man von ihm besudelt oder mit Läusen bedeckt.
So liegt ihm nicht sowohl der Blitz als das Meteor oder Sternschnuppen
zu Grunde, denen man wohl auch befruchtende Wirkung zutrauen mochte
bis auch sie verteufelt wurden. Jetzt machte der Volksglaube einen ko=
boldartigen Geist daraus, der sich in den Dienst eines Menschen begiebt
aus eigennützigen Absichten, aus Speculation auf eine Menschenseele. Auch
als Katze trägt der Teufel Gold zu, Müllenh. 207.

Den Uebergang zu Gespenstern und Teufeln bilden auch Kobolde, die
sich für herrenlos ausgeben, die man aber erwerben kann; nicht immer
wieder loswerden. Werden sie ins Haus getragen, in einem Schrank oder
in einer Lade gebracht, so wischen sie heraus, wenn die Lade geöffnet wird,
hinter den Ofen und sind nicht mehr zu vertreiben. Wer einen Kobold
dieser Art in seinem Dienste hat, wird seiner lebenslang nicht ledig, ja
er muß ehe er stirbt ihm einen neuen Herrn schaffen; doch darf ihn ein
Mann nur einer Frau und eine Frau einem Manne geben. Weil ihn
Niemand gerne annimmt, sucht man ihn mit List unterzubringen, indem
man ihn in Gestalt eines Apfels oder eines Knäuels Garn verschenkt,
Sommer 171. Oft heißt es, wer einen Kobold dieser Art in seinem
Dienste habe, dürfe sich nicht kämmen und waschen; dieselbe Bedingung
stellt der Teufel, und schon daß man ihn los zu werden sucht, bevor man
stirbt, zeigt wie er in den Teufel übergeht. Noch deutlicher ist dieser Ueber=
gang, wo man dem Kobold Arbeit schaffen muß. Auch der Alraun (Mandragora) gehört hieher, der auch Galgenmännlein heißt; zuletzt eigent=
lich nur eine personificierte Pflanze, die überall da wächst, wo ein Erbdieb, der
noch reiner Jüngling ist, gehängt ward und das Waßer ließ (aut sperma
effundit). Die Pflanze hat breite Blätter nnd gelbe Blumen; die Wurzel
hat menschliche Gestalt, der durch die Kunst noch nachgeholfen wird. Beim
Ausgraben ächzt und schreit sie so entsetzlich, daß man davon sterben muß.
Man soll daher wie Odysseus die Ohren verstopfen und dann die Erde
rings abgraben bis sie nur noch an dünnen Fasern hängt; dann bindet
man sie mit einer Schnur einem allschwarzen Hund an den Schwanz, zeigt
diesem ein Stück Brot und läuft eilends weg. Der Hund nach dem Brot
gierig, folgt und zieht die Wurzel aus, fällt aber von ihrem ächzenden
Geschrei getroffen todt zu Boden. Dann hebt man sie auf, wäscht sie in

rothem Wein sauber ab, wickelt sie in weiß und rothes Seidenzeug, legt
sie in ein Kästchen, badet sie alle Freitag und giebt ihr alle Neumond ein
neues weißes Hemblein. Das Männlein antwortet dann auf alle Fragen,
offenbart heimliche und zukünftige Dinge und bringt dem Hause Segen.
Ein Stück Geld, das man ihm Nachts zulegt, findet man am Morgen
doppelt; doch darf man ihm hierin nicht zu viel zumuthen, sonst genießt
man seines Dienstes nicht lange: es nimmt ab und wird untüchtig. Durch
Erbschaft geht es auf den jüngsten Sohn, oder wenn dieser vor dem Vater
stirbt, auf den ältesten über. Die Alrunen Oesterreichs sind 2 Zoll groß;
der Teufel hat sie mit einer klugen Frau Namens Alrune (Albrune, Kuhn
WS. 148) gezeugt. Dieser einfachen Abstammung gemäß ist auch ihre
Wirksamkeit gut und böse. In letzterm Fall heißen sie Tragerl, welchen
man jedoch noch Abstammung von einer sabelhaften Pflanze zuschreibt, die
nur in der Christnacht blüht und deren Samenkorn dann in einem Kir-
chenkelch aufgefangen wird. Das Tragerl bringt Alles was man verlangt, muß aber bei Lebzeiten verkauft oder verschenkt werden. Gräbt
man unter einer weißen Haselstaude, worauf eine Mistel wächst, so tief in
die Erde als hoch an der Staude die Mistel sitzt, so findet man ein
Kind fast von Fischgestalt: dem braucht man nur Geld unterzulegen um
die Hälfte mehr zu bekommen. Lütolf 192. In der dritten Hand stirbt
der Alraun und der Besitzer mit, 193. Verschieden von dem Alraun
ist der spiritus familiaris; er wird in einem Glase aufbewahrt und
bewegt sich ohne Unterlaß, so daß man nicht erkennen kann ob er mehr
einer Spinne oder einem Scorpion gleicht. Er kann nur durch Kauf
erworben und übertragen werden. Der rechtmäßige Eigenthümer mag
das Glas dann hinlegen wo er will, immer kehrt es von selbst in seine
Tasche zurück. Er bringt großes Glück, schützt im Kriege und behütet
vor Tod und Gefängniß; wer ihn aber behält bis er stirbt, muß mit
ihm in die Hölle. Darum sucht ihn der Besitzer wieder zu verkaufen; er
läßt sich aber nicht anders als immer wohlfeiler losschlagen, damit ihm
Einer endlich bleibt, der ihn mit der geringsten Münze bezahlt hat. Ganz
ähnlich wird von dem Drak erzählt, man werde ihn auf folgende Weise
habhaft. Findet man heute einen Dreier und nimmt ihn auf, so liegt
morgen ein Sechser an derselben Stelle, übermorgen ein Groschen und
so steigt der Werth des Gefundenen bis zum Thaler. Wird auch dieser
aufgenommen, so stellt der Drak sich im Hause ein. Er verlangt gute
Behandlung und Beköstigung gleich einem andern Hausgeist; wird es
damit versehen, so zündet er einem das Haus über dem Kopf an. Will
man ihn wieder los werden, so muß man jenen Thaler veräußern, aber
unter seinem Werthe und zwar so, daß es der Käufer merke und still-
schweigends einwillige. So trägt man auch das siebente Ei einer all-

schwarzen Henne ausgebrütet unter der linken Achsel. Der dienstbare
Geist, der jeden Auftrag erfüllt, kann sechsmal einem andern Herrn
übertragen werden, erst der siebente Besitzer stirbt eines geheimnißvollen
Todes. Vernalek. 258.

Verwandt sind noch das unsichtbar machende Vogelnest (DS. 85)
und der Hedethaler oder Brutpfennig (DS. 86). Haupts Sagen der
Lausitz I, 73. Nach Kuhn RS. 470 soll, wer einen Hedethaler haben
will, in der längsten Nacht einen schwarzen Kater in den Sack stecken,
und diesen fest, und zwar mit 99 Knoten, zubinden; darauf geht man
zur Kirche und dreimal um dieselbe, jedesmal, wenn man zur Thüre kommt,
den Küster durchs Schlüßelloch rufend. Beim Drittenmale kommt er selbst
(und das ist der Teufel); darauf fragt man ihn, ob er einen Hasen
kaufen wolle, und erhält für den Kater im Sack den Thaler. Dann
muß man aber eilen, unter Dach und Fach zu kommen, denn wenn er
den Knoten löst, und den Verkäufer einholt, so ist dieser verloren. Der
so erhaltene ist der Hedethaler, und man kann ihn nur wieder loswer=
den, wenn man ihn in Salz steckt, was auf deßen Heiligkeit deutet.
Vgl. Vernaleken Alp. 99. Man sieht den Ursprung der Redensart: die
Katze im Sack kaufen; zugleich erklärt sich in Claudius Rheinweinliede
die Stelle: der Kuduck und sein Küster. Vgl. jedoch Bremisches Wör=
terb. 2, 858 und Döbel I, c. 68. Daß der Wiedehopf des Kuducks
Küster sei (Alpenb. 386), ist im Volksglauben nicht gegründet. Der
Kuduck bedeutet hier den Teufel, für den des Kuducks Name noch täglich
gebraucht wird; einen Küster hat er, weil in der längsten Nacht die
Kirche ihm zu gehören scheint.

128. Seelen und Gespenster.

1. Die Geister, von welchen wir bisher zu sprechen hatten, waren
eigentlich holde, geheure; nur durch Entstellung waren sie wohl in unholde,
ungeheure übergegangen, die als feindselige Quäl= und Poltergeister, als
drückender Alb, als reitende Nachtmar mehr zur Last als zum Segen ge=
reichten. In den Gespenstern betreten wir das Bereich der unseligen spuken=
den Geister: damit entfernen wir uns aber auch von dem Gebiet rein heid=
nischer Ueberlieferung; noch entschiedener mischen sich in den folgenden §§.
christliche Vorstellungen ein. Von den Gespenstern sind indes die erschei=
nenden Seelen als nicht immer unselig zu unterscheiden. Der in neuer
Gestalt erscheinenden Seele ist die Verwandlung in Vogel oder Pflanze
verwandt aber nicht identisch: bei der Verwandlung wird der Leib mit
ergriffen und umgebildet; bei der Versteinerung (S. 394) bleibt nur ein
täuschender Schein der alten Leibesgestalt übrig. Wenn aber die Seele aus
dem Munde des Sterbenden als Taube oder als Rabe entfliegt, oder als

Maus, als Schläuglein dem Schlafenden entschlüpft, so findet keine Ver=
wandlung des Leibes Statt. Ob die Lilie, die dem Grab des Mädchens
entwächst, und die nur der Geliebte brechen soll, die Rebe und die Rose,
die sich über Tristans und Jsoldens Grabe verschlingen, als ihre Seelen
zu verstehen sind, könnte noch bezweifelt werden; aber jedenfalls ist dieß
keine Verwandlung, denn der verwesende Leib ist dabei unbetheiligt.
Auch aus dem Glauben an Seelenwanderung scheint dieß nicht herzu=
rühren, die Seele wird zuweilen nur auf kurze Zeit in einer neuen Ge=
stalt sichtbar; darin zu verharren ist ihr schwerlich bestimmt. Jn der
alten Zeit konnte man sich nichts Uebersinnliches denken; darum mußten
auch die Seelen, mußten auch Geister und Gespenster leibliche Gestalt
annehmen. Vgl. jedoch Rochholz II, 393 und Solarlied 53, wo es von
den urweltlichen Qualorten heißt:

> Versengte Bögel, die Seelen waren,
> Flogen wie Fliegen umher.

Jn Nachstehendem folgen wir meist einer der vergleichenden Mytholo=
gie angehörigen Schrift Dr. Grohmanns (Apollo Smintheus und die Be=
deutung der Mäuse. Prag 1862), indem wir die Punkte hervorheben, die
in der deutschen gegründet scheinen. Wie Kuhn nachgewiesen hat, dachte
man sich den Blitz in ganz ähnlicher Weise entstanden wie man sich selbst
auf Erden das Feuer erzeugte §. 144, nämlich durch Drehung eines Sta=
bes in der Nabe des Sonnenrades. Dieser Vorgang wurde auch als
Zeugungsact des Feuergottes aufgefaßt. Aus der Mischung dieser beiden
Vorstellungen, der Entzündung des himmlischen Feuers durch einen umge=
schwungenen Stab und des irdischen Zeugungsactes, entstand der Glaube,
daß bei jener Zeugung im Gewitter der himmlische Funke der Seele gebo=
ren würde, den dann der Kinder bringende Storch oder Schwan §. 90
aus der Unterwelt auf die Erde brächte. Von dieser Blitzgeburt der
Seele mögen freilich im heutigen Volksglauben wenig Spuren mehr haften;
aber aus frühern Jahrh. ist der Glaube bezeugt, daß die Mäuse im Ge=
witter geboren würden (Grohm. 7), und schon oben sahen wir die Seele
als Maus erscheinen.

Maus und Eber sind sehr ähnlich gestaltet und in bairischen Hexen=
acten wird oft des Mäuse= oder Fackel=(Ferkel)machens erwähnt. Myth.
1044. Dabei bemerkt Grimm, diese Plage könne mit vollem Fug dem
verheerenden Hagelwetter zur Seite gestellt werden, das den Hexen gleich=
falls Schuld gegeben wurde. Als das Charakteristische der so zusammen=
gestellten Eber und Mäuse wird nun ihr blinkender, gleichsam blitzen=
der Zahn betrachtet und der Satz daran geknüpft, der Blitz sei als der
leuchtende Zahn des Thieres, des Ebers oder der Maus gedacht und
später das Thier mit seinem Zahn identificiert worden, wodurch nun Maus

und Bliz zusammenfielen. Daraus erklärt sich der Aberglaube, daß ein
Stück Holz von dem Baume, in welchen der Bliz im ersten Frühlingsge-
witter eingeschlagen hat, als Zahnstocher gebraucht das Zahnweh heilen soll,
während auch der verlorene Zahn des Kindes, das bald einen neuen haben
soll, in ein Mausloch gesteckt wird mit den Worten: ‚Mäuschen, ich gebe
dir einen knöchernen, gieb mir einen eisernen.‘ Grohm. 8.

Wie in der Erzählung des Paulus Diaconus statt der Maus eine
Schlange aus dem Munde des schlafenden Königs Guntram kriecht, wie
noch öfter Mäuse und Schlangen ihre Rollen wechseln, so entsteht auch die
Schlange aus dem Bliz, den Schiller selbst eine Schlange nennt.

Da nach §. 125 auch elbische Wesen Seelen sind, so verwundert es
nicht, wenn von Mäusen oder Ratten erzählt wird, was sonst von Zwergen
gilt, ja daß man den Mäusen dieselben Opfer brachte wie den Elben. In
der Julzeit hielten die Elben in Mausgestalt ihren Umzug, darum durfte
man in den Zwölften die Maus nicht beim rechten Namen nennen, sondern
muste Bönlöper (Bodenläufer) sagen. Vgl. Kuhn MS. 411. Aehnlicher
Vorsicht bediente man sich bei dem Wolf. Wie das Erscheinen des Modisheeres (§. 72), das aus Seelen der Verstorbenen bestand, Krieg ver-
kündigte, so schloß man auf Krieg auch aus dem Ueberhandnehmen der
Mäuse. Der Anführer des Modisheeres ist der Sturmgott Wuotan, den
wir für die älteste Zeit auch als Gewittergott zu denken haben. Ihm
waren also die Mäuse geheiligt, und schon darum muß Gertrud §. 110
an die Stelle der Gemahlin des Gottes, heiße sie nun Frigg oder Freyja,
getreten sein: Gertrudis mures a colis mulierum abigit, heißt es bei
Lasicz. Daß sie wie Freyja Seelen bei sich aufnimmt, wird ausdrücklich gemeldet, und diese Seelen werden es sein, die ihr als Mäuse den Stab
hinauflaufen. Der Stab ist das Symbol der Herschaft, Gr. RA. 133.
Der Sinn dieser Darstellung ist also, daß sie den Mäusen gebietet, Mäusefraß verhängt und abwehrt, und da Mäuse Seelen sind, so ist die Herschaft über die Unterwelt als Seelenaufenthalt hier noch deutlicher ausgedrückt als es der Stab allein, wenn wir ihn dem der Gribh vergleichen,
vermöchte. Ein Beispiel wie der Mäusefraß zur Strafe verhängt wird,
haben wir an der Sage vom Mäusethurm bei Bingen nebst ihrer Sippe,
welche unsere gelehrten Lateiner noch immer nicht begreifen können.
Die Vergleichung ergiebt, daß die Mäuse (mira quadam metamor-
phosi) aus den Leichnamen der Gemordeten entstehen oder richtiger als
ihre Seelen zu betrachten sind. Zur Zeit einer Hungersnoth heißt es im
Froschmäuseler,

> Als Hatto Bischof von Mentz
> Das Korn samlet in seiner Grentz,
> Und arme Leut kamen gelauffen

Umb für ihr Geld ihm Korn abzukauffen,
Versperrt er die in eine Schewr,
Und ließ sie verbrennen im Fewr;
Als aber die gefangene Mann
Ihr Jammergeschrei fiengen an,
Lacht der Bischoff von hertzen grund,
Sprach mit seinem gottlosen Mund:
,Wie schön können die Kornmeuß singen!
Kompt, kompt, ich will euch mehr Korn bringen.'
Von Stund an sah er Abenthewr,
Die Meuß liefen zu ihm vom Fewr.

Der Dichter hält nur für ein Gesicht, für die Schrecken des Gewissens was
die Sage sich wirklich eräugnen läßt. Die Mäuse liefen aus dem Feuer
auf ihn zu: es sind die Seelen der verbrannten Armen, die an dem Mör=
der Rache nehmen. Verwandt ist auch die Sage von den Kindern von
Hameln s. oben §. 125. Der Rattenfänger hat das Land von Mäusen
und Ratten gesäubert: sie waren seiner Pfeife gefolgt und mit ihnen nach
der ältesten Meldung, Menzel 220, im Koppenberg verschwunden. Der
Koppenberg ist der Rabenberg, der Berg um den die Raben fliegen,
also die Unterwelt. Als ihm der Lohn geweigert wurde, folgten ihm da=
hin auch die Kinder, die man Mäuschen (holl. meisje) nennt. Hier ist
nicht deutlich, daß die Mäuse von der Göttin zur Strafe geschickt waren,
und daß sie eine schwerere, den Verlust der Kinder, verhängt, als die Men=
schen die neue Schuld zu der alten fügen. Unzweifelhaft wird dieß in der
nahverwandten Sage vom Lorscher See, Rheins. 143, wo sich die Plagen
steigern: Ameisen, Grillen, Mäuse; aber ebenso auch die Strafen des ver=
heißenen aber nicht geleisteten Opfers: der Verlust der Schweine, Schafe,
Kinder. Auch daß die Mäuse Seelen sind, wird hier deutlicher: als Seelen
werden auch die Kinder von dem Spielmann entführt, der sie wie früher
die Mäuse als Hermes Psychopompos in die Unterwelt zurück nimmt.

Wir haben oben die in neuer Gestalt erscheinende Seele von der
Verwandlung, welche den Leib mit ergreift, unterschieden; die Sage ver=
mischt beides. Wenn eine Hexe ausfährt, so läßt sie nach Kuhn NS. 379
ihren Körper steif wie ein Flintstein im Bette liegen, während sie nach
anderer Meldung kraft der Hexensalbe leibhaft zum Schornstein hinaus=
fährt. So sagt die Ynglingasage I, 7 von Odin, er habe die Gestalt zu
verwandeln gewußt. Der Körper lag als schlafend oder todt da und Er
war dann Vogel oder Thier, Fisch oder Schlange und zog in Einem
Augenblick in die entferntesten Länder in seinen oder in andrer Leute Ge=
schäften; dagegen c. 6 heißt es, er habe die Kunst verstanden, Antlitz
und Gestalt zu verändern wie er nur wollte. So tauschten Sigurd und
Gunnar Ansehen und Gestalt, so wechselte Signy, Sigmunds Schwester,

die Geſtalt mit einer Zauberin. Eigentliche Verwandlung, bei welcher der
alte Leib ganz umgebildet wird, iſt es, wenn Rieſen als Adler, Drachen
oder Wölfe erſcheinen, oder Andwari der Zwerg als Hecht, Loki als Lachs,
als Weib, als Stute u. ſ. w. In andern Fällen gleicht die Verwand=
lung mehr einer Verkleidung, wenn Loki von Freyja oder Frigg ihr Fal=
kenhembe borgt, oder dieſe Göttinnen ſelber mittels ihres Vogelgewandes
als Falken entfliegen, oder Walküren als Schwäne oder wie Liod in
Krähengeſtalt; auch Sigmund und Sinfiötli bedurften Wolfshemden, in
die ſie fuhren um Wolfsgeſtalt und damit auch wölfiſchen Sinn anzu=
nehmen, wenn es gleich die Sage ſo darſtellt als hätten ſie die Wolfs=
felle nur zum Verſuch angelegt und hernach nur nicht mehr herausge=
konnt. In der deutſchen Heldenſage wird Wildebär ſich nicht bloß in
einen Bären verkleidet, ſondern gänzlich deſſen Geſtalt angenommen haben
als er mit Iſung dem Spielmann vor König Rother tanzte, und dieſer
den Bären mit Hunden hetzen ließ und deshalb von Wildebär erſchla=
gen ward. Vgl. §. 141 u. In den neuern Werwolfsſagen bedarf es
der Wolfsgewänder (ulfahamir) nicht mehr; die Anlage des Wolfsgür=
tels genügt, ſich zum Werwolf (loupgarou) umzuſchaffen. Der Ge=
ſtaltwechſel iſt mit Ausnahme des Auges, das unverwandelt bleibt (Mau=
rer II, 103), ein vollſtändiger; auch die thieriſche Wildheit, auf die es
beim Werwolf nächſt der Kraft abgeſehen iſt, theilt ſich mit. Darum
vermuthet auch Maurer S. 105 mit Recht, daß die Berſerkerwuth,
bei welcher ſich nur die Leidenſchaft ſteigerte und zugleich die leibliche
Kraft in ſolchem Maße erhöhte, daß ſie Thieren glichen, ohne daß doch
deren Geſtalt angenommen wurde, gleichwohl als eine ſpätere Abſchwä=
chung jener Verwandlung in wilde Thiere anzuſehen ſei. Hören wir
ihn ſelbſt: ‚Völlig hiemit übereinſtimmend wird beſchrieben wie die Ber=
ſerker, ſobald ſie der ihnen eigenthümliche Zuſtand befiel, in vollkommen
thieriſche Wuth geriethen: ſie heulen wie wilde Thiere, ſperren den Ra=
chen auf und recken die Zunge heraus, ſtoßen Schaum aus dem Munde,
knirſchen mit den Zähnen und beißen in ihre Schilde; zugleich werden
ſie unnatürlich ſtark und meinen für Feuer und Eiſen unverwundbar zu
ſein; in ihrer Wuth verſchonen ſie nichts was ihnen in den Weg kommt;
nach überſtandenem Anfall ſind ſie um ſo ſchwächer und nahezu völlig
kraftlos; durch Anrufen endlich bei ihrem Namen wird auch wohl der
Zuſtand ſofort beſeitigt, ganz wie das Beſchreien auch ſonſt zauberiſche
oder übernatürliche Vorgänge und Verrichtungen ſtört. Von wirklichen
Verwandlungen in fremde Geſtalten iſt bei den Berſerkern allerdings
nicht mehr die Rede. Daß aber in Bezug auf ſie urſprünglich die
gleiche Vorſtellungsweiſe herſchte, zeigt, daß von König Harald erzählt
wird, er habe in ſeiner Umgebung eine Schar von Berſerkern gehabt,

welche ulfhedhnar geheißen hätten, d. h. Wolfsgewandige; dabei deutet
die Sage freilich diese Bezeichnung dahin als hätten jene Kämpfer Wolfs=
pelze über ihren Panzer getragen; es ist dieß indes offenbar nur ein
späteres Misverständniß.' Demgemäß erklärt auch Sveinbiörn Eglisson
das Wort berserkr nicht von berr bar und serkr Gewand, sondern
von berr der Bär, was den Glauben an Verwandlung in Bärengestalt
neben der in Wölfe voraussetzen würde. Auch Böðwar Bjarki in der
Hrolf Krakisage war hamramr, stark durch Annahme thierischer Ge=
stalt: als Bär kämpfte er wüthend gegen das feindliche Heer, während
er zugleich in Menschengestalt müßig in der Königshalle saß; von Hjalti
zum Kampf aufgerufen, sagte er voraus, daß er jetzt dem Könige we=
niger werde frommen können denn vorher. Als er zum Kampf hinaus
gieng verschwand der Bär, und der Kampf stand bald ungünstiger für
Hrolf Kraki, denn die Kraft des Helden vermochte den Bären nicht zu
ersetzen. Vgl. Uhland VII, 153. 163.

    Daß die Seelen auch in Gestalt anderer Thiere, als Wiesel, Mücken,
Hummel u. s. w. erscheinen, ist bekannt genug. So wird in Tyrol die
Kröte für eine arme d. h. büßende Seele gehalten und ihrer Häßlichkeit
unerachtet mit Schonung behandelt. Vernaleken Alpens. 128. Ueber die
als Pflanze symbolisierte Seele vgl. den Aufsatz Kobersteins im 5. Heft
des Weimarschen Jahrb. Daß sie auch als Licht erscheint, sehen wir
aus den Märchen von den Probestücken des Meisterdiebes BM. 21.
KM. 192, und dem Glauben an die Irrwische, Heerwische, auch Feuer=
männer, Wiesenhüpfer, Marchegger, Lüchtemennekens genannt; doch hält
christlicher Aberglaube ihr Licht für höllische Flammen und giebt sie bald
für Seelen ungetaufter Kinder, bald für verdammte Geister ungerechter
Feldmeßer aus; oft haben sie auch den Grenzstein verrückt und müßen
ihn nun in der Hand tragen und rufen: ‚wo setz ich ihn hin, wo setz
ich ihn hin?' Antwortet aber Einer: ‚wo du ihn hergenommen hast', so
sind sie erlöst. Mit den Worten: ‚ich wel net glöhnig gohn', weist der
niederrheinische Bauer jede Anmuthung zurück, die er für unrecht hält.
Diese Irrwische heißen Tückebolde, was in Dickepöt entstellt wird; der
Name Hückepöt kann daher kommen, daß sie den Leuten gerne aufhocken
wie kobolbartige Gespenster. Bei Müllenhoff 168 heißen sie Tummeldink,
was von ihrer haftigen Bewegung herkommen kann, auf die Myth. 869
auch der Name Tückebold bezogen wird, von Zucken, Hin= und Herfahren,
wie ‚Fuchtelmänner' ähnlich zu deuten ist. Sie weisen aber auch oft den
rechten Weg und leuchten für ein Trinkgeld aus dem Wirthshaus heim.
In Westfalen nennt man sie Schnätgänger, vermuthlich weil sie in der
Furche gehen, die durch Ackerfrevel verrückt worden ist. Wenn sie mehr
als Gespenster erscheinen, so verräth doch der Name Elflicht ihre Ver=

wandtschaft mit Elben und Wichten, ja Rochh. Myth. 176 ff. weist sie
als Schutzgötter der Feld- und Hausgrenze nach, die allen gegen
Ackerthiere und Feldgeräthe begangenen Frevel strafen. Daß sie Goldstücke aus sich herausschütteln, mag Goethe (Märchen) im Volke vernommen haben. Sie wurden also wohl auch lohnend gedacht.

2. Gespenst kommt von spanan, praet. spuon, dessen Urbegriff
locken ist; das Gespenst will also verlocken, zum Bösen bereden; es grenzt
an teuflische Eingebung und Beredung, M. 866. Auch Spuk könnte
Beredung heißen, wenn es mit dem engl. to speak, unserm Sprechen,
zusammenhienge. Sowohl Blutstropfen als Speichel (Spuck) pflegen in
Märchen zu reden. Gr. Myth. 866. Altnordisch heißt der Spuk draugr, dem
hochdeutschen gitroc entsprechend: es bezeichnet die gespenstische Erscheinung als eine trügende, als ein Phantom. So wird schon vom elbischem
gitroc gesprochen. Der draugr heißt auch dôlgr (Feind): er wird oft
dargestellt als von Feuer umgeben, er brennt in höllischem Feuer, und
das zeigt den Uebergang in die Irrlichter und Feuermänner, von denen
schon die Rede war. Ein anderer nordischer Ausdruck ist aptragânga,
dem französischen Revenant entsprechend; es ist ein unseliger Geist, der
umgehend spuken muß. Im Tyrol heißen sie Pütze; am Lechrain wird
Spuken weizen (strafen) genannt. Leop. 112. Der Spuk ist an das
Haus gebannt, nicht wie der Hausgeist an die Familie gebunden. Oft
kann ein solcher spukender Geist noch erlöst werden, gewöhnlich indem
ein anderer für ihn thut und ausrichtet was er selber bei Lebzeiten hätte
thun sollen: dann findet der Todte Ruhe im Grabe. Diese Erlösung
suchenden Geister berühren sich mit den Schlüßeljungfrauen §. 116, die
um alte Burgen schweben und einen Schatz in der Tiefe der Burg
bewachen, der unrechtmäßig erworben ist, jetzt aber keinen Herrn mehr
hat und dem zufällt, der die Bedingungen zu erfüllen wagt, an die sein
Besitz und die Erlösung der Jungfrau geknüpft ist. Ihre Verwechselung
mit den Schicksalsschwestern haben wir früher wahrgenommen. Ein
spukender Geist ist jedoch meist keiner Erlösung fähig; er kann aber in
eine Einöde oder in einen Sumpf, in das ‚rothe Meer‘ verwiesen werden.
Ein Geistlicher kann ihn nur bannen, wenn er rein ist: ihm selbst darf
keine Schuld zur Last fallen, sonst verhöhnt ihn der Geist und verräth
seine Unthat. Oft wirft er ihm sehr unbedeutende Vergehen, sehr läß-
liche Sünden vor, z. B. er habe einmal eine Feder gestohlen, worauf
der Geistliche wohl antwortet: ja, um das Wort Gottes damit zu schreiben. Selbst ein Hälmchen Stroh, das an seinem Kleide hängen geblieben ist, zieht ihm die Schelte ‚Strohdieb‘ zu. Der Uebergang dieser
bannenden Geistlichen und Mönche in Teufelsbanner von Profession liegt
nahe. Die fahrenden Schüler, welche das Geschäft des Teufelsbannens

vorzugsweise trieben, waren ursprünglich angehende Geistliche; oft aber
werden sie gar zu Zauberern, wobei der Unterschied zwischen gutem und
bösem Zauber nicht beachtet zu werden pflegt. Der in den Sumpf gebannte Spukgeist kommt aber seiner alten Wohnung alljährlich oder alle
7 Jahre wieder einen Hahnenschritt näher bis er aufs Neue davon Besitz
nimmt und sein Poltern und Rumoren toller treibt als zuvor. Vgl.
Kuhn WS. 201. Oft stellt der Geist auch Bedingungen, unter denen
er sich bannen laßen will, und zuweilen läßt sich der Teufelsbanner ver-
blüffen, ihm darin zu willfahren; zeigt er sich unnachgiebig, so muß ihm
der Geist gehorchen. Die Aehnlichkeit dieser in den Sumpf gebannten
Geister mit Grendel ist auffallend; aber jener wohnte von Hause aus
im Sumpf, diese werden nur dahin verwiesen; auch konnte Grendel
noch getödtet werden, diese nicht, weil sie Geister der Verstorbenen sind.
Aber schon Grendels nächster Verwandter, das Schretel, das mit dem
Waßerbären kämpfte, wird nicht mehr getödtet; es hatte schon eine Ver-
geistigung erfahren. Es giebt auch Stadtgeister und Dorfgespenster; sie
erscheinen gern als kopflose Capuziner und Jesuiten, als dreibeinige
Pferde und Hasen u. s. w. Vgl. Rochh. Mythen 76—102. Ihre Erscheinung ist übler Vorbedeutung, sie verkünden Sturm und sind so dem
wilden Heer verwandt; doch zeigen einige freundliche Witterung an.
Vielleicht bezeichneten manche ursprünglich das Opferthier, das dargebracht werden sollte, das angedrohte Uebel abzuwenden. Die daran geknüpften Erzählungen sind meist jüngerer Erfindung. Ueberhaupt lieben
auch die Gespenster Thiergestalten anzunehmen: die des Bocks, weil er
Thôrs Thier ist, wie der Teufel selbst gern als Bock erscheint; als
Katze, weil sie Freyjas Thier ist, weswegen sich auch Hexen in Katzen
wandeln; als grunzendes Schwein, weil der Eber Freys Thier ist; als
Krähen und Raben, vielleicht weil der Rabe Odins Thier ist und alle
diese Götter im Volksglauben zuletzt zu Teufeln herabsanken. Allerdings
könnte dieß darauf ausgedeutet werden, daß ihnen, wie Mannhardt
„Korndämonen" ausführt, einst der Schutz der Gemarkung oblag. Solche
Gespensterthiere erscheinen oft nur zu gewissen Zeiten, wie das sog. Fra-
fastenthier in den Fronfasten zu erscheinen pflegt, den Fronfastenweibern
entsprechend. Die Fronfastennacht ist der Mittwoch vor Weihnachten
(Stöber Neujahrsstollen 67), die auch Sträggelenacht heißt. Sträggele
ist ein Gespenst, mit stryx und striga verwandt und oft als Hexe gedacht. Strix heißt auch der Nachtvogel, die Eule, und diese selbst gehört zu den unheimlichen, oft zu den gespenstischen Thieren. Die häß-
lichste Art von Gespenstern, die Vampyre, erscheinen leider auch bei
uns. Schon die Asmundsage bei Saxo V., 180 beweist, daß sie ger-
manisch ist. Burchard von Worms (Anh. XXXIX) weiß, daß man die

Leichen der Kinder mit einem Pfahl durchstach, damit sie nicht umgehen und den Menschen schaden möchten. Das geschah auch den Müttern, die bei der Entbindung gestorben waren (XL). Doch kann dieser Glaube gallisch, und Anderes der Art aus slavischen, lithauischen und finnischen Gegenden eingedrungen sein. Vgl. Kuhn WS. 175. Der Vampyr heißt Nachzehrer (Kuhn Märk. S. 30); man hatte dem Todten den Zehrpfennig mitzugeben versäumt. Vgl. Temme Pom. S. 258. Was sonst als Bedingung angebornen Glücks betrachtet wird, die mitgebrachte Haube ist hier Anlage zum Vampyrismus. Vgl. auch Preußische S. 86 und S. 275, wo der Vampyr Blutsauger heißt. Wenn der Vampyr Lebenden Blut entsaugt um selbst wieder ins Leben zurückzukehren, so hängt dieß mit dem Glauben der Alten zusammen, wonach Odysseus den Schatten im Hades Blut zu trinken giebt, damit ihnen Seele und Bewußtsein zurückkehren. Mehrfach wird gemeldet, das Durchstechen mit dem Pfahl habe nicht gefruchtet und das Morden nicht eher aufgehört bis man die Leiche samt dem Pfahl verbrannt habe, Lothar Volks. 108, was Goethes Auffaßung in der Braut von Korinth rechtfertigt. Der Vampyr berührt sich mit dem drückenden Alb oder der Trud (§. 125), die gleichfalls Geister der Verstorbenen sind, und in dieser Gestalt ist wohl der Glaube deutsch. Ja wenn wir Zingerle hören, saugt die Trud die Leute wie der Vampyr (Zingerle Sitten 190), was uns erst über den Grund ihres Drückens Aufschluß gäbe. Eine beßere Erklärung scheint indes, daß die aus der Walküre Thrub herabgesunkene Drut die Menschen drückt oder reitet, weil sie zur Schlacht reiten muß. (§. 125.)

129. Hexen.

Das Wort Hexe erscheint in ältern Schriften in einer doppelten Form, einer niederdeutschen, die bald hagedisse, bald hagetisse lautet, während die hochdeutsche hagezisse oder hagezusa für die tenuis in der niederdeutschen Form stimmen würde. Grimm M. 992 nimmt es für ein abgeleitetes Wort, das er aus dem altn. hagr dexter, artificiosus deutet: ‚Hexe ist ein kluges, verschmiztes Weib.' Es könnte aber auch ein zusammengesetztes sein, deßen erster Theil auf Hag, Hagen (Hain) zurückgienge. Schwieriger wäre die andere Hälfte der Zusammensetzung zu deuten, da sie im Anlaut zwischen d und t schwankt. Dürfte man d in disse für die richtige Form des Anlauts nehmen, so würde er an die göttlichen Jungfrauen, die Disen erinnern, die in dem Merseburger Heilspruch Idisi heißen. Im Heliand ist Idis, im Otfried Itis die h. Jungfrau. Aber auch in Deutschland finden sich Spuren, daß der Anlaut I abfällt, wie bei den nordischen Disen. So in der Interrogatio fidei bei Maßmann 68, wo von disageldon, den Disen gebrachten Opfern, die Rede ist. Auch

daß die Holländer Disdag in Disendag entstellen, wird durch die Disen
vermittelt sein. Den Disibodenberg an der Nahe, der auch Disenberg
heißt, halte ich für einen Berg der Disen: seinen Boden haben die Disen,
die göttlichen Jungfrauen, sich zum Aufenthalt erkoren; oder wär an einen
Boten der Disen zu denken? Die Legende dieses Glaubensboten scheint
die h. Hildegard erfunden zu haben: für einen irischen Heiligen klänge sein
Name sehr deutsch. Ferner wird der aus Disenberg entstellte Desenberg
hieher gehören. Nehmen wir diese Herleitung des früh verdunkelten Wortes an, so erklärt sich auf demselben Wege das Wort Eidechse, die nach
M. 993 gleichfalls Hagedisse heißt. Die Eidechse ist ein unheimliches
Thier; sie soll aus fleischlicher Vermischung der Hexen mit dem bösen
Feind herrühren. Leopr. 88. Hienach wären also die Hagedisen Wald-
göttinnen, Waldnymphen, den Oreaden und Hamadryaden der Alten vergleichbar, unsern Walküren am nächsten verwandt, in deren Amt und Würde
wir die Idisen kennen lernen. Die Walküren reiten Wolkenrosse, welche
die Wolken selber bedeuten: aus ihren Mähnen träuft Thau und Hagel;
das macht die Felder fruchtbar (S. 344). So sind die Hexen Wettermacherinnen: der Bezug auf die Fruchtbarkeit der Erde ist beibehalten,
aber in sein Gegentheil umgeschlagen. So brachte auch der Umzug der an
der wilden Jagd theilnehmenden Götter, wozu Einherier und Walküren
gehörten, Segen und Gedeihen, was wir gleichfalls in sein Gegentheil verkehrt sehen. Noch heißen die Hexen in niederdeutschen Gegenden Wäl-
riderske (§. 125), was sie deutlich als Walküren bezeichnet. Sie bedienen sich zu ihren nächtlichen Ritten fremder Pferde, die dann Morgens
schweißbedeckt im Stalle stehen. Auch schlafenden Burschen werfen sie den
Zaum über den Kopf, verwandeln sie in Pferde und reiten auf ihnen hinaus;
am andern Morgen sind sie dann erschöpft und zu aller Arbeit untüchtig.
Noch im 11. Jahrh. war nach Burchard von Worms der Glaube verbreitet, daß gewisse Weiber des Nachts bei verschloßenen Thüren in die
Höhe gehoben würden, wo sie mit Andern kämpften, Wunden empfiengen
und Wunden versetzten. Dieß ist die einfachste Meldung, die sie noch
ganz als urlogtreibende Walküren erscheinen läßt. Nach andern
gleichzeitigen, die sogleich erwähnt werden sollen, glaubten sie dabei in
Holdas Geleit aufgenommen mit unzählbarer Menge geisterhafter Frauen
durch die Luft zu fahren. Dieses Geleit der Frau Holda, die mit
Freyja zusammenfällt, kennen wir schon als aus Walküren und Elben
bestehend.

Die Walküren hießen auch Wunschmädchen, in Deutschland Wünschel-
wîp, ein Name, der auch für Hexen begegnet; sie hießen ferner Schwanenmädchen, weil sie sich in Schwäne wandeln. Vielleicht hängt damit die
Hexenprobe zusammen. Bekanntlich warf man die der Hexerei Angeklagten

ins Waßer: sanken sie unter, so galten sie für unschuldig, schwammen sie aber oben, so waren sie Hexen, d. h. Walküren, Schwanenmädchen, Myth. 1028. Einer Hexe hatte der Teufel versprochen, ihr bei der Waßerprobe eine Eisenstange zu bringen, damit sie untersänke; er hielt auch Wort und brachte ihr die Stange; es war aber eine Nadel: die Hexe schwamm oben und warb verbrannt.

Aus den Schwänen hat die spätere Volkssage Gänse gemacht, §. 115. Ein Jäger, der sich auf Zauberei verstand, lud eine geweihte Kugel in sein Gewehr, um nach Wildgänsen zu schießen, schoß und traf eine Gans, welche herab ins Gebüsch fiel. Als er hinkam, fand er statt der Gans eine nakte Frau da sitzen, in welcher er die Haarschneiderin aus der Stadt erkannte, die mehr als das Vaterunser konnte. Baader 337. Ein an= derer Jäger sah plötzlich ein Gewitter aufsteigen, von dem er muthmaßte, es sei durch Hexerei entstanden: er schoß mit einer geweihten Kugel in die dichten Wolken. Da fiel ein naktes Weibsbild todt zur Erde, worauf das Gewitter sich augenblicklich verzog, Baader 337. Wenn die Hexen zum Blocksberg ziehen oder nach andern Bergen und Orten, die früher dem Dienst heidnischer Götter geweiht waren, was man Hexenfahrten nennt, wenn sie dort den Teufel verehren und an seinem Gelage Theil nehmen, so scheint hier Wuotan, seltener Donar in den Teufel verkehrt; die Hexen wollten an seinem Göttermal theilnehmen, wie die Walküren dabei als Schenkmädchen dienten. Auf das Schenkamt der Walküren in Odins Saal deuten mehrere Züge, die von den Hexengelagen berichtet werden. Bei Kuhn NS. Nr. 33 wird ein Maitagshorn erwähnt, deßen sich die Hexen in der Walpurgisnacht bedient hatten, und das der Knecht eines benachbarten Gutsbesitzers entwandte und seinem Herrn überbrachte. Darauf gaben sich die Hexen große Mühe, das Horn wieder zu gewinnen. Ein feingekleideter Herr läßt sich andern Tags bei dem Herrn melden und verspricht seine Besitzungen mit einer 7 Fuß hohen Mauer zu umziehen, wenn er das Horn zurückgebe; im andern Falle solle sein Gehöfte dreimal abbrennen, gerade wenn er sich am reichsten dünke. Letzteres geschieht auch, weil er das Horn nicht zurückgab; der König ließ ihm aber Alles wieder aufbauen. Das Horn schickte man überall umher, um zu erkunden, wo= her es stamme; das war aber nicht herauszubringen. Vgl. Müllenhoff Nro. 294. 5.

Wie die Walküren spinnen auch die Hexen Geschicke. ‚Watt sittst du baer all wedder unn spinnst, du ole verfluchte Hex‘, rief ein Sonntagskind einer Hexe zu. Da rief sie zurück: ‚Sönken, Sönken, laet my doch myn Faden spinnen‘, und augenblicklich saß er unter einem Haufen Bauholz, wo die Leute ihn mit Mühe hervorzogen. Müllenhoff Nr. 217.

Aus dem Walkürenglauben konnte der Hexenglaube sich um so

leichter entwickeln als wir sahen, daß auch irdische Jungfrauen unter der
Bedingung jungfräulichen Standes und kriegerischen Gewerbes zu Walküren
werden und in Wuotans und Frouwas Dienst eintreten konnten, wie wir
das an Brynhild und der mehrfach wiedergeborenen Swawa gesehen haben.
Zuletzt ward sie als Kara wiedergeboren: diese erscheint als Zauberin mit
dem Schwanenhemd und schwebt singend über ihrem Helden. Helgi aber,
der gleichfalls zum drittenmal wiedergeboren war, hieb einst im Kampf
zu hoch mit dem Schwert in die Luft und schlug seiner über ihm schwe=
benden Kara den Fuß ab: da fiel sie zu Boden und sein Glück war zer=
ronnen, FAS. II, 374. Aus diesem Glauben an menschliche Walküren
erklärt es sich, wie die Nachtfahrerinnen wähnen konnten, in den Dienst
Holdas aufgenommen zu sein und in ihrem Geleite zu fahren. Die Wal=
küren erkannten wir als Vervielfältigungen der Freyja, mit der sie sich in
alle ihre Aemter theilen. Der Freyja war aber die Katze heilig: sie fuhr
mit einem Katzengespann, und noch jetzt sagt man, wenn eine Braut bei
schönem Wetter zur Trauung geht, sie habe die Katze gut gefüttert. Daraus
erklärt sich, warum die Katze das Thier der Nachtfrauen und Hexen ist,
und diese sich gern in Katzen wandeln. Nach dem Volksglauben wird
eine 20jährige Katze zur Hexe und eine 10jährige Hexe wieder zur Katze.
Freyja heißt nun in Deutschland gewöhnlich Holda, und in Frau Hollas
Geleit fahren die Hexen aus wie die Walküren in Freyjas: darum heißt die
Hexenfahrt in vielen Gegenden Hollenfahrt. Hilde, eine der Walküren,
haben wir als Freyja selber erkannt und als Pharaildis wiedergefunden,
deren Namen aus Frau Hilde, vielleicht als fahrende Hilde zu deuten ist.
Pharaildis sahen wir auch Herodias genannt. Burchard von Worms be=
zeugt nun, daß gewisse gottlose Weiber geglaubt hätten, mit der Diana
oder Herodias, die er an einer andern Stelle, Anh. XXXVI, auch Holda
nennt, bei Nachtzeit, auf Thieren reitend (super quasdam bestias)
auszufahren: gerade so dachte man sich später die Hexenfahrten. Den Na=
men Hexen gebraucht Burchard noch nicht; er nennt sie sceleratae mu-
lieres retro post Satanam conversae; sie sind vom Christenthum ab,
ins Heidenthum zurückgefallen. Das eben soll diese Ausführung darthun,
daß der Hexenglaube auf deutschheidnischen Grundlagen ruht und aus der
griechischen und römischen Welt nicht abzuleiten ist. Wo aber fände sich
im deutschen Heidenthum dieser nächtliche Ritt auf Thieren?

    Den Walküren selbst werden nur Wolkenrosse beigelegt; aber zugleich
lesen wir von übelthätigen riesigen Zauberweibern, daß sie Nachts auf
Wölfen ritten und Schlangen zu Zäumen hätten. Eine solche begegnete
dem Hedin am Julabend und bot ihm ihre Folge (fylgdh) gleich einer
schützenden Walküre (Myth. 1006). Er schlug sie aus; aber noch am
selben Abend mußte er es bei Bragis Becher entgelten. Auf dem Wolfe

reitend wird D. 49 auch Hyrrockin geschildert; Freyja dagegen reitet im
Hyndluliobh bei finsterer Nacht auf ihrem Eber zur heiligen Walhall, wäh=
rend Hyndla, die sie ihre Schwester nennt, sich des Wolfes bedienen soll.
Es sind nun allerdings andere Thiere, Kälber und Böcke, Myth. 1011,
welche nach dem Volksglauben die Hexen reiten; aber der Tausch kommt
wohl auf Rechnung unserer bürgerlichen Zustände: im 14. Jahrh. sind es
in einer Uebersetzung unserer Stelle (Anh. XLII) noch Waldthiere, worauf
die meinthätigen Weiber reiten. Vergessen hat aber auch die deutsche Sage
solche Ritte nicht. Bei Baader 16 kommt der Teufel auf einem Schwein
geritten. Vgl. Panzer II, 97. 308. Vernaleken Oesterr. S. 113. Von=
bun B. 75.

Wie wir hier auf Freyja, das Haupt der Walküren, gewiesen wer=
den, so deutet auf Holda die Wahl der Versammlungsplätze; es sind solche,
wo vor Zeiten Gericht gehalten oder Opfer gebracht wurden, M. 1003.
Welchen Bezug aber Holda zu den Gerichten und Freisteinen hatte, sahen
wir §. 114. Selbst die Beschuldigung, daß die Hexen Mäuse machten,
rührt unmittelbar aus dem Glauben an die höchsten Göttinnen her, welche
bald um Abwendung des Mäusefraßes angerufen werden, bald ihn zur
Strafe über die Menschheit verhängen. Vgl. §. 114.

Wenn hienach die Hexenfahrten aus den Umzügen der Holla oder
Frouwa entstanden sind, und Nornen und Walküren den Hexen zu Grunde
liegen, so sind doch in den Hexenglauben auch noch von andern gött=
lichen Wesen Züge aufgenommen, namentlich von Riesen und Elben, was
um so weniger verwundern kann als Frau Holda die Königin der Hein=
chen und Elben ist. So will Grimm 1009 die Hexentänze auf die lusti=
gen Tänze der Elben bezogen wißen, die man Nachts im Mondschein auf
Wiesen ihre Reigen führen sah und Morgens ihre Spur im Thau er=
kannte. So heißen die Hexen Thaustreicherinnen (daustrickers): sie strei=
chen oder streifen den Thau von fremden Wiesen, um die eigenen damit
fruchtbar zu machen, M. 1026. Andere Erinnerungen an den Elbenglau=
ben werden uns sogleich begegnen.

Die ältesten Nachrichten von jenen Frauen, welche in Holdas Geleit
nächtlich auszufahren glaubten, gedachten noch des Teufels nicht: erst später
drängte er sich ein, indem er an Wuotans Stelle trat, an dessen Götter=
mal die nachtfahrenden Frauen Theil zu nehmen glaubten. An Wuotan
gemahnt es schon, wenn die Hexen M. 1024 ‚Mantelfahrerinnen‘
heißen. Sie bedienen sich seines Mantels, wie das auch Freyja darf, von
der es auf die Mutter Gottes übertragen ist, die in weiten Mantel ge=
hüllt dargestellt zu werden pflegt. Daß sich die Hexen mit dem Teufel
verbinden und vermischen und zu Walpurgis (Trudennacht Leopr. 176)
diejenige unter ihnen, an welcher der Teufel vorzügliches Gefallen hat, zur

Hexenkönigin erwählt wird, hängt wohl mit dem Hochzeitsfeste Wuotans und Frouwas zusammen, das nach §. 73 b. um diese Zeit, der wonnigsten des Jahres, begangen wird. An die bei dieser Hochzeit geschlungenen Festtänze knüpft wohl auch der Volksglaube an, wonach die Hexen in der Walpurgisnacht den Schnee vom Blocksberge wegtanzen sollen, Kuhn NS. 376. Zeitschr. V, 483. Ueber andere Hexentanzplätze Kuhn WS. 133.

Aus der Vermischung des Teufels mit den Hexen geht nach dem Volksglauben keine menschliche Frucht hervor, sondern elbische Wesen, welche Dinger (wihtir), Elbe und Holden heißen. Bald sollen es Schmetterlinge sein, bald Raupen oder Würmer; auch in Haut, Eingeweiden und Knochen der Menschen sollen solche Dinger oder ,Holdeken' ihren Aufenthalt nehmen können, denn ihrer bedienen sich die Hexen, um Krankheiten und Geschwulst bei Menschen und Vieh hervorzubringen, Myth. 1027. Vgl. Shakespeare LLL. 5, 2, 81. So erscheint auch ihr Buhler, der Teufel, in der Gestalt des Albs oder Schmetterlings. Elbische Bezüge sind ferner Myth. 1015 in den Eigennamen nachgewiesen, welche der Teufel sich als Buhler der Hexen beilegt; viele sind von heilkräftigen Kräutern hergenommen und sicher aus ältern Elbennamen entsprungen: sie zeugen noch wie ,Wohlgemuth, Blümchenblau, Lindenzweig', von schuldloser Phantasie. Andere lauten koboldartig und erinnern an unsere Hausgeister, und selbst die bedenklicher klingenden wie Raffezahn, Vinkebank u. s. w. können von Schraten und Waldgeistern herrühren. So erscheinen auch die Hexen selbst unter Blumennamen wie im Sommernachtstraum Elfen Bohnenblüthe und Senfsamen heißen, Kuhn Ztschr. XIII, 117.

Auch das Entsehen und der Elbschuß §. 128 ist auf die Hexen übertragen; jedoch kommen Hexengeschoße schon früh neben Asen- und Elbengeschoßen vor. Von Hexengeschoßen wie sonst von Elbengeschoßen ist mehrfach die Rede, M. 1014. Leidet Jemand an Steifheit im Kreuz, so heißt es, er habe einen Hexenschuß. Den Hexen wird nicht bloß böser Blick zugeschrieben, Myth. 1053, worauf schon ihre rothen, triefenden Augen deuten, und die seltsame Gestaltung ihres Augapfels, M. 1034; sie pflegen auch denen, welche sie belauschen, die Augen auszublasen, Baader 69. Ein Handwerksgesell kam an die Thür eines Felsenkellers, aus dem Gesang und Spiel herauftönte. Da sie verschloßen war, schaute er durch das Schlüßelloch und gewahrte, daß der Keller hell erleuchtet war und darin gezecht und getanzt wurde, auch an der Wand ein Pferd angebunden stand. Sogleich sagte eine Frau der Sippschaft zu einer andern: ,Geh, blase das Licht aus', worauf diese durch das Schlüßelloch dem Gesellen ins Auge blies, daß er augenblicklich erblindete. Hierüber entsetzt, schrie er dreimal: ,Um Gottes Willen macht auf!' Da flog die Thüre auf und Hexen und Teufel stoben auseinander. Der Gesell gieng nun in den

Keller und fand, daß sein Ausruf alles Blendwerk zerstört hatte: das
Essen war Viehkoth, der Wein Roßpisse geworden und das Pferd in den
Knecht der Hexe verwandelt: sie hatte ihn im Schlafe gezäumt und dahin geritten, während ein Gebund Stroh im Bette neben ihrem Mann
ihre Stelle vertrat, Baader 69. So konnte schon Odin nach Yngligas.
7 beliebige Gestalt annehmen, während sein Körper schlafend oder todt
da lag. Daß hier die Zusammenkunft der Hexen nicht, wie gewöhnlich,
auf einem Berge, sondern unter der Erde, im Keller Statt hat, erinnert daran, daß es nach §. 118. 125 verschiedene Vorstellungen
über den Himmel gab, der bald im Berge, bald im Schooß der Erde
gedacht ist. So läßt Kaisersberg nach M. 1088 die nachtfahrenden
Frauen im Venusberg (vgl. Venesberg M. 1014) zusammenkommen, wo
gutes Leben, Tanzen und Springen ist. Nicht anders geht es auch in
Laurins Berge zu, wo Zwerge die Fiedel streichen, so daß man zur Erklärung der Hexentänze auf nächtlich im Mondschein tanzende Elben nicht
zurückzugehen braucht. In die Unterwelt sehen wir uns auch versetzt,
wenn nach balearischer Ueberlieferung der Teufel bei der Hexenversamm-
lung nicht den Hochsitz einnimmt, sondern unterm Tisch gebunden an
einer Kette liegt, wie nach Saxo in der Hölle Utgarthilocus, in dem der
gefesselte Loki nachklingt. S. 248.

Aus dem Glauben an übelthätige Riesenweiber, §. 118, sind
die meisten Züge, selbst das Verbrennen §. 144, auf die Hexen übertragen. Ja hier liegt eigentlich die stärkste Wurzel des Hexenglaubens.
Mit den Riesen haben die Hexen den Glockenhaß gemein. Glockengeläute war ihnen Hundebellen und die Glocken der Bonner Hauptkirche
nannten sie St. Cassiushunde. Vgl. Lütolf 41. 205. 207. Wie die
Riesen frostiger Natur zu sein pflegen, so erleben auch die Hexen keinen
warmen Tag als den an dem sie verbrannt werden. Kuhn WS. 134.
Daß sie stäts verderblich wirken und mit der Absicht zu schaden handeln,
kann ihnen nur von den Riesinnen kommen. Wenn Grimm M. 1028
sagt: ‚Diese krummnasigen, spitzkinnigen, hänglippigen, schiefzahnigen,
rauhfingrigen Weiber stiften Uebel ohne daß es ihnen nützt. — Dieser
eine Zug hätte über den Grund aller Hexerei die Augen öffnen sollen‘,
so verstehe ich das in anderm Sinne als er selber: er zeigt mir den
Ursprung des Hexenglaubens aus dem an die Riesen, die auch den Menschen Sonne und Mond und die schönste Jahreszeit zu rauben gedacht,
nicht um sich damit zu bereichern, nur um die Welt im Eise des Winters erstarren zu laßen. Freilich schon in der Edda berührten sich die
Riesinnen mit den Walküren: ‚skass valkyria‘ schilt Sinfiötli Helgakw.
II, 38 den Gudmund, und Nachreiterinnen (kvelridur) gemordet zu
haben rühmt sich Atli gegen Hrimgerdr, die als Riesin selbst ein solches

nachtfahrendes Weib ist. Nach Sinfiötlis Schelte wird die Riesin selber geritten: ich halte das schon für eine Umkehrung wie die S. 421 er= wähnte. Daß sie Wölfe ritten und Schlangen zu Zäumen hatten ist S. 455 erwähnt. Die Hexen reiten nicht bloß fremde Pferde, sondern auch Menschen, die sie zäumen und so in Pferde verwandeln; im Walküren= glauben ist das nicht nachzuweisen; bei Alben und Maren kommt es nur vor, wo sie in Riesinnen übergehen.

Auch von den altdeutschen Priesterinnen §. 137 hat sich Manches auf die Hexen vererbt, namentlich der Opferkeßel und der Zauberstab. Vgl. was §. 138 über die Subkunst gesagt wird. In der heidnischen Zeit konnten die Frauen Priesterinnen werden, ja einige Frauen genoßen fast göttlicher Verehrung; jetzt in der christlichen Zeit sollten sie nicht einmal mehr priesterlicher Würde fähig sein. Diese Herabwürdigung duldeten sie nicht: sie erhielten sich noch lange im Besitz geheimen Wißens, und fuh= ren fort Heilkunst, Weißagung und Zauberei zu üben. Wenn sie statt auf jenen Thieren auf Besen und Ofengabeln reiten, so ist das eben der Zauberstab, den der Runenzauber nach dem Zeugniß des Guilielm. Al= vernus (Myth. 1037) in Pferdegestalt verwandeln konnte. Wenn in der Thorstein Bäarmagnsaga §. 84 der Zauberstab aus dem Hügel ge= worfen wird, den dann der Knabe besteigt und reitet wie unsere Kinder die Steckenpferde, so scheint auch das eine Umkehrung, da der Stab viel= mehr Macht hatte, den Hügel zu erschließen und Todte zu wecken, vgl. §. 65. Nur die mit den Todten begrabenen Waffen konnten wie in der Herwararsaga aus dem Hügel geworfen werden. Vgl. M. 1179. Auch auf dem Siebe fahren die Hexen durch die Luft, Macbeth I, 3. Kuhn WS. 18. Das Sieb ist Symbol des Regens, und so kann es von der Priesterin, die mit dem Siebe Zauber treibt, aber auch von Sif der Regengöttin selbst auf sie übertragen sein, denn auch von den Göttern sehen wir Manches auf die Hexen übergehen S. 455. Die Hexen reiten nicht bloß auf Thieren, sie verwandeln sich auch in sie wie die Götter in Gestalt der ihnen geheiligten Thiere zu erscheinen lieben. Besonders wandeln die Hexen sich gerne in Katzen, Eidechsen und Elstern; aber auch als Schmetterlinge (Buttervögel) stehlen sie Milch und Butter. Die Ansicht Soldans, der, Geschichte der Hexenprocesse Stuttg. 1843, den Hexenglauben aus dem Alterthum herleitet, ist in Obigem widerlegt.

Zum Schluß gedenke ich noch zweier andern Ableitungen des Wortes Hexe als der hier angenommenen. Goth. ist fascinare afhugjan, von Sinnen bringen, Sinn und Gemüth verwirren, Myth. 987, und nach Myth. 992 heißt hugsa balekarlisch Hexe. Wäre an hugjan denken zu denken? und an jenes durch bloße Gedanken Vermeinen, Einem den Alb zuschicken, wovon S. 422 die Rede war?

Nach Schmeller II, 146 ist hexen = quälen, plagen, und diese Be=
deutung, bei der er jedoch auch auf hagedisse zurückgeht, hält er für
die ursprüngliche. Das erinnert mich daran, daß extern aufs Aeußerste
necken und plagen bedeutet. Extern (Aexstern) heißen auch die Elstern,
Elstern aber sind Hexen. Kuhn WS. II, 51. Nach Grimm GDS.
457 wär ein christliches Kunstwerk an die Stelle des heidnischen ge=
treten. War dieses heidnische Werk ein Werk der Disen, die später zu
Hexen herabsanken? Fehlt es doch nicht an Ausnahmen, wo selbst die
Hexen, wie es der älteste Sinn des Wortes gestattete, noch als wohl=
thätig aufgefaßt wurden: eine solche ist es schon, wenn sie nach S. 456
oben zu Walpurgis den Schnee vom Blocksberg hinwegtanzten. Grimms
Ableitung des Namens l. c. von Ehegestern befriedigte ihn selber später
nicht mehr; vielleicht würde er sich zu der unsern bekehrt haben, wenn
er gewußt hätte, daß die Höhle im Innern der Externsteine das in den
Felsen gehauene Bild eines Vogels zeigte. Die Elster war der Vogel
der Hel: sie ist wie diese schwarz und weiß und glaubte man nach dem
Morolf, sie habe so viel schwarzer Federn als weißer. Das ist wohl
auch der Grund, warum sich die Hexen so gern in Elstern wandeln und
beide mit demselben Namen, demselben Bilde bezeichnet wurden. Den
Elsterncultus, welchen Gr. Myth. 640 nachweist, beziehe ich auf die
Dise, die sich in die Elster wandelte. Zur Hexe war sie noch nicht ent=
würdigt als der Glaube galt, daß ihr Geschrei vor dem nahen Wolf
warne. Daß Prof. Braun im Winckelmannsprogramm 1858 den Mi=
thrasdienst in die Westfälischen Externsteine verlegen wollte, kann bei dem
bekannten klassischen Zopf unserer Antiquare kaum noch befremden.

Von den Hexen unterscheidet sich die Trude dadurch, daß die
Hexerei angelernt, das ‚Truden' angeboren ist. Leopr. 9. Mit dem Alb
und der Mar hat die Trude das Drücken gemein, sowie das Vermeinen
oder Verneiden (der böse Blick), das sich aber auf diese beiden nicht
beschränkt; eigenthümlich ist ihr nur der aus Goethes Faust bekannte Tru=
denfuß, der fünfeckig nicht mit dem sechseckigen Bierzeichen zu ver=
wechseln ist. Durch die Mißgestalt des Fußes erinnert die Trude doch
an höhere Wesen wie Berhte mit dem fuoze §. 115. Jetzt freilich
wird das Pentagramma nur gegen den Trudenzauber gebraucht, wie
auch der Trudenstein (Panzer II, 429) vor dem Albdrücken u. s. w. bewahrt.
Vgl. Bawaria I, 320. 321.

130. Tod und Teufel.

1. In der Edda erscheint der Tod nicht personificiert: Odin ent=
sendet Freyja oder ihre Vervielfältigung die Walküren, die in der Schlacht

Gefallenen in seinen himmlischen Saal zu führen, während Hel sich keiner
Boten bedient: sie erwartet die Ankunft der Todten in ihrer Halle und
ist im Voraus bedacht sie nach Würden zu empfangen wie das im Hako-
narmal auch Odin thut. Nur Ran zieht die Ertrinkenden in ihr Netz.
Daß aber die Todten geritten kommen, sehen wir aus Modgudrs Worten zu
Hermodur §. 33, gestern seien fünf Haufen todter Männer über die Brücke
geritten. So kommt auch Helgi (M. Edda 175) aus Walhall geritten
von Sigruns Thränen herabgezogen, was wir oben als die älteste Gestalt
der Lenorenf. bezeichnet haben, in welcher das Reiten der Todten schon
in den Worten, die Bürger vernommen hatte: der Mond scheint hell, die
Todten reiten schnell, ausgedrückt war. Erst der spätere dänische und schles=
wigische Glaube giebt auch der Hel ein Pferd und zuweilen ein dreibei=
niges, Myth. 864. In deutschen Gedichten bedient sich der Tod eines
Pferdes nur um die Seelen darauf zu laden: ebenso oft aber führt er sie
am Seile. Konr. v. Würzburg legt ihm sogar ein Netz bei, was an Ran
erinnert; ja er erscheint als Jäger und Fischer, der den Menschen Schlingen
legt und nach ihm angelt. M. 805. Oft aber, nach einer blutigen Schlacht,
führt er eine große Schar an, ein zahlreiches Gesinde folgt seiner Fahne
und trägt sein Zeichen, sein Wappen. M. 807. Wenn er aber im Acker=
mann von Böhmen Hauptmann von Berge heißt, so beziehe ich das auf
die Vorstellung von der Unterwelt, dem Seelenaufenthalt im hohlen Berge.
Der Tod selber wird aber als Ackermann gedacht, der den Garten jätet
und die Blumen bricht, der das Schlachtfeld mit Blut düngt und mit
Leichen besät, wie er auch in dem Liede: ‚Es ist ein Schnitter, heißt
der Tod‘ als Mäder mit Sichel oder Sense erscheint, vor dem sich schöns
Blümlein hüten soll, oder ein andermal als Holzmeier, Förster die Bäume
des Waldes niederstreckt Myth. 808. 825. Wackernagel Ztschr. IX, 307.
Wenn hier biblische Bilder anklingen, so wird es auf heidnische Vor=
stellungen zurückgehen, wenn der Tod als Spielmann mit seinem Ge=
sinde einen Reigentanz aufführt, woraus im 14. Jahrh. die Todten=
tänze entsprangen. Denn da jetzt der Tod an der Stelle der Walküren
die Menschen heimholte, so erschien er als Bote Gottes: zu Boten wählte
man aber von Alters her Fiedler und Spielleute. Den Tod als Tanz
zu fassen, zu dem aufgespielt ward, war man auch schon durch die Helden=
dichtung gewöhnt, ich brauche nur an Volkers Fiedelbogen und seine übel=
hallenden Leiche zu erinnern; mit der Geige aber pflegte noch Walther zum
Tanze aufzuspielen. Wenn aber Grimm MS. 809 wahrscheinlich macht,
daß schon im 12. Jahrh. die Vorstellung des Todes durch ein Gerippe
im Schwange war, so ist doch das Gerippe ‚mit Stundenglas und Hippe‘
den Todtentänzen im 14. Jahrh. noch fremd: man stellte ihn wohl als
eingefallene zusammengeschrumpfte Leiche, nicht mit entblößten, nur mit

stärker hervortretenden Knochen dar, Wackern. a. a. O. 321. Erst im sechzehnten Jahrhundert begann man ihn als Skelett vorzuführen.

2. Die Bekehrer gaben die alten Götter nicht für nichtig aus, noch läugneten sie ihr Dasein: sie erklärten sie nur für böse Geister und Teu=fel. Schon darum muste in den christlichen Teufelsglauben viel Deutsch=heidnisches Aufnahme finden, und nur davon kann hier die Rede sein, da wir mit dem jüdischen und christlichen Teufel an sich nichts zu schaffen haben.

Unter den alten heidnischen Göttern waren zweie schon vor der Be=kehrung als böse und finster erschienen, Loki und Hel: diese giengen also leicht in Teufel über; längern Widerstand wird die Volksmeinung der Verteufelung der g u t e n Götter entgegengestellt haben, Myth. 938. Aber auch diese boten Seiten dar, welche unschwer in ein ungünstiges Licht zu stellen waren: so konnte Wuotan als der kriegerische Geist, den die Blut=rache nicht ruhen ließ, leicht als ein Wütherich dargestellt werden, und schon die nordische Sage von Hrolf Kraki thut das (hinn illi Odhinn Myth. 940), wie bereits Ulfila Holda in Unholda, Hulthô in Unhulthô wandelt. Odin warf Zwistrunen unter Verwandte: er verfeindete die Fürsten: so sät der Teufel Zwietracht; freilich ist die Redensart, Un=kraut unter den Waizen säen, biblisch. Schon bei Heinrich dem Löwen und Gerhard von Holenbach u. s. w. sahen wir §. 66 den Teufel an Wuotans Stelle getreten. Nach Myth. 980 trägt der Teufel einen Ca=nonicus, der sich versäumt hatte, von Bayeux nach Rom zu den Metten; nach Stramberg (Rh. Antiqu. I, 106) trug er auch den Abt Antonius von Moskau nach Kiew in die Mette, mochte es aber nicht leiden, daß der Abt sich kreuzte und segnete, was er sich mit den auch rückwärts zu lesenden Worte verbat:

Signa te, signa, temere me tangis et angis.

Vgl. Kuhn WS. 57. Der Teufel ist schwarz, weil Schwarz die böse Farbe und zugleich die der Unterwelt (§. 96) ist; wenn er aber auch als Graumann (M. 914) erscheint, so kann er das nur von Wuotan haben. Doch ist auch die grüne Farbe zu beachten, da der Teufel gern als grüner Jäger, Wuotan als Grönjette, auftritt, vgl. KM. 48. 101.

Ein gebräuchlicher Name für den Teufel ist im MA. vâland, Jun=ker Boland. Das Wort ist unerklärt und namentlich die Participial=form befremdend. Die Deutung aus P h o l hat für sich, daß der Teu=fel auch Fold, Fuld und Fahl heißt, Myth. 944. Pfalgraben heißt die T e u f e l s m a u e r , ein Römerwerk zur Begrenzung des Decumatenlandes.

Der Teufel erscheint lahm und mit dem Pferdefuß oder Bocksfuß, hier und da auch mit dem Hühnerfuß, was wir S. 235 aus seiner Beziehung zu Thôr, zu Wuotan und Freyja gedeutet haben. Wie sich Bertha durch den Gans= und Schwanenfuß zu erkennen gab, so muß der

entweichende Teufel seinen Pferdefuß zeigen, M. 946. Umgekehrt fehlt
ihm, wenn er die Gestalt jener Thiere annimmt, gern ein Bein: drei=
beinige Thiere werden dann überhaupt gespenstisch. Auch in unverküm=
merter Gestalt erscheint er als Pferd, als meckernder Bock, als grunzende
Sau, in welcher Frôs Eber nachklingt; seltener wandelt er sich in den
Wolf, doch wird er gern der Höllenwolf genannt, wie er auch Höllen=
hund heißt und hellewelf, wie schon die Edda einen hvelpr in der
Hölle annahm (Myth. 949), dem Cerberus entsprechend. Wirklich erscheint
der Teufel als Hund, Myth. 948, Panzer I, 329. II, 438 und noch
zuletzt in Goethes Faust. Im Puppenspiel von Faust bringt der Rabe
die Verschreibung und wird dabei Mercurs Vogel genannt, womit nur
Wuotan gemeint sein kann, da der klassische Mercur nichts mit dem Ra=
ben zu schaffen hat. Vgl. KM. 99.

Der Teufel wandelt sich in eine Fliege wie Loki, als er Brisingamen
stiehlt, Myth. 950. Wie Loki liegt er in der Hölle gefesselt, was schon
bei Utgarthilocus S. 248. 457 vorkam. Er soll aber am jüngsten Tag
ledig werden und dann mit dem Antichrist zugleich den letzten Kampf
kämpfen, ganz wie Loki in der Edda, Myth. 963. Wenn neben ihm
seine Großmutter genannt wurde, so haben wir diese schon mit Grendels
Mutter und der neunhunderthäuptigen Ahne bei Hymir verglichen.

Der Hammer, Thôrs Symbol, ist ein gewöhnlicher Name des Teufels,
der auch Meister Hämmerlin heißt, M. 951. Wie Thor baut er Brücken,
M. 972; wie dieser im Wagen, so fährt der Teufel in der Kutsche oder
reitet wie Odin auf einem Pferde, nur gewöhnlich auf einem schwarzen,
wie Odin auf dem Schimmel oder dem grauen Ross. Wie Odin ist der
Teufel der Erfinder des Würfelspiels; gewöhnlicher aber wird statt
dessen das moderne Kartenspiel genannt. In der Hölle spielt er gern
um Menschenseelen; im fabliau St. Pierre et le jongleur steigt aber
St. Peter in die Hölle hinab, dem Spielmann, der des Teufels Stelle
während seiner Abwesenheit vertreten soll, die Seelen im Würfelspiel ab=
zugewinnen. Bei Landstuhl in der Pfalz, Franz von Sickingens Burg,
liegen drei Steine, die dem Platz den Namen geben; zwei derselben die=
nen dem dritten als Unterlage. Diese Steine sind nach der Sage Wür=
fel, mit welchen Sickingen mit dem Teufel spielte und das Spiel verlor.
Die Redensart: Wo führt dich der Teufel her so geschwind? zielt auf den
Mythus von Odins Mantelfahrt und die Habbingssage, und der Fluch:
‚fahr zum Teufel‘ erinnert an das nordische far til Odbins! Beides heißt
den Tod anwünschen. Auch die Teufelsbündnisse haben wir §. 68 aus
dem Odinsdienst abgeleitet, namentlich aus den Schutzverhältnissen, die er
mit seinen Günstlingen eingieng, die, indem sie sich ihm ergaben, ihre
Lebenszeit auf feste Jahre bestimmten. Die bei diesen Verbündnissen

übliche Blutunterschrift geht wohl auf die Eingehung von Freundschafts=
bündnissen zurück, wobei Blut fließen mußte. Viel schwieriger ist eine an=
dere Art von Bündnissen zu deuten, bei welchem man sich dem Teufel auf
feste Jahre zu Dienst verpflichtet, wofür der Teufel dann Lohn zu gewäh=
ren hat. Stirbt man innerhalb dieser Frist, so fällt dem Teufel die Seele
anheim, KM. 100. vgl. 101. Myth. 970. Des 'Teufels rußiger Bruder'
(Nr. 100) hat während dieser Frist die Musik erlernt; schon KM. III, 183
wird bemerkt, daß dieß eine gar nicht christliche Ansicht von der Hölle sei.
Man wird an Odin erinnert, der die Skaldenkunst verleiht, so wie an
dem Strömkarl und Fossegrim (§. 126), während die Bedingung, die
auch bei dem Bärenhäuter (Nr. 101) vorkommt, sich nicht zu waschen und
zu kämmen, an Wate und die germanischen Rachegelübbe §. 34 gemahnt.
KHM. 68, vgl. Serb. Volksm. 6 zeigt, daß die sieben Jahre als Lehr=
zeit aufzufaßen sind. Es scheinen demnach zweierlei Dinge gemischt: jene
Rachegelübbe, nach welchen man sich nicht waschen noch kämmen will, ge=
schehen um den Sieg; bei der Lehrzeit gilt es eine Kunst, sei es nun
die Musik, oder wie bei dem Serb. M. die Zauberei: Sieg und Kunst
ist beides Odins Gabe, und auf ihn wird hier auch der Teufel zurück=
weisen.

Der Teufel heischt dieselben Opfer, die sonst heidnische Götter em=
pfiengen: ein schwarzes Schaf, ein schwarzes Huhn, einen schwarzen Geiß=
bock, einen Hahn, der an einem Donnerstag im Merz aus dem Ei
geschlüpft ist, Kuhn WS. 102. 'Man muß dem Teufel zuweilen ein Licht
anstecken', räth der Volksmund; auch das ist deutsch=heidnischer Brauch
beim Opfer.

Ebenso häufig als mit den alten Göttern berührt sich der Teufel mit
Riesen. Der Drus (aus Thurs entstellt) ist eine gewöhnliche Teufels=
bezeichnung. Kuhn WS. 110. In dem vielbekannten und vielgestaltigen
Märchen vom Schmidtchen von Bielefeld, von Apolda u. s. w. wird der
Teufel von des Schmidts wie sonst die Riesen von Thors Hammer ge=
troffen und weich gehämmert. Selbst wenn in der christlichen Zeit vom
Teufelholen die Rede ist, ist dieß erst von den Riesen auf den Teufel
übertragen, da man in der heidnischen von jedem Vermißten glaubte,
Trölle oder andere uvättir (üble Wichte) hätten ihn geholt. Maurer
Bekehrung II, 59. 84. Der Teufel wirft Felsensteine nach christlichen
Kirchen wie die Riesen nach Städten; wie die Riesen erscheint er als
Baumeister, und die tausendfachen Nachklänge des Mythus von Swabil=
fari setzen den Teufel an die Stelle der Riesen. Uralte Bauten, den
cyclopischen Mauern entsprechend, werden bald Riesen, bald dem Teufel
zugeschrieben. Fußspuren u. s. w. in Felsen bezieht das Volk auf beide.
Teufelsbetten berühren sich mit Hünenbetten und Brunhildebetten, M. 976;

als Altäre §. 105. 119 sind sie alle zu fassen. Pflanzen und Thiere
werden nach dem Teufel benannt wie früher nach Riesen und Göttern.
M. 981. Kuhn WS. II, 110.

Wie die Riesen von Göttern und Helden besiegt und überlistet wurden, so trifft nun den Teufel das Loos, von den Menschen angeführt und
ausgelacht zu werden, weshalb er so häufig als dummer Teufel erscheinen muß. Am Auffallendsten ist die Uebereinstimmung, wenn der
Teufel vielhändig und der ihm verwandte Antichrist siebenhäuptig vorgestellt wird, M. 946. Doch nicht immer ist der Teufel der Betrogene.
Als er zu Salamanca die Zauberkunst lehrte und der letzte Zuhörer ihm
als Honorar anheimfallen sollte, muste er sich mit dessen Schatten begnügen. Als der Schüler aber die erlernte Verjüngungskunst an sich selber
versuchen wollte, und sich zu dem Ende tödten, zerhacken und in einer
Glasflasche in Pferdemist setzen ließ, steckte der Teufel sich hinter die
Policei, die ein schon ganz wohlgestaltetes Kind in der Flasche fand, das
sie aber sogleich zum Feuer verdammte. Vgl. Rochh. Gl. I, 121 und
§. 80 ob. In dieser Erzählung wird dem Schatten eine gewisse Wesenheit zugestanden wie das auch der Sinn der Schlemihlsage ist. Bei
der altd. Schattenbuße RA. 676 so wie bei der an dem Schatten des
Schuldigen vorgenommenen Enthauptung geht diesem doch die äußere
Ehre verloren, und auf die äußere Ehre hab ich schon bei Lebzeiten Cha-
missos mir mit dessen Zustimmung Schlemihls Schatten gedeutet. Der
Name bedeutet in der Gaunersprache Pechvogel.

Helden.

130a. Götter= und Heldensage.

Daß die Heldensage ihrer historischen Bestandtheile wegen eine gesonderte Abhandlung verlangt, ist schon §. 59 angedeutet; gleichwohl
sind die Helden gelegentlich zur Sprache gekommen um ihren Ursprung
aus den Göttern nachzuweisen. Hier soll nur daraus die Summe gezogen und das Verhältniß der Heldensage zur Göttersage dargelegt
werden.

Dem bedenklichen Satze J. Grimms (Myth. 315), daß die Helden
vergötterte Menschen seien, fühlt man sich versucht, den ganz unbedenk-
lichen gegenüberzustellen, daß vielmehr vermenschlichte Götter in den

Helden nachleben. Setzt Grimm doch selber M. 356 hinzu: „Sind die
Helden von einer Seite betrachtet vergötterte Menschen (?), so dürfen sie
zum Widerspiel auch als vermenschte Götter angesehen werden." Damit
lassen wir uns indes nicht beschwichtigen, da wir uns für die erste
Hälfte des Satzes vergebens nach Gründen umsehen. Will man bei den
Griechen Herakles, bei den Römern etwa August dafür anführen, dessen
Verehrung doch nicht auf dem Volksglauben ruhte, so kennt die deutsche
Mythologie vergötterte Menschen nicht, und selbst Saxo und Snorri,
welche die Götter für Menschen wie Jornandes für Halbgötter ausga-
ben, thaten dieß wider besseres Wißen, weil sie als Christen an heidnische Götter zu glauben nicht scheinen durften. Und daß auch Herakles
schon von Hause aus ein Gott war eh ihm Hebe den Unsterblichkeitstrank reichte, darauf laßen seine zwölf Arbeiten, vgl. S. 246, schließen,
deren Zwölfzahl auf den Kreißlauf des Jahres deutet. Zu wenig gesagt scheint es auch, wenn es Myth. a. a. O. weiter heißt: „Wir sind
befugt, in einzelnen Helden einen Niederschlag alter Götter zu
sehen", was vielmehr in allen anzunehmen ist. Doch möchten wir statt
dieses der Chemie entliehenen Ausdrucks lieber einen von der Physik
erborgen und in der Heldensage Spiegelungen der Göttersage erkennen. Die Götter spiegeln sich in den Helden so deutlich, daß wir aus
dem Spiegelbild nicht selten Züge des uns undeutlich vorschwebenden Ur-
bildes ergänzen mögen.

So könnte die S. 224 angedeutete Ansicht, daß Beli, der Riese
der Frühlingsstürme, welchen nach Skirnisför Freyr, eigentlich aber (vgl.
§. 66) Odin mit einem Hirschhorn erschlug, im Grunde als Drache zu
denken sei, aus der Vergleichung mit Siegfrieds Drachenkampf Bestätigung gewinnen. Dem auf solchen Umwegen ermittelten Drachenkampf
Odins (S. 225) gieng der Ritt durch Wafurlogi voraus, der sich gleichfalls bei Sigurd nachbildet, und zwar in doppelter Weise: einmal indem
Sigurd für sich selber hindurchritt und Brynhilden erweckte, das andremal, indem er in Gunnars Gestalt den Ritt durch die Flamme wiederholte, die nach Odins Ausspruch längst hätte erloschen sein sollen. Wir
sahen S. 63, daß dieser doppelte Ritt aus der Verbindung beider Gestalten erwachsen war, in welchen uns der Mythus von Freyr und Gerda
erhalten ist, indem Freyr nach der ältern Gestalt den Ritt selber vollbrachte,
den in der jüngern Skirnir für ihn unternahm, so daß einmal der Gott
für sich selber ritt, das andremal für den Freund und Herrn. Hierin
liegt denn auch der Grund der seit Lachmanns Abhandlung: Kritik
der Sage so viel besprochenen Dienstbarkeit Siegfrieds. Hier also erläutert sich die Heldensage aus der Göttersage, die so eben aus ihrer
Spiegelung in der Heldensage berichtigt werden konnte, so daß die

Vergleichung des Urbilds mit dem Spiegelbild sich bald für dieses bald
für jenes fruchtbar erweist.

So sahen wir auch schon §. 108 den in Grimnismal berichteten
göttlichen Ehezwist und Friggs Parteiname für Agnar in der Heldensage
abgespiegelt, wo Brynhild ihrem Günstlinge Agnar den Sieg zuwandte,
den Odin dem Hjalmgunnar bestimmt hatte. Für die Göttersage ergab
sich daraus, daß Brynhild (Sigrdrifa) ein Beiname der Frigg, der Gemahlin Odins, wie andererseits Siegmund ein Beiname Odins war:
denn als Siegmund wird Odin den Drachenkampf gekämpft haben, den
wir im Beowulfslied noch nicht auf Sigurd (Siegfried), sondern erst
auf seinen Vater Siegmund übertragen finden.

Wenn nun Brynhild zur Strafe ihres gegen den göttlichen Willen
durchgesetzten Eigenwillens von Odin mit dem Schlafdorn getroffen und
in den Schlaf versenkt wurde, den wir §. 109 durch die Vergleichung
mit dem Märchen von Dornröschen als den Winterschlaf der Natur
erkannt haben, so gewinnen wir wieder aus der Heldensage einen Zug,
der sich in der hier gespiegelten Göttersage von Freyr und Gerda nicht
so deutlich hervorhob, denn Skirnir erhält von Gerda nur das Versprechen sich nach neun Nächten in dem Haine Barri mit Freyr zu verbinden: eine Erweckung aus dem winterlichen Todesschlafe wie bei Sigurds erstem Ritt durch Wafurlogi finden wir nicht; vielleicht würde
ihn die älteste Gestalt des Liedes von Skirnisför, wo Freyr selber ritt,
statt Skirnirn zu schicken, nicht vermissen laßen; schon die Darstellung
in Fiölswinnsmal tritt der Heldensage näher. Auch in §. 74 konnten
wir Odins Beinamen Grani aus der Heldensage von Sigurds Roß
Grani erläutern und den Mythus von Odin als Sonnengott wie-
derherstellen: dieser verlorene Mythus, für den der Name Apollo
Granus ein Zeugniß ist, hatte sich durch seine Spiegelung in einem
deutschen Märchen erhalten. Ein anderes Märchen, das man aus Bürgers Abt von St. Gallen kennt (vgl. §. 127), zeigte uns das deutsche
Spiegelbild eines im Norden zuerst in Wafthrudnismal, dann in der
Herwararsage erscheinenden Odinsmythus.

Auch als Hackelbärend, als ewiger Jude, als Robin Hood sahen
wir Odin gespiegelt, ja in Hütchen, in Knecht Ruprecht erkannten wir
sein Bild in einem Zwerge. Viel wichtiger ist aber die Spiegelung
eines Odinsmythus, die drei der berühmtesten deutschen Heldensagen zu
Grunde liegt. Der §. 90. 91 besprochene Mythus von Odin und Uller
zeigt wiederholte Spiegelungen in den Heldensagen von Dietrich, Wolfdietrich und König Rother, ja er spiegelt sich noch zum viertenmal in Karl Meinet und seinen zwei Brüdern: Odin ist von seinen
Brüdern Wili und We, oder in anderer Faßung von Uller, dem

winterlichen Odin (Mitothin), aus dem sonnigen Asgard vertrieben, wo=
durch die übrigen eilf Asen unter die Dienstbarkeit des kalten Ne=
benbildes Odins gerathen sind. Dieß spiegelt sich am Deutlichsten im
Wolfdietrich, der gleichfalls von seinen zwei Brüdern, Wachsmuth
und Boge, vertrieben, doch stäts auf die Befreiung seiner eilf getreuen
Dienstmannen bedacht ist. So zieht auch Rother aus, seine Dienst=
mannen zu befreien, und nennt sich Dietrich, woraus sich die Neben=
spiegelung der Dietrichsage deutlich genug ankündigt, und zugleich die
Wiederkehr des aus dem Wolfdietrich genugsam bekannten alten Berch=
tung von Meran unter dem wenig veränderten Namen Berker die
nahe Verwandtschaft mit der Wolfdietrichsage außer Zweifel setzt. Die
Befreiung der Dienstmänner bildet aber auch den Kern der eigentlichen
Dietrichsage, denn seine durch einen Hinterhalt in Ermenrichs Gefangen=
schaft gerathenen Dienstmannen zu befreien, läßt Dietrich von Bern nicht
bloß Ermenrichs Sohn mit achtzehnhundert Gefangenen frei, sondern giebt
auch Bern und Amelungenland hin und begiebt sich freiwillig in dreißig=
jähriges Elend. Hiebei befremdet uns die Zahl dreißig, da wir den
sieben Wintermonaten des Mythus entsprechend vielmehr eine sieben=
jährige Frist erwartet hätten, wie sie in andern Sagen von der Heim=
kehr (vgl. S. 292) wirklich erscheint. Aber die Siebenzahl begegnet
daneben: sieben Söhne Berkers von Meran zu befreien, zog Rother
aus, sieben Mannen waren es, die Dietrich von Bern zu befreien ins
Elend gieng: nur im Wolfdietrich sind es eilf Dienstmannen, eine in dem
gespiegelten Göttermythus noch besser begründete Zahl; daß wir aber an
der Gleichheit der drei Spiegelungen nicht zweifeln, so stellt sich an der
Spitze der sieben Dienstmannen Dietrichs von Bern Berchtram von Pola
neben Berchtung und Berker. In der Kerlingischen Sage entspre=
chen hier Reinfrit und Heuderich, Karl Meinets Brüder, welche diesen
jungen Karl den Gr. unter dem Vorwand unehlicher Abkunft, die auch
bei Wolfdietrich behauptet wird, vertrieben haben. Die Uebereinstim=
mung der Göttersage mit ihrer vierfältigen Spiegelung kann folgendes
Schema veranschaulichen:

Wili	Odin	We
Boge	Wolfdietrich	Wachsmuth
Ermenrich	Dietmars Sohn	Harlung
	Dietrich	
Heuderich	Karl Meinet	Reinfrit.

Auch in der dritten unserer cyclischen Heldensagen, der von den Hege=
lingen, finden sich solche Spiegelungen. So ist Hilde in der Götter=
sage noch Walküre, in der sich aber Freyja durch das Halsband zu erken=
nen gab, §. 108, 1; in unserm mhd. Gudrunliede erscheint sie als irdische

Königstochter, und wenn Hiarrandi, der in dem Gedichte zu Horand wird,
seine mythische Grundlage in Höbur (Hotherus) findet, der nach §. 35
alle Herzen zu Trauer oder Freude, zu Haß oder Liebe zu stimmen weiß,
so ist auch Horand das Spiegelbild eines Gottes. Vgl. S. 468.

Die Göttersage von Thôr und Oerwandil findet sich in der See=
sage von Orendel gespiegelt, wobei auch der Schiffer Eise als das
irdische Nachbild einer der höchsten Gottheiten, Isa oder Iso erscheint;
von Orendels Spiegelung als Erentell im Tell hier abgesehen. Einen
andern Thôrsmythus, den von seinen Kämpfen gegen die Söhne Forn=
jots, fanden wir in Dietrichs Kampf mit Ecke Fasold und Ebenroth
gespiegelt, und in der Vorrede zum Beowulf habe ich auch in dessen
Drachenkampf ein irdisches Gegenbild von Thôrs letztem Kampf nachgewie=
sen, der sich noch sonst vielfach z. B. in Winkelried wiederholt. Auffallend
bleibt hier nur des jungen Wiglaf Antheil an Beowulfs Drachenkampf,
da doch Thôr nur in frühern Kämpfen in Thialfi, Loki oder Tyr einen
Gefährten oder Begleiter hatte, nicht in dem letzten Weltkampfe, der
sich in Beowulfs herbstlichem Drachenkampf nachbildet. Auch in der
von Uhland so sorgsam erwogenen und dramatisch verwertheten Sage
von Herzog Ernst, die freilich außerhalb der cyclischen Heldensage
liegt, fanden wir S. 260 einen Thôrsmythus gespiegelt und hoffen
uns hier der Beistimmung der Kundigen zu erfreuen. Freilich der
Keßel des Meeres, welchen Thôr aus der Unterwelt heraufholen sollte,
konnte in der Heldensage von Herzog Ernst nicht beibehalten werden;
da sie aber historiert und mit der Reichs= und Kaisergeschichte in
Verbindung gebracht worden war, so hätte ein beßerer Ersatz für
diesen Höllenkeßel nicht gefunden werden können als in dem Weisen,
dem Hauptedelstein der deutschen Kaiserkrone. Die Unterwelt ist durch
den hohlen Berg, dessen tunnelartigen dunkeln Eingang der Glanz dieses
Kleinods erleuchtet hatte, unverkennbar angedeutet. Die Abenteuer, welche
Herzog Ernst bestehen muß eh er das Ziel seiner Reise, die Unterwelt er=
reicht, haben in den Wundern der Fremde und der Ferne auch an=
derer Odysseeartiger Gedichte und Sagen vielfache Gleichnisse und Ge=
genbilder und es begründet keinen Unterschied, daß ein Theil derselben
in der Herzog=Ernstsage antiken Quellen entnommen werden muste.
Auch der Splitter im Haupte Thôrs, der von der Steinkeule des Riesen
Hrungnir in seiner Stirne haftete, fanden wir S. 240 in Dietrichs
Haupte wieder. Von Andern sind schon die Flammen, die ihm im Zorn
aus dem Munde schlagen, auf den Gewittergott bezogen worden, wobei
es zweifelhaft blieb, ob hier sich Thôr oder Odin als älterer Gewitter=
gott (Widrir) spiegle. Wenn wir in Dietrichs, Rothers und Wolfdiet=
richs Heldensagen Odins Mythen gespiegelt sahen, während in andern

Theilen der Heldensage von Dietrich Thörs Mythen sich abbildeten, so
darf uns das nicht befremden, denn auch die Siegfriedssage läßt sich
auf Freyr oder Odin allein nicht zurückführen. Auch Baldurs Tod
findet sich in dem Siegfrieds, wie ihn die Nibelungen erzählen, unver=
kennbar wiederholt. Wie dort Frigg dem Loki verräth, daß sie e i n e
Staude nicht habe in Eid und Pflicht genommen, Baldurs zu schonen,
so vertraut Kriemhild dem Hagen, wo Siegfried verwundbar sei: die
Uebereinstimmung ist zu schlagend als daß sie für zufällig gelten könnte,
zumal auch Hagen, Siegfrieds Mörder, dem Höbur, Baldurs Mörder
gleicht, denn Höbur ist blind, Hagen einäugig. Beide können als To=
desgötter aufgefaßt werden: Höbur, der die dunkle Jahreshälfte bedeutet,
läßt sich auf den Winter, den Tod der Natur, beziehen, und Hagen
fällt schon dem Namen nach mit F r e u n d H a i n zusammen und wenn
Hagen schon im Waltharius v o n T r o j a genannt wird, so sahen wir
§. 90 daß T r o j a die Unterwelt bedeutete. Außer der Sage von
Herzog Ernst enthält noch eine andere uncyclische Heldensage die Spie=
gelung einer Göttersage, ich meine die berühmte niederrheinische, aber
auch an der Schelde localisirte ja bis nach Valenciennes (val au cygne)
vorgedrungene von dem S c h w a n e n r i t t e r, der im Parzival Lohengrin
heißt. Wir haben ihn auf den ungeborenen Skeaf und den eintägigen
Wali und seinen Kampf gegen Baldurs Mörder zurückgeführt. Auch
untergeordnete mythische Wesen zeigen solche Spiegelungen: so verdoppelt
sich Alberich in dem französischen Oberon, der auch bei Shakespeare
wiederkehrt, und sein Bruder Elbegast ist als Alegast in die Kerlingische
Heldensage übergetreten.

Diese Beispiele vermenschter Götter könnten leicht noch beträchtlich
vermehrt werden; aber schon sie werden genügen das Verhältniß zwi=
schen Götter= und Heldensage zu erläutern und den Satz festzustellen, daß
Götter zu Menschen häufig herabgesetzt werden, während ein Beispiel
eines vergöttlichten Menschen noch zu erbringen ist. Daß Menschen in
Helden nicht umgewandelt werden, hat W. Grimm Heldens. 395 an=
erkannt, indem er es als ausgemacht betrachtete, daß die geschichtlichen
Beziehungen, welche die Sage jetzt zeigt, erst späterhin eingetreten sind,
mithin die Behauptung, daß jene Ereignisse die Grundlage bildeten, aller
Stützen beraubt sei, wie er auch S. 345 auf den austrasischen König
Siegbert und seine Gemahlin Brunehild keine Hinweisung in der Sage
finden zu können gestand. Nur bei Ermenrich könnte es allerdings zwei=
felhaft sein, ob der geschichtliche Gothenkönig dieses Namens auf den
mythischen gewirkt oder selber Bestandtheile seines Mythus an sich ge=
zogen habe.

Bei diesen Zugeständnissen W. Grimms muß es uns wundern, daß

er S. 398 sagt, er habe kein Beispiel einer Umwandlung eines Gottes
in einen bloßen Menschen gefunden, da doch eigentlich alle Heldensage
auf solchen Umwandlungen beruht. Uebrigens ist unsere Heldensage
immer nur Umwandlung deutscher Göttersage, und die von Uhland
und A. oft behauptete Entlehnung einer deutschen Heldensage aus dem
Orient, aus dem Schachnameh des Firdusi u. s. w. bleibt schon darum
unwahrscheinlich, weil keine andere Sage als deutsche Göttersage sich in
unserer Heldensage spiegeln kann, da bei der Trennung der europäischen
Stämme von den asiatischen die orientalische Göttersage noch kaum
zur Ausbildung 'gelangt war, so daß die indische oder die eranische
(persische) Heldensage noch nicht durch Spiegelung aus ihr entstan=
den sein konnte. Der Zweig der indogermanischen Sprachenfamilie, der
sich später in Slawen, Lithauer und Deutsche schied, brachte aus seinen
Ursitzen noch keine Heldensage mit, ja sie ist vor der Völkerwanderung
schwerlich nachzuweisen. Aehnlichkeiten oder Uebereinstimmungen, selbst
eine gewisse Familienähnlichkeit mit orientalischer Heldensage, die ja Spie=
gelung der uns verwandten Göttersage sein wird, will ich gerne zuge=
ben, Abstammung nicht. Wenn z. B. die Wolfdietrichsage nach Uhland
aus dem Schachnameh entliehen sein sollte, so sind die behaupteten Aehn=
lichkeiten keineswegs so schlagend als die welche wir oben mit unserer
Göttersage nachgewiesen haben, wo die Zahl der drei Brüder sowohl
als die der eilf Asen und Dienstmänner des vertriebenen Gottes und
Helden sich entsprechen. Wenn in obigem (S. 467) Schema Dietrich
für seinen Vater Dietmar eintrat, so hat sich in der gothischen Helden=
sage wohl dasselbe begeben, was in der fränkischen geschah, da Sieg=
fried als Drachenkämpfer seinen Vater Siegmund verdrängte.

Verschieden von der in der Heldensage sich spiegelnden Göttersage
ist es, wenn die Götter an die Spitze der Heldengeschlechter treten oder
wenn sie in das irdische Heldenleben bestimmend und anregend eingreifen,
wie das §. 185 in der Rolf Krakisage geschah, wovon aber die Sigurd=
sage die zahlreichsten Beispiele darbietet, mehr noch in der Wölsungasage
als in der Edda; in der Dietrichssage würde es daran wohl auch nicht
fehlen, wenn wir sie in ihrer heidnischen Gestalt kennten. Das Christen=
thum muste die gröbsten Paganieen nothwendig beseitigen, wie es schon früh
im Beowulf gethan hatte; vielmehr aber geschah das in den Nibelungen,
die soviel später, als schon das Christenthum die unbedingte Herschaft
erlangt hatte, aus einzelnen Liedern in ein Ganzes gebracht wurden. Die
Spiegelungen der Göttersage in der Legende, z. B. bei Christophorus und
Ursula, haben wir hier absichtlich außer Acht gelaßen.

Gottesdienst.

131. Ueberficht.

Das Verhältniß der Menschen zu den Göttern liegt auf der Grenze des mythologischen Gebiets, und wir müßen uns hüten, nicht in Alter= thümer und Culturgeschichte hinüberzuschweifen oder in Wiederholungen zu verfallen, da gar manches Hiehergehörige schon früher berührt werden muste.

So ist §. 44. 46 von religiösen Pflichten die Rede gewesen, welche die Edda einschärft. Beide bezogen sich darauf, daß die Menschen Mit= kämpfer der Götter sein sollen, mit welchen sie an den Riesen gemein= schaftliche Feinde haben. Aber das ganze Leben des Germanen war ein Kampf, bei dem ihm die Götter zur Seite stehen musten, wenn er gehei= ligt sein und mit freudigem Siegesbewustsein gekämpft werden sollte. Als die Wikinge des Nordens nicht mehr auf die Götter so sehr als auf sich selbst und ihr gutes Schwert vertrauten (Myth. 6), da genoßen sie noch der angestammten Tapferkeit und jenes Heldengeistes, welchen der jetzt er= löschende Glaube geweckt und genährt hatte; bald aber wäre ihre Ver= messenheit in Verzweiflung umgeschlagen, wenn nicht das Christenthum mit der Milderung der Sitten neue religiöse Grundlagen gebracht hätte.

Jene religiösen Pflichten sind noch so allgemeiner Natur, daß sie hier, wo wir uns ein näheres Ziel zu stecken haben, nicht eigentlich Gegenstand der Abhandlung sein könnten. Das ganze Leben soll allerdings ein Gottes= dienst sein; wir haben aber das Wort hier in dem engern Sinne zu nehmen, der die äußern gottesdienstlichen Handlungen betrifft, durch welche die Gesammtheit des Volks oder der Familie den Göttern seine Verehrung kundthut. In den Kreiß unserer Betrachtung fallen hier also auch solche Handlungen nicht wie D. 50 (Skálda c. 17) bei Thórs Kampf mit Hrungnir vorschreibt: ‚Darum ist es auch eines Jeden Pflicht, nicht mit solchen Steinen zu werfen, denn damit rührt sich der Stein in Thórs Haupt.‘ Was hier eigentlich gemeint sei, ist schwer einzusehen. Vielleicht muß es heißen: at kasta hein of gólf hvert (nicht þvert), so daß der Sinn wäre, es solle ein Jeder gehalten sein, die Steine aus dem urbar gemachten Boden zu werfen: damit werde der Stein in Thórs Haupte loser. Eine solche Pflicht, der eine ähnliche auch der römische Glaube gegen

Terminus einſchärfte, wäre aber in unſerm engern Sinne keine gottes=
dienſtliche. Die Handlungen, die zum eigentlichen Gottesdienſte gehören,
beſchränkt Grimm (Myth. 2) auf Gebet und Opfer. Nach dem von ihm
ſelbſt M. 1202 gegebenen Winke füge ich als ein drittes noch die Um=
züge der Götter und ihre Feſte hinzu.

132. Gegenſtände des Cultus.

Wir haben im zweiten Buche nur belebten Weſen eine Stelle einge=
räumt; inwiefern auch lebloſe Dinge Gegenſtände der Verehrung waren,
iſt §. 54 angedeutet, muß aber hier noch näher erwogen werden. Iſt man
doch in der Behauptung eines Naturcultus der Germanen, der nur
ſehr bedingt zugeſtanden werden kann, §. 54, ſoweit gegangen, neben ihm
eigentliche Götter wenigſtens für das engere Deutſchland zu läugnen, wo ſie
doch eben Tacitus, auf den man ſich zu berufen pflegt, bezeugt, indem
er drei der höchſten Götter mit römiſchen Namen nennt, während er für
andere die einheimiſchen angiebt, wozu ich außer Nerthus, Tuiſto, Mannus
und ſeinen drei Söhnen und außer jener dem Caſtor und Pollux vergli=
chenen Zwillingsgottheit Alci die deutſche Iſis zähle. Wenn er daneben
für einen Baum= und Waldcultus der Germanen zum Zeugen aufgerufen
wird, ſo will er in den ſo mißbrauchten Stellen (o. 9. 43) nur Tempel
und Bilder verneinen.

Mit mehr Schein zieht man Cäſars S. 151. 384 erwogene Aeußerung
an nebſt einer Reihe von eifrigen Chriſten gegen das ſchon unterdrückte Hei=
denthum geſchleuderter Beſchuldigungen, die von rohem Baumcultus ſprechen,
ja dieſen für jene Zeit, wo das Andenken der Götter ſchon getrübt war,
nicht ganz unwahrſcheinlich machen. Für die ſpäteſte Zeit, wo Heidenthum
neben dem Chriſtenthum ohne Anleitung der Prieſter ſich forterhielt, wo
die Namen der alten Götter verſchollen waren und man nur noch ihrer
Symbole gedachte, die Ehrfurcht vor den Elementen ſich ſchrankenlos geltend
machte, für dieſe Zeit kann ſolche Verirrung zugeſtanden werden. Zingerle
Sitten 120. Dazu kommen noch abſichtliche Entſtellungen in der Zeit, wo
Chriſtenthum und Heidenthum noch im Streite lagen; da war es na=
türlich, daß man dieſes von der unvortheilhafteſten Seite darſtellte, daß
man ihm Manches mißdeutete und verkehrte, ja aufbürdete, um es der
Roheit beſchuldigen zu können, wie es denn wirklich eine frühere rohere
Anſchauung von den göttlichen Dingen enthielt. Genauer betrachtet läugnet
aber Cäſar nur andere als ſichtbare Götter, und ſelbſt jene ſpäten Zeug=
niſſe ſprechen doch zugleich von Opfern, die an jenen geheiligten Stellen
den Dämonen dargebracht ſeien; als Dämonen werden aber hier die
Götter bezeichnet. Auch hängt allerdings an Steinen, Pflanzen und
Thieren, an Waßer, Luft und Feuer, an den Geſtirnen manches Mytho=

logische, ein gewisser Cult derselben darf sogar zugestanden werden, eine
Art von Heilighaltung und Verehrung ist nicht zu läugnen, aber sie
steigerten sich nicht bis zur Anbetung, bis zum eigentlichen Gottesdienste.
Wenn am Ufer des Flußes gebetet, am Rand der Quelle Lichter ange-
zündet, Opfergaben dargebracht wurden, wie deshalb die Sachsen fonticolae hießen, so kann dem Fluß- und Quellgeist dieser Dienst gegolten haben: die Heilighaltung des Waßers als Element bedarf doch
der Anknüpfung an Götter und Helden. Die wunderbare Kraft einer
Quelle (ursprinc) wird daraus erklärt, daß der Stab eines Gottes,
oder der Huf des göttlichen Roßes sie der Erde oder dem Felsen entlockt habe; aber auch dann finden wir sie bis zur Anbetung und Opferung selten gesteigert. Noch der heutige Volksglaube läßt zu gewissen
festlichen Zeiten das Waßer in Wein sich wandeln, das alsdann geschöpfte
gilt für heilig und heilsam; das rührt aber dann mehr von der Heiligkeit des Festes her als von dem Elemente selbst. Auf die Heiligkeit gewisser Seen, die sich nicht meßen laßen und einen Steinwurf durch Gewitter ahnden, haben wir selber §. 125 hingewiesen. Diese von dem Brunnen der Urd abgeleitete Heilighaltung trat der Verehrung schon näher.
Aber die Besprengung der Weltesche aus Urds Brunnen, Odins Trunk
aus Mimirs Quelle, das Baden im Jungbrunnen und die Lustration der
kölnischen Frauen, welche Petrarca bezeugt, und deren Bezug auf das Fest der
Sonnenwende sich nicht verkennen läßt, selbst die Taufe der Neugebornen,
die schon vor dem Christenthum galt, versteigen sich doch zu Gebet und
Opfer so wenig als der Glaube an jene Hungerbrunnen, die reichlich
fließen, wenn unfruchtbares Jahr bevorsteht (Myth. 557, Leopr. 37, Kuhn
W. S. 334), oder der Gebrauch des Waßermeßens, um Abnahme und Zu-
nahme der Güter zu erforschen, Myth. 588. Nur die Erregung von
Strudeln und Waßerfällen finden wir höhern Wesen beigelegt: darum
tritt hier auch sogleich ein Opfer hinzu. Wenn aber nach Panzer II, 236
die Geister, die in dem großen Waßerfall am Kriml-Tauern wohnen, durch
einen hineingeworfenen Stein günstig gestimmt werden sollen, so vermuthe
ich ein Misverständniß, da die Heiligkeit des Waßers, wie wir sahen, keinen Steinwurf duldet. Das dem See auf dem Berg Helanus dargebrachte
Opfer (Myth. 563), bei dem kein Stein und kein Geist auftritt, scheint
gallisch; in Deutschland dürfen wir überall an Götter und Geister denken, wo sich bei Flüßen und Quellen Spuren eigentlichen Gottesdienstes
zeigen. Diese heiligen Waßer pflegen auch heilkräftig zu sein, worauf
schon der Name Heilbronn deutet. Unter Heilawâc versteht man aber
das in heiligen Zeiten geschöpfte Waßer. Hier knüpft sich Heiligkeit und
Heilkraft an den Gott, deßen Fest zu jener Zeit begangen wird. Noch
jetzt besteht jener Volksglaube, daß sich das Waßer zu gewissen Zeiten in Wein

wandle, zu Weihnachten, zu Ostern; es muß dann aber zu Mitternacht und schweigend geschöpft werden. Vom Jungborn §. 19.

Nicht anders wird es sich mit den übrigen Elementen verhalten; auch in ihnen walten göttliche Wesen, und wenn es gleich Hawamal 67 heißt:

Feuer ist das beste den Erdgebornen,

so muß es doch erst in Loki zum Gott erhoben, in Logi als Element, in einem andern Logi als Wildfeuer personificiert werden, wie in Thiâlfi, in Donar das Blitz= und Heerdfeuer angeschaut ward, um für göttlich zu gelten. Am Stärksten sind Feueropfer bezeugt, wenn zur Beschwich= tigung der Feuersbrunst ein Laib Brot, ein Osterei oder eine dreifar= bige Katze u. s. w. in die Glut geworfen, oder dem Ofen ein Salzopfer ge= bracht ward, damit es keinen Verdruß im Hause gebe. Vgl. Zingerle Germ. VI, 220. Daselbst werden auch Schmalzopfer nachgewiesen; auf Butteropfer könnte der Familienname Ankenbrand gedeutet werden. In christlicher Zeit werden solche Opfer, die ursprünglich den Elementen gegolten hatten, auf die armen Seelen bezogen; ebenso spricht das An= beten des Ofens, dem man beichtete S. 472, für uralten Feuercultus; aus ihm haben sich aber Riesen und Götter entwickelt und so wißen wir nicht genau ob es noch das reine unpersönliche Element war, zu dem sich jene Bedrängten wandten. Vgl. jedoch Zingerle Sagen 411. Wie dem Ofen, so wird in den Räubermärchen auch den ‚Rolands= säulen‘ gebeichtet, und da diese Herculessäulen ersetzten, §. 83, so sehen wir uns wieder auf Donar als Feuergott gewiesen. Bei Luft und Wind ist die Personificierung in göttliche Wesen noch viel entschiedener: Karis Geschlecht, des Riesen des Sturms, ist sehr zahlreich; auch erzählen unsere Märchen und selbst Ortssagen (Birl. 191) noch jetzt von hilf= reichen, mit Mehl oder Werg (Leopr. 101) gefütterten Winden, und sogar ein Königreich der Winde wird angenommen. Wie dem Ofen wurden auch der Erde Geheimnisse anvertraut, Heimkehrende küßten den mütterlichen Boden, die Erde mehrte Heimballs Macht, Schwörende leg= ten sich Erde und Rasen aufs Haupt oder giengen unter den Schmuck der Erde, den grünen Rasen, RA. 112, Zingerle Sitten 191, Quitzm. 278; aber wie dieß auf die Verehrung unterweltlicher Mächte zielt, so könnte selbst bei den übrigen Beispielen noch bezweifelt werden ob sie auch nur die Heilighaltung des bloßen Elements bezeugen. Für die Anbetung kenne ich keinen stärkern Beweis als Sigrdr. 4, wo neben Asen und Asinnen das fruchtbare Feld (fiölnyta fold) angerufen wird. Das Beispiel steht indes vereinzelt in einer vielleicht uralten Formel. Man beichtet der Erde (Loher und Maller IX), man nimmt Erde beim Sterben in den Mund, man ruft die Erde zum Zeugen der Vermäh=

lung. Das Alles sind Spuren einer Verehrung, die über bloße Heilig=
haltung hinausgeht. Da aber die Erde eine Göttin ist, so gilt diese
Verehrung nicht dem Element als solchem. Auch Steine und Felsen galten
für heilig und heilkräftig, bei heiligen Steinen, gewöhnlich blauen, wur=
den Eide abgelegt, wie ihnen auch gebeichtet wird, vgl. Ind. pag. de his
quae faciunt super petras. Das kann daran hängen, daß es ein
Grenzstein ist, welcher der Gottheit geheiligt ist (P. 114), ein Opfer=
oder Gerichtsstein, was gerne zusammenfiel wie die Priester zugleich
Richter waren. Ueber die Wunderkraft gewisser Steine, der edeln nament=
lich, vgl. §. 140. Steine am Wege erbarmen sich, Steine und Felsen
weinen um Baldur; aber über das Mitgefühl der Natur an den Men=
schenloosen, über ihre Heilighaltung überhaupt und der Unterwelt ins=
besondere, denn ihr waren wohl die Steine angehörig, bei welchen ge=
schworen und gebeichtet ward, geht dieß nicht hinaus und weder Gebete
noch Opfer sind bezeugt. Wenn vota ad lapides besonders in ruinosis
et silvestris locis vorkommen (M. Anh. XXXV), so deuten die Worte
daemonum ludificationibus decepti an, daß es alte Tempel waren,
wo man die Götter gegenwärtig glaubte. Steine (oder Bäume), welche
man durchkroch, um Krankheiten auf sie zu übertragen oder um gleich=
sam wiedergeboren zu werden, galten darum nicht für heilig. Sollen
solche Oeffnungen heilbringend sein, so dürfen sie nicht von Menschen
gemacht sein (Panzer I, 429): das zeigt am deutlichsten, daß die Heil=
kraft hier von göttlichen Wesen ausgehen muß. Vgl. aber §. 140.

An Pflanzen haftet Heiligkeit, weil sie Göttern geweiht oder nach
ihnen benannt sind, wovon das lichte Kraut ein Beispiel ist, das man
mit Baldurs Augenbrauen verglich D. 22. Ein anderes erinnerte an das
Haar der Freyja, andere finden wir auf Ziu, auf Donar bezogen. Auf
Maria deuten Viele, die wohl früher nach deutschen Göttinnen benannt
waren. Perger Pflanzens. 69. 220. Ueber die Krautweihe im „Frauen=
dreißigst" (15. Aug.—8. Sept.) Perger 45. Waßerblumen sind heilig,
weil sie Meerminnen und Seenixen zur Wohnung, ja Nachts zum Schiffe
dienen; die Seerose (nymphaea alba) ist eine verwandelte Jungfrau;
die Friesen nennen sie Schwanenblume, und sieben Seeblätter nahmen
sie in ihr Wappen auf. Hier und da hängen an Pflanzen mythische Er=
zählungen, z. B. wenn die Wegwarte eine Jungfrau gewesen sein soll, die
am Wege ihres Buhlen harrte, wovon schöne Varianten bei Panzer II, 204.
Vgl. das Räthselmärchen bei Gr. 160. Andere spielen nur in Mythen
eine Rolle z. B. der Mistelzweig in Baldurs, die Eberesche in Thors
Mythus. Vgl. Kuhns Herabkunft 201, welcher aus mancherlei Aberglauben
schließt, daß der Vogelbeerbaum eine Verkörperung des Blitzes gewesen
sei. So steht der Schlafapfel, ein Auswuchs an der wilden Rose, mit Odin

und Brynhild in Bezug und auch oben bei der h. Pinnoſa wurden wir an
ihn erinnert. Vom Johannisblut ſahen wir, daß es aus dem Blute eines
Gottes aufwuchs. Farnſamen ſoll unſichtbar machen und Erfüllung aller
Wünſche gewähren (Kuhn Herabk. 221); über ſeine himmliſche Abſtammung
vgl. Kuhn Herabk. 221. Er hat auch wetterheilende Kraft, Kuhn l. c. 222.
Otterkraut heißt er, weil die Schlangen den, welcher ihn bei ſich trägt,
ſo lange verfolgen bis er ihn wegwirft; Irrkraut, weil, wer darauf tritt
ohne es zu ſehen, irr und wirr wird und nicht Weg noch Steg mehr
kennt, Kuhn 223. Andere Kräuter ſchützen vor Zauber: wer ein 4blättriges
Kleeblatt bei ſich trägt, kann nicht betrogen werden; daß es auch ſonſt
glückbringend ſei, iſt erſt neuerer Aberglaube. Ueber die blaue Blume
§. 116. In unſerm Vergißmeinnicht iſt die Blume ſelbſtredend und war=
nend eingeführt. Als Wünſchelruthe wird in Schweden die ſchon genannte
Ebereſche verwendet, bei uns Haſel oder Kreuzborn: ſie zeigt nicht bloß
Schätze, ſie macht aller Wünſche theilhaftig. Auch ihr verlieh man gern
wie dem Alraun 487 menſchliche Geſtalt, ja ſie wird mit Namengebung
getauft, indem man drei Kreuze darüber ſchlägt. Selbſt ihre Zwieſelge=
ſtalt legt Kuhn 208 als einfachſtes Bild des zweibeinigen Menſchen aus.

Vom Baum= und Thiercultus giebt auch Grimm M. 613 an, daß
er eigentlich dem höhern Weſen galt, dem der Hain geheiligt war, das
im Baume lebte, oder die Geſtalt des ihm heiligen Thiers angenommen
hatte. Die Heilighaltung der Haine, gewiſſer Pflanzen und Thiergattungen
verdankten ſie ihrem Bezug zu den Göttern. Den heiligen Hain der
Semnonen betrat man nur gefeßelt; wer zufällig hinfiel, durfte weder
ſelber aufſtehen noch ſich aufrichten laßen: hier hatte nur der Gott zu ge=
bieten, allem Uebrigem geziemte unterwürfiger Gehorſam, Germ. 39. Von
dieſer ſymboliſchen Feßelung war das Volk genannt (Zeitſchr. VII, 383),
hier hatte es ſeinen Urſprung genommen, hier trat es durch Geſandte zu=
ſammen und begieng gemeinſame Opfermale. Häupter und Häute der
geſchlachteten Thiere wurden in ſolchen Hainen aufgehängt, und vielleicht
empfiengen davon einzelne Bäume noch beſondere Heiligkeit. Vgl. den
indic. paganiarum de sacris silvarum quae nimidas vocant. Wenn
nimidas an nemus erinnert, ſo ſcheinen doch Opfer gemeint. Das Opfer
wird dargeboten und angenommen. So können auch einzelſtehende Bäume
wie jene gewaltige Donarseiche bei Geismar in Heſſen, an die Winfrid
die Art zu legen wagte, den Göttern geweiht heißen, weil an ihnen die
Opfer gleichſam dargereicht wurden, und es ſcheint abſichtliche Entſtellung,
wenn berichtet wird, den Bäumen oder gar dem Holze ſelbſt habe man
göttliche Ehre erwieſen. Götter wohnen in dieſen Hainen, das Laub
der mächtigen Erde durchrauſchte der Gott; noch der chriſtliche Bericht=
erſtatter läßt ſie vom göttlichen Hauche bewegt zuſammenſtürzen. So

wahr und naheliegend ist die Anschauung, die dem Naturgefühl unserer
Väter eher Ehre macht als sie der Roheit beschuldigt. Auch erlosch dieß
Gefühl sobald nicht: die vielen Wald= und Bergcapellen, zu denen Hei=
ligenbilder Veranlaßung gaben, die in oder auf der Eiche, der Linde ge=
funden immer wieder dahin zurückkehren, wie oft sie auch hinweggenommen,
zu bewohnten Stätten und ihren Kirchen gebracht wurden, bezeugen durch
die an sie geknüpften Sagen, wie tief das Bedürfniß, sich im Wald, auf
Bergen der Gottheit näher zu fühlen, im Volke wurzelte.

Eichen und Linden sind vorzüglich gerne solch heilige Bäume, die
Eiche dem Donar, die Linde der Frouwa oder Erka geheiligt. Den Lango=
barden war bei Benevent ein Blutbaum geweiht, den der h. Barbatus
umhieb. Myth. 615. Es war ein Opferbaum, opfern hieß blôtan hochd.
pluozan. Wir finden auch in Deutschland Blutbäume, eine Blutlinde
zu Burgfreienstein bei Wiesbaden, eine Blutbuche bei Irchel im Canton
Zürich, und wenn man die Rothbuche jetzt Blutbuche nennt, so könnte
hier, obgleich es keiner mythischen Erklärung bedarf, doch Zusammenhang
walten. Bäume pflegen Blut auszuströmen, wenn sie verletzt wurden,
und noch jetzt werden altehrwürdige Bäume, damit sie nicht absterben, mit
Blut gedüngt. Man findet auch die alte Sitte, Steine an alte Bäume
hinzulegen, mit der Formel ich opfere, opfere dem wilden Fräulein. Wer
absichtlich heilige Bäume verletzt, muß sterben und oft mit ihm sein ganzes
Haus. Unsere Weisthümer verbieten noch Waldfrevel bei ganz unmensch=
lichen Strafen. Daß aber die Verehrung dem Gotte galt, welchem der
Hain, der Baum geweiht war, davon haben sich Spuren in den Ortssagen
erhalten, wonach unheimliche Wesen in den Bäumen wohnen sollen, die
jede Verletzung des Baumes ahnden. So die Etelmutter bei Schneifingen
(Roch. I, 59); dagegen wird man bei der Heiligenföhre zu Wegenstetten
(Roch. 89) an Fortunat, oder eigentlich Frau Sälde erinnert. Von hohem
Alter sind auch die Sagen, wo es einem Kinde bestimmt ist, sich an
einem Baume aufzuknüpfen, was mit der Wikarssage §. 65 zusam=
menhängt und zugleich an Sawitri gemahnt R. 89. Es steht zu
vermuthen, daß dieser Baum Wuotan geweiht war; die alte Frau aber,
die sich des Kindes annahm, wird Fria (Frigg) gewesen sein. Am deut=
lichsten wird der Bezug einzelner Bäume auf die Götter in der Legende
von der h. Edigna, die wie das Marienkind KHM. 3 im hohlen Baume
wohnt, Panzer II, 49, 405, sich aber auch schon durch das heilige Och=
sengespann, so wie durch Hahn und Glocke als eine Göttin zu erkennen
giebt. So sitzt in einer altspanischen Romanze eine Königstochter auf
einem Eichenwipfel und ihre langen Haare bedecken den ganzen Baum.

Von Thieren gewidmetem Opferdienst hat sich bei den Hausschlangen
ein vereinzeltes Beispiel gezeigt; im Ganzen muß auch Er geläugnet wer=

ben. Die Heilighaltung gewisser Thiergattungen fließt aus ihrem Bezug
zu den Göttern, als deren Hausgesinde sie gelten können, wie Wuotans
Wölfe und Raben davon ein Beispiel sind, oder aus ihrer Bestimmung
zum Opfer. Auch wandeln sich Götter in gewisse Thiere, und menschliche
Seelen nehmen Thiergestalten an, §. 128; doch nur bei den Schlangen
steigert sich das bis zum eigentlichen Cultus. Ein Thier mag für heilig
und unverletzlich gelten, seine Tödtung sogar mit einer Strafe belegt
werden, weil es für weißagend und heilbringend gilt; diese Verehrung
reicht nicht bis zur Anbetung. Aber selbst Opfer können Thieren zu Gute
kommen, die eigentlich den Göttern zugedacht sind. Wenn dem Pferde
Wuotans ein Getreidebüschel unabgemäht stehen bleibt, so gilt die Gabe
dem Gotte, und wenn den Vögeln des Himmels Brotkrumen gestreut,
den Sperlingen ein Kornbüschel ausgesetzt wird (Pröhle Harzs. 187,
Myth. 635), was uns jetzt Walthers Vermächtniß erklärt, so möchte
man den angeblichen Grund so milden Sinnes ‚damit sie den Fluren
nicht schadeten‘, ungern für den wahren ansehen. Ueber die berüchtigte
Semmelgeschichte Liebr. Germ. X, 109. Es ist ein Dankopfer: einen
Theil der verliehenen Gaben giebt man dem Gotte zurück, um ihn gnä=
dig und geneigt zu stimmen, ein andermal wieder Segen zu spenden:
darum geschieht es bei der Ernte. So giebt man in Hessen zwei Ge=
scheit von der Wintersaat den Vögeln, und wenn die Ernte eingethan
ist, wirft man Nachts um 12 Uhr eine Garbe aus der Scheuer, damit
die Englein im Himmel davon zehren, Wolf Götterl. 94. In der ersten
Helgakwidha fordert ein weißagender Vogel, wenn er mehr aussagen und
dem König zum Besitz Sigrlinns verhelfen solle, Hof und Heiligthum
und goldgehörnte Kühe. Aber dieser Vogel scheint derselbe, der hernach
als Hüter Sigrlinns entschlafen von Atli erschoßen wird. Franmar
Jarl, den wir als Riesen zu denken haben, hatte Adlergestalt ange=
nommen. So begehrt auch der Riese Thiassi, der als Adler auf der
Eiche saß, ein Opfer: nur wenn er sich von dem Mal der Asen sätti=
gen dürfe, will er gestatten, daß der Sud zum Sieden komme, D. 56;
vgl. §. 31 und Wolf Beitr. I, 362. Panzer I, 264. Wenn in der
Schweiz die Kinder dem Goldkäfer, den sie auf der Hand halten ‚Milch
ond Brocka ond e silberiges Löffeli bezue‘ verheißen, so ist das nur eine
Schmeichelrede.

Die Heilighaltung der Pferde, die in heiligen Hainen oder im Um=
kreiß der Tempel auferzogen zu Opfern, Weißagungen oder den Wagen
der Gottheit zu ziehen dienten, gieng allerdings weit; sie konnte bis zur
Verehrung getrieben werden. Nur zum Dienst der Götter bestimmt,
duldeten sie keinen irdischen Reiter (Tac. Germ. 10: nullo opere hu=
mano contacti) §. 151. Hrafnkel hatte sein Roß Freyfaxi zur Hälfte

dem Frey geschenkt und das Gelübbe gethan, den Mann umzubringen,
der es gegen seinen Willen reiten würde. Von einem andern gleich=
benannten Roß wird berichtet, daß sein Eigenthümer Brandr es gött=
lich verehrt habe, Myth. 622. Aber schon jener Name verräth, daß es
der Gott, nicht das Roß war, dem göttliche Ehre erzeigt ward. Die
Namen Hengist und Horsa bei den Fürsten der Angelsachsen, welche
England eroberten, möchte Lappenberg (Engl. Gesch. I, 93) auf die
heiligen Pferde beziehen, die ihren Zug geführt hatten.

Noch weiter gieng die Verehrung der Kühe und Rinder. König
Eystein glaubte an die Kuh Sibilja, der so viel geopfert wurde, daß sich
Niemand vor ihrem Gebrüll erhalten konnte; darum pflegte sie der König
mit in die Schlacht zu führen. Auch den König Oegwaldr begleitete eine
heilige Kuh überall zu Waßer und zu Lande, er trank ihre Milch und
ließ sich zuletzt im Hügel neben dem ihren begraben. Hier sind Opfer,
den Kühen dargebracht, bezeugt; doch scheinen dieß einzelne Verirrungen,
die auf den Gottesdienst überhaupt kaum einen Schluß verstatten. So
könnte das Opfer ursprünglich dem Gotte gegolten haben, der in dem
weißagenden Gebrülle der Kuh seinen Willen zu erkennen geben sollte.

Am meisten scheint unserer Auffaßung die Verehrung der Schlangen
entgegenzustehen, welche sich keineswegs auf die als Seelen zu betrachten=
den Hausschlangen (§. 127) beschränkte. An sie erinnert zwar, wenn es
im Wolfdietrich von einer Vipernart heißt, es lebten immer nur zwei
solcher Vipern, Myth. 649: aber wär auch dieser Zug von den Haus=
schlangen erborgt, so erinnert doch jene langobardische Heldensage hier
stärker an die gerade von demselben Volke bezeugte Verehrung eines
heiligen Schlangenbildes, das in der vita Barbati (Myth. 648)
als Viper gedacht ist. Wir haben indes schon §. 106 in Schlangen
und Drachen Symbole der schaffenden und erhaltenden Naturkraft er=
kannt und Odins Beinamen Ofnir und Swafnir hierauf bezogen: so
kommt es zu Statten, daß in jener andern vita Barbati (Myth. 649)
angedeutet wird, der höchste Gott sei unter jenem Schlangenbilde ver=
ehrt worden. Wie wir hier auf Odin gewiesen werden, der sich §. 76
auch in eine Schlange wandelt, so deutet der nahverwandte ebenso my=
stische Käfercultus, von welchem Myth. 655 Spuren nachweist, andere
bei Zingerle II, 179. 213, Leopr. 76 begegnen, auf Thôr.

Die edelste Art von Heilighaltung der Thiere begegnet in unsern
Märchen, wenn der Dümmling mit Thieren Erbarmen übt, mit Löwen
und Wölfen wie mit den kleinsten Thierchen, Ameisen und Bienen, nur
aus schöner Menschlichkeit, wo dann das gute Herz sich ihm reichlich lohnt,
denn im Verlauf des Märchens werden ihm Aufgaben gestellt, die nur
durch den Beistand dieser Thiere gelöst werden können. So giebt er auch

einem armen alten Mann das letzte Stückchen Brot oder den einzigen
Pfennig; so erweist er den Todten die letzte Ehre, nicht aus bewußter
Pflicht: aus gutem Herzen, aus liebevollem Sinn gegen alle Geschöpfe. Diese
Tendenz unserer Märchen wird man nicht als einen Rest alten Thiercultus
ansehen, obgleich ich überzeugt bin, daß auch der Thiercultus aus derselben
menschlich schönen Gesinnung entsprungen ist und an der indischen Heilig=
haltung der Kühe das gute Herz nicht weniger Antheil hat als der Eigennutz.

Wir brauchen demnach weder Pflanzen= noch Thiercultus als für sich
berechtigt anzuerkennen. In diesem Sinne darf auch Gestirndienst, wenn
wir von Sonne und Mond absehen, geläugnet werden; diese aber waren
zu göttlichen Wesen erhoben, die an andern Stellen besprochen sind.

Der obigen Ausführung scheint der auch in Deutschland verbreitete
Glaube entgegenzustehen, daß Menschen, welche die Sprache der
Thiere erlernt hätten, höherer Weisheit theilhaftig geworden seien. Aller=
dings ist hier den Thieren eine Weisheit beigelegt, welche an die im
Waßer liegende erinnert. Gleichwohl ist dieser Glaube, den wir fast bei
allen Völkern finden, nicht überall mit Verehrung der Thiere verbunden,
obgleich er eine gewisse Ehrfurcht vor ihnen bedingt.

Wie der Mythus von Allem die Ursache kennt, wie er weiß, warum
der Lachs hinten spitz ist, §. 41, warum der Kuckuck mehlbestaubt Ge=
fieder hat, §. 13, so hängen mythische Erzählungen auch an den Eigen=
thümlichkeiten anderer Thiere und Pflanzen: so der Trauerweide, der Kreuz=
schnäbel (Reusch II. Aufl. 33), des Zaunkönigs (R. 34, GHM. 171), der
Eidechse (Wolf Beitr. 447), des Gießvogels (R. 29, Gr. Myth. 1221), der
Krähe (R. 30), des Pferdes und Rindes (R. 134, Temme und Tettau Pr.
S. p. 29) u. s. w. Andere Thiere sind rein mythisch, wie der Drache, der
Basilisk, der Schlangenkönig mit seiner Krone (R. 37, Gr. M. 650. 929),
der Stahlwurm, Rochh. Mythen 188, der Haselwurm, Haupts Sagen der
Lausitz I, 175, der Murbl, der Stahlwurm Alp. M. u. S. 377—380,
der Tatzelwurm (Leipz. Illustrierte Zeitung 1864 Nr. 1094). Als ein
fabelhaftes Kraut könnte man die Irrwurzel (Alpenb. 409) bezeichnen, als
einen fabelhaften Stein den Siegerstein und den Stein der Weisen. Ueber
die sieben Planetenkräuter s. Alpenb. 400, über die bei der Krautweihe
(Mariä Himmelfahrt) gebräuchlichen Alpenb. 402, Montanus 38.

Mit erstaunlichem Fleiße und seltener Belesenheit hat Mannhardt
(Ztschr. f. D. M. III, 209—298) Alles zusammengestellt, was seit mehr
als tausend Jahren in Deutschland und seinen Nachbarländern, ja im
fernen Orient über den Kuckuck (Gucker) gesungen und gedichtet ist,
um zu beweisen (S. 210), daß dieser Vogel bei unsern Vorfahren gött=
liche Verehrung genoßen oder wenigstens zu dem alten Götterwesen in
nahem Bezuge gestanden habe. Gleichwohl muß er zuletzt (S. 290)

gestehen, daß die mystische Bedeutung des Kuckucks und die mit ihm
verbundenen Sagen überall Naturerscheinungen zur letzten Grundlage
haben. Wie der Hahn den Tag, so verkündet der Kuckuck den Frühling,
und wie der Hahn der Hausprophet heißt, so gilt der Kuckuck für den
Allerweltspropheten. Prophezeite er zuerst nur den Frühling, so er=
scheint es als eine Weiterbildung, wenn er nun auch wißen sollte wie
lange man zu leben habe oder wie manches Jahr ein Mädchen noch
warten müße bis der erwünschte Freier es zum Altare führe. Unser
Dichter geht noch weiter, er soll dem künftigen Ehepaar auch die Zahl
der Kinder bestimmen. Ist es ein Wunder, wenn die Prophezeiungen,
die man aus seinem Gesange heraus hörte, nicht immer eintrafen, und
er nun in den Ruf kam, ein falscher Prophet zu sein? Wenn dem
Mädchen der Jahre zu viel werden, die es noch warten soll, so sagt
es, er sei ein thörichter Kuckuck oder sitze auf einem närrischen Zweige;
aber schon bei den Langobarden bedeutete es nichts Gutes, als er dem
neugewählten Langobarden=König auf den Sper flog, der das Symbol
seiner Herschermacht sein sollte : man schloß daraus, daß dieses Königs
Regierung nicht fruchten werde. So liest man bei Reusch, einem Vor=
läufer Mannhardts, Pr. Prov. Bl. V, 338, in Baiern nenne man den
Adler im Preußischen Wappen scherzweise den Preußischen Kuckuck und
die alten Pr. Groschen Kuckucksgroschen, und in Preußen selbst solle
dieser Scherz nicht ungewöhnlich sein und namentlich das Stempeln mit
dem Adler den Preußischen Kuckuck aufdrücken heißen. Es galt für üble
Vorbedeutung, wenn man seinen Ruf nüchtern hörte und Walther glaubt
(73, 29) herzhaft geflucht zu haben mit den Worten:

hiure müezens beide esel unde gouch gehœren ê si enbizzen sîn.

Ja, weil er seine Eier in fremde Nester legt, wird er zum Ehebrecher und
Hurensohn und sein Name, Gauch, zu einem der gangbarsten Schimpfwör=
ter. Wir haben auch schon gesehen, wie sein mehlbestaubtes Gefieder ihn zu
einem Bäcker machte; anderwärts hielt man ihn für einen Müller; Bäcker
und Müller aber gelten im MA. nicht für ehrliche Leute. Bedeutete er
doch zuletzt euphemistisch den Teufel selbst in Redensarten wie: Hol ihn
der Kuckuck! das ist um des Kuckucks zu werden! oder wenn Claudius
von dem Kuckuck und seinem Küster singt. Vgl. §. 128 oben. Aber
gerade dieß letztere könnte uns erläutern wie man auf den Einfall kam,
etwas Göttliches an einem so übel angesehenen Vogel zu finden. Der
Teufel ist so oft an die Stelle der alten Götter getreten, warum sollte
es nicht der Kuckuck sein, den wir an des Teufels Stelle zu nennen
pflegen? Daß er aber gerade an Thörs oder Freys Stelle getreten
sein solle, wie Mannhardt will, leuchtet nicht sofort ein, da der Adler,
mit dem ihn das Volk zu vertauschen liebt, Odins Vogel war. Ja ich

riethe, wenn ich überhaupt die Ansicht theilte, noch lieber auf Gertrud
oder eine der Göttinnen, welche Gertrud ersetzen sollte. In dem an
die Schnecke gerichteten Kinderspruche:

> Kuckuck, Kuckuck Gerberut,
> Stäl dine vêr Hörns herut.

ist die erste Zeile nicht sowohl des Reims wegen herbeigezogen, als weil
auch der Kuckuck Versteckens spielt, indem er sich in dem grünen Laube
birgt, das er angesungen hat, wodurch er zu dem Versteckspiel der Kinder
Veranlaßung giebt. Aber Kuckuck und Gertrud gehören hier zusammen,
wie auch Mannhardt annimmt, und so möchte ich ihn am Liebsten für den
Vogel der Freyja oder Idun erklären, die beide Göttinnen der schönen
Jahreszeit sind, des rückkehrenden Schmucks der Erde in Gras und Laub.
Fällt auch Gertruds Tag (17. März) etwas früher als des Kuckucks Gesang in unsern Wäldern vernommen wird, so haben sie doch gemein,
daß beide den Anbruch des Frühlings zu bezeichnen pflegen. Noch eine
andere Spur deutet auf Gertrud: das norwegische Märchen von dem
Gertrudsvogel (Grimm M. 639, Asbiörnsen und Moe Nr. 2) findet
sich auch auf den Kuckuck übertragen; oder war er selber der Gertrubs-
vogel, und ist dieser nur durch Verwechselung mit dem Martinsvogel
für den rothhaubigen Schwarzspecht gehalten worden? Dieß ist um so
wahrscheinlicher, als es sich hier wieder ums Backen handelt und die rothe
Haube der kargen Bäckerin ihr nur des Vogels wegen aufgesetzt ist,
während das mehlbestaubte Gefieder des Kuckucks nicht erfunden zu werden
brauchte. Der Kuckuck ist auch sonst noch, wie Mannhardt ausführt, wegen
Kargheit übel berufen. Aber der Leser soll nicht um das Märchen von dem
Schwarzspecht kommen, in dem wohl ein Mythus steckt: Als unser Herrgott
mit Petrus auf der Erde wandelte, kamen sie zu einer Frau, welche saß
und buk; sie hieß Gertrud und trug eine rothe Haube auf dem Kopf.
Müde und hungrig von dem langen Weg bat sie unser Herrgott um ein
Stück Kuchen. Ja, das sollte er haben, sagte sie und knetete es aus;
aber da ward es so groß, daß es den ganzen Backtrog ausfüllte. Nein,
das war allzugroß, das konnte er nicht bekommen. Sie nahm nun ein
kleineres Stück; aber als sie es ausgeknetet hatte, war es ebenfalls für
ein Almosen zu groß geworden: das konnte er auch nicht bekommen.
Das dritte Mal nahm sie ein ganz kleines Stück; aber auch das Mal
ward es wieder zu groß. „Ja, so kann ich euch nichts geben", sagte
Gertrud: „Ihr müßt daher ohne Mundschmack wieder fortgehen, denn
das Brot wird ja immer zu groß." Da ereiferte sich der Herr Christus
und sprach: „Weil du ein so schlechtes Herz hast und mir nicht einmal
ein Stückchen Brot gönnst, so sollst du dafür in einen Vogel verwandelt
werden und deine Nahrung zwischen Holz und Rinde suchen und nicht

öfter zu trinken sollst du haben als wenn es regnet." Und kaum hatte
er die Worte gesprochen, so war sie zum Gertrudsvogel verwandelt und
flog oben zum Schornstein hinaus und noch den heutigen Tag sieht man
sie herumfliegen mit einer rothen Mütze auf dem Kopf und schwarz über
den ganzen Leib; denn der Ruß im Schornstein hatte sie geschwärzt.
Sie hackt und pickt beständig in den Bäumen nach Eßen und zirpt immer,
wenn es regnen soll, denn sie ist beständig durstig.

Gebet.

133.

Das Gebet ist mehr als eine an göttliche Wesen gerichtete Bitte.
Der ursprüngliche Sinn von Bitten ist Liegen, Niederfallen und die mit
dem Gebet verbundenen Gebärden der Selbstdemüthigung, die emporgeho-
benen oder ausgestreckten Arme, die gefalteten Hände, das entblößte, ge-
neigte Haupt, die gebogenen Kniee, das Niederstürzen zu den Füßen der
angeflehten Gottheit, sie alle drücken aus, daß der Mensch sich dem höhern
Wesen als ein Besiegter, als wehrloses Opfer darbietet und unterwirft. Bitten und beten werden vielfach verwechselt: noch Pfeffel sagt:
den ganzen Tag bat er sein Paternoster her. Wörterb. II, 53. Beide
Wörter aber kommen von bieten offerre. In der alten Sprache und noch
im ndrh. Dialekt heißt es ‚sich beten‘, als wäre sich bieten, sich opfern gemeint, gerade wie das mit Bitten in seinem alten Sinne zusammenhän-
gende badi Bette (lectisternium) zugleich Altar bedeutet, Myth. 27. 59.
Wörterb. I, 1722. Von dem Entblößen des Hauptes machten nur die
Priester eine Ausnahme, wenigstens ist von den gothischen bezeugt, daß
sie das Haupt mit der Tiare bedeckten.

Der Heide schaute beim Beten gegen Norden, weil dahin auch das
deutsche Alterthum die Wohnung der Götter setzte, und diese selber gegen
Süden sahen, vgl. §. 63. Die gegen Osten betenden Christen nahmen
daher einen nördlichen Sitz des Teufels an, und bei seiner Abschwörung
musten sich die Neubekehrten mit gerunzelter Stirne und zorniger Gebärde,
dem Gegensatz jener, die das Gebet begleitete, nordwärts kehren. Für
die Vorstellung, zu welcher Sigrdr. 3 Anlaß giebt, als hätten die Deutschen sitzend gebetet, könnten deutsche Gräber sprechen, welche die Todten
in sitzender Stellung zeigen. Liebrecht Germ. X, 108 meint zwar, diese Erklärung sei nicht so ansprechend als jene M. 1220 angeführte, wonach diese
auffallende Behandlung der todten Leiber den Menschen in dieselbe Lage
versetzen solle, die er vor der Geburt im Schooße der Mutter angenommen

habe. Aber hatten die Alten so genaue Vorstellungen über die Lage
des Embryo? Nach Maurer Bekehrung II betete man liegend nach Norden gerichtet und hielt, auch wenn kein Bildnis da war, die Hände
beim Beten vor die Augen, wie vom Glanze der Gottheit geblendet.

Opfer.

134. 1. Im Allgemeinen.

Wenn der Mensch im Gebet sich selber darbringt, so fügt er im
Opfer einen Theil seiner Habe hinzu, und erkennt damit an, daß er
das Ganze der Gnade der Götter verdankt. Dieser weiß er sich bedürftig im Glück wie im Unglück, denn das Glück erscheint ihm als ein
neuer Beweis der göttlichen Gnade, die ihm ein Dankopfer auch ferner
erhalten soll; das Unglück schreibt er dem Zorne der Götter zu, den er
durch ein Sühnopfer von sich abzuwenden hofft. Eine dritte Art,
‚wenn der Ausgang eines Unternehmens erforscht werden soll, und der
Weißagung ein Opfer vorhergeht, damit der Gott geneigt werde, seinen
Willen kundzugeben und einen Blick in die Zukunft zu verstatten‘, könnte
man Bittopfer nennen und noch andere Fälle hinzurechnen.

Vor allen scheinen die Dankopfer häufig, weil sie wie die Jahres-
ernten regelmäßig wiederkehren; doch lassen sich die drei großen Jahres-
opfer der Deutschen je zu einer dieser drei Arten zählen. Nur das Herbstopfer, das zum Empfange des Winters til ârs, also für den Segen der
Ernte, gebracht wurde, ist ein Dankopfer; zu Mittwinter opferte man til
gródhrar, den Feldern Fruchtbarkeit zu erflehen, und dieß scheint gleich
dem dritten, das zum Empfange des Sommers, wenn die Waffen nicht
länger zu ruhen brauchten, til sigrs (für den Sieg) gebracht wurde, ein
Bittopfer; da aber die Schweden dabei den Sühneber darbrachten, so
war wohl die Versöhnung der unterweltlichen Götter, damit sie nicht
Mißwachs, Mäusefraß und andere Plagen verhängten, seine eigentliche
Bestimmung. Vgl. M. 38.

Der Sühneber war auch den Angelsachsen bekannt und für deutsche
Gerichtsmale, die einst Opfermale waren, ist er in sehr entlegenen Gegenden nachgewiesen. Das Nähere ist §. 101 angegeben: die dabei vorkommenden Zeiten bestätigen, daß die Opfermale mit den drei großen Volks-
versammlungen, den sog. ungebotenen Gerichten, zusammenhiengen, die sich,
wie verschieden auch ihre Zeit in den Weisthümern bestimmt wird, im
Ganzen doch auf die genannten drei Jahreszeiten vertheilen, so daß wir
Martini, Weihnachten und Walpurgis als die regelmäßigen Fristen

ansetzen dürfen. Dabei wäre auch die Meldung des Tacitus, daß die
Deutschen nur drei Jahreszeiten gekannt hätten, in Betracht zu ziehen.
Sie ist gewiß an sich richtig, wie er auch darin nicht irrte, daß der
Herbst den Deutschen Obst= und Weingewinn versagte, worauf er als
Römer allein Werth legte.

Außer diesen drei Jahresopfern gab es andere, die sich nach längern
Zeiträumen wiederholten. Dietmar von Merseburg berichtet von dem
großen Opfer auf Seeland, das alle neun Jahre am 6ten Januar, also
noch in der Zeit der Zwölften, am Berchtentage, die unterweltlichen
Götter versöhnen sollte, wobei 99 Menschen und ebensoviel Pferde fielen;
Adam von Bremen von dem Upsalischen, gleichfalls alle neun Jahre
wiederkehrenden, bei welchem neun Häupter von jeder Thiergattung dar=
gebracht wurden, Myth. 42. 46. Alle neun Jahre: das ist eine große
Woche von 9 Jahren, der kleinen Woche von neun Tagen entsprechend.
Der Greuel des Menschenopfers ist schwerlich erdichtet; aber die Mil=
derung der Sitten, welche das Christenthum brachte, darf man nicht zu
gering anschlagen. Nicht unähnlich ist übrigens, sagt Grimm Myth. 47,
wenn nach dem Sachsen= und Schwabenspiegel alle lebenden Wesen die
bei einer Nothnunft waren, namentlich Rinder, Rosse, Katzen, Hunde,
Hahnen, Gänse, Schweine und Leute, außer dem eigentlichen Missethäter
(d. i. ursprünglich ihrem Hausherrn) enthauptet werden sollten. An der
Dingstätte stand der Stein (in Köln der blaue Stein), an den man die
Verbrecher stieß, die zum Opfertode verurtheilt waren. „Es leuchtet ein,"
sagt Maurer II, 196, „daß Männernamen wie Stein, Westein, Frey=
stein, Thorstein ganz so von diesem Opferstein hergenommen sind, wie
die Namen Ketil, Asketil, Thorketil, Bolli u. dgl. von dem heiligen
Opferkessel." Allerdings fehlt es auch sonst nicht an Zeugnissen für
Menschenopfer; außer Verbrechern, Meineidigen, Meuchelmördern
und Ehebrechern fielen besonders kriegsgefangene Feinde, die man
schon vor der Schlacht dem Gotte, wenn er den Sieg verliehe, geweiht
hatte, was kaum viel schlimmer ist als wenn in christlichen Schlachten
kein Quartier gegeben wird. Daneben ist von erkauften Knechten die
Rede; hier dürfen wir das Heidenthum nicht zu schwer verklagen, da
wir leider hören, daß es Christen waren, welche diese Knechte zum Opfer
verkauften, M. 40. Man berichtet auch von Menschenopfern bei Fluß=
übergängen, die Frauen und Kinder trafen, und die Sage weiß, daß
Kinder zur Heilung des Aussatzes getödtet oder bei Neubauten in Grund=
wälle eingemauert, Myth. 1094, 1114. 16. Liebrecht Philol. 23, 679,
Stöber Oberrh. Sagenb. 505. W. Müller NS. 15. 6. 23. 24, ja
Könige, wie in Schweden Domaldi (Yngligas. 18) für Mißjahre,
oder, wie Wilar §. 95, für den Seesturm verantwortlich gemacht und

den Göttern geopfert wurden. Noch schlimmer ist es, wenn König Oen
§. 68 jedes zehnte Jahr einen seiner Söhne um langes Leben, Hakon
Jarl der Thorgerd Hölgabrud, die nicht einmal eine Göttin war, wenn
ihr gleich göttliche Ehre erwiesen ward, seinen Sohn geopfert haben soll,
Maurer II, 198. Vornämlich ist es Odin, dem Menschenopfer gefielen;
freilich minderte der Glaube der Hingeopferten Loos, denn der Gott ver=
lieh ihnen Walhall (§. 6. 14. 16. 23. 124). Schon die alten Geten,
welche Grimm für unsere Vorfahren hielt, pflegten alle fünf Jahre
einen Boten an Zamolxis oder Gebeleizeis zu senden, der, in der himm=
lischen Wohnung Aufnahme findend, nicht wiederkehrte. Man hatte ihn
an Händen und Füßen·in die Höhe geschleudert und auf drei Lanzen
aufgefangen: wie grausam, ja unmenschlich das war, so mochten sich
doch Lebensmüde zu diesem Botenamte drängen, um zu Zamolxis zu
gehen, wie man im Norden zu Odin zu gehen sich mit dem Sper ritzen
ließ, oder Andere, wenn sie das Kleinste verdroß, sich vom Felsen stürzten
den Gott zu suchen, FAS. III. 7. Vgl. Bergmann Solarl. 146. Ueber
die Tödtung durch Thors Hammer s. o. §. 79.

Wie zur Sühne Blut vergoßen werden muste und Menschen als
das kostbarste, aber dem Gott willkommenste Opfer fielen, so beschränkten
sich auch Bitt= und Dankopfer nicht auf die Früchte des Feldes, am
Wenigsten wohl bei dem Frühlingsopfer, das til sigrs, also dem Kriegs=
gotte gebracht wurde. Das große Herbstopfer zollte zunächst nur den
Dank für den Segen der Ernte; aber das Jahr hatte auch Pferde und
Rinder, Lämmer und Ziegen, Schweine und Federvieh gebracht, und so
genügten hier die unschuldigen Opfer aus dem Pflanzenreich nicht, welche
sich überdieß lieber gleich an das Einscheuern knüpften.

Im Spätherbst pflegt der gemeine Mann noch jetzt für den Winter
einzuschlachten; in heidnischer Zeit gab er dabei auch den Göttern ihren
Antheil. Hievon ist nicht bloß die Martinsgans übrig und die
niederrheinische Sitte, das Herbstpferd vorzustellen (M. Martinslieder
S. VII); Grimm bezieht auch den Gebrauch, beim Einschlachten ein
Gastmal zu rüsten und Fleisch und Würste den Nachbarn zu schicken,
auf die alte Opfergemeinschaft. Daß der November nicht des häuslichen
Einschlachtens für den Winter wegen Schlachtmonat heißt, sondern
mit Bezug auf die alten Opferthiere, zeigt der entsprechende angels.
Name blôtmônadh, der mit Bluten nichts zu schaffen hat, da agf. blôtan,
alth. pluozan, Opfern bedeutet. So ist auch Martinslieder XIV. 52.
53. nachgewiesen, daß außer der Gans Hühner, Schweine, Kühe und
Pferde zur Martinsfeier gehörten. Das Pferdeopfer, das für die
Deutschen charakteristisch blieb, obwohl wir es mit Indern, Persern und
Slaven gemein hatten, erkannte an, daß das Pferd ein reines Thier ist;

sein Fleisch mußte gerne genoßen werden, sonst wäre es unschicklich ge=
wesen, es dem Gotte darzubieten, Myth. 40.

Die Gemeinschaft zwischen Göttern und Menschen, welche das Opfer
auch äußerlich darstellen sollte, wie das Gebet sie geistig gegründet hatte,
erforderte, daß die gesamte Gemeinde, nicht bloß der Priester, an der
‚Gilde', dem aus gemeinschaftlichen Beiträgen bestrittenen Opferschmause,
Theil nahm.   Doch blieb dem Gotte das Eingeweide, Herz, Leber und
Lunge vorbehalten, also was die Metzger noch jetzt ein ‚Gebütt' (von
bieten) nennen. Vgl. Kuhn WS. II, 167. Nur dieß kam wohl auf
den Altar (piot); das Uebrige wird gesotten, in der Versammlung aus=
getheilt und gemeinschaftlich verzehrt. Das Blut (hlaut) fieng man in
Opferkeßeln (hlautbollar) auf, in die man Wedel (hlautteinar) tauchte,
um das Volk zu besprengen, und Götterbilder und Altäre so wie die
Tempelwände außen und innen zu bestreichen.   Häupter und Häute grö=
ßerer Opferthiere, der Pferde namentlich, hieng man im Haine, der das
Heiligthum umgab, an Bäumen, oder an der Luft getrocknet am Gie=
bel des Hauses auf, wo sie auch wohl ausgeschnitzt wurden. Vgl.
Rockh. II, 19. Sie beförderten die Fruchtbarkeit und schützten vor
dem Blitz. Ein Pferdeopfer gieng auch dem Errichten der Neidstange
§. 106 vorauf.   Die den Göttern in ihren Hainen erzogenen Pferde
S. 478, welche wir als weißagend kennen, waren der Opferung nicht
bestimmt. Neben dem Pferde galt landschaftlich auch der Esel für opfer=
bar, weshalb man die Schlesier Eselsfreßer schalt und von den Berchtes=
gadnern, die dem h. Leonhard die Hufen der kranken Rosse opferten, der
Volkswitz sang:

> Die Berchtesgadner muß man preisen,
> Sie freßen die Esel bis aufs Eisen
> Und aus den Eisen haben sie'n Opfer gemacht.

daneben Rinder, Schweine und alles Schmalvieh, das noch jetzt genoßen
wird, Ziegen und Böcke mit eingerechnet; vom Wilde nur die größern
Raubthiere nicht, obgleich Bärenfleisch nach Wölundarkw. 9 gegeßen
wurde. In der christlichen Zeit wurden diese Thiere noch immer an die jetzt
in Kirchen verwandelten Tempel als Abgaben entrichtet; der Unterschied be=
stand nur darin, daß der Bauer, der sie gezüchtet hatte, jetzt an dem Schmause
selten mehr Theil nehmen durfte. Mit der Opferfähigkeit der Pferde und
Rinder hangen nach Quitzm. 240 die Sagen zusammen, in welchen sich zu=
fällig gefundene Roß= und Kälberzähne in blinkendes Gold verwandeln.

Die opferbaren Thiere nannte man Ziefer (Ziber, altth. zëpar),
woraus sich das Wort ‚Ungeziefer', franz. atoivre, erklärt; doch scheint
Ziefer auch die opfermäßigen Pflanzen begriffen zu haben. Wenn Tac.
Germ. 9 von concessis animalibus spricht, so kann er damit die den

genannten Göttern, Mars und Hercules, geheiligten Thiere meinen: es
genügte noch nicht, daß sie überhaupt opferbar waren, sie musten sich diesem
besondern Gotte zum Opfer eignen: dem Frey hätte man nicht den Bock,
dem Thôr nicht den Eber dargebracht. Dabei ward auch auf Geschlecht
und Alter des Thieres gesehen und daß es menschlichem Gebrauche nicht
gedient habe: außer dem Gotte (§. 123) durfte das Roß noch keinen
Reiter getragen, das Rind muste noch kein Joch geduldet haben. Auch
auf die Farbe kam es an: bald wird fleckenlose Weiße, bald rabenschwarze
Farbe bedingt; der Waßergeist heischt ein schwarzes Lamm und Thrymr
freut sich Thr. 27 seiner rabenschwarzen Rinder und der Kühe mit goldenen Hörnern. Goldgehörnte Kühe verlangt auch Helgakw. I, 4 der
Riese in Vogelgestalt (S. 478) und unsere Rechtsgebräuche fordern ver-
goldete Hörner bei dem zu entrichtenden Bock. Quitzm. 246. So geschmückt und bekränzt ward das Opferthier dreimal um das Heiligthum
oder im Kreiße der Volksversammlung umhergeleitet, 'rund durch die
Bänke geführt, Myth. 48, nach dem Ausdruck des Lauterbacher Weis-
thums, vgl. §. 101. Bei häuslichen Festen, wo der Hausvater an die
Stelle des Priesters trat, gieng es einfacher zu und der Hausgeist oder
ein eintretender Gast trat an die Stelle des Gottes. Den Gebrauch
Menschen= und Thierleichen in einzelnen Knochentheilen an Stangen und
Bäumen als Opfer aufzustellen (Knochengalgen), weist Rochh. Gl. I,
251 nach; am Ausführlichsten handelt er II, 145 ff. von dem unter
der Hausschwelle vergrabenen Opfer, das gleich den Pferde= und Rinder=
häuptern unter dem Dache die Bewohner vor Krankheiten und bösen
Geistern, ja vor dem Tode schützen soll, ein uralter Glaube selbst semiti=
scher Völker: man erinnert sich, wie den Thürschwellen, die mit dem
Blute des Lammes bestrichen waren, der Todesengel vorübergieng.

Da es bei den Opfermalen an Brot nicht gefehlt haben kann, so er=
hielten auch wohl die Götter ihren Antheil an dem aus Kornspenden be=
reitetem Backwerk. Vielleicht geschah das so, daß man die Götter selbst
und die ihnen geheiligten Thiere in Brot= und Kuchenteich nachbildete,
worauf die simulacra de consparsa farina des indiculus zu deuten
scheinen. Wie Thaler (Ztschr. f. M. I, 288) berichtet, war es noch jüngst
in Tyrol Gebrauch, aus dem letzten vom Teigbrett zusammengescharrten
Brotteig eine Figur zu bilden, welche der Gott hieß und mit dem übrigen Brote gebacken ward. Nach der Frithiofssaga 9 wurden beim Di-
sablot Götterbilder gebacken und mit Oel gesalbt, wobei ein gebacke-
ner Baldur und ein anderer Gott ins Feuer fielen, wovon das Haus in
helle Flammen gerieth. Bei gewissen Festen wird noch jetzt dem Backwerk
die Gestalt von Götzen und Thieren gegeben; letztere können auch ältere
Thieropfer ersetzt haben. Einfacher aber schöner als jene blutigen Opfer-

male find die Dankopfer, die sich unmittelbar an die Ernte knüpfen. Von
den Aehrenbüscheln, die man den Göttern stehen ließ, ist öfter die Rede
gewesen; das ward als Vogelzehnt tegede (Ztschr. II, 385 ff.) aufgefaßt,
wie auch andere regelmäßige Opferspenden in Kirchenzehnten übergegangen
waren. Den Vögeln fanden wir auch sonst Opfer gespendet (S. 478);
es ist wesentlich eins, ob die dem Gott zugedachte Verehrung von Wodans Roß oder von den Vögeln des Himmels hinweggenommen ward. So
pflegte man bei der Obsternte den Baum nicht aller seiner Früchte zu
berauben: einige ließ man hangen, damit er ein andermal wieder trage.
Von Früchten, die den Göttern selbst dargebracht wurden, oder von Blumen, womit man ihre Bilder bekränzte, haben wir, weil sie der Beachtung
nicht werth schienen, aus der heidnischen Zeit wenig Nachrichten; doch
laßen spätere Sagen und noch fortdauernde Gebräuche darauf zurückschließen.

Wie die Opfer zu Opfermalen wurden, bei welchen Priester und
Volk die dargebrachten Spenden gemeinschaftlich verzehrten, so pflegte man
bei allen feierlichen, ja bei den täglichen Malzeiten der Götter zu gedenken
und namentlich den Hausgöttern einen Theil der Speise zurückzustellen.
Auch bei dem Tranke vergaß man der Götter nicht, denn es war Sitte,
ihre Minne, d. h. ihr Gedächtniß zu trinken. Von eigentlichen Trank-
opfern ist dieses Minnetrinken um so schwerer zu scheiden als beide dem
Wuotan zu gelten pflegen, M. 49. 52. Neben Wuotans Minne wurde
Thôrs, Njörds, Freys und Freyjas Minne getrunken; Odins Becher (Full)
um Sieg und Macht; Njörds und Freys Horn um gutes Jahr und Frieden. Maurer 200. Nach Helgakw. I pflegte man am Julabend Bragis
Becher (bragafull) zu leeren, und dabei auf Freys Sühneber Gelübde abzu-
legen indem man sich einer kühnen, im Laufe des eben beginnenden
Jahrs zu vollbringenden That vermaß, was man strenga heit nannte
§. 145. Beim Erbmal geschah Aehnliches zum Andenken an die Verstorbenen; in andern Fällen trank man dem Abwesenden zu Ehren und
auch dieß hieß Minnetrunk. Diese Sitte, von welcher unsere Toaste
herzurühren scheinen, gab man in christlicher Zeit nicht auf; nur traten
Heilige an die Stelle der Götter: St. Martin auf sein eigenes Verlangen
an die Stelle Thôrs, Odins und der übrigen Asen (Myth. 58, Maurer I,
285), deren Minne auch in Schweden, wo Freyr Landâs gewesen war,
getrunken ward; St. Gertrud an Freyjas; den Njörd und Frey scheint dabei St. Stephan ersetzt zu haben, Wolf Beitr. 125. So hieng zu Freiburg bei den Johannitern ein Stein an einer silbernen Kette, mit dem
St. Stephan gesteinigt sein sollte. Man goß Wein darauf und gab ihn
den Gläubigen zu trinken. Karls des Großen Verbot, des h. Stephan
oder seine oder seiner Söhne Minne zu trinken, blieb also unbeachtet, weil
Fros Verehrung, der nun durch St. Stephan ersetzt wurde, noch überwog.

Auch St. Michaels und Johannes des Evangelisten Minne ward getrun=
ken; letztere pflegen unter dem Namen ‚Johannissegen‘ gleich St. Ger=
truden Minne besonders Scheidende und Reisende zu trinken, woran sich
halbmythische Erzählungen knüpften.   Warum man von St. Gertrud gute
Herberge hoffte, ist §. 110. 3 angedeutet.   Sie soll aber auch einem Ritter,
der sich dem Bösen verschrieben hatte, St. Johannis Minne zugetrunken
und ihn dadurch aus seiner Macht erlöst haben.   Wie Gertrud an Freyjas,
so scheint hier St. Johannes wieder an die Stelle Odhrs, ihres Gelieb=
ten §. 73. 109. 2 getreten; die Verwechselung des Evangelisten mit dem
Täufer kommt auch sonst vor.   Die Kirche pflegt aber noch jetzt am
Tage des Evangelisten einen Kelch mit Wein zu segnen und das Anden=
ken des liebsten Jüngers des Herrn dem Volk zur Nacheiferung anzu=
empfehlen.   Zu Quellopfern sind besonders krumme Gegenstände beliebt,
Liebrecht Heidelb. Jahrb. 1868 Nr. 6 p. 86.   Das erklärt uns die
Hufeisen, die man zahlreich im Laacher See gefunden haben will.

135. 2. Hof und Heiligthum.

Tempel der Germanen, wenn darunter Gebäude verstanden werden
sollen, läugnet Tacitus Germ. 9: der Größe des Himmlischen ward un=
würdig erachtet, sie in Mauern einzuzwängen.   Wo bei ihm von Tempeln
die Rede ist, meint er geweihte Wälder und Haine.   Gleichwohl berichtet
er Ann. I, 51, der hochberühmte Tempel der marsischen Völker ‚quod
Tanfanae dicunt‘, sei der Erde gleich gemacht worden, §. 117.   Hier
deutet der Ausdruck doch auf ein Gebäude; einem heiligen Hain scheint
er weniger gemäß.   Auch wenn er Germ. 40 von der Nerthus sagt, der
Priester habe die des Umgangs mit den Sterblichen ersättigte Göttin dem
Heiligthum (templo) zurückgegeben, denkt man wenigstens an ein Ob=
dach für ihren mit Tüchern verhüllten Wagen.   Doch hatte die Baukunst
dazumal wohl erst so kindische Anfänge entwickelt, daß sie den Göttern
keine Wohnplätze bieten konnte, die mit der Erhabenheit der uralten Wäl=
der wetteifern konnten.   Sehen wir auch ab von der unserm Volke ein=
geborenen Liebe zum Waldleben, S. 477, so muste doch das Rauschen der
tausendjährigen Eichen die Nähe der Gottheit ahnungsvoller verkünden,
das uralte Heiligthum, wo schon die Väter geopfert hatten, die Seele zu
höherer Andacht stimmen als der prächtigste Tempel, den die noch unbe=
holfene Kunst hätte zimmern können.   Jedes neue Werk hätte der heiligen
Scheu Eintrag gethan, womit man sich der altgeweihten Stätte nahte.
Den Gothen scheint freilich alhs (ναός), alth. alah, ein altheiliges Wort;
aber wären wir auch versichert, daß es schon vor Vulfila ein Gebäude
meinte, so waren die Gothen durch ihre Berührung mit den alten Völkern
ein frühreifes Volk.   Die Ausdrücke, die wir bei den übrigen Stämmen

für Tempel finden: wih, haruc (altn. hörgr), forst, paro (altn. barr,
barri) deuten zugleich auf den Wald. Erst wo wir altn. hof und hörgr
(Hof und Heiligthum) verbunden treffen, dürfen wir Ersteres für ein
Gebäude nehmen, während hörgr seinen alten Sinn des Waldheiligthums
behält. Hof wäre demnach das älteste deutsche Wort für den erbauten
Tempel, und doch weist auch dieß noch auf die Zeit zurück, wo die Gott=
heit sich im Schatten heiliger Haine barg, und ihr Allerheiligstes nur
ein dünner Seidenfaden hegte, wie wir ihn aus den beiden Rosengärten
§. 125 kennen, und wie im Norden die heiligen Schnüre (vébönd)
§. 40 um dünne Haselstäbe gezogen wurden, RA. 182. 203. 810. Wenn
in verschiedenen Gegenden der Volkslust gewidmete Versammlungsplätze
den Namen Rosengärten führen, worauf sich Uhland Germ. VI, 321
gründet, so scheint dieß etwas Späteres, das erst aus dem größern Rosen=
gartenliebe erwuchs. Aelter sind die durch Seidenfäden gehegten Vorhöfe
der Tempel und Gerichte, von deren Unverletzlichkeit auch unsere Rosen=
gartenlieder ausgehen. Wenn Sommerfeste und Osterspiele in Rosen=
gärten begangen wurden (Uhland a. a. O. Rochh. Gl. I, 200), so kann
sich dieß nur aus alten Opferfesten entwickelt haben, die in Tempelhöfen
begangen wurden. Der Name Rosengarten zeigt, daß neben Hof
auch Garten (goth. gards) das innere Heiligthum bezeichnet: der heilige
Baum, der in der Mitte stand, konnte auch ein Rosenstock sein wie jener
zu Hildesheim (DS. 457), der seit Ludwig dem Frommen noch jetzt
grünt und blüht. Rosengärten finden sich wohl noch an Vorhöfen der
Kirchen (Paradies), und in den Bildern zum Sachsenspiegel bezeichnet
eine Rose das Urtheil. Germ. X, 147. R. A. 263. Ein berühmtes
Schwert heißt Rose, sub rosa bedeutet bei Strafe des Schwertes wie
beileibe bei Lebensstrafe; in einem Kinderspiel tritt eine Frau Rose
auf, Mannhardt G. M. p. 285. 294, Rochholz Kindersp. 436. Wunden
werden als Rosen bezeichnet, und so hießen Rosengärten uralte
Kirchhöfe von dem mit Dornen unterflochtenen Leichenbrand §. 148.
Rochh. Gl. I, 202. Lütolf 254. 576. Tempelhöfe und Gerichtshöfe
fielen zusammen, als noch Priester Richter waren und der Hofgodi
der Rechtspflege und dem Gottesdienst zugleich vorstand. Den Zusam=
menhang der Opfer mit den ungebotenen Dingen sahen wir noch in
später Zeit fortwirken. Das feierlich gehegte Gericht war stäts mit Opfern
verbunden, vgl. §. 101 und S. 487. Als sich an der Stelle der
alten Waldtempel Kirchen erhoben, hieß Hof zuletzt nur noch die ge=
weihte Erde, worin die Todten ruhten, wie diese auch früher nach Har=
bardsl. 43:

> Du giebst den Gräbern　zu guten Namen.
> Wenn du sie Wälder=　wohnungen nennst.

in Wäldern, ohne Zweifel heiligen, bestattet worden waren. Noch im 8.
Jahrh. ließ sich ein schwerverwundeter Sachse in einen heiligen Wald tra-
gen um da zu sterben, Myth. 64. Aus dieser Sitte, die Todten in den
Hainen zu bestatten, läßt sich der erst spät auftauchende Name ‚Freund
Hain‘ am besten erklären, so wie der Name ‚Heinchen‘ für elbische der
Unterwelt verwandte Geister. Auf den Kirchhöfen pflegte aber auch die
Gemeinde zu dingen und die Gerichtslinde hatte dort ihre Stelle wie
der immergrüne Thingbaum vor dem Tempel zu Upsala, RA. 796.
798. 805. Unsere Kirchhöfe nennen wir wohl Friedhöfe: ein neuer Beweis für ihre alte Heiligkeit, denn das aus vrithof missverstandene Wort
sollte Freithof heißen: an diesem gefreiten Raum fand der Verfolgte Zuflucht; wer hätte es gewagt, ihn gewaltsam hinwegzuführen? Solcher
heiligen Freistätten (grida stadr) gedenkt die Edda mehrfach; Walhall
selbst ist als eine solche zu denken; vgl. die Freisteine §. 114. Auf die
Kirchen selbst scheinen jene Seidenfäden und heiligen Schnüre übergegangen: so ist um die St. Leonhardskirche zu Latsch im Tyrol, zu Ga-
nacker, Tölz, Tolbath eine eiserne Kette gelegt und die Leonhardskapelle
bei Brixen 2½ mal von einer eisernen Kette umschlungen. Jedes Glied
ist einen Fuß lang und jedes Jahr wird ein neues Glied angeschmiedet;
andere Eisenketten in Aigen und Inchenhofen, Panzer II, 193. So
werden wir an die goldene Kette erinnert, welche den Tempel zu Upsala
umgab, wie Mannhardt GW. 675 noch andere Goldketten gleicher Bedeutung und Liebrecht Philologus 19, 582 die gleiche Sitte schon
bei den Alten nachweist. Freilich ist St. Leonhard der Patron der Gefangenen, die seine Fürbitte aus Ketten befreit, weshalb an seinem Grabe
(Leg. aur. 689) unzählige aufgehängt sind, wie das auch in den ihm
geweihten Kirchen geschieht; wenn aber statt dessen nun die ganze Kirche
außen von einer Kette umzogen ward, so kann dieß an jenen Gebrauch
anknüpfen, das Heiligthum mit den geweihten Schnüren zu umgeben.
Vgl. Wolf Beitr. I, 175. Man begiebt sich freiwillig in St. Leonhards
Gefangenschaft, indem man ihm zu Ehren um Leib und Hals oder
Händen und Füßen Feßeln und Eisenringe trägt, die lebhaft an jene erinnern, von welchen die Chatten (ignominiosum id genti) sich nach
Germ. 31 erst durch Erlegung eines Feindes befreiten. Sind nun die
um die Kirchen gelegten Ketten aus jenen geopferten Feßeln geschmiedet,
die man dem Heiligen zu Ehren jahrelang oder lebenslang getragen
hatte? Nach Bawaria I, 384 sind sie aus den Stallketten der kranken Rosse,
die man dem Heiligen verlobt hat, zusammengeschweißt. Muste das Eisen
dazu von frommen, barmherzigen Leuten erbettelt sein, wodurch sie als ge-
doppelte Opfer erschienen? und sind die Bänder, die KM. vom Herzen des
Eisernen Heinrich springen, hier auch in Betracht zu ziehen? St.

Leonhard erinnert unmittelbar an Zeus, wenn er auf einer Wand, in Wolken schwebend abgebildet steht und mit einer großen eisernen Kette seine Gemeinde umfängt. Panzer 394. Uebrigens finden wir Ketten und Ringe auch um ganze Berge gezogen, wovon Lütolf 259 Beispiele gesammelt hat.|

Was Tacitus von dem heiligen Hain der Semnonen berichtet, den nur Gefeßelte betraten, das wird von dem Hof, dem innersten Heiligthum, wo nur der Priester Zutritt hatte, für jeden Andern, dem es von diesem nicht gestattet wurde, überall gegolten haben. Wer die heiligen Schnüre brach, büßte mit der rechten Hand, dem linken Fuß; daß damit der Tod gemeint ist, ward schon §. 83. 125 dargethan. Hier barg auch der Priester den heiligen Wagen, dessen Geheimnisse nur Sterbende erfahren durften.

Wenn hier schon an ein Gebäude gedacht werden darf, so werden uns in spätern heidnischen Zeiten erbaute Tempel ausdrücklich bezeugt. Zwar ist hier meist schon Berührung mit christlicher Cultur vorauszusetzen; doch dürfen wir sie uns, da sie so leicht in Rauch aufgiengen, wenn Christen Feuer hineinwarfen, nur sehr bescheiden denken: aus Holz und Zweigen um den heiligen Baum gefügte Hütten. Selbst Königssäle finden wir noch um den heiligen Baum, jenen Kinderstamm der Wölsunga-sage, §. 21, erbaut, bei dem man nicht umhin kann an den weitumschattenden Oelbaum im XXIII. Gesang der Odyssee zu denken. Wenn §. 21 unsere Deutung des Baumes Lärab, dessen Wipfel über Walhall reichte, zutrifft, so war selbst die Wohnung der Götter um die Weltesche, den heiligen Gerichtsbaum der Asen, gefügt. So sagt KM. 148 Gott zu dem Teufel: ‚In der Kirche zn Constantinopel steht eine hohe Eiche, die hat noch alles ihr Laub.' Das Innere des hohlen Baumes selbst kann in älterer Zeit wie zur Wohnung so zum Tempel gedient haben. Vgl. über Baumwohnungen und Baumgeburten Liebrecht, Heid. Jahrb. 1866. 367 und Philologus 19, 582. Unter den deutschen Namen jener kunstlosen Tempel, die lateinisch meist nur delubra und fana heißen (der indiculus spricht de casulis i. e. fanis), steht wieder Hof voran; daneben heißen sie pëtapûr (wovon Bebburg), Bethaus, Halle und Saal, und nur diese dürfen wir aus Stein gefügt oder in den Stein gehauen denken. Von letztern mögen uns manche ganz oder theilweise erhalten sein, aber zu christlichen Capellen und Einsiedeleien wie die zu Salzburg oder bei Kreuznach umgeschaffen; die aus Stein gebauten, die zu christlichen Kirchen taugten, blieben meist erhalten, wie es ausdrückliche Vorschrift war. Selbst nicht alle hölzernen sind zerstört, nur in Kirchen umgeschaffen, jene andern verbrannt oder niedergerißen worden, um die altgeheiligte Stätte dem Einen Gotte dienstbar zu machen. Ward doch selbst die uralte Donarseiche, an die Winfrid die Axt legte, weise benutzt, um aus ihrem Holz eine Kirche zu Ehren des Apostel Petrus zu zimmern, damit heidnischer Irrthum zur Wahrheit des Christenglaubens hinüberleite.

Auch an christlichen Kirchen und Capellen steigerten sich die Ansprüche erst allmählich. Von Heiligenbildern, die auf einem Baumstamme standen, berichtet die Legende, man habe es vergeblich versucht, sie in Kirchen außerhalb des Waldes der Andacht der Gläubigen auszustellen; immer seien sie zu ihrem Baumstamm zurückgekehrt und so habe man sich zuletzt genöthigt gesehen, eine Capelle über Baum und Bild zu wölben, um so diesem gleichsam seinen Willen zu laßen.

Wo christliche Kirchen an die Stelle heidnischer Tempel traten ist darauf zu achten, durch welche Heilige gewisse Götter ersetzt wurden. Von Woban, Donar und Ziu ist es bekannt, daß sie St. Martin, St. Peter und St. Michael weichen mußten wie Freyja unserer lieben Frau, Isis der h. Gertrud. Auch sonst waltet noch Zusammenhang. Wald- und Tempelnamen fielen zusammen: heidnische Tempel hießen gerne Alh, Wich, Forst, Loh (lucus) oder Harug (nord. Hörgr) und so werden wir durch Ortsnamen wie Alhstetten, später Altstetten, Weihenstephan, Marienforst, Heiligenloh und Hargesheim an jene alten Waldheiligthümer erinnert. Vgl. Quitzmann 218. Oft sind auch Ortsnamen von einzelnen Götterbäumen ausgegangen, wie Erkelenz von der Linde nach den Worten der Chronik: ‚Ab Ercka matre sub tilia fatur venisse quaedam filia quae Ercklentz nuncupatur‘, wozu noch kommt, daß der eine kleine Viertelstunde von der Stadt entlegene Hof zu Oestrich ‚das guet ter Linden‘ hieß und von ihm der Bau der Kirche ausgieng. Eckertz Die Chronik der Stadt Erkelenz, Köln 1858 S. 106. 137. Wahrscheinlich hatte Erka dort auch einen heiligen Brunnen, da sich die Kinder vor dem Waßer noch mit den Worten warnen: ‚Geh nicht zu nah, die Frau Herke zieht dich hinab‘. Brunnen erwartet man um die heiligen Bäume, weil sie an der Weltesche, die ihnen als Vorbild diente, nicht fehlten.

136. 3. Bilder.

Auch die Götter bildlich darzustellen, erachteten die Germanen nach Tacitus der Erhabenheit der Himmlischen unwürdig: bei der unvermögenden Kunst jener Zeit hätten sie dadurch auch nur verlieren können. Statt der Bilder (simulacra) hatten sie Symbole (signa und formas): den Sper Wuotans, den Hammer Donars, das Schwert des Ziu oder Heru; ein Schiff bedeutete die Isis, Eberbilder den Gott und die Göttin, welchen der Eber geheiligt war, und so konnten wohl auch die den andern Göttern, dem Woban und Donar, geheiligten Thiere (ferarum imagines, Tac. hist.

IV, 22) als deren Symbole gelten. Ob sich nicht gleichwohl bei Tacitus
schon eine Spur eigentlicher Götterbilder findet, hängt von der Auslegung
der berühmten Stelle von der im See gebadeten Nerthus ab. Erwähnt
er doch selber schon Herculessäulen, die sich später in Irminsäulen, Ro=
landssäulen, Aethelstanssäulen Myth. 107 verwandelten und als St. Hir=
monsbilder (Panzer II, 403) noch jetzt verehrt werden. Schwerlich war
auch der Römer in das Allerheiligste aller deutschen Haine gedrungen;
hier und da könnten also schon damals bildliche Darstellungen versucht
worden sein. Zu Zeiten der fortgeschrittenen Kunst sind Götterbilder
unzweifelhaft; die Worte neque ad ullam humani oris speciem assi-
milare, Germ. 9, sollen auch nicht andeuten, daß man sich die Götter
nicht nach menschlichem Bilde dachte: wie hätten die Götterlieder, deren
uns Tacitus versichert, sie uns anders als menschenähnlich schildern sollen?
Sobald die Kunst auftrat, versuchte sie sich an der Darstellung der Götter.
Ein reicher Isländer Olaf Paa ließ sein Haus mit Sagenbildern schmücken,
auf die dann Ulf, Uggis Sohn, die Husdrapa dichtete, die auch Baldurs
Leichenbegängniss, Heimdalls und Lokis Kampf um Brisingamen und Thörs
Fischfang mit Hymir behandelten. Vgl. Uhland 143. Weinh. Ztschr.VIII,
47. Ausführliche bildliche Darstellung von Göttern und Helden in zwei
Abtheilungen, die Helden zu Schiffe und über ihnen in Walhall die Götter,
enthält der schon anderwärts erwähnte gothländische Runenstein. Altchrist=
liche Bildwerke mit heidnischen Anklängen hat Panzer II, 1—7 und 308—
378 besprochen. Vgl. auch Wolf Beitr. I, 106 ff. Unsere heutige Kunst liegt
zu sehr in den Fesseln der Antike und zu tief schläft der deutsche Sinn noch
in dem Berge, um den die Raben fliegen, als daß die schönste Aufgabe
unserer Kunst, deutsche Mythologie und Sage, ihr bewußt würde. Haben
doch selbst in Dänemark, das seine Schiffe nach deutschen Göttern, nicht
nach griechischen Nymphen nennt, Finn Magnusen und P. E. Müller für
ihre Hinweisung auf die nordische Mythologie nur schnöden Hohn von den
Künstlern geerntet. Petersen 23 ff. Von der Anwendung unserer Götter=
sage in der Poesie darf Klopstocks Beispiel nicht abschrecken, der die Namen
nordischer Götter zu bloßem Schmuck der Rede missbrauchen wollte, wie
man bis dahin die der griechischen missbraucht hatte.

　　Unter den Vorwürfen, die in halbchristlicher Zeit gegen die Heiden
geschleudert werden, nimmt die vorderste Stelle ein, daß sie Bilder aus
Holz, Stein und Erz statt des Gottes verehrten, der Himmel und Erde
geschaffen habe: unsinnig sei es, von Steinen Hülfe zu verlangen und von
stummen und tauben Bildern Trost und Beistand zu erwarten. Aber schon
als unter Gothen das Heidenthum noch vorherschte, ließ Athanarich auf
einem Wagen die Bildsäule des obersten Gottes (fráuja) vor den Woh=
nungen aller des Christenthums Verdächtigen umherfahren, damit sie ihm

opferten. Dieser Wagen gleicht auffallend dem, worauf die Bildsäule
Freys mit seiner schönen Priesterin unter dem zuströmenden, Opfer dar-
bringenden Volk umher fuhr, und da er wahrscheinlich verdeckt war,
M. 96, wie noch später Götterbilder umhergetragen zu werden pflegten,
so gleicht er auch dem der Nerthus, was der Vermuthung Raum läßt,
daß auch dieser verdeckte Wagen eine Bildsäule barg. Vgl. auch den
§. 110 erwähnten Wagen der h. Gertrud. So vergleichen sich die drei
vergoldeten Erzbilder, welche Columban und St. Gallus in einer ehemaligen Capelle der h. Aurelia zu Bregenz am Bodensee als die alten
Götter und Beschützer des Orts verehrt fanden, den drei Bildern Wodans, Thôrs und Friccos, deren Adam von Bremem in dem allgoldenen Tempel zu Ubsola gedenkt, Myth. 97. 102. So gleichen endlich
die hundert Götter eines Tempels auf Gautland, M. 104, der Menge
Bilder im Wasgauwalde, M. 73.

Es versteht sich, daß jene drei Götterbilder zu Bregenz in der innern
Wand der ehemals christlichen Capelle eingemauert waren. Wo christliche
Kirchen an die Stelle heidnischer Tempel traten, pflegte man, was sich
von Götterbildern noch unzerschlagen erhalten hatte, außen einzumauern,
wohl um den Sieg des Christenthums zu veranschaulichen, das die heidnischen Götzen aus dem Tempel verwiesen hatte. Schon im Beowulf sehen
wir S. 49 Grendels ausgerißenen Arm außen an K. Hrodgars Halle als
Siegeszeichen aufgehängt. Bei der Erklärung des Portals zu Remagen
(Winckelmanns Festprogramm von 1859) hat aber Prof. Braun den Gebrauch, die abgeschafften Heidenthümer außen an den Kirchen anzubringen,
aus der Apokalypse 22, 15 abgeleitet. Nur hätte er dann auch den Mann
in der Bütte Nr. 14 nicht für Noa, und den mit dem Baume in der Hand
Nr. 14 nicht für Adam erklären dürfen, denn beide sind unter Hunden,
Giftmischern, Schamlosen, Mördern, Götzendienern und Lügnern nicht begriffen. Was soll man erst dazu sagen, daß er in dem Manne mit
Schild und Lanze Nr. 15 den Erzengel Michael sah? Gehört ihm der auch
zu den Heidenthümern, den aus der Stadt Gottes Verwiesenen? Da bin
ich vorsichtiger: ich enthalte mich den Mann in der Kufe für St. Theonest
auszugeben, obgleich ich den Beweis in Händen habe, daß man ihn in
der Kufe sitzend gebildet hat. Mit der Deutung der Bilder am Portal
der Kirche zu Großen-Linden hat Braun kaum einen Anfang gemacht:
hier aber ist doch in den Nrn. 33. 34 Frô ingenti priapo deutlich genug gekennzeichnet, zumal auch sein Eber nicht fehlt. Die Tödtung der Greise mit
Thôrs Hammer sehen wir 27. 28 vorgestellt und selbst Gridh mit dem
Stab in der Hand ist Nr. 7 unverkennbar. Die Ungethüme, welche
Sonne und Mond verschlingen 11. 12 und 18. 14, gleichen mehr Löwen
als Wölfen; doch ist die Darstellung deutlicher als auf dem von Panzer II

abgebildeten Portal der St. Jacobskirche zu Regensburg; die beiden
Wagen 29. 31 möchte ich nicht gerade für die der Nerthus und Freyrs
ausgeben. Auf dem Remagener Portal halte ich den Mann in der
Kufe 17 für Kwaſir, obgleich auch an Grebel in der Bübbe gedacht
werden kann. Die Bübbe meint hier die Hölle wie §. 259 auch Saturni
dolium gleiche Bedeutung hatte. In der Figur Nr. 12 iſt aber der
wilde Jäger nicht zu verkennen. Uebrigens waren der Bilder noch mehr,
die ſich vielleicht noch auf dem Apollinarisberge finden, wo ich Stücke
davon geſehen habe. Bei der Abſchwörung der alten Götter muſten
auch ſie wohl dienen, den Abſcheu gegen dieſelben durch äußere Zeichen
zu bekunden, wobei es nicht immer bei bloßen Gebärden blieb, ſondern
auch häufige Steinwürfe ſie trafen. Auf dieſem Wege ſind uns einige
Götterbilder, obwohl ſehr verſtümmelt, erhalten worden. Die Portale
romaniſcher Kirchen, wo aus dem Innern verwieſene Heidenthümer
a u ß e n abgebildet zu werden pflegten, ſollten aber nun ſorgfältiger beobachtet werden. Im I n n e r n der Kirche fanden ſie ſich nur etwa,
wie das Achener Iſisbild mit dem Schiffe, an der Kanzel angebracht,
weil ſie da der predigende Prieſter mit Füßen trat, was eine thatſäch-
liche Abrenunciatio war.

137.　4. P r i e ſ t e r u n d P r i e ſ t e r i n n e n.

Wie die Tempel zugleich Gerichtshöfe waren, §. 135, ſo fiel Richteramt und prieſterliche Würde zuſammen. Göttliches und weltliches Geſetz
(êwa) waren ungeſchieden und beide hatte der Prieſter (êwarto) zu hüten.
Ob die deutſchen Prieſter einen geſonderten Stand bildeten iſt ſtreitig; ich
möchte es nach Cäſ. VI, 21 verneinen, zumal wir ſowohl die Prieſter als die
Könige aus dem Stande der Edeln hervorgehen ſehen. Die Vereinigung
dieſer Gewalten bildet aber auch die G r u n d l a g e d e s K ö n i g t h u m s,
und die älteſten Könige ſcheinen aus Prieſtern und Richtern hervorgegangen. Beide Aemter mochten ſich aus der väterlichen Gewalt entwickelt
haben, da der Hausherr Prieſter und Richter zugleich iſt. Die nordiſchen
Könige, von welchen wir in der Ynglingaſaga leſen, gehen aus dem erblichen
Opferprieſterthume hervor, und als Harald Schönhaar die Alleinherſchaft
an ſich riß, ſehen wir noch bei den erſten Anſiedlern Islands, die kleine
Könige blieben wie ſie in Norwegen geweſen waren, beide Gewalten verbunden. In Deutſchland, wo Kriegs- und Wanderzüge den alten Natur-
ſtaat ſchon gebrochen hatten, ſcheint freilich Tacitus Prieſter und Könige
zu unterſcheiden. Aber wenig mehr als die Feldherrnwürde blieb einem
Könige übrig, neben welchem der Prieſter auch das Richteramt übte und
ſelbſt im Kriegsheer der Prieſter, nicht der Herzog, Macht hatte zu ſtrafen,
zu binden und zu ſchlagen, Tac. Germ. 7. Auch wurden die Prieſter

aus ben ebeln Geschlechtern genommen, aus welchen auch die Könige her=
vorgiengen, RA. 272. Obwohl aber die Priester das Heer begleiten und
selbst anzuführen scheinen, indem sie jene Symbole und Zeichen den Hai=
nen entnahmen und in die Schlacht trugen, so durften sie doch weder selbst
die Waffen führen noch auf Hengsten reiten, M. 81. Dieß scheint der
Grund, warum neben ihnen ein anderer Edeling die Königswürde bekleiden
muste. Priester und König begleiteten aber noch den Wagen des Gottes,
wenn ihm die heiligen Rosse bei der Weißagung zuerst angeschirrt wurden.
Als die merowingischen Könige auch noch die Feldherrnwürde den Haus=
meiern überlaßen hatten, findet sich doch das altheilige Ochsengespann, das
den Kühen der Nerthus und der h. Edigna (Panzer 60) entspricht, und
schon mit ihrer göttlichen Abstammung zusammenhängt, bei ihnen wieder.
Vgl. RA. 262.

Wie der Priester den heiligen Götterwagen, den auch Pflug oder
Schiff vertreten konnte, zu geleiten hatte, ist §. 98. 110 dargestellt. So
ist uns §. 65 wahrscheinlich geworden, baß der Sper des Gottes in
seinem Heiligthum verwahrt wurde und der Priester es war, der ihn dem
Könige, wenn er dem Gotte geopfert hatte, in dessen Namen übergab, ihn
über das feindliche Heer zu schießen. So wird es der Priester gewesen
sein, der die Sperritzung vornahm, welcher wir §. 79 die Töbtung
der Greise mit Thôrs Hammer oder Keule verglichen, die wir noch
spät in England in Kirchen, in Deutschland an Stadtthoren aufgehängt
fanden. Auch bei Tyrs oder Herus´ Dienst begegnete uns §. 88 Aehn=
liches, da das Schwert des Gottes dem Tempel entnommen und dem
Imperator als Zeichen der Herschaft übergeben ward. War es der Priester
des Gottes, nicht Odin selbst, der dem Sigurd Wölsungas. c. 61 den Hengst
Grani gab, auf dessen Rücken noch kein Mann gekommen war? Wie nach
Wiltinas. c. 17 dieses Roß, in einem Walde, bei einem Gehöfte, erzogen
ward, läßt an die heiligen Haine benken, worin den Göttern Rosse weideten,
S. 421. Wurde vielleicht auch einst der Mantel des Gottes (§. 66)
im Tempel bewahrt und den Königen vom Priester hergeliehen? Darauf
deutet, daß die merowingischen Könige den Mantel des heiligen Martin,
der an Wuotans Stelle trat, in ihren Schlachten zu tragen pflegten, Leg.
aur. p. 749. Du Cange gloss. II. 211. Die Hüter der Cappa wur=
den darum Capellani genannt, der Ort, wo sie aufbewahrt wurde, Ca=
pelle, daher unsere Capläne, vielleicht auch Achens französischer Name
Aix-la-chapelle. Auch Odins Raben geben zu einer solchen Vermuthung
Anlaß: gewöhnliche Raben konnten durch eine Opferweihe mit Kraft und
Bedeutung jener göttlichen Thiere ausgestattet werden. Drei Raben
weihte Floki, als er Island aufsuchte, ihm den Weg zu zeigen, Landn.
I, 2. Sie erscheinen hier als weisende Thiere, als Boten der Götter,

wie in den ausgeworfenen Hochsitzpfeilern, woran Thôrs Bildniß geschnitzt war, der Gott selber den Weg zeigte, indem sie an Islands
Küste vorausschwammen. Der Hammer, der zur Weihung der Bräute
wie der Leichen diente, wird auch noch zu andern Zwecken aus dem Hei-
ligthume entnommen und von dem Priester selbst die heilige Handlung
an des Gottes Stelle begangen sein; nur bei dem Landerwerb, wo er
ausgeworfen ward, die Grenze zu bestimmen und zu heiligen, bedurfte
es eines stärkern Arms. Nach Tac. Germ. c. 7, womit Hist. IV, 22
zu verbinden ist, trugen aber die Priester selbst die Symbole der Götter,
§. 136, die aus den Bildern der ihnen geheiligten Thiere (ferarum
imagines) bestanden, aus dem Hain in der Schlacht. Diese dienten
also zu Heerzeichen (chumpal), und da die Heerhaufen nicht durch Zu-
fall zusammen gewürfelt waren, sondern aus verwandtschaftlich verbundenen Geschlechtern bestanden, so kommen wir hier dem Ursprung des
Wappenwesens noch näher als S. 347, denn diese Thierbilder erscheinen später als Geschlechtswappen. Unter dem Bilde dieser Thiere
standen also die Götter an der Spitze der Geschlechter: deshalb erschienen die Fylgien in Gestalt solcher Thiere, welche auch die Hausgeister
als Seelen abgestorbener Vorfahren und die dankbaren Todten, §. 127,
annahmen.

Oeffentliche Opfer verrichtete der Priester; auch von der Weißagung,
wenn sie für das Volk geschah, sei es durch Looßung oder aus Flug und
Stimmen der Vögel, aus dem Gewieher der öffentlich unterhaltenen heiligen Rosse, bezeugt es Tac. Germ. 10. Doch hieß der Priester wizago
(Weißager) mehr weil er zu strafen und zu ahnden (wizen) hatte; freilich
schwankt das Wort auch in die Bedeutung des Schauens und Wahrneh-
mens (videre) hinüber. Aber auch die Dichtung war ein heiliges mit
Weißagung und Looßung eng verbundenes Geschäft, und Yngligas. c. 6
heißen die Tempelpriester (hofgôdar) Liederschmiede. Auch das Heroldsamt hatte, wie sich uns eben andeutete, priesterlichen Ursprung: Holtzmann
(Kelten und Germanen S. 171) will schon in dem überlieferten Namen
Chariowalda den Herold erkennen. Später versahen Spielleute das von
den Priestern ererbte und wohl auch erlernte Botenamt, GDS. 820. Wie
mit dem Gesang der Zauber zusammenhieng, den gewiß Priester zuerst
übten, sahen wir §. 75, zumal die schon dort angenommene Verwandtschaft
des Wortes Ziefer und Zauber (Myth. 36. 987) erkennen läßt,
daß dem Zauber ein Opfer vorhergieng, wie ein Gleiches bei der Weißagung anzunehmen ist, obgleich es sich da nur beweisen läßt, wo sie aus
Blut und Eingeweide der Opferthiere geschah. Auch der Zauberer glaubte
nicht durch eigene Kraft zu wirken, sondern durch die Macht der Götter,
welche er sich durch ein Opfer geneigt machte. Altn. heißt der Zauber-

ſpruch galdr, alth. kalstar, und überraſchend nahe liegt hier wieder das
Opfer (këlstar).   Këlstar und kalstar, Opfer und Zauber, ſind auch
hier verbunden wie zaupar und zëpar, saudh (Opfer) und seidh (Zauber), Myth. 987.   Wie beides, kalstar und këlstar, von kalan ſingen
kommt, ſo zeigen die für den Zauber gebräuchlichen franzöſiſchen Wörter
charmer und enchanter, jenes aus dem mittell. carminare, dieſes von
cantus und canere, den Zuſammenhang des Zaubers mit Dichtung und
Weißagung: Zauberſprüche mit Weißagungen waren in ſtabreimenden Lie-
bern abgefaßt.   Das franzöſiſche sorcier geht auf das Loosſwerfen bei
der Weißagung §. 139 zurück, und das engliſche Wort witch für Hexe
zeigt uns Zaubern und Weißagen verbunden.   Beides heißt in Nieder-
ſachſen wicken und die Hexe wickerse; bezaubert oder verflucht nennt
der Engländer wicked: die gemeinſame Wurzel liegt im Goth. veihan
weihen, sacrare, wie veihs, ahd. wih heilig bedeutet. M. 985.

Die Hexen, bei welchen wir §. 129 hieher verwieſen haben, mahnen
uns zu den Prieſterinnen überzugehen.   Aus Tacitus wißen wir, daß die
Germanen in den Frauen etwas Heiliges und Vorſchauendes verehrten,
und weder ihren Rath verachteten noch ihre Ausſprüche vernachläßigten.
Vorausgeſchickt hatte er Germ. c. 8, wie manche ſchon wankende ja zur
Flucht gewandte Schlachtordnung die entgegenſtürzenden, die Bruſt dem
Schwert barbietenden Frauen durch die Vorſtellung des ihnen in der Ge-
ſangenſchaft bevorſtehenden Looßes wiederhergeſtellt hätten, und wie die
Römer ſich der Treue der deutſchen Völker verſicherter glaubten, wenn ſie
edle Jungfrauen zu Geiſeln empfangen hatten.   Dieſe den Deutſchen eigenthümliche höhere Werthſchätzung der Frauen befähigte dieſe auch zu
prieſterlichen Aemtern.   Schon bei Cäſar I, 50 entſcheiden Frauen durch
Looß und Weißagung, ob es Zeit ſei, die Schlacht zu ſchlagen.   Nach
Germ. 43 ſtand dem Dienſt jener Zwillingsbrüder §. 92 ein Prieſter
in weiblicher Tracht vor, wenn damit noch anderes gemeint iſt als langes Haar; in Baldurs Tempel ſind nach der Fridhthiofsſage Frauen beſchäftigt.   Freys Wagen geleitete eine junge, ſchöne Prieſterin wie den der
Nerthus ein Prieſter.   Liebten Götter weibliche, Göttinnen männliche Prieſter?   Bei dem Auszug der Langobarden ſehen wir doch Gambara an
Frêa, Ambri und Aſſi an Gwôdan ſich wenden.   Dieſe Gambara war
eine Königin; von der brukteriſchen Veleda Hist. IV, 61 wird ſo wenig
als von der ältern Albruna Germ. 8 berichtet, daß ſie königlichen Geſchlechts geweſen.   Das wißen wir auch nicht von den grauhaarigen, bar-
füßigen Wahrſagerinnen der Cimbern, welche die Gefangenen ſchlachteten
und aus dem Opferblut weißagten, Myth. 86, noch von den ſechzig Prieſterinnen an dem Tempel in Biarmeland, FAS. III, 624. 27. Sie ſtrei-
fen aber auch nicht ins Uebermenſchliche wie jene Gambara und die

§. 123. erwähnte Hörgabrúdr (nympha lucorum) und ihre Schwester Yrpa oder die doch historische Veleda. Nach dieser erscheint noch Ganna, zuletzt bei den Alemannen Thiota; für den jüngsten Nachklang kann die Heidelberger Jettha gelten, die gleich Veleda von ihrem Thurm aus Entscheidungen sprach, die für Orakel galten. Eine Jettenhöhle Wilh. Müller NSS. 147, 2. Den Göttern näher als den Menschen stehen die Wölven oder Walen, auch spákonur, spádísir genannt, zu welchen die Seherin der Wöluspa selber zählt, die von Riesen erzogen ist, von Odin selber begabt wird. Sie beginnt damit Stillschweigen aufzuerlegen, eine hieratische Formel gleich jenem priesterlichen Favete linguis. Die Wölen sahen wir §. 105 unter dem Namen Nornen Neugebornen an die Wiege treten, ihnen das Schicksal zu schaffen mehr als zu verkünden. Sie hatten kein eigentliches Priesteramt; selbst die menschlichen unter ihnen, wie die gleich zu erwähnende Thörbiörg oder jene Heidr der Oervarobbsaga c. 2 (vgl. Wöl. 26), üben mehr Weißagung und Zauber, wie sich Odin selbst Oegisdr. 24 von Loki vorwerfen lassen muß, er sei in Samsö von Haus zu Haus als Wala umhergeschlichen:

> Vermummter Zauberer trogst du das Menschenvolk:
> Das dünkt mich eines Argen Art.

Nach Hyndlul. 32 sollen alle Walen von Widolf (§. 439) stammen: damit ist ihnen halbgöttlicher Ursprung beigelegt, der wieder an das Verhältniß zu den Riesen mahnt, dessen wir bei der Seherin der Wöluspa gedachten. Wie sich Thörbiörg (Edda Havn. III, 4) die kleine Wala nannte, so heißt das Hyndlulied die kleine Wöluspa, womit Hyndla selbst als Wala bezeichnet ist; sie aber, die Höhlen bewohnt und den Wolf reitet, erscheint ganz als Riesin. Von solchen riesigen Frauen, die Zauber und Weißagung üben, ließen sich aus Saxo die Beispiele häufen; aber unsere eigene Geschichte bietet Beispiele in jenen übermenschlichen Weibern, die dem Drusus den Uebergang über die Elbe, dem Attila über den Lech wehrten, M. 375. Noch wichtiger ist aber die Verwandtschaft mit den schon den Nornen verschwisterten Walküren, Disen und weißagenden Meerfrauen §. 107. Den Disen, welche freilich alle göttlichen Frauen begreifen, wird geopfert (disablót); aber auch menschliche Zauberinnen und Wahrsagerinnen nannten sich Spádisen, und mehrere derselben legen sich den Namen Thördis bei. So waren die Walküren bald Göttinnen, bald irdische Königstöchter: als solche erscheint selbst Brynhild, in welcher wir doch unter dem Namen Sigrdrifa die höchste Göttin erkannten. Auch bei ihr findet sich die Kenntniß der Runen, die zur Weißagung wie zum Zauber dienen. Wenn aber die Walküren durch Thau und Hagel, die sie den Mähnen ihrer Rosse entschüttelten, die Felder fruchtbar machten, so wollten die Hexen als Wetter- und Mäusemacherinnen nur Schaden anrichten. Dieß

zeigt sie Riesinnen und Disen näher verwandt, die bald gütige, bald
feindselige Wesen sind. Trugdisen erscheinen Sig. Kw. II, 24 und üble
Disen reizen Hambism. 29 zum Brudermord. In der Natur unserer
weisen Frauen pflegt dagegen nichts Feindseliges zu liegen: sie weißagen nur und heilen und so sind sie den deutschen halbgöttlichen Priester-
namen am Nächsten verwandt. Ein Beispiel ist jene Sibylla Weiß, von
welcher Panzer II, 54. 309. 426 berichtet. Ist der Vorname schon christlich, so erscheint sie doch ganz als ein heidnisches Wesen; ihre Grabstätte
zeigt ein weisendes Thier; ihre Aussprüche ertheilte sie von einem Schloße
aus, das an den Thurm der Veleda oder Jettha gemahnt. Sie prophezeite Krieg, Viehsterben und übertriebene Kleiderpracht und Alles traf ein.
Den Eintritt des Weltuntergangs bestimmte sie auf die Zeit, da ihr Grab
so weit von der Mauer abgelegen sei, daß ein Reiter herumreiten könne.
Das erinnert an Dornröschen und den Ritt um die Burg Kunigundens
von Künast.

Im Volksglauben leben also die deutschen Priesterinnen noch fort,
nicht bloß als Hexen (die zwar aus Gerichtssälen und Folterkammern ver-
schwunden aber noch keineswegs aus der Meinung getilgt sind), auch als
Wahrsagerinnen und Aerztinnen. Sich zu feindseligen Wirkungen zu be-
kennen, konnten die Hexen von jeher nur gezwungen werden; aber das
Gewerbe des Besingens und Wundenbesprechens, gewöhnlich Rathen oder
Böten (büßen, beßern) genannt, die Anwendung der Zauberei auf die
Heilkunst, treiben unsere weisen Frauen neben der Weißagung noch ziem-
lich unbehindert fort. Hier und da üben wohl auch Männer, besonders
Schäfer, ähnliche Künste; aber hier fällt der Zusammenhang mit dem alten
Priesterthum nicht mehr in die Augen, denn theils enthalten sie sich des
Wahrsagens, theils heilen sie durch altbewährte Hausmittel oder sog.
sympathetische Curen, bei welchen Zaubersprüche seltener noch zur Anwen-
dung kommen.

Wie der Priester im Norden Gobi hieß, so die Priesterin gydja,
was aus godi moviert ist: beiden liegt der Name Gott gudh zu Grunde,
und wenn noch jetzt die Pathin Gode heißt, so erinnert das daran, daß
die Pathen im MA. ihre Pfleglinge den Glauben lehren musten, also fast
priesterliches Amt übernahmen.

Bildeten nun auch die deutschen Priester keinen eigenen Stand, so
sehen wir doch das Priesterthum reich genug ausgestattet: das Königthum
hieng mit ihm zusammen, die Rechtspflege lag in der Priester Hand, nicht
weniger die Poesie und das Heroldsamt, das wenigstens an die Feldherrnwürde grenzte, die ihnen versagt blieb. Sie versahen jedoch den Feldherrn
mit den göttlichen Waffen, den Feldzeichen und dem Mantel des Gottes,
sie selbst führten die Scharen in die Schlacht und trugen ihnen die Sym-

bole der Götter voran. Sie besaßen ferner Weißagung, Zauberei und
Heilkunst in engster Verbindung mit dem Opfer und selbst die Anfänge
der Schrift, die Runenkunde stand ihnen zu Gebote.

138. 5. Zauber.

Die verschiedenen Arten des Zaubers (fiölkyngi, fornfrædi) dürfen
wir nicht zu erschöpfen hoffen; ebenso unbegrenzt ist seine Macht. In
Bezug auf den M. 983 zwischen Wundern und Zaubern aufgestellten Unterschied ward schon S. 213 bezweifelt, daß aller Zauber mit unrechten
Dingen zugehen oder gar teuflisch sein müße. Uebernatürliche Kräfte schäd-
lich oder unbefugt wirken zu laßen scheint uns nicht sowohl zaubern als hexen.
Da dem Odin die Erfindung der Runen beigelegt, seine Allmacht durch
den Runenzauber symbolisiert wird, so hat die Ansicht, daß man erst den
gesunkenen, verachteten Göttern Zauberei zugeschrieben habe, Bedenken.
Auch auf den innern Widerspruch dieser Ansicht über die Zauberei, deren
Ursprung zugleich unmittelbar aus den heiligsten Geschäften hergeleitet
wird, ist aufmerksam gemacht. Vgl. jedoch Maurer Bekehrung II, 45.

Yngl. c. 7 heißt es von Odin: ‚Die meisten seiner Künste lehrte
er seine Opferpriester‘ (S. 214). Von dem Runenzauber unterscheidet
jedoch dieselbe Stelle die Sudkunst (seidhr), welche zwar zunächst auf die
Weißagung bezogen, dann ihr aber auch zauberische Wirkung beigelegt
wird. Daß diese Sudkunst den Leuten Tod, Unglück und Krankheit bereiten, Einigen Verstand oder Kraft nehmen und Andern geben konnte,
sagt Snorri ausdrücklich; auf die Sudkunst allein scheint es sich zu beziehen, wenn er hinzufügt: doch wie diese Zauberkunst geübt wurde, so
geschah so viel Arges dadurch, daß die Männer sich schämten sie zu gebrauchen; die Priesterinnen aber lehrte man solche Kunst. Damit stimmt
auffallend, wenn Wöl. 7 der Heid der Vorwurf gemacht wird, daß sie
Sudkunst geübt habe. Mit Recht bemerkt daher Maurer 147, man scheine
schon in heidnischer Zeit zwischen weißer und schwarzer Kunst unterschieden
zu haben. Es wirft aber Licht auf die Hexen, daß man in der Sudkunst
die Priesterinnen unterrichtete. Die Sudkunst scheint ihren Zauber unmittelbar aus dem Opferkeßel zu schöpfen (A. M. ist Maurer 136), während
die Kraft der Rune in dem eingeritzten Zeichen liegt, dem das Lied Leben
einhaucht, §. 75. Diese Zeichen (Runen) wurden wohl häufig in eine
Zauberruthe (Gambantein) geritzt, die dann als Zauberstab diente. In
Skirnisför 25. 32 bildet sie neben Schwert und Roß das dritte der
drei Wunschdinge, die nach S. 179 erfordert wurden, die Unterwelt zu
erschließen. Die Berührung damit brachte aber an sich noch keine Wirkung hervor: es bedurfte der gesungenen oder doch gemurmelten Zauber-
formel, die in Stabreimen abgefaßt den Laut des eingeritzten Zeichens

dreimal anschlug. Des Zauberstabs ist in deutschen Märchen öfter ge=
dacht als M. 1044 angenommen wird; meist ist es freilich nur ein Stecken;
auch fällt die Hexe, die ihn zu führen pflegt, mit Hel zusammen, er selbst
mit dem Stab, der nach §. 65 über Leben und Tod gebietet, wenn
er gleich oft nur in Stein verwandelt. Von dem Stecken führt M. l. c.
selber an, daß er der dritte Fuß des Hexenmanns genannt werde. Ob
es außer Runenzauber (galdr) und seidr (Zukunft) nicht noch andere
Arten des Zaubers gegeben habe, wird nirgend gemeldet. Maurer 137.

Was Alles durch den Runenzauber vollbracht werden konnte, sehen
wir aus Odins Runenlied und den achtzehn dort genannten Liedern,
deren jedem eine andere Wirkung beigemeßen wird. Indem ich einst=
weilen auf dieses selbst und die Beispiele S. 214 verweise, bemerke ich
nur, daß die meisten dieser Zauber auch von Menschen, als Priestern des
Gottes, geübt wurden. Wenn freilich Beschwörung die Gräber sprengt,
so geschieht es nur, damit der Todte Rede stehe oder eine Waffe aus dem
Grabe reiche, §. 129; auch Odin, als er Wegtamskw. 9 das Walgaldr
sang, verlangte von der erweckten Wala nur Bescheid über Baldurs Ge=
schick, St. Fridolin von Ursus (Rheinf. 421) nur ein Zeugniß über ver=
untreutes Klostergut. Hier scheint allerdings das Wunder vermögender
als der Zauber: St. Petri Stab erweckte St. Matern, nachdem er schon 40
Tage im Grabe gelegen, um noch 40 Jahre zu leben und zu lehren.
Als Hângatyr konnte aber Odin auch Erhängte ins Leben rufen, Hawam.
20. Priesterliche Nekromantie wird sich so schwieriger Aufgaben gern ent=
halten haben; doch bezieht M. 1175 das ahd. hellirûna (necromantia)
und den nhd. Höllenzwang auf Erweckung der Todten. Nach Anh. XLI
ist aber unter nigromantia nur Befragung der Todten zu verstehen. Vgl.
Leopr. 46. An Feuerbeschwörung, die auch Odin übte (Runenl. 15),
wagten sich selbst Zigeuner (Baader 151, Wunderh. I, 21) und sogar
von Dieben ward geglaubt, daß sie Macht hätten, Ketten und Schlößer
zu sprengen. Ein Spruch, der Hafte und Feßeln löst, wird Run. 12 und
Grôg. 10 erwähnt und den ersten Merseb. Heilspruch pflegt man darauf
zu beziehen. Es gab auch Sicherungsmittel gegen Zauber, M. 1056,
Leopr. 48; wie es Mittel gab, die Hexen zu erkennen, M. 1033, so
muste es auch Zaubersprüche geben, die fremden Zauber zu brechen ver=
mochten. Man nennt sie gewöhnlich Segen, M. 1193. Schon unter
Odins Runenliedern begegnen (13. 14. 18) solche Schutz= und Segens=
sprüche. Das 21. Runenlied (Hawam. 150) diente hieb= und stichfest zu
machen, bekanntlich ein Zauber, der bis auf die neueste Zeit geübt wird.
Kuhn WS. II, 195. Unabsehbar sind aber die neuerdings aufgeschriebenen
oder aus frühern Niederschreibungen bekannt gemachten Heilsprüche.
Wir finden Segen gegen Verrenkungen, böse Leute, bösen Blick, zum

Blutstillen, wider die Schweine (Schwindsucht), wider das Beschwören,
gegen Brand und Geschwulst, Gicht und Rothlauf, Rose und Flechten, gegen Zahnschmerzen und Würmer, Waßersucht und kaltes Fieber,
gegen Kuhblattern, gegen Alb und Mar, gegen ‚siebenundsiebziger-
lei Krankheiten.‘ Es giebt Bienensegen, Feuersegen, Waffensegen,
Reisesegen, Pferdesegen,. Ackersegen, Hirtensegen. Seltsamer Weise erscheint darin St. Martin als Hirte. §. 77. Bei St. Peter, dem Hirten
der Völker, würde das weniger auffallen. Wir haben aber schon Odin
als Viehhirten gefunden und von ihm muß es auf St. Martin übertragen
sein. Von Runen und Zauberliedern erwartet man Sieg im Kampf,
Schutz vor Gift, Heilung von Wunden und leichte Entbindung der Frauen,
Hilfe in Seegefahr, Klugheit und Wohlredenheit: man glaubte durch sie
seine Feinde hemmen und ihre Waffen abstumpfen zu können, sich selbst
aus Banden zu befreien, das Geschoß im Fluge zu hemmen, die eigenen
Wunden auf den Gegner zurückzuwenden, das Feuer zu besprechen, Haber
zu schlichten, Wind und Wellen zu stillen, Geister in der Luft zu zer-
streuen, Todte aufzuwecken, sich selbst vor dem Tod im Kampf zu bewahren, tiefe Weisheit zu erlangen, reißende Ströme zum Stehen zu bringen,
die Gunst von Weibern zu gewinnen, sich vor Frost zu schützen, Zauber
abzuwenden u. dgl. mehr, Maurer II, 138. Es giebt Sprüche, einen Stecken
zu schneiden, daß man einen Abwesenden prügeln kann, einen Dieb fest zu
machen, daß er stehen bleibt, oder daß er das Gestohlene wiederbringen
muß, Sprüche, daß ein Gewehr nicht los geht, daß kein anderer ein Wild
schießen kann, daß eine Wunde nicht zum Schwären kommt, Sprüche, die
Aufblähung dem Rindvieh zu vertreiben, eine Heerde Vieh vor dem Wolf
zu bewahren u. s. w. Kuhn WS. II, 191. Vgl. auch Rochholz Ztschr.
f. d. Myth. IV, 103 ff. Kuhn Ztschr. f. vgl. Sprachf. XIII, 49. 113 ff.
Schönwerth III, 250 ff. Alle diese Sprüche enthalten uraltes Gemein-
gut der indogermanischen Völker und sind für Mythologie und Culturgeschichte unschätzbare Urkunden.

Den Segen stehen Flüche und Verwünschungen gegenüber, welchen die alte Zeit Zauberkraft zutraute, daher alle Märchenbücher von verwünschten Prinzen und Prinzessinnen wimmeln. Eine Verwünschung ist §. 75
mitgetheilt; eine andere giebt Uhland III, 270 in Prosa aus Saxo's Versen,
der auch ihre Wirkung berichtet: Hadings Flotte verschlingt der Sturm und
das Haus, das er schiffbrüchig betreten will, stürzt ein; erst durch ein Opfer
versöhnt er die Götter. Berühmter ist Sigruns Verwünschung ihres Bruders Dag, als er ihr Helgis Fall bei Fjöturlundr kündete:

> So sollen dich alle Eide schneiden,
> Die du dem Helgi geschworen hast
> Bei der Leiptr leuchtender Flut
> Und der uralten Waßerklippe.

Das Schiff fahre nicht, das unter dir führt,
　Weht auch erwünschter Wind dahinter.
Das Roß renne nicht, das unter dir rennt,
　Müßtest du auch fliehen vor deinen Feinden.
Das Schwert schneide nicht, das du schwingst,
　Es schwirre denn dir selber ums Haupt.
Rache hätt ich da für Helgis Tod,
　Wenn du ein Wolf wärst im Walde draußen,
Des Beistands bar und bar der Freunde,
　Der Nahrung ledig, du sprängst denn um Leichen.

Alles das ist nur nähere Ausführung der ersten Zeile, denn bei allen genannten Dingen hat Dag dem Helgi Treue geschworen und der Fluch, ein
Wolf zu sein (vargr i réum), trifft schon nach dem Gesetz jeden Friedensbrecher.

Walthers Fluch 73, 31. 32 ist mit leiser Ironie gefärbt und zeigt
nur was er zuvor gesagt hat, daß er nicht fluchen kann. Und doch
versteht er es 61, 30. 31 schon leiblich. Aber Zauberkraft wohnt diesen
spätern Versuchen nicht bei, ja die Verwandlung in Thiergestalt, die das
Ziel der eigentlichen Verwünschung ist, beabsichtigen schon die frühern
nicht mehr eigentlich, wenn es gleich Sigrun sagt, denn in der That meint
sie wohl nur die Versehmung des Friedensbrechers, die freilich in dem Hause
ihres Gemahls die Wölsungasaga als wirkliche Wolfsgestalt berichtet. In
den deutschen Märchen sind es meist Stiefmütter, deren Neid zauberkräftige
Verwünschungen ausstößt.

Runenzauber und Seidr konnten zu gleichen Wirkungen verwandt werden. So gehören zum Wetter- und Hagelmachen Zauberkeßel und -Töpfe:
Krüge wurden ausgegoßen oder in die Höhe gehalten, mit einem Stecken im
Waßer gerührt, Zingerle Sagen 322, worauf Schauer, Sturm und Hagel
erfolgten; daneben wird wieder von heimlichen Worten gemeldet, die dabei
gesprochen wurden, M. 1041, und bei der aura levatitia (M. 604) wird
durch Beschwörungen das Luftschiff herbeigezogen. Nach dem 16. und 17.
Runenliede wuste Odin durch Zaubersprüche Liebe einzuflößen; daßelbe
ließ sich auch durch Seidr erreichen, vielleicht auch ohne daß ein Minne-
trank getrunken wurde, M. 1055. Die Minne kann man sich auch aneßen
(Anh. XXXIX). Dem Minnetrank (Minnisöl) steht in der Heldensage der
Vergeßenheitstrank (Ominnisöl) gegenüber. KM. 113 hat ein
Kuß gleiche Wirkung, M. 1055.

Andere Zaubermittel scheinen zu keiner von beiden Arten gehörig: sie
beruhen auf Sympathie. So der mit dem ,Atzmann' (Anh. LXIII) getriebene Unfug, wobei ein Abwesender alle einem Wachsbild angethane
Qualen empfinden sollte, M. 1045. Ist es davon eine Anwendung, wenn
man glaubte, die Hexen könnten den Leuten das Herz aus dem Leibe eßen

und einen Strohwiſch dafür hineinſtoßen? M. 1035. Kuhn WS. II, 191.
Sympathetiſch iſt wohl ferner das ‚Neſtelknüpfen‘, um junge Eheleute
untüchtig zu machen; nach M. 1027 geſchieht es durch Zuklappen eines
Schloßes, das dann ins Waßer geworfen ward; nach H. Schreiber (Ta-
ſchenbuch V, 185) und M. 1127 durch Knoten, die in einen Bändel ge-
ſchlungen wurden. Dagegen ſcheint das Zauberhemde und aller mit Spinnen und Weben zuſammenhängende Zauber, wie der ‚geſponnene Feld-
zauber‘, den man Hexen Schuld gab (M. 1042. 1053), aus dem Weben
der Geſchicke, das der Nornen und Diſen Geſchäft war, herzuleiten. Durch
einen Zaubergurt oder -Ring konnte man ſich ſelbſt und andere in Thier-
geſtalt verwandeln, in Wölfe, Bären, Pferde, Katzen, Schwäne, Gänſe,
Raben und Krähen, vgl. Panzer II, 442. Am berühmteſten, vielleicht auch
am älteſten, iſt die Verwandlung in den Werwolf (loup garou). Auch dieß
fiel vielleicht unter den Begriff des Runenzaubers, denn dem Gurt oder
Ring konnten Runen eingeritzt ſein, beim Anlegen Zauberformeln geſprochen
werden. So wurden auch beim Weben des ſog. ‚Rothhemdes‘ Zauberſprüche
(Ztſchr. f. M. I, 241) gebraucht, wie beim Schickſalweben Lieder geſungen
wurden (S. 344).

Ein Zauber war es auch, aber ein von der Menge, vielleicht früher
unter Anleitung des Prieſters, geübter, wenn man zur Zeit der Dürre durch
eine ſymboliſche Handlung die Götter gleichſam nöthigte, Regen zu ſpenden.
Ein kleines Mädchen ward ganz entkleidet von ſeinen Geſpielinnen in den
Wald geführt; dort riß es Bilſenkraut mit dem kleinen Finger der rechten
Hand ſamt der Wurzel aus und band es ſich an die kleine Zehe des rechten Fußes. So geſchmückt ward es dann am nächſten Fluße von ſeinen Be-
gleiterinnen mittels Ruthen, die ſie ſich im Walde gebrochen hatten, mit
Waßer beſprengt, Anh. XL. Aehnliches geſchieht in Baiern mit dem ſog.
Waßervogel, in Oeſterreich mit dem Pfingſtlümmel, welchen man
in grüne Zweige gehüllt und mit geſchwärztem Angeſicht Bavaria I, 375.
ins Waßer warf, obwohl dieß in die Frühlingsgebräuche §. 145 übergeht, M. 562. Verwandt iſt, obwohl kein Zauber, wenn in Köln zur
Zeit großer Dürre der Reliquienkaſten des h. Biſchofs Severin vom Hochaltar in das Schiff der Kirche verſetzt ward, um durch die Fürſprache des
Heiligen, der nach dem Volksreim auch den kalten Stein in den Rhein
warf, Befreiung von der Plage zu erlangen. Einer der Prieſter, welche
den Kaſten herausſetzen, muß binnen Jahresfriſt ſterben. Wolf DMS. 209.
Ueber den Zauber mit dem Diebsfinger handelt Liebrecht Heidelb. Jahrb.
1868, 86, der den franzöſiſchen Namen dieſes Zaubers, main de gloire,
auf die Alraunwurzel (mandragora) zurückführt.

139. 6. Weißagung.

Weißagung und Zauber sind nahe verwandt, ja sie fallen zusammen, wo das Geschick zugleich geschaffen und verkündet wird wie von den begabenden Wölen und Nornen, ja noch von Macbeths Hexen. Zu beiden dienen die gleichen Mittel: auch zur Weißagung gebrauchte man Runen und Subkunst. Wie der Priester oder Hausvater bei der Weißagung durch Loozung verfuhr, beschreibt Tacitus Germ. c. 10. Von einem fruchttragenden Baume, und die Buche vorzüglich galt ihrer Eckern wegen für fruchttragend, ward ein Reis geschnitten, dieses in Stäbchen zerlegt und jedem derselben eine Rune eingeritzt. Da der ältesten Runen 16 waren, so scheint sich darnach auch die Zahl der Stäbchen zu bestimmen. Diese wurden nun aufs Gerathewohl über ein weißes Tuch ausgestreut, nach einem Gebete an die Götter und mit zum Himmel gerichtetem Blick dreie derselben aufgehoben, und nach den Runen, die sich ihnen eingeritzt fanden, die Zukunft verkündet wahrscheinlich in einem aus drei Langzeilen bestehenden Spruche, welchem die aufgehobene Rune zu Haupt= und Nebenstäben diente. Es wäre unmöglich gewesen, aus drei Buchstaben zu weißagen, wenn diese Buchstaben nicht wie die Runen Namen gehabt und diese Namen Begriffe enthalten hätten. Aus diesem Verfahren mit den Loozstäbchen (sortes) entsprang das Wort sortiarius (fr. sorcier), das mehr noch den Zauberer als den Weißager bezeichnet, wie auch der Ausbruck ‚Zauber werfen‘ auf dergleichen Hergang deutet, während ‚Zauber legen‘ zugleich an Urlac und das geschaffene und gelegte Geschick §. 66 erinnert. Myth. 89. Man sieht wie Dichtkunst und Weißagung zusammenhiengen und mit vates Dichter und Weißager bezeichnet werden konnten.

Eine andere Art von Loozung ist nach unsern Begriffen mehr ein richterliches als priesterliches Geschäft. So läßt man das Looz bei Austheilung des Erbes entscheiden, weil man so menschliche Willkür auszuschließen hofft. Hier bedurfte es der priesterlichen oder ritterlichen Auslegung der gezogenen oder aufgehobenen Looze nicht: man muste, wenn wirklich die Götter entscheiden sollten, über ihre Bedeutung im Voraus einig sein. Gewöhnlich wählte man den Mitloozenden nach der alten Sitte dauernd angehörige Zeichen (Handgemal, Hausmarke). Gelegentlich kann so das Looz auch über Leben und Tod entscheiden. Vgl. G. Homeyer über die Heimat nach altd. Recht, Berlin 1852; Ders. über das germanische Loozen, Berl. 1854 u. Die Loozstäbchen Berl. 1868.

Daß auch aus dem Opferkeßel geweißagt wurde, beweist außer der §. 60 besprochenen Stelle der Hymiskw. und den Hexen im Macb. auch Yngl. c. 7, wo es von Odin heißt, er habe durch die Kunst, die Seid

heiße, der Menſchen Schickſal vorausgeſehen.   Verwandt, weil ſie durch
das Verdienſt des Opfers geſchieht, iſt die Weißagung auf der Kuhhaut,
vgl. Gr. Myth. 1069 Anh. XXXVI und GDS. 60—66; vgl. auch
§. 60. 140. 143.   Auch bei den Römern pflegten die, welche Orakel
verlangten, auf den Fellen der geſchlachteten Thiere zu liegen, Virg.
Aen. VII, 86, die auch bei der römiſchen confarreatio und ſelbſt noch
bei Eingehung der freien Ehe in Gebrauch waren, Serv. ad Aen. IV,
374 und Festus s. v. pellis lanata.   Häufig ſaß man auf der Kuhhaut
bei Nacht auf K r e u z w e g e n, die auch wohl ohne die Kuhhaut in heiligen Nächten zu Offenbarungen verhalfen.

Andere Arten von Weißagungen beziehen ſich nicht auf Erforſchung
der Zukunft; es ſoll der Urheber eines in der Vergangenheit liegenden
Ereigniſſes z. B. eines Diebſtahls, ermittelt werden.   Der Thäter iſt dabei nicht ganz unbekannt; weil aber Beweiſe fehlen, ſo kommt es darauf
an, ihn zum Geſtändniß zu bringen.   Das Verfahren beruht darauf,
daß unſere Gliedmaßen unmerkliche, oft ſogar unwillkürliche, Vollſtrecker
unſeres Willens ſind.   So bei dem Siebdrehen, wo das S i e b in Bewegung gerieth, ſobald der Name des vermuthlichen Thäters genannt wurde,
(Kuhn Germ. VII, 435, vgl. §. 117, Panzer II, 297, Müllenh. 200), oder
in gleichem Fall der E r b ſ c h l ü ß e l oder das Lotterholz ſich umzuſchwingen
begann, M. 1063, Müllenh. 88. 200, Lyncker 216.   ‚Andere Proben ſind
zugleich auf das böſe Gewiſſen der Schuldigen berechnet, das ihn bei einer
ganz einfachen, natürlichen Handlung, die der Schuldloſe ohne alles Arg
verrichtet, in Unruhe und Verwirrung bringt.‘   So bei dem Bißen Käſe,
der dem Schuldigen im Halſe ſtecken blieb.   Anh. LX. RA. 932. Neben
dem Erbſchlüßel gebraucht man die E r b ſ c h ü ß e l und den Erblöffel beim
Bleigießen am Silveſterabend und in der Andreasnacht.

Pyromantie, Chiromantie, Gaſtromantie (M. 1065—7), muß ich
in die Alterthümer verweiſen; die Weißagung aus dem Gansbein
(Martinsl. XVI) bezieht ſich nur auf das W e t t e r; nach Vintler (Anh.
LIV) ſah man aus dem S c h u l t e r b l a t t auch, was Menſchen geſchehen
ſollte; Myth. 1067.   Wichtiger iſt die altdeutſche Weißagung aus dem
Schnauben und Wiehern der in heiligen Hainen gezogenen Pferde, wenn
ſie vor den Götterwagen geſpannt, von den Prieſtern oder Königen begleitet wurden. Germ. 10. Vgl. Birl I, 121.   Hier gieng kein Opfer
vorher, weil dieſe Thiere ſchon auf öffentliche Koſten den Göttern unter-
halten wurden; wohl aber ·findet es ſich bei mancherlei Zauber, der mit
Pferdeköpfen getrieben ward.   Bei der redenden Fallada (KHM. 89)
wird man an Mimirs abgeſchnittenes weißagendes Haupt (Yngl. c. 4)
erinnert, ja an das Johannishaupt, das auf der Gralſchüßel lag,
§. 76.   Wenn Tacitus von den weißagenden Pferden ſagt, ſie hätten

für Mitwiſſer der Götter gegolten, ſo läßt ſich dieß auf die ſog. wei=
ſenden Thiere ausdehnen, die eine ſo große Rolle nicht bloß in deut=
ſchen Sagen ſpielen.   Den Ort der Niederlaßung, der Gründung einer
Kirche', die Furt durch den Strom u. ſ. w. zeigen Thiere als Boten
der Götter, Myth. 1093, Panzer II, 405. Wilde Thiere eignen ſich
hiezu beßer als zahme; unter den letztern ſtehen die Pferde hinter den
Ochſen zurück: nur blinde Pferde ſind noch geeignet, als Werkzeuge der
Götter zu dienen.   Der zur Unterwelt führende Hirſch §. 103 gehört
nicht eigentlich hieher; doch kann auch er als Bote der Götter betrachtet
werden.   Unmittelbar ſelber ſchienen die Götter den Weg zu weiſen, wo
ihre an den Hochſitzpfeilern ausgeſchnitzten Bilder ans Ufer trieben, M.
1094. Auch Träume können als Boten der Götter gelten; warum ſind
Träume im neuen Haus, in der Hochzeit= und Neujahrsnacht bedeutend?
War hier ein Opfer vorausgegangen, das die Götter geneigt machte,
ihren Willen zu offenbaren? galt im neuen Haus ſchon die Anzündung
des Heerdfeuers dafür? Noch ſchwerer iſt zu ſagen, warum der Traum
im Schweinſtall eintrifft, Maurer II, 127. M. 1099. ‚Einzelne Träume'
ſagt Grimm Myth. 1100, wurzeln in der deutſchen Volksſage ſo tief,
daß man ihren Urſprung weit zurückſetzen muß, z. B. der von dem Schatz,
welcher einem auf der Brücke angezeigt werden ſoll. In der That findet
er ſich ſchon im Karl Meinet ed. Keller. v. 45—58. Die Auslegung
der Träume war gewiß einſt ein prieſterliches Geſchäft. Bekannt iſt die
große Rolle, welche Träume in unſerm Epos ſpielen. Wenn aber Träume
Boten der Götter ſind, wer hatte ſie Baldurn geſendet, wenn nicht All=
vater? Ueber Ahnungen Maurer 129.

   Den Pferdeorakeln lauſchte der Prieſter öffentlich; ob auch Stimmen
und Flug der Vögel ſo feierlich befragt wurden, verſchweigt uns Tacitus.
Wie großes Gewicht aber darauf gelegt wurde, erſehen wir aus heimiſchen
Quellen, welche jede Begegnung, nicht bloß von Vögeln und Thieren, für
bedeutend anſehen.   Nach dem ſchon oben erwähnten Glauben hatten
alle kampflichen Thiere, wie Wolf und Bär, guten Angang, d. h. ihre
Begegnung war glücklicher Vorbedeutung, während Haſen, alte Weiber und
Prieſter, weil ſie unkriegeriſch ſind, übeln Angang hatten: ihr Anblick
wirkte eher niederſchlagend als ermuthigend. Ueber den Angang des Fuchſes
weichen unſere Nachrichten ab; nach dem Studentenausdruck, der Schwein
für Glück verſteht, ſollte man dieſes kampflichen Thiers Angang für günſtig
halten gegen die gewöhnliche Meinung, die ihn auf unfreundlichen Em=
pfang deuten läßt, es ſei denn, daß die Sau ihre Ferkel bei ſich habe.
So ausgebildet wie bei den Alten war wohl bei uns die Lehre vom
Vogelflug nicht. Auch hier ſtehen wieder die kampflichen Thiere voran:
Raubvögel, die auch in den Träumen die erſte Rolle ſpielen, verkünden

Sieg, weil sie selber über andere Vögel den Sieg davon tragen, M. 1082. Bei einigen Vögeln wird mehr auf den Gesang geachtet als ob sie rechts oder links fliegen; doch findet sich bei der Krähe beides erwähnt, und auch bei dem Martinsvogel; bei dem Specht kam es auf den Flug an. Bei der Krähe beobachtete man auf welchem Fuße sie stand, bei der Elster, ob sie von vorn oder hinten gesehen ward, bei dem Storch, ob man ihn zuerst fliegend oder stehend traf. Eine Elster zu tödten bringt Unglück; sonst richtet sich ihr Angang nach der Zahl der gesehenen Thiere, Kuhn Germ. VII, 345. Heilig ist die Stelle, wo man die erste Schwalbe erblickt, oder den Kuckuck im Frühling zuerst rufen hört; darum steht man stille und gräbt an diese Stelle den Rasen aus, denn er hat segnende Kraft, Myth. 1082. 5. Plin. 30, 10. Der Kuckuck heißt auch Zeitvogel, denn er weiß, welche Lebenszeit uns bestimmt ist, oder wie lange ein Mädchen noch warten muß bis der Freier sich findet, und wenn Goethe ihn die Zahl der Kinder verkünden läßt, so hat auch das uralten Grund, Myth. 644. Doch ist es auch ein übler Angang, wenn beim Ausgehen der Fuß strauchelt u. s. w.

Noch anderer Arten der Weißagung versichert uns Tacitus c. 10. Gefangene des Volks, mit dem man Krieg führte, ließ man mit einem der eigenen Leute sich im Zweikampf meßen: der Sieg des Einen oder des Andern galt für vorbedeutend. Ueber barditus vgl. M. Edda S. 449. Unter Ariovist erkannten weißagende Frauen aus den Wirbeln der Ströme und dem Geräusch der Flut, es dürfe vor dem Neumond nicht gekämpft werden, Plutarch Cäs. 19. Das ist Hydromantie. Andere Beispiele bei Uhland VII, 204. Von der Hydromantie wie sie Hartlieb (M. Anh. 60) beschreibt, macht Goethe Gebrauch im Großkophtha, nur daß eine Glaskugel die Stelle des Waßers vertritt. Die Weißagung aus einem glänzend polierten Schwert (Hartl. a. a. O. 64), scheint auch Frauenlob zu kennen, MS. III, 161. Das könnte Spatulamantie heißen, die aber Hartl. anders versteht, M. 1167.

140. 7. Heilung.

Auch bei der Heilung ward der Runenzauber angewandt wie dieß noch heutzutage geschieht, §. 137. Auf solche Heilung bezieht sich der andere jener Merseburger Heilsprüche, von dem §. 92 die Rede war, und daß auch die Subkunst in ähnlicher Weise gebraucht wurde, läßt sich aus Yngl. c. 7 schließen, wo es von Odin heißt, er habe so den Leuten Tod, Unglück oder Krankheit bereiten, und Verstand oder Kraft Einigen nehmen, Andern geben können. Von Wuotans oder Watens Bezug auf die Heilkunst war §. 75 die Rede; in Eir, welche D. 35 als die beste der Aerztinnen bezeichnet, hatte die Heilkunst ihre eigene Göttin, M. 1101. Sie scheint aber aus einem Beinamen der Freyja oder Frouwa

entstanden, die als Menglaba nach Fiölswinnsmal Str. 37. 41 einen
deutlichen Bezug auf die Heilkunde hatte. Eine der Str. 38 zu ihren
Füßen sitzenden neun Mädchen heißt wiederum Eir, wie neben ihr Hlifs
und Hlifthursas Namen gleichen Sinn hat. Eirgiafa, die Heilspendende,
heißt nach Hyndlul. 35 auch eine der Mütter Heimdalls. Auch Brynhild,
die wie Menglaba, mit der wir sie schon oben verglichen, auf dem Berge
wohnt, verbindet nach Gripispa 17 die Heilkunst mit der Runenkunde.
Dieß mag ihr von Frigg oder Freyja vererbt sein, aus welchen sie sich
entwickelt hat. Sie selbst erwünscht sich Sigrdrif. 4: ,Wort und Weisheit
und immer heilende Hände.' Heilende Hände, wie sie Zwerge für
geleistete Ammendienste verleihen, Rochh. Mythen 114, legten sich noch
spät die französischen Könige vielleicht aus Siegfrieds Erbe bei, Myth.
1104. Nach Oddr. 8 sang Oddrun heilkräftige Zauberlieder. Auf den
Zusammenhang der Heilkunde mit der Zauberei deutet es auch, wenn
böten (ahd. puozan), wie jetzt das Geschäft jener ,rathenden' alten
Weiber S. 502 heißt, sonst auch zaubern bedeutete, wie M. 989. 1103
gleicher Doppelsinn bei andern Wörtern nachgewiesen wird. Wald= und
Meerfrauen (wildiu wîp) und die ihnen nahe verbundenen Wölen (wîsiu
wîp) galten für heilkundig; auch Weißagung und Zauber wird ihnen
zugeschrieben. Priester und Frauen üben durch das ganze Mittelalter
die Heilkunde und beide haben sie von den Göttern. Die der Runen=
kunde verwandte Kenntniß der Schrift, des Lesens und Schreibens, war
lange gleichfalls auf Priester und Frauen beschränkt.

Wenn die Heilkunde göttlichen Ursprungs ist, so werden die Krank=
heiten von Riesen oder den ihnen so nahe verwandten Elben abgeleitet.
Doch hat wohl nicht das Christenthum erst die Krankheit als göttliche
Strafe aufgefaßt: das wusten schon die Heiden. Eine Krankheit hieß
die hünsche, wobei schon M. 415 an Riesen oder Hunnen gedacht ist.
Kuhn WS. II, 211. Die Pest, selbst der Tod (M. 811) erscheint riesig
und auch Hel ward in diese Verwandtschaft gezogen. Riesig ist auch der
tyrolische Viehschelm (Alpenb. M. 62 ff.), der bald in der Gestalt eines
unheimlichen schwarzen Mannes, bald als schwarzer die halbe Haut nach=
schleppender Stier auftritt und gleich dem schleswigschen Kuhtod, einem
ungeheuern Stier mit langen Hörnern (Müllenhoff 230), ein Viehsterben
personificiert; vgl. Kuhn WS. 291. Das Viehsterben scheint hier als
Strafe für Mißhandlung der Thiere gesandt. Rochh. Mythen 82. Das
Fieber ist ein Alb, der die Menschen reitet, darum hieß es der rite
(von ritan). A. M. ist Bernaleken Germ. XI, 174, der es von mhd.
ridan sieben, schütteln ableiten will. Das kalte Fieber heißt Frörer,
weil es Frost bringt, frieren macht. Der Frörer wie der Ritt treten
persönlich auf; in Boners Edelstein unterhält sich der Ritt mit dem Floh

wie im Petrarca die Spinne mit dem Podagra. Auch als Schmetterling erſcheint die Krankheit, wie ſich Elben und ſpäter Hexen und Teufel
in Schmetterlinge wandeln. Wie die Krankheiten heißen auch die Heilmittel nach den Elben, wie die Elbenſalbe, Nachtfrauenſalbe. Von andern Krankheiten, die von Elbgeſchoßen herrühren ſollten, war ſchon die
Rede: neben ylfa gescot und hägtessan gescot ſteht M. 1192 auch
ésa gescot: Geſchoße der Götter neben denen der Elbe und Hexen. So
heißt der Schlagfluß bald gotes slac bald tvergslagr M. 1110. Rothe
Flecken im Geſicht rühren von dem Jübel, S. 437 her; andere Uebel
von Elben und Holden, §. 129, von den Wichten der Wichtel- oder
Weichſelzopf, der auch Albzopf, Bilweichszopf heißt, ſ. oben S. 421.
Die Gicht kann auf Wuotan bezogen ſcheinen, ſie heißt wütende giht,
was an das wüthende Heer, Wuotans Heer, erinnert. Sie heißt auch das
fahrende Ding, wie auch Geſchwüre an der menſchlichen Haut bald Dinge
(wihtir), bald Elben und Holden heißen.

Nach M. 1100 bekannte eine Hexe, daß es neunerlei Holbechen
gebe. Nach ruſſiſchem Glauben ſind es neun Schweſtern, welche die
Menſchen mit Krankheiten plagen, M. 1107; ein finniſches Lied läßt von
einer alten Frau neun als Knaben gedachte Krankheiten geboren werden,
M. 1113. So wird in einer alth. Formel der nesso mit ſeinen neun
Jungen beſchworen, M. 1115. Dieſen neun Uebeln, die den neun heil-
kundigen Mädchen zu Mengladens Füßen entſprechen, ſtehen Heilmittel
gegenüber, die aus neunerlei Theilen beſtehen; gewöhnlich müßen ſie aber
erbettelt oder gar geſtohlen ſein. So wurden neunerlei Blumen zum Kranze
gewunden, Myth. 1164; zur K r a u t w e i h e gehören am Niederrhein neunerlei Kräuter, neunerlei Holz zum Nothfeuer, M. 574, dem auch heilende Kraft
zugetraut wurde. Neun geſtohlene Webknoten werden M. 1044 erwähnt,
neun geſponnene heilen, M. 1182, zum Liebeskuchen ſpart man neunerlei
Teig, M. 1132, und wenn Othin ſich als Aerztin der Rinda W e c h a
§. 90 nennt, ſo iſt vielleicht an die neuntägige Woche S. 80 zu denken;
noch jetzt wird bei Krankheiten auf den neunten Tag geachtet. Dieſe neunerlei Heilmittel zeigen den Zuſammenhang mit dem Opfer: wir ſahen zu
Ubſola jedes neunte Jahr neun Häupter jeder Thiergattung, zu Lethra
gar 99 Menſchen und Pferde u. ſ. w. darbringen. In der Thierſage
werden wir an dieſen Zuſammenhang öfter gemahnt. Der kranke Löwe
ſoll in der Haut eines vierthalbjährigen Wolfes ſchwitzen: da die Zeit
früher nach Sommern und Wintern, überhaupt nach Halbjahren (misseri)
berechnet wurde, M. 716, ſo begegnet uns hier die Zahl ſieben. Die Haut
geopferter Thiere zur Heilung verwenden, war wohl überhaupt Gebrauch:
ſo ſaß man auch der Weiſſagung wegen auf der Ochſenhaut; auf der
Bärenhaut knieend pflegten andere Völker zu ſchwören; mit der Bärenhaut

läßt Hans Sachs zwei alte Weiber zudecken, mit grünen Rauten bestecken
und dem Teufel zum neuen Jahr schenken, M. 962. 1069. 1200. In der
Thiersage kann es nicht in Betracht kommen, daß der Wolf kein Opfer=
thier ist. Nach der ‚Ecbasis‘ soll auch der Beistand des h. Aper ange=
rufen werden. Der lat. Umdichter scheint selber nicht verstanden zu haben,
daß damit Eberspeck gemeint war, dessen Anwendung in ‚Reinhard‘ noch
vorkommt neben dem Hirschgürtel, der später als Heilmittel für die fal=
lende Sucht galt, M. 1124. Deutlich wird erst im ‚Reinardus‘, daß
die Thiere bei Bertilianas Wallfahrt, die in den Bremer Stadtmusicanten
(KM. 27, vgl. Kuhn WS. 229—232) nachklingt, eigentlich nur ausge=
wandert sind, um einem großen Opfermal zu entgehen, bei dem sie ge=
schlachtet werden sollten.   Schon im ‚Isengrimus‘ sind es aber neun
Thiere, wenn wir den Wolf hinzunehmen, die an dieser Wallfahrt Theil
nehmen. In der so tief in unser Epos verflochtenen Thierfabel vom Herz=
eßen S. 236 will sich der kranke Löwe durch das Herz des Hirschen
nur heilen. Das Herz gehört aber gerade zu den edeln Eingeweiden, die
bei Opfermalen den Göttern vorbehalten blieben.   Sonst gilt auch das
Blut für heilkräftig: das Blut Hingerichteter bei der fallenden Sucht,
das Blut unschuldiger Kinder und reiner Jungfrauen bei dem Aussatz,
M. 1122.

     Das Wort D i n g wird wohl auch gebraucht, weil man sich den wahren
Namen des Uebels zu nennen scheut. So heißt der Umlauf, eine brennende
Geschwulst am Fingernagel, bald der Wurm, bald das böse Ding, vgl.
Kuhn Ztschr. f. vgl. Myth. XIII; die fallende Sucht heißt das böse
Wesen, auch St. Jans Uebel; die Wassersucht nannte man M o n d k a l b,
wohl weil das Wasser auf den Mond Bezug hat; aber die zweite Hälfte
des Wortes läßt das O p f e r eines Kalbes zur Heilung vermuthen.   So
begegnet auch der Name S o n n e n k a l b als Eigenname.   Vgl. aber
Schwartz Sonne 66.

     Wenn man die Kranken durch ausgehöhlte Erde, hohle Steine und
gespaltene Bäume kriechen ließ, was man b ö g e l n nannte, Panzer II, 428,
so mag man zwar später gemeint haben, die Krankheit auf Baum und
Erde zu übertragen; der ältere Grund war aber nicht sowohl daß man
glaubte, Elbe und gute Holde schlüpften durch diese Oeffnungen, die in
Schweden noch Elfenlöcher heißen, M. 430. 1119, als daß man durch
diese symbolische Handlung eine verjüngende Wiedergeburt beabsichtigte,
Liebr. Gerv. 170. Vgl. o. §. 132. Steinerne Altäre und Grabdenk=
mäler in alten Kirchen und Capellen wurden diesem Glauben zu Liebe
zum Durchkriechen eingerichtet, Panzer II, 431. So ließ man Leichen
zwischen entzwei getheilten Wagen, die für heilige Geräthe galten, hin=
durchtragen, des Falls verdächtige Mädchen hindurchgehen: davon scheint

man zuletzt nur noch zauberhafte Wirkung erwartet zu haben, M. 1097.
Auf uralten Feuerdienst könnte weisen, wenn man das fieberkranke Kind
in den Ofen legte (Anh. XXXV), das Vieh bei jährlichen Festfeuern, bei
anrückender Seuche durch die Flamme trieb und selber darüber sprang. Nicht
bloß Genesene aus Dankbarkeit, auch Heilung Suchende hiengen das kranke
Glied in Wachs, Holz oder Metall gebildet im Tempel auf. M. 1131.
Auch hier verräth sich der Zusammenhang von Heilung und Opfer.

Ein seltsamer Aberglaube stellte sich die kranke Gebärmutter unter
der Gestalt eines Wiesels, einer Schlange oder Kröte vor. Dieß
Thierlein schlüpft zuweilen aus dem menschlichen Leibe um im Waßer zu
baden oder an einem Quendelstock zu weiden. Gelingt ihm das und
wird es auch nicht behindert, in den Leib der Schlafenden zurückzukehren,
so ist diese geheilt. Ohne Zweifel war es ursprünglich die Seele, die
so aus der Kranken schlüpfte, später nannte man statt ihrer den Theil
des Leibes, an welchem die Krankheit haftete. Daher die eisernen Kröten
an den Rochuscapellen. Unter dem Namen, welchen als die Krankheit ge=
dachte Kröte in Tyrol führt, findet sich Heppin; Heppa heißt in der
Wiltinasage eine Metze. Amelungenl. II, 83. Panzer II, 195.

Heilkräftige Kräuter, doch vielleicht auch andere, sind nach den Göt=
tern benannt, oder werden auf heiligen Bergen gebrochen. Von erstern sind
Beispiele gelegentlich vorgekommen. Eine heilige Pflanze heißt Forneotes
folme nach der Hand des alten Riesen, in deßen Geschlecht wir auch
wohlthätige Wesen antrafen; eine andere, mit dem Namen ‚Teufelshand‘
gemahnt an die häufigen Sagen von abgehauenen Riesenhänden, wie sie
im Beowulf von Grendel, im Tristan von Urgan erzählt werden, M. 220.
Die spongia marina heißt Njördhs Handschuh (niardhar vöttr), weil
ihre Blätter wie fünf Finger neben einander stehen. Das Fünffingerkraut
galt für glückbringend, weil es an den Gott gemahnte, der Reichthum und
Wohlstand verlieh. Andere Pflanzen hießen wegen ihrer handförmigen
Wurzel Liebfrauenhand. Ueberhaupt sind Kräuter gern nach Göttinnen
genannt, an deren Stelle dann Maria trat, M. 1142. So heißt das
Frauenschühlein auch Marienpantöffelchen, Frauenthräne, Marienthräne.
Andere Pflanzen tragen Namen aus der Heldensage, so das Wielandswurz,
das Mabelger, das Mangold, das an das Gold erinnert, das die bei=
den zauberkräftigen Jungfrauen Fenja und Menja dem König Frobi malten,
wozu Grimm M. 498 die Namen Fanigold und Manigold nachgewiesen
hat. Nicht überall aber haftet an solchen Pflanzen Heilkraft wie an dem
Mabelger, das ‚aller Wurzeln ein Ehr‘ selbst gegen Liebestränke half und
bei aller Welt beliebt machte. So schützt Gunderebe gegen Zauber und
ist dabei heilkräftig und durch einen Kranz von Gundermann melkt man die
Kühe. Der Name kommt von der Walküre Gundr, Wöl. 24. Vgl. §. 107.

Heilkräftige Kräuter muſten aber zur beſtimmten Zeit, nach hergebrachtem
Gebrauch entſchuht und entgürtet, mit Ehrerbietung gebrochen werden: es
geſchah wohl mit goldenem Werkzeug; in Deutſchland bediente man ſich
zuletzt eines Goldſtücks. Weniger deutlich tritt der Bezug auf die Götter
bei den Steinen hervor, denen noch ſo große Heil= und Wunderkraft zuge=
ſchrieben wurde. Freilich galt die Kräuterkunde für heidniſch, Steinkunde
für jüdiſch, M. 1142, Kuhn WS. I, 137; auch war ſie nicht volksmäßig.
Doch brachte Herzog Ernſt den 'Waiſen' aus dem hohlen Berge, die deutſche
Königskrone damit zu ſchmücken, M. 1168. Welchen Stein man unter
'Siegerſtein' verſtand, ob er von der Kronſchlange kam, in Kopf, Herz oder
Magen eines Vogels wuchs, oder künſtlich aus Glas geblaſen werden
konnte, M. 1169, darüber wechſeln die Angaben. Der Donnerſtein ward
auf Thôr, der Schleifſtein auf ihn und Odin bezogen; ſie galten für heilig,
vielleicht heilkräftig. Von dem Donnerſtein, der vor dem Blitzſtral be=
wahrte und ſich bei Entbindungen hülfreich bewies, iſt der Drutenſtein
verſchieden. Er gehört den Kalkbildungen an; in dem Loche, welches nicht
fehlen darf, ſtak wahrſcheinlich ein Belemnit, den das Volk bald Teufels=
finger bald Donnerkeil nennt, wegen ſeiner ſchraubenförmigen Windung.
Die Drutenſteine ſchützen vor Behexung und Albbrücken, die Pferde vor
dem Verfilzen der Mähnen und Schweife. Panzer II, 429. Berühmter iſt
der Erchenſtein, der als earknaſtein ſchon in der Edda vorkommt.
Wieland ſoll ihn aus Kinderaugen gebildet haben; hienach ward er beim
Urtheil des Keßelfangs gebraucht, wo ihn Herkja aus heißem Waßer
hervorlangen muſte. In Erch= liegt eine Steigerung des Begriffs Edel=
ſtein, wie auch der Waiſe (ſ. oben) ſeines Gleichen nicht hat, weshalb er
orphanus, pupillus heißt, was dann an den Augapfel erinnerte und
die Dichtung von der Bildung aus Kinderaugen veranlaßte. Daß ihm
heilende Kraft zugeſchrieben wurde, wißen wir nicht; aber der Keßelfang
läßt darauf ſchließen, denn er ſollte wohl im heißen Waßer vor Verbren=
nung ſchützen. Wie der Erchenſtein aus Kinderaugen, ſo ſollte der Lyn=
curius aus den Augen des Luchſes entſtanden ſein; an ihm haftet wieder
Glück und Heilkraft, wie man dem Waiſen wohl Glück und Sieg zu=
ſchrieb. Somit geht er in den Siegerſtein über, der auch Wünſchelſtein
hieß, Glück und Geſundheit verlieh und ſelbſt bei Entbindungen ſich
hülfreich erwies. Der Wünſchelſtein hat dann den Stein der Weiſen
zum nächſten Verwandten, der bekanntlich auch zum Goldmachen diente.
Vor Schaden bewahren auch die Herrgottsſteine, welche ſich in Fluß=
betten finden. Es ſind weiße aber röthlich geſtreifte oder betupfte Quarz=
geſchiebe. Sie ſind glückbringend und -ſchützen vor dem Blitz. Ueber
Gerichtsſteine, Krötenſteine, Liebesſteine vgl. Rochh. Mythen 261. Auch
an den Sonnenſteinen, einer Art Ammoniten, hängt mancherlei Aber-

glaube. Was dient aber nicht alles als Amulet beim Zahnen; verzaubert, vergalstert, verwäzen hört man noch jetzt im Volk besonders bei Kindern, Blödsinnigen und Schwermüthigen. Vgl. Bock Medicinischer Volksglaube, Ravensberg. S. 14. ‚Geschoß' und ‚Gefloch', von Schießen und Flechten zielen auf den Glauben an elbischen Ursprung des Uebels, während Schlag (gotesslac) höher hinauf weist.

140a. 8. Rechtsgebrauch.

Da die Priester zugleich Richter waren und die ungebotenen Gerichte mit den drei großen Jahresopfern zusammenfielen, so erklären sich die noch in unsern Weisthümern erscheinenden großen Gerichtsmale. Wie bei Weißagung und Zauber, ja selbst bei der Heilung alliterierte Langzeilen in Gebrauch waren, so werden auch die Gesetze in stabreimenden Liedern abgefaßt, deren Strophen Gesetze hießen, und die in Stäbe und Balken zerfielen. Der Eid ward gestabt, die Eidesformel vorsagen hieß den Eid staben, weil diese Formeln in Reimstäben abgefaßt waren. Das Recht ward von den Urtheilsweisern gefunden, wie die Sänger Gesetze fanden und Trouveres und Troubadours von Finden benannt sind. Der Rechtsprecher heißt Schöffe wie der Dichter agf. scóp hd. scuof von Schöpfen. Daher sind unsere Rechtsformeln höchst poetisch, unsere Weisthümer duften von Poesie. Unter den deutschen Rechtsquellen zeichnen sich die friesischen hierin aus, nächst ihnen die nordischen; schon ärmer sind die Sachsen= und Schwabenspiegel, die durch unsere Weisthümer bei Weitem übertroffen werden. Dort ist schon der Einfluß des Römischen Rechts zu verspüren, dem es gleichwohl auch in seinen ältesten Quellen weder an poetischem Sinne noch selbst an Alliteration gebricht. Im Ganzen ist der niederdeutsche Rechtsgebrauch darum poetischer, weil sich in ihm das Alte länger erhalten hat. Ueberall erinnert das deutsche Recht an die Göttersage. Verwandte sind S ch w e r t= m a g e n oder S p i n d e l m a g e n, das Erbe geht vom Schwert an die Kunkel: wir werden an den Schwertgott, Friggs Rocken, und die webenden und spinnenden Göttinnen gemahnt. Adoptivkinder werden Wunschkinder genannt, wie die Einherier Odins Wunschsöhne, die Walküren Wunschmädchen heißen. Adoption heißt K n i e s e ß u n g oder Schooßseßung: der Wunschvater seßt das Kind auf sein Knie, auf seinen Schooß, er bedeckt es mit seinem Kleide wie Odin den Hadding in seinen Mantel hüllte. Die Rockschöße heißen Geeren, wie die eingesetzten Gewandstücke im Hemde Geeren heißen von ihrer spießförmigen Gestalt. Darum heißt der Vormund G e r h a b e. RA. 466. So birgt sich Heinrich von Ofterdingen unter dem Mantel der Landgräfin, d. h. er begibt sich in ihren Schutz. Wunschkinder heißen auch Mantelkinder; die Mutter, welche die unehelichen Kinder ihres Mannes als ihre eigenen annimmt, wirft ihren Mantel über sie, und die Braut wird in den Mantel

ihres Bräutigams gehüllt. Aehnliches geschieht bei der Verlobung, bei
der Einsegnung der Ehe: Ute legt die Schuhe an, die ihr König Rother
bringt, wie Bundesbrüder auf die Kuhhaut treten, auf die Haut des zur
Heiligung des Bündnisses geschlachteten Opferthieres. Diese Haut heißt
Bursa, daher Börse die Genoßenschaft der Kaufleute, Burschenschaft der
Studenten. So gieng man auch unter den Schmuck der Erde und ließ
sein Blut in die Fußspur fließen, wie Schwörende noch spät Erde und
Rasen aufs Haupt legten. Der Verbannte heißt Wolf im Heiligthum,
er darf dem Heiligthum nicht mehr nahen, das er geschändet hat, wie
der Wolf flieht er in den Wald. Der Geächtete ist vogelfrei, den Vögeln
unter dem Himmel preisgegeben, unter Dach und Schutz der Menschen
wird er nicht mehr aufgenommen. Sein Leib soll allen Thieren erlaubt
sein, den Vögeln in den Lüften, den Fischen im Wasser, heißt es in der
Bannformel, deren poetische Kraft hochberühmt ist. Wir sahen das Urtheil
unter dem Bilde der Rose dargestellt, den Gebannten und Verfesteten in
den Bildern des Sachsenspiegels ein Schwert in den Mund gesteckt wie
dem Wolfe Fenrir, und wie der Seidenfaden, der die Rosengärten und
Gerichte hegte, sich in dem Bande Gleipnir wiederholte, mit dem der
Wolf gebunden war. Auch von dem Hammerwurf bei Bestimmung der
Grenzen und zur Heiligung des Eigenthums war schon die Rede; wir
sahen auch den Hammer zur Einsegnung des Scheiterhaufens und der Ehe
verwendet. Davon muste noch Frauenlob, als er die Jungfrau sagen ließ:
der smit von oberlande warf sinen hamr in mînen schôz. In der Edda
wird erzählt, wie der Niflungehort zu Stande kam: zur Mordbuße für
Hreidmars Sohn, den drei Asen auf ihrer Jagd in Ottergestalt erlegt hatten.
An die Stelle des Goldes tritt bei manchen Bußen Getreide, dessen goldene Körner auch sonst dem Golde verglichen werden. Zur Bestimmung
der Grenzen des Eigenthums wird oft auch das Gut umritten oder mit
dem Wagen, dem Pflug umfahren; ein Stück Land heißt darum ein Pflug
Landes, ein Morgen, d. h. soviel man an einem Morgen umpflügen kann.
Durch eine solche Krafterweisung sahen wir §. 104 Seeland entstehen und
zugleich den Mälarsee. So schenkte Chlodowig dem h. Remigius so viel
Land als er während des Königs Mittagsschlaf umreiten konnte, König
Waldemar dem h. Andreas soviel er auf einem Füllen umreiten mochte,
während der König im Bade saß, Kaiser Karl dem h. Arnold den Bur-
gelwald, Rheinf. 86, der h. Lusthilbis Lüstelberg, Rheinf. 143. Aehnliches
wird Wolf DS. 40 von St. Leonhards Eselsritt erzählt. W. Müller
NGG. 18 u. S. 330. Auch die Sage von der Teufelsmauer
klingt an, wonach der Teufel sich von Gott ein Stück Land schenken ließ
so groß als er in einer Nacht mit einem Graben umgeben könne, was
er in Gestalt eines Schweins (daher Schweinsgraben) zu vollbringen

begann bis ihn das Tageslicht überraschte. Dergleichen begegnet schon bei den Alten; es berührt sich aber mit den weisenden Thieren, die sich gleichfalls bei ihnen wiederfinden; nicht minder mit der Heiligkeit der Grenzen, deren Furchen Lufthilbis mit der Spindel statt mit dem Pfluge zieht. Auch das Bedecken der geschenkten Erbe mit Thierhäuten ist bedeutend: es ist wieder die Haut des geschlachteten Opferthieres und wenn Dido sich der List bedient, die Haut zu zerschneiden, und die Grenzen mit den Riemen zu umziehen, so ist die Erwerbung dennoch gültig; die Unverbrüchlichkeit des Vertrags liegt in dem Opfer: ohne diese Voraussetzung wäre die Erzählung unbegreiflich. Im Volksbuch von der Melusine dient eine Hirschhaut, die in Riemen zerlegt wird, zum Landerwerb, und die mythische Bedeutung des Hirsches ist uns schon bekannt. Auch die nordische Sage kennt davon ein Gleichniß: Ragnars Lodbrocks Sohn Iwar, der Sohn Aslaugs, die eine Tochter Sigurds und Brynhilds sein soll, zerschneidet eine Ochsenhaut bei der Gründung Londons. Ueber den Heerd laufende Grenzen deuten auf gemeinschaftliche Opfermale benachbarter Völker, vgl. J. Gr. Grenzalterth. und W. Müller NSS. 47.

Bei Bragis Becher sahen wir Gelübde abgelegt: diese Gelübde sind unverbrüchlich; darum wurden auch Verträge durch einen Weinkauf bestärkt; ja sie schienen nicht zu Stande gekommen, wenn der Weinkauf nicht getrunken war. Es war also eine Art Trankopfer nöthig um durch die Gunst der Götter den Vertrag zu heiligen.

Urtheile musten bei scheinender Sonne gefunden werden; das Gericht heißt Tagebing: darum ist auch Balbur agf. Bäldäg, der Gott des Tages, des Lichts zugleich Gott der Gerichte: seine Urtheile konnte Niemand schelten, d. h. es fand davon keine Berufung Statt. Von seinem Sohne Forseti sahen wir §. 93, daß er seine Urtheile schweigend schöpfte, wie auch Heilawag und Osterwaßer geschöpft werden soll.

Loki hatte seinen Hals gegen einen Zwerg verwettet, er werde nicht beßere Kleinode schmieden als sein Bruder geschmiedet hätte. Diese Wette verlor Loki; da half er sich mit der Einrede: du hast meinen Kopf aber nicht meinen Hals. In der deutschen Rechtssage begegnet Aehnliches, ich erinnere nur an den Kaufmann von Venedig, dem ein Pfund Fleisch aus dem lebendigen Leibe geschnitten werden sollte, wo aber Portia einredet: das Fleisch ist dein, aber vergieße kein Blut, sonst büßest du es mit dem Leben. Wenn aber der Zwerg eine Ahle nahm und dem Loki den Mund zunähte, so erinnert das daran, was Florus von der Teutoburger Schlacht erzählt und der Rache, welche die Deutschen an dem römischen Sachwalter nahmen: sie rißen ihm die Zunge heraus, die treulos zischende Zunge; dann nähten sie ihm den Mund zu: Zische nun, Schlange! Vgl. Grimm Von der Poesie im Recht, Ztschr. f. gesch. Rechtswißenschaft II, 25.

Umzüge und Feste.

141. Begründung.

Die Umzüge der Götter erscheinen zunächst nur als deren Handlungen; die Menschen verhalten sich aber dabei nicht unthätig: das gesamte Volk, nicht der Priester allein, nahm Theil daran, und auch dieß ist eine gottesdienstliche Handlung. Den Wagen der Nerthus schirrt der Priester und begleitet die Göttin; das Volk aber schmückt sich und Haus und Dorf, sie festlich zu empfangen und fröhliche Tage von Krieg und Arbeit zu rasten. In christlicher Zeit, wo solche Feste in Nachwirkung des Heidenthums fortdauerten, nahm dieser Antheil des Volks eher zu als ab: es muste nun auch die Rolle des Priesters übernehmen, vielleicht die einziehenden Götter sichtbar vorstellen. So bei den Umzügen mit dem heiligen Pflug, wo statt des Priesters zuletzt höchstens noch ein Spielmann auf dem Pfluge saß und pfiff, M. 242: wir wißen daß auch die Spielleute, wo sie als Boten auftreten, mit dem alten priesterlichen Heroldsamt zusammenhängen. Das Schiff der Isis hatten als Priester die Weber, in Zittau die Tuchmacher (Germ. V, 50) zu ziehen und mit allem Zeuge auszurüsten, wobei auch die alte Priesterschaft der Frauen sich wieder geltend machte. Doch auch hiebei blieb es nicht: die Göttin selbst und die übrigen Götter, in deren Geleite sie fuhr und welche der Bericht Rodulfs mit lateinischen Namen aufführt, stellte man wohl auf dem Schiffe sichtbar vor: ohne Zweifel sind die Vermummungen, die seitdem für den Carnaval charakteristisch blieben, daraus hervorgegangen. Aehnliche Aufzüge finden sich bei andern Festen, und wenn sich auch deren gottesdienstliche Bedeutung aus dem Bewustsein verlor, die Sitte hat sich bis auf diesen Tag erhalten. Den Zusammenhang des Volksschauspiels mit den heidnischen Vorstellungen und Gebräuchen, der bei den alten Völkern offen zu Tage liegt, konnten wir auch bei unsern Hausgeistern gewahren: hier tritt er fast noch stärker hervor. Schon der Einzug der Nerthus, wie ihn Tacitus beschreibt, war eine Schaustellung, als deren symbolischen Sinn wir die erwachte Natur, die im Frühling aus der Gefangenschaft der Riesen befreite Erdmutter kennen. Das Volk zog ihrem Wagen, wie bei dem spätern Sommerempfang, der davon übrig ist, festlich entgegen: zu feierlicher Begrüßung wird es dabei an Spiel und Gesang nicht gefehlt haben. Mit Müllenhoff (de poesi chorica p. 9) ist anzunehmen, daß es den heiligen Wagen in geordnetem Zuge in die Mitte genommen und zu sich heim geführt, der weiter ziehenden Göttin das Geleit gegeben

habe. Während ihres Verweilens wurden wohl Opfer dargebracht, wie
bei spätern ähnlichen Volksfesten die Metzger als Opferpriester hervor=
gehoben werden; sie vertreten den presbyter Jovi mactans. Dem im
Wagen umfahrenden Bilde des gothischen Gottes sollte geopfert werden
wie es in Schweden bei dem Umzuge Freys mit seiner jungen schönen
Priesterin für Fruchtbarkeit des Jahres geschah. Diese Priesterin hieß des
Gottes Gemahlin, und es versprach fruchtbare Zeit, wenn sie guter Hoff=
nung wurde. Keinen andern Sinn als den Sieg des Sommers hatten
auch die Umzüge mit dem Drachen, die zuweilen den Drachenkampf
wie S. 224 auch dramatisch vorführten, vgl. Liebrecht Gervasius S. 157
und Germ. V, 50; oder die mit dem gleichbedeutenden Riesen, der noch
zu Dünkirchen im französischen Flandern mit deutschen Liedern begrüßt
wird. Wenn solche Aufzüge was sich nur in Gedanken begab vor die
Augen führten, so lebten sie auch wie man sie mit leiblichen Augen ge=
sehen hatte wieder in der Einbildung nach, z. B. wenn in der Steier=
mark nach Germ. a. a. O. im wüthenden Heer ein Schiff gesehen wird,
scharf wie ein Pflug und von Mädchen gezogen, wo Schiff und Pflug
zusammenfallen wie sie sich sonst vertreten.

Den Umzügen mit den Drachen oder dem Riesen, welche den
überwundenen Winter bedeuten, schließt sich der mit dem Bären an,
nur daß dieser als Thörs geheiligtes Thier den siegenden Sommer ver=
anschaulichen soll. Vgl. S. 245 und Uhland Germ. VI, 314. ,Seines
winterlichen Pelzes ungeachtet ist der Winter ein Bote des Sommers.'
Den Winter verschläft der Bär in seiner Schluft; wenn er sich hervorwagt,
ist der Frühling gekommen. Dieser Umzug mit dem Bären ist auch in
die Heldensage gedrungen und Wildebär, einer von Dietrichs Helden
erscheint als Bär verkleidet vor König Rother, den er, von dessen Hun=
den gehetzt, mit zweien seiner Riesen erschlägt, während in dem nieder=
ländischen Gedichte, von dem Serrüre Bruchstücke bekannt gemacht hat,
König Rother noch aus dem Spiele bleibt; doch ist die Anknüpfung an
Karl den Gr. nicht beßer. Das Wesentliche bleibt immer der Fall der
Riesen, der winterlichen Mächte. Vgl. Mein Amelungenlied II, 176 und
Beowulf 182. Solche Umzüge wuste das Christenthum durch seine Grenz=
begänge und Gottestrachten zu ersetzen; auch hievon erhoffte man frucht=
bares Jahr und günstige Witterung; statt der Opfer wurden Allmosen ge=
spendet. Aber die alten heidnischen Volksgebräuche waren so leicht nicht
auszurotten. Nach dem indic. c. 28 fuhr man fort, Götzenbilder (simulacra) durch Felder und Dörfer zu tragen. Das Heidenthum ganz zu
verdrängen, bildete man seine Gebräuche christlich um, oder nahm was
daran unschädlich war herüber. So geschah zu Halberstadt das Umführen
des Bären in öffentlicher Prozession durch den Domprobsten, dem ein

Knabe das Schwert in der Scheide unterm Arm nachtrug, Myth. 743, wozu
Grimm bemerkt, daß das Umführen des Bären und Verabreichen des
Bärenbrotes im Mittelalter eine verbreitete Sitte war, die auch in Mainz
und Straßburg galt. An das Märe von dem Schretel und Waßerbären
darf hiebei nur erinnert werden, weil der ihm entsprechende Kampf Beo=
wulfs, deßen Name den Bären bedeutet, gleichfalls in den Frühling fällt.
Wenn der Bär Wetrlibi (Winterwanderer) heißt, so bezieht sich dieß auf
den Eis= oder Seebären, der von Seethieren lebend des Winterschlafs nicht
bedarf. Uhland a. a. O. 116. In jenem Märe ist der Bär mithin
als Waßerbär unrichtig bezeichnet.

Aus dem Bedürfniß, die heidnischen Gebräuche christlich umzubilden
erklärt sich auch der Wagen der Gertrud S. 358 und das Götzenbild, das
nach Müllenhoff 136. 597 christlich umgetauft auf Helgoland in der Pro=
zeſſion umgeführt wurde. Die triumphierende Kirche durfte sogar den
alten Göttern des Landes als Besiegten und Gefangenen in ihren Ova=
tionen eine Stelle einräumen: so tanzte der altkölnischen Gottestracht das
‚Gedenberntgen‘ voraus, das ich Rheinl. 347 seiner Rüstung wegen auf
Gôdan gedeutet habe; erst die neueste Zeit hat es in den Carnaval ver=
wiesen. Vgl. Alster niederrh. Wörterbuch s. v. Geck. Nach dem mir
vorliegenden Holzschnitt schwingt er das Horn (Heimballs und Odins), auf
dem Helm trägt er das Schmiedezeichen: Hammer, Zange und Schlange,
vgl. Ztschr. II, 248. Wenn er der Prozeſſion voraustanzte und darum
nun Gecken= genannt wurde, so erinnert das an die Salier, an die vor= und
zurückspringende Epternacher Prozeſſion; auf den der Bundeslade vortanzen=
den David bezog sich der Holzschnitt selber, indem er diesen Tanz in der an
das Horn befestigten Fahne darstellte. Es ist nicht unerhört, daß dgl. Hei=
denthümer in christliche Prozeſſionen aufgenommen wurden. Wie man die
heidnischen Götter außen an den Kirchen einmauerte, weil so der Sieg des
Christenthums veranschaulicht ward, so konnte auch die ecclesia triumphans
die besiegten Götter wie gefangene Könige vor ihren Siegeswagen span=
nen. Neben Berntgen in der Gottestracht erschienen auch die hilligen
Juffern, welche ich für die Walküren halte. Wegen Hammer und
Zange braucht man nicht an Thôr zu denken: sie gehören zu dem
Schmiedegeräthe der Götter. Die Schlange weist vielmehr auf Odin.

Neben diesen äußerlich dargestellten Umzügen der Götter mochten an=
dere bloß in der Phantasie, im Glauben des Volks, vor sich gehen. Dahin
laßen sich jene §. 71 besprochenen Lufterscheinungen zählen, bei welchen
nicht selten noch die alten Götterwagen gesehen wurden, wie jener
Hugo Capets, §. 71, oder der Berchtas, und der Schubkarren der
Buschgroßmutter, S. 423, deßen Späne sich in Gold wandeln. Ein an=
deres Beispiel ist der clevische Derk mit dem Beer, vor dem man das

Ackergeräth unter Dach und Fach ſchaffen muſte wie ſonſt vor Stempe
oder Trempe, S. 378, oder wie vor den Hexen das Backofengeräthe in
Sicherheit gebracht wurde, damit ſie nicht darauf zum Blocksberg ritten,
Kuhn NS. 376. Doch fehlt es nicht an Spuren, daß die Volksluſt es
ſich nicht nehmen läßt, dieſe nur im Glauben umziehenden Götter, gleichfalls
mit den ihnen geheiligten Thieren in Vermummungen nachzubilden. Oder
hängt die ‚Poſterlijagd‘ (M. 886), wobei die Poſterligeiß in beſon-
dern Schlitten ſtatt in Schiffen mitgeführt wurde, Rochh. Gl. II, 37, das
Perchtellaufen in den ‚Rauchnächten‘ (Schmeller II, 12), die auch ‚Klöpf-
linnächte‘, S. 527 ‚Rumpelnächte‘ heißen (Schm. III, 91) und das elſäſſi-
ſche ‚Bechten‘ (S. 380), wobei es ebenſo lärmend hergieng, noch unmittelbar mit den prieſterlichen Umzügen‘ zuſammen? Nicht unwahrſcheinlich
wuſte ſchon das Heidenthum den Zug der wilden Jagd durch lärmendes
Getöſe nachzubilden; daß man die chriſtlichen Wächter damit erſchrecken
wollte, um unterdes den alten Opfern ungeſtört nachzuhängen, braucht
man nicht mit Goethes Walpurgisnacht anzunehmen. Nach Rochholz
Mythen 43 heißt die Poſterlijagd wilde Jagd, der wilde Jäger im Jura
führt den Namen Bergpoſter; es iſt aber nicht die wilde Jagd als Na-
turerſcheinung, ſondern deren Nachahmung durch die ausgelaßene, Gaben
als Beiträge zur Feſtfeier ſammelnde Jugend gemeint. Sie iſt nicht
auf das Entlibuch beſchränkt geweſen: man kannte ſie auch in Luzern und
Baſel, wo ſie des Unfugs wegen abgeſchafft iſt, während ſie in Rhein-
felden und Zurzach noch Spuren hinterlaßen hat. Dabei wird an
Thüren und Fenſtern geklopft oder mit Erbſen geworfen, was den Zuſammenhang mit den unter §. 143 beſprochenen Gebräuchen darlegt.

142. Stehende Figuren.

Den Umzügen der Götter entſprechen Feſte der Menſchen, die aber oft
nur in Darſtellungen jener beſtehen, wenn wir davon abſehen, daß dabei
von Arbeit gefeiert, Speiſe und Trank reichlicher genoßen wird, was ſchon
mit den alten Opfermalen zuſammenhängt. Wie aber dabei gewiſſe
Speiſen wiederkehren (§. 143), ſo giebt es auch ſtehende Figuren des alten
Volksſchauſpiels, die nicht bloß bei dieſem oder jenem Feſte hervortreten,
ſondern faſt bei allen Aufzügen erſcheinen, wenn ſie gleich urſprünglich
wohl dem Frühlingsfeſte gehörten. Einem Burſchen wird ein Sieb an langer
Stange vor die Bruſt gebunden, an der ein Pferdekopf befeſtigt iſt; das
Ganze iſt mit weißen Tüchern verhängt. Anders verfährt man dagegen in
Siebenbürgen. Ein alter Backtrog wird umgekehrt und durch zwei Knaben,
die ihn tragen, mit Füßen verſehen, ein Pferdekopf davor gebunden und das
Ganze weiß überzogen. Darauf ſetzt ſich der Schimmelreiter, der bald
als Chriſtmann bald als Neujahrsmann gedacht wird. So zeigt ſich der

Schimmelreiter (Kuhn Ztschr. V, 472) sowohl zu Weihnachten, Faßnacht und Pfingsten, als unter dem Namen des ‚Herbstpferdes‘ in den Martins=gebräuchen, ja er wird bei häuslichen Festen, namentlich Hochzeiten, vorge=stellt. Neben ihm erscheint zuweilen ‚Ruprecht‘; anderwärts heißt so der Rei=ter selbst, was richtiger sein wird, da Ruprecht (Hruodperaht) Wôdan ist. Nur wo er Knecht Ruprecht heißt, ähnelt er mehr einem Hausgeist; doch sahen wir schon §. 127 den Gott sich mit den Zwergen berühren. Eine an=dere stehende Figur ist der ‚Klapperbock‘, welchen Kuhn, Germ. VII, 433, auf Donar bezieht; doch kann diesen auch der sächsische ‚Haferbräutigam‘ mei=nen, ein in Haferstroh gekleideter Bursche, so wie der ‚Bär‘, den ein in Erbsenstroh gehüllter Knecht spielt. Ein Dritter, der eine große Ruthe trägt und einen Aschensack, in welchen er die Kinder steckt, die noch nicht beten können oder unartig sind, heißt am Niederrhein, wo er neben St. Niclas auftritt, ‚Hans Muff‘, vermuthlich weil er die Kinder in den Er=mel oder Handschuh stecken sollte, die beide ‚Muff‘ heißen. Im Elsaß entspricht ‚Hans Trapp‘; doch erscheint dieser in Begleitung des Christ=kindes, Stöber ES. 348; den Namen hat er von seinem stampfenden Auftreten. Beides verräth den Riesen, denn aus Beowulf 2109—2116 (Ettmüller S. 150) sehen wir, daß ihn Grendel auf gut riesenmäßig in den Handschuh zu stecken drohte, wie es wirklich Skrymir zu Thôrs Be=schämung dahin brachte, daß er im Däumling übernachtete, oben §. 83. Dieser dritte bedeutet den bezwungenen Winterriesen; sonst könnten diese häufig zusammen auftretenden Gestalten eine Trilogie umziehender Götter meinen, zumal sie anderwärts durch ‚drei Feien‘ ersetzt werden. Den Schimmelreiter begleitet nicht selten der Schmied (Boldermann S. 190), der den Pferden nach den Hufen sehen muß. Nicht so allgemein verbreitet ist die Darstellung Berchtas oder Berchtolds; doch wird die kärnthische Perchtl, der kärntisch=steirische Barthel (Weinhold Weihnachtsp. 9) auf sie zu deuten sein. Berchta heißt auch wohl die Pudelmutter, in Untersteier eiserne Berchta. Im Salzburgischen ist ihre Erscheinung schön, sie trägt ein blaues Kleid mit einem Schellenkranze, tanzt und singt. Die ober=kärnthische Perchtl ist eher häßlich und furchtbar, sie springt mit wilden Gebärden umher, verfolgt die Leute und verlangt Kinder oder Speck, also jedenfalls ein Opfer. Der Schellenkranz erinnert an den thüringischen Schellenmoriz. Auf den Dienst des Frô deutende Spuren sind weniger sicher; doch läßt sich der in der Mittelmark wie zu Paris um Faßnacht umgeführte Ochse als sein Opfer verstehen; der thüringische Pfingstochse zielt eher auf Wôdan.

Sowohl in Berchtold als in Ruprecht ist Wuotan verborgen; darum begleitet ihn Berchta oder wo sich Christliches und Heidnisches noch naiver mischt, die Jungfrau Maria; in England steht die **Maid Marian** neben

Robin Hood. Auch unsere Heiligen, wie St. Nicolaus, der h. Joseph, die doch der Kalender an gewisse Tage bindet, wurden für vielfache Herab=
setzungen ihres Wesens durch Erweiterung ihrer zeitlichen Erscheinung entschädigt: St. Nicolaus, der Wodan als Nikubr, vielleicht auch den Njördr (Nirdu) ersetzen sollte, ward zum Knecht Nicolas, zum Aschen= und Butterclas; doch erschien er nun auch zu Weihnachten und sogar als berittener Heiliger wie sonst nur Martin oder St. Georg auf den Schimmel durften, Kuhn NS. 402. Birl. I, 236. Welcher Gott oder Heiliger in dem österreichischen Krampus, dem schweizerischen vom Fett benannten Schmutzli, bairischen Klaubauf, M. 482. 3, steckt, wißen wir nicht; der schwäbische Pelzmärte ist wohl der mit St. Martins Namen bekleidete Wuotan. Nach der Aufklärung, die wir durch Alpenb. M. und S. 60 empfangen, wäre Klaubauf der nächste Verwandte des Ruprecht und unseres Hans Muff. In dem holsteinischen ‚Pferdesteffen‘ will Wolf Beitr. 125 den Frö erkennen, auf den er auch S. 124 die niederländi=
schen ‚St. Nicolaasvarkens‘ bezieht. Allerdings hat St. Nicolaus so we=
nig mit Schweinen als St. Stephan mit Pferden zu schaffen; dem Frö waren beide heilig. Vgl. §. 144. So erscheint in Siebenbürgen neben dem Schimmel und der s. g. Steingeiß auch die Adventsau, auch Adventkräm oder Christschwein genannt, wo der Bezug auf Frö noch wahrscheinlicher ist.

143. Gemeinsame Gebräuche.

1. Die eigenthümlich deutsche Fastenspeise, deren wir mehrfach ge=
dachten, am Ausführlichsten §. 117, beschränkt sich weder auf den Berch=
tentag noch überhaupt auf die altheilige Zeit der ersten Zwölften, obgleich sie da am Häufigsten vorkommt. In der Mark muß man zu Neujahr Hirse oder Heringe eßen, im Wittenbergischen Heringssalat, so hat man das ganze Jahr über Geld. Dasselbe verheißt man in Schwaben dem, der zu Neujahr gelbe Rüben ißt. Andere eßen auch neunerlei Gerichte, wobei aber Mohnstriezeln sein müßen; in der Uckermark backt man ‚Pelz‘, eine Art großer Pfannkuchen, Kuhn NS. 406. 408; im Vogtland heißt der Mehlbrei Polse. In der Steiermark und in der Lausitz ißt man Karpfen mit Mohnklößen, in Schlesien geräuchertes Schweinefleisch und Backobst, das s. g. schlesische Himmelreich. In Oberkärnthen werden von den Nudeln auch der Perchtl auf den Tisch gestellt, damit sie davon abbeiße und koste: thut sie das, so verspricht man sich ein gutes Jahr; anderwärts z. B. in Schlesien, deckt man den Engeln den Tisch. In Schwaben heißen die Zwölften oder die ihnen vorausgehenden drei Adventsdonnerstage (Meier 457) ‚Klöpflinsnächte‘ wegen der Krapfen und Kröppel, die da gebacken wurden, oder weil die jungen Bursche an Thüren und Fenster=

läben zu klopfen und jene Krapfen („Klopfet') zu heischen pflegten. In
Baiern und Oesterreich wurden die Mädchen am Unschuldigen=Kindertag
von den Burschen ‚gefizt oder gepfeffert', b. h. mit Wachholderruthen ge-
schlagen, wofür sie Pfefferkuchen oder sonst eine Gabe zu entrichten hatten.
Dieselbe Speise begegnet aber auch zu Faßnacht: ‚Wer zu Faßnacht keine
Kreppel backt, kann das ganze Jahr über nicht froh sein.' Wolf Beitr. 228.
‚Knubeln und Slackermann', b. h. Klöße und Fische, sind Faßnachtsspeise,
Woeste 23. Dabei begegnet auch jene Sitte des ‚Fitzens' wieder; nach
Lyncker 237 wächst davon der Flachs hoch. In der Altmark jagt man
einander mit Ruthen aus dem Bette und der ‚Gestiepte' muß den ‚Stieper'
tractieren, Kuhn NS. 369. Der Zusammenhang mit dem Pfingstlümmel
§. 145 fällt von selber auf. In Neumark ist es Faßnachtsgebrauch,
daß die Mägde am Morgen von den Knechten ‚gestäupt' werden. Hier
wird keiner Gabe noch der sonst zu Faßnacht gebräuchlichen Kost gedacht, vielmehr waschen die Knechte am Abend den Mägden die Füße mit
Branntwein, wie es in der Altmark den Frauen geschieht, K. 370. Kaum
kann man sich enthalten, dabei an Odin zu denken, welcher nach §. 90
die Rinda erst mit dem Zauberstab berührt und ihr dann als Wecha die
Füße wäscht. In der Uckermark kommt das Stiepen der Mägde erst am
Ostersonntag vor: dafür müßen sie den Knechten am Montag Fische und
Kartoffeln geben, K. 370. In der Gegend von Werl und im Waldeck-
schen beißen die Knechte den Mägden und die Mägde den Knechten in die
Zehen; dafür tractieren sie sich gegenseitig; daneben findet auch ein bloßes
Abwischen der Schuhe Statt. In der Grafschaft Mark werden die Manns-
leute am Faßnachtsmontag in die Zehen gebißen, am Dienstag die Frau-
leute: die Gebißenen bewirthen dafür mit warmem Weißbrot und geistigem
Getränk. In Iserlohn bleibt es beim Ausziehen der Schuhe oder Stiefel,
die dann ausgelöst werden müßen. In England rauben die Jungen am
Ostersonntag den Mädchen die Schuhe; am Ostermontag kehrt es sich um.
Kuhn WS. II, 128. Der Zusammenhang der Gebräuche ist offenbar, der
heidnische Ursprung hier noch nicht deutlich. Die ‚Wêpelrôt' §. 144 wird
wieder zu Neujahr ins Haus geworfen, und auch hier ist Bewirthung beabsichtigt, Kuhn NS. 407. Seltsam bliebe die Verbindung der Bewirthung
mit dem Schlagen, wenn dieß nicht eine tiefere Bedeutung gehabt hätte.
Darauf weist des ‚Süntevügeljagen' in Westfalen und der Grafschaft Mark,
wo auf St. Peterstag mit dem Kreuzhammer an die Hauspfosten geklopft
wird, die Hucken und Schlangen und Fehmollen (bunte Molche), überhaupt
alles Ungeziefer zu vertreiben, Woeste 24. Kuhn WS. II, 119. Auf St.
Peterstag fällt der Schluß des Winters, was den Zusammenhang mit
der Sitte des Winteraustreibens (§. 145) verräth. Dabei werden Gaben
gesammelt, die wohl ursprünglich in Backwerk bestanden, das in Süd-

deutschland schon durch seinen Namen mit dem Klopfen zusammenhängt. Man klopft an um eine Schüßel Klöpfli oder Knöpfli davon zu tragen. Vgl. den Schluß von §. 142. Doch wird auch wohl ein beßerer Zweck behauptet. Zur Zeit der Pest habe man an Thüren und Fenster der Nachbarn geklopft, um sich zu überzeugen, daß sie noch am Leben seien. Klopfan hießen im sechszehnten Jahrhundert von Hans Folz, Rosenplüt u. A. gedichtete Neujahrswünsche, die gewöhnlich der Geliebten galten. Die an die Fensterscheibe geworfene Erbse, die bekanntlich dem Donnergott gewidmet war, sollte die Winterstürme verjagen und die befruchtenden Gewitter herbeiziehen.

Daß auch zu Pfingsten jene Mehlspeise vorkommt, sehen wir aus dem Liede, das zu Augsburg die den sog. Waßervogel begleitenden Knaben sangen:

> A Schüßel voll Knöpfli ist no nit gnua,
> A Schüßel von Kuchla ghort o darzua.

So muste der Maigreve bei der Bewirthung der Holzerben ihnen nothwendig Krebse vorsetzen, welche hier in dem ersten Monat ohne r an die Stelle der Fische (Heringe) traten.

Tiefer im Jahr verschwindet zwar diese Fastenspeise, aber das Erntefest hat wieder seine Mohnstriezeln und Stollen (K. 398. 399) wie der Martinstag sein Martinshorn (Sommer 161. K. 401) und in den Martinsliedern 33. 40. 43 werden von den Kindern Kuchen und gebackene Fische eingesammelt. In Tyrol buk man zu Allerheiligen Krapfen mit Honig-, Mohn- und Castanienfüllung, Ztschr. f. M. I, 388. Ueberall liegen alte Opfermale zu Grunde, und wenn das Martinshorn auf Woban deutet, so weist vielleicht die Pferdegestalt der ostfriesischen nüjårskaukjes, der Köpeniker Pêrekens (Kuhn 405) auf Frô, während Wolf B. 78. 9 die donnerkeilförmigen Kröppel auf Donar bezieht, bei dem wir jene Fastenspeise schon S. 263 gefunden haben.

2. Die Klöpflinsnächte bei Panzer II, 116 fallen mit jenen Rauchund Rumpelnächten S. 523 zusammen und die Posterlijagd gleicht sehr unserm niederrh. ‚Thierjagen‘, das aber an keine Jahreszeit mehr gebunden ist, da es nur noch zu einer Art Volksjustiz dient, die gelegentlich geübt wird, wie früherhin wohl zu bestimmter Zeit. Es entspricht genau dem Bairischen Haberfeldtreiben, und hängt also mit dem Chariwari und den Katzenmusiken zusammen. Bei allen dreien pflegen Thierstimmen nachgeahmt zu werden. Vgl. Phillips über den Ursprung der Katzenmusiken Freiburg 1849. Aus dem 6. oder 7. Jahrh. stammt das in unsern Bußordnungen immer wiederholte Verbot cervulum seu vitulum facere, wobei bezeugt wird, daß man sich in Thierfelle hüllte und Thierhäupter aufsetzte: in ferarum habitus se commutant et vestiuntur

pedibus pecudum et assumunt capita bestiarum. Phillips 39. Statt
vitulum wird auch vetulam gelesen; aber ersterer Lesart steht das Wort
chalvaricum zur Seite, das in den Statuten der Kirche von Avignon vom
J. 1337 neben Charivari für den Tumult gebraucht wird, den man bei
Eingehung namentlich zweiter Ehen zu vollführen pflegte, Phillips 5. Eine
Verordnung des Bischofs Hugo von Berry vom J. 1338 nennt denselben
Tumult Charawall, woraus später Crawall entstand. Die Theilnehmer
an dem Tumult erschienen vermummt und zwar in Thiergestalten als Hirsche
cervuli, oder Kälber vituli, und wie man aus dem Worte Haberfeld
(statt Haberfell) schließen darf, da Haber caper ist, als Böcke, vgl. ca-
pramaritum Phil. 7; ja der Name der Katzenmusiken erlaubt hinzuzufü-
gen, als Katzen. Sie ahmten zugleich die Stimmen dieser Thiere nach,
wie theils aus dem heutigen Gebrauch, theils aus dem Worte tumultuosis
vociferationibus, endlich aus den Worten Chalvaricum, das auf Käl-
berstimmen zu deuten scheint, geschloßen werden kann: das Haberfelltreiben stimmt aber darin mit unserm Thierjagen, daß es sich nicht wie der
Polterabendlärm auf die Eingehung der Ehe, namentlich nicht wie
das Chalvaricum und Charivari auf die zweite Ehe bezieht, sondern jede
zur öffentlichen Kunde gekommene Unsittlichkeit im Umgang mit dem andern
Geschlechte rügt. Wie beim Chalvaricum ein Anführer der Jugend,
Abbas iuvenum, Abbas laetitiae erwähnt wird, mit dem man sich ab-
zufinden hatte, so erscheint beim Haberfeldtreiben ein Haberfeldmeister.
Hier werden die Gesichter geschwärzt, wie man beim Charivari falsis
visagiis gieng, Phil. 8. Dort erhoben die Vermummten dabei einen
gewaltigen Lärm, ein gellendes Geschrei, Pfeifen und Zischen, wobei man
auf Schüßel, Teller, Glocken und Keßel schlug; dieselbe Instrumentalbeglei-
tung findet sich in Baiern wieder, nach Montanus II, 1 aber auch bei unserm Thierjagen; als dabei übliche Tonwerkzeuge nennt er: Peitschen,
Keßel, Trommeln, Maihörner und Karrenräder: in letztern deckte der mit
dieser Kunst vertraute Bauernjunge mit Mund und Wange die Oeffnung
der Nabe und brüllte dann mit so gewaltigem Stoße hinein, daß der rauhe
Schall in der Mitternachtstille meilenfern gehört ward. Montanus bezeugt
aber auch die Vermummung in Thiergestalten; auf seine Etymologieen (er
zieht Tyr herbei) ist bekanntlich nichts zu geben. Thierjagen heißt der
Gebrauch, weil er unter Thierlarven gegen das Hervortreten des Thierischen
im Menschen gerichtet war; daher trat auch schon in dem Chalvaricum
nach Phil. 9 das Obscöne hervor. In England war die Katzenmusik
(rough music) auch gebräuchlich, wenn zwei Eheleute in Unfrieden lebten,
oder ein alter Mann ein junges Mädchen heirathete. Bekanntlich hat
Shakespeare am Schluß der Lustigen Weiber von Windsor ein Thierjagen
auf die Bühne gebracht. Nach den Worten:

Pfui der fündgen Phantasei,
Pfui der Lust und Buhlerei!
Wollust ist ein Feur im Blut
Ausgeheckt im üppgen Muth;
Dann geschürt zu wilder Wuth
Hoch und höher zuckt die Glut.
Zwickt ihn, Elben, nach der Reih,
Zwickt ihn für die Büberei:
Zwickt ihn und brennt ihn und laßt ihn sich drehn
Bis Kerzen- und Sternlicht und Mondschein vergehn

ist die Absicht dieselbe wie beim Haberfelltreiben; und was auf hohes Alter=
thum des dargestellten Gebrauchs deutet, das Hirschgeweih fehlt nicht, und
wenn es hier der Verführer trägt, nicht der beleibigte Gatte, so ist das eine
sehr glückliche Schalkheit: es geschieht ihm zum Spotte dafür, daß er Jenem
die zugedachten Hörner nicht hat aufsetzen können, obgleich Fürth nahe
daran war, sich ins Bockshorn jagen zu laßen. Ins Haberfell treiben
und ins Bockshorn jagen muß den gleichen Sinn haben: Falstaff, gegen
den in diesem Lustspiel ein Haberfelltreiben veranstaltet ist, sehen wir
zugleich ins Bockshorn gejagt, wenn es gleich nur das Horn eines Hirsch=
bocks ist, das sein Haupt bedeckt. Beim Haberfelltreiben ward nach
Bawaria I, 38. 83 der Verführer der gemordeten Unschuld gezwungen
selber mitzumachen, mitzutreiben: gerade dieß geschieht auch bei Shake=
speare. Falstaff, dessen Unsittlichkeit zu rügen die ganze Mummerei Statt
findet, spielt selbst eine Rolle, ja eigentlich als Jäger Herne, wenn auch
zuletzt mehr passiv, die Hauptrolle dabei. Ihm, nicht dem Fürth, dem
er es zugedacht hatte, werden die Hörner aufgesetzt; die Frage, ob
dieser Ausdruck sich gleichfalls aus unserer Volkssitte erklärt, muß aber
einstweilen noch unentschieden bleiben, obgleich sie uns schon eine andere,
die vom Bockshorn jagen, erläutert hat. Das vielbesprochene „Chari=
vari" scheint uns Philipps S. 91 richtig erklärt zu haben, indem er das
spanische cara, ital. ciera, französ. chère für Gesicht herbeizog, vari
aber aus varius deutete, wonach denn auf die geschwärzten Gesichter und
die falsa visagia der kirchlichen Verbote hingezielt würde. Aus chari=
vari scheint dann Charavall, unser Krawall entstellt. Das Weitere f.
in Meinen Anmerkungen zu Shakespeares Lustigen Weibern, Hildburgh.
1869 S. 119. Wir lernen aber hier noch mehr: die Vermummten bil=
den zugleich die wilde Jagd nach und dem Falstaff selbst ist die Rolle des
wilden Jägers zugetheilt, der hier als Förster Herne, §. 73 oben, mit
großen Hörnern erscheint. Dieser Zusammenhang ist ohne Zweifel alt
und echt: es war der Umzug des wilden Heers, den man nachbildete:
der alte Gott sollte die Strafe des gekränkten Eherechts, der Lust und
Buhlerei zu verhängen scheinen. Darum geben sich die Haberfelltreiber

für Gesandte Kaiser Karls aus, der im Unberberg schlafe. Die Thierfelle
rühren aber von geschlachteten Opferthieren her, die in den Zwölften denselben Göttern dargebracht wurden, die unter diesen Thierlarven erscheinen.
Denn auf die Kalendae Januariae finden wir das alte Verbot, in cervulo
und vitulo zu gehen, zuerst bezogen. Aber auch dieser Gebrauch löste sich
von diesem Hauptfeste ab und blieb an keine feste Zeit gebunden: das
Volk konnte seine Lynchjustiz, deren Namen gewiß auch mit jenen Thierlarven zusammenhängt, üben sobald ihm die Sitte verletzt schien. Eine
ähnliche Volksjustiz ward geübt, wenn die Frau den Mann geschlagen hatte.
Man deckte dem Hause des Ehepaares das Dach ab, Lyncker 231, oder
ließ die Frau auf einem Esel durch die Stadt reiten, Rheinland 101.

        3. Deutlich auf den Umzug weiblicher Gottheiten bezüglich ist die
von Montanus (Volksf. 24) bezeugte Meinung abergläubischer Leute, daß
die Katzen zu Faßnacht Spuren von Anschirrungen zeigten. Sommer 180
hat zuerst auf die Ypernsche Sitte aufmerksam gemacht, an einem Fasten-
mittwoch Katzen vom Thurme zu stürzen. Nach Wolf Beitr. 187 geschah
es zu Christi= (29. Mai) oder zu Marien=Himmelfahrt (15. Aug.). Nach
Woeste Ztschr. f. M. II, 93 hießen die Attendorner Kattenfillers,
weil sie sich einst das grausame Vergnügen gemacht, eine Katze mit Rinder-
blasen vom Thurme zu werfen. Da sei das arme Thier tagelang klagend
durch die Luft gefahren. Kuhn WS. 162. Rochh. Sagen 289. Lütolf
347. 561. Nach Sommer 179 stürzte man in ehemals wendischen Gegenden einen mit Bändern geschmückten Bock mit vergoldeten Hörnern
vom Kirchthurm oder vom Rathhause: sein Blut galt für heilkräftig in
vielen Krankheiten. Nach dem Bisherigen könnte man an eine sinnliche
Darstellung des Katzengespanns der Freyja, des Bocksgespanns Thörs
denken, wozu die in jene Jahreszeiten gedachten Götterumzüge Veran-
lassung geboten hätten. Doch wird von Ypern berichtet, die Katzen seien
zum Zeichen, daß man der alten Abgötterei entsagt (?) habe, vom Thurme
geworfen worden. Ein Tempel der Diana (Frouwa) ist daselbst nachgewiesen. So kann die allgemein verbreitete Sitte, die dem Donar geheiligten Eichhörnchen zu jagen (Kuhn 374, Wolf Beitr. 78), was in
Deutschland um Ostern, in England um Weihnachten zu geschehen
pflegte, als ein Opfer gedeutet werden, aber auch als christlicher Haß gegen die Lieblinge des Heidengottes. Letzteres ist jedoch weniger wahrscheinlich, und so darf man wohl auch das Herumtragen des dem Donar
heiligen Fuchses bei der Sommerverkündigung hinzunehmen. Nach Kuhn
Germ. VIII, 433 verfolgt man auf der Insel Man am Weihnachtstage
die Zaunkönige: die Federn, die sie auf der Flucht verlieren, bewahrt man
sorgfältig, weil sie im folgenden Jahre gegen Schiffbruch das wirksamste
Mittel sind.

Diese Gebräuche, deren Verwandtschaft zu Tage liegt, beziehen sich weder auf dieselben Götter, noch auf die gleichen Zeiten des Jahrs. Doch kennen wir Freyja als eine Göttin der schönen Jahreszeit und Thôr als einen sommerlichen Gott, und die Rückkehr des Frühlings ist das Thema aller dieser Volksgebräuche. Der Wechsel zwischen Weihnachten und dem vorgerückten Frühjahr wird uns auch §. 145 wieder begegnen und dort seine Erklärung finden.

4. Kein ganz festes Datum hat auch das Vorrecht der Frauen, an einem gewissen Tage einen Baum im Gemeindewalde zu hauen und das dafür gelöste Geld gemeinschaftlich zu vertrinken. In der ganzen Eifel geschah das zu Weiberfassnacht (Donnerstag vor Fassnacht); bekanntlich haben an diesem Tage die Frauen das Regiment. In Weilheim bei Tübingen hatte der ,Weibertrunk', der von dem verkauften Baume bestritten ward, alle Jahre im Frühling um die Zeit Statt, wo man die Eichen fällt und abhaut, Meier 379. In Dornhan in Schwaben durfte jede Frau am Aschermittwoch einen Schoppen Wein trinken, den die Gemeinde bezahlen muste. Es hieß, an diesem Tage seien die Weiber Meister. Denselben Sinn hatte wohl auch der Spruch von Maria Sif gehabt. ,Das kommt aber daher: In uralten Zeiten soll einmal eine Gräfin durch Dornhan gefahren sein, und weil sich da die Weiber an ihren Wagen spannten und ihn zogen, so hat sie zu Gunsten der Weiber diese Anordnung getroffen und der Gemeinde die Verpflichtung auferlegt', Meier 377. Der Wagen läßt sich auf den der Nerthus, das Schiff der Isis oder ihren Pflug deuten, obgleich diesem nur Jungfrauen vorgespannt wurden. Im Uebrigen vergleicht sich die S. 362 besprochene Sage bei Sommer 149, wo eine Königin Elisabeth oder eine Gräfin von Mansfeld ein ähnliches Fest auf Himmelfahrtstag gestiftet haben sollte. Nach Memminger (Wolf Beitr. 190, Meier 424) war es eine Gräfin Anna von Helfenstein, welche es anordnete, daß in Blaubeuren jährlich am Johannistage ein Eimer Wein unter die Jugend vertheilt wurde. Unter diesen Gräfinnen und Königinnen sind Frühlingsgöttinnen zu verstehen, deren Minne getrunken werden sollte, oder von deren Umzügen jene Feste herrühren. Vgl. Birlinger II, 102. Noch andere Tage anerkannter Frauenherschaft verzeichnet Rochh. Gl. II, 293. So erzählt im Eichsfeld (Heiligenstädter Programm von 1864) von dem Fröuwechen von England, die ihren erschlagenen Gemahl suchen gieng. Waldmann deutete sie richtig auf Freyja. Vermächtnisse kennt man nicht von ihr; aber sie soll den Strom bei Biberstadt, dessen Bette noch zu sehen ist, unter die Erde gezogen haben, was ihren Beinamen ,von England' auf die Unterwelt zu deuten begünstigt.

Lyncker weiß 174, 224 von jährlichen Spenden, die eine Landgräfin

und ein Fräulein von Boyneburg verordnet haben soll, vgl. Gr. DS. 10.
Ein Vermächtniß einer andern Landgräfin f. W. Müller NSS. 6, 3.
Eine thüringische Fürstin schenkte den Osthäusern und den benachbarten
Dörfern Gemeindewaldungen, Witzschel 317. Ein gnädiges Fräulein von
Niederstetten soll unter der Bedingung, daß man sie mit silberner Schau-
fel und silberner Haue begrabe und ihr ein ewiges Licht brenne, den Hart-
wald sieben Ortschaften vermacht haben, zu denen Niederstetten und Ober-
stetten auch gehörten. Die Strecke Waldes und Landes ist so groß, daß
die sieben Schäfer der sieben Ortschaften hüten können ohne einander zu
gewahren. Birl. II, 187. Ein anderes Edelfräulein vermachte den
Marbachern den großen Wald bei Rielingshausen unter fast gleicher Bedingung, Birl. 248; ein drittes den Hildesheimer Wald, unter Bedingungen, die an die Stiftungen der drei Schwestern §. 105 erinnern,
Müller NSS. 26. Sehr häufig sind Stiftungen von Abendglocken an
einen geschenkten Wald geknüpft, in dem die Stifterin sich einst verirrt
hatte; Beisp. bei Panzer I und W. Müller NSS. 26. 32. 33. Auch
von der oben S. 362 erwähnten König in Reinschweig sollen Stiftungen
herrühren. Wie Freyja um den entschwundenen Odur verließ sie England und schiffte mit ihren Jungfrauen wie St. Ursula übers Meer nach
Deutschland, die Seele ihres Gemahls aus dem Hörselberg zu erlösen.
Unter den drei Schwestern begegneten uns schon S. 337. 338 verfolgte
Gräfinnen, die wir gleichfalls der Freyja verglichen haben. Ueberhaupt
gehören die drei Schwestern mit den von ihnen gestifteten Andachten
(Andachten werden zu 3, 7 oder 9 gestiftet), Lyncker 196, Vigilien und
Placebos hieher, vgl. auch die bei Müllenhoff 54 Burenklaes genannte,
jährlich am 2. Donnerstag vor Weihnachten gehaltene Festmalzeit. Hier ist
es zwar nur die Magd einer Gräfin, welche die Stiftung veranlaßt; aber die
Legende der Gräfin Itha von Toggenburg, deren zweite Hälfte Schiller
erzählt, ist auf sie übertragen und Itha gehört gleich der Königin Reinschweig
zu den buldenden Frauen, welche nach §. 91 oben auf Frigg zurückgehen.
Unerwähnt soll hier auch die Hergothe nicht bleiben, „deren Bild"
nach Joh. v. Müller II, 7. S. 186, „oben in der alten Stadt Bregenz
noch geehrt wird." Deycks (Jahrb. XIX, 30) hörte sie Ehren Jutta
nennen und hielt ihr Bild, das Andern eine keltische Epona scheint,
Rochholz Glaube II, 300, für St. Martin, der den Bettler beschenkte.
Sie soll Bregenz bei einem Ueberfall der Appenzeller gerettet haben.
Panzer II, 56. Aber Stadtrettungen, wie auch bei Basel eine vor-
kommt, verdienten eine besondere Betrachtung. Sie gehen, wenn sie durch
Weiberlist geschehen auf die langobardische Stammsage zurück; gewöhn-
lich hat dann auch das weibliche Geschlecht ein Vorrecht in Kirche und
Schule. Rochholz a. a. O. 310 ff. Aber selbst von Männern werden

solche Schenkungen erzählt, so RSS. 5, wo der Herr von Hagen
spricht:

> Von Hagen bis an den Rhein
> Was ich da sehe das ist mein.

und 50, wo nicht wie gewöhnlich Nonnen (§. 106 Schluß), sondern
Mönche Stiftungen machen. Vgl. auch 70.

144. Feſtfeuer.

Auch die feſtlichen Feuer, welche bald auf Bergen, bald in der Ebene
gezündet zu werden pflegen, fallen in ſehr verſchiedene Zeiten des Jahres.
Am Bekannteſten ſind Weihnachtsfeuer, Oſterfeuer, Johannisfeuer, Martins=
feuer, neben welchen noch das Rothfeuer in Betracht kommt, das an
keine beſtimmte Zeit gebunden, gegen ausgebrochene Seuchen gezündet
wurde. Grimm 1200 leitet ſie alle auf heidniſche Opfer zurück, womit
ſtimmt, daß Blumenkränze, neunerlei Kräuter, ja Pferdeköpfe in die Flamme
geworfen wurden; bei den Slaven auch ein weißer Hahn. Faſt von allen
erwartete man wohlthätige Wirkungen: das Korn gedieh ſo weit man ſie
leuchten ſah, Kuhn MS. 313, die auf die Felder ausgeſtreute Aſche ver=
tilgte das Ungeziefer, der vom Rothfeuer aufſteigende Rauch galt für heil=
bringend: Obſtbäume wurden davon tragbar und Netze fängig, M. 574;
man ſprang über die Flamme und ſo hoch der Sprung, ſo hoch wuchs
der Flachs, Panzer 210. 216; man glaubte ſich auch ſelber zu reinigen
und trieb das Vieh hindurch, weil das vor Krankheit und Behexung
ſicherte wie die Aſche Viehkrankheiten heilte, die angebrannten Holzſcheite vor
Sturm und Ungewitter ſchützten, die beim Pfingſtfeuer gekochte Speiſe vor
Fieber bewahrte, M. 576. In der heidniſchen Zeit fiel das erſte durch das
Rothfeuer getriebene Stück Vieh den Göttern zum Opfer; in der chriſtlichen
traten die Heiligen an die Stelle. Wolf B. I, 220. Kuhn WS. II, 158.

Der heidniſche Urſprung dieſer Feuer iſt nicht zweifelhaft: ſie ſind
den urverwandten Völkern gemein und älter als das Chriſtenthum, das
ſie erſt abzuſtellen verſucht, M. 570. 588, dann ſich angeeignet und ge=
leitet hat; doch giengen ſie nie ganz in die Hände der Geiſtlichkeit über,
M. 591. Die weltliche Obrigkeit nahm ſie früher gleich dem Umziehen
des Iſisſchiffes als althergebracht in Schutz; in den letzten Jahrh. hat
eine löbliche Polizei ſich glücklicherweiſe vergebens bemüht, dem Volk auch
dieſe, nach dem Erlöſchen der heidniſchen Erinnerungen unſchuldigen
Freuden zu verleiden.

> Johannisfeuer ſei unverwehrt,
> Die Freude nie verloren:
> Beſen werden immer ſtumpf gekehrt,
> Und Jungens immer geboren. Goethe.

Aller Verbote, von dem in der Liptinischen Synode 743 an, ungeachtet
wurde noch 1842 in Gerterode (Eichsfeld) ein Nothfeuer gezündet.
Heiligenstädter Progr. von 1864. Vgl. auch Fromm im Archiv für
mecklenb. Landeskunde 1864. 535. Schwieriger ist die Frage nach dem
Sinn dieser über ganz Europa reichenden Gebräuche. Auf eigentlichen
Feuercultus könnten die Nothfeuer deuten. Alle Heerdfeuer wurden ge=
löscht und durch Reibung ein sog. wildes Feuer gezündet, dem man
größere Kraft zutraute als der abgenutzten, von Scheit zu Scheit fortge=
pflanzten Flamme. Beim Johannisfeuer sind die Spuren am deutlich=
sten, daß auch sie ursprünglich Nothfeuer waren, d. h. auf feierliche Weise
neu gezündet wurden, um das Jahr über an ihrer heiligen Flamme die
Heerdfeuer erhalten zu können. Auch beim Osterfeuer kommt Aehnliches
vor, nur daß man die Osterflamme mit Stein und Stahl weckte und das
Volk sie dieser profanen Zündungsweise wegen von dem echten Feuer
unterschied, M. 583, von dem die Sage gieng, daß es wärme aber nicht
verbrenne, Montanus 127, gleich jenem, womit Christus nach einem
deutschen Märchen gedroschen haben sollte. Auch die Kirche segnete am
Karsamstag das neue Feuer (ignis paschalis), nachdem das alte zuvor
gelöscht worden war. Der Ritus war nicht überall gleich; doch bezeugt
Binterim Denkw. V, 215 feierliche Zündung durch Kryßtalle und Brenn=
spiegel, M. 583. Jetzt gilt der Kirche die Zündung mit Stahl und
Stein schon für feierlich. An dem so gewonnenem Feuer ward dann die
Osterkerze (cereus paschalis) zuerst angebrannt, die hienach das Jahr
über bei jedem Hauptgottesdienste brennen muste. Von diesem heiligen
noch in dem s. g. ewigen Licht das ganze Jahr forterhaltenen Feuer
holten am Ostersonntag die Gemeindeglieder, um das ausgelöschte Heerd=
feuer wieder anzuzünden. Lexer in Wolfs Ztschr. III, 31. Leopr. 172.
An dem von ihr tropfenden Wachse und den sog. Osterkerznägeln, die
ihr zur Zierde dienten, haftete nach Montanus 26 mancherlei Aberglaube,
obwohl diese wächsernen Zapfen nach Binterim 219 nicht mitgesegnet
wurden.

Auf bloßen Elementardienst jene Feuer und die dabei gespendeten
Opfer zu deuten, hat für Deutschland Bedenken. Ihr erster Ursprung mag
freilich weit über den unseres Volkes und seiner Götter hinausliegen. Bei
uns zeigen sie nur Bezug auf die wachsende Kraft der Sonne. Zur Her=
vorbringung des Nothfeuers bediente man sich eines Rades mit neun Spei=
chen, das von Osten nach Westen gewälzt ein Bild der Sonne war. Nach
Kuhn Herabkunft 13. 44 ff. bestand die älteste Weise der Feuerbereitung
in dem Reiben zweier Hölzer, indem das eine längliche in dem andern so
lange herumgequirlt ward bis es in helle Flammen ausbrach. Von dem
Gotte selbst nahm man an, daß er in gleicher Weise den Blitz hervor=

bringe. Da bei der Butterbereitung in ähnlicher Weise verfahren wird, so hat der Volksglaube Manches auf den Gewittergott Bezügliche dabei angewandt wie wir schon in dem r o t h e n T u c h (§. 57) davon ein Beispiel fanden. Auch in der Zeugung sah man ein Gleichniß der Erzeugung des Blitzes und Feuers, Kuhn a. a. O. 70. 74. Vgl. oben S. 444. In Deutschland selbst ward das Feuer gewöhnlich durch Umschwingung einer Achse oder durch bohrende Drehung einer Walze in der Nabe eines Rades hervorgerufen. Die Drehung selbst ward dadurch bewerkstelligt, daß man um die Achse oder Walze ein Seil legte, welches aufs Schnellste hin und her gedreht ward bis sich das Feuer zeigte. Vgl. Myth. 570 und Kembles Beschreibung (S a c h s e n in E n g l a n d 294 ff.). Auf die Sonne weisen auch die flammenden Räder, die man von den Bergen rollen ließ: gelangten sie noch brennend in den unten fließenden Strom, so versprach der Winzer sich einen gesegneten Herbst. Die Conzer erhoben dafür von den umliegenden Weinbergen ein Fuder Wein, gerade wie die Trierer Metzger von den Nönnchen zu St. Irminen. Diese Sitte der herabgerollten Flammenräder findet sich auch in Frankreich, und hier wird der Bezug auf die Sonne ausdrücklich bezeugt, M. 587. Der Hinblick auf die Fruchtbarkeit der Erde ergiebt sich auch aus jenem Wagenrade, das man unsern Weisthümern zufolge am großen Gerichtstage (Stephanstag), nachdem es sechs Wochen und drei Tage im Mistpfuhl gesteckt hatte, ins Feuer legte: das Gerichtsmal währte dann bis die Nabe ganz zu Asche verzehrt war, M. 578. Radform mit Speichen, ein Bild der Sonne, hat auch die W ë p e l r ô t h §. 143, deren von Kuhn aus goth. vaips erklärter Name vielleicht von dem friesischen W ê p e l Pfütze (Richthofen 1124) herrührt, so daß auch sie im Pfuhl gelegen haben mußte. Auch der Christbrand, im Norden J u l b l o c (Myth. 594), den man zu Weihnachten anbrennen ließ und später zurückzog und das Jahr über aufbewahrte, hatte auf die Fruchtbarkeit Bezug, da man nach Montanus 12 seine Asche auf die Felder streute, nach Schmiß I, 4 Kohlen davon in die Kornbahr legte, damit die Mäuse das Korn nicht beschädigten. Wenn ein Gewitter anzog legte man ihn wieder ans Feuer, weil der Blitz dann nicht einschlug. Kuhn WS. II, 104.

Hienach konnten diese Gebräuche allen Wesen gelten, die als Feuer=, Licht= und Sonnengötter über die Fruchtbarkeit des Jahres geboten. Dahin gehören aber nicht bloß die Götter der Trilogie nebst allen Wanen; von den zwölf Asen sind so wenige auszuschließen, daß man von den neun Speichen des Rades und den neun Kräutern, die in die Flamme geworfen wurden, auf die Zahl der betheiligten Götter schließen möchte. Auf einzelne von ihnen Bezüge nachzuweisen hält schwer. Doch deutet auf Freyja der norwegische Name ,Brising' für das Johannisfeuer, M. 589.

Kuhn WS. II, 175. Noch lieber möchte man die Oster= und Maifeuer
auf sie beziehen, wenn ihr nach §. 73 b. die alte Walpurgisfeier galt.
Wieder aber stellt sich hier Donar neben sie, da gerade beim Osterfeuer
M. 582 und dem wenige Tage früher fallenden Judasfeuer (Panz. 212,
Wolf 74) die ihm geheiligten Eichhörnchen gejagt wurden. Das Jo=
hannisfeuer muß zunächst an Baldur oder Ophr gemahnen; das keltische
Bealteine fiel aber mit dem rheinischen Pfultag (§. 92) zusammen schon
auf den 2. Mai (vgl. jedoch Weisth. II, 98), und doch wißen wir wie
Phol und Beal sich mit Baldur und Bäldäg berühren. Umgekehrt finden
sich beim Johannisfeuer wieder Beziehungen auf Donar, da Erbsen bei
demselben gekocht wurden, die sonst Donnerstags=Kost sind, Kuhn 445.
Erbsen und Stockfisch am Gründonnerstag Temme, Sagen der Altm. 56.
Auf ihn und seinen Blitzstral beutet auch das Bolzen= und Scheiben=
schlagen, das beim Sunwendfeuer, Wolf B. 73, aber auch schon zu Ostern
(Panzer 211, Meier 380, Birl. II, 60 ff.) am ersten Sonntag in den
Fasten getrieben wird. Es heißt auch das Funkenschlagen und der
Tag, an dem es üblich ist, der Funkentag, im Rheingau Hallfeuer, in
Frankreich fête des brandons, Gr. M. 594. Da hier die Liebe die
Hauptrolle spielt, indem es der Liebsten zu Ehren geschlagen und von
dieser durch ein Backwerk, die s. g. Funkenringe, belohnt wird, so könnte
auch an Frô oder Frouwa gedacht werden; doch soll dieß Backwerk auch
wohl die Form von Bretzeln oder Keilen haben; Weinbeeren dürfen aber
dabei nicht fehlen. Es folgt gewöhnlich noch ein Tanz und dann ein
Fackelgang durch die Flur, und soweit das Licht sichtbar ist, soweit
bleibt die Flur von Hagelschlag und Wolkenbrüchen verschont. Auf Frô
findet sich kaum ein ganz sicherer Bezug in jenem Wagenrad, das am
Stephanstage brennen sollte, die Dauer eines alten Opfermals zu
bestimmen. St. Stephan sahen wir schon §. 142 im Norden als Pa=
tron der Pferde an Freys Stelle getreten, Wolf B. 125. Der hol=
steinische Pferdestessen und die schwäbische Sitte, am Stephanstage die
Pferde auszureiten (Meier 466), zeigen, daß in Deutschland Aehnliches
galt. Anderwärts heißt der Tag 'der große Pferdstag' und 'die Hafer=
weihe.' Am Stephanstage wird den Pferden zur Ader gelaßen, Lütolf
104. 336. M. 1184 wird von St. Stephans Pferde gesagt was in
dem Merseb. Spruch von Baldurs, vgl. §. 92. Stepke ist ein Name
des Drât, des Teufels und des Hausgeistes, M. 955, Sommer 30,
Kuhn 422. Das Rad mit neun Speichen auf dem in Childerichs Grabe
gefundenen Stierhaupt würde vollen Beweis bilden, wenn wir gewiß
wüsten, daß Frô bei uns auch als Sonnengott an Wuotans Stelle trat.
Deutlich ist der Bezug des Martinsfeuers auf Gôdan.

Die Feuer sollten vor Hexerei schützen; aber das Zünden solcher

Feuer selbst nennt man im Luxemburgischen und in der Eifel ‚die Hexe
verbrennen.' Bormann Beitr. II, 159. Ztschr. f. M. I, 89. Dort wird
das ‚Faosens Feier' wie es zu Euren bei Trier heißt, auf Faßnachtsonn-
tag gezündet, hier am ersten Sonntag in den Faften; doch berichtet Müller
(Trier. Kronik 1817 p. 153) ein Gleiches für das Luxemburgische. Hier
wie dort heißt es auch ‚Burgbrennen' (Burgaub) und jener Sonntag
‚Burg'= oder ‚Schoofsonntag.' ‚Schoof' §. 91 deutet auf die Leichenbe-
ftattung, und ‚Burg', welchem sich das schwedische eldborg, M. 595,
vergleicht, geht sogar auf den Leichenbrand. Eine Burg wird Sig. Kw.
III, 62. 63 der Scheiterhaufen genannt, welchen Brynhild für sich und
Sigurd anordnet. Daraus erklärt sich auch Lex Sal. 144. 256 (Merkel)
chreoburgio für Leichenbrand; vielleicht selbst die Schelte herburgium
LXIV, wo die erste Silbe wieder aus chreo (funus) entstellt sein könnte.
Ausdrücklich ist hier von Hexen (striae für strigae) die Rede, und die
Worte ‚ubi strias cucinant' könnten vom Verbrennen der Zauberinnen
reden, was als Volkssitte uralt ist, wenn auch nicht als gesetzliche Strafe.
Gewöhnlich verfteht man hier strias nominativisch ‚wo die Hexen kochen.'
Aber die striae selbst wurden beim Verbrennen gekocht und ihr Fleisch
zum Aufeßen hingegeben, weil sie selbst für Menschenfreßerinnen galten.
Karl der Große verbot solche Grausamkeit gegen die vermeintlichen Zauberer
als heidnisch bei Todesstrafe, M. 1021. Daß bei den Festfeuern solche
Verbrennungen wenigstens symbolisch fortdauerten, zeigt sich beim ‚Judasfeuer', wo man sang: ‚Brennen wir den Judas.' Beim Todaustragen ward die Puppe bald ins Waßer geworfen, bald verbrannt, M.
728. Was dabei von dem ‚alten Juden' gesungen wurde, könnte allerdings, wie Finn Magnusen wollte, den alten iötunn (Riesen) gemeint
haben. Von dem Juden scheint man dann weiter auf den Judas gelangt
zu sein. In Freising hieß dieß Feuer ‚das Ostermannbrennen', Panzer
213. Ferner zeigt der irische Gebrauch beim Bealteine, M. 579, daß
Jemand verbrannt werden sollte. Auch in Spanien ward nach M. 742
die entzweigesägte ‚alte Frau' §. 145 verbrannt. Diese werden wir dort
als den Winter erkennen, und so war wohl der iötunn, der zum Judas
wurde, der Winterriese. So erklärt schon M. 733 die slavische Marzana
für die Winterriesin, und M. 742 ist anerkannt, daß das Verbrennen der
alten Frau mit dem Ersäufen des Todes als Winterriesen gleiche Bedeutung
habe. Aber auch der Pfingstbutz, der Waßervogel und die thüringische
Sitte (Sommer 152. 180) ‚den alten Mann ins Loch zu karren', was
zu Pfingsten geschieht, haben schwerlich andern Sinn. Wir gewinnen also
wenigstens für die Faftenfeuer denselben mythischen Gehalt, den auch die
Frühlingsfeste §. 145 bergen. Wenn aber die verbrannte alte Frau,
welche in der Eifel, an Mosel und Saur, die Hexe heißt, eine Riesin war,

als Kinderbischof. Den Beruf die unartigen Kinder zu strafen, über=
läßt er seinen Begleitern Hans Trapp, Hans Muff oder Ruprecht.

Das Julfest hat eine doppelte Seite: einmal ist es die dunkelste Zeit
des Jahres, wo alles Leben zu starren, alle Säfte zu stocken, die Erde
selbst der Haft der Winterriesen verfallen schien. Aber zugleich wird die
Sonne wiedergeboren, die den neuen Frühling bringen soll, und wenn
jetzt schon Holda und Berchta ihre Umzüge halten u. s. w., so können
wir uns das nur aus der Ahnung, der zuversichtlichen Hoffnung ihres
rückkehrenden Reiches deuten: die Phantasie nimmt schon jetzt vorweg,
was erst künftige Monate bringen sollen. Darum wird beim Mittwinter=
opfer §. 134 die Minne der Götter wie anderer Abwesenden getrunken,
denn eigentlich hätten wir sie doch jetzt als in der Unterwelt weilend
zu denken. Was die Mythen in diese Zeit setzen, ist eine stürmische
Brautwerbung, eine Verlobung: Gerda verheißt sich dem Frey nach
drei Nächten, worunter drei Monate zu verstehen sind: ihre Vermählung
soll im grünen Haine Barri begangen werden; auf Walpurgistag haben
wir §. 18 für Deutschland die Hochzeit des Sonnengottes mit der Erd=
göttin angesetzt. Hieraus mag sich auch erläutern, daß wir am Julfest
bei Bragis Becher Gelübbe abgelegt sehen, die sich auf künftige Ver=
mählung beziehen: Helgakwidha I, 32 gesteht Hedin seinem Bruder Helgi:

> Ich hab erkoren die Königstochter
> Bei Bragis Becher, deine Braut.

Die vielfach fruchtbare Anschauung Kuhns, daß die Weihnachtsge=
bräuche als Vorspiel zum Sommerempfang anzusehen seien (Zeitschr. V,
490), steht sowohl hiemit als mit seiner schon §. 73 angenommenen
Ansicht über die andern Zwölften im Einklang; auch hat es sich uns
oben bei der Erwägung der stehenden Figuren wie der gemeinsamen
Gebräuche, wozu auch die Festfeuer gehören, bestätigt, und bei der Be=
trachtung der Frühlings= und Sommergebräuche werden wir von Neuem
gewahren, daß sie nicht nur unter sich übereinstimmen und die gleiche
Bedeutung haben, sondern im Wesentlichen, wenn auch schwächer, schon
zu Weihnachten hervortreten.

Weihnachten hießen nach Beda die Angelsachsen Modraneht, id est
matrum noctem, wozu Grimm GDS. bemerkt, ihm fielen dabei Heim=
balls neun Mütter ein, also das Fest seiner wunderbaren Geburt. Mutter=
nächte können auch die ganzen Zwölften heißen, weil sie gleichsam die
Mütter der zwölf Monate des Jahres sind, deren Witterung sie vorbilden
sollen. An der Weihnacht hatten aber noch andere Götter Theil, zunächst
weil es das Fest der wiedergeborenen Sonne war, die Sonnengötter,
also Freyr, dann Balbur als Bäldäg; da aber Balbur bei Hel ist, sein
Rächer Wali, das erneuerte Licht. Jedoch können auch Balbur und der

hat. So warf man auch in das Johannisfeuer gewisse Kräuter und
Blumen, als Beifuß und Eisenkraut. M. 585.

145. Sommer= und Winterfeste.

Wie der Tag mit der Nacht, so beginnt das Jahr mit dem Winter.
Altdeutsche Calender laßen diesen mit St. Clemenstag (23. Nov.) anheben:
das thut auch der nordische, der den Tag mit dem Anker bezeichnet, sei
es weil St. Clemens mit dem Anker am Halse ins Waßer geworfen
ward, oder weil an seinem Tage die Schiffe im Hafen liegen mußten.
St. Clemens gilt für den Patron der Schiffer; vor. Ullers Schiff ist
mehrfach die Rede gewesen, und Runencalender, die den ersten Winter=
monat unter Ullers Schutz stellen, fügen dessen Bogen zu dem Anker des
Heiligen. In Deutschland galt hier und da schon Martinstag (11.
Nov.) für Winteranfang; auch die gallicanische Kirche begann mit diesem
Tage die Adventzeit (Binterim l. c. 167), ,St. Martin macht Feuer
im Camin,' das Martinsmännchen hüllte sich in Stroh und mit Mar=
tini beginnt ein neues Pachtjahr. Vgl. meine Martinslieder Bonn bei
Marcus 1846. Am Martinstage sahen wir oben die Fastenspeisen wieder
hervortreten, während die christlichen Adventfeste erst mit dem ersten
December anheben. Die Martinsfeuer sollten vielleicht die Wiedergeburt
des jetzt verdunkelten Sonnenlichts verheißen. Wie hernach der Advent,
so scheint diese Zeit schon den Heiden eine Vorbereitung auf das Julfest,
wo die Sonne sich verjüngte und nun auch das natürliche Neujahr eintrat.

Mit Nicolausabend beginnt eigentlich die Weihnachtszeit, die in ihrer
weitesten Ausdehnung einen ganzen Monat (6. Dec. bis 6. Januar)
ausfüllt. Es ist das Vorfest der Wintersommerwende, in manchen ka=
tholischen Gegenden den Kindern ersehnter als Weihnachten selbst. St.
Nicolaus (s. oben §. 142) kommt auf dem Schimmel geritten wie einst
Wodan, in der Begleitung, welche wir dort besprochen haben; hier und
da, wo er ohne Begleitung erscheint, wird der Name Hans Trapp
ihm selber beigelegt, von dem stampfenden Auftreten seines Rosses.
Darum findet man an Nicolauskirchen Hufeisen eingemauert; auch wird
das Festbrot in Form von Hufeisen gebacken. Wir kennen St. Niclas
schon aus §. 126 (S. 429) als Schifferheiligen; aber auch die Heerden
scheinen nach Lasicz unter seinem Schutz zu stehen; in der Schweiz ist er
Patron der Sennenbruderschaften und Alpgenoßen, die an seinem Fest=
tage mit aufziehen: daraus folgert Rochh., daß er in eine heidnische Ver=
wandtschaft mit dem Gotte Frô gebracht sei. Die Bäcker verehren ihn
nur, weil er ihnen zu backen giebt. Daß er jetzt namentlich die Wünsche
der Kinder zu erfüllen kommt, fließt schon aus seiner christlichen Würde

als hätte sich das Bäumchen gerüttelt und geschüttelt und diese Gaben als seine Früchte herabgeworfen?

Das Christkindchen, heißt es, hat diese Geschenke gebracht. Schon recht, wir verdanken sie ihm, wir empfangen sie am Feste seiner Geburt; aber bedurfte es des Fichtenbäumchens sie darzureichen, bedurfte es der tausend Lichter, sie zu beleuchten?

Nicht immer war seine Erscheinung von so stralendem Glanze begleitet. Als es zu Bethlehem in der Krippe lag, zwischen Ochs und Eselein, war es selbst nur von einem spärlichen Lichte beleuchtet, wenn gleich der Stern der Weisen über der niedrigen Hütte stand.

> Schaut hin, er liegt im finstern Stall,
> Des Herschaft gehet durch das All;
> Da Nahrung vormals sucht' ein Kind,
> Da ruhet jetzt der Jungfrau Kind.

Diese Aermlichkeit seiner ersten zeitlichen Erscheinung stimmt wenig zu der Pracht, mit der wir jetzt seine Geburt begehen, und jedenfalls, worauf es uns hier allein ankommt, findet der bekränzte, mit Gaben behangene, mit Lichtern bestecke Weihnachtsbaum hier seine Erklärung nicht. Wo sollen wir sie denn suchen? wie erläutern wir uns eine Sitte, die jährlich viel tausend Kinderherzen entzückt, deren Freude doch auch der Erwachsenen Antlitz wiederstralt. Das heidnische Fest der Sonnenwende, das allerdings genau auf diese Zeit fiel, bietet doch nichts auch nur entfernt Aehnliches dar. Da ward der Sühneber, das Bild der sich erneuernden Sonne, aufgetragen, und die Männer legten ihre Hände darauf und gelobten bei Bragis begeisterndem Becher, im Laufe des eben beginnenden neuen Jahres irgend eine kühne That zu vollbringen, würdig im Gesange Bragis, des Gottes der Dichtkunst, fortzuleben. Von dem bekränzten, bebänderten, lichtstralenden, immergrünen Baum keine Spur!

Und dennoch ist dieser Gebrauch deutschen Ursprungs und wenn er mit dem deutschen H e i d e n t h u m e zusammenhängt, so ist das kein Grund ihn zu verschmähen: verschmähte doch auch das Christkind die Gaben, Gold, Weihrauch und Myrrhen, nicht, die ihm heidnische Könige, die Weisen des Morgenlandes, als Eingebinde zu Füßen legten. Und dürfen wir uns für so viel stralenden Glanz nicht auf Luthers Worte berufen:

> Das ewge Licht geht da hinein
> Und giebt der Welt ein'n neuen Schein;
> Es leucht't wohl mitten in der Nacht
> Und uns des Lichtes Kinder macht.

Bekannt ist uns der Waldcultus der Germanen und wie den Semno-

nen ein Wald so heilig war, daß man ihn nur gefesselt betreten durfte und
der zufällig zur Erde Gefallene nicht wieder aufstand, sondern sich hin=
aus wälzen ließ; bekannt wie ein verwundeter Sachse sich in den heili=
gen Wald tragen ließ um daselbst zu sterben oder Heilung zu finden.
Echt deutsch ist auch die Liebe zum Waldleben, die sich noch darin aus=
spricht, daß wir den Tod Freund Hain nennen, weil im Haine, in
der Nähe des Waldheiligthums die sterbliche Hülle zu ruhen pflegte,
worauf noch jene Stelle der Edda deutet:

> Du giebst den Gräbern zu guten Namen,
> Wenn du sie Wälder=Wohnungen nennst.

Die Verehrung des Waldes überhaupt galt doch vorzüglich einzel=
nen, uralten Bäumen, ja in der ältesten Zeit, als es noch keine von
Menschenhänden erbaute Tempel gab, mochte der Baum, dessen Laub
und Zweige der Gott durchwehte, zugleich dem Priester des Gottes Auf=
enthalt gewähren, wie von der h. Edigna gemeldet wird, daß sie in einer
hohlen Linde ein bußfertiges Leben führte, und wie jener Kinderstamm,
der in König Sigmunds Halle stand und sie mit ihren Zweigen über=
wölbte, wahrscheinlich auch hohl war und das junge Ehepaar, bei dessen
Hochzeit von ihr gemeldet wird, in der Nacht aufnahm, nicht anders
als der im 23. Buch der Odyssee erwähnte 'weitumschattende Oelbaum'
das Königspaar von Ithaka. Dieser Kinderstamm gleicht auffallend der
Esche Yggdrasil, die über ganz Walhalla, die Wohnung der Götter,
ihre Zweige breitete. In ihr hatten vielleicht die Nornen ihren Saal,
wie ein alter hohler Baum dem Marienkind zur Wohnung diente und in
der spanischen Romanze die Königstochter auf dem Eichenwipfel saß und
den ganzen Baum mit ihren Haaren bedeckte. Diese Königstochter er=
innert wieder an Idun, die selbst das Laub der Weltesche zu bedeuten
scheint, denn wenn sie von ihr herabsinkt, ist der Baum kahl und der
Winter eingetreten. Wem fällt aber bei dieser weinenden, schweigenden
Göttin nicht Sigune ein, die den erschlagenen Schionatulander auf dem
Schooß im Baume sitzt und um den Geliebten trauert?

Wenn jene Königshalle um den Kinderstamm errichtet war, wie
die Götterwohnung um die Weltesche, so waren die ältesten Gotteshäuser
wohl aus Holz und Zweigen um den heiligen Baum gefügte Hütten, sehr
einfache Tempel, die sich doch später zu Kirchen, ja zu ganzen Städten
erweitern konnten, wie KM. 148 Gott zu dem Teufel sagt: 'In der
Kirche in Constantinopel steht eine hohe Eiche, die hat noch all ihr
Laub', und wie nach der Chronik Erkelenz von einer der Erka, einer deut=
schen Göttin, geweihten Linde den Namen empfieng. Die heiligen Bäume
waren aber auch Opferbäume: die Häupter und Felle der geschlachteten
Thiere werden an ihnen aufgehängt und wie noch jetzt altehrwürdige

Bäume, damit ſie nicht abſterben, mit Blut gedüngt werden, ſo pflegte man wohl ſchon in der heidniſchen Zeit den hl. Baum, in deſſen Laub der Gott rauſchte, mit Blut zu beſprengen. Der hl. Baum der Lango-barden, den St. Barbatus umzuhauen wagte, heißt nach einer Lesart Blutbaum, und in viel ſpäterer Zeit finden wir eine Blutlinde zu Burg-frauenſtein bei Wiesbaden, eine Blutbuche bei Irchel im Kanton Zürich, was freilich auch darauf zielen könnte, daß ſolche Bäume, wenn ſie ver-letzt wurden, blutige Thränen vergoßen.

Wichtiger noch als die dargebrachten Opfer iſt für unſere Betrach-tung, daß man die hl. Bäume mit Laub und Blumen bekränzte, wie im Harz noch jetzt jährlich am britten Pfingſtfeiertage geſchieht. Von dieſem Kranze, der von Baumzweigen geflochten die Größe eines Wagen-rades hat und die Queſte heißt, iſt das Dorf Queſtenberg genannt. Häufiger aber war das dargebrachte Opfer von brennenden Lichtern be-gleitet, ſowohl wenn es am Ufer eines Fluſſes, am Rande einer heiligen Quelle dargebracht wurde, wovon bekanntlich die Sachſen fonticolae, Quellenverehrer hießen, als wenn die Kerzen, wovon Grimm (615) Beweiſe beibringt, den heiligen Baum beleuchteten. So hergebracht, ja ſelbſtverſtändlich ſcheint aber die Verbindung des Opfers mit den gezün-beten Lichtern geweſen zu ſein, daß man ſich gewöhnt hatte, jede Gabe, jedes Geſchenk ein Licht, eine Kerze zu nennen, wie wir aus zwei Ge-dichten Walthers v. d. Vogelweide erſehen: das eine bezieht ſich auf eine Gabe Herzog Ludwigs v. Baiern, die dem Sänger durch Markgraf Dietrich IV. von Meiſſen überbracht wurde:

> Mir hat ein Licht von Franken
> Der ſtolze Meißner mitgebracht,
> Das giebt mir Ludwig eigen.
>   Ich kann es ihm nicht danken
>   So ſchön als er mich hat bedacht:
>   Ich muß mich tief ihm neigen.

Das andre iſt an Kaiſer Friedrich II. gerichtet, der dem Dichter von Italien aus, wo er ſich die Kaiſerkrone holte, ein Geſchenk überſandt hatte:

> Eure Kerze habt ihr gnädiglich mir zugeſendet
> Deren Licht die Brau'n verſengt hat Allen, die ſie ſahn u. ſ. w.

Iſt dieſer Sprachgebrauch auch jetzt erloſchen, ſo nennen wir doch noch heute jedes Geſchenk eine Verehrung, als wär es ein den Göttern dargebrachtes Opfer, und in der ältern Sprache ſagte man: ‚Ich verehre dich hiemit'. Auch pflegt die katholiſche Kirche noch jetzt zu dem Meſs-opfer Lichter anzuzünden, obgleich ich weiß, daß man eine andre Erklä-rung hiefür vorzieht. So war es vor 30 Jahren und iſt wohl noch heute in Berlin beim Weihnachtsbaum Sitte, dem unerwartet eintreten-

den Gaſte, dem man kein Geſchenk bereit hielt, wenigſtens einen Wachs=
ſtock anzuzünden, den er als ihm geſchenkt betrachtete; dieſe Gabe war
dann Licht und Geſchenk zugleich.

Das dargebrachte Opfer, die gezündete Kerze galt nicht dem Baume
oder der Quelle, ſondern dem Gott, dem der Wald, der Baum gehei=
ligt war, dem Flußgott oder Quellgeiſt, der das Waßer bewohnte oder
geſpendet hatte. Für jedes dargebrachte Opfer erhofft aber der ſelbſt=
ſüchtige Sterbliche hundertfältigen Lohn und ſo iſt es nicht unerwartet,
wenn wir den Baum beſcheren ſehen, wenn Aſchenputtel ſich die präch=
tigen Kleider, die mit Silber und Seiden geſtickten Pantoffeln herab=
ſchüttelt. Hieher gehört auch das Märchen von dem Machandelböm
(Wacholder); aber in beiden Märchen begabt jetzt nicht mehr der Baum,
ſondern die ihn ſtatt des Gottes in Vogelgeſtalt bewohnende Seele der
verſtorbenen Mutter des von der Stiefmutter grauſam gemordeten Brü=
derchens, das dem gutherzigen Vater die ſilberne Kette, dem liebenden
Schweſterchen die rothen Schuhe herabreicht, die böſe Stiefmutter aber
mit dem zentnerſchweren Mühlſteine zermalmt. In einem dritten
Märchen, das ich hier aus Franz Ziska 'Oeſterreichiſchen Märchen'
1822 in die Schriftſprache umgeſchrieben einrücke, begabt dagegen die
den hohlen Baum bewohnende Göttin ſelbſt, die jedoch das Chriſten=
thum ſchon in eine Fee verwandelt hat; die Gabe ſelbſt wirkt beglückend
nur in der würdigen Hand.

Dieſes Märchen erzählt von der ſtolzen Fichte, in der eine gnädige
Fee gehauſt haben ſoll, die auch einmal, um die Gemüther der Vor=
übergehenden zu erforſchen, in Geſtalt eines ſteinalten Weibes unter dem
Baume ſaß und bettelte. Nun wohnte in der Nachbarſchaft ein reicher
Bauer, der aber ein abſcheulicher Geizhals war. Alle Morgen kam er
mit ſeiner Dienſtmagd, einer blutarmen Waiſe, an der ſtolzen Fichte
vorüber, ſein Feld zu bauen. Mitleidig wie das ſchöne Mädchen war
konnte es nicht umhin, täglich mit der vermeintlichen armen Frau ſein
karges Frühſtück zu theilen. Als das der filzige Bauer merkte, ſchnitt
er dem Mädchen ſein Brot kleiner und kleiner und weil das gute Kind
doch noch theilte, gab er ihr zuletzt gar nichts mehr zum Morgenbrot.
Oft muſte das liebe Mädchen weinen, wenn es vorübergieng, weil es
nichts mehr mitzutheilen hatte und manchmal fanden die Arbeitsleute,
die hinter ihm giengen, die ſchönſten Perlen auf dem Wege liegen. So
ſtanden die Dinge als einsmals der karge Bauer auf ein benachbartes
Dorf zur Hochzeit geladen wurde. Es verſteht ſich daß er nicht unter=
ließ zu kommen, und weil es auf andrer Leute Unkoſten gieng, ver=
ſäumte er nicht wacker zuzugreifen und Beſcheid zu thun und machte
ſich erſt gegen 12 Uhr in der Nacht auf den Heimweg. Wie er aber

in die Nähe der stolzen Fichte kam, war es ihm als hätte er den Weg
verfehlt, denn anstatt der Fichte glaubte er einen herrlich erleuchteten
Palast vor sich zu sehen, aus dem ihm Kirchenmusik entgegenschallte und
ein Rischeln und Rascheln wie von tanzenden Paaren vernommen ward.
Holla, dachte der betrunkene Bauer, die Fee giebt heute was zum Besten:
da muß ich auch dabei sein, und gieng damit in den erleuchteten Palast.
Aber du meine Güte, was sah er? Eine Menge kleinwunziger Zwerge
um die Fee herum beim Schmause sitzen. Und die Fee war auch gleich
so gütig, den Bauer dazu einzuladen. Der ließ sich denn nicht lange
nöthigen, sondern gebrauchte waidlich sein Mundwerk und schob dabei
von dem Schmause heimlich so viel in seine Taschen, daß sie wie Mehl=
säcke von ihm wegstanden. Nach dem Eßen begab sich die Fee mit der
Schar ihrer Zwerge in den Tanzsaal; der Bauer aber beurlaubte sich,
denn er war schwer beladen und bepackt und kein Freund vom Tanzen.
Er schlenderte also gleich heim, um das von der Feentafel wegstipitzte
‚Bescheideßen‘ noch frisch gebacken zur Beköstigung der Seinigen verwen=
den zu können. Aber da kam er schön an, denn als er es aus der
Tasche hervorholte, hatte es sich unterdes in lauter stinkende Roßbollen
verwandelt. Da hätte er vor Bosheit zerplatzen mögen. Unwillig warf
er den Unrath seinem Dienstmädchen mit den höhnischen Worten hin:
‚da hast du ’s und magst es meinetwegen mit dem Bettelweib theilen.‘
Bestürzt gieng das arme Dienstmädchen damit in den Hof und wollte
es in die Mistgrube werfen; aber da hörte es bei jedem Schritt und
Tritt einen Kling und Klang und sah in der Schürze ein Schimmern
und Flimmern und wie es recht zusieht, liegt da eine schwere Menge
blitzfunkelnagelneuer Dukaten darin. Außer sich vor Freuden lief es
gleich bei anbrechendem Tage zum Flecken hinaus, der guten Fee zu
danken, die, wie es sonnenklar war, den Schatz ihr hatte zukommen laßen
wollen. Das erste aber, was ihr da in die Augen fiel, war wieder
das steinalte Weib und das gutherzige Mädchen konnte sich nicht ent=
halten der vermeinten Armen die Hälfte seines Schatzes zu schenken.
Da erschien ihr die Fee, von ihrer Güte gerührt, in ihrer wahren Ge=
stalt, fügte noch viel andre Gaben hinzu und verlieh ihr solche Schön=
heit, daß es die vornehmste Prinzessin ausgestochen hätte. Auch stand
es kaum ein Vierteljahr an, so kam ein bildschöner junger Fürst und
machte sie zu seiner gnädigen Frau. Der geizige Bauer aber ist zu=
rückgegangen und bald darauf gestorben vor lauter Neid über das Glück
seiner Dienstmagd.

Wenn auch die heidnischen Cultusgebräuche beim ‚Julfest‘ mit unserm
Weihnachtsfest wenig Verwandtschaft zeigen, so ist es doch nicht zufällig,
daß der heilige Baum gerade zu Weihnachten begabt. Mitten in der

Weihnacht, wenn das neue Jahr geboren wird und die Wintersonnen=
wende sich begiebt; aber auch in der Johannisnacht, bei der Sommer=
sonnenwende, steht die Zeit auf eine Weile still wie die im Bogen ge=
worfene Rakete inne zu halten scheint ehe sie, die bisher noch stieg, sich
nun allmählich zu sinken anschickt. Es ist gleichsam ein Riß, eine S p a l t e
i n d e r Z e i t, durch welche die Ewigkeit mit ihren Entzückungen und Wun=
dern hineinschaut.   Darum wird jetzt das Waßer zu Wein, darum kön=
nen die Thiere reden und weißagen, darum wachen die Todten auf,
steigen versunkene Städte und Reiche empor, blühen und reifen die
Bäume, darum regen sich die Steine und öffnen sich die Pforten der
Unterwelt: wer hinein tritt, kommt vielleicht nach dreißig Jahren wieder
hinaus und meint eine kurze Stunde verlebt zu haben.   Zum Theil ist
das was von der Mitternachtstunde der längsten Nacht gilt auf die
ganzen Zwölften erweitert.   Anderes findet sich auch von den Solstitien,
Aequinoctien und Quatembernächten erzählt, wie auch andere hl. Nächte
wie die Walpurgisnacht, die Andreasnacht (wo die Mädchen erfor=
schen, welche Männer ihnen bestimmt seien) nicht leer ausgegangen sind.
Näher ausgeführt hat dieß Menzel Germ. II, 227 ff.   So stand bei
Tribur, der alten Kaiserpfalz am Rhein, ein Apfelbaum, der in der
Christnacht in Einer Stunde Blätter und Blüthen trieb und Früchte
brachte; man nannte seine Früchte ,D r ä u t l e i n s ä p f e l' wohl von unseres
Herrn (truhtîn) Geburtsnacht, Wolf HS. 134.   Von solchen Bäumen,
die in der Weihnacht Früchte tragen, wird auch aus dem Vogtland ge=
meldet.   Wenn es aber zu Wertheim durch den Schnee grünte (Menzel
a. a. O.), so werden wir an Walther 35, 15: der Dürnge bluome
schînet dur den snê erinnert.

Man findet indes auch Warnungen, in der verhängnißvollen Stunde
den Vorhang nicht zu kühn zu lüften oder von der Kost der Seligen zu ge=
nießen.   Zu Ottobeuren in der Frongaße vernahm man zu Weihnachten
eine wunderbarliche Musik. Jedermann fühlte sich gedrungen die Fenster
zu öffnen. Davor warnten aber die alten Leute, weil alle, welchen den Kopf
hinausstreckten, unglücklich würden.   Den vollen Genuß hatten unge=
straft Diejenigen, die sich mit dem Anhören in der verschloßenen Stube
begnügten. P. II, 66.   In der Christnacht wird zwar das Waßer in den
Brunnen zu Wein; aber Niemand mag zu den Brunnen gelangen, weil
die Diebe in dieser Stunde so gefährlich sind. Um zwölf Uhr müßen alle
Diebe stehlen; zwischen eilf und zwölf hat der Teufel freien Lauf: da
bietet er alle Gewalt auf um Seelen zu gewinnen. Birl. a. a. O.

Mit dem 21. Dec. beginnen nach Leopr. 205 die ,R a u c h n ä c h t e',
deren vier sind: St. Thomas, Weihnachten, Neujahr und Dreikönigsabend,
vornämlich aber die erste und letzte dieser Nächte.   Häuser und Ställe

werden nach dem Abendläuten ausgeräuchert und gesegnet; in den folgenden Tagen auch die Weinberge und Felder besprengt. Mit Weihnachten folgen die ‚Gennächte‘ (Gömachten, Gebnächte), welche mit Dreikönigsabend schließen: da geht das ‚Gejaid‘ am ärgsten, da sollen auch
die Thiere wieder reden und die Brunnen zu Wein werden. In Böhmen
hießen sie Unbernächte, Groh. 203. Gebnächte heißen sie, weil man den
‚Anklopfenden‘ giebt und das Eßen für die Perchtl auf dem Tische stehen
läßt; sonst wurden auch Nudeln aufs Hausdach gelegt. ‚Nibelnächte‘
heißen dagegen die 7 Nächte vor Weihnachten, besonders aber die Tho-
masnacht. Nibelnacht fällt mit Klopfnacht u. s. w. zusammen. Nibel
ist gestandene Milchrahm, Birl. Wörterb. 71.

      Zu Neujahr war es Gebrauch in Hirsch- und Kalbsfellen umher-
zulaufen oder andere Thiergestalten anzunehmen, was Bußordnungen
schon früher verboten, vgl. §. 143. 2; auch saß man schwertgegürtet
auf dem Dach seines Hauses oder an Kreuzwegen auf dem Thierfell,
um die Schicksale im anbrechenden Jahre zu erforschen. Im letzten Fall
ist ohne Zweifel die Haut eines geopferten Thieres gemeint, weil ein
Opfer die Götter geneigt machen muste, die Zukunft zu offenbaren §. 132;
es fragt sich nur, warum man sich selber in Thierhäute kleidete. Wahrscheinlich gedachte man die Umzüge der Götter vorzustellen, die in der
Gestalt der ihnen geheiligten Thiere zu erscheinen liebten; es galt auch
für heidnisch in der Neujahrsnacht durch Dörfer und Gaßen Gesang
und Reigen zu führen. Das nächtliche Anklopfen an die Häuser, das
dabei Statt zu haben pflegte, ward späterhin zu einer eigenen Gattung
von Reimsprüchen, einer Art Segen benutzt, die man Klopfan nannte,
woraus sich ergiebt, daß das vorgestellte Götterheer, wo es anklopfte,
Segen brachte. Vgl. S. 527.

      Der leitende Gedanke dieses und noch der nächsten Feste ist das
neugeborene Licht und der wiederkehrende Frühling. Schon zu Dreikönigen
glaubt man die Tage um einen Hahnenschrei gewachsen. Zur Feier des
so zuerst erscheinenden neuen Lichts wird ein Kuchen angesetzt und durch
die eingebackene Mandel eine Königin erwählt: diese Königin ist die als
Jahresgöttin gedachte Berchta (von brehen leuchten, scheinen), die nun
die Aemter für die Zeit ihrer Herschaft vertheilt. Fabian Sebastian (20.
Jan.) tritt schon der Saft in die Bäume und die Knaben machen sich
Weidenflöten, wobei gewisse den §. 138 besprochenen Zaubersprüchen verwandte Lieder gesungen werden, damit der Bast sich löse. Zu Lichtmessen
soll man bei Tage eßen und das Spinnen vergeßen. Der Bezug auf das
wachsende Licht ist schon im Namen ausgesprochen. Doch darf der Bär
seinen Schatten nicht sehen, sonst muß er noch auf sechs Wochen (St. Gertrudstag 17. März) zurück in seinen Bau. Vom Valentinstag (14. Febr.)

ift §. 90 die Rede gewesen, man vgl. noch Uhland III, 470. Am
Peterstag (22. Febr.) werden Kröten, Schlangen und Molche aus dem
Hause getrieben und die Sommervögel (Schmetterlinge) geweckt; das
Klopfen mit dem Kreuzhammer S. 527 deutet auf Donar, Kuhn WS.
I, 122. Den Hühnern wird ‚geniftelt‘; die Kinder gehen zwar in die
Schule, aber nicht um zu lernen, nur um zu spielen; am Abend brannte
das Petersfeuer; in Nordfriesland fand das Bückenbrennen Statt. Speisen
wurden auf die Gräber der Todten gelegt, weshalb dieser Tag Peters=
zech hieß: das alles wohl Reste der alten Spurcalien, Binterim V, 329 ff.,
wenn diese nicht mit der Faßnacht zusammen fielen. Nun kommt St.
Mattheis und bricht das Eis oder macht Eis: immer wird im Carnaval
das erste eigentliche Frühlingsfest begangen, dessen Ursprung in §. 110
besprochen ist, auf den ich mich auch wegen des Gertrudstag beziehen
kann. Ueber Weiberfaßnacht oben S. 531. ‚An diesem Tage muß man
Kräpfel backen und so oft essen als der Hund den Schwanz bewegt.‘
Der Name Gründonnerstag rührt von dem Gebrauch her, an diesem
Tage ein Mus von neunerlei frischen Kräutern zu essen, worunter auch
Brunnenkresse und Sauerklee. Das zweite Frühlingsfest fiel dann auf
Ostern, vgl. §. 110. Zu Lätare (Mitfasten) fand der Kampf zwischen
Sommer und Winter statt, der Winter in Stroh und Moos, der Som=
mer in Laubwerk gekleidet; der Winter unterliegt. Dabei singt die
Jugend:

> Stab aus, Stab aus!
> Stecht dem Winter die Augen aus.

Vgl. auch Uhlands Volksl. Nr. 8 und Nachlaß III, 18, wo das aus=
führliche Kampfgespräch zwischen Sommer und Winter mitgetheilt und
mit seinen Varianten und Umdichtungen und der ganzen einschlagenden
Literatur besprochen ist. Hans Sachs giebt ein entsprechendes Herbst=
gespräch, bei welchem der Sieg dem Winter zufällt. Den Preis trägt
aber wieder ein Lied Shakespeares davon, das diesen volksmäßigen Stoff
in ‚der Liebe Lohn verloren‘, behandelt.

Sommer.

> Wenn Maßlieb bunt und Veilchen blau,
> Schneeglöckchen blühen filberweiß,
> Und Kuckucksblümchen Wies und Au
> Mit Gold bestreun in weitem Kreiß,
> Von jedem Baum der Kuckuck dann
> Neckt singend einen Ehemann:
>   Kuku!
> Kuku, Kuku, ein böser Laut,
> Davor vermählten Ohren graut.

Wenn auf dem Rohr der Schäfer pfeift,
Die Lerche früh den Pflüger weckt,
Wenn Amſel, Dohl und Taube ſtreift,
Die Dirn ihr Kleid zur Bleiche ſtreckt,
Von jedem Baum der Kuckuck dann
Neckt ſingend einen Ehemann:
     Kuku!
Kuku, Kuku, ein böſer Laut,
Davor vermählten Ohren graut.

Winter.

Wenn Eis vom Dach in Zapfen hängt,
Auf blaue Nägel haucht der Hirt,
Am Feuer Hans nach Klötzen langt,
Zu Eis die Milch im Kübel wird,
Das Blut erſtarrt, der Weg verſchneit,
Allnächtig dann der Schuhu ſchreit:
     Tuhu!
Tuwit, Tuhu er luſtig kräht,
Dieweil die Hanne Krapfen brät.

Wenn man die Sturmwind brüllen hört
Bis Liſens Naſe wund und weh,
Des Pfarrers Predigt Huſten ſtört
Und unterm Fuße knirſcht der Schnee,
Im Ofenloch der Apfel ziſcht
Und Nachts ſich drein der Schuhu miſcht,
     Tuhu!
Tiwit, Tuhu er luſtig kräht,
Dieweil die Hanne Krapfen brät.

Nach Kuhn WS. II, 139 fand zu Oſtern ein Ballſpiel ſtatt, das an die
Worte Walthers L. 30 erinnert:

Spielten die Mädchen erſt Straßen entlang
Ball, o ſo kehrte der Vögel Geſang.

Beim Oſterfeſt ward der Ball geſchlagen, den Beſchluß machte aber ein
Tanz (Kuhn NS. 272 WS. II, 148) und es fragt ſich ob hievon das
Wort Ball für Tanz ausgegangen ſei. Das Ballwerfen war im MA.
wie bei den Griechen ein mit Geſang und Tanz verbundenes Spiel; daher in den roman. Sprachen ballare tanzen, Wackernagel altf. L. u. Leiche
p. 236, Diez Etym. Wörterb. s. v. ballare. Stand dieß Ballſpiel in Bezug
auf die drei Freudenſprünge, welche die Sonne zu Oſtern that? Kuhn
WS. 142.   Die Siebenſprünge, welche man am erſten Oſtertage
tanzte, Kuhn WS. 150 ff., ſteh ich nicht an hieher zu ziehen. Das
Lied, das man dazu ſang, lautete bei uns:

> Könnt ihr nicht die Siebenfprüng,
> Könnt ihr fie nicht tanzen?
> Da ift mancher Edelmann,
> Der die fieben Sprüng nicht kann:
> Ich kann fe, ich kann fe.

Wegen des Ofterhafen, der die Oftereier legen foll, fragt Kuhn WS. II, 143, ob dabei wohl an den Hafen, der auf den Bildern der Nehalennia zum Opfer gebracht wird, zu denken fei? Ich bin fehr geneigt, die Frage zu bejahen, zumal die Eier fchon um Gertrudistag roth ge= färbt werden, und die öfterliche Zeit z. B. diefes Jahr (1864, 1869) fchon früher anhob. Nehalennia ift wie Gertrud eine Göttin der Frucht= barkeit: das eben deuten die rothgefärbten Eier an (roth ift die Farbe der Freude); aber noch einmal wird die Fruchtbarkeit hervorgehoben, indem der Hafe, das fruchtbarfte Thier, fie gelegt haben foll. Rochh. Mythen 258 ff.

Warum Shakefpeares Luftfpiel A Mid summer-nights Dream heißt, darüber finden wir bei den Erklärern keine Auskunft.

'Die Johannisnacht', fagt Tieck, 'wurde in England, wie faft allent= halben in Europa, zu manchem unfchuldigen Aberglauben und Spiel gebraucht: den künftigen Mann oder die Geliebte zu erfahren, zu weißa= gen u. dergl.'

Aus Grimms Myth. beftätigt fich dieß nicht. Beim Johannisabend wird S. 555 nur der Sitte gedacht, zu benachbarten Quellen zu wall= fahrten, um fich (wie auch an andern hohen Feften) an ihrem Waßer zu heilen und zu ftärken. Von der Johannisnacht ift dann nur bei dem Johannisfeuer die Rede. Die abergläubifchen Gebräuche aber, deren Tieck gedenkt, gehören der Weihnacht und der Andreasnacht an, nicht der Johannisnacht.

'Viele Kräuter und Blumen', heißt es weiter, 'follten nur in diefer Nacht ihre vollkommene Kraft oder irgend etwas Zauberifches erhalten.'

Dieß ift richtig und auch unten beim Johannisfeft S. 561 anerkannt. Hier fcheint aber der Grund des Irrthums zu liegen: die Entftellung des Na= mens des Stücks, der von dem Dichter nicht herrühren kann, ift von den Zauberkräutern ausgegangen, mit welchen in diefem Luftfpiel die Augen der Liebenden beftrichen werden, unter welchen das Kraut Müßige Liebe mit Recht das berühmtefte geworden ift. Allein deren Kraft und Wirkfamkeit ift auf die Johannisnacht nicht befchränkt. Shakefpeare mufte fich bewuft fein, daß er fein Stück nicht zur Sommerwende, fon= dern in der Walpurgisnacht fpielen ließ, wofür folgende Stellen ent= fcheidend find. Thefeus fagt in der erften Scene des vierten Acts:

> Geh Wer und fuche mir den Förfter auf,
> Denn unfre Maibegrüßung ift vollbracht.

und weiterhin in demselben Auftritt von den Liebenden:

> Sie machten ohne Zweifel früh sich auf
> Zum Maigebrauch, und unsre Absicht hörend,
> Sind sie zu unserm Fest hieher gekommen.

Hiemit sind auch die Worte Lysanders (I, 1) zu vergleichen, wonach er Hermia schon einmal bei einer Maibegrüßung mit Helena getroffen habe. Zum Empfang des Sommers zog man in der Frühe des Maitags, wie der erste Tag des Maien noch jetzt am Niederrhein heißt, in den Wald, um den Sommer einzuholen, zu empfangen oder zu begrüßen. Die Rolle des Sommers pflegte dabei der sogenannte Maikönig oder Maigraf zu spielen.

Gewöhnlich wählte sich der Maikönig eine Maikönigin, der Maigraf eine Maigräfin, ja alle junge Burschen durch eine Versteigerung ein Mailehn. Offenbar ist der Maikönig mit der Maikönigin in den neuern Volksgebräuchen an die Stelle des höchsten Götterpaares getreten, die als Jahresgötter in den ersten Zwölften (1.—12. Mai) ihr Hochzeitfest begiengen. Vgl. §. 73. b. und S. 456. Man darf vermuthen, daß Shakespeare, dem die alte Symbolik so lebendig war, eben aus diesem Grund die Hochzeit des Theseus mit der Hippolyta auf Maitag legte. Diese mußten ihm nämlich an der Stelle Oberons und der Titania, deren häuslichen Zwist er zum Hebel der dramatischen Handlung gebrauchte, die Hochzeit begehen, welche nach der alten Anschauung die gedachten höchsten Gottheiten als Jahresgötter an diesem Tage zu feiern pflegten. Auch dieser häusliche Zwist über einen Liebling ist in der deutschen Göttersage begründet, vgl. oben S. 283, ja den Namen Titanias haben wir S. 414 daraus erklärt.

Eine seltsame Umkehrung macht sich aber hier bemerklich: Oberon und Titania, als Beherrscher des Elbenreichs nur dii minorum gentium, treten hier an die Stelle der höchsten Himmelsgötter, während in ihrem Diener Puck, wie sein anderer Name Ruprecht (Ruodperacht, der Ruhmglänzende) zeigt, ursprünglich der höchste Gott, in viel größerm Maße erniedrigt ist als wir Oberons Macht gesteigert sehen. Aus diesem seinem ursprünglichen Rang erklärt es sich auch, warum Puck (II 2) Wanderer heißt: es rührt noch von Odins Wanderungen her und stellt sich zu seinem Beinamen Gangradr, Gangleri, Wegtamr, viator indefessus, §. 33. 62. Die Erklärer gehen darüber in ihrer bekannten Weise hinweg ohne ein Wort zu sagen, während sie sehr weitläufig werden, wo es keiner Erklärung bedarf.

Das auch in Deutschland gültige Wort ‚Mittsommernacht‘ hätte Schlegeln zu Gebote gestanden, wenn er mit Steevens der Meinung gewesen wäre, daß das Stück von der Johannisnacht den Namen habe. Aber auch Goethe theilte wohl, wie wir sehen werden, diese Ansicht

nicht. Daß ich gegen Schlegels Ueberſetzung ‚Sommernachtstraum‘ an
ſich nichts einzuwenden habe, iſt in meiner ‚Rechtfertigung‘ bemerkt: ich
vermied dieſen Titel nur, weil er dem Irrthum, daß das Stück in der
Johannisnacht ſpiele, nicht entgegentritt, welchen doch Shakeſpeare fern
zu halten, wie ſchon Johnſon bemerkt hat, ſo ſorglich (so carefully)
bemüht war. Sommernacht durfte der Dichter die Nacht vor dem
erſten Mai nennen, weil mit ihr nach der alten Anſchauung der Sommer begann, zu deſſen Einholung die ſogenannte Maifeier eingeführt war.
Ich hätte Mainachtstraum überſetzen dürfen, da der erſte Mai noch jetzt
dem gemeinen Mann ‚Maitag‘ heißt und das Sprichwort gilt, Maitag
(1. Mai) ſolle das Korn ſo hoch ſein, daß ſich eine Krähe darin verbergen könne. Wir überſetzen aber für die Gebildeten, die dem Sprachgebrauch
des Volks und ſeinen Anſchauungen durch humaniſtiſche Schulbildung ent-
fremdet ſind: das zwang mich zu Walpurgisnachtstraum zu greifen.

Was dem Summer-nights Dream, wie der Dichter geſchrieben haben wird, das Mid- vorzuſetzen veranlaßte, darüber habe ich eine Vermuthung geäußert: die Entſtehung des jetzigen Namens unſeres Stücks iſt von
den Zauberkräutern ausgegangen, mit welchen darin die Augen der Liebenden beſtrichen werden, deren Kraft und Wirkſamkeit zwar in der Johannisnacht culminiert, aber doch keineswegs auf ſie beſchränkt iſt.

Wenn mir entgegnet wird, daß es dießmal in der Mainacht
ſpuke, das rühre nicht von der Mainacht her, ſondern ſei zufällige Folge
der Erfindung Shakeſpeares, der die Hochzeit, für welche er nun
einmal den erſten Mai gewählt hatte, eine phantaſtiſche Verwirrung vorangehen laßen wollte, ſo betreffen wir hier unſere Gegner auf
einer Anſicht, die wohl Wenige theilen werden. Es leuchtet doch ein,
wenn der Dichter der Hochzeit eine phantaſtiſche Verwirrung vorausgehen laßen wollte, ſo war hiezu die Mainacht, auch wenn nicht gerade
Hexen in ihr ſpukten, ſo paſſend gewählt, daß dieß ſchwerlich für zufällig gelten kann. Ich darf mich für die Anſicht, daß ſchon bei den
Alten der Mai allerlei Spuk herbeiführte, der Kürze wegen auf Solban
S. 245 beziehen. Nun erinnere ich daran, was S. 546 ausgeführt
iſt, daß die Friſten, wo ſich die Jahre und Jahreszeiten ſcheiden,
gleichſam Spalten ſind, wodurch die Ewigkeit und die ewige Geiſterwelt
hereinbricht. In geringerm Maße gilt dieß auch von den Scheidefriſten
der Tage, woraus ſich denn erklärt, daß die Geiſterſtunde in der Nacht
zwiſchen zwölf und eins fällt. Aber auch die Hochzeit wird nicht ohne
Grund auf die Mainacht gelegt ſein, da der mit ihr beginnende erſte
Mai als Sommeranfang von jeher für den Tag galt, wo ſich Himmel
und Erde und demnach auch die Jahresgötter, welche ſie bedeuteten, vermählten. Daher wählt auch das Volk, welches nach dem Wegfallen des

heidnischen Priesterthums dieses Fest auf eigene Hand begehen muste, einen M a i k ö n i g und eine Maikönigin, welche die sich vermählenden Jahresgötter bedeuten, wie es denn auch als deren Gegensatz einen W i n t e r k ö n i g wählte, den man in England (nach Douce Illustr. II, 441) Lord of misrule oder great capitaine of mischiefe nannte. In Deutschland, und namentlich in Schwaben heißt er wohl der T ü r k e; die englischen M o r r i s dances (Douce II, 431 ff.) erläutern sich daraus. Zwischen dem Türken und dem Maikönig pflegte es dann zum Kampfe zu kommen, wobei letzterer den Sieg davon trug: der Preis des Sieges war die Hand der Maikönigin, welche er sich hie und da auch selber wählte, indem er den Siegeskranz ihr zuwarf. Darum schließt sich auch hier das M a i l e h e n an: es ist der Maikönig, der bei Gelegenheit seiner Hochzeit auch seine Vasallen für ein Jahr mit Bräuten versieht. Auch bei dem spätern deutschen Walpurgisfest, als schon die Hexen dabei überhand genommen hatten, wählte der Teufel diejenige unter ihnen, an welcher er am meisten Gefallen fand, zur Hexenkönigin. Alles dieß zeigt, daß es nicht zufällig war, wenn Shakespeare gerade in der Walpurgisnacht eine H o c h z e i t begehen läßt. Statt der Hochzeit Oberons und der Titania, welche in unserm Lustspiel an die Stelle der höchsten Jahresgötter treten, läßt indes Shakespeare den Theseus sich der Hippolyta vermählen, weil er den häuslichen Zwist jener beiden göttlichen Gatten, der gleichfalls, wie wir S. 552 sahen, in der Göttersage tief begründet ist, zum Hebel der Handlung gebrauchte und daher die Hochzeit, welche nach der alten Symbolik nicht fehlen durfte, auf Andere, den Theseus und die Hippolyta, übertragen muste; Goethe hat aber die Hochzeit Oberons und der Titania wiederhergestellt, welche das Zwischenspiel seiner W a l p u r g i s n a c h t bildet. Aus diesem Zwischenspiel ergiebt sich auch, daß wenigstens Goethe die Schuld nicht trägt, wenn man jetzt die Walpurgisnacht lediglich als einen Hexenspuk auffassen will. Daß die Hochzeit bei ihm zu einer g o l d e n e n wurde, erklärt sich daraus, daß eine jährlich wiederkehrende Hochzeit das moderne Bewußtsein befremdet hätte.

Wir sahen, daß die Mythen ursprünglich keinen andern Inhalt hatten als das Naturleben im Kreißlauf des Jahrs, in Sommer und Winter: bei den Jahresfesten tritt uns dieses Grundthema noch stärker entgegen. Doch muß man sich erinnern wieviel härter der nordische Winter war, wieviel schwerer sein Druck im Mittelalter auch in Deutschland auf dem Volke lastete, wie aller Verkehr gehemmt, alles Leben gleichsam eingeschneit und eingefroren schien, um die Freude des Volks zu begreifen, wenn ihm Kunde von baldiger Erlösung aufblühende Blumen oder anlangende Vögel als Boten des Frühlings brachten. Uns haben die Vortheile der

Cultur jener tödlichen Winterbeschwerden überhoben, dafür aber auch des lebendigen Naturgefühls beraubt, das jene Volksfeste schuf, jene Mythen dichtete. Wir tanzen nicht mehr um das erste Veilchen, wir holen den ersten Maikäfer nicht mehr festlich ein, uns verdient keinen Boten= lohn mehr wer den ersten Storch, die erste Schwalbe ansagt; nur in den Kindern, die wir ängstlicher an die Stube binden, lebt noch ein Rest solcher Gefühle, und schon in den letzten Jahrhunderten war das ‚Lenzwecken‘ Quitzm. 281 und die Sommerverkündigung armen Knaben anheim gefallen, die einen Kranz, einen Vogel, einen Fuchs um= hertrugen und dafür von Haus zu Haus die Gaben sammelten, die wir früher freudig der rückkehrenden Göttin als Opfersteuern entgegentrugen. Nur hie und da nehmen noch Erwachsene an solchen Aufzügen Theil, und wie ärmlich, ja bettelhaft auch diese aussehen, so wird doch dann sogleich die Handlung sinnvoller. So gestaltet sich das ‚Winteraus= treiben‘ zu einem kleinen Drama, das den Kampf zwischen Sommer und Winter, wie er im Naturleben sich begiebt, vor die Sinne führt. Der Winter ist in Stroh oder Moos, der Sommer in grünes Laub gekleidet: beide ringen mit einander und der Winter wird besiegt, aus= getrieben oder ins Wasser geworfen, auch wohl verbrannt. Das ist die rheinische Sitte; in Franken tritt schon der Tod an die Stelle des Winters und je mehr wir uns einst slavischen Gegenden näherten, sehen wir die Austreibung des Todes stärker hervortreten: des Sommers wird endlich ganz geschwiegen.

Der Winter ist der Tod der Natur; auch in den Mythen werden Winter und Tod nicht auseinander gehalten: warum sollten sie sich in den Volksspielen nicht vertreten dürfen? Auch in ganz deutschen Gegenden begegnen Spuren dieses Tausches. Bei dem Münchener ‚Metz= gersprung und Schäfflertanz‘ (Panzer 226 ff.) ist gar die Pest an die Stelle des Todes getreten, und daß dieß nicht allein steht, zeigt die schwäbische Sitte (Meier 377), wo das ‚Brunnenspringen‘ wie bei jenen Münchener Volksspielen auftaucht. Dort hatte die Seuche ein Lindwurm gebracht, der sich unter der Erde aufhielt, in der Hölle, bei ‚Grebel in der Butten‘; die Schäffler (Büttner) hatten ihn durch Spiel und Gesang ver= trieben: alten Opfern und Frühlingstänzen war der mörderische Winter gewichen. Nach einer andern Meldung war der giftspeiende Lindwurm durch einen Spiegel herausgelockt worden, den man über dem Brunnen angebracht hatte. Das mag Entstellung der Sage vom Basilisk sein: die Vergiftung der Brunnen und der Luft durch umfliegende Drachen ist ur= alter Glaube; als Gegenmittel zündete man Feuer (P. 361), und auch diese galten für Opfer. Nach dem Gedichte ‚Salomons Lob‘ bei Diemer trank ein Drache alle Brunnen zu Jerusalem aus bis man sie mit Wein füllte: davon ward er berauscht und konnte nun gebunden werden. Die Vergleichung der verwandten Sagen, die wir hier nicht verfolgen können, ergiebt, daß der Drache Nibhöggr ist, der an dem Weltbaume nagt, der Brunnen aber Hwergelmir; Grebel ist Gribh, die wir als Hel kennen, und ihre Butte der Abgrund der Hölle, den wir §. 85 auch schon als Faß, Saturni dolium, gedacht sahen. Sie fällt mit der Pest zusammen so wie mit der alten Frau, die nach M. 739 zu Frankfurt in den Main geworfen ward; nach dem dabei gesungenen Liede ‚Reuker Uber schlug sein Muder' u. s. w. erscheint sie als die Mutter des Sommers, der ihr nun Arm und Bein entzwei schlägt. Sie ist also gleichfalls der Winter und entspricht dem Tod, der bei Slaven und Romanen in Gestalt eines alten Weibes entzwei gesägt ward, M. 742. Auch anderwärts (Schmeller I, 320) begegnet diese Grebel; daß sie in München für das erste Bauernweib ausgegeben wird, das sich nach der Pestzeit wieder in die Stadt wagte, ist deutliche Entstellung. Ein Meister des Gewerks führt dort noch heute den Namen ‚Himmelsschäffler'. Himmel und Hölle stehen sich hier entgegen, wie in den Mythen der Himmels= und Sonnengott in die Unterwelt herabsteigt, um nach dem Kampf mit dem Drachen die schöne Jahreszeit heraufzuholen.

Schwerer ist die Bedeutung des Waßervogels anzugeben, der in Augsburg zur Pfingstzeit mit Schilfrohr umflochten, anderwärts in Baumzweige gehüllt, durch die Stadt geführt wird, M. 562. 745. Daß er ins Waßer geworfen ward, scheint der Name wie die Bekleidung zu sagen, und Schmeller l. c. bezeugt es ausdrücklich. Der Zusammenhang mit der Waßertauche §. 137 könnte auch hier ein Opfer vermuthen laßen; aber obwohl auch bei uns die Puppe, welche den Winter oder den Tod vorstellt, ins Waßer geworfen wird, M. 728. 739, wie in Schwaben nach dem unten anzuführenden Gebrauch der ‚Mohrenkönig', der den Winter bedeutet, so dünkt doch diese Annahme grausam. Die Wettspiele, welche sich an die Pfingstfeier knüpften, brachten es mit sich, daß sich der Bursche die Tauche gefallen laßen muste, der die Pfingstsonne als Pfingstlümmel verschlafen hatte. Nach Panzer 236 ward zwar dem ‚Pfingstl', wie nach Meier 408 dem ‚Pfingstbutz' sogar der Kopf (zum Schein) abgeschlagen; jener ist aber als Waßervogel, dieser als Pfingstlümmel gekennzeichnet, und daß beide zusammenfallen, zeigt wieder Schmeller l. c. Auch scheint eine frühe Auffaßung als Opfer aus dem P. 236 beschriebenen Gemälde, wo sogar der Flußgott vorgeführt wird, hervorzugehen. An eine wirkliche Opferung des Verspäteten, dem die Rolle des Winters oder Todes zugefallen war, möchte man bei diesen heitern Frühlingsfesten auch in den ältesten Zeiten nicht gerne denken. In

einigen Gegenden heißt das ganze Maifest Waßervogel, weil gerade
diese Figur, der Gegensatz des Maikönigs, besonders hervortritt.

Den Kampf zwischen Sommer und Winter führte auch der schwedisch-
gothische ‚Mairitt‘ vor, wie ihn Olaus Magnus (M. 735) schildert.
Hier ward er noch von Obrigkeitswegen mit großem Gepränge begangen.
Der Name des Blumengrafen, welchen der den Sommer vorstellende
‚Rittmeister‘ führt, entspricht dem des Maigrafen bei dem deutschen Mai-
ritt, wo aber die Spuren eines Kampfs der Jahreszeiten zurücktreten.
Dem Blumengrafen gegenüber war der Winter und sein Gefolge in warme
Pelze gehüllt und warf mit Asche und Funken um sich; das sommerliche
Gesinde wehrte sich mit Birkenmaien und grün ausgeschlagenen Linden-
zweigen. Aber in der kölnischen ‚Holzfahrt‘, die später an Marsilius
geknüpft ward, muste der von den Bürgern gewählte ‚Rittmeister‘ von
Kopf bis zu Fuß gewappnet sein, und nach dem nicht näher beschriebenen
Zug in den Wald wurde ihm ein Kränzchen aufgesetzt, wofür er ein Gastmal
zu geben hatte, das wieder ‚Kränzchen‘ hieß. Düntzer, Alterth. d. Rheinl.
IX, 50. Auch bei der Hildesheimer ‚Maigrevenfahrt‘ erhält die Maigreve einen Kranz und bewirthet die Holzerben. Auf einen Kampf deutet
aber hier nichts mehr, wohl aber bei dem schwäbischen Pfingstritt
die Worte, die dem Maienführer in den Mund gelegt werden:

> Den Maien führ ich in meiner Hand,
> Den Degen an der Seiten:
> Mit den Türken muß ich streiten.

Der Türke, S. 556 auch Mohrenkönig genannt, ist der Winter vgl. §. 15:
er soll im Waßer ertränkt werden wie sonst der Waßervogel. So heißt es in
dem Märchen von dem Menschenfreßer, der wieder der Winter ist: ‚Z
schmöck a Christ.‘ Zwischen Türken und Heiden unterschied man nicht.

Wenn die spätere Darstellung des Kampfs der Jahreszeiten bei dem
schwedisch-gothischen Mairitt sich aus dem im Norden nicht so früh wie
bei uns einkehrenden Frühling zu erklären schien, so zeigt nun die Vergleichung des kölnischen und schwäbischen Gebrauchs, daß die Frühlingsfeste von Fasnacht bis Pfingsten von derselben Vorstellung ausgehen, ja
Kuhn hat Zeitschr. 1. c. jenen Kampf schon um Weihnachten nachgewiesen. Wenn der Maikönig, Mai- oder Blumengraf nach der Einholung
aus dem Walde heimkehrte, war er und sein ganzes Gefolge in Grün
gekleidet oder doch mit grünen Reisern und Maien so überdeckt, daß es
schien als käme ein ganzer Wald gegangen. Hier nahm wahrscheinlich
die aus Shakespeares Macbeth bekannte Sage von dem wandelnden Wald
den Ursprung, so wie die Sage von König Grunewald, deßen Tochter das feindliche Heer herankommen sieht mit grünen Bäumen: da wurde

ihr angst und bange, denn sie wuste, daß Alles verloren war und sagte ihrem Vater:

> Vater, gebt euch gefangen:
> Der grüne Wald kommt gegangen.

König Grunewald ist ein Winterriese, dessen Herschaft zu Ende geht, wenn das Maifest beginnt und der grüne Wald gegangen kommt; das ist . auch der mythische Grund der Macbethsage. Bei Saxo VII, 132 begegnet dieselbe Sage noch einmal und auch hier erkennt der Riesenkönig, dieses Wunder bedeute seinen Tod. Als man den gottesdienstlichen Ursprung des Maigebrauchs vergeßen hatte, entstanden Sagen zur Erklärung der Sitte. In Köln knüpfte man dabei an den römischen Marsilius an; der ‚Walperzug‘ zu Erfurt sollte zur Erinnerung an die mit Hülfe Kaiser Rudolfs vollbrachte Zerstörung eines Raubschloßes eingeführt sein. Der Sohn dieses Kaisers ward aber selbst 1308 bei einem Mairitt erschlagen, und die tapfern Soester Bürger, die mit dem Erzbischof von Köln in Fehde lagen, benutzten 1466 die kriegerische Rüstung, die der Mairitt, des Kampfes mit dem Winterriesen wegen, bedingte, zu einem wirklichen Kriegszug in die Grafschaft Arnsberg, von dem sie ‚geschmückt mit grünen Reisern‘, die sie im Arnsberger Walde gehauen hatten, siegreich heimkehrten. Hier ist es wohl nur eine Kriegslist des plötzlich einbrechenden, bisher durch den Wald verdeckten Feindes, und mehr seh ich auch bei Saxo V, 84 nicht, noch in dem gleichfalls von Uhland III, 222 aus Aimoin angeführten Einbruch Fredegundens in Childeberts Lager, den auch der wandelnde Wald verdeckte: in allen drei Fällen ist von der gottesdienstlichen Sitte zum Verderben des Feindes Gebrauch gemacht; ein Mythus steckt aber nicht dahinter wie bei Macbeth, König Grunewald und Saxo VII, 132. Vgl. Gr. D. S. I, 148. II, 91. Lyncker Nr. 252 u. M. Quellen d. Shak. III, 276.

Auch da, wo neben dem Maigrafen eine Maigräfin auftritt, liegt kein anderer Mythus zu Grunde, nur ein anderer Moment desselben ist aufgefaßt: die Vermählung des Götterpaares statt des vorausgehenden Kampfs, sei bei diesem nun an Freys Erlegung Belis oder an Wodans oder Sigmunds Drachenkampf zu denken. An den Drachen erinnerte uns schon der Schäfflertanz S. 555; Darstellungen eigentlicher Drachenkämpfe hat Kuhn NS. 484 bei englischen Weihnachts- und Maigebräuchen aufgedeckt und die deutschen Schwerttänze und Osterspiele hatten wohl gleiche Bedeutung. Ueberall ist es der Frühlingsgott, der nach Besiegung der Winterstürme sich der verlobten Erde vermählt.

Eine große Menge Figuren ist bei dem schwäbischen ‚Pfingstritt‘ betheiligt, der sich darin dem Niederd. bei Kuhn NS. 382 vergleicht. Es erscheinen darunter auch Arzt, Koch und Kellermeister. Das erinnert

an die Ausloozung der Aemter beim Bohnenfest am Berchtentage S.
548. Bemerkenswerth scheint, daß bei Meier 407 auch der Metzger
auftritt, dessen Bedeutung uns von dem Münchener Feste her noch er=
innerlich ist. Wie aber hier der Kampf hervorgehoben wird, so fehlt Alles,
was auf Vermählung deutet. In Dänemark kehrt sich das um: der
Maigraf wählt sich die ‚Maijinde'; vom Kampf erscheint keine Spur,
während sich in England beides vereinigt, am Rhein nur die Zeiten
auseinander liegen, denn der Kampf zwischen Sommer und Winter wird
schon zu Lichtmeß vorgestellt, erst der ‚Maitag' bringt den ‚Maibaum'
und den ‚Maikönig', und nicht dieser allein wählt sich seine Maikönigin:
nach der Sitte des ‚Mailehns' wurden die Dorfmädchen an den Meist=
bietenden versteigert, und jedem Burschen die seine zugeschlagen. Ihr
sollte er das Jahr über dienen, nur mit ihr tanzen und auch sie ohne
seine Erlaubniß mit keinem Andern. Für solche ‚Mailienen' wurden
oft hohe Summen gezahlt und die Erträge für die schönen zur Ausstat=
tung der häßlichen verwendet. Wenn ein Mädchen sich verfehlt hatte,
und sich aus einfacher Rechnung ergab, daß sie beim letzten Tanz um
die Dorflinde schon ihre jungfräuliche Reinheit eingebüßt, so ward die
Linde oder das Geländer um sie rein gewaschen und gescheuert, auch das
Pflaster ringsum aufgebrochen und erneuert. Mering Geschichte der
Burgen u. s. w. IV, 8. Die weite Verbreitung der Sitte des Lehn=
ausrufens bezeugen Lieder, die am Rhein wie in den Niederlanden ge=
sungen wurden, und daß sie auch in Frankfurt a. M. bekannt war, habe
ich Rheinl. 166 nachgewiesen; ja dort verlieh früher der Kaiser die
Bürgerstöchter :

> Heute zu Lehen, morgen zur Ehen,
> Ueber ein Jahr zu einem Paar.

Nach R. A. 436—38 erklärt sich der Name des Lehens daraus, daß
der Kaiser, und demnach wohl der Maikönig, das Recht in Anspruch
nahm, die Töchter der Unterthanen mit seinem Hofgesinde zu verehelichen.
In Hessen ist dieses Lehnausrufen am Walpurgisabend Gebrauch, Lyn=
cker 235; am Drömling aber nennen schon am weißen Sonntag, vier=
zehn Tage vor Ostern, die kleinen Hirtenjungen den größern ihre Braut;
keiner aber darf das Geheimniß verrathen bis Pfingsten. Dann wird ‚der
füftge Mai' zugerichtet, und von den Burschen vor die Häuser begleitet,
während die Mädchen die bebänderte Maibraut umherführen, M. 747.
Kuhn WS. II, 161. Schmitz I, 32. 48.

Wer als Maikönig prangen soll, entscheidet sich an einigen Orten
durch ein Wettrennen zu Pferde nach einem ausgesteckten Kranz; wer
dabei vom Pferde fiel, muste die Theerlappen tragen, womit die Peitschen
geschmiert wurden, Kuhn NS. 379; anderwärts finden sich andre Spiele,

die wohl gleichen Zweck hatten: die Entſcheidung über die Königswürde.
War es ein Wettlauf, ſo heißt der letzte Moliz und das Ganze Molizlau=
fen. Das zeigt den Zuſammenhang der Pfingſtſchießen mit dem Mai=
feſt: der beſte Schütz wird auch hier König und wahrſcheinlich fiel einſt der
Schützenkönig mit dem Maikönig zuſammen. Darum finden ſich, wo die
Schützenfeſte ſich ausgebildet haben, andere Pfingſt= oder Maigebräuche
gewöhnlich nicht, Kuhn Ztſchr. l. c. 382; doch ſteht in Ahrweiler das
Schützenfeſt am Fronleichnamstag neben der Maifeier. Der bei dem Mai=
ritt im Hildesheimiſchen u. ſ. w. auftretende Schimmelreiter wird wie der
Maikönig ſelbſt um ſo überzeugender auf Wodan gedeutet als Kuhn
wahrſcheinlich gemacht hat, daß dieſer ſelbſt einſt durch Pfeil und
Bogen berühmt war, was zu unſerer Annahme ſtimmt, daß er mit Uller
zuſammenfiel. Bei dem Wettrennen zu Salzwedel wird der Sieger
mit Maien, der Letzte, Langſamſte mit Blumen geſchmückt, hei wört ſmuk
mâkt, und heißt nun der ſchmucke Junge: derſelbe Hohn, der mit dem
Pfingſtlümmel, dem Pfingſtbutz u. ſ. w. getrieben wird. Als die Be=
deutung dieſer vielgeſtalteten Wettſpiele ergiebt ſich alſo die Entſcheidung
darüber, wem bei dem Frühlingsfeſte die Ehrenrolle des ſiegenden Sommers
zu Theil werde oder wer ſich allen Schimpf und Spott gefallen laßen
müße, welcher dem beſiegten Winter angethan wird, wie wir bei dem
Waßervogel, dem Mohrenkönig u. ſ. w. geſehen haben. Zur Rolle des
Pfingſtlümmels verurtheilt aber gewöhnlich ſchon Spätaufſtehen am Pfingſt=
montag, wie auch nicht überall Wettſpiele, ſondern hier und da das Looß
über die Austheilung der Aemter entſcheidet. Neben den Wettſpielen der
Burſchen erſcheint zu Halberſtadt auch ein Wettrennen der Mädchen (Kuhn
386), was auf den Ausdruck Brautlauf (nuptiae) §. 147 Licht werfen könnte.

    Wenn beim Wettlauf von dem Letzten, Säumigſten geſungen wird,
er habe ſich ‚ein neu Haus gebaut und ſich dabei ins Knie gehaut‘
(Kuhn 380), wie er auch der ‚lahme Zimmermann‘ oder ‚Lâmbô‘ heißt,
MS. 324, Sommer 181, ſo werden wir an den Mythus von Swabilfari
erinnert.

    Pfingſtfoſs(Pfingſtfuchs) heißt das Mädchen oder der Burſche, die beim
Austreiben des Viehs zuletzt ankommen; auch wohl das Mädchen Pingſt=
brut, Kuhn WS. 160. Ein andermal findet man den zuerſt Aufgeſtan=
benen Thauſtreicher oder Thauſtrauch (däweſtrûch) genannt, den
letzten Pfingſtmode. Als Thauſtreicher werden ſonſt wohl die Hexen be=
zeichnet, weil ſie den heilkräftigen Thau von fremden Wieſen auf ihre
eigenen tragen ſollen, Myth. 1026, Kuhn WS. II, 165. Einigemal nimmt
das Maiſpiel die Geſtalt des Einfangens einer Räuberbande an: die
Räuber ſind in Moos gekleidete wilde Männer, wie ſonſt auch der Win=
ter in Moos gekleidet wird. Hier hat er ſich nur vervielfältigt: als

Räuber darf er gedacht werden, weil er die Schätze der Erde und die
schöne Frühlingsgöttin entführt.   Auch in den Räubermärchen wie Kuhn
NS. 186. 279 WS, I, 22 sind die Räuber Winterriesen und ent=
führen Jungfrauen, die hernach bald dem Ofen, bald der Rolandssäule,
bald dem blauen Stein beichten; das Räuberspiel geht aber auch
mit manchen andern Gebräuchen ins Johannisfest über und kommt hier
auch unter dem Namen ‚die Seejungfer suchen' als Schifferstechen vor,
Sommer 158, Kuhn 386. 392. Statt des wilden Mannes führen an=
dere Spiele den grünen Mann, den Graskönig, Schloßmeier oder La t=
t i ch t ö n i g auf, wobei Zweifel entsteht, ob er den Sommer oder Winter
bedeute, wie das auch bei dem Pfingstqual, Pfingst b l ö t z e l nicht zweifel=
los ist.   Ursprünglich gieng die L a u b e i n k l e i d u n g auf den Frühlings=
gott; da aber der Winter außer in Stroh auch in Moos und Rinde
gekleidet wurde, so erschien nun auch Er grün, woraus sich manche Ver=
wirrung ergab. So ist nicht leicht zu sagen, welchen von beiden der bald
in Stroh, bald in Laub gekleidete Bursche, den man als B ä r e n tan=
zen ließ, M. 736. 745, meinte, wahrscheinlich doch Donar. In Däne=
mark, wo er G a d e b a s s e hieß, wie das ihm zugetheilte Mädchen G a =
b e l a m, fällt er deutlich mit dem Maigrafen zusammen. Das Mailamm
erscheint, Birlinger 182, als Abgabe. Der Frühling wird in Blumen
eingekleidet: er erscheint ganz grün; vielleicht erklärt uns das, warum
der Teufel, wie wir früher vorwegnahmen, gern als grüner Jäger auf=
tritt, zumal er noch andere Züge von Odin erborgt hat.

Die J o h a n n i s g e b r ä u c h e bieten, wenn man abrechnet, was sich
aus den Mai= und Pfingstspielen dahin verloren hat, wenig Eigenthüm=
liches mehr: sie knüpfen sich meist an das schon besprochene Johannis=
feuer. Nur das E n g e l m a n n s k ö p f e n in Rottenburg (Birl. 99) er=
innert an Balburs Tod. Doch ist diese hochheilige Zeit, wo versunkene
Schätze sich heben und sonnen, M. 922, alle bösen Geister schwärmen,
Birl. I, 278, Erlösung suchende Geister, namentlich Schlüßeljungfrauen,
umgehen, der Gipfel des Jahrs : der Sommer hat jetzt seine ganze Pracht
entfaltet, alle Pflanzen duften und entwickeln heilsame Kräfte, der Sonne=
wendgürtel (Beifuß), das Johannisblut S. 219 und viele andere Kräu=
ter von hohen Gaben und Gnaden werden zwischen Johannis und Ma=
rieen=Himmelfahrt (Krautweihe) gebrochen.   Auch das Waßer war um
Johannis heilsamer sowohl zum Trinken als zum Baden; über die Heil=
kraft des Johannisnachtthaus Liebrecht Gervasius und Heidelb. Jahrb.
1867, 178. Die von Petrarca belauschte Abwaschung der kölnischen
Frauen, wobei sie sich mit wohlriechenden Kräuterranken gürteten und
gewisse Sprüche hersagten, M. 555, kann um so eher für einen Ueber=
rest des heidnischen Mitsommerfestes gelten als das Christenthum sie

später abgestellt hat. Vgl. Lyncker 254. Nach dem Zeugniß des Augu-
stinus, welches Braun Jahrb. XXII, 2. 85 anführt, war diese Sitte
heidnisch: ‚quia haec infelix consuetudo adhuc de paganorum obser-
vatione remansit'; gleichwohl will sie Braun, man traut seinen Augen
nicht, für christlich ausgeben.

Man hielt, sagt Alex. Scholtz, Großglogauer Progr., ‚der Johan-
nisname und seine Bedeutung' S. 9, das Waßer um diese Zeit für
heilsamer sowohl zum Trinken als zum Baden. Ein einziges Bad in
der Johannisnacht, sagt man noch heute im Würtembergischen, wirkt so
viel als neun Bäder zu anderer Zeit. Die Bäder nahm man im Kü-
stenlande im Meere, im Binnenlande in Seen, Teichen, Flüßen und
Quellen. Oft werden auch Blumen dazu gestreut. Neben dem Baden
weist Scholtz eine Bekränzung der Brunnen nach, oft mit feierlichen
Aufzügen, Spiel, Tanz und Gesang verbunden, ferner ein Thaubaden,
denn auch dem Thau, namentlich in der Johannisnacht traute man heilsame Einflüße zu, wobei man an die Hexen erinnert wird, die den Thau
von fremden Wiesen an den Füßen auf die ihrigen trugen wie sie nach
M. 1013 auch im Korn badeten. Nach dem Volksglauben buttert die
Milch nicht, wenn der himmlische Thau nicht auf dem Futter lag, das
dem Vieh gestreut wird. Aus der Kraft des Thaus fließt es auch, daß
von den Menschen der verjüngten Welt gesagt wird: Morgenthau ist
all ihr Mal. Nach Kuhn WS. II, 101 muß man auch am Stephanstage, also zur entsprechenden Zeit in der andern Hälfte des Jahres,
Karren mit Häckfel unter den blauen Himmel stellen, damit der himmlische Thau darauf falle: dann werden die Pferde das ganze Jahr über
nicht krank. Von den wunderbaren Eigenschaften des in der Christnacht
und zu Pfingsten fallenden Thaus meldet schon Gervasius (Liebr. 2. 56),
und ganz entsprechende Gebräuche in der Johannisnacht werden (Liebr.
l. c.) aus Schweden berichtet. Die Sommersproßen vergiengen, wenn sie
mit Maithau gewaschen wurden. Dem Thaubaden entsprach sogar ein
Thautrinken, vgl. Kuhn WS. 165. Jenes aber war in der Johannisnacht in ganz Europa Gebrauch, Scholtz S. 10. Selbst die Gewänder
wurden im Thau gebadet, und die Leintücher ausgerungen und der Thau
in Fläschchen aufbewahrt, wie Aehnliches im Frühjahr mit den Thränen
des Weinstocks geschieht, die man den Augen heilsam glaubt. In Mar-
seille begießt man sich zu Johannis mit wohlriechenden Waßern. Vom Johannisfeuer ist schon gesprochen, gleichzeitig wurden auch die Häuser innen
und außen mit grünen Maien und Blumenkränzen geschmückt und gewisse
Pflanzen in das lodernde Feuer geworfen. ‚Quer über die Straßen hinweg' wie auch bei andern Festen ‚zieht man Blumenkronen an Schnüren
befestigt; bekränzte Kinderscharen halten, hier und da noch Tannenreiser

in den Händen tragend und Lieder ſingend, Aus- und Umzüge und fordern Gaben ein; Maibäume werden errichtet und umtanzt unter fröhlichem
Singen, Hahnſchlagen, Maſtklettern, Aufzüge mit einem Kampfſpiele zwiſchen zwei Parteien, Tonnenſchlagen mit Wettreiten: alle dieſe und ähnliche Beluſtigungen leben noch heute fort.' Wie kam es, daß der Tag ſo
feſtlich gefeiert wurde, mit dem ſich die Sonne wieder zu neigen begann?
Gedachte man nicht daran, daß nun das Licht wieder abnahm, daß Baldur zu Hel hinabſtieg und die Herſchaft des blinden Hödur zurückkehrte?
Stäts iſt die Sonnenwende als Siegesfeſt behandelt worden, wie es in
der Natur aller Feſte lag, Freudenfeſt zu ſein. Man freute ſich der erreich-
ten Polhöhe des Lichts ohne mit Eulenſpiegel zu weinen, daß es nun
wieder bergab gieng; dagegen zu Mittwinter war man weiſe genug, nur
an das Wachsthum des wiedergeborenen Lichts zu denken. Die Johannisnacht, die kürzeſte des Jahres, wo im hohen Norden die Sonne nicht un-
tergieng, wuſte man durch das Feſtfeuer in den lichteſten Tag zu verwandeln und ſo den vollen Sieg des Lichts zugleich zu fördern und zu feiern.
Als Siegesfeſte ſcheint die Feſte dieſer Zeit auch die triumphierende Kirche
verſtanden zu haben in der bekannten Epternacher Prozeſſion, wo
man Einen Schritt rückwärts aber zwei vorwärts thut. Der eine Schritt
rückwärts bedeutet das Sträuben des Winters, dem es auf kurze Zeit gelingt,
einen Theil der ſchon verlorenen Herſchaft wiederzugewinnen, was er aber
mit deſto größern Verluſten büßen muß; die zwei Schritte vorwärts den
unvermeidlichen Sieg des Sommers, denn trotz des einen zurückgethanen
Schritts, der den Fortſchritt zwar hemmt aber nicht hindert, wird das
Ziel erreicht, ſo daß dieſe hüpfende und ſpringende Schauſtellung den
überſtandenen Kampf mit den Mächten der Finſterniß und ihre gewiſſe
nun entſchiedene Niederlage ſehr lebendig veranſchaulicht.

Die mythiſchen Bezüge der Erntegebräuche bewegen ſich
um den Aehrenbüſchel, der unter dem Namen Rothhalm, Glückskorn,
Vergödendelsſtruß, Oswol oder Vägeltöjen u. ſ. w. für Frau Göde,
Woban und ſein Roſs oder die Vögel des Himmels als ein Opfer ſtehen
blieb. In einigen Gegenden ſprang man über dieſe mit bunten Bändern wie eine Puppe aufgeputzte Garbe, der auch wohl das Vesperbrot
der zuletzt fertig gewordenen Schnitterin als ein ferneres Opfer eingebunden ward. Im Tyrol darf der genannte Getreidebüſchel nur mit
der rechten Hand gebunden werden. Er bildet eine Figur, die beide
Hände auf die Hüften ſtützt, die man dann mit Feldblumen ſchmückt,
und mit Brot oder einer Nudel begabt. Dann ſtellen ſich die Schnitter im Kreiß umher oder knieen nieder und beten: Heiliger Oswalt, wir
danken dir, daß wir uns nicht geſchnitten hatten. Panzer II, 214 ff.
Andernorts wird ſtatt ſeiner der h. Mäha (Mäher Messor) angerufen.

Wir haben ihn schon S. 23 in einem Sternbild verdreifacht gefunden.
Panzer II, 486. An einigen Orten hieß diese Puppe die Roggensau,
die Los (das Mutterschwein), wie auch der Eber im Korn geht, wenn
der Wind hindurchstreicht, S. 422, was auf Freys Eber bezogen ward,
ferner der Halmbock, Panzer II, 225, in andern auch der Alte
u. s. w. und Kuhn WS. 514 hat durch die Vergleichung englischer
Gebräuche wahrscheinlich gemacht, daß dieser Name auf Donar ziele.
Nicht anders wird auch der Name Peterbült zu deuten sein, vgl. aber
Kuhn NS. 519. 524. Daneben wird des Wolfs gedacht, der indes
als Roggenwolf nicht immer beliebt ist, (s. Mannhardts gleichnamige
Schrift 1866) wie auch das Mutterkorn wohl Roggenwolf heißt;
Mutterkorn nach der Kornmutter, Roggenmoer (§. 120), Roggenmutter,
weshalb die Aerzte sich bedenken mögen, ob die Anwendung dieses Aus=
wuchses am Getreide als Geburt förderndes Mittel nicht auf Mißver=
stand des Wortes beruht. Neben diesen göttlichen Wesen tritt Frau
Herke sowohl bei dem Winterkorn als bei der Flachsernte hervor. Diese
hat ihre eigenthümliche Gebräuche, wie auch bei der Flachsbereitung
unsere Schwingtage (Montanus l. c. 42 ff.) zu beachten sind.

An den Drischelschlag knüpfen sich Gebräuche, die wieder auf
alte Opfer deuten. Wer den letzten Drischelschlag thut, muß als der
Langsamste die 'Drescherin' den 'Anshalm' oder die 'Mockel' ver=
tragen: die Mockel ist die Kuh; oder die Los, die auch Fersau heißt,
oder die Saufud, die Hundsfud, nach Mannhardt der Mutterschooß
des Getreidesegens, oder den Hahn, der Wolf u. s. w., wie auch hier
wieder 'der Alte' begegnet. An andern Orten knüpfen sich diese und
ähnliche Ausdrücke an das Fruchtschneiden, also unmittelbar an die Ernte.
Wer die Mockel vertragen soll, hat eine aus Stroh gemachte Figur
in des mit dem Ausdrusch noch säumigen Nachbarn Haus zu tragen,
wobei er aber selten mit heiler Haut davon kommt. Erwischt man ihn,
so wird er schwarz gemacht, mit der Mockel auf ein Pferd gesetzt, und
zu allgemeinem Hohn durch das Dorf geführt. Auch sonst muß er sich
noch mancherlei Schimpf gefallen laßen, wofür er indes bei der Mal=
zeit, der Flegelhenke, entschädigt wird. So wird für den Alten, den
eine Puppe neben dem Drescher vorstellt, der Tisch gedeckt, als wenn
sie auch mitessen sollte: von allen Speisen, die aufgetragen werden, er=
hält sie ihren Antheil gleich jedem Andern, aber zum Vortheil ihres
Nachbarn. In England heißt diese Puppe Meldoll, was Kuhn NS.
518 auf den Hammer Miölnir deutet. Der Wolf wurde sonst wohl
aus der letzten Garbe bildlich dargestellt; jetzt giebt man ihm eine mensch=
liche Gestalt und trägt ihn zu der Herschaft, die dafür sogleich, und oft,
wenn er beim Ausdrusch zuletzt an die Reihe kommt, zum andernmal zu

bewirthen hat. Der letzte Drescher erhält auch wohl den Kornzoll oder
Weizenzoll, Gerstenzoll, nach der Frucht, die gerade gedroschen wird.
In Passau heißt das menschenähnliche Gebäck, das bei der Drischellage
gegeben wird, schlechtweg der Zoll.

Nach allen Anwendungen des Namens Wolf beim Getreide sind
wir nicht berechtigt, ausschließlich an den übelthätigen Wolf, den Ver=
wandten der Riesen, und nicht ebensogern an ein segnendes Wesen zu
denken. Auch kalte Winde, wenn sie zur rechten Zeit kommen, z. B.
am Maitag, sind wohlthätig, und das Sprichwort (Mannhardt Roggen=
wolf, Berlin 1868, S. 26), wenn am Maitag der Wolf im Saatfeld
liege, biege die Last des Korns die Scheuer, hat keinen andern Sinn,
als unser ‚Mai kühl und naß füllt dem Bauern Scheur und Faß.‘ Ich
bin der Niemand, der Hans Sachsens Wort, daß die Wölfe unseres
Herrgotts Jagdhunde seien, in allem Ernst auf Woban bezieht. Nicht
bloß im Kriege, auch bei der wilden Jagd, zieht er mit seinen ‚Grau=
hunden‘ einher und von diesem Umzuge erwartet der Bauer ein frucht=
bares Jahr. Wie seine Raben nicht bloß als Leichenvögel in Betracht
kommen, so können auch seine Wölfe nicht auf das Schlachtfeld beschränkt
werden. Anderer Meinung ist Mannhardt a. a. O. 69. Unbedingter
darf man seiner Darstellung in der Schrift von den Kornbämonen ver=
trauen.

Bei der Ernte besteht die letzte Garbe oft nur aus drei Aehren,
woran wieder Mythisches haftet. Drei Aehren führt Dinkelsbühl im
Wappen, ein Ort, der nach einer Getreideart benannt ist. Aehnliches
begegnet bei Roggenburg, Roggenhausen. Drei Aehren ließ die h. Jung=
frau aus der Erde wachsen um den Platz einer Kirche zu bezeichnen;
drei Aehren ließ Frau von Donnersberg für die drei Schwestern stehen
u. s. w. Panzer II, 319. Wenn der Roggen gemäht ist, wird bei
Werl ein Baum aufgerichtet, den man den Häkelmei nennt, wofür den
Mähern ein Maß Branntwein gebührt. Die Mädchen müßen ihn,
wenn sie die letzte Garbe gebunden haben, wieder umreißen, aber nur
mit den Händen, Kuhn WS. 176. An andern Orten heißt das zuletzt
eingefahrene Getreide der Hörkelmei, auf Frau Herke weisend. Man
setzt auch wohl einen hölzernen bunten Herbsthahn auf das letzte Fuder;
auch heißt der Erntefschmaus ‚Bauthân oder Stoppelhan, Arnehan‘; in
Schwaben wird die ‚Sichelhenke‘ Schnitthan genannt, am Lechrain
die ganze Ernte, Kuhn WS. 181 ff., anderwärts wieder nur die letzte
Garbe. Hier nimmt auch das Hahnschlagen seinen Ursprung, wie auch
noch andere Thiere auf so grausame Weise geopfert zu werden pflegen.
Noch deutlicher weist auf ein altes Opfer die Sitte der erste Garbe einen
Käse, ein Brot, einen Kuchen oder Mitfasteneier, Gründonnerstagseier

einzubinden. Daß die Früchte dadurch vor dem Mäusefraß bewahrt
bleiben sollen, wird vielfach angedeutet. K. 185. 187. Der letzten
Garbe wurde auch wohl der Christbrand §. 144 eingebunden.

Daß sich in den neuern Erntegebräuchen im Wesentlichen noch das
alte Opfer erhalten hat, weist R. Reusch Prov. Bl. I, 4 nach. Im Heidenthum wurde nach Nicolaus Gryse Woban bei der Ernte um gut
Korn im nächsten Jahr angerufen. Man ließ am Ende jedes Feldes
einen kleinen Ort unabgemäht, deſſen Aehren man zuſammenſchürzte und
mit Waßer besprengte. Dann traten alle Mäher umher, entblößten ihre
Häupter, wandten ihre Senſen und Wetzſteine nach dem Aehrenbüſchel
und riefen den Gott dreimal also an:

> Wode, Wode,
> Hale dinem Roſſe nu Foder.
> Nu Diſtel un Dorn;
> Tom andern Jar beter Korn.

Jetzt wird nur dem Gutsherrn von dem Vorſchnitter ein mit Blumen und Bändern gezierter Kranz überreicht, welchen die Binderinnen
begießen und zugleich auch den Vorſchnitter und die übrigen Mäher. Dann
geht es zum Erntefeſte, das im Mecklenburgiſchen Wobelbier heißt. Hier
iſt also der für das Pferd des Gottes beſtimmte Aehrenbüſchel zum Ern-
tekranz geworden, welchen der Gutsherr empfängt, während die
Waßerſpende, womit ſonſt der Aehrenkranz begoßen ward, zur Abküh-
lung der Schnitter dient. Die Worte: ‚Nu Diſtel un Dorn‘ u. ſ. w. ver-
ſteh ich als eine Bitte um eine beßere Ernte im kommenden Jahr. Wo
heuer Diſtel und Dorn geſtanden habe, ſoll dann reichliches Korn wachſen.

Michael= und Martinsfeſt ſcheinen weſentlich Erntefeſte; aber erſt mit
dem letztern iſt der Wein geleſen und gekeltert und der Ertrag des ganzen
Jahres eingethan. Daß beide Feſte einſt heidniſchen Gottheiten galten, iſt
wohl nicht zweifelhaft, wenn es gleich fraglich bleibt ob St. Michael Zius
oder Wuotans Dienſt beſeitigen half. Das Michaelsfeſt muß in den Landen, wo mit dem Ende September die Ernte vollbracht war, ſehr feſtlich
begangen worden ſein, da es dieſer Heilige war, welcher dem deutſchen
Volk den Spottnamen ‚deutſcher Michel‘ zuzog. Dazu veranlaßte
überdieß das lateiniſche Lied von dem Erzengel, deſſen 6. Str. lautete:

> O magnæ heros gloriae,
> Dux Michael!
> Protector sis Germaniae u. ſ. w.

Auf die ‚Kirmes‘ ward Manches übertragen, was urſprünglich den
Mai= und Pfingſtfeſten gehörte; ſo in der Eifel die Mädchenverſteigerung.
So ſcheint auch das Kirmesbegraben, das an zwei ausgeſtopften Puppen
(Hanſel und Grethel) vollzogen wurde, dem Begraben der Faſsnacht nach=

gebildet. Am Niederrhein geſchieht es wohl an der Figur des krumm-
beinigen Zachäus, der bis dahin auf dem vor der Schenke aufgerichteten
Baume, einer Nachbildung des Maibaumes, zur Einkehr geladen hatte. Er
ſelbſt iſt aber chriſtlichen Urſprungs, vgl. Luc. 19, 1—10. Bei der Kirmes
ſelbſt ſollte man Zuſammenhang mit dem Heidenthum nicht vermuthen; und
doch läßt der ‚Blo‘, laßen die ‚Blozknechte, Blozjungfern‘ (von bluotan
opfern) bei Panz. II, 242 nicht daran zweifeln. Bei uns heißen dieſe Blozknechte ‚Reihjungen‘. Der Blo erklärt uns vielleicht, warum die Handwerks-
geſellen den Montag b l o zu machen pflegen. Warum ſollte nicht ſchon
das Heidenthum Tempelfeſte begangen haben? Das Feſt des Gottes war
auch das Feſt des Tempels und ſeiner Diener. Ueber eine eigene Sand-
kirmes, bei der dreimal um die Kirche Sand geſtreut wurde, Lyncker 234.

Den Feſttagen gegenüber ſtehen die U n g l ü c k s t a g e, wenn ſie nicht
ſelber Reſte alter Feſte ſind. In Tyrol, Zingerle S. 131, heißen ſie
S c h w e n d t a g e, im Sundgau N ö t t e l e s t a g e (Alſatia 1852. 126).
Ein Kind an dieſem Tage geboren bleibt nicht am Leben oder ſtirbt eines
böſen Todes. Am Schwendtage geſchloßene Ehen ſind unglücklich. Jeder
am Schwendtage begonnene Proceſs geht verloren. Verwundet man ſich,
ſo iſt das Uebel unheilbar: der Baum ſtirbt ab, deſſen Rinde verletzt
ward; läßt man zur Ader, ſo verblutet man ſich. Es ſoll überhaupt
an dieſem Tage nichts begonnen werden. Vermuthlich ſollten ſie Tage
der Ruhe ſein. Auch St. Leonhardstag 6. Nov. zählt zu den Schwend-
tagen und gerade dieſer Heilige ſtand im Tyrol in hoher Verehrung. Das
Tyroler Verzeichniſs ſtimmt meiſtens mit dem Elſäßiſchen; doch finden ſich
auffallende Abweichungen. In der Zahl 41 bis 42 treffen ſie faſt zuſammen.

Auch die häuslichen Feſte und die an Geburt, Hochzeit und Begräb-
niſs ſich knüpfenden Gebräuche ſollten hier abgehandelt werden. Da man
aber erſt neuerdings angefangen hat, dafür zu ſammeln, ſo konnten die
mythiſchen Bezüge noch nicht klar heraustreten, und ich erwähnte ſie in
der erſten Ausgabe nur, um ihnen den gebührenden Platz im Syſtem zu
wahren. Hier will ich wenigſtens die Grundlinien zu ziehen verſuchen.

146. Geburt.

Wenn durch kräftige Sprüche (Obbrunargr. 8) das Kind vor die
Kniee der Mutter kam (Sigurdarkw. III, 44), ward es von der Amme
(Hebamme) aufgehoben und dem Vater gebracht, der zu entſcheiden hatte,
ob es am Leben bleiben ſollte, wobei es auf eine Kraftprobe ankam
(Weinh. AL. 268), z. B. ob das Kind nach dem dargehaltenen Spieß
griff. Doch wurden wohl nur Mifsgeburten getödtet. Sobald das Kind
irdiſche Speiſe gekoſtet hatte, durfte es nicht mehr getödtet werden. Auch
Taufe und Namengebung ſchützte. Wars ein Mädchen, ſo ſagte wohl

der Vater: ‚Gott schenke uns einen sanften Regen, denn wahrlich das
Getreide steht schlecht.‘ Durch die Beilegung des Namens erhielt das
Kind ein Recht an das Leben. Darauf beruht die Sitte den Namens=
tag zu feiern, nicht auf dem Feste des f. g. Patrons, welcher erst im
Christenthum hinzutrat, Quitzmann 257.

Bekannt ist, daß schon die heidnischen Germanen die Taufe kannten,
wovon wir im eddischen Rigsmal ein Beispiel sehen, wo das Kind genetzt
wird, d. h. ins Waßer getaucht; von Tauchen hat die Taufe den Namen.
Auch war damit die Namengebung verbunden, welche dem Vater oder
nächsten Verwandten zustand; gewöhnlich übte sie der Mutter Bruder,
der in vorzüglichem Ansehen stand; vgl. Tac. Germ. c. 20. Der Namen=
gebung folgte ein Geschenk, was sprichwörtlich wurde, daher man das Ge=
schenk sogar bei Schimpfnamen zu fordern pflegte. D. 64. Auch in dem
Liede von dem Auszuge der Langobarden §. 108 wird diese Sitte als
Motiv gebraucht: Freyja forderte für die Winniler den Sieg als Namens=
geschenk, nachdem Odin ihr Gemahl sie Langbärte (Langobarden) ge=
scholten hatte. So brachte Sigmund seinem Sohne Helgi edeln Lauch
(wegen seiner Schwertgestalt allium victoriale), hieß ihn Helgi und
schenkte ihm Hringstadr u. f. w. und ein blutiges Schwert, H. Kw. I, 8.
Der andere Helgi, Hiörwarts Sohn, hatte noch keinen Namen empfan=
gen, als ihm Swawa begegnete und ihn mit dem Namen Helgi an=
redete; da sprach er:

> Was giebst du mir noch zu dem Namen Helgi,
> Blühende Braut, den du mir boteſt?
> Erwäge den ganzen Gruß mir wohl:
> Ich nehme den Namen nicht ohne dich.

Von einem spätern Geschenk, dem Zahngebinde, haben wir in Freys My=
thus ein Beispiel gesehen. Was das Schwertgeschenk betrifft, so sagt Uhland
III, 250: ‚Hiezu nehme man, was der Kalender von 1537 unter dem
Aberglauben aufzählt: Welche keine blöde, verzagte Kinder haben wollen,
da soll der Vater, so die Kinder getauft sind, ihnen ein Schwert in die
Hand geben: alsbann sollen sie ihr Lebenlang kühn sein. Und unmittel=
bar darnach: Welcher eine Messe von den dreien Königen darüber ließe von
einem Priester lesen oder das Gebet von Karolo dem Großen, so würde
das Kind kühn und sieghaftig sein. Wieder ist das Schwert hier mehr
als Sinnbild künftigen Heldenthums, es wirkt durch die Berührung sym=
pathisch; das Gebet vom Heldenkaiser Karl aber ist ein Sieges= oder
Schwertzauber in christlicher Gestalt.‘

Bei der Namengebung schloß man sich gern an Gegebenes an, in=
dem man den Namen des Kindes mit dem des Vaters durch den Anlaut oder
noch durch die nächsten Laute bis zur vollen erſten Silbe in Verbindung setzte.

So finden wir als Gibichs Söhne Gunther, Gernot und Giselher;
in Sigis Geschlecht Signe und Sigmund und wieder als Sigmunds
Söhne Sinfiötli und Sigurd (Siegfried); als Dietmars Söhne Dietrich
und Diether; als Heribrants Sohn und Enkel Hildebrand und Habu-
brand, wo neben der Alliteration noch das zweite Wort der Zusammensetzung einstimmt. Oft verbindet der Anlaut nur Geschwister, nicht Vater und Söhne, z. B. Odin (Wodin) Wili und We; Ingo Irmino
Istio. Zuweilen genügt es an jener Einstimmung der zweiten Silbe,
wie bei Kriemhild und Brunhild, die obgleich nicht Geschwister doch dem
Gesetz der Namengebung folgen. Einigemal fällt das dritte Glied aus
der Einstimmung heraus, wie bei Elberich Elbegast und Goldemar, Her-
bart Herdegen und Sintram, Randgrid Radgrid und Reginleif, wenn
gleich hier der Anreim bewahrt ist. Manchmal vertritt der Ausreim die
Alliteration wie bei Fili Kili, Hrist und Mist, Goin und Moin, Körmt
und Oermt, wo wieder das dritte Glied ‚und beide Kerlaug' ausweicht.
Nicht selten ist mit der Namengebung eine Weihe verbunden. So
schenkte Thorolf seinen Sohn Stein dem Thor und nannte ihn Thorstein, und später schenkte dieser Thorstein dem Thor seinen Sohn Grim
und nannte ihn Thorgrim mit dem Hinzufügen, er solle Tempelhäuptling
(hofgodi) werden, Maurer 46. Daher auch die vielen mit -win zusammengesetzten Namen, die mit dem des Gottes beginnen wie Frowin, Balduin,
Erwin, Alboin. Die Namen des Gottes selbst pflegten Menschen nicht beigelegt zu werden. ‚Kein Mensch, selbst kein König', sagt Grimm Altd.
Wälder I, 287, ‚führte die heiligen Namen Odin oder Thôr; wohl aber
wird aus Thôr u. s. w. ein Frauenname Thora, Irmina moviert und
nichts hinderte, einen menschlichen Namen mit Thor zusammenzusetzen.'
Vgl. Myth. 94. 127. Doch beschränkt Grimm selbst den Satz, indem er
zugiebt, daß ein nordischer König Bragi hieß und die Namen Berchta,
Holda in Deutschland nicht selten waren.

An die Weihe, welche in mit dem Namen des Gottes zusammengesetzten Namen lag, erinnert auch der Name Gottschalk. Man vgl. was
§. 68 von der Selbstweihe und dem at gefaz Odhni gesagt ist. Mit
der Weihe hängt es zusammen, wenn in unsern Märchen der Vater des
ebengebornen Kindes ihm bei seiner Armut keinen Pathen weiß bis er ihm
zuletzt den Tod oder den Teufel, die an die Stelle der Götter getreten
scheinen, zum Pathen wählt; oder wenn er in der Noth einem dienstbaren
Geiste das zusagt, wovon er in seinem Hause nichts weiß, und dem Heimkehrenden dann die Frau vertraut, daß sie sich Mutter fühle. So hatte
sich Odin von der bierbrauenden Geirhild das versprechen laßen, was
zwischen ihr und dem Faße sei. In einem siebenbürgischen Märchen ist
Odin noch deutlich zu erkennen, denn hier begegnet dem armen um den

Pathen verlegenen Vater ein alter Mann im grauen Mantel, der die
Pathenschaft übernimmt und dem Kind einen Stier schenkt, der mit ihm
am gleichen Tage geboren ist. Diesen Stier läßt Odin, den wir schon
als Viehhirt kennen gelernt haben, auf der Himmelswiese weiden, wo er
zu ungeheurer Größe heranwächst und dann dem Pathen zu großen Ehren
verhilft. Wenn Odin in Walses Saal tritt und sein Schwert in den Kinderstamm stößt, das nur Sigmund herausziehen kann, so ist dieß Schwert
als Pathengeschenk zu verstehen: darum trägt dieser Welsung auch den
Namen des Gottes, denn Sigmund ist ein Beiname Odins. So scheint
auch der Drachenkampf von Odin auf Sigmund gelangt, und wenn Sigurd einmal Freys Freund genannt wird, so haben wir diese beiden auch
als Drachenkämpfer gefunden.

Dem neugeborenen Kinde treten die Nornen oder andere halbmensch-
liche Wesen, die Wölen, an die Wiege ihm sein Schicksal zu schaffen oder
doch anzusingen. Dabei wird auch das Lebenslicht erwähnt wie wir das
in der Sage von Nornengast §. 105 finden. Es ist noch jetzt Sitte, den
Kindern bei jedem Geburtstage einen Kuchen zu schenken und darauf so viel
Lichter zu stellen als sie Jahre zählen. Diese Lichter darf man nicht ausbla-
sen, sondern muß sie zu Ende brennen laßen, Kuhn NS. 431; Nornagests
Mutter blies aber dessen Licht aus, weil die jüngste Norn geweißagt hatte,
das Kind werde nicht länger leben als bis jene Kerze verbrannt sei.
Erst als dreihundertjähriger Greis ließ er es mit seinem Leben zugleich
verglimmen. Auch in den Märchen vom Gevatter Tod begegnet
uns dieses Lebenslicht und in den deutschen Volksliedern von den zwei
Königskindern, die einander lieb hatten, bläst ein loses Nönnchen das
Licht aus, welchem der Liebende zuschwamm und an das sein Leben ge-
knüpft scheint, denn da er das Licht nicht mehr sah, verzweifelte er und
ertrank. Hiehin gehört auch das Spiel Stirbt der Fuchs so gilt der
Balg. Der Fuchs ist ein Thier von sehr zähem Leben. So ließ die
Gräfin Schack eine Wachskerze, die ihr Lebenslicht bedeutete, einmauern;
aber die Kirche brennt ab und die Gräfin stirbt zur selben Stunde.
Müllenhoff 180, vgl. W. Wackernagel Ztschr. VI, 280.

Bei der Kindbetterin muß jede Nacht ein Licht brennen bis das
Kind getauft ist. Dieß hat keinen Bezug mehr zu dem Lebenslicht, es
soll nur verhüten, daß ein Wechselbalg untergeschoben werde. Bis dahin
darf auch nichts aus dem Hause verliehen werden, sonst hat das Kind
nichts. Ueber ein Kind, auch wenn es getauft ist, darf man nicht weg-
schreiten, sonst bleibt es klein. Bei der Taufe geht man mit dem Kinde
dreimal um den Altar. Diese uns schon bekannte Sitte ,dreimal um
das Heiligthum' begegnet auch bei der Hochzeit und selbst bei dem Einzug der Dienstmagd; nur ist es hier immer der Heerd als Altar des

Hauses. Von dem Gebrauch der Naturvölker, wonach der Vater sich
gleich nach der Entbindung der Frau zu Bette legt, während die Frau
den Geschäften nachgeht, wodurch nachstellende Dämonen und Krank-
heitsteufel getäuscht werden sollen, findet Liebrecht Heidelb. Jahrb. 1868
No. 6 eine Spur im deutschen Volksglauben, wenn im Lechrain die wieder ausgehende Wöchnerin den Hut ihres Mannes aufsetzt, im Aargau
seine Hosen anzieht.

147. Hochzeit.

Bei den Hochzeitsgebräuchen bleibt uns der Brautlauf dunkel, von
dem doch die Feier in allen deutschen Sprachen, alth. brûtloufti, benannt
ist. Nach uralter Sitte muste die Braut wie noch in den Nibelungen
Brunhild in Wettspielen erworben werden. In der Sage von Atalante
ist das Wettspiel ein Wettrennen; in deutschen Märchen klingt es hie und
da noch nach; in andern, namentlich jenen vom Glasberge, wo mancherlei
Probestücke aufgegeben werden, begegnet auch die Aufgabe, die Geliebte
aus vielen ihr völlig gleichen herauszufinden. In den Hochzeitsgebräuchen
erhielten sich nur vereinzelte Spuren. Das Aufhalten des Brautpaars,
das mit Geld abgekauft werden muß, hängt damit zusammen. Es waren
Schranken, welche Braut und Bräutigam in Jugendrüstigkeit übersprangen.
Nach Kuhn MS. war es in der Mark Gebrauch, daß am Schluß des
ersten Hochzeitstages Braut und Bräutigam einen Wettlauf hielten. Der
Bräutigam gab ihr einen Vorsprung, und holte er sie nicht ein, so
durfte er für Spott nicht sorgen. Am Ziele der Bahn standen junge
Frauen, die der neuen Genoßin den Kranz abnahmen und ihr die Mütze
aufsetzten. In Baiern wird der Brautlauf von der Kirche nach dem
Gasthaus, aber nur noch von den Hochzeitgästen gehalten; früher lief
der Bräutigam mit und das Ziel war der Schlüßel zur Brautkammer,
welchen der Bräutigam, wenn er ihn nicht selber gewann, dem Gewinner
abkaufen muste, Bavaria I, 398.

Die Braut unter die Haube zu bringen, ist auch in andern Gegenden das Bestreben eines Theils der Hochzeitsgäste, namentlich der
verheiratheten, während die unverheiratheten sie daran zu verhindern
suchten. Gleiche Bedeutung hatte es wohl auch, wenn man die Schuhe
der Braut zu erhaschen suchte, welche dann der Bräutigam einlösen
sollte. Durch ein Paar neue Schuhe, die ihr der Bräutigam anlegte,
kam die Frau in die Gewalt, das Mundium des Mannes. RA. 158.
Darum ist es die verkehrte Welt, wenn vielmehr der Mann unter den
Pantoffel der Frau geräth. Diese neuen Schuhe wurden wohl in der
ältesten Zeit aus der Haut der geschlachteten Opferthiere gefertigt. Durch
die neuen Schuhe und durch die Haube, statt welcher im Hildesheimi-

schen (Seifart 155) die Braut ehemals noch den Hut des Mannes auf=
setzte, ward also die Braut erst zur Frau. Kuhn WS. II, 39. In
dem Kampfe zwischen Frauen und Mädchen erkauften die Frauen den
Sieg hier und da erst durch eine Weinkalteschale, in welcher Kuhn 41
einen Rest des Weinkaufs sieht, indem durch einen Kauf die Ehe einge=
gangen ward, RA. 420, welchen der Weinkauf bestätigen sollte. Er
selbst geht auf ein altes Trankopfer zurück, der die eingegangenen Ver=
träge heiligte.

Neben der Sitte des Brautlaufs klingt hier und da noch eine an=
dere vielleicht ältere nach, nämlich der Raub der Braut. Nach Kuhn
NS. 433 soll sie der Bräutigam aus dem Kreise der Mädchen heraus=
greifen ohne sie zu sehen, denn just hatte man das Licht herausgetragen,
was an Skadi und die erwähnten Märchen vom Glasberge erinnert. Wenn
aber vor Zeiten der Mann sich die Frau rauben muste, so hat er sich
jetzt in Acht zu nehmen, daß sie ihm nicht unterwegs von der Kirche
zum Wirthshaus oder überm Hochzeitsmal gestohlen wird. Birl. II, 397.
377. Es ist sogar schon vorgekommen, daß man die Braut vom Altar
weg stahl, Birl. 393. Es ist eigentlich ein Possen, welcher den Braut=
führern gespielt wird, denn diese haben die Braut zu bewahren; gewöhn=
lich muß sie aber der Bräutigam auslösen und dulden daß der Dieb
drei Touren mit ihr tanze, Baw. I, 403. Ein noch alterthümlicherer
Gebrauch scheint die Brautseide, Wolf Beitr. I, 80, der rothe Faden,
den die Braut im Havellande um den Hals trägt, so wie das rothsei=
dene Band um die Mütze, Kuhn WS. 41 unten, vgl. Liebrecht GGA.
1865. 12. 454 und Philologus 19, 582, womit sich der rothe Faden
um den Helm RA. 183 vergleicht. Es ist kein Zweifel, daß sie gleich
dem rothen Banner bei Hochzeiten, Müllenhoff de poesi chorica p. 23,
und gleich dem Feuerbrand vor der Schwelle, über welchen das Braut=
paar schreiten muß, wenn es nach der Kirche geht, Kuhn NS. 434, auf
Donar deuten, dessen Hammer ja auch einst die Ehe einzuweihen hatte.
Dieser Feuerbrand muß an einigen Orten mit den Füßen weggestoßen
werden, was den Verzicht auf das alte Heerdfeuer noch deutlicher aus=
spricht. Die Sitte der hochzeitlichen Schnur weist Kuhn NS. 522 schon
bei den Indern nach wie auch die des dreimaligen Umwandelns des
Heerdes, der früher in der Mitte des Hauses stand, während man jetzt
den Feuerhaken (Häle) dreimal um das Brautpaar schwingen muß,
wenn die Sitte nicht ganz untergehen soll. Vgl. Servius ad Aen. 4,
62. In einer Pause des Hochzeitmals wird auch zum Krämer gegan=
gen, wo die Burschen ihren Mädchen einkaufen, wobei man an Autolycus
in Shakesp. W. M. IV, 3 erinnert wird. Montanus 100. An der
Stelle des Heerdes findet man auch die Düngerstätte genannt. Rechte

Zeit zum Heirathen ist im Frühjahr oder Spätherbst bei zunehmendem
Mond, weil sonst das Glück abnähme, an einem Dienstage. Verboten
sind Advent und Fasten; man meidet auch Krebs, Wage, Scorpion,
Fische. Ungebräuchliche Tage sind Montag, Freitag und Sonnabend,
letzterer gilt nur in Mecklenburg.

Die Wahl des Dienstags für die Hochzeit könnte durch die f. g.
drei Tobiasnächte (Birl. 354), welche, wenn auch nicht unter diesem
Namen, schon im Parzival erwähnt werden, bedingt sein, weil die erste
eheliche Beiwohnung am Freitag, dem Tage der Fria oder Frouwa,
Statt haben sollte. Dafür kann angeführt werden, daß Bräute, die ihr
Kränzlein schon verloren, nicht an den Dienstag gebunden waren. Birl.
II, 388. Sind aber die Tobiasnächte schon dem Heidenthum bekannt
gewesen? Für ihre weite Verbreitung, nicht bloß in Schwaben und am
Niederrhein, spricht der märkische (Kuhn MS. 350) Kampf um das alte
Spinnrad, wobei dem Brautpaar zugesungen ward:

> Eher soll die Braut nicht bei dem Bräutigam schlafen
> Ehe sie den Flachs nicht abgesponnen hat; .
> Eher soll der Bräutigam nicht bei der Braut schlafen
> Ehe er das Garn nicht abgehaspelt hat.

Denn hier ist die Ansicht nicht zu verkennen, die eheliche Beiwohnung
noch einige Tage hinauszuschieben. Darum sind es auch die Jungge=
sellen, welche dieß Spinnrad mit aufgemachtem Wocken, an dem noch
einige Knocken Flachs und eine zweite Spule hängen, in das Haus zu
schaffen bemüht sind, woran die Verheiratheten sie zu verhindern trachten.
Daß dieß am zweiten Tage geschieht, nachdem die Beiwohnung schon
Statt gehabt hat, ist offenbar Entartung. Mit diesem Gebrauch ist die
Sitte des Brauthahns verflochten, worunter die Darbringung der Hoch=
zeitgeschenke verstanden scheint. Geht dieser Brauthahn auf ein Hahnen=
opfer zurück und hängt er vielleicht mit dem Bräutelhuhn zusammen,
welches die Neuvermählten, wohl als ein Opfer für Ehesegen, in der
Hochzeitsnacht zu verzehren pflegten? RA. 441. Ein Brauthuhn kommt
auch als Abgabe des Hübners an den Herrn vor. Diese Geschenke
pflegten den Tag nach der Hochzeit gebracht zu werden. In der Thryms=
kwidha verlangt sie aber auch die Schwester des Bräutigams, vermuthlich
doch wohl der Sitte gemäß.

Regnet es am Hochzeittage, so hat bekanntlich die Braut die Katze
nicht gut gefüttert. Dieß war bisher die einzige Beziehung auf Freyja oder
die ihr ursprünglich identische Frigg, die sich bei der Hochzeit nachweisen
ließ. Eine zweite kommt bei unserer Deutung des Dienstags als Hoch=
zeittag hinzu.

Der Ehe geht die Verlobung voraus, die bei uns Hillig heißt

statt hîleich, Brautgefang, epithalamium. Vor die Verlobung fällt oft noch der Kiltgang, d. h. Abendgang (vgl. kveldrida Myth. 1006), womit ich jedoch dem Kiltgang nichts Unheimliches andichten will. Im Fichtelgebirge heißt er Schnurrgang, Rochh. II, 59, in der Schweiz auch Stubetengang, Lütolf 337, bei uns Schlutgang, welchen Montanus 100 Schnuhtgang schreibt. Der Schlutgang war an gewisse Tage gebunden, welche man Kommtage, früher Kommnächte, Freinächte, nannte. Als solche werden Donnerstag, Samstag und Sonntag bezeichnet.

148. Bestattung.

Der Pflicht gegen die Todten ist §. 44 gedacht und hier nur nachzuholen, daß dem Todten Mund und Augen zuzudrücken in der heidnischen Zeit demjenigen oblag, welcher die Pflicht der Rache übernahm, Weinhold Altn. Leben 474. Daß die Pflicht der Bestattung eine allgemeine Menschenpflicht war, geht auch aus dem hervor, was oben über die dankbaren Todten gesagt und in meiner gleichnamigen Schrift, Bonn bei Marcus 1856, näher ausgeführt ist. Vom Beschneiden der Nägel der Todten hängt der Bestand der Welt ab, das ist in Schwaben noch im Bewußtsein geblieben, Birl. II, 407: dem Leichnam werden die Nägel beschnitten, ,damit die Welt nicht untergehe'.

Daß der Todte nicht zu der Thür hinaus durfte, durch welche die Lebenden ein= und ausgingen, könnte mit den §. 139 besprochenen Gebräuchen irgendwie im Zusammenhang stehen.

Die älteste in Deutschland nachweisbare Bestattungsweise, wonach der Todte in ein Schifflein gelegt und den Wellen überlaßen ward (vgl. §. 90 oben), womit es zusammenhängt, daß Brittanien für das Todtenland galt, brauchte nicht aufgegeben zu werden, als man die Leichen zu beerdigen oder zu verbrennen begann. Balbur sahen wir auf dem Schiffe verbrannt, die ältesten Särge hatten Schiffsgestalt und Steinsetzungen auf den Gräbern bildeten sie nach. Vgl. Grimm vom Verbrennen der Leichen S. 52, Müllenhoff Nr. 501. Verbrennung und Beerdigung galten wohl lange neben einander; höchstens waren sie nach Ständen verschieden. Die Verbrennung, welche Tacitus allein kennt, galt für vornehmer, Saxo 87 Steph., und war auch kostspieliger. Nach Weinh. (Heidnische Todtenbestattung 41. 115) wurden auch einzelne Theile der Leiche, wie Kopf und Arme, noch verbrannt als man das Uebrige schon beerdigte, woraus sich der Glaube an kopflose Gespenster erklären würde. Ob der spätere Gebrauch, verschiedene Theile der Leiche an verschiedenen Stellen zu beerdigen, hiemit zusammenhängt, laße ich dahingestellt. Der Bestattung gieng eine Leichenwache voraus, die hie und da noch im Gebrauch ist. Rochh. Gl. I, 194 ff. Wenn die Leiche aus dem Hause getragen

warb, pflegte man ihr Waßer nachzugießen, damit der Geift nicht als
Spuk wiedererfcheine. Kuhn MS. 568, WS. II, 49. Daß man die
Leiche noch jetzt auf Stroh legt, worüber ein Leintuch gespreitet ist, und
es dann heißt, er liege auf dem Schoof (Schmitz Eifelsagen 66), erklärt
uns den manipulus frumenti in der Skeáffage §. 90 und diese selbst
samt dem Namen des Gottes.

Mit dem Gatten starb die Gattin wie wir bei Nanna sahen, und
Brynhild urtheilt (Sigurdarkw. III, 59) über Gudrun:

> Schicklicher stiege   unsere Schwester Gudrun
> Heut auf den Holzstoß   mit dem Herrn und Gemahl,
> Gäben ihr gute   Geister den Rath
> Oder besäße sie   unsern Sinn.

Sie selber wollte mit Sigurd verbrannt sein, als dessen Gemahl sie
sich betrachtete:

> Bei uns blinke   das beißende Schwert,
> Das ringgezierte,   so zwischen gelegt
> Wie da wir beiden   Ein Bette bestiegen
> Und man uns nannte   mit ehlichem Namen.

Aber nicht bloß die Gattin, auch seine Knechte und Mägde, sein Roß,
seine Habichte und Hunde folgten ihm auf den Scheiterhaufen und noch
in chriftlicher Zeit gieng das Ritterpferd trauernd hinter der Leiche,
früherhin um auf demselben geopfert zu werden.

> Dem Hunengebieter   brennt zur Seite
> Meine Knechte mit koftbaren   Ketten geschmückt,
> Zween zu Häupten   und zween zu Füßen,
> Dazu zween Hunde   und der Habichte zween.
> Also ist Alles   eben vertheilt.

> So fällt dem Fürften   auf die Ferse nicht
> Die Pforte des Saals,   die ringgeschmückte,
> Wenn auf dem Fuß ihm folgt   mein Leichengefolge.
> Aermlich wird   unsre Fahrt nicht sein:

> Ihm folgen mit mir   der Mägde fünf,
> Dazu acht Knechte   edeln Geschlechts,
> Meine Milchbrüder,   mit mir erwachsen,
> Die seinem Kinde   Budli geschenkt.

Für die Knechte und Mägde schien dieß ein Vortheil, weil sie so
in den Herrenhimmel eingiengen, Weinh. 477. Vgl. auch Bergmann
Solarlied 77. Aber hier war wieder das Heidenthum milder als das
Chriftenthum, das Ketzer und Hexen lebend verbrannte, während Brynhild sich zuvor den Tod gab, wie es mit Knechten und Mägden gleichfalls gehalten ward. Signy freilich stürzt sich lebend in die Glut;
aber sie hatte auch ihren verhaßten Gemahl lebend verbrennen laßen.

Nach Beowulfs Leichenbrand ward ein Hügel am Strande errich=
tet, der den Seefahrern fernhin sichtbar blieb. In diesem Hügel bargen sie
seine Asche mit vielen Kleinoden. Dann umritten sie diesen Hügel und

Klagten den Kummer　um den König trauernd,
Erhoben Hochgesang　den Helden zu preisen
Seiner Zucht zum Zeugnifs,　wie es geziemend ist,
Daß man den lieben Herrn　im Liede verherrliche,
Im Herzen erhebe,　wenn er hingeschieden ist,
Den geliehenen Leib　verlaßen muste.
So beklagten die kühnen　Kämpen Gotlands
Des Herren Hingang,　seine Hausgenoßen,
Der Männer mildesten　und mannfreundlichsten,
Der Leute liebsten　und lobbegierigsten.

Zuweilen geschah dieß Umreiten, das an Patroklos Leichenfeier erin=
nert, vor der Bestattung um den ausgestellten Leichnam des Helden. Als
Attila gestorben war, wurden um seine Leiche Wettspiele gehalten und
seine Thaten besungen. Unter Liedern (sisusanc) hatten auch die Westgothen
ihren in den catalaunischen Feldern gefallenen König Theodorich von der
Walstatt getragen. Von dem Umreiten des Grabhügels scheint noch die mär=
kische Sitte übrig, daß man nach der Beerdigung dreimal um das Grab
gieng und erst von da in die Kirche, Kuhn WS. 368. Das ‚dreimal
um das Heiligthum‘, das wir bei Geburten und Hochzeiten gefunden ha=
ben, fehlte so auch hier nicht. Tacitus versichert uns, daß der Scheiterhaufen
(bâl, Bühl) aus gewissen Hölzern (certis lignis) errichtet wurde. Nach
Olaus W. bediente man sich des Wacholders, der noch späterhin gern
zum Räuchern verwendet ward und dem Alterthum für heilig galt, Gr.
Verbr. 54, wie er auch in dem bekannten Märchen unter dem Machan=
delbôm verstanden ist. Grimm hat aber 54, 56 nachgewiesen, daß es
einen für heilig geltenden Dornstrauch gab (crataegus oxyacanthus),
und auf den Dorn weist auch das Märchen vom Dornröschen, wo die
Dornhecke an die Stelle der Wafurlogi durchritten wird. Der brennende
Busch bei Moses deutet vielleicht an, daß die Leichenverbrennung in
frühester Zeit auch den Juden nicht unbekannt war. Mit dem Dorn wurde
wohl der aus Eichen= oder Birkenholz, Weinh. 481, geschichtete Scheiterhau=
fen unterflochten, damit das Feuer beßer brenne. Daß der Bühl oder Schei=
terhaufen mit dem Hammer eingeweiht wurde, haben wir schon öfter ge=
sehen. Schon damals nannte man ihn Burg wie er noch jetzt bei Fest=
feuern zu heißen pflegt. So bittet Brynhild Gunnarn:

Bitten will ich dich　Eine Bitte;
Ich laß es im Leben　die letzte sein:
Eine breite Burg　erbau auf dem Felde,
Daß darauf Uns　allen Raum sei,

> Die samt Sigurden zu sterben kamen.
> Die Burg umziehe mit Zelten und Schilden,
> Erlesnem Geleit und Leichengewand,
> Und brennt mir den Hunen= Gebieter zur Seite.

und Beowulf bittet Weohstan:

> Einen Hügel heißt mir die Helden erbauen,
> Ueber dem Bühel blinkend an der Brandungsklippe,
> Der mir zum Gedächtnißmal sich meinem Volke
> Hoch erhebe über Hronesnäß,
> Daß die Seefahrenden ihn schauend heißen
> Beowulfs Burg, wenn sie die schäumenden Barken
> Ueber der Fluten Nebel fernhin steuern.

Vgl. meine Anm. S. 202. Daraus erklärt sich auch die Schildburg in Sigrdrifumal als ein mit Schilden umschloßener Scheiterhaufe.

Beim Begraben der Leichen, das sowohl vor als wieder nach dem Verbrennen Sitte war (vgl. §. 101), pflegte man bis in die neueste Zeit Herz, Haupt und Eingeweide geliebter Fürsten in verschiedenen Hauptstädten ihres Reichs zu bestatten. Die Sitte ist heidnisch und hängt mit der Vorstellung zusammen, daß diese von den Göttern her= stammenden Fürsten noch die Fruchtbarkeit des Landes fördern könnten.

Auf die vielen Urnen und andern Gefäße, die man in romanisch= deutschen Gräbern findet, kann es Licht werfen, daß nach Kuhn NS. 435 die Schüßel, aus welcher der Todte gewaschen ward, an einen Ort ge= worfen werden soll, welchen die Sonne nicht bescheint; ,oder man gebe sie den Todten mit in den Sarg.' Ueber den Todtenschuh §. 46 oben. Vgl. auch §. 83. ,An die Erhaltung der Knochensubstanz knüpft der Germane die Fortdauer überhaupt und gab daher seinen Leichen Ersatz= knochen und Ersatzschädel, sogar hölzerne, mit ins Grab.' Rochholz Glaube und Br. I, 328. Die Bedeutung anderer Mitgaben z. B. der Schere, Birl. II, 408, und der häufigen Nägel ist zweifelhaft. Die Sitte, dem Todten den Obolus mitzugeben, ist auch in Deutschland be= kannt, Weinh. 493, Rochh. Gl. I, 190; sie klingt selbst in dem Fähr= geld nach, das die abziehenden Zwerge, die Seelen der Verstorbenen sind, entrichten. Auf den Hügel, er mochte die Leiche oder bloß die Asche enthalten, setzte man Steine, die s. g. Bautasteine. Davon heißt es im Hawamal 71:

> Ein Sohn ist beßer, ob spät geboren,
> Nach des Vaters Hinfahrt ;
> Bautasteine stehen am Wege selten,
> Wenn sie der Freund dem Freund nicht setzt.

Stirbt der Hausherr, so muß sein Tod nicht bloß dem Vieh im Stall und den Bienen im Stocke angesagt werden; auch die Bäume soll man schütteln und sagen: ‚der Wirth ist todt‘, sonst gehen die Bäume aus. In Genua (Kuhn WS. II, 52) sagte es ein Nachbar dem andern an; der letzte muste es einem Eichbaum sagen: sonst hatte er bald eine Leiche im Hause. Hier und da soll auch das Korn auf dem Speicher umgesetzt, ja der Wein im Faße gerührt werden, damit sie nicht verderben.

Das Leichenmal hieß auch Erbmal, weil die rechtliche Besitzergreifung des Erben damit verbunden war. Seit tausend Jahren wird gegen ihren Aufwand vergebens geeifert. Rochh. Gl. I, 205. Daß dabei Opferthiere geschlachtet wurden, ist schon aus den frühen christlichen Verboten zu schließen. Den dabei im indiculus superstit. gebrauchten Ausdruck dadsisas erklärt Grimm M. 1178 von den dabei gesungenen Trauerliedern, was um so wahrscheinlicher ist als wir auch das Hochzeitsfest von den Hochzeitliedern benannt fanden. Nach demselben indiculus scheint man auch auf dem Todtenhügel jährlich ein Opfer dargebracht zu haben. Kornopfer, womit das Grab (Grabhügel und Grabstein) überdeckt ward, pflegen sich nicht zu wiederholen; ihnen vergleicht sich die Weinspende der Mainzer Frauen auf Frauenlobs Grab; auf Walthers aber erneute sich das Opfer täglich zu Gunsten der Vögel des Himmels, an welchen er als Waidmann sich vergangen haben sollte, wie ein Gleiches von Heinrich dem Vogler, Pröhle Harzs. S. 292, berichtet wird. Neben den Vögeln sollten damit wohl auch die Armen bedacht sein; aber die Beschränkung auf die Chorherrn läßt sich nicht entschuldigen. Die Gaben, welche am Allerseelentage den ‚armen Seelen‘ gegeben werden, kommen den Armen zu Gute, zum Theil auch wohl der Kirche, Schmitz Eifels. I, 65, oder letzterer allein, Rochh. I, 318. Man soll den Todten nicht zu heftig nachtrauern, das ist der tiefste Grund der Lenorensage. Vgl. Altd. Bl. I, 174. Die Thränen der Hinterbliebenen fallen dem Todten auf die Brust und bringen ihn um den Genuß der himmlischen Seligkeit. Und doch wähnte die Vorzeit nach der Baldurssage und dem Märchen von Zosa im Pentamerone (§. 34 o.), vielleicht auch der Sitte s. g. Thränenfläschchen ins Grab mitzugeben, die Todten wieder lebendig weinen zu können. Es war Sitte, die Grabhügel und Grabmäler längs den Straßen zu errichten, damit die Vorübergehenden der Todten eingedenk blieben und sie durch ein Opfer ehrten, das oft nur in aufgerafften Steinen oder Schollen bestand; das dem Terminus dargebrachte Steinopfer mag damit im Zusammenhang stehen, Liebrecht Philologus XX, 378, gewiss aber auch die häufige Sitte, geliebten Todten eine Scholle in das offene Grab nachzuwerfen. Die Umkehrung des Gebrauchs in das 271 besprochene ‚Heidenwerfen‘ ist mir weniger wahrscheinlich.

Nachträge.

Zu S. 10. Z. 6. Nach W. Scherers geistvoller. Schrift ‚Jacob Grimm' Berlin 1865 S. 61 und 149 fiele alle Brauchbarkeit der Mär=chen für die Mythologie dadurch hinweg, daß die ältesten Märchen, die wir besitzen, nicht älter bei uns wären als das zehnte Jahrhundert. Wenn dieß das Urtheil der neuern Forschung ist, so muß ich es schelten. Ich berufe mich auf eine Reihe deutscher Märchen, die mit nordischen und wieder mit griechischen mythischen Erzählungen stimmen und schon in der Odyssee anklingen. Sie beruhen auf Vorstellungen, die uns mit den alten Völkern gemein sind: wie sollten sie denn erst im zehnten Jahrhundert eingewandert sein? Daß keine frühern Zeugnisse für sie vorliegen, be=weist nicht, daß sie nicht schon vorhanden waren. Die meisten griechi=schen Mythen wie die von Perseus, von Bellerophon, von Prokne u. s. w., was sind sie anders als Märchen, und wenn solche Märchen den Griechen so früh bekannt waren, warum wären sie es uns nicht ge=wesen? Was neuere Forschungen in Benfeys Orient u. s. w. als in Deutschland so spät eingewandert nachgewiesen haben, sind nicht sowohl Märchen als schwankhafte, anekdotenartige Geschichten, wie die vom Schneekinde, die keinen mythischen Charakter haben, welcher dagegen den eigentlichen Märchen durchaus beiwohnt: sie sind wie jenes von Amor und Psyche vom Mythus nur dadurch verschieden, daß sie auf den Cultus, meist auch auf die Cultusgötter keinen Bezug haben und freiwaltende Phantasie den mythischen Gedanken verdunkelt, wenn auch keineswegs getilgt hat. Aber selbst jene schwankhaften Geschichten können, wenn sie alt sind, für mythische Anschauungen Zeugniß ablegen und in diesem Sinne durften wir auch aus der Erzählung vom Schneekinde Gewinn ziehen.

In einem Buche über deutsche Mythologie wird man einen Artikel über den Aberglauben vermissen. Zwar sind fast in jedem §. abergläubische Meinungen des Volks angeführt, der Aberglaube selbst aber noch nicht zur Sprache gebracht: dazu wäre bei den Quellen der Mytho=logie (§. 4) Gelegenheit gewesen, wenn dieser §. nicht unausgeführt hätte bleiben müssen. Zunächst bin ich mit Grimm Myth. 1059 einverstan=den, daß nicht der gesamte Inhalt des heidnischen Glaubens darunter zu verstehen sei, der doch dem Christgläubigen als ein Wahn, ein fal=scher Glaube erscheinen muß, sondern die Beibehaltung einzelner Ge=bräuche und Meinungen. Wenn er dann das Wort für Uebersetzung des lateinischen superstitio nimmt und als Ueberglaube deutet, so kann er dafür anführen, daß sich auch in andern deutschen Dialekten

Nachbildungen jenes superstitio finden, wie das niederdeutsche biglôve, das isl. hiatrû; ja das niederländische overgelôf, das dänische overtrô könnten im Deutschen den Uebergang von Ueberglaube in Aberglaube begünstigt haben; zugleich mochte es aber auch W i e d e r g l a u b e ver- standen werden: der Abergläubige glaubt wieder was er in der Taufe zu glauben abgeschworen hat. Auch für den Aberglauben hat man neuerdings Sammlungen angelegt; die reichhaltigste findet sich im Anhange zur 1sten Ausgabe der Grimmschen Mythologie; Vieles haben Wolf und Panzer I, 256 ff. II, 256 ff. nachgetragen, Einzelnes auch Zingerle in Sitten, Bräuche und M e i n u n g e n, und Birlinger Volksthümliches I, 468 ff.; mehr wird der III. Band bringen. Als Ergänzung dieser Sammlung ist der ‚Medicinische Volksglaube und Volksaberglaube aus Schwaben‘ von Dr. M. R. Buck, Ravensberg 1865 zu betrachten. Hier sieht man deutlich, daß alle obrigkeitlichen Belehrungen und Verbote nichts gegen den Aberglauben ausgerichtet haben. Die Schuld lag aber zum Theil an ihnen selbst. Unsere neuern Sammlungen wollen die Gebildeten nur mit dem Aberglauben bekannt machen, weil er auf den ältern Götter- glauben, von dem er ein Ueberbleibsel ist, Rückschlüße verstattet; die ältern warnen davor und verbieten ihn; dabei sind sie selber nicht frei davon. So heißt es P. II, 263: ‚Merck: krefftig wurczen vnd edel gestain mag man an (ohne) Sündt wohl nuczen vnd prauchen‘; bei dem Verbote Amulete u. s. w. zu tragen findet sich mehrfach der Vorbehalt: ‚außer was von katholischer Kirche guet geheißen wird‘; nach S. 289 soll wider diejenigen, die mit dem Teufel ein Verbündniß gemacht, ‚mit der Fewr- straff und Einziehung seiner haab und guetter verfahren werden; die- selbe Strafe wird denen durch Griffe mit glühenden Zangen geschärft, die an Menschen und Vieh und Früchten durch Zauberei Schaden ge- than haben. So heißt es in einem fürstl. durchl. herzoglich bayerischen Landgebott wider den Aberglauben, Zauberei, Hexerei vnd andere strafliche teufels Künste vom J. 1611. Ein Büchlein unter dem Titel: ‚Aber- glaub, das ist, türzlicher Bericht Von Verbottenen Segen, Artzneyen, Künsten, vermeintem Gottsdienst, vnd andern spottlichen Beredungen, darin viel Christen, wissentlich oder vnwissentlich, wider das erst vnd ander gebott Gottes, schwerlich vnd verdamlich sündigen. Von newen vbersehen vnd gemehrt durch Herrn Job. Lorichium, H. Schrifft Doct. vnd Professor. Getruckt zu Freyburg im Preißgaw, durch Martin Böckler, Cum licentia Superiorum Anno M.D.XCIII‘, theilt den Aber- glauben in Gattungen und setzt ihm im Ganzen mit vernünftigern Gründen zu; aber auch dieser einsichtsvolle Mann glaubt zuletzt doch an Hexen und Zauberer. Vgl. Zingerle S. p. 467 ff., wo ein Theil dieses Büchleins nach einer Bozner Handschrift mitgetheilt ist. Eine vortreffliche Sammlung, die sich aber auf den Aberglauben nicht beschränkt, führt den Titel: ,Aus der volksmäßigen Ueberlieferung der Heimat, von P. Amand Baumgarten', scheint aber nicht ·im Buchhandel.

Zu S. 19. Z. 18. Ueber die acht Theile vgl. Müllenhoff Denkm. S. 342 ff.

Zu S. 22. Z. 12 v. u. Nicht nur Spinnräder schenken Sonne und Mond in den Märchen, auch schon fertig gesponnene Kleider: Aschen= brödel erhielt ein Sonnenkleid, Mondkleid und Sternenkleid. Auch das Gestirn sehen wir als Spinnrocken aufgefaßt, und so mochten auch die Sterne weben und spinnen. Ehe man aber das Gestirn die Geschicke spinnen ließ, haben sie wohl die Witterung gesponnen. In einem Hebel= schen Gedichte strickt die Sonne das Gewölk. Schwarz, Sonne 235. Die Deutung auf die Geschicke der Menschen enthält eine spätere Fort= schiebung des Mythus.

Zu S. 198. Z. 13 v. u. Wenn mich Pröhle Harzsagen tadelt, daß ich in den Rheinsagen Bürgers Ballade vom wilden Jäger

Der Wild= und Rheingraf stieß ins Horn

gerade auf den Rheingrafenstein bei Kreuznach angesetzt habe, und meint, am Rheine sei uns ein wilder Jäger durch wirkliche Sage nicht nachge= wiesen, so schreibt mir Hr. Lic. R. Oertel, er habe den wilden Jäger des Bürgerschen Gedichts allerdings nicht in einem Wild=und Rheingrafen, wohl aber im Walram von Sponheim=Kreuznach aufgefunden. ,Die darauf bezügliche Erzählung giebt Trithemius: Annal. Hirsaug. ad ann. 1351. Die wilde Jagd bewegt sich nach dieser zwischen den Dörfern Winter= burg und Pferdsfeld im Soonwald in der Nähe des auch von Grimm in der Mythologie erwähnten Gauchsberges und nicht fern von einer andern Stelle, die das Volk noch heute Asenwald nennt.' Die Erzäh= lung lautet: ,In demselben Jahre starb Walram Graf von Sponheim d. ä. am 21. Dec., 79 Jahr alt, und ward in der Kirche zu Sponheim be= graben. Nach seinem Tode hörte ein Priester im Schloße zu Sponheim, der Caplan Gotfrid, als er eines Nachts auf dem Felde zwischen Win= terburg und Pferdsfeld spazieren gieng, im benachbarten Wald eine Stimme, wie eines Jägers, der die Hunde nach dem Wilde hetzt. Hier= über sehr erschrocken und erstaunt, fragte er sich ängstlich was wohl die Stimme an diesem •Orte der Finsterniß bedeute, und woher sie komme, als ihn plötzlich eine Menge schwarzer, schrecklicher Jagdhunde umstand, und mitten darunter ein Mann in Flammen gekleidet, auf einem schwar= zen schrecklichen Rosse. Dieser sprach zu dem schon halbtodten Priester: Fürchtet euch nicht, Herr Gotfrid, für dießmal wird euch kein Uebel be= ·treffen, denn ihr habt gebeichtet und mit dem Vorsatz der Beßerung die Messe für die Verstorbenen gelesen. Ich bin die Seele des jüngst ver=

storbenen Grafen Walram und leide diese Strafe so lange Gott will,
wegen des eiteln und maßlosen Vergnügens, das ich lebend an der
Jagd gefunden habe, wodurch ich meinen armen Untergebenen an Aeckern
und Weinbergen großen Schaden zugefügt und das eigene Seelenheil
schmählich versäumt habe. Ich bitte dich aber, sprich in meinem Namen
mit meinem Sohne, daß er zu meiner Erlösung dreißig Messen
an dreißig auf einander folgenden Tagen lesen und ebenso viel Arme an
dreißig Tagen speisen, auch einmal neu kleiden laße, und zweihundert
Goldgulden, die mit meiner Zustimmung von Petrus, Fleischer und
Bürger in Kreuznach, als Strafe geringer Verschuldung ungerechterweise
beigetrieben wurden, zurückzahle: dann hoffe ich, daß ich durch Gottes
Gnade erlöst werde. Mit diesen Worten entschwand diese Geistererschei=
nung wie vom Wind entführt; der Priester aber konnte vor übergroßem
Schrecken seine Wohnung kaum erreichen.   Die Entstellung seines An=
gesichts und sein plötzlich ergreiftes Haar bewies die Wahrheit der schreck=
lichen Erscheinung, die er gesehen hatte. Seit jener Stunde hat ihn Niemand
lachen gesehen, Niemand heiter noch froh, immer traurig und niederge=
schlagen.' Ist nun auch nicht erweisbar, daß Bürger diese Erzählung
gekannt habe, so sieht man doch, daß die Annahme als wenn die Sage
vom wilden Jäger am Rheine nicht zu Hause sei, die schon immer ver=
wundern muste, ganz ungegründet ist. Auch die Sage von dem Frei=
herrn Albrecht von Simmern ist zwar wie sie bei Gr. DS. II, 266
erzählt wird, nach Schwaben gelegt, aber die darin vorkommenden Na=
men Simmern und Stromberg weisen auf den Hunsrücken.

Zu S. 280 Z. 4. In Useners Scholien zum Lucan lesen wir
Lib. III, 250: Garmanosque. Garmani populi oceano vicini dicti a
rege Garmano filio terrae, wozu ich bemerke: 1. Das erste a in Garmani
gleicht dem in Arminius. 2. Irmin, für den hier Garmanus steht,
weil die Germanen von ihm den Namen haben sollen, wäre hiernach ein
Sohn der Erde; nach Tacitus war er ein Enkel Tuiscos, des Sohnes
der Erde. Dieser Abweichung ungeachtet spricht die Meldung des Scho=
liasten für unsere Ableitung des Namens der Germanen.

Zu S. 319. Z. 2. Eine ähnliche Meldung findet sich in der
Olafsaga II, 190. Freyr wird unter großer Klage des Volks in einem
prächtigen Grabhügel beigesetzt. Zu seinem Troste brachte man ihm
lebendige Menschen ins Grab. Daß hiemit Menschenopfer angedeutet
sind, die dem zürnenden Unterweltsgott zur Sühne dargebracht werden
musten, leuchtet von selber ein.

Zu S. 325. Z. 17. Daß der Eber des Fro oder jener des Ha=
ckelbernt §. 73 im britten der Bruchstücke in der St. Galler Rhetorik vor=
schwebte (im zweiten braucht daran noch nicht gedacht zu sein) scheint mir

unwiderſprechlich. Die Hyperbel wäre doch zu ſtark bei einem natür=
lichen Eber, ſo ſehr auch Schrecken und Aufregung etwa eines Dieners
mitgewirkt hätte, der die Botſchaft deſſen was er geſehen zu haben glaubte,
überbrächte, Müllenhoff Denkm. 326. Aber die Botſchaft, die hier erſt
überbracht werden ſoll, wäre den Jägern bereits bekannt geweſen, da den
Eber ſchon ein Sper getroffen hatte. Auch müſte bei dieſer Annahme
der Zuſammenhang mit dem erſten Bruchſtücke aufgegeben werden, den
doch auch Uhland annimmt. Die beiden erſten Bruchſtücke ſind in der
Rhetorik nur durch ein et item geſchieden, während das zweite und
dritte, die der Sinn verbindet, eine lange Zwiſchenrede trennt. Der Ge-
dankenzuſammenhang zwiſchen dem erſten und zweiten Bruchſtücke ſcheint
der zu ſein, daß bei dem zerſchnittenen Schildriemen der Schild nun
nicht mehr vor Wunden ſchützen kann, aber auch der verwundete
Held noch wie ein angeſchoßener Eber einhergeht. Vgl. Liebr. Germ.
I, 473.

Zu S. 328. Z. 14 v. u. Der Wochentage iſt bei den Göttern
gedacht, die ihnen den Namen gegeben haben; der einzige Sonnabend
(Samſtag) kam dabei zu kurz, weil er nach keinem deutſchen Gotte benannt iſt. Daß er aber nach dem heutigen Volksglauben der Mutter
Gottes gewidmet ſei, wird vielfach bezeugt. So iſt kein Sonnabend ohne
Sonnenſchein, weil da Maria ihre Wäſche trocknen muß. Am Sonn-
abend ſcheint die Sonne heller als am Freitag, Lorichius 68. Wer an den
drei goldenen Samſtagen (nach St. Michael) die Makelloſe durch
Empfang der h. Sakramente und wahre Lebensbeßerung verehrt, kann
ihres mütterlichen Schutzes im Leben und Sterben verſichert ſein. Zingerle
S. p. 463. Vielleicht wurde der Samſtag im Heidenthum auf Freyja
(Frouwa) bezogen. Da im Norden der Freitag bald nach Frigg bald nach
Freyja benannt iſt, in Deutſchland aber Fria, nicht Frouwa dem Freitag den
Namen gab, ſo bliebe uns der Sonnabend für Frouwa übrig, an deren
Stelle die Mutter Gottes auch ſonſt häufig getreten iſt. Nachdem die
erſten Wochentage, vom Dienſtag an, den drei höchſten Göttern geheiligt
waren, blieben den weiblichen Gottheiten noch zwei Wochentage übrig,
Freitag und Sonnabend; ſchwerlich wird man, nachdem einmal der Frei-
tag einer Göttin zugewieſen worden, den letzten Wochentag wieder einem
Gotte zugetheilt haben; dieſer Gott müſte denn, wie das auch nicht ohne
Grund behauptet worden iſt, Loki, der Feind der Götter geweſen ſein.
Aber den Schein, daß man erſt vom Satan (Loki) auf Saturnus gelangt
wäre, zerſtreut eine in Pompeji (Overbeck II, 113) gefundene Inſchrift, die
etwa 8 Jahre v. Chr. verfaßt ſein mag, wodurch die Anſicht, Gr.
Myth. 116, daß die Einführung der Wochen= und Tagenamen den Chriſten beizulegen ſei, beſeitigt iſt. Der S. 151 geäußerten Vermuthung,

daß Cäsars Meldung über Sol Luna Vulcanus auf der Heiligung des
Montags und Donnerstags neben dem Sonntag beruht habe, wird also
von dieser Seite her nichts anzuhaben sein.

Zu S. 335. Z. 3 v. u. Von Ein (Ain, Agin) könnte die Eifel
benannt sein. Vgl. Einfeld bei Panzer I, 71.

Zu S. 336. Z. 10 v. u. Der Sprung des Esels über die Kyll
erinnert an die Sage von der Roßtrappe, Gr. D. S. I, 411, wo auch
eine verfolgte Königstochter ihr Roß über einen Fluß (die Bode) sprengt
und der Hufschlag sich dem Felsen eindrückt.

Zu S. 337. Z. 18. Der Name jener drei Baseler Schwestern ist nach
Baader S. 15 Chrischona, Ottilia und Margaretha. Sie erbauten auf
drei unbewohnten Berggipfeln am Ausgange des Wiesenthales in das
Rheinthal drei Kirchlein mit Klausen, jedes eine starke Stunde von dem
andern; doch verlieh ihnen Gott, daß sie sich verstanden, wenn sie sich
zuriefen. Sie winkten sich auch mit großen weißen Tüchern und sagten
sich durch hinausgesetzte Lichter gute Nacht. Jede von ihnen liegt jetzt
in ihrem Kirchlein begraben. Vgl. Bädeker an der betreffenden Stelle.
Wir finden hier die drei Andachten S. 336 wieder; die weißen Tü-
cher erinnern an die Wäsche, welche andere dieser Schwester nach S. 332
an ihren Seilen aufhiengen. Diese Wäsche sind die Wolken, denn sie
galten den Leuten für Anzeichen schönen Wetters. Bemerkenswerth ist
hier der Name Chrischona, an den uns Krischmerge erinnerte. Diese
Chrischona hatte das längere Leben vor ihren Schwestern voraus. Die
Namen der beiden andern sind vielleicht, wie das öfter erwähnt wird,
vergeßen, und durch gewöhnliche christliche ersetzt worden. Der Name
Margaretha begegnet indes bei diesen Jungfrauen öfters, P. I, S. 9.
150, und auch Ottilia kehrt P. II, 157 mit Mechtild und Gertraud zurück.
Christliche Namen sind bei den drei Schwestern seltnern Vorkommens;
doch finden wir P. 64 Barbara, Katharina und Ursula: sie waren aus
der Körerischen Freundschaft: soll das heißen: den Walküren verwandt? P. 379 werden Kunigund, Mechtund und Wibrand erwähnt, von
welchen die beiden ersten Namen nicht nothwendig christlich sein müßen;
der dritte befremdet als Mannesname. Oder wären hier zwei Schwestern
mit einem Bruder anzunehmen, wie P. 132 die h. Walpurgis mit zwei
Brüdern Oswald und Wilibald drei Andachten stiften, und die unge-
nannte blinde Schwester zu Bornhofen S. 336 von zwei Brüdern betrogen ward. Sonst begegnen fast nur deutsche, vielleicht heidnische Namen. Die drei Schwestern zu Auw, König Dagoberts Schwestern, hießen Irmina Adela Chlotildis; drei fränkische Schwestern P. 179 Filo-
muet, Hebbure und Albigart; die drei abenbergischen P. 161 Gewehra, Wibikunna und Winterbring. Der Name Gewehra ist wohl der-

ſelbe, den wir mit =bet zuſammengeſetzt bei der mittlern der drei S. 335
tabellariſch aufgeführten Schweſtern gefunden haben, und ſo kehrt auch
bei den von Zingerle Sagen S. 22 erwähnten drei Schweſtern auf
einem Bilde in Plawenn, Aubete Carona Babina, die Zuſammenſetzung
mit =bet in dem erſten Namen wieder. Für Starks Meinung, daß dieß =bet
aus Bertha entſtellt ſei (S. 334), ſcheint zu ſprechen, daß von den drei
ſchönen Schweſtern, die nach Rochh. Aarg. S. auf Oedenburg wohnten,
die jüngſte Gräfin Bertha geheißen haben ſoll. Die Namen der beiden
andern ſind wieder vergeßen. Wenn ſie eine Gräfin geweſen ſein ſoll,
ſo erinnert das an P. I, 24, vgl. S. 337 o. Widikunna erklärt
P. 380 als zweigkundige, was ſie als weißagend bezeichnen würde;
der Name Winterbring iſt ſchon oben zur Sprache gekommen. Dieſe
drei Schweſtern ſollen aber nur Kammerjungfrauen geweſen ſein; ihre
Herrin hieß Stilla, was ein Beiname der Hel als Todesgöttin ſcheint.
Der Name Stilla begegnet auch im Wartburgkrieg Str. 135, wo auf=
fallenderweiſe Str. 88 auch acht Gräfinnen von Abenberg auftreten.
Nähere Auskunft giebt die Schrift: Beiträge zur Geſchichte von
Kloſter Heilsbronn. Von G. Muck. Ansbach 1859. Der Name
dieſes durch alte Zollernſche und Abenbergſche Erbbegräbniſſe
merkwürdigen Orts hat mit Heil salus nichts zu ſchaffen, vielmehr ſcheint
er in der Form Halsbrunnen, Halbrunnen auf Halja (Hel) zurück=
zugehen; er beſitzt auch keine Heilquelle, und wenn er nach einem Brun=
nen genannt iſt, ſo pflegt dieſer da, wo unſere drei Schweſtern verehrt
wurden, nicht zu fehlen. Nun iſt es merkwürdig, daß im Wartburg=
kriege der Name Stilla gerade bei einer Todtenfeier (des Land=
grafen von Thüringen und des Grafen von Henneberg) genannt wird,
allerdings als Ortsname; oder läßt die Zeile

Stillâ daz iſt mîn houbet stat,

eine andere Deutung zu? Wie aber hier Stilla neben den drei Schwe=
ſtern, ſo erſcheint in Straßburg neben ihnen der auch ſonſt zu beachtende
Name Aurelia. Vgl. Wolf Beitr. II, 175. In einer Capelle der h.
Aurelia zerſtörten St. Gallus und Columban drei Bildſäulen heidniſcher
Götter, Myth. 98. Die Namen jener S. 337 gedachten ſchwediſchen
Fürſtentöchter, welche Andachten ſtifteten, lauten nach Wolfs Beitr. II,
173 Helena, Oziana und Barbara. Da wir jetzt keine weitern Na=
men dreier Schweſtern oder doch Geſchwiſter aufzuführen haben, ſo ſtellen
wir ſie der Ueberſicht wegen nachſtehend zuſammen, jedoch dießmal nicht
wie S. 335 in der überlieferten Reihenfolge.

Urd	Werdandi	Stuld
Fides	Spes	Charitas
Einbet	Warbet	Wilbet

Krifchmerge	Pellmerge	Schwellmerge
Chrifchona	Ottilia	Margaretha
Mechtild	Ottilia	Gertraud
Barbara	Katharina	Urfula
Mechtund	Kunigund	Wibrand
Walpurgis	Oswald	Wilibald
Irmina	Adela	Chlotildis
Filomuet	Hebbure	Albigart
Wibikunna	Gewehra	Winterbring
Aubete　　.	Carona	Babina
Barbara	Helena	Oriana.

Zu S. 339. Z. 5. W. Wackernagel hat schon (Die Hündchen von Bretzwil und von Bretten. Ein Versuch in der Mythenforschung) auf den Hund G a r d e v i a s in Wolframs T i t u r e l hingewiesen, den der junge Schianatulander seiner Geliebten fängt, um in Folge des einen blutigen Untergang zu nehmen. Er betrachtet ihn als den Tod selbst oder doch als Boten des Todes. Auf den die Todesgöttin begleitenden Hund, der sich auch bei der keltischen Nehalennia findet, beziehe ich auch das Hündlein Petitcriu im T r i s t a n, wobei es unentschieden bleiben mag, ob er der deutschen oder keltischen Mythologie angehöre. Gott= friebs Erzählung lautet (nach meiner Uebersetzung Leipz. 1855, S. 241):

> Eines Tages nun geschahs,
> Als Tristan bei Gilanen saß
> Sinnen und Sehnen in der Brust,
> Da erseufzt' er unbewust.
> Als Gilan des ward gewahr,
> Gebot er, daß man brächte dar
> Sein Hündelein Petitcriu,
> Seines Herzens Spiel von Avelu
> Und seiner Augen Gemach.
> Da that man seinen Worten nach.
> Ein Purpur edel und reich,
> Einem fremden Wunder gleich,
> Nach des Tisches Maß gebreitet
> Ward vor ihn auf den Tisch gespreitet;
> Ein Hündelein darauf getragen:
> Das war gefeinet, hör ich sagen,
> Und Gilanen zugesandt
> Aus Avelun, der F e i n e n Land,
> Von einer Göttin drinne
> Aus Lieb und aus Minne.
> Mit solcher Kunst war und so fein
> Geschaffen dieses Hündelein

An Farbe und an Kraft zugleich,
Daß keine Zunge redereich
Genug, kein Herz so weise ward,
Seine Schönheit, seine Art
Zu beschreiben und zu sagen.
Ihm waren Farben aufgetragen
So künstlich und so wundersam,
Daß Niemand recht ins Klare kam
Wie seine rechte Farbe war.
So seltsam schillerte sein Haar:
Sah man von der Brust es an,
Geschworen hätte Jedermann,
Es wäre weißer als der Schnee.
Von Weitem wars doch grün wie Klee;
Eine Seite roth wie Gran,
Die andre gelber als Safran;
Blau wie Lazur von unten
Wars oben doch mit bunten
Gemischten Farben übergoßen,
Die so ineinander floßen,
Daß sich keine vor der andern bot.
Man sah da weder grün noch roth,
Noch weiß noch schwarz, noch gelb noch blau
Und doch von allen eine Schau,
Ein rechter purpurbrauner Schein.
Dieß Werk der Aveluner Fein,
Sah man widerhaar es an,
So war kein noch so weiser Mann
Seiner Farbe recht gewaltig:
Sie schien so mannigfaltig,
Sie irrte so und flirrte,
Daß es den Sinn verwirrte.
Auch gieng ihm um den Kragen
Eine Kette, goldgeschlagen.
Daran hieng eine Schelle,
Die klang so süß und helle
Sobald es sich bewegte
Daß, wie er Sorgen hegte
Von Abend bis zum Morgen,
Doch Tristan seiner Sorgen
Ledig und ohne saß
Und des Leides gar vergaß,
Das ihn um Isolde zwang.
So süß war der Schelle Klang,
Daß sie Niemand vernahm,
Dem sie nicht wandte den Gram

Und was ihm je zu Leid geschah.
Nun hörte Tristan und sah
Das wunderliche Wunder an.
Hund und Schellen begann
Er achtsam zu betrachten,
Und einzeln zu beachten:
Den Hund und seine schöne Haut,
Die Schelle und den süßen Laut.
Ihn nahmen beide Wunder
Und daucht ihn doch jetzunder
Das Wunder mit dem Hündelein
Viel wunderbarer noch zu sein
Als jenes mit dem Schellenklang,
Der so süß ihm in die Ohren drang
Und nahm ihm all sein Grämen.
Dieß must ihn Wunder nehmen,
Daß er mit hellen Augen
An seiner Augen Taugen
Bei diesen Farben irre ward,
Denn keine blieb bei ihrer Art,
Im Sehn versagt' ihm stäts der Sinn.
Gefüge griff er endlich hin
Und streichelt' ihm das glatte Haar:
Da ward ihm zu Muthe gar,
Als ers zu streicheln begann,
Als griff' er Palmatseiden an,
So linde war es und so fein.
Man hört es bellen nie noch schrein,
Noch zeigt es jemals Ungebärde
Was auch mit ihm getrieben werde;
Es aß oder trank auch nicht
Wie uns die Märe von ihm spricht.
Als es hinweg nun ward getragen,
Tristans Trauern war und Klagen
So frisch da wieder als vorher;
Ja eine Sorge hatt er mehr,
Da er nun all sein Dichten
Begann darauf zu richten,
Auf Andres nichts mehr achtete
Als was sein Herz ertrachtete:
Mit List und klugen Sinnen
Das Hündlein zu gewinnen,
Das Hündelein Petitcriu u. s. w.

Zu S. 367 Z. 2. Den vermutheten Zusammenhang von Erkrath
mit der Göttin bestätigt jetzt folgende Notiz aus Teschenmachers Annales
Cliviae, Iuliae, Montiae etc.   Arnheim 1638 p. 416: Pagum Erch-

radium a nobili virgine Ercha, et pagis novalibus ab ea ibidem cultis, denominatum volunt. Bei Erqueline scheint auch wieder wie bei Erkelenz die Linde im Spiel.

Zu S. 423. Z. 3 v. u. Die Sage vom getreuen Eckart, wie man sie aus Goethes Ballade kennt, zeigt sogar, daß ein durchaus un= freiwilliges Opfer Segen bringen kann so lange man zu schweigen ver= steht; das Bier, das die unholdigen Schwestern ausgetrunken haben, mehrt sich in den Krügen bis die Kinder plaudern, ,und gleich sind ver= trocknet die Krüge.'

Zu S. 466. Z. 2. Nach Skirnisför vermählt sich der Gott mit der= selben Göttin, für die er erst durch Wasurlogi geritten und den Dra= chenkampf bestanden hat. Dieß ist auch wohl bei Siegfried der Fall ge= wesen, wenn die Heldensage ein richtiges Spiegelbild der Göttersage ent= hielt: dann bleibt es zweifelhaft ob es Brunhild oder Kriemhild war, die er aus dem Todesschlaf erweckt oder erlöst hat. Das bestätigt auch das Lied vom Hürnen Siegfried, das freilich. neben Kriemhild von keiner Brunhild weiß. So entspricht die Heldensage genau der Göttersage. Wie Freyr mit Beli kämpfte, der vielleicht selber einst als Drache ge= dacht war, S. 224. 465, so erlegt Siegfried den Drachen, der als Faf= nir gleichfalls ein Riese war. Den Ritt durch Wasurlogi haben sie Beide gemein, und wie Freyr die Gerda erlöste, so Sigurd Hilden, die sich später in Kriemhild und Brunhild spaltete. Diese Entzweiung, die sich in den Zank der Königinnen fortbildete, war nothwendig, wenn die Heldensage einen ähnlichen Ausgang nehmen sollte wie die entsprechende Göttersage. Freyr fällt im letzten Weltkampf gegen die Riesen, die zer= störenden Naturgewalten. Da sein erster Kampf, der gegen Beli, ein Frühlingskampf gewesen war, so wird sein zweiter, in welchem er erliegt, ein Herbstkampf gewesen und erst durch die §. 2 besprochene Mythen= verschiebung, statt an das Ende des natürlichen Jahres, an das des großen Weltenjahrs gerathen sein. Dem entspricht es genau, wenn Siegfried nach Kriemhilds Traum im Kampf gegen zwei Adler erliegt: diese Adler sind Winterriesen, die sich in Adler zu wandeln pflegen, während die Götter als Falken entfliegen. Da Ute, Kriemhilds Mutter, den Falken auf Siegfried deutet, so meinen die beiden Adler Gunther und Hagen. Da sie so aus Riesen Helden geworden waren, so bedurfte es jetzt eines Grundes ihrer Feindschaft gegen Siegfried und diese wurde am Besten durch die Spaltung der von Siegfried erweckten Hilde in Brunhild und Kriemhild herbeigeführt. Dieselbe Spaltung begegnet auch sonst in der Göttersage. So finden wir §. 114 Hel in Holda und Berchta, ihre dunkle und lichte Seite geschieden und ebenso vervielfältigt sich nach S. 334 Bet (nach Stark Bertha) in Einbett und Wilbett,

was denselben Gegensatz ausdrückt, während sie selbst als Warbet (Vorbet) neben ihren Schwestern fortbesteht und der Stadt Worms den Namen giebt.   Hiemit war schon die örtliche Anknüpfung vollbracht, die
dann zur Historisierung hinüberleitete, wobei es unentschieden bleiben mag,
ob die Namen Gibich, Gunther, Giselhier u. s. w. aus der Lex Bur-
gundionum in die Heldensage oder aus dieser in das burgundische Gesetzbuch gekommen sind, welches letztere mir wahrscheinlicher ist.   Die ganze
erste Hälfte kann, wie es eben geschehen ist, aus dem Mythus von Freyr
abgeleitet werden, nur daß bei Siegfrieds Tode auch der von Baldurs
Tode mitwirkte.   Erst bei dem zweiten Theile, der in den Nibelungen
mit dem 20. Abenteuer beginnt, ist eine Anlehnung an den historischen
Hunenkönig Attila und den Fall des Burgundenkönigs Gundicarius anzunehmen.   Dieser zweite Theil muß aber viel spätern Ursprungs sein:
er ist eine Weiterbildung der Heldensage und wurde erst dieser hinzuge-
dichtet; eine mythische Grundlage hat er nicht, man müste denn an die
Rache denken, welche Wali für Baldurs Tod nimmt.   In der Heldensage konnte Siegfrieds Ermordung nicht ungerochen bleiben: bei der Art
wie dieß geschieht ist aber eine Nachbildung des ersten Theiles unverkennbar.   Wie Brunhild den Siegfried ans Nibelungenland nach Worms
geladen hatte, wo er als ein Opfer beleidigter Liebe und Ehre fällt, so
ladet Kriemhild ihre Brüder und Hagen nach Heunenland, wo Siegfrieds
Tod an ihnen gerochen wird.   Fassen wir die Siegfriedsage ins Auge
wie sie vor der Spaltung der erweckten Hilde in Brunhild und Kriemhild die treueste Spiegelung der Göttersage von Freyr und Gerda war,
so gleicht sie auffallend zweien andern Heldensagen, denen von Beowulf
und Ortnit, nur daß sich bei beiden die gleiche Umkehrung bemerken
läßt.   Beowulf siegt erst in Frühlingskämpfen gegen Grendel und seine
Mutter, erliegt aber in einem Herbstkampfe einem Drachen, in den sich
ein Winterriese gewandelt hat.   Hier sehen wir die Umkehrung, der
Drache tritt erst in einem Herbstkampfe hervor, während ihn Siegfried (wie
Freyr den Beli) in einem Frühlingskampf erschlägt.   Auch Ortnit fällt
wie Beowulf in einem Drachenkampf, den wir als einen Herbstkampf zu
verstehen haben; in dem entsprechenden Frühlingskampf hatte er gegen
den Heiden Machaol gesiegt, wie auch sonst wohl Heidenkönige an die
Stelle von Riesenkönigen getreten sind.   Sein Tod wird aber von Wolfdietrich gerächt, wobei man sich denn nicht entbrechen kann, an Wali
(Skeåf) zu denken, der im nächsten Frühjahr Baldurs Tod zu rächen
hat. Die Spaltung Hildens in Brunhild und Kriemhild wird durch die
doppelte Gestalt des Mythus von Skirnisför, die S. 63 und 465 besprochen ist, begünstigt. Wie Freyr nach der ältern Gestalt des Mythus
selber durch Wafurlogi ritt und Gerda erlöste, nachdem er Beli erschla-

gen hatte, so ritt Sigurd nach dem Drachenkampf zuerst für sich selber
hindurch und erweckte Brynhild, und wie nach jener jüngern Gestalt
Skirnir für Freyr, seinen Herrn, durch die flackernde Flamme ritt, so
Siegfried für Gunther, den er für seinen Herren ausgab, worauf sich
später (nach der Spaltung) Brynhild bezog und gründete. Bei diesem
zweiten Ritt legte Sigurd das Schwert zwischen sich und Brynhild und bewahrte so dem Freunde die Treue. Hier spielt die Freundschaftssage hinein, die wir in der Erzählung von Amicus und Amelius am
Reinsten dargestellt finden, wo der Beweis der Treue, wie das auch in
Märchen geschieht, durch dieselbe Schwertlegung geleistet wird. Das
tragische Geschick Siegfrieds wirkt um so rührender, als er dem Freunde
so unzweideutige Beweise der Treue gegeben hat und doch der Beschul-
bigung der Untreue zum Opfer fällt. In der Liebessage kehrt sich
die Freundschaftssage um: wie in der Freundschaftssage der Freund dem
Freund die Geliebte opfert, wie hier Sigurd die Brynhild dem Gunnar
wirbt, so wird in der Liebessage der Geliebten die Freundschaft zum
Opfer gebracht, wie Triftan den Marke Isolden zu Liebe hintergeht.
Auch hier kommt die Schwertlegung vor; jedoch ist sie jetzt nur ein Trug,
durch den die Untreue gegen den Freund, der Geliebten halber, nur gesteigert ist. Mit dieser Umbildung der Freundschaftssage in Liebessage
stellt sich Triftan dicht neben Siegfried: sie haben, wie ich schon öfter bemerkte, Drachenkampf, Liebesbecher und Schwertlegung gemein. Der Vergeßenheitstrank, den Sigurd bei Giuki (Gibich, Dankrat) trinkt, ist dieß
nur in Bezug auf Brunhild; blicken wir auf Kriemhild, so erscheint er
als Liebestrank.

Die oben angenommene Spaltung Hildens in Brunhild und Kriemhild, und die Vergleichung mit der von Hel in Holda und Berchta, von
Bet (Bertha) in Einbet und Wilbet schematifiert sich wie folgt:

Brunhild	Hilde	Kriemhild
Holda	Hel	Berchta
Einbet	Vorbet	Wilbet

Vgl. die Doppelausgabe meines Nibelungenlieds S. XXIX. Bei Panzer erscheint die mittlere der drei Schwestern wohl auch unter dem Namen Held, was ich S. 305 als Hel verstanden habe; es kann aber auch
Brechung aus Hilda sein.

Zu S. 467. Z. 4. v. u. Auch Freyr spiegelt sich in Dietrich, wenn
er Derk mit dem Beer heißt.

Zu S. 470. Z. 18. Vgl. Schleicher Deutsche Sprache S. 89,
der mir aber darin zu weit geht, daß er auch die Göttersage für gemein-
deutsch erklärt, wonach sie erst nach unserer Trennung von Slawen und Litthauern entstanden wäre. Bei dem Auszuge dieser drei noch ungeschie-

benen Völker aus ihren afiatifchen Urfiten werden fie doch fchon Götter gehabt haben, mit Indiern und Eraniern u. f. w. gemeinfame Götter. Diefe werden ihnen die Wege gezeigt, vielleicht fchon durch weifende Thiere gewiefen haben, und darauf mag die Verwandtfchaft mit der Mythologie aller übrigen indogermanifchen Völker beruhen. Ohne diefe Annahme hätte die vergleichende Mythologie keinen feften Boden.

Zu S. 487. Z. 14. Daran erinnert folgende Sage: Beim Kirchen= bau zu Baesweiler gieng das Wager aus, den Kalk anzumachen: ein reicher Bauer, der einen großen Teich befaß, ward um die Erlaubniß angegangen, daraus Wager zu fchöpfen: er verweigerte fie und zur Strafe ward das Wager im Teich über Nacht zu Blut verwandelt. Zum An= denken daran ftrich man die Kirche mit diefem Blut an. Vgl. Jahrb. d. Vereins für Freunde d. Alterth. Heft XLIV. XLV.

Zu S. 538. Z. 9. Das Johannisfeuer half den Sieg des Lichts und der Lichtgötter vervollftändigen, indem nun die ohnedieß kurze Nacht durch das gezündete Licht in vollen hellen Tag verwandelt wurde. Durch diefe gottesdienftliche Handlung kam man den Göttern gleichfam zu Hülfe. Die Nacht ward gänzlich verbannt und den lichtfcheuen, ungeheuern Mächten der Finfterniß die lette Zuflucht geraubt, daß fie verfteinern, ‚in Stein fpringen' mußten. Darum hat die Afche diefes Feuers und alles was davon übrig war, die Flamme des Heerdfeuers felbft, die von ihm herrührte, befruchtende, fegnende, fchützende Kraft: es ift der Segen der gottesdienftlichen Handlung, wie uns der Segen des Opfers fchon öfters begegnet ift.

Register.

Aallaich 291.
Aaskereia 192.
Abbas iuvenum, a. laetitiae 528.
Abel, K. 194. 203.
Abenberg 584. 588.
Abendrôt 405.
Abendröthe 27.
Aberglaube 579.
Abraham 202.
Abschwörung 354. 483. 497.
Abschwörungsformel 153.
Abt von St. Gallen 436. 466.
Abundia 219. 353.
Achen 52. 208. 354. 355. 498.
Acht Theile 19.
Ackergeräth 189. 201. 523.
Adam 496.
Adela 584. 586.
Adelger 403. 414.
Adler 28. 30. 37. 38. 154. 216. 277.
Adonis 81. 197. 219.
Advent 539.
Adventsau 525.
Aehrenbüschel 291. 334. 565.
Ael der Erinnerung 326. 348.
Aelwaldi 396. 403.
Aemterauslooßung 559. 560.
Aequinoctien 547.
Aer, Rune 266.
Aethelstanssäule 495.
afhugjan 458.
Afi 273.
Aftermentig 367.
Afterpoesie 219.
Agazi 414.
Agde Jarl 253.
Agez 398. 414.
Agnar 328. 345. 349. 351. 352. 466.
Agni 377.
Agstein 414.
Ahle 519.
Ahnfrau 347. 379. 439.
Ai 273. 284.
Ainbett, Ainpet 335. 337.

Ajo 350.
alah 490.
alahirzi 324.
Alarich 402.
Alb 406. 420. 422. 459.
Alb zuschicken 422. 459.
Alberich 413. 430.
Albleich 430.
Albruna 406. 500.
Albzopf 5'3.
Alci 287. 295. 298.
Alda gautr 151.
Alegast 413. 414.
Alf 315. 440.
Alf von Alfheim 403.
âlfablôt 409.
âlfar 407.
Alfheim 314. 408. 413.
Alfhild 161. 403.
Alfr 27.
Alfrik 428.
Alh 494.
Ali 281. 284. 288.
Allgoldene 254. 267. 306.
Alliteration 212. 569.
Allmacht, Allwißenheit 213.
Allvater 94. 136. 146. 160. 167. 279.
Almosen 123.
Alraun 179. 441.
Alrune 442.
Alswidhr 20.
Alt, heidnisch 338. 339. 427.
Alte, der 564. alte Frau 537.
Alter 247.
Alter Kaiser 147.
Altes Heer 191.
Altfeind 129.
Altkönig 227.
Altstetten 494.
Aludreng 403.
Alven 353.
Alwaldi 14. 396. 403.
Alwina 370.
Alwîs 39. 230. 413. 418.

Bonn, Druck von Carl Georgi.